SEMILLA Y SURCO
Colección de Ciencias Sociales

SERIE DE CIENCIA POLITICA

Dirigida por Manuel Jiménez de Parga
Catedrático de Derecho Político de la Universidad de Barcelona

HISTORIA DE LAS IDEAS POLITICAS

COLECCION DE CIENCIAS SOCIALES
SERIE DE CIENCIA POLITICA

Jean Touchard

Profesor del Instituto de Estudios Políticos de la Universidad de París,
Secretario General de la Fondation Nationale des Sciences Politiques

HISTORIA
de las
IDEAS POLITICAS

CON LA COLABORACION DE

Louis Bodin
Maître de conférences del Instituto de Estudios Políticos, de París

Georges Lavau
Profesor de la Facultad de Derecho y Ciencias Económicas, de París

Pierre Jeannin
Director de Estudios en l'École Pratique des Hautes Études, de París

Jean Sirinelli
Profesor de las Facultades de Letras y Ciencias Humanas

EDITORIAL TECNOS

MADRID

Los derechos para la versión castellana de la obra
HISTOIRE DES IDÉES POLITIQUES

publicada por *Presses Universitaires de France,* de París,
son propiedad de
EDITORIAL TECNOS, S. A.

Traducción de
J. PRADERA

Cubierta de
J. M. Domínguez y J. Sánchez Cuenca

1.ª edición,	1961
2.ª edición,	1964
3.ª edición,	1969
1.ª reimp.,	1970
2.ª reimp.,	1972
3.ª reimp.,	1974
4.ª reimp.,	1975
5.ª reimp.,	1977
6.ª reimp.,	1979
4.ª edición	1981
5.ª edición	1983

© EDITORIAL TECNOS, S. A., 1983
O'Donnell, 27 - Madrid-9
ISBN: 84-309-0734-3
Depósito legal: M-36158-1983

Printed in Spain. Impreso en España por GAR. Villablino, 54. Fuenlabrada (Madrid)

Indice general

Prefacio

Este libro es una obra colectiva. Los capítulos I y II sobre Grecia, Roma y los comienzos del cristianismo han sido elaborados por Jean Sirinelli, agrégé-répétiteur de griego de la Escuela Normal Superior. Los capítulos concernientes a la Edad Media (caps. III, IV y V) han sido redactados por Louis Bodin, en estrecha colaboración con Jacques Le Goff, assistant de Historia de la Edad Media en la Facultad de Letras de Lille; Jacques Le Goff, que inicialmente había aceptado encargarse de esta parte de la obra y al que un accidente de salud ha obligado a renunciar a ello, ha tenido a bien poner sus notas a disposición de Louis Bodin y seguir de muy cerca la elaboración del manuscrito. El capítulo VI, sobre el siglo XVII, es obra de Pierre Jeannin, agrégé-répétiteur de Historia de la Escuela Normal Superior. Georges Lavau, único profesor de Derecho en esta empresa de "literatos", se ha encargado del marxismo y de la evolución del socialismo después de 1848 (caps. XIII, XIV, XVI, dos primeras secciones del capítulo XVII); ha redactado asimismo la mayor parte del capítulo titulado "Reflexiones sobre la revolución" (cap. XI), especialmente el desarrollo sobre Hegel. En cuanto al firmante de este prefacio, que, naturalmente, ha revisado el conjunto del texto y especialmente las bibliografías, es el autor de los capítulos sobre los siglos XVII y XVIII (caps. VII, VIII y IX), sobre el pensamiento revolucionario (Cap. X), sobre la primera mitad del siglo XIX (cap. XII) y, respecto al período posterior al 1848, sobre las corrientes distintas al socialismo (cap. XV: "Liberalismo, tradicionalismo, imperialismo (1848-1914)"; también es el autor de las dos últimas secciones del capítulo XVII relativas al siglo XX. A él debe considerársele responsable de la concepción general de la obra.

La distinción entre "doctrinas políticas" e "ideas políticas" es, para todos los colaboradores de este libro, fundamental. Según el Littré la doctrina es "el conjunto de dogmas, bien religiosos, bien filosóficos, que dirigen a un hombre en la interpretación de los hechos y en la dirección de su conducta". El Larousse da una definición casi idéntica. Según estas definiciones, la doctrina política es, por consiguiente, un sistema completo de pensamiento que descansa sobre un análisis teórico del hecho político. En este sentido, se habla de la doctrina de Aristóteles, de Cardin Le Bret o de Montesquieu, de los "doctrinarios" de la Restauración o de la "doctrina radical" cuyos "elementos" Alain trató de conjuntar. El término de "ideas políticas" —tal como Thibaudet lo emplea cuando habla de las "ideas políticas de Francia" [1]— es más amplio. Aquí no se trata solamente de ana-

---

[1] París, Stock, 1932, 265 págs.

lizar los sistemas políticos elaborados por algunos pensadores, sino de volver a instalar estos sistemas dentro de un contexto histórico, de esforzarse por ver cómo nacieron y qué representaban para los hombres que vivían en esa época.

Tomemos el ejemplo del liberalismo en la Francia contemporánea. El historiador de las ideas no se interesará tan sólo por la doctrina de Bertrand de Jouvenel o de M. Rueff. Le parecerá también necesario estudiar la acción política de M. Pinay, la especie de foto "robot" que presenta M. Jules Romains en su Examen de conscience des Français; el contenido y el público de L'Aurore, donde apareció este Examen; el universo político que se expresa en La volonté du commerce et de l'industrie y en las publicaciones de la Confederación general de pequeñas y medianas empresas, etcétera. Una idea política tiene un espesor, un peso social. Puede comparársele con una pirámide de varios pisos: el de la doctrina, el que los marxistas denominan la "praxis", el de la vulgarización, el de los símbolos y representaciones colectivas. La historia de las doctrinas forma parte de la historia de las ideas, pero ni es toda la historia de las ideas ni quizá su parte esencial: ¿tendrán los historiadores del porvenir un conocimiento exacto del liberalismo francés posterior a 1945 si se contentan con analizar Du Pouvoir y De la souveraineté, cualquiera que sea, por otra parte, el interés de estas obras?

Inmediatamente surgen innumerables dificultades. ¿Cómo analizar las ideas políticas de una sociedad? Siendo ya difícil para la época en que vivimos, ¿no será imposible respecto a las épocas concluidas? El historiador de las ideas debería, para cada época, preguntarse cuáles eran las ideas políticas de los campesinos, de los obreros, de los funcionarios, de la burguesía, de la aristocracia, etc. En 1955 se reunieron eminentes especialistas para intentar responder a preguntas de este tipo respecto a la Francia del siglo XVII. La compilación que ha reunido sus estudios encierra muchas ideas, pero los responsables de esta publicación [2], modestamente, están de acuerdo en que, dado el actual estado de la documentación, hay que limitarse en la mayoría de los casos a emitir hipótesis o a formular interrogantes. Al menos, estas hipótesis e interrogantes ayudan a medir la difusión de las diferentes doctrinas y a darse cuenta de que el punto de vista del "politólogo" no es siempre el del historiador.

En la expresión "historia de las ideas políticas" la palabra "historia" nos parece más importante que la palabra "política". Nos merece poco crédito la "política pura"; y la historia de las ideas políticas nos parece inseparable de la historia de las instituciones y de las sociedades, de la historia de los hechos y de las doctrinas económicas, de la historia de la filosofía, de la historia de las religiones, de la historia de las literaturas, de la historia de las técnicas, etc. Aislar algunas doctrinas, estudiarlas sub especie aeternitatis y confrontarlas con una determinada idea de la ciencia política, con una especie de arquetipo, es una empresa de indiscutible interés. Sin embargo, hemos intentado hacer otra cosa y nos hemos preocupado menos de analizar

---

[2] "Comment les Français voyaient la France". *Bulletin de la Soc. d'études du XVII siècle.* 1955, núms. 25-26.

en detalle algunos sistemas políticos que de situar estos sistemas en la época y en la sociedad correspondientes.

Por consiguiente, nuestro libro respeta, en conjunto, la cronología. Hemos renunciado a establecer una tipología de las doctrinas y a seguir un plan basado en la distinción entre las corrientes del pensamiento. Hemos comprobado que cuanto más se estudiaba un período, más frágiles se mostraban estas distinciones y se descubrían más comunicaciones entre corrientes de pensamiento aparentemente divergentes.

El análisis de los "grandes textos políticos" ocupa en nuestro libro un lugar relativamente reducido. Por una parte, existe sobre este tema un excelente libro [3]; por otra, ningún análisis, por minucioso que sea, dispensa a los estudiantes de la lectura de estos "grandes textos". Nos hemos preocupado menos de estudiar en detalle L'esprit des lois o el Contrat social que de mostrar, o al menos de sugerir: 1.º Que ni L'esprit des lois expresa todo el pensamiento de Montesquieu ni el Contrat social todo el de Rousseau, y que la obra de un autor debe estudiarse en su conjunto; 2.º Que las obras de Montesquieu y de Rousseau están muy lejos de resumir las ideas políticas de la Francia del siglo XVIII; se encuentran en muchos aspectos al margen de la ideología dominante, que es el utilitarismo burgués, el cual se manifiesta en las obras de Voltaire, Diderot, Hume, Franklin, etcétera.

Nuestro libro reserva, por consiguiente, bastante espacio a autores que no son "pensadores políticos", pero cuyas ideas tuvieron una importante difusión en la época en que fueron emitidas y contribuyeron, según nuestro criterio, a aclarar el estado de una sociedad. ¿Hemos reservado demasiado espacio a los "minores"? Sin duda, algunos lectores lo pensarán así.

Temo, en efecto, que este libro parezca tan difícil a los candidatos a la licenciatura en Derecho como sumario a los historiadores especializados en el estudio de un período determinado. Hemos pensado que, mejor que tratar ante todo de presentar un libro fácilmente asimilable, quizá no sea inútil dar a los estudiantes la impresión de que la complejidad de la Historia no se deja reducir a algunos autores o a algunas obras; en definitiva, de que las cosas no son tan sencillas...

Y, sin embargo, ¡cuántas simplificaciones hay en este libro!... Habiendo decidido mencionar un gran número de autores, frecuentemente hemos hablado demasiado brevemente de ellos, por lo que nuestras omisiones son mucho más manifiestas y chocantes que si nos hubiéramos limitado, deliberadamente, a algunos grandes nombres. Por otra parte, nuestro libro presenta muchas lagunas: nada sobre las ideas políticas de la Antigüedad antes de la Grecia clásica, casi nada sobre las ideas hebraicas, breves indicaciones sobre las ideas políticas del Islam, nada sobre India, prácticamente nada sobre la China anterior al régimen comunista ni sobre la Rusia de antes de 1917, indicaciones dispersas sobre Italia y España, nada sobre la Europa Central, algunas páginas sobre Estados Unidos, etc.

Plenamente conscientes de las insuficiencias de nuestro texto, hemos

---

[3] Jean-Jacques CHEVALLIER, *Les grandes oeuvres politiques de Machiavel à nos jours*, A. Colin, 1949, XIV-406 págs. (Hay versión española: *Los grandes textos políticos desde Maquiavelo hasta nuestros días*, trad. de Antonio Rodríguez Huescar, Madrid, Aguilar, 1955, 386 páginas.)

tratado de dar a nuestros lectores la posibilidad de llenar por sí mismos las lagunas que nos hemos visto obligados a dejar subsistir. Así, hemos atribuido mucha importancia y reservado mucho espacio a la bibliografía: cerca de 120 páginas en total [4].

Hemos creído más útil ofrecer una bibliografía de trabajo que pueda servir de punto de partida para investigaciones personales, que una bibliografía para uso de los estudiantes, lo que nos parece misión del profesor.

Evidentemente, esta bibliografía no es completa. En la mayoría de los casos hemos procedido a una rigurosa selección: así, para no citar más que una docena de títulos sobre Rousseau, una quincena sobre Marx, menos de media docena sobre Barrès, etc. Nos hemos abstenido deliberadamente —con todo lo que tal eleccion tiene de subjetivo— de citar las obras que nos parecían de un interés secundario o que se encontraban rebasadas por estudios posteriores. En todo caso, no nos hemos permitido citar libros cuyo interés no hubiéramos verificado personalmente. Por consiguiente, es nuestra propia bibliografía de trabajo la que ofrecemos a los lectores.

Nos hemos cuidado de ofrecer indicaciones sobre el mejor medio de abordar directàmente los textos de los autores estudiados: ediciones, traducciones, colecciones de textos escogidos, etc. Así, el lector podrá consultar, al final del capítulo XIV, una nota sobre las ediciones de Marx, al final del capítulo XVI una nota sobre las ediciones de Lenin, etc.

Como hemos tenido a veces ocasión de protestar contra la tendencia de ciertos editores anglosajones a no citar más que títulos en inglés, nos hemos esforzado en no caer en un defecto análogo, tanto más inexcusable en nuestro caso cuanto que, desde hace algunos años, han aparecido numerosas obras de primera importancia sobre la historia de las ideas políticas en Gran Bretaña, en Estados Unidos, en Alemania, en Italia, en España, etc. Nuestras bibliografías contienen, pues, bastantes títulos en inglés y en alemán y algunos en español y en italiano.

Nuestra bibliografía es relativamente detallada; no hemos pretendido, ciertamente, reproducir todas las indicaciones que normalmente figuran en una bibliografía científica, pero sí hacer figurar en la mayoría de los casos el lugar y la fecha de la edición, el nombre del editor y el número de páginas o de volúmenes.

Sigue a cada capítulo un apéndice bibliográfico; y el plan según el cual se citan las obras corresponde exactamente a las subdivisiones del capítulo. El libro comienza con una bibliografía general.

Hemos hecho que a la mención de un número bastante grande de obras siga una brevísima nota crítica (una o dos líneas, a veces una o dos palabras). No se nos escapa el carácter eminentemente discutible de juicios tan lapidarios. Pero hemos preferido el riesgo de la injusticia a un prudente silencio. Por otro lado, en ocasiones hemos confinado en la bibliografía la discusión de problemas polémicos: así, el lector encontrará en la bibliografía referente a Rousseau, y no en el texto del capítulo correspondiente, un breve cuadro de dos cuestiones tan frecuentemente debatidas: 1.ª ¿Rousseau es racionalista o sentimental? 2.ª ¿Es individualista o totalitario?

---

[4] La presente versión incluye también las principales traducciones castellanas de las obras citadas en la Bibliografía.—N. del T.

A pesar del cuidado que hemos puesto en la confección de esta bibliografía, creemos que contiene no solamente lagunas, sino también errores,
y estaremos muy agradecidos a quienes nos ayuden a rectificarlos.

Para terminar este prefacio he de afirmar mi deferente y reconocida
amistad con Jean-Jacques Chevallier, que fue el primero en animarme a
interesarme por la historia de las ideas políticas en 1946 y a quien tanto
deben todos los que se preocupan en Francia de estos problemas.

Querría también expresar mi reconocimiento a quienes han colaborado
en esta obra, cuyas imperfecciones, que no se me escapan, me son imputa-
bles en amplio grado; a los que me han ayudado en investigaciones sin
placer, y especialmente a los bibliotecarios de la Fundación nacional de
Ciencias políticas; a los que me han dado consejos o que han aceptado
releer tal o cual fragmento del manuscrito, especialmente Pierre Hassner,
Serge Hurtig, Michel Launay, Jacques Le Goff y Stuart Schram.

J. T.

Bibliografía general

Tenemos que dar algunas precisiones sobre las convenciones que hemos adoptado. Cuando el lugar de la edición no se menciona la obra ha sido publicada en París. En el caso de obras publicadas en el extranjero hemos "castellanizado" algunos nombres de ciudades: Londres, y no London; Munich, y no München; Florencia, y no Firenze, etc. La abreviación P. U. F. designa las Presses Universitaires de France; la abreviación L. G. D. J., la Libraire générale de Droit et de Jurisprudence. Sobre la concepción general de esta bibliografía véanse las indicaciones dadas en el prefacio.

I. Obras generales.

Las OBRAS GENERALES referidas a la historia de las ideas políticas desde sus orígenes son escasas en lengua francesa[1]. La más completa, pero ya anticuada y detenida prácticamente en el comienzo del siglo XIX, es la de Paul JANET, *Histoire de la science politique, dans ses rapports avec la morale*, 1858, 5.ª ed., Alcan, 1924, 2 vols. (Hay traducción española, agotada, de Daniel Jorro, editor.)

Entre las obras recientes hay que citar en primer lugar la de Jean-Jacques CHEVALLIER, *Les grandes oeuvres politiques de Machiavel à nos jours*, A. Colin, 1949, XIX-406 págs. (Maquiavelo, Bodin, Hobbes, Bossuet, Locke, Montesquieu, Rousseau, Sieyès, Burke, Fichte, Tocqueville, Marx, Maurras, Sorel, Lenin, Hitler). (Hay traducción española: *Los grandes textos políticos desde Maquiavelo hasta nuestros días*, trad. de Antonio Rodríguez Huescar, Madrid, Aguilar, 1955, 386 págs.) Se han de consultar igualmente los cursos profesados por J. J. CHEVALLIER en el Instituto de Estudios Políticos de París: *Histoire des idées politiques, à travers les grandes oeuvres de la littérature politique, de Machiavel à nos jours*, Les Cours de droit, 1952-53, 4 fascículos, 350 págs., a completar con los multicopiados de 1959 (fasc. IV completamente revisado) y de 1961, y en la Facultad de Derecho de París; 1952-53, *L'idée de l'Etat de Platon à Machiavel*, Les Cours de droit, 231 págs.; 1953-54, *L'idée de l'Etat de Platon à Locke*, 294 págs.; 1954-55, *L'individualisme politique de Hobbes à Marx*, 315 págs.; 1955-56, *La bataille des idées politiques de 1789 à 1870* (anexo del curso: *Evolution de la liberté constitutionnelle en Angleterre à travers les deux révolutions*, de Carl J. FRIEDRICH), 261-107 págs.; 1956-57, *L'idée de l'Etat de l'Etat-Cité à l'Etat-Nation*, 331 págs.; 1957-58, *La bataille des idées politiques de 1789 à nos jours*, 330 págs.; 1960-61, *Rechesches sur la naissance et le developpement de l'idée démocratique*, 185 págs.; 1961-62, *La bataille des idées politiques à partir de 1789* (esencialmente sobre Burke, Maistre y Bonald), 184 págs.

El compendio de Marcel PRÉLOT, *Histoire des idées politiques*, Dalloz, 1959, 640 págs., apareció algunas semanas antes de la primera edición del presente manual; concebido de manera muy diferente a la nuestra es de un gran interés; en 1961 ha aparecido una segunda edición, 648 págs. Véase también el libro de Roger LABROUSE, *Introduction a la philosophie politique* (Platón, Aristóteles, Cicerón, San Agustín, Santo Tomás de Aquino, Ockam, Hobes, Locke, Rousseau, Fichte, Marx, Sorel), Rivière, 1959, 295 págs. [Hay versión castellana en Ed. Sudamericana, Buenos Aires, 332 pág.]

Ver también: Félix PONTEIL, *La pensée politique depuis Montesquieu*, Sirey, 1960, XVI-355 págs.

En cuanto a los textos políticos, la única colección moderna de vulgarización en Francia es la colección de los "Clásicos del Pueblo", publicada por las Editions sociales (orientación marxista). Recientemente Armand Colin ha creado una colección titulada "Idées

---

[1] Cuando la presente obra estaba componiéndose hemos recibido el libro de Marcel PRÉLOT, *Histoire des idées politiques*, Dalloz, 1959, 640 págs. Concebida con un espíritu muy diferente del nuestro, tiene un gran interés.

politiques". Los Cuadernos de la Fundación Nacional de Ciencias Políticas sólo han publicado una obra sobre historia de las ideas políticas: *Libéralisme, traditionalisme, décentralisation,* bajo la dirección de Robert PELLOUX, A. Colin, 1952, 196 páginas (Cuaderno número 52). El ritmo de las publicaciones de la "Biblioteca de Ciencia Política" de las Presses Universitaires de France no es hasta ahora muy rápido en lo que concierne a los textos políticos: tres textos publicados desde 1950 (Aristóteles, Locke y Maritain). No existe en Francia nada comparable con los trozos escogidos de Ebenstein, con las utilísimas obritas sobre el nacionalismo o el liberalismo, publicadas en la colección Anvil Books de Van Nostrand, o con la excelente colección "The British political tradition", que puede ser considerada como un modelo. Esta carencia es tanto más notable cuando que aparecen en Francia un gran número de trabajos valiosos dedicados a problemas particulares. La Fundación Nacional de Ciencias Políticas confeccionó una bibliografía en 1949; no era crítica y además no está al día. En cuanto al libro de Gaetano MOSCA, *Histoire des doctrines politiques depuis l'Antiquité jusqu'à nos jours,* traducción francesa, Payot, 1936, 335 págs., 2.ª ed. completada por Gaston BOUTHOUL, 1955, 427 págs., es muy superficial y contiene errores. (Hay versión castellana: *Historia de las doctrinas políticas,* trad. de la 3.ª edición italiana de Luis Legaz Lacambra, Madrid, Revista de Derecho Privado, 1941, XVI-346 págs.)

Las obras generales en inglés son muy numerosas. La más conocida, y sin duda la mejor, es la de George H. SABINE, *A history of political theory,* Nueva York, Henry Holt, 2.ª ed., 1950, XXI-934 págs. (Hay traducción española de la anterior edición: *Historia de la teoría política,* trad. de Vicente Herrero, Méjico, Fondo de Cultura Económica, 1945, 760 págs. La 2.ª ed. española de esta obra, también en el F. C. E., 1963, contiene las importantes innovaciones de las ediciones en inglés de 1950 y 1961. Otras obras generales: William Archibald DUNNING, *A history of political theories,* Nueva York, Macmillan, tomo I: *Ancient and Mediaeval,* 1902, XXV-360 págs.; tomo II: *From Luther to Montesquieu,* 1905, XII-459 págs.; tomo III: *From Rousseau to Spencer,* 1920, X-446 páginas. La colección de obras publicadas bajo la dirección de F. J. C. HEARNSHAW, *The social and political ideas of...,* Londres, 1921-1930 [2]; reedición americana más reciente, Nueva York, Barnes and Noble, 1949-1950 (colección de estudios discontinuos de diferentes autores; útil, pero no sustituye a una historia coherente y encadenada de las ideas políticas). Arthur O. LOVEJOY, *Essays in the history of ideas,* Baltimore, Johns Hopkins, 1948, XVIII-359 págs. John BOWLE, *Western political thought. An historical introduction from the origins to Rousseau,* Londres, Jonathan Cape, 1948, 472 págs. Crane BRINTON, *Ideas and men. The story of Western thought,* Nueva York, Prentice-Hall, 6.ª ed., 1950, 587 páginas. (Hay traducción española: *Las ideas y los hombres,* trad. de Agustín Caballero obredo, Madrid, Aguilar, 1952, 724 págs.) (Ensayo de síntesis que no se limita a la historia de las ideas políticas y que abarca la historia de las ideas en su conjunto, desde la antigüedad griega a nuestros días.) George CATLIN, *A history of the political philosophers,* Nueva York, 1939, Londres, Allen and Unwin, 1950, XVIII-802 págs. (Hay traducción española: *Historia de los filósofos políticos,* Buenos Aires, 1956, 843 págs.) (pasa revista a diferentes autores, siguiendo un plan discutible y sin relacionar, lo más a menudo, estos análisis entre sí; bibliografía completamente elemental). R. H. S. CROSSMANN, *Government and the governed, A history of political ideas and political practice,* Londres, Christophers, nueva ed., 1952, VIII-326 págs. (no trata de ofrecer una historia completa de las ideas políticas; después de una rápida introducción estudia sucesivamente la revolución inglesa, la revolución americana, la revolución francesa, etc.). Eugene O. GOLOB, *The "isms". A history and evaluation,* Nueva York, Harper and Brothers, 1954, XII-681 páginas (cuatro partes, respectivamente dedicadas al capitalismo, a la tradición mercantilista, al socialismo y al corporativismo). William EBENSTEIN, *Man and the State. Modern political ideas,* Nueva York, Rinehart, 1947, XVI-782 págs. (colección de textos, ordenados según un plan discutible; bibliografía únicamente en inglés); del mismo, *Great political thinkers. Plato to the present,* Nueva York, Rinehart, 3.ª ed., 1960, XIV-978 págs. (colección de textos escogidos, con un plan cronológico; bibliografía crítica de las más útiles para las obras no francesas); *Modern political thought. The great issues,* Nueva York, Rinehart, 1954, XVIII-806 págs. (colección de textos escogidos, de Locke a nuestros días; plan según problemas; Francia sólo está representada por un texto de Rousseau y otro de

---

[2] Citaremos las principales obras de esta colección en las bibliografías particulares.

Renan; abundante bibliografía, que no comprende más que libros en inglés); *Political thought in perspective*, Nueva York, Mc Graw-Hill, 1957, XVI-588 págs. (cada pensador político es presentado por otros pensadores políticos; interesante, pero desigual; un pensador original no es necesariamente un buen crítico, y recíprocamente). Eric VOEGELIN, *Order and history*, Louisiana State U. P.: vol. I, *Israel and Revelation*, 1956, 533 págs.; vol. II. *The world of the polis*, 1957, 389 págs.; vol. III, *Plato and Aristotle*, 1957, 383 páginas. Carl Joachim FRIEDRICH, *The philosophy of law in historical perspective*, Chicago, U. P., 1958, X-253 págs. (estudio histórico y filosófico muy importante sobre el concepto de derecho; la primera parte comprende una veintena de capítulos, breves pero muy densos, que van desde el Antiguo Testamento hasta la época contemporánea; la segunda parte, mucho más breve, es un ensayo de análisis sistemático).

En lengua alemana, la última obra aparecida es la de Walter THEIMER, *Geschichte der politischen Ideen*, Berna, Francke, 1955, 507 págs. (sigue de muy cerca al SABINE). (Hay versión castellana: *Historia de las ideas políticas*, trad. de J. L. Lacruz Berdejo, Barcelona, Ariel, 1960, 549 págs.). Los tres volúmenes publicado en Colonia por Westdeutscher Verlang son muy valiosos: Gerhard MÖBUS, *Die politischen Theorien von der Anfängen bis zu Machiaveli*, 1958, 217 págs.; del mismo autor: *Die politischen Theorien im Zeitalter der absoluten Monarchie bis zur französischen Revolution*, 1961, 420 págs.; Otto Heinrich von der GABLENTZ, *Die politischen Theorien seit der französischen Revolution*, 1957, 247 páginas. Las obras de Ernst CASSIRER y de Friedrich MEINECKE son importantes, pero no constituyen una historia general; serán citadas en las bibliografías particulares que siguen a los diferentes capítulos de este libro.

Para las obras en italiano, ver los trabajos de Felice BATTAGLIA, y especialmente *Lineamenti di storia delle dottrine politiche*, Roma, 1939, 220 págs.

II. OBRAS GENERALES.

Referidas a diferentes países o sectores geográficos.

Nos contentaremos con mencionar aquí algunas obras generales referentes a un país o sector geográfico determinado. Remitimos las obras que tratan de un período o de una corriente a las bibliografías publicadas en el cuerpo del volumen. Por consiguiente, no citaremos aquí más que un número pequeño de títulos concernientes a los países de los que trataremos muy a menudo en nuestro estudio: Francia y Gran Bretaña. Damos bibliografías más detalladas sobre las ideas políticas en Estados Unidos y, sobre todo, de China y del Islam, de las que hablamos muy poco.

Francia.—Una obra general: Albert THIBAUDET, *Les idées politiques de la France*, Stock, 1932, 265 págs. Se trata de un brillante y personal ensayo, de ningún modo de un estudio sistemático. (A. T. pasa revista a seis corrientes del pensamiento; expone a muy grandes rasgos su historia desde el comienzo del siglo XIX, pero sobre todo se dedica a situarlas en la Francia de 1932; el mejor capítulo se refiere al radicalismo). Dos "Que saisje?" se refieren a nuestro tema: Jacques DROZ, *Histoire des doctrines politiques en France*, P. U. F., 1948, 128 págs. (notablemente denso y substancioso). Roger DAVAL, *Histoire des idées en France*, P. U. F., 1953, 128 págs. (mucho menos satisfactorio). La obra colectiva *Tendances politiques dans la vie française depuis 1789*, Hachette, 1960, 144 págs., contiene estudios de Pierre GUIRAL sobre el liberalismo, Jacques KAYSER sobre el radicalismo, René RÉMOND sobre el socialismo y Jean TOUCHARD sobre "el espíritu de los años 1930".

Gran Bretaña.—La colección "The British Political Tradition", dirigida por Alan BULLOCK y F. W. DEAKIN, es fundamental. Se trata de textos escogidos de una manera muy variada y precedidos de substanciosas introducciones. Se encontrará en el cuerpo de este libro detalladas referencias sobre los principales volúmenes de esta colección.

Alemania.—J. E. SPENLÉ, *La pensée allemande, de Luther à Nietzsche*, A. Colin, 4.ª edición, 1949. Este libro de la pequeña colección Colin es más completo sobre el siglo XVIII que sobre el XIX; se interesa por la filosofía más que por las ideas políticas; sólo habla del nacionalismo alemán muy rápidamente. Víctor BASCH, *Les doctrines politiques des philosophes classiques de l'Allemagne*, Alcan, 1927, x-336 págs. (la mayor parte del libro está dedicada a Hegel; capítulos rápidos sobre Leibniz, Kant y Fichte, al que el autor trata de excusar de haberse inclinado hacia el pangermanismo). L. LÉVY-BRULH, *L'Allemagne depuis Leibniz*, Hachette, 1890, 490 págs. (estudio amplio y elegante, superficial en ocasiones). Edmond VERMEIL, *L'Allemagne, essai de explication*, Gallimard, 1945, 459 páginas. Robert MINDER, *Allemagnes et Allemands*, tomo I, éditions du Seuil, 1948, 481 páginas. Ver también Hans KOHN, *The mind of Germany. The education of a nation*, N. Y., Scribner, XIV-370 págs., así como el importante estudio de Frederick HERTZ, *The development of the German mind. A social history of German political sentiments, aspiration and ideas*, Londres, Allen and Unwin, 1. The Middle Ages. The Reformation, 1957, 525 páginas; 2. The age of Enlightenment, 1962, 488 págs.

Italia.—Dirigirse a la guía bibliográfica de Rudolfo de MATTEI, *Gli studi italiani di storia del pensiero politico*, Bolonia, D. C. Zuffi, 1951, 235 págs.

España.—Ver los títulos citados en la nota bibliográfica de Jean MEYRIAT, "L'Espagne contemporaine, état des travaux, mise à jour (1945-1956), *Revue française de Science politique*, abril-junio de 1957, págs. 405-432. Alain GUY, *Les philosophes espagnols d'hier et d'aujourd hui*, Privat, 1956, 2 vols.

Argentina.—José Luis ROMERO, *Las ideas políticas en Argentina*, Méjico, Fondo de Cultura Económica, 2.ª ed., 1956, 269 págs.

Brasil.—João CRUZ COSTA, *Contribuiçao a historia das ideias no Brasil*, Río de Janeiro, 1956, 485 págs.

Estados Unidos.—Obras generales: Alan Pendleton GRIMES, *American political thought*, Nueva York, H. Holt, 1955, 500 págs. (la más reciente historia de conjunto, muy clara y precisa, bibliografía abundante). Alpheus T. MASON y Richard H. LEACH, *In quest of freedom, American political thought and practice*, Englewood Cliffs (N. J.), Prentice-Hall, 1959, VIII-568 págs. (trata principalmente de la oposición entre los intereses económicos dominantes y la democratización de la sociedad americana). Vernon L. PARRINGTON, *Main currents of American thought*, Nueva York, Harcourt, Brace and Co., 1930, 3 volúmenes (uno de los clásicos de la historia americana; es más una historia general del pensamiento que una historia del pensamiento político propiamente dicho; pone de manifiesto las preferencias del autor por las tradiciones jeffersonianas). (Hay versión castellana: *El desarrollo de las ideas en los Estados Unidos*, trad. de Antonio Llano, Buenos Aires, Editorial Bibliográfica Argentina, 1959, 3 vols. de 348, 419 y 387 págs.) Richard HOFSTADTER, *The American political tradition and the men who made it*, Nueva York, Knopf, 1954, XI-381 páginas (brillante serie de estudios dedicados a diferentes pensadores y políticos americanos). Merle CURTI, *The growth of American thought*, Nueva York, Harper, 1943, XX-848 páginas. Charles Edward MERRIAM, *American political ideas, studies in the development of American political thought (1865-1917)*, Nueva York, Macmillan, 1926, 481 págs.

Sobre las principales corrientes del pensamiento político americano: Louis HARTZ, *The liberal tradition in American. An interpretation of American political thought since the revolution*, Nueva York, Harcourt, Brace and Co., 1955, 329 págs. (estudio de conjunto de la tradición liberal en Estados Unidos desde el siglo XVIII). Arthur A. EKIRCH, *The decline of American liberalism*, Nueva York, Longmans, Green and Co., 1955, XIV-401, páginas (historia del liberalismo americano desde la Independencia). Clinton ROSSITER, *Conservatism in America*, Nueva York, A. A. Knopf, 1955, 328 págs. Russell KIRK, *The conservative mind from Burke to Santayana*, Chicago, H. Regnery Co., 1953, 458 páginas; nueva edición, Londres, Faber and Faber, 1954, 480 págs. (Hay traducción española: *La mentalidad conservadora en Inglaterra y Estados Unidos*, Madrid, Ediciones Rialp, 1956, traducción de Pedro Nacher, 524 págs.) Entre las obras citadas en el capítulo sobre la Revolución americana, una de las más substanciosas es la de Claude G. BOWERS, *Jefferson and Hamilton, the struggle for democracy in America*, Boston, Houghton, Mifflin and Co., 1933 (estudio importante de orientación claramente jeffersoriana). Arthur M. SCHLESINGER, Jr., *The age of Jakson*, Boston, Little, Brown and Co., 1947, XIV-577 págs. (estudio básico sobre la época en que Tocqueville escribió su libro, que sigue siendo, respecto a Estados Unidos, una obra clásica). W. J. CASH, *The mind of the South*, Doubleday, Anchor Books, 1954, 444 págs. (1.ª ed. 1941) (exposición brillante del Sur en el momento de la guerra de Secesión). Charles A. MADISON, *Critics and crusaders: a century of American protest*, Nueva York, H. Holt, 1947, 572 págs. (la tradición anticapitalista en Estados Unidos). Richard HOFSTADTER, *Social Darwinism in the American thought (1860-1915)*, Filadelfia, University of Pennsylvania Press, 1941, 191 págs. Donald D. EGBERT y Stow PERSONS, *Socialism and American life*, Princeton, U. P., 1952, 2 vols.

Pensamiento político en China.—Las ideas políticas y morales constituyen un aspecto esencial de la filosofía china. El arte de bien gobernar inspira ya todas las ideas confucionistas, y el mismo taoísmo encuentra en su desprendimiento místico un método de gobierno. Esta observación, que se refiere a la antigüedad, sigue siendo en mayor o menor medida válida para todas las escuelas que han seguido. Para encontrar la evolución de las ideas políticas tradicionales conviene, por consiguiente, consultar en primer lugar las historias de la filosofía china: las más accesibles son las siguientes: FONG YEOU-LAN, *Précis d'histoire de la philosophie chinoise*, Payot, 1952, 373 págs. H. G. CREEL, *La pensée chinoise de Confucius à Mao Tseu-Tong*, Payot, 1955, 281 págs. Marcel GRANET, *La pensée chinoise*, Albin Michel, 1950, XXIII-615 págs. (Hay versión castellana: *El pensamiento chino*, traducción de Vicente Clavel, Méjico, U. T. E. H. A., 1959, XX-429 págs.) Las obras siguientes podrán también ser útiles: Arthur F. WRIGHT, ed., *Studies in Chinese thought*, Chicago, U. P., 1953, XIV-317 págs. (The American Anthropological Association, Memoria núm. 75, "American anthropologist", vol. 55, núm. 5, dic. 1953). CHOW YIH-CHING, *La philosophie chinoise*, P. U. F., 1956, 128 págs. Pierre DO-DINH, *Confucius et l'humanisme chinois*, éd. du Seuil, 1958, 192 págs. Sobre el pensamiento propiamente político existen, en chino, dos obras relativamente recientes, una de Tao Hsi Sheng, la otra de Chang Chi Yün. En inglés, ver: LIN-MOUSHENG, *Men and ideas; An informal history of Chinese political ideas*, Nueva York, John Day, 1942. John K. FAIRBANK (ed.), *Chinese thought and institutions*, Chicago, U. P., 1957, XIV-438 págs. (estudia sobre todo la mentalidad confucionista en sus relaciones con la vida política del país). Joseph H. LEVENSON, *Confucian China and its modern fate*, The problem of intellectual continuity, Londres, Routledge and Kegan Paul, 1958.

Ideas políticas del Islam.—1) Para abordar el estudio de las ideas políticas en el Islam no resulta inútil reconstruir el clima en el que el Islam nació y se desarrolló. Se leerán con fruto las obras siguientes de carácter introductorio: Henri MASSÉ, *L'Islam*, A. Colin, 1930, numerosas reediciones, 223 págs. (obra breve, pero substanciosa: bibliografía útil). Emile DERMENGHEM, *Mahomet et la tradition islàmique*, éd. du Seuil, 1955, 192 páginas (presentación agradable de textos, precedidos de una introducción). I. GOLDZIHER, *Le dogme et la loi de l'Islam*, trad. francesa, Geuthner, 1920, 317 págs. (obra clásica).

2) Sobre el derecho, las instituciones y las ideas políticas del Islam se consultarán sobre todo: Louis MILLIOT, *Introduction au droit musulman*, Recueil Sirey, 1953, XII-822 páginas. Louis GARDET, *La cité musulmane. Vie sociale et politique*, Vrin, 1954, 405 págs. (obra importante; contiene una buena bibliografía). También: M. GAUDEFROY-DEMOMBYNES, *Les institutions musulmanes*, Flammarion, 1921, numerosas reediciones, 190 págs. Del mismo autor, *Mahomet*, Albin Michel, 1957. Una obra muy importante: Erwin I. J. ROSENTHAL, *Political thought in medieval Islam. An introductory outline*, Cambridge, U. P., 1958, 324 págs. Gustave E. VON GRUNEBAUM, *Medieval Islam*, Chicago, 1946, 2.ª ed. 1954. Del mismo autor, *Islam. Essays in the nature and growth of a cultural tradition*. The American Anthropological Association, núm. 81, abril de 1955. Sobre todo "Government in Islam", páginas 127-140. Claude CAHEN, *The body politic, Unity and variety in Muslim civilisation*. University of Chicago, 1955, págs. 132-163 H. A. R. GIBB, "The evolution of government in the early Islam", *Studia Islamica*, fasc. IV, 1955 (de manera general, esta revista merece consultarse). W. Montgomery WATT, *Muhammad. Prophet and statesman*, Oxford University Press, 1961, X-250 págs. Muhammad ASAD, *The principles of state and government in Islam*, Berkeley, Los Angeles, University of California Press, 1961, XIV-107 páginas. H. A. R. GIBB, *Les tendances modernes de l'Islam*, G. P. Maisonneuve, 1949, XIX-189 páginas. Sobre el "universo político de los árabes" ver la contribución de Jacques BERQUE en el tomo XI de la *Encyclopédie française: La vie internationale*, 1957 (30 páginas nota-

blemente densas). Véase principalmente: Jacques BERQUE, *Les Arabes d'hier a demain*, ed. du Seuil, 1960, 286 págs. Pierre RONDOT, *L'Islam et les musulmans d'aujourd'hui*, ed. de l'Orante, I. *La communauté musulmane: ses bases, son état présent, son évolution*, 1959, 375 págs.; *De Dakar à Djakarta. L'Islam en devenir*, 1960, 253 págs. Para completar: "L'univers politique des Arabes", discusion entre Jacques BERQUE y N. D. BAMMATE, *La Table Ronde*, julio-agosto de 1958, págs. 82-89. Para una visión rápida de las relaciones del Islam con la política, dos conjuntos: "L'Islam", *La Table Ronde*, junio y julio-agosto de 1958. "L'Islam et l'Etat", *Fédération*, marzo de 1956 (sobre todo, el artículo de N. D. BAMMATE, *Doctrine traditionnelle de l'Etat musulman*, págs. 102-108).

3) Por último, se encontrarán diferentes indicaciones en los trabajos siguientes: Louis MASSIGNON, "La *Futuwa* ou acte d'honneur artisanal entre les travailleurs musulmans au Moyen Age", *La Nouvelle Clio*, Bruselas, 1952, págs. 171-198; "L'influence des initiations corporatives sur la *Futuwa* ou chevalerie islamique", *Annales du Collège de France*, año 49, págs. 151-154. "L'influence de l'Islam au Moyen Age sur la formation des banques juives", *Bulletin des études orientales de l'Institut français de Damas*, núm. 2, 1931. (Se encontrará un punto de vista diferente en: Henri PIRENNE, *Mahomet et Charlemagne*, París-Bruselas, 5.ª ed., 1937, 264 págs.) Louis MASSIGNON, "L'Umma et ses synonymes: notion de communauté sociale en Islam", *Revue des études islamiques*, años 1941-1946, cuaderno único, págs. 151-157 (breve artículo, de primera importancia. Consúltese esta revista, que publica de manera regular los *Abstracta islamica*, que permiten mantenerse al corriente de los trabajos en materia de islamología). Consultar también diversos artículos de la *Encyclopédie de l'Islam*, París-Leyden, en curso de reedición.

4) Textos: *Le Coran*: Introducción (1 vol., 1947); presentación y nueva traducción (2 vols., 1949-1951), G. P. Maisonneuve. (Hay varias traducciones españolas del Corán.) MAWARDI, *Les statuts gouvernementaux*, trad. francesa, Argel, 1915. Ibn TAYMIYYA, *Le traité de droit public de Ibn Taymiyya*, trad. francesa, Institut français de Damas, Imprim. Beyrouth, 1948. Ibn KHALDUN, *Prolégomènes*, trad. francesa, Imprim. nationale, 1868, 3 volúmenes (sobre Ibn Khaldun: "Ibn Khaldun: a North African Muslim thinker of the XIVth century" de Erwin I. J. ROSENTHAL, *Bulletin of the John Rylands Library*, tomo XXIV, 1940). Ibn KHALDUN, *The Muqaddimah, An introduction to history*, traducido del árabe al inglés con una introducción de Franz ROSENTHAL, Londres, Routledge and Kegan Paul, 3 vols. Para un período más reciente: Alí ABDURRAZIQ, *L'Islam et les bases du pouvoir*, trad. en *Revue des études islamiques*, núm. III, 1933; núm. II, 1934.

III. OBRAS DE REFERENCIA.

Es importante, por último, citar diferentes tipos de obras que no se refieren directamente a la historia de las ideas políticas, pero que contribuyen en gran medida a facilitar su comprensión.

1) **Historia de las ideas políticas e historia general.**—Además de las grandes colecciones francesas ("Clio", Halphen-Sagnac, "Histoire générale des civilisations", "Destins du monde"), puede consultarse Jacques PIRENNE, *Les grands courants de l'histoire universelle*, Neuchâtel, La Baconnière, 1945-1956, 7 vols. (Hay versión castellana: *Historia Universal*, Barcelona, Ediciones Leo, 1953-58, 8 vols. Editorial Destino de Barcelona ha publicado la versión española de la *Historia general de las civilizaciones.)*

2) **Ideas políticas e instituciones.**—La bibliografía sobre este tema es infinita y nos contentaremos con citar las obras a las que nos hemos dirigido con frecuencia. Georges BURDEAU, *Traité de science politique*, L. G. D. J., 1949-1957, 7 volúmenes. Maurice DUVERGER, *Droit constitutionnel et institutions politiques*, P. U. F., 6.ª ed., 1962, VIII-752 páginas (colección "Thémis") [Hay versión española: traducción de Jesús Ferrero; prólogo de Pablo Lucas Verdú. Caracas, etc., Ariel, 1961, 467 págs.] Jacques ELLUL, *Histoire des institutions politiques*, P. U. F., 1955-57, 2 tomos (ibíd.).

3) **Ideas políticas y doctrinas económicas.**—Idéntica observación que para el parágrafo precedente, Charles GIDE y Charles RIST, *Histoire des doctrines économiques*, Sirey, 7.ª ed. 1947, xx-903 págs. (tomo I: *Des physiocrates à J. Stuart Mill*; tomo II: *De l'école*

historique à John Maynard Keynes). Joseph SCHUMPETER, *History of economic analysis,* Nueva York, Oxford, 1954, XXVI-1260 págs. Emile JAMES, *Histoire de la pensée économique au XXe siècle,* P. U. F., 1955, 2 tomos. (Hay versión castellana: *Historia del pensamiento económico en el siglo XX,* trad. de E. y J. González Pedroso, Méjico, F. C. E., 1957, 586 págs.); *Histoire des théories économiques,* Flammarion, 1950, 329 págs.; *Histoire sommaire de la pensée économique,* Montchrestien, 2.ª ed., 1959, 422 págs. Daniel VILLEY, *Petite histoire des grandes doctrines économiques,* Librairie de Médicis, 1954, 303 páginas. Gunnar MYRDAL, *The political element in the development of economic theory,* Londres, Routledge and Kegan Paul, 1953, XVII-248 págs.

4) **Ideas políticas y filosofía.**—La obra clásica de Emile BRÉHIER, *Histoire de la philosophie* (P. U. F., 1941-1947, 2 tomos) contiene numerosas informaciones que interesan a la historia de las ideas políticas. (Hay traducción española: *Historia de la Filosofía,* trad. de Demetrio Náñez, Buenos Aires, Ed. Sudamericana, 1944, 2 vols. de 867 y 979 págs.). *L'histoire de la philosophie occidentale,* de Bertrand RUSSELL (traducida por Gallimard en 1952, 912 págs.) [Hay traducción española de Julio Gómez de la Serna y Antonio Dorta, Buenos Aires, Espasa-Calpe, 1947, 2 vols. 416-466 págs.] pretende ser brillante y ágil; no siempre es substanciosa y no justifica en absoluto su subtítulo: *Histoire de la philosophie, en relation avec les événements politiques et sociaux.* André LALANDE, *Vocabulaire technique et critique de la philosophie,* P. U. F., 8.ª ed., 1960, XXIV-1324 págs. (obra clásica). (Hay versión castellana: *Vocabulario técnico y crítico de la filosofía,* traducción dirigida por Luis Alfonso, Buenos Aires. El Ateneo, 1953, 2 volúmenes, 1502 págs). Gilbet VARET, *Manuel de bibliographie philosophique,* 2 tomos (I. *Les philosophies classiques;* II. *Les sciences philosophiques),* P. U. F., 1956 (muy bien confeccionado, pero de consulta difícil en lo que respecta a la historia de las ideas políticas, pues las informaciones —numerosas y precisas— están repartidas en numerosas rúbricas).

5) **Sobre las relaciones entre historia religiosa e historia de las ideas políticas,** el texto básico es la voluminosa *Histoire de l'Eglise depuis les origines jusqu'à nos jours,* por A. FLICHE y V. MARTIN (Bloud & Gay, 1941-1963, 21 tomos). (Traducción española, Bilbao, Desclée de Browers, dos volúmenes aparecidos.) Una introducción útil, en André LATREILLE y André SIEGFRIED, *Les forces religieuses et la vie politique,* Colin, 1951, 219 páginas. (Cahiers de la Fondation Nationale de Sciences Politiques, núm. 23).

6) **Sobre la evolución de las ideas demográficas.**—J. J. SPENGLER, *Economie et population. Les doctrines françaises avant 1800. De Budé à Condorcet,* P. U. F., 1954, 390 páginas (con un anexo de Alfred SAUVY, *Quelques démographes ignorés du XVIIIe siècle).* Este libro se completa con otra publicación del Instituto Nacional de Estudios Demográficos: *Economie et population. Les doctrines françaises avant 1800.* Bibliographie générale commentée, 1956.

7) **Historia de las ciencias e historia de las ideas.**—Hay que señalar en primer lugar la *Histoire générale des sciences,* publicada bajo la dirección de René TATON, en P. U. F., tomo I: *La science antique et médiévale (des origines à 1450);* tomo II: *La science moderne (de 1450 à 1800);* tomo III: *La science contemporaine,* fasc. 1: *Le XIXe siècle,* fasc. 2: *Le XXe siècle.* Indiquemos en la Encyclopédie de la Pléiade la *Histoire de la science,* bajo la dirección de Maurice DAUMAS, Gallimard, 1957, 1904 págs. (muy completa, abundantes indicaciones bibliográficas). Ver también la monumental *History of Technology* publicada por Clarendon Press en Oxford, bajo la dirección de Charles SINGER, E. J. HOLMYARD, A. R. HALL y Trevor I. WILLIAMS, 1956-58, 5 vols.

CAPITULO PRIMERO

Grecia y el mundo helenístico

Antes del siglo VI no existe un pensamiento político griego expresado en forma diferenciada.

El mundo homérico y la moral de Hesiodo postulan, ciertamente, ideas políticas, aunque sumarias; pero, por falta de conocimientos sobre las civilizaciones a las que se refieren, el resumirlas expondría a interpretaciones abusivas. Los antiguos no dejaron de recurrir a fórmulas, imágenes o ejemplos sacados de estos autores, que formaban la base de su cultura, para exponer sus propias ideas políticas; pero se trata de un procedimiento literario más que de una influencia real; no se puede hablar razonablemente de *una política* sacada de los poemas homéricos o hesiódicos, fuera de algunas máximas contra la demagogia en Homero y de algunas reflexiones contra los reyes, de frases torcidas, en Hesiodo.

SECCION PRIMERA

Los marcos generales de la reflexión política.

1. La Ciudad.—La vida política de los griegos y —podría decirse— de la antigüedad clásica está enteramente condicionada por la existencia de la Ciudad, la *polis,* que desempeña en el universo político de los griegos la misma función que nuestros Estados modernos, pero difiriendo profundamente de ellos. Todas sus especulaciones la implican; no hay para los griegos otra civilización que la de la Ciudad, y la Ciudad es un don de los dioses, como lo es el trigo: ella basta para distinguir a los helenos civilizados de los bárbaros incultos que viven en tribus. La Ciudad es una unidad *política*, no reducible a una aglomeración urbana; es la organización política y social unitaria de un territorio limitado que puede comprender una o varias ciudades, así como la extensión de campo que de ellas depende. Poco nos importan aquí las razones históricas que hicieron prevalecer esta fórmula política y el que las Ciudades fueran el resultado de un

sinecismo. Las Ciudades han alcanzado, en la época que nos ocupa, su
punto de equilibrio, y su misma noción se muestra a los ojos de los griegos
como la única válida: resistirá todas las concurrencias y ambiciones. Los
griegos la exportarán a todos los lugares que puedan, y los mismos romanos contarán con ella, aun destruyendo lo que tenía de exclusivismo. Tal
como es, impone la naturaleza de las relaciones internacionales en Grecia;
explica que las anexiones fuesen o poco practicadas o disfrazadas; y define
la estructura de los imperialismos o los límites de las emigraciones y ex-
pansiones. Estas se realizan esencialmente creando una nueva Ciudad, que,
al menos al principio, conserva con la primera vínculos de filiación y no
de dependencia.

Llama la atención, en primer lugar, el dominio que la Ciudad, cualquiera que sea su
forma o régimen, ejerce sobre los ciudadanos. Un griego se considera ante todo ciudadano;
la labor de Platón, que intenta construir una Ciudad justa para obtener hombres justos, resulta perfectamente significativa de este estado de ánimo; y, asimismo es comprensible que
la palabra *idiotes* (= simple particular) haya tenido el destino más bien molesto que se
conoce. Los mismos griegos pusieron en evidencia el aspecto, por así decirlo, religioso
de este vínculo: los dioses de la Ciudad son, a la vez, los protectores de la Ciudad y los
modelos de los ciudadanos, y las fiestas religiosas, fiestas municipales, o sea, nacionales.
Toda la vida del griego está marcada por su integración a esa serie de comunidades superpuestas —fratrías u otras—, que son como tantos órganos de la Ciudad. Toda su
actividad se inscribe en ese marco; obras de arte destinadas a embellecer o celebrar la
Ciudad, especulaciones filosóficas que aspiran a mejorarla, obras literarias destinadas a la
plaza pública o a las festividades teatrales; siempre y en cualquier lugar, la Ciudad es lo
primero, y el hombre es, ante todo, lo que su papel cívico le impone. Es cierto que la
definición de la Ciudad variará: Esquilo la define en relación con sus dioses, Isócrates en
relación con su constitución, Aristóteles en relación con su extensión de territorio. Pero
la fuerza del vínculo que la Ciudad impone apenas si disminuirá. En igual sentido —y
esto es la contraprueba— una serie de problemas derivaron de que la Ciudad continuó exigiendo la misma devoción cuando su realidad concreta se había modificado profundamente.
Por ejemplo, Atenas, dejando de ser únicamente la cabeza de una región agrícola para convertirse en un centro ancestral y, más aún, en un almacén comercial, trató de mantener, a
través de todos estos desequilibrios, la misma e intangible fórmula. De este esfuerzo provienen la mayoría de sus especulaciones políticas.

2. **La esclavitud.**—Resulta seguramente excesivo afirmar que esta institución define por sí sola toda la civilización antigua; pero es necesario reconocer que su papel es, a la vez, considerable y oculto. Considerable, ya
que la esclavitud es una de las condiciones de la vida material y, por tanto,
de la vida política; oculto, porque nunca es, por así decirlo, objeto de examen, no constituyendo un problema político en sí mismo. La opinión pública
y los pensadores la consideraron constantemente, en mayor o menor grado,
como un dato natural que se utiliza sin discutir. Puede proporcionar la
materia para reflexiones morales sin aplicaciones concretas, como en el caso
de los trágicos. Pero para los artífices de sistemas entra en el campo de la
buena administración y no en el de la política; así, el Platón de las *Leyes*
recomienda escoger esclavos de diferentes lenguas para impedir las revueltas
serviles. En esta perspectiva, pudo variar considerablemente la condición
efectiva de los esclavos y humanizarse su estatuto y la protección que les
era concedida; pero siempre permaneció más acá de la reflexión política.

Cuando Aristóteles trata este tema *(Pol.*, I, 2, 1-16) es para eludirlo, diso-
ciándolo en dos problemas distintos.

Para él, el esclavo es una "propiedad animada". "Desde el nacimiento unos seres están
destinados a ser regidos y otros a regir." Considerado desde el punto de vista de la naturaleza, el esclavo es al amo lo que el cuerpo es al alma. "...Todos aquellos cuyo
rendimiento es el uso del cuerpo, y esto es lo mejor que pueden aportar, son esclavos por
naturaleza, y para ellos es mejor estar sometidos a esta clase de imperio... Pues es naturalmente esclavo el que es capaz de ser de otro (y por eso es realmente de otro)" (citado de
la edición española de Julián Marías y María Araújo).

Pero al lado de la servidumbre natural existe una servidumbre establecida por la ley,
que deriva especialmente del derecho de guerra. Contra ella, reconoce Aristóteles, se han
alzado muchos jurisconsultos, ya que la superioridad militar no es una razón suficiente
para esclavizar a otros, tanto más cuanto que la guerra misma puede ser injusta. Aristóteles, aun sin admitir totalmente este punto de vista, parece concluir, al final de un desarrollo bastante forzado, que no hay más esclavos que los que han sido destinados a la
servidumbre por naturaleza. El trabajo de Aristóteles es significativo. Reduce el problema
de la esclavitud, por una parte, a un dato natural que se excluye por eso mismo de la
política, y, por otra, a accidentes individuales que se imputan a las vicisitudes de la Historia y que se pueden intentar paliar.

Sea lo que fuere, el principio de la esclavitud nunca fue seriamente puesto en duda;
e incluso las demás escuelas filosóficas, epicureísmo y estoicismo, aun proclamando la igualdad moral de los hombres, no intentaron en absoluto tratar este tema en un plano político.
La esclavitud no intervendrá en la elaboración de las doctrinas más que como un dato
natural o económico, al igual que el maquinismo hoy día. Pero este dato es determinante;
explica por qué, en la Ciudad antigua, el ciudadano, por pobre que sea, es un personaje
privilegiado y por qué la ciudadanía, por insignificante que sea su poseedor, es ya una
función. Hay que evitar una asimilación, aun inconsciente, con nuestros regímenes censita-
rios, en los que, sin embargo, el ciudadano pasivo es ciudadano, tiene una parte de los
derechos cívicos y, pudiendo aspirar a todos cuando se eleva en la jerarquía económica
y social, pesa indirectamente sobre la vida política. Aquí, el corte es total. El esclavo,
en principio, no existe políticamente. Los esclavos son los que permiten a la Ciudad
antigua mostrarse tan exigente con los ciudadanos; la vida política intensa, esa continua
movilización cívica del *ágora* o del Campo de Marte, sólo es posible para hombres ampliamente liberados de cualquier otra preocupación. Si el griego es, a sus propios ojos, esencialmente un ciudadano, la razón es que "su otro cuerpo", el esclavo, no lo es en absoluto.

3. La noción de ley.—En la época en que la vida política de las ciudades griegas comienza a mostrársenos con la mayor claridad, esto es, hacia
finales del siglo VII, la mayoría de los regímenes parecen variantes de sistemas oligárquicos mezclados con supervivencias monárquicas. Todos están
en situación de crisis. Las antiguas aristocracias terratenientes pierden terreno frente a una burguesía urbana, artesanal o comerciante, apoyada por su
clientela obrera; campesinos acomodados, arruinados por el reparto de
tierras, se deslizan hacia las capas bajas de la escala social. Frente a los
nacientes desórdenes, Esparta es el ejemplo de un Estado que inmoviliza
sus estructuras, manteniéndose firme en un estado de sitio permanente y
organizado, para detener, mediante la esclerosis de sus instituciones políticas, toda evolución económica y social. No tendrá durante siglos ninguna
participación en la elaboración de las ideas políticas, pero servirá de modelo a quien quiera detener el curso del tiempo; y de modelo pasará a ser
espejismo. Más a menudo, por el contrario, las facciones en lucha —se trate
de los eupátridas alzados contra la burguesía urbana o de los nuevos o

antiguos pobres contra los ricos— recurrirán, bien al compromiso de una legislación escrita, bien al arbitraje autoritario de un tirano y, en ocasiones, sucesivamente a ambos procedimientos. El desarrollo del pensamiento político griego data esencialmente de este período de fermentación.

Es natural que en estas condiciones las preocupaciones dominantes se refieran a la Eunomia y a la Eukosmia, es decir, al orden jurídico y social. Hay un paralelismo entre la obra de los políticos y la de los filósofos. Los primeros, sobre todo los de la Magna Grecia [1], intentan principalmente (Zaleucos de Locris en 663, Carondas de Catania en 630), por una parte, imponer una legislación común a todos los ciudadanos, dominando, por tanto, las jurisdicciones y los derechos particulares, por ejemplo, los de las familias; en segundo lugar, determinar las atribuciones tradicionales de las jurisdicciones existentes, armonizando su competencia; establecer, por último, una especie de equilibrio entre esas clase sociales en movimiento, mediante una distribución mejor proporcionada de los ciudadanos en el interior de estas clases y mediante una distribución más equitativa de las cargas cívicas y de las responsabilidades políticas. Tal será especialmente el sentido de las obras de Dracón (621) y Solón (593) en Atenas. Las tiranías tendrán a menudo por objeto hacer prevalecer este compromiso contra las oposiciones partidistas, mediante la autoridad de uno solo. Pero no empañaron el crédito creciente de este árbitro supremo: la *ley*.

Filósofos y poetas mantienen las mismas ideas. Sin duda, un Teognis (mediados del siglo VI), en medio de las luchas encarnizadas que desgarran Megara, sigue siendo hasta el fin hombre de partido; opone los "buenos" (es decir, los aristócratas) a los "malos" (es decir, los plebeyos) y transcribe un predominio violentamente discutido en los hechos a valores morales. Pero otros intentan sobre todo cantar el orden. Ciertamente, Tirteo de Esparta y Solón de Atenas no celebran el mismo orden, ni tampoco Pitágoras o Heráclito; pero todos, cualquiera que sea el régimen que prediquen, quieren mostrar que el orden mediante la ley y mediante el respeto a la ley es la única garantía de una vida política sana.

Nunca se insistiría demasiado sobre la importancia de estas nuevas perspectivas. La fe en una legislación fija, muy pronto escrita, de todos conocida y respetada, va a substituir a la Diké, que esencialmente era sentencia o simple decisión, cualquiera que fuera su autor, y que hacía reinar una legalidad ocasional, inconexa y fragmentaria, apenas controlada por la *Temis*. El reino de la ley (*Nomos*) comienza.

Pitágoras y Heráclito lo ilustran a su manera; pues, si bien es cierto que sus ideas políticas no reflejan el racionalismo organizador que sus filosofías parecen postular [2], sin embargo ambos colocan en el centro de su reflexión la lucha contra la anarquía e intentan legitimar la ley. Y es revelador que, aunque con intenciones conservadoras, ambos hagan corresponder la ley, como principio organizador de la sociedad, con los principios que, en sus metafísicas, son organizadores del mundo (armonía o inteligencia).

Esto reforzaba el poder de la Ciudad, que tendía también a unificarse en torno a esta legislación común, después de haberlo hecho alrededor de la tierra y de los dioses. En vísperas de la prueba decisiva que las guerras médicas constituyen para Grecia, la Ciudad había encontrado el fermento de una unidad más profunda, y elaborado una de las consignas aldededor de la cual el patriotismo podía organizar su defensa moral. Este valor nuevo, en efecto, no quedará limitado solamente a las democracias; y Herodoto coloca incluso la célebre respuesta que define el ideal político griego frente a los bárbaros, en labios de los embajadores espartanos: "No tenemos más amo que la ley". En efecto, la ley representa de manera muy especial el orden griego frente al personalismo persa. El griego se enorgullece de someterse a un Orden, no a un Hombre. Las guerras médicas, los sacrificios exigidos, la alegría del triunfo, refuerzan la toma de conciencia de un "modo de vida griego" específico, cuya originalidad se gusta definir por la existencia y

---

[1] Las primeras legislaciones escritas de los griegos provienen de su Nuevo Mundo, al igual como la primera Constitución escrita nos vino de América; esto es natural, ya que el orden puede descansar más fácilmente sobre una convención en tierras de civilización reciente.

[2] En efecto, Pitágoras, el hombre de las armonías de los números, en política es ingenuamente el defensor —como más tarde lo será Descartes— de las "leyes de los antepasados"; y Heráclito, filósofo del *logos*, justifica indiferentemente la emulación fecunda o la tiranía.

la soberanía de la ley. No hay orden concebible fuera de la ley, dirá más tarde Aristóteles (*Pol.*, III, 21, 3). Pero antes que él en el principio del siglo IV, la leyenda nos muestra a Sócrates, mártir de esta devoción, prefiriendo morir antes que transgredir, huyendo, las leyes de su país, que significan todo para él: "¿Puede caber en ti —le dicen en el *Criton* (50 E)— ni por un momento la idea de que no eras hijo y aun esclavo nuestro?" (trad. M. Rico). La ley se confunde con la ciudad; Heráclito podía proclamar: "El pueblo debe combatir por la ley como por la muralla de la ciudad". Palladium del Estado, la ley toma pronto los caracteres de sus diosas protectoras. Todo un trabajo de deificación latente encontrará su realización en el siglo V.

4. Los tres regímenes.—Cuando comienza el gran siglo de Atenas las experiencias de la Historia han presentado en forma clara a la conciencia de los griegos los grandes estatutos políticos que van a servir en adelante de marcos de referencia. Son tres. La primera formulación precisa que de ellos hemos conservado es, ciertamente, de fecha más bien tardía, ya que figura en la obra de Herodoto y debió ser compuesta a mediados del siglo V. Pero se presenta con el suficiente rigor en su exposición y crítica como para ser fruto de una tradición ya ampliamente sentida. Herodoto (III, 80-82) afirma narrar una discusión que habría tenido lugar en 522 entre los conjurados persas, victoriosos del Mago usurpador, sobre el régimen mejor aplicable a su país. Se sostienen tres grandes tesis: uno de los interlocutores, Otanes, defiende, bajo el nombre de "isonomía", un régimen que se parece bastante a la democracia tal como la concebirán los atenienses del siglo V; Megacibo propone el gobierno de un pequeño número u oligarquía; Darío, por último, sostiene la superioridad de la monarquía, subrayando que es necesario distinguir en cada régimen la forma correcta de sus desviaciones. Este relato, cuyo valor histórico es en extremo poco seguro, hace al menos evidente, en forma muy adornada, los datos, desde ese momento constantes, del pensamiento político griego, que, durante siglos, de hecho hasta el Imperio romano, se encontrarán en la base de todo análisis, crítica o doctrina: la monarquía y la tiranía [3], la oligarquía y sus desviaciones, la democracia y sus excesos.

SECCION II

Las grandes ideas de la Atenas democrática.

Después de las guerras médicas (490-479) el pensamiento político griego conoce un considerable desarrollo, condicionado en gran parte por las transformaciones económicas y sociales que se operan en Grecia continental y especialmente en Atenas. Ésta Ciudad, en plena expansión, se da progresivamente una estructura política democrática. Y ella es quien domina el movimiento de las ideas, bien a través de sus propios pensadores, bien por intermedio de los extranjeros que acoge —Protágoras, por ejemplo—, exactamente como Francia dominará el pensamiento del siglo XVIII europeo. Frente a ella, el ejemplo mudo de Esparta, grande y estéril, patrocina el ideal conservador. Efialtés y Pericles realizan la democracia con hechos, pero no nos han dejado ningún escrito teórico, como tampoco ningún otro demócrata. Para reconstruir la ideología de estos medios estamos obligados a extraerla de las obras de los historiadores (Herodoto, Tucídides), de los dramaturgos o comediógrafos (Esquilo, Sófocles, Eurípides, Aristófanes) y, por último, de los restos que se conservan de las grandes obras de la sofís-

---

[3] No hay que dar a esta palabra de primeras el valor peyorativo que sólo adquirió, por el juego de la polémica, en las generaciones siguientes.

tica. Este último movimiento [4], que comprende hombres como Protágoras, Pródicos, Hipias y Gorgias, carece totalmente de unidad interna. Sin embargo, la sofística, posterior a los pensadores de la Magna Grecia y de Jonia, preocupados más por la física y, en realidad, por lo que llamaríamos hoy día metafísica, se nos presenta como un esfuerzo enciclopédico más positivo y de tendencia humanista cuyas miras son con frecuencia morales, políticas y sociales. Sirvió, en especial, para formar un personal adaptado a las nuevas condiciones de la vida de las ciudades. Asimismo intentó fundar una ciencia de la política, una πολιτική τέχνη. Su influencia, directa o indirecta, sobre todo el pensamiento del siglo v, es considerable.

Este, en su aspecto político, se organiza en torno de algunos centros principales de reflexión: la democracia y la igualdad, la libertad, la ley.

1. La democracia.—Este es el término oficial que designa el estado político que prevalece en Atenas durante el siglo v. Pericles lo emplea en la admirable *Oración fúnebre* que Tucídides le atribuye (II, 36-41) y que podría constituir el manifiesto del régimen. Otros textos lo aclaran: los versos de Eurípides en las *Suplicantes* (406, 429 y sigs.) y la famosa escena en la que, como hemos visto antes, Herodoto (III, 80), bajo el artificio de un relato oriental, ofrece una discusión sobre las tres formas elementales de Constitución: monarquía, oligarquía, democracia. Los discursos de Isócrates y Demóstenes en el siglo IV permiten, entre otros, seguir la evolución de las ideas. No hay que dejar a un lado los puntos de vista, a menudo lúcidos, de los detractores de la democracia: Aristófanes, el seudo Jenofonte, Platón, etc. La palabra "democracia" designa, en principio, el gobierno del pueblo. Pero, al oponerla continuamente los políticos a los términos "tiranía" (o monarquía) y "oligarquía", fue definida en relación a éstos, más que en sí misma. Además, recibió acepciones bastante diferentes según las épocas y los partidos; y los polemistas se dedicaron muy pronto a distinguir una democracia de Solón, de Clístenes, de Pericles o de Cleón. Y éstas son, en efecto, muy diferentes entre sí.

A) LA IGUALDAD POLÍTICA.—Los demócratas se refieren, en primer término, a la igualdad política. En el pasaje de Herodoto, citado antes, la palabra "democracia", conocida por el autor, no figura, siendo sus substitutos *isegoria* e *isonomia*. También Pericles invoca en primer lugar a la igualdad en la *Oración fúnebre*. Los demás términos que constantemente se emplean para caracterizar a la democracia tienen el mismo prefijo: *isocratia*, etc. Así, un Estado democrático es aquel donde la ley es la misma para todos *(isonomia)* y donde es igual también la participación en los negocios públicos *(isegoria)* y en el poder *(isocratia)*. En la época, esta adhesión a la igualdad descansa sobre temores muy apremiantes. Protege a las clases populares de una reacción oligárquica, que las expulsaría fuera

---

[4] No se ha de atribuir a esta palabra un valor peyorativo: *sofos* significa sabio. Es difícil reconstruir el conjunto del pensamiento político de los sofistas, ya que no nos han llegado sus obras. Sólo cabe mencionarlos a propósito de problemas particulares.

de las asambleas, y a las grandes familias de una tiranía apoyada en el pueblo, que las anularía políticamente. Además de esa vinculación estrecha con la coyuntura, la consigna tiene, como en nuestra época, todo género de armonías morales y filosóficas que la avalan. El desarrollo, muy abstracto, de Eurípides relativo a la igualdad cósmica, sobre el que basa sus críticas contra la tiranía, muestra suficientemente que el problema había encontrado una amplia difusión (*Suplicantes*, 407; *Fenicias*, 541 y sigs.). Barrera contra el abuso de la fuerza (*Hybris*) y contra los apetitos excesivos (*Pleonexia*), la igualdad desempeña en el universo político la misma función que la "medida" (*Sofrosine*) en el universo moral. A la inversa, los detractores y reformadores del régimen ven en la igualdad la principal tara de la democracia y tratan de suprimirla o atenuarla. Su gran argumento será que se trata de una igualdad aritmética puramente abstracta y nefasta (teoría de la *élite*), o bien de una creación puramente convencional y opuesta al orden natural (individualismo) [5].

B) LA IGUALDAD SOCIAL.—El partido democrático adoptó algunas medidas de carácter social: *mistoforia*, o indemnizaciones destinadas a favorecer la participación en la vida pública, medidas de asistencia pública a los indigentes. Se ha hablado de "socialismo de Estado", pero es una expresión engañosa. Es cierto que algunas doctrinas comunistas o comunitarias pudieron florecer en el siglo v: algunos nombres, como el de Faleas de Calcedonia, han sobrevivido; las teorías llamadas "comunistas" de Platón son, quizá, una manifestación de una corriente más general; la *Asamblea de las mujeres*, en que Aristófanes caricaturiza la comunidad de bienes y de mujeres, es otro índice, pero se sitúa decididamente en el terreno de la utopía. En realidad, ningún político formuló una doctrina o siguió intencionalmente una política de igualdad social. Las medidas que generalmente se citan en este campo proceden de las necesidades de una coyuntura o de un estado de ánimo totalmente diferente. En efecto, los desequilibrios sociales son el azote de las ciudades desde hace más de un siglo y la democracia, logro de una burguesía ilustrada de armadores y comerciantes, debe organizar un mínimo de distribución como paliativo para impedir que el conflicto tome un carácter agudo, para hacer participar a cada 'clase en los incrementados recursos de un Estado en expansión y para asegurarse, por otra parte, una clientela que pueda ejercer sus derechos políticos. En segundo lugar, tampoco los sistemas fiscales corresponden a un espíritu igualitario, sino a la idea, totalmente diferente, de que el ciudadano más favorecido debe más a la Ciudad. Los discursos de Demóstenes muestran suficientemente (especialmente IV Fil., 36-45) que la democracia toma en consideración, ante todo, el interés global de la Ciudad y que, en nombre de la salud del Estado, se pide a los ricos que no regateen en los pagos que deben hacer para sostener la vida de la República y a los pobres que no crean que el tesoro del Estado debe servir para su propio sustento. La fortuna de los ricos es el tesoro del Estado.

C) GOBIERNO DEL PUEBLO.—La soberanía reside por partes iguales en el conjunto del cuerpo cívico, y cada cual está obligado a ejercitar esa soberanía. Ser ciudadano es ya una función. El ideal de la época de Pericles consiste en un hombre comprometido ante todo en los negocios de la Ciudad, bien para mandar, bien para obedecer. "Pues somos los únicos que consideramos no hombre pacífico, sino inútil, al que nada participa en ella

---

[5] Sería bastante tentador ver en la fórmula de *Menexene*, 239 A, "la igualdad de origen establecida por la naturaleza nos obliga a buscar la igualdad política establecida por la ley" ἰσονομία κατὰ φύσιν y ἰσ ἰσονομία κατὰ νόμον) la repetición pomposa de un *slogan* democrático, más o menos oficial.

(la cosa pública)" (cita según la versión española de Francisco R. Adrados) dice Pericles en la anteriormente citada *Oración fúnebre*. Esta soberanía no tiene límites. La imagen del *demos* burlesco pero todopoderoso
que nos ofrece Aristófanes es caricaturesca, pero el trazo sigue siendo
exacto: la asamblea del pueblo, y sólo ella, es omnipotente; el poder judicial
está en sus manos; ningún cuerpo intermedio equilibra su poder, aunque
los demócratas más conservadores, inquietos por esta libertad sin freno,
tratan de resucitar los que la evolución democrática ha desmontado, el
Areópago, por ejemplo.

El poder ejecutivo no sirve en modo alguno de contrapeso. La rotación
acelerada de los magistrados y la colegialidad de las funciones lo debilitan;
el ostracismo permite desterrar a cualquier personalidad que parezca cobrar
demasiada importancia. La preocupación esencial parece ser defender el
régimen contra la influencia particular de un individuo o de una camarilla.
Cuando Alcibíades, adornado de todas las seducciones que podían conmo-
ver a un ateniense, intente arrastrar tras sí a la juventud y a los ambiciosos y dárselas de hombre providencial, Atenas cederá siempre lo bastante
como para perdonarle, pero nunca para abdicar. Y Pericles, antes que él,
hubo de luchar a la vez para afirmar su prestigio y para desarmar las des-
confianzas que precisamente éste suscitaba.

Hay que añadir que, en esta época, las magistraturas eran, en su mayoría, sacadas
a suerte. Y esto no sólo porque la suerte era considerada como la manifestación de la
voluntad divina, sino, sobre todo, porque el procedimiento parecía a los demócratas el mejor
medio de mantener la estricta igualdad inicial de posibilidades. En efecto, tiene en jaque
el prestigio del origen, de la riqueza o de la gloria militar y permite refrenar las miras
autoritarias de un individuo, de una fracción o incluso de una mayoría e impedir, en principio, las intrigas dentro de la Asamblea. Por último, los demócratas afirman más fuertemente aún mediante ella que la soberanía no reside sino en el pueblo y que no se delega
jamás. Las magistraturas sometidas a elección, tales como la función de estratega, durante
un tiempo adquirieron importancia por el hecho de que eran las únicas en las que un programa político o cualidades personales podían determinar la elección. Tuvo su hora de
éxito, pero es significativo que este mismo éxito no suscitara en los pensadores democráticos una verdadera teoría política de la elección. La elección siguió siendo tachada de
espíritu aristocrático (en el sentido más general de la palabra) y solamente fue elogiada
por los teóricos que afirmaban la necesidad de competencia en los gobernantes y que deseaban que el Poder estuviese en manos de una *élite* (Hipodamos de Mileto, Isócrates, etc.).
Como quiera que sea, la estrategia pierde, en el siglo IV, su importancia en Atenas; la desconfianza la derrota. Y puede decirse que incluso antes de Queronea (338), la democracia
ateniense agonizaba a consecuencia del predominio de los órganos de control sobre los
órganos de autoridad.

Tampoco cabe esperar que la Constitución desempeñe un papel regulador, ya que el
griego no da a las leyes constitucionales un lugar especial entre las leyes. Nada obstruye
en la democracia el poder legislativo de la Asamblea, a no ser la ley ya existente. La
grafé paranomón —o acusación de ilegalidad— frena tan sólo al orador imprudente, pro-
hibiéndole proponer, sin precauciones, disposiciones contrarias a las vigentes. Nos encontramos con un problema más general; la palabra *politeia*, en griego, es a la vez más amplia
y más restringida que nuestra palabra "Constitución". Designa simplemente el régimen,
y también el conjunto de la legislación que rige la *polis*. Esto no debe de ningún modo
engañarnos: conserva un valor polémico quizá más próximo al que la palabra "Constitución" podía tener en el siglo XVIII francés que al valor jurídico y estabilizado que esta
palabra tiene en nuestros días. Los autores moderados y conservadores en los que principalmente florecieron "*politeiai ideales*", quizá concibieron estas "constituciones" princi-

palmente como limitaciones a la licencia popular[6]. Inversamente, Demóstenes entiende por *politeia*, cuando la opone a tiranía, un régimen basado en leyes, por oposición a cualquier régimen basado en el simple ejercicio de una autoridad personal. Tanto en uno como en otro caso, se establece la noción contra un determinado despotismo. Pero esta utilización no contribuye ni a enriquecer ni a precisar un concepto que permanecerá borroso durante toda la antigüedad, excepción hecha de las investigaciones de Aristóteles y de sus discípulos.

2. **La libertad.**—Es lo que distingue a un griego de un bárbaro. Los griegos no cesaron de examinar esta noción y de elogiarla. Nuestra concepción moderna, por diferente que sea, les debe mucho. Quizá no exista campo en el que la influencia de los griegos haya sido hasta tal punto decisiva. Evidentemente, para ellos ser libre es no ser esclavo, de quien quiera que sea o de la forma que sea. Los atenienses conquistaron sucesivamente su libertad civil cuando Solón prohibió la prisión por deudas; su libertad jurídica, con una legislación que protege la persona física del ciudadano y anuncia por su espíritu el *habeas corpus* (Demóstenes, *Contra Timócrato,* 726, 754); su libertad política, por último, definida por un griego como el derecho de obedecer sólo a la ley; añadamos para ser exactos, pues así se define la democracia: obedecer a la ley dentro de la igualdad ἐξ ἴσου). La libertad es un estatuto de doble aspecto: por una parte, independencia respecto a toda sujeción personal; por otra, obediencia a las disposiciones generales. Este estatuto, que había de mostrarse duradero, refleja los datos mismos de la evolución política de Grecia. La Ciudad, al constituirse, ejerció una acción liberadora, libertando al ciudadano de la sujeción a personas, grupos o derechos particulares en que se encontraba. Paralelamente, sin embargo, le exigió que le transfiriera el conjunto de sus anteriores renuncias. La noción griega de libertad tiene esta ambivalencia: libertad mediante la ley, pero sujeción a la ley. Aristóteles definía la libertad como el hecho de ser alternativamente súbdito y gobernante; y hallaba, por otro medio indirecto, la formulación del problema esencial de la libertad griega, que nunca será radical: es la adhesión voluntaria a un orden. Todos los políticos intentarán determinar un equilibrio entre el orden y la libertad. Para algunos, la democracia ateniense habría rebasado este punto de equilibrio, ya que en ella las gentes no se atreven a mandar ni quieren obedecer; en el esquema platónico el régimen muere por este exceso de libertad.

En este clima, que rebasa el plano puramente político, la Atenas de Pericles, a pesar de su apasionado celo por movilizar todas las energías y sentimientos en provecho de la Ciudad, ha dejado una definición de la libertad individual que parece todavía actual: "No tomando mal al prójimo —dice Pericles (Tucídides, II, 37, trad. de F. R. Adrados)— que obre según su gusto". Aristóteles responderá para completar la definición que recordábamos más arriba: "La libertad consiste, por lo demás, en el hecho de que cada cual es libre de vivir a su gusto". En el texto de Tucídides la crítica contra Esparta es bastante evidente. En efecto, las dos ciudades encarnan dos posiciones opuestas sobre la cuestión. En Esparta, las costum-

---

[6] La democracia (ateniense) no es para Platón una Constitución, sino una "feria de constituciones", ya que, en suma, cada cual posee la suya propia.

bres regulan incluso la vida privada: Atenas, a pesar de las vivas resistencias interiores que la corriente platónica testimonia, nunca dejará de defender y ordenar esta forma de libertad individual que limita, en el momento mismo de su triunfo, el dominio de la ciudad. Fuera de las leyes a las que conviene obedecer, el hombre queda libre para dirigir su vida como quiera. Se coloca así uno de los pilares del individualismo.

3. **La ley: primacía y problemas.**—Como hemos visto, la soberanía de la ley es un descubrimiento común de todas las ciudades griegas. Sin embargo, pertenece a las democracias el profundizar convicciones que eran el fundamento mismo de su vida cívica. En aquellas ciudades en las que el ejecutivo es inexistente o está reducido a magistraturas dispersas y a presidencias efímeras, en las asambleas del pueblo-rey, un único soberano vigila noche y día sobre las democracias: la ley. No es sorprendente que las dos nociones se hayan confundido hasta el punto de adoptar el mismo semblante. En el mismo momento en el que el respeto a la ley está solidísimamente establecido se intenta penetrar en su naturaleza y fundamentos. Las contradicciones que desgarran a la democracia ateniense no son, ciertamente, ajenas a estas exégesis, y se podría encontrar bajo cada interpretación la marca del beneficiario, el empirismo idealista de Pericles, el oportunismo conquistador de Alcibíades o la rigidez doctrinaria de los oligarcas.

Por lo demás, los mismos ensalzadores justificaron, por sus excesos, esa circunspección. Trataron de encerrar en esta noción demasiados elementos y poderes. Un mínimo análisis muestra su incoherente contenido. El siguiente pasaje, que G. Glotz cita por su grandeza de pensamiento (*Ciudad griega*, pág. 118), parece más bien el involuntario resumen de los problemas que atormentaban a los políticos griegos. "Ya habite en una gran ciudad o en una pequeña, toda la vida del hombre está regida por la naturaleza y por las leyes. Mientras que la naturaleza carece de regla y es variable según los individuos, las leyes son algo común, regulado e idéntico para todos... Quieren lo justo, lo bello, lo útil y lo buscan: una vez hallado, lo erigen en disposición general, igual para todos y uniforme; entonces constituye lo que se llama ley. Todos le deben obediencia porque, entre otras razones, toda ley es una invención y un don de los dioses, al mismo tiempo que una prescripción de hombres sabios, el contrato de una ciudad al que todos sus habitantes deben adaptar su manera de vivir" (seudo-Demóstenes, *C. Aristogiton*, I, 15-16) (cit. de la trad. de J. Almoina). Este pasaje expresa maravillosamente la actitud de los pensadores griegos respecto a la ley: llenos de respeto hacia ella, pero algo desconcertados en el plano teórico en lo referente a sus pretensiones de divinidad, primacía y universalidad.

A) LA DIVINIDAD Y LA LEY.—Ciertamente, de Heráclito a Isócrates, no se oye más que un clamor: "Todas las leyes humanas están alimentadas por una sola ley divina". Pero esta convicción recibe muchos ataques. "¿No es hombre, como tú y como yo, quien primero estableció esta ley; y no fue por la palabra como persuadió a nuestros antepasados?", exclama Fidípido (*Las nubes*, 1421). Pero, sobre todo, otros imperativos de diferente naturaleza, moral o religiosa, pueden entrar en conflicto con la ley y denunciar también su carácter de convención humana. En *Antígona*, por ejemplo, las leyes no escritas, imperativos de la religión y de la naturaleza, a las que la heroína sacrifica su vida, se enfrentan a una disposición sostenida tan sólo por Creón. La apología de la ley civil que éste intenta no carece de grandeza, pero la gloria está, evidentemente, del lado de Antígona. Habrá que esperar a la muerte de Sócrates para que la legislación de la Ciudad tenga su héroe y su mártir.

Este conflicto no hace, por lo demás, sino reflejar en un escenario dramático una división real bien conocida: las *Tesmoi*, antiguas reglas de derecho público, de naturaleza esencialmente religiosa, tan antiguas que fácilmente se las creería divinas y eternas, nacidas de la justicia del *genos* y supervivientes cuando éstos se fundieron en la ciudad, nunca habían sido, en realidad, confundidas con los *Nomoi*, fruto de la legislación humana y que llevaban fecha y a menudo firma. Esta división era realmente desgarradora para la conciencia, ya que sólo por artificio podía extenderse de la primera categoría a la segunda el

aval de los dioses. Como era natural, no se imputó en absoluto a los dioses el otorgamiento
de las leyes civiles, demasiado recientes, sino el del uso de las leyes. Según esta crítica
relativamente racionalista del siglo v, la obra de los dioses, dando a los hombres los valores y las exigencias morales, determina y garantiza la elaboración y uso de las legislaciones. Es esto lo que sugiere Protágoras en el célebre mito que le atribuye Platón,
cuando imagina que los dioses han dado a los hombres, además de las técnicas, la justicia
y el pudor para permitir la vida en sociedad. Lentamente, a pesar de actos de fe como
el que registran las Euménides, la división se prepara: la moral es divina y la legislación,
humana.

B) LA LEY Y LA NATURALEZA.—La distinción e incluso la oposición entre la ley que
es convención, y la naturaleza, que es creación y espontaneidad, llegó a ser uno de los
lugares comunes del pensamiento y de la retórica griega, en términos que recuerden bastante la forma en la que el siglo XVIII francés trató el mismo problema. La *Physis* había
designado, en el pensamiento griego, el estado natural o justo de toda cosa, en especial
en la terminología médica. Estas concepciones se transfirieron fácilmente al campo moral,
donde se podía oponer a una conducta justa por convención una conducta justa por naturaleza: 1) La naturaleza llegaba a ser así el cómodo refugio para todos los descontentos
y soñadores; no faltaron pensadores que celebraran la superioridad de la vida natural; al
igual que en el siglo XVIII, se halló consuelo en el culto al salvaje bondadoso, y Ferécrates,
en su comedia *Los salvajes* (420 a. C.), pudo, al parecer, pintar las aflicciones de un coro
de misántropos en busca de una vida natural. Más tarde, el cinismo fundirá doctrinalmente
estas aspiraciones y críticas; 2) Pero la negativa a aceptar las reglas sociales podía también fundamentar un amoralismo de combate, como el que defiende el Calicles de Platón al
atacar a la moralidad convencional por ser una creación de los débiles para amordazar
a los fuertes. Esta postura ética tiene, naturalmente, su contrapartida política. Antifón [7]
distingue bastante claramente las leyes de la ciudad, que pueden transgredirse a condición
de no ser descubierto, y las exigencias de la naturaleza, que nunca pueden infringirse impunemente. En un terreno anecdótico, cabe recordar la leyenda que muestra a Alcibíades
burlándose del respeto de su tío Pericles por las formas legales. Así, algunos pensadores,
con el fin de encontrar valores más auténticos, y algunos privilegiados, con el objeto de
autorizarse a sí mismos para utilizar sin control las capacidades de que la naturaleza les
ha provisto, rechazarán la ley (*Nomos*) como una moneda (*nomisma*) dudosa [8].

En cambio algunos, sin negar que las leyes sean convenciones sociales, tratan de defen-
derlas en cuanto tales. El sistema de Protágoras [9], tal como cabe imaginarlo a través de
Platón, no carece de grandeza. El hombre sólo se distingue del animal, por naturaleza, en
que es más vunerable en el combate por la vida. Para protegerlo, Prometeo le da las artes
(lo que nosotros llamaríamos la civilización material), pero esta tentativa fracasa porque
los hombres no saben vivir en sociedad y se matan entre sí. Entonces Zeus les da, a través
de Hermes, el arte político, esto es, coloca en el corazón de cada uno (no en el espíritu
de tal o cual, como en las técnicas) el pudor y la justicia. Así se fundamentan las ciudades humanas. La fuerza del mito proviene de que Protágoras muestra, en la organización
social, un progreso análogo al progreso material y, en ambos casos, una diferencia sensible
con el estado de naturaleza. De esta forma se hallan confundidas todas las conquistas de
la humanidad y se afirma el valor de todas las fabricaciones humanas, aun de las conven-

---

[7] Sofista ateniense de la segunda mitad del siglo v, autor de una obra sobre *La Verdad*,
dirigida probablemente contra la tesis de Protágoras y de la que se conservan fragmentos.

[8] Es importante señalar que en toda esta controversia no se habla de las leyes de la naturaleza, sino de las necesidades que derivan de la naturaleza. Por el contrario, cuando aparezca
la idea de que la naturaleza posee leyes *que la rigen*, se hará posible la conciliación entre
naturaleza y sociedad. Este será el papel del estoicismo.

[9] Protágoras, natural de Abdera (hacia 490-¿hacia 420?), amigo de Pericles, famoso por
haber dado una nueva Constitución a la nueva ciudad de Tourio (446-444), autor principalmente de una *República* y de un tratado sobre el *Estado original*, hoy perdido. Se le atribuye
la célebre fórmula: "El hombre es la medida de todas las cosas, del ser de las que son y del
no ser de las no son", que ha servido de consigna tanto al relativismo como al humanismo.
Por otra parte, se admite generalmente que defendió —frente a las ideologías de inspiración
aristocrática que hacían del talento político una capacidad especial, innata y hereditaria— la
opinión de que cada cual posee una parte de justicia y de sentido cívico, y de que se pueden
perfeccionar estos dones mediante la instrucción y la experiencia.

ciones, en relación con los datos naturales. Protágoras ensambla aquí una corriente de ideas, frecuentemente comparada con la Aufklärung, que encuentra sus primeras expresiones en el *Prometeo* de Esquilo, sus fuentes en la expansión ateniense y su justificación en una fe humana en los destinos del hombre protegido por los dioses.

C) LA RELATIVIDAD DE LAS LEYES.—La curiosidad de Herodoto, como más tarde la de Montaigne, le inclina ya a un cierto escepticismo. Un mejor conocimiento de la diversidad humana, adquirida con un espíritu más positivo, le lleva a afirmar expresamente que todas las instituciones de los hombres son relativas. Cuenta con humor cómo protestan con igual indignación griegos requeridos a devorar a sus padres muertos, e indios antropófagos invitados a incinerarlos (III, 38). La ley, privada en parte ya del prestigio de la divinidad y opuesta a la naturaleza, se encontraba esta vez gravemente amenazada. Parece, sin embargo, que un patriotismo particularista aseguró en la realidad la protección que en el terreno teórico prepararon los sofistas. Protágoras no sólo reconoce esta diversidad, sino que obtiene argumentos de ella para defender la ley. "Cualesquiera que sean las cosas que se muestran a cada ciudad como justas y buenas, continúan siendo para la Ciudad justas y buenas durante el tiempo que ésta conserve tal opinión" (*Teetes*, 167). Protágoras, en lugar de admitir que la ley pierde su valor por no ser ni universal ni eterna, piensa, dándole vuelta al problema, que su valor proviene de ser la expresión del acuerdo de una comunidad que, después de haberla formulado, debe hacerla prevalecer constantemente como una conquista sobre la ignorancia o el capricho. De aquí la importancia de la educación cívica. La Ciudad forma a sus ciudadanos; y la ley, cesando de presentarse como un valor dado, adquiere el prestigio de los valores conquistados.

SECCION III

La crítica de las ideas democráticas.

No faltaron las críticas y las reservas. Representan, a la vez, la opinión de una nobleza de tendencias oligárquicas y la de los propietarios rurales a los que disgustaba una política esencialmente favorable a los intereses de los comerciantes, de los armadores y, eventualmente, del "proletariado" urbano.

Aristófanes.—Frecuentemente estas críticas no adoptaron forma sistemática y se inscribieron sin perspectivas en modas como la laconofilia o la evocación nostálgica de un pasado cuidadosamente reconstruido. Muestra de ello es Aristófanes, cuya obra refleja estas dispersas manifestaciones de descontento. Denigra la demagogia, que ha entregado el Poder a una criatura tan inestable, ciega y exigente como Demos; el espíritu belicoso, censurado por el campesino ático; las innovaciones filosóficas, que ponen en peligro los valores tradicionales, sumarios pero consagrados; la depravación de las costumbres políticas. Pero esta crítica resulta más bien la de un moralista. Lo que principalmente censura al régimen es el haber transformado al ateniense de antaño, vigoroso, frugal, entrenado en los deportes y en la guerra, cerrado a las especulaciones disolventes, duro en el trabajo y vigoroso en las diversiones, en un "rábula" débil, malsano, pedante, parlanchín, reclamador, enredador, preocupado sólo por gozar, interesado. Su obra es chispeantemente cómica en la misma medida en que su autor no acepta la política, esto es, censura los efectos de un régimen aislándolos de las intenciones, objetivos y determinaciones. Expresa sobre todo el malestar y las contradicciones de un ateniense amante de su Ciudad ante el derrumbamiento de algunas estructuras, resultando un documento capital además de un manifiesto.

1. La "Constitución de los atenienses" del seudo-Jenofonte.—Muy diferente es la requisitoria, verosímilmente inspirada por los partidarios de la oligarquía, que la tradición atribuye a Jenofonte, pero que realmente debe datar de la guerra del Peloponeso

(hacia 424). Esta obra, notablemente inteligente, constituye en ciertos aspectos el primer intento de análisis científico de un régimen. El autor, animado por un lúcido odio, es consciente de la coherencia del régimen democrático y también de que este régimen, lejos de ser una degeneración fortuita, se encuentra en vinculación necesaria con la situación social. La originalidad de esta obra reside quizá en la formulación precisa y clara de esta relación. Se puede criticar a la democracia en sí misma, dice, pero no censurar a los demócratas su inconsecuencia, pues todas las medidas que adoptan están inevitablemente ligadas entre sí. Atenas es un Imperio marítimo. Por consiguiente, los marinos, oficiales y pilotos, los constructores de naves y los armadores son quienes aseguran su poder a la Ciudad, antes que los hoplitas, los nobles y las "gentes honradas" (hay que tomar esta expresión en su sentido social). En esta sociedad es justo que todo el mundo —y no sólo los antiguos dirigentes— tome parte en las magistraturas; y es completamente natural que el pueblo se beneficie de las ventajas, ya que el partido democrático quiere reservar las ganancias a su clientela. El autor expone con claridad cómo una clase social nueva —la nacida o reforzada con la expansión marítima— había encabezado una evolución, a la que asoció a las masas populares para desmantelar a la aristocracia. Esta democracia —añade el autor— emplea a los hombres ilustres a causa de su competencia y valor, pero sin permitirles los menores beneficios, gracias a las deliberaciones en las que, por obra del número, todas las medidas resultan favorables al pueblo. El seudo-Jenofonte analiza todas las consecuencias que de ahí derivan, tanto en el dominio interior (situación de los metecos y de los esclavos, forma de deliberar y hacer justicia...) como en el exterior (fisiología del imperialismo ateniense). Convencido, por así decirlo, por su propia lógica, admite que no se puede modificar profundamente este sistema coherente sin destruir de arriba abajo la democracia; y que, inversamente, si se acepta la democracia, ésta puede reformarse a lo sumo "si se añaden o quitan pequeños detalles" (trad. M. F. Galiano). Esta misma ambigüedad es reveladora. Durante las convulsiones que sacudirán a Atenas en los finales del siglo v, los adversarios del régimen se dividirán: unos optarán por una subversión radical del régimen, solución en extremo agradable a los teóricos, pero que no podrá mantenerse; otros se inclinarán por prudentes reformas, única esperanza real de los conservadores moderados a los que, sin embargo, les será difícil, como preveía el seudo-Jenofonte, insertarse en la lógica del sistema. El relativo fracaso del pensamiento político antidemocrático estaba ya previsto en la "República de los atenienses".

2. **Isócrates.**—En la corriente del pensamiento del siglo iv la crítica sigue siendo mordiente, pero cambia de orientación. Los pensadores se encierran más en la especulación teórica. Se produce lo que ha podido denominarse "abandono interior de la democracia". Isócrates representaría bastante bien a esa fracción de los conservadores que, decididos a admitir el principio de la democracia, buscan en la Historia el punto de equilibrio en el que alcanzó su perfección antes de comenzar a degenerar. Esta búsqueda se apoya en la idea —que se ha convertido en usual— de que las Constituciones evolucionan; pero también se basa en la creencia de que se puede detener e incluso hacer retroceder una evolución. Naturalmente, Isócrates y sus amigos acomodan y pliegan la Historia a las exigencias de sus intenciones. Así, propondrán como ejemplo la democracia de Solón o la de Clístenes, reconstruidas de arriba abajo mediante el método que servirá, en el siglo xviii francés, para reinventar una monarquía anterior a Richelieu. Sobre la base de la *isonomia*, instrumento indiscutido de la democracia, Isócrates propone devolver a quienes lo merecen su influencia dentro del Estado y moderar la igualdad matemática mediante una igualdad selectiva que daría a cada cual lo que le es debido (ἰσότητος τὸ προσῆκον ἑκάστοις ἀπονεμούσης); restablecer el papel y la importancia del Areópago aristocrático, que vigilaría el orden; substituir el sorteo por la elección. En suma, Isócrates desea una democracia de principio con —dice— el pueblo como tirano y las personas honradas como servidores; una democracia en la que el pueblo ejercería su soberanía mediante la elección y en la que los notables se ocuparían de los negocios.

3. **Jenofonte y las ideas monárquicas.**—El pensamiento de Jenofonte (hacia 425-hacia 355) es muy diferente. Discípulo de Sócrates, se dedica a una áspera crítica de la democracia ateniense, caracterizada según él por

la división, la indisciplina y la incompetencia *(Memorables,* libro III); y pide un modelo a un país extranjero. La *República de los lacedemonios* exalta la simplicidad y acertado funcionamiento de las instituciones espartanas. Este Estado aristocrático y militar, en el que se han suprimido el comercio y la industria, satisface al oficial apasionado por la disciplina y al hidalgo campesino cuya administración patriarcal y tradicionalista nos muestra el *Económico.* Por lo demás, alaba, más que a Esparta, al principio idealizado de su régimen. Pero Jenofonte ilustra otro aspecto del pensamiento político autoritario: las ideas monárquicas. Indudablemente, la monarquía como tal era censurada por los griegos y considerada una institución bárbara; la tiranía había dejado en Grecia dolorosos recuerdos. Pero el desorden general parecía reclamar una mano firme. Platón confía a un tirano la aplicación de su política. Todo el mundo se preocupa por formar el hombre —o los hombres— de Estado perfectos. La idea del poder personal hace carrera en determinados medios. El vocabulario es revelador. En el lenguaje político del siglo IV —en Jenofonte, por ejemplo— rey es quien gobierna constitucionalmente y con el consentimiento del pueblo; es tirano aquel cuya autoridad no se apoya ni en las leyes ni en el consentimiento popular. Este sentido, completamente diferente de lo que había sido hasta entonces el uso corriente, se propone rehabilitar la realeza.

Jenofonte cree profundamente en el papel del jefe y en los méritos que posee el gobierno de uno solo. El jefe es quien sabe lo que conviene hacer y quien sabe mandar, bien se trate de una propiedad agrícola, un navío, un escuadrón de caballería o un Estado. Esta doble superioridad de la competencia y de la autoridad nunca es objeto de un análisis riguroso por parte de Jenofonte. No es un pensador muy filosófico y se limita a mostrar, en el *Hierón,* cómo un tirano puede intentar superar las taras materiales y morales del régimen que él encarna, al tomar como único objetivo el interés de sus súbditos. Expone en la *Ciropedia* (como Isócrates en el *Evágoras)* una teoría del "despotismo ilustrado" que adopta los caracteres de la monarquía persa. El conjunto de esta obra, sin eco profundo por el momento, despeja el camino a lo que será la ideología alejandrina del gran hombre y del monarca.

4.   Las ideas políticas de Platón.—La obra política de Platón (428-347) es de diferente riqueza y amplitud [10]. Si bien algunas de sus opciones personales pudieron estar cercanas a las que acabamos de exponer, fueron, en cambio, el punto de partida de reflexiones que han hecho de Platón uno de los maestros de la filosofía política occidental.

Hijo de una gran familia ateniense que contaba a Solón entre sus antepasados, su destino natural es la política, que no le dará más que sinsabores y desilusiones. En efecto, Platón entra en la adolescencia en el momento del desastre de Sicilia, y a duras penas consigue escapar cuando la derrota de Agos Pótamos (405). Por vínculos familiares e in-

---

[10] Es tradicional tratar las ideas políticas de Sócrates. Pero es preferible en el marco de este manual —al no conocerse a este personaje más que a través de sus discípulos directos, Platón y Jenofonte, o indirectos, Aristóteles— que nos limitemos a mencionar su influencia sin tratar de precisar sus contornos. Puede leerse el capítulo V de SINCLAIR, *op. cit.*, sobre este tema.

clinación personal, simpatiza con un régimen aristocrático de tipo espartano. Pero las exacciones del gobierno de los Treinta tiranos —en el que participan su tío Carmides y su primo Critias— le sublevan. En seguida, la reacción democrática hace morir a Sócrates. Es necesario leer la VII carta para comprender cómo, desorientado por estas dos experiencias de sentidos contrarios, se ve conducido a abandonar la política militante en provecho de la reflexión teórica. Intentará, sin duda, poner en aplicación sus ideas políticas en Siracusa (en 387 y, sobre todo, en 367 y 361), por lo demás sin éxito. A pesar de estas tentativas, hacia donde se dirige desde ahora es a la filosofía, indispensable preliminar de la política. No cree ya en la acción política diaria. Es el todo (o sea, la esperanza de una transformación radical por intermedio de un tirano convertido en filósofo) o nada (o sea, la meditación filosófica separada de las contingencias de las luchas políticas atenienses). Por consiguiente, es natural que en él estuviesen estrechamente mezcladas la filosofía —que es, en parte, un substitutivo de la política— y la reflexión política. ¿No nos dice el mismo Platón que la filosofía es el refugio de las almas bien dotadas que no han aceptado, querido o podido hacer política? (*Rep.*, VI, 496, B). No se sabe, en realidad, cuál de las dos dirige a la otra. Toda la obra de Platón está atravesada o crispada en el fondo por preocupaciones políticas más o menos explícitas. Pero en la perspectiva que nos ocupa se destacan principalmente dos obras: la *República* (acabada hacia 375), que es el coronamiento o la clave de su construcción filosófica y una audaz tentativa para instaurar de arriba abajo un Estado ideal, y las *Leyes* (inacabadas a su muerte), obra ecléctica y apasionante en la que el viejo Platón, con el pretexto de organizar una colonia en Creta, propone una legislación en la que la utopía se mezcla estrechamente con las disposiciones más directamente prácticas.

A)   La REPÚBLICA.—**Lucha contra el amoralismo democrático o aristocrático.**—Ninguno de los regímenes existentes, ninguna de las doctrinas que aquéllos habían hecho nacer, satisfacía a Platón. La democracia es el reino de los sofistas, que, en lugar de ilustrar al pueblo, se contentan con estudiar su comportamiento y con erigir en valores morales sus apetitos:

"Que cada uno de los particulares asalariados a los que esos llaman sofistas... no enseña otra cosa sino los mismos principios que el vulgo expresa en sus reuniones, y esto es a lo que llaman ciencia. Es lo mismo que si el guardián de una criatura grande y poderosa se aprendiera bien sus instintos y humores y supiera por dónde hay que acercársele y por dónde tocarlo y cuándo está más fiero o más manso, y por qué causas y en qué ocasiones suele emitir tal o cual voz y cuáles son, en cambio, las que le apaciguan o irritan cuando las oye a otro; y, una vez enterado de todo ello por la experiencia de una larga familiaridad, considerase esto como una ciencia, y, habiendo compuesto una especie de sistema, se dedicara a la enseñanza ignorando qué hay realmente en esas tendencias y apetitos de hermoso o de feo, de bueno o de malo, de justo o de injusto, y emplease todos estos términos con arreglo al criterio de la gran bestia, llamando bueno a aquello con que ella goza, y malo lo que a ella molesta" (*Rep.*, VI, 493 a-c) (la cita está tomada de la traducción española de José Manuel Pabón y Manuel Fernández Galiano).

La política de estos demagogos no es más que el registro del hecho, el reflejo de las pasiones de la masa. Se concibe que un Calicles y un Trasímaco —en posiciones contrarias pero semejantes en el fondo— reivindiquen el derecho del más fuerte, del mejor dotado, del mejor armado a realizar sus ambiciones sin el estorbo de una ley que es tan sólo el instrumento mediante el que los débiles quieren encadenar a los fuertes. En esa jungla que es la sociedad resulta natural que los apetitos de los individuos fuertes por su superioridad física, intelectual o social se opongan a las pasiones de la masa, fuerte por su peso. Resultaría atrayente pensar que Platón describió sus sentimientos juveniles en el personaje de Calicles. Pero, sea lo que fuere, ha rebasado ya esa posición; y aunque este inmoralismo, lleno para Platón de recuerdos, le parezca más elegante que el falso moralismo de los demagogos, ambas actitudes entran en el campo del empirismo y, en calidad de tal, no proceden de la ciencia y de la investigación de la verdad.

Política y moral: la justicia.—Por consiguiente, la primera tentativa del filósofo es constituir en ciencia la moral y la política, las cuales coinciden en su motor común, el Bien, que no es diferente de la Verdad; así como sustraer la política del empirismo para vincularla a valores eternos que las fluctuaciones del devenir no perturben. Se comprende sobre qué idéntica exigencia se articulan tanto la teoría del conocimiento como la política de Platón. En ambos casos se trata de encontrar las verdaderas realidades, obscurecidas por el devenir; no es una casualidad que la pieza esencial de la teoría platónica de las ideas —el mito de la caverna— esté desarrollada en la *República*. Hay que reencontrar la definición de esa virtud que los sofistas pretendían conocer y enseñar (cuando, en realidad, sólo habían captado una sombra de ella); de esa virtud que Sócrates —más modesto— sabía que no hay que confundir con la moneda sin valor de las virtudes en uso. En este sentido, la tentativa de Platón está encaminada a salvar la moral y la política del relativismo a que las reducía Protágoras. La ciencia política debe volver a encontrar las leyes ideales. Por consiguiente, forma una unidad con la filosofía; la política no será ciencia más que cuando los reyes sean filósofos. Se comprende: Platón rechaza, además de la democracia ateniense, cualquier otro régimen existente, incluso la Constitución espartana, como empírico. Su posición es radical. Por esta razón la *República* es algo muy diferente de un panfleto que predique insidiosamente el retorno al pasado. Es muy posible que, así como Protágoras establecía el relativismo y la evolución para justificar la democracia existente, Platón condenara la evolución para condenar mejor la democracia [11]. Pero esta condena de la evolución sitúa el problema bajo una luz diferente; no se trata tanto de un retorno al pasado como de la definición de un régimen que escape al devenir. No se trata ya —como en el diálogo de Herodoto— de escoger el régimen que más plazca, sino de definir las condiciones en las que un régimen es perfecto e indestructible. De esta forma, el problema central de la República es el de la *Justicia,* individual o colectiva (todo es uno). La referencia a la Justicia permite excluir los puntos de vista de la utilidad, el interés o la conveniencia. Ni los arsenales ni las fortificaciones constituyen la grandeza de una Ciudad. La política no se mide con esa escala, sino en relación con la idea misma de Justicia, que no es sino la Verdad o el Bien aplicados al comportamiento social. La obra consigue su grandeza y coherencia por la permanencia de este propósito. Platón funda la política como ciencia deduciéndola de la Justicia. Y no ciertamente como

---

[11] Toda fórmula que se refiera a Platón resulta frecuentemente excesiva. Si bien es cierto que Platón desprecia los abusos de la democracia podrían citarse veinte ejemplos en los que se muestra sensible a las cualidades democráticas o —inversamente— a los defectos del régimen espartano.

descripción objetiva de los fenómenos políticos, sino como estudio normativo de los principios teóricos del gobierno de los hombres. Este tipo de enfoque y esta tentativa habrían de conocer una posteridad sin término.

La sucesión de los regímenes.—Para detener la evolución hace falta, en primer lugar, conocerla. Hay detrás de Platón, ese enemigo del devenir, la primera gran imaginación histórica. El estudio de los cambios de constitución había podido llamar la atención de algunos autores. Pero Platón va a dar su ley general: el devenir político no es solamente pura sucesión de hechos accidentales, sino que está regido por un determinismo estricto. De la *Aristocracia* —la forma perfecta que nos describe en la *República*— proceden sucesivamente, por una evolución continua que constituye moralmente una degradación, la Timocracia, la Oligarquía, la Democracia y la Tiranía (*Rep.*, VIII, 544 y siguientes). La *Timocracia* se instaura cuando en la Aristocracia de tipo ideal los miembros de la tercera clase —la de los trabajadores— se enriquecen; y. teniendo que ser reprimida su ambición por la fuerza militar, los guerreros se aprovechan, repartiéndose las riquezas y oprimiendo a quienes primitivamente debían proteger. En este régimen el amor naciente por las riquezas tropieza con restos de sana filosofía, mezclándose el bien y el mal; el principal móvil del hombre timocrático es la búsqueda de honores y la ambición —ya insensata pero menos vil, sin embargo, que la búsqueda de riquezas—. Sirven de ejemplo de este régimen sobre todo, dice Platón, las Constituciones de Creta y Esparta. La Timocracia degenera en *Oligarquía* cuando el rico gobierna y el pobre no participa en el gobierno. Por consiguiente, al convertirse la riqueza en el único título, el desorden se introduce en todas las clases. Todo se halla revuelto. Y cuando la presión de los descontentos se hace demasiado fuerte se instala la *Democracia*, siendo eliminados los ricos. Es éste un régimen deplorable, ya que la inclinación desenfrenada por la libertad conduce a eliminar del Poder, como peligrosos, a los especialistas, a autorizar todo género de existencias (por eso la democracia es una feria de Constituciones) y a despreciar, por último, las leyes escritas y no escritas; de manera que se produce una reacción radical en forma de *Tiranía*. "De la extrema libertad sale la mayor y más ruda esclavitud" (*Rep.*, 564) (trad. Pabón Galiano). A su vez el tirano, como nada se levanta en su camino para detenerle, se convierte en esclavo de la locura, dirigiéndose su reino hacia la catástrofe.

Platón intentó clasificar, dentro de este marco sistemático, los diferentes regímenes existentes entre los griegos (incluso la tiranía, que es, sin embargo, la negación de la πολιτεία), suponiendo entre ellos un vínculo de filiación. A decir verdad, la historia es utilizada más que respetada; esta sucesión teórica no tiene más realidad que las edades de oro, plata y hierro. Se reúnen observaciones fragmentarias para formar un sistema racional. Es, quizá, en parte verdad que un nuevo poder —el de la fortuna— se había levantado poco a poco frente al poder de los "guerreros" y que masas más o menos proletarizadas habían ayudado a aquéllos a realizar revoluciones en sentido democrático. Pero decir que la tiranía sale de la democracia es desnaturalizar la comprobación —elevándola al plano de la abstracción— de que el tirano estaba sostenido por el pueblo. Asimismo, tiene poco fundamento decir que el régimen espartano es la primera etapa de la degradación de un Estado aristocrático ideal, que sigue siendo conjetural. Estas observaciones —y algunas otras— muestran que la descripción cronológica de Platón es una clasificación normativa disfrazada con la máscara de la Historia. El mismo Platón dice que los juzga "como si fueran coros, por el orden en el que han entrado en escena, tanto en virtud y en maldad como en felicidad y en su contrario" (*Rep.*, 580) (trad. Pabón Galiano). No quiere presentar su clasificación como puramente normativa, para poder afirmar, indirectamente, la superioridad relativa del régimen espartano sobre la democracia ateniense y mostrar a la vez que ninguno de ellos, en tanto que afectados por la corrupción del devenir, garantizaba una perfección y permanencia reales. Por consiguiente, puede combinar una teoría pesimista de la degeneración de las civilizaciones apoyada sobre la evolución del devenir (a decir verdad, bastante antigua y en estado difuso en el pnsamiento griego) con una creencia optimista en la Verdad apoyada en el idealismo. Platón lucha en dos frentes contra Protágoras: por un lado, contra su fe en el progreso, y, por otra parte, contra su apología de la relatividad. En segundo lugar, modifica la perspectiva de la polémica antidemocrática. Mientras que esta última se agotaba frecuentemente en un estéril panegírico del tiempo pasado, Platón reconoce que las más respetables oligarquías son los primeros pasos hacia la corrupción, y predica más eficazmente la instauración de una edad de oro. Esta, anterior en principio a la historia presente de las ciudades griegas, puede, sin embargo, situarse tanto delante como detrás de la marcha de la sociedad, ya que el ideal rebasa los regímenes empíricos.

El hombre y la Ciudad.—Al igual que moviliza la historia, Platón recurre a la antropología. El hombre es triple, compuesto de razón, de pasiones generosas y de deseos inferiores, pero en proporción variable. En cada uno de los regímenes mencionados predominan una o dos de las últimas categorías, bajo el control y la soberanía de la razón. A cada uno de estos regímenes corresponde, pues, un tipo de hombre; de forma que construir la Ciudad ideal y realizar tipos de hombres acabados es un mismo y único asunto: para obtener un hombre justo es preciso construir una Ciudad justa. En el fondo, Platón innova aquí menos de lo que parece, ya que todo su siglo pensó como él que a tal Ciudad correspondía tal hombre. Una segunda razón le exige a Platón resolver en primer lugar el problema de la Ciudad. Su Ciudad no estará formada por una población homogénea, sino por tres clases netamente distintas y cuya cohabitación realizará una especie de perfección. La primera clase es la de los jefes y tiene como virtud propia la sabiduría; la segunda es la de los auxiliares o guerreros, dotados de valor, y la tercera es la de los artesanos o labradores —tanto patronos como obreros—, que necesita la templanza y debe saber resistir a los apetitos. Dicho de otra forma, cada clase representa un aspecto del alma y el conjunto de la Ciudad representa el alma entera. De esta forma la Ciudad es justa porque cada parte cumple su función en ella; y los ciudadanos son justos en la medida de su participación justa en una Ciudad justa. Mirando atentamente, no cabe decir que cada ciudadano realice en sí la totalidad de la perfección humana. Participa en la perfección en cuanto elemento de un conjunto que —éste sí— es perfecto. Se vacila aquí entre dos interpretaciones: o bien sólo alcanza plenamente la perfección la Ciudad tripartita, o bien también la alcanza la primera clase, ya que posee la razón y —a fortiori— las otras dos virtudes, constituyendo entonces la verdadera *élite*, formada de hombres y ciudadanos perfectos. En el primer caso nos encontramos ante una teoría puramente anti-individualista; en el segundo, ante una teoría de la *élite*, fundada, sin embargo, metafísicamente.

Como quiera que sea, Platón nos ofrece una sociedad, a la vez jerarquizada y unificada. Y, en el fondo, esta doble exigencia explica toda la construcción platónica. La obsesión de Platón y de sus contemporáneos es la división que se produce en esa estrecha comunidad constituida por las Ciudades: ricos contra eupátridas, pobres contra ricos. Sus esfuerzos tienden, en esencia, a realizar una Ciudad que forme una unidad política y moral. Sus concepciones son, diríamos nosotros, totalitarias. A sus ojos, es sobre todo escandalosa esa democracia en la que el individualismo permite las éticas personales. Por otro lado, está absolutamente convencido (¿ha de verse ahí un residuo de sus opiniones aristocráticas?) de que los hombres no están igualmente dotados por la naturaleza. Para combinar la exigencia de uniformidad y el dato de la diversidad Platón se ve conducido a concebir una especie de unidad funcional en la que cada parte, diferenciada como órgano, desempeñaría su papel separadamente, pero en interés común. De este modó la jerarquía deja de basarse en un derecho histórico —por consiguiente, discutible— para hacerlo en una especialización justificada que en realidad la refuerza, pero en la que la subordinación proviene del reflejo de la jerarquía natural de los valores correspondientes. Además, al confiar el Poder a una categoría que, basada solamente en cualidades altamente intelectuales, no podía aparentemente reducirse a las castas existentes, podía pretender arbitrar, desde lo alto, la controversia de los eupátridas, de los comerciantes y del pueblo bajo. La construcción platónica puede parecer una prestigiosa tentativa de fundamentar en la justicia y la razón una jerarquía que la historia desmembraba, y de fijar en el cielo de las ideas valores que la evolución había descalificado o comprometido. Juzgando desde el exterior, resulta tentador pensar que fue un reaccionario. ¿Pero qué se diría de una Lacedemonia en la que los Éforos hubieran sido filósofos, los Iguales hubiesen estado dotados de un valor razonado y los Periquios hubiesen sido sobrios; donde las clases no hubieran sido hereditarias y el mérito personal pusiera en duda, para cada generación, el estatuto de cada cual? El rigor mismo de las exigencias morales de Platón hace olvidar lo que la obra tuviera quizá de apología inconsciente. Para la posteridad, es una ejemplar teoría de la *élite* que permanecerá unida a su nombre.

Educación de los ciudadanos.—Una educación estricta, dispensada por el Estado, está destinada a formar esta *élite*. Después de una selección —que Platón no determina con precisión— se somete a los jóvenes destinados a guerreros o jefes, a un período de entrenamiento deportivo, de los diecisiete a los veinte años. De los veinte a los treinta se da a los futuros filósofos una visión de conjunto de las relaciones que unen las ciencias exactas, con objeto de hacerles patente el orden ideal que reina en el universo. Entre los treinta y los treinta y cinco años, por último, se les inicia en la teoría de las ideas; desde entonces conocerán la esencia del universo, y su conducta podrá fundarse en verdaderas realidades. Volverán a desempeñar funciones políticas durante quince años, volviendo, a partir de los cincuenta, a sus estudios [12]. Por consiguiente, la política es una especialización, ya que no debe confiarse más que a gentes preparadas para ello. Pero esta educación no es, en realidad, otra cosa que una educación de la razón. La ciencia política es, en muchos aspectos, la ciencia sin más, la de la verdad y el bien, o sea, la razón iluminada en debida forma. El mito de la caverna prueba bastante bien que la política platónica se encuentra en estrecha dependencia con la teoría de las ideas. Nadie hizo más que Platón para sacar a la política del simple empirismo oportunista; pero, en determinados aspectos, hizo mucho para impedirle descubrir un objeto propio. Y por esto Comte y, sobre todo, Renan, recogiendo y deformando esta tradición, se sentirán autorizados para imaginar esos Consejos de sabios, politécnicos o filólogos, predispuestos por el puro ejercicio de la ciencia, cualquiera sea su objeto, para el ejercicio racional del Poder.

Naturalmente, estas precauciones se refuerzan mediante dos garantías considerables que deben impedir que el individuo se aísle y que se abran paso las divisiones: 1.º Según Platón, las mujeres pueden, en la sociedad de los guardianes, tener idéntico papel en las actividades públicas que los hombres, recibiendo para ello la misma educación. Se suprimen los vínculos matrimoniales y se instituye la comunidad de mujeres, siendo los

---

[12] Los auxiliares reciben la misma educación hasta los veinte años, pero se detienen ahí. Su educación moral admite la música, al menos la que educa el alma. Excluye la mayor parte de la poesía, arte de maléfica imitación.

magistrados quienes regulan las uniones y fijan el tiempo de procreación. El Estado educa en común a los niños; 2.° Los guardianes no tienes derecho de propiedad individual. De este modo la clase dirigente forma una sola familia. Liberado el individuo de toda atadura personal, se asocia directamente al Estado. La unificación de la sociedad es total, Este rasgo termina de dar a la *República* su carácter utópico [13].

B) LAS LEYES.—Las *Leyes,* obra de vejez, tiene, aunque sólo en apariencia, intenciones más realistas. Platón no intenta —al menos así lo afirma— describir el Estado ideal, sino describir tan sólo el mejor que se pueda construir en la práctica. Por una parte, su estado de ánimo es netamente más religioso que en la *República.* Las leyes deben tener un origen divino, y Dios es la medida de todas las cosas. Además, su Estado será teocrático e intolerante y, en especial, el ateísmo ·será perseguido severamente. Continuamente se mezclan con las disposiciones legales prescripciones religiosas imperativas que hacen que la religión y el derecho se apoyen constantemente. Se garantiza así la unidad moral de la Ciudad (ὁμόνοια); se intentará corregir a los contraventores y, si esto no se consigue, se les ejecutará.

En segundo lugar, después de examinar en el libro III la historia de la Civilización tras el diluvio, Platón obtiene en conclusión que el gobierno más estable será una aristocracia agraria de base bastante amplia. Concibe en consecuencia la idea de una ciudad de 5.040 habitantes ($1 \times 2 \times 3 \times 4 \times 5 \times 6 \times 7 = 5.040$) racialmente seleccionados, en la que todos serían propietarios y ejercerían los mismos derechos políticos. (lo que bastaría para distinguir las *Leyes* de la *República*). Los propietarios sólo podrían aumentar sus bienes en una medida determinada. Se aislaría cuidadosamente la ciudad del mar para impedir cualquier vocación comercial. Las actividades económicas y el trabajo manual se encontrarían en manos de los esclavos y de los no ciudadanos. De esta forma la estabilidad estaría asegurada.

Una serie de cuerpos de funcionarios controlan la existencia de los ciudadanos. El omnipotente Consejo Nocturno" dirige la vida moral y material de la Ciudad. El magistrado principal se ocupará de vigilar la educación. que será extremadamente estricta. El matrimonio obligatorio, las comidas en común, la minuciosa reglamentación de la vida cotidiana, la prohibición de los viajes al extranjero, la denuncia obligatoria para todos, una rigurosa legislación sobre la moneda, meticulosas disposiciones sobre la moralidad privada, un estatuto especialmente duro para los esclavos; todas estas medidas tienen como objetivo mantener elevado el nivel de las costumbres y sofocar cualquier veleidad de independencia. Aquí Platón da libre curso a su desconfianza respecto a la diversidad (ποικιλία). Así muestra la figura de un Estado aristocrático, gobernado severamente y ordenado en forma militar, y que se asemeja mucho a una Esparta transformada en sistemática y, por así decirlo, filosóficamente totalitaria. Es un testamento bastante desilusionado.

SECCION IV

La democracia moderada de Aristóteles.

La obra política de Aristóteles (384-322) representa también, a su manera, una tentativa de detener la decadencia de la Ciudad griega. Pero su espíritu es totalmente diferente.

Aristóteles está separado de Platón por una generación. Las últimas luchas de la aristocracia ateniense le son totalmente extrañas. Por lo demas, no es ateniense, sino hijo de

---

[12] Se puede completar la lectura de la *República* con la de *El Político*, donde Platón intenta definir la función dirigente que debe poseer la ciencia real. Estudia al mismo tiempo el papel y el valor de la ley que, en ausencia de un jefe ideal, debe regir una comunidad. Dividido entre el desprecio por las leyes positivas y el deseo de hacer respetar la legalidad incluso empírica, se limita a desear un jefe ideal que sabría "tejer" los diversos elementos de la política en un todo armónico.

un griego que llegó a ser médico del rey de Macedonia. Hasta 367 no vivió en Atenas,
participando entonces, bajo la dirección de Platón, en las actividades de la Academia.
En 347, después de la muerte de Platón, abandonó Atenas para reunirse en Assos con
otro discípulo de la Academia, Hermias, tirano de Atarneus, que le pone en contacto
con todas las realidades concretas de la política interior y exterior de un Estado (347-
345) Pasa luego a Lesbos, donde vive dos años. Preceptor de Alejandro, de 343 a 340,
regresa a Atenas en 335, donde fundará el Liceo. Añadamos que nunca dio a las matemáticas el lugar central que tenían en las perspectivas platónicas; se interesó sobre todo
por la biología y por las ciencias de observación. Su talento era infinitamente menos
abstracto. Libre de todas las amarguras que mantuvieron a Platón en un altivo alejamiento, aceptó todos los vínculos que propone o impone la realidad diaria: vida familiar, ejercicio de una profesión lucrativa. Le interesó la política como cualquier otra
cosa, por su espíritu enciclopédico, pero no porque fuera para él una constante preocupación. Aborda metódicamente este tema, a su hora, con tanta libertad de espíritu como
la que aporta a su *Ética* o a su *Retórica*. No siente en absoluto el oculto aguijón de
una segunda intención persistente; la política es para él una ciencia y no la ciencia real.
Y no nos sorprendamos demasiado de que nunca haga alusión a la carrera de su antiguo discípulo.

Persistencia del ideal de la Ciudad.—Para Aristóteles, el hombre es
un animal político; se distingue de los demás animales por su pertenencia
a una *polis*. Esta, fruto de la civilización, es el término de un desarrollo de
las asociaciones humanas cuyos estadios han sido: la familia, la tribu, la
aldea, la ciudad. Por otra parte, la Ciudad es, según él, la Constitución.
La Constitución crea el Estado, hasta el punto de que, si la Constitución
cambia, cabe preguntar si se trata del mismo Estado. Esta visión abstracta,
que limitará constantemente el pensamiento político de los griegos clásicos,
era ya la de Platón e Isócrates.

La posición de Aristóteles es particularmente reveladora de su época,
pues es el defensor de la Ciudad a doble título. En primer lugar, la defiende en el plano filosófico como una forma natural de la vida humana,
frente a los pensadores cínicos del siglo IV, que veían en la vida política
un obstáculo para la "vida natural". En segundo lugar, aunque sabe muy
bien que es sólo un modo, entre otros, de la vida social (estando mejor situado que nadie por sus largas estancias en Macedonia, país que no había
conocido el sistema de las ciudades, para conocer estas diversas posibilidades), tiende a subrayar el valor particular de este sistema político; más
aún: precisa las dimensiones de la Ciudad ideal, que no debe ser demasiado
vasta. La docilidad de esta gran inteligencia respecto a la tradición griega
en el momento preciso en que la Hélade, amenazada por nuevas fuerzas,
se consumía en divisiones, muestra hasta qué punto estaba viva la predilección por una forma de sociedad política que parecía la mejor e incluso
la única válida para los griegos civilizados [14].

Método.—Aristóteles reconoce después la diversidad de las *politeiai*.
Preocupado ante todo por establecer catálogos precisos, registró —si se cree
a la tradición— 158 Constituciones de ciudades o de diferentes países, con
ayuda de sus discípulos. Estudió también el *Derecho usual* de los bárbaros,

---

[14] Esta es al menos, según parece, la posición más corriente de Aristóteles. Pero algunos
pasajes tenderían, al contrario, a demostrar que comprendió la importancia nueva de las
grandes comunidades, así como la insuficiencia de la ciudad.

las *Leyes* de Solón y las *Reivindicaciones* de las ciudades griegas, entre otras colecciones de investigación política. Admitiendo la diversidad y siendo mucho menos dogmático de lo que su reputación pretende, se dedicó en primer lugar a un estudio objetivo de las Constituciones existentes. Dado que en el último libro de la *Ética a Nicómaco* tuvo presente su futuro trabajo la *Política*, puede descubrirse allí la clave de su método [15]:

"En primer lugar, pues, intentemos pasar revista a lo que parcialmente haya podido quedar bien tratado por nuestros predecesores; después, en vista de las constituciones políticas que hemos reunido, intentemos ver qué cosas salvan y qué cosas pierden a las ciudades, y cuáles a cada uno de los regímenes, y por qué causas unas ciudades son bien gobernadas y otras lo contrario. Examinadas estas cosas, quizá podamos ver mejor al mismo tiempo cuál es la mejor forma de gobierno y cómo ha de ser ordenada cada una y de qué leyes y costumbres se ha de servir para ser la mejor en su género" (*Ética a Nicómaco*, X, 9, trad. esp. Araujo-Marías).

Añadamos que se entregó a un trabajo de encuesta considerable, buscando materiales en los trabajos de los historiadores, de los logógrafos, de los técnicos (tanto de la agricultura como de la legislación) y de los viajeros. Por consiguiente, su manera de proceder es totalmente diferente a la de Platón; hoy día estaríamos inclinados a llamarla científica. Sin embargo —en la medida en que cabe distinguirlas [16]—, hay en la *Política* dos intenciones bastante diferentes. Por una parte, trata de estudiar la mecánica de los Gobiernos existentes, tal como su documentación le invita; por otra, cuida, al igual que Platón, de describir un Estado ideal, el mejor posible, siendo éste el objeto de los libros VII y VIII.

Estudio de los regímenes existentes.—Como sus predecesores, Aristóteles distingue tres tipos de Constituciones, según el número de los gobernantes —monárquica, aristocrática y timocrática (democracia censitaria)—, teniendo cada una de ellas una forma corrompida: tiránica, oligárquica y democrática [17]. En las buenas Constituciones el gobierno se ejerce en beneficio de los gobernados: tal es el criterio que separa ambas series.

Es evidente que estas clasificaciones no satisfacieron de forma profunda a Aristóteles [18]. En efecto, el número puede no significar gran cosa. Una Constitución puede tener una etiqueta oligárquica o democrática y ser aplicada prácticamente en direcciones opuestas; la democracia puede disimular una oligarquía al servicio de los ricos; una oligarquía de censo muy bajo puede compararse con una democracia; una democracia en la que la masa es virtuosa puede ser una aristocracia; o puede convertirse en una tiranía si la ley no es respetada. En realidad, pues, las formas de Constitución son infinitamente numerosas, ya que pueden ser eclécticas, o variar también según se trate de comunidades de predominancia agrícola o urbana. Por consiguiente, Aristóteles se da cuenta de la diversidad de las combinaciones; no ha de sorprendernos la diversidad de clasificaciones que se encuentran en su obra. Además, a pesar de su propósito de proceder

---

[15] Este último capítulo es probablemente una adición tardía.
[16] Los ocho libros de la *Política* son en realidad notas de clases, probablemente de diferente fecha, de seguro de composición incierta. Por esta razón muchas cuestiones quedan sin respuesta y se ven variar los sistemas de clasificación de un extremo a otro de la obra. Se ha de leer igualmente la *Constitución de Atenas*.
[17] Esta clasificación puede derivar de Platón, si se consideran los análisis del *Político*.
[18] Por lo demás estableció diferentes clasificaciones en la *Ética a Nicómaco*, en la *Retórica* y en la misma *Política*.

a un estudio descriptivo, Aristóteles no puede escapar a la tradicional tentación de juzgar y aconsejar, de suerte que su análisis se interfiere, incluso en los libros puramente críticos, con las recomendaciones. Muestra preferencia más que por un género puro, por un género mixto o, en todo caso, mezclado, al que llama Constitución "verdadera" o "Constitución política" y puede ser definido o como una democracia próxima a la oligarquía o como una oligarquía vecina a la democracia.

Todo su pensamiento político converge hacia esa elección. En efecto, Aristóteles desea hacer prevalecer una Constitución basada en la "clase media", esa clase que había intentado en varias ocasiones imponer en Atenas sus puntos de vista —especialmente a finales del siglo v— y que se definía como intermediaria entre los ricos, llevados por el egoísmo y la ambición, y los no propietarios, carga y amenaza para el Estado. Según Aristóteles, esta clase es la que asegura la estabilidad al Estado, permanece fiel a las leyes y desconfía de los arrebatos pasionales. No trabaja en su solo interés, sino en el de todos los gobernados. Por consiguiente, es la clase predispuesta por excelencia para administrar los negocios públicos. Aristóteles admira la vieja Constitución democrática de Solón o, también, la Constitución de los Cinco Mil que los moderados intentaron dar a Atenas en 411. Esta posición política corresponde bastante exactamente a sus puntos de vista morales y a la forma en la que sitúa a la virtud en una especie de "término medio", de vía media. Por eso, cuando trata de definir previamente al ciudadano, lo describe de forma verdaderamente empírica, como aquel que es capaz de ocupar un cargo y de obedecer a la autoridad; esto era, en realidad, establecer un criterio, moral sin duda, pero también eminentemente social, que excluía a todos los que, aun siendo libres, no tuviesen ni tiempo ni capacidad para cumplir una función pública o no aceptasen de buen grado el juego constitucional.

Su "Constitución política" intenta conciliar el principio democrático y el principio aristocrático. En efecto, Aristóteles cree, frente a Platón, en el valor de la mayoría: "En efecto, los más, cada uno de los cuales es un hombre incalificado, pueden ser, sin embargo, reunidos, mejores que aquéllos, no individualmente, sino en conjunto, lo mismo que los banquetes para los que contribuyen muchos son superiores a los costeados por uno solo" (*Pol.*, 1281, trad. Marías-Araújo). Pero, en cambio, reserva las funciones para la virtud; defendiendo Aristóteles ahí la doctrina de la igualdad proporcional al mérito, tan apreciada por Isócrates, frente a la igualdad aritmética. Todo el edificio tendrá como garantía un censo (τίμημα) razonable que asegurará a la clase media la preponderancia política necesaria para arrastrar tras de sí a las demás clases por el camino de la moderación. Esta vez su oposición a Platón es radical. Frente al filósofo que deseaba lo absoluto, Aristóteles —para quien ni siquiera el desprecio hacia la tiranía tiene nada de verdaderamente absoluto— desea una conciliación: una Constitución concreta cuya denominación exacta incluso no le preocupa. Platón resolvía las luchas sociales imponiendo una doctrina que especializaba las diferentes castas; Aristóteles se limita a pedir al buen gobierno que proteja al pobre de la opresión y al rico de la confiscación —ni más ni menos que Demóstenes en su IV Filípica—, y a la clase media, que gobierne lo mejor posible los intereses de todos.

Con el mismo espíritu Aristóteles estudia ampliamente las condiciones en las que los Gobiernos se modifican, así como las revoluciones que les afectan. Sus causas son, unas veces, el exceso en la aplicación de un principio —tanto de igualdad como de desigualdad—: otras, las transformaciones que se operan en el interior de las clases, desequilibrándolas o fraccionándolas; en ocasiones, los errores del Gobierno. Pero las evoluciones no son ineluctables. Por eso estudia también los remedios de esta inestabilidad. Siempre vuelve al mismo tipo de consejos: una Constitución tan "mixta" como sea posible; que no trate de ser ni la mejor posible ni siquiera la mejor de las existentes, sino la mejor adaptada a la situación de la Ciudad; una Constitución en la que, como mínimo, el grupo social más fuerte esté vinculado al régimen. Da con idéntica imparcialidad los consejos necesarios para salvaguardar todos los tipos de Constitución. Los técnicos de la mecánica gubernamental —como Maquiavelo— han utilizado esta parte de la obra.

El Estado ideal.—Lógicamente, no cabe esperar de Aristóteles —dado su espíritu— que describa, de manera dogmática y detallada, un Estado ideal. Y, en realidad, cuando da, a su vez, su *Politeia* en los libros VII y VIII (que son, por lo demás, probablemente de redacción más antigua que los otros y que están impregnados en sumo grado de las *Leyes)* no llega al final de su empresa. Conocemos, por el libro II, las razones por las que encuentra impracticable e inhumana la República de Platón, y especialmente la comunidad de mujeres y bienes, la estricta división de las clases, los sacrificios exigidos a cada persona. En vez de imponer un estatuto político preciso [19] manifiesta su intención de exponer más bien las condiciones generales que aseguran el buen funcionamiento de una Ciudad. Además, trata de establecer, más que una Ciudad *justa,* como Platón, una Ciudad *feliz* (consistiendo, por supuesto, la felicidad en un uso perfecto de la virtud). Esas condiciones generales son especialmente: moderado tamaño, territorio reducido, fácil de defender y escogido de manera que todo el mundo pueda conocerse; la posición geográfica, próxima al mar y con fáciles comunicaciones, variará con el tipo de Estado, ya que la oligarquía necesita de recinto amurallado y, en cambio, la democracia se aviene con la llanura. Por último, las consideraciones prácticas sobre el urbanismo hacen patente una gran preocupación por la organización práctica. Se le atribuye corrientemente el mérito de haber introducido en el pensamiento político algunas consideraciones sobre el clima y la raza, tomadas de la ciencia médica y destinadas a una gran celebridad. En efecto, distingue las razas del Norte, apasionadas por la libertad pero faltas de inteligencia; las razas de Oriente, inteligentes pero viles, y, por último, la raza intermedia de los helenos, que, inteligentes y amantes de la libertad al mismo tiempo, podrían constituir ese justo medio ético, correspondiente al justo medio político y moral [20].

---

[19] Como índice de su prudencia a la hora de legislar, puede mencionarse la distinción fundamental que estableció entre lo *justo* (δίκαιον), que es lo que la ley establece, y lo *equitativo* (ἐπιεικές), que es aquello mediante lo que se palian los inconvenientes provenientes del carácter de generalidad de la ley o de su carencia (*Et. Nic.*, V, 10).

[20] Corresponde a Aristóteles el honor de haber sido el primero en distinguir los tres órdenes de poderes. En realidad se trata de tres funciones que todo Gobierno debe asegurar. Las enumera en el libro IV, capítulo XI: 1) La función deliberativa, en cuyo campo entran la votación de las leyes y de los tratados y el control de los magistrados; 2) Las magistraturas, esto es, el ejercicio de la autoridad; 3) Por último la función judicial, asegurada por una serie de tribunales que van desde los que cobran las cuotas públicas o que juzgan los ataques a la Constitución a los que conocen los homicidios y los procesos civiles. Esta distinción, extremadamente moderna, es magistral; pero para Aristóteles es, sobre todo, un método cómodo para analizar más precisamente las Constituciones y caracterizarlas o definirlas. En efecto, el reclutamiento y las funciones de esas asambleas, administradores o magistrados judi-

Pero no hay en esta aglomeración, localizada y edificada de tal manera, ninguna innovación mayor: un pueblo de trabajadores alimentará a una *élite* de ciudadanos, que son, al tiempo, los guerreros y los únicos constituyentes de la Ciudad. No se propone aquí ninguna Constitución particular. En compensación, dado que se supone que ninguno de los ciudadanos posee una superioridad sobre los demás tan manifiesta que justifique la atribución completa del Poder, y dado que, por otra parte, para una Ciudad lo importante es adquirir las virtudes necesarias para el estado de paz, el problema esencial será el de las condiciones de nacimiento y educación de los ciudadanos. Aristóteles se extiende, pues, ampliamente sobre los problemas que plantean la eugenesia, el control de la natalidad, la alimentación de la infancia y su educación —que se apartará de cualquier mala influencia—. Su educación comprenderá esencialmente lo que es liberal y honorable, repartiéndose, por consiguiente, entre la gimnasia y los estudios. Se advierte así que Aristóteles concede mayor espacio a temas que incumben, según nuestra mentalidad, a la técnica o a la moral, que a consejos propiamente políticos [21].

Al fin de esta exposición no puede sino señalarse cómo: 1.º Aristóteles continúa prisionero de las fórmulas tradicionales. En la época de Filipo sigue mostrándose, en la mayoría de sus trabajos, partidario de la Ciudad reducida. Aun cuando es el campeón de la clase media —que es una clase activa—, se adhiere, cuando define la Ciudad ideal al menos, al principio del ocio noble, debiendo estar el ciudadano que él elogia totalmente liberado de ocupaciones manuales o comerciales [22]. Las únicas tareas que merecen su aprobación son la deliberación, la justicia, el ejército o la religión. 2.º Se muestra incierto en sus puntos de vista teóricos. Admite en mayor o menor grado cualquier régimen —excepto la tiranía, excesiva, y la monarquía, inadecuada—. Y si sus preferencias son explícitas, no son imperativas. Si bien es cierto que —como todos los pensadores griegos— funde en uno lo político y lo social, no tiende a reducir lo segundo a lo primero ni a imaginar mil maneras de gobernarlo y anularlo, tal como hace Platón. Por el contrario, Aristóteles, sin presentir la diferencia específica entre los dos órdenes, modela las formas políticas sobre la diversidad de lo social e intenta superar la futilidad de las fórmulas políticas demasiado tajantes, sistemáticas o abstractas. 3.º Por último —y es aquí donde sobresale— la impresión de esta diversidad política le lleva a buscar explicaciones y determinaciones antes que definiciones normativas. Su principal mérito será haber inventariado el universo político, analizado sus componentes y sus mecanismos, resaltando sus caracteres específicos. De esta forma, al rehacer respecto al conjunto de la vida política lo que el seudo-Jenofonte hiciera para Atenas, renueva la ciencia política griega y —podría decirse tomando este término en su acepción moderna— la funda. La lista de sus deudores, desde Santo Tomás a Comte, es infinita.

---

ciales varían separadamente según el régimen considerado. Se trata, por tanto, de una distinción funcional destinada a tener un gran porvenir; pero, en absoluto, de una *doctrina de la separación de poderes*.

[21] Por lo que se refiere a las ideas de Aristóteles sobre la esclavitud ver *supra*, pág. 27.

[22] La distinción entre la *economía*, adquisición de los bienes naturales, y la *crematística*, enriquecimiento mediante la especulación y los negocios le permite permanecer fiel a una cierta imagen del buen ciudadano.

SECCION V

Las relaciones entre ciudades y el pensamiento político griego.

1. La comunidad helénica.—La fórmula en la que se encerró la vida política griega durante el período clásico —el Estado-Ciudad— no excluía la existencia de una comunidad helénica sentida como tal. Los poemas homéricos expresan ya el sentimiento de esta solidaridad. Sin embargo, corresponde a las guerras médicas precisar este despertar de la conciencia y conferirle su contenido. Frente a la amenaza persa —amenaza bárbara contra los griegos, amenaza de una monarquía contra las ciudades libres—, los griegos expresaron su sentimiento de formar una comunidad de sangre, de lengua, de costumbres y de religión; pero Herodoto, al relatar estos propósitos, declara también que esta conciencia helénica era poco firme y se encontraba dividida. Los límites del mundo helénico seguían siendo poco seguros; la geografía —contra la que jugaban la dispersión de las colonias, la caprichosa "contigüidad marítima" o las segundas intenciones estratégicas— no proporcionaba un criterio suficiente; la lengua constituía un elemento de definición que estuvo durante mucho tiempo en boga, al menos negativamente —era bárbaro quien no hablaba griego—. Como quiera que sea, problemas de límites mal resueltos, como el notorio caso de la cuestión macedónica, deberían gravar durante mucho tiempo todo sentimiento de solidaridad. Incluso entre las ciudades indiscutiblemente griegas la alianza militar no llegará nunca a adoptar una forma política. Se unirán para defender su libertad frente a los bárbaros, pero esta misma libertad constituirá el límite de sus concesiones recíprocas; los atenienses harán valer que se negaron a aceptar la autoridad del bárbaro, a pesar de que les había prometido, en contrapartida de su obediencia, la hegemonía sobre Grecia (Herodoto, VIII, 3). Más tarde Demóstenes exaltará en este gesto la doble fidelidad de Atenas al espíritu de independencia, ya que lo respetaba tanto para los demás como para ella. Como subraya constantemente Herodoto, la otra cara de este amor por la libertad era un particularismo impenetrable (Herodoto, VIII, 3, i. f.).

2. Ligas e "Imperios".—En realidad, las alianzas fueron constantemente necesarias, pero la opinión pública nunca sintió de forma profunda que hubiera ahí una fórmula política que había que precisar. Se limitaron a pactos militares que a veces una amistad tradicional, exaltada por las circunstancias, justificaba. Bajo la presión de circunstancias militares o económicas se organizaron algunos agrupamientos más vastos y duraderos, generalmente bajo la influencia de una Ciudad prestigiosa como Atenas, Esparta o Tebas. Estas ligas corrieron diferentes suertes, según la naturaleza de los vínculos que las unieran. La liga peloponésica, dirigida por Esparta, fue, de forma casi constante, una alianza militar bajo la hegemonía espartana. La liga marítima ateniense, fundada después de las guerras médicas, evolucionó hacia una forma original, siendo reducidas poco a poco las Ciudades aliadas a un estatuto subordinado o siendo su independencia de derecho afectada de hecho mediante prácticas tales como el tributo anual del que Atenas acabó por disponer soberanamente, las presiones realizadas para establecer en esas Ciudades una democracia calcada más o menos de la de Atenas, la instalación de cleruquias o colonias de soldados atenienses en puntos estratégicos, la promoción de causas judiciales solamente ante los Tribunales atenienses, la dirección de la política exterior de la liga por los atenienses sin ningún control. En realidad, la liga se estaba transformando lentamente en un Imperio. Los espartanos, después de convertirse en campeones de la independencia, utilizaron en su provecho, una vez vencedores, idénticos procedimientos; y de igual forma se comportaron los tebanos cuando se beneficiaron de la decadencia espartana. Diríase que fue una evolución inevitable.

Ausencia de una "doctrina" política del imperialismo.—Sin embargo, el hecho notable es que el nacimiento de estos sucesivos Imperios no fue saludado por ningún movimiento de ideas políticas ni por ninguna formalización doctrinal digna de ese nombre. Se encuentran, ciertamente, justificaciones. Así, en el libro VIII (144) de Herodoto se habla de un cierto parentesco étnico entre Atenas y el pueblo de las islas que muy bien podría constituir un tema de propaganda adecuado para legitimar la reunión de aquellas Ciudades en una misma liga, al igual que, *a contrario,* tal parentesco legitimaría las ligas peloponésicas. A través del relato de Tucídides se aprecia el esfuerzo de Pericles para imponer la idea de una primacía de Atenas, basada en la superioridad de su civilización. Sin embargo, no se elaboró sobre esta base ninguna concepción política doctrinal ni ninguna visión positiva que viniera a sostener, en el terreno teórico, estas tentativas imperialistas. Tucídides, por el contrario, las estudia como situaciones de hecho; más aún: ve en ellas una especie de necesidad histórica, de encadenamiento automático. El historiador analiza en el diálogo de Melos (Tucídides, V, 91) con una cruel lucidez el mecanismo inexorable al que son arrastrados los conquistadores, que no pueden tolerar amigos, sino súbditos. La única idea que podía, en el terreno sentimental, vivificar este imperialismo y ligarlo fuertemente a una tradición era la idea panhelénica, y esta idea no se encuentra en Tucídides.

En compensación, no faltaron las críticas. Aristófanes sólo ve en estas tentativas de expansión la ruina de la Atenas que ama, el Ática de los campesinos tradicionales y pacíficos. Platón censura a Pericles y a sus sucesores el haber pensado únicamente en la grandeza material de Atenas *(Gorgias,* 517). Jenofonte preconiza en *Las Rentas de Ática* el retorno a la economía de los antepasados. Todos suscribirían gustosamente las críticas del viejo oligarca, presunto autor de la *República de los atenienses.* No hubo más que un impulso lamentable y forzoso, originado por el desarrollo de una nueva Atenas comerciante y marítima; y si bien es verdad que Eurípides pensaba en la expedición a Sicilia cuando escribió *Elena,* podemos concluir con él que este esfuerzo por conseguir conquistas y unificaciones no pareció a muchos espíritus reflexivos —y, en cualquier caso, a los doctrinarios— más que una nueva guerra de Troya, la persecución de un espejismo.

Por tanto, estos importantes acontecimientos fueron analizados o criticados históricamente, pero no *pensados políticamente.* Se sentía tan fuertemente como ideal e irreemplazable el marco de la Ciudad que estos impulsos imperialistas no podían achacarse más que a la tradicional tensión entre las Ciudades. Lo más, al valorar los desastres militares que tales impulsos habían producido, se les calificó de enfermedades *(nosoi),* atribuyéndoles un carácter accidental. La conciencia política griega se preocupó por hacerlas desaparecer: los teóricos —como Platón— intentaron mostrar que la Ciudad ideal no practica las guerras de conquista, y los historiadores —como Jenofonte *(Anábasis)*— que estas guerras sólo son concebibles en los Imperios bárbaros, mientras que los políticos multiplicaban las preocupaciones para reducir las alianzas a su puro objetivo y contenido militares. El ejemplo más notable lo constituye el decreto de Aristóteles que enumera todo lo que hay que comprometerse a no exigir a los aliados. El carácter negativo de estas posturas muestra hasta qué punto las Ciudades se mantenían firmes en la conservación de sus estructuras tradicionales. Ni la idea panhelénica, de carácter emocional, ni la idea política de una federación, unificación o hegemonía salen elaboradas o fortalecidas de estas tormentas.

3. La expansión macedónica y el problema político.—Demóstenes.—Sin embargo, el problema seguía siendo agudo. La política de equilibrio expuesta por Demóstenes en su *Discurso sobre los megalopolitanos* es sólo un paliativo, a pesar de la inteligencia del orador; la política de repliegue que Eubulo podía defender en Atenas durante una época de bienestar temporal no era en las ciudades desgarradas por las fracciones más que una precaución ilusoria. "Al igual que esos hombres políticos que no pueden retirarse de los asuntos públicos, Atenas no puede dejar de dirigir los asuntos de Grecia", declara Demóstenes con un orgullo algo angustiado. Pero en esta segunda mitad del siglo IV aparece una nueva fuerza ascendente: la Macedonia feudal y monárquica, en plena expansión, lo bastante griega como para alimentar intenciones sobre Grecia y lo suficientemente extranjera como para no dejarse enredar por las ideas tradicionales de independencia municipal. Demóstenes expresa la confusión de sus contemporáneos ante las innovaciones políticas y estratégicas del adversario, a la vez insidioso y brutal. Antiguamente —dice— los contendientes combatían en verano y, después de asolar el territorio del adversario, cada uno regresaba al suyo; por el contrario, Filipo, no devolviendo nunca lo conquistado e integrándolo sin escrúpulo a sus posesiones, ofrece la faz de un imperialista de nuevo tipo. Esta extrañeza, esta indignación muestran hasta qué punto

se habían modificado pocó los puntos de vista tradicionales. En este gran naufragio Demóstenes será el campeón infatigable de la Ciudad. Abandona su política de equilibrio
para galvanizar las energías, pero no se desprende, sin embargo, de las antiguas fórmulas. Ni por un momento tendrá la idea de una federación helénica; intenta organizar, como
siglo y medio antes frente a la invasión de los persas, la unión sagrada de los regímenes
constitucionales (politeiai) frente al absolutismo (tyrannis). Con el objeto de arrastrar
a las ciudades clientes de Atenas y al viejo Imperio en disolución, condena los abusos
pasados del imperialismo ateniense (3.ª Filip., 24) o espartano, pero opone a lo que denomina querellas familiares la ley del bandidaje que hace prevalecer el extranjero. En
suma, las consignas heroicas que lanza son las de siempre. Para convocar a la defensa
de Grecia exalta el respeto por los particularismos; y si invita a los griegos a unirse es
para defender el derecho a permanecer divididos.

    Isócrates.—La posición de Isócrates es más compleja. Sin duda alguna, realizar la
unidad de Grecia fue una de sus ideas constantes. Teme los peligros del imperialismo,
verdadera enfermedad que destruye tanto la Ciudad dominadora como las ciudades-súb-
ditos. Pero distingue cuidadosamente la "hegemonía", tipo de primacía respetuosa de las
autonomías, del αρχή forma imperialista y nefasta de la autoridad. La unidad que predica tendría como objetivo una cruzada contra los persas. Se inclinó sucesivamente por
varios proyectos en lo que se refiere a la dirección de la empresa: pensó primero en
Atenas, madre de la civilización y de la cultura; después, en un hombre fuerte, Jasón de
Feres, y, por último, en Filipo de Macedonia. Es el portavoz de quienes desean encontrar
un campeón que reagrupe las energías griegas y defienda el helenismo. La continuidad
de su proyecto muestra que existía entonces una causa del helenismo. Pero esta misma
causa mostraba su debilidad en la elección que se veía obligada a hacer: Filipo, un ma-
cedonio, a quien se le pedía que fuera al tiempo "un benefactor (o un árbitro) para
los griegos, un rey para los macedonios y un amo para los bárbaros". Eran muchos
matices. Nada puede indicar mejor la confusión del pensamiento político helénico que,
acorralado a causa de las estructuras que le aprisionan, reclama contradictoriamente de
un soberano extranjero que realice la unidad y que, a la vez, respete las tradiciones.
Después de Queronea (338), la suerte está echada: Filipo había empleado la fuerza,
pero contra Grecia.

    De esta forma, Grecia perdió su libertad antes de haber pensado en
su unidad. Por esta razón la herencia que dejó al pensamiento político es
tan rica en el terreno de la vida ciudadana como nimia en lo que concierne
a las relaciones entre los Estados y a los problemas de un Estado extenso
y complejo. Sin duda, el siglo III verá nacer en la propia Grecia algunos
perfeccionamientos relativos a las confederaciones y ligas. Pero es demasiado tarde. La Hélade está en vísperas de cambiar de dueño. Y, por otro
lado, lo esencial vendrá sobre todo de ese Oriente helenizado, tierra de
nuevas experiencias.

SECCION VI

El período helenístico.

1. Caracteres generales.

    Decadencia de la Ciudad.—Alejandro muere en el año 323 antes de Cristo. Pero
quince años han bastado para cambiar el aspecto político de la cuenca oriental del
Mediterráneo; y estas transformaciones y sus consecuencias sobrevivirán a la división del
Imperio macedónico. En estos territorios, ahora, al menos, sumariamente unificados, la
Ciudad griega va a decaer en adelante como forma política; en Oriente predominan las
monarquías; en Grecia continental la Ciudad vivirá, antes de desaparecer en el siglo II,

una existencia incierta, con una autonomía lo más frecuentemente artificial. Sobrevivirá, ciertamente, como mecanismo municipal y, en cierto sentido, tenderá incluso a expandirse por el Oriente helenizado. Pero no es ya aquel organismo vivo y exclusivo que movilizaba, dentro de una autonomía fecunda, las fuerzas materiales y espirituales de los ciudadanos.

El pensamiento helenístico.—Diferentes fenómenos van a caracterizar desde ahora y hasta el Imperio romano la historia de las ideas políticas. Los oradores de las ciudades de tradición helénica (Dion Crisóstomo es un notable ejemplo), por una piadosa fidelidad a sus grandes antepasados, continuarán empleando las mismas palabras y nociones y expresando los mismos sentimientos que los oradores áticos. Pero se trata de un lenguaje muerto, lleno de brillo e ilusión, inadecuado a la situación real y cuyas verdaderas intenciones resultan a veces difíciles de descubrir. Tampoco debe engañar la propagación de la cultura griega en un área considerable. Esta cultura es, naturalmente, la de los griegos expatriados, pero también la de las clases dominantes, que, rápidamente helenizadas, pensarán en la lengua de Demóstenes. De suerte que esta cultura, convertida en el vínculo común, es una cultura transplantada a tierra extraña, privada de sus raíces, vaciada de una parte de su contenido; una cultura donde se va a elegir y que se va, bien a reinterpretar (y ésta será su parte más viva), bien simplemente a inventariar e imitar.

En este vasto trabajo de reinterpretación las partes científicas de la herencia se transmitían sin obstáculos. Sin embargo, sus aspectos políticos habían caducado ampliamente. Todo el pensamiento antiguo —literario y filosófico— descansa sobre un dato invariable y obligatorio: la Ciudad está por encima del individuo, el cual es, ante todo, un ciudadano. Estas nociones son, en gran parte, extrañas al mundo helenístico. Alejandría, por ejemplo, es una Ciudad griega, pero sin el contenido político que aquélla tenía. Los alejandrinos son súbditos, no ciudadanos; individuos, antes que miembros de una comunidad política. Bruscamente van a predominar la sumisión política y el individualismo ético. Por este motivo las ideas de un Esquilo maratonómico o de un Platón obsesionado por la salud común de la Ciudad pierden su sentido, o adquieren uno muy diferente, para los lectores privados del espíritu cívico que había originado estas obras. Por consiguiente, la literatura griega que, bajo iguales apariencias, continúa la literatura clásica, es otra muy distinta.

El estoicismo.—Este nuevo universo, constituido —según las épocas y las regiones— por protectorados o por reinos yuxtapuestos, posee su filosofía propia. El *estoicismo* y, accesoriamente, el *epicureísmo* se desarrollan sobre las ruinas de la Ciudad griega. El estoicismo fue, desde el punto de vista que aquí nos interesa, el más fecundo. Se convierte en el gran proveedor de nociones políticas. Hasta el siglo II d. C. constituirá la filosofía de referencia por excelencia. Consiguió, bastante paradójicamente, nutrir las ideologías políticas, tanto de la corte de los soberanos helenísticos o de los círculos cultivados de la República romana, como de los notables del Imperio romano. No trataremos aquí más que de los primeros desarrollos de esta doctrina polimórfica, de lo que se llamó el antiguo estoicismo.

Lo conocemos mal y sólo de segunda mano. Pero lo poco que nos ha llegado basta para confirmar el testimonio de Plutarco, que es el primero en señalar la estrecha conexión entre la situación creada por las conquistas de Alejandro y el nacimiento del estoicismo. Los tres grandes nombres de la escuela son: *Zenón de Citio*, jefe de la escuela (de 322 a 264), *Cleantes* (de 264 a 232) y *Crisipo* (de 232 a 204). La vinculación de este movimiento con la política es bastante manifiesta. Piénsese en los consejeros estoicos que rodean a los soberanos de entonces: Antígono Gonatas sigue las lecciones de Zenón y las de Cleantes; Aratos de Solis se instala en la corte de Antígono; Cleantes envía a su discípulo Esferus a Ptolomeo Evergeta. No ha de pensarse, sin embargo, que el estoicismo comportara una doctrina política formal; pero lo cierto es que las nociones que puso en circulación se correspondían con el estado de cosas político y permitían, de manera bastante flexible, dar cuenta de él. Por el contrario, el epicureísmo apenas influye en la actividad política de la época, como tampoco la Academia y el aristotelismo, que se repliega, al parecer, a una concepción económica de la política.

2. El hundimiento de la Ciudad antigua y el proceso de fusión de la población.

Bárbaros y helenos.—El nacimiento de los Imperios —o al menos de los reinos— planteaba de manera aguda a la conciencia política un problema que hasta entonces había sido teórico: cuáles serían las relaciones, dentro de una misma comunidad, entre poblaciones de diferente origen y, en primer lugar, entre griegos y bárbaros. Desde hacía muchos tiempo el mundo helénico se había protegido detrás de esta división simple y satisfactoria. Dos categorías dividían de manera exclusiva el universo; quien no era griego era bárbaro. En verdad los criterios —lingüísticos, morales, políticos, hasta técnicos— pudieron variar; pero el principio de la división nunca se puso seriamente en discusión. Las guerras médicas habían determinado estas posiciones. Desde entonces, hasta los troyanos, representados hasta esa época por el arte y la literatura griegas como civilización helénica, fueron retroactivamente transformados en bárbaros. Herodoto expone la guerra de Troya como el primer conflicto en que se enfrentaron griegos y bárbaros antes de las guerras médicas. Herodoto sabe, ciertamente, que esa palabra cubre una diversidad que debería hacer desconfiar. Describe con satisfacción el abigarramiento de las costumbres y lenguas, pero predomina en él la opinión de que lo común a los bárbaros es no poseer las cualidades griegas de medida y sabiduría. Platón sabe también que la división de la humanidad en bárbaros y helenos no tiene el mismo carácter indiscutible que la división en hombres y mujeres [23] (Político, 262 d). Pero este razonamiento lógico de ningún modo prevalece sobre la opinión común a la que Platón sigue aferrado y que hasta Aristóteles sigue siendo dominante: los bárbaros se oponen a los griegos como una categoría diferente e inferior de seres humanos.

El criterio de la cultura.—Con Isócrates comienza a despuntar el principio de una nueva división: "El nombre de griegos no se usa ya para significar una gente o una nación, sino para demostrar el ingenio. Y más se llama griegos a los que participan de nuestra instrucción que a los que tienen el mismo origen que nosotros" (Panegírico, 250, traducción A. Ranz). No hay que engañarse en absoluto con este texto. Isócrates no piensa en forma alguna en sustituir la antigua división por una nueva, fundada únicamente sobre la cultura, que haría un heleno de un bárbaro cultivado y un bárbaro de un griego inculto. Por el contrario, su labor parece más bien limitativa, pues quiere reservar el nombre de helenos a quienes han adoptado la cultura ática. Este estado de ánimo contenía, en germen, una refundición de la definición de helenismo y, por consiguiente, en otro contexto político, una transformación de la línea de separación comúnmente admitida. Si es cierto que se llega a ser heleno gracias a la cultura, ¿podría excluirse de una comunidad así definida a un bárbaro helenizado? A partir de la concepción aticista y, si se quiere, malthusiana de Isócrates, estaba abierto el camino para una nueva definición que dominará el período helenístico: un heleno es un hombre de civilización griega.

La fusión.—En el tiempo de la fulminante conquista de Alejandro los griegos estaban, ciertamente, mal preparados para hacer frente a semejante situación. Es muy posible que Alejandro compartiera las opiniones corrientes y las de su preceptor Aristóteles. ¿No decía, según su biógrafo Plutarco, que los griegos le parecían, en medio de los macedonios, como semidioses en medio de bestias? Resulta, sin embargo, que su acción política, por breve que fuera, se basó en la asimilación y la mezcla, como lo indican —entre otras medidas— su propio matrimonio con Roxana, el aliento dado a las uniones entre griegos e indígenas, la amalgama realizada en su ejército. Y esta política no fue desaprobada nunca por sus sucesores. Es cierto que los griegos trasladaron con ellos sus costumbres e instituciones, así como que la burguesía de los funcionarios o de los oficiales macedónicos siguió compactamente agrupada en torno a determinados centros. Pero la mezcla se realizará lentamente, con la adhesión al menos de las clases más acomodadas

---

[23] Antifón, en nombre de la ley de la creación que rige, sola, la humanidad entera, había puesto en duda el valor de esta distinción. Pero estos puntos de vista siguen siendo abstractos.

en torno a una cultura de predominancia griega, pero convertida en más abierta y acogedora. Todo ocurre como si el ideal de Isócrates se hubiera realizado a una escala desmesuradamente grande: la cultura griega es el cimiento de este vasto Imperio. Los epigragramas del poeta sirio Meleagro (hacia 100 a. C.) podrían ilustrar bien esa coexistencia de dos civilizaciones superpuestas: la civilización local, a la que se superpone una cultura griega unificadora.

Papel del estoicismo en la fusión: Cosmópolis.—Se crea de este modo una comunidad de cultura que completa e incluso sobrepasa la unificación política. El estoicismo tuvo, como principal papel, facilitar este paso. Sinclair observa con acierto: "Nunca fue la fisolofía objeto de tantas indagaciones como entonces; parecía reemplazar a alguna cosa perdida". Lo perdido era la relativa estabilidad moral que el Estado-Ciudad, sociedad restringida, aseguraba a sus miembros. Por consiguiente, la filosofía busca nuevos valores. El hombre aparece ahora como un individuo; no es ya el miembro de una comunidad definida. Más exactamente, se muestra como un individuo en la medida en que es miembro de una comunidad, ampliada a las dimensiones del universo. La Ciudad del sabio es el mundo *(cosmos, de donde proviene la palabra "cosmópolis": la Ciudad del mundo).* Todos los hombres, si son sabios, son iguales e idénticos entre sí en un mundo no dividido por ninguna barrera nacional o política y que la razón hace homogéneo. En realidad, el estoicismo desempeña ante todo —en este campo como en otros— un papel negativo en la elaboración del ideal político. No admite ninguna comunidad específica; ningún deber político es específico ni primordial; el único deber necesario es obedecer a las leyes del universo, con todo lo que esto comporta de vaguedad[24]. La política incorporada a la metafísica, carece desde ahora de vínculo preciso con un territorio, un sistema, una tradición o una colectividad. El estoicismo avala sobre todo, en este su primer estadio, esa gran vacación cívica en cuyo seno el mundo nuevo va a poderse elaborar. No ha de sorprendernos el comprobar que los grandes estoicos provienen en su mayoría de las ciudades periféricas, dispuestas a fundirse sin reticencias en el gran crisol.

Los antiguos captaron muy pronto la sorprendente convergencia del estoicismo y de la política helenística. Plutarco escribe *(De la fortuna de Alejandro, VI)*: "Zenón escribió una República muy admirada, cuyo principio es que los hombres no deben separarse en ciudades y pueblos que tengan cada uno sus leyes particulares, pues todos los hombres son conciudadanos, ya que para ellos existe una sola vida y un solo orden de cosas, como para un *rebaño* unido bajo la regla de una *ley* (νόμος, νομός) común. Lo que Zenón escribió como un sueño lo realizó Alejandro... Reunió como en un cráter a todos los pueblos del mundo. Ordenó que todos consideren la tierra como su patria, su ejército como su acrópolis, a las gentes de bien como a parientes y a los malvados como extranjeros". Esta última frase muestra con suficiente claridad qué retoque aportaba, además, el estoicismo a los criterios concernientes a la famosa línea de separación. Permitía sustituir la fórmula "es heleno quien acepta la cultura griega" por una división más elaborada y también más abierta: "Hay dos categorías de gentes: las gentes de bien, que son todos compatriotas, y los malvados, que están fuera de la Ciudad universal". No debe sorprender que el estoicismo se expandiera de forma tan fulminante por este nuevo mundo. Aportaba, junto al vínculo lingüístico que el griego constituía, el más duradero cimiento ideológico.

Frente al estoicismo, y más antiguo que él, el cinismo aparece como la tendencia anarquista, descontenta y crítica. No es sorprendente ver a sus adeptos llegar hasta la paradoja y, por así decirlo, invertir las posiciones del estoicismo. Para ellos no se trata de acoger a todos los hombres lustrados de cultura o de sabiduría, sino de exaltar, a expensas de la civilización griega, la cultura —o más bien la incultura— bárbara. Diógenes (413-323) y sus discípulos ensalzarán el modelo que ofrecen los bárbaros y hasta los

---

[24] Crisipo desarrolló la doctrina de la Cosmópolis *(Fragm.,* II, 528). En este mismo fragmento hace alusión a la "ley según la naturaleza" (φύσει νόμος), término importante que será recogido por Cicerón *(ius natura);* pero no hay que perder de vista que la naturaleza es aquí un término estoico, significando, según la excelente expresión de Sinclair, "el universo dotado de razón divina", y no el estado natural.

animales, criaturas libres de la libre naturaleza. A decir verdad, esta tendencia será siempre muy artificial y, sobre todo, retórica, teniendo más importancia como síntoma que como doctrina [25].

3. La Monarquía helenística.

La autoridad real.—Con exclusión de las ciudades de Grecia —cuya independencia, por lo demás, sólo fue con frecuencia teórica— el Imperio de Alejandro se pulverizó en varias monarquías. Resulta difícil, por falta de textos detallados, definir de forma exacta la ideología monárquica. Incluso conocemos mal su origen. Durante mucho tiempo se discutirá si la idea monárquica es más griega que oriental, y si tuvo su origen en la corte de Pella o en las de Tebas o Susa. En efecto, Alejandro y los epígonos que le imitan son griegos de Macedonia, pero utilizan a menudo para provecho propio las formas locales de autoridad y de dominio. Como quiera que sea, a los ojos de todos los súbditos indistintamente, este poder es absoluto. Es un hecho significativo, que el lenguaje oficial registra, la transferencia de autoridad que se opera, de la ley —único soberano reconocido en la Ciudad helénica clásica— al rey helenístico: el rey "absorbe" de alguna manera su predecesora y se convierte en "ley encarnada" (νόμος ἔμψυχος). No hay para él más norma que su capricho. Un cuerpo jerarquizado de oficiales y funcionarios, sometidos completamente a su voluntad, ejecuta sus órdenes. Para el historiador constituye una sorpresa que estos pueblos de cultura griega renunciaran tan fácilmente a toda forma de control. Es un hecho que, en esta transferencia ideológica, el monarca se benefició de los mismos sentimientos absolutos que ligaban al ciudadano con su Ciudad. Los súbditos de un Ptolomeo se alimentaban de varias certezas.

La fortuna.—En primer lugar, el rey gobierna porque es *excepcional*. Y es excepcional porque ha sido distinguido por los dioses; poco o mucho, él mismo es un dios. Es, ante todo, un hombre feliz, favorecido por la Fortuna: basta con ver solamente la descripción teórica de quienes han sido, de hecho, los primeros reyes: generales victoriosos. Se imputaba también a la Fortuna —causa de su victoria— el anticipado éxito de su reinado y el acierto de sus futuras iniciativas. El espíritu griego no hubo de variar, sobre este tema, grandemente. Se encuentran aquí, codificados y reforzados, los tumultuosos sentimientos que llevaban al pueblo ateniense hacia un Alcibíades. En el siglo IV el crédito de la Fortuna no hizo sino aumentar. Era natural que, en la incertidumbre de aquellos tiempos, se confiara en ella para distinguir al soberano, y que se la convirtiera en una deseada garantía. Aproximadamente en la misma época, la creencia epicúrea en un cierto azar o la estoica en una Providencia responden, indudablemente, a tendencias análogas en el terreno filosófico. Hay que señalar esta triunfal entrada de la Fortuna en el universo político, donde será durante siglos, bajo diferentes disfraces, un importante valor.

El culto real.—Es natural que el rey, al ser el favorito de la Fortuna, participe de la divinidad. Las tradiciones orientales favorecían esta concepción. Los Lagidios no tuvieron más que recoger, en su provecho, el culto indígena de los Faraones. Las ideas griegas —ideas monárquicas de formación reciente o tradiciones religiosas— no constituían ningún obstáculo; el culto secular a los héroes —y, sobre todo, a los héroes fundadores— y el culto a los muertos proporcionaron, mediante arteros rodeos, la ocasión para útiles compromisos. No es éste el lugar para explicar cómo se combinaron estos diversos elementos. Sabemos que toda la literatura de la época está llena de hiperbólicas alabanzas al monarca. Calímaco, en su himno a Zeus, sugiere una comparación, lisonjera para el soberano, y esboza una teoría del derecho divino de los reyes. Teócrato es más explícito en su elogio a Ptolomeo II Filadelfo, al igual que Hermocles en su *Poema ictifálico* en honor de Demetrius Poliorcetes. Si se tiene en cuenta el verbalismo, el len-

---

[25] El cinismo, a pesar de sus semejanzas puramente exteriores con el estoicismo, es fundamentalmente diferente. Basta comparar la concepción de la Cosmópolis de Crates —el cínico tebano— con la de Crisipo para apreciar las divergencias (cf. SINCLAIR, *op. cit.*, págs. 258 y siguientes).

guaje ceremonial y las adulaciones de corte, resulta que, aun sentida a medias, la opinión de que el rey era de una esencia especial permanece generalmente al amparo de cualquier crítica seria. ¿Hay que asombrarse por esto? ·Hacía falta, en verdad, un ser sobrenatural para ,poder concentrar en una única persona los prestigios y poderes de las comunidades desaparecidas.

Las cualidades reales.—Por otro lado, se trasladan a la persona del rey los caracteres que, hasta entonces, se reservaban para definir una Constitución. La ley y la Constitución eran portectoras de la Ciudad; el rey es necesariamente Evergeta (bienhechor), esto es, su autoridad descansa en una recíproca entrega *(Eunoía)*. Pero si no se ,pide a los súbditos —privados de existencia cívica— otra cosa que el sacrificio, se pide al soberano —en quien se concentra toda la vida política— el conjunto de cualidades antes requeridas por el cuerpo de ciudadanos. El conjunto de esas cualidades —cuya enumeración resultaría enojosa y que varían, por lo demás, algo según las escuelas y las épocas (justicia, bondad, inteligencia, etc.)— forman la *areté* del ,príncipe, especie de fuero impuesto por la moral al único ciudadano de pleno ejercicio que subsiste. Es una especie de Constitución interiorizada, última y ,precaria garantía cuyos rasgos principales recogerá el Imperio romano.

Monarquía y estoicismo.—Justamente en este último punto llegamos a una vinculación esencial. Nuestros autores —como más tarde Dion Crisóstomo hablando de los Flavianos—, inspirados por el estoicismo, intentan hacer coincidir la prestigiosa imagen del rey-Dios con la del sabio, más moderada. El estoicismo tiene, en efecto, una notoria relación con el ideal monárquico de la época.

1) En primer lugar, una relación negativa: el propósito más claro del estoicismo es interiorizar la libertad. El sabio es libre en cualesquiera condiciones —esclavo o vencido—, ya que su libertad interior, o sea su dominio sobre sí mismo, queda a salvo. Esta potenciación de la libertad interior conduciría a una indiferencia respecto a las libertades sociales y ,políticas. Al sabio le basta con atrincherarse en su *autarquía* (independencia). En este sentido, el estoicismo, al dejar este vacío, se hacía digno de la monarquía. El epicureísmo y el cinismo son también —como el estoicismo, ,pero en grado menor— retiradas facilitadas al sabio ante la disgregación de las ciudades. Sin embargo, en estas dos últimas filosofías la retirada arruina a la ,política. Como para el epicúreo las virtudes, las convenciones sociales y el Gobierno son medios que los hombres emplean para, protegerse unos de otros, la política es necesaria, ,pero un mal necesario. Lo esencial es "vivir oculto" [26]. Para el cínico la situación es todavía peor. Todas estas instituciones son despreciables. Se retira de la vida social con pérdidas y estrépito; su independencia es agresiva y disolvente.

2) Por el contrario —y éste es el segundo rasgo—, el sabio estoico coloca el acento sobre el orden. Por eso, después de haber afirmado su autonomía íntima, regresa a la política. Hay que hacer constar claramente que nada explícito obligaba al estoicismo, en el terreno doctrinal, a avalar a la monarquía. Los estoicos fueron muy frecuentemente, por oportunismo, los sostenes de diversas monarquías helenísticas. Es verdad que lo fueron en calidad individual, decididos a aconsejar a los déspotas para hacerlos ilustrados. Fueron ,pocas las cortes que no tuvieron su estoico, pedagogo o eminencia gris. Pero la ausencia de un vínculo necesario y teórico no puede disimular que existan en el fondo profundas afinidades entre ese régimen y aquella doctrina. La metafísica estoica representa al cosmos como sometido a un orden, fraccionado, a su vez, en órdenes secundarios de diferentes niveles. La moral del sabio consiste esencialmente en tomar conciencia de este orden y en someterse a él deliberadamente. El estoicismo formaba, ,pues, ante todo, en el respeto a los órdenes existentes, y debía, naturalmente, empujar a aceptar ese orden particular que el ejercicio de la autoridad real representaba. Correlativamente, siendo la mejor manera de actuar el hacerlo conforme con el orden universal, era natural que los estoicos se acercaran para aconsejarle a quien —reflejo de la Providencia en el nivel de la sociedad— podía modelar el orden político real sobre el orden cósmico. La mejor manera de instaurar el orden era hacer del rey un sabio.

---

[26] Se atribuye a Epicuro la primera idea de un *contrato* que estaría en la base de la Ciudad. Quizá es más prudente decir que la Ciudad se funda en un *acuerdo* (que no es otro que la justicia) de los ciudadanos que se conciertan para no infligir ni recibir perjuicio.

De esta manera el estoicismo, orgulloso pero flexible, abierto a todos los compromisos y ocasiones tras sus rigurosas apariencias, comenzaba, sin comprometerse. una carrera política fructífera pero compleja [27]. Si aquí se adapta a los reinos existentes, lo encontraremos con Panecio y Posidonio, dispuesto a dar a la República romana la ideología que espera. Más tarde, éstas dos tradiciones —monárquica y republicana— se fundirán poco a poco en la ideología imperial.

BIBLIOGRAFIA

OBRAS GENERALES

Se encontrarán útiles informaciones en los volúmenes de las grandes colecciones históricas que tratan de la antigüedad griega: la "Cambridge Ancient History", la colección "Peuples et Civilisations", la *Histoire générale*, de G. GLOTZ, y especialmente el tomo primero de la *Histoire générale des Civilisations*, debido a André AYMARD, esencial particularmente para el período helenístico. (Hay versión castellana: *Historia general de las Civilizaciones.—I. Oriente y Grecia Antigua*, trad. de Eduardo Ripoll, Barcelona. Destino, 1958, 776 págs.)

Se consultarán provechosamente las historias de la filosofía griega: ZELLER, WINDELBAND, GOMPERZ, BRÉHIER, ROBIN, CHEVALIER, RIVAUD, etc.

Se pueden citar entre las historias generales de las doctrinas políticas, además de las anteriormente citadas en la bibliografía general: Rudolf STANKA, *Geschichte der politische Philosophie;* tomo primero: *Die politische Philosophie des Altertums*, Viena, 1951, 461 páginas. Ver también Raymond MONIER, Guillaume CARDASCIA, Jean IMBERT, *Histoire des Institutions et des faits sociaux, des origines a l'aube du Moyen Age*, Montchrestien, s. f., 633 páginas.

HISTORIA DE LAS IDEAS POLÍTICAS GRIEGAS.

T. A. SINCLAIR, *A history of Greek political thought*, Londres, Routledge & Kegan Paul, 1952, VIII-317 págs.; trad. francesa, París, Payot, 1953, 331 págs. (obra esencial; parcial a veces. Las notas bibliográficas son de gran utilidad). Hans VON ARNIM, *Die politischen Theorien des Altertums*, Viena, 1910 (un poco anticuado, pero denso y sugestivo). John Linton MYRES, *Political Ideas of the Greeks*, 1927. A VON VERDROSS-DROSSBERG, *Grundlinien der antiken Rechts, und Staats philosophie*, Viena, 1946-48. Ernest BARKER, *Greek Political Theory: I. Plato and his Predecessors*, Londres, Methuen, 1952. 4.ª ed., XIV-404 págs. (obra que es ya clásica); *II. Aristotle and his succesors*. Londres, Methuen, 1918. Del mismo autor, *From Alexander to Constantino. Passages and documents illustrating the history of social and political ideas*, 336 BC-AD 337, Oxford, Clarendon Press, 1956, XXVI-506 págs. (colección de trozos escogidos, de una gran utilidad para un período en general mal inventariado). Sobre cuestiones conexas pueden leerse: Benjamín FARRINGTON. *Science and Politics in the Ancient World*, Londres, G. Allen and Unwin, 243 págs. Louis GERNET, *Recherches sur le développement de la pensée juridique et morale en Grèce*. E. Leroux, 1917, 476 págs. (esta obra no se refiere en modo alguno a las ideas políticas; pero, en la medida en que el pensamiento jurídico y el político se encuentran enlazados, aclara las perspectivas helénicas). Werner W. JAEGER, *Paideia*, Berlín, 1936, 3 vols., o en la traducción inglesa, Nueva York, Oxford, U. P., 1939-1944, 3 vols. (Hay traducción española: *Paideia*, de Joaquín Xirau —libros I y II— y Wenceslao Roces —libros III y IV—, Méjico, Fondo de Cultura Económica, 2.ª ed. en un solo volumen, 1962, XI-1151 págs.). Ulrich KAHRSTEDT, *Griechisches Staats Recht*, vol. I, Gotinga, 1922. Heinrich RYFFEL, *Metabolè Politeion. Der Wandel der Staatsverfassungen*, Berna, 1949. Erik WOLF, *Griechisches Rechtsdenken*, Frankfurt sobre

---

[27] La teoría de los derechos naturales, que se encuentra a igual altura que esta nueva definición del individuo, no tomará su verdadera forma hasta más tarde; ver la bibliografía página 61.

el Maine, Vittorio Klostermann, 1950-1954, 4 vols. (estudio en extremo detallado de la concepción del derecho de todos los escritores y poetas griegos, desde Homero a Demóstenes; en especial, amplios análisis sobre los sofistas y oradores; no se incluyen en este estudio ni Platón ni Aristóteles).

I. Los marcos generales de la reflexión política.

Sobre la formación y las estructuras históricas del mundo político griego son instructivas dos obras generales: Auguste JARDÉ, *La formation du peuple grec*, A. Michel, 1923, 425 págs. ("L'evolution de l'humanité") (ofrece, especialmente en su cuarta parte, un cuadro del estado político de la Hélade, desde los orígenes a la época clásica). Gustave GLOTZ, *La Cité grecque*, A. Michel, reedición, 1953, 438 págs. ("L'évolution de l'humanité"), exposición clásica de las Constituciones atenienses y espartanas, un poco sistemático quizá. (Hay versión española: *La Ciudad griega*, trad. de José Almoina, Méjico, UTEHA, 1957, XVII-358 págs.) Pueden estudiarse las características de la Ciudad griega en André AYMARD, *Les cités grecques à l'époque classique*, Recueil de la Soc. Jean Bodin, VI, 1.ª parte, Bruselas, 1954, págs. 49-68. Henri FRANCOTTE, *La polis grecque*, Paderborn, F. Schöningh, 1907, VIII-242 págs. E. KIRSTEN, *Die Griechische Polis als historich-geographisches Problem des Mittelmeerraumes*, Colloquium geographicum, Band 5, Bonn, 1956, 154 págs. (trata problemas relativos a la formación de la *polis*). F. SCHACHERMEYR. "La formation de la cité grecque", *Diogène*, octubre de 1953, núm. 4, páginas 22-39 (rápido esbozo de un desarrollo político, nacido de la civilización urbana egea y que organiza progresivamente sus propios valores). (Esta revista se edita también en español, Buenos Aires, Editorial Sudamericana.) A. H. M. JONES, *The Greek city from Alexander to Justinian*, Oxford, Clarendon, 1940, x-393 págs. Sobre la esclavitud, puede consultarse el estudio de Henri-Alexandre WALLON, *Histoire de l'esclavage dans l'Antiquité*, 3 vols., 1847-1848, 3.ª ed., 1879 (anticuado, pero cómodo). Y las recientes puntualizaciones, a menudo abstractas y arbitrarias, reunidas en *Recherches internationales à la lumière du marxisme*, núm. 2, mayo-junio de 1957. *Etat et classes dans l'Antiquité esclavagiste.*

Por lo que se refiere a la Ley, resulta muy útil leer un artículo de W. JAEGER, "L'Eloge de la loi", traducido al francés por Jacqueline PRIEUR en *Lettres d'Humanité*, tomo VIII, 1949. (Hay traducción española: *Alabanza de la ley. Los orígenes de la Filosofía del Derecho y los griegos*. Trad. de A. Truyol y Serra, Madrid, Instituto de Estudios, Políticos, 1953, 91 págs.) Sobre la idea de justicia puede consultarse P. GUÉRIN, *L'idée de justice dans la conception de l'univers chez les premiers philosophes grecs*, Estrasburgo, 1934, 115 págs.—Se encontrará información sobre Heráclito en P. BISE, *La Politique d'Héraclite d'Ephèse*, Alcan, 1925. Sobre la orientación general del pensamiento griego ver algunas utilísimas sugestiones en Louis GERNET, "Aux origines de la pensée grecque", *An. d'Hist. éc. et soc.*, 1951.

II. La Democracia ateniense.

Ver la obra de conjunto de Paul CLOCHÉ, *La démocratie athénienne*, P. U. F., 1951, 432 págs. Junto a ésta: Friedrich WARNCKE, *Die demokratische Staatsidee in der Verfassung von Athen*, Bonn, L. Röhrscheid, 1951, 149 págs. Sobre los sofistas: Eugène DUPRÉEL, *Les Sophistes*, Neuchatel, Griffon, 1949, 408 págs. (brillante y arriesgado de un sociologismo no siempre convincente). Ettore BIGNONE, *Studi sul pensiero greco*, y C.-E. PERIPHANAKIS, *Les Sophistes et le droit*, Atenas, 1953. También Carlo CORBATO, *Sofisti e politica ad Atene durante la guerra del Peloponneso* (Università degli studi di Trieste, Istituto di Filologia classica, núm. 4, 1948, 42 págs.) (sin aceptar enteramente las conclusiones del autor, que quiere subrayar los vínculos de la sofística con los medios oligárquicos). Es útil la introducción de Louis GERNET a la edición de los *Discours* de Antifón (Belles-Lettres, 1923).

Tratan el problema de la ley, de un modo jurídico: M. ALLIOT, *Le conflit des lois dans la Grèce ancienne*, tesis de Derecho, 1953, y de forma filosófica Félix HEINIMANN,

Nomos und Physis, Basilea, Fr., Reinhardi, 1945, 221 págs. (estudio de los términos νόμος y φύσις en el pensamiento griego desde sus orígenes, así como de su oposición dentro de la sofística). Se abordan los problemas de la libertad, especialmente en la pequeña obra del R. P. André-Jean FESTUGIÈRE, O. P., *Liberté et civilisation chez les Grecs*, Éditions de la Revue des Jeunes, 1947, 126 págs. (sucinta pero muy viva), y también en M. POHLENZ, *La liberté grecque. Nature et évolution d'un idéal de vie*, trad. francesa de J. Goffinet, Payot, 1956, 220 págs. (subraya bien el paralelismo entre las diferentes formas de libertad).

III.   La polémica antidemocrática.

François OLLIER, *Le mirage spartiate*, 2 vols.: I. *Jusqu'aux Cyniques*, de Boccard, 1933, II-447 págs.; II. *Jusqu'à la fin de la Cité*, Belles-Lettres (Ann. Univ. de Lyon III, serie Lettres, fasc. 13), 1943, 220 págs. (extrae los principales rasgos del mito que se constituyó en torno al régimen espartano). Georges MÉAUTIS, *L'aristocratie athénienne*, Belles-Lettres, 1947, 46 págs. Maurice CROISET, *Aristophane et les partis politiques à Athènes*, A. Fontemoing, 1905, XI-309 págs.; G. PESTEL, *Die antidemokratische Strömung in Athen*, Breslau, 1939 (resultan útiles para determinar los elementos que componen la corriente antidemocrática o moderada). Puede consultarse el artículo "Tyrannus", debido a A. HUMPERS, en el *Dict. des Antiquités* de DAREMBERG y SAGLIO; Kurt VON FRITZ, "Totalitarismus und Democratie im alten Griechenland und Rom", *Antike und Abendland*, III, 1948, págs. 47-74, y A. ANDREWES, *The Greek Tyrants*, Londres, Hutchinson's University Library, 1956, 164 págs. Este último, rápido e insuficiente, debe completarse con Edouard WILL, "Les tyrannies dans la Grèce antique", *Revue des Etudes grecques*, juliodiciembre de 1956, págs. 438-444 (que es la más reciente puntualización sobre el problema de la tiranía). Sobre Jenofonte: Jean LUCCIONI, *Les idées politiques et sociales de Xénophon*, Gap, Ophrys, Belles-Lettres, 1947, 312 págs. (tesis de Letras) y Jean LUCCIONI, Traduction et commentaire du *Hiéron* de Xénophon, Belles-Lettres, 1948.

El artículo de Jacqueline DE ROMILLY, "Les modérés athéniens vers le milieu du IV siècle", *Rev. des Et. grecques*, 1954, pág. 327, es una excelente obra, que permite colocar en su marco concreto a los conservadores Jenofonte, Isócrates y Eubulo.

IV.   Platón.

La más reciente obra francesa sobre Platón es la de Jean LUCCIONI, *La pensée politique de Platon*, Presses Univ. de France, 1958, 355 págs. El excelente librito de Pierre-Maxime SCHUHL, *L'oeuvre de Platon*, Hachette, 1954, 228 págs., permite situar la política platónica dentro del conjunto del sistema. Se encuentra una excelente introducción filosófica a la política platónica en Alexandre KOYRÉ, *Introduction à la lecture de Platon*, Nueva York, Brentano's 1945, 182 págs. Ernest BARKER, *The political thought of Plato and Aristotle*, Londres, Methuen, 1907, 582 págs. (que completa las obras anteriormente citadas de este autor). G. C. FIELD, *Plato and his contemporaries*, Londres, Methuen, 1930, 242 págs. (la segunda parte concierne especialmente a nuestro estudio). M. TETE, "Le totalitarisme de Platon", *Bull. de l'Ass. G. Budé*, 4.ª serie, junio de 1954, págs. 59 y sigs. Sobre las *Leyes*: Maurice VANHOUTTE, *La philosophie politique de Platon dans les Lois*, Lovaina, Publ. Univ. Lov. 1954, XII-466 págs. Algunos artículos útiles: J. HUMBERT, "Platon et la politique réaliste de son temps", en el *Bull. de l'Assoc. Guill. Budé*, núm. 29, octubre de 1930; "Le pamphlet de Polycratès et le Gorgias de Platon", en *Revue de Philologie*, 1931. A. RIVAUD, "Platon et la politique pythagoricienne", en *Mélanges Glotz*, París, 1932. Es útil consultar las introducciones a los volúmenes de la colección G. Budé dedicados a las *Cartas*, al *Gorgias*, a *El Político*, a la *República* y a *Las Leyes*, así como el comentario de Louis GERNET al libro IX de *Las Leyes*, París, 1917. Para un cómodo resumen de la obra, M. CROISET, *La "République" de Platón*, Mellottée, 1947.

V.   Aristóteles.

Es todavía útil consultar el viejo libro de L. OLLÉ-LAPRUNE, *Essai sur la morale d'Aristote*, París, 1881. Ernest BARKER, *The Politics of Aristotle*, trad. inglesa, Oxford, 1946, 412 págs. Werner Wilhelm JAEGER, *Aristoteles*, Berlín, Weidmann, 1923, IV-438 páginas; o —si se prefiere la traducción inglesa— Werner 'Wilhem JAEGER, *Aristotle, Fundamentale of his development*, 2.ª ed., Oxford, Clarendon Press, 1950, 476 págs. (Hay traducción española, agotada, del Fondo de Cultura Económica de Méjico). M. DEFOURNY, *Aristote. Etudes sur la Politique*, París, Beauchesne, 1932, 559 págs. Marcel PRÉLOT, *Politique d'Aristote*, traducción e introducción, P. U. F., 1950, XXVIII-244 págs. ("Bibliothèque de la Science politique", 2.ª serie). Otras ediciones o traducciones: Arsitóteles, *Politique*, texto y traducción francesa de Jean AUBENNET (en curso de publicación), Les Belles-Lettres, 1960; los libros I y II están precedidos de una importante introducción, CCVI-178 págs. Aristóteles, *La politique*, nueva trad. con introd., notas e índice de J. TRICOT, Vrin, 1962, 2 vols., 598 págs. La obra de R. WEIL, *Aristote et l'histoire*, París, Klincksieck, 1960, 468 págs., aporta especialmente un excelente cuadro de las cuestiones referentes a la composición de la *Política*, así como una discusión rigurosa sobre los puntos de vista de Aristóteles sobre la Ciudad.

VI. Las relaciones entre las ciudades.

Sobre Protágoras: D. LOEREN, *Protagoras and the Greek Communauty*, Amsterdam, 1940. Resultan útiles para interpretar el testimonio de Tucídides: J. DE ROMILLY, *Thucydide et l'impérialisme athénien*, Belles-Lettres, 1947, 326 págs., y O. REGENBOGEN, *Thukydides als politisches Denker, Das humanitische Gymnasium*, tomo XLIV, 1933. Sobre Isócrates: Georges MATHIEU, *Les idées politiques d'Isocrate*, Belles-Lettres, 1925, 234 págs. Respecto a Demóstenes, que, por lo demás, no es un teórico, contiene una bibliografía práctica: Georges MATHIEU, *Démosthène, l'homme et l'oeuvre*, Boivin, 1948, 191 págs. Sobre las relaciones entre las ciudades, el libro básico sigue siendo: V. MARTIN, *La vie internationale dans la Grèce des Cités (VIᵉ-IVᵉ siècle avant J.-C.)*, París-Ginebra, Sirey, 1940, XII-630 págs. (metódico y extraordinariamente útil). Puede completarse con: G. TENEKIDES, "Le fédéralisme grec du Vᵉ au IIIᵉ siècle av. J.-C.", en *Le fédéralisme*, P. U. F. 1956. Del mismo autor, *La notion juridique d'independance et la tradition hellénique (Autonomie et fédéralisme au Vᵉ et IVᵉ siècles)*, Atenas, Inst. Francés, 1954, 213 págs. Massimiliano PAVAN, *La Grecità politica da Tucidide ad Aristotele*, Roma, "l'Erma" di Bretschneider, 1958, 187 págs. J. R. PALANQUE, *Les Impérialismes antiques*, P. U. F., 1948. Las relaciones entre los helenos y los bárbaros se estudian con amplitud en Julius JÜTHNER, *Hellenen und Barbaren, Aus der Geschichte des Nationalbewusstseins*, Leipzig, 1923.

VII. Las filosofías helenísticas.

Los datos esenciales de la civilización helenística están resumidos en William Woodthorpe TARN, *Hellenistic Civilisation*, 2.ª ed., Longmans, 1930, VIII-334 págs.; trad. francesa: *La Civilisation hellénistique*, Payot, 1936, 350 págs. El estoicismo es estudiado en las siguientes obras: Emile BRÉHIER, *Chrysippe*, Alcan, 1910, 295 págs. Eleuterio ELORDUY, *Die Sozialphilosophie der Stoa*, Leipzig, Philologus, sup. Bd. XXVIII, 1936, XII-268 págs. Max POHLENZ, *Die Stoa, Gesch. einer geistigen Bewegung*, 2 vols., Gotinga, Vandenhoeck et Ruprecht: tomo I, 1947, 490 págs.; tomo II, 1949, 230 págs. Margaret E. REESOR, *The Political theory of the old and middle Stoa*, Nueva York, J.-J. Augustin, 1951, 60 págs. Para los aspectos jurídicos del epicureísmo: Robert PHILIPPSON, "Die Rechts-philosophie der Epikureer", *Archiv für Gesch. der Phil.*, XXXIII, 1910, páginas 288-337, 433-446. Un estudio de conjunto de las teorías monárquicas helenísticas en: Erwin Ramsdell GOODENOUGH, "The Political philosophy of hellenistic Kingship", *Yale Classical Studies*, I, 1928, págs. 65 y sigs. Un corto estudio que determina las posiciones de la nueva filosofía respecto al derecho natural: Michel VILLEY, "Deux conceptions du droit naturel dans l'Antiquité", *Leçons d'histoire de la philosophie del droit*, Dalloz, 1957, páginas 121 y sigs.

* * *

Ediciones bilingües disponibles en castellano.

La República de los atenienses, ed. bilingüe, trad. y notas de Manuel Fernández Galiano, introd. de Manuel Cardenal Iracheta, Madrid, Instituto de Estudios Políticos, 1951, XVI-20 págs.

PLATÓN, *La República*, ed. bilingüe, trad., notas y estudio preliminar de José Manuel Pabón y Manuel Fernández Galiano, Madrid, Instituto de Estudios Políticos, 1949, 3 vols., de CXLII-104, 222 y 193 págs.

PLATÓN, *El Político*, ed. bilingüe, introd., trad. y notas de Antonio González Laso, rev. de José Manuel Pabón, XXXIX-94 págs., Madrid, Instituto de Estudios Políticos, 1955.

PLATÓN, *Las Leyes*, ed. bilingüe y prólogo de José Manuel Pabón y Manuel Fernández Galiano, Madrid, Instituto de Estudios Políticos, 1960; 2 vols., 590-560 págs.

PLATÓN, *Gorgias*, ed. bilingüe de Julio Calonge, Madrid, Instituto de Estudios Políticos, 1951, XIII-126 págs.

PLATÓN, *Critón*, ed. bilingüe, trad., notas y estudio preliminar de María Rico, Madrid, Instituto de Estudios Políticos, 1957, VI-21 págs.

PLATÓN, *Cartas*, ed. bilingüe y prólogo de Margarita Toranzo, revisada por José Manuel Pabón, Madrid, Instituto de Estudios Políticos, 1954, 129 págs. (que incluye la carta VII).

(Existen también traducción y edición bilingüe de otras obras de Platón, no citadas en este libro, en la Colección de Clásicos Políticos del Instituto de Estudios Políticos.)

JENOFONTE, *La República de los lacedemonios*, ed. bilingüe, trad., notas y estudio preliminar de María Rico Gómez, rev. de Manuel Fernández Galiano, Madrid, Instituto de Estudios Políticos, 1957, XL-26 págs.

JENOFONTE, *Hierón*, ed. bilingüe, trad. y notas de Manuel Fernández Galiano, Madrid, Instituto de Estudios Políticos, VI-31 págs., 1954.

ARISTÓTELES, *Política*, ed. bilingüe y trad. de Julián Marías y María Araújo, introducción y notas de Julián Marías, Madrid, Instituto de Estudios Políticos, 1951, LXXII-218 págs. (Es preciso señalar que la versión castellana ha seguido, en la ordenación de los libros, el criterio de la edición de Newman, que modifica la numeración tradicional. Los libros IV, V, VI, VII y VIII de esta ordenación son los libros VII, VIII, IV, V y VI, respectivamente, de la edición francesa.)

ARISTÓTELES, *La Constitución de Atenas*, ed. bilingüe, trad., notas y estudios preliminar de Antonio Tovar, Madrid, Instituto de Estudios Políticos, 1948, 221 págs.

ARISTÓTELES, *Etica a Nicómaco*, edición bilingüe y traducción por María Araújo y Julián Marías, introducción y notas de Julián Marías, Madrid, Instituto de Estudios Políticos, 1959, XXIII-174 págs.

(El Instituto de Estudios Políticos ha publicado también la *Retórica* de Aristóteles, edición a cargo de Antonio Tovar.)

Algunas traducciones de los clásicos griegos sin doble texto.

TUCÍDIDES, *Historia de la guerra del Peloponeso*, introd., trad. y notas de Francisco Rodríguez Adrados, Madrid, Biblioteca Clásica Hernando, 1952, 3 vols. de 331, 356 y 343 páginas.

HERODOTO, *Los nueve libros de la Historia*, trad. del P. Bartolomé Pou, Madrid, Víctor Saiz, 1878, 2 vols. de 495 y 472 págs.

Entre las ediciones no críticas de Platón véanse las *Obras completas*, trad. de Patricio de Azcárate, Madrid, Medina y Navarro, 1881, 11 vols.

ARISTÓFANES, *Obras completas*, trad. de Federico Baraibar y Zumárraga, Buenos Aires, El Ateneo, 704 págs.; ESQUILO y SÓFOCLES, *Obras completas*, trad., respectivamente, de Fernando F. Brieva y José Alemán Bolufer, Buenos Aires, El Ateneo, 1957, 755 págs.; EURÍPIDES, *Obras completas*, trad. de Eduardo Mier y Barbery, Buenos Aires, El Ateneo, 1951, 842 págs.

En JENOFONTE, *Historia griega*, trad. y notas de Juan B. Xuriguera, Barcelona, Iberia, 1956, 2 vols. de 296 y 312 págs. se incluyen la *Anábasis* y *Las rentas del Atica*. Una edición de la *Ciropedia en Madrid*, Aguilar, Colección Crisol.

El *Elogio de Evágoras* y el *Panegírico* en: ISÓCRATES, *Oraciones políticas y forenses*, trad. y anot. de Antonio Ranz Romanillo, Madrid, Biblioteca Clásica Hernando, 1891, 2 vols. de 283 y 377 págs.

DEMÓSTENES, *Obras escogidas*, trad. de Arcadio Roca, Madrid, Victoriano Suárez, 1872, 352 págs.

CAPITULO II

Roma y los comienzos del cristianismo

Dado que el relato de los orígenes de Roma es, en gran parte, una reconstrucción de fecha posterior, resultaría inútil tratar de encontrar en él las ideas políticas de los primeros siglos de vida nacional. Nos expondríamos a recoger tan sólo el reflejo restrospectivo de concepciones políticas perceptiblemente más tardías, referidas al pasado según un procedimiento de ennoblecimiento interesado que, sin constituir siempre una falsificación deliberada, enturbia de forma constante la cronología. Contentémonos con esbozar, en el punto de arranque de esa historia, las grandes líneas del estatuto político inicial, tal como los etruscos lo impusieron, probablemente hacia mediados del siglo VII, a las aldeas romanas. Reconocemos en él los rasgos distintivos del Estado-Ciudad —al modo etrusco o griego— y especialmente el predominio político del conglomerado urbano, combinado con la subordinación de una campiña a la que no se deja ningún papel específico. La dignidad real ejerce el ejecutivo, siendo asistida por un Senado, compuesto por los jefes de *gentes,* y por una asamblea del pueblo, dividida en curias y fuente del poder legislativo. Junto a las *gentes* y a sus clientes, que forman el cuerpo cívico, nace y se desarrolla una plebe, formada por poblaciones conquistadas, extranjeros emigrados o clientes emancipados del patriciado. Esta plebe está fuera de la Ciudad y de la ley. No posee ni derechos, civiles o políticos, ni los deberes correspondientes. El hecho capital de la historia antigua de Roma es la incorporación de esa plebe a la Ciudad, lo que constituye la primera de las grandes medidas de integración y absorción que jalonan la evolución de Roma hacia su destino de Ciudad universal. A partir del siglo V la abolición de la monarquía y los progresos de esas poblaciones, promovidas recientemente a la existencia política, dejan frente a frente a los dos protagonistas de la lucha que va a comenzar: plebe y patriciado.

Casi ningún texto literario nos ayuda a comprender la evolución de las ideas políticas durante el período que va del siglo V al siglo II. Las Letras latinas se reducen, antes del 240, a la Ley de las XII Tablas. Y después de esa fecha no se encuentra hasta Cicerón (106-43 a. C.) una expresión organizada de las ideas políticas. Sin embargo, podemos deducir a través de esas lagunas algunos caracteres generales.

Influencia de la política exterior.—La historia interior de Roma forma una unidad, desde su nacimiento a su muerte, con la historia exterior. Esta Ciudad, lanzada a la conquista del Lacio, luego de Italia y después del mundo, se absorberá completamente en esta empresa. Los problemas esenciales que se le plantean conciernen a las relaciones que ha de mantener con los pueblos conquistados o por conquistar, así como al estatuto, tanto civil como político, a concederles. Esta municipalidad tendrá que regular litigios en toda la cuenca mediterránea, casi inmediatamente después de haber entrado en funciones. La parte que corresponde a la doctrina en este terreno es insignificante. No se construyen sistemas políticos cuando el tiempo apremia y cuando los hombres de Estado son, ante todo, jefes de un ejército en campaña sobre todos los frentes. Añadamos a esta continua necesidad de actuar el desprecio de los romanos hacia los extraños; parece natural que apenas pensaran en organizar doctrinalmente sus consideraciones sobre poblaciones tenidas por inferiores: se contentaban con administrarlas, con la mejor conciencia posible. Sin embargo, estas lejanas aventuras tenían continuas resonancias en lo más profundo de Roma. ¿No suscitaron la formación y promoción de la clase de los caballeros? ¿No modificaron de manera profunda las relaciones de fuerza dentro del Foro y transformaron los términos de cada problema interior? Pero esta misma presión y esas incesantes modificaciones enturbiaron durante mucho tiempo la visión de los políticos latinos. La imagen de la grandeza romana, abstracta y exigente, se opondrá durante mucho tiempo a un análisis amplio y abierto y a la elaboración de un sistema que aspire a satisfacer a la lógica y a la moral.

"Otium et Negotium".—Es preciso añadir, por otra parte, que el genio romano se manifiesta en terrenos que no son los de la reflexión; Cincinato sólo deja la espada por el arado. Cualquier detención de la acción, cualquier retirada, bien fuese para el estudio o dirigida hacia la política, contraría a un romano como Catón. El *otium* —la demora que uno se concede o el descanso que uno se toma— será para Roma una dura conquista y deberá continuamente justificarse mediante la eficacia. Cuando los jurisconsultos dedicaron la mitad de un año a una estancia en el campo, lo justificaron por la necesidad de organizar su documentación y su jurisprudencia. El ocio de los griegos —tan lleno de reflexiones, discusiones y estudios que acabó por significar escuela (σχόλη)— inspiró a los romanos una instintiva desconfianza. Para ellos, la reflexión sistemática es, ante todo, pérdida de tiempo. Toda la historia de sus ideas está esmaltada de reflexiones, tales como el *"primum vivere* (habría que decir: *agere*) *deinde philosophari"*. Y, aun así, la mayoría de los romanos no encontró nunca tiempo para pasar a la segunda parte; por lo demás sin pena, ya que la misma palabra "filosofar" será objeto durante mucho tiempo de un menosprecio irritado o burlón. Hará falta mucho tiempo y una nueva situación para que resucite con los *Tusculanos* el gusto por las largas discusiones y por los intercambios de puntos de vista de los que se excluye la urgencia. Por el momento, hay que hacer la guerra, administrar y ganar dinero. Por esta razón las ideas políticas se adherirán de forma tan estrecha a la acción que serán completamente indisociables de ella. Cuando se habla del famoso realismo romano se hace referencia, sin duda, a las características de este orden.

La influencia de la literatura helénica.—Los griegos, o, más bien, los escritores y profesores helenísticos de lengua y formación griega que alimentaban desde hacía mucho tiempo al mundo mediterráneo de ideas generales, iban a aportar a los conquistadores romanos un útil conjunto de inclinaciones sobre este punto. Es bien sabido que la civilización griega "cautivó a sus vencedores". Sin embargo, una firme y casi general oposición impidió durante mucho tiempo que esta influencia triunfara a la luz del día. No solamente detenía las simpatías de los romanos la reputación del "graeculus esuriens", servil y tarado. También contaba la forma teórica, abstracta, en que concebían moral y política. En 156 a. C. Carneades, embajador de los atenienses, acudió a defender la postura de sus compatriotas en un conflicto arbitrado por los romanos. Pronunció con esta ocasión dos conferencias ante un escogido auditorio. En la primera demostró que la justicia es el primer bien; y en la segunda, que resulta difícil ser al tiempo sabio (traduzcamos prudente) y justo. Sus palabras no carecían de relación con el objeto de su labor. Pero esta acrobacia ideológica —que, sin duda, Tucídides no habría desaprobado y que, aun con todas las características de la decadencia, lleva, sin embargo, el sello del más puro espíritu griego, preocupado siempre de situar los problemas en una perspectiva más amplia— ante un público romano, provocó entre los jóvenes la admiración que se tiene por los equilibristas y, entre los viejos, una llamarada de desprecio inquieto. Carneades no debía volver a Roma. Este distanciamiento respecto a la acción, esa apertura de la inteligencia posibilitada por el escepticismo y la confianza en la habilidad, esa inclinación por los asuntos en los que no domina la búsqueda de la eficacia inmediata debían indisponer incluso a los romanos más favorables al helenismo, los cuales preferían con frecuencia tomar de sus modelos los refinamientos del arte y el lujo antes que sus métodos de pensamiento. Y, cuando se arriesgaban a llegar hasta aquí, la mayoría amputaban de los sitemas sus implicaciones políticas. Verdaderamente, ¿qué podrían pensar del epicureísmo, que predicaba la retirada de las ocupaciones, o del escepticismo de la nueva academia, que ponía en peligro todos los valores y que embotaba el espíritu de empresa? En cuanto al estoicismo, los romanos supieron durante un largo período recibir de él sólo aquello a lo que su genio pudiera acomodarse, es decir, lo que interesara a la moral práctica. Por eso hay que aguardar hasta el fin de la República para que comiencen a nacer, en el campo de las doctrinas políticas, sistemas de conjunto inspirados por las enseñanzas griegas.

Derecho y política.—Hay que observar, por último, para ser justos, que las tareas morales de los romanos se situaban, naturalmente, en otro terreno. Ha llegado a resultar banal el subrayar el papel capital desempeñado por Roma en la elaboración del Derecho y, correlativamente, el papel esencial desempeñado por el Derecho en la vida e historia romanas. El romano no se elevará por encima de las necesidades de la acción más que para estudiar el estatuto jurídico de los hombres o de las cosas. No admite otra forma de abstracción y teoría que no sea el Derecho; hay que reconocer, además, que aquélla se halla directamente ligada a la acción o, más exactamente, que da sus marcos a la acción. Allí donde el griego piensa en términos filosóficos, políticos o morales, el romano lo hace en términos jurídicos. Toda la política se encuentra dominada —a pesar de las luchas, los golpes de Estado y la sangre derramada— por nociones y fórmulas que se creerían elaboradas por abogados o notarios. No se encuentran en ellas más que polémicas en torno a los modos de propiedad, a las cuestiones de competencia judicial o a la definición de los estatutos civiles. Incluso los grandes datos del poder político se definirán como procedimientos: *Imperium, Auctoritas*. El genio romano, tradicionalista y minucioso, consistirá en adaptar este pesado aparato jurídico a las vicisitudes de la Historia, de la misma manera como el genio griego supo fijar en claros sistemas el tornadizo oportunismo de su evolución. Incluso la religión no escapa a este imperioso dominio; consistente en fórmulas estrechamente vinculadas a las decisiones que se han de tomar o a los actos que hay que realizar, es como una garantía respecto a una legalidad superior. Por consiguiente, no es una casualidad que el primer documento literario importante sea la Ley de las XII Tablas. El Derecho sirve a los romanos de política y de moral. La oposición *ius* y *factum* corresponde a la de λόγος-ἔργον. El *ius*, exacto y transcrito, sustituye al λόγος sutil e idealista, de los griegos. La consecuencia de estas disposiciones es que los romanos no necesitarán ninguna doctrina política hasta que las circunstancias no modifiquen de manera profunda la estabilidad del Estado. Los problemas no regulados por la espada lo son por el Derecho. Pretores y generales son suficientes durante la primera etapa de la epopeya romana.

SECCION PRIMERA

La República.

1. El círculo de los Escipiones.—El siglo II está marcado por las grandes conquistas romanas fuera de Italia: reducción de Macedonia al rango de provincia (200-146), destrucción de Cartago (146), sometimiento de España. Roma se convierte en el centro del mundo mediterráneo; se enriquece con los botines arrebatados a los pueblos vencidos. Afluyen hacia ella esclavos y libres, rehenes o embajadores, una multitud de intelectuales, artistas, médicos, sabios o profesores oriundos de los grandes centros del helenismo. Las grandes familias romanas se dividen en sus opiniones acerca de los recién llegados.

Catón (234-149) defiende tenazmente el viejo ideal romano. Su obra (los *Origines*, el *De agricultura* y el *Carmen de moribus*) nos revela bastante bien el pensamiento de un gran cultivador de tierras convertido en oficial y político intransigente, celosamente apegado a la grandeza romana y a las virtudes de la raza. Según él, el pueblo romano tiene un dominio que es Italia. Roma ha adquirido sus derechos mediante sus virtudes colectivas y su sentido nacional, y no por la acción de la Providencia o de la Fortuna. Catón no cree tampoco en las personalidades, oponiéndose violentamente en esta cuestión a la tradición política helenística, que concedía un amplio lugar a los "hombres providenciales". Suprime de su historia todos los nombres propios. Entre las virtudes colectivas que constituyen la fuerza del grupo figura en destacado lugar el respeto por la fidelidad jurada: la *fides*, sobre la que se establecen las relaciones entre Roma y los Estados italianos. Pero al igual que la supremacía de Roma sobre Italia se justifica por las virtudes romanas, una extensión de las conquistas fuera de Italia que no tuviera la justificación de la seguridad minaría la grandeza de Roma, zapando aquellas mismas virtudes. En efecto, cuando así ocurre la buena fe se escarnece, se despiertan apetitos que corrompen las costumbres, no siendo ya elemento determinante el sentido nacional. Naturalmente, Catón ataca la influencia de las ideas griegas, enemigas de las virtudes romanas. Este pensamiento político, corto de vista pero influyente, encontrará siempre eco en Roma y, extrañamente, siglos más tarde, en el Imperio. Completado y ayudado por una cierta forma de estoicismo, está llamado a tener un gran porvenir. Por el momento el Senado, que le sigue, proscribe a los epicúreos en 173 y a todos los filósofos en 161.

Una ciudad no toma, empero, la jefatura de un mundo altamente civilizado, aun sometido y saqueado, impunemente. Correspondió al vencedor de Aníbal, **Escipión Emiliano** (185-129), hijo y nieto adoptivo de los artífices de la grandeza romana, Pablo Emilio y Escipión el Africano, el honor de inaugurar, de manera prudente y sin perder de vista la superioridad romana, el indispensable trabajo de amalgama ideológica que debería dar a Roma una primacía moral e intelectual proporcionada a la extensión de sus conquistas. No nos dejó ningún escrito, pero su vida política basada en el prestigio personal y en los favores supuestos de la Fortuna, es un desafío a las ideas de Catón. Sus amigos griegos —Panecio en filosofía y Polibio en la historia— desempeñaron un considerable papel en la elaboración del nuevo pensamiento político.

Panecio (170-110) acompañó a Escipión en sus viajes y estancias, de 146 a 129, antes de asumir, a la muerte de su protector, la dirección de la escuela estoica de Atenas. Aunque no disponemos hoy más que de citas de su obra, sabemos, por medio de Cicerón (*De oficiis*), la influencia que tuvo —y recíprocamente— el hombre de Estado sobre el filósofo. Escipión pide al estoicismo un tipo de disciplina moral, necesario para los crueles y bravos capitanes de un imperialismo victorioso conducido únicamente por la ambición o la razón de Estado. Espera, como resultado, que limite su presunción y que les enseñe la fragilidad de las cosas humanas. Escipión trata de encontrar evidentemente un humanismo y una moral que civilicen ese campo atrincherado que es su patria. Panecio responde a esta invitación humanizando a su vez el estoicismo y haciéndolo más práctico; lo limpia de toda una dialéctica inútil, de una teología y de una astrología demasiado especulativa y fatalista, y exalta, en cambio, la actividad civilizadora del hombre. El *De officiis* de Cicerón nos da una idea aproximada de lo que podía ser el tratado *Del deber* de Panecio. Se insiste sobre todo en la distinción entre la sociedad animal y la humana; las virtudes del hombre son tendencias naturales, pero reguladas por la razón; y la humanidad es justamente este conjunto de sentimientos, tradiciones o artes que transforman los instintos animales. La doctrina consiste en un humanismo de justo término medio que se opone tanto a las excesivas ambiciones de una sabiduría superhumana y a la rudimentaria concepción de los cínicos como a la rigidez nacionalista de los viejos romanos. Al tiempo que mantiene el ideal de un hombre universal y de igual naturaleza en todas partes si obedece a la moral, intenta promover una moral simple y flexible, más humana que el sumario patriotismo de Catón, pero cuya difusión no sea contrarrestada por ninguna implicación política. Se propone completar y hacer flexible un nacionalismo activo pero sin vigencia. Esta tentativa filosófica, obra de un "rallié" y fabricada a la medida de las conquistas, tendrá una amplísima posteridad. Es el comienzo de una resurrección del estoicismo y afirma la alianza de esta doctrina con la romanidad.

Polibio (hacia 205-125) aporta la justificación de la Historia. Conducido a Roma como rehén, en 168, fue tratado como amigo, siguió a Escipión en sus viajes y regresó a Italia como libre en 146 para redactar esta vez una *Historia universal* que describe el período de 218-146, tomando como centro de perspectiva a Roma. Esta elección suponía, además de un homenaje a sus amigos, la creencia íntima, abiertamente proclamada, de que las historias locales encontraban en la conquista romana su última realización, a la que reclamaban como una consecuencia natural. La historia romana iba a fundir en una historia única mil corrientes separadas.

Pero al tiempo que lanza esta tesis de una predestinación del pueblo romano e impone la idea de una solidaridad necesaria de los pueblos conquistados con su conquistador, se convierte en el primer teórico de la Constitución romana, en el libro VI de sus *Historias* (3-10, 11-18), donde, al tiempo que define el mejor Gobierno, analiza el Estado romano [1].

Invocando el nombre de Platón, expone una teoría de la sucesión de las Constituciones, bastante diferente, sin embargo, de la que contenía la *República*. Según él, las sociedades conocen necesariamente, entre cataclismos cíclicos (inundaciones, epidemias, penurias, etc.) en que se aniquila toda civilización, la evolución siguiente: la monarquía, estado inicial que se define por la adhesión natural al más fuerte y al más enérgico, se transforma en realeza, que es una monarquía moralizada en la que el poder de un soberano justo se funda en la libre adhesión; pero la realeza degenera en tiranía cuando el rey cede a sus pasiones; la tiranía es destruida por la sublevación de los mejores a quienes el pueblo, en recompensa, confía el Poder, fundándose de esta forma una aristocracia que, por la intemperancia de las siguientes generaciones de aristócratas, se transforma en oligarquía; la rebelión popular da origen entonces a la democracia, amante de la igualdad y de la libertad; pero la ambición de algunos, sobre todo de los ricos, corrompe al pueblo que habituarle a vivir sobre el bien ajeno. Crisis, luchas entre partidos, proscripciones, matanzas: de esta inevitable catástrofe saldrá de nuevo la monarquía, y así perpetuamente (Polibio, VI, 3-9). En suma, si se exceptúa la monarquía original, nos encontramos ante tres tipos de constitución convenientes: realeza, aristocracia y democracia, con sus respectivas deformaciones (tiranía, oligarquía, demagogia). Es, en cierto modo, la clasificación de Aristóteles; pero ninguno de estos tipos es enteramente recomendable en sí mismo, ya que contiene en su interior el germen de su degeneración, como la madera la carcoma. Por ello, hay que considerar la posibilidad de combinar estos regímenes "compensando la acción de cada uno por la de los otros" y "manteniendo el equilibrio mediante el juego de fuerzas contrarias" (VI, 10). La lógica y la experiencia se pronuncian a favor de esta solución. Se reconoce en todo esto una utilización bastante libre de Platón, y también de Aristóteles. No obstante, la tesis de Polibio es más sistemática que la que le sirve de modelo.

Lo que sucede es que Polibio examina, efectivamente, un régimen determinado: el de Roma. Su Constitución satisface, según él, los imperativos que acaba de indicar. Los poderes de los cónsules hacen pensar en una realeza; los del Senado, en una aristocracia; los del pueblo, en una democracia. Todos estos poderes se controlan y equilibran. Los cónsules —soberanos para dirigir la guerra— dependen del Senado para el abastecimiento de las tropas y para su propio nombramiento, y del pueblo para los tratados. El Senado, a su vez, depende del pueblo, a quien deben someterse los grandes procesos y que puede, mediante sus tribunos, suspender los decretos de aquella asamblea. El pueblo ateniense, por el contrario, "ha sido siempre como una nave sin piloto" (VI, 44), y aquella democracia sin contrapeso zozobró siempre en la anarquía. El autor critica incluso la Constitución de Creta, por estar fundamentada en el amor de la riqueza y el régimen democrático (VI, 45-46). Esparta conoció, por el contrario, una duradera grandeza merced a la igualdad de fortuna, la convivencia en común, la simplicidad de la vida y, sobre todo, el contrapeso de los poderes (realeza, senado y pueblo). Pero Esparta, fundada sobre la frugalidad, la ausencia de moneda, comercio, etc., estaba organizada para conservar y no para adquirir. Cada guerra de conquista ponía en peligro su propia independencia. Y "si se ambicionan empresas mayores, si se tiene por glorioso y brillante aquello de mandar a muchos súbditos, someter y señorear muchas provincias, y atraerse sobre sí la mirada y la atención de todos, se debe confesar que la República de Lacedemonia es

---

[1] Hay que citar de la misma época C. SEMPRONIUS TUDITANUS (*Libri Magistratum*) y C. JUNIUS GRACCHANUS (*Libri de potestatibus*), el uno adversario y el otro partidario de los Gracos; sin embargo, nada nos queda de sus obras.

defectuosa y que la romana le lleva muchas ventajas, por tener una Constitución más poderosa" (trad. Rui Bamba) (VI, 50). La Constitución de Cartago se parecía a la de Roma; pero mientras aquélla había llegado ya a su período de decadencia, Roma llegaba a la perfección en su forma de gobierno: "Ya que el pueblo se había arrogado en Cartago la principal autoridad de las deliberaciones, cuando en Roma estaba aún en su vigor la del Senado. Allí era el pueblo quien resolvía, cuando aquí eran los principales quienes deliberan sobre los asuntos públicos" (trad. Rui Bamba) (VI, 51).

Tanto de esta exposición teórica como de los ejemplos analizados después pueden sacarse las siguientes conclusiones:

1.ª Polibio es, probablemente, el intérprete de la clase senatorial, satisfecha de la considerable parte de poder que posee y deseosa de justificarla, mostrando que es uno de los elementos esenciales de la Ciudad (lo que legitima la situación adquirida), pero no el único (lo que refuta la acusación de acaparamiento egoísta). En efecto, la exposición que Polibio hace de la función de los diferentes poderes es tendenciosa. El Senado detentaba, en realidad, lo esencial de la gestión administrativa, mientras que los cónsules, procedentes, por lo demás, de la clase dirigente, sólo tenían poderes de ejecución, y el pueblo, poderes de control; basta con examinar la parte que correspondía al Senado en el terreno de las operaciones financieras. Por tanto, Polibio establece en forma de doctrina un manifiesto predominio del Senado, bajo las apariencias de una división justificada por la lógica y la Historia. Nadie duda de que esta doctrina adquiera rápidamente el favor de los notables.

2.ª La doctrina de Polibio se adapta a un imperialismo en expansión. Su comparación con Esparta resulta clara. Esparta no supo encontrar en sí misma los recursos necesarios para sostener y desarrollar sus conquistas. Por lo demás, sus objetivos eran mezquinos o estaban basados en la simple codicia. Roma, por el contrario, dueña de Italia, ha sido secundada poderosamente en sus proyectos por la abundancia de sus recursos y por la ventaja de tenerlos a su alcance (VI, 50). Además, sus fines no carecen de grandeza: fundar un vasto Imperio, atraer sobre sí las miradas y los pensamientos de todos los hombres. Uno de los rasgos originales de Polibio consiste en haber ligado estrechamente el problema de la Constitución y el de la expansión, mostrándolos como indisociables. Lo que significaba justificar uno por otro y convertir a ambos en necesarios.

3.ª Correlativamente, Polibio, expresando seguramente las inquietudes de la clase senatorial, muestra los peligros que amenazan a la Constitución romana: ésta ha alcanzado su apogeo. Como cualquier ser, está sujeta a cambio y corre el peligro de morir por factores internos. La prudencia y la experiencia romanas que han combinado esta asociación de poderes pueden permitir que este equilibrio se prolongue y que la evolución se frene. Sin embargo, Polibio no nos dice si esta prolongación puede ser indefinida. Se limita —y también aquí su postura coincide con la de la clase senatorial— a subrayar que toda evolución se realizaría en adelante en la dirección de la democracia y, por tanto, de la demagogia. Enumera los catastróficos ejemplos: Atenas, naufragada en la demagogia; Creta, democrática e inestable; y, sobre todo, Cartago, durante mucho tiempo afortunada rival, invadida y paralizada por la democracia, desequilibradora de la sabia combinación de poderes. Así, el consejo de Polibio es claro: se ha de intentar limitar la ostentación del lujo por parte de los ricos, así como evitar que se desencadenen las ambiciones del pueblo, fuente de todo el peligro futuro. Roma debe intentar mantenerse dentro de los límites de las constituciones hermanas de Lacedemonia, equilibrada pero moribunda por no haber sabido sostener su imperialismo, y de Cartago, imperialista pero naufragada en la democracia. Las tesis de Polibio constituyen un himno triunfal a la gloria de la energía romana en el que se percibe, sin embargo, una nota inquieta y fatalista.

2. Los Gracos.—Las consideraciones de Polibio, sin embargo, no tomaban en cuenta profundas modificaciones que se venían produciendo desde el comienzo de la expansión. En el interior, una parte de la clase senatorial, exaltada por la conquista de las ganancias, no pensaba más que en el acaparamiento de poderes y riquezas; frente a ella, las clases medias languidecían, arruinadas por el aflujo de trigo extranjero, cargadas de deudas, soportando mal la competencia de las grandes propiedades senatoriales, desangradas por las incesantes expediciones. Las clases medias se proletarizaban, entraban en la clientela del patriciado o se agitaban en busca de algo nuevo. En compensación, una clase nueva o renovada —la de los caballeros publicanos, financieros mediante los que se explotaba el Imperio— ponía en pie un nuevo poder, ya fuerte, frente al poderío senatorial, poniéndose unas veces de acuerdo con éste, mostrándose impacientes por el contrario otras. Fuera, una Italia sumisa, pero no todavía adicta, un Imperio al que se le imponían fuertes exigencias pero que salía del asombro de la derrota, reclamaban un estatuto que preservara sus peculiares intereses. Los dos problemas estaban estrechamente unidos. Había que asegurar una explotación más justa, menos extenuante, de las tierras conquistadas, y —por esto mismo— modificar dentro de Roma las bases mismas del poder. La cuestión, al rojo vivo, de la devolución del *ager publicus,* iba a hacer cristalizar los conflictos. Constituían el *ager publicus* los territorios conquistados en Italia, propiedad del pueblo romano. Se habían aprovechado, en realidad, de esta enorme expropiación —aparte de las colonias de ciudadanos— los ricos romanos y aliados que podían invertir capitales en vastas propiedades. Al crecer los *latifundia,* habían minado la pequeña propiedad y despoblado Italia. Se imponía una reforma agraria. Por coincidencia, los llamamientos a la reforma van a venir de una familia noble y aliada de los Escipiones.

Tiberio y Cayo Graco, hijos, respectivamente, de Sempronio Graco, pacificador de España, y de Cornelia, segundo hijo de Escipión el Africano, cuñados ambos de Escipión Emiliano, conmovidos por los males que Italia sufre, realizaron dos tentativas para poner remedio a la situación. En ello dejaron la vida: Tiberio en 133 y Cayo en 121. Aunque muy distintos en cuanto a su carácter y a su método, su acción procede de una misma intención: regular las contradicciones en que Roma se debatía. Donde Polibio veía el juego natural y beneficioso de tres poderes abstractos, los Gracos distinguen con lucidez los entremezclados intereses de una fracción acaparadora y oligárquica del patriciado; de una clase mal determinada de derecho, pero fuerte de hecho —los caballeros—, de una desgraciada plebe, y de aliados impacientes. Para los Gracos el interés del Estado prima sobre los intereses particulares. Por esta razón conducirán al ataque a una coalición incoherente cuyo estallido provocará su fracaso y su muerte. No obstante, su programa, aun con incertidumbres, no carece ni de coherencia ni de grandeza.

1.° La finalidad de la *Lex Sempronia* —que Tiberio Graco hará adoptar contra la oposición de una minoría de grandes propietarios— estriba en devolver al *pueblo* de Roma la parte que le corresponde en la fortuna común. Confiscación de las tierras públicas indebidamente atribuidas, limitación prevista de los lotes; división de las tierras recuperadas. Constituye una tentativa de restaurar las clases medias italianas que habían dado a Roma su fuerza, y de reconstruir la pequeña propiedad. Pero, inevitablemente, esta tentativa debía ser acompañada de medidas democráticas. Tiberio perdería su vida, al intentar reforzar el tribunado, a manos de una fracción senatorial que veía en ello una amenaza contra el famoso equilibrio tan apreciado por Polibio. Se perciben mal las segundas intenciones ideológicas de la tentativa, pero la presencia junto a Tiberio del filósofo estoico

Blosio de Cumes y la predilección del tribuno por los discursos de Pericles dejan entrever intenciones más radicales e igualitarias.

2.º Con mayor flexibilidad y quizá con mayor realismo, casi diez años más tarde, Cayo Graco se apoya en la clase de los caballeros, en el partido popular y en los aliados, para intentar revivir un "imperialismo democrático al estilo de Pericles", según la acertada fórmula de M. Piganiol. Organiza repartos de trigo para el pueblo de Roma a precios moderados; concede ventajas en el Estado y en los tribunales a los caballeros; reorganiza en su provecho la percepción del tributo de Asia. Prevé el envío de colonias a Tarento, Corinto y Cartago, al objeto de conservar el Imperio por medios diferentes del ejército o la administración senatorial. Por último, se proponía seguramente conceder a todos los italianos el beneficio del derecho de ciudadanía y asociarlos de esta forma a la explotación del Imperio. No está probado que quisiera verdaderamente destruir el poder del Senado. Trataba sobre todo de impedir que éste monopolizara la administración del Imperio. La ruptura de la coalición y la alianza del Senado, lleno de resentimiento, con los caballeros —satisfechos por las ventajas ya adquiridas e inquietos por cualquier otra reforma liberadora— **costó** la vida a los Gracos.

Las teorías de los Gracos no aportaron realmente nada que debiera sobrevivirles. El célebre discurso de Tiberio Graco, duro mentís al optimismo de Polibio, mostraba, al menos, el reverso de la medalla: no existe ya una Roma unánime y afortunada que impone su ley al universo, sino que la carga del Imperio arroja sobre Roma el peso de nuevas divisiones: "Las fieras que discurren por los bosques de Italia tienen cada una sus guaridas y sus cuevas; los que pelean y mueren por Italia sólo participan del aire y de la luz, y de ninguna otra cosa más, sino que, sin techos y sin casas, andan errantes con sus hijos y sus mujeres; no dicen la verdad sus caudillos cuando en las batallas exhortan a los soldados a combatir contra los enemigos por sus aras y sus sepulcros, porque, de un gran número de romanos, ninguno tiene ara, patria ni sepulcro de sus mayores, sino que por el regalo y la riqueza ajena pelean y mueren, y cuando se dice que son señores de toda la tierra, ni siquiera un terrón tienen propio" (fr. 7. Malcovati, cf. Plutarco, *Tiberio Graco*, IX, 4, traducción Ranz Romanillos). El fracaso de los Gracos abre una crisis que hará con el tiempo del ejército el árbitro de la política.

3. ·Cicerón y el justo medio.—La tentativa de Sila de aniquilar las fuerzas del partido popular, restablecer la autoridad del Senado y "fortalecer la República" (Tito Livio) dejó el problema casi en los mismos términos e hizo aparecer más claramente las contradicciones del poderío romano. Para resolver los problemas imperiales se necesitaba un poder de mando reducido y una voluntad homogénea y única. Pero la ciudad de Roma, desconfiada y dividida, no está dispuesta a admitir un jefe único: la dictadura de Sila va a resucitar incluso los sentimientos antimonárquicos y a devolver a la palabra "libertad" un sentido que había comenzado a perder. Por otro lado, mientras Italia ha recibido el derecho de ciudadanía romano, Roma tiene todavía el monopolio del gobierno del Imperio; es ésta una anomalía que se vuelve cada día más notoria. Por último, en la misma Roma, los principales partidos permanecen en sus posiciones; a los ojos de los caballeros y senadores, el partido popular sigue siendo tanto más amenazador cuanto que es periódicamente removido por tránsfugas desclasados de las familias nobles. Además, fuera de los límites de la Ciudad, las sublevaciones de esclavos (Espartaco, 73-71) ponen en litigio los fundamentos mismos de las fortunas basadas en la propiedad de la tierra. Sin embargo, la unión de las clases dominantes no carece de segundas intenciones. La nobleza continúa reservándose el gobierno y los caballeros la explotación financiera del Imperio, pero las tentativas de reacción oligárquica son siempre de temer.

Sobre este telón de 'fondo no resulta siempre fácil distinguir las ideologías que se oponen. En primer lugar, comienza a surgir una corriente de abstencionismo que en ocasiones hallará en la filosofía epicúrea una expresión coherente. Los diferentes temas se encuentran ligados en *Lucrecio*: el sabio debe abstenerse de solicitar honores, pero también debe abstenerse de recorrer el mundo. Política y negocios son proscritos, pues, a escala imperial. Lucrecio no rechaza por completo las leyes y las costumbres; aunque sean convenciones, son, a su juicio, adquisiciones indispensables y beneficiosas de la civilización. Aquí se detiene el contacto del sabio con la sociedad: obedece, pero no se compromete. En cuanto a lo demás, "suave mari magno—": es agradable contemplar desde lejos las tempestades, y la época es fecunda en tormentas. Es natural que, para completar este desligamiento, ataque a la religión, vinculación poderosa en Roma entre el hombre y el Estado. Pero la voz de estos sabios —bien sigan el epicureísmo austero de Lucrecio, el epicureísmo optimista de Aticus o simplemente una política de espera y contemporización— no se hace oir con fuerza en esas tormentas. A decir verdad, no son más que iniciadores, pero su posteridad será numerosa.

Cicerón (106-43).—Por el momento, el *otium*, el tiempo libre, resulta para muchos criticable. El mismo Cicerón, que hubiese debido, más que cualquier otro, tener inclinación por el ocio, sólo se acomoda a él durante sus retiros forzosos. Más veleidoso que hombre de voluntad, afirmativo pero indeciso, Cicerón representa para nosotros, más que un doctrinario o un hombre de Estado, el testimonio irreemplazable de una sociedad dividida y vacilante. Todo le preparaba para este papel. Hombre nuevo como Catón, pero mucho más flexible y más rápidamente adaptado a ese medio senatorial que le había acogido, de considerable cultura, muy abierto a las diferentes formas de pensamiento, inclinado a las amalgamas, es —dice Guglielmo Ferrero— "el primer hombre de Estado perteneciente a la clase de los intelectuales, el primero de esos escritores que han sido, a lo largo de la historia de nuestra civilización, unas veces los sostenes del Estado, otras los artífices de la Revolución". En cuanto a Cicerón, no cabe dudar: es el sostén del Estado, el pilar de la República. Perteneciente a la clase de los caballeros, pero muy preocupado por conservar la alianza con el partido senatorial moderado, lucha en dos frentes. Enarbola el ideal republicano de la antigua Roma e invoca la libertad y el derecho de todos los hombres nuevos a ocupar un lugar en el Estado y de todo ciudadano honrado a participar en los asuntos públicos, frente a cualquier tentativa de reacción oligárquica o de dictadura. Sin embargo, es inexorable ante el partido popular y la agitación de la plebe; estos hombres no representan para él más que una viciosa turbulencia. Rara vez se hallará un desprecio semejante por la "pordiosería". Esas gentes sin dinero son gentes sin escrúpulo. Cicerón apenas puede representárselos en una forma que no sea en términos morales. Son gentes de mala conducta, malhechores, pícaros; se le nota satisfecho de encontrar a su cabeza desclasados, es decir, gentes que no han sabido conservar sus bienes ni su moral. Para Cicerón no existe ya el antiguo partido popular; no hay ya más que facciones populares que no podrían reclamar la misma misión. Intenta reagrupar frente a ellas el partido de las "personas honradas", coalición, por otro lado, heterogénea, que se define también de forma más moral que política: *optimi, fortissimi, egregii, sapientissimi*, hombres de bien, de corazón, selectos, de buen consejo; gracias a este criterio, puramente moral en apariencia, no se excluye a nadie ni se rechaza ninguna buena voluntad; es la "unión sagrada" en torno a una República que Cicerón encuentra, en su conjunto, aceptable. Es el partido del "justo término medio", acogedor y conciliante, enemigo de todos los excesos de los que salen los trastornos revolucionarios; es el partido que arremete contra Catilina y Clodio, enemigos de la República, contra los senadores de presa, contra los publicanos abusivos. Nada más significativo que la siguiente carta de Quinto: "Conozco cuántas dificultades oponen los publicanos a tus generosas intenciones: combatirles de frente sería enajenarnos el orden a que más debemos, romper el lazo que los une a nosotros y por medio de nosotros a la República. Por otra parte, concediéndolo todo, arruinamos por completo al pueblo que estamos obligados a proteger" (trad. Navarro). Es el partido de la buena voluntad, con la habitual dosis de humanidad, obcecación y —también— hipocresía.

El programa[2] —por otra parte rápidamente sobrepasado— de Cicerón es conservar mejorando. Pero cuando se refiere a la patria romana piensa sólo en la Roma de Escipión. Este caballero recién llegado recuerda con nostalgia aquella época concluída de la historia romana, sin darse cuenta de que el nuevo ideal que Escipión aportaba, realizado ya, se ve ahora amenazado. Entretanto, desarrolla, al abrigo de esta protección, una ideología esencialmente ecléctica, imagen de su tentativa de conciliación. Intenta, ante todo, fundar un idealismo político bastante flexible y —para decirlo todo— bastante superficial, que conviene a todas (o a casi todas) las familias espirituales. Quiere demostrar que el estoicismo y la Nueva Academia, lejos de contradecirse, están de acuerdo sobre los problemas más importantes, especialmente sobre el origen y naturaleza de la moral y la ley. En efecto, Cicerón necesita probar, por una parte, que la moral y la ley —que no es sino la expresión de aquélla— no constituyen una convención humana cambiante (lo que es la posición epicúrea; pero que también puede ser la postura legalista y realista de los antiguos romanos, apegados al derecho positivo). Y para ello necesita el idealismo proveniente de Platón; es preciso, dice, "buscar los límites que Sócrates fijó, y atenerse a ellos" (De Legibus, libro I). Esta proposición, expresada en términos concretos, significa que ni un tirano como Sila ni un anarquista como Catilina podrían, aunque legislaran, crear leyes válidas a las que un hombre honrado deba obediencia. La moral es un pretil frente a todos los arrebatos y seducciones. Todo hombre posee la forma esencial de lo humano —la razón— y es capaz de adherirse, mediante lo mejor de sí mismo, a una ley justa, convertida por este procedimiento en universal. Por otra parte, sin embargo, Cicerón, para llevar a término su empresa de unificación, necesita de la colaboración de los estoicos, cuyo ideal había sido sumariamente identificado desde los Escipiones con el ideal romano antiguo y cuya disciplina moral era muy eficaz. El punto de fricción reside en que, para los estoicos, la moral estriba en seguir a la naturaleza (con lo que esta palabra puede crear de equívoco, al confundir el derecho y el hecho), resultando "indiferentes" para ellos todos los tipos de actividad. Cicerón cree poder demostrar que el supremo bien de los platónicos y el bien único de Zenón son una misma cosa —lo Bello— y que, en el fondo, su polémica es puramente verbal (De legibus, I, 21). También aquí forma una "unión sagrada" en el frente de la filosofía contra todos los relativismos y escepticismos.

Las sociedades humanas se basan a la vez en la utilidad y el derecho, por una exigencia innata al hombre "coetus multitudinis iuris consensu et utilitatis communione sociatus" (De Repub., I, 25). Cicerón concilia aquí el realismo de Polibio y el idealismo de Panecio. No hay oposición sino identidad entre la utilidad común y las utilidades particulares. No pueden combatirse entre sí sin destruirse. Sólo por irreflexión y error creyó César que podía satisfacer su propio interés en detrimento de la república (De officiis, I, 8)[3]. Por consiguiente, derecho, moral, interés particular e interés común son idénticos o se encuentran ligados; la humanidad es solidaria. La moral de Cicerón —nacida del conocimiento de los filósofos griegos y animada por el espíritu de universalidad que comenzaba a ganar a determinados círculos romanos— puede extenderse, en principio, a todos los hombres. Y aunque políticamente Cicerón no lleva sus principios hasta el final, está seguro moralmente de la igualdad de los pueblos. De las sociedades concéntricas que van del matrimonio a la humanidad muestra su predilección por dos: "Aquella que reúne a las gentes de bien que tienen parecidas costumbres y que se encuentran unidas por la amistad", y, por otra parte, la patria, que es la más sagrada, pero a la que, no obstante, exige que sea justa. La inteligencia de Cicerón era demasiado flexible para ser profunda. Pero esto mismo le permitió colocar las bases de un ideal que podrá convertirse en el ideal de la heterogénea sociedad del Imperio. El gusto por los principios no le obscureció el sentido de las proporciones. Y esa especie de perspectiva sideral que confiere su grandeza al Sueño de Escipión le hizo presentir a veces que el Imperio debería sobrepasar a Roma.

Esas asociaciones tienen una existencia real cuando obedecen a un plan (consilium). Pueden revestir tres formas: monárquica, aristocrática y democrática. Estas formas tienen

---

[2] Se encontrará lo esencial de las ideas de Cicerón en.: De Republica (54-51 a. C.), De Legibus (52-?), De Officis (44-43), Correspondencia y Pro Sestio (56).
[3] El De Officis fue compuesto después de la muerte de César, pero una nueva dictadura amenazaba.

diferentes ventajas: la primera prevé la abnegada dedicación tutelar (caritas) de una persona todopoderosa; la segunda goza del talento (consilium) de una élite; en la tercera se garantiza la libertad de cada cual. Siguiendo al pie de la letra a Polibio. Cicerón recomienda la Constitución mixta, que combina las ventajas de las tres precedentes y que es, de hecho, la Constitución romana.

Algunas diferencias permiten apreciar la evolución histórica que va de Polibio a Cicerón: 1.º Polibio, prisionero de su doctrina de la evolución, no afirmaba de ningún modo la perennidad de la Constitución de Roma, limitándose a subrayar el contrapeso entre las distintas fuerzas. Cicerón, optimista, ve en esta mezcla una garantía, a la vez, de igualdad, digna de un pueblo libre, y de estabilidad. De esta manera transforma la perspectiva esencialmente histórica de Polibio en juicio de valor, al tiempo que afirma que esta Constitución es la obra de los siglos y no de un hombre. 2.º Mientras que Polibio indicaba un orden genético fijo, Cicerón ve múltiples posibilidades de degeneración. Por ejemplo, la democracia puede degenerar también en tiranía. Se incorpora de esta forma a la teoría política la idea directriz de Cicerón de que es preciso combatir en dos frentes. 3.º Cicerón indica con claridad su preferencia por la realeza como régimen "puro", y aun dentro de ese régimen mixto, que goza de su predilección, prevé —en De Republica— la existencia de un cargo para un hombre virtuoso y sabio que sería como el tutor e intendente (tutor y procurator) de la República. Se ha llegado a formular la pregunta de si Cicerón abría la puerta a una teoría del Principado, pensando, por ejemplo, en Pompeyo o en sí mismo. No parece que haya que sobrevalorar esta innovación. El De Legibus, cuya tercera parte ofrece hacia la misma fecha una Constitución en regla, no menciona ese princeps. Cicerón, gran admirador de Escipión, se complacía, sin duda, como muchos otros romanos de la época, en imaginar un ciudadano modelo cuya auctoritas y ejemplo bastarían para reforzar el Estado.

SECCION II

El Principado.

Después de Actium (31 a. C.), Octavio, único dueño del campo de batalla desde ese momento, se dedica a organizar su poder. No vamos a seguir los detalles de una evolución institucional que había de conducir, gracias a la habilidad de Octavio y a la obstinación de sus sucesores, a una nueva forma política —el Imperio— destinada a un gran porvenir. Esa evolución respondía a una apremiante necesidad, secretamente sentida por todos.

No se puede dejar de señalar, en contrapartida, la desproporción existente entre la importancia del fenómeno político y la relativa discreción del movimiento doctrinal que le rodeó. Casi se diría que los pensadores se niegan a subrayar, en su totalidad y originalidad, el alcance de esta evolución, sin embargo capital, limitándose a discutirla en sus manifestaciones fragmentarias o episódicas. En el momento en que se constituye un nuevo Estado y la realidad política cambia —por así decirlo— de substancia, el pensamiento político permanece durante mucho tiempo al margen, informando de estos cambios solamente a través de sus aspectos más inmediatamente polémicos (por ejemplo, la lucha entre senadores y libertos). Se diría que quiere ocultarse a sí mismo la verdadera significación de tales acontecimientos. Mientras que el principado se estableció en el 31 a. C., las primeras doctrinas imperiales en forma datan de finales del siglo I de nuestra Era. Hay que hacer constar también que proceden de autores griegos; el pensamiento griego es quien unificará el dividido pensamiento romano, dando al Imperio su ideología.

Pueden distinguirse varios movimientos sucesivos, de muy desigual valor doctrinal, dentro de la evolución ideológica que se opera durante el Imperio. En un primer período —que se extiende hasta el reinado de Vespasiano—, los pensadores romanos, sobre todo estoicos, siguen razonando en función de las ideas políticas y de la tradición moral de la República, intentando conciliarlas con la noción de un principado indispensable, pero limitado. Ocurre como si la aristocracia romana, consciente de la necesidad de un poder central fuerte, intentara, al propio tiempo, limitar su competencia y sustraerse personalmente a él. Estas contradicciones sólo podían conducir a una ideología confusa e incoherente. Cuando, más tarde, la aristocracia provincial de espíritu conciliador, llamada por Vespasiano para compartir el Poder, se convirtió en un factor de equilibrio frente a esa aristocracia romana celosa de sus libertades, se pudo elaborar una doctrina coherente, apoyada en las tradiciones del pensamiento helenístico y, en primer lugar, en el estoicismo griego. Es el gran período de equilibrio del Imperio. Después, a partir de finales del siglo II, y en especial tras la anarquía militar del siglo III, el Imperio evoluciona cada vez más hacia una monarquía oriental. Busca, entonces, su ideología en filosofías más inclinadas a la idea de jerarquía y a colorear la política de religiosidad; neopitagorismo y neoplatonismo. El cristianismo, una vez reconocido, se unirá o subsistirá, sin gran dificultad, a estas filosofías convertidas en oficiales, pero que no han dejado obras sobresalientes.

1. Principado y libertad.

A) LA IDEOLOGÍA OFICIAL.—Nunca se eleva a teoría. La doctrina oficial mantiene que Augusto sólo ha *restaurado* la República, comprometida por las guerras civiles. Ha restablecido la paz en un mundo dividido. No reclama ningún poder especial, limitándose a reunir en su persona un cierto número de magistraturas tradicionales, después de haber entregado en el año 27, espectacularmente, todos sus poderes al Senado. Su testamento precisará, por lo demás, que fue superior en *auctoritas* a todo el mundo, pero no en *potestas*. La fórmula mejor acuñada, que acabará por imponerse, le presenta como *imperator* en las provincias y como *princeps* en Roma. Este príncipe todopoderoso está muy lejos, sin duda, de aquel *princeps* republicano que no tenía más privilegio que el de opinar en primer lugar en las sesiones del Senado. Pero la ficción está a salvo y la República aparece intacta.

No resulta en absoluto sorprendente que no naciera entonces alguna nueva teoría, ya que se emplean todos los procedimientos para demostrar, contra toda evidencia que nada ha cambiado. Subsiste, en principio, la tradicional imagen de la Constitución romana; tampoco se desaprueba el famoso sistema mixto al que se atenían los discípulos de Polibio y Cicerón. El gobierno de Roma sigue siendo democrático, ya que el príncipe representa al pueblo romano y, a lo largo de las luchas políticas, se enorgullece de haber recogido su asentimiento (cf. el Testamento de Augusto). También sigue siendo aristocrático, ya que los poderes del Senado permanecen, en apariencia, intactos. Y tiende a instituirse una especie de división: el príncipe *imperator* controla, en virtud de un poder proconsular, las provincias militares; y el Senado las provincias pacificadas. Las leyes corresponden, en principio, al Senado y, a título vitalicio, al príncipe; las finanzas dependen del Senado, pero el tesoro militar y su *fiscus* particular dependen del Emperador. No es éste el lugar de investigar qué realidad se ocultaba tras estos principios. Hagamos constar solamente que la propaganda imperial se limitó a recoger los temas de la ideología republicana, tal como habían sido formulados por Polibio y Cicerón, añadiéndoles esta corrección: uno de los tres elementos tradicionales de la Constitución republicana —el pueblo— ha delegado sus poderes en el príncipe, quedando la triarquía reducida, en realidad, a una diarquía. Esta corrección —decisiva en la práctica— no afecta a las bases teóricas de la doctrina; hay que esperar a Tácito para encontrar una desaprobación formal de las tesis de Cicerón sobre la Constitución mixta.

La opinión pública aceptó esta prudente propaganda. Augusto consiguió hábilmente la adhesión de dispersos pompeyanos. Heredero de César, pero magnánimo, campeón de la conciliación y de la unión nacional, protege una literatura que, a través de Virgilio o Tito Livio, celebra ante todo la grandeza, pasada o futura, de Roma. Esta grandeza del Imperio —en la que se invita a los romanos a reconocerse y admirarse— es, simultáneamente, la imagen magnífica detrás de la cual se puede ocultar el poder personal del príncipe y el ideal mediante el que cabe arrastrar a todos los romanos al exultante sentimiento de una obra que les sobrepasa, hacia una reconciliación que apague las luchas políticas. Constituye una invitación a mantener unida la *res romana*, en lugar de obstinarse en determinar y en repartirse la *res publica*. Tampoco hay contradicción en que esta literatura celebre al mismo tiempo, en los poemas de Horacio y Ovidio, los placeres de la vida retirada, del campo y del amor; éstos constituyen el reverso, familiar y agradable, de aquella grandeza, y, como ella, desvían a los ciudadanos de las luchas intestinas.

Esta *res romana*, este patrimonio común que el Imperio, fiel al menos en este punto a las fórmulas de la República, situaba en el centro de su propaganda, daba al pensamiento político europeo una enseñanza de gran porvenir. En efecto, esta forma de gobierno tiende en la práctica hacia la monarquía; pero, en su ideología, intenta negarla. Así, funda mediante este doble movimiento la noción de *Estado*, en la medida en que, al tiempo que se crea un Poder cada vez más personalizado y con un aparato diferenciado, este mismo Poder niega que tenga la libre disposición de ese considerable patrimonio que constituye el Imperio. Y es precisamente revelador que —como más tarde veremos— la herencia dinástica de tipo oriental no consiga nunca hacerse admitir como tal. El Imperio no es, en forma alguna, una propiedad transmisible. Además, los príncipes romanos no podrán nunca usar estos inmensos dominios como una propiedad personal que se pueda tratar, dividir y enajenar libremente, tal y como lo habían hecho Jerjes, Alejandro o los Ptolomeos. Son únicamente los depositarios de un patrimonio que pertenece, más allá de su gestión, a lo que la Constitución mixta llama *populus romanus*. Esto era, ciertamente, una abstracción a la que se podían endosar muchos comportamientos, pero bastaba, al menos, para equilibrar las influencias orientales. Marco Aurelio sabe, al recibir el peso del Imperio, que acepta, junto al Poder, la suprema servidumbre. Esta concepción, heredera de la época en la que la cosa pública estaba constituida por una ciudad, se mantendrá orgullosamente a lo largo del principado, constantemente reanimada por una influencia griega en la que predominaba el imperativo del sacrificio cívico. Al instituir una realidad política y material diferente a la sucesión de los gobiernos, iba a permitir dominar la inmensa transferencia que se preparaba, y a dar durante siglos al destino político de Occidente, a pesar de los retrocesos y olvidos, su carácter específico.

El principado es, en este punto capital, profundamente diferente de las monarquías orientales y helenísticas. No obstante, las imita en otras cuestiones. Así, los que lo encomian tratan de demostrar que Roma no es solamente una nación victoriosa, sino también una nación escogida, y que Augusto no es tanto un general victorioso como un hombre providencial, el agente de una fuerza que le rebasa. En el *Deus nobis haec otia fecit* hay sobre todo, indudablemente, adulación; pero el vocabulario tomado de los poetas cortesanos del Oriente helenizado se prestaba bastante a estos equívocos, en el momento en que Augusto organizaba, metódicamente, su propia divinización. Gran Pontífice a partir del año 14, va a colocar sin ruido la religión al servicio de su autoridad y a preparar los elementos de su propio culto, siempre ligado empero —y esto es característico— al de Roma. El sentimiento popular, que desde Escipión Emiliano gustaba dirigirse hacia los protegidos de la fortuna, servirá en adelante, canalizado por la muy formalista y política religión romana, para asegurar el prestigio del príncipe. Lo que Augusto no quería obtener abiertamente de la ley se lo procura por intermedio de la religión. El éxito de esta alianza entre la autoridad personal y la religión inaugura a término fijo una tradición rica y duradera en la historia de las ideas políticas europeas.

B) LAS RESISTENCIAS Y LOS COMPROMISOS DEL ESTOICISMO EN EL SIGLO I.—El problema que domina la reflexión política hasta los Antoninos es, en lo esencial, el que formulará Tácito, en claros términos, a finales del siglo I: las relaciones entre el principado y la libertad. Este problema se plantea principalmente al antiguo personal dirigente —caballeros y senadores, altos funcionarios y notables— que se encuentra en contacto directo con el nuevo Poder y en conflicto, abierto o latente, por la preeminencia. Las ideas políticas las hallaremos o en ellos o en sus portavoces; en cambio, las sátiras de un Marcial o de un Juvenal, parásitos o pequeños burgueses, nos proporcionan muy pocos elementos.

Hay que observar, en primer lugar, que ninguno de estos notables rechaza totalmente el principado como forma de gobierno ni piensa de verdad en volver al pasado. Incluso Lucano, el campeón de las ideas pompeyanas, ataca al cesarismo sólo por enemistad personal con Nerón. Considera que el Imperio es necesario. "Se necesita una cabeza para este cuerpo inmenso", repiten todos a porfía. Y, cuando ensalzan las virtudes de Catón de Utiquia o Bruto, se apresuran a precisar que no alaban el ideal político que estos héroes representaban, sino su carácter, su ejemplo moral. Se convierten en defensores —según la excelente fórmula de Gastón Boissier— de las virtudes republicanas, no de su Constitución. En efecto, la necesidad de un Poder personal fuerte se impone a ellos como a todos. Prueba de ello es que, cuando la conspiración de Pisón (65 d. C.), los conjurados habían previsto que éste substituyera a Nerón. Pero, sabiendo que un emperador no puede gobernar de verdad sin refrenar y reducir a la aristocracia, esta quiere *su* emperador. Acepta la institución, pero pretende convertirla, mediante un gran lujo de garantías morales, en inofensiva. La contradicción en que se encontraba encerrado explica la pobreza doctrinal del movimiento de resistencia al Imperio. En el momento en que los príncipes quieren buscar en la tradición la forma de enmascarar 'los progresos de su autoridad los notables intentan también encontrar en ella con qué limitar este nuevo, inevitable pero intolerable poderío. Como buscaban más una ideología que instituciones, encontraron, naturalmente, el estoicismo. Nada original podía salir, ciertamente, de semejante actitud, que permite medir la sorprendente plasticidad de esta filosofía. El estoicismo, después de haber dado un cierto tinte ideológico al programa de los Gracos, es reivindicado también por los notables como energía moral del espíritu republicano, y va a alimentar sus resistencias y sus compromisos.

Esta plasticidad proviene principalmente de que, en la doctrina, las relaciones entre el orden y la libertad son susceptibles de todas las adaptaciones y admiten todas las dosificaciones. La libertad es para el estoico, por una parte, la aceptación consciente de un orden natural o razonable y, por otra, un bien inalienable. No cabe pensar en una fórmula más flexible. No debe sorprendernos el que nunca pueda obtenerse de ellos una definición objetiva y política de esa noción de libertad. Por un lado, el sabio siempre permanece libre, siendo su libertad interior absoluta; siempre puede retirarse sobre sí mismo y, en el límite, hasta sustraerse, mediante la muerte voluntaria, a cualquier presión. Por otro lado, al ser la adhesión a un orden la manifestación exterior de su libertad, basta con que tal orden se le presente como racional para que tenga la sensación de ser libre al someterse a él; ¿y qué orden puede parecerle racional sino aquel en el que participa? En definitiva, el estoicismo, que se hace pasar por el sistema más riguroso, es, por el contrario, quien, de forma más simple, justifica los oportunismos. Permitirá a los notables romanos del siglo I definir con flexibilidad las condiciones de su colaboración con el Imperio, tanto justificando la adhesión al orden establecido como permitiendo una altiva retirada. La flexibilidad del estoicismo va incluso más lejos. A la pregunta "¿Debe el sabio ocuparse de política?", la doctrina responde, por medio de Séneca, en dos sentidos opuestos. En *De Otio* (61-62) exhorta a Sereno la abstención política; pero en *De Tranquilitate animi* (49) predica la acción. Los antiguos maestros habían dado ejemplo, ya que, si bien Zenón, Crisipo y Cleantes se mantuvieron apartados de los negocios públicos, habían, sin embargo, animado a sus discípulos a participar en ellos. El ocuparse de sus semejantes corresponde, para un estoico, a un deseo de la naturaleza. Pero la política en sí misma pertenece a las cosas indiferentes, y sólo por el uso se convierte en fuente de actos virtuosos o censurables. De esta forma el estoicismo, abierto a todas las casuísticas, sin imponer ni excluir los compromisos políticos, pero protegiendo en cualquier situación la dignidad, será un instrumento ideal en el dramático regateo que la nobleza romana entabla con el Poder.

a) **Séneca y el "De Clementia".**—Debemos al genio flexible de Séneca el intento más destacado de amalgamar los dispersos elementos de una doctrina puesta a prueba primero por los acontecimientos. Considera como seguro que existe una especie de situación inmejorable para el principado. Es, en realidad, la que quiso establecer Augusto, y a la que es preciso volver tras los excesos de Tiberio, Calígula y Claudio, que se han conducido como tiranos. Preceptor (49-54) de Nerón, más tarde ministro (54-62), intenta volver a poner en marcha el sistema diárquico, modificación de la antigua Constitución de Polibio y, según cree, programa de Augusto. El discurso-programa de Nerón —redactado por Séneca— definía de forma explícita esta protección: "Ex Augusti praescripto imperatum se" (Suetonio, *Vida de Nerón,* 10). Sin embargo, leyendo el *De Clementia* se percibe hasta qué punto esta diarquía es irreal. Séneca intenta definir en esta obra al buen César. Su doctrina es simple: La naturaleza impulsa a los hombres a darse un jefe. En consecuencia, se necesita un príncipe, pero éste debe actuar en interés de sus súbditos y no en el suyo propio. Es tutor y no amo; representante del pueblo provisto de un poder divino, no un Dios. Debe ser, ante todo, el servidor e intérprete de las leyes. Se hace visible el cuidado de Séneca por dar un estatuto a un régimen que tiende hacia la monarquía, pero al que se trata de alejar de tal orientación. El programa de la diarquía habría exigido una división de la autoridad entre el príncipe y el Senado. Ahora bien, la obra de Séneca ponía totalmente de manifiesto que nada existía sin concesión del Emperador. Los mismos títulos de sus obras —*De Clementia*, o su pareja, *De Ira*— prueban que la personalidad del príncipe es, en última instancia, el elemento determinante y que la única esperanza que cabe formular es que el príncipe sea un sabio. Quedaba por precisar lo que había que entender por sabio, ya que aquí comenzaba, bajo apariencias morales, el verdadero problema político. Cuando Séneca exige del emperador que tenga las virtudes estoicas quiere decir que debe aceptar el ser tan sólo el gestor desinteresado de una autoridad que no conoce otros límites que los que se impone a sí misma. Ser un sabio significa olvidar todo lo que no sea convertirse en servidor, tanto de la ley positiva como de la ley moral. El sistema de Séneca descansaba en un acto de fe; suponía que el príncipe aceptando espontáneamente el principio diárquico, iba, a la vez, a encarnar toda la autoridad del Estado y a respetar y sostener la del Senado. En realidad, esto era tan sólo plantear un problema que los acontecimientos iban a resolver.

b) **La oposición bajo el Imperio.**—Así como Séneca veía la garantía de un principado justo en las virtudes de un buen emperador, los opositores al Imperio, lejos de condenar el principio mismo del régimen, atacarán los vicios del mal emperador. Es posible que, en algunos, estos ataques personales disfrazaran una crítica del régimen. Pero, en todo caso, son una minoría. En conjunto, las críticas se dirigen hacia los excesos. Se califica de tiranos, para distinguirlos de los príncipes, a quienes llevan demasiado lejos la arbitrariedad o el absolutismo; en realidad, a los que, con o sin razones justificadas, oprimen a la aristocracia. Las persecuciones contra los filósofos —que tuvieron lugar especialmente bajo los reinados de Nerón y Domiciano (94)— podrían hacer pensar que, al menos en estos medios intelectuales, se había formado una doctrina política antiimperial original. La hipótesis es poco verosímil si se piensa que Dion Crisóstomo —futuro panegirista de Trajano— se hallaba entre los proscritos. Es más fácil suponer que, como de costumbre, los estoicos fueron los fieles reflejos de los notables cultivados y que adoptaron el partido de los senadores en los conflictos que opusieron a éstos, precisamente durante esta época, con el emperador. Al igual que Séneca dio en nombre del estoicismo —durante el período de la colaboración— la teoría de la conciliación, así aquéllos dieron en estos momentos de tensión, y en nombre de la misma doctrina, la teoría de la abstención y el ejemplo de la censura moral. Por otra parte, Tácito nos dice que estoico significaba, para los delatores, intrigante y rebelde. El estoicismo no es, en absoluto, el origen de la oposición, sino el medio que los opositores utilizan para legitimar ocasionalmente las distancias en que se sitúan respecto a la autoridad imperial.

Nada nuevo salió, por último, de esta doctrina, que servía a los notables para justificar tanto la adhesión como la abstención. Tácito constituye un testimonio de esta evolución. Un gran cansancio le invade. Desencantado, tanto de un pueblo turbulento y timorato a la vez (*An.*, XV, 46) como de la aristocracia (*An.*, VI, 42), no cree ni en la perfección de la antigua república —a la que sus reflexiones muestran desgarrada por las guerra civiles—, ni en la solidez de la famosa Constitución ideal de Polibio y Cicerón (*An.*, IV, 33). Esta última confesión está cargada de sentido. Indica la muerte del ideal republicano, cuyo prestigio a través de todos los trastornos revolucionarios habían tratado de mantener los esfuerzos conjugados, aunque adversos, del príncipe y de los senadores; más exactamente, indica el momento en que la palabra "República" pierde su mágico valor. Los romanos no hablarán en adelante de Constitución mixta ni tratarán ya de seguir haciéndose ilusiones. La libertad se refugia, para Tácito, en los bosques germanos. No queda más que vivir, adaptarse a las exigencias del siglo y encontrar un camino que esté a la vez, exento de mezquindad y de peligro (*An.*, IV, 20). La filosofía no constituirá una guía segura en esta búsqueda. Tácito declara formalmente que "no conviene que un romano y un senador tengan demasiada afición por ella" (*Agr.*, 4). Su realismo hace así tabla rasa de muchas de las ilusiones persistentes; es revelador de un cambio en los espíritus. Desde ahora no se colocarán en primer plano las nociones de libertad y equilibrio dé los poderes. La nobleza romana, diezmada y agotada, está dispuesta, en los finales del siglo I, a aceptar, tanto sin dobles intenciones como sin ilusiones, el recurso a una fórmula autoritaria.

2. El "solidarismo" y el Imperio estoico.

Sin embargo, otras fuerzas menos desengañadas tomaban el relevo de la aristocracia romana. El reinado de Nerva anuncia el Imperio liberal. La colaboración entre el príncipe y el Senado va a pasar, aparentemente, por un dichoso período. Las quejas de los notables parecen apaciguarse. Y, aunque el poder queda de hecho en las manos del príncipe, todos tendrán en adelante el sentimiento de servir a una misma causa. La adhesión de los notables provinciales, objeto de las atenciones imperiales, constituye el elemento determinante de este apaciguamiento; sobrepasa y cubre las reducidas y exclusivas miras de la nobleza romana. El sistema constitucional de la República había pasado ya; pero se edificó, en torno al patrimonio moral que dejaba y del sistema político que lo sustituía, una unanimidad no simulada. El Imperio confirma el poder del príncipe y el príncipe asegura la cohesión del Imperio.

A) LA SOLIDARIDAD DEL IMPERIO.—La conquista romana ofrece el doble aspecto de un acontecimiento militar y de un hecho civilizador. Y fue tan rápida y —en relación con los imperialismos precedentes— tan duradera, precisamente porque la historia más lenta de la civilización había preparado los mil canales a través de los cuales la política y la estrategia romana íban a asegurarse sus victorias. Los romanos vencieron con la mayor facilidad a los pueblos helenizados y, por tanto, políticamente civilizados; parece como si esa conciencia política no hubiera servido más que para hacerles evidente la superioridad romana. Los romanos mantuvieron después su autoridad mediante la creación de ciudades en aquellos territorios conquistados que desconocían este régimen, como si la vida en la ciudad de tipo helénico fuese la prenda de su obediencia y la señal de su pertenencia a una civilización de la que Roma era fiadora. Tal subitaneidad espectacular y como maravillosa, por un lado, y ese carácter —podríamos decir— de necesidad, por otro, dominaron durante mucho tiempo las reacciones de los pueblos sometidos.

a) **Supremacía y fortuna de Roma.**—Parece, en efecto, que muchas ciudades, al tiempo que resistían al invasor, estaban ya en el fondo de sí mismas convencidas de la necesidad de unificarse bajo un mismo dueño. Así lo atestigua la reacción de un griego de gran familia, patriota y cultivado, como era Polibio. Prisionero de los romanos en calidad de rehén, éstos le absorben y conquistan. Su patriotismo o, mejor dicho, su particularismo se disuelve instantáneamente. Se diría que el espíritu griego, refractario a toda confederación, se abre a proyectos más grandiosos. Pero Polibio hará aún más: dará una teoría histórica del imperialismo romano —lo que Grecia no había sabido hacer para Atenas ni para Alejandro— que alimentará durante siglos el espíritu político y que asegurará a Roma una especie de monopolio de derecho, de hipoteca sobre la Historia, especialmente cuando los cristianos la sistematicen a su manera. Polibio reconoce en signos ciertos la futura grandeza de Roma; su perfecta organización política, su técnica militar y el espíritu mismo de los romanos hacen de ella una nación privilegiada a quien necesariamente corresponde el Poder. Los verdaderos herederos de Alejandro no son los Ptolomeos ni los Seléucidas, sino los romanos. Las historias nacionales van a fundirse desde ahora en una historia romana, que las englobará a todas. Por tanto, Roma fundamenta en cierta manera su pretensión a la supremacía y, muy pronto, a la universalidad, sobre una autodesignación. El sentido de la Historia era invocado, quizá por primera vez, de manera explícita para justificar, en el presente, una opción política.

Junto a la Historia, pero más próximas a la fe popular, se invoca a la Fortuna y a la Providencia, sobre todo en el Oriente helenístico. Como hubo una Fortuna de Alejandro, hay una Fortuna de Roma. Esta idea recorrió de seguro todos los caminos del Imperio, recogiendo los sufragios de todas las escuelas. En todo caso, Plutarco, en su opúsculo sobre *La Fortuna de los romanos,* declara que averiguar si los romanos deben su grandeza a la virtud o a la Fortuna constituye un problema ya tradicional. Sin descartar la influencia de la virtud, exalta el papel de la Fortuna: ha dado su poder a Roma, "que es para todas las naciones como una vestal sagrada y bienhechora". De esta forma, Roma se convierte además en una ciudad "elegida", favorita de los dioses. Y el interés de los demás pueblos reside en tratar de beneficiarse indirectamente de los favores que la Divinidad concede a los romanos. Es muy característico también en Plutarco, burgués nacionalista y apasionado por un cierto patriotismo cultural, el procedimiento de las "vidas paralelas" mediante el que confronta, metódicamente, héroes griegos y romanos. La grandeza de Roma, universalmente admitida, se convierte en el patrón indiscutido con el que se mide toda grandeza y en el patrimonio común en cuyo provecho se realizan toda clase de transferencias.

b) El cimiento romano.—Naturalmente, esta unificación no se produjo en manera alguna sin desgarramientos, tanto en una como en otra parte. Algunos romanos, dominados por un reflejo particularista, aceptaron con dificultad el cúmulo de múltiples ocupaciones que la conquista y sus consecuencias imponían. El desprecio de los romanos antiguos por el extranjero, más tarde el desprecio del provincial romanizado por los países recientemente conquistados y, por último, el desprecio muchas veces públicamente ostentado del griego por el asiático, contrarrestaron frecuentemente la obra de fusión. *Juvenal* (65 ?-128) sueña con una Roma estrictamente latina que conserve las virtudes de las pequeñas ciudades italianas: "No puedo soportar, Quirites, una Roma griega" (*Sat.*, III, 60). Pero estas reacciones acaban por limitarse al terreno religioso o literario. Al igual que las fantasías de Tácito sobre la pureza de los germanos, resultaron retrospectivas y sin porvenir. Más serias fueron las reacciones de los pueblos sometidos. Indudablemente algunos resistieron moralmente a la autoridad romana. Pero —excepto los judíos— no formularon nada propiamente político. En la mayoría de los casos las naciones, aun reconociendo más o menos la autoridad del Imperio, dirigieron su odio hacia la ciudad de Roma, pletórica y corrompida, madre de todos los vicios, enriquecida por el pillaje del Imperio, monstruoso parásito del mundo mediterráneo. Dion Crisóstomo es un ejemplo de tales declamaciones: los Apocalipsis judíos y el de San Juan son su forma exagerada y cataclismal. Pero poca cosa iba a subsistir de estas esporádicas agitaciones. De un extremo a otro del país una clase social, étnicamente heterogénea pero culturalmente cada vez más homogénea, tiende a asegurar la unidad del Imperio. Esta clase de notables cultivados, progresivamente requerida desde Vespasiano a las responsabilidades políticas, estoica naturalmente, encuentra en el ejercicio de una razón y una moral, aproximadamente idénticas del Ebro al Tigris, un motivo poderosísimo para creer, al mismo tiempo que en la universalidad de su genio, en la unidad del Imperio. Les anima un doble sentimiento. En primer lugar, el de su deuda hacia la Roma que hace reinar en todas partes su justicia, su orden y su paz. Desde ahora han de pensar en el Imperio como un marco permanente y necesario de su vida. Elio Arístides, en nombre de la aristocracia jónica, declara: "Así como en las grutas los murciélagos se aferran a las piedras y unos a otros, así todos están colgados de Roma, temiendo por encima de todo ser separados de ella" (Arístides, XXVI, K 29). Sentimiento, en segundo lugar, de que, dentro de ese asilo de paz, una cultura universal ha unificado al mundo en la alegría. Elio Arístides, como un eco del Pericles elogiador de Atenas, alaba a la Roma, tutelar y liberal, que ha hecho de su Imperio un universo de regocijo. "El mundo entero parece estar en fiestas; todas las ciudades han renunciado a sus antiguas rivalidades, o más bien una misma emulación les anima a todas: la de parecer la más bella y encantadora" (*ibíd.*, 68).

Todas las escuelas contribuyeron, sobre esta base, a justificar filosóficamente este sentimiento de unidad. Pero quizá nadie mejor que los estoicos. Todos ellos mostraron, de Panecio a Marco Aurelio, que la verdadera ciudad del hombre es el universo y que, por encima de las diferencias de raza, ciudad y lenguaje, reina en la humanidad una profunda unidad. Plutarco resume su doctrina cuando, burlándose de ellos en la *Contradicciones de los estoicos,* declara: "Que los discípulos del Pórtico no pueden tratar de política sin afirmar que el mundo es único y finito y que una sola potencia lo gobierna". Pero el Imperio romano, que para los espíritus de su tiempo coincide prácticamente con la tierra habitable, debe necesariamente, al representar a la "cosmópolis" en el nivel político, reivindicar idénticos caracteres. Nunca se insistiría demasiado sobre la importancia política de semejante estado de espíritu, que, reforzado por el cristianismo, perpetuará durante siglos el sentimiento razonado o confuso de la unidad humana o, al menos, del mundo mediterráneo, antes de que un patriotismo —completamente diferente al del civismo antiguo— venga, a su vez, a fragmentarlo.

Pero el estoicismo colocaba en primera línea otra idea que completaba admirablemente la noción de unidad. Al tiempo que descalificaba las comunidades intermedias, afirmaba la *solidaridad* de los diferentes elementos del universo. Por consiguiente, reagrupaba, dentro de una comunidad extendida hasta los límites del Imperio, a las individualidades que su primera tarea había podido liberar. Marco Aurelio —emperador del 161 a 180— no cesa de repetir en su colección de *Pensamientos* que el individuo nada es en comparación con el universo y con el tiempo que pasa. Unicamente cuenta ese conjunto del que el hombre es una parte. "Colaboramos todos al cumplimiento de una obra única, unos con conocimiento de causa e inteligencia, otros sin darse cuenta" (VI, 42, cf. IX, 23; trad. P. Ballester). Trátese de solidaridad cósmica o política, el estoicismo buscó constantemente, a partir de finales del siglo I, el fundamentar y organizar, en un universo tan abigarrado, el civismo imperial. Esta filosofía, vacía de contenido político pero rica en imperativos generales (sacrificio ante el interés general, sentido de la unidad del mundo civilizado, aceptación de una moral común), fue el crisol donde se elaboró, al menos para las clases privilegiadas, una nueva idea de Imperio. Concibió el Imperio como un *sistema* (según la palabra tan apreciada por Marco Aurelio), o sea, como un conjunto solidario en el que no domina una autoridad impuesta, sino la obligación moral de participar en el trabajo común. Hasta su imaginería se modela sobre las necesidades de la política: el monoteísmo —al menos intelectual—, que afirma o sugiere, contribuyó a concentrar las esperanzas y la obediencia del creyente tanto en la monarquía terrestre como en la monarquía divina. Tales temas son constantes en la literatura estoica. Pero quizá el ejemplo más elocuente es el *Boristenítico* de Dion Crisóstomo, en el que el orador desarrolla, ante una comunidad helénica del Ponto Euxino, aislada entre los bárbaros, una definición de las *cosmópolis*. Esta comprende la Ciudad de los dioses —la única perfecta (pues es, en la terminología estoica, la de los astros, de curso fiel a las leyes)— y las ciudades de los hombres, diversamente imperfectas, más o menos obedientes a las leyes, pero unidas a la Ciudad de los dioses como los niños lo están a los ciudadanos en una misma ciudad. El estoicismo desarrollaba así, sobre estos cómodos esquemas, el sentimiento de un valor ejemplar y unificador del orden divino —por consiguiente, del orden a secas— cuyo beneficio iba, íntegro, al Poder imperial.

c) **Roma y el mundo.**—En el plano concreto de la conciencia popular se corría el riesgo de chocar con peligrosos exclusivismos, bien fuesen helénicos o romanos antiguos. Estos conflictos se apaciguan poco a poco. Cicerón divide el mundo en tres grupos: Italia, Grecia y los bárbaros. Sin embargo, era demasiado grande la tentación de fundir los dos primeros términos para oponerlos más claramente al último. El mejor modo de fusión era la utilización de una filiación. Por esta razón Virgilio exalta a Eneas, héroe troyano (y, por tanto, a la luz de la leyenda, helénico) y, al mismo tiempo, antepasado lejano de los romanos; se asegura de esta forma la unidad espiritual de las dos civilizaciones dominantes y se admite el condominio latino-helénico sin agravio para el amor propio. Dionisio de Halicarnaso emprende el mismo trabajo de fusión cuando intenta probar que el latín es un dialecto griego. Es verdad que, según los lugares y las coyunturas, algunos, como Vitrubio, pondrán el acento sobre la primacía de Roma, que ha podido integrar todo, y otros, como Libanio, sobre la importancia de la pareja Roma-Grecia. Pero, en conjunto, las nuevas generaciones, instruidas en Atenas, Rodas y Pérgamo, o en la propia Roma por maestros foráneos, y formadas en una *humanitas* calcada sobre la *filantropía* griega, son menos sensibles a estas distinciones que a la unidad de una cultura común.

Además, ni los bárbaros merecen ya tal nombre. Los bárbaros de ayer son ahora los mejores protectores de esta civilización. La noción retrocede sin cesar. El edicto de Caracalla pone punto final a esta evolución. Todos los habitantes del Imperio libres de nacimiento tienen la ciudadanía romana. Nace una nueva noción para la conciencia política, enteramente diferente de la ciudadanía municipal de los griegos o de la vinculación personal característica de las dinastías helenísticas, a la escala de esta potencia de nuevo tipo a la que se encadena desde ahora el ciudadano: el Estado romano. El término de "bárbaro" se desmenuza, al contrario, en significaciones fragmentarias y negativas, para designar a quienes, más allá del *limes,* carecen en absoluto de vinculación con el Imperio y no toman parte en la civilización [4].

B) LA DOCTRINA DEL PRÍNCIPE.—Si el siglo primero fue el de las negaciones, el II será, por el contrario, el de las construcciones doctrinales, más o menos originales, mediante las que los notables intentan definir y, llegado el caso, limitar la autoridad del príncipe. Hemos llamado la atención sobre la adhesión entusiasta de la burguesía, sobre todo provincial, al Imperio liberal. Subrayemos también que todos estos doctrinarios —salvo Plinio el Joven, que aportará en cierta manera el homenaje de los romanos— son griegos o, al menos, de cultura griega. Basta con decir que los temas que desarrollan tienen su origen en la tradición helénica o helenística y se adaptan, de cerca o de lejos, a la situación particular del emperador. Esta observación puede aclarar a veces cambios de perspectivas; en todo caso muestra, en cierta medida, la forma en que el pensamiento político romano, desconcertado por un fenómeno político nuevo, tuvo que dirigirse a tradiciones paralelas.

a) **El "Panegírico" de Trajano (100),** compuesto por Plinio el Joven, marca una fecha importante, en la medida en que aporta al Imperio el acuerdo de los notables romanos; además, representa seguramente, bajo el elogio, el fuero que éstos pretendían imponer como contrapartida. Su valor doctrinal es escaso. Pero aclara, al menos sobre un punto, uno de los fundamentos ideológicos del principado: el Imperio es de quien lo merece. Como ya sabemos, el Imperio había evitado adoptar la sucesión hereditaria del reino helenístico, como signo demasiado evidente de monarquía. No podía aceptar, sin caer en la anarquía, el principio de la elección. Se atuvo, así, al sistema de adopción, con modalidades y éxitos diferentes. Los Antoninos representan, precisamente, la edad de oro de esta práctica: el futuro príncipe, adoptado por el emperador, era asociado a los asuntos públicos mientras vivía este último y reconocido sin dificultad como su sucesor. Este uso de la adopción, según Plinio (*Pan.,* 7), se justifica por la necesidad de abrir a todos, fuera de los azares de la filiación natural, la competición del *mérito:* "El que ha de extender su imperio sobre todos debe ser elegido entre todos" (trad. A. d'Ors). Por lo demás, pueden encontrarse estas ideas, que eran de seguro las tesis oficiales, en el discurso que Tácito atribuye a Galba cuando describe la adopción de Pisón (Tácito, *Hist.,* I, 15-16). No fundándose este poder sobre un criterio seguro como el de la filiación familiar, había que idealizar mediante otros procedimientos a su detentador y legitimar, mediante un excepcional mérito moral, a quien no había sido designado por el indiscutible arbitraje de la sangre. El mejor gana: la monarquía imperial es una aristocracia sin pluralismo. Se trataba, ciertamente, de una ficción, ya que los signos a los que se reconocía este mérito eran fluctuantes

---

[4] Claro está que la palabra conservará, en muchos textos, sentidos derivados de su significación tradicional. Unicamente los valores políticos del término están aquí en juego.

y, además, la elección real en este pretendido concurso dependía, a discreción, del soberano reinante. Sin embargo, como esta doctrina tenía una fuerza de persuasión considerable, legitimaba hacia atrás al soberano elegido y justificaba la obediencia que, desde entonces, le era debida. Hay pocas dudas sobre la existencia de una estrecha relación entre la práctica de la adopción y la teoría del mérito; la una es garantía de la otra.

b) **Dion Crisóstomo.**—Este mérito tiene, como fundamento y expresión, una serie de *virtudes* imperiales cuyo catálogo, fastidiosamente semejante, salvo algunas variantes u omisiones, se repite en todos los autores, moralistas o políticos. El carácter convencional de estos desarrollos y su continua repetición hace pensar que existe en ellos la expresión de una verdadera doctrina política, incansablemente expresada bajo esa apariencia puramente moralista. Plinio el Joven los utiliza sumariamente cuando, a través de Trajano, hace el retrato del príncipe modelo (*Paneg.,* 44-45). Sin embargo, Dion Crisóstomo es quien ofrece el cuadro más acabado.

Rico burgués de Prusa, en Bitinia, nacido hacia el año 40 d. C., Dion fue primero sofista; después, convertido al estoicismo, vive en Roma, de donde, bajo Domiciano, es expulsado; vuelve, perdonado, en los reinados de Nerva y Trajano. Debemos a él, especialmente, cuatro *Discursos sobre la realeza,* un discurso pronunciado en las fiestas de Olimpia, el *Olímpico,* y otro pronunciado ante los Getas, el *Boristenítico,* que contiene lo esencial de su pensamiento político. Son documentos tanto más importantes cuanto que emanan de un personaje que interviene en los negocios públicos. Su pensamiento no es original. Se inspira en amplia medida en el estoicismo tradicional y en los temas del cinismo, sin perjuicio de otras influencias. Representa —como Cicerón más de un siglo antes— el punto de vista de un notable ilustrado (esta vez, de un provincial). Y el eclecticismo que se traduce bajo las fórmulas de escuela y las abstracciones, corresponde quizá también a la preocupación por adaptar su filosofía a una situación política y a sus problemas particulares. Fue el filósofo de la monarquía.

1.º Para él, la monarquía es, sin duda alguna y por entero, el sistema político ideal. No se trata ya —como en el estoicismo anterior— de equilibrarla mediante elementos aristocráticos o republicanos. El rey es el elegido de Dios. Su poder emana de Zeus. El mismo es hijo de Zeus. Existe, por otra parte, una correspondencia entre la influencia soberana que Zeus ejerce sobre el mundo y la que el monarca ejerce sobre su reino. Pero en seguida hace notar y subrayar que el rey es hijo de Zeus solamente en un sentido figurado, esto es, que es "de Zeus" cuando este último le ha dado la ciencia real, sin la que no es más que un tirano sin legitimación. Dicho de otro modo: aunque la monarquía es de origen divino, no por ello todo poder real es divino. Está claro que la doctrina de Dion se inspira ampliamente en la que se elaboró bajo las monarquías helenísticas y que hizo que todo el pensamiento político romano, muy desprovisto, en realidad, de ideología monárquica, se beneficiara de toda la tradición constituida anteriormente en Oriente. Pero, al mismo tiempo, Dion utiliza sin imitar. En efecto, el estoicismo de la época helenística hablaba, en sus escuelas, del sabio que, cuando llegaran los tiempos, sería rey; la doctrina imperial oficial, sin aguardar tiempos venideros, adorna con todas las virtudes al rey que la Fortuna había elevado al trono. Pero estas dos corrientes de pensamiento —filosófica y cortesana— permanecían paralelas. Con Dion se confunden.

2.º El poder del rey es absoluto, pero no arbitrario. Así como el gobierno de Zeus está caracterizado para un estoico por el orden y por la regular realización de las leyes naturales, así la voluntad del rey debe mostrarse siempre conforme con la ley suprema: la de la recta razón, la del *logos.* Es difícil adivinar lo que para un estoico de esta época se ocultaba de concreto tras esta vaga fórmula. Pero seguramente se trataba, más que de imponer al absolutismo una limitación, de exigir que la política que se siguiera estuviera de acuerdo con los datos de la conciencia ordinaria. Además, Dion consideraba la posibilidad de una segunda limitación: la tradición estoica y cínica exigía virtudes personales y humanas (laboriosidad, sobriedad, sabiduría, etc.) del rey; la tradición socrático-platónica se ocupaba de cualidades completamente especiales, diferentes de las de la moral privada, y en las que se situaba la esencia de la política: su conjunto formaba la ciencia real tan apreciada por Platón. Dion Crisóstomo combina ambas: el rey debe poseer la ciencia política para gobernar y las cualidades morales para ser un ejemplo a los ojos del pueblo, de cuya educación debe cuidar. Por consiguiente, el rey debe ser, a la vez, el jefe competente y eficaz de ese inmenso cuerpo y el sabio ejemplar que el Imperio merece por sus virtudes.

3.º Podemos también medir el camino recorrido desde Séneca. En el *De Clementia* Séneca exponía las garantías que el pueblo —o, mejor, los notables— exigían del soberano, y pedía que las relaciones establecidas entre el Poder y el individuo fuesen las de padre a hijo, lo que excluía las relaciones de propietario a objeto poseído o de amo a esclavo. Aquí también la doctrina se ha precisado, pues las detalladas virtudes que se atribuyen al rey son otras tantas exigencias que se le imponen. La idealización de la función monárquica lleva consigo un reverso: es como un contrato que los notables, por medio del estoicismo, imponen al Poder imperial: obediencia absoluta al soberano, pero a condición de que cumpla con su deberes. Así, la posición estoica, que parece alinearse, a la vez, sobre la religión oficial que diviniza al emperador y sobre el principio de autocracia absoluta, toma, en realidad, sus distancias, subordinando el reconocimiento, tanto de la divinidad como de la autoridad, a ciertas condiciones. La preocupación de todos estos filósofos —que se va precisando de Séneca a Dion— es, manifiestamente, la siguiente: fortificar ideológicamente el principio monárquico, principio de orden, renegando de la antigua debilidad estoica por la Constitución mixta; pero mantener la posibilidad de una censura o de una desaprobación respecto a la persona real. También aquí podría distinguirse fácilmente una relación entre el sistema de sucesión practicado y la doctrina estoica.

4.º Por último, bajo la brillantez del discurso, se observan algunas imprecisiones, tal vez intencionadas. El rey está por encima de la ley, ya que su poder es absoluto y la ley no es sino el δόγμα del rey (*Disc.*, 3, 43). Sin embargo, parece que se ha de entender aquí que es el rey quien da fuerza a la ley; y no que el rey tendría razón en infringir las leyes. Muy al contrario, reina por las leyes y en el marco de las leyes. Y si se declara que la realeza es una αρχή ανυπεύθυνος, una magistratura irresponsable, esta afirmación sirve para subrayar la diferencia que separa a esta doctrina de las antiguas "Constituciones mixtas" o de las doctrinas que de ellas derivan. Aquí no existe ninguna instancia superior al rey; pero esta irresponsabilidad no es una teoría de la "voluntad arbitraria", ya que Dion exalta el valor, no sólo de la ley razonable, sino de cualquier ley establecida, e incluso sugiere al emperador que se aconseje de los colaboradores que le asisten en una especie de Consejo (*Agamenón* o *De la realeza*).

c) **"Pensamientos" de Marco Aurelio (121-180).** Gracias a ellos conocemos el estado de ánimo con que un soberano modelo podía asumir las tareas que le eran impuestas. Este príncipe estoico nos ha dejado una colección de máximas, grandiosa y decepcionante a la vez, que no contiene —por así decirlo— rastro de política en el sentido estricto del término, sino tan sólo una metafísica y una ética. Se advierte a Marco Aurelio preocupado sobre todo por una sabiduría personal y, por así decirlo, por una especie de desapropiación personal que constituyen la mejor respuesta a los consejos de Dios. Es, ante todo, un sabio ejemplar. No encontramos ninguna indicación sobre su oficio de emperador. Diríase que se agota por entero en la práctica de la justicia, virtud general, o en ese deber de actividad social que para cada uno predica. La moral ha absorbido completamente a la reflexión política.

C) EL DESGASTE DEL ESTOICISMO.—De esta forma, el estoicismo, después de dar a los últimos romanos libres una razón para combatir, se había convertido en el regulador de un Imperio unificado y bien establecido. Aseguraba el ejercicio moderado del poder monárquico e imponía a todos, como un categórico deber, la participación en los negocios públicos. Había llegado a ser la filosofía ordinaria de un Imperio de doble figura grecorromana que no parecía ya sujeto al devenir, de una civilización tan estable que parecía una estructura definitiva del universo. El tono que adopta Marco Aurelio no engaña: la Historia se ha detenido y la política no es sino conservación. Y, sin embargo, este Imperio —y, con él, el estoicismo— se encuentra en vísperas de cataclismos militares y económicos en los que zozobrará especialmente esa aristocracia de la que el estoicismo había sido la levadura. Terribles sacudidas van a conducir a inapreciables transformaciones. El poder monárquico, trastornado, se endurece; la influencia oriental, contenida por el espíritu grecorromano, invade el Imperio; las religiones bárbaras y su mística, así como el paganismo tradicional y el racionalismo al que iban unidas, emergen ampliamente. El estoicismo es suplantado, en gran parte, por nuevos movimientos, el más importante de los cuales es el neoplatonismo.

La significación política del *neoplatonismo* no resulta, sin embargo, clara. Si nos fiamos de las alusiones que contiene la novela de Filostrato sobre Apolonio de Tiana, parece representar una fuerza de conservación más segura e impermeable que la doctrina del Pórtico; predicaría el respeto absoluto por una realeza que procede directamente de la divinidad. Por una parte, contribuye, mediante su implícita religiosidad, a reforzar la idea de que el orden social está impuesto por la divinidad, y subraya que la realeza es la imagen y emanación de la divinidad, concesión que el estoicismo nunca había aceptado de modo formal. Por otro lado, su cosmología jerarquizada y su metafísica de hipóstasis se amoldan perfectamente a un Imperio que descansa también sobre una jerarquía oriental. Sin embargo, tenemos pocos textos de la época anterior a Temistio [5], que es ya tardía.

Por lo demás, el neoplatonismo va a entrar rápidamente en concurrencia con una nueva doctrina, madurada en la abstención, pero dispuesta ahora a intercambiar con el Imperio un mutuo apoyo: el *cristianismo*. El cristianismo, después de haber adoptado muchos temas estoicos durante su período obscuro y subterráneo, probará su fuerza expansiva desempeñando todas las funciones políticas que el neoplatonismo debería asumir. Su historia es, a partir de Constantino, en parte paralela; pero el neoplatonismo, plagiado, distanciado en la puja, inutilizado, debería ser rápidamente excluido de esta concurrencia. Para medir la fuerza de expansión política del cristianismo de la época constantiniana es, indudablemente, necesario relatar la historia de sus orígenes.

SECCION III

El pensamiento político del cristianismo hasta San Agustín.

Resulta difícil definir el pensamiento político judío —tal como se expresa en el Antiguo Testamento— a causa de la diversidad cronológica de los textos que lo constituyen. Sin embargo, su característica propia reside en la idea que el pueblo judío se hacía de su destino privilegiado. Es el pueblo de Dios, y su historia no admite comparación con las otras. Es un nacionalismo en cierto modo teológico, que encuentra su más notable expresión en imágenes cosmológicas: Israel está directamente gobernada por Dios (*Deuter.*, 32, 8-9) y cada país tiene su propio ángel que le dirige y representa en el cielo. Este nacionalismo —sin equivalente en las ciudades antiguas— pasará a los cristianos, en la medida en que, tras la gran difusión, se sentirán una nación. El mesianismo, o sea la espera de acontecimientos milagrosos que cambiarán el estatuto de una nación, es también, al lado de este sentimiento, un rasgo fundamental que no podría dejar de caracterizar al pensamiento cristiano.

---

[5] Y a Juliano, que, en muchos aspectos, se encuentra bajo la influencia de esta doctrina.

1. Jesús y San Pablo.

A) Los Evangelios.

La enseñanza de Cristo surge como revolucionaria respecto a una sociedad judía en espera. En efecto, Cristo anuncia la consumación de los tiempos y la abolición de la ley, se proclama Hijo de Dios, denuncia el formalismo y la opresión de los fariseos; esta revolución teológica y espiritual, en un medio en el que la religión lo significa todo, era parte, aun cuando no se hiciera pasar por tal, de una revolución social. Cristo anuncia, sin embargo, el reino de Dios, es decir, precisamente el fin de la política, en la medida en que ésta constituye una tentativa razonada de organizar la Ciudad humana: "Haced penitencia, pues el reino de Dios está próximo"; "En verdad os digo que hay algunos de los aquí presentes que no gustarán de la muerte sin que antes vean al Hijo del hombre viniendo en su realeza" (Mat., XVI, 28; Marc., IX, 1; Luc., IX, 27). Su enseñanza se resume en una formulación que, a través de mil interpretaciones, dominará el pensamiento cristiano: "Mi reino no es de este mundo". Es, por tanto, normal que la enseñanza de Jesús no contenga ninguna doctrina política positiva, ya que, en un sentido, la Buena Nueva implica una anulación del pensamiento político. Cristo intenta despertar en cada uno de sus auditores el sentido de la vida espiritual, así como llamar su atención sobre un universo nuevo que cada cual lleva en sí y que es, precisamente, la imagen del reino de Dios. Para alcanzar este objetivo trata de destruir todas las falsas ilusiones que las pasiones terrestres, las ambiciones sociales o el orgullo de los fariseos acumulan sobre tal camino.

Es innegable que esta enseñanza tenía una fuerza disolvente respecto a las jerarquías y los valores sociales, y que podía parecer la de un rebelde o un anarquista. Al subrayar la vanidad de tales valores y la importancia, en cambio, del esfuerzo interior, al substituir las dignidades admitidas por criterios puramente espirituales, la justicia por la caridad o la honorabilidad por el arrepentimiento, Cristo enseñaba a sus discípulos que ni la fortuna, ni el poder, ni la sabiduría, ni la respetabilidad social son valores seguros. Cabe señalar, sin traicionar el espíritu del cristianismo naciente, lo que le hace aparentemente análogo a la primera predicación estoica. En ambos casos se da igual importancia al valor moral y, frente a la sociedad, frente a sus prejuicios y formalidades, se valoriza al individuo que aparece, despojado de sus vestiduras sociales, en la simplicidad de su corazón. Los fariseos no dejaron de percibir el alcance destructor de esta predicación e intentaron, según los Evangelios, arrancar a Jesús consignas comprometedoras.

"Y envían a El sus discípulos, junto con los herodianos, que dijesen: Maestro, sabemos que eres veraz y enseñas el camino de Dios en verdad y no tienes respetos humanos, porque no eres aceptador de personas; dinos, pues, ¿qué te parece? ¿Es lícito dar tributo al César o no? Conociendo Jesús su bellaquería, dijo: ¿Por qué me tentáis, farsantes? Mostradme la moneda del tributo. Ellos le presentaron un denario. Y les dijo

Jesús: ¿De quién es esa imagen e inscripción? Dícenle: Del César. Díceles entonces: Pagad, pues, al César lo que es del César y a Dios lo que es de Dios" (Mt., XXII, 16-22).

Este texto decisivo indica bien el límite de la crítica cristiana. Sin duda, la vida social y política forma parte de la vida terrena; todas estas reglas y valores son terrenos. Por tal motivo no pueden compararse con la vida del alma, que sólo concierne a Dios. Pero la conclusión que Jesús —según los Evangelios— deduce es inversa a la conclusión de los cínicos. Lejos de afirmar que no hay que someterse de ninguna forma a las necesidades políticas porque éstas carecen de valor, concluye que hay que someterse a ellas porque no tienen valor. Hay que pagar el impuesto —símbolo eterno de la obediencia civil— precisamente porque no concierne a Dios.

La predicación de Jesús se dirige, en consecuencia, de manera especial a los desheredados, pero para mostrarles que la verdadera felicidad es de distinto orden que los placeres de la tierra y que hay que soportar las desgracias terrenas, sean físicas o sociales. Indudablemente, cabe vacilar, para la interpretación, entre el texto de Mateo (V, 3): "Bienaventurados los pobres de espíritu, porque de ellos es el reino de los cielos... Bienaventurados los que tienen hambre y sed de justicia, porque ellos serán saciados", y el de Lucas (VI, 20): "Bienaventurados los pobres, porque vuestro es el reino de los cielos. Bienaventurados los que tenéis hambre ahora, porque seréis saciados". Entre ambos textos hay algo más que un matiz, ya que el primero nos presenta un apóstol de los justos y el segundo un profeta de los pobres. Pero el espíritu es, a lo largo de los Evangelios, idéntico. Esclavitud, enfermedad, pobreza, todos los males de esta tierra son del cuerpo y deben tomarse como tales; la tierra impone una serie de pruebas que el hombre debe sufrir lo mejor posible en provecho de su vida espiritual. La pobreza es una desgracia, pero también pueden serlo la riqueza o el poder, si son mal ejercidos. Desde el momento en el que el dominio del cuerpo y el del espíritu se escinden tan radicalmente no hay política posible. En los Evangelios no hay pensamiento político, precisamente porque las cosas de la comunidad terrestre se sienten como radicalmente diferentes de las cosas de la comunidad celeste y se rechazan en bloque, no como males, sino como un dato de la condición humana sobre el que no vale la pena operar distinciones.

B) SAN PABLO.

A una pura espera que aguardaba en breve plazo la realización de las profecías sucedieron hechos que comprometieron más el pensamiento cristiano. Algunos, aun respetando el consejo de prudencia de Cristo, trataron de realizar, desde ese mismo momento, el Reino. Los Apóstoles pusieron en común sus bienes (Hechos, 2, 44-45), como emulación de la virtud y exaltación de la pobreza. La doctrina no preveía nada de esto, pero las imaginaciones se acaloraron. El Apocalipsis de San Juan expresa bastante bien la efervescencia que la espera del fin del mundo, exacerbada por las desgracias de la época, producía. Cabe fácilmente imaginar que la enseñanza de Cristo fuese admitida en una perspectiva anarquista, sobre todo ante la proximidad de acontecimientos definitivos. Los valores y deberes sociales se sentían como precarios y viles, en comparación con los apasionamientos, sacrificios o renuncias.

San Pablo intentó refrenar semejante tentación. Las Epístolas están llenas de llamamientos a la calma social. Recomienda obediencia a los esclavos (Colosenses, III, 22-25): "Los esclavos obedeced en todo a vuestros amos según la carne". Y este mismo consejo se inserta en una extensa lista en la que San Pablo invita a cada cual a cumplir, con justicia, los deberes que derivan de su estado —amo, padre, marido, esposa, hijo—. Dicho de otro modo, la sociedad civil no pierde ninguno de sus derechos. A los cristianos corresponde únicamente cumplir con equidad y caridad cada uno de los deberes que provienen de la vida en sociedad. La propiedad no es objeto, en ningún lugar, de la menor crítica; San Pablo se limita a recomendar la caridad y el uso equitativo de las riquezas. En suma —y esta posición seguirá siendo una de las posiciones dominantes en el transcurso de los siglos—, San Pablo, desarrollando los Evangelios, da a entender que no existe una organización social específicamente cristiana, sino una forma cristiana de cumplir con los deberes sociales, dentro de la organización existente.

Los reinos de este mundo.—Más preciso aún respecto al poder civil, San Pablo predica la obediencia (*Romanos*, XIII, 1-7) en un largo desarrollo que permanecerá como texto básico de la política cristiana: "Toda alma se someta a las autoridades superiores. Porque no hay autoridad que no sea instituida por Dios; y las que existen, por Dios han sido ordenadas. Así que el que se insubordina contra la autoridad se opone a la ordenación de Dios, y los que se oponen, su propia condenación recibirán... ¿Quieres no temer a la autoridad? Obra el bien, y obtendrás de ella elogio; porque de Dios es ministro respecto de ti para bien". Y Pedro, en la *Primera Epístola,* se hace eco del dicho tranquilizador: "Temed a Dios, honrad al rey". Ambos afirman la necesidad de respetar el orden establecido y de no reivindicar la libertad con el objeto de atacar a las instituciones, de no ser como "quienes toman la libertad como velo que encubra la malicia" (Pedro, I, 2, 16). También en esto se muestra San Pablo como el ciudadano romano que nos describen los *Hechos,* preocupado por invocar y defender una legalidad positiva.

Pero ninguno de los dos va más lejos. Para justificar la obediencia absoluta al Poder formulan una teoría de considerable futuro: "Nulla potestas nisi a Deo". Todo poder constituído viene de Dios. Seguramente la intención de los apóstoles era legitimar el orden tan sólo para hacerlo respetar mejor. Pero —lo quisiesen o no— se había dado un gran paso respecto a los Evangelios. La política no se considera ya como una de las necesidades puras y simples de la vida del cuerpo; el Poder procede de Dios que, por tanto, participa en el orden político del mundo. En consecuencia, los actos del Poder político no constituyen ya aquella materia indiferente a la que había que someterse para no obstruir la vida espiritual; desde este momento son una actividad significativa en cierto grado, reincorporada al universo del cristiano. Sin duda, el problema se plantea, más bien que se resuelve. Y sin duda también la fórmula recibirá diferentes interpretaciones. Así, cabrá precisar, por ejemplo, que sólo el principio del poder emana de Dios, sólo la autoridad en sí misma y no sus modalidades ni su ejercicio. Pero lo que importa es que la fórmula de Cristo: "Mi reino no es de este mundo" suprimía sin apelación todo problema, mientras que la fórmula: "Los reinos del mundo son de Dios" iba a producir un prodigioso enriquecimiento teológico-político vinculado con las relaciones entre la Iglesia y el Estado, que llega hasta la exégesis conciliadora de Santo Tomás y aún más allá[6]. Si César es un servidor —bueno o malo, consciente o inconsciente— de los designios de Dios, cambia de significación el problema de lo que le es debido. No cabe considerar ya esta deuda como pura forma. La frontera entre el reino terrenal y el celestial, tan firmemente trazada por Cristo, vuelve a ser permeable y dudosa. San Pablo funda la realidad teológica de la Ciudad del mundo.

El reino de Jesús.—Paralelamente, San Pablo va también a organizar la espera de la Ciudad celestial. Siguiendo la enseñanza estricta del Evangelio, exclama: "Porque nuestra ciudadanía (πολίτευμα) en los cielos está" (*Filipenses*, 3, 20). Y los cristianos permanecerán unidos en la esperanza del retorno de Cristo por una solidaridad más fuerte que todos los lazos terrenales y que funda entre ellos una ciudad ideal, invisible, en el corazón mismo de la ciudad mundana: la Ciudad de Dios. "No hay ya ni judío ni gentil, no hay ni esclavo ni libre, no hay varón ni hembra, pues todos vosotros unos sois en Cristo Jesús" (*Gálatas*, III, 28). Crece una ciudad invisible, semejante a la Ciudad del sabio estoico, que no conoce fronteras geográficas ni barreras sociales. San Pablo va más lejos aún que los estoicos, ya que no reconoce ninguna exclusividad: "¿Dónde está el sabio, dónde el escriba? ¿Por ventura no atontó Dios la sabiduría de este mundo?" (*Corintios,* I, 1, 20-27). Se desvanece, por tanto, el criterio de cultura o de sabiduría filosóficas que el estoicismo amparaba. Nunca se insistiría lo suficiente en la importancia de esta predicación. La idea de la unidad de la humanidad y de la solidaridad de su último destino se garantizaba y se hacía sensible a los corazones mejor de esta manera que mediante las abstractas consideraciones del estoicismo. Por último, San Pablo, a imitación de los estoicos, llega —bastante paradójicamente— a reconocer la existencia

---

[6] Se pueden apreciar inmediatamente las consecuencias de esta tesis. Cuando Pablo escribe su *Epístola a los romanos* nos encontramos en el año cuarto del reinado de Nerón. Todo parece anunciar una edad de oro. Algunos años más tarde el emperador se convierte —como dice Renan— en una bestia del Apocalipsis. No es dudoso que la fórmula debió ser, si no rechazada, sí reinterpretada sobre el terreno,

de una ley natural al margen de la ley positiva, con el fin de asegurar los fundamentos morales de la Ciudad de Dios.

Comienzan, de esta forma, a esbozarse en la teología paulina las dos ciudades. Pero. por el momento, no son antagonistas. Ciertamente, en tanto que los estoicos animaban al hombre a participar en la vida social y política, San Pablo se limita a predicar la obediencia y el respeto a los deberes civiles. Pero este compromiso no plantea, por el momento, ningún problema. Exige solamente una vida espiritual intensa y alimentada continuamente por esperanzas próximas; e implica, por otra parte, deberes cívicos que no chocan con la moral cristiana. Llegará el tiempo en que las fórmulas paulinas carecerán de eficacia para las conciencias divididas.

2. Polémica en torno a la abstención cívica: Celso, Tertuliano, Orígenes.

Las iglesias, absorbidas por las múltiples tareas del apostolado y del proselitismo, iban a conformarse, durante bastante tiempo, con esta actitud. Pero poco a poco, especialmente a partir del siglo II, la situación se modifica. En lo interior, en primer lugar: al demorarse el fin del mundo, el cristiano ha de señalarse, al menos provisionalmente, una moral respecto a la Ciudad. Además, por causas del reclutamiento: el cristianismo ya no se expande únicamente en las comunidades judías o en las clases bajas. "Los cristianos están en todas partes", proclama Tertuliano. Y esos notables convertidos al cristianismo no pueden eludir el problema que sus obligaciones civiles plantean a su fe. La filosofía toma parte en el debate. A través de una polémica violenta se va a elaborar, en los intervalos de las persecuciones, la doctrina de la comunidad. Las creencias y los ritos de los cristianos podían parecer irracionales o vulgares a algunos paganos. Pero podría creerse que su actitud de renuncia a la política les valdría, en contrapartida, el silencio. si no la indulgencia. Ahora bien, las críticas se exasperarán precisamente sobre este punto: Celso es el testimonio de la revolución que el cristianismo operaba en la conciencia antigua.

A) CELSO.

Nada seguro sabemos de este filósofo, que, probablemente hacia el último tercio del siglo II, se constituyó en campeón, frente a los cristianos, del helenismo político, filosófico y religioso. Afortunadamente, nos han llegado fragmentos de su obra —el Discurso verdadero— a través del libro que Orígenes dedicó a la refutación de este polemista pagano: el Contra Celso. Los textos que conservamos prueban hasta la saciedad que la actitud de los cristianos se mostraba ligada, aunque lo negasen, a una opción política. Ya era escandaloso el reclutamiento de la secta, que acepta e incluso busca a los esclavos y a las gentes humildes; lo que constituye una traición, a los ojos de la aristocracia urbana e ilustrada que dirige el Imperio, respecto a las fórmulas probadas de la vida cívica. Pero esta traición social es poco importante comparada con la traición política. El agravio principal para Celso —en cuyo derredor se ordenan los demás— es la deserción o secesión. Cuando les reprocha por sustraerse a los deberes de la vida política —militares o civiles—, coloca a los cristianos ante una alternativa (Contra Celsum, VIII, 55): si rehusáis honrar a quienes responden de la vida social colectiva (el emperador y sus representantes), no participéis en ningún acto de esta vida social y retiraos francamente de la sociedad. Si queréis participar en las actividades que ésta lleva consigo debéis pagar vuestro tributo de honor a quienes velan por ella. Y sus instrucciones son precisas: "Debéis ayudar al emperador con todas vuestras fuerzas, trabajar con él por lo que es justo, combatir por él. Estáis obligados también a aceptar las magistraturas en vuestro país si la salvaguardia de las leyes y la piedad lo exigen" (VIII, 75). Según él, los cristianos deben siempre sentirse solidarios con una civilización cuyas ventajas y protección aceptan. Concluye: "Si todos actuaran como vosotros... el universo caería en manos de los bárbaros más disolutos y feroces. No habría ya posibilidad entre los hombres, ni de vuestro culto, ni de vuestra sabiduría" (C. C., VIII, 68).

El modus vivendi que el consejo evangélico "Dad al César lo que es del César" pudo establecer se encontraba aquí manifiestamente rebasado. Los paganos no podían admitir las reservas que la teoría de los dos reinos implicaba. Sobre la tierra no se puede servir a dos señores (*C. C.*, VIII, 2). La secta tolerada por Plinio —porque veía tan sólo en ella "una superstición absurda y extravagante acompañada de una perfecta inocencia en las costumbres"— dejó de ser cosiderada inocente desde el momento en que se incrementó y en que afectó a las clases altas. Además, la obediencia por apartamiento, enteramente pasiva, que Cristo concedía —y que el menor escrúpulo podía hacer fracasar—, no satisfacía al Imperio, que exige ahora una obediencia llena de convicción y de iniciativa, y el sentimiento de una solidaridad política que el cristianismo, absorbido totalmente por la solidaridad espiritual de la Iglesia, le niega. La no aceptación del sacrificio y del culto imperial materializa esta abstención, ya que los cristianos no admiten otorgar honores divinos más que a su Dios.

Pero el conflicto tiene otro alcance. El Imperio había recuperado el ideal espiritual de la ciudad antigua: el ideal de un mundo cerrado en el que la divinidad, en cierto modo formaba parte de la comunidad política. La concepción cristiana, con su obstinada voluntad de proclamar la trascendencia de Dios, arruinaba este universo tranquilizador y cerrado sobre sí mismo. El cristiano se convertía, por consiguiente, en representante y soldado de un poder desconocido, no domiciliado e inquietante. La no aceptación del juramento era, a los ojos de un pagano, más que la negación de la lealtad ciudadana, la afirmación de una nueva lealtad de localización extranjera o —como dicen los polemistas, volviendo a encontrar mediante un movimiento significativo el lenguaje de la política— una secesión (στάσις) en el corazón mismo del Imperio. De igual forma, interpretarán de distinto modo la afirmación de Orígenes en el siglo siguiente, reconociendo que existe para el cristiano en el seno de cada ciudad un "ἄλλο σύστημα πατρίδος", una comunidad de patria distinta. Tales sentimientos explican quizá cómo un magistrado instructor podía, al interrogar a un cristiano, preguntarse sobre la localización geográfica de esa Jerusalén celestial de la que el acusado parecía ser un agente (Eusebio, *Mart. Pal.*, XI, 12).

Pocas cosas quedaban en común, ya que los cristianos, en apariencia sometidos, sólo reconocían en el fondo de sus corazones como verdaderamente válidas las leyes no escritas de su moral. Ya en San Pablo diversos textos dejaban ver la existencia de una ley natural, diferente de las leyes positivas (*Romanos*, II, 11-15). Poco a poco la teoría penetra en los hechos y los cristianos, al someterse preferentemente, incluso por las necesidades de la vida práctica, a las costumbres y arbitraje de sus comunidades, terminan por formar un Estado dentro del Estado. De esta forma coinciden, indudablemente, con los estoicos en el análisis y descubrimiento de una ley natural, pero aumentan la separación entre ésta y la ordenación existente, ya que si los estoicos la convertían en el soporte de la ley positiva o de la colección de leyes existentes[7], el cristiano la hacía una ley de esencia diferente. No es nada sorprendente, en semejantes condiciones, que hubiera quien confundiera —como Elio Arístides— en determinado sentido a los cristianos con los cínicos, ni tampoco que se combatiera a ambas escuelas, no solamente como traidoras, sino como destructuras de la civilización romana. No son meramente aliados —conscientes o inconscientes— de los bárbaros, sino los bárbaros del interior.

B) TERTULIANO.

Esta requisitoria estaba más o menos justificada, ya que en el seno mismo del cristianismo, se flanqueaban varias familias espirituales. Sin embargo, Tertuliano [155 (?)-220 (?)] representa (aunque a destiempo) la tendencia de quienes incurrían en las iras de Celso. Este fogoso apologista seguía fervorosamente la enseñanza paulina. Pero su rigor, la pasión lógica que le llevaba a reglamentarlo todo y, quizá también, las luchas y desgarramientos que dividían la Iglesia de África, iban a arrojarle en la herejía montanista. Sus consideraciones políticas se distinguen por ese celo excesivo. Cabe discutir si representan de verdad el punto de vista auténtico de un cristianismo que no transige; hagamos constar, en todo caso, que su doctrina no se comprende más que en una perspectiva resueltamente apocalíptica: considera que el fin del mundo es inminente y, por tanto, que las cosas terrenas carecen de valor. En segundo lugar, posee espíritu jurídico

---

[7] Véase más arriba, pág. 35, 55 y 73.

pero en forma alguna espíritu político. Su punto de vista es siempre exclusivamente religioso. El término "Capitolio" no le sugiere el centro de la vida cívica, sino la idea del "templo de los Demonios" (*De spect.*, 12). Sin embargo, se ve conducido a abordar, en su *Apologética* y en su tratado *De Idolatría*, los problemas que el Imperio y los deberes cívicos plantean a un cristiano.

En las fórmulas que adelanta sigue la doctrina paulina: "Respetamos en los emperadores el juicio de Dios que les ha establecido para gobernar a los pueblos; sabemos que reciben de la voluntad de Dios el poder del que están investidos" (*Apol.*, XXXII). Predica, por consiguiente, la obediencia, especialmente en materia de impuestos. Subraya incluso que los cristianos son ciudadanos selectos, ya que su moral —más exigente— garantiza la corrección de su conducta (*ibid.*, XLIII). No vacila, en un pasaje hiperbólico que se repetirá frecuentemente, en subrayar lo que el Imperio debe al cristianismo y lo que puede esperar de los cristianos. "El emperador es de nosotros más que de nadie, ya que es nuestro Dios quien lo ha establecido" (*ibid.*, XXXIII), y las oraciones de los cristianos sostendrán al Imperio. Pero se advierte cómo despunta, en esta lealtad formal, su manera de proceder; Tertuliano quiere mostrar que el Imperio es una fuerza puramente terrestre, enteramente dependiente de las manos de Dios, despojándolo así de toda grandeza intrínseca.

Sin embargo, en apariencia se reduce a fijar, como límite a la obediencia de los cristianos, los ritos del culto imperial. Lo hace con rudeza pero con dignidad: "Lo que hace la verdadera grandeza del emperador es necesitar que se le recuerde que no es un Dios" (*ibid.*, XXXIII). Se niega a jurar por la divinidad protectora del emperador, que no sería, según él, más que un demonio. Pero si, sobre este punto, no hace más que aportar a la enseñanza de Pablo los complementos exigidos por las crecientes coacciones del culto imperial, da, explícitamente o no, un desarrollo a esta enseñanza que modifica su alcance. Según Tertuliano, el poder imperial —como los imperios de todos los tiempos— proceden de Dios, pero sin participar en las virtudes de la divinidad. Es una cosa creada por Dios únicamente para servir a sus designios. El origen divino no aumenta ni su moralidad ni su dignidad. Por el contrario: César es necesario al mundo, pero no podría ser cristiano (*Apol.*, XXI). Cuando Tertuliano proclama la incompatibilidad que existe entre la calidad de César y la calidad de cristiano subraya una oposición no indicada por San Pablo. Para la predicación de los Evangelios, el reino de César y el reino de Dios son de orden realmente diferente; para Tertuliano son incompatibles. Por lo demás, su posición se aclara cuando se la relaciona con su doctrina escatológica. Para él, solamente la duración del Imperio separa al hombre del fin de los tiempos; el fin del mundo y el fin del Imperio sobrevendrán al mismo tiempo. Poco importa que haya que desear o no la prolongación de este plazo. No es más que un plazo. El imperio no es, por tanto, positivo en sí mismo. Es solamente la última forma en la que se ha instalado el mundo para vivir sus postreros años, el artificio mediante el que Dios prolonga la vida de un moribundo.

El universo de Tertuliano está poblado, por último, de potencias intermedias —los demonios—, creados, como todas las cosas, por Dios, pero malos en sí mismos (*Apol.*, XXII). El paganismo adora estos demonios y está movido por ellos. El culto imperial se debe a su artificio, así como todo el sistema de creencias que el culto implica: transigir con él es transigir con los demonios. Desde esta perspectiva el poder imperial no es ya una realidad, indiferente, sino un conjunto doctrinalmente demoníaco. Aunque Tertuliano nunca lleve sus consideraciones hasta un sistema, se puede reconstruir su conjunto. El Imperio está ligado a la tierra, a todo cuanto hay que vencer para ser cristiano, a todo aquello de lo que es necesario desprenderse. Por consiguiente, no es algo que se deba respetar con indiferencia, sino una realidad a la que hay que acechar con inquietud. En la sorda lucha que opone el campo de la luz al de las tinieblas (*castra lucis* y *castra tenebrarum*), el Imperio, figura y forma del paganismo, tiene todas las probabilidades de estar en el campo de las tinieblas. Por esta razón difícilmente se atiene a las concesiones que anteriormente había hecho al Imperio: "Nadie puede servir a dos señores"; "¿Qué tienen de común la luz y las tinieblas?" (*De spect.*, 62). Si bien admite el pago del impuesto, prohíbe prácticamente el servicio militar a los cristianos y pone para el ejercicio de otros cargos condiciones que equivalen a una prohibición. Se ha observado que la palabra "obediencia" no figura nunca en los pasajes referentes al soberano. Por último, no tiene ningún sentimiento patriótico: "Nuestra república es el mundo" (*Apol.*, XXXVIII), negándose a considerar a los bárbaros como enemigos. La ayuda que propone al Imperio —movilizar los soldados de Cristo contra los demonios— será considerada por las autoridades como una deserción disfrazada. Por este motivo cae bajo las acusaciones de secesión que Celso le dirige y que él mismo admite: "Secessi de populo" (*De pallio*, 5). Su posición sólo tiene una salida, en el caso de que el mundo prolongue su existencia: el *anacoretismo*, solución que, en efecto, escogerán ciento cincuenta años más tarde los lejanos discípulos de nuestro apologista, rechazando con ello la vida política.

C) LA EPÍSTOLA A DIOGNETO (HACIA 200 D. C., AUTOR DESCONOCIDO).

Si es cierto —según Harnack— que el *Discurso verdadero* era, sobre todo, una invitación al compromiso ("No os situéis al margen del Imperio, e intentaremos soportaros"), la *Carta a Diogneto* indica, de forma satisfactoria, que tal llamamiento podía encontrar audiencia. Sin duda el autor subraya que "los cristianos viven en su propia patria como extranjeros" (V, 5), "que acampan en lo corruptible esperando la incorruptibilidad celestial" (VI, 8). Pero se apresura a precisar que esta actitud es puramente interior: "Los cristianos participan en todas las actividades como ciudadanos, pero su manera de soportarlo todo es la de los extranjeros" (V, 5). La conducta del cristiano es obedecer las leyes establecidas e incluso superarlas en perfección.

Pero este texto nos ofrece también una visión de porvenir que es como el reverso positivo de las teorías de Tertuliano. Los cristianos son como el *alma del mundo*. Conservan el mundo; Dios retrasa constantemente el fin de la tierra para que puedan proseguir su trabajo evangelizador. Este plazo que el Imperio supone, en la obra de Tertuliano aparece precario y despreciable (*Ad nationes*, 32, 1). Aquí el Imperio no es un contrincante o un adversario; para los fieles que acepten su función con alegría se convierte en un instrumento no despreciable, en el lugar donde puede dilatarse y progresar la evangelización.

Naturalmente, ésta es la razón de que algunos autores subrayen la coincidencia y la solidaridad existente entre el Imperio y el cristianismo: "Es una grandísima prueba de la excelencia de nuestra doctrina que haya florecido al mismo tiempo que la feliz institución del Imperio, y que desde entonces, a partir del reinado de Augusto, no haya ocurrido nada lamentable, sino que, al contrario, todo haya sido brillante y glorioso según los deseos de cada cual". Al dirigir estas líneas a Marco Aurelio hacia 172 (Eusebio de Cesárea, *Hist. Eccl.*, IV, 26, 7-8), Melitón de Sardes trazaba las primeras líneas de una teoría que iba, más tarde, a alcanzar un gran éxito: la de una complementariedad de Imperio e Iglesia, en la que uno, como instrumento inconsciente de la Providencia, y la otra, como cuerpo de Cristo, participaban en la realización de los mismos designios.

D) ORÍGENES (185-HACIA 255).

Orígenes es, ante todo, el menos político de los Padres. Los Comentarios sobre Mateo o la Epístola a los Romanos son extremadamente breves aun recayendo sobre textos fundamentales de política cristiana. Hasta el *Contra Celso* (hacia 250) está, paradójicamente, muy vacío de pensamiento político. Sin embargo, y aun dentro del marco de su escatología y de su soteriología, no podía permanecer insensible a los problemas que agitaban las conciencias cristianas. Hagamos constar, en primer lugar, que el espíritu con el que aborda estos temas es muy diferente del de Tertuliano. Por un lado, intenta integrar en el patrimonio cristiano una parte de la herencia pagana y, en especial, la filosofía griega. No la considera, como Tertuliano, la fuente de todas las herejías, sino una preparación a la enseñanza de Cristo. La historia de la humanidad y la historia de la Salvación, lejos de darse la espalda, caminan, al menos parcialmente, juntas. Por consiguiente, no es todo malo en el mundo ni en el Imperio, lugar y figura de esta civilización. Por otra parte, Orígenes se opone violentamente al milenarismo [8] que defendía Tertuliano. Su sistema,

---

[8] El mileranismo, representado especialmente por la secta herética de los montanistas, es la creencia de un reino terrenal de Jesús, que reinará mil años con los justos.

muy teñido de racionalismo, es absolutamente contrario a cualquier preocupación apocalíptica. Por tanto, estudiará los mismos datos bajo una luz nueva. Es cierto que afirma la aplastante superioridad del mundo invisible, que no se deja apasionar por las formas políticas particulares en torno a las que Celso desea reunir las adhesiones y que sugiere, sin angustia, un triunfo de los bárbaros, ya que también ellos llegarán a ser, a su vez, cristianos dentro de un mundo unificado (*Contra Celso*, VIII, 68). Sin embargo, también tiene en cuenta a la sociedad civil: al ser el hombre doble [9], el alma (ψυχή) es lo que le hace ser un hombre en el mundo terrenal, y el espíritu (πνεῦμα), lo que le une con Dios. El apóstol San Pablo tiene razón cuando recomienda —en la Epístola a los Romanos— que el alma se someta al poder. Únicamente el soplo divino, parcela divina depositada en nosotros, es quien debe volverse hacia Dios (Comm. in Ep. ad Rom., *P. G.*, XIV, col. 1226). Así, San Pedro y San Juan, que no tenían ya nada de terrenal, nada tenían que dar a César. Pero todo cristiano que tenga intereses en el siglo debe someterse a los poderes superiores (*ibid.*, col., 1226 C.). Esta doctrina no podía satisfacer a Celso, pero tenía al menos la ventaja de que, al tiempo que limitaba la parte de César, la consolidaba mediante la exclusión de cualquier conflicto en su terreno.

Orígenes multiplica, así, las distinciones. En todas partes existen las dos Ciudades, la de Dios y la del mundo; y en cada comunidad, la *ecclesia* política y la Iglesia cristiana (*Contra Celso*, III, 30). Todo cristiano tiene dos patrias: "En todas las ciudades hay otra patria instituida por el Verbo de Dios" (*ibid.*, VIII, 75), dos leyes, la ley civil y la ley natural, que es la de Dios (*ibid.*, V, 37). Sin embargo, Orígenes, aun afirmando el predominio indiscutible de la parte espiritual, lo que trata, sobre todo, es de demostrar que estos dos órdenes apenas tienen motivos para entrar en conflicto, salvo la cuestión del jurar por la divinidad del Imperio. Se ocupa de fundamentar la legitimidad del poder civil que, según él, ha sido dado por Dios para su buen uso, "ad vindictam malorum, laudem bonorum", al igual que los sentidos humanos; un mal uso de estos poderes es castigable, pero no pone en duda el origen divino de tales poderes (*P. G.*, XIV, col. 1227 A.). No podemos negar que los poderes civiles sean auxiliares de Dios (*Minister Dei*). La ley divina no tiene competencia para juzgar un cierto número de crímenes cuyo carácter condenable se supone, pero exige más que esa virtud civil prevista por la ley positiva (*ibid.*, col. 1229). Hay, por consiguiente, dos grados de moralidad. El poder civil conserva y garantiza el primero, de naturaleza elemental; la ley de Dios impone y hace respetar el segundo. De esta forma Orígenes esboza, sin insistir en el tema, la teoría de las dos ciudades y deduce su carácter complementario más bien que su oposición eventual, conservando, no obstante, su jerarquía. Insiste, incluso, en un hecho capital: rebelarse contra el poder sin un motivo que obedezca realmente a la ley natural, es obedecer al orgullo y no a la ley. En tal caso el castigo que se aplique será la justa sanción de ese orgullo y no un martirio glorioso.

Orígenes está penetrado por la idea de que el Imperio ha facilitado la difusión del Evangelio. La Ciudad del mundo ha preparado los caminos a la Ciudad de Dios (*Contra Celso*, II, 30). Aunque las ambiciones del proselitismo católico exceden los contornos del "limes" (VIII, 68), pueden recorrer conjuntamente una parte del camino. Por esta razón invoca sinceramente las bendiciones divinas sobre el Imperio. Cree que, al igual que Abraham intercedió por Sodoma, los justos de la Iglesia pueden proteger a Roma; la Ciudad de Dios preserva de esta forma, a su vez, a la Ciudad terrena (*Contra Celso*, VIII, 70). Para un heleno, aún cristianizado, el Imperio sigue siendo la clave del universo. No se trata, como en el caso de Tertuliano, de rogar por el Imperio, con el objeto de hacer retroceder el fin del mundo. El Imperio no constituye aquí un plazo ciego, preferible solamente a la furia del *Dies Irae*; es el medio, tanto en el tiempo como en el espacio, de abrir el acceso a la Ciudad eterna, mediante el Evangelio, a un número cada vez mayor de criaturas. De esta forma la Ciudad terrenal puede desembocar en la Ciudad de Dios; el Imperio, poblado y vivificado por los cristianos, puede ser una propedéutica al Reino de Cristo.

Vemos así que dentro de la comunidad cristiana coexisten varias tendencias. Por un lado, quienes interpretan de manera restrictiva las fórmulas evangélicas y no quieren dar

---

[9] E incluso triple en realidad. La división y la terminología varían de una obra a otra. En el pasaje correspondiente del *Comentario de Mateo*, la división se hace entre el alma (parte espiritual) y el cuerpo (parte terrenal), pero la idea sigue siendo siempre la misma. En la medida que habitamos en la tierra, al igual que el denario, llevamos la efigie del César. Por consiguiente, debemos dar al César lo que le pertenece.

nada al César. Por otro, quienes establecen una diferencia radical entre ambos órdenes, pero aceptan organizar su coexistencia, conservando miras más altas y amplias. Las teorías de Orígenes son el signo de la vitalidad de una Iglesia oriental, consciente de su fuerza, que acepta dar al César lo que le es debido precisamente porque quiere dar a Dios un mundo. Es lo bastante fuerte como para querer conquistar y lo bastante importante como para merecer ser conquistada. Constantino, convertido y conquistador, al colocar al cristianismo en la primera fila de las fuerzas del Imperio, iba a lanzar al cristianismo a la política y a poblar a la Iglesia de los demonios del poder temporal.

3. Las doctrinas de la Iglesia victoriosa.

Autorizado el culto por el Edicto de Milán (313), suprimidos los obstáculos que a causa del juramento separaban al cristiano de la vida política, privilegiada y solicitada la Iglesia por el poder político, se imponía una revisión de la actitud de los cristianos respecto al Estado. Las ideas de la nueva doctrina que la Iglesia elabora distan mucho de ser originales. Aparte de la fe, no existe una gran distancia entre un obispo como Eusebio y un retórico como Temistio. En el fondo, el cristianismo se vierte muchas veces en las formas de pensamiento del neoplatonismo, al que pretende substituir como ideología imperial y cuyas funciones, por consiguiente, debe cumplir. Los puntos de contacto entre ambas doctrinas son, en realidad, numerosos. La herejía arriana, mejor quizá que la ortodoxia, se mostrará dispuesta a la ósmosis; es un hecho que el arrianismo proporcionó a los emperadores sus más fieles propagandistas, no siendo ajeno Eusebio, el principal teórico político cristiano del siglo IV, a este movimiento.

A) Eusebio.

Eusebio, obispo de Cesárea (260-337), primer verdadero historiador de la Iglesia, fue un puntual erudito y un prudente administrador, así como un amigo de la estabilidad y un teólogo sin excesivas exigencias. Nadie puede sorprenderse de que se mostrara abierto, en Nicea, a las sugerencias de Constantino. Estaba destinado a contribuir, mediante sus consejos, discursos y escritos, a la elaboración de una teología imperial, la primera en la historia del cristianismo. Encontramos los elementos esenciales de su doctrina en el *Elogio de Constantino* (335), en la *Vida de Constantino* (337) y, por último, de forma dispersa, en la *Teofanía evangélica* (333 ?). Para apreciar su originalidad, hay que hacer referencia, por una parte, a las máximas políticas cristianas anteriores al edicto de tolerancia y, por otra, al neoplatonismo, que constituía entonces la filosofía dominante.

Eusebio, en sus escritos, concede a Constantino un apoyo sin reservas. La fórmula "Nulla potestas nisi a Deo" toma, en lo que concierne al Imperio, un sentido muy positivo. Para lavar al Imperio de toda mancha pasada, Eusebio precisa que Dios promovió voluntariamente las persecuciones para probar a los cristianos; por otra parte, recuerda el lamentable fin de los soberanos que las emprendieron. De esta forma, pone a salvo la institución y protege el prestigio de los buenos soberanos, pasados y futuros. Se establece así, en una perspectiva coherente, la idea, antigua por lo demás, de la coincidencia providencial del Imperio con la predicación evangélica, idea que constituirá la base del edificio de esa Teología política. Al igual que el Imperio está históricamente ligado a la Providencia, la monar-

quía se encuentra, por así decirlo, cosmológicamente ligada a Dios. Recogiendo una constelación de ideas a veces estoicas y más frecuentemente
neopitagóricas o neoplatónicas, Eusebio señala cómo el poder político emana
de Dios. Dios, el Dios del universo, reina en el mundo por intermedio de
su Verbo, que es, al tiempo, la racionalidad de la creación y el agente de
Dios, su intendente, su procurador en la Historia humana. Simplificando,
cabe decir que el emperador debe ser para el Verbo lo que el Verbo es
para Dios. En efecto, el Verbo, ley viviente, ejerce su reinado sobre los
hombres a través de un rey que es su lugarteniente. Fácilmente se ve a este
respecto en qué medida el arrianismo [10] permitía establecer esa escala de jerarquías y podía conseguir las simpatías de la corte imperial. El príncipe está
ligado al Verbo, cuyo reflejo terrestre constituye, porque el Logos "lo fortalece mediante sus efluvios, lo ilumina por sus revelaciones, le hace participar en sus virtudes". La doctrina neoplatónica de la emanación viene aquí
a apoyar la doctrina cristiana de la Providencia, para constituir la teología
imperial.

De esta manera, nada perdía el Imperio al exceptuar a los cristianos de
las obligaciones del culto imperial, ya que, en recompensa, la divinidad del
poder imperial no se encontraba basada ya en la divinización del emperador, sino en la relación necesaria que se establecía entre la Divinidad y la
función monárquica. En la nueva teoría del poder se encuentran combinadas, prácticamente, las ventajas del estoicismo y del neoplatonismo. La corte
terrestre del emperador es el reflejo de la corte celestial, de la misma forma
que el Imperio es el reflejo del universo. Las dos ciudades son en cierta
manera paralelas, tal y como lo deseaba Dion; y permanecen unidas mediante el vínculo que liga a la persona del emperador con el Verbo y con
Dios, como afirmaba, con más o menos reserva, la tradición neopitagórica.
La autoridad del soberano resulta así aumentada, y la etiqueta de la corte,
reforzada. La nueva doctrina avala quizá más que las antiguas el carácter
supraterrestre de la persona imperial.

La oposición que separa a las dos ciudades se encuentra atenuada en el
plano teórico, ya que el emperador, incluso aunque el poder permanezca en
principio tolerante respecto al paganismo, recibe una especie de magiste-
terio moral fuera de la Iglesia; es "el obispo del exterior". Esta teoría
—aún mal aclarada pero capital— le delega una especie de dirección espí-
ritual sobre los paganos; el emperador, continuando la obra civilizadora del
Imperio, debe realizar una especie de propedéutica a la enseñanza evangélica, y conducir a los hombres casi a las puertas de la Iglesia. Se abandona
toda visión apocalíptica para hacer frente a la idea de un progreso razonado que se desarrolla continuamente (a partir de una época inicial de decadencia) y cuyo actual motor es el Imperio.

La legislación de Constantino, fuertemente influenciada por las ideas
cristianas, es la mejor demostración de esta teoría. Las ideas enteramente
espirituales, formuladas por el autor de la Epístola a Diogneto o por Orí-

---

[10] Doctrina herética de Arrio, que subordinaba el Verbo al Padre, haciéndole la primera
de las criaturas de Dios más bien que un Dios consubstancial al Padre.

genes, han tomado cuerpo. La Iglesia constituía para ellos la sal de la humanidad renovada por Cristo; para Eusebio, la Iglesia encuentra en el poder imperial el instrumento de una pedagogía ejercida en su provecho [11].

B) INCERTIDUMBRES.

Ciertamente, los beneficios obtenidos por la Iglesia no carecieron de contrapartida. "El obispo del exterior" no vacilaba en inmiscuirse en los asuntos interiores, interviniendo en las designaciones episcopales y hasta en las cuestiones de dogma. Pero, en conjunto, cada asociado sacaba bastantes ventajas de la situación, ventajas proporcionales a su respectivo poder. Esto explica la rapidez casi sorprendente con que se estableció y prosperó, durante casi un siglo, un sistema que iba a dejar tan profundas huellas en el pensamiento político de las naciones occidentales. También es cierto, sin embargo, que el preciso estatuto de este equilibrio se someterá pronto a discusión, siendo continuamente objeto de revisiones según las fluctuaciones de los poderes en lucha.

Van a plantearse de golpe diversos problemas menores; el desarrollo del *monacalismo* puede aparecer, bajo un cierto aspecto, como una contrapartida de la adhesión de la Iglesia a la política. Cuanto más tienden a identificarse la Ciudad terrena y la comunidad de los cristianos, más necesario parece que una determinada categoría de hombres asuma la función que hasta ahora correspondía al conjunto de la comunidad: la retirada moral, lejos del siglo, y la función de intercesión espiritual. Se establecerá una división entre quienes pretenden continuar siendo la sal de la humanidad, enteramente orientados hacia la vida eterna, y quienes aceptan actuar en el siglo, para hacer de la Ciudad terrena una ciudad cristiana.

Por esta razón, el siglo IV será, al tiempo que el siglo del monacalismo, el de la *dirección moral*. Para un cristiano de las épocas precedentes, ni la esclavitud, ni la riqueza, ni la pobreza, tenían existencia real, ya que, al pertenecer al cuerpo y ser transitorias en comparación con el reino de Dios, no merecían un estatuto propio. El siglo IV intentará, al contrario, precisar la actitud del cristiano en todas las circunstancias de la vida política y social, así como definir la figura cristiana de las instituciones terrenas. Será el siglo de los grandes directores: Basilio de Cesarea, Gregorio de Nisa y Juan Crisóstomo. No es sorprendente que Juliano el Apóstata pudiera citar como ejemplo para los paganos la organización y la disciplina de la comunidad cristiana operante en el siglo [12].

Por último, iba a comenzar a plantearse el problema de la *libertad de conciencia*. En efecto, el cristianismo no tardaría en restringir para los demás cultos esa libertad que el edicto de 313 le había reconocido. El brazo secular no solamente castiga con rigor a los paganos, sino que se pone al servicio de las sectas que se combaten entre sí. No es sorprendente, por consiguiente, que el siglo IV contemplara cómo se desarrollaba entre los paganos liberales una argumentación sistemática, bastante nueva en la historia de las ideas [13], en favor de la tolerancia religiosa. Temistio, en sus discursos de 364 a Joviano y de 374 a Valente, reivindica abiertamente el derecho de cada cual a honrar a Dios a través del culto y práctica de su elección. Se sitúa en la perspectiva de un espíritu pleno de una religiosidad sincrética y liberal, no en la de un ateo o un escéptico. Según él, todas las religiones adoran a un mismo Dios, bajo etiquetas y especies dife-

---

[11] Es interesante, para señalar las analogías de las teologías imperiales paganas y cristianas, referirse al discurso sobre la realeza que Sinesio, futuro obispo de Cirene, pronunció en Constantinopla en el 399, siendo todavía pagano. Su doctrina, ampliamente inspirada en Dion Crisóstomo, sólo necesitaba para ser cristiana un ligero cambio en la terminología. Por lo demás, se muestra infinitamente más reservada que la doctrina cristiana de Eusebio respecto al absolutismo imperial, y es índice de la vitalidad de los sentimientos viejo-romanos en la parte occidental del Imperio.

[12] Cada uno de estos autores merecería mucho más que una simple mención. Hemos de limitarnos a indicar aquí las grandes direcciones del pensamiento político.

[13] El paganismo no había suscitado nunca semejantes problemas. Sus exclusivismos no fueron nunca verdaderamente confesionales. Las reivindicaciones cristianas anteriores al 313 no trataban en absoluto de la cuestión de la tolerancia en general.

rentes. Es necesario permitir que subsista entre ellos una noble emulación. No es sorprendente que estas ideas de tolerancia desaparecieran para largo tiempo, a la vez que el tipo de pagano que Temistio representaba.

C) SAN AGUSTÍN.

La Iglesia occidental ofrece perspectivas diferentes, mucho más matizadas. El mundo occidental, más directamente amenazado por los bárbaros y menos controlado por el poder imperial, se encuentra en crisis, especialmente la comunidad cristiana. En efecto, los paganos mantienen con ella una polémica frecuentemente eficaz, presumiendo de defensores incondicionales de una causa nacional que los cristianos, a su juicio, asumen con segundas intenciones.

San Ambrosio (330/40-397), alto funcionario convertido más tarde en sacerdote, les prueba, sin embargo, mediante sus actos que un prelado puede aceptar valerosamente responsabilidades políticas abrumadoras. No obstante, su postura continúa siendo, ante todo, la de un cristiano, resultando extremadamente representativa del pensamiento político de la Iglesia occidental. "El emperador está en la Iglesia, pero no por encima de la Iglesia". Ambrosio se siente vinculado al Imperio porque el Imperio es cristiano, pero espera del emperador una conducta digna de un cristiano. Aunque acepta entregarse enteramente a la causa imperial, se opone violentamente, más firme que los obispos orientales, a los progresos de los arrianos, apoyados por la Corte. Se convierte asimismo en el defensor de la moral cristiana, incluso en materias que no son puramente dogmáticas. Cuando Teodosio, en 390, ordena la famosa masacre de Tesalónica, San Ambrosio lo excomulga hasta completo arrepentimiento. Dicho de otro modo, la Iglesia, por primera vez en la historia, lanza una condena contra un emperador por actos privados u oficiales que no comprometen la fe. Es una fecha importante en la evolución de la conciencia política.
El estado de ánimo que manifiesta la obra de San Agustín explica, sin lugar a dudas, cómo la Iglesia occidental del tiempo de Teodosio decidió arrogarse el derecho a enjuiciar las decisiones del poder civil.

San Agustín (354-430) no es en absoluto un político. Nacido en Tagaste (Numidia), profesor de Retórica, vuelve a encontrar el camino del cristianismo después de una inquieta juventud, a la que pone fin la conversación, que se ha hecho célebre, del jardín de Milán. Designado obispo de Hipona en 396, se consagra a la defensa de la religión, especialmente contra los donatistas y pelagianos. Su doctrina, que conserva a menudo señales del maniqueísmo o del platonismo de su juventud, no tiene casi nunca carácter político. Pero cuando, en 410, el visigodo Alarico entra a saco en Roma, los paganos aprovechan la ocasión para atribuir la responsabilidad del desastre a los cristianos, cuyo Dios no supo proteger al Capitolio y cuya impiedad había irritado a las verdaderas divinidades. Agustín fue sacudido por esta catástrofe y por esas acusaciones. Intentó refutar la tesis subrayando especialmente las debilidades de la Roma pagana y mostrando que la Roma cristiana no le era en absoluto inferior. Pero su obra, la *Ciudad de Dios* (413-427), rebasa rápidamente los límites de un escrito polémico para convertirse en una reflexión sobre la Historia y sobre la Ciudad. La obra, apasionada y grandiosa, no expone una doctrina formalizada. Está atravesada, de parte a parte, por sentimientos contradictorios. Constituye, sobre todo, la apasionada reflexión de un cristiano, romano de las fronteras, que, ante el desmoronamiento de un Imperio del que se aleja la vida, se muestra dividido entre la confusión, el deseo de hacer frente a lo inmediato y la profunda convicción de que, en medio de este derrumbamiento, debe abrirse paso alguna cosa eterna. Esta meditación sobre la Historia universal encontrará un eco prolongado, pero deformante, durante toda la Edad Media. Sirvió para fundamentar una doctrina política que bajo el patronazgo del obispo de Hipona predicará la absorción del derecho del Estado dentro del de la Iglesia. Pero así como el neoplatonismo no representa el pensamiento real de Platón, tampoco debe confundirse ese *agustinismo político* con la doctrina de Agustín, más rica y más matizada.

Las dos ciudades.—La teología política de San Agustín descansa fundamentalmente sobre la distinción entre las dos ciudades en las que se divide la humanidad: "Así que, dos amores fundaron dos ciudades, es a saber: la terrena el amor propio hasta llegar a menospreciar a Dios, y la celestial el amor por Dios hasta llegar al desprecio de sí propio" (*Ciudad de Dios*, XIV, 28, trad. Díaz de Beyral). Esta idea no es nueva, ya que estaba contenida, en su germen al menos, en la tradición paulina y en Orígenes. Sin embargo, es San Agustín quien la dio verdaderamente su forma y su valor explicativos. En su doctrina, esta concepción dirige e ilumina toda la Historia. No se trata ya de un reino de Dios que suceda a la vida terrena; San Agustín ha abandonado toda perspectiva milenarista. Las dos ciudades han existido siempre, una al lado de otra, desde el origen de los tiempos. Una fue fundada por Caín y la otra por Abel [14]. Una es la ciudad terrena, con sus poderes políticos, su moral, su historia y sus exigencias; la otra, la ciudad celestial, que antes del advenimiento de Cristo estaba simbolizada por Jerusalén, es ahora la comunidad de los cristianos que participan en el ideal divino. La ciudad de Dios se halla en la tierra en peregrinaje o en exilio, como los judíos estaban en Babilonia; las dos ciudades permanecerán, una junto a otra, hasta el fin de los tiempos, pero después únicamente subsistirá la ciudad celestial para participar en la eternidad de los santos [15]. Es importante señalar, a la vez, la radical oposición de las dos ciudades construidas sobre principios contrarios, y su inextricable confusión en la tierra. Se ha podido reconocer la tendencia maniqueísta en la oposición entre ambas, rasgo que es esencial y que será, por lo demás, constantemente acentuado por los discípulos (los agustinianos convertirán de buen grado la ciudad terrena en la ciudad del diablo). Pero San Agustín se ve obligado a dar un cierto equilibrio a esta división: sólo Dios puede reconocer la ciudad a la que cada cual pertenece en realidad, ya que la mirada del hombre no basta para discernirlo. Por otra parte, Agustín no reduce la ciudad de Dios a la comunidad de los puros (reconociéndose aquí al adversario de la intransigencia donatista). Por último, la ciudad terrena, con todo lo que pertenece a ella, no está desacreditada. Todo lo que se puede afirmar es que

---

[14] El más grave contrasentido sería confundir el problema teológico de las dos ciudades con el problema, completamente diferente e infinitamente más reducido, de la Iglesia y del Estado.

[15] No es éste el lugar para exponer cómo se sirve San Agustín de esta teoría para iluminar la historia universal y especialmente la historia romana, con el fin de refutar a los polemistas paganos.

los honores de la tierra son perecederos. Por tanto, casi se podría concluir, viendo con ello en San Agustín tanto a un platónico como a un maniqueo, que la diferencia entre ambas ciudades es una diferencia de realidad substancial más que una diferencia de signo.

La sociedad civil.—Las consecuencias políticas de esta concepción son mucho menos sistemáticas de lo que cabría pensar. Cuando Agustín examina la Ciudad terrena en tanto que sociedad civil, por tanto bajo su aspecto político, la ve y la define sencillamente como lo hacía Cicerón: el pueblo es una multitud que la aceptación del mismo derecho y la comunidad de los mismos intereses reúnen. En suma, remite a un estatuto natural del pueblo y del Estado que no tiene, por lo pronto, relación necesaria con Dios. No obstante —y esto es una primera ambigüedad del espíritu agustiniano (inherente, quizá, al conjunto del pensamiento cristiano)— Agustín puede, según el contenido que le dé a la palabra derecho, tanto negar que exista un Estado auténtico sobre la tierra, como atribuir ese nombre a todas las sociedades. En efecto, cuando se propone negar la grandeza del Imperio romano, demostrará que éste, al no haber nunca fundado su derecho en la verdadera justicia (la de Dios), no respondió nunca a la definición ciceroniana, por lo que jamás existió de iure (C. D., XIX, 211). Pero esto es un recurso polémico de carácter excepcional; San Agustín acepta casi siempre con el nombre de Estado toda sociedad de seres razonables. La definición, lo bastante amplia como para abarcar a todas las comunidades existentes desde los egipcios a los griegos, no supone un adelanto sobre Aristóteles. Se advierte que Agustín puede demostrar simultáneamente mediante este doble punto de vista, que no hay, en principio, Ciudad terrena perfecta (ya que toda sociedad terrena que respondiera estrictamente a la definición postularía todos los caracteres de la Ciudad de Dios), y admitir en la práctica que cualquier sociedad organizada según un derecho positivo es un Estado político.

Cualquiera de estas sociedades, por natural que sea, está conectada con el orden divino de diferentes maneras: 1.º En primer lugar, "todo poder proviene de Dios". Parece que San Agustín no se aleja en este punto de la tradición paulina. Sin embargo, su interpretación de la fórmula le conferirá un alcance diferente e imprimirá su huella en el derecho político durante siglos. De Dios viene el *principio* de todo poder. En efecto, según el derecho de la naturaleza, el hombre carece de autoridad sobre otro hombre. Si bien es cierto que la ley de la naturaleza impulsa al hombre a asociarse con sus semejantes y a elegir como jefe al mejor, esta elección y esta designación no bastan por sí mismas para legitimar el ejercicio del poder. Los jefes adquieren su función por sorteo, sufragio o herencia, pero su autoridad sólo se funda en una delegación del poder divino. De esta forma, Dios no designa de manera especial ni el régimen, ni a la persona del jefe; confía los detalles a causas segundas; pero la esencia del poder incluido en esas funciones se debe a la investidura divina. Como puede advertirse, también aquí se abre paso una división, de tipo platónico, entre la materialidad del régimen y la esencia del poder. 2.º Pero otra relación de diferente orden vincula a la política con la divinidad. "Dado que Dios es el autor y el regulador de todo, es imposible que haya querido dejar fuera de las leyes de la Providencia a los reinos de la tierra". Dicho de otro modo, la historia de los Imperios y de los regímenes particulares obedece al plan general de la Providencia. Esta otorga a cada país y a cada época el régimen que le conviene, dentro del marco de conjunto de sus designios. En un sentido, las naciones tienen el régimen o las vicisitudes (persecuciones, por ejemplo) que merecen; no según el juicio humano, sino según el juicio, impenetrable para nosotros, de la Providencia. De esta forma se encuentran justificados, mediante la referencia a un plan que se nos escapa, todos los acontecimientos, todos los accidentes políticos (el saco de Roma, por ejemplo), al igual que lo serán en la obra de Bossuet.

Se advierte que San Agustín utiliza para delimitar el acontecimiento o el acto político dos razonamientos diferentes que proceden de una intención común. Por un lado, Dios legitima el poder en sí mismo, sin avalar el ejercicio concreto de ese poder; por otro lado, la economía general de la Providencia explica cada acto concreto de la política, sin que esto suponga que otorgue a cada uno de ellos el carácter de actos moralmente cristianos. De esta forma, un cristiano puede afirmar que nada se hace sin Dios (de quien proceden juntamente el principio de autoridad y la dirección misteriosa de los acontecimientos); y, al tiempo, puede evitar que el cristianismo asuma la responsabilidad moral de tal o cual acontecimiento. Se aprecian fácilmente las ventajas de tal postura en relación con la polémica que los cristianos tenían que sostener. Hay que obedecer a un régimen —decían—, ya que la autoridad en sí es divina; hay que aceptar un acontecimiento, ya que está inserto en un plan providencial, si bien oculto; no obstante, se adopta una perfecta ecuanimidad frente a ambos, pues, en su materialidad, no exigen una adhesión del alma. El cristiano puede, simultáneamente, proclamar su obediencia a Teodosio y al principio de autoridad que encarna, y no sentirse en absoluto solidario —en tanto que cristiano— con la masacre de Tesalónica. Asimismo, puede percibir la voluntad de la Providencia en una catástrofe tan espantosa como el saco de Roma, y a la vez oponerse a ella con todo su corazón y con todas sus fuerzas. Vemos así la gran habilidad de la respuesta de Agustín a los polemistas paganos, ya que le permitía librar a los cristianos de cualquier responsabilidad o solidaridad en la catástrofe, al tiempo que afirmaba el poder absoluto de Dios. La filosofía de San Agustín es una filosofía para los tiempos difíciles, y sirve admirablemente el doble objetivo de su autor: en esta coyuntura difícil se siente —y muy espontáneamente— ciudadano de Roma; pero no quiere que el cristianismo se haga solidario, al borde del precipicio, de una forma transitoria de la Política o de la Historia. Se advierte entonces lo que pretende, en el fondo, su teoría —tan personal— de la ciudad de Dios: mostrar que ésta constituye para los creyentes una forma de comunidad garantizada por Dios, irreductible a todas las comunidades terrestres y que sobrevive a todos los naufragios de la tierra. "Roma no es eterna, porque sólo Dios es eterno".

Los cristianos y el Imperio.—De esta forma, puede Agustín rechazar, aun dentro de un Imperio cristiano, esa coincidencia entre el Imperio y la Iglesia que Eusebio y la tradición oriental aceptaban. Para Agustín, la Iglesia no se opone al Imperio. Habla con elocuencia del pasado de Roma; está animado por un indiscutible patriotismo. Recomienda la práctica de las virtudes cívicas y está lejos de oponerse al oficio de las armas. Critica a quienes enseñan que el fin del mundo está próximo, ya que esta creencia —en verdad consoladora— impide obrar por la salvación de la patria. Sin embargo, todo este patriotismo no puede disimular la distancia que adopta con respecto al Estado. Mientras Eusebio se considera casi un dignatario del Imperio, Agustín desaconseja el ejercicio por parte del obispo de las funciones civiles que el Poder quiera confiarle. No deja de subrayar que el Imperio tiene límites que la Iglesia no conoce; y que el Imperio —al que hay que sostener porque existe— no es ni siquiera la forma política más deseable. (Agustín, en principio, preferiría Estados pequeños a un Estado pletórico.) Por último, recoge la oposición entre ley natural y ley positiva. La ley natural, que está en el corazón de cada uno, es la ley de Dios; siendo la ley cristiana la promulgación exterior de la ley interior del alma. El derecho positivo debería ser el desenvolvimiento exterior de la ley natural. En la realidad es variable y limitado; sin embargo, hay que secundarlo y respetarlo. En suma, Agustín, al tiempo que mantiene las distancias entre el ideal cristiano y la política positiva, sostiene la necesidad de conservar entre ambos buenas relaciones.

Sin embargo, el problema de esas relaciones no parece solucionado. San Agustín no las precisa. La Iglesia, al negarse a entregarse por entero al Imperio, tampoco puede pedirle a éste su entrega total. Agustín acepta, en principio, que la independencia que exige para la Iglesia sea recíproca: "Yo me he constituido en rey; pero que esto, reyes de la tierra, no cause vuestra aflicción, como si fuera una usurpación de vuestros privilegios". No sueña en absoluto con una teocracia. Se aplica, por el contrario, a subrayar las diferencias de jurisdicción existentes entre un Estado, que se ocupa del mundo material y de la vida exterior en un espacio determinado mediante el ejercicio de una autoridad física, y la Iglesia, que se ocupa de los intereses espirituales y de la vida interior en el universo entero mediante el ejercicio de una autoridad moral. Sin embargo, desea que el poder civil esté impregnado de cristianismo, y que Cristo reine indirectamente, al reinar en el espíritu de los jefes y al inspirar las costumbres y las leyes. Desea en el fondo que el Imperio se subordine moralmente a la Iglesia. Incluso no desdeña el tener que recurrir al brazo secular, aunque, ciertamente, con moderación. Esta ayuda no le plantea ningún problema de conciencia. Así, aunque realmente no se resuelve ningún problema en esta sociedad de servicios mutuos que liga a la Iglesia con el Imperio, se mantiene con vigor la diferencia fundamental entre ambos órdenes.

Por consiguiente, en el momento en que el Imperio sufre las mayores pruebas, dos teorías, antitéticas, se enfrentan. Una, la del Estado cristiano, reconociendo la identidad existente entre el Imperio y la sociedad cristiana, admite, a pesar de los remolinos, el establecimiento de un orden donde lo temporal y lo espiritual se mezclen y se acepten mutuamente. La otra doctrina, la de Occidente, sostiene por labios de San Agustín la separación radical entre el orden cristiano y el orden imperial. No constituye ciertamente un obstáculo para la edificación momentánea del orden medieval unificado, pero será siempre un arma que utilizará la Iglesia para reclamar, frente al Poder, la independencia y la supremacía moral. Por otro lado, la influencia de la ideología agustiniana impedirá para siempre a los pensadores de Occidente demostrar que el cristianismo puede dirigir la política de manera directa. La guerra de las Dos Espadas estará, desde este momento, siempre a punto de estallar.

BIBLIOGRAFIA

OBRAS GENERALES.

Pueden resultar útiles un cierto número de obras generales, citadas ya en la bibliografía del capítulo precedente [16]. Es conveniente añadir los tomos de la "Histoire générale" de GLOTZ, referentes a la *República e Imperio romanos*, así como el volumen de la "Histoire générale des civilisations" referente a Roma, obra de A. AYMARD. [Hay versión castellana: *Roma y su Imperio*, tomo segundo de la *Historia General de las Civilizaciones*, trad. de Eduardo Ripoll, Barcelona, Destino, 1960, 849 págs.] Los trozos escogidos de E. BARKER, *From Alexander to Constantine*, antes citados, son una excelente guía para este período, así como los últimos capítulos de la *Histoire de la pensée politique grecque*, de SINCLAIR, sobre el helenismo en Roma. Cabe añadir: León HOMO, *Les institutions politiques romaines*, Albin Michel, nueva edición, 1950, 480 págs. (Hay versión española: *Las instituciones políticas romanas*, trad. de José López Pérez, Méjico, UTEHA, 1958, XVI-369 págs.), y Michel VILLEY, *Leçons d'histoire de la philosophie du droit*, Dalloz, 1957, 437 págs., cuyas bibliografías resultarán utilísimas. R. VON JHERING, *L'esprit du droit romain et les différentes phases de son développement*, trad. Meulenaere, Marescq, 1886-88, 4 vols., interesando para nuestro tema sobre todo el primero. Ernest MEYER, *Römischer Stadt und Staatsgedanke*, Zurich, Artemis, 1948, 467 págs. H. RUDOLPH, *Stadt und Staat in römischen Italien*, Leipzig, 1935. El volumen de Jean BAYET, *Histoire politique et psychologique de la religion romaine*, Payot, 1957, 334 págs., proporcionará puntos de vista muy instructivos. Las obras de G. DUMÉZIL, *Jupiter, Mars, Quirinus*, Gallimard, 1941-44, 2 vols., son extremadamente sugestivas.

I. La República.

Havoud Hayes SCULLARD, *Roman Politics from 220 to 150 BC.*, Oxford, 1951, XVI-325 págs.; luego, más especialmente, las consideraciones, a veces paradójicas pero siempre penetrantes, de P. GRIMAL, *Le siècle des Scipions*, Aubier, 1953, 230 págs. Sobre Polibio, una obra esencial sitúa el problema en su contexto: Kurt VON FRITZ, *The Theory of the mixed constitution in Antiquity*, Nueva York, Columbia, U. P., 1954, 490 págs. Sobre los Gracos: André OLTRAMARE, "Caius Gracchus", en *Hommes d'Etat*, I, 1936, págs. 110 y sigs., Desclée de Brouwer. Sobre Cicerón, una obra clásica: Gaston BOISSIER, *Cicéron et ses amis, Etude sur la société romaine du temps de César*, Hachette, 1865, 525 págs., a la que es conveniente agregar: Victor PÖSCHL, *Römischer Staat und griechisches Staatsdenken bei Cicero*, Berlín, Junker Dunnhaup, 1936, 187 págs. André OLTRAMARE, *La réaction cicéronienne et les débuts du principat*, Belles-Lettres, 1932, 33 págs. (separata de la *Revue des Etudes Latines*). Sobre la teoría del *princeps* en Cicerón consúltese J. CARCOPINO, *César*, P. U. F. (sobre todo pág. 815) y los *Secrets de la correspondance de Cicéron*, "L'Artisan du Livre", 1948, 2 vols. André PIGANIOL, "Les Pouvoirs constitutionnels et le Principat d'Auguste", *Journal des Savants*, 1937, pág. 159. Pierre GRENADE, "Remarques sur la théorie cicéronienne dite du Principat", *Mélanges d'arch et d'hist. de l'Ecole francç. de Rome*, 1940, págs. 32-63.

II. El Principado y el Imperio.

En lo que concierne al Principado propiamente dicho, añadir a las obras precedentes: J. GAGÉ, "De César à Auguste", *Revue Historique*, tomo CLXXVII, 1936, págs. 279 y siguientes. La obra de G.-Ch. PICARD, *Les trophées romains*, de Boccard, 1957, 534 págs., contiene útiles análisis de la ideología helenística y romana del príncipe.

---

[16] Existen pocas obras que se refieren realmente a las doctrinas políticas de esta época. En compensación, son numerosas las que tratan de ellas accesoriamente. No hemos pretendido aquí más que citar algunos libros fundamentales, en los que el lector podrá encontrar, llegado el caso, bibliografías más completas.

Se encontrarán informaciones en: Lily Ross Taylor, *Party Politics in the Age of Caesar*, Berkeley, University of California Press, 1949, ix-255 págs. Eugen Täubler, *Imperium Romanum, Studien zur Entwicklungsgeschichte des römischen Reichs*, Leipzig, Teubner, 1913. Gastón Boissier, *L'opposition sous les Césars*. Hachette, 1900, 4.ª ed., 350 págs. René Waltz, *La vie politique de Sénèque*, Perrin, 1909, 463 págs. Para Plinio el Joven consultar la edición y los comentarios del *Panégyrique*, de Marcel Durry, Belles-Lettres, 1938. Ante la abundancia de la literatura concerniente al Imperio nos limitaremos a citar J. Carcopino, *Points de vue sur l'impérialisme romain*, Le Divan, 1934, 273 págs.

El lector encontrará útiles informaciones sobre la tradición monárquica en: L. Delattre, *Les traités de la royauté d'Ecphante, Diotogène et Sthénidas*, Liège, París, 1942; y en la notabilísima obra de E. Peterson, *Der Monotheismus als politisches Problem*, Leipzizg. Los artículos de J. Maurice, "La dynastie solaire des seconds Flaviens", *Rev. arch.*, tomo XVIII, 1911, págs. 377-406, y de J. Carcopino, "L'hérédité dynastique chez les Antonins", *R. Et. anc.*, LI, fasc. 3-4, 1949, arrojan alguna luz sobre las instituciones. Valdemberg, "La théorie monarchique de Dion Chrysostome", *Rev. des Et. grecques*, 1927, XL, 142-162. Hans von Arnim, *Leben und Werke des Dio von Prusa*, Berlín, Weidmann, 1898 (la primera parte constituye un amplio estudio sobre este medio, donde se mezclan de forma inextricable la filosofía, la retórica, la política y la enseñanza). L. François, *Essai sur Dion Chrysostome*, Delagrave, 1921, y A. Boulanger, *Aelius Aristide*, de Boccard, 1923, permiten apreciar el desarrollo de las teorías monárquicas en el medio griego.

III. El pensamiento político del cristianismo antiguo.

La importancia del pensamiento hebraico no guarda proporción con las breves indicaciones contenidas en este capítulo. No solamente deja su huella de una manera evidente en los Evangelios y en la obra de San Pablo, sino que ejerce una influencia directa sobre ciertas concepciones de la cristiandad y del Imperio durante la Edad Media. Ver especialmente: Claude Tresmontant, *Essai sur la pensée hebraïque*, Ed. du Cerf, 1953, 172 páginas. Sobre todo: parágrafo VI del capítulo primero, y *La doctrine des prohètes d'Israël*, Ed. du Seuil, 1958, 200 págs. André Néher, *Amos. Contribution à l'étude du prophétisme*, Vrin, 1950, y *L'essence du prophétisme*, P. U. F., 1950. Consúltese también: R. de Vaux, *Les institutions de l'Ancien Testament*, Ed. du Cerf. I: *Le nomadisme et ses survivances, institutions familiales, institutions civiles*, 1958, 349 págs.; II: *Institutions militaires, institutions religieuses*, 1960, 543 págs.

Sobre el cristianismo primitivo, Oscar Cullmann, *Les premières confessions de foi chrétienne*, P. U. F., "Cah. R. hist. philos. relig., Fac théol. protest. de Strasbourg, 30", 1943, 55 págs., y *Dieu et César*, París-Neuchâtel, Delachaux & Niestlé, 1956. Se encontrarán informaciones en: Schilling, *Naturrecht und Staat nach der Lehre des alten Kirche*, 1914. Ernest Troeltsch, *Die Soziallehren der christlichen Kirchen und Gruppen*, Tubinga, Mohr, 1923, xvi-994 págs.; traducción inglesa de Olive Wyon, *The social teaching of Christian Churches*, Nueva York, Macmillan, 1931, 2 vols. Sobre la polémica entre cristianos y paganos, indicaciones y bibliografía en Pierre de Labriolle, *La réaction païenne*, "l'Artisan du Livre", 1942, 520 págs. Sobre Tertuliano: Charles Guignebert, *Tertullien: étude sur ses sentiments à l'egard de l'Empire et de la société civile*, Leroux, 1901, xxiv-615 págs. J. Lortz, *Tertullian als Apologet*, Munster, 1927. Y muy recientemente J. M. Hornus, "Étude sur la pensée politique de Tertullien", *Rev. d'hist. et de phil. relig.*, 1958. Sobre Orígenes: G. Massart, *Società e stato nel cristianesimo primitivo: la concezione di Origene*, Padua, 1932. Ferdinand Cavallera, "La doctrine d'Origène sur les rapports du christianisme et de la société civile", *Bulletin de Littérature ecclésiastique*, 1937, págs. 30-39. Sobre Eusebio: F. E. Cranz, "Kingdom and Polity in Eusebius of Caesarea", *H. th. R.*, XLV, 1952, págs. 47-66. N. H. Baynes, "Eusebius and the Christian Empire", *Mélanges Bidez*, tomo I, Bruselas, 1934, págs. 13-18. H. Eger, "Kaiser und Kirche in der Geschichtstheologie Eusebs von C.", *Z. N. T. W.*, 1939, págs. 97-115. Sobre San Juan Crisóstomo: V. Ermoni, *La pensée et l'oeuvre sociale du christianisme: saint Jean Chrysostome*, París, Tralin, 1911, La edición de Sinesio de Cirene, *Discours sur la Royauté*, ed. por Ch. Lacombrade, Belles-Lettres, 1951, permite tener una visión precisa de este autor tan extraño.

Sobre San Agustín pueden consultarse los trabajos de Henri Irénée Marrou. La abundancia de la bibliografía agustiniana sólo nos permite recoger aquí: Abbé Jules Martin,

La doctrine sociale de saint Augustin, A. Tralin, s. f., 262 págs. G. COMBÈS, *La doctrine politique de saint Augustin*, Plon, 1927, 141 págs. Norman H. BAYNES, *The political ideas of saint Augustine's De civitate Dei*, Historical Association Pamphlet, núm. 104, Londres, 1936. H.-X. ARQUILLIÈRE, *L'Augustinisme politique. Essai sur la formation des théories politiques au Moyen Age*, Vrin, 1934, xx-159 págs.; 2.ª ed., 1955. LAURAS y RONDET, "Le thème des deux cités dans l'oeuvre de saint Augustin", *Revue des Etudes Augustiniennes*, 1953. Fulbert CAYRÉ, Développement de l'Augustinisme. Note compléntaire, Tables générales du *Dict. de Théol. cath.*, fasc. 2, col. 317-324. John Neville FIGGIS, *The political aspects of Saint Augustine's "City of God"*, Londres, Longmans, 1921. F. E. CRANZ, "De Civitate Dei XV 2 and Augustine's idea of the Christian Society", *Speculum*, 1950, páginas 215-225. Para el nacimiento de la idea de tolerancia ver: A. CHEREL, "Histoire de l'idée de tolerance", *Rev. d'Hist. de l'Egl. de Fr.*, tomo XXVII, 1941, págs. 141 y sigs.

VERSIONES CASTELLANAS DE LOS AUTORES Y TEXTOS CITADOS:

POLIBIO MEGAPOLITANO, *Historia universal durante la República Romana*, versión de Ambrosio Rui Barba, Madrid, Biblioteca Clásica, Luis Navarro, editor, 1884, 3 vols. de 434, 433 y 516 págs.

CICERÓN, *De Legibus*, ed. bilingüe, trad., introd. y notas de Alvaro D'ORS, Madrid, I. E. P., 1953, 245 págs.; otra edición de *Las Leyes*, a cargo de Roger Labrousse, en Revista de Occidente, ed. para la Universidad de Puerto Rico, 1956, CXLI-209 págs. *Obras completas* en 17 volúmenes, trad. de Marcelino Menéndez y Pelayo, Francisco Navarro, Manuel de Valbuena, Madrid, Hernando, 1879-1901; una selección de estas traducciones de Hernando en *Obras escogidas*, Buenos Aires, El Ateneo, 1951, 780 págs.

Las obras de Cayo Cornelio Tácito, trad. de Carlos Coloma, acompañada del texto latino, corregida e ilustrada por don Cayetano Sixto y don Joaquín Ezquerra, Madrid, Imprenta Real, 1794, 4 vols., 455, 412, 512 y 188 págs. (traducción reeditada en 1879 por Víctor Saiz y en 1891 por Hernando).

SÉNECA, *Sobre la felicidad*, trad. y comentarios de Julián Marías, Madrid, Revista de Occidente, 1943, 135 págs. *Los siete libros de Séneca*, trad. de Pedro Fernández Navarrete, Madrid, 1789 (reeditada en 1884 y 1929).

PLUTARCO, *Vidas paralelas*, trad. de Antonio Ranz Romanillos, Madrid, Víctor Saiz, 1879, 5 vols. (trad. reeditada en Buenos Aires, El Ateneo, 1952, 2 vols. de 948 y 902 páginas).

LUCRECIO CARO, *De las cosas de la naturaleza*, trad. de José Marchena, prefacio y notas de Aldo Mieli y un apéndice con tres cartas de Epicuro, Buenos Aires, Espasa-Calpe Argentina, 1946, 141 págs.

Sátiras de Juvenal y Persio, trad. en verso de Francisco Díaz Carmona y J. M. Vigil, Madrid, Hernando, 1892, 373 págs.

MARCO AURELIO, *Pensamientos*, trad. e int. de Jorge Pérez Ballester, Barcelona, Fama, 1954, 294 págs. (seguidos del *Manual de Epicteto* y *Cuadro de la vida humana*).

PLINIO EL JOVEN, *Panegírico de Trajano*, edición bilingüe de Alvaro D'Ors, Madrid, Instituto de Estudios Políticos, 1955, LIII-93 págs.

Las citas en castellano de los Evangelios y las Epístolas han sido tomadas de la versión crítica de la *Sagrada Biblia* de Bover y Cantera, Madrid, Editorial Católica, 1951, XIV-2.057 págs.

Un compendio del *Tratado de Orígenes contra Celso* en: *Colección de los Apologistas Antiguos de la Religión cristiana*, trad. de don Manuel Ximeno y Urieta, Madrid, Imprenta Real, 1792, 2 vols., 356 y 340 págs.

QUINTO SÉPTIMO TERTULIANO, *Apología contra los gentiles en defensa de los cristianos*, trad. de fray Pedro Manero, Madrid, Hernando, 1889, 278 págs.

SAN AGUSTÍN, *La Ciudad de Dios*, trad. de José Cayetano Díaz de Beyral, Madrid, Hernando, 1893, 4 vols. de 390, 440, 391 y 486 págs.; y sobre todo la monumental edición de las *Obras Completas* en edición bilingüe, a cargo de fray Victorino Capánaga, fray Teófilo Prieto, fray Andrés Clemente, etc. Madrid, Editorial Católica, 18 vols., 1946-1959.

CAPITULO III

La Alta Edad Media: Un empirismo hierocrático (siglos V, VI, VII, VIII, IX y X)

En el 410, Roma cae en manos de Alarico. Sin duda, el acontecimiento no revistió, a los ojos de la mayoría de los contemporáneos, el carácter de catástrofe excepcional que la Historia le ha atribuido. En efecto, se integra en un contexto de desórdenes materiales y morales que pocas personas supieron apreciar como era conveniente. Una regresión económica socava el mundo romano. La desaparición de una actividad económica y comercial intensiva se ve acompañada por un retorno a una "economía natural" fundada en la agricultura y el trueque; la decadencia de las ciudades y de la moneda trae consigo un fraccionamiento de la vida social y una disgregación de los poderes. Además, el gobierno imperial y sus agentes no toman ya medidas contra los ciudadanos que "se dejan conducir pasivamente" o que "tratan de sustraerse, en la medida en que pueden, a sus obligaciones" mediante la huída o la rebeldía o mediante exenciones de todo género. La decadencia del espíritu ciudadano tiene consecuencias particularmente graves para el reclutamiento del ejército, que se compone enteramente de mercenarios extranjeros (¿no fue el mismo Alarico *praeceptor militium* del ejército romano?). Los bárbaros, que esperan su ocasión en las fronteras, encontrarán frente a ellos tropas, aunque leales, carentes de convicción patriótica. Por último, las fuerzas intelectuales y religiosas tienden a refugiarse en Oriente; la contracción de la economía y la decadencia de las ciudades en Occidente apenas si dejan lugar para un verdadero movimiento cultural. Por otra parte, el cristianismo en expansión se ve obligado a dedicarse a un trabajo de vulgarización, en detrimento de la investigación y de la originalidad.

Más profundamente, el cristianismo, religión nueva y totalitaria, no deja de trastornar el antiguo orden imperial. La conversión de Constantino afecta, en cierto modo, al Imperio en su cabeza; al perder la persona del emperador su carácter sagrado, la función imperial corre el peligro de ver disminuido su prestigio y autoridad.

Constantino, al decidir convertir a Constantinopla en la segunda metrópoli, limitó por anticipado el derrumbamiento del Imperio romano. Sólo la *pars occidentalis* fue invadida por los bárbaros y organizada en numerosos reinos; la *pars orientalis* asegura la permanencia de la idea imperial e intenta —con Justiniano— reincorporar al Occidente a esa idea, para encerrarse sobre sí misma después de su fracaso, cultivando su grandeza en un ámbito cerrado.

Este período de profunda transformación es también el de un empirismo radical. Los hechos encuentran, por lo general, la explicación en sí mismos; y, cuando surgen, las teorías siguen a los hechos más que los preceden. Los autores que se dedican a justificar el acontecimiento se muestran con frecuencia poco preocupados por la exactitud histórica; no vacilan en componer falsificaciones (siendo una de las más conocidas, aunque no la única, la *Donación de Constantino*) cuando así se les exige. La redacción de tratados específicamente políticos no comienza hasta el siglo IX, con la *Via regia* de Smaragdo (que data del 813 y cuyo contenido es todavía más moral que político) y, sobre todo, con el *De institutione regia* (redactado entre 831 y 834), donde Jonás de Orleáns se contenta con exponer las decisiones del sínodo de 825. Por consiguiente, para extraer las ideas políticas de la Alta Edad Media hay que recurrir, ante todo, a los actos oficiales que han dejado huella escrita (decisiones, cartas, etc.), así como a los relatos de los historiógrafos que se dedicaron a exponer los hechos y las hazañas de los grandes hombres de su tiempo. Esto es, en ambos casos resulta necesario ofrecer de manera bastante detallada la cronología de los acontecimientos en que se integran o que comentan estos escritos.

Agreguemos que estos acontecimientos se desarrollan en una atmósfera impregnada de cristianismo, a la que cabe calificar de "hierocrática", si no de "teocrática". Y esto, tanto en Oriente, donde los emperadores asocian su destino al de la religión oficial, como en Occidente, donde el derrumbamiento de las instituciones imperiales sólo representa un perjuicio temporal para la Iglesia, que rápidamente se adapta a la nueva situación y que bien pronto se beneficia de ella. El *imperium* no existe ya; la Iglesia impone su *auctoritas*. Los jefes bárbaros no pueden desconocer el hecho cristiano, en el interior del cual sólo se les reconoce un simple poder de administración (*potestas*). En esta perspectiva el bautismo de Clodoveo aparece como una rigurosa necesidad.

Hemos creído poder extraer el sentido de esta época, desde el punto de vista que aquí nos interesa, mediante la distinción de cinco períodos: el primero, en el que asistimos a una redistribución de las fuerzas, cubre los siglos V y VI; el segundo, que llega hasta el advenimiento de Carlomagno, está caracterizado fundamentalmente por la separación de Oriente y Occidente, confiándose el Papa a Occidente; el tercero está bajo la influencia de Carlomagno, que instaura el orden cristiano en Occidente; en el curso del cuarto período la Iglesia, asumiendo en su propio provecho la herencia de Carlomagno, toma su revancha sobre el poder temporal; durante el quinto, la dinastía de los Otones intenta reconstruir el Imperio de Occidente.

1. *Primer período: Redistribución de las fuerzas.*

395   Muerte de Teodosio, que llevó al Imperio cristiano de Constantino a su apogeo; el Imperio romano se divide en dos partes.

410   Conquista de Roma por Alarico, habiendo comenzado unos años antes las invasiones germánicas de Occidente.
413-427 San Agustín escribe la *Ciudad de Dios* para responder a las acusaciones dirigidas contra los cristianos y para consolar a éstos de la derrota.
440-461 Pontificado de León el Grande; primera impugnación, por Oriente, de la primacía romana.
476   Destitución de Rómulo Augústulo por Odoacro; todo el Occidente pasa a manos de los bárbaros.
484-519 Controversia sobre el monofisismo; primer cisma entre Oriente y Occidente.
492-496 Pontificado de Gelasio I.
481-511 Clodoveo, rey de los francos.
527-565 Reinado de Justiniano; parcial restauración del Imperio en Occidente.
568   Los lombardos en Italia.
590-604 Pontificado de Gregorio el Grande.

A) LA IGLESIA Y LOS ESTADOS: NACIMIENTO DEL AGUSTINISMO POLÍTICO

San Agustín, al distinguir entre las dos ciudades, había mostrado que para los cristianos sólo contaba en último término la Ciudad de Dios. Había precisado que, aun siendo los dos poderes independientes entre sí, la sociedad temporal se integraba dentro del plan divino, y que, por este hecho, no podía contrariarlo. Obra de circunstancias, la *Ciudad de Dios* predicaba una especie de "desprendimiento" superior que terminaba en una visión mística. Es evidente que las nociones agustinianas de paz y de justicia no inciden en el derecho natural pretendiendo vigorizarlo y substituirlo, sino que se sitúa en un plano diferente "Las definiciones son ascensionales. Parten de la materia organizada y viva para elevarse poco a poco hasta la fe y la vida sobrenatural" (H.-X. Arquillière, *L'augustinisme politique*).

Por consiguiente, el agustinismo político sólo pudo nacer de una cierta desviación del pensamiento del obispo de Hipona. Puede incluso decirse que lo que en él era una inclinación se convierte en sus comentadores en una doctrina. Estos, en efecto, utilizaron la herencia agustiniana separándola de sus perspectivas: hicieron de un reflejo defensivo al servicio de una causa superior, una regla del gobierno diario; quedando así absorbido el orden natural dentro del orden sobrenatural, el derecho natural dentro de la justicia sobrenatural, y el derecho del Estado dentro del de la Iglesia.

El primer texto en el que se expresa el agustinismo político es la carta que *Gelasio I* (Papa de 492 a 496) dirige al emperador Anastasio. Después de distinguir "los dos organismos mediante los que el mundo es soberanamente gobernado, la sagrada autoridad de los pontífices y el poder real", Gelasio precisa, inequívocamente: "Pero la responsabilidad de los sacerdotes es de tal modo la mayor que deberán dar cuenta al Señor, en el Juicio final, de los mismos reyes. En efecto, tú sabes, hijo clementísimo, que aunque gobiernes al género humano gracias a tu dignidad, bajas, sin embargo, la cabeza con respeto ante los prelados de las cosas divinas; tú esperas de ellos, al recibir los sacramentos celestiales, los medios de tu salvación; y, aun disponiendo de ellos, sabes también que hay que someterse al orden religioso más bien que dirigirlo. Sabes también, entre otras cosas, que dependes de su juicio y que no tienes que tratar de plegarlos a tu voluntad".

Gregorio el Grande (540-604) desarrolla los principios planteados por Gelasio. Elabora y formula lo que se ha denominado la "concepción ministerial" del Imperio y de las monarquías: los órganos del poder temporal sólo son un departamento de su soberano gobierno. Sin embargo, Gregorio el Grande no procede de igual manera con el Imperio y con los jóvenes reinos bárbaros. Antiguo funcionario de Roma y luego testigo ocular de la deslumbrante grandeza de Bizancio, continúa siendo súbdito del Imperio, sigue sometido a la *iussio imperialis*. Conserva hacia el Imperio un respeto tradicional que le hace expresarse con diplomacia y a veces con humildad, pero sin renunciar nunca a una gran firmeza. El emperador —"rinoceronte domesticado por Dios"— está obligado, según él, a "proteger con una extrema solicitud la paz y la fe". Procediendo de esta forma asegura la paz en su propio dominio: la paz de la Iglesia y la del Estado se hallan íntimamente ligadas. Además, esta justificación ministerial es la única que puede darse del poder temporal. Así lo precisa Gregorio el Grande en su célebre carta al emperador Mauricio y a su hijo Teodosio, asociado al Trono: "El poder ha sido dado desde lo Alto a mis señores sobre todos los hombres, para ayudar a quienes deseen hacer el bien, para abrir más ampliamente el camino que conduce al cielo, para que el reino terrenal esté al servicio del reino de los cielos". Cuando se dirige a los reyes occidentales, Gregorio el Grande se expresa de forma brutal: "Ser rey —escribe a Childerberto— nada tiene en sí de maravilloso, ya que también otros lo son: lo importante es ser un rey católico". El principal acto del buen gobierno real es la represión del pecado: el orden político se confunde con el orden moral. El pontífice precisa a Brunegilda que debe hacer respetar la moralidad en su reino de manera implacable: "Si se le señala a la reina la existencia de violentos, de adúlteros, de ladrones, de hombres entregados a otras iniquidades, que se apresure a corregirlos para aplacar la cólera divina". La evolución, de manera lógica, conduce a San Isidoro de Sevilla (muerto en 636), que proclamará que el poder temporal "no sería necesario si no impusiera por el terror y la disciplina lo que los sacerdotes no pueden hacer prevalecer mediante la palabra".

B) Los derechos internos de los Estados.—Del hecho de que el papa se permitiera tal actitud de imperiosa superioridad respecto a los reinos bárbaros, no se debe concluir que éstos nacieran y crecieran en el mayor desorden jurídico y moral. Cada pueblo invasor tenía sus propias leyes. Por lo demás, hay quienes, aun apasionados por la *Romania*, establecen un paralelo entre los vicios de los romanos y las virtudes de los bárbaros. La *Ley Sálica* es la más conocida de las leyes civiles de la época; preveía todo un sistema de protección individual contra la violencia y de salvaguardia de la paz social. Estos textos, bastante toscos en su concepción original, sufrieron rápidamente la influencia del derecho romano.

El reinado de Justiniano no se caracteriza sólo por la reconquista imperial de una parte de Occidente; fue también la primera edad de oro de la civilización bizantina. No sólo por las obras de arte, sino por la grandiosa compilación jurídica conocida con el nombre de *Código justinianeo*, que amplía el Código teodosiano y recoge, adaptándola, la antigua legislación romana. El *Digesto* completa este edificio, reagrupando las opiniones jurisprudenciales. Esta compilación ha quedado para los historiadores y los juristas como uno de los más fieles espejos de la Antigüedad; pero nunca fue más que un testimonio del pasado, poco capaz de animar a un Imperio bastante precario: tales eran ya su grandeza y su debilidad en el tiempo de Justiniano.

2. Segundo período: El equilibrio, vuelto a poner en duda.

A la muerte de Justiniano, Bizancio entra en un período de desórdenes. La reconquista occidental se detiene, mientras que la expansión árabe amenaza al Imperio —reducido a sus proporciones orientales— y crea una nueva fuerza política.

633-644   Primeras conquistas árabes (Siria, Egipto, Persia).
638-681   Disputa del monotelismo.
663   Ultima estancia de un emperador romano en Occidente.
692   Concilio "quinisexto" en Constantinopla; hostilidad hacia las costumbres romanas.
696-708   Conquista de Africa por los árabes.

708-715   Pontificado de Constantino VI que realizará una estancia (todavía) triunfal
          en Bizancio.
711   Conquista de España por los árabes; derrumbamiento de la monarquía visi-
          gótica.
726   Comienza la disputa sobre las imágenes.
731-751   Los lombardos amenazan Roma.
732   Victoria de Carlos Martel en Poitiers sobre los árabes.
751   Advenimiento de la dinastía carolingia.
754   Viaje del Papa Esteban II a Francia; alianza del papado y de la monarquía
          carolingia.
755-756   Expedición de los francos a Italia; formación del Estado pontificio. El culto
          de las imágenes es condenado en Oriente.
750-760   Composición de la *Donación de Constantino*.

A) Grandeza y debilidad de Bizancio.—"El Imperio bizantino, extendido a la vez sobre Europa y sobre Asia como el efímero Imperio de
Alejandro, no dispuso sólo de instituciones, como el Imperio romano, para
establecer la comunidad de los pueblos: el cristianismo reforzó su unidad" (Henri Berr, "Prólogo" a *Les institutions de l'Empire byzantin* de Louis
Bréhier). La cohabitación y la colaboración del emperador y del patriarca
son la señal de esta unidad; la concepción bizantina de las relaciones entre
la Iglesia y el Estado se caracteriza ante todo por la solidaridad, de forma
que sólo impropiamente cabe denominarla "cesaro-papista". Elegido de la
Providencia, ministro de Dios, verdaderamente "consagrado" y rodeado de
un culto, el emperador detenta teóricamente todos los poderes, incluso sobre
la Iglesia; pero, en realidad, ésta le obliga al compromiso. "El absolutismo
(del emperador) está atenuado por costumbres, por indestructibles tradiciones, tales como la profesión de fe exigida antes de la coronación. La
Iglesia tiene también su doctrina, más absoluta todavía que la doctrina imperial. Exige al soberano la fe ortodoxa, el respeto de sus dogmas y de su
jerarquía; y cuando se cree amenazada por el emperador, le hace frente"
(Louis Bréhier, *op. cit.*). No vacila en condenarlo cuando cae en la herejía;
el emperador le está siempre sometido *ratione peccati*. Además, el deber de
la Iglesia, especialmente el del patriarcado ecuménico, consiste en ayudar al
emperador a gobernar, incluso en el plano temporal: "Frecuentemente (el
patriarca ecuménico) participaba directamente en el gobierno y en la política del Imperio" (Louis Bréhier, *op. cit.*). Si bien la Iglesia no puede subsistir sin el Imperio, la proposición inversa es igualmente cierta.

En tal contexto, la vida intelectual es esencialmente teológica; esta teología no es todavía original: Bizancio conoció —salvo raras excepciones,
entre las que ni siquiera un Juan Damasceno puede clasificarse sin reservas— más "recopiladores" y comentadores que pensadores propiamente dichos. Las razones son múltiples: la coacción de un poder teocrático, la ausencia de centros intelectuales del estilo de los monasterios y las universidades
de Occidente (ya que el monacalismo oriental, muy firme en otros terrenos,
estaba poco dotado de intelectualidad pura, y las universidades no existían),
una atmósfera limitada, un mundo replegado sobre sí mismo. Las ideas políticas de Bizancio se expresan, por consiguiente, de una forma difusa. Las
encontramos, aunque de tarde en tarde, en las obras de historiografía o
de edificación (los "espejos de príncipes") redactadas por eclesiásticos, por

los mismos emperadores o por sus antiguos administradores; y, más generalmente, en discusiones teológicas. En efecto, como el emperador tiene derecho a opinar en materia teológica y como se arroga el de zanjarlas en última instancia, las discusiones de este tipo —innumerables, como lo demuestra una abundante literatura— no carecieron nunca de segundos términos o de implicaciones políticas.

Las primeras divergencias teológicas esenciales recayeron sobre la doble naturaleza, humana y divina, de Cristo; más tarde surgió una gran controversia a propósito de las imágenes. Los monofisistas afirmaban que la existencia humana de Cristo tendía a no ser más que una apariencia. La naturaleza divina era la única que contaba para ellos. Los nestorianos (del nombre del patriarca de Constantinopla, Nestorio) mantenían la existencia de una doble naturaleza, humana y divina, de Cristo, pero diferenciándolas radicalmente. El nestorianismo, condenado en 431 por el Concilio de Efeso, no por ello dejó de subsistir, al igual que el monofisismo, rechazado por el Concilio de Calcedonia (451). Los partidarios de estas doctrinas, sobre todo los de la segunda, tenían influencia en todas partes. En el siglo VII, el emperador Heraclio no consiguió desarmarlos mediante la instauración del monotelismo, que intentaba terminar la controversia: se prohibía hablar en adelante de una u otra naturaleza de Cristo, siendo la única postura lícita la afirmación de una voluntad única. Esta iniciativa imperial tuvo como principal resultado provocar la hostilidad del papado.

Después de la conmoción que la conquista árabe supuso, el Imperio conoció, a partir de mediados del siglo VIII, una nueva controversia religiosa, que tuvo importancia no solamente para la organización del culto, sino para la vida artística y cultural, social y política. La religiosidad popular, favorecida por los monjes, atribuía a las imágenes, simples representaciones de la divinidad, un valor absoluto. Los puristas "paulinos" encabezaron un movimiento iconoclasta, aprobado por un emperador deseoso de eliminar la influencia de los monjes, pero combatido por el papado, que apreciaba mal la amplitud y el significado del problema. El emperador hubo de capitular ante el empuje popular, pero con ello su autoridad fue menoscabada una vez más. La unidad del Imperio no existía más que de fachada. La vida cultural y política de Bizancio se diluía en pasiones abstractas.

B) LA CONQUISTA ÁRABE; LAS IDEAS POLÍTICAS DEL ISLAM.—El Islam nació, políticamente, en el 622 de nuestra era, en un oasis de Arabia, Medina (Medinat al-Nabi, ciudad del profeta), donde Mahoma se instaló con sus compañeros. Progresó de manera fulminante. "En menos de diez años, habiendo probado Arabia entera la superioridad del nuevo Estado, concluyó con él tratados, realizándose así, por vez primera, la unidad política de las tribus árabes. Los combatientes por la fe comenzaron la conquista de los países limítrofes. A pesar de su civilización superior Siria, Irak, Persia, Egipto, Mogreb y España fueron reducidos en menos de un siglo... Siete siglos más tarde, después de la reacción de las Cruzadas, se reanudó la expansión política del Islam, gracias a la conversión de otros nómadas, los turcos del Turquestán. Estos, hacia el Este, se infiltraron en China y dominaron la India y, hacia el Oeste, tomaron Anatolia y Constantinopla, los Balkanes y Hungría... Añadamos, hacia el Sur, la penetración del Islam en África central, más allá de los dos Sudanes, y, en torno al Océano Indico, de Zanzíbar y de las Comodores hasta Malasia" (tomamos este escorzo de Louis Massignon, *Situation de l'Islam*). Las razones de este éxito no han de basarse únicamente en la efectiva superioridad de una organización militar, sino también en la fuerza de la nueva fe y en la eficacia de los intercambios reglamentados por un cómodo derecho comercial.

El *Corán* y la *Sunna* (tradición del profeta) son las bases de la fe musulmana. Especialmente, el *Corán* puede considerarse como "el código revelado de un Estado supranacional" (L. Massignon, *ibid.*), en el que la religión constituye la ciudadanía. La fe, por esencia, es un valor de orden político, e incluso el único verdadero valor de este orden, "el único que da a la Ciudad su razón de ser" (Louis Gardet, *La cité musulmane*). Los creyentes, ciudadanos en realidad de un Estado supranacional, se integran en la "comunidad", en la *Umma* (de *Umm*, madre). La palabra *Umma*, fundamental en el *Corán*, designa "el grupo de hombres a quienes Dios envía un profeta, y más especialmente a quienes, habiendo escuchado su predicación, creen en él, realizando un pacto con Dios por su intermedio" (L. Massignon, "L'Umma et ses synonymes", en *Revue des études islamiques*). Este pacto y la comunidad que lo manifiesta, al comprometer a la vez lo temporal y lo espiritual, poseen una extensión universal: son aptos para "comprender, no sólo el parentesco agnaticio del profeta, sino su parentesco cognaticio y su clientela adoptiva, destinada ésta a abarcar a todas las razas del mundo" (L. Massignon, *ibíd.*).

Idealmente, la Ciudad musulmana se presenta como una teocracia (algunos autores musulmanes prefieren el término "teocentria") laica (la inexistencia del sacerdocio acarrea en Islam la ausencia de clérigos) e igualitaria: "El magisterio legislativo (*amr*) pertenece exclusivamente al Corán; el magisterio judicial (*fiqh*) pertenece a todo creyente que, mediante la lectura asidua y ferviente del Corán, adquiera, con la memoria de las definiciones y la inteligencia de las sanciones que decreta, el derecho de aplicarlas. El poder ejecutivo (*hukm*), a la vez civil y canónico, sólo pertenece a Dios —como lo repetirán los Karedjitas (expresando, aun siendo disidentes, el rigor de un principio esencial del Islam)— y sólo puede ser ejercido por un intermediario, un jefe único. La comunidad de los creyentes presta juramento de servir a Dios a través de ese delegado, tutor en que Dios se subroga, desprovisto de iniciativa legislativa y de autoridad judicial" (L. Massignon, *La passion d'Al-Hallaj*). Por consiguiente, no hay más autoridad temporal que la de Dios: "El poder proviene de Dios —dice el Islam—, y permanece en él, ejercido enteramente por él a través de un instrumento humano" (L. Gardet, *op. cit.*). De lo que deriva, por otra parte, que, siendo impenetrable para los seres humanos la elección de ese intermediario, la primera garantía de la legitimidad será, con frecuencia, el éxito. Este absolutismo divino tiene como contrapartida la igualdad de los ciudadanos. En primer lugar, igualdad en tanto que hombres, fundada negativamente sobre la inanidad de la naturaleza humana; e igualdad en tanto que creyentes, constituidos por la buena voluntad de Dios en "un estado jurídico tal que se encuentran (todos con el mismo título) habilitados para formalizar con él un contrato" (L. Gardet, *op. cit.*). Esta igualdad se traduce, en teoría, en una cierta "democracia" en el seno de la comunidad. Por ejemplo, es notable que el principio del *ijma* (o consensus de los doctores) es requerido para toda elucidación o aplicación de los datos revelados; siendo aplicable el término de doctor a todo creyente que sea apto para ello, cualquiera que sea su condición.

Concretamente, en 632, a la muerte del Profeta (que no podía tener sucesor, pues era el último de la línea profética), era muy necesario encontrar un jefe. Al no conseguir los compañeros de Mahoma ponerse de acuerdo, surgió la escisión entre Sunnitas, Karedjitas y Chiitas. El problema del califato (de la raíz *khalafa*: venir detrás) iba a ser en adelante el gran problema de la ciencia política musulmana. No es cosa de citar aquí todas las escuelas, ni de mencionar todos los juristas que demostraron, a lo largo de la Edad Media, la fecundidad intelectual del Islam, especialmente en el campo del derecho. Dos nombres solamente: Mawardi (muerto en 1058) e Ibn Jaldum (muerto en 1406). Mawardi señala el carácter limitado de las atribuciones del califa, y su orientación hacia el bien común. Enumera diez deberes generales del califa (recogiendo sin modificación esta enumeración los teóricos más recientes), entre los que figuran: "1.º Conservar la religión según sus principios establecidos... 3.º Mantener el orden público... 5.º Dotar a las fronteras de equipo militar defensivo... 6.º Conducir la guerra santa contra quien niegue apoyo al Islam después de haber recibido su llamada... 10.º Que el Imán, por último, se ocupe personalmente de la alta supervisión de los asuntos...". Por consiguiente, el califa es esencialmente un "conservador", que ha recibido su función "en depósito".

Las reflexiones de Ibn Jaldum, que ocupó funciones en el gobierno y en la magistratura, se asemejan mucho, en algunos aspectos, al pensamiento occidental. En primer lugar, en la idea, muy extendida en Occidente en la misma época, de que la justificación esencial del poder reside en la necesidad de un moderador que impida que los hombres se desgarren entre sí. A continuación, en su concepción del Estado, cimentado ante todo en el espíritu de cuerpo de un clan, de una tribu, de un pueblo —y, secundariamente, en la religión, en la propaganda religiosa, que no hace sino reforzar los vínculos precedentes—. "No se puede establecer una dominación ni fundar un Imperio —dice— sin el apoyo del pueblo y sin el espíritu de cuerpo que lo anima." Para Ibn Jaldum el califato es tan sólo "una función instituida para el bien general y colocada bajo la vigilancia del pueblo".

No debe sorprender este tono tan "moderno". El mundo musulmán no vivió, en el curso de los siglos anteriores, en el aislamiento. Estaba abierto a la antigüedad griega (no hay que olvidar que Averroes es, en el siglo XII, el comentarista por excelencia de Aristóteles) y también al Occidente contemporáneo. Los musulmanes sólo aceptaban en el seno de su sociedad a los monoteístas, a las "gentes del Libro", cristianos o judíos; especialmente estos últimos ocuparon puestos clave en la vida de las ciudades (en el comercio del oro y de la plata, en la medicina).

Se ha llamado la atención sobre la contribución del Islam a la elaboración de la técnica bancaria; y sobre cómo esta técnica fue trasladada, en la Alta Edad Media y, sobre todo, a partir del siglo XIII, del Islam a Occidente. "El Estado musulmán confió el comercio del dinero preferentemente a los financieros judíos (ya que el antiguo derecho musulmán prohibía a los creyentes el comercio de oro y de plata, y los financieros cristianos eran más sospechosos por la existencia de grandes Estados cristianos limítrofes), y es sabido que la técnica bancaria moderna se formó en Occidente gracias a la inmigración de los banqueros israelitas de Bagdad y del Cairo, llegados en la Edad Media a través de Andalucía" (L. Massignon, *Situation de l'Islam*; ver, en especial, del mismo autor: "L'influence de l'Islam au Moyen Age sur la formation et l'essor des banques juives", *Bulletin des études orientales*. I. F. D.; es conveniente confrontar esta tesis con la de Henri Pirenne en *Mahomet et Charlemagne*). Habría que mencionar también la influencia de la institución corporativa de las sociedades de juramento del Islam sobre la formación de las corporaciones en Occidente y la expansión del movimiento comunal. Si luego el mundo musulmán se cerró sobre sí mismo y se "anquilosó", no hay que buscar sólo la causa en un inmovilismo dogmático, sino en el hecho de que los intercambios fueron bloqueados por Occidente desde el siglo XV y de que la comunidad musulmana se vio gradualmente desmantelada por la ofensiva de la cristiandad.

C) Nacimiento del Estado pontificio.—Italia se encontraba, a mediados del siglo VIII, en una situación confusa. Prácticamente abandonada por el emperador bizantino, corría el peligro ·de caer totalmente bajo la dependencia de los lombardos que, dirigidos por Astolfo, se habían apoderado de Rávena y amenazaban Roma. Al no reaccionar el emperador ante la petición de ayuda que le había dirigido el papa Esteban II, éste decidió solicitar la ayuda de Pipino el Breve, que rápidamente obligó a Astolfo a un acuerdo. Las tierras que debían ser evacuadas dependían, jurídicamente, del *basileus;* era evidente que Pipino no podía consentir en entregárselas, no deseando tampoco conservarlas él. Tal y como lo narra el principal interesado, Esteban II, Pipino hizo "donación a San Pedro de todas las ciudades, villas, aldeas y territorios, a cuya entrega estaba obligado Astolfo por juramento". Sin embargo, Astolfo no cumplió su palabra. En enero del 756 sus tropas acampaban bajo los muros de Roma. Pipino, que había recibido el título de "patricio de los romanos", después de vacilar un momento, intervino de nuevo. Astolfo fue obligado a someterse. Las tierras pasaron a posesión de Esteban II, aunque, según éste, Bizancio intentó someterlas de nuevo a su dependencia. Las tropas francas hubieron de volver a la carga una tercera vez contra los perjuros lombardos. El Estado pontificio fue reconstruido. El Papa trató incluso de aumentarlo, apoyándose en el célebre texto conocido con el nombre de *Donación de Constantino.* Según los términos de esta falsificación, redactada en 750-760 en los medios directamente vinculados al Papa, el emperador Constantino, después de haber afirmado la supremacía romana, habría cedido el uso de las insignias imperiales a Silvestre I y a sus sucesores, y habría entregado Italia y Occidente a su soberanía. Este texto merece ser citado, ya que tuvo una gran importancia en los sucesos posteriores:

"Estamos decididos —declara Constantino— a honrar con el mayor respeto el poder de la sacrosanta Iglesia romana tanto como a nuestro poder imperial y a exaltar y glorificar la sacratísima sede del bienaventurado Pedro más que a nuestro Imperio, confiriéndole el poder, la dignidad, la gloria, la fuerza y el honor imperiales. Por consiguiente decretamos que el pontífice tendrá la primacía sobre las cuatro sedes principales de Alejandría, de Antioquía, de Jerusalén y de Constantinopla, así como sobre todas las restantes Iglesias de Dios en el universo entero... Decretamos también que nuestro venerable padre, Silvestre, así como sus sucesores, llevarán la diadema, esto es, la corona de oro purísimo y de piedras preciosas que le hemos concedido, arrancándola de nuestras sienes... Y para que el prestigio del pontificado no sufra deterioro, sino que sea, por el contrario, todavía más brillante que la dignidad del Imperio y que el poder de la gloria de éste, concedemos y entregamos al bienaventurado Silvestre, nuestro hermano, papa universal, no solamente nuestro palacio de Letrán..., sino también la ciudad de Roma, así como todas las provincias, localidades y ciudades de Italia y de las regiones occidentales, para que las tengan él y sus sucesores bajo su poder y tutela..., entregándolas esta Constitución para siempre y de derecho a la Iglesia Romana".

Constantino, al término de este acto, juzgaba "oportuno transferir (su) Imperio y (su) poder soberano a las regiones orientales, y construir en la provincia de Bizancio, en el paraje mejor, una ciudad que llevara (su) nombre y que se convirtiera en la capital del Imperio".

Cabe imaginar que las ambiciones pontificias no serían del agrado del futuro Carlomagno. Sin dejarse impresionar por este texto, que tuvo que conocer, intentó limitar territorialmente —e incluso, en el interior del territorio pontificio, administrativamente— el poder del pontífice romano. De todas formas, se había creado el Estado pontificio, condición de seguridad para el pontífice romano y para la Iglesia (que, sin embargo, no reconocía todavía totalmente la primacía romana), ya que no inmediatamente de independencia y de poder.

3.   Tercer período: Carlomagno y el orden cristiano.

768	Advenimiento de Carlomagno.
773-774	A petición del Papa, Carlomagno guerrea contra los lombardos; una vez vencedor, se anexiona el Reino lombardo.
781	En Bizancio, advenimiento de Constantino VI, bajo la tutela de su madre.
785	Victoria de Carlomagno sobre los sajones, celebrada con oraciones de acción de gracias por orden del Papa Adriano I.
787	Concilio de Nicea; restablecimiento del culto de las imágenes.
790-792	Redacción de los *Libros carolingios*.
794	Concilio de Frankfurt, representando la Iglesia de Occidente.
795	Advenimiento de León III.
797	Constantino VI es depuesto y cegado por orden de su madre; se considera vacante el trono imperial.
799	León III, maltratado en Roma, solicita el apoyo de Carlomagno.
800	Coronación de Carlomagno en Roma (25 de diciembre).
806	*Ordinatio regni*; se mantiene la idea de unidad.
813	Asociación de Luis el Piadoso al Imperio.
814	Muerte de Carlomagno (28 de enero).

Aunque el Estado pontificio daba al Papa una seguridad frente a los peligros del exterior, ninguna protección formal le ponía al abrigo de la revuelta de sus súbditos. León III, acusado de diversos delitos (especialmente de perjurio y adulterio) y maltratado por los romanos, se ve obligado a solicitar el apoyo de Carlomagno. Lo hace con tanta mayor naturalidad cuanto que Carlomagno se había mostrado deseoso de establecer con él "un pacto inviolable de fe y de caridad, gracias al cual... la bendición apostólica pueda seguir (le) por todas partes y la santísima sede de la Iglesia romana sea constantemente defendida por (su) devoción". Carlomagno se ve obligado a intervenir. En la misma carta a León III se asigna la obligación, "con la ayuda de la piedad divina, de defender en todo lugar a la divina Iglesia de Cristo mediante las armas: en el exterior, contra las incursiones de los paganos y las devastaciones de los infieles; en el interior, protegiéndola mediante la difusión de la fe católica". En cuanto al Papa, Carlomagno le relega a la oración: "A vos, Santo Padre, corresponde el ayudar mediante vuestras oraciones, elevando con Moisés las manos hacia Dios, al éxito de nuestras armas". Añade a esta distribución de tareas, consejos de gobierno e incluso de conducta moral para el Papa: "Que vuestra Prudencia se atenga en todas las cuestiones a las prescripciones canónicas y que siga constantemente las reglas establecidas por los Santos Padres, a fin de que vuestra vida sea en todo un ejemplo de santidad, de que no salgan de vuestra boca más que piadosas exhortaciones y de que vuestra luz brille ante todos los hombres". El rey había dado a Angilberto, que tenía la misión de transmitir este mensaje, las instrucciones siguientes, que constituyen una buena muestra del grado que debía alcanzar la dependencia del papado: "Advertir al Papa que debe vivir honestamente, y observar sobre todo los santos cánones; decidle que debe gobernar piadosamente la santa Iglesia de Dios", etc. Después de los disturbios de Roma, León III se ve obligado, a pesar de sus reticencias, a justificarse mediante juramento ante quien debe coronar emperador dos días más tarde. Los autores del atentado contra el pontífice serán igualmente juzgados por Carlomagno, pero según la *lex romana*.

Esta concepción y esa conducta engendrarán pocas codificaciones teóricas. Eran ante todo prácticas. Sin embargo, el monje Alcuino las da forma admirablemente en una carta que dirige al propio rey franco:

"Hasta ahora, tres personas han estado en la cumbre de la jerarquía en el mundo: 1.º El representante de la sublimidad apostólica, vicario del bienaventurado Pedro, príncipe de los Apóstoles, cuya sede ocupa. Lo que le ha acontecido al actual detentador de esa sede, vuestra bondad se ha tomado el cuidado de hacérmelo saber; 2.º Viene a continuación la titularidad de la dignidad imperial, que ejerce el poder secular en la segunda Roma. Por todas partes se ha extendido la noticia de la impía forma en que ha sido depuesto este jefe de ese Imperio, no por los extranjeros, sino por los suyos y por sus conciudadanos; 3.º Viene en tercer lugar la dignidad real, que Nuestro Señor Jesucristo os reserva para que gobernéis el pueblo cristiano. Esta dignidad prima sobre las otras dos, las eclipsa en sabiduría y las sobrepasa. En estos momentos sólo sobre ti se apoyan las iglesias de Cristo, de ti sólo esperan la salvación: de ti, vengador de los crímenes, guía de quienes yerran, consolador de los afligidos, apoyo de los buenos".

La coronación imperial no debía aparecer más que como la sanción de un estado de hecho. Por otra parte, no se le quiso dar otro relieve. Si bien es improbable —contrariamente a lo que Eguinardo relata— que los preparativos de la ceremonia del 25 de diciembre del 800 se hicieran a escondidas de Carlomagno, el esfuerzo del cronista por reducir el acontecimiento a proporciones modestas es, en sí mismo, un testimonio muy significativo. Respecto a Bizancio, Carlomagno no quiere presentarse como el candidato a la sucesión del Imperio único; quiere también marcar las distancias frente a los romanos que desempeñaron, para su gusto y para el de su camarilla franca, un papel demasiado importante en su accesión a la dignidad imperial. El Imperic de Carlomagno no es designado casi nunca mediante la expresión de *Imperium Romanum;* en cambio, el término de *Imperium christianum* es de empleo corriente. Y si Carlomagno ha sido puesto a la cabeza de este *Imperium christianum* del que los francos son el pueblo escogido, lo ha sido por Dios —a *Deo coronatus*—, no siendo el Papa de Roma más que el agente ejecutor del plan providencial (cf. Robert Folz, *L'idée d'Empire en Occident du V* au XVI* siècle*).

En el desempeño de su gobierno, Carlomagno no se considera en forma alguna como el ministro del Papa —como querían un Gelasio, un Gregorio el Grande—, sino como el profeta de Dios. Al modo del rey bíblico, de David, es *rex* y *sacerdos*. Sus representantes, los *missi*, se dirigen a los pueblos del Imperio con un lenguaje altamente profético:

"Escuchad, queridísimos hermanos, la advertencia que os dirige, por nuestra boca, nuestro señor el emperador Carlos. Hemos sido enviados aquí para vuestra salvación eterna y tenemos la misión de advertiros que viváis virtuosamente según la ley de Dios y justamente según la ley del siglo. Os hacemos saber, en primer lugar, que debéis creer en un solo Dios, Padre, Hijo y Espíritu Santo, verdadera trinidad y unidad a la vez creador de todas las cosas, en quien está nuestra salvación... Creed que no hay más que una Iglesia, que es la sociedad de todos los hombres piadosos sobre la tierra...".

Seguían una serie de recomendaciones morales, simple continuación de los preceptos evangélicos o eclesiásticos.

En esta perspectiva, "el bien público se confunde con la práctica de las virtudes cristianas". La concepción de Carlomagno no es esencialmente territorial, ni incluso administrativa, aunque la administración, local o central, fuera fuertemente desarrollada; es principalmente mística, "visión religiosa del orden del mundo".

La grandeza del Imperio carolingio está vinculada a la personalidad de su jefe. Cuando éste desaparezca, el Imperio se derrumbará; mejor dicho, la Iglesia se hará cargo de su suerte: la idea de confraternitas, de cristiandad, nacerá de la dispersión territorial, bajo el estrecho dominio de la Iglesia (primero, de los obispos; luego, del Papa).

"Sin Carlomagno, no era posible Gregorio VII... La firme noción de Estado forjada por los romanos, fundada sobre el derecho natural, parece diluirse y absorberse en la alta función religiosa ejercida por Carlomagno... Y, lo que es más grave, Carlomagno realiza inconscientemente en los hechos el agustinismo político, dándole fuerza y consistencia, consagrando la eliminación de la vieja noción del Estado independiente y distinto de la Iglesia, privando a esta antigua idea de todo papel efectivo en la doctrina y en los hechos para varios siglos" (H.-X. Arquillière, op. cit.).

4. Cuarto período: La revancha de la Iglesia.

814   Advenimiento de Luis el Piadoso.
816   Consagración imperial de Luis el Piadoso, en Reims, por el Papa Esteban IV.
817   Ordinatio imperii; asociación del hijo primogénito de Luis el Piadoso, Lotario, al Imperio.
823   Consagración en Roma de Lotario por Pascual I.
824   Constitutio romana; organización de la soberanía imperial en Roma.
847-852   Redacción de las Falsas Decretales.
850   Consagración imperial de Luis II.
855   Muerte de Lotario.
858-868   Pontificado de Nicolás I.
875   Muerte de Luis II. Carlos el Calvo es elevado al Imperio por Juan VIII.
877   Muerte de Carlos el Calvo.
881   Consagración imperial de Carlos el Gordo por Juan VIII.
880-887   Reconstrucción del antiguo Imperio carolingio, seguido de su definitiva disgregación en múltiples reinos.

A) LAS DIFICULTADES DE LUIS EL PIADOSO.

La sucesión de Carlomagno no fue de las más fáciles. Luis el Piadoso, hombre profundamente religioso —como lo atestigua su apodo—, se rodeó de un grupo de consejeros, en su gran mayoría (Wala, Agobardo, Hilduino, etc.) monjes, que llevaban hasta el extremo la idea del Imperium christianum. El emperador llega a limitar su actividad a la práctica personal de las virtudes cristianas, mientras que la Iglesia tiende a substituirle en la administración del Imperio. La *Ordinatio imperii* asegura la unidad teórica del Imperio, atribuyendo la sucesión a Lotario; pero esta decisión no es aceptada por sus hermanos, que se consideran perjudicados, mostrándose Luis el Piadoso incapaz de oponerse eficazmente a los desórdenes que de ahí derivan. Desde ese momento los obispos se aprovechan de la debilidad del poder temporal para proclamarse los guardianes de la obra carolingia contra el desorden y el desmantelamiento. Sus medios de acción siguen siendo, no obstante, limitados, ya que no pueden tener sobre el emperador más poder que el sacramental. Por dos veces obligan a Luis el Piadoso a hacer públicamente penitencia: en Attigny en 822, en Saint-Médard de Soissons en 831. La penitencia de Attigny es aconsejada solamente por los obispos. La realiza de tanto mayor grado cuanto que considera sus errores políticos como pecados, y está decidido a renunciar a ellos y a encontrar otros medios distintos de la represión para hacer aceptar sus decisiones. "La prueba de esto es que Luis obliga a todos sus súbditos a inculparse, al mismo tiempo que él, y a reconocer sus pecados" (Marcel David, *La souveranité et les limites du pouvoir monarchique du IX au XV siècle*). Desde un punto de vista política, la penitencia de Attigny no produce el efecto previsto: "El emperador se descalifica como soberano, creyendo rehabilitarse como cristiano". Attigny prepara Soissons.

La penitencia de Soissons fue preparada en Compiègne, en el transcurso de una asamblea donde participaban, bajo la presidencia de Lotario, los obispos, abades, condes y una numerosa multitud. Conocemos este *conventus* por el informe redactado por los obispos (para que la posteridad no se engañe sobre sus decisiones), con el título: *Episcoporum de poenitentia quam Lludovicus imperator proffesus est, relatio compendiensis*. Cada obispo fue invitado, además, a redactar personalmente una memoria sobre estos acontecimientos. Se ha conservado la de Agobardo (*Agobardi cartula de poenitentia ab imperatore acta*). No contiene diferencias notables con respecto a la *Relatio*; todo lo más, algunos detalles que hacen poner en duda ciertos aspectos de la verdad oficial, en especial la aceptación "voluntaria" de la penitencia por Luis el Piadoso. Se infiere de estos documentos que los obispos se apoyaban en su calidad de vicarios de Cristo y de guardianes del Reino de los cielos. Como tienen el deber de hacer regresar al camino de la verdad a quienes se separan de él, también tienen el de proteger al gobierno imperial de las faltas de su detentadores, que son causa de ruina para el pueblo y de escándalo para la Iglesia. Entre las quejas formuladas contra Luis, se resaltará principalmente que ha sido un "perturbador pacis", un fabricante de desórdenes: "Ha puesto en peligro al reino, cuando debiera ser para el pueblo cristiano un guía hacia la salvación y un protector de la paz". Los obispos imponen una penitencia pública al emperador, que se somete a ella, quedando marcado desde entonces de incapacidad; aunque no es desposeído explícitamente, jurídicamente, de hecho se ve obligado a renunciar a las funciones imperiales. Luis el Piadoso es eliminado por un procedimiento de base sacramental, del que el aspecto jurídico parece excluido (era tal la confusión, que pocos contemporáneos lo comprendieron: Raban Maur es una excepción). Estamos todavía lejos de la época en que el pontífice romano desposeerá a un emperador en buena y debida forma (jurídica).

B) EL GOBIERNO DE LOS OBISPOS.

Si bien los obispos se muestran algo embarazados para dar una forma al ejercicio de sus prerrogativas, no por ello consideran éstas como menos indiscutibles. "El gobierno de los obispos" tuvo sus teóricos, siendo los más importantes Jonás de Orleáns e Hinckmar.

Jonás de Orleáns fue obispo de esta ciudad hacia el 818. Su obra se compone esencialmente de dos tratados: *De institutione regia* y *De instititutione laicali*, a los que hay que añadir una *Vita Sancti Huberti*, equivalente a una verdadera "De institutione episcopali". Esta trilogía guarda conformidad con la distinción de Jonás de tres órdenes *(ordines)* en la sociedad de su tiempo: el orden de los laicos (incluidos los reyes), el de los monjes y el de los clérigos (de los obispos). Corresponde a cada uno una función particular: "El orden de los laicos está consagrado a la justicia y debe defender mediante las armas la paz de la Santa Iglesia; el orden de los monjes se dedicará, en la calma, a la oración; en cuanto al orden de los obispos, tiene a su cargo a los demás". De esta manera, la palabra "orden" no implica sólo una distinción, sino una armonía de razón humana y divina, de paz social y religiosa, bajo la dependencia pastoral directa de los obispos. "Al subrayar la misión pastoral del obispo, Jonás lo convierte en un intendente de la sociedad de su tiempo, en un responsable de los demás órdenes" (E. Delaruelle: "En realisant le *Institutione regia* de Jonás d'Orleáns", en *Mélanges Halphen*). El episcopado, organizado en cuerpo constituido, ha ocupado el lugar de los antiguos monjes de concepción anglosajona, cuyo prototipo era San Bonifacio. En cuanto a los reyes, que forman parte de los laicos, el obispo de Orleáns les recuerda que "el interés que administran dentro del marco de las funciones que le son confiadas, no existe en cuanto interés de los hombres, sino como interés de Dios". *Quid sit proprie ministerium regis:* "La función del rey consiste en gobernar y regir al pueblo de Dios en equidad y justicia, de forma que todos se dediquen a cultivar la paz y la concordia. En consecuencia, él mismo debe ser, en primer lugar, el defensor de la Igelsia y de los servidores de Dios. Su deber es favorecer con sagacidad la salud y el ministerio de los sacerdotes: debe guardar, mediante sus armas y protección, a la Iglesia de Cristo, proteger a las viudas de la miseria, a los huérfanos y a todos los demás pobres e indigentes". Pero, en última instancia, los jueces son los obispos: "*El Imperium christianum* no es asunto del emperador ni de los príncipes, sino, ante todo, de los obispos" (E. Delaruelle, *op. cit.*). Los obispos son, en efecto, los "conservadores", los protectores de todo y de todos contra el pecado —del que se tiene en esta época un agudo sentido.

El propósito de **Hinckmar,** arzobispo de Reims del 835 al 882, es análogo, pero posee indudablemente todavía mayor vigor. El *De ordine palatii* data del 882. Le quedaba poca vida al arzobispo de Reims. La obra había sido precedida de una serie de cartas sobre los mismos temas. El conjunto hace de Hinckmar el gran teórico de la monarquía según la Iglesia, aunque no siempre sea el fiel testimonio de los tiempos carolingios en el que se le ha pretendido convertir. Extrae su política de la Escritura. Si el rey está en la cumbre de la jerarquía temporal, por encima de él se encuentra el Rey de los Reyes; y el rey sólo puede actuar conformando sus obras a la voluntad del Rey de los Reyes, según la palabra del salmista: "Y ahora, reyes, comprended, sed instruidos, vosotros que juzgáis la tierra. Servid a Dios con temor y alegraos en El, temblorosos. Seguid sus preceptos, por miedo de que el Señor se irrite y de que salgáis de la vía justa". El papel de los obispos al lado del rey es esencial. A ellos corresponde instruirle en la voluntad del Rey de los Reyes. "Como la propia etimología de su nombre *(episcopi)* lo demuestra, son vigilantes, supervisores, en el sentido en el que lo entendía el profeta Ezequiel cuando, encargado por el Eterno de hacer volver a su pueblo al camino recto, manifestaba que había recibido de El la misión de velar por la casa de Israel y de ser su vigilante. También los obispos deben estar al acecho, con el objeto de descubrir al enemigo que amenaza a los reyes y, siguiendo el ejemplo de Ezequiel, de llevarles, de buen o mal grado, por las vías del Señor" (L. Halphen, Le *De ordine palatii* d'Hinckmar, en *A travers l'histoire du Moyen Age*).

El rey no puede, en consecuencia, sobrepasar sus atribuciones en la elección de los dignatarios eclesiásticos. Una carta, dirigida al "Señor Luis, gloriosísimo rey", ilustra la firmeza de Hinckmar sobre este punto: "Si es cierto, como lo he oído decir por algunos, que, cuando acordáis una elección que se os ha pedido, los obispos, el sacerdocio y el pueblo deben elegir a quien vos queréis y ordenáis (lo que no es una elección en nombre de la ley divina, sino una extorsión del poder humano); si es así —y, repito, yo lo he oído decir— es el espíritu maligno que, bajo forma de serpiente, engañó a nuestros primeros padres en el paraíso y los hizo expulsar de él, quien ha silbado en vuestros oídos, por intermedio de parecidos aduladores".

En revancha, Hinckmar se dedica a consagrar jurídicamente el papel de los obispos en la ceremonia de la consagración real. El fue quien, en el 869, hizo introducir en el ceremonial la prestación por el rey de una *professio,* cuya violación le convertiría en responsable de perjuirio y, por consiguiente, en acreedor de excomunión. El lenguaje con el que se dirige al joven Luis III, tras la muerte de Carlos el Calvo, nos muestra claramente cuáles eran sus intenciones sobre este punto. "Recordad, os lo ruego, la *professio* que habéis prometido cumplir el día de vuestra consagración... *Professio* que habéis firmado con vuestra mano y ofrecido a Dios sobre el altar, en presencia de todos los obispos". El rey se encuentra así plenamente sometido a la *auctoritas* de los obispos. En cierto modo, la *professio* le hace miembro de la sociedad eclesiástica.

La gran decepción de Hinckmar será contemplar cómo su obra es recogida por el Papa, de quien desconfía cuando de asuntos temporales se trata. Sin duda, el arzobispo de Reims se coloca, en el *De ordine palatii*, dentro de la doctrina tradicional, según la cual "hay dos poderes que rigen el mundo: la autoridad de los pontífices y la autoridad real, primando la dignidad pontificia sobre la de los reyes". Sin embargo, Hinckmar no dejó de discutir, a lo largo de su vida, el poder (temporal) del Papa. Para limitarlo —por ejemplo, a propósito de Lotario II y de Carlos el Calvo— no duda en valorizar el poder temporal más de lo que acostumbra a hacer, y en adoptar una posición moderada, mucho más de lo que correspondería a su verdadero pensamiento, en lo que concierne a las prerrogativas de la Iglesia sobre los reyes. Hinckmar es un precursor del "galicanismo", pero un precursor lejano: Gregorio IV y Nicolás I preparan la era de la supremacía pontificia.

C) La entrada en escena del Papado.

El gobierno de los obispos iba a ser de breve duración. A su favor, pero también en contra suya, los Papas intentarán hacer valer la supremacía de su pontificado. Así, cuando Gregorio IV se aprestaba, sin duda, a excomulgar a Luis el Piadoso, un grupo de obispos que permanecieron fieles al emperador le escriben para exhortarle a renunciar a su proyecto y a manifestar su subordinación hacia el sucesor de Carlomagno. El pontífice romano responde con amargura:

"¿Qué es más degradante para el poder imperial: realizar obras dignas de excomunión o sufrir la sentencia?"

Y cuando se le objeta que se encuentra ligado por el juramento de fidelidad prestado al emperador, adopta una actitud que prefigura la de Gregorio VII en su conflicto con Enrique IV.

"Añadís, es cierto, que debo recordar el juramento de fidelidad que he prestado al emperador. Como lo he prestado, deseo precisamente evitar el perjurio, denunciando todo lo que el emperador comete contra la unidad y la paz de la iglesia y del reino. Si no actuara de esta forma, entonces sería perjuro, como lo sois vosotros... Pero vosotros, que habéis indudablemente jurado y rejurado el comportaros en todo fielmente en relación en él, y que le veis actuar contra la fe y precipitarse hacia su pérdida, al no llamarle a su deber, dado que se encuentra entre vosotros, os hacéis perjuros, ya que no laboráis por su salvación según la promesa que le hicisteis".

Los inmediatos sucesores de Gregorio IV se aprovechan del ejemplo. Sergio II (Papa del 844 al 847), entre otros, se propone intervenir de forma vigorosa si los hijos de Luis el Piadoso no permanecen unidos: "Que si uno de ellos prefiere seguir la voz del príncipe de la discordia y no se contenta dentro de la paz católica, pasaremos a castigarlo en la medida de lo posible con las sanciones canónicas".

En esta época fueron redactadas, a base de falsificaciones, las grandes colecciones canónicas, que deberían asegurar la independencia de la Iglesia frente a las usurpaciones del Estado y, por consiguiente, su supremacía: las colecciones del seudo Benoît-Lévite, la del seudo Angilram y, sobre todo, las Falsas Decretales del seudo Isidoro. Los falsificadores se proponían como objetivo librar a los obispos de la sujeción al poder laico, asegurando la inviolabilidad de la propiedad eclesiástica, obligando a llevar las acusaciones dirigidas contra los obispos —así como todas las *causas maiores*— a Roma, y subordinando el aparato conciliar al Papa, *caput totius Ecclesiae,* y a este título juez supremo, fuera del alcance de cualquier jurisdicción temporal.

Nicolás I (papa del 858 al 867) aporta una nueva fuerza a este movimiento. "No creó fórmulas inéditas, pero vivificó las antiguas, ampliando su aplicación. Coloca, resueltamente, su autoridad por encima de todas las que existen, y reivindica el derecho a imponer el orden en todas partes" (H.-X. Arquillière, op. cit.). Hasta tal punto está convencido del buen fundamento de sus atribuciones, que, según él, desobedecerle equivale a entregarse a la idolatría. Interviene en el asunto del divorcio de Lotario II: casa la decisión de los obispos, depone a dos de ellos y amenaza con excomulgar al rey. (Sin duda, por otra parte, lo hizo.) Recomienda a Carlos el Calvo que haga la paz con Luis II, tomando los argumentos de San Pablo y de San Agustín, no vacilando en interpretarlos conforme a su interés. Algunos años más tarde, amenazará al mismo Carlos el Calvo de anatema, por haberse hecho consagrar rey de Lorena. A diferencia de Hinckmar, Nicolás I prefiere, de manera general, la argumentación teológica a la argumentación jurídica para asegurar su supremacía. "De esta forma, se reserva la posibilidad de utilizar la censura, incluso si no puede reprochársele al monarca ninguna infracción jurídica claramente caracterizada" (Marcel David, op. cit.).

El período carolingio fue fértil en saltos. Carlomagno, al construir el Imperium christianum, se atribuía su dirección y relegaba al Papa a tareas auxiliares. A su muerte, sus herederos, débiles y divididos, pierden una parte de su poder en provecho de los obispos. Los obispos ceden a su vez el lugar al Papa, único beneficiario a largo término de la obra de Carlomagno. Sin embargo, antes de que la supremacía pontificia pueda manifestarse plenamente, la dinastía de los Otón intentará restaurar el Imperio en Occidente.

5. Quinto período: La tentativa de los Otones de restauración del Imperio.

936   Advenimiento de Otón I, consagrado rey en Aix-la-Chapelle.
940-950   Otón I interviene en varias ocasiones en los asuntos franceses.
955   En agosto, Otón I vence a los húngaros en Lechfeld; y, en octubre, a los eslavos en Reckmitz.
962   Coronación imperial de Otón I.
973   Advenimiento de Otón II, coronado precedentemente e m p e r a d o r por Juan XIII (967).
983   Muere Otón II; advenimiento de Otón III, que será coronado por Gregorio V en 996.
987   En Francia, advenimiento de Hugo Capeto.
998-999   Renovatio Imperii Romanorum.
1001   Se manifiestan oposiciones contra Otón III.
1002   El 24 de enero muere Otón III; desaparece con él el sueño universalista.

La ciudad de Roma corría el peligro de caer en manos de Berenguer de Ivrée. Juan XII solicita el apoyo de Otón I, a quien corona emperador el 2 de febrero del 962. El vencedor de los húngaros y de otros paganos recibe la corona imperial, precisa el Papa, para la defensa de la Iglesia. Pero esta interpretación no es del agrado de Otón I ni de su círculo de allegados. La crónica del monje Widukind de Corvey es doblemente instructiva sobre este punto, tanto por lo que pretende como por lo que deja pasar en silencio. Según Widukind, el título imperial se habría conferido a Otón por voluntad de sus tropas, que le aclamaron tras su victoria de Lechfeld. En cambio, pasa totalmente en silencio los acontecimientos romanos del 962. Como Carlomagno, Otón no quiere ser principalmente emperador de los romanos sino de los francos. Es sabido la repugnancia de su círculo íntimo hacia los romanos. La diatriba que el embajador Liutprand dirige al emperador de Constantinopla, Nicéforo Focas, es una de las más explícitas: "En cuanto a nosotros, lombardos, sajones, francos, lotarios, bávaros, suevos y borgoñeses, despreciamos de tal forma a los romanos que reservamos para nuestros enemigos una sola injuria, la de "romanos", comprendiendo este nombre todo lo que hay de bajeza, de pereza, de avaricia, de lujuria, de engaño y, en general, todos los vicios". Si Otón se hacía llamar *Imperator Augustus* (y no, habitualmente, *Imperator Romanorum*) es prueba también de que no piensa, al menos inicialmente, en poner en duda la legitimidad del Imperio de Bizancio. Sólo pretende la paridad. En su primera concepción imperial Otón permanece fiel a la tradición franca.

Pero ante la hostilidad de Bizancio, que se niega a reconocer a Otón la calidad imperial, se produce una rápida evolución en el ánimo de los partidarios de Otón. Tenderán, cada vez más, a hacerlo emperador de los romanos, quedando siempre claro que no es de éstos de quienes obtiene el fundamento de su poder. Si Otón puede adoptar ese título es porque los romanos están bajo su poder. Nicéforo, en consecuencia, no puede pretender tener el menor derecho sobre ellos. Es, todo lo más, "emperador de los griegos". Por el contrario, Otón I "acude en socorro de la ciudad de los apóstoles; socorre al Papa; restaura en Roma la legislación de Valentiniano, de Teodosio, de Justiniano; él, y sólo él, es el auténtico *Imperator Romanorum*" (Robert Folz, *op. cit.*).

Si para Otón I el Imperio es sólo romano de una manera muy formal, principalmente a título sucesorio, las ideas de Otón III son muy diferentes. Bajo la influencia de su maestro Gerberto, que se convertirá bien pronto en el Papa Silvestre II, Otón III se dedica a hacer revivir el antiguo *Imperium christianum*. Mantiene que le corresponde por derecho la dirección de la cristiandad, mientras que los Papas sólo son "grandes sacerdotes encargados del ministerio de la oración". Se instala en Roma, sobre el Aventino, para asegurar mejor su influencia, a pesar del despecho de las gentes del Norte, vejadas por encontrarse de tal forma menospreciadas. Aunque será bien pronto expulsado, no por ello deja de intentar —como lo relatan diversos documentos, de cuyo valor de prueba, ciertamente, cabe dudar— el conferir a su Imperio un esplendor romano en el que los elementos de herencia carolingia se unían a tradiciones específicamente romanas y a imitaciones de costumbres bizantinas, al tiempo que se conservaba la impronta germánica. Esta concepción "oscilaba en cierto modo entre el poder de los soberanos germánicos y el tema de renovación del Imperio romano. Se expresaba en imágenes, en gestos, en símbolos, y obtenía su fuerza mayor de la representación del poder sagrado que detenta sobre la tierra el lugarteniente de Cristo-César. El emperador, en tanto que *typum gerens Christi*, dirige al Papado y aparece como jefe real de la Iglesia del Imperio: en él se confunden las dos instituciones" (R. Folz, *op. cit.* Véase sobre este punto L. Halphen, "La cour d'Otton III à Rome" (998-1001), en *A travers l'histoire du Moyen Age*). Un poema, dirigido por el obispo Otón de Verceil simultáneamente al Papa Gregorio V y al emperador Otón III, en 998, pone de relieve este rebote de la concepción hierocrática del Imperio:

"Regocíjate, Papa; regocíjate, César; que la Iglesia exulte de alegría, que el gozo sea grande en Roma, que se regocije el palacio imperial. Bajo el poder del César, el Papa reforma el siglo."

Efímera, o más bien engañosa realidad, encubierta por encendidas palabras. Dentro de algún tiempo el Papa emprenderá una profunda reforma del siglo, pero no bajo el poder del César, sino contra él. El Imperio de Occidente no es ya más que una tentativa; su idea será muy pronto sólo una supervivencia.

*   *   *

Imperio, Iglesia, Reino: la suerte de la Edad Media se juega entre estos protagonistas. El Imperio hunde sus raíces en la antigüedad romana, pero el hecho cristiano le imprime un nuevo carácter, tanto en Occidente como en Oriente. Oriente confunde los campos, sin que la Iglesia tenga nunca la posibilidad de asumir la dirección. En su sumisión, no deja de compartir el esplendor del Imperio; pero las querellas internas la debilitan y preparan su separación de Roma. En Occidente el Imperio es totalitario con intermitencias; y, cuando se debilita, la Iglesia conserva su herencia y la utiliza en su provecho. Se aproxima el tiempo en el que la Iglesia, aprovechándose de las sucesivas debilitaciones de su gran contendiente, impondrá su supremacía. Además, los reinos desmantelan de manera progresiva el Imperio y hacen perder su seducción a la idea imperial. Hugo Capeto inaugura una era en la que los reyes no tratarán ya de hacerse emperadores, sino de gobernar su reino.

Por etapas sucesivas, y de una forma empírica, la Iglesia descubrió en este período los argumentos teológicos que le permitirán vencer en las luchas futuras. En efecto, mientras que los fundamentos ideológicos del Imperio se debilitan progresivamente y los recuerdos que formaban su substancia desaparecen o pierden su fuerza con el tiempo, la Iglesia acumula los textos que serán muy pronto elaborados en forma doctrinal. Interpretaciones escriturarias y referencias patrísticas constituyen, junto a falsificaciones jurídicas como la *Donación de Constantino*, lo esencial de este arsenal. La supremacía eclesiástica de los siglos XI al XIII fue preparada por un largo período de paciencia, de adaptación a los hechos y de elaboración intelectual.

BIBLIOGRAFIA

Numerosas obras que tratan de las cuestiones mencionadas en este capítulo se refieren al conjunto de la Edad Media. Por tanto, nos ha parecido más cómodo ofrecer una sola bibliografía sobre la Edad Media al final del capítulo V. Recordemos, sin embargo, que la bibliografía sobre las ideas políticas del Islam forma parte de la bibliografía general, págs. 22 y 23.

CAPITULO IV

La Edad Media: El Poder Pontificio entre los antiguos y los nuevos poderes (siglos XI, XII y XIII)

> "En un pensador de la Edad Media, el Estado es a la Iglesia como la filosofía es a la teología y como la naturaleza es a la gracia."
>
> Etienne GILSON, *La philosophie au Moyen Age.*

Si el año mil fue acompañado de una fermentación psicológica, menor de lo que mantuvieron los historiadores "románticos", el siglo XI inauguró para Occidente importantes transformaciones en la estructura de la sociedad y en la organización del Poder, mientras que en Oriente el Imperio se replegaba sobre sí mismo, inmovilizándose en una grandeza que una insidiosa decadencia socavaba.

La Francia de los Capetos sólo tenía una unidad nominal. El régimen feudal le confería un aspecto dividido y anárquico. El dominio real —aquel donde el rey ejercía un poder efectivo— alcanzaba muy poca extensión. La diversidad de lenguas y de costumbres hacía más profundas las divisiones. Las estructuras sociales encadenaban, por un tiempo determinado, a los campesinos a sus señores, pero incitaban a los burgueses a darse una libertad comunal que estuviera en relación con la función que desempeñaban en la vida material, comercial y económica de la época. En Inglaterra la atmósfera era idéntica a la de Francia, viviendo ambos países en estrecha simbiosis. En Alemania la situación era casi la misma; el territorio germano se encontraba repartido entre cuatro grandes pueblos: los suabos, los franconios, los bávaros y los sajones. La fragmentación se encontraba en Italia todavía más acentuada. También España —a pesar de la ofensiva de la Reconquista— se hallaba dividida en Estados de confesiones, de obediencias diferentes.

Así, en el alba de este período, el poder temporal aparece en Occidente disperso, repartido en pequeñas unidades celosas de su independencia y cuidadosas de hacerlas respetar. La misma Iglesia, debilitada, no puede sacar inmediatamente partido de esta división. Por el contrario, la padece: las estructuras feudales aumentan su dependencia respecto al poder temporal. No obstante, la reforma gregoriana produce un cambio de la situación, permitiendo una adaptación y, más tarde, una ofensiva de gran envergadura.

La abundancia de escritos de todo tipo favorece en gran manera el estudio de las ideas políticas de este período. Aunque el empirismo continúa rigiendo en buena parte las relaciones entre las fuerzas, cada contendiente tiene ahora sus teóricos. Es de señalar que los teóricos predominan sobre los historiógrafos, a diferencia de la época precedente. El renacimiento de los estudios jurídicos y, de manera general, el progreso de las Universidades favorecen dicha elaboración ideológica. Al final de este período los teóricos del principal partido, la Iglesia, alcanzarán el más alto grado de perfección en sus síntesis.

Reagruparemos nuestras observaciones sobre este período en seis secciones principales:

— en la primera sección veremos cómo el poder eclesiástico, a la *defensiva*, se concentra en las manos del Papa;

— la segunda sección será dedicada a las ideas políticas de la *sociedad feudal;*

— la tercera se ocupará en mostrar la progresión de la influencia monárquica;

— el movimiento urbano y municipal, así como las transformaciones sociales y culturales que éste trae consigo, serán el tema de la sección cuarta, denominada de forma sintética y, por consiguiente, insuficientemente exacta: *municipio;*

— en la sección quinta volveremos a encontrar al *Papado*, esta vez en una fase *ofensiva*. La "hierocracia" pontificia alcanza entonces su apogeo;

— en sexto lugar estudiaremos rápidamente los últimos coletazos, en Occidente y en Oriente, del Imperio.

SECCION PRIMERA

Papado: fase defensiva.

> "La Iglesia, en peligro, se contrae para vivir."
> MICHELET, *Histoire de France.*

A) LOS DESÓRDENES.—Desórdenes de todo tipo habían debilitado considerablemente a la Iglesia en los finales de la Alta Edad Media. Al comienzo del segundo milenio la situación continuaba agravándose. La simonía —palabra derivada del nombre del mago Simón, que, tal y como lo narran los *Hechos de los Apóstoles*, había ofrecido dinero para hacerse admitir en el seno del cuerpo apostólico de la Iglesia naciente— era una práctica corriente en la atribución de sedes episcopales y abaciales. El rey y, a partir del siglo XI, los señores distribuían los obispados y abadías, que comportaban a la vez una función religiosa y un dominio temporal, a los candidatos que les ofrecían las mayores sumas de dinero y las prendas más seguras de fidelidad. El abandono por el pueblo cristiano del principio de elección de los dignatarios eclesiásticos, en beneficio de una designación por el príncipe, trajo consigo profundas confusiones. En efecto, en detrimento de la ceremonia de la consagración, se extendió la costumbre de una verdadera investidura laica mediante la entrega de la cruz y del anillo a los nuevos prelados. Añadamos que éstos sometían a sus subordinados a las mismas prácticas que les habían sido impuestas. Como escribía Gregorio el Grande —que fue testigo de algunos abusos simoniacos—, la simonía "empujaba a vender a quienes anteriormente había decepcionado al impulsarles a comprar".

Apenas era posible, en estas condiciones, esperar del clero un nivel alto de cultura, un agudo sentido pastoral y ni siquiera una moralidad sin tacha. Así, las leyes canónicas que imponían el celibato a los clérigos no siempre —se estaba bastante lejos de ello— eran respetadas. Los testimonios sobre el nicolaísmo —practicado por primera vez por un diácono de nombre Nicolás— abundaban. Evidentemente, hay que tener en cuenta que se redactaban para denunciar las anomalías, y que no afectaban a la rectitud o santidad de numerosos sacerdotes y monjes anónimos; pero, en todo caso, muestran la gravedad del mal. Matrimonio de los sacerdotes, concubinato, toda la "peste nicolaísta", fueron objeto de las implacables requisitorias del cardenal Humberto y de Pedro Damián. "Los sacerdotes y los diáconos —hacía constar también el monje Desiderio— se casaban a la manera de los laicos y dejaban su herencia a sus hijos, por testamento". Los responsables de la Iglesia tendían, de esta forma, a convertirse también en señores y vasallos. El nicolaísmo añadía sus efectos a los de la simonía, para poner a la Iglesia en peligro.

Otra amenaza pendía sobre la Iglesia, afectando a su cabeza. El nombramiento de los Papas se acompañaba generalmente de negociaciones en las que los intereses temporales de algunos grupos o de algunas personas predominaban sobre los de la Iglesia. A partir de finales del siglo IX la aristocracia romana mantiene bajo su control al Papado, hasta que la dominación de los Otones viene a restringir su influencia: cuando el nuevo Papa no es designado pura y simplemente por el emperador, recibe de éste una especie de investidura *a posteriori*, efectiva y coaccionante. En el siglo XI la aristocracia romana intentará recobrar la influencia perdida, mostrándose singularmente activos los condes de Tusculum, los Crescentius y el conde de Galaria. El dinero desempeñaba un gran papel en los preparativos de la election pontificia: ¿no empleó el mismo Gregorio VI —por el que, sin embargo, mostró su afecto el monje Hildebrando— medios pecuniarios para conseguir la sede pontificia?

B) LA REFORMA: GREGORIO VII.—Aunque también la cabeza de la Iglesia estaba afectada, de ella partiría, sin embaro, el impulso reformador. Hildebrando, convertido en Gregorio VII, será el principal artífice de la reforma —una verdadera revolución, pudo escribir Edgar Quinet—. Tuvo, sin duda, precursores; pero también es cierto que colaboró en amplia medida en la obra de éstos.

El más notable de estos precursores fue, sin duda, *Nicolás II*. Nicolás II, que había ocupado el lugar de Benedicto X, el candidato de la aristocracia romana para la sucesión de Esteban IX, intentó liberar al Papado de la tutela temporal. En abril de 1059 reunió en Letrán un gran concilio, del que salió un importante decreto normando las reglas de acceso al trono pontificio. El Papa será elegido, en adelante, por los cardenales-obispos; su elección será sometida al asentimiento de los cardenales-clérigos, de todo el clero y del pueblo cristiano. Los redactores del decreto dieron muestra de una gran habilidad respecto al futuro emperador Enrique IV. Le nombran nominalmente, y no en el ejercicio de sus funciones (no siendo, por consiguiente, válido el texto para sus sucesores), para asegurarse que, en cualquier caso, el honor y la reverencia que le son debidos estarán a salvo. Incluso se permiten, con mucho despego, hacer brillar ante sus ojos la esperanza de que llegará a ser emperador. Y, para que nadie se engañe sobre los objetivos de la reforma, precisan: "Hemos establecido este procedimiento para que el veneno de la venalidad no se introduzca de manera alguna en este asunto, de forma tal que los hombres muy religiosos sean los promotores de la elección, siguiéndoles después los otros".

En 1073 Gregorio VII sucede a Alejandro II. Fue, literalmente y contra su voluntad (como lo dirá frecuentemente), llevado al trono por el pueblo cristiano. Cabe extrañarse de que no respetara con escrúpulo, en este momento, las reglas establecidas por el decreto de 1059. Pero, sin duda, semejante formalismo no pareció necesario, ya que la unanimidad sobre su nombre era manifiesta en todos los niveles.

Desde el comienzo Gregorio VII dio pruebas de una gran precisión y de una gran firmeza de pensamiento. Sus intenciones eran: "Reformar la Iglesia, asolada por la simonía y el nicolaísmo; restablecer la unidad, desgarrada por el cisma oriental; colaborar con los príncipes, pero en caso necesario castigarles como servidores infieles e incluso, si hiciera falta, privarles de la corona; mantener los derechos adquiridos y, si es posible, extenderlos, con la finalidad principal de favorecer la acción de San Pedro" (H.-X. Arquillière, *Saint Grégoire VII*). Nunca se insistirá demasiado sobre este punto: las miras de Gregorio VII son completamente espirituales. Sería injusto e inadecuado estudiarlo con otra óptica. Aunque haya podido parecer que el gran reformador perseguía dos objetivos distintos (uno de los cuales sería, para ciertos historiadores, un poco abusivo), es decir, la extirpación de los vicios y la afirmación del Poder pontificio, conviene indicar que su programa no puede disociarse en cuanto que tiende a la "restauración" de un orden querido por Dios.

Entre los textos que expresan el pensamiento de Gregorio VII destaquemos los *Dictatus Papae* y la segunda *Carta a Hermann de Metz*. El primer documento fue compuesto en 1075. Contiene veintisiete proposiciones, sobre cuya forma y destino han discutido mucho los historiadores. Según la hipótesis más verosímil, este texto reproduciría el índice de una colección de cánones, elaborado para uso personal del Papa y conservados en fichas. En su conjunto, el documento afirma la primacía pontificia y los privilegios de la Iglesia romana. Veamos, en su lapidaria redacción, algunas de las principales proposiciones:

III. Sólo el Pontífice romano puede deponer o reponer a los obispos.
IX. Que todos los príncipes hayan de besar los pies solamente al Papa.
XII. Que le es lícito deponer a los emperadores.
XVI. Que ningún Sínodo se llame general si no ha sido por orden del Papa.
XVII. Que su sentencia no sea rechazada por nadie y que sólo él puede rechazar las de todos.
XIX. Que no sea juzgado por nadie.
XXVII. Que el Papa puede eximir a los súbditos de la fidelidad hacia los príncipes inicuos.

La aplicación de estos principios fue inmediata. Un año después de ser formulados Enrique IV era excomulgado y depuesto.

Uno de los primeros actos de Gregorio VII había sido la promulgación del decreto sobre la investidura laica. Nicolás II había liberado a la sede romana de la sumisión imperial; su sucesor quería liberar a todas las iglesias del dominio temporal. Una decisión solemne, tomada en el Sínodo romano de febrero de 1075, estipulaba: "Que ningún sacerdote o clérigo reciba, cualquiera que sea la forma, una iglesia de manos de un laico, bien sea gratuitamente, bien a título oneroso, bajo pena de excomunión". Semejante medida no podía agradar a Enrique IV. Aunque su padre, Enrique III —y Gregorio VII fue testigo de ello antes de ser Papa—, no se había familiarizado con las prácticas simoníacas, Enrique IV se dedicó a distribuir las sedes episcopales según su conveniencia. Un asunto grave precedió a la ruptura. Mientras que la sede de Milán disponía de un titular, reconocido por el Papa como legítimo, desde hacía largo tiempo, el rey investió a uno de sus partidarios, sin preocuparse lo más mínimo de las reacciones de Gregorio VII. Sin embargo, éstas no tardaron en producirse: "Nos envías cartas llenas de respeto —le escribía el Papa—, tus embajadores se dirigen a nosotros con un lenguaje muy humilde en nombre de tu grandeza... y después, en la práctica, te muestras un adversario decidido de los cánones y de los decretos apostólicos, sobre todo de los que más importan a la Iglesia". La respuesta real careció de afabilidad: Enrique IV convocó una Asamblea de obispos alemanes en Worms (24 de enero de 1076) y les intimó a que depusieran al Papa. La sentencia fue transmitida a Gregorio VII, que, como respuesta, depuso y excomulgó a Enrique IV: "Privo al hijo del emperador Enrique, que se ha levantado contra tu Iglesia [el texto se coloca bajo la advocación del "bienaventurado Pedro"] con una inaudita insolencia, del gobierno de todo el reino de los teutones y de Italia; dispenso a todos los cristianos del juramento que le han prestado o que le prestarán; prohibo a todos que le obedezcan como rey... Lo ato, en tu nombre, con el vínculo del anatema".

En el texto, la deposición precede a la excomunión. Gregorio VII no dudaba de que disponía del poder de deponer a Enrique IV directamente, sin el rodeo de una previa excomunión, de la que derivaría como consecuencia la deposición. La excomunión será levantada en Canosa, pero Gregorio VII precisará que no ha cambiado de opinión sobre la deposición: "Reintegré a Enrique IV en la comunión, pero no le restablecí sobre el trono". Sin embargo, tanto la deposición como la excomunión son una "censura esencialmente penitencial" (H.-X. Arquillière). El pontífice no se apresurará a proveer la vacante del trono, esperando un arrepentimiento completo y público del pecador. Sus esperanzas se verán decepcionadas. La sentencia de 1080 recoge la de 1076, pero en un orden que expresa las vacilaciones de Gregorio VII y quizá mayor lógica en su pensamiento. Esta vez Enrique es excomulgado y, después, depuesto.

La *Carta a Hermann de Metz* es el manifiesto más completo del pensamiento gregoriano. Gregorio explica en dos ocasiones (1076 y 1081; analizamos aquí el segundo texto, que recoge la substancia del primero, amplificándola) su concepción de las relaciones entre Iglesia y Estado al obispo de Metz, Hermann, que le había comunicado la inquietud que sentían sus fieles sajones. Tres tipos de argumentos aparecen en el escrito del reformador: los argumentos sacados de las Escrituras, las pruebas de tradición y los argumentos racionales. La Sede apostólica tenía el derecho de excomulgar al rey Enrique y de deponerle en virtud del *poder de llaves*, conferido a Pedro y a sus sucesores. "Quien puede abrir o cerrar el cielo, ¿no podrá juzgar las cosas de la tierra?", exclama indignado el Papa. La tradición patrística y los precedentes históricos lo confirman en su interpretación; Gregorio invoca especialmente a Gelasio y a Gregorio el Grande, y recuerda la excomunión del emperador Teodosio por San Ambrosio, quien, además, "probó en sus escritos que la dignidad sacerdotal está por encima de la dignidad real, como el oro está por encima del plomo". Por último, Gregorio VII expone sus argumentos personales: "Los sacerdotes son superiores a los reyes", pues la santidad —la "ciencia" histórica lo prueba— es más patrimonio de aquéllos que de éstos.

El argumento esencial de Gregorio VII —el primero de los que acabamos de exponer— está sacado del Evangelio. El Antiguo y el Nuevo Testamento constituyen la principal fuente de la reflexión dogmática del gran pontífice. Se ha observado que sus citas de los Padres, de las colecciones canónicas o de sus predecesores, representan un número mucho menor que las referencias bíblicas. Se han señalado, en toda la obra gregoriana, 166 referencias al Antiguo Testamento, 335 al Nuevo, tan sólo 58 a Gregorio el Grande, dos a Gelasio, una sola a San Agustín, etc. Si las palabras-clave del pensamiento gregoriano son *caridad, fuerza* y, sobre todo, *justicia*, todas ellas tienen una resonancia esencialmente bíblica, esto es, espiritual. El concepto de justicia, en particular, no está inspirado por San

Agustín, cuya obra apenas conoce Gregorio VII, sino directamente por el Nuevo Testamento, sobre todo por San Pablo. "Es la justicia teológica la que resulta de la incorporación a Cristo mediante los sacramentos, mediante la gracia santificante, mediante la observación de los preceptos divinos, mediante el alejamiento del pecado bajo todas sus formas" (H.-X. Arquillière). Si bien estos matices no deben hacer olvidar que Gregorio VII subordinó, durante su pontificado, lo temporal a su dirección espiritual y moral, permiten, sin embargo, precisar que no estaba animado por una voluntad de ingerencia ofensiva, sino que, por el contrario, obraba según un reflejo defensivo, guiado por una doctrina que tendía a restituir a lo espiritual su (amplia) parte. Sus actos están en conformidad con su doctrina. Ahora bien, como ha señalado justamente Marcel David, "su doctrina es más intuitiva que lógica, más religiosa que jurídica" (Marcel David, *La souveraineté et les limites juridiques du pouvoir monarchique du IXe au XVe siècle*).

La obra gregoriana no se limita sólo a la emancipación de la Iglesia de los poderes laicos. Otras reformas, quizá menos espectaculares, contribuyeron a dar a la Iglesia un mayor vigor interior y una fuerza social que manifestará muy pronto, de una manera ofensiva esta vez. La lucha contra el nicolaísmo, emprendida sistemáticamente aunque con matices de un país a otro según los legados encargados de aplicar y controlar la reforma, no dará frutos en tiempos de su promotor, pero el movimiento iniciado por Gregorio VII es irreversible. La centralización romana y la refundición administrativa (con la organización de la Curia, que es su principal elemento) harán del obispo de Roma el Soberano Pontífice, dignidad y autoridad que los Papas de los siglos precedentes no consiguieron nunca asegurar de forma duradera. Gregorio VII muere en el exilio, tras haber permanecido durante algún tiempo prisionero de su adversario Enrique IV, pero sus sucesores verán el triunfo de su obra; la intensa fermentación ideológica que había acompañado o que siguió al pontificado del gran reformador les aseguró una superioridad que no dejaron de aprovechar.

C) Auxiliares y controversistas.—Pedro Damián (1007-1072) ocupa uno de los principales lugares entre los partidarios de Gregorio VII. El cardenal-obispo de Ostia era un asceta, un místico. Por ello su pensamiento político resulta a menudo bastante vago, hasta el punto de que los historiadores han podido ofrecer de él interpretaciones radicalmente opuestas. Teócrata absoluto para unos, espiritual puro para otros (lo que no es contradictorio), Pedro Damián es un hombre preocupado sobre todo por ver reinar la concordia divina en el mundo: entre la Iglesia, a quien concede la preeminencia, y el Estado, a quien considera sobre todo "el instrumento providencial de represión de los malvados y de los impíos". Arquillière, a quien debemos esta interpretación, desarrolla, en una página decisiva, las ideas que el cardenal-obispo de Ostia condensó en su *Disputatio synodalis inter regis advocatum et Romanae Ecclesiae defensorem* (compuesto en 1062): "El santo ermitaño sólo tiene presente una cosa: la Santa Iglesia. Ésta llena todo el campo de su pensamiento. Considera al Estado, o más bien al poder secular, solamente como uno de los innumerables servicios —de una importancia capital, de seguro— destinados a colaborar en la salvación de las almas. En la Iglesia no ve más que un jefe: el Papa. Por consiguiente, cuando se someten a discusión sus derechos, también quedan afectados los de todas las Iglesias, ya que es la base de todas. Los patriarcados, las primacías, los obispados y todas las dignidades de la Iglesia —bien sean de fundación real, imperial o particular— tienen derechos limitados, según la intención o el poder de sus fundadores. En cuanto a la primacía romana, solamente ella ha sido instituida directamente por Cristo, cuando confió al bienaventurado Pedro, el detentador de las llaves de la vida eterna, tanto los derechos del Imperio terrenal como los del Imperio celestial".

Si Pedro Damián magnifica al Pontífice, también glorifica, en cierto modo, al príncipe; pero únicamente porque éste se une a aquél como la naturaleza humana se une a la naturaleza divina en Cristo. "El emperador —comenta Etienne Gilson, que desarrolla otra imagen favorita del obispo de Ostia— es como un hijo bien amado en los brazos de su padre; el Papa es quien tiene la autoridad paterna" (Etienne Gilson, *La philosophie au Moyen Age*). Sus advertencias al joven Enrique IV, cuya actitud ulterior no conocerá, dan un concreto sentido a esa concepción "misteriosa": "El príncipe es el ministro de Dios para el bien. Pero si haces el mal, teme; pues no en vano lleva la espada, siendo ministro de Dios para tomar venganza de quien hace el mal". Estas palabras muestran un vigor análogo al de Gregorio VII.

Pedro Damián no duda en ningún momento de que el orden de las cosas sólo puede concebirse y realizarse de forma distinta por la malignidad del demonio, que ha inventado ya la filosofía y la gramática para obstaculizar a la teología. Las ideas de Pedro Damián son el reflejo, indudablemente muy exagerado por la pasión del místico, del pensamiento de su tiempo, totalmente impregnado de agustinismo y en estrecha vinculación con las concepciones de Isidoro de Sevilla y de Jonás de Orleáns. Al final de este desarrollo, la *innunctio regis* aparece como un sacramento entre otros que "confiere al príncipe la gracia de administrar a su pueblo según la justicia".

El *cardenal Humberto* está animado por una idéntica intransigencia; pero los efectos de ésta no se traducirán tan sólo en panfletos o tratados. Sin duda alguna, tuvo una gran parte de responsabilidad, junto con su contendiente Miguel Cerulario, en el cisma que separó, en 1054, a Roma y a la Iglesia bizantina. La desavenencia se refería fundamentalmente —si dejamos a un lado un conflicto de jurisdicción a propósito de los obispados de la Italia del Sur y de cuestiones de prácticas litúrgicas— a la primacía efectiva del pontífice romano en la Iglesia. A su regreso de Oriente, Humberto se dedica a denunciar los abusos que han invadido la Iglesia de Occidente, especialmente la simonía. En su obra *Adversus Simoniacos* (1059) expone su concepción sobre las relaciones entre el poder temporal y el eclesiástico. Aunque hace una discriminación teórica más precisa que Pedro Damián entre el campo laico y el clerical (para combatir mejor la simonía, que precisamente los confunde en beneficio de los laicos), no profesa opiniones fundamentalmente diferentes de las del cardenal-obispo de Ostia. Por el contrario, su estilo está adornado con imágenes parecidas: "Quien quiera comparar útil y correctamente la dignidad sacerdotal y la dignidad real, deberá decir que el sacerdocio de la Iglesia es comparable al alma, y el reino al cuerpo, ya que se ayudan mutuamente, tienen necesidad uno del otro y se prestan necesariamente una ayuda recíproca. Pero, al igual que el alma domina al cuerpo y le dirige, así la dignidad sacerdotal es superior a la dignidad real, como el cielo a la tierra".

Otros publicistas sostienen también el partido de Gregorio VII: en especial Manegoldo de Lautenbach, Bernardo y Bernaldo de Constanza, y sobre todo los canonistas *Anselmo de Luca* y *Deusdedit*. A petición del Papa, Anselmo de Luca y Deusdedit se dedican a reunir textos de todo tipo, sacados de obras patrísticas, de cánones conciliares, de Decretales, de códigos de derecho civil, de trabajos de historiografía, etc., justificando las prerrogativas tradicionales del pontífice y probando su conformidad con la Escritura. "El orden eclesiástico tiene su origen en Pedro", escribe Anselmo de Luca en la primera línea de su colección. Igualmente, Deusdedit ofrece su recopilación a Víctor III, el sucesor de Gregorio VII, con estas palabras: "Vuestra santidad sabe que la Santa Iglesia romana es la madre de todas las iglesias, porque el bienaventurado Pedro la instituyó antes de la fundación de los patriarcados de Oriente y envió luego a Occidente a sus primeros pastores". Ambos se desenvuelven en una misma atmósfera intelectual y tienen una misma concepción providencial del orden del mundo: "El sacerdote lucha con la espada del Verbo... El rey combate con la espada material", afirma Deusdedit; no contradiciéndole en absoluto Anselmo de Luca "...El Señor no se ha servido de los reyes para dar la ley a los sacerdotes, sino de los sacerdotes para dirigir a los monarcas y a los demás fieles".

★ ★ ★

Los controversistas "enriquianos", en el fondo, apenas ponen en duda estos principios. Discuten tan sólo la aplicación que se les ha dado y la personalidad de quien los aplicó. Para Pedro Craso, por ejemplo, "no hay —como escribe Arquillière— más que una gran realidad, en la que todas las instituciones, políticas y religiosas, hunden sus raíces y de la que todas obtienen su savia: la Iglesia universal. De aquí deriva su concepción empobrecida del Imperio, así como la marcha de su razonamiento". Hildebrando no tenía ningún derecho a decretar las condenas que conocemos. Es sólo —argumenta Pedro Craso— un usurpador del trono pontificio, un sarabaíta, un monje desertor de su convento y por consiguiente, un excomulgado (en conformidad con el decreto del Concilio de Calcedonia sobre los monjes); en otros términos: un falso papa, un monje pecador, un artífice de desórdenes. La substancia de los libelos de Guy de Osnabrück, Sigiberto de Gemblouse, etc., no difiere sensiblemente, si bien se acrecienta de narraciones tendenciosas, siendo el objetivo de estos escritos presentar los acontecimientos en un sentido favorable a Enrique IV. Sin embargo, vemos ya despuntar teorías que triunfarán más tarde referentes a la monarquía hereditaria y absoluta, independiente del Papado en su origen y en su ejercicio: este es su aspecto más positivo.

* * *

Los controversistas gregorianos son quienes ciertamente ocupan la situación ideológica y psicológica más firme a finales del siglo XI. Su prestigio repercutirá sobre el papado, sobre los sucesores de Gregorio VII. La posición de estos últimos es tanto más fuerte cuanto que, al beneficio del triunfo de las ideas gregorianas, se añade una herencia material no desdeñable. En efecto, el Papado administra directamente, *iure proprietario*, el dominio pontificio, al que hay que añadir la donación de la condesa Matilde, así como Córcega y Cerdeña. Además, el señorío pontificio se ejerce sobre un cierto número de territorios, tanto en Italia como fuera de Italia. En Italia, los príncipes normandos Roberto Guiscardo y Ricardo de Capua se reconocen vasallos de la Santa Sede. Fuera de Italia, una tutela del mismo orden es aceptada por Hungría, por el reino de Kiev y por el duque de Croacia-Dalmacia, y sin duda por Dinamarca y la Bohemia. En la mayoría de estos casos, los mismos príncipes han solicitado, por táctica o por otras razones, el señorío pontificio. Ocurre de otro modo en Aragón, en todas las tierras reconquistadas a los musulmanes y en el conjunto de los países del Mediodía mediterráneo; en estas regiones Gregorio VII —y sus sucesores continuaron su política— pretende ejercer un señorío feudal, no aceptado sin reticencias. ¿Equivale esto a decir, como han pretendido algunos historiadores, que la doctrina gregoriana habría tendido esencialmente —lo que constituiría su originalidad— a establecer el señorío pontificio sobre el conjunto del dominio temporal? Agustín Fliche (*La réforme grégorienne et la reconquête chrétienne*, vol. VIII de *L'histoire de l'Eglise* de A. Fliche y V. Martin) observa de forma pertinente que semejante inferencia no es lícita, aunque la coincidencia de la terminología eclesiástica y de la terminología feudal (*fidelis, miles, servitium, auxilium*, etc.) le confiera una apariencia de justificación. De una manera general —y exceptuando España y los países mediterráneos, empeñados en la "reconquista cristiana"—, parece que el Papa trató sobre todo de obtener ventajas financieras —más que una preponderancia política— de sus vinculaciones feudales con ciertos príncipes. Guillermo el Conquistador enviaba regularmente dinero a la Iglesia romana, aun negándose a ser considerado como un vasallo de la Santa

Sede. Como quiera que sea, el ejercicio de atribuciones feudales por el Papa es un signo del tiempo. La Iglesia, debilitada e incluso destrozada por el régimen feudal, supo sacar provecho de éste, principalmente gracias a Gregorio VII. Los acontecimientos posteriores lo confirmaron de forma manifiesta.

SECCION II

Feudalismo.

> "El feudalismo coincidió con un profundo debilitamiento del Estado, especialmente en su función protectora."
>
> Marc BLOCH, *La société féodale.*

A) PERSONALIZACIÓN DE LAS RELACIONES.—El sistema feudal conoció su pleno desarrollo en los siglos XI y XII. Es conveniente señalar que, aunque se extendió ampliamente por Europa occidental, escaparon a su influencia amplios territorios (Península escandinava, Frisia, Irlanda) y que, aun dentro de su área de influencia, no fue realizado en todas partes al mismo ritmo, en el mismo grado y ni siquiera de una manera general. Como han observado diversos autores, el mapa feudal muéstrase extremadamente diversificado. Si cabe hablar de sociedad feudal, de feudalismo, es en consideración a una cierta forma de relaciones humanas, a un cierto espíritu común en las costumbres que se expresa poco a poco en instituciones, pero bastante raramente y bastante tardíamente en codificaciones escritas.

"La sociedad feudal es una sociedad que, en su principio y en todo su rigor, parece excluir o (para hablar quizá con mayor moderación y precisión) no prevé la intervención de un poder que le sea exterior. La idea de Estado, la noción de un poder público que ejerce en nombre del interés general una cierta coacción sobre los individuos, le resulta extraña" (Louis Halphen, "La place de la Royauté dans le système féodal", en *A travers l'histoire du Moyen Age).* Esto se explica fácilmente precisamente en la medida en que el feudalismo nace como consecuencia de la quiebra del Estado frente a los desórdenes y miserias de todo orden que se habían abatido sobre Occidente. El feudalismo es, ante todo, un expediente. El pequeño propietario se confía o se vende al señor, con el fin de asegurar su defensa o su subsistencia frente a los invasores: "Una *tenure* [posesión feudal] estable vale más que una propiedad insegura". En cuanto a los señores, eran generalmente antiguos oficiales del rey que habían paliado la incuria del poder central o que se habían aprovechado de la ausencia de control, ejerciendo en su propio nombre una autoridad tan sólo delegada; poco a poco, y en extensiones diferentes, se habían ido asegurando el ejercicio de los derechos de regalía. En otros casos, la señoría se fundamenta en la concesión por el rey de una carta de inmunidad; en su origen (en los tiempos merovingios) fue una exención de impuestos, para transformarse más tarde en una exención del control administrativo (concedida por el rey en el caso en el que los oficiales del poder central cometían abusos demasiado flagrantes), convirtiéndose progresivamente en una verdadera independencia.

Siguiendo a Louis Halphen, cabe decir que la característica esencial del sistema feudal es "la idea de que lo que prima es el vínculo de hombre a hombre, de vasallo a señor, con la contrapartida del feudo, que es a la vez la prenda, el medio de acción y —al menos al principio— la recompensa del vasallo". Igualmente escribe Marc Bloch: "En la sociedad feudal el vínculo humano característico es la atadura del subordinado a un jefe próximo" (*La société féodale*, vol. II). La idea de proximidad, de personalización de las relaciones humanas es esencial, así como la de desigualdad, la de subordinación de un siervo (no de un esclavo) a un jefe (más bien que a un noble). Este jefe es, ante todo, un guerrero, especializado en su arte. Protege a su subordinado, que debe, a su vez, proporcionarle los medios, esto es, consentir a sus peticiones, tanto en tiempo de guerra como de paz.

La fidelidad caracteriza las relaciones entre el vasallo y el señor. Al señor le es debido el homenaje de los bienes y de las personas. El juramento de fidelidad y la carta de homenaje que el vasallo debe prestar al Señor, recapitulan las realidades y los signos de esta dependencia personal hasta en los menores detalles. Expongamos un ejemplo, elegido entre muchos otros: la carta de homenaje prestada por el vizconde de Carcassone al abad de La Grasse, que data de 1110. Después de enumerar los bienes por los que debe homenaje al abad de La Grasse, el vizconde de Carcassone precisa: "Además, reconozco que, por el reconocimiento de los dichos feudos, debo ir, e igualmente mis sucesores, al dicho convento, a mi costa, siempre que sea instituido un nuevo abad, y rendirle homenaje y darle poder sobre todos los feudos que se enumeran más abajo. Y cuando el abad monte a caballo, debo (e igualmente mis herederos, vizcondes de Carcassone y sus sucesores) sostenerle el estribo, en honor de la señora de Sainte-Marie-de-La-Grasse; debo también asegurarle una residencia abacial en la ciudad de Saint-Michel-de-Carcassone, a él y a todo su séquito, hasta la suma de doscientas bestias, proporcionándole en su primera entrada en Carcassone los mejores pescados y carnes, huevos y quesos, en honor a su voluntad, y garantizando el herraje de los caballos, la paja y el forraje, según las exigencias del tiempo".

B) LA JERARQUÍA.—La extensión del poder señorial no es uniforme. Varía según la posición que el titular de aquél ocupe en la jerarquía feudal. Los jefes no lo son de forma absoluta siempre. Pueden, o no, estar subordinados. Solía ocurrir que algunos fueran vasallos de sus propios vasallos. Según las recopilaciones (*coutumiers*) en que se encuentran transcritas, a partir de comienzos del siglo XIII las reglas feudales —como *Le Très Ancien Coutumier de Normandie* (finales del siglo XII-comienzos del siglo XIII), *Le Grand Coutumier de Normandie* (redactado poco después del precedente), el *Coutumier de Vermandois*, que lleva el título de *Conseil à un ami* (de igual fecha que el precedente), *Le livre de jostice et de plet*, los *Etablissements dits de saint Louis* (1273) y las *Coutumes de Beauvaisis* (1283), de Beaumanoir, así como el *Traité des lois anglaises* o el *Miroir des Saxons* (hacia 1221)—, se puede clasificar a los señores feudales en tres categorías: 1.º Los que detentan una baronía, esto es, los titulares de los feudos con título: duques, condes, vizcondes, marqueses, descendientes de los oficiales administrativos de la época carolingia, así como algunos otros señores llamados simplemente barones. La regla para esta primera categoría —tal y como la formula Beaumanoir (que desborda las fronteras de Beauvaisis, para mostrar "el derecho común de las costumbres de Francia")— es el poder absoluto: "Cada barón es soberano en su baronía". 2.º Los señores, castellanos o valvasores (hidalgos infanzones), que no son soberanos, pero que tienen poder judicial. 3.º Los señores, castellanos o valvasores, que ni son soberanos ni tienen poderes judiciales. Aunque las barreras no son infranqueables, las categorías, sin embargo, están bien establecidas. Así lo confirma la descripción que da el *Livre de jostice et de plet*: "Duque es la primera dignidad, y después conde, y después vizconde, y después barón; y después castellano, y después valvasor; y después ciudadano, y después villano" *.

Sin embargo, antes de que se llegue a esta claridad en la clasificación —en particular bajo la influencia de la renovación de los estudios jurídicos, hacia finales del siglo XI, primero en Bolonia y en otras partes después—, la vida feudal siguió un curso anárquico en el que la costumbre o la violencia tenían fuerza de ley. "Al lado del derecho escrito existía ya [en la época carolingia] una zona de tradición puramente oral. Uno de los caracteres más importantes de la edad en que se constituyó verdaderamente el régimen feudal fue que ese margen aumentó desmesuradamente, hasta el punto de que en algunos países invadió por completo el campo jurídico (Marc Bloch, *op. cit.*).

Marc Bloch cita varias anécdotas muy significativas, en especial ésta, de la que saca consecuencias: "Había en Arles —nos dice— un oso, traído por los señores del lugar. Los habitantes, a quienes divertía verle combatir contra los perros, se ofrecieron a alimentarlo. Después, la bestia murió. Pero el señor continuó exigiendo las raciones. La autenticidad de la anécdota es quizá discutible; pero, en cambio, su valor simbólico está fuera de duda. Muchas rentas nacieron de donaciones a título gracioso y durante mucho tiempo conservaron su nombre". O esta otra: "¿No era acaso costumbre en Cataluña, cuando se enajenaba una tierra, estipular, en forma particularmente cínica, que se cedía con todas las ventajas cuyo disfrute tenía el poseedor "graciosamente o por violencia"?".

Los señores, reconocidos al principio como tales para asegurar la protección de la sociedad frente al enemigo exterior, tendían a convertir la guerra en su atribución permanente. Después de la lucha contra el desorden, aparece el desorden establecido. Afortunadamente para las poblaciones, intervendrá rápidamente un derivativo —las cruzadas—. Y en una última fase, la institución feudal postulará un principio regulador: el poder real.

Los rasgos fundamentales del feudalismo europeo —siguiendo la brillante síntesis de Marc Bloch— son éstos: "Sujeción campesina; en lugar de salario, generalmente imposible, amplia utilización de la *tenure-service*, que es, en sentido preciso, el feudo; supremacía de una clase de guerreros especializados; vínculos de obediencia y de protección que ligan hombre con hombre y que, dentro de esa clase guerrera, revisten la forma especialmente pura del vasallaje; fraccionamiento de los poderes, engendrador del desorden; y, sin embargo, en medio de todo esto, la supervivencia de otras formas de agrupación —parentesco o Estado—, debiendo recobrar este último, en la segunda edad feudal, un nuevo vigor".

---

* En el original esta cita, al igual que la mayoría de las referentes a libros anteriores al siglo XVI, se inserta en francés medieval.—*N. del T.*

C) FEUDALISMO Y PODER REAL.—El poder real nunca fue abolido teóricamente por el feudalismo. En la práctica fue, por decirlo así, puesto entre paréntesis por los grandes señores. Se admitía que el rey pudiera ser considerado como un señor, e incluso que tuviera el privilegio de evadirse siempre de la condición de vasallo; cuando el rey entraba, por herencia o por otras circunstancias, en posesión de un feudo vasallo cuyo titular debía tradicionalmente homenaje a otro señor, éste renunciaba al homenaje y recibía en compensación indemnizaciones (materiales) a menudo importantes. De esta forma, se estipuló lo siguiente para los dominios confiscados a los herejes albigenses, gravados generalmente por servicios feudales en beneficio de diversos señores, estipulación realizada de acuerdo con estos últimos:

"Que todos los feudos y dominios confiscados a los herejes, o a sus instigadores, o a sus adeptos, o a sus defensores, o a su encubridores, y todos aquellos que se confisquen en el futuro, pertenecen en propiedad y corresponden en derecho al rey Luis. Ahora bien, como el rey no está obligado a prestar homenaje a nadie, ha tenido a bien, para compensar este hecho, que todos los feudos y dominios que dependían hasta ahora de nosotros y de nuestra iglesia de Narbona y que han sido confiscados a los herejes, le pertenezcan desde ahora con toda libertad y sin ningún homenaje ni servicio, ni hacia nosotros ni hacia la iglesia de Narbona, por lo que nos concederá, a nosotros y a la mencionada iglesia, una renta perpetua de 400 libras tornesas".

Igualmente, Felipe el Hermoso, después de su matrimonio con la reina Juana de Navarra, heredera de la Champagne, pero antes de su accesión al trono de Francia, toma las precauciones siguientes:

"Felipe, primogénito del rey de Francia, rey de Navarra por la gracia de Dios, conde palatino de Champagne y de Brie, a todos quienes lean las presentes cartas, salud. Hacemos saber que por los bienes que provienen de nuestra querida esposa Juana, heredera del conde de Champagne, que debemos poseer como feudo del obispo de Langres, debemos homenaje al venerable padre en Cristo, Guy, obispo de Langres por la gracia de Dios, a condición de que si acontece que ocupemos por sucesión el trono de Francia, desaparecerá el homenaje y será considerado nulo, con la reserva, no obstante, de que estaremos obligados a dar al dicho obispo o a su sucesor en la sede de Langres un vasallo en estado de detentar el feudo y de rendir homenaje al obispo, o bien a transigir amigablemente con él".

Pero aunque el señorío del rey goza de ciertos privilegios que le confieren un carácter absoluto, no puede llamarse al rey soberano del territorio de Francia. El régimen feudal establece, por el contrario, una división de la soberanía entre los *príncipes Galliae*, sin que se pueda afirmar que éstos sean los fieles (según la tesis de Flach) o los vasallos (según la de Lot, para quien no existe diferencia entre ambos términos) del rey. Todo lo más, puede decirse que:

"Todos tienen vocación de serlo... Pero no lo son, no pueden serlo más que si han prestado homenaje y durante largo tiempo no han roto el vínculo de esta forma creado. Las fidelidades tardías, intermitentes, ausentes —que son legión y que tienen su origen o bien en los juegos de la política y de las alianzas en quienes están cerca del rey, o bien en el alejamiento de los meridionales— se inscriben en el pasivo del balance del rey y hacen bastante estrecho el círculo de los fieles del monarca" (J.-F. Lemarignier, "Les fidèles du roi de France", en *Mélanges Brunel*).

Será necesaria toda la paciente habilidad de los reyes para resucitar su soberanía, sin abatir brutalmente el edificio feudal, sino pretendiendo coronarlo. En algunos casos, como en la Italia normanda, la monarquía utilizará las estructuras feudales, delegando a los feudatarios una parte del poder público. Esta "re-funcionarización" de los señores es el movimiento inverso al de feudalización. La "desfeudalización" estaba favorecida, además, por la supervivencia del sentimiento nacional, mantenido en las masas populares por la Iglesia, promotora del carácter sagrado de la monarquía e inicialmente llena de reticencia, si no de desconfianza, hacia el régimen feudal.

D) FEUDALISMO E IGLESIA.—Las prácticas simoníacas justificaban la actitud de la Iglesia respecto al feudalismo. Las reformas de Gregorio VII y de sus sucesores no resultarán en todas partes de fácil aplicación. Los señores, e igualmente el número de prelados que se beneficiaban de él, estaban interesados en la conservación del estado de cosas existentes. Sin embargo, una vez que las reformas den su fruto, las reticencias de la Iglesia respecto al mundo feudal se esfumarán. Se operará una inversión de las tendencias, hasta el punto de que el Papado tendrá —como hemos indicado— relaciones señoriales con numerosos príncipes. Si el Papado "purificó" en cierta medida el sistema, recogiéndolo en su provecho, la Iglesia vio también el partido que podía sacar de los hombres. A esos caballeros belicosos, autores de pillajes, aficionados a los torneos y llenos de muchos otros vicios, la Iglesia prefiere integrarlos más que combatirlos. La ceremonia de revestir al caballero con la armadura se transforma poco a poco —según los publicistas, clérigos o no; así, Juan de Salisbury— en un "sacramento", y el código caballeresco descansa sobre una especie de contrato concluido entre el caballero y la Iglesia. El caballero de *Perceval, de Lancelot*, del *Minnesang*, del *Livre de la vie chrétienne* y, sobre todo, del *Ordene de Chevalerie*, es un personaje "sagrado", defensor de la viuda y del huérfano, providencia del pobre y del débil, combatiente de la Santa Iglesia. Su espada se dirige especialmente contra los paganos. En recompensa, la Iglesia define los derechos y deberes del señor: "Quien jura fidelidad a su señor —escribe el obispo Fulbert de Chartres— debe tener siempre en el ánimo estas seis palabras: salvación, seguridad, honestidad, utilidad, facilidad y posibilidad". A continuación precisa: "No basta con abstenerse del mal si no se hace el bien. Resulta, por consiguiente, que el vasallo proporcione a su señor la ayuda y el consejo sobre los seis puntos que preceden. El señor debe, por su parte, dar reciprocidad a sus fieles en todas las cosas; si no lo hace, será considerado, a justo título, como desleal". Legitimando la existencia de los caballeros, la Iglesia consagra su supremacía en el orden social: los caballos que montan —narra el relato de *Lancelot*— son el símbolo del "pueblo", al que mantienen en "recta sujeción". "Porque sobre el pueblo debe montar el caballero. Y del mismo modo que se espolea un caballo y el que lo monta lo lleva donde quiere, lo mismo el caballero debe de llevar al pueblo a su querer". Ese "querer", como el del Papado, muy pronto tendrá como finalidad la cruzada. Al final de esta evolución, el caballero ideal será el Templario, a la vez clérigo y guerrero, tal como lo describe San Bernardo en su "Elogio de la nueva milicia" (*De laude novae militiae*).

E) LAS INSTITUCIONES DE PAZ.—La guerra podía, en efecto, ser justificada. El desarrollo de las instituciones de paz en el siglo XI no contradice en absoluto lo anterior. El problema fundamental en esta época es la salvación. El orden cristiano es el fundamento de esta salvación, debiendo ser protegido y extendido mediante la guerra cuando el adversario se encuentra en las filas de los infieles. La guerra no es mala "más que por accidente, cuando afecta a los cristianos, a los dominios o gentes de la Iglesia, pero se convierte en buena cuando protege a la cristiandad contra el infiel. La guerra privada no era ni mejor ni peor que la guerra pública. Toda guerra, sin distinción, se transformaba en mala cuando violaba el orden cristiano. Toda guerra se convertía en legítima y santa cuando tenía por objetivo la restauración de la paz de Dios" (Roger Bonnaud-Delamare, "Fondement des institutions de paix au XI siècle", en *Mélanges L. Halphen*). La paz de Dios tiene sus exigencias. No se puede obtener al precio de cualquier concesión. Se trata de una paz jurada colectivamente por los hombres de buena voluntad, no para sus pequeñas comodidades, sino para que se expanda "el orden cósmico regido por la Divina Providencia". Por consiguiente, no cabe oponer, en esta época, paz de Dios y tregua de Dios; ésta es un instrumento de aquélla, a la que prolonga y fortalece: "Así como la paz había intentado restablecer el orden cristiano en la sociedad laica, así la tregua restableció el orden cristiano en las relaciones de los hombres con Dios...: la tregua de Dios, al extender el tiempo de oración, al paralizar toda actividad profana varios días a la semana, permita al hombre realizar de forma más segura su salvación" (Roger Bonnaud-Delamare, *op. cit.*). Es bien evidente que los paganos y los herejes están excluidos de la tregua, que puede incluso ser aprovechada para castigarlos con comodidad. El pacto de la paz crea así un privilegio en favor del mundo cristiano y consagra jurídicamente, en el interior de éste, la preeminencia social de los nobles, de los caballeros, laicos o clérigos, que son los únicos con derecho a llevar armas —en detrimento del bajo clero o de los villanos.

* * *

El feudalismo occidental fue un acontecimiento extraordinario que ha dejado una profunda huella en nuestra civilización. Seguramente no fue único en su género, como creía Montesquieu. "Buscarse un protector, complacerse en proteger: estas aspiraciones existen en todos los tiempos", afirma Marc Bloch. Cabría añadir: y en todos los sitios.

SECCION III

Monarquía.

> "Por encima del polvo de los se-
> ñoríos, de las comunidades fami-
> liares o aldeanas, de los grupos va-
> sallos, se elevaban, en la Europa
> feudal, diversos poderes, cuyo más
> amplio horizonte tuvo durante mu-
> cho tiempo como precio una acción
> mucho menos eficaz, pero cuyo des-
> tino fue mantener, en esta socie-
> dad dividida, algunos principios de
> orden y de unidad."
>
> Marc BLOCH, *La société féodale.*

La monarquía fue uno de esos poderes. Sin duda, el feudalismo pulverizó la soberanía política, pero, en cambio, no borró las fronteras geográficas nacionales. Si bien en su interior la autoridad del rey no podía ejercerse
de una manera absoluta más que sobre un dominio territorial muy limitado,
ninguno de los señores que se dividían entre sí el resto del país tuvo nunca
la audacia de proclamarse rey. El título real y la pompa de la consagración
estaban reservados a los sucesores del trono (a los Capetos, en Francia).
De esta forma, el mapa europeo no fue casi alterado por el feudalismo, que,
por el contrario, lo conservó. La sorprendente estabilidad del número de
monarquías es una señal muy característica de dicho fenómeno.

A) LOS TEÓRICOS ECLESIÁSTICOS.—Resulta curioso constatar que los
primeros teóricos de la monarquía surgen justamente durante el período feudal: en Francia, en el siglo X, Abbon, y en el XI, Yves de Chartres; en Inglaterra, en el siglo XII, sobre todo Juan de Salisbury. Además, estos hombres eran gente de Iglesia, cuidadosos de no atacar al Papado, pero sin menospreciar por ello el poder monárquico. Otros eclesiásticos, como Suger,
contribuyeron a afirmar ese poder de una manera todavía más eficaz. Suger
no se contentó con ser el historiógrafo de los reyes; fue consejero activo de
Luis VI y Luis VII. Cuando este último partió para la cruzada, el abad de
Saint-Denis se hizo cargo de la regencia (1147-1149); el hábil administrador del dominio abacial no vaciló en poner sus cualidades al servicio de
Francia.

Dos siglos antes, el abad de Fleury, *Abbon,* servía al rey a su manera. Su concepción de la obediencia que los señores, al igual que los demás súbditos, deben al rey, es
categórica: "En teoría, la elección (del rey) es libre, pero desde que el rey es elegido
y consagrado, todos le deben obediencia. A partir del momento de la consagración, desobedecer al rey es desobedecer al mismo Dios".

Yves de Chartres justifica, en sus cartas, la legitimidad del rey y su derecho a la
sucesión del trono: "A justo título, ha sido consagrado rey aquel a quien corresponde el
trono por derecho hereditario y a quien el unánime consentimiento de los obispos y de
los grandes ha designado". Esta doctrina de la sucesión es la de la Iglesia, moderada por
la tradición de los Capeto. A la Iglesia siempre le repugnó la herencia simple y pura

de la dignidad real. Desconfiaba de las virtudes de la raza, prefiriendo la elección al derecho hereditario, tal y como la practicaba para sus propios dignatarios —papas, obispos, abades—, elegidos todos, en diversos grados, por el pueblo cristiano. Pero la práctica de asociación al trono adoptada por los reyes capetos había sustituido de hecho la elección por las leyes hereditarias para la ascensión al trono real. Yves de Chartres tenía necesariamente que tenerlo en cuenta.

La práctica inglesa era, en este punto, más imprecisa. Los reyes ingleses no adoptaron inmediatamente la costumbre francesa de la asociación al trono. *Juan de Salisbury* apenas precisa las reglas para la elevación a la dignidad real; sin duda, se inclina a creer que el candidato del clero es siempre el mejor. En cambio, su teoría de la realeza es, sobre otros puntos, muy precisa: constituye, incluso, el centro del sistema que describe en su *Polycraticus, sive de nugis curialium et vestigiis philosophorum.* Esta obra, terminada en 1159, proporciona "una descripción muy general de la vida de la Corte y de sus peligros, y sobre todo una teoría política y consideraciones morales sobre los medios de asegurar la felicidad y la salvación". Ch. Petit-Dutaillis —de quien hemos tomado esta cita— precisa el contenido del libro de la forma siguiente: "Para formular su pensamiento (Juan de Salisbury), recoge una comparación que era ya banal en su tiempo, la del cuerpo político con un cuerpo vivo cuyo vigor depende del buen estado de todos los órganos y de su armonía. Los pies son los trabajadores de los campos y de la ciudad: las manos, el ejército; el vientre, propenso siempre a colmarse hasta la indigestión y a sembrar el desorden en el resto del cuerpo, es la administración de las finanzas; la cabeza es el príncipe, y el corazón, el "senado", esto es, los oficiales y consejeros que le rodean. Pero el alma es la religión, que debe inspirar los movimientos del cuerpo político, y es del clero de quien deben partir los impulsos".

La metáfora de Juan de Salisbury se liga con la de San Pablo referente a la Iglesia. En efecto, el Estado debe organizarse al estilo de la Iglesia, con la que está llamada a unirse para el gobierno del mundo y para la salvación de las almas. Juan de Salisbury permanece fiel a la concepción tradicional del poder temporal de la Iglesia. Como ha observado Hans Liebeschütz (*Medieval Humanism in the life and writings of John of Salisbury*), su principal preocupación es de orden pastoral. En esta óptica, el clero inglés tiende sobre todo a la instrucción y edificación de quienes tienen que asumir altas funciones en la sociedad. Para él, "la tarea esencial del teórico político es desarrollar el sentido de la responsabiilidad en el rey y en sus consejeros". Los jefes temporales son, en primer lugar, los instrumentos de la providencia. Si el pecado original no existiera y si los hombres vivieran sin pecado, serían inútiles; la política es un mal menor, pero un mal menor necesario, lo que impone a quienes la dirigen responsabilidades particulares: los príncipes deben conocer la ley de Dios y, por tanto, leer el Deuteronomio (si son analfabetos —lo que Dios no quiera: *rex illiteratus est quasi asinus coronatus*— que se lo hagan leer por los sacerdotes).

Aquí se injerta la parte indudablemente más original de la obra de Juan de Salisbury: las exacciones del poder temporal en Iglaterra, principalmente frente al papado y a sus legados, le llevan a decir que un pensador político no debe satisfacerse con describir el gobierno ideal y ofrecer reglas morales de acción, sino que debe igualmente interesarse por la hipótesis de una tiranía intolerable. Aunque los reyes justos —aquellos que son legítimos, que tienen una sana concepción de su tarea y que la ponen en práctica— deben ser obedecidos de manera incondicional, "no solamente no está prohibido matar a un tirano —escribe Juan de Salisbury siguiendo al Cicerón del *De officis*—, sino que es conforme a la justicia y al derecho el hacerlo". Sin embargo, en ninguna parte define al tirano con una precisión jurídica. La tiranía es para él una categoría bastante vaga —un estado demoníaco—, de la que evita dar ejemplos contemporáneos. Se cuida bien de sugerir que Enrique II (el *Polycraticus,* sin embargo, está dedicado a Thomas Becket) o el tirano Barberousse merezcan la muerte. Si bien esta doctrina del tiranicidio, de inspiración esencialmente bíblica e histórica, es en Juan de Salisbury de aplicación bastante problemática, más tarde sus compatriotas se encargarán de aportar las precisiones que juzguen convenientes para pasar a la acción.

Este inteligente hombre de letras, cuyas obras "no desmerecerían de la época del Renacimiento —dice Etienne Gilson— ni por la calidad de su estilo ni por la finura de espíritu que le anima", tuvo como principal mérito restaurar la noción de Estado, en contacto con los representantes del humanismo latino (especialmente Cicerón), sin conferirle, sin embargo, una verdadera autonomía, haciéndolo "derivar" del orden espiritual, que le confiere su valor propio. Esta contradicción —que le ha valido la acusación de ser "un ingenio elegante que mariposea, no un profundo pensador, y todavía menos un sólido doctrinario" (Marcel Pacaut)— es producto de su cultura, a la vez bíblica y pagana, y de su doble situación de familiar (a veces escandalizado y repudiado) de los grandes y de clérigo de la Iglesia romana bajo influencia gregoriana. Este "último gregoriano" anuncia una nueva época: aquella en la que el Estado, definitivamente reconstruido sobre el feudalismo, podrá dedicarse a reducir la tutela eclesiástica.

B) LOS ESPEJOS DE PRÍNCIPES.—Esta justificación dada por los clérigos al poder monárquico tiene como contrapartida las constantes exhortaciones que dirigen al rey y a los príncipes. Habría que mencionar toda una literatura de edificación de los poderosos, cuyo origen se remonta a la antigüedad griega (Isócrates) y latina (Marco Aurelio), y que, por lo demás, no es privativa del Occidente medieval, ya que existen numerosos ejemplos de "espejos de príncipes" en Oriente, principalmente en Bizancio. Estos escritos, que subrayan las virtudes cardinales de los gobernantes (sabiduría, prudencia, justicia, magnanimidad, etc.), son, por otro lado, el origen de los tratados políticos en buena y debida forma que se multiplican en el apogeo de la Edad Media: de Martín de Braga (*Formula honestae vitae*) o Isidoro de Sevilla (*Excerpta canonum*, Libro VII: "De honestate et negotiis principum"), a Juan de Salisbury (*Polycraticus*) o Santo Tomás de Aquino (*De regimine principum*), pasando por Smaragdo (*Via regia*), Jonás de Orleáns (*De institutione regia*) o Hinckmar (de sus diversos tratados: *De Regis persona et regii ministerio*), el parentesco de las intenciones, si no del género, es evidente. Los clérigos dejan de ser consejeros y se convierten en teóricos; la forma se hace menos directa, más abstracta.

La realeza, en todo caso, sabe explotar las armas que la Iglesia le forja. Otro clérigo, Pedro de Bois, contemporáneo de Enrique II, recoge la argumentación de Abbon sobre la obediencia debida al rey:

"Debo reconocer que es santo —dice— asistir al señor rey, pues es santo y cristo del Señor, y no en vano ha recibido el sacramento de la unción real, cuya eficacia, caso de que sea ignorada o puesta en duda, será plenamente verificada por la desaparición de la peste inguinal y por la curación de las escrófulas".

Este carácter taumatúrgico del poder real despertaba profundos ecos en las masas populares. La adhesión de éstas a la persona del rey se situaba mucho más en este nivel que en el de un consentimiento y una fidelidad jurídicas. "Los reyes de Francia, al menos desde Felipe I y seguramente desde Roberto el Piadoso, y los reyes de Inglaterra, desde Enrique I, pasan por curar ciertas enfermedades mediante el contacto de sus manos. Cuando en 1081 Enrique IV —sin embargo, excomulgado— atravesó la Toscana, los campesinos acudían a su paso e intentaban tocar sus vestidos, persuadidos de que de esta forma aseguraban felices cosechas" (Marc Bloch, *La société féodale*. Sobre este tema, véase del mismo autor: *Les rois thaumaturges*). No hay que olvidar tampoco el carácter popular que adquirió bastante rápidamente la ceremonia de la consagración, acompañada de cabalgadas a la ida o al regreso de Reims. Así, Juana de Arco, hija del pueblo, no tendrá otro objeto, en las sombrías jornadas que muy pronto vivirá Francia, que el conducir a su rey a Reims para la consagración. No cabe duda .de que el sentimiento popular favoreció grandemente a la realeza en su lucha contra los señores; el pueblo —conviene recordar— no tenía por qué felicitarse del feudalismo, como prueban el movimiento "municipal" y la seducción que éste ejerció fuera de las ciudades mismas.

` La realeza reconstruye el Estado desde el interior del régimen feudal. "Jugando el juego" del feudalismo y utilizándolo consigue aniquilarlo de la forma más segura. El movimiento iniciado con Luis el Gordo se continúa con Felipe Augusto, que fortifica el poder real mediante sus conquistas, su reforma administrativa (creación de bailíos) y la extensión de sus competencias de justicia. El reinado de San Luis supone, en este camino, una etapa decisiva. "Tal era el ascendiente moral que sus virtudes y su escrupulosa honestidad le habían proporcionado —escribe de San Luis Emile Chandon—, que llegó a contener e incluso a hacer retroceder al feudalismo. Hizo más en este sentido mediante su sabiduría y prudencia, que sus predecesores por la fuerza y, frecuentemente, la deslealtad. Por consiguiente, puede considerarse que la realeza, a la muerte de San Luis, estaba ya en situación de superioridad y que el feudalismo había llegado al momento en el que no podía sino decaer". Felipe el Hermoso concluirá la obra de sus predecesores.

C) LOS LEGISTAS.—En el apoyo a los monarcas, se unieron a los clérigos (de los que ya hemos hablado) los escritores políticos —bajo la influencia de los canonistas— y los legistas. La teoría de los canonistas sobre la ley justa hecha para el bien común y sobre el carácter del rey "ministro de Dios para el bien", inspira a *Beaumanoir* sus principios generales. Después de reconocer que los barones son soberanos en su baronía, Beaumanoir añade: "Claro está que el rey es soberano por encima de todo y tiene como derecho suyo la guarda general de todo su reino, por lo que puede hacer todo establecimiento como le plazca para el bien común, y lo que él establece debe ser mantenido". Emile Chénon, después de esta cita, añade: "El rey gozaba, por consiguiente, en 1263, según Beaumanoir, del poder de hacer ordenanzas generales para todo el reino, pero con la triple condición de hacerlas: 1.º "Con muy gran consejo", es decir, después de consultar a sus oficiales o a sus barones; 2.º Para el beneficio común; 3.º De conformidad con las leyes divinas y morales". Inspirándose en el derecho romano, los legistas (en primera fila, *Guillermo de Nogaret*) se dedican a reescribir a Justiniano en provecho del rey. "En la compilación de Justiniano —escribe a este respecto Esmein— encontraron la imagen de una monarquía absoluta y administrativa, de la que la libertad estaba ausente... pero en la que reinaban el orden y la justicia..., encontraron la plena soberanía en la persona del emperador, que era el único que hacía las leyes y que mediante ellas mandaba sobre todos... Los legistas intentaron hacer pasar ese ideal a la vida real y reconstruir el poder del emperador en provecho del rey". Y cuando algunos textos de Justiniano no parecen poder aplicarse a otros soberanos que no sean el emperador, se desvía la dificultad proclamando: "El rey de Francia es emperador en su reino". La fórmula hizo fortuna. No cabe duda de que fue una baza considerable para Felipe el Hermoso en su lucha contra los barones en el terreno legislativo. La reunión por Felipe el Hermoso de los Estados generales (con ocasión de su desavenencia con el Papa Bonifacio VIII) iba a asestar un golpe decisivo a los barones. En efecto, el asociar al Tercer Estado a los trabajos de los prelados y barones equivalía a restringir considerablemente la influencia de estos últimos. El nacimiento y la ascensión del Tercer Estado fueron posibles gracias a la liberación de los siervos y al renacimiento del régimen municipal a partir del siglo XII.

SECCION IV

Municipio.

"Por encima de la diversidad casi infinita de cambios que se realizaron en el siglo XII en la situación de las ciudades, grandes o pequeñas, antiguas o recientes, domina, por así decirlo, un mismo pensamiento, el de devolver al régimen público de la Ciudad todo lo que había caído por abuso o que permanecía por costumbre bajo el régimen privado de dominio."

Agustín THIERRY, *Documents inédits relatifs a l'histoire du Tiers Etat, Introduction.*

A) EL RENACIMIENTO URBANO; SUS DIVERSAS FORMAS.—Las ciudades sufrieron, a partir del siglo VI, un eclipse casi total, que se prolongó, verosímilmente, hasta el siglo XI, aunque puedan citarse muchos ejemplos de restablecimiento urbano a partir del siglo X. Los francos eran un pueblo rural que vivía en una economía de base dominical. El comercio —de ejercicio realmente difícil en tiempos de desorden— se encontraba considerablemente amortiguado, y los artesanos abandonaban las ciudades para retirarse al campo, a las *villae,* donde se fabricaba todo lo que sus habitantes necesitaban. Las ciudades que subsisten, amenazadas por las invasiones, se repliegan sobre sí mismas y se transforman en *castra,* defendidas por un recinto fortificado. La decadencia persiste en los comienzos del período feudal. El sistema acentúa la tradición rural y autárquica. Los señores no sienten necesidad alguna de los comerciantes —a quienes desprecian, antes de temerlos— y les hacen difícil la existencia (pago de elevados derechos en los límites de cada dominio, saqueo, etc.). "Los "cadáveres" de las ciudades romanas del Bajo Imperio no encerraban (ya) en sus murallas más que un puñado de habitantes." Junto con las ciudades, había desaparecido casi completamente el régimen municipal; el jefe militar o religioso había ocupado el lugar de la administración, convertida en inútil o hecha imposible, cuando no habíase mostrado ineficaz ante el peligro.

El renacimiento urbano está ligado a diferentes factores, cuya exposición jerarquizada resulta difícil de realizar. Algunos autores —con Henri Pirenne a la cabeza— consideran que este renacimiento es obra casi exclusiva de los comerciantes y artesanos: "Las ciudades son la obra de los comerciantes; existen sólo gracias a ellos" (Henri Pirenne, *Les villes et les institutions urbaines*). Al final de un largo período de nomadismo o de decadencia, comerciantes y artesanos habrían llegado a afincarse de una manera espontánea en los lugares mejor situados y considerados la mayoría de las veces como tales en el curso de la Historia: la presencia de un castillo, de una abadía, de un mercado, era índice del valor del paraje, sin constituir por sí mismo el elemento determinante de la formación de las ciudades en la Edad Media. La renovación económica y comercial habría sido favorecida por los progresos de las técnicas de fabricación y de transporte y por el reinado de una paz relativa. La perspectiva de otros autores —como Ch. Petit-Dutaillis— es diferente, casi inversa. (Sus afirmaciones, es cierto, sólo se aplican a las *communes*, estrictamente definidas.) El establecimiento de la paz sería el objetivo primordial de la formación del vínculo comunal. Según este autor, el juramento comunal, que es la esencia misma de la *commune*, muestra "que se pretendía, sobre todo, acabar con las costumbres de violencia y de brutalidad, con las querellas e injurias entre los ciudadanos, así como con las amenazas de saqueo y asesinato" (Ch. Petit-Dutaillis, *Les communes françaises*). La *commune* sería, ante todo, una *institutio pacis*. La seguridad que semejantes oasis ofrecían, habría incitado entonces a los comerciantes y artesanos a congregarse masivamente en el núcleo urbano inicial. Independientemente de que se prefiera la primera explicación, más determinista, o la segunda, más voluntarista, el renacimiento urbano se nutriría luego, en cierto modo, de sí mismo: la fuerza del ejemplo, el desarrollo económico y comercial, el crecimiento demográfico, aceleran el movimiento.

El aspecto propiamente político del renacimiento urbano en la Edad Media no reviste idénticas formas en todas partes. Se distinguen generalmente tres grandes categorías de aglomeraciones, según la naturaleza de las cartas que les habían sido concedidas: las *communes*, las *villes de simple franchise* y las *agglomérations de consulat* **.

La palabra *commune* se aplica sólo a una realidad muy precisa, susceptible de recibir una definición técnica: "Sin asociación mediante juramento no había *commune*, y esta asociación bastaba para que la hubiera. *Commune* tiene exactamente el mismo sentido que juramento común" (Ch. Petit-Dutaillis, *op. cit.*). El juramento comunal difiere profundamente del juramento feudal. Mientras que el juramento feudal era prestado por el vasallo a su señor, el juramento comunal se presta entre iguales: supone y consagra la igualdad de quienes lo prestan [1]. La carta otorgada por el señor local o por el rey consagra este juramento, reconoce su validez y le asegura una eficacia permanente. Estas cartas expresan generalmente un gran deseo de seguridad corporal por parte de quienes las solicitan, y un deseo no menos grande de protección fiscal o de certidumbre en materia de servicio militar. De una carta a otra, las cláusulas son de una amplitud variable, yendo desde la reglamentación de derechos y deberes al establecimiento de verdaderos privilegios. En cambio, casi nunca tienen un aspecto institucional: "Sería inútil, nueve veces de cada diez, buscar en una carta de *commune* una Constitución política que fije el número, el modo de elección y las atribuciones judiciales y administrativas del magistrado municipal" (Ch. Petit-Dutaillis). Cuando se encuentran precisiones de este orden —como en el caso de las *communes* regidas por los *Etablissements de Rouen*—, la regla-

---

** Tal y como son definidas en esta sección, las figuras de organización municipal de la Francia medieval *commune*, *villes du simple franchise* y *agglomérations de consulat* no se corresponden exactamente con las instituciones municipales de Castilla o Aragón. En vez de forzar la analogía hemos creído más conveniente transcribirlas en su forma original.—*N. del T.*

[1] Sobre este punto véase la obra de W. EBEL, *Der Bürgereid als Geltungsgrund und Gestaltungsprinzip des Deutschen Mittellalterlichen Stardtrechts*, Hermann Böhlau, Colonia, 1958.

mentación de los derechos y deberes de los habitantes es tan estricta, tan poco liberal, que resulta difícil considerar a esas aglomeraciones comunales como verdaderas "repúblicas burguesas". Esto no obsta para que la *commune* siga siendo, de una manera general, la forma más avanzada de la autonomía urbana en el interior, si no siempre enfrente, del sistema feudal. Constituye una "persona moral", con la que han de contar los partidarios del feudalismo. La *commune*, "persona moral", se integra a veces en el sistema feudal, como lo prueba el que se haya podido hablar a este respecto de "señorío colectivo" (cf. Luchaire y Giry). Esta integración es manifiesta a partir del momento en el que los grandes barones, y sobre todo los reyes, se dan cuenta del partido que pueden sacar de las asociaciones comunales para su estrategia militar o política. Si bien la realeza no fue en Francia —como a veces se ha sostenido de forma precipitada— la instigadora del movimiento comunal, es indiscutible que lo favoreció grandemente a partir del reinado de Felipe Augusto. Esta solicitud real marca, por otra parte, la detención, en cierto modo, del movimiento municipal, que pierde vigor, originalidad. Desde ahora, el nacimiento y la vida de las *communes* estarán perfectamente reglamentados, como se desprende del testimonio de Beaumanoir: "De nuevo, no se puede hacer villa municipal o reino de Francia sin asentimiento del rey, ni fuera de los reyes, porque todas las novedades están prohibidas".

Las *villes de simple franchise* —aunque continúan siendo administradas por el preboste del rey o del señor local (como, por lo demás —es conveniente observar—, ciertas *communes*), gozan de privilegios que mejoran la condición de sus miembros, sin que les sea concedido el derecho de una organización política autónoma. Esos privilegios varían según las cartas. Como regla general, son del mismo orden que las otorgadas por las cartas de *commune,* y su extensión es idéntica. La principal diferencia, ciertamente esencial, que existe entre las cartas de *commune* y las de franquicia, es que las primeras sólo son concedidas a quienes hayan prestado un juramento común, mientras que las segundas dependen tan sólo de la buena voluntad del príncipe.

Las *agglomerations de consulat* disfrutan de una autonomía municipal completa. Aunque se haya discutido mucho sobre el origen del movimiento consular, parece que se puede volver a la tesis de Augustin Thierry, para quien la palabra cónsul provendría de Italia —donde ciudades como Milán o Génova se habían dado una magistratura nueva, la de los cónsules—, mientras que la institución estaría cimentada en vestigios de regímenes municipales anteriores. Las cartas de consulado eran todavía más amplias que las de las *communes* y concedían un mayor lugar a los ciudadanos reunidos en asamblea, de forma tal que se pueden llamar a esas aglomeraciones de consulado "pequeñas repúblicas". Los cónsules, investidos de amplios poderes legislativos, financieros, judiciales y militares, estaban a la cabeza de este régimen, cuyo órgano deliberativo era el consejo y cuyo órgano consultivo era la asamblea general de los ciudadanos. También existía un cuerpo importante de auxiliares. Algunas ciudades que anteriormente habían estado bajo un régimen de consulado adoptaron un gobierno fuerte: el podestá, personaje único, especie de comandante supremo, a menudo extraño a la ciudad, ocupaba el lugar de los cónsules.

B) LAS TRANSFORMACIONES SOCIOLÓGICAS.—El renacimiento urbano y municipal se ve acompañado de profundas transformaciones sociológicas. Hasta entonces, la sociedad estaba regida por principios "hierocráticos"; cada grupo tenía su propia función en la realización del plan divino: constituía lo que la tradición llamaba un *ordo* [2]. Tres órdenes presidían esta organización social regular. Un manuscrito monástico la representaba

"como una torre almenada en la que hay tres personajes: en el centro, un sacerdote, con manto de púrpura, empuña, con la mano derecha, una espada; a su izquierda, un caballero, armado con una espada; a su derecha, un monje llorando. Estos son, según la doctrina, los tres "órdenes" de la Iglesia: el orden sacerdotal, que sostiene la espada espiritual; la caballería, también *ordo*, que empuña la espada temporal; el orden monástico, cuya única arma es la oración" (M. D. Chenu, *La théologie au XIIᵉ siècle*, cap. X: "Moines, clercs, laïques").

Comerciantes y artesanos no encuentran sitio en una concepción de la sociedad de este modo jerarquizada. En efecto, "la función de *mercator*, liberada de las vinculaciones personales, libre de las servidumbres del feudo, manipulando la moneda sin trabajar, era sospechosa al régimen y, por tanto, a la cristiandad que ese régimen encarnaba; no constituye un *ordo*; desconcierta el reflejo conformista de una moral insensible a la nueva economía de mercado" (M. D. Chenu, *op cit.*). Esta categoría profana —de la que se desconfía y a la que se fulmina cuando se presenta la ocasión— sólo puede ser designada mediante el término de *status*, equivalente en este caso a "condición", "situación", "posición".

Ordo y *status* —que eran, en su origen, sinónimos— reciben en estas nuevas circunstancias un sentido claramente diferenciado. *Ordo* continúa implicando una cierta sacralización, que nada impide conceder a múltiples funciones —de esta forma las gentes casadas llegan a constituir un *ordo*—, pero que no puede en ningún caso englobar a los diversos grupos o condiciones recientemente llegados a la existencia mediante la definición jurídica de sus prerrogativas. Sólo un término les resulta apropiado: el de *status*, el de "estat".

Esta categoría profana del *status* fracasó también en la sociedad anterior de otra forma. En la época feudal la sociedad estaba estrictamente jerarquizada. Cada orden tenía su función en la búsqueda y establecimiento del bien común, pero había órdenes superiores a los que los demás debían someterse. En semejante sociedad, "la finalidad del derecho (no era) borrar las desigualdades que deriva(ba)n de la diversidad de los servicios prestados, contando, por lo demás, con la armonía preestablecida para asegurar la paz, sino que, por el contrario, consistía en engendrar la armonía social adaptando sus categorías a las desigualdades naturales" (E. Lousse, *La société d'ancien régime*). La sociedad de los *status* es también anti-individualista, pero su anti-individualismo deriva de una situación de hecho y de un espíritu comunitarios: "La ciudad no es una asociación de individuos: es un ser colectivo que domina todas las manifestaciones de la vida individual" (G. de Lagarde, *La naissance de l'esprit laïque au declin du Moyen Age*). El burgués es, por esencia, como el religioso o el monje, un ser comunitario: "Obtiene sus más elevadas cualidades de la comunidad, de la

[2] Entre las descripciones de los tres órdenes de la sociedad es célebre la de *Li Romans de Carité et Miserere de* RENCLUS DE MOILIENS (cf. *Histoire des institutions et des faits sociaux. Textes et documents* por Jean IMBERT, etc., 2.º vol., pág. 45.)

communio, de la *communitas,* de la fraternidad, a la que voluntariamente se incorpora" (E. Lousse, *op. cit.*). No es la fidelidad personal la que asegura la cohesión social, sino el juramento colectivo. En el interior de los *status* cada cual recibe sus derechos por participación. Esta participación supone, al menos teóricamente, la solidaridad en el interior de la comunidad y, de cierta manera, entre las comunidades.

Sin embargo, la multiplicidad de los *status* perjudica a la solidaridad. En el interior de la sociedad urbana, cada grupo socio-profesional forma un cuerpo, una corporación: corporaciones eclesiásticas, corporaciones universitarias, corporaciones de artesanos y comerciantes, etc. La "especialización" cada vez más pujante divide hasta el infinito a la sociedad. Cada corporación tiene sus franquicias, limitadas en principio por el deber de no invadir las de las demás corporaciones. Historiadores como Augustin Thierry insistieron espléndidamente, en la época romántica, en el movimiento de liberación que se apoderó entonces de Europa, no sólo en las ciudades, sino también, por contagio, en el campo:

"Los principios del derecho natural que, unidos a los recuerdos de la antigua libertad civil, habían inspirado a las clases burguesas su gran revolución, descendieron a las clases agrícolas y redoblaron en ellas, por el tormento del ánimo, las miserias de la servidumbre y la aversión por la dependencia dominical".

Sin embargo, no deben olvidarse las limitaciones de este movimiento. La liberación de unos se acompaña de nuevas servidumbres para otros. Sería utópico creer que la liberación y la conquista del *ius civile* produjeron la igualación social. La era de los privilegios, fuente de medios de dominación, está lejos de haber terminado.

C) SERVITIUM REGIS.—El renacimiento municipal, al dislocar en su base los vínculos feudales, prestó un gran servicio a la realeza: "El renacimiento de una sociedad urbana vuelve a abrir las vías tradicionales de la civilización y prepara las condiciones para la renovación de la sociedad política" (Augustin Thierry). En Francia, sobre todo a partir de Felipe Augusto, los reyes supieron sacar partido de esta evolución. Encontraron "en las ciudades reconstruidas municipalmente lo que el ciudadano da al Estado, lo que la baronía no podía o no quería dar: la sujeción efectiva, los subsidios regulares, milicias capaces de disciplina" (Augustin Thierry). La realeza tampoco dejó de beneficiarse de la intensa fermentación intelectual de que fueron receptáculo las ciudades. ("En el principio hubo las ciudades", ha podido escribirse en el encabezamiento de un libro sobre los *Intelectuales en la Edad Media.)* Los "intelectuales" fueron, a partir del siglo XII —directa (los legistas y el renacimiento del derecho) o indirectamente (el prestigio de la literatura y de las artes)— los artífices de la unificación del reino y los heraldos del Estado. "Intelectuales" y comerciantes —unos en el terreno moral, los otros en el material; los primeros mediante la teoría y la explicación, los segundos mediante el sentido común y la ejemplaridad de su gestión— fueron los auxiliares, conscientes o inconscientes, del rey que construía su reino: el maestro de obras de las catedrales, con el mismo título que el legista o el preboste de los comerciantes.

Los burgueses fueron también el apoyo del rey amenazado desde el exterior: para la defensa de su territorio y para el establecimiento de las prerrogativas de su soberanía. Felipe Augusto reconoció la lealtad y el valor de las milicias burguesas en Bouvines (aunque fueran desgraciadas en el combate) ***. Los reyes reclamaron constantemente los servicios de las municipalidades para la protección de las fronteras y para la sumisión y castigo de los rebeldes. La actitud de los representantes del Tercer Estado en los Estados Generales reunidos por vez primera por Felipe el Hermoso, muestra hasta qué punto los servicios prestados al rey por los burgueses podían ser utilísimos. Los representantes del Tercer Estado manifiestan al rey su solidaridad frente a las usurpaciones de Bonifacio VIII y le dirigen la siguiente petición:

"A vos, muy noble príncipe, nuestro señor, rey de Francia por la gracia de Dios, el pueblo de vuestro reino suplica y requiere, por lo que a él le pertenece, que guardéis la soberanía franqueza de vuestro reino, que es tal que no reconocéis en lo temporal en la tierra otro soberano que no sea Dios".

Los representantes de las clases plebeyas sobrepasaron el marco de sus preocupaciones inmediatas para sostener el interés general del reino. Aunque en un futuro lejano lo derribará, el nuevo poder ayuda ahora al antiguo contra un contendiente hasta entonces temible: el Papado, el poder eclesiástico.

D) Los fermentos de laicización.—Estas tomas de posición no son aisladas. La contribución de las ciudades a la laicización de la sociedad se expresa de otra forma, de manera más insidiosa. En efecto, "no hubo ninguna herejía que no encontrara rápidamente adeptos [en las ciudades]" (Henri Pirenne). Es un hecho reconocido que las ciudades son anticlericales, especialmente en las regiones meridionales: las herejías o las heterodoxias más o menos flagrantes constituyen en ellas una forma temible de anticlericalismo. Pero este anticlericalismo —que se propagará muy pronto a las zonas rurales— debe ser integrado en un conjunto más amplio. Esta hostilidad de las poblaciones urbanas o rurales apunta, en primer lugar, hacia los miembros del clero, ya que éstos son no sólo los defensores y a modo de representantes del orden feudal, sino también sus más sólidos avalantes. Esto es especialmente evidente en lo que respecta al *catarismo* o al *joaquinismo*.

"Frente a una ortodoxia que sirve, de hecho, de justificación a todas las formas de dominación feudal, la heterodoxia cátara se presentaba, en su fondo, como una ideología de liberación, entendiendo por esto la supresión no sólo de tal o cual derecho particular, sino del mismo derecho feudal en su principio" (Charles-P. Bru, *Sociologie du catharisme occitan*, en *Spiritualité de l'hérésie: le catharisme*).

*** En Bouvines (1214), Felipe Augusto, ayudado por contingentes de las ciudades, derrotó al emperador Otón IV.—*N. del T.*

Aunque algunos señores no dudaron en favorecer el catarismo, no es dudoso que tal actitud representó, por su parte, una ceguera. En una perspectiva socio-económica (a la que, claro está, no hay que limitarse), el catarismo es, claramente, una máquina de guerra de las poblaciones no feudales dirigida contra el régimen feudal entero. La misma doctrina del catarismo lo confirma. El dualismo, que separa el Mal del Bien, de hecho ataca al mundo real, al mundo agrario-feudal, mundo hostil para predicar el mundo espiritual, mundo que libera, haciendo posible otra sociedad y por consiguiente otra moral. El pesimismo cátaro sólo afecta a la sociedad actual. La escatología reserva el porvenir, incluyendo el menos alejado. "¿Cuál es, por consiguiente, el contenido del mundo así concebido? Sin duda alguna, el Ideal de los comerciantes, al menos en tanto que tiende a hacer surgir un mundo nuevo y dirige la esperanza de la población no feudal en su conjunto, incluyendo artesanos y campesinos. Representa, por consiguiente, la más elevada forma alcanzada en la época por el Ideal más ampliamente humano" (Charles-P. Bru, *op. cit.*).

Volvemos a encontrar esta aspiración de una revolución total en el sentido más profundo del término, en el éxito alcanzado por las ideas de *Joaquín de Flora* (segunda mitad del siglo XII) en las masas populares de lugares diversos: Perusa, Roma, Provenza, Romaña, Lombardía, Alemania, etc. El pensamiento de Joaquín de Flora (cf. sus principales obras *Apocalipsis, Concordia, Psalterium*) se resume en un "triadismo histórico": la primera edad, la edad del Padre, la del Antiguo Testamento, es la edad en la que los hombres vivían según la carne; la segunda edad, la del Hijo, la del Nuevo Testamento, es la de la carne y el espíritu; la tercera edad está próxima (debe comenzar en el año 1260, según cálculos efectuados mediante una interpretación literal de los datos bíblicos): será la del Espíritu, y su advenimiento deberá acompañarse de desórdenes sociales. Si la primera edad estaba colocada bajo el signo de la ley, esto es, de la servidumbre y el temor, y la segunda bajo el signo de la fe, esto es, de la obediencia y la gracia, la tercera, la que viene ahora, aporta la caridad, es decir, la libertad y la gracia en superabundancia. Semejante doctrina, que un misticismo desencarnado hacía inofensiva en la formulación de Joaquín de Flora, no dejó de adoptar en sus discípulos manifestaciones explosivas. La actitud de los "flagelantes", de los "beguinos" y otros "fraticelles" es en sí misma, una impugnación del orden establecido, como lo será la de los "espirituales" cuyo parentesco con el joaquinismo es evidente. Concretamente, el joaquinismo y las innumerables sectas que en él se inspiraban afectaban en primer lugar al clero, al que la reforma gregoriana no había purificado (¡ni mucho menos!) de todas sus ataduras temporales y, más allá del clero, a todas las estructuras sociales antiguas. Las palancas del mando, de la nueva sociedad deberían corresponder a los laicos y, entre ellos, a los responsables próximos del pueblo.

El alzamiento comunal de Roma ofrece el ejemplo extremo de este movimiento "municipal" y espiritual, de oposición al poder eclesiástico. El poder del Papa se halla doblemente debilitado, ya que se le combate en su papel de señor local y se le considera indigno de ser el jefe de la cristiandad. Roma, orgullosa de su pasado —la compilación de los *Mirabilia Urbis Romae* lo demuestra—, se constituye en estamento popular e instala su consejo sobre el Capitolio (1143). Arnaldo de Brescia, discípulo de Abelardo, toma la dirección de la empresa. Arnaldo —soñando con una Iglesia pobre, "completamente alejada del siglo y devuelta a la pureza evangélica"— entrega a los príncipes el cuidado del poder temporal. La *Donación de Constantino* es considerada por él como una patraña apócrifa, que el Papa no puede emplear para inmiscuirse en la administración romana. Arnaldo recurre a Conrado III para asegurar la protección de la ciudad y le invita a que haga de Roma la capital del Imperio. Desgraciadamente, el rey no responde a esta llamada, como tampoco a los requerimientos paralelos del Papa. Y cuando el sobrino de Conrado, Federico I, llegue a Roma para hacerse coronar, preferirá someter a la comuna por las armas, en vez de apoyarse en ella. Arnaldo fue entregado al Papa. Confiado luego al brazo secular, se le cortó la cabeza (1155). La empresa de Arnaldo de Brescia se inscribía en el sentido de una evolución general. Aunque desafortunada, no dejó de hallar eco.

E) UNA IDEOLOGÍA NUEVA.—Aun sin manifestarse generalmente con tales extremismos, es indudable que, a finales del siglo XIII, nació en los medios urbanos una nueva ideología en oposición al orden feudal y a todo lo que éste implicaba. Esta nueva ideología se caracterizaba por una cierta libertad de espíritu, un cierto relativismo y escepticismo. El ideal del hombre honrado tiende a ocupar el lugar del ideal del caballero. La segunda parte del *Roman de la Rose* es la mejor ilustración de esta tendencia. Juan de Meun utiliza aquí los procedimientos habituales de la escolástica para refutar mejor las concepciones de la sociedad "cortés", en la que su predecesor, Guillermo de Lorris, se había inspirado. Su obra, verdadera enciclopedia de la nueva era, trata con bastante amplitud cuestiones políticas y sociales, sobre todo a través de *Dame Raison*.

Los principios sociales básicos de Juan de Meun son fuertemente comunitarios. Pueden resumirse así: 1.º Las riquezas no existen para ser poseídas, sino para ser puestas en circulación; 2.º Los príncipes y los reyes, al igual que los jueces, no son más que servidores del pueblo. En efecto, ni las riquezas ni los gobiernos son de derecho divino. Sólo perversidad de los hombres los ha hecho posibles o necesarios, y no existen sino para asegurar la subsistencia material de los hombres o para impedir que éstos se destrocen entre sí. De aquí deriva que la aptitud para el gobierno, la nobleza, no es función de la riqueza (ni a *priori* del nacimiento): "Los verdaderos títulos de nobleza del hombre son la inteligencia, la libertad, las cualidades personales de virtud, de trabajo, de cultura" (Gerard Paré, *Les idées et les lettres au XIIIᵉ siècle*).

* * *

Este ideal del burgués, hombre honrado y ciudadano, se formó en el recinto de las ciudades. Constituye incluso la aportación más positiva del renacimiento urbano; aunque éste no engendró inmediatamente instituciones políticas duraderas, alimentó una lenta y profunda transformación.

SECCION V

Papado: fase ofensiva.

"La supremacía pontificia alcanzaba, en las ideas como en los hechos, su apogeo. Ahora bien, en estos momentos de desarrollo triunfal iba a comenzar su decadencia."

Jean RIVIERE, *Le problème de l'Eglise et de l'Etat sous Philippe-le-Bel.*

A) LAS DOS ESPADAS.—El movimiento gregoriano no se detuvo con la muerte de Gregorio VII. Los Papas que sucedieron al gran reformador, de Inocencio III a Bonifacio VIII, lo condujeron hasta su apogeo. Fueron favorecidos por los acontecimientos y, sobre todo, por una intensa fermentación intelectual.

Hugo de San Víctor (1096-1141) fue indiscutiblemente una de las mayores inteligencias del siglo XII. Su obra es fundamentalmente teológica. Las cuestiones políticas se integran, por consiguiente, dentro de un marco que las rebasa. En su *Commentarium in hierarchiam coelestem sancti Dionysii Areopagytae* y en su *De sacramentis christianae fidei,* ilustra las tesis gregorianas, pero con matices. Distingue dos clases: la de los clérigos y la de los laicos, que constituyen los dos lados, el derecho y el izquierdo, de un único cuerpo; o también dos vidas: una espiritual, "mediante la que el alma vive de Dios", y la otra terrestre, "mediante la que el cuerpo vive del alma"; y, por consiguiente, dos poderes: el poder espiritual y el poder terrestre. "El poder espiritual —precisa— no aventaja al poder terrestre hasta el punto de causarle perjuicio en su derecho, al igual que el poder terrestre no usurpa nunca, sin caer en falta, lo que le es debido al espiritual". La preeminencia del poder espiritual no es por ello menos cierta: aquél es "más antiguo en el tiempo y mayor en dignidad" que el poder terrenal. Preocupado por salvaguardar la unidad del cuerpo por encima del dualismo de funciones, Hugo de San Víctor añade: "En la Iglesia, la dignidad sacerdotal consagra al poder real; lo santifica bendiciéndolo y le da cuerpo instituyéndolo... El poder real es instituido por el sacerdocio por orden de Dios".

Bernardo de Claraval (1091-1153) domina esta época. Aunque fue menos original que influyente, su ascendiente fue, sin embargo, decisivo. Su célebre teoría de las dos espadas no constituye, indudablemente, ninguna innovación. El símbolo y la idea que ésta recubre estaban muy extendidos ya; pero a San Bernardo corresponde el mérito de haberlos asociado en una formulación definitiva. "San Bernardo expresó con precisión, gracias al símbolo evangélico, la corriente de pensamiento político-religioso que buscaba su expresión desde hacía siglos" (H.-X. Arquillière, *Saint Grégoire VII*). La teoría de las dos espadas aparece muy pronto en la obra de San Bernardo, pero en su *Liber de consideratione* es donde la formula en una expresión destinada a alcanzar un gran éxito: "La espada espiritual y la espada material pertenecen a la Iglesia; pero ésta debe empuñarse para la Iglesia, y aquélla, por la Iglesia; una está en manos del sacerdote, la otra en manos del soldado, pero a las órdenes del sacerdote y bajo mando del emperador".

Inocencio III (1198-1216) se atiene a la doctrina de San Bernardo. Pero no es aventurado decir que la muestra en su verdadero sentido. Este Papa, que prefería utilizar el título de "vicario de Dios" o de "vicario de Jesucristo y sucesor del Príncipe de los Apóstoles", se desenvuelve en una atmósfera más espiritual de lo que a menudo se cree. Es verdad que escribió: "Así como la luna recibe su luz del sol, al que es inferior por sus dimensiones, por la calidad, por la posición y por el poder, así el poder real obtiene de la autoridad pontificia el esplendor de su dignidad". También es cierto que mantenía que "en ninguna parte la libertad eclesiástica es más respetada que allí donde la Iglesia romana ejerce su plena autoridad, tanto en las cosas temporales como en las espirituales". Pero no es menos indudable que supo distinguir su poder, que se impone *ratione peccati,* del poder que interviene *ratione feudi.* "Instruido por la experiencia de siglo y medio —se ha escrito recientemente—, comprendió que era imposible someter toda la autoridad al poder del Papa, sin duda también porque discernió, en la realización de esta ambición, el origen de la degradación de lo espiritual" (Robert Folz, "La papauté médiévale vue par quelques-uns de ses historiens récents", *Revue historique*). Al Papa le han sido confiadas las dos espadas, no para el ejercicio habitual del poder temporal (ejercicio que le resulta lícito *causaliter* o *causa urgente*), sino para la salvación de los hombres y del mundo. Al igual que Hugo de San Víctor o Juan de Salisbury, respeta el poder feudal o el poder real; respecto al Imperio, se muestra prudente. Inocencio III tiene —al igual que Gregorio VII, pero de una manera todavía más precisa— una concepción fundamentalmente espiritual de su pontificado. No hay razón para considerarlo un defensor "retrasado" de las concepciones teocráticas. Supo tener en cuenta la evolución de los hechos y de las ideas.

Desde mediados del siglo XII los estudios canónicos alcanzaron un importante desarrollo, primero en Bolonia (cuna del renacimiento jurídico) y luego en París y en otros lugares de Francia e Inglaterra. La redacción del *Decreto de Graciano* fue el punto de arranque de este movimiento, que ilustraron, en tiempos del mismo Graciano, Paucapalea, Rolando Bandinelli —el futuro Alejandro III— y Rufino, y más tarde, Esteban de Tournai, Simón de Bisignano, Juan de Faenza, Laborens, Sicardo de Cremona, el cardenal Graciano y —el más interesante de todos quizá— Huguicio.

Aunque en la obra de Graciano los principios tradicionales aparecen indiscutidos (libertad absoluta de la Iglesia, preeminencia del poder pontifical, necesidad de una colaboración entre la Iglesia y los príncipes), el gran canonista no deja de reconocer por ello la especificidad, en ciertos aspectos, del oficio de los príncipes: "Predica la cooperación porque constata que los poderes laicos tienen una actividad especial que escapa al gobierno eclesiástico" (Marcel Pacaut, *La Théocratie*). Su interpretación de Gelasio insiste sobre la dualidad de los poderes. Sus comentadores, discípulos inmediatos o continuadores, dieron frecuentemente muestra de un pensamiento todavía más firme y sutil. En un texto célebre, Esteban de Tournai distingue claramente, en el interior de la misma Ciudad, el orden clerical y el orden laico: "En la misma Ciudad y bajo el mismo rey hay dos pueblos; y para uno y otro pueblo, dos vidas distintas, y para uno y otro gobierno, doble jurisdicción. La Ciudad es la Iglesia, cuyo rey es Cristo; los dos pueblos son los dos órdenes de los clérigos y de los laicos; las dos vidas son la espiritual y la carnal; los dos gobiernos, el sacerdocio y el Imperio; la doble jurisdicción, el derecho divino y el humano. Dad a cada cual lo que le corresponde, y todo el conjunto estará equilibrado". Huguicio recuerda también, apoyándose sobre pruebas de las escrituras, que "en el Antiguo Testamento los dos poderes estaban confundidos; pero observa seguidamente que Cristo, sacerdote y rey, los distinguió claramente... De aquí saca la conclusión de que las funciones, reunidas en la persona de Cristo y separadas por él en la ejecución, permanecen en adelante separadas" (Marcel Pacaut). Huguicio no pone en duda que la autoridad del Papa siga siendo la instancia suprema en la tierra. Sin embargo, está convencido de que no puede ejercerse más que de forma totalmente excepcional.

Los canonistas de la época de Inocencio III (el inglés Alain, los españoles Bernardo de Compostela el joven, Lorenzo y Vicente y, sobre todo, el boloñés Tancredo) serán influidos por las tesis de Hugucio, matizándolas en contacto con los hechos y las ideas del pontífice. Puede decirse que "el tema fundamental de sus obras es que el príncipe tiene un poder autónomo y derechos propios, pero que el Estado sólo puede ser cristiano" (Marcel Pacaut). La idea de una cristiandad que reagrupara a los Estados cristianos —que hemos encontrado ya en el pasado— progresa de manera efectiva, en detrimento de la Ciudad agustiniana, que tendía a absorberlos.

Los sucesores de Inocencio III amagaron un paso atrás. Seguros de la preeminencia del poder espiritual, y apoyándose en la *Donación de Constantino*, hicieron triunfar la exégesis de San Bernardo. Inocencio IV resolverá, con un rigor inflexible, las dificultades surgidas con anterioridad a su pontificado entre el Papa romano y Federico II. A la manera de Gregorio VII —y en nombre de los mismos principios, pero formulados con mayor lógica—, no vacila en deponer a su adversario. "Estamos ante el caso más típico en el que la *plenitudo potestatis* del Pontífice romano se despliega en toda su amplitud sobre el poder secular, ya que llega hasta a deponer a su supremo representante, el emperador, tal y como se destituye a un mandatario infiel en su misión" (H.-X. Arquillière, *op. cit.*). Se desprende de la carta que hace llegar a Federico II una especie de "metafísica de la autoridad" que resume y perfecciona los esfuerzos doctrinales de sus predecesores y de sus teóricos. La teocracia llega a su punto culminante: el poder pontifical es inmenso. Las Cruzadas no hacen, por otra parte, más que reforzarlo.

B) LAS CRUZADAS.—El término de "cruzada", de amplias dimensiones, cubre expediciones diferentes, tanto por el objetivo que se asignaban como por la forma que revestían. Si se puede denominar Cruzadas a la empresa victoriosa de Urbano II (profundamente popular y religiosa), a la operación de diversión inesperada pero política de la toma de Constantinopla, y a la liquidación de los herejes y cismáticos en Francia y España (la *reconquista*), la razón estriba en que de los escritos de los cronistas y de los juristas de la época se desprende una idea de cruzada que se aplica al conjunto de estas expediciones.

Inocencio IV, en *Apparatus*, y Hostiense, en su *Summa aurea* y en sus *Comentaria*, son quienes formulan de manera más perfecta la teoría de la cruzada. Conviene añadir a Juan de Andrés y al Panormitano. En lo que concierne a la legitimidad de las Cruzadas, las concepciones de Hostiense y de Inocencio IV no concuerdan totalmente. Para Hostiense, cualquier cruzada —bien sea dirigida contra los infieles de Oriente o contra los herejes o cismáticos de Occidente— es legítima sin discusión, ya que "Roma es la madre de nuestra fe" y debe hendir en dos a quien no comparta esta fe o se separe de ella. "El Ecclesiastés lo prueba —escribe— cuando profetiza: "El reino será transferido de una nación a otra". Y también San Mateo: "El reino os será quitado, y dado a una nación capaz de hacerlo fructificar". El Hijo de Dios ha transmitido esta soberanía real y sacerdotal, para siempre, a Pedro y a sus sucesores. Por esto mantenemos con firmeza que, si se observa el derecho, los infieles deben ser sometidos a los fieles."

Hostiense replica, a quienes dudan de que este principio sea aplicable a los herejes y a los cismáticos, que la falta de éstos es mucho más grave todavía que la de los infieles:

"Aunque el vulgo ve la cruzada de ultramar —precisa— con una mirada más favorable, a quien juzga según la razón y el sentido común, le resulta evidente que la cruzada interior es todavía más justa y conforme a la razón".

Inocencio IV es menos apasionado. Se toma el trabajo de desarrollar su argumentación y de matizar sus considerandos. Para él los infieles, aunque infieles, tienen derechos:

"Los infieles —escribe— pueden tener sin pecado, jurídicamente, derechos de posesión y de gobierno. Pues estas cosas han sido creadas no sólo para beneficio de los fieles, sino para el de toda criatura racional. ¿No se ha dicho que Dios hace lucir el sol tanto sobre los malvados como sobre los buenos, y que alimenta hasta a los pájaros del cielo? En consecuencia, profesamos que no es lícito, ni para los fieles ni para el Papa, privar a los infieles de sus derechos de propiedad o de gobierno".

Igualmente, no vacila en afirmar que "la guerra no debe emprenderse con el fin de hacer cristianos a los sarracenos". Sin embargo, está muy lejos de concluir que la cruzada sea una guerra injusta. En efecto, la Tierra Santa, como su propio nombre indica, no es propiedad de los infieles, ya que fue conquistada en guerra justa por el emperador romano. Por otra parte, tal y como lo admite la tradición, es justa toda guerra que rechace un daño injusto. Ahora bien, ¿no son acaso los sarracenos culpables de múltiples daños contra los cristianos? ¿No han molestado a sus súbditos cristianos y no han negado acaso el libre acceso a los misioneros, mientras que adoran a "innumerables dioses y diosas, e incluso a los demonios"? (la frase es de Hostiense, pero no sería desaprobada por Inocencio IV). Además, Inocencio IV, a la manera de Hostiense, no duda de que la idea de cruzada pueda aplicarse justamente a los herejes y a los cismáticos. Los matices que separan al Pontífice del canonista no se refieren, por consiguiente, a la legitimidad de las Cruzadas, sino a las razones de esta legitimidad, y también, implícitamente, al uso que puede hacerse de la cruzada.

En lo que concierne a la organización de la cruzada, la reflexión de los teóricos se dirige sobre cuatro puntos: la iniciativa de la cruzada, el reclutamiento de los cruzados, los privilegios de que disfrutan y la dirección de las operaciones. La iniciativa de la cruzada corresponde al Papa; Hostiense y, evidentemente, Inocencio IV, se muestran firmes sobre este punto: "Y, de hecho, si se examina la historia de las diferentes cruzadas, se encontrará en su nacimiento, con gran regularidad, una decisión de la Santa Sede romana, que será, por lo general, una bula que abre la expedición y la regula muy minuciosamente: *Litterae apostolicae, Litterae pro cruce predicanda, Bulla super passagis, Bula cruciata*. Ocurre lo mismo en las cruzadas de España, Alemania y Provenza" (Michel Villey, "L'idée de la croisade chez les juristes du Moyen Âge", en el X Congresso Internazionale di Science storiche, Roma, *Relazioni*, vol. III). Pedro el Ermitaño, San Bernardo y otros, sólo son los heraldos del Papa; los barones, los reyes o los emperadores, sus ejecutores. Los cruzados se reclutan de una manera original, que confiere a la cruzada el carácter de una peregrinación armada: el voto y la entrega de la cruz son los elementos esenciales sobre los que descansan el reclutamiento y buen funcionamiento de toda cruzada. Si había una multitud de gente para inscribirse en la cruzada, era seguramente bajo el impulso del sentimiento religioso de las poblaciones y por la fuerza de las predicaciones que la propagaban o la estimulaban, pero también por otras razones. El reclutamiento de las cruzadas fue favorecido, en efecto, por causas económicas y psicológicas. La cruzada proporcionaba un principio de solución al problema de las tierrras, demasiado exiguas —dado el estado de las técnicas de explotación— para alimentar a los cada vez más numerosos habitantes, y excesivamente inmovilizadas en algunas manos para asegurar el buen funcionamiento de una economía de cambio; al problema de las relaciones entre los feudales y la población, ya que la cruzada libra al territorio de guerras, dando un escape al temperamento belicoso de los señores; y también al problema de las necesidades comerciales. Pero la cruzada, además de estos beneficios económico-sociales que favorecen a Occidente en su conjunto, asegura a quienes participan en ella privilegios personales no desdeñables: la esperanza del botín y de exenciones de todo tipo quizá, pero sobre todo la seguridad de obtener indulgencias y de ganar el cielo. Predicadores y teóricos no escatimarán esfuerzos para dar a conocer y hacer efectiva-mente envidiable la condición de cruzado. Si la iniciativa y la organización general de las cruzadas dependen directamente de la *auctoritas* de la Santa Sede y si son regidas por el derecho canónico, hay, sin embargo, un campo —el de la dirección misma de las operaciones militares— del que la Iglesia y los clérigos sólo pueden hacerse cargo a través de intermediarios. En este sentido, el papel de las órdenes militares, elogiado por Bernardo, es excepcional. A pesar de todo, los laicos tienen tan sólo una función de ejecutores, o mejor de ministros, cuyas exacciones o iniciativas intempestivas se podrá, por lo demás, desaprobar (rara vez) y cuyo celo desfalleciente (sobre todo en ciertas expediciones "interiores") se podrá (frecuentemente) estimular. Las Cruzadas, signo del poder pontificio, conocerán muy pronto su decadencia.

C) LAS DIFICULTADES.—La personalidad de Bonifacio VIII (Papa de 1294 a 1303) ha sido muy criticada. Existe hoy día, sin embargo, una tendencia a devolverle —empleando los evocadores términos de Gabriel Le Bras [3]— sus cualidades de "sinfonista", en la medida que recogió las tesis y armonizó las opiniones de sus predecesores, y de "moderador" que gobernió a la Iglesia con medida. Las diferencias extremadamente graves que surgieron entre el Papa y el rey de Francia son un signo del tiempo antes que asuntos personales. La personalidad, bastante mal conocida, de Felipe el Hermoso, nada tenía al parecer de rechazable para Bonifacio VIII, que lo había tratado durante su nunciatura en Francia.

La primera desavenencia surge a propósito de la inmunidad fiscal del clero. El rey de Francia, contrariamente a la doctrina eclesiástica, había adoptado la costumbre de solicitar la ayuda financiera de los clérigos, al igual que de los demás súbditos. Recogiendo las decisiones del Concilio de Letrán (1215), Bonifacio VIII excomulga *ipso facto*, en la bula *Clericis laicos*, a todos los que percibieran subsidios extraordinarios del clero, esto es, que no derivaran del censo feudal. Felipe el Hermoso responde prohibiendo la exportación de oro y plata fuera de su reino. El conflicto se envenena. Surgen intermediarios malévolos, y es tal la hábil voluntad del rey, que deja circular los primeros libelos antipapistas (uno de los más curiosos, *Antequam clerici essent*, proclama: "Antes de que existieran clérigos, existía un rey de Francia que tenía a su cargo la vigilancia de su reino y que podía dictar leyes"), a pesar de la voluntad de conciliación de Bonifacio VIII.

---

[3] Gabriel LE BRAS, "Boniface VIII, symphoniste et modérateur", en *Mélanges Louis Halphen*; Marcel PACAUT, en *op. cit.*, se atiene a las interpretaciones "clásicas" de la personalidad y la obra de Bonifacio VIII.

El asunto Saisset fue el origen del conflicto decisivo. Felipe el Hermoso quiso romper con todas las tradiciones y juzgar por sí mismo el caso de este obispo, acusado de mala voluntad hacia el rey. Las reacciones del Papa se expresaron en la bula *Salvator mundi,* en la bula *Ausculta fili* ("Quienes te persuaden —escribe a Felipe el Hermoso— de que no tienes superior y de que no estás sometido a la suprema jerarquía de la Iglesia, te engañan y están fuera del redil del buen pastor") y, sobre todo, en la famosa bula *Unam sanctam* (Concilio de Roma, noviembre de 1302). "La glosa ordinaria —escribe sobre el tema Gabriel Le Bras— distingue en ella cuatro partes: caracteres fundamentales de la Iglesia, adaptaciones espirituales, teorías de las dos espadas, principio de subordinación al romano pontífice." "La bula *Unam sanctam* —precisa el mismo autor— reúne proposiciones comúnmente admitidas y frecuentemente afirmadas desde la Reforma gregoriana: unidad del cuerpo místico y su identidad con la Iglesia, de la que el Papa, representante de Cristo, es necesariamente la cabeza; el Papa, señor indiscutido de las dos espadas y, de esta forma, de toda criatura." "Un clérigo letrado sabía de memoria, en tiempos del jubileo de 1300, estos axiomas", concluye Gabriel Le Bras frente a quienes han querido ver en esta bula innovaciones "abusivas".

Pero ya no era época de que el príncipe admitiera estos principios y sus consecuencias, sin réplica eficaz y motivada. Surgen los escritores regalistas: los autores anónimos de *Questio in utramque partem, Quaestio de potestate papae, Disputatio inter clericum et militem,* así como Juan de París *(De potestate regia et papali)* y Pedro Dubois *(De recuperatione terrae sanctae).* Todos ellos se oponen con vigor a las decisiones pontificias y a los teóricos eclesiásticos. Entre estos últimos destacan Gil de Roma, que escribió un *De regimine principum* y, antes de partir para el Concilio de Roma, su *De ecclesiastica potestate* (en la que, aun concediendo una cierta importancia al Estado, continúa fiel a las tesis teocráticas), y Jaime de Viterbo, que expresa tesis análogas en su *De regimine christiano.* Las obras de los regalistas son de desigual valor, pero todas encierran una impugnación —a veces ampliamente motivada en textos de la Escritura y del derecho— de la teocracia pontificia, en provecho del Estado, organismo natural. Se había recorrido mucho camino de los publicistas enriquianos, indigentes y poco convincentes, a los publicistas y legistas de Felipe el Hermoso. Los acontecimientos dan esta vez la razón a los escritores del príncipe frente a los del Papa. En adelante, "la realeza no será ya un órgano de la Iglesia, sino que constituirá, más que en el pasado, el núcleo central de una nueva formación política independiente: el Estado nacional. La antigua unidad de la cristiandad se rompe y tiende a descomponerse en diferentes unidades nacionales. Esto constituye ya el signo de la decadencia, y bien pronto será el fin de la Edad Media" (H.-X. Alquillière).

D)   LAS GRANDES SÍNTESIS: SANTO TOMÁS DE AQUINO.—*Roger Bacon* (nacido hacia 1210, muerto en fecha desconocida) ocupa un lugar preeminente entre los teóricos de la cristiandad pontificia, a quienes substituye por entero. Tiene de la Sabiduría, ese pivote de la reflexión medieval, una concepción estrictamente unitaria, que incluye toda la actividad humana bajo la autoridad del Papa, guardián del depósito de la Revelación. Aunque distingue entre la Iglesia, que asegura a los fieles los bienes espirituales y la vida eterna, y la *Respublica fidelium*, encargada de proveer al bienestar material, la paz y la justicia, no por ello deja de atribuir a ambas un solo jefe: no hay más que un solo pastor. El ideal sería que sólo hubiera un rebaño, volviendo la *Respublica fidelium* a conducir a "los griegos a la obediencia de la Iglesia" y a "los tártaros a la fe", al tiempo que los sarracenos serían destruidos.

La síntesis de *Santo Tomás de Aquino* (1224 ó 1225-1274) es menos absoluta. Aunque parte de la Escritura, se nutre también de Aristóteles y toma en cuenta la evolución contemporánea de los hechos y de las ideas. En él —como en Juan de Salisbury y todavía más que en este último— ocupa un importante lugar la noción de un Estado orientado hacia la realización del bien común. Si bien "tanto el poder espiritual como el poder secular provienen del poder divino", éste sólo está sometido a aquél "en la medida en que Dios lo ha sometido, es decir, para lo que se relaciona con la salvación del alma; y esto porque en estas materias hay que obedecer antes al poder espiritual que al poder secular. Pero en las materias que se relacionan con el bien de la Ciudad hay que obedecer antes al poder secular que al poder espiritual, según la frase de San Mateo: *Dad al César lo que es del César*". No obstante, añade: "A menos, sin embargo, que el poder secular no se encuentre aliado con el poder espiritual, como en el Papa, que ocupa la cumbre de uno y otro poder, es decir, del secular y del espiritual, como lo dispuso quien es sacerdote y rey: sacerdote para la eternidad, según la orden de Melquisedec, rey de los reyes y señor de los señores, a quien su poder no será quitado y cuyo reino no será destruido en los siglos de los siglos. Amén". Este texto, uno de los primeros de Santo Tomás, no es de interpretación fácil, como ha observado Etienne Gilson (*La philosophie au Moyen Age*) en un comentario que merece ser citado íntegramente: "El alcance de este texto variará mucho, según que se limite la unión de los dos poderes del Papa al dominio de los Estados pontificios, o que se extienda a toda la tierra. Parece difícil conciliar la interpretación restringida con la aserción de que el Papa ocupe la cumbre tanto del poder secular como del espiritual. Si el lugar es el mismo en ambos casos, no puede tratarse en cada uno de ellos más que una sola cumbre. La interpretación más amplia es, por el contrario, la única que concuerda con la tesis, sostenida por Santo Tomás en el *De regimine principum*, de que todos los reyes del pueblo cristiano deben estar sometidos al Soberano Pontífice 'como al mismo Nuestro Señor Jesucristo'".

Aunque inacabado —Bartolomé de Luca tomó el relevo de Santo Tomás: su "suplemento" contiene una verdadera "metafísica" medieval del Estado—, el *De regimine principum* (o *De rege et regno*, o simplemente *De regno*), escrito en honor del joven rey Hugo II de Chipre, contiene la doctrina de Santo Tomás sobre el problema del gobierno temporal y de sus relaciones con el poder espiritual. El mejor gobierno es la monarquía, a causa de que tan sólo ella puede proporcionar unidad a la sociedad; ni la aristocracia, que corre el peligro de degenerar en tiranía oligárquica o "democrática", ni incluso la república, son aptas para hacerlo. Por esto hay que entender —como claramente lo ha expuesto Etienne Gilson (*Le thomisme*)— que "el mejor de los regímenes políticos es aquel que somete el cuerpo social al gobierno de uno solo, pero no porque el régimen mejor sea el gobierno del Estado por uno solo. El príncipe, rey, o de cualquier forma que se le designe, no puede asegurar el bien común del pueblo más que apoyándose sobre él. Por consiguiente, debe solicitar la colaboración de todas las fuerzas sociales útiles al bien común, para dirigirlas y unirlas. De aquí nace lo que el mismo Santo Tomás denominó "un régimen bien dosificado", al que considera el mejor. En la *Suma Teológica* precisa, en efecto, que "la mejor gobernación está bien dosificada: de realeza, en cuanto que uno solo manda; de aristocracia, en tanto que varios ejercen el poder a causa de su virtud; de democracia, por último, o sea, de poder del pueblo, en tanto que los jefes pueden ser elegidos de entre las filas del pueblo y que corresponde al pueblo la elección de los jefes". Por consiguiente, la monarquía, según la doctrina tomista, está muy lejos de ser una monarquía absoluta de derecho divino. Si bien el rey es en su reino lo que el alma es en el cuerpo y lo que Dios es en el mundo, no por ello está menos obligado a ser virtuoso y a seguir —como en Juan de Salisbury— la enseñanza de los sacerdotes. El orden de la naturaleza no está destruido por el orden de la gracia, pero está sometido a él, y "es a aquél (es decir, al Papa) a quien corresponde —como dice el *De regimine principum*— la carga del fin último (el orden de la gracia), a quien deben someterse los que tienen la carga de los fines antecedentes (el orden de la naturaleza), que deben ser dirigidos por su *imperium*".

Hay que esperar a *Dante* (1265-1321) para que los dos órdenes sean distinguidos absolutamente, no jerarquizados. En *La Monarquía* profesa —a la manera del averroísmo, aunque no parece que hiciera suyo este pensamiento filosófico— una dualidad de fines que deriva de la dualidad inherente a la naturaleza humana: "Así como el hombre es el único de los seres que participa de la corruptibilidad y de la incorruptibilidad, así también es el único que está ordenado a dos fines, uno de los cuales es su fin en tanto que ser corruptible, y el otro, por el contrario, en tanto que incorruptible". El Imperio representaba para Dante el poder capaz de dirigir al hombre a su fin de ser corruptible; sin embargo, ni la realidad del Imperio, en los años que preceden a esta reflexión, ni la "disponibilidad" del patriotismo italiano, en tiempos del interregno, justifican la esperanza que el autor de *La Monarquía* pone en la idea imperial.

SECCION VI

Imperio.

"La historia política [a partir]
del siglo XII está marcada por la
reconstrucción del Estado monárquico a partir del régimen feudal.
El Imperio no permanecerá completamente fuera de esta evolución:
deben señalarse algunos rasgos de
esta restauración que tiende, en último análisis, a la profundización
de la idea de Estado, por no ser
aquí tan visibles como en el reino
de Sicilia, en Inglaterra y más tarde en Francia, a causa de la estructura misma de la monarquía
imperial."

Robert FOLZ, *L'idée d'Empire en
Occident du V° au XIV° siècle.*

A) IMPERIO DE OCCIDENTE.—La coronación de Carlomagno fue interpretada en Occidente como el signo de la *Traslación del Imperio,* sin que
se considerara, sin embargo, como abolida la autoridad imperial de Oriente.
Pero la debilidad de los sucesores de Carlomagno debía acarrear un eclipse
del Imperio de Occidente, hasta que la dinastía de los Otones lo recogiera
en sus manos. Reanudación efímera por diversas razones, pero sobre todo
porque la autoridad de la sede pontificia, afirmada cada vez con mayor
fuerza a partir de Gregorio VII, reivindicaba para sí la sucesión del Imperio romano. Por consiguiente, en el comienzo de este período, la idea de
Imperio en Occidente recoge la herencia franco-germánica y redescubre,
en cierto modo, la tradición romana. Dos potencias —el Pontífice romano
y las dinastías germánicas— tratan de apropiarse esta idea. El resultado es
el conflicto entre el sacerdocio y el Imperio.

Para el fortalecido papado, una de las consecuencias de la reforma gregoriana fue la tendencia a la *Imitatio Imperii:* la Curia romana constituía
una especie de "senado de la Iglesia" que recordaba al antiguo senado romano, y los *Dictatus papae* reivindicaban para el Pontífice el derecho exclusivo a llevar las insignias del Imperio (sobre todo la corona y la púrpura).
La *auctoritas* de la Iglesia romana era absoluta en lo espiritual, y podía
ejercerse de una manera más o menos radical —según los Papas o las circunstancias— sobre la *potestas* de los príncipes, reyes o emperadores titulares. Hemos visto ya cuáles eran sus justificaciones y cuáles fueron sus
desarrollos desde Gregorio VII a Bonifacio VIII. Nos queda por indicar
qué argumentación y qué realidad opusieron las dinastías germánicas a los
Papas.

"Herencia franca e idea romana: tales son las bases esenciales sobre
las que se construyó la doctrina imperial de los Staufen." Así se expresa
Robert Folz, que precisa seguidamente cómo a partir del siglo XII, después
de Federico I, la idea romana substituyó a la tradición franca, bajo la influencia del Derecho Romano y del ejemplo bizantino. *Federico I* aúna los

dos elementos para proclamar que recibe su autoridad imperial solamente de Dios, a través de la elección de los príncipes. El papel desempeñado por los príncipes libera así al emperador de la tutela que le imponía el desempeñado por el Papa en la ceremonia de la coronación. La autoridad imperial de Federico I se ejerce directa e inmediatamente sobre un Imperio restringido: "El Imperio de los tres reinos, el Imperio del que el *regnum Teutonicorum* era la pieza maestra". Por consiguiente, es sólo potencial respecto al Imperio universal: "La posesión del primero (Imperio restringido) es, en cierto aspecto, la condición necesaria, el título jurídico indispensable para la adquisición del otro (Imperio universal)". El Imperio universal ocupa un gran lugar en el pensamiento de los Staufen. Para Federico I el universalismo de su título deriva ya de dos ideas: el carácter romano del Imperio y el papel del emperador en la Iglesia. Sin embargo, la única realidad que reviste es la primacía política, generalmente efectiva, que Federico I ejercía en Europa. Recogiendo una alegoría astronómica —tan del gusto de los teóricos de la época, del bando que sean— el abad Cesáreo de Heisterbach no vacila en escribir:

"Así como el sol supera en poder y en brillo a todas las constelaciones del firmamento, así el Imperio romano brilla con un esplendor más resplandeciente que todos los reinos del mundo. En él reside la monarquía: al igual como las estrellas reciben la luz del sol, los reyes reciben su soberanía del emperador".

La idea imperial vive su último esplendor con Federico II. Sicilia —mejor que Alemania, cuyas estructuras resultaban contrarias al intento— es el receptáculo territorial de la idea imperial que *Federico II* desarrolla a la manera de Justiniano. El *Liber Augustalis* es la codificación de esta concepción. En él se expresa la idea de un Imperio absoluto: "La idea imperial —escribe Robert Folz a propósito de esta obra— penetra profundamente en el Estado y lo transforma en una verdadera Iglesia laica, *imperialis Ecclesia*, regida por un emperador, gran sacerdote de la justicia, cuyos auxiliares, los justicieros, son tanto sacerdotes como funcionarios". Sólo Roma puede ser el centro de este Imperio: Federico II es el heredero de Augusto; el emperador no se cansa de halagar al pueblo romano. El Imperio de Federico II, absoluto y romano, reivindica una universalidad de hecho. La consigue en parte asociando a las monarquías en una lucha común contra el Papado. El reinado de Federico II termina en catástrofe. El Imperio, en tanto que institución, fue arruinado, pero no "la esperanza que el nombre del último Staufen continuó cristalizando".

Italia recogió en su provecho la idea imperial que había expresado e ilustrado Federico II. El conflicto entre los güelfos y los gibelinos apenas permite la encarnación de un concepto que pasará al campo de la pura especulación, donde lo desarrollarán y magnificarán grandes inteligencias: un *Engelberto de Admont*, un Dante sobre todo. En su *De ortu et fine Romani imperii*, Engelberto parte del principio de unidad, según el cual "todos los reinos y los reyes deben estar sometidos a un solo Imperio y a un único emperador cristiano". Pero este Imperio sólo es posible si los fines del hombre, y por consiguiente los medios para llegar a ellos, están coordinados, es decir, si la base del Imperio universal es "la unidad del cuerpo de la Iglesia y de toda la República cristiana". *Dante,* por el contrario, rechaza la jerarquización de los dos fines, el de su ser corruptible y el de su ser incorruptible, que reconoce en el hombre. El hombre, el género humano necesita medios distintos para llegar a esos fines diferentes y, por consiguiente, amos y poderes diferentes: "El Soberano Pontífice, para dirigir al género humano a la vida eterna con la ayuda de la revelación; y el emperador, para dirigir al género humano hacia la felicidad temporal según las enseñanzas de la filosofía". El emperador recibe su poder directamente de Dios, como el Papa, a quien debe un simple respeto filial al igual que los demás fieles. En *De Monarquía,* el Imperio merece la predilección de Dante; y cuando en otros momentos de su obra —por ejemplo, en la *Divina Comedia*— se la retira para conferírsela a la Iglesia —como ha indicado, entre otros, A. P. d'Entreves—, se debe a que los acontecimientos no han seguido el camino de sus deseos, y a que la salvación eterna se ha convertido en su mayor preocupación. Esto no es óbice para que Dante supiera expresar admirablemente la idea de dos universalismos yuxtapuestos, que la corriente intelectual de su época, como reacción contra el absolutismo pontificio, arrastraba. La utopía iba a mostrar muy pronto su fecundidad.

B) IMPERIO DE ORIENTE.—La expansión del Imperio de Oriente duró escasamente un siglo. Favorecido por la anarquía y las luchas interiores, el desmembramiento se llevó a cabo en dos etapas, que pueden delimitarse de este modo: hasta la batalla de Mantzikert (1071), pérdida de las posesiones exteriores, Armenia, Mesopotamia e Italia; de 1071 a 1081, invasión del Asia Menor y de la Siria imperial, violación de la frontera del Danubio. La disolución del Imperio de Oriente fue detenida entonces por el advenimiento de la dinastía de los Conmenos. Después de haber excomulgado al emperador de Oriente y de haber favorecido las empresas que Roberto Guiscardo dirigió contra él, el Papado trata de reconciliarse. Urbano II predica la unión de Roma y de Constantinopla para que los Santos Lugares sean rescatados del dominio de los infieles. El emperador de Oriente, apreciando las ventajas que podría obtener de semejante alianza, corresponde primero a las insinuaciones del Papa; pero Bizancio no tarda en manifestar la mayor desconfianza respecto a las Cruzadas, tal y como puede juzgarse sobre la base del *Alexiades* de Ana Conmeno. La idea de cruzada es, en realidad, profundamente extraña al mundo bizantino [4], que teme, además, que la empresa se vuelva contra él. El resultado de la cuarta cruzada (toma de Constantinopla por los cruzados en 1204) verificará el acertado fundamento de esos temores. La admiración de los cruzados ante las riquezas de Constantinopla (que se apresuraron a saquear) muestra cómo el Imperio de Oriente, encerrado sobre sí mismo, había vivido fastuosamente. Bizancio había desempeñado maravillosamente la función de conservador de la antigua Roma.

*   *   *

---

[4] Sobre este punto véase Paul LEMERLE, *Byzance et la croisade,* en el conjunto de estudios sobre la cruzada antes citado.

El período que comprende los siglos XI, XII y XIII es el del triunfo de la
Iglesia. Los Papas tienen en sus manos soberanas su destino; los teólogos
le aseguran una base doctrinal sólida; los predicadores y los "mendicantes",
a partir del siglo XIII, mantienen el fervor popular. No hay fuera de ella
poder posible, ni pensamiento, ni salvación: los príncipes rebeldes son ex-
comulgados y depuestos; los no conformistas, como Abelardo, son apartados; los heréticos, pátaros, cátaros, valdenses, etc., son perseguidos y de-
gollados, y los infieles, aniquilados. La Iglesia expresa la "totalidad" del
mundo. Pero su universalismo toma cada vez menos la forma de *imperium*
para pasar a revestir la de una *respublica Christianum*, sometida a la *auctoritas* del Pontífice. La Iglesia, en efecto, se ve obligada a tomar en cuenta
el doble hecho de que la época del Imperio cristiano ha concluido y de que,
a pesar de la influencia que ejerce, surgen unidades nacionales autónomas,
soberanas en su dominio. Para recoger la vigorosa expresión de Georges
de Lagarde, no se puede menospreciar "el nacimiento del espíritu laico"
que se manifiesta a través de diferentes síntomas. Frente al Papa, los príncipes, rodeados de sus abogados, juristas o representantes del pueblo, se
consolidan. Frente a los teólogos, los heréticos de todo tipo, los laicos, tratan de darse a sí mismos una norma de vida moral. Frente a los predicadores, los autores de *fabliaux*, *soties* y cuentos satíricos, se expresan con
una vena creadora anticlerical cada vez menos clandestina. Dos mundos se
enfrentan ya. Este enfrentamiento supone la decadencia de la Edad Media
y prefigura los tiempos modernos.

BIBLIOGRAFIA

Véase, al final del capítulo V, la bibliografía referente a la Edad Media.

El ocaso de la Edad Media (siglos XIV y XV)

Durante los dos siglos siguientes el mundo (occidental) será el escenario de profundos cambios. Cambios físicos, en primer lugar. Desde el primer cuarto del siglo XIV, y casi hasta el fin del período, la crisis económica —más o menos duramente sentida según los lugares y momentos— trae consigo el estancamiento material, si no la ruina, de amplias capas de la población; la gran peste negra de 1348 y las epidemias esporádicas de los siguientes decenios diezmaron a la población de países como Francia e Inglaterra en casi un tercio y perturbaron la psicología de las masas. En segundo lugar, cambios políticos e ideológicos. El escándalo producido por el fasto y las divisiones de la Iglesia conduce a la dislocación de la cristiandad. Las guerras entre los príncipes se multiplican y se prolongan, desconcertando a la opinión: "El teatro político de los reinos de Europa estaba tan lleno de conflictos violentos y trágicos que el pueblo no podía por menos de considerar a la realeza como una sucesión de acontecimientos sanguinarios o novelescos" (J. Huizinga, *Le déclin du Moyen Age*) [Ver. esp.: *El otoño de la Edad Media*, Madrid, "Revista de Occidente", 2.ª ed., 1945, 475 págs.]. Aunque de forma amortiguada, las nuevas comunidades continúan el movimiento de "laicización" iniciado en los siglos anteriores, pero sin llegar a un verdadero equilibrio.

Sin embargo, este mundo todavía caótico contiene los gérmenes de un futuro mejor. Por encima de la crisis económica se producirá un renacimiento económico, cuyos pródromos se manifiestan ya en Italia en el siglo XV; por encima del debilitamiento del poder eclesiástico se establecerá una distribución de las fuerzas espirituales y temporales más justa; por encima de las guerras, la eclosión del sentimiento nacional proporcionará el vínculo de nuevas unidades. El Renacimiento está próximo. En los mismos tiempos y lugares se puede ya discernir, bajo lo que muere, lo que nace y lo que el siglo XVI verá desarrollarse. Una elevada y poderosa cultura, "católica" de espíritu y de forma, se desliza hacia su ocaso; un humanismo regenerado proporcionará las bases del universalismo "moderno".

En primer lugar encontraremos al gran contendiente de la Edad Media, la *Iglesia*, menos homogéneo que en el período precedente. La vida política e intelectual de la Italia del Norte será objeto de un segundo estudio: *Señoría*. Bajo el epígrafe *Nación* (Sección Tercera) podremos ver, del mejor modo, cómo se dibuja el mapa político e ideológico de la Europa "moderna".

SECCION PRIMERA

Iglesia.

> Ore le Pape devenu Franceys
> Jesu devenu Engleys.
> Ore sera veou que fra plus Ly
> Pape ou Jesu *.
>
> Dans CAPES, A *history of English Church.*

A) LOS CONFLICTOS. —En 1305, un francés es elegido Papa con el nombre de Clemente V. Durante varios decenios Aviñón se convierte en la residencia de los Papas. Pero la centralización pontificia no se detiene; por el contrario, prosigue la organización metódica del gobierno eclesiástico. Sobre todo, se perfeccionan los servicios administrativos, tanto en sentido financiero como judicial. La pérdida de las ventajas materiales, tradicionalmente vinculadas a la sede romana, y el lujo creciente de la Corte de Aviñón habían creado una situación financiera difícilmente solucionable sin el recurso a la centralización fiscal. Se envían, a través de toda la cristiandad, cobradores de impuestos, instruidos en el principio jurídico ya formulado por Inocencio III: "Qui publicam causam gerunt, publicis subsidiis sustententur". Junto a la Cámara apostólica, pieza maestra de esta política financiera, y a la Cancillería, existente ya de antes, se crea el Tribunal de la Rota para juzgar en apelación los procesos eclesiásticos de toda la cristiandad. A este dominio financiero y judicial, se añade el reforzamiento y la generalización del control en la designación de los beneficios, tanto de los episcopales como de los restantes. La elección se convierte casi en un procedimiento de excepción.

La unidad que deriva de la centralización es sólo aparente. Recubre una infinita diversidad de cuerpos y de instituciones. "Obispados, cabildos, decanatos, parroquias, prioratos, colegiatas, monasterios, encomiendas, hospicios, leproserías, innumerables instituciones de todo tipo se reparten el ministerio de las almas y los beneficios que deben remunerar su servicio" (G. de Lagarde, *Naisance de l'esprit laïque*, vol. IV: *Ockham et son temps*). Al igual que los "estados" de la sociedad civil, estas instituciones tienden a la autonomía y se fijan "derechos" y "libertades" que defender. Su propensión a la recriminación aumenta por el hecho de que el papado centralizado no carece de defectos: su sumisión, más o menos real, al rey de Francia confiere un sentido muy preciso a su influencia; su afición a la vida fastuosa acaba por desacreditarlo. Los conflictos se multiplican: entre Juan XXII y los "Espirituales" franciscanos primero y la orden entera de los Hermanos menores después; entre Juan XXII y Luis de Baviera, a propósito de la sucesión del Imperio.

Los "Espirituales" se encontraban desterrados del grueso de la comunidad franciscana, cuyo retorno al primitivo desprendimiento deseaban. Eran también, por su comportamiento diario y por sus palabras, una acusación permanente contra el lujo de la Corte pontificia y de la Iglesia. Juan XXII consiguió someterlos, pero entrando luego en conflicto con el conjunto de los Hermanos menores. Estos pretendían que su tradicional ideal de pobreza —sancionado por privilegios jurídicos que les concedían la superioridad moral de ser simples usufructuarios— era superior a cualquier otra concepción de la perfección, en especial a la de los Dominicos. Juan XXII les contestó que encubrían sus intereses y apetitos con pretextos verbales. La bula *Ad conditionem canonum* les retiró el

---

* "Ahora el Papa se ha hecho francés | Y Jesús se ha vuelto inglés | Ahora se verá quién hace más | El Papa o Jesús."

privilegio de considerarse como usufructuarios, y la *Cum inter nonnullos* declaraba heréticos a quienes sotuvieran cón terquedad la proposición en la que descansaba la pretensión de los franciscanos: Cristo y los apóstoles "nunca tuvieron nada propio, ni en propiedad particular, ni en común". El general de los franciscanos, Miguel de Cesena, abandonó la Corte de Aviñón (1328), donde había defendido inútilmente los intereses de su orden, para marchar, en compañía de Guillermo de Ockam, a la de Luis de Baviera, en Pisa. Este, que había ya acogido a Marsilio de Padua, se aprovechó de esta inesperada ventaja en el preciso momento en que su desavenencia con Juan XXII entraba en una fase aguda.

Al no haber podido los electores decidirse entre los dos candidatos a la sucesión del Imperio, Juan XXII aprovechó la oportunidad para considerar vacante el Imperio y nombrar al rey Roberto de Nápoles vicario para Italia. Luis de Baviera, asegurada la victoria sobre su oponente, intentó que Italia entrara en su dominio. El Papa se opuso a ello, y pidió a Luis II que renunciara a un poder "usurpador". El rey de Germania era obstinado; fue excomulgado (marzo de 1324) y, después, depuesto. Su respuesta fue destituir a Juan XXII y nombrar a un "espiritual", Nicolás V, que se sometió bastante rápidamente. El conflicto sólo se solucionaría con la muerte de Luis II (octubre de 1347), bajo el pontificado de Clemente VI. Marsilio de Padua y Guillermo de Ockam contribuyeron no poco, mediante sus escritos, a afirmar el derecho de Luis de Baviera, convirtiéndose en los teóricos del Estado frente al poder pontificio.

B) LOS TEÓRICOS ADVERSOS: MARSILIO DE PADUA Y GUILLERMO DE OCKAM.—Sabemos poco de la vida de Marsilio de Padua. Hombre de estudio y de acción, fue rector de la Universidad de París y estuvo sin duda complicado en las empresas políticas de los gibelinos en Italia, antes de refugiarse, junto con Juan de Jandún, en la corte de Luis de Baviera, a cuyo destino se vinculó hasta su muerte (1342). Marsilio de Padua estuvo sometido a numerosas influencias: la del "clan" Nogaret y la de los legistas, con quienes estuvo en contacto; la de los medios gibelinos y comunales de Italia; la de los averroístas —sobre todo de Pedro de Abano—, que le descubrieron a Aristóteles, y la de los valdenses, con quienes presenta analogías de inspiración (interpretación de la Escritura, o sea, exclusivamente del Nuevo Testamento), de vocabulario y de doctrina. Marsilio de Padua no conoce, en cambio, ni la teología tomista ni el derecho romano. Es, sobre todo, un polemista que excluye de su cultura todo aquello que le haría comprender a sus adversarios y que utiliza contra ellos un arsenal de argumentos de origen no conformista. Sus obras —*Defensor pacis, Defensor minor, De traslatione Imperii, De iurisdictione imperatoris in causis matrimonialibus*— nos muestran, con todas sus exageraciones, un hombre con una gran pasión por las "sociedades civiles", "contra las usurpaciones taimadas de una organización clerical que aborrece".

El *Defensor pacis*, escrito en 1324 con la colaboración de Juan de Jandún, se sitúa bajo el signo de una profunda oposición frente al orden político nacido del cristianismo bajo la égida del papado. Las usurpaciones del papado y de la sociedad eclesiástica son, en efecto, la causa esencial capaz de turbar la paz. "Bajo una máscara de honestidad y de decencia —escribe Marsilio de Padua en la primera página de su libro— [el papado] es tan peligroso para el género humano que, si no se le detiene, producirá un perjuicio intolerable a la civilización y a la patria." La obra se articula en dos partes indisociables. La primera, de técnica constitucional o de filosofía política, sólo tiene sentido en relación con la segunda, que desarrolla la crítica de la Iglesia.

La "modernidad" de Marsilio de Padua en la primera parte del *Defensor pacis* es menor de lo que a veces se ha sostenido. El autor muestra un empirismo poco firme, peligroso en la medida en que puede conducir a graves abdicaciones. Según él, "la ley es la expresión de la justicia y del bien que conviene a la vida de la Ciudad". La inconsistencia de esta definición, centrada en la noción de utilidad, no le permite alcanzar una gran precisión en lo que concierne al legislador: si la ley sólo rige por la sanción que necesariamente le acompaña, "el legislador —prosigue Marsilio de Padua— sólo puede ser el pueblo, es decir, la universalidad de los ciudadanos o la mayoría de éstos que expresan su decisión o su voluntad en el seno de la asamblea general de los ciudadanos". La soberanía popular está lejos de ser absoluta, como acertadamente ha indicado Georges de Lagarde siguiendo muy de cerca el texto del *Defensor pacis*: "El papel de la comunidad, por el que ésta resulta irremplazable, no es tanto "ver", "descubrir" o "querer" la ley como "adoptarla", "promulgarla" y "hacerla ejecutoria"". Si es pasivo, el pueblo puede muy bien ser utilizado por los príncipes, que usarán y abusarán, contra él, de la sanción que él mismo se ha impuesto sin tener los medios para controlar su uso.

El vigor de Marsilio de Padua se hace evidente en la segunda parte de la obra. La argumentación es con frecuencia sólida; y cuando lo es menos, Marsilio se da a sí mismo seguridad transformándose en un verdadero "inquisidor de la verdad" (la expresión es suya). La organización contemporánea de la Iglesia —escribe en esencia— no es de institución divina: es el resultado de un cercenamiento abusivo de las prerrogativas de los fieles, de los laicos, que constituyen la Iglesia, esposa de Cristo, con igual derecho que los clérigos: "Todos los fieles de Cristo son la Iglesia, tanto los sacerdotes como los laicos, ya que a todos redimió Cristo con su sangre... Cristo no derramó su sangre tan sólo por los apóstoles... Y, en consecuencia, cuando se habla de la esposa de Cristo, no nos referimos únicamente a sus sucesores: ministros, obispos, sacerdotes o diáconos...". No hay poder espiritual fuera de los laicos. En consecuencia, no se trata ya de que la autoridad deba ser ejercida por los fieles, sino de que toda autoridad es imposible en la Iglesia. La autoridad es patrimonio exclusivo del Estado, pues sólo el puede disponer de la sanción (incluso espiritual, como la excomunión). Por consiguiente, no hay motivo para distinguir lo espiritual de lo temporal: no existe sociedad específicamente espiritual. El Estado debe proveer a las necesidades espirituales de sus miembros. Ciertamente, Marsilio de Padua no es un hombre religioso, no exige más que un mínimo "alimento" espiritual. Su "positivismo", aplicado al campo religioso, le conduce muy cerca de la indiferencia:

"Aunque ninguno de estos filósofos —escribe para oponerse mejor a los hombres de la Iglesia, pero mostrando también el lugar al que le arrastra su concepción de una religión, necesidad natural y social— añadió pruebas a la resurrección de los cuerpos o a esa vida que llaman eterna, fingieron, sin embargo, creer en ella para persuadir mejor a los hombres de los placeres o de las penas que se les prometían en función de los méritos de su vida mortal, y para conducirles así a la reverencia y al temor de Dios e inculcarles el deseo de evitar los vicios y de cultivar las virtudes. Hay, en efecto, actos que el legislador no puede regular por una ley humana, actos de los que no se puede probar que hayan sido o no realizados por los hombres y que, sin embargo, no pueden ocultarse a Dios."

Esta negación radical de la Iglesia —Lutero reconocerá al menos una Iglesia "mística"— lleva consigo la universalidad total, hasta totalitaria, del Estado. "En todo lugar dentro del territorio sometido a su jurisdicción donde encuentre materia para ejercitarse, el poder del príncipe no debe sufrir el menor obstáculo." Así, pues, Marsilio de Padua es terminante respecto al absolutismo del Estado, aun admitiendo su limitación geográfica. En efecto, no aspira al Imperio único, como hacía Dante (al que sin duda no leyó). "Aunque [Marsilio de Padua] defiende al emperador y se muestra muy dispuesto a colocar entre sus manos el poder delegado por "la universalidad de los ciudadanos", no piensa ni por un instante en hacer del Imperio universal una especie de necesidad metafísica" (Georges de Lagarde). Se adhiere a Luis de Baviera porque éste es un agente de la lucha contra el papado. Esto aparece muy claro en el *Defensor minor*, que recoge las tesis del *Defensor pacis* acentuando su aspereza polémica, y sobre todo en el *De iurisdictione imperatoris in causis matrimonialibus*, donde da a Luis de Baviera su opinión, juzgada inoportuna en la formulación de sus considerandos, sobre el matrimonio que aquél desea hacer contraer a su hijo con Margarita Maultasch.

Las ideas de Marsilio de Padua eran excesivas para producir inmediatamente efecto. Para que pueda percibirse lo que tenían de innovación será necesario que otros las recojan y las decanten de la pasión de que su autor las había informado. El redactor del *Songe du Verger* (se ha discutido que sea Felipe de Mézière) fue uno de los que dedicaron a quitar el fulminante de esa mescolanza para utilizar mejor su substancia. Copia en gran parte el *Defensor pacis* —del que hará, por otra parte, una traducción francesa expurgada—, pero únicamente para asegurar la plena independencia del Estado respecto a la Iglesia, y no para someter ésta a aquél; además, limita su propósito a Francia, Guillermo de Ockam —que, como hemos visto, conoció a Marsilio de Padua en la corte de Luis de Baviera— recogerá también numerosos aspectos del *Defensor pacis*, pero evitará el llevar su crítica de la Iglesia hasta la negación. Algunas ideas de Marsilio de Padua pasarán, inicialmente, por el canal de Guillermo de Ockam, menos heterodoxo. No obstante, Ockam las integra en una síntesis original que no carece ni de fuerza ni de grandeza.

Aunque el destino de Guillermo de Ockam (1270-1347) se cruce con el de Marsilio de Padua, y aunque sus nombres permanezcan en adelante asociados, sus personalidades son, sin embargo, muy diferentes. "Marsilio de Padua es el círculo de "artistas" y de "físicos", *enfants terribles* de las Universidades, investigadores de curiosidades imprudentes, denigradores de tradiciones sin vigencia; es la vida turbulenta de las ciudades italianas; es el viejo mundo gibelino, con su eterno aire de rebeldía y de insolencia. Guillermo de Ockam es la Facultad de Teología, la más "científica" de las Universidades; es la tradición centenaria de la Orden franciscana; es, sobre todo, el espíritu filosófico del alto clero, formado por un siglo de vida de escuela. Ockam es el espíritu universitario" (G. de Lagarde, obra antes citada, vol. III: *Ockham et son temps*). Oriundo de Oxford, el hermano Guillermo recibe un choque decisivo, en 1324, a su llegada a Aviñón, donde se le ha convocado por la sospechosa novedad de las tesis contenidas en el *Comentario sobre las sentencias*. Le afectará profundamente el no ser tomado en serio por una corte cuya preocupación predominante no era de orden intelectual; y asociará su destino al de la Orden a la que pertenece, representada por Miguel de Cesena. Junto con este último, se une a Luis de Baviera para dedicarse a una crítica de la Iglesia. Comienza atacando a Juan XXII en el *Opus nonaginta dierum* (1331), mientras que redacta la primera parte de su obra esencial, el *Dialogus*. Escribe, tras la muerte de Juan XXII, su *Compendium errorum papae* y su *De potestate et iuribus romani Imperii* (1338), que integrará en la tercera parte de su *Dialogus*. Redactará también el *Breviloquium de principatu tyrannico*, donde responde a los ataques que le había dirigido Marsilio de Padua en el *Defensor minor*, y el *De imperatorum et pontificum potestate* (1346 ó 1347). Muere en 1349 o 1350, sin que se sepa bien si se reconcilió o no con la Iglesia.

Ockam, menos absoluto en su crítica que Marsilio de Padua, no por ello es menos corrosivo. Aunque no es escéptico —como al parecer lo fue Marsilio de Padua—, tiene el arte de ser disolvente al defender, de una forma también impresionante, tesis ortodoxas o heterodoxas frente a las que evita tomar personalmente partido. El *Dialogus* es un modelo de este género. En este diálogo entre el maestro y su discípulo acumula argumentos de todo tipo en favor o en contra de las tesis tradicionales sobre la Constitución de la Iglesia o los derechos del papado; predominan claramente los argumentos contrarios a las posiciones ortodoxas: "Estas razones —confiesa el discípulo— me hacen reflexionar mucho".

Ockam no se propone disolver la Iglesia en el Estado, sino disociar los dos campos y reformar la Iglesia. Trata de delimitar las zonas de acción jurídica de ambas sociedades. Evidentemente, sólo puede hacerlo oponiéndose a las usurpaciones del Papa: "La autoridad del Papa no se extiende, según la norma, a los derechos y libertades de los demás —sobre todo a los de los emperadores, reyes, príncipes y demás laicos— para suprimirlos o perturbarlos, ya que los derechos y libertades de este género pertenecen al número de cosas del siglo, no teniendo el Papa autoridad sobre ellas... Por esta razón, el Papa no puede privar a nadie de un derecho que no proviene de él, sino de Dios, de la naturaleza o de otro hombre; no puede privar a los hombres de las libertades que les han sido concedidas por Dios o por la naturaleza". Teniendo en cuenta la evolución "laica" de la sociedad, Guillermo de Ockam admite, pues, como fuente de derecho, junto a Dios, a la naturaleza y a los compromisos humanos. Este es uno de los aspectos más progresivos de su pensamiento.

Respecto a los problemas internos de la Iglesia, y en lo que concierne a la supremacía del obispo de Roma, Ockam recoge los argumentos del *Defensor pacis*, pero despojándolos de su agresividad y apoyándolos en textos de las Escrituras o de la Patrística. Así inicia su desarrollo: "Sobre el tema de la supremacía romana, se sostienen opiniones diversas y opuestas. Algunos dicen que ni San Pedro, ni ninguno de sus sucesores, ni la

Iglesia romana, han recibido de Dios o de Cristo el derecho de mandar sobre las otras Iglesias. Incluso sostienen que Cristo no confirió a Pedro ninguna autoridad sobre sus compañeros y que no estableció diferencias entre un obispo y los demás. Intentan establecer cinco proposiciones: 1.º San Pedro no ha recibido de Cristo ninguna superioridad sobre el resto de los apóstoles; 2.º No fue obispo de Roma; 3.º Los apóstoles fueron quienes le pusieron a su cabeza; 4.º En virtud de la institución divina, todos los sacerdotes tienen el mismo poder; 5.º La supremacía de la Iglesia proviene de Constantino". Aunque parece que Ockam no comparte completamente la opinión de estos autores, lo expone, sin embargo, con una cierta complacencia, que consigue el convencimiento del discípulo.

El análisis de Ockam va más lejos: examina la cuestión partiendo de lo que conviene y de lo que es útil a la Iglesia. (La noción de *utilidad* se encuentra tanto en Marsilio de Padua como en Guillermo de Ockam; el primero la convierte en norma de la sociedad civil, y el segundo, en norma de la sociedad cristiana.) Puede ocurrir que la Iglesia entera sea invadida por la herejía: Papa, cardenales, obispos , sacerdotes y el conjunto de los fieles, excepto algunos hombres o incluso solamente algunas mujeres. Estos pocos hombres o mujeres serían, evidentemente, la verdadera Iglesia: "La verdadera Iglesia, la Iglesia de Cristo, es la que guarda la verdadera fe, la que ha recibido del Salvador la promesa de que no desfallecerá hasta el fin de los siglos". En esta perspectiva la controversia sobre la primacía pontificia se reduce a proporciones ínfimas. Además, el carácter único del pontificado es sólo un fenómeno accidental, temporal; ¿no sería preferible, en determinados momentos, que hubiera varios papas que se dividieran la tarea y que evitaran mutuamente caer tan frecuentemente en el error? Lo esencial es que la unión y la concordia subsista entre los fieles, siendo Cristo directamente su principio de unidad. Pero, dado que no hay más que un Papa, no es indispensable que lo sea el titular de la sede de Roma. Por otra parte, ¿cuáles son sus poderes? Después de exponer "las diferentes y opuestas opiniones" que circulan sobre el tema, Ockam ofrece, en la tercera parte del *Dialogus,* una concepción matizada, que resulta difícil no reconocer como suya. Puede resumirse así: "El Papa recibiría de Cristo, en lo espiritual y en lo temporal, un poder moderado, suficiente para permitirle gobernar sabiamente la comunidad de los fieles, pero lo bastante restringido como para evitar el peligro de la tiranía, respetuoso con la libertad que el derecho natural, el derecho de gentes y las leyes civiles conceden a los cristianos. De esta forma, el Papa tiene toda la autoridad sobre las instituciones que encuentran su fundamento en el Evangelio: administración de los sacramentos, ordenación de los sacerdotes, formación del clero, reclutamiento de quienes deben instruir al pueblo, etc. Pero no le corresponde imponer la obediencia de todo aquello que la ley evangélica no prescribe, contentándose con aconsejarlo; si de todas formas lo hiciera, fuera del caso de necesidad, su orden quedaría sin efecto y no habría que tomar en cuenta las censuras que la reforzarían. Cristo no le confirió tales poderes, cuyo uso acarrearía fácilmente graves perjuicios para la comunidad" (Victor Martin, *Les origines du Gallicanisme*). Esta mezcla de temas tradicionales y de tesis marsilianas. descansando sobre la noción de interés de la sociedad cristiana, recibirá una acogida especialmente favorable en la época del Gran Cisma, cuando se trate de convocar un concilio. "Si bien no se ha de rechazar —escribe Guillermo de Ockam— el testimonio de los Soberanos Pontífices, que afirman que el concilio no puede ser reunido sin su autoridad, es necesario comprenderlo bien y no interpretarlo en detrimento de la fe cristiana, que debe ser preferida siempre al Soberano Pontífice, incluso si es católico". Fueron numerosos los autores —incluso los que fustigaron sus desviaciones emancipadoras— que tomaron de Ockam páginas enteras del *Dialogus* y de sus restantes tratados: Pedro de Ailly, Juan de Courtecuisse, etc.

C) Los últimos teóricos de la teocracia pontificia.—Las tesis no conformistas de Marsilio de Padua y de Guillermo de Ockam no dejaron de producir reacciones en el campo pontificio. El dominico Agostino Trionfo y el franciscano Alvaro Pelayo alcanzaron fama recogiendo los temas tradicionales de la teocracia pontificia, enfrentándose principalmente con el *Defensor Pacis*, al que ambos intentaron refutar. Según Agostino Trionfo —en su obra *Summa de potestate ecclesiastica*, cuya fecha adecuada ha de situarse entre 1324-1328— el Papa recibe directamente de manos de Dios la *plenitudo potestatis*; su preeminente dignidad es indiscutible y su autoridad se ejerce en todos los campos sin intermediario y permanentemente, no siendo el emperador más que un agente de la Iglesia. Encontramos el mismo pensamiento, excesivo y anacrónico, en Alvaro Pelayo, cuyo *De statu et plactu Ecclesiae* fue redactado en tres ocasiones (1332, 1335, 1340) Según él, la Iglesia es una sociedad visible y la Historia demuestra que el Papa, que es *quasi Deus*, ejerce su poder tanto en lo temporal como en lo espiritual: el Estado está en la Iglesia; lo temporal, en lo espiritual, "siguiendo lo accesorio necesariamente a lo principal". El emperador, cuya autoridad relativa cubre la de todos los reyes, no es más que "el vicario del Papa para todo lo que concierne a los asuntos temporales". La acumulación de fórmulas perentorias y de citas no consigue ocultar la insuficiencia de un pensamiento ampliamente rebasado por la corriente de ideas y de acontecimientos.

D) El Gran Cisma; las herejías.—El retorno del Papa a Roma (1377) fue seguido de grandes desórdenes que dividieron y asolaron la cristiandad durante cerca de cuarenta años. En 1378, a la muerte de Gregorio IX, los romanos exigieron que fuera elegido Papa uno de los suyos, o al menos un italiano. Fue elegido Urbano VI. Un cierto número de cardenales no tardaron en proclamar que habían actuado bajo el efecto del temor y designaron un nuevo Papa, un francés, que tomó el nombre de Clemente VII y que pasó a residir en Aviñón. Urbano VI —sostenido por el emperador, el rey de Inglaterra, Flandes y una parte de Italia —excomulgó a Clemente y a sus electores; pero éstos, apoyados por el rey de Francia y su aliados escoceses, napolitanos y españoles, se negaron a someterse. La cristiandad se halló, de esta forma, dividida en dos. Un concilio reunido en Pisa en 1409 depuso a los dos pontífices, en beneficio de un tercero. El remedio fue peor que la enfermedad, ya que desde entonces fueron tres los hombres que se disputaron la soberanía pontificia.

En esta época, las críticas suscitadas por los abusos de la corte de Aviñón y de algunos prelados tomaron un sesgo agudo, frecuentemente heterodoxo. En Inglaterra, Juan Wycliffe (nacido hacia 1320, muerto en 1384), tras participar en una negociación —hecha inútil por la intervención directa del rey— con representantes del Papa sobre el tema de las rentas feudales o eclesiásticas de Inglaterra frente a la Santa Sede, dedica su enseñanza y su vida a una crítica, cada vez más viva, de la sociedad eclesiástica y a una exaltación de hecho del poder temporal. En sus obras —*De dominio divino* (1375) y *De civili dominio* (1376)— se ocupa en distinguir el señorío de derecho o *ius*, del poder o *potestas, possesio*, y del uso o *usus*. Corresponde únicamente a Dios el *dominium;* sin embargo, puede atribuirlo a los reyes. Pero el *dominium* de Dios difiere profundamente del de los reyes; nunca es ejercido "mediatamente por medio de súbditos vasallos, ya que Dios hace, gobierna y mantiene todo lo que posee inmediatamente y por sí mismo, y ayuda a realizar sus obras según las utilizaciones que ordena". Esta importante proposición implicaba, además, que el clero y el papado no desempeñaban ningún papel en la atribución de la soberanía a los titulares del poder temporal, realizada por Dios. El poder de la jerarquía católica, seriamente afectado ya, se encuentra limitado, además, de otra forma. En efecto, según Wycliffe, el *dominium* es incompatible con el estado de pecado: "Nullus est dominius civilis, nullus est praelatus, nullus est episcopatus dum est in peccato mortali". Aunque este principio es teóricamente aplicable tanto a los príncipes temporales como a los dignatarios eclesiásticos, en realidad tan sólo se aplica a estos últimos; la indulgencia de Wycliffe hacia el poder temporal sólo puede compararse con su severidad hacia el poder eclesiástico. Le corresponde incluso al poder temporal castigar a los eclesiásticos que están en falta, privándoles de sus diezmos y beneficios. En función del corolario "Todo hombre en estado de gracia tiene un señorío real sobre todo el universo", las gentes del pueblo tienen el derecho de "corregir a sus señores" cuando éstos son culpables. El *dominium* sólo puede ser delegado en la tierra a los predestinados, a aquellos cuyo comportamiento está de acuerdo con "la vida y la enseñanza de Cristo, que son el mejor espejo".

Desde el instante en que el Papa, dado el modo de designación, puede perfectamente no ser un predestinado, no hay lugar para creer necesaria la institución pontificia. Realmente, Wycliffe solamente llega a esta conclusión en sus últimas obras, bajo la influencia de los graves acontecimientos que perturbaron en esa época a la cristiandad. En efecto, el escándalo del Gran Cisma reforzó a Wycliffe, de una manera radical, en su actitud anticlerical. Tras esperar por algún tiempo que Urbano VI reformara la Iglesia, explota a fondo el Gran Cisma, que debilita "providencialmente" la autoridad pontificia. En el *De potestate papae* (1379), en el *De ordine christiano* (misma fecha) y en el *Trialogus* (1382), el Papa aparece como el "capitán del ejército del demonio", a quien se ha de eliminar a toda costa. La negación de todo principio de autoridad institucional en la Iglesia tiene como contrapartida, en Wycliffe, una especie de "comunismo de los predestinados": la Iglesia es la "sociedad de los predestinados", iluminados directamente por el Espíritu Santo, a través de la Escritura.

Los Lollardos prolongaron durante algún tiempo la influencia de Wycliffe en Inglaterra, pero fue en Bohemia donde aquélla alcanzó la mayor amplitud. Wycliffe encontró en Juan Huss (nacido en 1369) un ferviente partidario que se inspiró profundamente en sus escritos o que sencillamente los transcribió. El rector de la Universidad de Praga se convirtió en un incansable denunciador de la codicia de la Iglesia, siguiendo el ejemplo del maestro de Oxford y siendo ayudado por Jerónimo de Praga, que iba a compartir su trágico destino. "El Salvador —escribe Juan Huss— negó a sus apóstoles cualquier tipo de dominación terrena; pero la palabra divina se ha convertido en objeto de burla desde que el emperador Constantino dio al Papa un reino. Ese día se oyó gritar a una voz desde lo alto: Se ha introducido el veneno en la Iglesia de Dios. La riqueza la ha corrompido por completo. ¿De dónde provienen las excomuniones, las disputas entre el Papa, los obispos y los miembros del clero? Los perros se pelean por un hueso; que se les prive de él y la paz será restablecida". Aunque está muy cerca de Wycliffe, no niega nunca, sin embargo, la institución divina de la Santa Sede. Así, en su *De Ecclesia,* sostiene solamente que el Papa, al igual que cualquier príncipe, no conserva su autoridad más que si está en estado de gracia. Juan Huss se aferró firmemente a este principio ante los jueces que le condenaron a la hoguera. "Más aún —dice—, un rey en estado de pecado mortal no es verdaderamente rey ante Dios." Se le contestó: "¿No te basta con haber debilitado a la Iglesia? ¿Quieres todavía atacar a los reyes?". Lutero escribió en 1537, en el vigoroso prefacio a las cartas de prisión de Juan Huss: "El mayor crimen de Juan Huss fue declarar que un Papa impío no estaba a la cabeza de la Iglesia universal; reconoció en él al jefe de una Iglesia particular, pero no al de toda la Iglesia. Así como un ministro de la Palabra cuya vida es criminal es siempre ministro según la apariencia exterior, sin ser por ello miembro de los santos en su Iglesia, Juan Huss, de forma semejante, negó que un Pontífice impío y malvado fuera un buen Pontífice, aunque estuviera sentado en el trono de la Iglesia. Es como si decimos que Judas, traidor y ladrón, no era un hombre honrado, aunque estuviera llamado a las funciones del apostolado". Convocado ante el Concilio de Constanza, Juan Huss apenas pudo defenderse. Fue condenado y arrojado a la hoguera. Sus partidarios, que lo convirtieron en el héroe nacional checo de la lucha contra los alemanes (en el tiempo del rectorado de Juan Huss, éstos habían abandonado la Universidad de Praga para fundar la de Leipzig, tras el decreto real de Kutna Hora de 1409 [1]), resistieron bravamente y no se sometieron más que a cambio de las concesiones que Roma hubo de hacerles.

E) EL CONCILIO DE CONSTANZA; LA TEORÍA CONCILIAR.—La obra del Concilio de Constanza (1414-1417) no se redujo a la condenación de Juan Huss; puso fin al Gran Cisma. Convocado con la ayuda del príncipe Segismundo —que pronto sería emperador—, logró en 1415 la dimisión del Papa de Roma; un segundo Papa fue depuesto y hecho prisionero en el mismo año; el tercero —el de Aviñón—, refugiado en España, se obstinó, pero su destronamiento fue proclamado en 1417. En noviembre del mismo año un miembro de la familia Colonna, elegido por los cardenales, a quienes se unieron excepcionalmente treinta prelados, tomó el nombre de Martín V.

Por eficaz que fuera el de Constanza, el recurso al Concilio no dejaba de ser un procedimiento insólito. El fracaso de Pisa en 1409 demuestra hasta qué punto la preparación de los ánimos era difícil. La noción de utilidad —frecuentemente empleada, como hemos visto, por los no conformistas— iba a justificar igualmente la acción de aquellos para quienes el restablecimiento del orden no podía hacerse fuera de la ortodoxia. Después de Baldo Degli Ubaldi, Francisco Zabarella, Pedro de Ailly y Juan Gerson intentarán asentar la legitimidad y los poderes del Concilio sobre bases sólidas. Pedro de

---

[1] La mayoría de las *naciones* en el seno de la Universidad se había invertido en provecho de los checos; en adelante, todos los miembros de la Universidad estaban obligados a prestar juramento de fidelidad a la corona de Bohemia.

Ailly, en su panfleto *Epístola Diaboli Leviathan,* da su parecer "en negativo". Pone en escena al diablo, que ordena a sus agentes que impidan por todos los medios que la Iglesia se reúna, ya que el actual estado de cosas le resulta muy favorable. La argumentación de Gerson es más explícita. En el *Libellus de auferibilitate pape ab Ecclesia,* Gerson reconoce al Papa su supremacía, pero sólo "en la medida en que Cristo juzgó conveniente concederla", es decir, "más bien con miras a la utilidad de la Iglesia" que para su provecho personal. El Concilio es la representación oficial de la Iglesia; puede "decir el derecho" y ejercer la autoridad represiva, doble sentido de la palabra "jurisdicción". Encarna "la ley divina y sin desviación" que "corrige" al Papa, le "obliga" y le "pone en su lugar" y que le impide perjudicar no sólo a la Iglesia sino a sí mismo (cf. Víctor Martín).

Sin embargo, el Concilio de Pisa no se atreve a afirmar directamente su autoridad. Lo han justificado los errores y las faltas de los Papas, a quienes no se deja de atacar con violencia y de acusar de herejía. Los excesos que esta concepción acarrea harán ineficaz el procedimiento. Será necesario en adelante evitar la incriminación de las faltas personales, lo que implica que se reconozca, absolutamente, la autoridad de Concilio: "Ha de saberse, en efecto —dirá Pedro de Ailly—: en el firmamento no hay tan sólo el sol (el Papa) y la luna (el emperador); también existen las estrellas (los "diversos estados" de la jerarquía eclesiástica); su papel no es solamente acompañar a los astros, ya que tienen, junto con ellos, una acción que ejercer". El mismo autor añade: "Por consiguiente, cometen un error manifiesto, y que es necesario condenar como peligroso y pernicioso en el más alto grado para toda la Iglesia, aquellos que, para halagar al poder pontificio, desprecian la autoridad del Concilio hasta atreverse a pretender que el Papa no está necesariamente obligado a obedecer las decisiones sinodales".

Los partidarios de la supremacía del Concilio, moderados en las cuestiones personales pero firmes en la teoría, obtuvieron el triunfo en Constanza. En marzo-abril de 1415 hicieron codificar su concepción en decretos célebres, cuyos artículos esenciales en su redacción definitiva son los siguientes: "Estando legítimamente reunido en nombre del Espíritu Santo, formando un Concilio general y representando a la Iglesia católica militante, [el santo sínodo de Constanza] recibe directamente de Jesucristo un poder al que cada cual está obligado a obedecer, cualquiera que sea su dignidad, incluso papal, en lo que concierne a la fe y a la extirpación del cisma, así como a la reforma de la Iglesia de Dios en su jefe y en sus miembros. Declara que todo hombre, cualquiera que sea su dignidad, incluso papal, que se niegue obstinadamente a obedecer los mandamientos, estatutos, ordenanzas o decretos de este santo sínodo y de todo otro concilio general legítimamente reunido para los dichos asuntos o para otros contiguos, hechos o por hacer, será castigado como merece y debidamente sancionado si no vuelve al arrepentimiento, y que contra él se podrá recurrir, si es preciso, a otras vías...".

En 1417 se decidió que el Concilio se reuniría periódicamente. Martín V aceptó esta decisión. Su sucesor, Eugenio IV, se enfrentó al Concilio de Basilea (1431), con el que tuvo dificultades extremadamente graves, derivando de estas diferencias un nuevo cisma. El Papa se refugió en Ferrara, desde donde lanzó un "anti-concilio". Mientras que los "padres" resistían en Basilea y consideraban la posibilidad de una reforma de la cristiandad, cardenales y obispos se reagrupaban en torno a sus reyes o príncipes para organizar el dominio nacional al abrigo de las injerencias pontificias. Aunque el conflicto entre el Concilio y el Papa se resolvió finalmente en beneficio del pontífice romano, no por ello dejó éste de encontrarse, al mismo tiempo, desposeído de su supremacía universal.

Francia fue la nación que mejor supo organizar sus "libertades" eclesiásticas. Habría que recordar la decisiva influencia de la Universidad de París, que se agitaba en la dirección de la emancipación, especialmente respecto al espinoso tema de los impuestos pontificios. La desavenencia entre el Papa y el concilio proporcionó la ocasión para una solemne definición de las libertades galicanas. Carlos VII, al conocer la suspensión de Eugenio IV por obra del concilio, tomó el partido de prohibir a los prelados franceses trasladarse a Ferrara, donde el Papa les había ordenado reunirse en torno a él. Al propio tiempo, convocó en Burges una reunión de su clero: "Con el objeto de recibir consejo y opinión sobre el desacuerdo y contrariedad de los susodichos, el Papa y el concilio, y para evitar todo tema de cisma". La Asamblea de Burges escuchó a los enviados de Eugenio IV y a los del concilio, antes de elaborar un procedimiento de conciliación. Se dedicó también —y fue una de sus actividades principales— al examen de las proposiciones de reforma de la Iglesia decretadas por el concilio. La Asamblea las corrigió, para recogerlas finalmente en su provecho en la célebre Pragmática sanción de Burges (1438). Este texto limitaba la supremacía pontificia en relación con el concilio y con los derechos y costumbres nacionales: "El concilio, reunido legítimamente en el Espíritu Santo, representando a la Iglesia militante, tiene la autoridad que recibe directamente de Cristo. Quien quiera que sea, de cualquier estado que sea, incluso el Papa, está obligado a obedecer a este concilio. Según la disposición del derecho común, provéanse los obispados, como se debe, mediante elección de los clérigos". La Pragmática Sanción añadía: "La Asamblea de Burges no considera reprehensible que el rey o los príncipes, a condición de abstenerse de toda amenaza o violencia, usen en ocasiones de suaves y amables peticiones en favor de los súbditos merecedores y diligentes, en bien del reino". En los términos de este texto, el papado no gozaba ya en el reino más que de un poder "moderado", dentro de los límites de los "santos cánones" (cf. Victor Martin).

Aunque el galicanismo fue un modo "pacífico" de reforma y de emancipación, al preocuparse sus promotores por evitar el cisma, el movimiento nacional iniciado en otros países conducía a la ruptura. Muy pronto, el anglicanismo se separaría del catolicismo, y la reforma luterana y calvinista desgarraría el continente. A la Iglesia se le imponía una muda difícil frente al ascenso de las nacionalidades. No lo consiguió más que parcialmente; a la resistencia justificada por un glorioso pasado, se añadieron otros factores, principalmente los abusos o insuficiencias en materia disciplinaria o dogmática.

SECCION II

"Señoría".

> "Atenas fue la salvadora de las ciudades griegas frente a la expansión totalitaria de la monarquía persa, y llegó a ser, gracias a las energías desplegadas durante esta lucha, la metrópoli cultural de Grecia. En los primeros decenios del Quattrocento, un destino histórico análogo parecía abrirse ante las ciudades italianas que habían dirigido la lucha contra los Visconti y que se habían convertido en la fuente del humanismo y de una nueva literatura italiana."
>
> Hans BARON, *The crisis of the early Italian Renaissance.*

A) EL CONFLICTO ENTRE MILÁN Y FLORENCIA.—La complejidad de la Italia del Norte, a mediados del siglo XIV y en el siglo XV, constituye un motivo de desánimo para el análisis. Se enfrentan dos contendientes principales: la República de Florencia y la "Señoría" de Milán, la primera de tradición güelfa, la segunda de tradición gibelina. Según un contemporáneo, Mateo Villani, los gibelinos, partidarios del emperador, se convierten necesariamente en tiranos a la muerte de éste, mientras que los güelfos, adversarios de las normas germánicas, son siempre enemigos de la tiranía y campeones de la libertad. En efecto, Milán, bajo el dominio de la familia Visconti, manifiesta, a partir de 1350, tendencias expansionistas, principalmente en dirección a Florencia. Ambas ciudades entraron en un período de intensa rivalidad diplomática, preludio de la lucha armada. Desplegaron un sutil juego entre el rey de Francia y el Papa de Aviñón, por una parte, y el Papa de Roma, por otra. Milán estuvo a punto de conseguir la alianza con Francia. Carlos VI favorecería sus proyectos en el Norte de la Península; a cambio, pedía a Juan Galeazzo Visconti que contribuyera al establecimiento de Clemente VII, residente en Aviñón, en la sede de Roma; precisamente las tergiversaciones de Juan Galeazzo sobre este punto hicieron fracasar la negociación. Florencia, que no había dejado de proclamar —por interés —su adhesión a la corona de Francia, a pesar de su reticencia respecto a los extranjeros y de su reconocimiento del papa Urbano VI, se benefició de este fracaso. En septiembre de 1396 se firmaba un tratado de alianza entre Francia y la República toscana. Sin embargo, las hostilidades entre Milán y Florencia se encontraban abiertas desde 1392, agrupando la segunda en torno suyo a Padua, Ferrara, Mantua, Bolonia, etc. Florencia se encontró muy pronto sola frente a Juan Galeazzo Visconti, ya que las demás ciudades habían caído, una por una, bajo el dominio del coloso. A partir de 1402, Florencia es el único campeón de la libertad.

B) DEFENSA E ILUSTRACIÓN DE FLORENCIA.—Florencia halló sus mejores defensores entre sus "intelectuales". Una generación de historiadores humanistas "comprometidos", partidarios de la *vita activa política,* iba a aplicarse a fundamentar a Florencia en su prestigiosa historia, en su tradición de cultura y libertad. Maquiavelo lanzó sobre ellos, en el prefacio a sus *Historias florentinas,* un juicio algo malévolo, reproducido durante mucho tiempo sin la menor verificación: "Descubrí —escribe— que nada habían descuidado en lo que concierne a las guerras entabladas por los florentinos contra los príncipes y los pueblos extranjeros, pero que habían pasado totalmente en silencio una parte de lo que se relaciona con las discordias civiles y con los sentimientos que de ellas derivan, y que se habían deslizado tan rápidamente sobre el resto, que su historia no puede proporcionar al lector ni utilidad ni placer". Los tiempos estaban quizá demasiado agitados para que estos humanistas pudieran pensar en los placeres de los contemporáneos; pero no dejaron por ello de ser de una indiscutible utilidad; el propio Maquiavelo se aprovechó ampliamente de sus servicios.

Aunque los historiadores humanistas se muestran, al estilo de Petrarca, en cierto modo "desdeñosos con la realidad", supieron, sin embargo, retener lo esencial de ella. En todo caso, hicieron más labor política a través de sus escritos que mediante los actos que sus funciones gubernamentales les llevaban a realizar. En efecto, con la *Laudatio Florentinae*, escrita por Leonardo Bruni verosímilmente después de 1402, nace un nuevo sentimiento ciudadano que descansa sobre la interpretación del pasado. *Leonardo Bruni* se inspira en el *Panatenaicus* de Elio Aristides, pero no se contenta, como ordinariamente se ha opinado, con una transposición. Su obra reviste un carácter original. Para él, Florencia es hija legítima de la República romana; su excepcional posición geográfica la convierte en el centro geométrico (se adivina ya lo que se denominó "espíritu geométrico" del Renacimiento), alrededor del cual se equilibra la Italia del Norte; es la Ciudad de las artes; su Constitución, por último, es una verdadera "obra de arte", un sistema de control que da la medida al conjunto y que hace imposible la tiranía. Florencia es la Ciudad de la armonía; encarna las ideas pitagóricas.

Es heredera de lo que el Imperio, importado por César del extranjero (del África, había precisado Petrarca), destruyó: la *virtus romana,* desarrollada en la libertad de los tiempos consulares. Se invoca el testimonio de Tácito, y se interpreta en sentido único. La figura de César se destaca sombríamente iluminada de los escritos de Bruni. Aunque exalta a Escipión el Africano, siguiendo a Cicerón y Petrarca, por su victoria sobre Aníbal, desprecia de manera profunda a César, "corruptor del pueblo y destructor del Estado; le acusa de haber preparado el sojuzgamiento del mundo por un Tiberio o un Nerón". Se opone a Dante, que había condenado al fuego eterno a Marco Bruto.

La obra de Leonardo Bruni se prosigue con los *Dialogi ad Petrum Paulum Histrum* (el primero, del año 1401; el segundo, redactado después de 1402), que no aportan nada nuevo al punto de vista que aquí nos interesa; la *Historia del pueblo florentino,* cuya redacción su autor proseguirá durante largo tiempo, y la *Oración fúnebre de Nanni degli Strozzi* (1428). Al igual que la *Laudatio,* la *Oratio funebris* se inspira en un modelo griego, el discurso fúnebre de Pericles, narrado por Tucídides. Bruni exalta aquí la misión cultural de Florencia —ciudad que desciende a la vez de los etruscos y de los romanos, los dos pueblos más grandes de la península en el terreno cultural y político—, así como las virtudes de libertad y de igualdad de la Constitución florentina. No obstante, Leonardo Bruni había de registrar, durante su vida, los signos de la decadencia de la República. La abolición del servicio militar para los ciudadanos florentinos le proporcionó la ocasión para las desilusionadas reflexiones que incluye en su Historia en 1437-1438; si los ciudadanos de Florencia confían a otros el cuidado de su defensa, es que son ya "incapaces de defenderse por sí mismos y de combatir por su patria".

Bruni, que domina en verdad todo este período florentino, no fue el único en apoyar a la República. Habría que citar a Poggio y a muchos otros. Es conveniente conceder una mención particular a la obra de Gregorio Dati, *Historia de Florencia 1380-1406* (cuyo título completo es: *Historia de la larga e importante guerra italiana que enfrentó en nues-*

tro tiempo al tirano de Lombardía y a la gloriosa ciudad de Florencia). Dati fue testigo directo de la guerra entre Milán y Florencia. Esta guerra fue, para él y para sus conciudadanos, una sorpresa y una revelación. Saca de ellas estas enseñanzas: la superioridad de los florentinos es indiscutible, porque, a diferencia de los milaneses, sometidos de tal forma que su "sujeción se ha convertido en una segunda naturaleza", los florentinos han sabido, a pesar de todas las vicisitudes, usar de la razón (*ratione*: este término, en su doble sentido de *razón* y de *cálculo*, se convertirá muy pronto en una palabra clave) en la dirección de la diplomacia y en los campos de batalla. Esto sólo fue posible porque vivían en una república, libres. Tal y como escribe —y estas líneas resumen admirablemente el espíritu del que tanto él como sus conciudadanos estaban animados—, nunca les ha parecido posible a los florentinos el ser conquistados y sometidos; sus espíritus se oponen de tal forma a toda idea de este género, que no pueden ni siquiera concebirla. Han creado los remedios apropiados para cada ocasión. Siempre les ha mantenido la esperanza, que es para ellos una certidumbre, de que la Comuna no puede morir, mientras que el duque, siempre mortal, lleva consigo a la tumba al Imperio... Y puede decirse que la libertad de Italia entera descansa únicamente en manos de los florentinos, a quienes ningún otro poder puede pervertir".

C) JUSTIFICACIONES DE LA TIRANÍA.—La obra de Dati permite medir el corte de las generaciones en Florencia. Los acontecimientos de principios de siglo hicieron nacer un profundo y ancho foso entre los humanistas florentinos y sus predecesores, aunque éstos fuesen sus "maestros espirituales", tal como *Coluccio Salutati* lo era para Bruni. Salutati, tras haber descubierto y exaltado en su juventud a Cicerón y a los grandes ciudadanos y defensores de la República, acabó por dar la razón al autor de la *Divina Comedia*. En su *De tyranno* se propuso demostrar, como escribió en su prefacio, que el "divino Dante, su conciudadano y compatriota, no se había equivocado al enviar a los asesinos de César al fondo del infierno". Después de distinguir entre dos tipos de tiranos —el que se convierte en tal en el ejercicio de sus funciones gubernamentales (*tyrannus ex parte exercitii*) y el que lo es a causa de la ilegitimidad de su función (*tyrannus ex defectu tituli*)—, justifica totalmente la obra de César. César consiguió construir un vasto Imperio, en cuyo molde se integró la cristiandad medieval, y restableció el orden y la eficacia en la Roma de las guerras civiles, como los tiranos del siglo XIV lo hicieron en las ciudades. Los asesinos de César eran considerados por Salutati simplemente como hombres ambiciosos. La actitud de Salutati no ha dejado de desconcertar a los comentaristas: algunos han creído ver en él un "objetivismo" totalmente moderno; otros, un oportunismo frente a la naciente tiranía de los Médicis (?). Resulta más razonable apreciar en Salutati, como Hans Baron, un "quietismo político", que va a la par con una preocupación por la "explicación histórica".

Las justificaciones dadas en Padua a la tiranía son de otro tipo, más oportunistas. *Vergerio*, que había estado, sin embargo, en contacto con el florentino Bruni, se consagra a la dinastía de los Carrara. En su *De Ingenuis Moribus et Liberalibus Studiis Adolescentiae*, en su *Vitae Principum Carrariensium* (es ya significativo que escribiera este libro y no una historia del pueblo de Padua), en su *De Monarchia*, justifica la tiranía por sus resultados; repite las palabras de Eurípides: "Si el derecho debe ser violado, que lo sea por obra del poder". *Giovanni Conversino* pensaba de igual manera. Su obra *Dragmalogia de eligibile vitae genere*, concebida como un diálogo entre un escritor "no comprometido" y otro "comprometido", desarrolla una comparación entre la tiranía y la república. Conversino no razona nunca en términos de libertad ("Ninguna libertad está fundamentada en este mundo, a no ser la del hombre que, bajo la inspiración de la fe religiosa, renuncia a los bienes del mundo..."), sino en términos de seguridad, prosperidad, eficacia. Desde este punto de vista, "como las pasiones partidistas y los intereses privados dirigen las opiniones individuales, casi nunca ocurre, si es que ocurre, que todas las opiniones de los ciudadanos del Estado se armonicen para permitir una acción común efectiva. Los actos de clemencia y de liberalidad públicas, que son el fundamento de la paz y de la prosperidad en una comunidad, son, por consiguiente, imposibles en una república. El interés general y el interés del gobierno únicamente coinciden en una tiranía; un príncipe "mediocre" es preferible a cualquier república" (cf. Hans Baron, *op. cit.*). La Historia enseña, según Conversino, que la república nace del desprecio del poder y engendra la anarquía. Todo cuanto realizó de bueno y de grande el pueblo romano lo hizo durante el Imperio.

D) LA REPÚBLICA UNIVERSAL.—Con el advenimiento de los Médicis, la República de Florencia pierde su pureza. Los Médicis imprimieron a la vida pública florentina un tono autocrático, y, bajo la cobertura de la prosperidad, la demagogia substituyó a la democracia. Habrá que esperar a finales de siglo para que, bajo el impulso de Savonarola, Florencia recobre la república.

Savonarola (1452-1498), poderosa personalidad más mística que política, sólo se interesa accidentalmente por los negocios públicos: "¿Qué relación he de tener con el Estado de Florencia? —pregunté a Dios—... Y entonces el Señor me dijo: La predicación, que es tu oficio, es asunto espiritual, pero es preciso ante todo, no teniendo en consideración más que el espíritu, asegurar las cosas que conservan y mantienen el espíritu, y aquéllas mediante las cuales se gobierna". Para Savonarola, que dará a los florentinos una nueva Constitución inspirada en la de la sabia Venecia, los principios políticos derivan de un imperativo espiritual. Dice también:

"Vuestra reforma debe comenzar por las cosas del espíritu y todas vuestras ganancias temporales deben servir para vuestro bien moral y religioso, de quien dependen; y si habéis oído decir que las ciudades no son gobernadas mediante *paternoster*, recordad que éste es el precepto de los tiranos, de los enemigos de Dios y de la cosa pública, la regla para oprimir y no para liberar y elevar una ciudad; si deseáis un buen gobierno, es necesario entregarlo a Dios; yo no me mezclaría ciertamente en política si no fuera así."

Esta teocracia popular es moral; y al ser moral, tiene vocación universal, al menos en lo que concierne a Italia:

"Pueblo de Florencia, comenzaréis la reforma de Italia entera y extenderéis vuestras alas sobre el mundo para propagar, a gran distancia, la reforma de todos los pueblos. Recordad que el Señor ha dado evidentes signos de su intención de renovar todas las cosas, y que constituís el pueblo elegido para esta gran empresa, a condición de que sigáis las órdenes de quien os convoca y os invita a volver a una vida espiritual."

Tal empresa fracasará, y Savonarola morirá en la hoguera. El fulgurante paso del gran predicador por la dirección de los asuntos públicos dejará, sin embargo, una duradera impronta en el ánimo y el corazón de todos los florentinos. Está fuera de duda el que la voluntad de reformar y unificar Italia por obra de Florencia, tan firmemente expresada por Savonarola, había afectado a todos los habitantes de la ilustre ciudad. Humanistas como Marsilio Ficinio o Pico de la Mirándola, con sus tentativas de sincretismo y su sed de universalismo, también soñarán con esta idea.

SECCION III

Nación.

"El corazón y el espíritu abraza-
ron un marco territorial."

Jean LEJEUNE, *Liège et son pays,
naissance d'une patrie.*

Seria erróneo creer que el papel de la Iglesia en la formación de las naciones modernas es exclusivamente negativo. Indudablemente, la reacción
progresiva de los príncipes, apoyados y justificados por su círculo "intelectual", consiguió liberar las zonas del poder temporal de las usurpaciones de
la sociedad eclesiástica; sin duda también, los trastornos internos de la Iglesia permitieron a los príncipes apropiarse de las ventajas del restablecimiento del orden. No por esto dejó el papel de la Iglesia de revestir un
aspecto positivo esencial, ya que preparó o conservó un marco territorial y
administrativo para el nacimiento y desarrollo de las naciones, derivando,
además, en parte, el sentimiento patriótico de la actitud religiosa [2].

A) NACIMIENTO DE UNA PATRIA.—A propósito de la ciudad de Lieja, se ha estudiado de
manera muy significativa la evolución de la palabra *patria,* así como su contenido (Jean
Lejeune *Liège et son pays, naissance d'une patrie).* Cuando el término aparece, a finales
del siglo X, no designa el Estado, que es el Imperio, sino la diócesis, proporcionando el
obispado un marco administrativo y el obispo —*pater patriae*— un jefe: "La Iglesia mantuvo bien que mal los marcos romanos". En una segunda fase, con la disgregación del
Imperio y la feudalización, el obispo adquiere el gobierno temporal de una parte del territorio, sobre la que ejercía antes y continúa ejerciendo ahora su jurisdicción espiritual.
Se forma así una nueva *patria,* reducida al territorio controlado temporalmente por el
obispo; pero su prestigio se mantiene gracias a ciertas ventajas ligadas a la función
episcopal. "La unidad moral y política de la *Ecclesia leodiensis* hizo quiebra, y esta
quiebra restringió el poder temporal del obispo a una parte de su diócesis. Era necesario
encontrar una palabra que designara esta parte. Esa palabra será *país,* o, según la traducción de los clérigos poco preocupados por la etimología, *patria.* Cuando el obispo se
dirige a toda la *universalidad del país del obispado de Lieja —patria episcopatus leodiensis—,* no se refiere a todos los fieles de la diócesis, sino a los que dependen de su autoridad temporal". En el interior de esta *patria* las vinculaciones humanas, reforzadas por
la unión, se consolidan en torno al obispo, con vistas a conjurar los peligros exteriores.
"Y, mientras se fijan las fronteras, los súbditos toman conciencia de sus intereses y del
"honor" de un principado, nacido antes y fuera de ellos". Pero los súbditos —esta es la
tercera fase— acaban por cansarse de las luchas que el obispo provoca o mantiene con
el objeto de extender su dominio temporal sobre el conjunto de su diócesis; se repliegan
sobre su *patria,* terminando de consolidarla internamente y armándose por sí mismos: "La
ciudad sustituye al obispo en la dirección de la guerra", al igual que en otros campos.
"Los Estados son quienes asumen —y lo proclaman no sin orgullo— la defensa de una
obra que contribuyen a acabar, incluso en su forma exterior, y cuyo contenido está formado
por los trabajos de sus días: la patria."

---

[2] Por razones de comodidad no hemos mencionado antes el desarrollo de la idea nacional
en la Edad Media; nunca se insistiría demasiado en el hecho de que no comienza con el
ocaso de este período: los pueblos bárbaros tenían ya leyes "nacionales" (cf. *supra,* pág. 109).
Se encontrarán en la bibliografía (pág. 193) indicaciones concernientes a este problema durante toda la Edad Media.

Aunque el nacimiento y desarrollo de otras patrias difieren sensiblemente de la de Lieja, no por ello deja de ser cierto que entre los elementos
constitutivos de las naciones, los elementos eclesiásticos "laicizados" son de
primera importancia. Además de aportaciones propiamente técnicas como
los modos de elección y deliberación en las asambleas, puede mencionarse
el origen de los impuestos. Una vez que el Papa autorizó a los príncipes a
recaudar impuestos de todos sus súbditos para la preparación de las Cruzadas, hasta tal punto vieron aquéllos las ventajas y tomaron la costumbre
de utilizar el procedimiento, que continuaron practicándolo cuando la era de
las Cruzadas terminó. La actividad fiscal *pro defensione* o *pro necessitate
regni* substituyó de forma insensible a la de *pro defensione* o *pro necessitate Terrae Sanctae.* La fórmula varía según los lugares y las épocas: *ad
tuitionem patriae* o *ad defensionem patriae,* o también *ad defensionem na-
talis patriae.* Se ha podido decir, al comentar esa evolución (Ernst H. Kantorowicz, "Pro patria mori in mediaeval political thought", *The American
historical review,* 1951), que la patria descendió de los cielos a la tierra,
realizándose la transformación según el principio: "Lo que era bueno para
el reino de Cristo-Rey, Jerusalén o Tierra Santa, es bueno para el reino del
rey de Sicilia o de Francia".

B) PRO PATRIA MORI.—En el alba de los tiempos modernos la idea de
morir por la patria recibe su aureola del cristianismo. Esta idea, tras de perder el contenido sagrado que tenía en la antigüedad greco-latina, vuelve a
encontrar su pleno valor gracias a las Cruzadas. Morir en la cruzada equivalía al martirio; como precisó Urbano II, quienes morían en la cruzada,
morían no solamente por el amor de Dios, sino por el amor de sus hermanos, es decir, alcanzaban el supremo grado de caridad que liga el amor de
Dios con el amor al prójimo. Resulta normal que se pasara rápidamente a
considerar que morir por los hermanos —incluso aunque el enemigo no fuera
el infiel— era también, en cierto modo, morir por Dios. Por consiguiente,
cuando acabaron las Cruzadas, quienes morían por su patria participaban
en la virtud de la caridad. Esta convicción se apoyaba, además, en la concepción de la patria como "cuerpo místico". Habían sido muchos los teóricos (mencionemos tan sólo a Juan de Salisbury) que habían empleado la
analogía del cuerpo para la descripción de la sociedad temporal, al tiempo
que empleaban la del alma para referirse a la Iglesia. Pero, a partir de mediados del siglo XIII, el término de "cuerpo" fue empleado a menudo absolutamente, e incluso reforzado mediante el calificativo de "místico", para
designar la comunidad de ciudadanos. En los escritos de los juristas aparece, junto al *corpus mysticum* de la Iglesia, el *corpus mysticum* del Estado,
con tanta realidad como el precedente. De esta forma, como el cuerpo moral y político de los ciudadanos se designaba con el nombre de *corpus mysticum,* la patria revestía una significación religiosa: morir por ella era morir
por una causa sagrada.

C) DEL PATRIOTISMO A LA IDEA DE NACIÓN.—Las Cruzadas tuvieron
mucha influencia en el desarrollo del sentimiento de pertenencia nacional, que surgió en quienes participaban en ellas, especialmente en los fran-

ceses, para quienes las Cruzadas eran *Gesta Dei per Francos*. Otra etapa para Francia será el suministro de tropas por parte de los señores, respondiendo a la petición de Luis VI, para rechazar, con el estandarte de San Dionisio a la cabeza, la invasión germánica del emperador Enrique V (1124). Más tarde, la guerra de los Cien Años reforzará de manera decisiva el sentimiento patriótico. Aunque comenzó como una guerra entre príncipes, terminó siendo en el siglo xv la guerra del país en su conjunto. A la indiferencia por las luchas intestinas que se habían injertado en la guerra con el exterior, sucede la conciencia del desgarramiento que aquéllas producían y el redescubrimiento de una comunidad: el enemigo estaba allí, próximo, peligroso, difícil de expulsar, mientras que subsistía la antigua adhesión a la "dulce Francia", "bella" y "santa" de las canciones de gesta. Juana de Arco expresa admirablemente este doble sentimiento popular. Considera que el inglés es un usurpador que debe ser expulsado, exterminado si es necesario (si Dios lo quiere): "He venido aquí en el nombre de Dios, Rey del Cielo, para arrojaros fuera de Francia, contra todos los que quisieran traer traición, malaventura o despojo al reino de Francia", escribe al rey de Inglaterra y al duque de Bedford. La unidad del "santo reino" debe ser rehecha en torno al "gentil Delfín", el futuro rey Carlos VII, "verdadero heredero": "Pues el Rey del Cielo así lo quiere". Este patriotismo popular descansa sobre el sentimiento religioso. La patria es un don de Dios, y su tranquilo goce es necesario para la realización de cada hombre; no cabría permitir a nadie que la menoscabara.

En su *Traité sur le fait de la Pucelle*, Juan Gerson desarrolla insistentemente este punto de vista: "En cuanto a la gracia de Dios que se manifestó en esta Doncella, no fue recibida, por ella misma o por los demás, para la satisfacción de vanas curiosidades, de pesquisas mundanas, de odios sectarios, de disensiones o de quisquillosidades, para venganza o vanagloria; sino a fin de que cada cual pueda practicar la caridad, la oración y la acción de gracias, con la honesta ayuda de los bienes materiales; de forma tal que al fin se extienda la paz sobre nuestros hogares y, libres de nuestros enemigos, podamos, con ayuda de Dios, servirle en la santidad y la justicia, a lo largo de todos nuestros días. Amén. ¡A Domino factum est istud!".

Sin embargo, había nacido también otra concepción del patriotismo, más "pagana", más independiente de la persona del rey, más nacional que monárquica. En su *Quadrilogue invectif* (1422), el normando Alain Chartier ve a Francia como un absoluto; le confiere las características de una "dama", que dirige a sus hijos un largo discurso, del que se destaca esta frase característica: "Después del lazo de la fe católica, la Naturaleza os ha obligado ante todo a la común salvación del país de vuestro nacimiento y a la defensa de aquella señoría bajo la cual Dios os ha hecho nacer y vivir". No se podría definir más claramente el sentimiento nacional. Hacia finales del siglo xv el concepto de nación se disocia claramente y con bastante rapidez del de monarquía. Los mismos reyes harán esta distinción, como lo demuestra la carta escrita en Nápoles por Carlos VII en mayo de 1495. En efecto, cuando habla de su expedición, escribe: "La nación ha adquirido en ella honor y renombre". Falta poco tiempo para que Francisco I no se lamente de ser hecho prisionero (en Pavía), ya que el honor de la nación está a salvo. La victoria de Bouvines se había celebrado, con gran júbilo, como una victoria real cuya gloria recaía sobre todo el territorio capetiano; desde ahora, la nación, patria "laicizada" y erigida en absoluto, importa más que el destino de los reyes.

En la formación territorial y en la evolución del sentimiento nacional el Parlamento de París desempeñó, para Francia, un papel de primera importancia, mayor seguramente que el de los Estados Generales, incluso tras Felipe el Hermoso. En primer lugar, es en cierto modo "el palladium de la nacionalidad francesa" (Ferdinand Lot, *Formation de la nation française*). En efecto, se reconoce que un país es francés en el caso de que sus habitantes puedan llevar un asunto al Parlamento de París. Este ejerce un poder de atracción centralizadora; Charles Loyseau lo comprenderá perfectamente en su *Traité des Seigneuries*, en los siglos XVI-XVII: "Es necesario reconocer que ha sido el Parlamento quien nos ha salvado en Francia de ser divididos y desmembrados como en Italia y Alemania, y quien ha mantenido entero el reino". Pero la importancia del Parlamento de París no debe medirse únicamente en el nivel geográfico; la naturaleza de las causas de que entendía y el sentido en el que pronunciaba sus sentencias ejercieron también una fuerte influencia sobre la formación de la nación francesa.

Dos hechos, de apariencia menor, muestran muy bien cuál pudo ser su papel. A comienzos de 1437, después de que los ingleses fueron expulsados de París, el Parlamento tuvo que intervenir en un singular caso de matrimonio. Una joven de París, Jeannette Roland, se había casado, durante la ocupación, con un inglés, Gilbert Dowel, llamado Westeford; a pesar de las presiones que se ejercieron sobre ella, la muchacha se mostró obstinada; el Parlamento deliberó y pronunció una sentencia de particular firmeza: "La Corte no permitirá —decía— a la dicha Jeannette marcharse con el dicho Vustefort y convertirse en inglesa durante la guerra y división entre el rey y los ingleses". Otro asunto, no menos pintoresco e igualmente significativo: otra parisiense, casada con un comerciante de Lucca que se pasó al campo inglés, en Rouen; reunida con su marido, de quien tuvo cuatro hijos, fue, junto con él, considerada culpable de lesa majestad, siendo confiscados sus bienes. El Parlamento, requerido para intervenir, confirmó la culpabilidad y subrayó que "siendo el matrimonio *causa prolis procreandae*, la mujer agravaba su caso al haber tenido hijos en Rouen entre los ingleses, ya que, de esta forma reforzaba el poder de los enemigos: *esta prole será contraria al rey*". Ni el amor de los novios, ni el amor conyugal, ni siquiera el amor maternal anteceden al deber de servir al rey. "Sin discutir los principios e inspirándose únicamente en las necesidades presentes, los jueces afirman que los habitantes de un mismo país son solidarios entre sí, y que sus intereses particulares, sus sentimientos más legítimos, deben sacrificarse si el interés común así lo exige" (Andrés Bossuat, que narra estos casos en "L'idée de nation et la jurisprudence du Parlament de Paris au XV siècle", *Revue historique*, 1950). La ley natural, así como la ley canónica, deben ceder ante la necesidad nacional.

D) LAS NACIONES CONTRA LA IGLESIA.—En otros países fueron, sobre todo, las pretensiones de la Santa Sede las que hubieron de eclipsarse ante el auge del nacionalismo [3]. Roma se acostumbró, durante la minoría de Enrique III, a gobernar Inglaterra; después, las debilidades del mismo Enrique III y la revuelta de los barones —bajo la égida del Comité de los XV y con la complicidad de la Iglesia inglesa (recordemos que el arzobispo de Cantorbery, Esteban Langton, fue el principal artífice de la *Carta Mag-*

---

[3] No podemos volver sobre el caso de Bohemia, que merecería, sin embargo, amplios desarrollos. Cf. *supra*, pág. 171, y véase la bibliografía, págs. 190-191.

na que, desde 1215, había precisado las bases tradicionales de la limitación del poder monárquico)—, animaron a la Iglesia a redoblar su firmeza; cada vez en mayor medida, consideró a Inglaterra como un país a explotar" (Charles Petit-Dutaillis, *op. cit.*).

La arbitrariedad del rey y las exigencias del Papa crearon una situación explosiva: "El rey pedía dinero y pretendía colocar en los obispados a sus favoritos extranjeros...; el Papa, con el pretexto de que Inglaterra era su feudo, quería proveer de beneficios a su clientela italiana, sin obligarla, por otra parte, a cumplir el deber de residencia y los deberes sacerdotales" (Charles Petit-Dutaillis, *op. cit.*). Fueron creadas ligas que reagrupaban nobles y eclesiásticos que —como subrayaba el obispo Roberto Grossetesta ante el mismo Papa— se consideraban lesionados o perjudicados en el ejercicio de un ministerio sanamente concebido. Fueron saqueados los bienes de los beneficiados italianos, incendiados sus graneros, distribuidos entre los pobres su trigo y provisiones. En estas condiciones, no es sorprendente que la lucha contra la usurpaciones de la Santa Sede fuera emparejada con la lucha por la limitación, por un Consejo o Parlamento, de las prerrogativas reales en materia administrativa o financiera. El Parlamento se arroga esencialmente la tarea de cuidar, en todos los frentes, de la salvaguardia del interés nacional.

El arma principal del Parlamento es el juramento que el rey ha de prestar en su consagración. "Así, en 1351, el Parlamento, para terminar con las prácticas pontificias de designar los beneficios ingleses, arguye que esto traería "desafueros y daños" para el reino. Ahora bien, se dice, el rey está obligado por "su juramento prestado ante el pueblo en su Parlamento" a proteger al reino de todo daño. En 1366, el Parlamento sostiene la nulidad del homenaje prestado antaño por Juan sin Tierra al Papa; pues el rey no ha podido realizar tal acto, que "va contra el juramento de su coronación y no tiene el asentimiento del Parlamento". En cambio, el Parlamento, al poco tiempo, se apoya en el mismo juramento para protestar contra los abusos del rey. En 1366, para contestar negativamente a una petición de subsidios... En 1377, para obtener la confirmación de la Carta Magna..." (Marcel David, *op. cit.*).

Sin embargo, aunque las atribuciones del Parlamento de Inglaterra son mayores que las de los Estados Generales de Francia, no está próxima la instauración de un régimen de "monarquía constitucional".

"La extrema diversidad de intereses y, sobre todo, la ausencia de una concepción racional del Estado y de la libertad pública; la idea de que el gobierno monárquico es asunto particular del monarca; la idea de que el deber feudal del consejo tan sólo atenúa su responsabilidad; la idea, por último, de que no cabe defenderse en la práctica contra su arbitrariedad más que mediante el mantenimiento de ciertas costumbres, mediante la conservación u obtención de franquicias particulares por parte de determinado grupo social, forman un obstáculo casi infranqueable para el progreso del espíritu político" (Charles Petit-Dutaillis, *op. cit.*).

La preocupación por respetar la costumbre —que animaba a un Bracton (fallecido en 1268) incluso cuando escribía "lex supra regem" o "lex facit regem" al frente de su *De legibus et consuetudinibus Angliae*— aparece también en sir John Fortescue (nacido en 1400 (?), fallecido hacia 1475). Fortescue escribió tres obras políticas magistrales: *De natura legis naturae. De laudibus legum angliae* y *Monarchia, or Governance of England*. Principalmente en esta última obra hace resaltar la idea de asociación entre el rey y la comunidad del reino; en un estudio comparado del mecanismo legislativo en Francia y en Inglaterra distingue el *dominium regale*, característico de Francia, del *dominium regale et politicum*, propio del régimen inglés. Fortescue admite una delegación de las atribuciones del rey a sus súbditos, representados en el seno del Parlamento, pero la limita a las materias legislativas y, especialmente, a las financieras: el rey no puede modificar a su arbitrio las leyes del reino, ni exigir de sus súbditos rentas arbitrarias. Fortescue no pasa de aquí; prisionero del pensamiento medieval, según el cual la conciencia del rey —directamente responsable ante Dios— es el único bastión contra el despotismo, se abstiene de prever un verdadero control del Parlamento sobre el monarca. La autoridad, según Fortescue, pertenece exclusivamente al rey; aunque haya a veces delegación, nunca hay participación. Continuador de Bracton, no irá más lejos que, poco después, Claude de Seyssel en Francia. En realidad, el Parlamento inglés continúa siendo una asamblea feudal; y como además las pretensiones de la Santa Sede no han sido destruidas, el rey de Inglaterra, favorecido por las luchas religiosas, llegará en el futuro próximo a consolidar su poder.

*   *   *

La idea nacional, en gradaciones diferentes y según matices diversos, progresa en casi todo el mundo, en parte gracias a la Iglesia y en parte contra ella. España recobra su unidad merced a la *Reconquista;* Bohemia consigue con las guerras hussitas su liberación, y las satisfacciones que obtiene de Roma están muy lejos de ser despreciables; la misma Italia, aunque dividida, redescubre el ideal de la unidad, fuera de la perspectiva cristiana... En todos los campos, la vida se transforma, aunque no sin un cierto replegamiento, sin una cierta melancolía. Desaparece una forma de universalismo, sin que haya nacido todavía el humanismo. El naturalismo del fin de la Edad Media es enfático, limitado, escéptico. Los bruscos cambios han sido dolorosos; la vida guarda un áspero sabor. "La armonía del Renacimiento sólo se dejará sentir cuando una nueva generación haya aprendido, además de a hacer uso de las formas de la Antigüedad, a apropiarse su espíritu: en primer lugar, la pureza, la exactitud de la concepción y de la expresión, y luego, la amplitud del pensamiento, el interés vivo y directo por la vida" (J. Huizinga, *op. cit.*).

BIBLIOGRAFIA

I.   ESTUDIOS DE CONJUNTO.

Las publicaciones de todo tipo que se refieren a la Edad Media son innumerables; se tendrá una idea de la importancia de la bibliografía de los estudios medievales consultando una guía ya muy seleccionada: Louis HALPHEN, *Initiation aux études du Moyen Age*, 3.ª ed., revisada, aumentada y puesta al día por Y. RENOUARD, P. U. F., 1952. XVI-207 págs.

Este volumen contiene, desgraciadamente, muy pocas indicaciones sobre la historia de las ideas políticas; las obras mencionadas permiten solamente bosquejar la evolución general de la Edad Media. Para un cuadro de conjunto invitamos, pues, al lector a dirigirse a esa obra, contentándonos con sugerir aquí algunos títulos útiles para establecer un panorama de los acontecimientos, de las ideas y de las instituciones. Tres tomos de la colección "Peuples et civilisations", bajo la dirección de Louis HALPHEN y de Philippe SAGNAC, F. Alcan, P. U. F., podrán prestar al lector grandes servicios: Louis HALPHEN, *Les Barbares, des grandes invasions aux conquêtes turques du XI siècle*, 1926, 395 págs., 5.ª ed. totalmente refundida, 1948 (tomo V); Louis HALPHEN, *L'essor de l'Europe (XI-XIII siècles)*, 2.ª ed. revisada y aumentada, 1941,, 639 págs. (tomo VI); Henri PIRENNE, Augustin RENAUDET, Edouard PERROY, M. HANDELSMAN, Louis HALPHEN, *La fin du Moyen Age*, 1931, 2 vols. (tomo VII). Resultará también útil la consulta del tomo III de la *Histoire générale des civilisations:* Edouard PERROY (con la colaboración de Jeannine AUBOYER, Claude COHEN, Georges DUBY, Michel MOLLAT), *Le Moyen Age. L'expansion de l'Orient et la naissance de la civilisation occidentale*, P. U. F., 1955, 683 págs. [Hay versión castellana de Editorial Destino de Barcelona, en la colección citada *Historia General de las Civilizaciones*.] Los diez volúmenes de la sección "Moyen Age", de la *Histoire générale* de GLOTZ contienen igualmente útiles indicaciones, así como los ocho volúmenes de *The Cambridge medieval history* (el último volumen de esta serie, debido a Harold J. LASKI, se titula: *Political theory in the later M. A.*, 1936).

Además, indicaremos, llegado el momento, alguno de los veinte volúmenes dedicados a la Edad Media en la colección "L'évolution de l'humanité", dirigida por Henri BERR. [Hay traducción castellana: *La evolución de la humanidad*. Barcelona, Edit. Cervantes, 1925-1947, 24 vols.] Recordemos, por último, que el tomo primero de *L'histoire des relations internationales*, publicada bajo la dirección de Pierre RENOUVIN, está dedicado a la Edad Media: François L. GANSHOF, *Le Moyen Age*, Hachette, 1953, XVII-331 pág. [Hay versión española: *Historia de las Relaciones Internacionales*, tomo I, trad. de J. L. F. Castillejo, M. Paz, J. Fernando Buján, J. A. Fontanilla, Madrid, Aguilar, 1960, 1216 págs.]

La evolución de las ideas en la Edad Media está tratada por Etienne GILSON, *La philosophie au Moyen Age. Des origines patristiques à la fin du XIV siècle*, Payot, 3.ª ed. 1947, 782 págs. [Traducción española de Arsenio Palacios y Salvador Caballero, Madrid, Gredos, 1958, 2 vols.] Emile BRÉHIER, *La philosophie au Moyen Age*, A. Michel, 1937, XVIII-458 págs. Paul VIGNAUX, *Philosophie au Moyen Age*, 3.ª ed., librito útil, A. Colin, 1958, 224 págs. Es conveniente recordar: Gustave SCHNÜRER, *L'Eglise et la civilisation au Moyen Age*. Traducido del alemán. Payot, 1933-38, 3 vols., reedición reciente.

No debe omitirse, para un estudio más a fondo, la segunda sección del *Grundriss der Geschichte der Philosophie*, de Friedrich UEBERWEG; *Die patristiche und scholastische Philosophie*, 11.ª ed., publicada por Bernhard GEYER, Berlín, E. S. Mittler, 1928 (instrumento bibliográfico fundamental).

En lo que se refiere al derecho y a las instituciones políticas de la Edad Media se podrá consultar los capítulos correspondientes de las obras siguientes: Adhémar ESMEIN, *Cours élémentaire d'histoire du droit français*, 15.ª ed., puesta al día por R. GÉNESTAL, Sirey, 1925, XVI-784 págs. Emile CHÉNON, *Histoire générale du droit français public et privé, des origines à 1815*, Sirey, tomo I; *Période gallo-romaine, période franque, période féodale et coutumière*, 1926, 984 págs.; tomo II: *Période féodale et coutumière (du X au XVI siècle). Période monarchique*, publicado por Fr. OLIVIER-MARTIN, 1929, 575 páginas. François OLIVIER-MARTIN, *Histoire du droit français des origines à la Révolution*, Domat-Montchrestien, 1948, 759 págs. Jacques ELLUL, *Histoire des institutions*, P. U. F. (col. "Thémis"), 1955 y 1956, 2 vols. Han aparecido tres volúmenes en la colección "Histoire des institutions françaises au Moyen Age", publicados en P. U. F., bajo la dirección de Ferdinand LOT y Robert FAWTIER: *Institutions seigneuriales* (1957), *Institutions royales* (1958), *Institutions ecclésiastiques* (1962).

* * *

La historia de las ideas políticas en la Edad Media, en su conjunto, ha sido objeto de un número reducido de estudios; además de las indicaciones proporcionadas anteriormente en la bibliografía general de este volumen es conveniente mencionar: Robert William y Alexander James CARLYLE, *A history of medieval political theory in the West*, Edimburgo y Londres, Blackwood, 1903-1936, 6 vols., el último dedicado al siglo XVI (obra clásica). Charles Howard McILWAIN, *The growth of political thought in the West from the Greeks to the end of the middle age*, Nueva York, Macmillan, 1932, 418 páginas (desarrollo cronológico por autores, obra útil). Ewart LEWIS, *Medieval political ideas*, Londres, Routledge and Kegan Paul, 1954, 2 vols., paginación continua, XII-661 páginas (desarrollo por temas; para cada tema un estudio y textos). Del mismo autor mencionemos un importante artículo: "Organic tendencies in mediaeval political thought", *American Political Science Review*, XXXII, 1938. Roland MASPÉTIOL, *La société politique et le droit*, Montchrestien, 1957, 429 págs. (uno de los escasos estudios de conjunto en lengua francesa). Otto VON GIERKE, *Les théories politiques du Moyen Age*, traducido del alemán por J. DE PANGE, Tenin, 1914. Existe una traducción inglesa refundida con una introducción de F. W. MAITLAND, Cambridge, U. P., 1938, LXXX-197 págs. Alessandro PASSERIN D'ENTRÈVES, *The medieval contribution to political thought*, Oxford, 1939, VII-139 págs. F. J. C. HEARNSHAW (publicada por), *The social and political ideas of some great medieval thinkers*, Londres, 1928, o Nueva York, Barnes and Noble, 1950, 224 páginas (obra colectiva que comprende un estudio general y estudios sobre San Agustín, Juan de Salisbury, Santo Tomás de Aquino, Dante, Pedro Dubois, Marsilio de Padua, J. Wycliffe). Consultar también, publicado por el mismo "editor": *Medieval contributions to modern civilisation*, mismo lugar y mismos editores, 1921 y 1949, 268 págs. John B. MORRALL, *Political thought in medieval times*, Londres, Hutchinson, 1958, 152 páginas. Yves CONGAR, "Notes d'histoire des institutions et des doctrines médievales", en *Revue des Sciences Philohopiques et Théologiques*, XL, núm. 3, octubre de 1956, págs. 754-780.

* * *

En lo que concierne a las fuentes, las ediciones de los textos no resultan realmente accesibles, es decir, no se dispone de ediciones recientes más que para los siglos XIII, XIV y XV; por consiguiente, haremos pocas citas del período anterior (sin embargo, para quien desee conocer los textos de los Padres y de los Doctores —incluídos los Papas hasta Inocencio III— podemos mencionar la "recopilación mediocremente crítica de ediciones antiguas", convertida en clásica por ser la única existente, de J. P. MIGNE, *Patrologia latina*, 1844-1864, 221 vols., sobre todo a partir del vol. LIX), contentándonos con remitir, llegado el caso, a antologías particulares, o a la recopilación de conjunto que a continuación citamos, cuyos criterios selectivos tienen más en cuenta realidades institucionales que el movimiento de las ideas políticas: Jean IMBERT, Gérard SAUTEL, Marguerite BOULET-SAUTEL, *Histoire des institutions et des faits sociaux, Textes et documents*, colección "Thémis", P. U. F., 2 vols. (en el primer volumen, 1957, 452 págs.: cuarta parte, "Le monde franc"; en el segundo volumen, 1956, 404 págs.: primera parte, "La France médiévale").

II.   IGLESIA, PAPADO, IGLESIA.

Sobre la historia general de la Iglesia durante este período, la *Histoire générale de l'Eglise depuis les origines jusqu'à nos jours* —fundada por A. FLICHE y V. MARTIN, dirigida por A. FLICHE y E. JARRY, continuada bajo la dirección de E. JARRY y J. B. DU-ROSELLE, Bloud & Gay, desde 1934— debe ser continuamente consultada: los tomos IV a XIII abarcan la Edad Media, no habiendo aparecido todavía todos. Véase especialmente el tomo XII (sólo ha aparecido el libro I): Gabriel LE BRAS, *Institutions ecclésiastiques de la chrétienté médiévale*. Preliminar y 1.ª parte, 1959, 237 págs. Del mismo autor: *Prolégomènes*, tomo primero de la *Histoire du droit et des institutions de l'Eglise en Occident*, publicada bajo la dirección de G. Le B., Sirey, 1955, 271 págs. El tomo III de esta colección es de Jean GAUDEMET, *L'Eglise dans l'Empire romaine (IVᵉ et Vᵉ siècles)*, 1958, XII-770 págs. Por lo que respecta a la historia de la Iglesia en Francia, la obra siguiente, recientemente publicada, es de fácil consulta: André LATREILLE, Etienne DELARUELLE, J.-R. PALANQUE, *Histoire du catholicisme en France. I: Des origines à la chrétienté médiévale*, Spes, 1957, 352 págs.

* * *

El Papado —historia y teorías— acaba de ser objeto de una elaboración bibliográfica valiosísima: Robert FOLZ, "La papauté médiévale vue par quelques-uns de ses historiens récents", *Revue Historique*, tomo CCXVIII, 1957, págs. 32-63. Algunas obras generales,

entre las más recientes, son imprescindibles para el tema: Marcel PACAUT, *La théocracie.*
L'Eglise et le pouvoir au Moyen Age, Aubier, 1957, 302 págs. (obra muy útil; textos es-
cogidos; bibliografía cómoda). Walter ULLMANN, *The growth of papal government in
the middle ages;* Londres, 1955, 481 págs. Erich CASPAR, *Geschichte des Papsttums,*
Tubinga, 2 vols., 1930 y 1933 (obra clásica, desgraciadamente inacabada). Robert HULL,
Medieval theories of Papacy, Londres, 1934. Johannes HALLER, *Das Papsttum. Idee und
Wirklichkeit,* Stuttgart, 3 vols., 1934-1945 (obra clásica; reedición de estos tres volúme-
nes y edición de dos suplementarios en 1952-53 por H. DANNENBAUER). F. X. SEPPELT,
Geschichte des Papsttums, 5 vols. para la Edad Media. 1931-1941. T. G. JALLAND, *The
Church and the Papacy. A historic study;* Londres, 1944 (caps. V y VI conciernen sola-
mente a la Edad Media). F. HEILER, *Altkirchliche Autonomie und päpstlicher Zentralismus,*
Munich, 1941. Joseph LECLER, *L'Eglise et la souveraineté de l'Etat,* Flammarion, 1946,
250 págs. Las indicaciones que conciernen a la Edad Media se encuentran en la primera
parte, caps. IV y V, y segunda parte, cap. I.

* * *

Para un estudio a fondo de los problemas en las diferentes épocas puede consultarse:

1. Para la alta Edad Media.

Nacimiento del agustinismo político.

Sobre *el agustinismo político en general:* H.-X. ARQUILLIÈRE, *L'augustinisme politique.
Essai sur la formation des théories politiques du Moyen Age,* Vrin, 1.ª ed., 1934, xx-159
páginas; 2.ª ed., 1955 (obra penetrante, de referencia habitual). H.-X. ARQUILLIÈRE, "Sur
la formation de la "théocratie" pontificale", en *Melanges d'histoire dédiés à Ferdinand
Lot,* E. Champion, 1925, págs. 1-24. H.-X. ARQUILLIÈRE, "Réflexions sur l'essence de
l'augustinisme politique", en *Augustinus Magister* (Actas del Congreso agustiniano de París, septiembre de 1955), tomo II, 1956. William M. GREEN, Mediaeval recensions of
Augustine, *Speculum,* 1954, págs. 531 y sigs.
Sobre *Gelasio:* E. J. JONKERS, "Pope Gelasius and the civil law", *Revue d'histoire
du droit,* XX, 1952, págs. 355 y sigs. F. DVORNIK, "Pope Gelasius and Emperor Anasta-
sius", *Dölger Festschrift,* XLIV, Munich, 1951, Lotte KNABE, "Die gelesianische Zweige-
waltentheorie bis Zum Ende des Investiturbreits", *Historiche Studien,* hrsg. von Emil
Eberinj, fasc. 292, Berlín, 1936. Gabriel LE BRAS, "Un moment décisif dans l'histoire de
l'Eglise et du droit romain: la Renaissance gélasienne", *Revue historique de droit français et étranger,* 1930, págs. 506-518. P. BATIFFOL, "Papa, sedes apostolica, apostolatus",
en *Rivista di Archeologia Cristiana,* II, 1925, págs. 99-116.
Sobre *Gregorio el Grande:* Mgr. P. BATIFFOL, *Saint Grégoire le Grand,* Gabalda, 1929.
F. Homes DUDDEN, *Gregory the Great, his place in history and thought,* Londres, Longmans, Green and Co., 1905, 2 vols.

Carlomagno y el orden cristiano.

Véase bibliografía *Imperio;* añadamos, no obstante: Etienne DELARUELLE, "Charlemagne et l'Eglise", en *Revue d'Histoire de l'Eglise de France,* tomo XXXIX, número 133, julio-diciembre de 1953, págs. 165-199.
Sobre la idea de Europa en la Edad Media a partir de Carlomagno, véase: Denys
HAY, *Europe: the emergence of an idea,* Edimburgo, 1957.

El gobierno de los obispos.

Louis HALPHEN, *A travers l'histoire du Moyen Age,* P. U. F., 1950, 352 págs. (Recopilación de artículos, comunicaciones... Destacaremos: "La pénitence de Louis le Pieux
à Saint-Médard de Soissons", págs. 39-50: "Le *De Ordine palatii* d'Hincmar", páginas 58-66). Jean REVIRON, *Les idées politico-religieuses d'un évêque du IX siècle: Jonas
d'Orléans et son "De institutione regia".* Etude et texte critiques, Vrin, 1930, 199 páginas.

Etienne DELARUELLE, "En relisant le *De institutione regia*. L'entrée en scéne de l'épisco-pat carolingien", en *Mélanges d'histoire du Moyen Age dédiés à la mémoire de Louis Halphen*, P. U. F., 1951, págs. 185-192. Etienne DELARUELLE. "Jonas d'Orléans et le moralisme carolingien", en *Bulletin de littérature ecclésiastique*, 1954. Abbé P. CHEVALLARD, *L'Eglise et l'Etat en France au IX siècle: saint Agobard, archevêque de Lyon, sa vie et ses écrits*, Lyon, Josserand, 1869, XXXI-444 págs. Mgr. BRESSOLLES, *Doctrine et action politique d'Agobard: saint Agobard, évêque de Lyon (760-840)*, Vrin, 1949, 136 páginas.

La entrada en escena del Papado.

Además de las obras generales anteriormente indicadas:
Sobre la *Donación de Constantino y la constitución del Estado pontificio* véase el ar-tículo de W. OHNSORGE en *Zeitschrift für Rechtsgeschichte*, G. A., 1951. La opinión más reciente sobre la fecha de composición de la *Donación*, con bibliografía sobre la cuestión.
Sobre las falsas colecciones canónicas: Paul FOURNIER, Gabriel LE BRAS, *Histoire des collections canoniques en Occident depuis les Fausses Décrétales jusqu'au Décret de Gra-tien*, Sirey: tomo I. *De la réforme carolingienne à la réforme grégorienne*, 1931, XVI-463 ,páginas; tomo II. *De la réforme grégorienne au décret de Gratien*, 1932, 386 págs. BUCH-NER, "Pseudo-Isidor und die Hofkapelle Karls des Kahlen", *Hist. Jahrb.*, 57, 1937. P. SÉ-)OURNÉ, "Dom. S. Isidore de Séville, son rôle dans l'histoire du droit canonique", *Etudes de théol. hist.*, 1929. Crít. de Gabriel LE BRAS, en *Revue des Science religieuses*, 1930, X, págs. 218-257. A M. STICKLER, *Historia iuris canonici latini*, tomo I: *Historia fon-tium*, Turín, 1950.

II. Para la Edad Media.

La reforma gregoriana.

Sobre *Gregorio VII*, dos obras fundamentales: H.-X. ARQUILLIÈRE, *Saint Grégoire VII. Essai sur sa conception du pouvoir pontifical*, Vrin, 1934, XXIV-601 págs. (obra esencial para nuestro tema; trata también de los sucesores de Gregorio VII). Augustin FLICHE, *La réforme grégorienne*, Lovaina. Université catholique, París, H. Champion, 1924-1937, 3 vols., X-424 págs., VIII-467 págs., VIII-367 págs. Ver también del mismo autor, *La ré-forme grégorienne et la reconquête chrétienne*, tomo VIII de la *Histoire de l'Eglise* de FLICHE y MARTIN, 1950, 502 págs. Consúltense también obras más recientes: R. MORGHEN, *Gregorio VII*, Turín, 1942. G. B. BORINO (ed.), *Studi Gregoriani*, publicación de la abadía San Pablo de Roma, 1947-1956, 5 vols. (agrupa los estudios de sesenta y nueve autores; filón de informaciones de una prodiogiosa riqueza. Se encontrarán especialmente estudios decisivos sobre dos importantes protagonistas de la reforma gregoriana: Cardenal Hum-berto (estudio de A. Michel y W. Ullmann) y Pedro Damián (estudio de Owen J. Blum). La actividad de los canonistas es también analizada cuidadosamente). Sobre este punto. también: Walter ULLMANN, *Medieval papalism. The political theories of the Medieval canonists* (The Maitland Memorial Lectures delivered in the University of Cambridge), Londres, Methuen, 1949, 230 págs. A. J. CARLYLE, "Le développement de la théorie de l'autorité pontificale en matière temporelle chez les canonistes: de la seconde moitié du XIII siècle", *Revue historique de droit français et étranger*, 1926. A. J. CARLYLE, "Some aspects of the relation of roman law to political principles in the middle ages", *Studi in onore di Enrico Besta*, tomo III, 1939, págs. 183-198. Joseph RYAN, *Saint Peter Damiani and his canonical sources*. A preliminary study in the antecedents of the Gregorian Reform, Toronto, Pontifical Institute of Medieval Studies, 1956, XVIII-212 págs.
Sobre los *continuadores de Gregorio VII*: Marcel PACAUT, *Alexandre III. Etude sur la conception du pouvoir pontifical dans sa pensée et dans son oeuvre*, Vrin, 1956, 416 páginas. Del mismo autor, "Louis VII et Alexandre III (1159-1180)", *Revue d'historie de l'Eglise de France*, tomo XXXIX, núm. 132, enero-junio de 1953, págs. 5 a 45. M. MAC-CARRONE, *Chiesa e stato nella dottrina di papa Innocenzo III*, Roma 1940, XVI-157 páginas (que ha preludiado la renovación de estudios sobre Inocencio III; c. r. ligeramente crítica de Gabriel LE BRAS, en *Revue historique de droit français et étranger*, 1949, núm. 2, pá-ginas 299-301). Helene TILLMANN, *Papst Innocenz III*. Bonner Historische Forschungen,

3, Bonn, 1954. F. KEMPF, Papsttum und Kaisertum bei Innocenz III, *Miscellanea Historiae Pontificae*, vol. 19, Roma, 1954. Gabriel LE BRAS, Boniface VIII, symphoniste et modérateur, *Mélanges dédiés à la mémoire de Louis Halphen, op. cit.*, págs. 383-394 (rehabilitación de una figura muy discutida). Resulta conveniente mencionar: Jean RIVIÈRE, *Le problème de l'Eglise et de l'Etat au temps de Philippe le Bel. Etude de théologie positive*, E. Champion, 1926, XIV-500 págs.

Textos: Un buen ejemplo de literatura "pontificia" del tiempo de Bonifacio VIII es el *De Regimine Christiano* (1301-1302); se encontrará una edición accesible en H.-X. ARQUILLIÈRE, *Le plus ancien traité de l'Eglise: "De Regimine christiano"*, de Jacques de Viterbe, Vrin, 1926. Dom LECLERCQ abre una nueva perspectiva (hacia el nominalismo y la laicización): *Jean de Paris et l'ecclésiologie au XIII siècle*, Vrin, 1942, 269 págs. Edición crítica del *De potestante regia et papali* de J. de P., y estudio.

La fermentación teológica y las grandes síntesis de los siglos XII al XIV.

El siglo XII fue un gran siglo teológico; no cabe ignorarlo si se quiere comprender el movimiento de las ideas políticas en esta época; disponemos de tres obras de conjunto, del mayor interés: Marie-Dominique CHENU, *La théologie au XIIᵉ siècle*, Vrin, 1957, 413 págs. (obra de gran riqueza). Joseph DE GHELLINCK, *Le mouvement théologique au XII siècle, Etudes, recherches et documents*, Gabalda, 1.ª ed., 1914; 2.ª ed., 1948, XV-594 páginas. G. PARÉ, A. BRUNET, P. TREMBLAY, *La Renaissance du XII siècle. Les écoles et l'enseignement*, París y Ottawa, 1933, 324 págs.

Entre las grandes figuras del siglo XII, la de San Bernardo se sitúa en primer plano; sobre San Bernardo léanse dos estudios clásicos: P. MITTERRE, *La doctrine de saint Bernard. Le théologien, l'ascète, le mystique, le docteur de l'Eglise*, Bruselas, 1932. Etienne GILSON, *La théologie mystique de saint Bernard*, Vrin, 1934, 253 págs. Sobre las ideas políticas de San Bernardo: Etienne BERNE, "La politique de saint Bernard", *Terre humaine*, III (32), agosto de 1953, págs. 39-52.

Sobre el tema particular de la teoría de las dos espadas: Joseph LECLER, "L'argument des deux glaives", en *Recherches de science religieuse*, 1931, págs. 299-339; 1932, páginas 151-177, 280-303. H.-X. ARQUILLIÈRE, "Origine de la théorie des deux glaives", *Studi gregoriani, op. cit.*, tomo I, págs. 501-521.

Textos de San Bernardo: Albert BEGUIN, Paul ZUMTHOR (textos escogidos por), *Saint Bernard de Clairvaux*, Egloff, Friburgo, y L. U. F., "Le cri de la France", 1947, 290 páginas (una antología bien hecha, con introducción, notas históricas y bibliografía sumaria). [En castellano: *Obras de San Bernardo*, versión y notas del P. Germán Prado, Madrid, Editorial Católica, 1947, XXIV-1516 págs.]

Todas las grandes síntesis, de los siglos XII al XIV, que desarrollan una visión general del mundo, contienen, en diversos grados de explicitación, una concepción social y política. Habría que citar, sobre todo, a Alberto el Grande, Buenaventura y Juan Duns Scoto (sobre el lugar, sujeto a controversia, que ocupa Juan Duns Scoto en la "ciencia política" véase: G. DE LAGARDE, *Secteur social de la scolastique*, nueva edición, citada infra, páginas 247 y sigs.); en este libro hemos mencionado sólo las síntesis de Santo Tomás y Dante.

Sobre el tomismo: Etienne GILSON, *Le thomisme. Introduction à la philosophie de saint Thomas d'Aquin*, Vrin, 1948, 5.ª ed. revisada y aumentada, 552 págs. (léase sobre todo la tercera parte, dedicada a la moral tomista, y especialmente el cap. IV: "La vie sociale").· [Hay versión española: *El tomismo. Introducción a la filosofía de Santo Tomás de Aquino*, Bilbao, Ediciones Desclée de Brouwer, 560 págs.] Marie-Dominique CHENU, *Introduction à l'étude de saint Thomas d'Aquin*, Montreal, Instituto de Estudios Medievales, 1950, 305 págs. Louis LACHANCE, *L'humanisme politique de saint Thomas. Individu et Etat*, París-Ottawa, Sirey, ed. du Lévrier, 1939, 2 vols. paginación continua, 746 páginas. A.-D. SERTILLANGES, *La philosophie des lois*, Alsacia, 1946, 126 págs. Thomas GILBY, *Principality and polity. Aquinas and the rise of State theory in the West*, Londres, Nueva York, Toronto, Longmans, Green and Co., 1958, 357 págs. (obra centrada sobre las ideas políticas de Santo Tomás; expone también la génesis de las ideas que el gran teólogo supo reunir en tan magistral síntesis). O. SCHILLING, *Die Staats-und Soziallehre des hl.· Thomas von Aquin,* Paderborn, Schöning, 1923, x-285 págs., 2.ª ed., Munich, 1930. Georges DE LAGARDE, *Secteur social de la scolastique;* tomo III de *La naissance de l'esprit laïque,* Saint-Paul-Trois-Châteaux, Ed. Béatrice, 1942, 422 págs., 2.ª edición profundamente reelaborada, Lovaina-París, ed. Béatrice-Nauwelaerts, 1958, 350 págs. (tomo II de la nueva edición refundida de la *La naissance de l'esprit laïque).*

Textos de Santo Tomás: La lectura de Santo Tomás está facilitada por la traducción que la *Revue des Jeunes* (Desclée de Brouwer) ha dado de la *Summa* en pequeños fascículos. En lo que se refiere especialmente a las obras políticas pueden utilizarse fácilmente las ediciones siguientes: saint Thomas D'AQUIN, *Des lois.* Texto sacado de la segunda parte de la *Suma teológica,* traducido y presentado por Jean de la Croix KAELIN, Egloff, Friburgo, y L. U. F., París, 1946, col. "Les classiques de la politique", 240 páginas. Saint Thomas D'AQUIN, *Du Royaume (De regno),* texto traducido y presentado por Frère Marie MARTIN-COTTIER, Egloff, Friburgo, y L. U. F., col. "Les classiques de la politique", 160 págs. [Traducciones españolas: *Suma Teológica* de SANTO TOMÁS DE AQUINO, edición bilingüe, introducción general por el P. Santiago Ramírez, trad. de Fr. Raimundo Suárez, Fr. Jesús Valbuena, etc., Madrid, Editorial Católica, Biblioteca de Autores Cristianos, 1947-1960, XVI tomos; *Suma contra Gentes,* edición bilingüe, Madrid, Editorial Católica, B. A. C., 1952-1953, a cargo de Fr. Jesús L. Pla, 2 vols. de 960 y 712 págs.]

Sobre Dante: Etienne GILSON, *Dante et la philosophie,* Vrin, 341 págs. A. P. D'ENTRÈVES, *Dante as a political thinker,* Oxford University Press, Londres, 1952, 119 páginas (un precioso librito; tres capítulos: "Civitas", "Imperium", "Ecclesia"). Sobre Dante véase también *supra* la bibliografía "Imperio".

Cruzadas.

Para una historia de las Cruzadas consultar, naturalmente: René GROUSSET, *Histoire des croisades et du royaume franc de Jérusalem,* Plon, 1934-1936, 3 vols., obra clásica pero criticada en ciertos puntos por Steve RUNCIMAN, *History of Crusades,* Cambridge, 3 vols. [Hay versión castellana: *Historia de las Cruzadas,* traducción de Germán Bleiberg, Madrid, Revista de Occidente, 1958-59, 3 volúmenes de 386, 520 y 536 págs.]

Para el aspecto ideológico y jurídico de·las Cruzadas: Paul ALPHANDERY, *La chrétienté et l'idée de croisade. Les premières croisades,* A. Michel, "L'évolution de l'humanité", 1954, XXIX-244 págs. (sobre todo tercera parte, cap. II: "L'eschatologie dans la discipline de l'ordre politique"). Del mismo autor y en la misma colección, como complemento: *Recommencements nécessaires (XIIᵉ-XIII siècles),* 1959, XII-337 págs. Etienne DELARUELLE, "Essai sur la formation de l'idée de croisade", *Bulletin de littérature ecclésiastique,* Institut Catholique de Toulouse, 1941, 1944, 1953, 1954. Michel VILLEY, *La croisade. Essai sur la formation d'une théorie juridique,* Vrin, 1942, 284 págs.

Por último, un conjunto de estudios sobre la idea de cruzada, fácilmente consultable, que le resultará utilísimo al lector: Xº Congresso Internazionale di Scienze Storiche (Roma, 4-11 de septiembre de 1955), *Relazioni,* vol. III: *Storia del Medioevo,* G. C. Sansoni, Florencia. Conjunto sobre "La idea de cruzada", constituido por: Paul ROUSSET, *L'idée de croisade chez les chroniqueurs d'Occident,* págs. 547-563. Michel VILLEY, *L'idée de la croisade chez les juristes du Moyen Age,* págs. 565-594. Paul LEMERLE, *Byzance et la croisade,* págs. 595-620. Steve RUNCIMAN, *The Byzantine provincial peoples and the crusade,* págs. 621-624. Claude CAHEN, *L'Islam et la croisade,* págs. 625-635. Steve RUNCIMAN, *The decline of the crusading idea,* págs. 637-652.

III. El ocaso de la Edad Media.

El conflicto ideológico.

Véase como introducción, además del *Bilan du XIII siècle* de Georges DE LAGARDE, volumen I de *La naissance de l'esprit laïque,* 3.ª ed., Lovaina, París, ed. Béatrice-Nauwelearts, 1956, 217 págs.: J. R. STRAYER, Laicisation of French and English Society in the XIIIth century, *Speculum,* XV, 1940. Richard SCHOLZ, *Umbekannte Kirchenpolitische Streitschriften aus der Zeit Ludwigs des Bayern (1327-1354),* 2 vols., Roma, Loescher,

1911-1914: I. Analysen; II. Texte. Joseph LECLER, *Histoire de la tolérance au siècle de la Réforme*, Aubier, 1955, 2 vols., 403 y 459 págs. Se encontrarán indicaciones en los primeros capítulos del vol. I.

Sobre Marsilio de Padua: Georges DE LAGARDE, *Marsile de Padoue ou le premier théoricien de l'Etat laïque*, vol. II de *La naissance de l'esprit laïque*, (Saint-Paul-Trois-Châteaux, éd. Béatrice, 1934, 336 págs.). Richard SCHOLZ, "Marsilius von Padua und die Genesis des modernen Staatsbewusstseins", *Historische Zeitschrift*, 1937, CLXVI, páginas 88-103. Alain GEWIRTH, *Marsilius of Padua and mediaeval political philosophy*, tomo I, Nueva York, 1951. F. BATTAGLIA, *Marsilio di Padova e la filosofia politica del Medio Evo*, Florencia, 1928. Del mismo autor: *Modernità di Marsilio di Padova*, Siena, 1955. Artículos interesantes en *Marsilio di Padova, Studi raccolti nel VI° Cent. d. morte*, a cura di Aldo Cecchini e N. Bobbio, Padua, Cedam, 1942, 328 págs. Sobre un tema particular pero significativo de la no absoluta "modernidad" de M. de P. puede leerse: Mario GRIGNACHI, "L'elezione del "Rex Romanorum semper Augustus" nel "Defensor pacis" di M. da P., *Rivista storica Italiana*, 1953, págs. 410-435.

Textos: Ch. W. PREVITÉ-ORTON, ed. crítica de *The Defensor pacis of Marsilius of Padua*, Cambridge, 1928, 556 págs. Otra edición de la misma obra por Scholz, Hannover, 1932. Es preferible la reciente edición de A. GEWIRTH, *op. cit.*, tomo II. Nueva York, 1956.

Sobre Guillermo de Ockam: Georges DE LAGARDE, *L'individualisme ockhamiste*, volúmenes IV, V y VI 'de *La naissance de l'esprit laïque*, Saint-Paul-Trois-Châteaux, ed. Béatrice., fasc. 1: *Ockham et son temps* (1942, 222 págs.); fasc. 2: *Ockham: bases de départ* (1946, 240 págs.); fasc. 3: *Ockham: la morale et le droit* (1946, 220 págs.). León BAUDRY, *Guillaume d'Occam. Sa vie, son oeuvre, ses idées sociales et politiques*, Vrin, tomo I: *L'homme et les oeuvres*, 1949, 317 págs. Del mismo autor, "Le philosophie et la politique dans Guillaume d'Occam", *Archives d'histoire doctrinale et littéraire du Moyen Age*, 1939. Adalbert HAMMAN, *La doctrine de l'Eglise et de l'Etat chez Occam. Etude sur le "Breviloquium"*, Ed. franciscaine, 1942, XII-208 págs. Estudio concienzudo que tiende a atenuar la "heretodoxia" de Occam. Richard SCHOLZ, *Wilhelm von Ockham als politischer Denker und sein Breviloquium de principatu tyrannico*, Leipzig, Hiersemann, 1944, VIII-220 págs. C. C. BAYLEY, "Pivotal concepts in the Political Philosophy of 'William of Ockham", *Journal of the history of ideas*, 10, 1949, págs. 199-218. Max A. SHEPARD, "Wiciam of Occam and the higher law", *American political science review*, diciembre de 1932, págs. 1005-1023; febrero de 1933, págs. 24-38.

Textos: Guillermo de OCKAM, *De Imperatorum et Pontificum potestate*, ed. R. Scholz en *Unbekannte...*, vol. II, Roma, 1914, págs. 453-480; o C. Kenneth Brampton, Oxford, 1927. *Breviloquium de potestate papae*, ed. por Léon BAUDRY, Vrin. 1937, XX-179 páginas. *Opera politica*, ed. J. G. Sikes Manchester Univ., 1940.

Sobre los teóricos del poder pontificio en esta época, lo más importante es: Nicolás IUNG, *Un franciscain théologien du pouvoir pontifical au XIV siècle: Alvaro Pelayo, évêque et pénitencier de Jean XXII*, Vrin, 1931, 243 págs.

El gran cisma: Las herejías; el debilitamiento del Papado.

Sobre el gran cisma: G. MOLLAT, *Les papes d'Avignon (1305-1378)*, 9.ª ed., Letouzey et Ané, 1950, 597 págs. (obra clásica). Yves RENOUARD, *La papauté à Avignon*, P. U. F., 1954, 136 págs. (obra breve, pero substanciosa). Edouard PERROY, *L'Angleterre et le grand schisme d'Occident. Etude sur la politique religieuse de l'Angleterre sous Richard II* (1378-1379), J. Monnier, 1937, 459 págs. W. A. PANTIN, *The English church in the XIVth century*, Cambridge University Press, 1955 (tres partes: I. Church and State; II. Intellectual life and controversy; III. Religious literature).

Sobre las herejías: K. B. McFARLANE, *John Wycliffe and the beginnings of English non-conformity*, col. "Teach yourself history", English University Press L. T. D. at Saint Paul House, Londres, 1952. M. BRANDT, *Wyclifova hereza i socijalni pokreti u Splitu kra jem XIVst* (*La herejía de Wycliffe y los movimientos sociales en Split hacia finales del siglo XIV*), Zagreb, Ediciones Kultura, 1955, 302 págs. (obra importante: expone la doctrina wycliffiana y sus vinculaciones con los hechos sociales de Inglaterra y, sobre todo, de Dalmacia. Cf. el informe que da J. DEVISSE de esta obra en *Revue historique*, tomo CCXVII, 1957, págs. 127-130). Los estudios sobre Juan Hus son poco numerosos;

citemos, sin embargo, algunos títulos sobre la influencia de Hus en el desarrollo del movimiento nacional checo: K. KROFTA, "L'aspect national et social du mouvement hussite", *Le monde slave*, 1928, págs. 321-351. Dos artículos de R. R. BETTS: uno sobre las ideas políticas de los primeros reformadores checos de mediados del siglo XIV en Juan Hus, en *The slavonic and east european review*, XXXI, diciembre de 1952, págs. 21-36; otro, titulado "Social and constitutional development in Bohemia in the Hussite period", en *Past and Present*, 1955, núm. 7, págs. 37-54. Un importante artículo de Joseph MACEK, aparecido en checo, sobre el estudio, desde el punto de vista marxista, del problema de las nacionalidades, en la Bohemia de la época hussita, se encontrará en *Cesky Casopis Historicky (Revista histórica checa)*, 1955, I, págs. 4-30. Edición reciente de textos: Magistri Johannes Hus Tractatus de Ecclesia, ed. J. Harrison THOMSON, University of Colorado Press, 1956. Para el catarismo y el joaquinismo, véase la bibliografía "Municipio".

Sobre el debilitamiento del Papado, el movimiento conciliar, el nacimiento del galicanismo: Brian TIERNEY, *Foundations of the Conciliar Theory: the contribution of the Medieval Canonist from Gratian to the Great Schism* (Cambridge Studies in Medieval Life and Thought, nueva serie, IV) Cambridge, U. P., 1955 (obra de gran interés). Víctor MARTIN, *Les origines du Gallicanisme*, Bloud & Gay, 1939, 2 vols., 366 y 382 págs. (obra fundamental que proporciona numerosas indicaciones para la historia de la Iglesia en sus relaciones con el Estado en Francia hasta la Pragmática Sanción. Buena bibliografía). Georges DE LAGARDE, "Le Songe du Verger et les origines du gallicanisme", *Revue des sciences religieuses*, Estrasburgo, tomo XIV, 1934.

Textos: John WYCLIFFE, *Tractatus de Officio regis*, ed. Alfred W. Pollard and Charles Sayle, Londres, 1887, *Le Songe du Verger* (1376-1377); versión francesa en *Traités des droits et libertés de l'Eglise gallicane* (1731), vol. II.

III. IMPERIO.

Una valiosa síntesis para el estudio de la idea de Imperio en Occidente del siglo V al siglo XIV es: Robert FOLZ, *L'idée d'Empire en Occident, du V au XIV siècle*, París, Aubier, "Collection historique", 1953, 251 págs. (la obra se completa con una presentación de textos, una cronología y una bibliografía muy cómoda, a la que nos remitimos, contentándonos con mencionar algunos títulos de los más significativos para los diferentes períodos y corrientes, o con citar los trabajos aparecidos después en 1953). Geoffrey BARRACLOUGH, "The mediaeval Empire: idea and reality", cap. VIII de *History in a changing world*, Oxford, Basil Blanckwell, 1955, 246 págs. Louis HALPHEN, *Charlemagne et l'Empire carolingien*. A Michel, "L'evolution de l'humanité", 1947, XXVI-533 páginas. [Traducción española de José Almoina, *Carlomagno y el imperio carolingio*, U. T. E. H. A., 1955, XXXIII-409 págs.] Del mismo autor, "L'idée d'Etat sous les Carolingiens", en *A travers l'histoire du Moyen Age, op. cit.*, págs. 92-104. M.-H. SEREJSKI, *L'idée de l'Imperium romanum en Gaule mérovingienne au VI siècle. L'idée de l'unité carolingienne. Étude sur la genèse de la communauté européenne au Moyen Age* (obra en polaco, de la que puede leerse una recensión en *R. H. E.*, 1939). Marc BLOCH, "L'Empire et l'idée d'Empire sous les Hohenstaufen", *Revue des cours et conférences*, 1928-1929, II, páginas 481-493, 577-582, 759-768. Armando SAITTA, "Un problema storiografico: l'Impero spagnolo medievale", *Rivista Storica Italiana*, año LXVI, fasc. II-III, 1954, págs. 240-285 y 377-409. E. JORDAN, "Dante et la théorie romaine de l'Empire", *Nouvelle Revue historique de Droit français*, tomo XLV, 1921, págs. 353-396; 1.ª serie, I, 1922, páginas 191-232 y 333-390. Percy Ernest SCHRAMM, *Herrschaftszeichen und Staatssymbolik*, Stuttgart, 1954 a 1956, 3 vols. Cuarenta y ocho estudios particulares sobre las "insignias del poder y la simbología del Estado". Cf. también sobre el mismo tema: A. GRABAR, "L'archéologia des insignes médiévaux du pouvoir", *Journal des Savants*, enero- marzo de 1956 y abril-junio de 1956.

Por lo que concierne al Imperio en Oriente, la obra fundamental sigue siendo: Louis BRÉHIER, *Le monde byzantin. I. Vie et mort de Byzance*, y sobre todo, II. *Les institutions de l'Empire byzantin*, A. Michel, "L'évolution de l'humanité", 1947 y 1949, XXI-602 págs. y XVIII-631 págs. [Traducción española de José Almoina, *El mundo bizantino. I. Vida y muerte de Bizancio; II. Las instituciones del mundo bizantino*, U. T. H. E. A., "La evolución de la humanidad", 1956, XVIII-537 págs. y XIX-567 págs.] Véase también una buena obra de vulgarización sobre Bizancio, recientemente traducida al francés: J.-M. HUSSEY, *Le monde de Byzance*, prefacio de Jean GOUILLARD, traducción de François VAUDOU, Payot, 1958, 230 págs.

Agregar a los libros ya mencionados: Paul LEMERLE, "Le monde byzantin. A propos d'un livre récent", *Revue historique*, tomo CCIV, julio-septiembre de 1950, págs. 39-53 (suplemento bibliográfico a la obra de BRÉHIER). A. GRABAR, *L'empereur dans l'art byzan-'in*, "Publications de la Faculté des Lettres de Strasbourg", 1936. Ernest BARKER, *Social and political thought in Byzantium, From Justinian I to the last Paleologus.* Oxford, the Clarendon Press, 1957, 240 págs. Recopilación de textos y documentos políticos presentados, traducidos y anotados. Una excelente introducción de 53 págs. concierne directamente a nuestro tema. R. L. WOLF, *Politics in the Latin Patriarchate of Constantinople, 1204-1261, Dumbarton Oaks Papers*, 1954, VIII, Cambridge Mass. Fr. DÖLGER, "Politische und geistige Strömungen im sterbenden Byzanz", *Jahrbuch der österreichischen byzantinischen Gesellschaft*, 1954, III.

Véase también N. SVORONOS, "Le serment de fidélité à l'empereur byzantin et sa signification constitutionnelle", *Revue des études byzantines*, 1957, IX, págs. 106-142. R. GUILLAND, "La théorie du droit divin à Byzance et ses conséquences historiques". *Eos*, 1947, I, págs. 142-168. Sobre la repercusión de las ideas políticas de Bizancio: Francis DVORNIK, "Byzantine political ideas in Kievan Russia", · *Dumbarton Oaks Papers*, 1956, IX-X, páginas 73-122.

IV. REALEZA, MONARQUÍA, NACIÓN.

Dos obras permiten abarcar la casi totalidad del problema: Charles PETIT-DUTAILLIS, *La monarchie féodale en France et en Angleterre (X-XIII siècles).* Albin Michel, "L'evolution de l'humanité", 1933, XVII-477 págs. Marcel DAVID, *La souveraineté et les limites juridiques du pouvoir monarchique, du IX au XV siècle*, Dalloz, 1954, 285 págs. Del mismo autor, "Le serment du sacre du IX au XV siècle. Contribution à l'étude des limites juridiques de la souveraineté", sacado de la *Revue du Moyen Age latin*, tomo VI, 1950, Estrasburgo, 276 págs. Ernst H. KANTOROWICZ, *The King's two bodies: a study in Mediaeval political theology*, Princeton, U. P., 1957, XVI-567 págs.

Para la Alta Edad Media dirigirse a la bibliografía "Iglesia", principalmente a la rúbrica: "El gobierno de los obispos", donde se encontrarán indicaciones concernientes a las concepciones de Jonás de Orleáns e Hincmar en materia de gobierno real. Para los teóricos del poder monárquico de los siglos siguientes:

SOBRE JUAN DE SALISBURY: Hans LIEBESCHÜTZ, *Mediaeval Humanism in the life and writings of John of Salisbury*, The Warburg Institute University of London, Londres, 1950, 126 págs. (fuentes, circunstancias de composición, estructura del *Polycraticus*. Análisis de los temas políticos fundamentales: *Res Publica, Principatus, Tyrannus, Libertas y Lex, Roma Aeterna*). Léase también sobre J. de S.: John DICKINSON, "The mediaeval concept of Kingship and some its limitations as developed in *Policraticus* of John of Salisbury", *Speculum*, I, 1926, págs. 308-337. W. ULLMANN, "The influence of John of Salisbury on mediaeval Italian jurits", *English historical review*, LIX, 1944.

Textos de Juan de Salisbury: The Statesman's Book of John of Salisbury, ed. John Dickinson, Nueva York, 1927 (extractos políticos del *Polycraticus*). *Polycraticus*, ediciones C. C. J. Webb, Oxford, 1909, 2 vols.

SOBRE LOS LEGISTAS: Además de las indicaciones contenidas en los estudios generales, consúltese: Marion MELVILLE, "Guillaume de Nogaret et Philippe le Bel", *Revue d'histoire de l'Eglise de France*, tomo XXXVI, enero-junio, 1950, págs. 56-66. J. GILISSEN, "Les légistes en Flandre aux XIII et XIV siècles", *Bulletin de la Commission royale des Anciennes Lois et Ordennances de la Belgique*, XV, 3, 1939.

SOBRE BRACTON: F. SCHULZ, "Bracton on kingship", *English historical review*, LX mayo de 1945 (artículo fundamental).

Textos de Bracton: BRACTON, De legibus et consuetudinibus Angliae, ed. George E. Woodbine, New Haven, 1915-1932.

SOBRRE SIR JOHN FORTESCUE: Miss A. E. LEVETT, "Sir John Fortescue", en *The social and political ideas of some great thinkers of the renaissance and the reformation*, ed. by

F. J. C. Hearnshaw, Londres, 1925, Nueva York, Barnes and Noble, 1949, págs. 61-86. Miss Carolina R. J. SKEEL, "The influence of the writings of Sir John Fortescue", Transactions of the royal historical society, 1916, 3rd series, vol. X, págs. 77-114. Véase bibliografía sobre sir John Fortescue en J. CALMETTE y E. DÉPREZ, L'Europe occidentale de la fin du XIV⁰ siècle aux guerres d'Italie, en col. "Glotz", 2.º vol. del tomo VII, página 507.

Textos de sir John Fortescue: De natura Legis Naturae in The Works of Sir John Fortescue, Knight, ed. Thomas (Fortescue) Lord Clermont, Londres, 1869; The Governance of England, ed. Charles Plummer, Oxford, 1885; De Laudibus Legum Angliae, ed. A. Amos, Cambridge, 1825; traducción inglesa de Francis GRIGOR, 1917; edición más reciente de S. B. CHRIMES, Cambridge, 1942.

No debe omitirse la consulta de Percy Ernst SCHRAMM, Der König von Frankreich, das Wesen der Monarchie vom 9 zum 16 Jahrhundert, Weimar, 1939, 2 vols. El sentimiento popular respecto a los reyes ha sido estudiado de manera muy brillante por: Marc BLOCH, Rois et serfs, un chapitre d'histoire capétienne (H. Champion, 1920, 224 págs.), y sobre todo: Marc BLOCK, Les rois thaumaturges. Estudio sobre el carácter sobrenatural atribuido al poder real, particularmente en Francia e Inglaterra, A. Colin, 1961, VIII-544 páginas (1.ª edic., 1924).

En lo que concierne al nacimiento y desarrollo del sentimiento nacional en la Edad Media, es conveniente mencionar, además de la obra clásica de H. MITTEIS (Der Staat des hohen Mittelalters), diversos artículos en Vorträge und Forschungen, 1955-1956, tomos II y III; en cuanto al fin de la Edad Media se consultará especialmente: J. HUIZINGA, "La evolución y las formas de la conciencia nacional en Europa hasta finales del siglo XIX, Im Banne des Geschichte, 1942, págs. 131 y sigs. Jean LEJEUNE, Liège et son pays, Naissance d'une patrie (siglos XIII-XIV). Bibliothèque de la Faculté de Philosophie et Lettres de l'Université de Liège, fasc. CXII, Société d'Edition "Les Belles-Lettres", 1948, 560 págs. (obra de una gran riqueza y muy esclarecedora, aunque parte de un marco geográfico muy restringido). F. L. GANSHOF, "Les origines du concept de souveraineté nationale en Flandre", Revue d'histoire du droit, XVIII, 1950, págs. 135-158. H. SPROEMBERG, "La naissance d'un Etat allemand au M. A.", Le Moyen Age, 1958, II, págs. 213-248 (con una importante bibliografía). Ferdinand LOT, "Formation de la nation française", Revue des Deux Mondes, 1950, 15 de mayo, págs. 256-278, y 1 de junio, págs. 418-435. Buen estudio de conjunto, que puede ser completado, respecto al aspecto geográfico, con: Eugène JARRY, Provinces et pays de France. Essai de géographie historique, tomo I: Formation de l'unité française, Charles Poisson, 2.ª ed., 1950, 364 páginas.

Para comprender la influencia popular de la idea nacional en Francia, así como su significación, consúltense los procesos de Juana de Arco (condena y rehabilitación); puede utilizarse muy bien la reciente edición del "Club du Meilleur Livre", en el caso de que no se disponga de la célebre publicación de Jules Quicherat, 1841-1849.

Sobre temas particulares: Ernest H. KANTOROWICZ, "Pro patria mori in medieval Political Thought", American historical review, vol. LVI, núm. 3, abril de 1951, págs. 472-492. André BOSSUAT, "L'idée de nation et la jurisprudence du Parlement de Paris au XV siècle", Revue historique, tomo CCIV, julio-septiembre de 1950, págs. 54-59, Léo MOULIN, "Les origines religieuses des techniques électorales et délibératives modernes", Revue internationale d'histoire politique et constitutionnelle, P. U. F., nueva serie, núm. 10, abril-junio de 1953, págs. 106-148. Gaines POST, "Blessed Lady Spain", Vicentio Hispanus and Spanish National Imperialism in the XIIIth century, Speculum, 29, 1954, págs. 198-209. Gaines POST, "Two notes on nationalism in the Middle Ages", Traditio, 9, 1953, páginas 281-320.

Sólo recogemos algunos títulos recientes, entre los numerosos estudios sobre los orígenes del Parlamento y el nacimiento de la nación inglesa: F. THOMPSON, A short history of Parliament (1295-1642), Minneapolis, 1953, B. WILKINSON, The Constitutional history of England (1216-1399), Londres, I, 1945, 240 págs.; II, Politics and the Constitution 1307-1399, 1952; III, The deveiopment of the Constitution, 1216-1399. B. WILKINSON, "English Politics and Politician of the XIIIth and XIVth c.", Speculum, XXX, 1955, páginas 37-48. G. T. LAPSLEY, Crown, community and Parliament in the later middle *ages.* Estudios reunidos por H. M. Cam y G. Barraclough, 1951, 420 págs. Consúltense también los "Bulletins critiques" sobre la historia de Inglaterra en la Edad Media, de Edouard Perrroy, *Revue historique,* 1950 y 1952.

V. Feudalismo.

Abundan los libros sobre el feudalismo; el lector que desee conocer estos títulos puede consultar la notable bibliografía elaborada por Marc Bloch al final de una síntesis muy justamente apreciada: Marc Bloch, *La société féodale, I. La formation des liens de dépendance; II. Les clases et les gouvernement des hommes.* Albin Michel, "L'evolution de l'humanité", 1939 y 1949, 472 y 287 págs. [Traducido al español por Eduardo Ripoll Perello, *La sociedad feudal. I. Las clases y el gobierno de los hombres; II. La formación de los vínculos de dependencia,* U. T. E. H. A., 1958, xviii-220 págs. y xxi-356 págs.] Mencionemos un libro muy útil para nuestro tema: F. L. Ganshof, *Qu'est-ce que la féodalité?* 2ª ed., 1947, Neuchâtel, ed. de La Baconnière, 206 págs., 3.ª ed. nuevamente redactada y aumentada, 1937, Bruselas, Office de publicité, 240 págs. Rober Boutruche, *Seigneurie et féodalité, I. Le premier âge des liens d'homme à homme,* Aubier, 1959, 423 págs.

Es conveniente recordar las ideas clásicas de: Jacques Flach, *Les origines de l'ancienne France. Le régime seigneurial (X et XI siècles),* Larose & Forcel, Sirey, 1886-1917, 4 vols., 475 págs., 584 págs., viii-580 págs., xii-655 págs. Ferdinand Lot *Fidèles ou vassaux? Essai sur la nature juridique du lien qui unissait les grands vassaux à la royauté depuis le milieu du ix siècle jusqu'à la fin du xii siècle.* E. Bouillon, 1904, 287 págs. Aclaraciones sobre el tema en: A. Dumas, "Encore la question "Fidèles ou vassaux"?", *Revue historique de droit,* tomo XLIV, 1920, págs. 159-299 y 347-390. Louis Halphen, "Le place de la royauté dans le système féodal", en *A travers l'histoire du Moyen Age, op. cit.,* págs. 266-274. J.-F. Lemarignier, *Recherches sur l'hommage en marche et les frontières féodales,* Lille, 1945, xx-291 págs. Raymonde Foreville, "Les institutions royales et la féodalité en Angleterre au milieu du XII siècle", *Revue historique du droit français et étranger,* 1946-1947, núms. 1-2, págs. 99-108. J. C. Holt, "The Barons and the Great Charter", *English historical review,* enero de 1955, vol. LXIX, núm. 274, páginas 1-24. El feudalismo en Inglaterra ha sido estudiado principalmente por Barlow; en Alemania, por Mitteis; en Italia, por Mor.

Sobre la idea y las instituciones de paz: Roger Bonnaud-Delamare, *L'idée de paix à l'époque carolingienne,* tesis de derecho, Domat-Montchrestrien, 1939, iv-374 págs. *L'idée de paix au XI siècle,* tesis de Letras, 1945. Del mismo autor puede consultarse con mayor facilidad: "Fondement des institutions de paix au xi siècle", *Mélanges dédies à la mémoire de Louis Halphen, op. cit.,* págs. 19-26.

Por último, la transición entre las ideas políticas del mundo feudal y la idea moderna de contrato es tratada en Bryce D. Lyon, *From fief to indenture: the transition from feudal to non-feudal contract in Western Europe,* Cambridge, Mass., 1956.

Para un estudio comparado del feudalismo en el mundo véase *Feudalism,* tomo VI de *Encyclopedia of the social sciences,* edited by E. R. Seligman and A. Johnson, Londres, Mac Millan, 1932 (Marc Bloch, "European"; A. H. Lybyer, "Saracen and Ottoman", O. Franke, "Chinese"; K. Asakawa, "Japanese"). *Feudalism in History,* ed. by Rushton Coulborn, Princeton, U. P., 1956, 439 págs.

* * *

Mencionamos algunas de las ediciones más accesibles para quien desee dirigirse a las fuentes: *Les établissements de Saint-Louis,* ed. Paul Viollet, Société de l'Histoire de France, 4 vols., 1881-1886. *Le livre de Jostice et de Plet,* ed. Rapetti. Philippe de Beaumanoir, *Coutumes de Beauvaisis,* ed. A. Salmon. Collection de textes pour servir à l'étude... de l'histoire, 2 vols., 1899-1900. *Coutumiers de Normandie,* ed. por Joseph Tardif, 2 vols., Rouen, 1881-1903.

VI. Municipio.

Desde Augustin Thierry y Guizot hasta nuestros días, la bibliografía sobre el renacimiento urbano y municipal es superabundante; teorías generales y monografías llenan innumerables volúmenes, no siendo posible citar aquí ni siquiera los principales. Seleccionaremos algunas obras entre las más cómodas o entre las más características, mencionando casi exclusivamente las escritas en lengua francesa (no faltando tampoco literatura alemana, italiana o inglesa sobre el tema).

Sobre el aspecto económico e institucional del renacimiento urbano y municipal.

Henri PIRENNE, Les villes et les institutions urbaines, París-Bruselas, 2.ª ed., 1939, 2 vols., VII-431 y 299 págs. (obra esencial, donde se recogen varios estudios de H. P.: L'origine des constitutions urbaines au M. A. (1895), que determina la situación de las investigaciones en diversos países, principalmente Alemania, a finales del siglo; Les anciennes démocraties des Pays-Bas, estudio clásico, publicado en 1910; Les villes du Moyen Age, estudio clásico publicado en 1925-1927; Histoire de la constitution de la ville de Dinant au Moyen Age, y otros diversos trabajos). Charles PETIT-DUTAILLIS, Les Communes françaises. Caractères et évolution des origines au XVIII siècle. Albin Michel, "L'evolution de l'humanité", 1947, XXI-400 págs. (la obra más reciente sobre el tema). J. LESTOCQUOY, Aux origines de la bourgeoisie: Les villes de Flandre et d'Italie sous le gouvernement des patriciens (XI-XIV siècles), P. U. F., 1952, 249 págs. (Para Italia véase el artículo "Commune", de OTTOKAR, en Enciclopedia Italiana, y el libro de VIOLANTE sobre Milán de la época premunicipal; para Alemania: Hans PLANITZ, Die Deutsche Stadt im Mittelalter. Von der Römerzeit bis zu den Zunftkämpfen, Graz-Köln, Böhlau-Verlag, 1954, XVI-520 págs.

Consúltense también las obras clásicas: Jacques FLACH, Les origines de l'ancienne France, op. cit. Arthur GIRY, "Etude sur les origines de la commune de Saint-Quentin", Archives anciennes de la ville de Saint-Quentin, tomo I, 1888, Arthur GIRY, Les établissements de Rouen. Etudes sur l'histoire des institutions municipales de Rouen, Falaise, etc., 1883-1885, 2 vols., Bibliothèque de l'Ecole des Hautes Etudes. Arthur GIRY, Histoire de la ville de Saint-Omer et de ses institutions jusqu'au XIV siècle, Bibliothèque de l'Ecole des Hauts Etudes, 1877. Archille LUCHAIRE, Les communes françaises, 1890; nueva ed. de Louis HALPHEN, 1911. Mencionemos, por último, Augustin THIERRY, Documents inédits relatifs à l'histoire du Tiers-Etat.

Sobre el aspecto sociológico e ideológico.

Las investigaciones son menos numerosas (sobre todo en el aspecto ideológico); seleccionaremos, entre las más interesantes o más fáciles de consulta: Jacques LE GOFF, Marchands et banquiers du Moyen Age, P. U. F., "Que sais-je?", 1956, 128 págs. Esta obra estudia el estado de las investigaciones sobre el tema. Véase: J. LESTOCQUOY, op. cit. YVES RENOUARD, Les hommes d'affaires italiens du Moyen Age, A. Colin, 1949, IX-262 páginas. Armando SAPORI, Le marchand italien au Moyen Age, A. Colin, 1952, LXXII-127 págs. (notable bibliografía). Emile LOUSE, La société d'Ancien Régime, Organisation et réprésentation corporatives, tomo I, Desclée de Brouwer, 1943, 376 págs. Georges ESPINAS, Les origines de l'Association, Les origines du droit d'Association dans les villes de l'Artois et de la Flandre française jusqu'au début du XVI siècle, Lille, 1942, 2 vols., 1165 y 552 págs. François OLIVIER-MARTIN, L'organisation corporative de la France d'Ancien Régime, Sirey, 1938, XIII-565 págs. Georges DE LAGARDE, La naissance de l'esprit laïque au déclin du Moyen Age, tomo I: Bilan du XIII siècle, op. cit. Véase también del mismo autor, Individualisme et corporatisme au Moyen Age, Bibliothèque de l'Université de Louvain, 1937. J. DHONDT, "Ordres" ou "Puissances": l'exemple des Etats de Flandre, Annales, julio-septiembre de 1950, págs. 289-305. Jacques LE GOFF, Les intellectuels au M. A., ed. du Seuil, "Le Temps qui court", 1957, 192 págs., Gérard PARÉ, Les idées et les lettres au XIII siècle, Le roman de la rose, Montreal, Bibliothèque de Phillosophie, Université de Montreal, 1947, 364 págs. Marie-Dominique CHENU, La théologie au XII siècle, op. cit., véase cap. X: "Moines, clercs, laïcs". Arno BORST, Die Katharer, Stuttgart, Hiersemann, 1953, 372 págs. El libro fundamental sobre el catarismo. René NELLI (bajo la dirección de), Spiritualité de l'hérésie: le catharisme, ed. Privat, 1953, 238 págs. W. KAMLAR, Apokalypse und Geschichtsheologie. Die mittelalterliche

Auslegung der Apokalypse von Joachim von Fiore, Berlín, 1935. E. STAEHELIN, *Die Verkündigung des Reiches Gottes in der Kirche Jesu Christi. Zeugnisse aus allen Jahrhunderten und allen Konfessionen*, III. Von Bernhard von Clairvaux bis zu Girolamo Savonarola. Basilea, F. Reinhardt, 1955. Temas apocalípticos en los círculos que rodeaban a Federico II y en los medios joaquinistas: Ray C. PETRY, "Mediaeval eschatology and social responsability in Bernard of Morval's "De contemptu mundi", *Speculum*, XXIV, 1949, págs. 207-217. Norman COLM, "The pursuite of the Millenium", 1957 (c. r. en el artículo de Gordon LEFF, "In search of the Millenium", *Past and Present*, abril de 1958, páginas 89-95): Paul ALPHANDERY, *Les idées morales chez les hétérodoxes latins au début du XIII siècle*, Bibliothèque de l'Ecole des Hautes Etudes, Sciences religieusse, tomo XVI, 1903. María UNGUREANU, "Les Républiques du Moyen Age", *Diogène*, núm. 21, 1958, páginas 61-81 (como subtítulo: "Essai sur la civilisation communale") [existe versión española de esta revista —publicada bajo los auspicios del Consejo Internacional de Filosofía y de las Ciencias Humanas, y con ayuda de la UNESCO, con el nombre de *Diógenes*, Editorial Sudamericana, Buenos Aires].

VII. "SEÑORÍA".

La obra fundamental sobre la vida de las "señorías italianas en los siglos XIV-XV es el hermoso libro de Hans BARON, *The crisis of the early Italian Renaissance, Civic Humanism and Republican Liberty in an Age of Classicism and Tyranny*, Princeton, New Jersey, Princeton U. P., 1955, 2 vols., XXIX-X-656 págs. El primer volumen analiza la evolución del pensamiento y de la literatura políticos e históricos; el segundo reúne diversos apéndices y abundantes notas bibliográficas. Pueden consultarse otros estudios, como E. GARIN, *Der italienische Humanismus,*, Berna, Francke, 1947, 245 págs.; esta obra ha sido traducida al italiano con el título: *Umanesimo italiano, filosofia e vita civile nel Rinascimento*, Bari, 1952. Ephraim EMERTON, *Humanism and tyranny, studies in the Italian trecento*, Cambridge, Mass., Harvard University, 1925, X-377 págs. Gene A. BRACKER y Marvin B. BECKER, "Una lettera in difesa della dittatura nella Firenze del Trecento", *Archivio Storico Italiano*, II, 1955.

Sobre Coluccio Salutati: Alfred VON MARTIN, *Mittelalterliche Welt - und lebensanschauung im Spiegel der Schiften Coluccio Salutatis*, Munich, R. Oldenbourg, 1913, XII-166 págs. Del mismo autor, *Coluccio Salutatis und das Humanistische Lebensideal*, 1916. E. GARIN, "I Trattati Morali di Coluccio Salutati", *Atti del' Accademia Fiorentina di Scienze Morali "La Colombaria"*, 1943, págs. 53-88.

Sobre Savonarola: Mario FERRARA, *Savonarola*, Florencia, Leo S. Olschki, 1952, 2 vols. Obra esencial, al igual que la siguiente: Roberto RIDOLFI, *Vita di Gerolamo Savonarola*, Roma, 1952, 2 vols. Una traducción francesa de esta obra, debida a Fernand HAYWARD, ha sido publicada por Arthème Fayard con el título: *Savonarole*. Consúltese también: *Le procès de Savonarole*, edición y presentación de Robert KLEIN, con una introducción de Augustin RENAUDET, Le Club du meilleur livre, 1957, 412 págs. Sobre las ideas políticas de Savonarola véase en especial: G. PAOLI, *Gerolamo Savonarola, ricostruttore nella libertà, 1452-1498*, Roma, Pia Soc. S. Paolo, 1946, 300 págs. I. FARNETI, *Genesi e formazione del pensiero politico di Gerolamo Savonarola*, Ferrara, Industrie grafiche, 1950, 171 págs.

CAPITULO VI

La renovación de las ideas en las luchas políticas del siglo XVI

El siglo de los grandes descubrimientos y de la Reforma es un período de grandes transformaciones en todos los campos de la actividad y del pensamiento. El ensanchamiento del mundo conocido y explotado y el aflujo de metales preciosos desde América coronan e impulsan un poderoso desarrollo del gran comercio internacional, espectacular expresión de una expansión económica y demográfica general, de consecuencias sociales y políticas considerables. La prolongada alza de los precios y la rápida formación de grandes fortunas mobiliarias modifican la distribución de las riquezas y producen algunos cambios renovadores en las capas dirigentes de la sociedad. A decir verdad, no se constata en este movimiento una ruptura con el pasado. El desarrollo del capitalismo comercial, iniciado con anterioridad al siglo XVI primeramente en Italia, dejará subsistir todavía durante mucho tiempo los rasgos esenciales de una economía rural tradicional y de una sociedad aristocrática que se expresan en el régimen señorial. La continuidad no es menos profunda en el orden intelectual. La civilización y la cultura del Renacimiento, extendidas ahora a toda Europa y diversificadas según matices regionales, habían comenzado a surgir en Italia, en los siglos precedentes. El entusiasta redescubrimiento de la Antigüedad es uno de sus más importantes elementos; imprime un sello original al pensamiento, a las artes y a la literatura. Sin embargo, la Iglesia, como en la Edad Media, sigue "establecida en pleno corazón de la vida de los hombres", manteniendo "el dominio oculto y total de la religión sobre los hombres" (Lucien Febvre).

El siglo XVI, siglo innovador sin duda, lo es también en el campo de las ideas políticas; pero conviene apreciar, en su justa medida, tales innovaciones. En vinculación con el progreso del poder real en ciertos Estados, se elabora una doctrina —la del absolutismo— que se define, en una primera aproximación, por la afirmación de una soberanía monárquica sin límites y sin control, que no reconoce a los súbditos más que el deber de obedecer. Esta concepción parece oponerse totalmente a las teorías políticas formuladas en la sociedad feudal; sin embargo, el derecho romano, en el que se inspira, se cultivaba desde hacía varios siglos. Por otro lado, la política permanece ideológicamente en la dependencia de la religión cristiana. Y, sobre todo, el equilibrio de las fuerzas sociales, las condiciones materiales y el estado de las técnicas oponen tales obstáculos a la instauración de un poder realmente concentrado, que las tesis absolutistas, susceptibles por lo demás de interpretaciones ampliamente divergentes, encuentran vivísimas oposiciones. Es preciso señalar, además, que los conflictos mezclan siempre las cuestiones religiosas con las cuestiones políticas.

Por consiguiente, hemos de ver primero cómo las expresiones del absolutismo reflejan una secularización del pensamiento político cuyos orígenes aparecen ya en la Edad Media (sección I). Emprenderemos, a continuación, el estudio de las dos corrientes que atestiguan, de manera diferente, que el pensamiento político no ha adquirido aún su completa autonomía: el humanismo cristiano que en nombre de una cultura nueva, de una religión antiescolástica, intenta salvar un universalismo cristiano que debe mucho a la herencia medieval (sección II); y las ideas políticas que derivan, directa o indirectamente, del movimiento religioso de la Reforma (sección III). Por último, veremos destacarse, en los conflictos violentos que sacuden a Europa en un nivel mucho más profundo que el de las doctrinas, las tendencias favorables y hostiles al progreso del absolutismo, tendencias que continuarán enfrentándose, en una perspectiva transformada, en el siglo XVII (secciones IV y V).

La Europa de comienzos del siglo XVI es un mosaico de cuerpos políticos muy diferentes. Junto a reinos diversamente organizados, pero ya sólidamente implantados en su independencia nacional, existen repúblicas urbanas y señoríos nacidos en torno a una ciudad, así como principados laicos o eclesiásticos, cuya autonomía es tan efectiva en Alemania como en la Italia desembarazada de la ficción misma del poder imperial. Disgregado el Santo Imperio, fracasadas las pretensiones pontificias a la dirección temporal de la cristiandad, el carácter nacional de las monarquías se afirma claramente en Francia e Inglaterra; la conquista de Granada (1492) termina de cimentar la unidad de las Españas. En el otro extremo de Europa, Suecia, tras salir de un largo conflicto, conseguirá la independencia total al deshacer la Unión escandinava (1523). La diversidad de las patrias, en un nivel más profundo que el de las combinaciones dinásticas mediante las que se realizan las transformaciones, recorta en el mapa de la cristiandad bloques ya muy consistentes, a pesar de las incertidumbres de sus contornos.

Pocas cuestiones ofrecen en Historia tantas dificultades como el problema del nacimiento de las naciones. No conviene atribuir a los hombres del siglo XVI una conciencia nacional que, con frecuencia, más de un rasgo de su comportamiento contradice. Muchos, cambiando de señor tan rápidamente como de residencia, se abren camino y forman una familia en país extranjero, sin sufrir, al parecer, un desarraigo. Sin embargo, la evolución de las ideas lleva la huella de una creciente *nacionalización de los Estados y de la política*.

En la misma Alemania, mientras que la noción de Imperio incluía, en virtud de sus orígenes, un contenido de universalidad, muchos manifiestan, a comienzos de siglo, un nacionalismo antirromano. Enlazan con esta corriente los panfletos, indudablemente interesados e incluso estipendiados, pero no desprovistos de significación, que celebran la elección de Carlos V en 1519, y que expresan sus deseos de un Imperio alemán. Una gran parte de la literatura política se encierra en los límites del Estado donde es escrita y publicada; y no sólo las obras de circunstancias y los textos de propaganda, sino también, a veces, los estudios jurídicos, bien se interesen por un aspecto particular de las instituciones, bien se eleven a consideraciones doctrinales más generales. Muchos textos reproducen ideas recibidas, sin contener teorías originales; sin embargo, no pueden dejarse a un lado en la historia de las ideas. Las teorías que aportan innovaciones reales y que se distinguen por su amplitud y universalidad no por ello dejan de estar alimentadas por experiencias históricas claramente individualizadas. En la figura de Tomás Moro, el humanista no eclipsa al gran abogado inglés; y Maquiavelo razona en términos de Italia donde Dante razonaba en términos de cristiandad. La división de Europa es lo suficientemente antigua como para que, al haber seguido cada parte sus propias vías, los materiales ofrecidos a la reflexión política contribuyan a diversificar las orientaciones y a ensanchar el abanico de problemas. Sin embargo, la unidad de la *respublica christiana* todavía no ha muerto en las almas; anima todavía doctrinas importantes. Pero mientras que la pluralidad de los Estados hace necesaria una teoría de sus relaciones, la evolución de sus estructuras expresa conflictos de fuerzas sociales y de concepciones, de origen muy anterior al siglo XVI.

SECCION PRIMERA

Los progresos del Estado moderno y la política positiva.

Supervivencias feudales y particularismos locales.—En Francia, desde Luis XI; en Inglaterra, a partir de los dos primeros Tudor, y en la España de Fernando e Isabel, la autoridad del rey no cesa de afirmarse. El impuesto permanente, el ejército permanente y la multiplicación de los funcionarios reales dan forma a un Gobierno central y a una Administración provincial que controlan a las autoridades locales o las substituyen. A estos rasgos más o menos acusados de una modernización del Estado corresponden, si no concepciones perfecta y claramente nuevas, al menos una adaptación psicológica, una adhesión o una resignación por parte de los súbditos. Esta modernización no rebasa ciertos límites; a pesar de sus tendencias autoritarias y centralizadoras, los Gobiernos han de tener en cuenta numerosos particularismos y han de respetar, en la forma y a veces en el fondo, las franquicias de las colectividades urbanas o provinciales.

Bretaña, por ejemplo, no se deja integrar pura y simplemente en el reino de Francia. En Aragón, los *fueros* conservan su poder de protección efectivo. En los Países Bajos borgoñeses, el sentimiento de las autonomías locales permanece muy vivo. Si el monarca se nos muestra como un amo al que se obedece más exactamente porque es el rey, una parte de su autoridad deriva todavía de una representación feudal del rey como soberano supremo. El espíritu caballeresco, por mucho que se haya degradado en una especie de ritual mundano, conserva algún valor de exaltación; así, Francisco I se hace armar caballero por Bayardo en Marignan. Un asunto como la traición del condestable Carlos de Borbón (1523) ilustra, en más de un sentido, las supervivencias de la mentalidad feudal en una opinión "que hallaba por lo menos excusas para la traición del condestable" (H. Hauser). Hacia la misma época, la monarquía española supera difícilmente una crisis más profunda aún, la revuelta de los comuneros (1520-1521); aristócratas, eclesiásticos y representantes de las ciudades se agrupan en una misma adhesión a los particularismos tradicionales y en una común hostilidad contra los extranjeros que rodean a Carlos V, contra sus exigencias financieras y sus métodos autoritarios. El desenlace de estas crisis fue favorable a la autoridad del Estado, pero el poder real, para imponerse, hubo de transigir con fuerzas reacias; los hombres de esta época siguen penetrados, tanto en su vida política como en su actividad profesional, por un espíritu de privilegio, y se muestran poco sensibles a las teorías abstractas. Esta situación aclara el movimiento de las ideas y permite comprender el alcance, después de todo limitado, de doctrinas que acentúan unilateralmente determinadas posiciones.

El absolutismo monárquico. — La corriente favorable al absolutismo monárquico es más fácil de seguir, a pesar de la diversidad de sus aspectos. Se expresa claramente en las obras de los juristas, especialmente de los franceses. Sin embargo, reducir esta corriente a las doctrinas puramente jurídicas sería empobrecerla. Los sentimientos sobre los que se funda el *monarquismo popular,* aunque difusos y poco elaborados, tienen, sin embargo, un peso político apreciable. Se trata, en primer lugar, de la aceptación tradicional y, por así decirlo, natural de la autoridad existente, de la obediencia enseñada desde hace siglos por la Iglesia; numerosos autores laicos y eclesiásticos repiten incansablemente la necesidad de esa aceptación, ocupando este tema un lugar predominante en la literatura política inglesa de la primera mitad del siglo XVI.

La rebelión es siempre condenable, ya que la autoridad ha sido instituida por Dios. Estos desarrollos conducen a fórmulas que contienen, en apariencia, la afirmación del derecho divino de la monarquía. El traductor al inglés del Nuevo Testamento, William Tindale, escribe en *The Obedience of a Christian Man,* obra publicada durante su exilio en Marburgo en 1528: "El rey no está, en este mundo, sometido a la ley, y puede a su gusto hacer el bien o el mal, y no dará cuenta más que a Dios". "El rey —afirma Stephen Gardiner, en su *De vera obœdientia* (publicada en 1535, traducida al inglés en 1553)— representa la imagen de Dios sobre la tierra". Lo esencial para estos autores es señalar el carácter impío, al tiempo que políticamente desastroso, de toda rebelión. Pero la garantía divina que invocan es válida, a sus ojos, para toda autoridad establecida y, en general, para todo el orden social; no se inserta en un análisis de la naturaleza o del origen del poder. Predican una moral tradicional, que combina el sentimiento nacional y la piedad con la lealtad hacia el monarca, sin elevarse hasta una verdadera teoría política. La insistencia de sus consejos, que puede explicarse por la violencia de los desórdenes de un pasado reciente, encuentra un rebrote de justificación en las luchas a que la Reforma dará lugar.

Francia gozó después de la guerra de los Cien Años de una mayor estabilidad política. La monarquía tenía un prestigio casi místico, el del rey taumaturgo, ungido de la *Sainte Ampoule* * y que cura las escrófulas. Sobre

---

* Redoma conservada antaño en la abadía de Saint-Remi, de Reims, y que contenía el aceite que servía para ungir a los reyes de Francia en la ceremonia de la consagración.

este fondo de creencias populares, algunos panegiristas bordan, en provecho de grupos sociales más restringidos, variaciones de alcance principalmente literario: simbología de las flores de lis, leyenda troyana destinada a exaltar la línea real y que será más tarde ilustrada laboriosamente por la *Franciade* de Ronsard. Cabe considerarlas como una transposición, en otros registros, del pensamiento de los doctores y licenciados *in utroque iure* que pulen a placer definiciones y comentarios sobre el poder real, sin gran originalidad por lo demás, ya que todos beben en las mismas fuentes clásicas del derecho romano (cuyas sentencias la Edad Media no había ignorado), incluso cuando concuerdan poco con la realidad política del momento. El rey es emperador en su reino; aunque esta frase también se utiliza en Inglaterra, en Francia, donde la tradición de los legistas posee mucho vigor, se la acompaña con desarrollos de mayor profundidad.

El Mediodía, y especialmente la Universidad de Toulouse, proporcionan a la realeza un fuerte contingente de doctrinarios que sobresalen en la tarea de combinar las referencias romanas y canónicas para magnificar a los Valois. Su método favorito consiste en enumerar las prerrogativas reales. Jean Ferrault, en los *Insignia peculiaria Christianissimi Francorum regni* (1520), distingue veinte prerrogativas, a las que fundamenta en textos canónicos. Hace derivar, en cierto modo, su teoría absolutista de las concepciones de la teocracia pontificia. Charles de Grassaille en 1538 (*Regalium Franciae libri duo*), Barthélémi de Chasseneuz en 1546 (*Catalogus gloriae Mundi*), alargan y precisan la lista de los poderes generales y particulares del rey de Francia: el primero de todos los soberanos, inspirado por Dios, de quien es la imagen, y provisto de un poder absoluto por encima de cualquier ley escrita. Estas doctrinas carecen de base teológica o filosófica y no se preocupan mucho por el contacto entre la teoría jurídica y las realidades políticas. Su influencia en la opinión es dudosa. No aportaban nada de decisivo para los administradores y los magistrados, que eran casi los únicos que tenían conocimiento de ellas. Bajo el tono tajante de los principios, subsisten muchos equívocos fácilmente perceptibles, incluso en los textos. El rey tiene todo el poder, pero no debe abusar de él: existen límites de hecho, o incluso de derecho. Grassaille reconoce dos de ellos: la ley de la herencia y la inalienabilidad del dominio real. El admitir que el poder real es total y perfecto no basta para eliminar toda discusión política. Los hombres que cumplen funciones públicas saben que existe una especie de constitución consuetudinaria, compuesta por usos cuya interpretación se discute y evoluciona, pero a los que muchos súbditos se sienten muy apegados.

Claude de Seyssel y la monarquía moderada.

Esta realidad se percibe muy bien en *La Grand' Monarchie de France* (1519), obra en la que Claude de Seyssel expresa sus preferencias por una monarquía moderada. Seyssel (1450-1520), que escribe en su retiro tras una brillante carrera administrativa, diplomática y episcopal al servicio de Francia —y especialmente de Luis XII—, no es en absoluto un teórico abstracto. Sin disimular los inconvenientes que en principio puede comportar la monarquía, cree que el régimen al que ha servido, tal y como él lo describe, es el mejor posible: mezcla de monarquía, aristocracia y democracia, dice recogiendo un tema antiguo. El poder real está "refrenado por tres frenos": las obligaciones de conciencia del rey y el carácter cristiano de la monarquía, los Parlamentos y "las buenas leyes y ordenanzas y costumbres que están establecidas de tal manera que casi no pueden romperse ni aniquilarse". Su análisis de la constitución consuetudinaria del reino —que considera como ideal—, es significativa por sus mismas ambigüedades. No proporciona una delimitación precisa, ni de los poderes del rey, ni de los derechos de los Parlamentos (prácticamente no se plantea el tema de los Estados Generales). El rey no puede cambiar la Ley Sálica; por consiguiente, tiene conciencia de las leyes fundamentales del reino, pero éstas no son definidas. No se plantea claramente la cuestión del poder legislativo. Seyssel, aunque rechaza el término de absolutismo (para él, equivalente al de tiranía), sólo erige.

sin embargo, frente a la voluntad real, obstáculos "que se pueden doblegar". Como hombre de experiencia, tiene, en el fondo, un sentido muy exacto de la fuerza de la inercia de las costumbres y de los cuerpos sociales. Al estar persuadido de que la estructura de la sociedad asegura a cada cual el lugar que le corresponde, cree que los privilegios de los órdenes y de los grupos aseguran un equilibrio contrario a toda tiranía. Seyssel defiende una concepción aristocrática y tradicional, contradicha y sobrepasada muy pronto por las teorías absolutistas de los legistas si se toman las fórmulas al pie de la letra. Pero cuando expone el gobierno por consejos, no sostiene que el rey, que debe oir las opiniones, esté obligado a seguirlas.

La separación entre la monarquía moderada y la monarquía absoluta, considerable en el terreno conceptual, se reduce en la práctica. Como dijo un presidente del Parlamento de París: "Nosotros no queremos, sire, poner en duda o discutir vuestro poder. Esto constituiría una especie de sacrilegio, y sabemos que estáis por encima de las leyes, y que las leyes y las ordenanzas no os pueden obligar, pero queremos decir que no debéis, o no podéis, querer todo lo que podéis". Si los frenos elogiados por Seyssel pierden su eficacia, la responsabilidad del hecho no incumbe a la difusión de esquemas jurídicos absolutistas. Por lo demás, eminentes jurisconsultos sostienen todavía, hacia la mitad del siglo, que el poder real es "más moderado que absoluto"; así, por ejemplo, el ilustre comentador de la costumbre de París, Charles Dumoulin, en su *Traicté de l'origine, progrès et excellence du Royaume et Monarchie des François* (1561).

Lo importante es que la balanza de las fuerzas se inclina del lado de la autoridad real. Las doctrinas se modelan, con entusiasmo o con reticencias, en esa dirección. Sin embargo, donde el fenómeno encuentra una expresión intelectual más notable y original es en Italia, contexto político muy diferente, y en un autor que ocupa un lugar de primera fila en la historia del pensamiento político del siglo XVI.

Maquiavelo.

Niccolo Machiavelli (1469-1527), procedente de la buena burguesía florentina, desempeñó diversas misiones políticas y diplomáticas, en especial la secretaría de la segunda cancillería desde 1498, alejándole de la vida pública la restauración de los Médicis, en 1512. Sin embargo, Maquiavelo dedicó a un Médicis —a Lorenzo, duque de Urbino— *El Príncipe,* escrito en 1513, sin duda con el objeto de recobrar su favor, pero también con la quimérica esperanza de incitar a un joven Médicis a tomar audazmente la iniciativa de levantar Italia contra los bárbaros. Escribió paralelamente, sin publicarlos, los *Discursos sobre la primera década de Tito Livio,* acabados en 1519, y en este mismo año el *Discurso sobre la reforma del Estado de Florencia,* a petición de los Médicis, que no tomaron en absoluto en cuenta sus consejos, y que lo confinaron luego a las funciones de historiógrafo oficial, lo que terminará de hacerle sospechoso para los republicanos.

UN PATRIOTA ITALIANO.—Maquiavelo debe a esta carrera política frustrada la "amplia experiencia de las cosas modernas" que, junto con una "continua lectura de las cosas antiguas", le proporcionó la materia de su obra. Sus ideas han suscitado, desde el siglo XVI hasta nuestros días, numerosos juicios más apresurados que penetrantes, basados a menudo en una interpretación del *Príncipe* mal emplazada dentro de la vida y del conjunto de la obra de Maquiavelo. En esta obra, que no es un tratado de filosofía política, Maquiavelo no se pregunta qué es el mejor gobierno o qué es lo legítimo, ni qué es el Poder o el Estado en general, sino, simplemente, pensando en la situación italiana: ¿cómo hacer reinar el orden, cómo instaurar un Estado estable? Deja a un lado el caso de una monarquía hereditaria, fácil de gobernar incluso por un jefe desprovisto de capacidades extraordinarias. Maquiavelo, patriota italiano, no deja de envidiar la solidez de los Estados nacionales como Francia o España, a pesar de que descubre en ellos barbarie feudal. Pero en la Italia anárquica, que soporta el peso de sus divisiones, agravadas por la nefasta presencia de la Santa Sede y las intervenciones extranjeras, el problema político se muestra, por el contrario, de difícil solución.

Para elevarse el príncipe deberá ser "un hombre hábil o bien protegido por la fortuna". La constitución de un principado puede derivar de una "feliz destreza" en conciliar los favores de sus conciudadanos; pero Maquiavelo se extiende más sobre su constitución por la fuerza, hipótesis más rica en enseñanzas. De todas formas, el príncipe sólo se mantendrá por una *virtù* poco común, que es una energía a la vez brutal y prudentemente calculadora, ajena a cualquier preocupación de moral ordinaria. Evitará cambiar las instituciones, y dejará lo más posible a sus subalternos el cuidado de tomar medidas impopulares. Elegirá con cuidado a sus consejeros y evitará el cederles la menor parcela de autoridad; se dedicará tan sólo a defender y extender su poder por todos los medios, incluso el crimen si es necesario: "Vale más ser temido que ser amado".

Pero el príncipe debe cuidar su reputación; su fortaleza mayor es la adhesión de su pueblo. Maquiavelo reconoce de esta forma el poder de la opinión pública, pero con el objeto de construir una teoría del manejo de esta opinión que él sabe maleable, sensible a la fuerza y fácil de engañar. Por tanto, la hipocresía se convierte para el príncipe en un deber. Su política se nos muestra como una sutil dosificación de brutalidad y disimulo, según las circunstancias y la naturaleza de las cuestiones particulares, dándose por supuesto que "lo que se considera es el resultado". Si logra conservar su vida y su Estado, "todos los medios que haya aplicado serán juzgados honorables". La misma regla se aplica a sus relaciones con el extranjero. Una promesa o un tratado sólo tienen valor en cuanto que siguen estando en conformidad con los intereses del príncipe; éste no perderá una ocasión de extenderse en detrimento de los otros. Deberá abstenerse de conquistas demasiado alejadas o difíciles de asimilar, por la sencilla razón de que constituirían una causa de debilitamiento, y no de reforzamiento, de su Estado.

Al proponer como modelo, a lo largo del libro, a César Borgia, Maquiavelo permanece dentro de la lógica de su concepción, pero subraya involuntariamente la fragilidad de sus aforismos. Exagera, sin duda, la grandeza de propósitos que atribuye al hijo del papa Alejandro VI; por otra parte, el papel que concede en la Historia a la fortuna le sirve de explicación un poco fácil del fracaso final, rápido y total de su héroe. En este pensamiento, que pretende ser realista, se desliza, en 1513, el efecto de una ilusión vinculada a un deseo apasionado: la idea de un movimiento patriótico italiano contra los invasores, hecho posible por un jefe excepcional.

UN ADMIRADOR DE LA REPÚBLICA ROMANA.—Disipada esta quimera, Maquiavelo vuelve a sus reflexiones de republicano florentino, en los márgenes de Tito Livio. Los *Discursos* contienen un aspecto diferente de su pensamiento. Siguiendo a Aristóteles, y, sobre todo, a Polibio, recoge el análisis clásico de las tres formas de gobierno y de su sucesión, y afirma la superioridad del tipo mixto, más sólido y estable: "El príncipe, los grandes y el pueblo gobiernan conjuntamente el Estado". Insiste en la importancia del pacto constitucional, pero apenas trata de los derechos de los ciudadanos, aunque sí lo suficiente como para condenar a César: la Roma que exalta es la Roma republicana. El régimen civil, según Maquiavelo, es incompatible con la existencia de una nobleza feudal. Toda su teoría republicana, de inspiración romana, apenas puede encontrar, por consiguiente, campo de aplicación en un momento en el que el municipio y la república urbana libre agonizan en Italia. Un cierto fervor arcaizante desvía a Maquiavelo del examen a fondo que el problema de una República moderna exigiría. Aunque predica en 1519 la restauración de la República en Florencia, toma la precaución de pedir a los Médicis que conserven, a título transitorio, el poder principesco. Esta solución de compromiso está dictada, evidentemente, por un necesario oportunismo; pero responde también a una visión teórica más amplia. Y no sólo porque la dictadura, una dictadura legal, es indispensable a las Repúblicas para superar los grandes peligros, sino también porque Maquiavelo estima que es decisivo el papel del legislador, fundador o reformador de la República, verdadero superhombre que ejerce la autoridad sin compartirla en exclusivo interés del Estado, y que es lo bastante desinteresado como para retirarse tras haber establecido leyes duraderas por su sabiduría (por ejemplo, Licurgo).

UNA FILOSOFÍA FATALISTA.—Una referencia mitológica ilustra los límites del Maquiavelo doctrinario. Pretende abordar las cosas políticas realistamente y dar a su análisis de los tipos de Estado bases positivas. Pero su indagación, según la fórmula de A. Renaudet, resulta limitada. Desdeña, por un prejuicio anticesarista, el estudio del Imperio romano; su teoría monárquica es, por obra de sus fuentes, bastante estrechamente italiana. Además, la misma dualidad de su doctrina da a sus pensamientos, en muchos casos, un "carácter enigmático y huidizo". Sin embargo, su obra no carece de elementos de unidad, una unidad perceptible tanto en sus logros como en sus fallos. En la primera fila de estos últimos se sitúa una concepción de la Historia que ignora las realidades económicas y que llega a veces incluso hasta desconocer la naturaleza más evidente de los fenómenos sociales. Bien se trate del príncipe o del reformador republicano, Maquiavelo apenas ve en la política más que el juego de voluntades, pasiones, inteligencias individuales. Cuando hace el elogio de los Parlamentos franceses, habla de "quien constituyó el gobierno de Francia"; por consiguiente, no siempre tiene el sentido de las fuerzas colectivas y de su lenta acción. Esta posición deriva de una filosofía fatalista. "Los hombres pueden secundar la fortuna, pero no oponerse a sus decretos", que son impenetrables. El hombre no es totalmente impotente en un mundo eterno y determinado, y la Historia le ofrece lecciones; pero el pesimismo fundamental con que Maquiavelo juzga la naturaleza humana restringe el campo de exploración en el que puede descubrirse una racionalidad. "¿Qué es un Gobierno sino el medio de *contener* a los súbditos?" Desde que esta constante queda planteada, la razón está condenada a trabajar mucho más en el plano de la técnica política que en el de la explicación histórica.

SECULARIZACIÓN Y EXALTACIÓN DEL ESTADO.—Aunque la idea del Estado ocupa el centro de su pensamiento, no llega a formular su teoría. El Estado, para él, es un dato, un ser al que no pretende explicar como filósofo. Tampoco siente Maquiavelo la necesidad de legitimar la subordinación del individuo al Estado. Su República tiene exigencias tan autoritarias como la tiranía del príncipe. "El Estado, republicano o principesco, ejerce su coacción sobre el individuo por encima del bien y del mal, hasta el crimen" (A. Renaudet). Partiendo de este dato, todo se aclara. La política es un arte racional en sus principios, que recoge en sus cálculos, fundados sobre regularidades, todos los datos accesibles de la experiencia, y es también un arte positivo, en el sentido que rechaza toda discusión sobre los valores y los fines.

Con Maquiavelo el pensamiento político se seculariza mucho más radicalmente que en ese conjunto de precursores que lo prefiguran desde Marsilio de Padua. Maquiavelo detesta y desprecia, como ellos, el gobierno de los sacerdotes, y es también adversario del poder temporal de la Santa Sede —aunque lo suficientemente realista como para reconocer su afianzamiento con Julio II—. Pero va más lejos. No contento con laicizar el Estado, querría subordinarle por completo la religión, a la que concibe como instrumento de poder y elemento de cohesión social. Guicciardini, en el secreto, le hará eco: "No combatáis nunca la religión, ni nada de lo que parece estar en relación con Dios: pues tales objetos tienen demasiada fuerza sobre el espíritu de los necios". El fondo mismo de su pensamiento político conduce a Maquiavelo a una posición, más que antirreligiosa, anticristiana. Reprocha al Evangelio (o, más precisamente, a lo que considera una deformación, realizada por los sacerdotes y los monjes, del cristianismo verdadero, cívico y guerrero) el haber debilitado las energías y el haber santificado solamente "a los humildes y a los hombres entregados a la contemplación más que a una vida activa".

Esa secularización y exaltación del Estado acarrean numerosas consecuencias: hostilidad contra el Imperio y contra todo lo que puede recordar el universalismo cristiano; desconfianza y desprecio hacia las aristocracias nobiliarias de origen feudal; concepción particularmente "realista" de las relaciones entre los Estados. Maquiavelo, admirador de la conquista romana, fija en esta materia idénticas reglas para las repúblicas y para los príncipes. El Estado tiene como una tendencia natural a extenderse; no existe ni moral ni derecho internacional. En una jungla donde todo está permitido, el único problema consiste en calcular bien las empresas, en dosificar la fuerza y la astucia. En estas condiciones se comprende la importancia primordial de la organización militar dentro de un Estado. Maquiavelo sufre por la debilidad de los Estados italianos, explicándola por su utilización de mercenarios. En realidad, sólo un ejército nacional puede garantizar la seguridad; el servicio militar constituye la forma más alta de civismo. Las exigencias del Estado maquiavélico respecto a las personas que de él dependen —súbditos o ciudadanos— son indisociables de las necesidades de su política exterior, dictadas por imperativos rigurosos; este Estado, amenazado perpetuamente en su existencia por sus vecinos, es para ellos un perpetuo peligro.

EL LUGAR DE MAQUIAVELO EN EL PENSAMIENTO POLÍTICO DE SU TIEMPO.— "Hay que agradecer a Maquiavelo y a los escritores de este género —escribió Francis Bacon— el que digan abiertamente y sin disimulo lo que los hombres acostumbran a hacer, no lo que deben hacer." Este juicio dado por un hombre de Estado filósofo en una época en la que era de buen tono denunciar el cinismo de Maquiavelo (sin que por ello la práctica de la política fuera más moral que la de César Borgia), pone en evidencia una cualidad magistral del florentino. Los mismos límites de su saber y de su espíritu le ayudan a penetrar profundamente en los resortes del arte de gobernar, tal y como se practicaba en su tiempo y, en cierta medida, en todos los tiempos. Sin embargo, la importancia de Maquiavelo no es sólo la de un testigo. Merced al vigor de un esfuerzo intelectual aplicado a cuestiones voluntariamente circunscritas, expulsa de la política toda metafísica y corta, de una manera radical, el vínculo entre la ciudad de Dios y la ciudad de los hombres; hace así tan sólo justificable por la razón humana el conocimiento de esta última. Este "positivismo" tiene un reverso; los datos que acepta como primeros e irreductibles no lo son en realidad ni para el filósofo ni para el historiador. No obstante, al rechazar deliberadamente una gran cantidad de nociones medievales todavía vivas en muchos de sus contemporáneos, Maquiavelo, por así decirlo, limpia el terreno en el que se edificarán construcciones nuevas.

SECCION II

La influencia y los ideales políticos del humanismo cristiano.

Se ha dicho de Maquiavelo que permanece prisionero de los romanos, a quienes debe no sólo referencias y ejemplos, sino el espíritu del antiguo civismo. Lo que hay en él de profundamente extraño a la espiritualidad cristiana hay que relacionarlo con los resurgimientos paganos que caracterizan, junto con otros componentes, la cultura del Renacimiento italiano. Una idéntica ambición de "resucitar cosas antiguas" anima su reflexión política y los esfuerzos de los humanistas por redescubrir la cultura de la antigüedad clásica. Y, sin embargo, Maquiavelo se sitúa al margen del humanismo: es muy poco griego y nada platónico. Por su parte, los humanistas italianos, buenos filólogos y hasta filósofos, no son cabezas políticas. Su mediocridad a este respecto reviste formas diversas: a veces, la indiferencia total; otras, una retórica arcaizante muy convencional. Declamaciones monárquicas o elogios de la libertad y hasta del tiranicidio, recogen ejemplos clásicos; se atiende más a la calidad de la forma que a la justeza o a la sinceridad del fondo, conteniendo estas espectaculares disertaciones las más de las veces poco pensamiento. Maquiavelo, con algunos otros, cierra la línea de un primer humanismo florentino muy anterior al siglo XVI, un humanismo que unía un mayor civismo con una dosis menor de ciencia y sutileza. Muchos de los contemporáneos se encierran en su torre de marfil; otros inciensan a sus protectores, como cortesanos celosos, no conservando siempre su pluma una perfecta dignidad; algunos, por último, de forma más noble, sacan de su erudición armas para servir a la concepción absolutista del Estado: un Alciat, un Guillaume Budé ilustran ese humanismo de juristas. Pero su contribución al movimiento de las ideas políticas no puede compararse con el del humanismo cristiano, cuyo más prestigioso representante es Erasmo de Rotterdam (1467-1536).

Erasmo.

Las cuestiones de teoría política ocupan solamente un lugar secundario en la inmensa obra de Erasmo; les dedicó pocas obras en forma temática. Sus juicios sobre política derivan siempre de concepciones que desbordan infinitamente el marco de la política. Su pensamiento sobre el Estado y la sociedad siguen un orden rigurosamente inverso al de Maquiavelo, cuya obra, por otra parte, Erasmo ignora totalmente; en efecto, parte de imperativos morales y religiosos para definir y prescribir reglas de acción. Erasmo se emparenta así con los autores medievales, sin sufrir, empero, su influencia directa. La situación de Erasmo, admirado y comentado en toda la Europa ilustrada —donde también cuenta con encarnizados enemigos—, conocido y casi cortejado por numerosos soberanos y otros grandes personajes, asegura a todo cuanto escribe una considerable repercusión. En una correspondencia a la que tan sólo la de Voltaire se aproxima en importancia y variedad, comunica a la gente influyente de la cristiandad de su tiempo un comentario casi continuo sobre la política europea: medio de actuar concretamente sobre los espíritus por lo menos igual a sus libros. La irradiación de Erasmo no conocía más límites que los del medio cultivado constituido por las letras latinas. Después de abandonar su claustro neerlandés, sus años de estudio, de viajes o de profesorado en París, Inglaterra e Italia, lo convierten en el príncipe de los humanistas y le proporcionan también un conocimiento del mundo, y de los hombres que lo dirigen, lleno de precisión y agudeza, que refuerza su natural prudencia. El cargo que recibe en 1516 de consejero de los Países Bajos apenas añade nada, desde este punto de vista, a su experiencia. Su retiro a Basilea, después de 1521, contribuye a reforzar la independencia de sus críticas y de sus consejos. Las exposiciones más sistemáticas de sus concepciones políticas se hallan en la *Institutio principis christiani* (1516), escrita para el joven Carlos de España a petición de sus mentores, y en la *Querimonia pacis undique profligatae* (1517). Pero todos los temas están ya planteados desde bastante antes, encontrándose con una notable constancia en toda la obra erasmista.

CRÍTICA Y PEDAGOGÍA.—El primer elemento es una crítica moral precisa de las exacciones, de las crueldades y de las locuras cometidas con excesiva frecuencia por los gobernantes. Esa crítica, irónica a la manera de Luciano unas veces y elocuente otras, se desarrolla en los *Adagios* —cuyas sucesivas ediciones a partir de 1500 se enriquecen continuamente con nuevos proverbios políticos— y en el *Elogio de la locura* (1511). Es a veces audaz ("No hay nada más rastrero, más servil, más inepto y más bajo que la mayoría" [de los cortesanos]), y se nutre siempre de reminiscencias antiguas. Pero no se trata de puras declamaciones de escuela contra las fechorías sanguinarias y ruinosas del despotismo. Se desprende de sus palabras un acento de profunda convicción, ya que todas estas reflexiones se centran en alto grado sobre la filosofía de Cristo, sobre la religión del Evangelio. Erasmo reprueba la guerra, la brutalidad y la mentira, en nombre de la caridad cristiana iluminada por la sabiduría. La aplicación de los preceptos evangélicos se impone en la vida pública tanto como en la privada; y no sólo por razones religiosas: es la condición del orden y de la prosperidad en todos los niveles de la vida social.

Erasmo cuenta con la virtud cristiana del príncipe, al que conviene formar con el mayor cuidado, para hacer reinar el orden evangélico. Tal es el objeto de la *Institutio*. Todos los detalles de esta pedagogía tienen su interés. Por ejemplo, la elección de las lecturas es revelador: no demasiada historia, ya que ofrece con frecuencia peligrosos ejemplos que exaltan un vano sentimiento de gloria; nada de nefastas novelas de caballería, propias para deformar una joven inteligencia. Aunque Erasmo no desdeña la adquisición de conocimientos técnicos, la tarea esencial es formar un cristiano, imagen de Dios tanto por su sabiduría y bondad como por su poder, ejemplo vivo y eficaz para sus súbditos. Sobre estas bases, la *Institutio* traza un cuadro muy completo de los deberes del príncipe en todos los terrenos: legislación, finanzas, economía, enseñanza, mecenazgo. "Desdeña la opulencia con tal de que reine la justicia... Si prefieres sufrir una injuria a vengarla con gran daño para la República, perderás quizá una parte importante de tu Imperio; no lo soportarás pensando que es un gran provecho perjudicar a menos súbditos." Erasmo, aconsejando abandonar el cetro antes que cometer una injusticia, se opone vigorosamente a la idea de una soberanía sin límites.

LA LIBERTAD CRISTIANA.—En teoría, se muestra partidario, como tantos otros, de un tipo mixto que combine los tres regímenes políticos; considera la elección del soberano preferible a la herencia. Estas concepciones, expresadas al comienzo de la *Institutio*, tienen tan sólo una importancia relativa, pues Erasmo se interesa poco por los problemas de base y por los conceptos jurídico-políticos. Pero a medida que el curso de los acontecimientos le inflinge las más amargas decepciones, se aplica primordialmente a mostrar el ventajoso carácter de las franquicias y de las instituciones que obstaculizan la arbitrariedad real. Muestra su preferencia por el régimen de los Países Bajos, denominándolo "democrático" a causa de la existencia de una cierta representación de los súbditos, en la forma tradicional de las asambleas de Estados. Sin embargo, su pensamiento no conduce en este punto a una tesis general. Le importa menos la forma del Estado que el espíritu y el corazón de los gobernantes. No se ha de ver en ello el simple efecto de una falta de inclinación por lo que hay de técnica en el derecho; su posición, con sus dificultades, se inscribe por entero en la noción de *libertad cristiana*. Erasmo afirma que las nociones de *imperium* y *dominium* no tienen curso entre los cristianos: afirmación de puro evangelismo, que abre el camino —en una interpretación que introduzca el reino de la gracia en el de la autoridad— para una disolución del Estado y del derecho. Erasmo no llega tan lejos porque no practica la deducción abstracta; el Estado y el derecho tienen para él una existencia positiva. Pero, en último extremo, y sobre los temas más precisos, no dista mucho de la contradicción. Mientras que en los *Coloquios* declara preferible la tiranía —esa tiranía tan vigorosamente denunciada a cada instante— a la anarquía, en 1530 escribe: "Podría incluso ser legítimo conspirar contra los príncipes". El ideal de justicia, al que se adhiere y al que considera conforme con el verdadero espíritu cristiano, no puede borrar la idea, también cristiana, de la sumisión a la autoridad. Ante el auge del despotismo, el filósofo cristiano da a sus críticas un tono más vivo, pero no llega a convertirse en un revolucionario. El mismo constata que "canta desde hace tiempo para sordos".

PACIFISMO.—En ningún campo son mayores y más apremiantes sus reprobaciones que en el problema de la guerra y de la paz. Los Padres de la Iglesia le proporcionan un arsenal inagotable de argumentos contra la guerra, negación del ideal apostólico. Toda guerra "trae consigo un cortejo infinito de crímenes y desgracias" que cae principalmente sobre los inocentes. Erasmo se indigna especialmente ante las acciones bélicas conducidas o predicadas por eclesiásticos, incluidos ciertos Papas.

Invitado en 1517 por el gobierno de los Países Bajos para apoyar con su pluma la política de paz seguida en ese momento, utiliza la circunstancia para atacar a fondo la plaga de la guerra. Hace resaltar el carácter absurdo de los motivos habitualmente aducidos y ridiculiza las comedias diplomáticas y las combinaciones matrimoniales. Su análisis de las causas del conflicto descubre, bajo una formulación psicológica —la locura, las pasiones de los reyes—, fenómenos más ampliamente políticos: el expansionismo de los Estados, la aventura de conquista como una operación de diversión de los descontentos interiores.

A su estilo, Erasmo preconiza remedios: fijación de las fronteras y del orden de sucesiones, arbitrajes de las altas autoridades morales y religiosas, llamamiento a la fraternidad cristiana. Este programa, a pesar de su deseo de ser concreto, produce la impresión de suponer el problema resuelto; tiene una fuerza menor que el principio fundamental: "No existe paz, por injusta que sea, que no resulte preferible a la más justa de las guerras".

Erasmo no puede evitar, por lo demás, el problema de la guerra justa; admite la defensa contra la agresión, pero conoce lo suficiente la mala fe y las cegueras como para desconfiar en gran medida de los derechos con los que se amparan los príncipes. Cuando se niega a dejarse movilizar, a tomar partido entre Francisco I y Carlos V, no lo hace sólo por prudencia, sino también por la lucidez de un hombre que juzga desde lo alto. Erasmo, pese a su aversión por el Islam y a su desprecio por los turcos, no acepta la cruzada, ya que no ignora los cálculos poco espirituales que entran en ella. El pacifismo constituye para él un criterio y una condición de buen gobierno; un régimen belicoso no puede ser un buen régimen.

FILOSOFÍA CRISTIANA Y MORALISMO POLÍTICO.—Llega así a la idea de un control. Así como es preciso limitar la arbitrariedad del capricho real, así también es necesario obtener el consentimiento de la nación para emprender una guerra, una vez agotados los demás medios para hacer prevalecer un determinado derecho. Sin embargo, la exigencia eramista sigue siendo, en ambos campos, esencialmente una *reforma moral,* a pesar de que algunos textos hagan referencia a las instituciones. Evidentemente, Erasmo no es un técnico del derecho ni de los regímenes políticos. Pero hay en él, además, una especie de desvalorización de la noción de derecho, ligada a su concepción de la libertad, que será llevada con violencia por Lutero hasta sus consecuencias más radicales. En el orden general del pensamiento el Renacimiento se caracteriza por el rechazo de las construcciones sistemáticas edificadas por los escolásticos, así como por la incapacidad de reconstruir sólidamente una ciencia, una vez derribada la de Aristóteles. La política de Erasmo está tan alejada de una ciencia política, como la ciencia del Renacimiento lo está de un verdadero saber científico. Bajo una gran pasión de novedad, lleva la huella de un fundamental conservadurismo.

Erasmo piensa como ciudadano de un mundo cristiano, mientras que la República cristiana —comunidad de cultura— no es ya una comunidad política. Entre el Estado encerrado en su omnipotencia —que le repugna porque le parece teñido de paganismo— y las fuerzas populares —cuyas ciegas violencias teme, a pesar de compadecer la miseria de los humildes—, muestra su simpatía por las aristocracias constituidas en órdenes —nobleza, clero, burguesía—. Pero la naturaleza de la religión erasmista rejuvenece las viejas ideas de política cristiana. Por otra parte, un agudo sentido de las realidades le pone en guardia frente a las teorías anacrónicas; rechaza la idea medieval del Imperio universal y concibe a la República cristiana como una especie de federación de Estados diferentes. En resumen, aunque su pensamiento se apoya en concepciones y adhesiones que la historia de su época comienza a rebasar, de ellas saca los valores y preocupaciones que le confieren un acento de moderna humanidad. Los caminos que le conducen a su ideal político son, por otra parte, lo bastante amplios y flexibles como para no vedar toda idea de progreso. Pero, debido a su mayor preocupación por la moral, la cultura y la perfección espiritual que por el derecho y las instituciones, Erasmo queda por debajo, como crítico y constructor, de su amigo Tomás Moro.

Tomás Moro.

Tomás Moro (1480-1535), jurista, diputado en los Comunes, que no temió desafiar valientemente la tiranía de Enrique VII, fue un notable humanista y un espíritu profundamente religioso, nutrido por igual de letras griegas y del Evangelio. Consejero de Enrique VIII desde 1518, canciller de Inglaterra en 1529, este erasmista despliega una intensa actividad contra la herejía luterana, hasta llegar a pagar con la vida su fidelidad a la religión tradicional. Comprometido mucho más directamente que Erasmo en la acción política, escribió mucho; pero basta con la *Utopía*, publicada en latín en Lovaina en 1516, para asignarle un destacado lugar entre los pensadores políticos del siglo. No falta coherencia entre las concepciones allí expresadas y su acción de hombre de Estado, ni continuidad en su adhesión a la justicia y a los ideales erasmistas. Tomás Moro había analizado los vicios de la tiranía, de la que iba a ser luego víctima; pero fue ejecutado como mártir de la religión católica. Sus ideas políticas, a pesar de su audacia, no habían inquietado a nadie, gracias a la forma en que habían sido expuestas.

CRÍTICA DE LA SOCIEDAD Y EL ESTADO.—La descripción de la isla de Utopía y del régimen ideal que en ella reina está precedida de un diálogo —recuérdense los coloquios erasmistas— que contiene las críticas de la realidad que permiten comprender la construcción utópica. Moro no denuncia sólo abusos ocasionales; explica, al referirse al reino de Francia, las taras del régimen monárquico: "Los príncipes sólo piensan en la guerra..., se ocupan muy poco de administrar bien los Estados sometidos a su dominio". Muestra los defectos de la organización social, el excesivo número de nobles, "zánganos ociosos que se alimentan del sudor y del trabajo de los demás", y de monjes mendicantes, segundo tipo de parásitos. Más original es la penetración de la que da prueba al observar la situación inglesa de su época; habla con competencia de cuestiones monetarias y analiza lúcidamente la concentración de la propiedad territorial y sus consecuencias: los *enclosures* (cierre de fincas) privan de tierra y de trabajo a "esa masa de hombres a quienes la miseria ha hecho ladrones, vagabundos o criados". Cabe pensar, sin duda, en reformas que mejorarían un poco la salud del cuerpo social en tal o cual punto. Pero es el sistema entero el que es fundamentalmente malo.

Al examinar los Estados que existen en su época, Moro los define en una fórmula notable: "Quaedam conspiratio divitum, de suis commodis reipublicae nomine tituloque tractantium"; el Estado, expresión de los intereses de la clase dominante. Una sociedad justa supone un fundamento totalmente diferente: "allí donde la propiedad sea un derecho individual, allí donde todas las cosas se midan por el dinero, no se podrá nunca organizar la justicia y la prosperidad sociales". Por consiguiente, el régimen de Utopía será un régimen comunista.

UNA UTOPÍA IGUALITARIA.—Tomás Moro da un preciso cuadro de tal régimen, elaborado hasta en los menores detalles. Expondremos algunos de sus principales rasgos. Todos los utopistas trabajan para todos. Nadie posee nada en propiedad. La comunidad asegura a cada cual la abundancia (la mano de obra es numerosa y la producción agrícola y artesanal están bien organizadas) y el ocio, que cada uno puede emplear en "cultivar libremente su espíritu". La disciplina es indispensable para esta sociedad igualitaria: horario de trabajo fijado, comida en común; cada ciudadano se pliega a ella sin esfuerzo, ya que la colectividad le da el máximo de bienestar. Las leyes, al faltar los conflictos que derivan de la propiedad privada, son simples y poco numerosas. El papel del Estado se reduce casi exclusivamente a la administración de las cosas, a la dirección de la economía; tiene, por ejemplo, el monopolio del comercio exterior. Todos los magistrados, al igual que los sacerdotes, son elegidos; los más importantes se escogen entre los *letrados*. Estos gozan, por consiguiente, de una situación privilegiada, pero no forman una clase cerrada; como aristocracia intelectual y moral siempre abierta, renovable y controlada, proporciona a la democracia igualitaria, que ignora la nobleza y la riqueza, el verdadero gobierno de los mejores. Los utopistas, seguros de poseer la verdad política absoluta en su régimen, lo defienden contra la influencia extranjera y amplían su campo de aplicación: fundan colonias semejantes a la madre patria. Algunos de sus vecinos, ganados por el ejemplo, se inspiran en su Constitución. Los utopistas no vacilan, por el bien de la humanidad, en hacer la guerra para liberar a los demás pueblos oprimidos por la tiranía. El régimen, pacífico en su principio, está dotado de una especie de expansionismo ideológico, legítimo porque cree en su superioridad.

UNA ANTICIPACIÓN RACIONAL.—El vigor lógico con el que Moro desarrolla, hasta sus últimas consecuencias, su pensamiento le conduce bastante lejos de las posiciones de Erasmo, cuyas aspiraciones, sin embargo, comparte. El alejamiento procede seguramente del modo de exposición de las ideas, que permite rechazar por completo la autoridad de la tradición y construir de manera racional sobre bases totalmente nuevas y evidentemente convencionales. Moro construye su ciudad ideal sin referencia al Evangelio: los utopistas no tienen más luz que la de la razón natural. ¿No es un signo, entre muchos otros, de que se trata del juego de un filósofo? La obra debe mucho, ciertamente, a la *República* de Platón y al antiguo mito de la Edad de Oro, actualizado sin duda por los primeros conocimientos relativos a las sociedades del Nuevo Mundo (Moro leyó a Américo Vespucio). Pero el artificio de la exposición no debe ocultar los elementos concretos y realistas de la reflexión. Precisamente porque decide deliberadamente proponer concepciones forzosamente consideradas como quiméricas, puede Tomás Moro, a partir del conocimiento de la Sociedad en la que vive, formular explicaciones y descubrir relaciones que ofrecen un sorprendente carácter de anticipación. La generosidad esencialmente moral del humanismo cristiano se convierte en Moro en política y social. La *Utopía,* ampliamente traducida, tuvo un gran éxito en el siglo XVI; y la influencia de Moro tuvo mayor profundidad que la de un éxito literario. Por ejemplo, hubo administradores y prelados españoles —como Vasco de Quiroga— que intentaron realizar en Méjico la Utopía o que, al menos, se inspiraron en ella para su labor organizadora.

Prolongaciones del humanismo cristiano.—El humanismo cristiano es una corriente espiritual europea; sus concepciones y aspiraciones políticas —en su unidad y en sus diversidades— influyeron en intelectuales de todos los países. Sin embargo, España y el Imperio de Carlos V le ofrecieron un campo de expansión especialmente importante.

Por una parte, las vivas controversias promovidas a propósito de los problemas de la colonización de las Indias testimonian la repercusión del evangelismo político en muchas conciencias españolas. La libertad de los indígenas de América había sido reconocida de derecho, frente a los partidarios de su reducción a la esclavitud; pero las necesidades económicas, más allá incluso de las exacciones derivadas de la avidez de los conquistadores, impusieron un régimen de explotación y de trabajo forzado. Los defensores de los indios —entre los que destaca el célebre dominico Bartolomé de las Casas— no consiguieron invertir la corriente, a pesar de algunos éxitos de principio (de los que el más notable fue la promulgación, en 1542, de las Nuevas Leyes de Indias). Pero si el idealismo humanista sólo muy parcialmente pudo humanizar la colonización de las Indias, no dejó de estimular, en la vida intelectual de Europa, el pensamiento político y religioso, estrechamente ligados entre sí.

En otro plano, la política imperial de Carlos V y de sus consejeros persigue, con el apoyo de numerosos escritores oriundos de sus múltiples ,Estados, el sueño de una monarquía universal, no desprovista enteramente de parentesco con las ideas erasmistas; erasmismo solicitado sin duda y deformado por la política —razón por la que Erasmo rehusa enrolarse bajo esta bandera—, ya que el gran humanista rechaza la idea medieval del Imperio universal que se repite continuamente en los escritos de hombres como el canciller Gatinnara o de humanistas imperiales como Luis Vives o Sepúlveda. Una misma derrota, la irremediable ruptura de la unidad cristiana, hace de Carlos V y de Erasmo, en dos planos diferentes, hombres vencidos. Sin embargo, aunque el imperialismo tradicional, ya anacrónico, esté desde ahora muerto, el humanismo fecunda todavía diversos pensamientos políticos, que asimilan ciertos elementos de su generosa inspiración.

VITORIA Y EL DERECHO INTERNACIONAL.—Una obra como la de Francisco de Vitoria (hacia 1480-1546) ofrece, a este respecto, un significativo interés. Nutrida en alto grado por la tradición escolástica, concede un amplio lugar al espíritu erasmita, en el marco de una doctrina resueltamente anti-imperialista. El ilustre dominico —que ocupó durante veinte años la cátedra más importante de la Universidad de Salamanca—, abierto —pero con prudencia y reservas— a la religión erasmista, fue un teólogo y un jurista de espíritu metódico y preciso. Los trece tratados que contienen las *Relectiones Theologicae* cubren todo el campo de la reflexión política.

Para Vitoria, el Estado y la sociedad son de derecho natural. No puede concebirse a la humanidad sin organización social y sin orden político; fuera de toda misión espiritual, tienen como finalidad el bien común. De aquí se deriva que ningún régimen puede pretender ser, más especialmente que otros, de derecho divino. Vitoria es monárquico, pero por razones de experiencia. La monarquía así considerada no se encuentra por encima de las leyes, que para ser justas deben responder al interés general, estando la ley humana subordinada siempre a la ley divina. Vitoria parece fijar así límites al poder real; pero, al igual que en Erasmo, sólo se trata de obligaciones de conciencia del rey. Vitoria reprueba a "los hombres corrompidos de orgullo y de ambición que se alzan contra sus príncipes".

La misma prudencia caracteriza su original teoría del derecho internacional. Vitoria discute ampliamente el problema de la *guerra justa,* y opina que esta noción casi nunca se aplica a los conflictos armados. Deduce del derecho natural de sociedad y comunicación las consecuencias más liberales para las relaciones políticas y económicas entre todos los hombres. Cada persona tiene derecho, en el lugar en el que se establezca, a las mismas prerrogativas que los ciudadanos del país. Cabe, incluso, pensar que "el mundo es, en cierto sentido, una sola República". Pero no existe, de derecho, ninguna limitación a la autonomía del Estado; no existe arbitraje de una autoridad internacional por encima de esas "comunidades perfectas" que son los Estados. Incluso los bárbaros (los indios) tenían, antes de la conquista, un *dominium,* una soberanía. La colonización puede ser legítima, pero a condición de que "sea su única preocupación el bien y la prosperidad de los indígenas, y no el provecho de los españoles".

Vitoria, muy hostil a toda pretensión —imperial o pontificia— al ejercicio de una soberanía universal, razona como escolástico a partir de las situaciones concretas que conoce, e intenta satisfacer las exigencias de justicia y humanidad, sin descuidar el hecho esencial que representa la existencia de comunidades políticas constituidas (casi podríamos decir independencias nacionales). El rechazo de toda separación entre el poder del soberano y el de la comunidad subraya la cohesión del Estado y da un sentido más moderno a la aceptación cristiana del poder establecido. Vitoria es el teórico de un mundo dividido, en el que los Estados afirman duramente su independencia.

SECCION III

La Reforma y sus concepciones políticas.

La Reforma, al acentuar y complicar las divisiones políticas de Europa, contribuye de manera decisiva a arruinar el edificio, ya carcomido, de las ideologías políticas medievales, resultado que los reformadores ni buscaron ni siquiera comprendieron. En la conmoción producida por la renovación de la religión, la estrecha vinculación entre lo espiritual y lo temporal y la primacía ideológica de lo religioso sobre lo político continúan imprimiendo su sello a los hombres. Ninguna doctrina política fue capaz en el siglo XVI de suscitar tanta agitación y tantas acciones políticas como las que produjeron los reformadores. Ahora bien, a pesar de sus divergencias, los reformadores tuvieron al menos este punto en común: sus concepciones de la sociedad y del gobierno derivan de sus teologías, es decir, ocupa un segundo plano, y a veces hasta un plano secundario, en sus preocupaciones.

Lutero.

Martín Lutero (1483-1546), monje de origen popular, carece de experiencia personal de los problemas políticos. Los descubre a través del Evangelio y de San Pablo, en una perspectiva puramente religiosa. En los años de su "conversión" —es decir, antes del asunto de las indulgencias (1517)— plantea dos temas que seguirán siendo fundamentales a lo largo de toda su predicación: *el carácter divino de toda autoridad establecida y la separación radical entre la Fe y la Ley.* Lleva hasta el último extremo el precepto cristiano, más matizado en otros doctores, que ordena una sumisión incondicional a la autoridad, debido a que ésta tiene un origen y una misión divinas. Pero la ciudad de Dios no puede realizarse en la tierra: "El mundo de la ley es, por completo, el mundo del pecado". Las consecuencias políticas de este corte total entre lo temporal y lo espiritual no son sencillas, ya que cada hombre se encuentra comprometido a la vez en ambos órdenes, en el de la sujeción y en el de la libertad.

LIBERTAD ESPIRITUAL Y SUJECIÓN POLÍTICA.—Lutero, lanzado a la lucha para devolver al cristianismo lo que considera su verdadero sentido, no sólo se dirige a los teólogos, sino también al pueblo cristiano; así, publica en 1520, en alemán, dos obras esenciales (el llamamiento *An den christlichen Adel deutscher Nation* y el tratado *Von der Freiheit eines Christenmenschen)* y en 1523 el texto capital desde el punto de vista político, *Von weltlicher Oberkeit.* El tratado *De la libertad del cristiano* desarrolla con vigor los principios básicos. Si el cristiano vive según la fe, es libre y no está sometido a ninguna ley ni a ningún orden; es sacerdote (sacerdocio universal) y rey, pero ese reino nada tiene que ver con este mundo. La libertad cristiana, puramente espiritual e interior, carece de sentido político. En su llamamiento *A la nobleza,* que recoge con una vigorosa habilidad las quejas de orden material y moral de Alemania frente a Roma, Lutero propone reformas eclesiásticas cargadas de repercusiones políticas. La consecuencia del sacerdocio universal es la supresión del estado eclesiástico y, en consecuencia, de los privilegios inherentes a éste, lo que conduce a ampliar las atribuciones del poder temporal.

"Se debe dejar que su acción se ejerza libremente y sin obstáculos a través de todo el cuerpo de la cristiandad"; corresponde a las autoridades del Imperio el realizar las reformas necesarias en la Iglesia, especialmente por medio de un concilio. El programa tiene por ello un cierto acento de imperialismo gibelino.

El pensamiento de Lutero es, sin embargo, infinitamente más complejo, ya que para él "así como la vida eterna es más elevada que la vida terrenal, así el poder espiritual es más elevado que el poder temporal". El tratado *De la autoridad secular* aclara esta concepción. El poder espiritual es el asunto que concierne a los verdaderos cristianos que viven en el reino de la libertad. Pero estos verdaderos cristianos, muy escasos por lo demás, no forman una comunidad diferente de la sociedad sometida al poder coercitivo de la autoridad; la verdadera Iglesia es la Iglesia invisible. El Evangelio se ha anunciado para todos los hombres, pero todos los hombres deben obedecer a la ley secular; separación rigurosa, interiorizada en cada uno de nosotros, de dos planos que, sin embargo, se superponen. Pues la cristiandad no constituye más que un solo cuerpo y engloba a la autoridad secular, que puede actuar sobre las instituciones y los hombres, pero no sobre las almas. La Iglesia visible, de la que la autoridad es tutora, aparece como una encarnación necesaria, pero necesariamente inadecuada, de la Iglesia invisible. La libertad individual del espíritu permanece extraña a las relaciones sociales, normadas por la sujeción e incluso por la violencia: "Dios tiene la espada". El hombre, reducido a sí mismo, no es más que pecado. La sociedad humana es, en suma, una sociedad de fieras a las que se trata de dominar; no hay, ni siquiera idealmente, ningún valor espiritual en la política.

DE LUTERO AL LUTERANISMO.—Sería inútil buscar en la obra de Lutero una noción de Estado; en ella sólo se habla de la autoridad, la *Obrigkeit*. Sus marcos son las viejas formas medievales: la cristiandad, el Imperio. El pensamiento de Lutero —apolítico, antijurídico—, aunque revolucionario en el plano religioso, es conservador y hasta reaccionario en el campo político, al igual que en el económico o científico. Está persuadido de que los príncipes "son por lo general los mayores locos y los más redomados bandidos que existen en la tierra"; y, sin embargo, no ve más camino que su omnipotencia. A pesar de las distinciones que establece, termina por concederles una especie de misión espiritual: defender e irradiar la verdadera fe, desarrollar la enseñanza y favorecer la cultura.

Melachton, mucho más humanista que Lutero, precisa sus ideas en esta dirección y les da una estructura más jurídica, al tiempo que insiste en las obligaciones de conciencia del príncipe cristiano. La ortodoxia de las iglesias luteranas organizadas dejará escapar el poderoso soplo de individualismo religioso del reformador; pero retendrá justamente lo bastante de su inspiración como para excluir la posibilidad de nutrir un pensamiento político fecundo. No obstante, Lutero había contribuido, sin querer, a amplificar y hasta a desencadenar movimientos sociales profundos y violentos, que expresaron las aspiraciones de grandes masas que no podían traducirse en un pensamiento político profundo.

LAS SECTAS Y LOS REBELDES.—La conjunción entre el radicalismo social
y la herejía religiosa de tendencia iluminista ó apocalíptica se había producido con frecuencia a lo largo de la Edad Media. También en el siglo XVI
el deseo de volver a la pureza del cristianismo primitivo, inspirándose directamente en los textos evangélicos, conduce a dos actitudes diferentes e incluso contradictorias pero a veces combinadas: rechazo total del mundo y
ruptura con el orden temporal, o tentativa de construir sobre la tierra el
reino de Cristo.

En la posteridad de la herejía hussita, los Hermanos de la Unidad conjugan en Bohemia ambos principios: vida comunitaria con exclusión de la propiedad individual, y no-
cooperación con las autoridades de la sociedad —considerada como pervertida—. Sin embargo, la intransigencia de la secta sobre este último punto cedió desde finales del siglo XV,
antes de que la Reforma viniese a reanimar su vida religiosa. Encontramos una inspiración semejante, e idéntica práctica de un segundo bautismo de los adultos, en un movimiento que se desarrolla en Suiza y en la Alemania del Sur en la misma época en
que Lutero lanza sus primeras declaraciones de protesta; este anabaptismo es esencialmente pacífico, excluyendo incondicionalmente el empleo de la fuerza en las relaciones
entre los hombres. Pero la idea de buscar en el Evangelio un principio de organización
social, al unirse al descontento de las masas populares, forma una mezcla explosiva.
Coincidiendo con la guerra de los campesinos, que culmina en 1525, se producen en algunas ciudades desórdenes análogos, escalonados en un decenio. En ambos casos, los rebeldes son empujados por la miseria: los artesanos y tenderos, contra la aristocracia
municipal y comercial; los campesinos, contra sus señores.

Todos estos hombres invocan el puro espíritu del Evangelio, al tiempo que presentan reivindicaciones muy concretas. La predicación de los "profetas de Zwickau", pron-
tamente denunciada por Lutero, orquesta su protesta. Los rebeldes interpretan la idea
de libertad cristiana como fundamento de un derecho político. Por eso Lutero denuncia
este —a su juicio— error criminal, con una violencia en la imprecación que corresponde
a los actos de violencia de los campesinos. Sin embargo, el programa de éstos es moderado. Piden un aligeramiento de sus cargas, sin pensar en una nivelación social. La
justicia se opone a los abusos, no a la desigualdad de condiciones; cada cual tendría
que contentarse con los ingresos y derechos que le corresponden según el nacimiento.
Igualmente, los revolucionarios de las ciudades luchan por la restauración del antiguo
régimen con un espíritu corporativo y anticapitalista. El dinamismo del movimiento proviene menos de una verdadera audacia política que de la confusión reinante entre la
prosecución de objetivos materiales limitados y modestos —una existencia menos miserable— y la convicción de combatir por la sagrada causa de Dios. Los "profetas celestiales" que dirigen a las masas y que dan forma a sus sentimientos, les insuflan un terrible fanatismo. *Tomás Munzer*, cuya personalidad es la que mejor conocemos, es un ilu-
minado obsesionado por visiones apocalípticas: la consumación de los tiempos está próxima, hay que destruir a los impíos. Su desaparición y la brutal represión realizada por
los príncipes y por los nobles no ponen fin al sueño milenarista. Multitudes penetradas
de una confusa esperanza acuden a Munster (en Westfalia), la "Nueva Jerusalén"
(1534-1535), donde realizan, en un clima enfebrecido de asedio, una experiencia de sociedad comunista, que las circunstancias hicieron derivar hacia extravagancias de todo
tipo.

Una vez pasada esta crisis, el anabaptismo, a pesar de todas las persecuciones, sobrevivió en forma pacífica, de Holanda a la Europa Central. Especialmente en Moravia, las
comunidades dieron pruebas de una gran vitalidad; otras emigraron a Polonia en la segunda mitad del siglo, siendo constantemente desgarradas por controversias. Los moravios mantenían una rigurosa organización teóricamente igualitaria —inexistencia de propiedad privada, trabajo obligatorio para todos—, pero reservaba de hecho autoridad
y considerables ventajas a los ancianos y a los *servidores del pueblo*. Este duro régimen
era considerado como injusto por los anabaptistas polacos, por otra parte anti-trinitarios
(mientras que los moravios excluían toda discusión dogmática y permanecían fieles a la
Trinidad). Además, dentro de ambos grupos, extremistas y moderados se enfrentaban

en la cuestión de las relaciones con el Estado. Los primeros predicaban la no-violencia integral, condenaban el *derecho de la espada* y se negaban a prestar el servicio militar e incluso a pagar el impuesto; mientras que los segundos, sin confundirse en la sociedad de infieles, practicaba la leal sumisión a las autoridades. En conjunto, la agitada vida de estas sectas ejerció una influencia limitada, aunque no despreciable en algunos países, sobre la evolución general de las ideas políticas. Al permanecer aisladas, no consiguieron mantener un equilibrio entre las tendencias anárquicas y las necesidades comunitarias entre la condena de todo orden temporal y la idea de construir una ciudad ideal. Donde alcanzaron una cierta estabilidad fue a costa de un repliegue sobre sí mismas y de la asfixia de toda especulación intelectual. Solamente los contactos con el exterior —nefastos para la pureza de la doctrina— podían darles una fecundidad, en la medida en que suponían una adaptación a las realidades políticas extrañas a la secta. Este sectarismo recordará muchas veces al pensamiento protestante la exigencia humana de justicia y de fraternidad inscrita en la secularización, llevada a cabo por almas sencillas, del mensaje evangélico entregado a la interpretación personal del creyente.

Calvino.

No menos hostil que Lutero respecto a los "fantásticos" que pretenden libertar al cristiano del orden político tradicional, Juan Calvino (1509-1564) tiene el mérito de oponerles una construcción más racional y, por ello, más universalmente eficaz que la *Obrigkeitstaat* luterana. Calvino, formado en un medio primero escolástico y después erasmiano —París, Orleáns y Burges—, gozó de la ventaja de una doble formación, teológica y jurídica; conservó de ella la inclinación por la lógica y la construcción y un sentido del derecho y del Estado que faltó a Lutero. La *Institución cristiana* (edición latina de 1536, edición francesa notablemente aumentada de 1541) enuncia con rara maestría una confesión de fe que en muchos puntos rompe más radicalmente con la tradición romana que las confesiones de las reformas precedentes; contiene asimismo una doctrina política ya sólida. La actividad de Calvino en Ginebra, sin equivalente en la historia del luteranismo, enriquece esta doctrina mediante la experiencia, reforzando su originalidad.

La institución cristiana.—Hállanse en la Institución fórmulas de resonancia luterana sobre la necesidad de obedecer al poder, que viene de Dios, y sobre la libertad cristiana, que "puede muy bien coexistir con la servidumbre civil". Pero aunque el dominio de la gracia se distinga absolutamente del de la justicia —estando, naturalmente, por encima de éste—, el hombre no se encuentra, en el pensamiento calvinista, brutalmente desgarrado como en el de Lutero. La organización social y política, que responde a una necesidad universal, depende ante todo de la razón humana, que puede realizar en este terreno una tarea positiva, sin que esto signifique independencia ni suficiencia respecto al orden espiritual. El tránsito de la ley a la fe implica un cambio de plano; pero Calvino, que insiste en la continuidad entre el Antiguo y el Nuevo Testamento, restablece una cierta unidad entre lo espiritual y lo temporal. El cristianismo no debe considerarse como un extraño en ese mundo en el que la voluntad de Dios lo ha situado; la sociedad tiene objetivos materiales humildes —la prosperidad de los individuos en el orden—, pero también fines más elevados: "Que aparezca forma pública de religión entre los humanos, y que la humanidad sea compartida por los hombres". Así, la subordinación a la ley divina no sólo no excluye una política racional, sino que la hace necesaria. El principio de que toda autoridad es respetable por sí misma porque está fundada por Dios, tiene un corolario: la autoridad sólo existe para cumplir la misión espiritual consistente en dirigir a los hombres en conformidad con Dios, con vistas a facilitar su salvación. Este segundo principio introduce implícitamente en la doctrina la idea de un control, germen de un posible conflicto entre lo temporal y lo espiritual. Pero cuando Calvino dedica la *Institución* a Francisco I, es la fidelidad al régimen quien predomina. Por otra parte, la elección teórica entre las diversas formas de gobierno no concierne al reformador; es cuestión de técnica y de circunstancias. Lo esencial, desde el punto de vista cristiano, es que sean obedecidos los "magistrados", es decir, la autoridad, bajo cualquier forma —incluso tiránica— que se presente. Los pueblos nunca tienen derecho a rebelarse: únicamente la Providencia, al suscitar la rebelión sobrenatural de un profeta, puede intervenir contra un gobierno inicuo. La práctica ginebrina dará un acento diferente a esta teoría que preconiza, en última instancia, la pasividad política.

LAS EXPERIENCIAS URBANAS.—El clima político de la Reforma en Suiza y en las provincias germánicas vecinas estaba fuertemente influido por la existencia de autonomías municipales. Mientras que Lutero había de enfrentarse a los príncipes, los reformadores de estas regiones —Zuinglio, Bucero u Oecolampade— actuaban en el marco de repúblicas urbanas, donde resultaba mucho más fácil que en un Estado monárquico alcanzar un ascendiente a la vez político y religioso. Más radicales que Lutero en el plano religioso —especialmente en la cuestión de los sacramentos—, llevaron también más lejos la destrucción del estado eclesiástico. Los pastores son elegidos por los fieles de Zurich, donde Zuinglio desarrolla la teoría de la *autoridad cristiana*, mezcla de teocracia y democracia. La autoridad secular tiene competencia en materia espiritual, ya que representa a la comunidad de fieles, con la única condición de que su acción siga siendo conforme con los preceptos de Cristo, correspondiéndoles a los pastores el cuidado de juzgarlo. Como consecuencia se produce en el régimen de Zurich, a pesar de una distinción doctrinal tan avanzada como la de Lutero, una confusión entre lo temporal y lo espiritual, que presenta dos aspectos sucesivos: en primer lugar, el dominio político de la Ciudad por el profeta reformador; después —a la desaparición de la fuerte personalidad de Zuinglio—, el gobierno de la Iglesia por el Consejo de la ciudad.

CALVINO EN GINEBRA: LA DICTADURA RELIGIOSA.—El problema planteado en Ginebra no es fundamentalmente diferente. Según Calvino, para poner al abrigo de las intervenciones de las autoridades municipales incompetentes la ortodoxia y la unidad de la fe, hace falta organizar la Iglesia y ponerla en situación de ejercer sobre el gobierno la influencia correspondiente, para que sean respetadas las exigencias del Evangelio calvinista. El resultado, obtenido no sin prolongadas resistencias, es un régimen netamente clerical, una *dictadura religiosa* que sólo formalmente difiere de una teocracia. El cuerpo de pastores, reclutado por cooptación, es de hecho independiente, a pesar de las apariencias de una aprobación por el Consejo de la ciudad y de una aceptación por el pueblo. El Consistorio es, según las Ordenanzas de 1541, un cuerpo mixto encargado de hacer reinar la disciplina

eclesiástica; su competencia llega hasta el minucioso y severo control de
toda la vida pública y privada, al tiempo que el papel de los pastores dentro de él se convierte en predominante. El poder civil —que todavía en 1541
pretendía "permanecer en su integridad"— es eclipsado veinte años más
tarde, aunque las instituciones sufran pocas modificaciones; se limita ahora
a reflejar la voluntad del jefe religioso. En la "Ciudad-Iglesia" la política
calvinista, al subordinar todo a las directrices del clero, va tan lejos —al
menos de hecho, si no en teoría— como la teocracia pontificia de los mejores días. La nueva Roma tiene de común con Roma el rechazo total del
liberalismo. Pero esta analogía no debe ocultar profundas diferencias políticas. La obediencia a la ley, tan rigurosamente impuesta a todos, crea en
Ginebra una especie de igualdad cívica que constituye un fermento de disolución de las jerarquías sociales tradicionales. En este régimen fuerte,
muy poco democrático de hecho, existe, sin embargo, una sanción popular,
que constituye incluso un arma en manos del reformador. Pero la originalidad esencial radica en la naturaleza religiosa del calvinismo: el fundamento de la sujeción es el Evangelio interpretado por la razón, no la tradición. Este elemento racional, encerrado en un dogmatismo, podrá librarse
de éste; y la evolución, a la larga, hará salir de la doctrina calvinista —conservadora y autoritaria— los gérmenes de liberalismo que ésta contiene,
por así decirlo, a pesar de ella.

La influencia calvinista, y en general de la Reforma, sobre el movimiento de las ideas políticas en el siglo XVI es, sobre todo, indirecta. Tiene importancia, más que las doctrinas deducidas de la nueva fe o injertadas en
ella, el hecho mismo de la división religiosa producida en el corazón de
muchos países, así como los conflictos entre fidelidades o sumisiones contradictorias de ahí derivados. El choque de las guerras de religión, junto
con las luchas sociales en que se imbrican, sacude profundamente el equilibrio de ciertos Estados; las controversias se desarrollan en ellos con una
notable intensidad. El mantenimiento o el rápido restablecimiento de una
uniformidad religiosa en otros Estados crea condiciones menos favorables
para la discusión. Los desórdenes son el estimulante más vigoroso para el
movimiento del pensamiento político.

SECCION IV

Las controversias de un mundo desgarrado.

Lutero condenaba sin apelación, en teoría, toda rebelión. Sin embargo,
los príncipes luteranos de Alemania se conciertan, en 1530, para resistir mediante las armas al emperador; esta liga de Smalkalda abre la primera fase
—por lo demás, más llena de negociaciones que de combates— de las guerras de religión. Desde el ángulo de la historia de las ideas, esta acción
ofrece un aspecto banal, ya que en Alemania era tradicional la oposición
de los príncipes y las ciudades a un poder imperial efectivo. En este asunto,
lo importante no es que la caución prestada por Lutero contradiga todas
sus enseñanzas. En realidad, se trata de una cuestión de vida o muerte

220 HISTORIA DE LAS IDEAS POLÍTICAS

para la Reforma alemana, ya que la sumisión o la simple resistencia pasiva la condenarían a desaparecer. De esta necesidad de oponer la fuerza a la fuerza debería salir, a más o menos largo plazo, una legitimación teórica.

Las primeras luchas y su expresión ideológica.

LA DOCTRINA DE MAGDEBURGO.—Su primera expresión se halla en la *Confesión* firmada, en 1550, por nueve pastores de Magdeburgo, ciudad amenazada por entonces de ejecución imperial por su resistencia al Interim de Augsburgo. Cuando César pretende abolir la verdadera religión, actúa contra Dios por inspiración diabólica; pierde su legitimidad, y resistirle mediante las armas es no sólo un derecho, sino un deber. Algunas causas puramente civiles dan lugar, si no al deber, al menos al derecho de resistencia activa: así, los atentados injustos de la autoridad contra la vida, la libertad o la propiedad de los súbditos. El alcance revolucionario de estas tesis se encuentra limitado, sin embargo, por las particularidades de la estructura política alemana, con su doble nivel de autoridades, que obscurece el problema de la soberanía. La *Confesión* justifica la rebelión contra un soberano enemigo de Dios. Pero en este caso es la "autoridad inferior", la ciudad, quien se alza contra la suprema autoridad del emperador, no el pueblo contra la autoridad directamente ejercida sobre él. El fundamento divino de esta autoridad —la única verdaderamente efectiva en Alemania— no se debilita. La amenaza de restauración católica e imperial se esfuma rápidamente; para la ortodoxia luterana no existen ya problemas políticos dentro de los Estados luteranos afianzados.

CONCEPCIONES INGLESAS.—Las virtualidades revolucionarias que la doctrina de Magdeburgo debía a la fuerte tensión reinante hasta 1550, sólo encuentran un pleno desarrollo en el marco de las luchas sostenidas por el calvinismo en Europa Occidental. Incluso antes de la muerte de Calvino se dibujan entre sus fieles dos tendencias divergentes sobre la cuestión fundamental: sumisión o rebelión. El inglés Christopher Goodman y el escocés John Knox zanjan sin vacilaciones esta cuestión. Según ellos, Dios ordena castigar a los idólatras, derribar a los príncipes enemigos de la fe. El llamamiento de Knox "a la nobleza, a los Estados y al pueblo" (1558) contra la autoridad "diabólica" de la regente papista, es revolucionario: revolución a base de violencia profética. Pero después de la victoria Knox se contentará con calcar el sistema ginebrino de gobierno, adaptándolo a las condiciones escocesas. Las ideas de Goodman son muy próximas, salvo en la eficacia —ya que este exilado no tuvo influencia en su patria—, a las de Knox: los pueblos están encargados de hacer respetar la ley de Dios, por encima de los reyes, y, si es preciso, contra ellos. En 1556, John Ponet, otro exilado inglés, había justificado el tiranicidio —en su obra *A Shorte Treatise of Politicke Power*— colocando más abiertamente que Knox y Goodman el acento sobre el contenido propiamente político de los límites fijados a la autoridad real. Esta autoridad, evidentemente subordinada a Dios, parece derivar de una delegación otorgada por la comunidad y revocable en caso de abuso. El tratado de Ponet, aunque demasiado poco explícito para constituir una teoría de la soberanía popular, implica, sin embargo, una idea de superioridad del pueblo sobre el rey, cuya perspectiva rebasa el problema del conflicto de confesiones.

VACILACIONES FRANCESAS.—Los calvinistas franceses y holandeses permanecen muy alejados de estas concepciones; protestan en todo momento de su fidelidad a la monarquía, "a condición de que el Imperio soberano de Dios permanezca en su integridad". Esta fidelidad integral a la doctrina calvinista les coloca en una posición difícil que no permite en último extremo otra salida que el martirio, con frecuencia —así, Anne de Bourg— serenamente afrontado. Théodore de Bèze, al hablar en contra de la tolerancia en su *De Haereticis* (1554, traducción francesa de 1560 con el título *Traité de l'Authorité du Magistrat en la punition des hérétiques)*, con el objeto de justificar la ejecución de Miguel Servet en Ginebra, afirma que el primer deber de los magistrados es hacer respetar los verdaderos preceptos del Evangelio, pero mantiene el deber de obediencia a una autoridad inicua: "Oremos... incluso por quienes nos persiguen". Los protestantes franceses no salen de este callejón sin salida político más que a costa de argumentos especiosos (a propósito de la minoridad real y de la composición del Consejo) o de distinciones equívocas. En el caso de que se sitúen en la oposición o conspiren, lo hacen contra los malos consejeros, no contra el rey; y esto no guarda ninguna relación con su religión.

Después de la muerte de Enrique II (1559) se manifiesta en la nobleza y en las ciudades —tanto católicas como protestantes— una poderosa corriente de reacción contra el absolutismo. La confusión de las ideas en estos sectores refleja fielmente el enmarañamiento de intereses opuestos, aspiraciones de grupos sociales y colectividades locales o regionales, apetitos de clanes y de individuos. Las reuniones de los Estados Generales sacan esta confusión a plena luz. En 1560 algunos exigen reuniones periódicas, mientras que otros pretenden convertir la reparación de las quejas en una condición para la votación de los subsidios. Pero la concepción de un control jurídicamente organizado de la monarquía, teóricamente implicada en esta reivindicación, no parece que estuviese muy difundida ni siquiera entre quienes denunciaban el despotismo e invocaban la libertad. Por otra parte, el Parlamento de París opone sus prerrogativas a las que pudieran ser reconocidas a los Estados. Unos y otros blanden las "leyes fundamentales", pero sin asignarles un alcance jurídico y político preciso. Todos se proclaman "muy humildes servidores del rey", aunque estén completamente decididos, en realidad, a no hacer más que su propia voluntad. El país olvida la obediencia, sin que ningún principio constructivo se oponga al de la omnipotencia real. Sin duda, aquí y allá aparecen libelos abiertamente sediciosos, alimentados por la intransigencia religiosa. En 1564 los Estados de Borgoña y el Parlamento de Dijon declaran que la provincia, unida por un contrato (es decir, por un tratado) a la corona, sólo está ligada a un rey católico. Sin embargo, tales desarrollos son todavía poco frecuentes en las polémicas.

LA IDEA DE PATRIA EN LOS PAÍSES BAJOS.—El mismo recrudecimiento de tendencias particularistas y feudales que condujo en Francia a una disgregación adquiere en los Países Bajos otro sentido, netamente positivo, ya que se inscribe en el movimiento de lucha contra una autoridad extraña al país tanto por sus métodos como por sus agentes. La adhesión a las costumbres y franquicias antiguas cubre aquí la oposición religiosa, aun sin confundirse con ella: la agitación no pretende sólo las reformas. Establece entre diferentes medios sociales una comunidad de inspiración nacional. A través de la fronda aristocrática y de las sediciones populares (paralelas y prestándose a veces mutuo apoyo), la idea de patria toma cuerpo. La represión del duque de Alba, brutal e ineficaz (1567-1573), abre un foso entre este movimiento patriótico y la fidelidad al príncipe legítimo. Los hombres que por moderación o prudencia se declaran todavía leales súbditos del rey de España, entienden que esta lealtad implica una reciprocidad de obligaciones; si falta a las suyas, el soberano transforma a la monarquía en tiranía. La protesta de los protestantes franceses contra la *masaccre* de San Bartolomé da una forma más precisa, dentro de una floración de escritos de todo tipo, a este difuso estado de ánimo, más enraizado en los Países Bajos que en Francia.

Los Monarcómanos.

Los autores de libelos y los autores de tratados más sistemáticos, unidos por la nueva fe calvinista y por el viejo odio contra la persecución tiránica, siguen métodos diferentes, no concordando sus opiniones en todos los temas. Pero aunque sea imposible hacer entrar todas sus concepciones en una sola doctrina perfectamente clara y coherente, no por ello las obras de estos monarcómanos dejan de constituir un conjunto fuertemente caracterizado que aporta un decisivo elemento de orientación a la discusión política de finales de siglo. Los textos más importantes y que cabe considerar como representativos, en medio de muchos otros, aparecen casi al mismo tiempo:

en 1573 la *Franco-Gallia* de François Hotman, profesor de derecho en varias Universidades, consejero y agente diplomático muy intrigante del partido protestante, con más talento de panfletista que de auténtico teórico; *Le Réveille-Matin des Français et de leurs voisins* (1573-1574), escrito anónimo, confuso en ocasiones pero con algunos rasgos originales; el tratado *Du droit des magistrats sur leur sujets,* curso profesado en Ginebra por Théodore de Bèze y publicado en 1575, y en el que el sucesor de Calvino construye con vigor una política muy distinta de sus primeras enseñanzas y que ilustra mejor que cualquier otro ejemplo la irresistible presión de las situaciones sobre las doctrinas; por último, en 1579, las *Vindiciae contra Tyrannos,* atribuida generalmente a la colaboración de Hubert Languet con un amigo de Coligny, Philippe du Plessis-Mornay. Con esta literatura debe relacionarse el *De iure regni apud Scotos* (1578), del escocés George Buchanan, francés de adopción, ya que, a pesar de sensibles diferencias en la forma y en el fondo, su problemática es común con la de los hugonotes franceses.

CONDENA DEL ABSOLUTISMO.—Los hugonotes franceses, en su gran mayoría, recogen o comparten la concepción histórica cuya exposición ocupa el lugar principal de la *Franco-Gallia.* Hotman, con una erudición tendente a imponerse a sus lectores —incapaces las más de las veces de criticar sus fantasías—, afirma que el poder real siempre ha estado subordinado en Francia, desde los galos, a los Estados Generales, representantes de la nación. Los Parlamentos han invadido la competencia de los Estados, y Hotman se lo censura violentamente, a reserva de cambiar de opinión más adelante. Sus variaciones, función de un oportunismo táctico, no constituyeron un obstáculo para el duradero éxito de su libro, rápidamente traducido al francés. Los adversarios de la omnipotencia real valoran el que una obra de aspecto científico muestre, con gran habilidad retórica, que sus aspiraciones están de acuerdo con la "sabiduría de los antepasados". La reciente realidad histórica, la desaparición de los Estados Generales desde finales del siglo XV, ¿constituye una objeción a esta tesis? El *Réveille-Matin* responde que "la prescripción contra los derechos del pueblo carece de validez" —deslizamiento constante del terreno de la historia al del derecho.

EL CONSENTIMIENTO POPULAR.—Uno de los más repetidos argumentos de los monarcómanos, que recoge bajo formas parecidas un lugar común medieval, es que "los magistrados han sido creados para el pueblo, y no el pueblo para los magistrados". La idea se precisa, en Théodore de Bèze especialmente, con un análisis de la finalidad del Estado, que estriba en el orden y prosperidad de los miembros del cuerpo social. Buchanan se refiere a la antigua concepción del instinto social; el teólogo ginebrino considera asimismo la cuestión desde el ángulo de la ley natural. De esta reflexión finalista, cuyo resultado no difiere tanto de la idea medieval del bien común, deriva una teoría de la soberanía. Para emplear el lenguaje aristotélico, el pueblo es a la vez causa final y causa eficiente de la autoridad real; los magistrados, en el sentido más general del término, son creados por el pueblo. La Historia antigua y moderna abunda en ejemplos de esta creación —es decir, de elecciones, invocadas con complacencia—. Pero, y nuestros autores insisten en ello, esta filiación del poder tiene una validez lógica y jurídica universal. El consentimiento popular es quien hace al rey, incluso en régimen hereditario: "nunca existió un hombre que naciera con la corona sobre las sienes y el cetro en la mano" (*Vindiciae*). Esta delegación voluntaria sólo puede ser condicional; estamos, por tanto, ante la teoría del contrato. Pero antes de examinarla hemos de detenernos en las razones que condenan el absolutismo: razones políticas —es inconcebible racionalmente, dentro de la perspectiva finalista adoptada— y también razones religiosas. Solamente a Dios se le debe una obediencia sin límites ni condición; los reyes están sometidos a la ley natural de equidad y a los preceptos de la Palabra. Esta convergencia de motivaciones, que parece reforzar las tesis, hace resaltar uno de sus caracteres esenciales. Por un lado, todos los regímenes, cualesquiera que sea su forma, se fundan en el consentimiento popular; por otro, sin embargo, estos calvinistas mantienen que toda autoridad viene de Dios. El poder, transferido del rey al pueblo, continúa siendo de derecho divino; la rebelión contra el tirano es de derecho divino.

LA TEORÍA DEL CONTRATO.—Los textos hacen un uso frecuente de las palabras "contrato" y "pacto", hasta el punto de que se suele considerar a los monarcómanos como los inventores de la "teoría del contrato". La noción significa, en Théodore de Bèze, el conjunto de condiciones a las que está ligada la elección del rey. Por su parte, Buchanan dice: "Un pacto mutuo entre el rey y los ciudadanos". La noción de contrato parece así próxima a la de constitución, exteriorizándose el compromiso del rey en su juramento de respetar las leyes fundamentales. Sin embargo, este lenguaje de derecho constitucional es insuficiente. Según Théodore de Bèze, en el pacto "se considera como expresado todo aquello que está basado en la razón y en la equidad natural". Lo esencial es este contenido implícito que nos remite al orden, es decir —finalmente—, a la voluntad de Dios. Las *Vindiciae* no dejan duda a este respecto, al distinguir, estudiando el ejemplo hebraico, dos pactos, dos alianzas: el primero, entre Dios, el rey y el pueblo; el segundo, entre el rey y el pueblo. Dios no se constituye en parte en este último; pero como ambos pactos están ligados, continúa siendo garante. Estamos, por tanto, ante un rey sometido a leyes, sólidamente atado por el pacto. Al quebrantarlo, se convierte en un tirano. Pero ¿quién sancionará esta ruptura? Según Théodore de Bèze, "a ningún particular le está permitido oponer a la fuerza del tirano la fuerza de su autoridad privada"; esto corresponde a los magistrados subalternos, a los oficiales del reino que representan a la nación. Encontramos una solución análoga en las *Vindiciae*, que designan para tal misión a los "tutores del pueblo", "éforos e inspectores públicos"; en una palabra, a los oficiales y los grandes. Todo esto se refiere al enfrentamiento con un tirano "manifiesto", o sea, con un rey que ha roto el contrato. En cuanto al tirano de origen, que jamás tuvo título legítimo, la cuestión ni se plantea. Es un fuera de la ley a quien todo el mundo puede oponerse.

LA RESISTENCIA A LA TIRANÍA.—La teoría de la resistencia a la tiranía aclara el contenido concreto del pensamiento de los monarcómanos. El pueblo, constantemente invocado, sólo actúa a través de sus "representantes": "Ordinariamente, los oficiales de la corona, y extraordinariamente o de año en año, los Estados del reino" (*Vindiciae*), es decir, la aristocracia de los cuerpos intermedios. Esto constituye una reaparición triunfal de las concepciones medievales, hasta en el detalle (por ejemplo, el derecho del pueblo a llamar en ayuda contra el tirano a fuerzas extranjeras), y con las precisiones dictadas por un oportunismo de partido. Los magistrados subalternos están autorizados para actuar en tanto que cuerpo —idea muy característica de una sociedad estructurada en órdenes—, pero este cuerpo puede no ser unánime. El recurso de Théodore de Bèze en este caso a la regla de la *sanior pars* muestra muy bien cómo, en último análisis, el criterio de la legitimidad política es políticamente arbitrario, definiéndose evidentemente la *sanior pars* por la profesión de la verdadera religión. Asimismo, una colectividad local puede resistir a la tiranía, según las *Vindiciae*, en su propia jurisdicción: una ciudad, una provincia, pueden establecer la verdadera religión y luchar por su defensa dentro de su territorio, en el marco de un Estado y contra un tirano idólatra. Los escritos de los monarcómanos son obras militantes; de ahí su interés, incluso en sus fallos doctrinales. Aunque en algunos panfletos especialmente violentos se expresen aspiraciones verdaderamente populares, en conjunto el ideal predominante es el de un *federalismo aristocrático* que busca en el pasado formas políticas favorables a la situación minoritaria de los hugonotes franceses. La influencia de los monarcómanos se ejercerá sobre todo en Inglaterra y Holanda, en el siglo XVII, en favor de las ideas liberales, de las que son equívocos precursores, ya que reclaman la libertad en nombre del dogmatismo.

Las reacciones católicas.

LAS IDEAS POLÍTICAS DE LA LIGA.—Los protestantes franceses, hubieran o no adoptado anteriormente las tesis de sus panfletistas extremistas, se convierten en partidarios y sostenedores del rey cuando la coyuntura política, bajo Enrique III, y, naturalmente, todavía más bajo Enrique IV, cambia en favor suyo. Al tiempo, las ideas de los monarcómanos son recogidas por numerosos católicos de la Liga. Por vez primera, en 1576, se forma una Liga general para la defensa de la religión católica, bajo dirección aristocrática. Al principio su fidelidad al trono es condicional y desconfiada. Pero a medida que los elementos populares, fanatizados por los predicadores, van adquiriendo un mayor papel en las ciudades —especialmente en París—, la Liga evoluciona hasta una declarada hostilidad contra el rey. Los desórdenes en la capital, el asesinato de Enrique III, la designación de un rey católico frente al sucesor designado por herencia y por Enrique III, el llamamiento a los españoles, muestran suficientemente que la audacia de los hombres de la Liga no retrocedía ante la acción. Pero en el terreno de las ideas, ninguno de sus polemistas ni Louis Dorleans, ni Jean Boucher —prior de la Sorbona—, ni el desconocido autor de *De iusta reipublicae christianae in reges impios et haereticos auctoritate* (1590), renueva realmente los temas tomados, a veces literalmente, de las obras precedentes del partido adverso. Algunos de los temas de discusión —como el de la Ley Sálica— sólo ofrecen, por lo demás, un interés circunstancial. A través de la violencia de las imprecaciones, que recubren en muchos casos una argumentación poco sólida o inexistente, el rasgo dominante podría resumirse en una frase de Boucher: "Lo que la Liga piensa, dice y hace, no es cosa distinta de la Iglesia".

La Liga, con las características que le imprimen la anarquía reinante en Francia, se vincula con el movimiento general de la Contrarreforma, cuyos más celosos instrumentos fueron los jesuitas.

LAS DOCTRINAS DE LA CONTRARREFORMA.—Los más encarnizados adversarios de Enrique IV siguen manteniendo la idea de que el Papa tiene el derecho de deponer a un príncipe herético; y, de hecho, el Papa interviene en los asuntos franceses.

Aunque todavía algunos jesuitas reafirman integralmente las tesis teocráticas medievales, la mayoría comparte las ideas más sutiles del cardenal Roberto Belarmino (*De summo pontifice*, 1586. *Tractatus de potestate summi pontifici in rebus temporalibus*, 1610). Belarmino no atribuye al Papa la espada temporal —un poder propiamente político, una especie de soberanía sobre los reyes—, sino un derecho limitado, que se ejerce *ad finem spiritualem* y que consiste en oponerse a quien ponga en peligro, en el campo político, la salud de la cristiandad.

Luis Molina precisa la distinción y explica que la deposición de un príncipe hereje incumbe a su pueblo, por orden del Papa. La *republica christiana* concebida por estos autores no es ya un solo cuerpo político como la cristiandad medieval, sino que está formada por Estados distintos y soberanos. Pero el interés de la religión, que prima sobre todo, exige un control eclesiástico en materia espiritual sobre soberanos que no son de derecho divino —en el sentido que Jacobo I de Inglaterra o Luis XIV darán a esta expresión—. Esta es la razón por la que los jesuitas sostienen frecuentemente en teoría que la soberanía pertenece al pueblo, aunque casi nunca desarrollen esta idea en una doctrina política y restablezcan siempre la superioridad del régimen monárquico. No obstante, esta postura tiene para los reyes aspectos inquietantes, sobre todo si se expresa con la vigorosa originalidad de un Juan de Mariana.

En su *De Rege et regis institutione* (1598-1599), este gran humanista y jesuita, escribiendo para la formación de Felipe III como antes lo hiciera Erasmo para la de Carlos V, proclama que el "Princeps non est solutus legibus", reserva un amplio lugar para los poderes locales y da una extensión totalmente especial al control eclesiástico, no en provecho del Papa, sino de los obispos, "miembros esenciales, príncipes de la República". El libro impresionó vivamente a los contemporáneos por una apología muy avanzada del tiranicidio, que contribuyó mucho. a nutrir las prevenciones de los enemigos de la Compañía. Los parlamentarios galicanos no dejaron de condenar las más notables de estas obras jesuitas como ultramontanas y antimonárquicas. Esta condena, que se ha de relacionar con la oposición a la recepción de los cánones fijados por el Concilio de Trento, está en la línea de un movimiento que contribuyó al fracaso de la Liga: reflejo nacional, antirromano y antiespañol.

Victoria del monarquismo.

A decir verdad, ni en las peores horas de las guerras civiles dejó el poder real de encontrar leales defensores que se unieron en la práctica contra los extremismos religiosos y que antepusieron en todo momento la unidad del reino a las restantes cuestiones. Sin embargo, la idea unitaria no bastó para orientar un programa; e incluso pudo ser utilizada como argumento por los fanáticos, en la medida en que la mayoría de los hombres no podían imaginar un Estado sin unidad de religión. Se expresó, a veces, una verdadera concepción de la tolerancia —fundada filosóficamente, bien en la imposibilidad de coaccionar las conciencias, bien en un cierto escepticismo respecto a sistemas teológicos excluyentes—, al menos desde el *De haereticis* de Sebastián Castellion (1554), cuyos auténticos herederos a este respecto son los socinianos, o librepensadores espirituales. Sin embargo, apenas se constata su influencia sobre los escritores políticos que predican la concordia; ni siquiera las elocuentes exhortaciones del canciller Michel de l'Hôpital entran directamente en su campo. La corriente monárquica que se dibuja en 1560 con la victoria de Enrique IV podría, a lo sumo, definirse como una tendencia a esquivar la discusión teórica de este problema, que el Edicto de Nantes resolverá en 1598 con un compromiso de fatiga, no de doctrina (en el que se encuentra el espíritu de los reglamentos establecidos en Alemania o en Polonia, si no las modalidades ligadas a una estructura política diferente).

Dejando a un lado esta tendencia, los monárquicos —llamados en un momento los Políticos— tienen en común una adhesión de instinto, de tradición y de sentimiento a la monarquía; pero la imagen que de ella se forman y el ideal que le asignan nada tiene de uniforme. Encontramos en *l'Hôpital* la concepción de un rey "solutus legibus", pero no opresor, que escucha los ruegos y acepta los frenos sin dejarse ligar por ellos; el canciller recuerda al Parlamento la diferencia existente entre "controlar y aconsejar fielmente". *Pierre de Belloy (Apologie catholique*, 1585) acentúa esta afirmación de omnipotencia con una punta antirromana: "La república no está en la Iglesia, sino que la Iglesia está en la república". Al margen de la tradición legista, que inspira también a Jean de Tillet, un giro más histórico conduce a hombres como Etienne Pasquier o du Haillan (*De l'état et succès des affaires de France*, 1570) a concepciones más próximas a las de Seyssel. Nadie niega la existencia de leyes fundamentales. El jurista *Guy Coquille*, aunque niegue que el régimen comporte el menor elemento de democracia o aristocracia, concede a los Estados Generales el derecho de votar el impuesto, posición clara en este punto y conforme con un deseo muy extendido, si no con una regla realmente reconocida y observada. La repetición de fórmulas absolutistas sobre el problema general de la naturaleza del poder real conserva la misma ambigüedad, expresando la separación entre la teoría y la realidad. Así, según *Belleforest,* los reyes son absolutos y soberanos, "en cuanto lo pueden todo, aunque no todo les sea hacedero". Con toda evidencia, la fuerza de las ideas monárquicas depende de otros factores más que de consideraciones de este orden.

El rey, único punto concreto de unión en los Estados de una cierta extensión, se beneficia del reforzamiento del sentimiento nacional; pueden compararse, a tal respecto, las expresiones de este sentimiento en la Francia de Enrique IV, la España de Felipe II y la Inglaterra de Isabel. Se impone la comparación entre las teorías monárquicas galicanas y la doctrina de la obediencia que la Iglesia inglesa enseña con una rudeza heredada de Enrique VIII. La opinión de los católicos ingleses, a pesar de la diferencia de religión, frecuentemente se muestra fiel a la reina; el "país natal" prima sobre el Papa. La incidencia, difícil de apreciar, de estas reacciones psicológicas se precisa al considerar la situación social. En 1568, una *Advertencia a la nobleza* colocaba en guardia a los nobles frente a los desórdenes: "Creemos que es muy cierto, y la experiencia nos lo ha demostrado ya con creces, que el rey no puede ser desobedecido por sus súbditos, como nosotros no podemos serlo de los nuestros". La agravación de los desórdenes pone en marcha, frente a masas populares momentáneamente inquietantes, la solidaridad del orden social aristocrático y del orden político monárquico, sin suprimir definitivamente el antagonismo entre la idea de un poder de Estado impuesto a todos y el espíritu de tenaz independencia de los nobles, los oficiales y los cuerpos locales.

SECCION V

Las construcciones doctrinales.

Las grandes obras políticas, por el esfuerzo de construcción y de profundización que representan, sobrepasan la corriente que las lleva —corriente de la que toman temas y a la que restituyen argumentos más elaborados—. Pero al elevar la discusión a un nivel intelectual superior, se apartan, si no forzosamente de lo real, al menos de la manera de ver y pensar de los espíritus más simples y aun de los hombres cultivados a los que no atrae la teoría política. Aun reconociendo la superior riqueza filosófica de los doctrinarios, no se puede descuidar la mayor riqueza histórica de la opinión común, constituida por concepciones vagas y actitudes imperfectamente conscientes, pero más directamente sensibles a los intereses, pasiones y circunstancias. Las síntesis teóricas, al dar una mayor coherencia a concepciones más complejas —y revistiendo interés precisamente por esto—, tienen menos influencia que reputación. Muchos de aquellos que las leen y a quienes efectivamente influencian, tan sólo retienen de ellas algunos aspectos, ideas sueltas y hasta fórmulas cuyo sentido se altera con la vulgarización. Con la reserva de este inevitable desajuste, puede verse en los monumentos doctrinales elevados por Bodin, Althusius y Suárez una ilustración de las tendencias políticas esenciales de finales del siglo XVI.

Bodin.

La vida de Jean Bodin (1529 ó 1530-1596) es bastante mal conocida en algunos puntos esenciales; después de su paso por los carmelitas, quizá rozó la hoguera por calvinista. Abogado en París, tras estudios realizados principalmente en Toulouse, juega un papel en el partido de los "políticos" y se distingue como tal en los Estados de Blois, en 1576. Participa en las empresas del duque d'Alençon. Pasa la última época de su vida, provisto de un oficio de procurador, en Laon, donde, por prudencia, se adhiere a la Liga, abandonándola, por lo demás, antes del fin. Su obra es contemporánea de esta carrera política de mediocres éxitos. A ella debe Bodin su buen conocimiento de los mecanismos de la política francesa; pero debe todavía más a sus vastísimas lecturas, a su curiosidad universal. Bodin, que lee el hebreo y las lenguas clásicas, se interesa por todos los fenómenos sociales. Es jurista, historiador, economista (la famosa *Réponse au paradoxe de M. de Malestroict* es de 1568) y también filósofo. No llegó a publicar su poco ortodoxo *Heptaplomeres colloquium,* en el que se percibe ya el "esprit fort". Su *Demonomanie des Sorciers* (1580) nos lo muestra impregnado de concepciones mágicas, al igual que los grandes espíritus de su tiempo. La cultura de Bodin tiene las dimensiones y la ambición enciclopédica del humanismo del Renacimiento. Su ambición intelectual, cuando compone los *Six livres de la République* (1576), está a la altura de su erudición; trata de fundar la ciencia política y de trazar, al mismo tiempo, las vías para el enderezamiento de Francia.

LAS FUENTES Y EL MÉTODO.—La amplitud de la construcción impresiona, en un principio, más que la claridad de sus líneas. Bodin buscó su infor-

mación en los libros —desde la Biblia hasta los relatos contemporáneos de
viajes, en los historiadores y en los juristas, en los tratados filosóficos y
en las colecciones de documentos—, pero sin descuidar la fuente viva de
las conversaciones. Maneja todo este material con seguridad, y hasta con
ligereza. Bodin no consigue evitar la confusión, si no en su pensamiento, al
menos en la expresión; es un autor difícil, pero no sólo por su falta de arte.
Define y razona abstractamente como jurista; pero su sentido de la relatividad histórica de las formas políticas se hace patente tanto en la *République* como en su interesante *Methodus ad facilem historiarum cognitionem*
(1566). Vemos, pues, en él dos métodos de trabajo, deducción e inducción,
con los que se corresponden a grandes rasgos los dos principales temas de
su obra: primero, el estudio de la estructura de la República, y luego, el
de la evolución. Y encontramos también constantemente entremezclados dos
problemas: ¿cuál es la profunda naturaleza del Estado?, ¿cuál es el mejor
régimen? Esta dualidad sólo se deja reducir teóricamente si la "República
bien ordenada" es la única que merece el nombre de República, si el Estado mejor es el mejor porque sólo él realiza la esencia del Estado. Como
Bodin —rechazando la utopía— intenta "seguir las reglas políticas lo más
cerca posible", encuentra una cierta dificultad en mantener a lo largo de
su obra esta integración de hecho y derecho.

LA SOBERANÍA.—"República es el justo gobierno de varias familias y de
lo que les es común, con potestad soberana". Esta intervención de la familia en la definición reviste un doble interés. La anterioridad de la familia
respecto al Estado —que proporciona a Bodin imágenes paternalistas de la
autoridad del soberano— le sirve también para justificar el carácter intangible de la propiedad privada. La República se constituye cuando existe una
comunidad entre las familias —pero "no hay cosa pública si no hay algo
en propiedad"—, y una potestad soberana "que une los miembros y partidos". Bodin se extiende ampliamente sobre esta noción de soberanía pivote
de toda su construcción. Es el poder absoluto de hacer la ley "sin el consentimiento de los súbditos". Sus explicaciones sobre este tema rebosan de la
idea romana de la majestad imperial, reconociéndose en ellas la presencia
de las fórmulas clásicas de los legistas. Pero al insistir sobre la perpetuidad
de la soberanía Bodin la sitúa por encima del soberano. No ofrece ninguna
legitimación filosófica de la soberanía; la plantea más bien como un imperativo categórico de la existencia y de la unidad del Estado, indiferentemente de que éste se constituya "por la violencia de los más fuertes o por
el consentimiento de unos que someten a otros su plena y entera libertad".
La soberanía es indivisible y absoluta. La ley, que emana de ella, es "más
fuerte que la equidad aparente". No contradice este principio el que los
reyes "estén obligados por sus convenciones", ya que cuando Bodin habla
de convenciones piensa en asuntos que entran en el campo del contencioso
administrativo. Sin embargo, "la potestad absoluta de los príncipes y señores soberanos no se extiende en modo alguno a las leyes de Dios y de la
naturaleza". En consecuencia, cuando las órdenes del soberano prescriben
actos en verdad contrarios a la ley natural (Bodin no explica cómo decidir
su existencia), la desobediencia se convierte en lícita, aunque la rebelión

siga estando prohibida. En efecto, resulta preferible "la más fuerte tiranía" a la anarquía. Como puede verse, Bodin no escapa a una cierta dosis de contradicción entre lo absoluto de la soberanía y su limitación por la ley natural, tanto más cuanto que apenas aclara esta última noción.

ESTADO Y GOBIERNO.—Sin embargo, el principio fundamental de la República —la soberanía absoluta e indivisible—, tan rígido en apariencia y tan constantemente mantenido, se muestra, en lo concreto, por medio de distinciones muy complicadas, muy flexibles. Veamos, en primer lugar, la distinción entre la forma de Estado y la forma de gobierno; la República puede ser, según el detentador de la soberanía, monarquía, aristocracia o democracia. Cada una de estas formas tiene ventajas e inconvenientes. Bodin, como buen retórico, las expone, con textos clásicos, pero también con análisis originales. Si recoge de los antiguos los argumentos contra la democracia (desigualdad natural, inestabilidad, demagogia), también muestra pertinentemente la existencia en Venecia de "una verdadera aristocracia, si es que las hubo", cuyo valor aprecia. Si su preferencia formal se dirige a la monarquía, es por referencia a su gran principio: "No puede haber más que un soberano en una República..., ¿cómo imaginar que un cuerpo de varios señores o un pueblo tengan la soberanía?" Sin embargo, no todo queda dicho con esto. Cada una de las tres formas de Estado puede tener un gobierno monárquico, o aristocrático, o democrático. Esta extraña complicación le lleva a considerar al principado —en el sentido italiano del término— como la forma monárquica de gobierno de la democracia. ¿Y qué decir de la aristocracia de gobierno democrático? No obstante, estas subdivisiones no son inútiles —por ejemplo, la monarquía bonapartista tendría, en teoría, una fuente democrática—, pues permiten a Bodin, que niega la posibilidad de una forma mixta en el plano de la soberanía, reencontrar la realidad en el plano gubernamental; así, la República romana era una democracia de gobierno aristocrático.

La monarquía tiene también tres formas de gobierno. El rey puede gobernar "popularmente y por igual proporción" (igual acceso de todos los súbditos a los cargos públicos); o "aristocráticamente, por proporción geométrica" (cargos reservados a los nobles y a los ricos); o "armónicamente, combinando gradualmente a los nobles y villanos, a los ricos y los pobres". Pero lo que tiene mayor interés en el estudio bodiniano de la monarquía es una distinción suplementaria (que no rectifica la precedente) entre la monarquía tiránica —el despotismo integral, que no respeta las "leyes naturales"—, la monarquía señorial —en la que el rey es "señor" (propietario) de bienes y personas", lo que crea también un Estado de fuerza, no de derecho—, y la monarquía real o legítima, la única que constituye verdaderamente una República, "aquella en la que los súbditos obedecen a las leyes del monarca y el monarca a las leyes naturales". La monarquía real concilia, en lenguaje bodiniano, lo absoluto de la soberanía y la libertad de los súbditos, esto es, esencialmente la propiedad privada.

BODIN Y LA MONARQUÍA FRANCESA.—Esta tipología sutil y a veces laboriosa proporciona a Bodin el fundamento sistemático para sus consideraciones sobre el gobierno de Francia. Cabe incluso preguntarse si el marco teórico no se adaptó tanto a estas opiniones aparentemente incidentales como a las vertidas en un molde puramente racional. La oposición entre el absolutismo legítimo y el despotismo arbitrario sigue las líneas de un pensamiento que rechaza la idea de absorber el derecho en el exclusivo hecho de la fuerza, pero también tiene un aspecto menos abstracto y, por así decirlo, táctico. En efecto, no pudiendo eludir el problema, tan apasionadamente discutido en la época, de la tiranía, Bodin ha de distanciarse a la vez de Maquiavelo, "que estuvo de moda entre los corifeos de los tiranos", y de los monarcómanos, "que abren las puertas a una licenciosa anarquía". Sin embargo, resulta difícil sostener que algunas de las posiciones adoptadas por Bodin se dejen deducir lógicamente de su principio de la soberanía, y ni siquiera que estén de acuerdo con él. Veamos, en primer lugar, el problema general de las leyes fundamentales del reino. Bodin reconoce como tales en Francia la Ley Sálica y la inalienabilidad del dominio. Estas leyes, "anexadas y unidas a la corona", vinculan indiscutiblemente al soberano, aunque la soberanía sea poder absoluto. Más precisamente aún, Bodin, que niega a los Estados Generales toda participación en la soberanía, declara formalmente que el rey no puede fijar impuestos a los súbditos "más que por los Estados del pueblo, y de cada provincia, ciudad o comunidad", salvo en caso de excepcional urgencia. La coherencia de la construcción bodiniana no resiste a la introducción de una idea tradicional (se apoya en este caso en Commynes), aunque discutida de hecho y de derecho, que defiende enérgicamente el bolsillo de los contribuyentes frente a la autoridad real.

Para restablecer esa coherencia haría falta —lo que resulta difícil— interpretar como condicionales las categóricas máximas sobre la soberanía, a la luz de otros pasajes, como aquel en el que Bodin declara a los soberanos sometidos a las leyes de Dios y naturales *y a varias leyes humanas, comunes a todos los pueblos;* sería necesario subordinar el carácter absoluto de la soberanía a un derecho superior, o al bien común, o cualquier otro valor asignado al Estado como fin; habría que considerar la intangibilidad de la propiedad privada —incluso con respecto a las necesidades fiscales— como un artículo de derecho natural que los soberanos no pueden violar. Si éste es el fondo del pensamiento de Bodin, debe admitirse que lo expresa muy mal, al referirlo todo al absoluto de la soberanía. En cualquier caso está fuera de dudas que llega a restringir más los derechos de los reyes que otros teóricos contemporáneos de la monarquía absoluta como Grégoire de Toulouse (que es, sin embargo, su discípulo).

POLÍTICA Y RELIGIÓN. — Por otro lado, Bodin no mantiene la concepción del derecho divino, tal y como se encuentra en Pierre de Belloy o en William Barclay —ese escocés, profesor de derecho en Francia, que publica en 1600 su *De Regno et Regali Potestate*—. En esa concepción, el rey recibe el poder directamente de Dios y, por así decirlo, a cada instante, por un acto especial. Para Bodin el fundamento de la autoridad política es un orden racional (conforme, desde luego, con la voluntad divina) por el simple hecho de que la naturaleza y la razón humanas son creaciones de Dios. Bodin, ciertamente, no suprime a Dios de la República; la religión desempeña dentro de ella un papel esencial en la educación y en la vigilancia de la moral y de la vida intelectual. Sin embargo, diríase que la substitución de Dios por otro principio filosófico o la desaparición de las características específicamente cristianas de Dios no trastornaría sensiblemente el edificio. La idea de cristiandad ha desaparecido por completo de los horizontes de Bodin, que examina las cuestiones políticas en el marco del Estado soberano sin que le planteen problemas las relaciones entre éste y una Iglesia universal. Hay que prohibir las controversias sobre la fe dentro de un Estado para preservar la necesaria unidad religiosa; y si existen, sólo la persuasión puede ponerles remedio. Bodin —que en su fuero interno quizá llegó a una religión natural— es perfectamente consecuente con su pensamiento propiamente político cuando recomienda, en esta forma, la tolerancia. La República, liberada, por así decirlo, del conflicto de confesiones diferentes, está virtualmente secularizada; al igual que se encuentra, desde antes y explícitamente, nacionalizada. La secularización y la nacionalización son ideas que se encuentran tanto en Bodin como en Maquiavelo, a pesar del profundo horror que el autor de la *République* siente por el autor del *Príncipe*.

EL RELATIVISMO HISTÓRICO.—La separación entre el pensamiento de estos dos autores es realmente enorme. Bodin está demasiado impregnado de humanismo cristiano y de doctrina jurídica como para no buscar en el Estado una racionalidad moral que se halle de acuerdo con los valores tradicionales. Le separa también de Maquiavelo otra actitud importante, lo que habría que denominar su espíritu científico. Un espíritu científico, por supuesto, con las limitaciones de su época, pero que va infinitamente más lejos que el que pudieran tener el comentador de Tito Livio o los hombres que buscan en el Evangelio enseñanzas políticas. Ante la inmensa diversidad de las experiencias que la historia de la humanidad le ofrece, Bodin se propone comprender las causas de los cambios, de los éxitos y fracasos de todos los regímenes. Cuando se interesa por la influencia de los astros y de los números es para concluir que, en Historia, no pueden obtenerse leyes válidas de ellos.

Su teoría de los climas, en cambio, es muy positiva en su principio, si no en su formulación. La noción por él obtenida de "naturaleza de los pueblos" se formula, ciertamente, con cierta pueril ingenuidad: "No hay que maravillarse, por tanto, si el Florentino, que se encuentra expuesto al Levante y al Mediodía y que tiene las montañas del lado del Septentrión y del Poniente, tiene el espíritu mucho más sutil que el Veneciano y es más avisado en sus asuntos particulares...". Pero, bajo estas fantasías, la idea conserva su fecundidad: los hombres, las sociedades, están marcados por el medio natural, al que, por lo demás, transforman. No existe política independiente de las condiciones geo-históricas, de un dato social de componentes étnicos, geográficos e históricos. "Uno de los mayores, y quizá el principal, fundamento de la República es acomodar el Estado a la naturaleza de los ciudadanos, y los edictos y ordenanzas a la naturaleza de los lugares, de las personas y del tiempo."

TRADICIÓN Y PROGRESO EN LA REPÚBLICA.—Este relativismo completa la doctrina de la soberanía sin contradecirla brutalmente, ya que Bodin supo obtener del principio de esta doctrina un número bastante elevado de formas aceptables. Enseña, a la vez, el conservadurismo y el reformismo. Las instituciones y las tradiciones tienen, por su misma existencia, un valor que hay que tener en cuenta, porque en lo social nada es artificial; y, sin embargo, la evolución impone adaptaciones a las que habría que proceder como "ese gran Dios de la naturaleza que hace todas las cosas poco a poco y casi insensiblemente". La riqueza de la *République* deriva de una doble forma de universalidad: universalidad abstracta de la idea de soberanía que —dejando al margen sus implicaciones, difíciles de coordinar— pone en evidencia la condición *a priori* de la existencia de todo Estado, o sea, una cierta cohesión, impuesta y reconocida a la vez; universalidad concreta del método histórico comparativo, que debe permitir extraer los elementos comunes a la humanidad de sistemas jurídicos y morales diferentes. El gran éxito obtenido por la obra de Bodin —que conoció numerosas traducciones y ediciones hasta el siglo XVIII y que fue insertada en el programa de varias Universidades— se explica por estas razones.

Sus teorías sobre el gobierno de Francia nada tienen de original. Su concepción general de un absolutismo firmemente distinguido del despotismo no es nueva, mientras que algunas de sus precisiones sobre el tema son muestra de una tendencia política opuesta a la que defiende —especialmente su tesis sobre el voto de los impuestos por los Estados—. Sobre este punto, si consideramos el movimiento de conjunto de las ideas absolutistas, Bodin se nos muestra como un conservador apegado a una idea medieval. Es un precursor, por el contrario, cuando preconiza un ejército nacional permanente y la unificación de pesos y medidas, así como otras medidas tendentes a conferir al Estado mayor autoridad y cohesión efectivas. Bodin se destaca entre los defensores de la monarquía absoluta por el vigor de sus máximas jurídicas; pero sobre todo porque siente más profunda y concretamente que los demás lo que vincula a este régimen con las necesidades de un momento histórico y con el movimiento de unificación nacional, del que es a la vez marco e instrumento. Por esta razón, da lugar a interpretaciones divergentes; se le puede relacionar con Luis XIV o con Montesquieu, pues la divergencia está ya inscrita en la *République*, síntesis imperfecta de dos puntos de vista. Bodin afirma la superioridad de la monarquía gobernada armónicamente sobre cualquier otro régimen, pero también sugiere que el valor de todo sistema político es relativo a condiciones históricas dadas, sin que parezca apercibirse de la contradicción que late entre ambas ideas. Sus contemporáneos y las generaciones que le sucedieron, especialmente en Francia, percibieron aun menos la contradicción: sólo recogieron la primera idea. Esta elección se explica por la orientación general de los espíritus. Sin embargo, en medios diferentes al de la Francia monárquica, conocieron un cierto éxito doctrinas diferentes.

Althusius.

La política de Bodin se inserta sólidamente en la tradición nacional de un Estado que se constituye en torno a una dinastía y que se refuerza mediante una progresiva centralización. La de Althusius (Johannes Althaus, 1557-1638) está marcada no menos estrechamente por el clima alemán: particularismos locales y provinciales y, más precisamente, apego de las repúblicas urbanas a su autonomía, seriamente amenazada por el desarrollo del Estado territorial. Este jurista westfaliano, formado en medios calvinistas, enseña derecho durante mucho tiempo en Herborn (condado de Nassau), donde elabora su *Politica methodice digesta* (1603). La publicación de este tratado le vale el ser llamado por la ciudad de Emden para que desempeñe las funciones de síndico, cargo que ocupará hasta su muerte con autoridad creciente. La experiencia del gobierno municipal le permite enriquecer considerablemente su obra. Así, la tercera edición (1614) tiene doble volumen que la primera. Rara vez un pensador político unió tan íntima y duraderamente la teoría y la acción.

La COMUNIDAD ORGÁNICA. — La originalidad de Althusius no es menos notable en la definición del tema y en su método de exposición. Afirma con vigor la autonomía de la ciencia política frente al derecho, la filosofía y la teología; y construye su sistema a partir de la noción de *comunidad orgánica*, cuyo análisis sistemático desarrolla a través de una descripción de todos los planos de la vida social. No arranca, pues, de ninguna consideración normativa, sino de la idea aristotélica de que el hombre es un animal social, necesariamente integrado en grupos. La política estudia las "condiciones necesarias, esenciales y homogéneas" de la vida social, desde la familia hasta el Estado; es "simbiótica". El arte de hacer vivir a los hombres en sociedad se reduce al conocimiento de la naturaleza social; la doctrina se presenta como una sociología. Althusius, en primer lugar, analiza lógicamente los caracteres generales de toda comunidad simbiótica: existencia de un patrimonio común, de la división del trabajo, de ciertas normas jurídicas. Insiste en la diferenciación que obligatoriamente se establece entre gobernantes y gobernados —no existe comunidad sin jefe— y en la fuerza de los sentimientos de solidaridad, que se manifiestan en la disciplina. Estos caracteres se precisan cuando se examina, por orden de complejidad creciente, la gama de los organismos sociales.

La JERARQUÍA DE LOS CUERPOS.—Althusius distingue, en la base, dos comunidades privadas: por un lado, la familia, célula natural en la que se forma la sociabilidad; por otro, el *colegio o compañía,* agrupación voluntaria de la que la corporación de oficio proporciona un buen ejemplo y en la que se manifiestan los dos rasgos más significativos de todas las concepciones de Althusius. Estas características son: gobierno democrático en el que el jefe, elegido, es inferior a la compañía que preside, cuyas opiniones le obligan; y cohesión orgánica, que constituye a la compañía en un solo cuerpo, dotado de una personalidad jurídica y moral que asegura la representación exclusiva de todos los miembros en el exterior. El individuo participa en una comunidad más amplia como miembro de una comunidad de base. La comuna o la Ciudad no es un agregado de ciudadanos aislados, sino de grupos ya constituidos, cuya arquitectura reproduce en un nivel superior: elección y posible revocación de los magistrados por la asamblea de los ciudadanos; reciprocidad de vínculos, establecidos por los juramentos que expresan un contrato, y sumisión de las autoridades a las leyes emanadas de la voluntad del cuerpo cívico. La organización, ligeramente transformada a consecuencia de la ampliación de la jurisdicción territorial, es la misma en el siguiente escalón, la provincia, cuyos miembros son los órdenes o *colegios generales* (clero, nobles, burgueses, campesinos). A la cabeza de la provincia el príncipe ocupa un lugar que se corresponde con el del alcalde en la Ciudad; es jefe del ejecutivo y de la administración, y preside los Estados —sin los que no decide nada importante y que pueden incluso deponerle si falta a sus deberes, aunque haya recibido su cargo por herencia.

EL ESTADO.—Coronando la pirámide, el Estado se presenta como una federación de regiones y ciudades autónomas. Sin embargo, Althusius insiste en su unidad nacional, "unus populus in unum corpus sub uno capite". El Estado no añade tan sólo un grado a los grados precedentes; es la comunidad simbiótica integral que posee una "suficiencia universal". Althusius necesita subrayar la importancia de este umbral, para poder reencontrar la soberanía, atributo específico del Estado (había leído a Bodin). No obstante, mantiene el paralelismo con los escalones inferiores, ya que la soberanía pertenece a la comunidad en sí misma, no a su jefe. El rey, sometido a las leyes, es un delegado vinculado mediante un pacto. Althusius sigue de cerca a los monarcómanos y precisa su sistema atribuyendo un gran papel a un colegio de magistrados soberanos o *éforos* —vieja noción calvinista— que aparecen como guardianes de la legalidad y que eligen al rey, el *summus magistratus*. Pero el Estado no es necesariamente monárquico; encontramos nuevamente la tradicional exposición de los respectivos méritos de las tres formas de gobierno. En todo caso, la cuestión es secundaria, ya que siempre "el pueblo detenta la majestad". El monarca está obligado por las capitulaciones electorales. La ruptura de sus solemnes compromisos está sancionada por la resistencia del pueblo. Si la tiranía se prolonga, destruyendo el Estado, ese derecho de resistencia se convierte en derecho de secesión.

La DOCTRINA Y SUS MODELOS.—No existe dificultad para reconocer, bajo la pedante forma de un sistema metódico, los elementos esenciales que Althusius toma de la actualidad. ¿Acaso no fue ejercido ese derecho de secesión por los insurgentes holandeses? Para ilustrar la Constitución de la provincia, Althusius utiliza los ejemplos de Holanda, de Zelanda o también de Frisia —donde se desarrolla la lucha de Emden contra la autoridad condal—. Los electores imperiales constituyen, a su juicio, un colegio de éforos. Al inspirarse tan de cerca en instituciones tradicionales del Imperio, la doctrina —examinada en sus detalles— pierde algo su rigurosa simplicidad deductiva. Por ejemplo, el estatuto de una *compañía* (corporación) puede emanar de una autoridad suprema; se introduce así una seria matización en el principio democrático del gobierno de esta comunidad de base. La similitud entre los grados superpuestos no es realmente rigurosa. Si bien es cierto que el burgués de una ciudad sólo se convierte en ciudadano como miembro de una *compañía* —y no como individuo—, también lo es que participa directamente en la vida municipal en la asamblea de ciudadanos. Nada de esto se encuentra en el nivel de la provincia y aún menos en el nivel del Estado, donde las modalidades de la representación introducen en el esquema sensibles deformaciones. Así, las ciudades pueden estar directamente representadas como miembros del Estado, o, por el contrario, ser absorbidas en las comunidades provinciales. Dado que algunas ciudades poseen, de esta manera, un grado de autonomía igual al de los principados territoriales, ¿no podría concebirse que una provincia lo suficientemente extensa y compleja formara un Estado? Es notable que el principio electivo, aplicado en las comunidades inferiores y en la designación del jefe del Estado, no funcione en la *praeses provinciae*; en efecto, no existen en el Imperio condes o duques que deriven su dignidad de la voluntad popular. A menos de admitir que las relaciones del jefe de la provincia con los Estados provinciales impliquen una especie de co-soberanía —lo que contradiría el principio fundamental de la soberanía popular—, debe constatarse que la doctrina se aleja aquí de la realidad institucional, de la que parece ser un puro calco en otros puntos.

DIFICULTADES DE UN FEDERALISMO ABSTRACTO.—El pensamiento de Althusius pretende vaciar en un mismo molde formal —su *consociatio symbiotiqua*— fuerzas que, en la Alemania de su tiempo, lejos de ordenarse armónicamente, se oponen entre sí radicalmente —autonomía municipal contra principado territorial—, siendo la única constante el antagonismo entre todos los cuerpos políticos y la autoridad imperial. Ahora bien, Althusius juzga al Imperio como un Estado, lo que entra en el campo de la ficción, al igual que la idea de que los Electores representan "los sufragios del pueblo entero". Los caracteres del Estado por él concebido no existen en el Imperio; rechazando la idea de una soberanía personal absoluta, sigue concediendo a la noción de soberanía toda su fuerza. El Estado —en el que el pueblo es soberano— tiene un derecho de majestad superior al derecho de las ciudades y príncipes: controla, por ejemplo, toda la organización eclesiástica y debe imponer su ortodoxia religiosa. ¿Cómo pudo Althusius desear simultáneamente, en la situación alemana de su tiempo, un Estado fuerte, que ejerciera una soberanía efectiva, y la salvaguardia de la verdadera religión, o sea, el calvinismo, muy minoritario y protegido esencialmente ,por la incapacidad del Imperio para restablecer su unidad religiosa?

Si se plantea el problema en un plano más general que el de esta inconsecuencia táctica, cabe explicar fácilmente la dificultad de fondo y la debilidad teórica de la construcción de Althusius. Nuestro autor defiende las autonomías, especialmente las de las grandes ciudades, encarnadas en su cuerpo de burguesía; y todo lo que en su doctrina responde a esta preocupación, tiene una significación histórica y refleja aspiraciones muy expandidas y muy concretas. Pero al mismo tiempo Althusius pretende conservar un contenido unitario real para la noción de Estado. El federalismo es la conciliación teórica de esta contradicción; supone una delimitación de competencias entre autoridades superpuestas. En la realidad, esta conciliación se realiza empíricamente. Tanto en los cantones suizos como en esas Provincias Unidas que no son ni un Estado federal ni una confederación de Estados, la autoridad suprema se libera sólo muy lentamente de su debilidad original. La unidad del sistema de Althusius radica en una fórmula abstracta, una forma, que daría a priori la clave de esa conciliación. Su construcción genética del Estado es federalista por genética, pero es extraña al espíritu del federalismo por sus sistematismo jurídico, destinado a construir un Estado tan coherente como el de Bodin.

SITUACIÓN DE ALTHUSIUS.—Bodin, doctrinario del absolutismo, estimaba necesaria la tolerancia, al tiempo que prefería la tiranía a la anarquía. Althusius, partidario de la soberanía popular, recomienda exilar o reducir a prisión a los disidentes religiosos, al tiempo que reconoce a todo ciudadano el beneficio de unas libertades que equivalen al *habeas corpus*. Difieren, por consiguiente, tanto en los principios como en importantes consecuencias. Ambas políticas tienen en común, sin embargo, el respeto por la propiedad privada, así como una tendencia a subordinar las cuestiones religiosas a las necesidades políticas. Althusius, calvinista y deudor en tantas cosas de la tradición política de los monarcómanos, es, empero, totalmente infiel a Calvino al colocar a la Iglesia bajo el control del Estado, incluso en materia espiritual. Pues su Estado es por definición un Estado cristiano de la verdadera obediencia. También en este punto Althusius supera la contradicción mediante una conciliación no fundamentada en la oposición real de las fuerzas y las ideas. Su contrucción descansa en una combinación de abstracción y dialéctica, bastante característica de una tendencia constante de la filosofía alemana. Pero Althusius también está movido por otro interés. Parece anunciar la democracia liberal, en tanto que permanece, en realidad, tan alejado de ella como los doctrinarios absolutistas. Su concepción orgánica, corporativa y jerárquica de la sociedad y su noción de pueblo tienen quizá una tonalidad germánica, pero son sobre todo profundamente medievales y mucho menos modernas en este sentido que las de Maquiavelo, Tomás Moro o el mismo Bodin. Sin embargo, se capta en sus ideas una etapa del movimiento que hará salir —producto nuevo— de las resistencias feudales frente a las concepciones absolutistas, al liberalismo. La significación de una obra no es independiente de su destino. La de Althusius cayó rápidamente en el olvido en la Alemania del siglo XVII, siendo considerada por los defensores de los derechos de los príncipes como subversiva, "dogmata seditiosae plebi tumultus alentia" —interpretación tendenciosa—. Como contrapartida, puede encontrarse el espíritu, si no la influencia directa de Althusius, en la expansión de las ideas liberales en Gran Bretaña y en los Países Bajos; pero es un Althusius retocado, reducido en sus pretensiones a la síntesis ideológica, y completado por la tolerancia en ascenso.

Suárez.

Althusius se niega abiertamente a tratar la política desde un enfoque teológico, lo que le hace coincidir con Bodin y en cierta medida incluso con Maquiavelo. No obstante, en la perspectiva de unos conflictos en los que la política y la religión están estrechamente vinculadas, representa un cierto remate de la Reforma en el campo político; en tanto que en Bodin se perciben los resultados de las vacilaciones, de una cierta repugnancia de muchos a elegir tajantemente entre las dos confesiones. El pensamiento político de Suárez expresa la continuidad de una tradición integralmente católica. Aunque sus ideas están lejos de recibir el asentimiento de todos los católicos, corresponden a la orientación fundamental de una Iglesia romana en plena renovación, cuyas posiciones conservan una importancia capital. A pesar de su carácter particular y de su resuelto apego a una visión global que subordina la política a la teología, la obra del jesuita español ofrece un gran interés para la historia de la opinión.

Cuando Francisco Suárez (1548-1617) entra a los dieciséis años en la Compañía de Jesús, había estudiado ya dos años de Derecho en Salamanca. Su carrera posterior es la de profesor de teología en diversos colegios jesuitas de España y Roma y, más tarde, en las universidades de Alcalá y Coimbra. Gozando de una considerable autoridad y consultado frecuentemente como canonista y teólogo, Suárez dedica dos años enteros de su enseñanza (1601-1603) a la filosofía política, lo que constituye la fuente del *De legibus,* publicado en 1612. En 1610, a petición del nuncio en Madrid, acepta participar en la polémica entre el rey de Inglaterra, Jacobo I, y el cardenal Belarmino sobre el poder real y sus relaciones con el poder espiritual. Esta controversia había promovido una viva agitación en el mundo político y publicaciones bastante notables en Francia, cuando apareció en 1614 la *Defensio Fidei* de Suárez. El "doctor eximio", para zanjar el debate, desarrolla con vigor un punto esencial de su doctrina: el poder indirecto del Papa. El tercer texto, más propiamente político en la voluminosa obra de Suárez, es el tratado *De Bello,* publicado después de su muerte, en 1621.

NATURALEZA DEL ESTADO.—Suárez tiene, como teólogo, la preocupación de colocar en su lugar al Estado dentro del orden del mundo, y a la política dentro de la moral, en conformidad con las enseñanzas de la Iglesia. El Estado es para él un dato social netamente original, al que no se podría considerar como derivado —por agrandamiento o multiplicación— de la familia. Un umbral separa el campo del derecho público del derecho privado. La existencia del Estado, conforme con los planes de la sabiduría divina, responde al carácter social de la naturaleza humana. Entra en el campo del derecho natural, en el orden de la creación, con anterioridad al pecado original; no *occasione peccati,* sino *ex institutione primae naturae.* Esta tesis, absolutamente contraria a las concepciones de Lutero y a su interpretación de San Agustín, coloca por consiguiente a la comunidad civil "totalmente en el plano de la naturaleza" v distingue radicalmente lo temporal de lo espiritual. Reserva un papel considerable, pero no exclusivo, a la voluntad humana; el Estado existe por el acuerdo de los ciudadanos que reconocen libremente. a través de la razón, una necesidad *a priori.* No existe Estado *sine aliqua peculiari coniunctione morali inter se,* pero su origen no se reduce a una combinación de voluntades individuales.

Aunque el Estado tiene la unidad de una persona, de un cuerpo, no por ello integra a sus miembros a la manera como un organismo biológico integra sus células, ya que engloba a seres conscientes y libres. Es un *corpus mysticum,* hecho de necesidad y de libertad. No tiene más fin que el material, el bien común, al que Suárez denomina "una verdadera felicidad política", sin dar a esta antigua noción escolástica precisiones muy originales. La revelación cristiana no ha modificado las condiciones del orden social, especialmente esa condición esencial que es la necesaria presencia a la cabeza del Estado de una autoridad suprema, de un poder público. "Tal y como existe hoy en los príncipes cristianos, no es mayor ni de distinta naturaleza que la de sus predecesores paganos." Suárez sigue muy fielmente el pensamiento tomista en el terreno de los principios fundamentales. Sin ninguna duda, tiene del Estado un sentido jurídico más acusado que Santo Tomás, cuyos desarrollos bastante breves sobre política amplia. El interés de su obra radica sobre todo en que, en su esfuerzo de profundización, demuestra una sutileza doctrinal en la mayoría de cuyas fórmulas se percibe una gran prudencia respecto a situaciones concretas.

DE LA SOBERANÍA POPULAR AL GOBIERNO MONÁRQUICO.—La potestad pública, que consiste principalmente en el poder de hacer la ley, es *suprema in suo ordine;* tiene el carácter absoluto de la soberanía. En virtud de la libertad de nacimiento propia de cada persona, corresponde al conjunto de los hombres y no a un solo individuo. "Princeps autem pars est reipublicae". Quedan así establecidas, en principio, la soberanía popular y la libertad de cada comunidad política para elegir el régimen de su preferencia. El hecho de la soberanía es de derecho natural —necesidad humana de fuente divina—, pero su "determinación en un cierto modo de autoridad y de gobierno depende de la libertad humana".

No obstante, Suárez, de acuerdo con la tradición y con la opinión mayoritaria de su época, no duda en absoluto de que la monarquía sea la mejor forma de gobierno. Y mantiene esta opinión mediante un verdadero restablecimiento jurídico que disminuye de forma singular el alcance de su principio democrático. La comunidad de ciudadanos es libre para escoger un régimen en el momento de la fundación del Estado; pero, una vez instaurado este régimen no puede ya cambiarlo. En una monarquía, el rey ejerce el poder mediante delegación, pero esta delegación —irrevocable— le confiere definitivamente la soberanía hasta el punto de hacerle superior al reino, a menos, naturalmente, de que la delegación no comportara explícitas reservas. Por consiguiente, la doctrina se nos muestra como totalmente antirrevolucionaria, inmovilizando a los Estados en la forma constitucional que adoptaron en su origen y que es intangible. La elegancia de la solución, que tiene el peligro de remitir todas las dificultades al enjuiciamiento de una situación original históricamente obscura y discutida, permite todas las flexibilidades con una gran apariencia de rigor. Esta política participa del estado de ánimo que denunciará Pascal. La monarquía es una institución humana, y, sin embargo, los reyes que reinan legítimamente —los reyes contemporáneos de Suárez— son "ministros de Dios". La soberanía es absoluta, pero tiene sus límites.

LÍMITES DE LA SOBERANÍA.—En primer lugar, límites en la finalidad del Estado, ya que las cosas sólo existen *respectu sui finis.* Si el rey, soberano legítimo, actúa contra el bien común, se convierte en un execrable tirano. La subordinación de la autoridad a la *justicia legal* es proclamada con tanto vigor en el terreno de los principios como discreción en el campo de los medios adecuados para hacerla respetar. Se introduce una nueva limitación gracias a una inversión análoga a la que hizo nacer a la monarquía absoluta de la soberanía popular. Suárez, después de haber negado a las colectividades locales hasta un embrión de soberanía, juzga conveniente que el rey les conceda una cierta autonomía y ciertos privilegios. De este modo, todas las franquicias, territoriales o sociales, se basan únicamente en la liberalidad del príncipe. Pero también aquí la concesión es irrevocable. ¿Hace falta más para frenar irremediablemente el ascenso del Estado moderno? A menos de que la cláusula finalista no ofrezca alguna escapatoria, dado que ningún privilegio es legítimo más que en función del bien común, así sucederá. En realidad, también domina aquí una tendencia conservadora.

EL PODER INDIRECTO.—Dada la vía en la que se desenvuelve su filosofía política, Suárez no podía dejar de enfrentarse, en el *De legibus,* con el viejo problema del conflicto entre lo espiritual y lo temporal. Lo soluciona más inequívocamente que cualquiera, sobre todo en esa obra de actualidad que es la *Defensio Fidei.* El poder eclesiástico tiene sobre el poder civil toda la superioridad del espíritu sobre la materia, del derecho divino positivo y sobrenatural sobre el derecho natural. La Iglesia tuvo una organización y jurisdicción espirituales antes de que los soberanos temporales llegasen a ser cristianos; ante ella, cada fiel representa, por igual, un alma a salvar. Un rey cristiano no es más que un cordero frente al Papa, pastor de todo el rebaño. Sin embargo, la consecuencia no es una fusión de las dos espadas, ni una autoridad directa de lo espiritual sobre lo temporal. Las dos autoridades son distintas entre sí, cada una suprema en su orden y cada una subordinada a su fin. Y es en nombre de su finalidad superior cómo la Iglesia, sociedad perfecta y perfectamente monárquica, puede intervenir en esa otra sociedad perfecta que es el Estado, así como ejercer sobre los cristianos un poder indirecto cuya forma natural es el consejo, pero que puede tomar un aspecto coercitivo en caso de resistencia. El Papa, superior "no sólo a la persona del rey, sino incluso a su poder temporal, aunque soberano", puede dirigir e incluso deponer a los reyes para la realización de los fines espirituales de la Iglesia. Esta teoría del poder indirecto, a pesar de su inspiración teocrática, se diferencia de las concepciones medievales que planteaban el problema de los poderes en relación con la idea de Imperio.

EL DERECHO INTERNACIONAL Y LA HUMANIDAD.—Suárez no cree que haya existido nunca una soberanía universal. Lo que existe son Estados soberanos por igual. Sus relaciones están regladas por el *ius gentium,* cuya doctrina Suárez desarrolla de acuerdo con una tradición inaugurada por Vitoria. Su principal originalidad en este campo consiste en vincular el derecho de gentes al derecho natural. No obstante, mantiene entre los dos una diferencia. Las obligaciones que derivan del derecho natural tienen un valor absoluto e invariable, mientras que el derecho de gentes posee el carácter empírico de un conjunto de convenciones y de costumbres, que obligan en la medida en que son objeto de un acuerdo general y que evolucionan como todas las opiniones. Ninguna ley internacional se impone, con la fuerza jurídica del término, a las comunidades nacionales. La guerra justa sigue siendo un deber, no teniendo el Estado el derecho de suicidarse. El arbitraje es conveniente, no obligatorio. Es necesario codificar el derecho de guerra, pero no poner a la guerra fuera de la ley. Por consiguiente, difícilmente puede hablarse de una limitación de la soberanía nacional por el derecho internacional, como no sea en el campo de la moral. Pero en ningún pensador anterior a Suárez, el sentimiento de que existe una humanidad solidaria estuvo tan cerca de tomar el valor de una regla política positiva. "El género humano, aun dividido en pueblos y Estados diversos, conserva, sin embargo, una cierta unidad, no sólo específica, sino también cuasi política y moral", que engloba a todos los hombres sin distinción. Este pasaje del *De legibus* ilumina un aspecto sobresaliente de su doctrina, en la que el sentido de la universalidad —alimentado, sin embargo, de espiritualidad cristiana—, se expresa sin referencia a un dogmatismo religioso.

El pensamiento de Suárez impresionó sobre todo a la opinión contemporánea por aquello que le imprimía más claramente el sello de su medio y la corriente de ideas ultramontanas: su teoría del poder indirecto. Por vías completamente diferentes, llega a conclusiones que los partidarios del absolutismo consideran próximas a las de los monarcómanos, y tan peligrosas como ellas. Y, sin embargo, así como Althusius se preocupó en alto grado en dar a su Estado una consistencia igual a la del Estado absolutista, así Suárez se esforzó visiblemente por legitimar todo lo que existía en la monarquía de su tiempo: un rey teóricamente omnipotente y súbditos —grupos organizados de súbditos— muy difíciles de someter; con el respeto debido a las órdenes de la divina Providencia para armonizar el conjunto. Todo está bien aquilatado en esta doctrina, de la que ningún elemento debe ser aislado. Si bien deja un amplio espacio dentro del Estado soberano al poder real soberano, las limitaciones diversas que le fija pueden tener un considerable alcance. En nombre de principios cuya fuerza decae (la subordinación de lo temporal a lo espiritual), ofrece a la opinión argumentos utilizables en una perspectiva diferente, por el hecho mismo de esa decadencia y por la tendencia a la secularización del derecho y la desaparición de la unidad espiritual.

Conclusión: Las teorías y la opinión a finales del siglo XVI.

Bodin, Althusius y Suárez no son los profetas de tres iglesias diferentes, predicando cada uno un credo político. Hay matices entre Suárez y Belarmino; y las ideas, bastante sumarias por lo demás, de Jacobo I —cuya mejor expresión se encuentra en el *Trew Law of Free Monarchies* (1598)— no concuerdan con las de Bodin, aunque deban mucho a otros teóricos franceses menos importantes. Consideradas como ejercicios especulativos, las tres doctrinas ofrecen convergencias que pueden justificar su elección entre tantas otras. Expresan la toma de conciencia, en diferentes lenguajes, de realidades que se imponen a todos. La idea de una cristiandad política ha llegado a su fin, incluso en el teólogo católico; el hecho del Estado nacional resulta ya indiscutible; la estructura orgánica de la sociedad de privilegios no se pone en duda de manera efectiva. Pero si el movimiento de las ideas políticas no es un puro juego de conceptos, si es preciso considerarlo en sus encarnaciones militantes, será conveniente insistir en las oposiciones percibidas por los contemporáneos.

Para quienes leen y reflexionan sobre política hay, en efecto, una lucha, en un primer frente, entre el monarquismo —portador de una concepción más o menos precisa, pero indiscutiblemente una, de la subordinación de los derechos individuales y colectivos al Estado— y las viejas aspiraciones de las comunidades locales y de las autoridades parciales, revestidas o no de un manto "democrático" (cuyo aspecto moderno sería erróneo exagerar). En un segundo frente, el monarquismo se enfrenta con la pretensión no menos antigua (revigorizada ahora por una motivación más sutil) de la Iglesia romana a juzgar los actos políticos en el tribunal espiritual, pretensión que no cabe considerar sólo como la exigencia de un pasado desaparecido. Estas dos corrientes de oposición a la monarquía absoluta tienen sus fuentes comunes en las que fueron las realidades y las ideas de una Europa feudal y cristiana —de un cristianismo vaciado en el molde del feudalismo—; y por esta razón, a pesar de la división de confesiones que puede ponerlas en contradicción, se conjugan. El homenaje que Grocio rendirá a Suárez no es sólo un signo de la afinidad entre técnicos del derecho internacional. En el otro campo —en lo que denominamos con la necesaria simplificación el campo del absolutismo— la evolución profundizada de las ideas obedece también a una lógica que no es la de las definiciones y exclusiones teóricas. Un cierto maquiavelismo, más o menos auténticamente maquiavélico, es inherente a la mentalidad monárquica —integrada por el formalismo de los legistas, el sacralismo de los auténticos teóricos del derecho divino y el racionalismo humanista de un Bodin, aunque todos procedan de pensamientos extraños o incluso francamente hostiles al de Maquiavelo.

Esta clasificación en tres corrientes no encierra la rica variedad de las ideas políticas concebidas por las inteligencias del siglo XVI agonizante. Hacia 1602, el dominico Campanella escribe en su prisión napolitana su *Ciudad del Sol* (publicada en Francfort en 1623) que procede, con un platonismo más mágico y confuso, de la misma veta que la *Utopía*. Pero los elementos asimilables en este tiempo del pensamiento de Moro, con exclusión de sus intuiciones prematuras, se habían fundido en la corriente humanista que, aun dejando huellas aquí y allá, desapareció antes de acabar el siglo XVI. La acción de los jesuitas en sus "reducciones" del Paraguay a partir de 1607 responde a condiciones demasiado particulares como para que pueda hablarse de ideas colectivistas en el pensamiento político general del tiempo.

Queda por considerar el hecho de que la gran mayoría de los hombres de la época apenas es influida por la literatura política, y de que, tras cuarenta años de guerra, tiende incluso a serlo menos por las controversias religiosas, una vez establecidas a grandes rasgos las posiciones en el mapa de las confesiones. Su pasividad deja paso, por momentos, a movimientos violentos pero absorbidos por objetivos inmediatos, más tangibles que un principio político o una norma constitucional. El excesivo peso de una existencia precaria, de una tradición de sumisión mantenida por la estrechez de los horizontes intelectuales, asigna al pueblo, todavía para largo tiempo, el papel de masa de maniobra ocasionalmente utilizada por minorías políticamente conscientes. Esta situación, favorable para las autoridades establecidas —sea cual fuere su forma—, se presta mal a la difusión e incluso a la concepción de ideas realmente nuevas.

En la pequeña fracción de cada nación que posee una vida política, la discusión alcanza, sin embargo, una gran vivacidad. Incluso en este nivel se dirige principalmente sobre cuestiones prácticas muy próximas a los intereses: impuestos, franquicias o usos locales. Las grandes orientaciones doctrinales no se adaptan exactamente a las posiciones que se enfrentan en lo concreto. Entre los partidarios del absolutismo —considerando como tales únicamente a quienes concuerdan sobre una definición precisa del término— unos afirman y otros niegan que el rey pueda recaudar impuestos sin el consentimiento de los cuerpos que representan a la nación bajo una u otra forma. En la misma medida en que los Estados reputados los más fuertes de la época resultan muchas veces débiles por al ineficacia de sus medios —infinitamente menores que sus pretensiones teóricas—, las oposiciones doctrinales se resuelven ordinariamente en compromisos empíricos. La lógica no impide más de una vez el reconocer de palabra la omnipotencia real, al tiempo que en la realidad se le ofrece resistencia.

Ciertamente, no debe sacarse la conclusión de que nada ha cambiado, ni de que la confusa trabazón de pequeños intereses no encubre el juego de fuerzas reales, reflejadas y estimuladas por las controversias teóricas. Abstracción hecha de sus sinuosidades y de sus ondulaciones, de sus entrecruzamientos y divergencias, tres grandes líneas aparecen en el movimiento de las ideas en el siglo XVI:

— El marcado progreso de la adhesión a la monarquía nacional y absoluta, en detrimento de las concepciones particularistas y feudales, infra y supranacionales a la vez;

— Una secularización y una racionalización, inacabadas pero innegables, del pensamiento político, poderosa e involuntariamente favorecidas por la Reforma;

— Por último —novedad más considerable, puesto que las dos tendencias anteriores se dibujaban ya antes del siglo XVI—, un primer desbordamiento de la lealtad dinástica por un patriotismo republicano, en el que se basa la independencia de las Provincias Unidas. En este desbordamiento se inicia, todavía confusamente, la trasmutación de la idea medieval de las libertades en una ideología de la libertad, que tomará forma lentamente con el surgimiento de una conciencia burguesa y que necesitará una secularización más avanzada, a la que favorecerá la creación de la ciencia positiva y el trabajo de uniformación relativa efectuado por el absolutismo.

BIBLIOGRAFIA

Para situar el movimiento de las ideas políticas dentro del contexto de la historia general véase: Henri HAUSER, y Augustin RENAUDET, *Les débuts de l'âge moderne*, tomo VIII de la colección "Peuples et civilisation", F. Alcan, P. U. F., 4.ª ed., revisada y aumentada, 1956, 668 págs. Henri HAUSER, *La prépondérance espagnole*, tomo IX de la misma colección 3.ª ed., 1948, 595 págs. Roland MOUSNIER, *Les XVI et XVII siècles*, tomo IV de la Histoire générale des civilisations, 3.ª ed. corr. aug. P. U. F., 1961, 671 págs. [Hay traducción española: Roland MOUSNIER, *Los siglos XVI y XVII*, trad. de Juan Reglá, Barcelona, Destino, 1959, 674 págs.] Las dos primeras obras constituyen un relato de los acontecimientos esenciales; la tercera estudia las formas políticas, sociales, económicas e intelectuales de las civilizaciones. Las ideas políticas no son objeto de desarrollos sistemáticos muy extensos. Puede consultarse también: Gerhard RITTER, *Die Neugestaltung Europas im 16. Jahrhundert*, Berlín, Druckhaus Tempelhof, 1950, 381 págs., y *The New Cambridge Modern History:* I, *The Renaissance 1493-1520*, ed. por G. A. POTTER, Camb. U. P., 1957, XXXVI-532 págs.; II, *The Reformation 1520-1559*, 1958, XVI-686 págs.

Una obra que trata el tema de las ideas políticas en su conjunto durante el siglo XVI: John William ALLEN, *A History of political thought in the sixteenth century*, Londres, Methuen and Co., 1928, XXII-526 págs. (cuatro secciones: luteranismo y calvinismo, Inglaterra, Francia, Italia; pese a las lagunas y fallos de construcción histórica de este plan, la obra es fundamental, siendo los análisis de las doctrinas muy penetrantes y a veces muy personales). Robert Warrand y Alexander James CARLYLE, *Political theory from 1300 to 1600*. Tomo VI de *A History of medieval theory in the West*, Edimburgo-Londres, Blackwood, 1936 (en esta obra, clásica respecto a la Edad Media, el siglo XVI está tratado mucho más rápidamente; plan sistemático, por temas). John Neville FIGGIS, *Studies of political thougth from Gerson to Grotius 1414-1625*, 2.ª ed., Cambridge, 1923. Pierre MESNARD, *L'essor de la philosophie politique au XVI siècle*, Boivin, 1936, 2.ª ed., 1951, 734 págs. [Hay traducción española: Pierre MESNAD, *El desarrollo de la filosofía política en el siglo XVI*, s. t., Méjico, Ediciones de la Universidad de Puerto Rico, 1956, XXXIII-634 págs.] (esencial; amplia información histórica que no se detiene en las grandes doctrinas; la construcción dialéctica ocupa un lugar felizmente limitado, salvo en la conclusión, que es antihistórica: "Una construcción poderosa, una política completa que, contemplada con tres siglos de perspectiva, parece la obra de un mismo espíritu").

I. LOS PROGRESOS DEL ESTADO MODERNO Y LA PÓLÍTICA PÒSITIVA

Rudolf VON ALBERTINI, *Das florentinische Staatsbewusstsein im Übergang von der Republik zum Prinzipat*, Berna, Francke Verlag, 1955, 461 págs. (interesante y nuevo; el estudio no se detiene en los textos clásicos, llegando a un análisis de la opinión). P. F. BAUMER, *The early Tudor Theory of kinsgship*, Yale, U. P., 1940. William Fair CHURCH, *Constitutional thought in sixteenth century France*, Harvard Historical Studies XLVII, Cambridge, Harvard U. P., 1941, 360 págs. Fritz HARTUNG, Roland MOUSNIER, "Quelques problèmes concernant la monarchie absolue", Comitato Internazionale di Scienze Storiche. X° Congreso Internazionale, *Relazioni*, Florencia, Sansoni, 1955, vol. IV, páginas 1-55. Roland MOUSNIER, "Réflexions critiques sur la notion d'absolutisme", *Bulletin de la Société d'Histoire moderne*, noviembre-diciembre 1955. P. POUJOL, *L'évolution et l'influence des idées absolutistes en France de 1498 à 1559* (tesis doctoral de Universidad no impresa, resumida en *L'Information Historique*, 1956). Estas obras estudian las teorías jurídicas y constitucionales de la monarquía, confrontándolas algunos con las instituciones, pero sin tomar en consideración los problemas de la filosofía política. Friedrich MEINECKE, *Die Idee der Staatsräson in der neuren Geschichte*, 3.ª ed., Munich, Berlín, Oldenbourg, 1924, 545 págs. [Hay versión española: Friedrich MEINECKE, *La idea de la razón de Estado en la Edad Moderna*, traducción de Felipe González Vicén con un estudio preliminar de Luis Díez del Corral, Madrid, Instituto de Estudios Políticos, Biblioteca de Cuestiones Actuales, 1959, XLIV-465 págs.] (muy importante visión sintética a partir de una problemática discutible; el primer libro, el más extenso, comienza con Maquiavelo y termina con Naudé; el segundo va de Grocio a Federico II; el tercero está dedicado a Hegel, Fichte, Ranke, Treitschke, etc.); W. NÄF, "Frühformen des "modernen Staates" im Spätmittelalter", *Historische Zeitschrift*, Bd. 171, 1951, págs. 225-243 (artículo notable). Sobre Seyssel, Léon GALLET, "La monarchie français d'après Claude de Seyssel", *Revue historique de Droit français et étranger*, 1944, págs. 1 y sigs.

Textos.

No existen ediciones modernas de los textos citados en esta sección. Estos autores —naturalmente, con excepción de Maquiavelo y de Seyssel (del cual Pierre Pujol ha publicado recientemente: Claude de Seyssel, *La Monarchie de France et deux autres fragments politiques. Librairie d'Aroens*, 1961, 253 págs.)— no tienen ni un interés doctrinal ni un valor literario suficiente como para que se haya pensado en reeditarlos. Para quien quiera dirigirse a las fuentes, la bibliografía del libro de Allen constituirá un cómodo instrumento.

Maquiavelo.

Tutte le opere storiche e letterarie de Niccolo MACHIAVELLI, ed. por G. MAZZONI y M. CASELLA, Florencia, 1929. *Oeuvres complètes*, trad. ed. por Edmond BARINCOU, Gallimard, 1952, Bibliothèque de la Pléiade, xx-1640 págs. *Toutes les lettres officielles et familières. Celles de ses Seigneurs, de ses amis et des siens*, trad. ed. por Edmond BARINCOU, Gallimard, 1955, 2 vols. [En castellano: *Obras históricas* y *Obras Políticas*, trad. de E. V. Navarro, Madrid, Hernando, 1892-5, 4 vols.; *El príncipe*, ed. bilingüe, trad. de E. V. Navarro, estudio y notas de Luis A. de Arocena, Madrid, Revista de Occidente para la Universidad de Puerto Rico, 1955, 620 págs; la traducción de Navarro ha sido reeditada, en parte, por Ed. Ateneo, Buenos Aires, 1957, 784 págs.; *Obras Políticas*.]

Sobre Maquiavelo.

Augustin RENAUDET, *Machiavel*, Etude d'histoire des doctrines politiques, Gallimard, 2.ª ed., 1955, 329 págs. (libro esencial que aclara magistralmente la obra y la personalidad de Maquiavelo, situándolas en el medio político y cultural florentino). Charles BENOIST, *Le machiavélisme*, Plon, 1907-1936, 3 vols. (colección de estudios de desigual valor). Leonhard VON MURALT, *Machiavellis Staatsgendanke*, Basilea, B. Schwabe, 1945, 228 págs. (importante). Lauri HUOVINEN, *Das Bild vom Menschen im politischen Denken Niccolo Machiavellis*, Helsinki, 1951, 169 págs. Edmond BARINCOU, *Machiavel par lui-même*, Ed. du Seuil, 1957, 192 págs. (ensayo rápido pero interesante, con una selección de textos). Federico CHABOD, *Machiavelli and the Renaissance*, Londres, Bowes and Bowes, 1957. Hans DE VRIES, *Essai sur la terminologie constitutionnelle chez Machiavel (Il Principe)*, La Haya, Excelsior, 1957, 104 págs. Gennaro SASSO, *Niccolo Machiavelli. Storia del suo pensiero político*, Nápoles, Istituto Italiano per gli studi Storici, 1958, 505 páginas (insiste en la unidad de una obra que no debe ser considerada como un sistema y que, en sus aparentes contradicciones, está dominada por la tristeza de un patriota ante la dominación extranjera en Italia). Emile NAMER, *Machiavel*, P. U. F., 1961, 256 págs.

II. LOS IDEALES POLÍTICOS DEL HUMANISMO CRISTIANO

Textos.

Erasmo.

Desiderii Erasmi Roterodami Opera omnia, ed. Joannes CLERICUS, Leyden, 1703-1706, 10 tomos en 11 volúmenes. *Opus epistolarum Desiderii Erasmi Roterodami denuo recognitum et auctum*, ed. por P. S. y H. M. ALLEN, Oxford, Clarendon, 1906-1958, 11 volúmenes, más uno de índices (la correspondencia, editada también con admirable cuidado, tiene una grandísima importancia para quien quiera comprender la forma en que Erasmo consideraba concretamente la política). Existen numerosas traducciones francesas de las obras de Erasmo, pero no de las que afectan más directamente a la política, con excepción de la *Querela* (o *Querimonia*) *pacis*, de la que figura una traducción en el estudio de Elise CONSTANTINESCU-BAGDAT, *La Querela pacis d'Erasme* (1517), P. U. F., 1924, XV-218 págs. *Oeuvres choisies*, trad. por Augustin RENAUDET, 1919 (selección cómoda para tomar contacto con los diversos aspectos del pensamiento erasmista). [De las traducciones españolas puede verse: ERASMO, *Obras escogidas* (en la que figuran *La educación del príncipe cristiano*, *La querella de la paz* y los *Adagios* y *Coloquios*, además de otras obras), Madrid, Aguilar, 1956, 1917 págs.; selección, introducción y notas de Lorenzo Riber; y ERASMO, *Elogio de la locura*, trad. de A. Rodríguez Bachiller, Madrid, Aguilar, 1944, 446 págs.]

Moro.

L'utopie ou le traité de la meilleure forme de gouvernement, texto latino ed. por Marie DELCOURT, 1936. *Oeuvres choisies*, trad. de Marie DELCOURT, La Renaissance du Livre, 1937, 177 págs. [De las modernas traducciones españolas vid.: Thomas MORO, *Utopía*, traducción, prólogo y notas de Ramón Esquerra, con una breve bibliografía, precedida de "Noticia, juicio y recomendación de la Utopía y de Thomas Moro", de don Francisco de Quevedo y de una Carta de Moro a P. Egidio, Barcelona, Editorial Apolo, 1948, 207 págs.; *Utopías del Renacimiento*, Méjico, Fondo de Cultura Económica, 1941, XL-303 págs., en la que se incluye una traducción de *Utopía*, a cargo de Agustín Millares.]

Vitoria.

De Indis y De iure belli, ed. en la colección "The classics of international law", dirigida por James BROWN-SCOTT, Washington, 1917 (texto y traducción inglesa; introducción de E. NYS). *Les leçons de Francisco de Vitoria sur les problèmes de la colonisation et de la guerre*, ed. crítica y trad. de J. BAUMEL, Montpellier, Imprimerie de la Presse, 1936, 401 págs. [En castellano: *Relecciones teológicas*, trad. de Jaime Torrubiano, Madrid, 1917, 3 vols.; una selección de textos en *Los principios del Derecho público en Francisco de Vitoria*, con introducción y notas de Antonio Truyol, 1946, 112 págs.; otras selecciones: *Sentencias de Doctrina Internacional*, trad. del P. Getino, Barcelona, Sopena, 1940, 195 págs.; *Sentencias morales*, ídem, 234 págs.; *Relecciones sobre los indios y el derecho de guerras*, trad. de Armando D. Pirollo, Buenos Aires, Espasa-Calpe, 1946, 167 págs.]

Estudios sobre el humanismo.

Delio CANTIMORI, "Rhetoric and politics in Italian humanism", *Journal of the Warburg Institute*, I, 1937.

Sobre Erasmo y el erasmismo.

J. HUIZINGA, *Erasmus;* 1924, trad. francesa Gallimard, 1955, 333 págs. (notable síntesis). [Hay traducción española: *Erasmo*, trad. de J. Farrán y Mayoral, de la versión inglesa, ampliada sobre la versión alemana por el Dr. S. Olives Canals, Barcelona, Editorial Zodiaco. 1946.] Augustin RENAUDET, *Etudes érasmiennes* (1521-1529), Droz, 1939, XXIV-376 págs. (un excelente capítulo sobre las ideas políticas y sociales por uno de los mejores conocedores de la obra erasmista). F. GELDNER, *Die Staatsauffassung und Fürstenlehre des Erasmus von Rotterdam* (Historische Studien, Heft 191), Berlín, 1930. Marcel BATAILLON, *Erasme et l'Espagne. Recherches sur l'histoire spirituelle du XVI siècle*, Droz, 1937, LX-904 págs. (Hay versión castellana: *Erasmo y España*, traducción de Antonio Alatorre, Méjico, Fondo de Cultura Económica, 2 vols., LXXXV-503 páginas y 545 págs.; en la extensa bibliografía puede consultarse la referencia de las numerosas traducciones al castellano de la obra de Erasmo] (capital para el clima general de la vida intelectual española, e indirectamente esclarecedora del pensamiento político).

La ideología imperial.

José Antonio MARAVALL, *Carlos V y el pensamiento político del Renacimiento*, Madrid, Instituto de estudios políticos, 1960, 332 págs. Pueden verse contribuciones interesantes sobre el mismo problema en las actas de dos coloquios de 1958: *Charles-Quin et son temps*, éd. du C. N. R. S., 1959, y *Kölner Kolloquium, Karl V der Kaiser und seine Zeit*, éd. par Peter RASSOW y Fritz SCHALK, Colonia, 1960.

Sobre Moro.

Henri BRÉMOND, *Le bienheureux Thomas More*, 1904; 5.ª ed., 1930 (acentúa el aspecto del creyente). Emile DERMENGHEM, *Thomas Morus et les utopistes de la Renaissance*, Plon, 1927, 283 págs. Karl KAUTSKY, *Thomas Morus und seine Utopie*, Stuttgart, J. W. Dick, 1890,· VI-343 págs. (todavía interesante a pesar de su fecha de edición). W. E. CAMPBELL, *More's Utopia and his social teaching*, Londres, Eyre and Spottiswoode, 1930, 164 págs. R. AMES, *Citizen Thomas More and his Utopia*, Princeton, 1949, 283 páginas (excelente y reciente elaboración).

Sobre Vitoria.

Hubert BEUVE-MÉRY, *La théorie des pouvoirs publics d'après François de Vitoria*, Spes, 1928, 115 págs. (buena tesis de derecho). J. BAUMEL, *Les problèmes de la colonisation et de la guerre dans l'oeuvre de Francisco de Vitoria*, Montpellier, Imprimerie de la Presse, 1936, 404 págs. Joseph BARTHÉLEMY, *Les fondateurs du droit international*, Giard & Brière, 1904. Ernest NYS, *Le droit des gens et les anciens jurisconsultes espagnols*, La Haya, Nijhoff, 1914, 142 págs. Estas dos obras clásicas, dentro de su óptica particular y técnica, cubren un importante aspecto del pensamiento español del siglo XVI, de Vitoria a Suárez.

Sobre la guerra.

Alfred VANDERPOL, *La doctrine scolastique du droit de la guerre*, Pédone, 1919, XXVIII-535 págs. R. REGOUT, *La doctrine de la guerre juste de saint Augustin à nos jours d'après les théologiens et les canonistes catholiques*, Pédone, 1934, 342 págs.

Sobre los problemas de la colonización.

Lewis HANKE, *The spanish struggle for justice in the conquest of America*, Filadelfia-Londres, 1949, trad. francesa de F. DURIF, con el título *Colonisation et conscience chrétienne au XVI siècle*, Plon, 1957, XXVI-311 págs. (como introducción a la inmensa literatura dedicada a este tema). Silvio ZAVALA, "L'utopie réalisée: Thomas More au Mexique", *Annales, économies, sociétés, civilisations*, enero-marzo de 1948, págs. 1-8 (ejemplo preciso del humanismo político en acción).

III.   LA REFORMA Y SUS CONCEPCIONES POLÍTICAS.

T e x t o s .

Lutero.

D. M. LUTHERS, *Werke... Kritische Gesamtausgabe*, Weimar, desde 1833, más de 80 volúmenes. Textos principales para las concepciones políticas: *An den christlichen Adel deutscher Nation*, en el tomo VI, 1888; *Von der Freiheit eines Christenmenschen*, en el tomo VII, 1897; *Von weetlicher Oberkeit*, en el tomo XI, 1900; los textos relativos a la guerra de los campesinos, en el tomo XXIII, 1907; *Ob Kriegsleute auch in einen seligen Stande sein konnen*, en el tomo XIX, 1897. LUTHER, *Les grands écrits réformateurs*, edición bilingüe, trad. de Maurice GRAVIER, Aubier, 1944 *(A la noblesse y La liberté du chrétien)*.

Melanchton.

Obras completas en el *Corpus Reformatorum*, Halle y Brunswick, 1834-1860, 28 tomos. Especialmente el *De officio principum*, en el tomo II, y las *Disputationes de rebus politicis*, en el tomo XII.

Munzer.

Politische Schriften, ed. crítica con comentario de Carl HINRICHS, Halle, Niemeyer, 1950, 101 págs.

Zuinglio.

Obras completas en el *Corpus Reformatorum*, Berlin y Leipzig, 1905-1927, tomos LXXXVIII a XCVII. Texto esencial *Von gottlicher und menschlicher Gerechtigkeit*, en el tomo LXXXIX. Nueva edición en curso en Zurich desde 1940, por la Zwingli-Verlag.

Bucero.

De regno Christi, textos francés y latino, ed. por François WENDEL, París-Gütersloh, 1954-1955, tomos XV bis y XV de una reedición en curso de *Martini Buceri opera omnia*.

Calvino.

Obras completas en el *Corpus Reformatorum*, tomos XXIX-LXXXVII, Brunswick, 1863-1900.

Entre las numerosas ediciones de la *Institution Chrétienne*, vid. la de Jean PANNIER. 4 vols., 1936-1939, ed. Les Belles-Lettres que está basada en el texto francés de 1541.

Una nueva edición crítica, de Jean-Daniel BENOIT, está en curso de publicación; se basa en el texto francés de 1560 y da todas las variantes de las sucesivas ediciones latinas y francesas; el primer volumen, aparecido en 1957, contiene el libro primero.

Estudios sobre la Reforma.

Emile G. LEONARD, *Histoire générale du protestantisme*, P. U. F., 1961; I: *La Réformation*, 403 págs.; II: *L'établissement (1564-1700)*, 455 págs. (obra de base con bibliografías muy abundantes). Henri STROHL, *La pensée de la Réforme*, Neuchatel-París, Delachaix, 1951, 264 págs. (visión de conjunto por uno de los mejores historiadores de la Reforma). Huber JEDIN, "Zur Entwicklung des Kirchenbegriffs im 16. Jahrhundert", y Emile LEONARD, "La notion et le fait de l'Eglise dans la Réforme protestante". Ambos en las *Relazioni*, vol. IV del X Congreso de las Ciencias Históricas, Florencia, Sansoni, 1955, páginas 59-73 y 75-110. Dada la importancia de las repercusiones políticas de las concepciones eclesiológicas, estos dos trabajos —el primero sobre el catolicismo y el segundo sobre el protestantismo— son muy útiles. Georges DE LAGARDE, *Recherches sur l'esprit politique de la Réforme*, Douai, 1926, 485 págs. (ensayo vigoroso e interesante que exige matizaciones). Robert Henry MURRAY, *The political consequences of the Reformation: Studies in sixteenth century political thought*, Londres, E. Benn, 1926, 301 págs. Ernst TROELTSCH, *Die Soziallehren der christlichen Kirchen und Gruppen*, 1923, XVI-994 páginas, y *Ausfsätze zur Geistesgeschichte und religionsoziologie*, 1925, XXVIII-872 págs., tomos I y IV de las *Gesammelte Schriften*, Tubinga, Mohr, 1923-1925 (varios estudios importantes sobre la significación del protestantismo para el mundo moderno). [Hay una traducción española de la obra de TROELTSCH, *Die Bedeutung des Protestantismus für die Entstebung der Modernen Welt: El Protestantismo y el mundo moderno*, Méjico, Fondo Cultura Económica. trad. de Eugenio Imaz, 137 págs.]

Sobre Lutero y el luteranismo.

Lucien FEBVRE, *Un destin, Martin Luther*, 1928, 3.ª ed. P. U. F., 1951, 219 págs. (libro de gran profundidad que esclarece los problemas, destaca claramente la personalidad de Lutero y da una orientación para la inmensa bibliografía sobre el tema). [Hay versión castellana de esta tercera edición: *Martín Lutero*, trad. de Tomás Segovia, Méjico, Fondo de Cultura Económica, Breviarios, 1956, 280 págs.] Karl HOLL, *Gesammelte Aufsätze zur Kirchengeschichte, I. Luther*, Tubinga, Mohr, 5.ª ed., 1927, XI-590 págs. (sostiene la concepción de un Lutero liberador del Estado moderno). Léon CRISTIANI, *Du luthéranisme au protestantisme, évolution de Luther de 1517 a 1528*, Bloud, 1911, XVI-403 págs. (punto de vista católico). Henri STROHL, *Luther, sa vie et sa pensée*, La Cause, 1933, 308 págs.; 2.ª ed., Estrasburgo, 1953 (muy importante; distingue acentuadamente entre Lutero y el luteranismo posterior). Werner ELERT, *Morphologie des Luthertums, II. Soziallehrn und Socialwirkungen des Luthertums*, Munich, C. H. Beck, 1932, XV-544 págs. (fundamental para los aspectos políticos y sociales). Maurice GRAVIER, *Luther et l'opinion publique, essai sur la littérature satirique et polémique en Allemagne pendant les années décisives de la Réforme (1520-1530)*, Aubier, 1942, 312 págs. Frederick HERTZ, *The Development of the German public mind. A social history of German political sentiments aspirations and ideas. The Middle Ages. The Reformation*, Londres, Allen and Unwin, 1957, 525 págs. (muy substancial e interesante; exposiciones y bibliografías importantes, en particular sobre autores secundarios, como Sebastián Franck sobre el cual puede consultarse la obra de Alexandre KOYRÉ). Arnold HIRSCH, "Luther et le corpus christianum", *Revue d'histoire moderne*, 1957, págs. 81-111 (trabajo preciso sobre la discutida cuestión de las concepciones políticas).

Sobre las sectas y reformadores entre Lutero y Calvino.

Peter BROCK, *The Political and Social Doctrines of the Unity of Czech Brethren in the Fifteenth and Early Sixteenth Centuries*, La Haya, Mouton, 1957, 302 págs. Ernst BLOCH, *Thomas Müntzer als Theologe der Revolution*, Munich, Berlín, Paul Cassirer, 1922, 297 págs. (punto de vista marxista). Carl HINRICHS, *Luther und Müntzer; ihre Auseinandersetzung über Obrigkeit und Widerstandsrecht*, Berlín, W. de Gruyter, 1952, VIII-187 págs. E. SOMMER, *Die Sendung Thomas Müntzer; Taboritentum und Bauernkrieg in Deutschland*, Berlín, Aufbau, 1948, 317 págs., Maurice PIANZOLA, *Thomas Munzer ou la guerre des paysans*, Club Français du Livre, 1958, 214 págs. (exposición viva, con interesantes documentos). Leonhard VON MURALT, *Glaube und Lehre der schweizerischen Wiedertäufer*, Zurich, 1938, 53 págs. (estudio importante para toda la cuestión del anabaptismo). Robert STUPPERICH, *Das Münsterische Täufertum. Engebnisse und Probleme der neueren Forschung*, Munich, Westf., 1958, 31 págs. (introducción a una publicación de escritos anabaptistas). Stanislas KOT, *Socinianism in Poland. The Social and Political Ideas of the Polish Antitrinitarians*, Boston, Starr King Press, 1957, XXVII-226 págs. (publicada en polaco en 1932; traducción inglesa revisada y aumentada). Walter KÖHLER, *Huldrich Zwingli*, Leipzig, Köhler, 1943, 285 págs. Jacques COURVOISIER, *Zwingli*, Ginebra, Labor & Fides, 1948, 200 págs. Henri STROHL, *Le protestantisme en Alsace*, Estrasburgo, Oberlin, 1950, 508 págs. (muy importante).

Sobre Calvino y el calvinismo.

Emile DOUMERGUE, *Jean Calvin, les hommes et les choses de son temps*, Lausana, 1899-1927, 8 vols. (esta monumental obra ha quedado como clásica, pero sus concepciones sobre muchos temas han sido revisadas; el tomo V, aparecido en 1917, trata de *La pensée ecclésiastique et la pensée politique de Calvin*, VIII-712 págs.). François WENDEL, *Calvin, sources et évolution de sa pensée religieuse*, P. U. F., 1950, VIII-292 págs. (el mejor estudio reciente sobre la religión calvinista). Jean-Daniel BENOIT, *Jean Calvin. La vie, l'homme, la pensée*, La Cause, 2.ª ed., 1948, 315 págs. (obra de iniciación). M. E. CHENEVIÈRE, *La pensée politique de Calvin*, Ginebra-París, 1937, 384 págs. Joseph

BOHATEC, *Calvins Lehre von Staat und Kirche, mit besonderer Berücksichtigung des Organismusge danken*, Breslau, Marcus, 1937, XVIII-754 págs. (más avanzada que la precedente). Georges GOYAU, *Une ville-église:* Genève, Perrin, 1919, 2 vols. (anticuada). Jacques COURVOISIER, "Le sens de la discipline eclésiastique dans la Genève de Calvin", en *Hommage et reconnaissance à Karl Barth*, Neuchatel, 1946.

IV y V. UN MUNDO DESGARRADO. CONSTRUCCIONES DOCTRINALES

T e x t o s .

Con la excepción de los tres teóricos examinados con mayor amplitud, los autores citados en esta sección rara vez han sido reeditados. Añádase a la bibliografía de ALLEN la del libro de G. WEILL citado más abajo para las controversias francesas. Sin embargo, retener: una traducción inglesa, aparecida en 1689, de las *Vindiciae contra tyrannos*, publicada con una introducción importante, de H. J. LASKI, *A defense of liberty against tyrants*, Londres, 1924. George BUCHANAN, *Opera omnia*, Leyden, 1725, 2 vols. M. DE L'HÔPITAL, *Oeuvres complètes*, 1824-1826, Boulland, 5 vols. Sébastien CASTELLION, *Traité des hérétiques*, Ginebra, Droz, 1954, y *L'art de douter et de croire, d'ignorer et de savoir*, Ginebra, 1953. [Vid. también: Juan DE MARIANA, *Obras*, Biblioteca de Autores Españoles, Madrid, M. Rivadeneyra, 1864, 2 vols.; en vol. II: *Del rey y de la institución real*, págs. 463-576.]

No puede comprenderse el clima de la época sin consultar las obras literarias (Agrippa D'AUBIGNÉ, *La Satyre Ménippée*, etc.), para las que remitimos a una historia de la literatura francesa: Joseph BÉDIER y Paul HAZARD, *Littérature française*, nueva edición corregida y aumentada bajo la dirección de P. MARTINO, 1948-1949, 2 vols. con bibliografía. Una excelente y rápida visión de conjunto en V.-L. SAULNIER, *La littérature française de la Renaissance*, P. U. F., 1953, 128 págs.

Bodin.

En curso de publicación, *Oeuvres philosophiques* a cargo de P. MESNARD en el *Corpus général des philosophes français. Auteurs moderns* (el tomo V, tercero de esta colección (1951) contiene *La méthode de l'histoire* y una bibliografía muy útil). *La méthode de l'histoire*, trad. por P. MESNARD, Argel-Paris, 1941.

[Una antigua edición de BODIN en castellano: *Los seis libros de la República*, traducción de Gaspar de Añastro Isunza, Turín, 1590.]

Althusius.

Politica methodice digesta, ed. por C. J. FRIEDRICH, en los *Havard Political Classics*, 1932.

Suárez.

Opera omnia, ed. por D. M. ANDRÉ, luego por C. BERTON, 26 tomos + 2 tomos índices, 1856-1859 (el *De legibus* está en los tomos V-VI, la *Defensio fidei*, en el tomo XXIV). *Selection from three works (De legibus, Defensio fidei, De triplici virtute theologica)* en la colección "The classics of Internationl Law", Oxford, 1944, 2 vols. (un volumen de reproducción fotográfica del texto de una antigua edición, un volumen de traducción inglesa, intr. de J. BROWN-SCOTT). [En castellano: *Tratado de las Leyes y de Dios legislador*, trad. de Jaime Torrubiano, Madrid, Clásicos Jurídicos, 1918-19, XI vols.; una selección de textos en *Guerra, intervención, paz espiritual*, trad. y anotaciones de Luciano Pereña, Madrid, Espasa-Calpe, 1956, 210 págs.]

[Traducciones al castellano de CAMPANELLA: *Aforismos políticos*, trad. de Mariano Hurtado, nota de A. Truyol, Madrid, Instituto de Estudios Políticos, 1956, 93 págs.;

La ciudad del sol, trad. del italiano, prólogo y notas de Agustín Caballero Robredo,
Buenos Aires, Aguilar, 1954, 108 págs.; esta última obra está incluida en la recopilación
Utopías del Renacimiento, Méjico, Fondo de Cultura Económica, 1941, XL-303 págs., en
versión de Agustín Mateos.]

Estudios sobre las controversias políticas.

P. F. GEISENDORF, *Théodore de Bèze,* Ginebra, Labor & Fides, 1949, x-465 págs.
(trabajo importante). Hugh WATT, *John Knox in controversy,* Nueva York, Philosophical Library, 1950, 107 págs. Rudolf TREUMANN, *Die Monarchomachen. Eine Darstellung
der revolutionären Staatslehren des XVI. Jahrhunderts (1573-1599),* Leipzig, Duncker
und Humblot, 1895, VI-88 págs. (anticuado). Frédéric ATGER, *Essai sur l'histoire des
doctrines du "Contrat social",* Félix Alcan, 1906, 432 págs. Georges WEILL, *Les théories
sur le pouvoir royal en France pendant les guerres de religion,* Hachette, 1891, 319 págs.
(estudio concienzudo, pero que no lleva hasta el fondo el análisis de las ideas). Armand
GARNIER, *Agrippa d'Aubigné et le parti protestant,* Fischbacher, 1928, 3 vols., 414-366-
304 pág. (bueno). Henri DROUOT, *Mayenne et la Bourgogne. Etude sur la Ligue (1587-
1596),* A. Picard, 1937, 2 vols., LXXIX-454-525 págs. y *Notes sur la Bourgogne et son
esprit public au début du règne de Henri. III (1574-1579),* Dijon, Bernigaud & Privat, 1937
191 págs. (excelentes ejemplos de estudios a fondo de la opinión). Charles MERCIER, "Les
théories politiques des calvinistes en France au cours des guerres de religión", *Bulletin
de la société de l'histoire du protestantisme français,* 1934, págs. 225-260 y 382-415.
Charles MERCIER, "Le Calvinisme politique aux Pays-Bas; l'esprit de Calvin et la démocratie", *Revue d'histoire ecclésiastique,* Lovaina, tomo XXXIV, 1934, P. A. M. GEURTS,
De Nederlandse opstand in de pamfletten 1566-1584, Nimega, 1956 (primer trabajo de
exploración sistemática en la inmensa literatura de panfletos publicada en los Países
Bajos por esta época. Se necesitan nuevas investigaciones para extraer conclusiones sobre
la opinión). G. OESTREICH, "Justus Lipsius als Theoretiker des neuzeitlichen Machts-
taates", *Historiche Zeitschrift,* Bd. 181, 1956, págs. 31-78 (artículo nuevo que valoriza
—exagerando, sin duda, su importancia— el neo-estoicismo de Justo LIPSIO, autor del *Po-
liticorum seu civilis doctrinae libri sex,* 1589. OESTREICH ve ahí la teoría de un absolutismo mitigado, pero este humanismo tardío —cuyo centro es Leyden— conserva, en
política, el carácter oratorio y vago del humanismo de las precedentes generaciones).
A. F. SCOTT-PEARSON, *Church and State. Political aspects of XVIth century Puritanism,*
Cambridge, U. P., 1928, 166 págs. Bernard DEVISMES, *Unité religieuse, unité nationale;
del l'évangélisme à la révocation de l'Edit de Nantes,* Perrin, 1946, 431 págs. P. U. GON-
ZÁLEZ DE LA CALLE, Ideas político-sociales del P. Mariana, *Revista de Archivos,* volúmenes XXIX-XXXII, 1913-1915, y vol. XL, 1919. Se observará que, excepto las obras de los
teólogos españoles, las ideas políticas de la Contrarreforma no han originado trabajos
recientes de importancia; para los españoles, véanse las indicaciones sobre Vitoria y
Suárez.

Sobre los problemas de la tolerancia y de la creencia o in-
credulidad, cuyas incidencias políticas son considerables.

Joseph LECLERC, *Histoire de la tolérance au siècle de la Réforme,* Aubier, 1955, 2 volú-
menes (repertorio útil, plan geográfico, pero sin visión de conjunto). Ferdinand BUISSON,
Sébastien Castellion, sa vie et son oeuvre (1515-1563), Hachette, 1891, 778 págs. Henri
BUSSON, *Les sources et le développement du rationalisme dans la littérature française de la
Renaissance (1535-1601),* Letouzey, 1922, XVII-695 págs. (enorme erudición). Lucien Febure,
Le problème de l'incroyance au XVI siècle; la religion de Rabelais, A. Michel, 1943,
552 págs. (admirable libro que renueva toda la problemática de la historia de las ideas).
Hay versión castellana, Méjico U. T. H. E. A., Colec. "La Evolución de la Hu-
manidad".)

Sobre Bodin.

R. CHAUVIRÉ, *Jean Bodin, auteur de la République*, Champion, 1914, 344 págs. (visión de conjunto que deja escapar algunos problemas). Elisabeth FEIST, *Weltbild und Staatsidee bei Jean Bodin*, Halle, M. Niemeyer, 1930, 83 págs. Jean MOREAU-REIBEL, *Jean Bodin et le droit public comparé dans ses rapports avec la philosophie de l'histoire*, Vrin, 1933, 279 págs. (buena tesis de derecho que analiza la génesis del pensamiento de Bodin).

Sobre Althusius.

Otto VON GIERKE, *Johannes Althusius und die Entwicklung der naturrechtlichen Staatstheorie*, Breslau, 1880, 2.ª ed., 1902; 4.ª ed., 1929 (especial, con la introducción de C. J. FRIEDRICH a la edición antes citada). Erik WOLF, "Johannes Althusius", *Grosse Rechtsdenker*, 1951. H. ANTHOLZ, *Die politische Wirksamkeit des Johannes Althusius in Emden*, Abhandlungen und Vorträge zur Geschichte Ostfrieslands, Heft 32, 1955.

Sobre Suárez.

Raoul DE SCORRAILLE, *François Suárez de la Compagnie de Jésus*, Lethielleux, 2 volúmenes. I. *L'étudiant. Le maître*, 1912. II. *Le docteur, le religieux*, 1913. H. ROMMEN, *Die Staatslehre des Franz Suárez*, München Gladbach, 1926 (importante para el conjunto del pensamiento político de Suárez). Trad. española de esta obra bajo el título *La teoría del Estado y de la comunidad internacional en Francisco Suárez*, Madrid-Buenos Aires, 1951. James BROWN-SCOTT, *Suárez and the international community*, Washington, 1953. J. KOHLER, "Die Naturrechtslehrer des XVI und XVII. Jahrhunderts", *Archiv für Rechtswissenschaftsphilosophie*, 1927.

CAPITULO VII

Victorias del absolutismo

SECCION PRIMERA

Doctrinas absolutistas y realidades políticas.

Resulta totalmente artificial oponer los tumultos de la Reforma a la soberana majestad del "siglo de Luis XIV".

El "siglo de Luis XIV" es una invención de historiadores poco cuidadosos de la cronología (Luis XIV tiene veintitrés años en 1661; este siglo es, todo lo más, un medio siglo), y es también una invención francesa: el siglo del "Rey Sol" es también el siglo de las revoluciones inglesas.

El siglo XVII es un siglo de crisis. Crisis económicas (hambres y revueltas campesinas). Crisis políticas y guerra: guerra de los Treinta Años (1618-1648), Fronda (1648-1653), ejecución de Carlos I (1649), subs'itución de Jacobo II por Guillermo de Orange (1688), desórdenes en los Países Bajos. Crisis religiosas: jansenismo, revocación del Edicto de Nantes (1685), quietismo. Crisis intelectuales: los libertinos, el preciosismo, el barroco.

El absolutismo sale aparentemente reforzado de estas crisis. El siglo XVII se nos muestra así como el apogeo del absolutismo; pero es un absolutismo precario, híbrido y en vías de ser rebasado.

Precario, ya que las causas que favorecen temporalmente el absolutismo tienen que provocar, a más o menos largo plazo, su disolución.

Híbrido, porque el absolutismo del siglo XVII hace descansar la noción de soberanía simultáneamente sobre elementos tradicionales (los deberes del monarca, el contrato, la costumbre, las leyes fundamentales del reino) y sobre elementos nuevos (mercantilismo y utilitarismo).

Anacrónico, por último, ya que, aunque el absolutismo reine, no sin luchas, en la mayor parte de Europa, se derrumba en el país más ampliamente abierto al capitalismo moderno: Inglaterra.

En realidad, como han subrayado Fritz Hartung y Roland Mousnier en el X Congreso Internacional de las Ciencias Históricas, los hombres del XVI, del XVII e incluso del XVIII —con excepción de algunos teóricos— concibieron el absolutismo principalmente como la negación del feudalismo. La monarquía absoluta continúa estando limitada por la ley divina y la ley natural, y el que se oponga a la dispersión feudal no significa despotismo y tiranía.

En el orden económico, el principal acontecimiento del siglo es el desarrollo del comercio y la riqueza en Europa occidental, especialmente en Inglaterra y en los Países Bajos. El centro económico se desplaza desde España e Italia hacia el Norte; los puertos del canal de la Mancha y del mar del Norte suplantan, poco a poco, a los del Mediterráneo. Puede observarse a este respecto un paralelismo bastante notable entre el desarrollo del capitalismo y el desarrollo del pensamiento político. En España, Italia, e incluso en Alemania, las doctrinas políticas apenas dan lugar a innovaciones, conservando la impronta de la Reforma o de la Contrarreforma, del humanismo, de la escolástica.

La filosofía política española del siglo XVII está estrechamente vinculada a la tradición católica. Es esencialmente pedagógica (importancia de los emblemas y de las enseñanzas sacadas de la Historia). Casi todos los autores hacen el elogio de la monarquía: unidad de decisión en la cabeza, unidad de las partes del cuerpo político. Conceden mucha importancia a los vínculos que unen al súbdito con el monarca; sin el súbdito no existe el Poder; el príncipe debe ser, al tiempo, amado y temido. La característica más notable de la filosofía española en el siglo XVII es el recurso a la Historia. Los autores de esta época apelan a una política histórica, muy diferente de una política naturalista que parte de las leyes permanentes de la razón (véase a este respecto el libro de J. A. Maravall citado en la bibliografía).

Las principales obras políticas de la época provienen de Inglaterra y de los Países Bajos: las de Grocio, Hobbes, Spinoza, Locke, etc. Respecto a Francia, el impulso creador, el ímpetu innovador no ha de ser buscado en el campo de las ideas políticas. La originalidad francesa se expande en esta época en la filosofía, en la ciencia, en la literatura, en el arte y en el pensamiento religioso, no en el pensamiento político. Los que escriben en Francia libros políticos son, en su mayoría, hombres que hacen política: monarcas, ministros, gente de corte o de Iglesia. Los libros de Richelieu, Retz, Luis XIV, Bossuet y Fénelon están nutridos por sus experiencias, inspirados por los acontecimientos.

1. **Mercantilismo y absolutismo.**—El siglo XVII es la época de difusión de la doctrina mercantilista, según la cual la riqueza de un país reside en su *stock* de oro y plata. El mercantilismo es fundamentalmente una reacción contra el estancamiento, así como una afirmación de poder tanto en el exterior como en el interior. Presenta tres características principales: industrialismo, proteccionismo y nacionalismo.

a) Según la doctrina mercantilista, hay a la vez que atesorar el oro y la plata procedentes de ultramar y desarrollar al máximo la producción nacional. Resulta de ello una especie de rehabilitación del comercio, considerado anteriormente con cierta sospecha por la Iglesia católica (los mercaderes expulsados del Templo, la condena del préstamo a interés, etc.). Así, en 1647 el sacerdote católico Mathias de Saint-Jean publica un libro sobre *Le commerce honorable*. También parte de estas ideas el industrialismo de un Colbert, que se opone a la doctrina tradicional de Sully y al agrarismo preconizado más tarde por los fisiócratas.

b) Las nuevas industrias deben estar protegidas contra la concurrencia extranjera. El mercantilismo es una doble reacción contra el universalismo y —sobre todo— contra el particularismo provincial o municipal. Indica el paso de una política municipal a una política nacional. Por consiguiente, el mercantilismo es a la vez nacionalista y proteccionista. Así, Colbert utiliza con facilidad metáforas militares: las Compañías de comercio son los ejércitos del rey; las manufacturas, sus reservas, y el comercio mismo, una "guerra de dinero".

c) El Estado favorece el nacimiento de las Compañías comerciales: Compañía Holandesa de las Grandes Indias, Compañía Inglesa de Indias, Compañías francesas de las Indias occidentales y de las Indias orientales. Los mercantilistas, aunque idealicen el Estado, no son partidarios de las empresas de Estado en el campo económico. Y Colbert no deja de repetir que la libertad es la esencia del comercio.

La organización económica de los Países Bajos es exaltada, como lo serán después de 1688 las instituciones inglesas; pero los Países Bajos, ideal de todos los mercantilistas, están menos afectados que los demás países europeos por las tendencias propiamente mercantilistas.

De forma general, los armadores y negociantes, de una parte, y el Estado, de otra, no tienen intereses opuestos, sino, muy por el contrario, solidarios. Así, el mercantilismo económico supone y reclama una política de autoridad y de seguridad. Constituye un poderoso agente de unificación nacional. En una primera fase —que puede situarse en la Inglaterra de Isabel y en la Francia de Luis XIV—, el absolutismo es el coronamiento normal del mercantilismo. En una segunda fase el desarrollo del capitalismo comercial contribuye a minar al absolutismo, levantando contra el poder monárquico a una burguesía que se juzga lo bastante poderosa como para exigir el ser asociada al ejercicio del Poder.

2.   La oposición de las clases.—La burguesía francesa no ha alcanzado en el siglo XVII el mismo grado de evolución que la burguesía inglesa. La monarquía de los Borbones se apoya en la burguesía para apuntalar su gobierno. Saint-Simon declarará incluso que el reino de Luis XIV fue el reino de la "vil burguesía"; pero cabe sospechar cierta exageración en este aristócrata anquilosado en la nostalgia del pasado. En realidad, la monarquía francesa utiliza en su provecho, y trata de perpetuar, una especie de equilibrio inestable entre las diferentes clases sociales que comienzan a enfrentarse cada vez más claramente, sin que ninguna de ellas sea por sí misma lo bastante fuerte como para imponerse: nobleza de espada, nobleza de toga, funcionarios y negociantes. La nobleza y la burguesía —muy dividida en su propio interior— necesitan por igual del monarca en la sorda lucha que les enfrenta. "Esta lucha de clases es quizá el principal factor del desarrollo de las monarquías absolutas" (R. Mousnier).

3. Causas religiosas del absolutismo.—A estas causas económicas y sociales que favorecen al absolutismo se unen causas religiosas.

a) El recuerdo de las guerras de religión está todavía vivo. No cabe duda de que en una y otra parte se lanzan violentos ataques contra el absolutismo; pero, en definitiva, el absolutismo sale reforzado de ellos. En los países desgarrados por la guerra la mayoría de la población sólo aspira a la paz, contando con el monarca para garantizarla.

b) Tanto en Inglaterra como en Francia se manifiesta un sentimiento común de independencia respecto al Papado. Mientras que Inglaterra permanece fiel al anglicanismo, el galicanismo es la doctrina oficial de la Monarquía, de los Parlamentos y de los obispos de Francia. La declaración de 1682 significa a este respecto el remate de una larga evolución. El triunfo del galicanismo frente a las teorías ultramontanas libera a la Monarquía de todo sentimiento de obediencia respecto a Roma. Anglicanismo y galicanismo caminan en la dirección del absolutismo.

4. Causas políticas.—Por último, el absolutismo tiene causas propiamente políticas.

a) LOS MOVIMIENTOS REVOLUCIONARIOS contribuyen a reforzar el Poder, a hacer sentir la necesidad del orden y de la paz no sólo en los círculos gobernantes, sino en los medios populares. La dictadura de Cromwell sigue a la revolución de 1649, y el absolutismo de Luis XIV está profundamente marcado por el recuerdo de la Fronda. El tema de la paz civil domina el pensamiento político del siglo XVII, en especial el de Hobbes.

b) LAS GUERRAS, sin embargo, se suceden a lo largo del siglo, exigiendo una concentración y un reforzamiento del Poder. En lo inmediato consolidan el absolutismo, pero a la larga contribuyen a destruirlo. De esta forma el peligro exterior favoreció, sin duda, el absolutismo de Richelieu; pero las guerras de finales de siglo precipitaron el ocaso del absolutismo francés y el nacimiento del liberalismo europeo.

5. Revolución científica y desarrollo del racionalismo.—El auge del capitalismo, la lucha de clases y las guerras ayudaron a minar el absolutismo aunque durante un breve período lo reforzaran. Sin embargo, el mayor peligro para el absolutismo es de otro orden, ajeno aparentemente a la política: el progreso del pensamiento científico y del racionalismo.

El siglo XVII es una época de revolución científica. Es el siglo de Francis Bacon, de Kepler, de Galileo, de Descartes, de Pascal, de Torricelli, de Harvey, de Newton. En 1600 es fundada la British Royal Society, y en 1666 la Académie des Sciences. Los sabios mantienen un estrecho contacto de país a país.

Los vínculos entre el pensamiento científico y el pensamiento político resultan evidentes en Hobbes, para quien la política forma parte de una mecánica general. Son igualmente evidentes en Spinoza, así como en Locke, cuya filosofía fue considerada como una empresa comparable con la física de Newton. La política —influida primero por la geometría y después por la física— aparece así como una ciencia que forma parte de una ciencia universal.

Las consecuencias políticas de este progreso científico, que revoluciona las nociones y las formas de pensamiento de la época anterior, no son inmediatas. Los pioneros del racionalismo moderno, Bacon (cuyo *Novum Organum* data de 1620) y Descartes (cuyo *Discurso del Método* data de 1637), no son revolucionarios en política. El siglo XVII es una época compleja. Mientras que algunos utilizan las mismas armas del absolutismo para combatirlo (es el caso de Jurien y en gran medida de Fénelon), otros —más numerosos— defienden el absolutismo o se adhieren a él con los argumentos que utilizarán más tarde sus más violentos adversarios. Este es el caso de Grocio, Hobbes y Descartes.

SECCION II

El derecho natural y el Poder.

Sólo podemos detenernos brevemente en la profunda transformación de las concepciones jurídicas llevada a cabo en el siglo XVII por los teóricos del derecho natural (especialmente Grocio y Pufendorf). Las obras de estos teóricos pertenecen a la historia del derecho más que a la historia de las ideas políticas, pero llevan la profunda huella del contexto político y social en que fueron elaboradas. La política influencia al derecho y el derecho sirve al Poder.

La noción de un derecho natural distinto del derecho positivo es tan antigua como la filosofía. Se manifiesta en la antigüedad griega (cf. la distinción de Antígona entre las leyes escritas y las leyes no escritas). La noción es recogida por el cristianismo, que presenta a la ley natural como la expresión de la voluntad divina.

El siglo XVII no inventó, por consiguiente, el derecho natural. Grocio, presentado a veces como el creador del derecho natural y del derecho internacional, no creó ni lo uno ni lo otro. Su obra se vincula estrechamente, por la forma y por el fondo, con la tradición escolástica; es una obra de transición entre el "derecho natural metafísico" y el "derecho natural racionalista".

Esta evolución del derecho se debe a varias causas:

1) El *progreso de las ciencias* y el descubrimiento de nuevas tierras. A un nuevo conocimiento de la naturaleza debería corresponder una nueva dimensión del derecho natural, una confianza aumentada en la posibilidad que el hombre tiene de comprender y utilizar la naturaleza. No se trata, pues, solamente de una nueva doctrina jurídica, sino de un movimiento general que se manifiesta en el orden científico, literario, artístico, filosófico, religioso y político. A partir del Renacimiento se desarrolla una concepción nueva de la naturaleza.

2) *Esta nueva concepción de la naturaleza* es esencialmente laica. El derecho es separado de la religión y la política de la teología. Mas esta laicización del derecho se opera lentamente; todavía no está realizada en

Grocio, nutrido de teología católica e impregnado de las obras de Santo Tomás, Suárez y Vitoria. Pero la concepción laica del derecho gana terreno poco a poco, especialmente en los países protestantes. En el siglo XVII se crean numerosas cátedras de derecho natural en Alemania, Suiza y los Países Bajos.

3) *La principal causa de esta evolución* del derecho es de orden económico. En su forma feudal, el derecho de la época resultaba totalmente inadecuado para el capitalismo naciente. El desarrollo del capitalismo favorece, por consiguiente, a la escuela del derecho natural, que en recompensa le proporciona una justificación doctrinal. Las leyes del comercio serán así leyes naturales; y el derecho más natural consistirá en gozar del bienestar y de la paz. No es una casualidad que la doctrina del derecho natural alcanzara tal desarrollo en un país en plena expansión comercial como lo era los Países Bajos, y que encontrara en Grocio su más célebre teórico. Una singular mezcla de teoría y de práctica, de universal y de contingente, caracteriza, por tanto, a la nueva escuela del derecho natural. La referencia a lo universal es tanto más constante cuanto que se trata de aportar respuestas precisas a cuestiones precisas, poniendo en juego los intereses de una nación o de una categoría determinada de individuos.

4) *Los nuevos teóricos del derecho natural* invocan la utilidad general, los derechos del individuo y el estado de naturaleza. Justifican de esta forma las ambiciones nacionales y proporcionan a los soberanos armas utilísimas en su lucha contra las pretensiones de la nobleza, que reivindica sus privilegios para oponerse a la čentralización. Pero son armas de doble filo, ya que, si la teoría del derecho natural puede permitir la justificación del absolutismo, también puede ayudar a incoar su proceso. Por eso, el derecho natural es utilizado para apoyar las más opuestas tesis. Althusius se sirve de él para justificar un sistema corporativo y federativo [1], mientras que Grocio y Pufendorf apoyarán el absolutismo del soberano. Cuando en el siglo XVIII las relaciones de fuerza se hayan modificado en detrimento de las monarquías, Burlamaqui y Barbeyrac invocarán el derecho natural como apoyo de un gobierno moderado.

A) GROCIO.

La obra más conocida de Grocio (1583-1645) es su voluminoso tratado *De iure belli ac pacis* (1625), dedicado a Luis XIII. Desde sus primeras obras, Grocio se expresa no como un filósofo abstracto, sino como un burgués holandés muy consciente de los intereses comerciales de su país. En su *De iure praedae* (1604) justifica la captura de un barco portugués por otro de la Compañía Holandesa de las Indias orientales, en Malaca. Idénticas preocupaciones aparecen en 1609 en el *Mare liberum,* obra en la que Grocio se dedica a demostrar —con gran lujo de citas antiguas y medievales— que los holandeses tienen derecho a navegar hacia las Indias tal y como lo hacen, y a mantener comercio con los indígenas. "El derecho que reclamamos es tal, que ni el rey lo debe negar a sus súbditos, ni el cristiano a los no cristianos. De la naturaleza se engendra lo que es padre de todos, para todos la naturaleza es generosa, ya que se extiende hasta sobre aquellos que gobiernan las naciones y entre ellos son los más santos los que más avanzaron en la piedad" (trad. Blanco-G. Arias, pág. 59). En función de estos principios,

---

[1] Véase más arriba, págs. 232-235.

Grocio reduce a la nada las pretensiones de los portugueses. Afirma que "la libertad de comerciar es, por tanto, de derecho de gentes primario". Finaliza su obra declarando que no debe retrocederse ante la guerra en el caso de que los portugueses mantengan sus pretensiones.

El autor de *De iure belli ac pacis* nada tiene, por tanto, de pacifista. Quiere humanizar, legalizar la guerra, pero no piensa en suprimirla. En cuanto a la paz, ocupa poco espacio en su tratado. Piensa en un Estado universal, en una sociedad internacional formada por todos los Estados que tengan relaciones entre sí. Pero no posee una noción precisa del derecho internacional, no siendo para él el "derecho de gentes" más que un aspecto del derecho natural.

El derecho natural es, según Grocio, "un decreto de la recta razón indicando que un acto, en virtud de su conveniencia o disconveniencia con la naturaleza racional y social, está afectado moralmente de necesidad o de ignominia, y que, como consecuencia, tal acto está prescrito o proscrito por Dios, autor de esa naturaleza". Compleja difinición, en la que se encuentra el eco de las controversias entre Suárez y Vázquez y que muestra todo lo que Grocio debe a sus predecesores.

Los dos adjetivos unidos a la palabra "naturaleza" son los de "racional" y "social". Grocio hace desempeñar a la sociabilidad una función capital. Los hombres deciden de común acuerdo someterse a una autoridad común; tienen una inclinación natural por la sociedad regular y pacífica; el derecho deriva del instinto social.

El derecho natural garantiza la propiedad: "... La propiedad, tal y como existe actualmente, ha sido introducida por la voluntad humana; pero desde el momento en que es introducida es el mismo derecho natural el que me enseña que es para mí un crimen apoderarme contra tu voluntad de lo que es objeto de tu propiedad".

Grocio nada tiene, pues, de revolucionario o de demócrata. Posee una concepción mercantilista de la libertad: ésta es "una cosa que puede ser el objeto de un tráfico, de un contrato, de la conquista, de la prescripción" (Paul Janet).

La noción de propiedad y la de soberanía están estrechamente ligadas (cf. el cap. IX titulado "Cuando termina la soberanía o la propiedad"), y Grocio lleva muy lejos la analogía entre el poder del soberano sobre sus súbditos y el del amo sobre sus esclavos.

Por consiguiente, Grocio desea un poder fuerte, capaz de favorecer la expansión comercial y de hacer reinar el orden y la paz. Hay que creerle, sin duda, cuando afirma que desvió sistemáticamente su pensamiento de todo hecho particular y que no se interesó más que por lo universal. Por ello es más interesante aún descubrir en una obra aparentemente tan abstracta, la huella de la historia y de la sociedad.

B)   PUFENDORF.

El alemán Samuel Pufendorf (1632-1694), protegido de príncipes y reyes e historiógrafo del rey de Suecia, es —como Grocio— un teórico de derecho natural y un defensor de la autoridad.

Sus principales obras son *El derecho natural y de gentes* (1672) y los *Deberes del hombre y del ciudadano* (1673). Es el verdadero teórico del derecho natural considerado como un derecho necesario e inmutable, deducido por la razón de la naturaleza de las cosas. Toda ley, según él, consiste en el mandato de una autoridad superior, sea la de Dios o la de un hombre. El derecho positivo adquiere así un valor eminentemente racional, consistiendo la función de la autoridad en hacer leyes que tengan por objetivo la observación del derecho natural.

En tanto que Grocio cita abundantemente la Sagrada Escritura, Pufendorf toma lo principal de sus referencias de los clásicos griegos y latinos y presume de no deber nada a los escritores de la "secta romana". Pufendorf, preocupado por liberar de la teología a la filosofía del derecho, no vacila en afirmar que "las leyes de la naturaleza tendrían pleno poder para obligar a los hombres incluso si Dios no las hubiera proclamado de añadidura mediante el verbo revelado". No es sorprendente que los enciclopedistas saludaran a Pufendorf como uno de sus precursores.

Robert Dérathé, en su libro *Jean-Jacques Rousseau et la science politique de son temps,* subraya la influencia que Grocio, y sobre todo Pufendorf, han ejercido sobre Rousseau. Lo que Rousseau principalmente les censura es el invocar el derecho para justificar la fuerza; llega hasta a considerarles "pagados por el fuerte para sermonear al débil". "El atento estudio de los textos muestra que Rousseau, al redactar el *Contrat social,* tuvo casi constantemente presentes en su pensamiento las teorías de Pufendorf, proponiéndose refutarlas" (Dérathé).

C) La evolución del derecho natural.

La doctrina del derecho natural permitía justificar cualquier poder, a condición de que apareciera como razonable y útil a la sociedad. Por eso, a medida que el absolutismo pierde terreno, las teorías del derecho natural poseen un contenido político totalmente diferente al que tenían en Grocio y Pufendorf.

Barbeyrac (1674-1744), traductor y vulgarizador de Grocio y Pufendorf, trata de conseguir una síntesis entre el absolutismo de Grocio y el liberalismo de Locke.

En cuanto a Burlamaqui (1694-1748), autor de *Principes du droit naturel* y de *Principes du droit politique* y ginebrino como Rousseau, se muestra partidario de una balanza de poderes, yendo en realidad su preferencia a la aristocracia.

Por consiguiente, el absolutismo encuentra un apoyo muy precario en los teóricos del derecho natural. Lo mismo ocurre con Hobbes.

SECCION III

Individualismo y absolutismo en Inglaterra.

Dos obras dominan la filosofía política inglesa en el siglo xvii: la de Hobbes y la de Locke. El *Leviathan* de Hobbes (1651) es dos años posterior a la ejecución de Carlos I; y las dos obras maestras de Locke —una en el orden filosófico (el *Ensayo sobre el entendimiento humano),* otra en el orden político (los *Tratados sobre el gobierno civil)*— aparecen poco después de la revolución de 1688.

¿Habrá que afirmar, con Paul Janet, que Hobbes combate la revolución y que Locke la defiende, que Hobbes sostiene el absolutismo y que Locke lo ataca? Estas afirmaciones no sólo son excesivas, sino también erróneas. La obra de Hobbes y la de Locke, aunque difieran en sus aplicaciones prácticas, proceden de un mismo individualismo, de un mismo utilitarismo y de una misma preocupación por la seguridad y la paz. El *Leviathan* no es una obra contracorriente. Recoge muchos de los temas que aparecen en sus contemporáneos ingleses y franceses.

Los dos hechos más notables en la Inglaterra anterior a 1649 son:

1) Las vinculaciones entre religión y política, la mezcla de puritanismo y utilitarismo;

2) La ausencia de una doctrina revolucionaria, la mezcla de oportunismo y conservadurismo.

1. Religión y política.

A) La Iglesia y el Estado. Racionalismo y secularización.—El problema religioso y el problema político se encuentran estrechamente ligados. La mayoría de las discusiones políticas tienen como objeto precisar el papel de la Iglesia en el Estado tras la ruptura con Roma.

Richard Hooker —el "juicioso Hooker" como dice Locke—, en su *Política eclesiástica* (que aparece entre 1594 y 1597), defiende la tesis de una Iglesia nacional. Se enfrenta en particular con los puritanos, afirmando que, al negarse éstos a obedecer a la Iglesia establecida, destruyen los fundamentos de toda obligación política.

Se oponen a estas ideas los católicos, los presbiterianos (adversarios de la rebelión y más bien conservadores), los puritanos (partidarios de una separación absoluta entre la Iglesia y el Estado), los baptistas (que niegan la necesidad de una organización de la Iglesia, actitud que puede conducir al quietismo político o incluso al nihilismo) y, por último, el erastianismo [2] de un John Selden (1584-1654). Selden considera que la profesión de sacerdote es una profesión como las demás, y se muestra particularmente preocupado por someter a la Iglesia a la autoridad del poder civil. Hobbes, en su *Leviathan*, manifiesta una preocupación de secularización análoga a la de su amigo Selden.

B) ESPIRITUALISMO Y UTILITARISMO.—La religión se adapta a las preocupaciones dominantes de una Inglaterra en plena expansión económica, surgiendo así una especie de puritanismo capitalista que asocia estrechamente el deber de enriquecerse y el deber de salvación. Mientras el calvinismo desconfía de la riqueza —pero condena menos su acumulación que su mal uso—, el puritanismo inglés reconcilia e incluso identifica el espíritu de empresa y la vida moral, la ganancia y la gracia, la inversión y el ascetismo. el enriquecimiento y la santidad: "La ganancia comercial es un presente de Dios, el beneficio es la prueba temporal de la gracia; el puritano es asceta práctico que obtiene sus victorias en el campo de batalla, en la oficina, en el mercado, y no en el claustro" (R. H. Tawney).

Así aparece una nueva moral económica, optimista para quienes triunfan y despiadada para quienes fracasan. La pobreza es una falta moral que es preciso condenar. Aparecen obras con títulos reveladores: *El gobierno de los campos espiritualizado, La navegación espiritualizada, La vocación del comerciante*, etc.

Esta nueva moral económica está fundada en el individualismo y en el utilitarismo. Un mismo espíritu individualista y utilitarista domina las obras políticas de la época, y especialmente las de Hobbes (con la diferencia de que el utilitarismo de Hobbes es rigurosamente racionalista).

2. *Conservadurismo y oportunismo.*

La "revolución puritana" [3] es el producto de una conjunción temporal entre tendencias muy diversas y grupos de inspiraciones a veces opuestas.

— los juristas defensores de las libertades tradicionales que invocan el recuerdo de la Carta Magna;

— los medios parlamentarios interesados en la defensa de sus privilegios (cf. el libro de Prynne *The Sovereing Power of Parliament*, 1643);

— las nuevas capas sociales capitalistas, deseosas sobre todo de orden y de paz;

— y, por último, todos aquellos que por razones religiosas se alzan contra el absolutismo anglicano. Pero también aquí la unión es eminentemente precaria. Los independientes, enfeudados en el ejército y partidarios de la soberanía popular, se enfrentan con los presbiterianos, partiendo de la soberanía del Parlamento, pero hostiles a un Gobierno democrático.

La primera mitad del siglo está colmada de polémicas sobre el tema del absolutismo, reivindicado por el rey Jacobo I y rechazado por sus adversarios .Pero estas polémicas no afectan a lo esencial; se ciñen a los hechos, sin que se vea aparecer una doctrina coherente de la soberanía popular.

---

[2] Del nombre del teólogo alemán Thomas Lieber, llamado Erasto (1523-1583). Los erastianos negaban a la Iglesia el poder de legislar, censurar y castigar.

[3] Expresión discutible, en la medida en que parece ocultar las causas económicas y sociales de la revolución —causas sobre las que los historiadores británicos están lejos de mostrarse de acuerdo—. Véanse a este respecto más adelante algunas indicaciones sobre el tema, en la bibliografía del presente capítulo.

Las concepciones constitucionales se expresan en la obra de sir Thomas Smith, *De Republica anglorum* (publicada en 1583). Smith subraya en este libro el papel del Parlamento; pero el rey continúa siendo el jefe del sistema político, mientras que el Parlamento desempeña el papel de una corte suprema.

Francis Bacon es partidario de la prerrogativa real, pero no del poder absoluto. Su ideal político es esencialmente patriótico. Sueña con un pueblo poderoso y bien armado para la guerra, con impuestos relativamente poco gravosos, con una nobleza que no sea demasiado fuerte y con un rey decidido a practicar una vigorosa política de expansión nacional.

Sir Edward Coke (1549-1634) fue el principal adversario de la política de Jacobo I. Sus propias ideas políticas proceden del *common law*, que se le presenta a la vez como la ley fundamental del reino y como la encarnación de la razón. El *common law* comprende la estructura fundamental del Gobierno y los derechos fundamentales de los ciudadanos. Los poderes del rey, la misión del Parlamento y los derechos y privilegios de los ingleses derivan del *common law*. El Parlamento mismo no puede modificar los principios fijados por el *common law*. Nada puede resultar más ajeno a Coke que la idea de la soberanía parlamentaria. Coke no es en absoluto un innovador. Su pensamiento está próximo al de Hooker y al de Smith. La ley es, para él, una especie de substancia inmóvil. Su pensamiento político no sólo es conservador, sino también reaccionario.

En vísperas de la caída de Carlos I, por consiguiente, no existe en Inglaterra ninguna teoría propiamente revolucionaria. La primera revolución inglesa es el fruto de circunstancias económicas y sociales, no de una maduración doctrinal. La doctrina sigue a la Revolución.

3. Hobbes.

Un hombre de gabinete, estudioso, solitario y más bien timorato. Una obra de una amplitud y de un rigor sin paralelo posible en la filosofía política del siglo XVII, de una audacia tranquila que suscitó el horror de los católicos, de los obispos anglicanos, de los defensores de la libertad política y hasta de los partidarios de los Estuardos. Para Leibniz, "el *Leviathan* es una obra monstruosa, como su mismo título indica".

Firme partidario al principio de los Estuardos, Hobbes (1588-1679) fija su residencia en Francia en 1640 y pasa once años en exilio voluntario. No se halla en Inglaterra cuando Carlos I es ejecutado; el *Leviathan* (1651) es la obra de un emigrado. Con frecuencia se ha afirmado que Hobbes, al escribir este libro, pretendía presentar sus respetos a los poderosos del momento. Cuando regresa a Inglaterra, no recobra la confianza que gozaba antes de 1640. Sospechoso tanto para unos como para otros, muere en la semidesgracia. Aparte del *Leviathan*, las principales obras de Hobbes son los *Elementos de derecho* (1640)[4], el *Tratado del ciudadano* (1642)[5], el *Tratado sobre la naturaleza humana* y el *cuerpo político* y el *Tratado del hombre*.

UNA POLÍTICA RACIONALISTA.—Materialismo científico, mecanicismo, positivismo: la filosofía de Hobbes es fundamentalmente racionalista. Dotado de una sólida cultura científica, considera la política como una ciencia que ha de fundarse en justas nociones y rigurosas definiciones. Su filosofía y su política son igualmente anti-aristotélicas. Niega la existencia de ideas innatas e insiste en la importancia de las definiciones, los signos y el lenguaje: "Sin el lenguaje no hubiera habido entre los hombres ni Estado ni

[4] *Elements of law.*
[5] *De cive.*

Sociedad ni Contrato de Paz, como tampoco existen entre los leones, los osos y los lobos".

Hobbes rechaza el recurso a lo sobrenatural. Toda su obra es una lucha contra los fantasmas, un esfuerzo por reducir a las potencias invisibles. El final del *Leviathan* (del que sólo suele leerse, con demasiada frecuencia, las páginas sobre el poder) es en extremo significativo a este respecto, encontrándose quizá ahí la clave de toda la obra; el último capítulo se titula "El reino de las tinieblas", y Hobbes denuncia en él la demonología, los exorcismos y el temor al diablo, y los beneficios que de todo ello obtiene el clero. La ansiedad humana se encuentra en el origen de la religión. "El temor de una potencia invisible, sea una ficción del pensamiento o algo imaginado según las tradiciones públicamente admitidas, es la Religión."

De esta forma, la obra de Hobbes tiende a liberar al hombre de los fantasmas y el miedo. Constituye una brillante manifestación de ateísmo político.

UNA FILOSOFÍA DEL PODER. — Como han señalado diferentes autores —especialmente Ferdinand Tönnies y Leo Strauss—, el pensamiento de Hobbes sufrió una evolución. En los *Elements of Law* su filosofía política es tradicionalmente monárquica; más tarde evoluciona hacia una especie de monarquismo social. Su preferencia por la monarquía hereditaria, clara aún en el *Tratado del ciudadano*, desaparece casi por completo en el *Leviathan*. Leo Strauss, por su parte, subraya la evolución de la moral de Hobbes y discierne en su obra un relevo de las virtudes aristocráticas (honor, gloria) por las virtudes burguesas inspiradas en el temor y la prudencia.

En realidad, Hobbes, desde el comienzo al final de su vida, permanece fiel a ciertos principios. No se trata de una fidelidad a la persona del monarca, ni de una fidelidad al principio mismo de la monarquía, sino de una fidelidad al Poder. Sin duda, resultaría exagerado decir que la filosofía de Hobbes es una filosofía del *ralliement;* pero no que es, ante todo, una filosofía del poder. En la dedicatoria del *Leviathan* Hobbes indica claramente que busca, en política, una vía media, una especie de justo medio.

Aunque Hobbes defiende la causa del poder absoluto, no lo hace —como Jacobo I— en nombre del derecho divino de los reyes, sino en nombre del interés de los individuos, de la conservación y de la paz. Seculariza el poder y muestra su utilidad, no su majestad.

ANÁLISIS DEL PODER.—Es preciso distinguir varios estadios en la historia del Poder:

1.º *El estado de naturaleza* es para Hobbes un estado de guerra y de anarquía. Los hombres son iguales por naturaleza; de la igualdad proviene la desconfianza, y de la desconfianza procede la guerra de todos contra todos. "La vida es solitaria, pobre, embrutecida y corta". No existe la noción de lo justo y de lo injusto, y tampoco la de propiedad. No hay industria, ni ciencia, ni sociedad. Hobbes se opone, con esta visión pesimista, a los teóricos del derecho natural y a todos aquellos que disciernen en el hombre una inclinación natural a la sociabilidad.

2.º *Hacia la sociedad civil.*—Sin embargo, hay para Hobbes un derecho natural y unas leyes naturales; pero estas nociones no tienen para él la misma significación que para los teóricos del derecho natural.

El derecho natural (*ius naturale*) se emparenta con el instinto de conservación. Hobbes lo define como la libertad de cada cual para usar de su propio poder, en la forma que quiera, para la preservación de su propia naturaleza, es decir, de su propia vida.

En cuanto a la ley natural, es "un precepto o regla general descubierto por la razón y que prohibe, por un lado, hacer aquello que pueda destruir su vida u obstaculizar sus medios de preservación, y por otro, dejar de hacer aquello que pueda preservar lo mejor posible su vida".

Las dos primeras leyes naturales consisten, para Hobbes, en buscar la paz y en defenderse por todos los medios que se tengan al alcance. Ahora bien, para asegurar la paz y la seguridad, los hombres no disponen de procedimiento mejor que establecer *entre ellos* un contrato y transferir al Estado los derechos que, de ser conservados, obstacularizarían la paz de la humanidad.

Son necesarias algunas observaciones:

a) Contrariamente a Aristóteles, Hobbes estima que la sociedad política no es un hecho natural; la considera como "el fruto artificial de un pacto voluntario, de un cálculo interesado" (J.-J. Chevallier);

b) La soberanía está basada en un contrato; sin embargo, no se trata de un contrato entre el soberano y los súbditos, sino entre individuos que deciden darse un soberano. El contrato, lejos de limitar la soberanía, la funda;

c) En el origen del contrato se encuentra la preocupación por la paz, preocupación fundamental en Hobbes: "Finalmente, el motivo y el fin del que renuncia a su derecho o lo transfiere, no son otros que la seguridad de su propia persona en su vida y en los medios de preservarla".

PODER DEL ESTADO.—Así, el Estado aparece como una persona: "Una multitud constituye una sola persona cuando está representada por un solo hombre o una persona; a condición de que sea con el consentimiento de cada uno en particular de quienes la componen". De esta forma, el *Leviathan* tiene la apariencia de un gigante cuya carne es la misma carne de todos los que le han delegado el cuidado de defenderlos. Hay que llamar la atención sobre este antropomorfismo: el Estado es, sin duda, gigantesco, pero conserva figura humana, relativamente benigna.

El Estado es la suma de los intereses particulares. Debe defenderse al ciudadano; éste sólo abandona sus derechos al Estado para ser protegido. El Estado perdería su razón de ser si la seguridad no fuese garantizada, si la obediencia no fuera respetada.

El Estado es quien fundamenta la propiedad: "Vuestra propiedad no es tal y no dura más que en tanto que place a la República". Todo ataque al Estado es, por consiguiente, un ataque a la propiedad.

El Estado es, a la vez, "eclesiástico y civil". Ninguna autoridad espiritual puede oponerse al Estado. Nadie puede servir a dos señores. El soberano es el órgano no sólo del Estado, sino también de la Iglesia; ostenta en la mano derecha una espada y en la izquierda una cruz episcopal. De esta forma se encuentran afirmados el poder y, también, la unidad del Estado. No existe espacio para los cuerpos intermedios, para los partidos o para las facciones. En este punto Hobbes precede a Jean-Jacques Rousseau.

LÍMITES DE LA SOBERANÍA.—Desde sus primeras obras, Hobbes no deja de criticar la separación de poderes, sosteniendo vigorosamente la tesis de la soberanía absoluta. El soberano no tiene ningún límite exterior a su poder. Pero es soberanamente racional; por consiguiente, no tiene el poder de hacer lo que quiera, a menos de hacer discutible su soberanía.

Hobbes estima que la soberanía tiene límites. Sus ideas a este respecto parecen haber evolucionado. En los *Elements of Law* e incluso en el *De Cive*, Hobbes habla de los deberes del soberano; pero en el *Leviathan* la palabra "duty" es abandonada las más de las veces por la palabra "office".

Así, las principales limitaciones a la soberanía son la razón y, en cierta manera, la conciencia profesional del soberano. No sería razonable que el soberano no buscara el interés de su pueblo, que se confunde con su propio interés. El deber coincide con la utilidad: "El bien del soberano y el del pueblo no pueden ser separados".

INDIVIDUALISMO Y UTILITARISMO.—El absolutismo de Hobbes está basado, en definitiva, en consideraciones utilitarias que permiten recordar a Locke y Bentham. Ese absolutismo está fuera de dudas, pero nada tiene en común con el de Bossuet. Nada debe a la fe cristiana, ni a la fidelidad al monarca, ni al deseo de mantener instituciones o preservar intereses ligados a la existencia misma de la monarquía. En realidad, Hobbes justifica el absolutismo con los argumentos que ayudarán más tarde a incoar su proceso.

Su pensamiento es esencialmente individualista. Lo que fundamenta al absolutismo es el derecho del individuo a su propia conservación. El origen del absolutismo es un egoísmo ilustrado. El individuo alcanza su más perfecto desenvolvimiento en el Estado más autoritario. En éste encuentra, a la vez, su interés y su felicidad, su placer y su bienestar. La política de Hobbes es, al tiempo, un utilitarismo y un hedonismo.

Diríase que Hobbes apreció en poco a la "middle class". Encontramos en sus obras escasas referencias a los problemas económicos que se planteaban a la burguesía inglesa. Por ello resulta aún más interesante el señalar que su obra ofrece una forma de absolutismo que se concilia, de manera singular, con las preocupaciones burguesas. En efecto, Hobbes resulta un precursor cuando impone al soberano el deber del éxito, o cuando habla más de paz y bienestar que de justicia y virtud. Sean cuales fueren sus preferencias íntimas, su obra no favorece al absolutismo real; en una perspectiva de conjunto marcha en el sentido del liberalismo y del radicalismo.

SECCION IV

El absolutismo francés. Progresos y dificultades.

Francia no vive cambios revolucionarios tan profundos como Inglaterra. El absolutismo se manifiesta, a la vez, en obras doctrinales y en sentimientos populares.

a) *Los doctrinarios del absolutismo.*—Las obras doctrinales son numerosas. La primera mitad del siglo XVII ve florecer una abundancia de tratados dentro de la tradición del Renacimiento, que constituyen por igual manuales del perfecto ambicioso, del perfecto cortesano, del perfecto diplomático o del perfecto monarca.

En 1631, *Guez de Balzac*, el solitario de Charente ("Hay algo de Proust en él", dice Antoine Adam) publica *Le Prince* para complacer a Richelieu. Es una obra singular, en la que la exaltación del Estado se funda en una mezcla de tradiciones romana, maquiavélica y cristiana, y en la que aparece una concepción de la monarquía nacional muy diferente de la concepción española. Guez de Balzac coloca a los reyes por encima de la ley moral, admira el pragmatismo de los romanos y parece subordinarlo todo a la acción. De esta manera ofrece una concepción caballeresca del absolutismo; se comprende que su libro disgustara a Richelieu.

En 1632 el jurista *Cardin Le Bret* publica un tratado *De la souveranité du roi*, que constituye la justificación teórica de los principios de acción establecidos por Richelieu: independencia absoluta del rey, indivisibilidad del poder, lucha contra el feudalismo, preocupación por la paz pública. ("El poder del rey es tanto más favorable cuando no tiene más objetivo que la paz pública y la utilidad"). El rasgo más original de Cardin Le Bret es su aversión por la venalidad en los cargos públicos y su preferencia por el sistema de comisarios o intedentes.

En 1633 el hermano de Sully, *Philippe de Béthune*, publica *Le conseiller d'Etat ou recueil générale de la politique moderne servant au maniement des affaires publiques*, que ofrece numerosas analogías con el *Testament* de Richelieu.

Estas obras, citadas entre muchas otras, prueban que en la época de Richelieu existía un fondo común de ideas políticas. Richelieu, que inspiró, por lo demás, un buen número de esas obras, lo utilizó en amplia medida.

Estas obras doctrinales no aportan una nueva concepción del poder monárquico. Sus temas principales no son originales: superioridad de la monarquía y en especial de la monarquía hereditaria; origen divino del poder; deber del príncipe, padre y pastor de su pueblo; poder absoluto del monarca, señor de vidas y de bienes. Todas estas concepciones provienen de la Antigüedad o de la Edad Media. Su única originalidad estriba en la utilización de un tema que, sin ser nuevo, no había sido aún ampliamente empleado: el tema de la razón de Estado [6]. Richelieu y Luis XIV se refieren a él con frecuencia.

b) *Absolutismo popular.*—Existe un amplio acuerdo entre esas obras doctrinales y las ideas políticas de los franceses. El poder del rey es aceptado, e incluso exaltado, en los medios más diversos:

— Medios populares, donde continúa floreciendo la confianza en el rey taumaturgo; el día de Pascua de 1613, Luis XIII impone las manos sobre 1.075 enfermos.

— Medios de la Iglesia. Mucho antes de Bossuet, el obispo de Chartres puede decir, en nombre de la Asamblea del clero: "Ha de saberse que, entre el universal consentimiento de los pueblos y las naciones, los profetas anuncian, los apóstoles confirman y los mártires confiesan que los reyes están ordenados por Dios; y no sólo esto, sino que ellos mismos son dioses".

— Medios de toga, próximos a la corte. En *De l'origine et autorité des Roys* (1604), H. du Boys escribe: "El mundo no puede existir sin reyes. Es como una segunda alma del universo, como un arbotante que sostiene al mundo". Iguales temas se encuentran en A. du Chesne, *Les antiquités et recherches de la grandeur et de la majesté des Rois de France* (1609), y en Jérôme Bignon, *De l'excellence des rois et du royaume de France* (1610) y *La grandeur de nos rois et leur souveraine puissance* (1615).

— Medios libertinos, en los que, sin embargo, cabía esperar encontrar una actitud de escepticismo o de ironía respecto al poder monárquico. No ocurre así, como lo demuestra el caso de Naudé.

Naudé manifiesta una idéntica preferencia por la política de autoridad, desde el *Marfore ou discours contre les libelles* (publicado en 1620 para defender la elección de Luynes por Luis XIII) hasta el *Mascurat ou jugement de tout ce qui a été imprimé contre le car-*

---

[6] La expresión fue vulgarizada por el italiano BOTERO (1540-1617), cuya principal obra, *Della ragione di Stato*, apareció en Milán en 1583.

dinal Mazarin (1650), pasando por las *Considerations politiques sur les coups d'Etat* (1639). Este humanista libertino es un absolutista que no vacila en justificar la noche de San Bartolomé.

— Medios del Oratorio, fundado por Bérulle en 1611, cuya influencia será grande y cuyo teocentrismo (que no deja de tener conexiones con el preciosismo) camina en el sentido del absolutismo.

— Medios galicanos, preocupados por triunfar sobre el poder de Roma.

Así, el inglés Evelyn puede escribir en 1652: "Los franceses son la única nación de Europa que idolatra a su soberano". Los principales opositores —Retz, Fénelon, Saint-Simon— inculpan a quienes desvían al monarca del camino recto, pero no al principio mismo del absolutismo. Quienes dirigen los más rudos golpes al absolutismo son aquellos que, como Descartes o Pascal, profesan el mayor respeto por los poderes establecidos, pero se sitúan de forma deliberada en un plano diferente.

1. La época de Richelieu.

Es preciso distinguir dos estilos en el absolutismo francés del siglo XVII: el de Richelieu y el de Luis XIV.

Richelieu lucha contra la aristocracia, contra la herencia del feudalismo y las guerras de religión. La época de Luis XIII está colmada de ensueños caballerescos: moda de las novelas como el *Amadís de Gaula*, triunfo del heroísmo corneliano, preciosismo. La obra política del cardenal Richelieu y la obra filosófica de Descartes, "ese caballero francés" del que habla Péguy, han de situarse en este contexto. Y mediante este contexto hay que explicar la Fronda "canto del cisne de la caballería francesa".

A) RICHELIEU Y LA RAZÓN DE ESTADO.—Richelieu (1585-1642) no es, en forma alguna, un teórico del absolutismo: es un hombre de acción que detenta el poder y que pretende hacer buen uso de él.

Los principales textos que se le atribuyen y que, si no escritos, están al menos inspirados por él, son:

—Las *Instructions que je me suis données pour me conduire à la cour* (cuando Richelieu era obispo de Luzón).

— *Les Maximes d'Etat* (publicadas por Gabriel Hanotaux).

— El *Testament,* que constituye para Sainte-Beuve el "breviario del hombre de Estado" y para Léon Noël una "obra maestra de la razón, de experiencia y de realismo: la cumbre y, en cierto sentido, la suma del arte político francés".

— Por último, una voluminosa correspondencia.

El *Testament* es objeto de una serie de debates sobre:

1) Su autenticidad. Negada por Voltaire, hoy día apenas es discutida. Pero la parte que corresponde al cardenal en su redacción es objeto de vivas controversias entre los especialistas. Cf. el debate en la *Société d'histoire moderne* entre Esmonin, Mousnier y Tapié, *Bulletin de la Société d'histoire moderne* (diciembre 1951-enero 1952, págs. 7-21).

2) El enunciado del texto. La primera edición (defectuosa) es de 1688. La edición crítica de Louis André, de 1947, es cómoda, pero no puede considerarse como definitiva. Cf. la controversia antes citada, especialmente la comunicación de Esmonin.

3)   Las fuentes. Henri Hauser ha estudiado *La pensée et l'action économique du cardinal Richelieu.* Pero las fuentes de su pensamiento político no han sido objeto de ningún estudio de conjunto. A este respecto se encontrarán algunas indicaciones en un artículo de Guy Thuillier, "Maximes d'Etat du cardinal de Richelieu", *Revue administrative,* septiembre-octubre 1956, págs. 481-486).

Mientras que Hobbes pretende hacer de la política una ciencia, nos encontramos aquí con un "arte político". La oposición es fundamental. El *Testament* no es ciertamente una obra original de filosofía política. Es una obra de circunstancias, profundamente caracterizada por la época en la que fue escrita y por la personalidad del hombre que fue su autor.

Richelieu no piensa en absoluto en proponer máximas universalmente válidas. Sólo piensa en Francia, en las amenazas que pesan sobre el Estado, en esa experiencia difícilmente adquirida que le gustaría legar. La imperiosa imagen del cardenal domina el *Testament;* en cada página se recuerda el inolvidable retrato de Richelieu hecho por el cardenal de Retz:

"...Era un hombre de palabra cuando un gran interés no le obligaba a lo contrario; y, en ese caso, nada olvidaba para salvar las apariencias de la buena fe... Para este mundo, tenía bastante religión. Se encaminaba hacia el bien, por inclinación o por sentido común, siempre que su interés no le dirigiera al mal, teniendo plena conciencia de ello cuando lo hacía... Por último, hay que confesar que todos sus vicios han sido de aquellos que la gran fortuna convierte fácilmente en ilustres, porque han sido de aquellos que no pueden tener como instrumentos más que grandes virtudes".

Principales temas del *Testament.*—Soberanía de la razón: "Si el hombre es soberanamente razonable, debe soberanamente hacer reinar a la razón".
— Primacía del interés de Estado, no sin algunos severos juicios sobre Francia: "Es cosa segura que los españoles nos superan en constancia, firmeza, celo y fidelidad hacia su rey y su patria".
— El poder del soberano se debe no sólo a su reputación y a sus virtudes (abnegación, previsión, energía), sino también a su fuerza (fronteras bien fortificadas, sólido ejército, buenas finanzas, impuestos poco gravosos, gobierno barato). Pragmatismo y consideraciones morales están estrechamente mezclados.
— El Clero debe seguir siendo el primer Orden del reino, pero debe estar al servicio del rey: programa de galicanismo moderado.
— Indiscutible preeminencia de la nobleza sobre el Tercer Estado. Como Montesquieu más tarde, Richelieu piensa que la venalidad de los cargos públicos es un abuso, pero que conviene conservarla.
— Richelieu da a la palabra "pueblo" un sentido muy extenso; el pueblo engloba a los negociantes, armadores, banqueros, etc. Esto aclara las frases tan frecuentemente citadas: "Todos los políticos están de acuerdo en que si los pueblos estuvieran demasiado a su gusto sería imposible contenerles dentro de las reglas de su deber". Y "hay que comparar [a los pueblos] con los mulos, los cuales, al estar acostumbrados a la carga, se estropean por un largo reposo más que por el trabajo".
De aquí deriva, en materia económica, una política de estímulo al comercio, según los principios del mercantilismo.
— Por último, naturalmente, el tema del "ministeriado": los buenos ministros constituyen la fuerza del Estado.

El interés histórico y psicológico del *Testament* no puede negarse. Pero nos parece difícil ver en este libro —en el que superabundan las repeticiones y las máximas inspiradas en la sabiduría de las naciones— una obra maestra de la literatura política. El principal interés del libro reside, a nuestro juicio, en los esfuerzos por conciliar la moral cristiana con la razón de Estado, por cubrir a la razón de Estado con el manto de la moral.

B) POLÍTICA DE CORNEILLE.—La política de Corneille (1606-1684) expresa un cierto ideal de la época. Constituye un himno a los valores heroicos, al espíritu caballeresco, a la noble virtud. El entusiasmo corneliano se halla sumergido en la atmósfera de orgullo, de gloria, de generosidad y de ensoñación aristocrática que se respira en Francia bajo el reinado de Luis XIII. El teatro de Corneille pinta una aristocracia admiradora y víctima del poder absoluto; está lleno de malos consejeros y de malvados ministros. En él se encuentra el reflejo de la oposición nobiliaria, y Richelieu no se engaña sobre esto; de ahí surge el conflicto a propósito del *Cid*. Pero Corneille es prudente y adulará al poder, aun permaneciendo enemigo de la tiranía por inclinación y por elocuencia.

El heroísmo corneliano tiene ya algo de arcaico bajo el reinado de Luis XIV. La política de Racine, perfectamente adaptada a este reinado, sustituye el heroísmo por la majestad. "Es la política positiva, no ya la política gloriosa; es la política de corte y de consejo real, a la vez vasta y reflexiva, imponente en su porte e interesada en sus fines" (Paul Bénichou).

La diferencia entre la política de Corneille y la política de Racine expresa acertadamente la diferencia entre la época de Richelieu y la de Luis XIV.

C) POLÍTICA Y FILOSOFÍA EN DESCARTES.—La política ocupa poco lugar en la obra de Descartes (1596-1650), pero es imposible no mencionar al cartesianismo en una historia de las ideas políticas. Prudencia de Descartes; audacia del cartesianismo. De donde deriva la controversia incesantemente reanudada: "¿Fue Descartes un cartesiano?".

Descartes, "caballero francés". El hombre que escribe a Huyghens el 10 de octubre de 1642 que es "del número de quienes más aman la vida". Un Descartes próximo a Montaigne. El tono de Descartes: "Esa inimitable mezcla de orgullo y modestia, de razonamiento y de pasión, de confianza sin confidencias" (Marc Soriano).

Prudencia de Descartes. Su moral provisional es prudentemente conservadora, tanto en política como en religión: "La primera (regla) era obedecer a las leyes y a las costumbres de mi país, conservando constantemente la religión en la que Dios me dio la gracia de ser instruido desde mi infancia, y gobernándome en las demás cosas según las opiniones más modernas y las más apartadas del exceso, las que fuesen comúnmente aceptadas en la práctica por los más sensatos de aquellos con los que tendría que vivir".

¿Hay que considerar a Descartes un hombre que disimula sus pensamientos profundos *(larvatus prodeo)*, un prudente calculador? En la tesis sostenida por Maxime Leroy: aunque católico en sus declaraciones, Descartes habría sido en la práctica deísta, rosacruz [1] y quizá ateo. Esta tesis queda por demostrar. Nada autoriza a pensar que el corresponsal de la princesa Isabel, el familiar de la reina Cristina se inclinara personalmente hacia la democracia. La carta sobre Maquiavelo, dirigida a la princesa Isabel en septiembre de 1646, prueba en todo caso que Descartes distinguía claramente entre la moral del sabio y la del príncipe, a quienes sus responsabilidades liberaban de las normas comunes.

Como ha mostrado Robert Lefèvre, la actitud de Descartes respecto a la política está caracterizada por un doble movimiento de atracción y repulsión. Conformismo político respecto del poder y la competencia; pero ri-

---

* Secta de iluminados extendidos, sobre todo en Alemania, en el siglo XVII. (*N. del T.*)

gurosa independencia respecto al país, los cargos y las personas, el reformismo moral. Descartes se opone a Maquiavelo y al *De cive* de Hobbes en nombre de la moral. Su obra contiene un llamamiento al progreso social mediante el progreso de la moral.

Por consiguiente, la política de Descartes no es ni conservadora ni revolucionaria. Aunque respetuosa con los poderes establecidos, afirma, sin embargo, que la suerte no está echada. Al plantear los principios de la duda metódica, Descartes fundó una filosofía de un riguroso racionalismo que se desarrollará en el siglo XVIII con la filosofía de las luces. En estas condiciones importan menos las conclusiones personales de Descartes que su posteridad ideológica; sus reflexiones sobre el poder tienen una importancia política menor que su filosofía general. A este respecto, su influencia es inmensa, incluso en el campo político.

Por ello no hay que sorprenderse de que la política cartesiana haya dado materia para interpretaciones muy diversas:

1) Los marxistas ven en el *Discurso del método* el manifiesto de la civilización industrial y burguesa; en el cartesianismo perciben el reflejo de una sociedad desgarrada por el antagonismo entre la burguesía y la aristocracia (cf. el libro de Henri Lefebvre).

2) En cuanto a P.-H. Simon, finaliza de esta forma un artículo sobre Descartes publicado en *Le Croix:* "Si Descartes hubiera vivido en el siglo XVIII, habría que imaginarlo más próximo a Montesquieu que a Rousseau; hubiera sido uno de aquellos prudentes colaboradores de la Enciclopedia que pensaban en hacer avanzar la ciencia y las artes redactando artículos especializados, sin ocuparse en criticar a la Iglesia o a la Monarquía. Durante la Revolución no se le habría visto en los clubs, sino tal vez en el discreto círculo de los técnicos del tipo de Carnot, Lakanal o Condorcet, que se esforzaban en crear instituciones para dar a la sociedad una base más racional".

Ninguna de estas dos interpretaciones consiguen, a nuestro juicio, convencer.

2. Las ideas políticas de la Fronda.

Fronda parlamentaria, Fronda de los príncipes, Fronda popular: la Fronda ofrece para la historia de las ideas políticas una importancia que, por lo general, no parece haber sido valorada. En todo caso, la Fronda dio lugar a una obra maestra, si no del pensamiento, al menos de la literatura política, y de la literatura a secas: las *Memorias* del cardenal de Retz.

La Fronda presencia el nacimiento de una doctrina aparentemente revolucionaria. El Parlamento pretende distinguir entre el rey y el reino, entre el soberano y la nación, y afirma que él mismo encarna la nación. Pero esta revolución es retrógrada. El Parlamento piensa, ante todo, en proteger sus intereses de clase. Trata de defender a los propietarios de los cargos públicos, y de luchar contra las tendencias centralizadoras.

Como ha demostrado Ernst Kossmann, no hay una oposición radical entre la doctrina absolutista y la doctrina de los hombres de la Fronda. ¿Puede siquiera hablarse, propiamente, de una doctrina de la Fronda? Según Kossmann, la oposición no concentró nunca su acción y su pensamiento sobre un solo punto esencial. Los hombres de la Fronda no cesan de afirmar que defienden la monarquía absoluta de derecho divino. Se proclaman ultramonárquicos y tienen empeño en distinguirse de los revolucionarios ingleses. Para ellos, la noción de absolutismo continúa siendo la base de todas las teorías y esperanzas.

Por consiguiente, la Fronda es, a la vez, popular y monárquica. Las *mazarinades* * son, a éste respecto, documentos muy instructivos. Permiten comprender que los medios populares tienen, respecto al rey, sentimientos semejantes a los de los medios de toga e incluso a los del clero. Si las *mazarinades* arrastran por el fango a los favoritos y a los ministros —especialmente a Mazarino, el ministro detestado—, manifiestan, sin embargo, la más ardiente lealtad respecto al rey: "Contemplo a mi rey —se lee en una *mazarinade*—; le mimo y le respeto como a una persona sagrada; pero tengo horror por el bárbaro oficial que me tiraniza".

El autor más característico de la Fronda parlamentaria es, sin duda, Claude Joly. Sin embargo, la figura del cardenal de Retz domina todo este período.

A) Claude Joly.

Claude Joly (1607-1700) publica en 1652 un *Recueil de maximes véritables et importantes pour l'institution du roi, contre la fausse et pernicieuse politique du cardinal Mazarin, prétendu surintendant de l'education de Sa Majesté.*

Este libro fue condenado a ser quemado, por sentencia de 11 de enero de 1653. Claude Joly publicó, para defender su primera obra, unas *Lettres apologetiques* muy vigorosas.

Esta obra es importante:

1) A causa de la misma personalidad de Claude Joly. Antiguo abogado en el Parlamento de París, nieto de Antoine Loysel, el autor de las *Institutes coutumières*. Claude Joly pertenecía a una vieja familia de togados. Por consiguiente, su obra expresa la opinión de una notable parte de la burguesía parlamentaria.

2) Las ideas mantenidas por Claude Joly insisten ampliamente sobre las limitaciones del poder real. El capítulo II se titula: "Quel est le droit et le pouvoir d'un roi sur ses sujets?"; concluye que "el poder de los reyes es limitado y moderado. no pudiendo disponer de sus súbditos a su voluntad y placer". El capítulo XI afirma "que los reyes no tienen derecho a establecer impuestos sobre sus pueblos sin su consentimiento". En varias ocasiones el autor se alza contra "la audacia y la extravagancia" de las gentes de la corte que repiten que los reyes son señores de las vidas y los bienes de sus súbditos.

La obra de Claude Joly manifiesta claramente el antagonismo entre cortesanos y parlamentarios y se inscribe —en lo que concierne a las relaciones con la Iglesia— en la pura línea galicana.

B) El cardenal de Retz.

Paul de Gondi, cardenal de Retz (1621-1679), fracasó totalmente en su carrera política; todavía más que Condé, es el gran derrotado de la Fronda. Pero las *Mémoires* de este vencido constituyen un libro triunfante de desenvoltura y de cinismo, y resplandeciente de inteligencia.

Retz es un personaje del Renacimiento italiano. Tiene la pasión de la intriga, y la política le divierte prodigiosamente. Tiene el genio del teatro (las palabras "teatro", "comedia", "actores", aparecen sin cesar en sus obras). Ama su papel de cardenal ("Tal vez sea el alma menos eclesiástica que hubo en el universo"), y prefiere el papel de jefe de partido a las servidumbres del poder. ("Estoy persuadido de que se necesitan más grandes cualidades para formar un buen jefe de partido que para hacer un buen emperador del universo"). "Parecía ambicioso, sin serlo", dice Rochefoucauld. Sabe que las dos principales cualidades del ambicioso son la flexibilidad y la continuidad de miras; pero no es ni flexible ni paciente. Pasa continuamente del maquiavelismo a la comedia italiana.

Retz es un solitario en su propio campo. Durante la primera Fronda, juzga severamente a los parlamentarios, sus aliados: "El fondo del espíritu del Parlamento es la paz, y se aleja de ella muy poco...; no hace la guerra más que a través de oficios y de ujieres, y los mayores truenos de elocuencia terminan en decretos para informar y en conclusiones

---

* Nombre dado a las canciones y folletos contra Mazarino.

de encuesta"; así, por ejemplo, ninguna fuerza del mundo podría impedir al Parlamento levantar la sesión a mediodía y a las diecisiete horas. Durante la segunda Fronda, Retz intenta formar un tercer partido entre Conde, por un lado, y la reina y Mazarino, por otro. Pero su empresa estaba abocada al fracaso y él lo sabía.

Este solitario, que parece un superviviente de una época acabada, se encuentra singularmente adelantado, en ciertos aspectos, sobre su época. Ha sentido el poder de la opinión; ha apostado sobre París; ha comprendido que el misterio es la baza del despotismo y ha sabido hacerse popular. Fue el primero en comprender que el principal actor de la Fronda era el pueblo de París.

Pero si Retz comprende la diferencia entre una conspiración y una revolución, sus ideas políticas son retrógradas. Está dominado por su odio a Mazarino (a quien admira quizá secretamente, como se admira a un jugador de primera magnitud), pero sus construcciones políticas son sumarias. Por lo demás, no piensa en ofrecer una teoría del poder; tiene confianza en el resplandor de la verdad: "La verdad, cuando tiene quilates, arroja un cierto resplandor, al que no cabe resistir".

Retz encarna bien la generación anterior a Luis XIV, con su orgullo, su independencia, su voluntad de no ser engañada y su cierto tono pre-stendhaliano. La nostalgia de la Fronda aparece en las *Máximas* de La Rochefoucauld, antiguo partidario de la Fronda (pesimismo moral y político, primacía del egoísmo y de la razón de Estado), y también en las *Cartas* de Mme. de Sévigné. Las ideas políticas de Retz se encontrarán con apreciables variantes, en Fénelon, Saint-Simon y Montesquieu.

3. La época de Luis XIV.

Después de la Fronda, Francia aspira al orden y a la paz. Mientras que Luis XIV encarna la monarquía absoluta, Bossuet es su infatigable teórico.

A) Luis XIV.

El absolutismo de Luis XIV se manifiesta mejor en su acción diaria que en sus escritos (*Mémoires, Instructions politiques et morales, Réflexions sur le métier de roi*).

Las *Mémoires de Louis XIV pour l'instruction du dauphin* (que había nacido en 1661) no constituye ni una obra cabal (se reconoce en ella la huella de varios redactores) ni una obra original. Se parece a las numerosas obras escritas para la educación de Luis XIV: *Discours politiques des rois*, de Scudéry; *Doctrine des moeurs*, de Gomberville; *Institution du prince*, de Vauquelin des Yvetaux; *Mémoires pour un souverain*, de Arnauld d'Andilly, diversos tratados de La Mothe Le Vayer. Todos estos textos ofrecen muchos rasgos comunes: no tratan más que de la grandeza de los reyes, de su poder, de sus deberes, de sus virtudes. Esta literatura pedagógica y moral es muy monótona. Si Luis XIV no se hubiese convertido en el "Rey Sol", es muy dudoso que sus *Memorias* fuesen consideradas como una obra importante.

Precisamente, el interés principal de las *Memorias* consiste en captar la personalidad de Luis XIV, detrás de las tradicionales consideraciones sobre la prudencia del príncipe, la utilidad del estudio y la virtud, los inconvenientes de la precipitación, etc. La edición Dreyss permite seguir los diferentes estados del texto: hojas redactadas por la mano del rey, diario (sin duda, dictado) y, por último, *Memorias*, elaboradas por los historiógrafos oficiales según el diario. De esta forma se encuentran de cuando en cuando, después de largos desarrollos edificantes, notas como las siguientes, en las que se percibe la garra de Luis XIV:

— "Aplicación continua para hacerme capaz para la guerra.
— Deseo de hacerla.
— Razones por todos lados.
— Facilidad para obtener marineros".

Se nos muestra así la imagen de un muchacho (la mayor parte del diario corresponde a los años 1666, 1667 y 1668) que se preocupa poco de la doctrina y que se dirige hacia la conquista y hacia un poder que no quiere compartir con nadie. Al dirigirse al Delfín,

Luis XIV no se mira más que a sí mismo. No habla más que de él (y, sobre todo, de política exterior); no aparecen los ministros, ni siquiera Colbert; la nación, tampoco. Tras esto, los historiógrafos han realizado su trabajo: "Quienes han nacido como nosotros con inclinaciones virtuosas...".

Se ha glosado mucho la frase atribuida a Luis XIV —y de dudosa autenticidad— "El Estado soy yo". En realidad, es inútil oponer a esta frase la atribuida a Federico II: "Yo soy el Estado". Sería fácil citar numerosos textos que prueban claramente lo vivo que era en Luis XIV el sentido de la majestad y la perennidad del Estado. En 1679 escribe: "El interés del Estado debe marchar el primero. En cuanto se toma en consideración al Estado, se trabaja para sí. El bien del uno hace la gloria del otro...". En su lecho de muerte dice: "Me voy... Pero el Estado permanecerá siempre". (Véase sobre este punto F. Hartung, "L'Etat c'est moi", *Historische Zeitschrift*, 1949).

B) BOSSUET.

Imagen oficial de Bossuet (1627-1704): el retrato hecho por el pintor Rigaud; el soldado de Dios, el campeón de la fe, potencia, nobleza y serenidad.

En realidad, Bossuet es un derrotado: "En el atardecer de esa gran batalla que cree ganada no presiente que él es el gran vencido". Y Louis Guillet no vacila en presentar a Bossuet como "eterno candidato, eternamente fracasado, a una especie de presidencia del Consejo".

Resulta singular el constatar que Bossuet suscita todavía juicios apasionados. Para Raymond Schmittlein, autor de un libro inútilmente violento, es "un siervo deslumbrado por su soberano, un plebeyo ávido de poder". Antoine Adam es más moderado y sus análisis son substancialmente diferentes; pero disimula mal su antipatía respecto a Bossuet y sugiere que su ascendiente se debió, en gran parte, a la influencia oculta de la Compañía del Santo Sacramento.

Bossuet no era un pensador. Este hombre robusto y de buena salud, más accesible a la cólera que a la inquietud y de una fe aparentemente inquebrantable, no se inclina ni hacia la metafísica ni hacia la mística. La historia y la política son para él corolarios de la fe. Bossuet no trata de presentar una teoría política de conjunto. Sus obras políticas están inspiradas:

— bien por preocupaciones pedagógicas: la *Politique tirée des propres paroles de L'Ecriture Sainte* y el *Discours sur l'Histoire universelle* están redactados para la educación del Delfín, de quien Bossuet fue preceptor de 1670 a 1680;

— bien por las necesidades de la polémica contra los protestantes (*Histoire des variations des Eglises protestantes,* 1688; *Avertissements aux protestants sur les lettres du ministre Jurieu*) o contra Fénelon (*Relation sur le quiétisme,* 1698).

La política de Bossuet, pedagógica o polémica, es siempre fundamentalmente católica.

La Historia tiene para Bossuet el objeto de inspirar a los príncipes saludables lecciones: "Cuando la Historia fuera inútil para los demás hombres, habría que hacérsela leer a los príncipes". La Historia es una especie de drama divino, el pensamiento de Dios realizándose en la tierra; las revoluciones están "destinadas a humillar a los príncipes".

El *Discours sur l'histoire universelle* debe mucho a la *Ciudad de Dios* de San Agustín; la Historia es obra de la Providencia. Pero este providencialismo está acompañado por un determinismo a lo Polibio (que es para Bossuet el mayor historiador de la Antigüedad), conduciendo todo ello a la necesidad del orden y a la legitimidad de los poderes establecidos.

Igualmente, la *Histoire des variations* es un libro de tesis; para Bossuet, las variaciones son el signo del error, y la inmutabilidad el signo de la verdad: "Todo lo que varía, todo lo que se carga de términos dudosos y encubiertos ha parecido siempre sospechoso, y no sólo fraudulento, sino también absolutamente falso, porque indica una confusión que la verdad no conoce en absoluto". Así, la Reforma se reduce para Bossuet a la "rebelión de algunos hombres de Iglesia que por capricho inventaban nuevos dogmas y terminaban por casarse...".

La política de Bossuet está expuesta de forma sistemática en la *Politique tirée de l'Ecriture Sainte*. Bossuet demuestra en esta obra que los principios de la política están contenidos en la Escritura; y aunque la apariencia del libro es "majestuosamente inactual", las preocupaciones de actualidad resultan muy visibles.

Bossuet muestra allí una constante preocupación por el orden y la unidad: "En la unidad está la vida; fuera de la unidad, la muerte segura". La ley es definida así: "Reglas generales de conducta a fin de que el gobierno sea constante y uniforme". El libro I (la obra tiene diez) contiene consejos muy precisos que parecen dirigirse más bien a los súbditos que al monarca. Trata sobre todo de demostrarles la necesidad de la obediencia mediante el argumento de autoridad ("Los apóstoles y los primeros fieles fueron siempre buenos ciudadanos") y, a la vez, mediante el argumento de utilidad ("Quien no ame a la sociedad civil de la que forma parte, es decir, al Estado en el que ha nacido, es enemigo de él mismo y de todo el género humano").

Para Bossuet la monarquía es la forma de gobierno más común, más antigua y más natural. Pero aunque manifieste de esta forma su preferencia por la monarquía, no excluye en absoluto las demás formas de gobierno: "No hay ninguna forma de gobierno ni ninguna institución humana que no tenga sus inconvenientes; de forma que hay que permanecer en el estado al que el pueblo se ha acostumbrado por obra de un largo período de tiempo. Por esta razón, Dios toma bajo su protección a todos los gobiernos legítimos, en cualquier forma que estén establecidos: quien pretenda derribarlos no es sólo enemigo público, sino también enemigo de Dios". De esta forma reaparece el tema de la obediencia, que domina toda la obra: Bossuet es todavía más partidario de la autoridad que de la monarquía.

La autoridad real tiene para Bossuet cuatro caracteres: es sagrada (los príncipes son los lugartenientes de Dios sobre la tierra), paternal (analogía con las tesis sostenidas por Filmer en Inglaterra), absoluta (pero no hay que confundir poder absoluto y poder arbitrario) y sometida, por último, a la razón (el príncipe debe actuar por razón, y no por pasión o por humor).

Bossuet dedica un libro de su *Politique* a enumerar los deberes de la realeza hacia la religión y hacia la justicia: "Cuando menos tiene (el rey).

que dar cuentas a los hombres, más tiene que dar cuentas a Dios...". "Oh reyes, vuestro poder es divino, pero os hace débiles".

Las ideas de Bossuet sobre economía están expuestas en el décimo libro de la *Politique*, donde se encuentra una singular justificación del mercantilismo en nombre de la Sagrada Escritura: "Un Estado floreciente es rico en oro y plata...". "La primera fuente de toda riqueza es el comercio y la navegación". Como Richelieu, Bossuet declara que "el príncipe debe moderar los impuestos y no debe agotar al pueblo"; "Las verdaderas riquezas de un reino son los hombres".

El *galicanismo de Bossuet* —al que recientemente A.-G. Martimort ha dedicado un estudio de conjunto— concuerda con las concepciones de Luis XIV. Bossuet es galicano por tradición de familia, por instinto, por formación doctrinal, pero es un galicano muy moderado. Los cuatro artículos que redacta en 1682 son todo lo romanos que podían ser en una asamblea antirromana. Niegan las pretensiones del Papado sobre el poder temporal de los reyes y afirman "que los reyes y los soberanos no se encuentran sometidos, por orden de Dios, a ningún poder eclesiástico en las cosas temporales..., que sus súbditos no pueden ser dispensados de la sumisión y obediencia que les deben o absueltos de los juramentos de fidelidad, y que esta doctrina, necesaria para la tranquilidad pública y no menos beneficiosa para la Iglesia que para el Estado, debe ser seguida de modo inviolable como conforme con la palabra de Dios, con la tradición de los Santos Padres y con los ejemplos de los santos".

Bossuet ofrece así una teoría, si no original, al menos perfectamente coherente. Para Bossuet, como para Hobbes, la última palabra de la política es la sumisión al poder; pero llegan a esta conclusión común por caminos opuestos: individualismo laico y utilitarismo en Hobbes, respeto por la tradición y abandono a la Providencia en Bossuet. El absolutismo de Hobbes y el de Bossuet son, por consiguiente, de esencia profundamente diferente; a nuestro juicio, se ha exagerado a veces la influencia que haya podido ejercer sobre Bossuet el pensamiento de Hobbes.

BIBLIOGRAFIA

I. DOCTRINAS ABSOLUTISTAS Y REALIDADES POLÍTICAS

Historia general.—La obra de conjunto más reciente en lengua francesa es la de Roland MOUSNIER, *Les XVI et XVII siècles*, en la *Histoire générale des civilisations*, publicada por Presses Universitaires (tomo IV), 3.ª ed., 1961, 860 págs. [Hay versión española: *Los siglos XVI y XVII*, traducción de Juan Reglá, Barcelona, Destino, 1959, 657 págs.] Véase también, en la colección "Clío", Edmond PRÉCLIN y Víctor-L. TAPIÉ, *Le XVII siècle*, P. U. F., 2.ª ed., 1949., 814 págs.; en la colección "Peuples et civilisations", Henri HAUSER, *La prépondérance espagnole (1559-1660)*, 3.ª ed., 1948, 593 págs., y Philippe SAGNAC y A. DE SAINT-LÉGER, *Louis XIV (1661-1715)*, P. U. F., 3.ª ed., 1949, 694 páginas. Ninguno de estos volúmenes se ocupa demasiado de la historia de las ideas políticas.

Historia de las ideas políticas.—*Obras generales.*—No existen para el siglo XVII obras generales comparables a la de MESNARD (*op. cit.*) para el XVI. El libro de F. J. C. HEARNSHAW (ed.), *The Social and Political Ideas of Some Great Thinkers of the Sixteenth and Seventeenth Centuries*, Londres, 1926, Nueva York, Barnes and Noble, 1949, 220 páginas, es una recopilación de estudios discontinuos (sobre Bodin, Hooker, Suárez, Jacobo I, Hobbes y Spinoza).

Algunos estudios importantes de orden general: F. MEINECKE (*op. cit.*). J. N. FIGGIS, *The divine right of Kings*, Cambrigde, U. P., 2.ª ed., 1914, 406 págs. [Hay traducción española: *El derecho divino de los Reyes y tres ensayos adicionales*, versión de Edmundo O'Gorman, Méjico, Fondo de Cultura Económica, 1942, 326 págs.] (estudio a fondo. en un contexto esencialmente británico). Mario GALIZIA, *La teoria della sovrenità dal Medio Evo alla Rivoluzione francesa.* Milán, Giuffré, 1951, VII-544 págs. C. E. VAUGHAN, *Studies in the History of Political Philosophy before and after Rousseau,* Manchester, U. P., 1939, 2 vols., XXIX-364 págs., XXVI-336 págs. El primer volumen está dedicado a Hobbes, Spinoza, Locke, Vico, Montesquieu, Hume; el segundo, a Burke, Kant, Fichte, Hegel, Comte y Mazzini (una obra clásica).

Sobre Francia sólo existe en francés un estudio de conjunto: Henri SÉE, *Les idées politiques en France au XVII siècle,* Hachette, 1920, 269 págs. (útil análisis de las doctrinas, con pocas referencias a la evolución social). Sobre España: José Antonio MARAVALL, *La teoría española del Estado en el siglo XVII,* Madrid, Instituto de Estudios Políticos, 1944, 428 págs.; traducción francesa: *La philosophie politique espagnole au XVII siècle,* Vrin, 1955, 335 págs. Francisco MURILLO FERROL, *Saavedra Fajardo y la política del barroco,* Madrid, Instituto de Estudios Políticos, 1957, 363 págs. Sobre Inglaterra véase la sección III de este capítulo, así como las secciones III y IV del capítulo siguiente.

Economía y política.—La obra fundamental sobre el mercantilismo es la de Eli F. HECKSCHER, *Mercantilism,* ed. ing., Londres, Allen and Unwin, 2.ª ed., 1955, 2 vols. [Hay traducción española: *La época mercantilista. Historia de la Organización y de las ideas económicas desde el final de la Edad Media hasta la sociedad liberal,* trad. Wenceslao Roces, Méjico, Fondo de Cultura Económica, 1943, XIV-874 págs.] Puede completarse con Philip W. BUCK, *The politics of mercantilism,* Nueva York, Henry Holt, 1942, 240 páginas.

Sobre las relaciones entre la historia de las ideas y la evolución económica y social existen dos obras muy sugestivas: R. H. TAWNEY, *La religion et l'essor du capitalisme,* traducción franc., Rivière, 1951, XIX-320 págs. [Hay traducción española: *La religión en el orto del capitalismo,* versión de Jaime Menéndez, Madrid, Editorial Revista de Derecho Privado, 1936, 517 págs.] (subraya las vinculaciones entre el espíritu puritano y el espíritu capitalista). Bernard GROETHUYSEN, *Origines de l'esprit bourgeois en France,* tomo I: *L'Eglise et la bourgeoisie,* Gallimard, 1927, XIV-299 págs. [Hay versión española: *La formación de la conciencia burguesa en Francia durante el siglo XVIII,* trad. de José Gaos, Méjico, Fondo de Cultura Económica, 1943, XV-648 págs., con una introducción del traductor.]

Sobre las relaciones entre las ideas políticas y las religiosas: Edmond PRÉCLIN y Eugène JARRY, *Les luttes politiques et doctrinales aux XVII et XVIII siècles,* Bloud & Gay, 1955-56, 2 vols., 838 págs. en la colección de la "Histoire de l'Eglise", dirigida por J.-B. DUROSELLE y E. JARRY (muy documentada, pero tiende a exponer los hechos más que a extraer las corrientes de pensamiento; útiles bibliografías sobre el jansenismo, el galicanismo, la francmasonería, la influencia de los jesuitas, etc.).

Ideas políticas, arte y literatura.—Un libro interesante: Víctor-L. TAPIÉ, *Baroque et classicisme,* Plon, 1957, 837 págs. (muestra cómo el barroco es la expresión de un determinado orden religioso, social y político, y que desaparece con la decadencia de ese orden). Sobre la literatura véase, sobre todo, Antoine ADAM, *Histoire de la littérature française au XVII siècle,* Domat, 1948-1956, 5 vols. El último volumen, *La fin de l'école classique (1680-1715),* contiene numerosas informaciones sobre la historia de las ideas políticas.

El problema de las relaciones entre *la evolución de las ciencias y la evolución del pensamiento político* es en extremo importante. Una buena introducción en Robert LENOBLE, *Origines de la pensée scientifique moderne,* Encyclopédie de la Pléiade, *op. cit.,* páginas 367-534. A completar especialmente con los trabajos de Alexandre KOYRÉ y de Pierre BRUNET.

II. EL DERECHO NATURAL Y EL PODER

Existen numerosas obras generales sobre el derecho natural. Véase en especial Louis LE FUR, *La théorie du droit naturel depuis le XVII siècle et la doctrine moderne.* Recueil des cours de l'Académie de Droit international, 1927, tomo XVIII, págs. 261-439 (niega que Grocio fuera un innovador e insiste en sus vínculos con los teóricos católicos). Georges GURVITCH, *L'idée du droit social, histoire doctrinale depuis le XVII siècle jusqu'à la fin du XIX siècle*, Sirey, 1932, 713 págs. (monumental obra de filosofía del derecho; véase especialmente la segunda parte, titulada "L'école du droit social naturel et les physiocrates"). Henri ROMMEN, *Le droit naturel*, Friburgo-París, 1945, 311 págs. (la primera parte es una exposición densa y abstracta, y la segunda una síntesis doctrinal). Otto GIERKE, *Natural Law and the theory of society 1500 to 1800 with a lecture on the ideas of natural law and humanity by Ernst Troeltsch*, Cambridge, U. P., 1950, XCI-423 págs. (con una importante introducción de Ernest BARKER). A. P. D'ENTRÈVES, *Natural Law, an introduction to legal philosophy*, Londres, Hutchinson, 1957, 126 págs. (breve, pero muy denso). Leo STRAUS, *Droit naturel et histoire*, trad. francesa, Plon 1954, 391 págs. (análisis a fondo, de difícil lectura; sin duda, la mejor obra reciente sobre el tema del derecho natural; estudios sobre Hobbes, Locke, Rousseau y Burke), Robert DÉRATHÉ, *Jean-Jacques Rousseau et la science politique de son temps*, P. U. F., 1950, XIV-464 págs. (analiza ampliamente las relaciones entre Rousseau y los teóricos del derecho natural; bibliografía detallada). Indiquemos, por último, la publicación colectiva del Instituto internacional de Filosofía política, titulada: *Le droit naturel*, P. U. F., 1960, 2 vols. Sobre las doctrinas del contrato social. J. W. GOUGH, *The social Contract, A critical study of its development*, 2.ª ed., Oxford, Clarendon Press, 1957, x-260 págs.

Textos.

Grocio.—El *De iure belli ac pacis* fue traducido al francés por BARBEYRAC en 1724, y por PRADIER-FODÉRÉ en 1865-67 (3 vols.) [Hay versión castellana: *Del derecho de la guerra y de la paz*, trad. Jaime Torrubiano, Madrid, Clásicos Jurídicos, 1918-1919, 4 vols.] La mejor traducción francesa del *Mare Liberum* es la de GUICHON DE GRANDPONT (*Annales maritimes et coloniales*, abril y mayo de 1845, 81 págs.) [Hay versión española: *De la libertad de los mares*, trad. de Vicente Blanco García y Luis García Arias, Madrid, Instituto de Estudios Políticos, 1956, 174 págs.] En cuanto al *De Iure praedae*, ha sido reeditado, en 1950, por Clarendon Press, en Oxford, en la colección "The Classics of international Law".

Pufendorf.—El *De iure naturae et gentium* fue traducido en 1706 por BARBEYRAC; el *De officiis hominis et civis*, en 1707. Estas dos obras han sido reeditadas en inglés, respectivamente, en 1934 y 1927, en la colección "The Classics of international Law". Sobre las ediciones de Burlamaqui, Wolff, Vattel, véase la bioblliografía del libro anteriormente citado de R. DÉRATHÉ.

Estudios.

Para abordar el estudio de Grocio, Jacob TER MEULEN, *Concise bibliography of Hugo Grotius*, Leyden, Palace of peace, 1925, 88 págs. Hamilton VREELAND, *Hugo Grotius, the father of the modern science of international law*, Nueva York, Oxford, U. P., 1917, XIII-258 págs. W. S. M. KNIGHT, *The life and works of Hugo Grotius*, Londres, Sweet and Maxwell, 1925, XIV-304 págs.

Sobre Pufendorf, Heinrich VON TREITSHKE, *Samuel Pufendorf, Historische und Politische Aufsätze*, tomo IV, Leipzig, 1897, págs. 202-303 (resulta notable la admiración hacia Pufendorf por parte de un autor de un nacionalismo y anticlericalismo conocidos). Véanse también las introducciones de W. SIMONS y W. SCHUECKING en la edición inglesa anteriormente citada.

Sobre Barbeyrac, Philipe MEYLAN, *Jean Barbeyrac (1674-1744) et les débuts de l'enseignement du droit dans l'ancienne Académie de Lausanne*, Lausana, 1937, 260 págs.

Sobre Burlamaqui, Bernard GAGNEBIN, *Burlamaqui et le droit naturel*, Ginebra, Editions de la Frégate, 1944, 318 págs.; R. F. HARVEY, *Jean-Jacques Burlamaqui. A liberal tradition in American Constitutionalism*, Chapel-Hill, 1937, VIII-216 págs. (destaca la influencia de Burlamaqui en Estados Unidos).

III. Utilitarismo y absolutismo en Inglaterra

Estudios generales. — J. W. Allen, *English Political Thought 1603-1660*, vol. I: *1603-1644*, Londres, Methuen, 1938, x-526 págs. (fundamental, especialmente en lo referente al puritanismo político; detallado análisis de numerosos autores poco conocidos por los lectores franceses). G. P. Gooch, *The History of English Democratic Ideas in the seventeenth Century*, Cambridge, U. P., 2.ª ed., 1927, viii-363 págs. (obra fundamental que asocia con acierto la historia de las doctrinas con la historia social; contiene, por ejemplo, un capítulo sobre las ideas políticas del ejército). G. P. Gooch, *Political Thought in England from Bacon to Halifax*, Londres, Williams and Norgate, 1915, 256 páginas (estudio menos elaborado que el precedente libro del mismo autor; panorama completo, mientras que la obra antes citada está centrada sobre las concepciones democráticas). Pérez Zagorín, *A History of political thought in the English Revolution*, Londres, Routlegde and Kegan Paul, 1954, 208 págs. (estudio de conjunto de las teorías políticas en Inglaterra entre 1640 y 1660, con substanciales desarrollos sobre los "Levellers", los "Diggers", Milton, Harrington, etc.; un capítulo sobre Hobbes, págs. 164-188). William Haller, *The rise of puritanism or the way to the new Jerusalem as set forth in pulpit and press from Thomas Cartwright to John Lilburne and John Milton, 1570-1643*, Columbia, U. P., 1938, viii-464 págs.

Trabajos sobre la revolución inglesa.—A la interpretación de Tawney, que subraya las vinculaciones entre el capitalismo y el puritanismo, se opone la de Hugh Trevor Roper, según el cual: "La gran rebelión no es la clarividente reivindicación de la burguesía y de la *gentry* en trance de "ascender", sino la ciega protesta de la *gentry* empobrecida"; el sueño de los independientes habría sido "una especie de república de hidalgos campesinos descentralizada y anárquica, una Dieta polaca". La "revolución puritana no significa una etapa en la ascensión de la burguesía; constituye una protesta de las victimas de una depresión general contra una burocracia privilegiada, contra una Ciudad capitalista" (tesis vigorosa pero un tanto excesiva): "La Révolution anglaise de Cromwell, une nouvelle interprétation", *Annales*, julio-septiembre de 1955, págs. 331-340.

El punto de vista marxista ha sido expuesto por Ch. Hill, "L'oeuvre des historiens marxistes anglais sur l'histoire britanique du xvi et du xvii siècle", *La Pensée*, enero-febrero de 1950, págs. 51-62 (critica la noción de "revolución puritana", e insiste sobre las causas económicas y sociales de la revolución).

Sobre la influencia de las ideas inglesas en Francia: Georges Ascoli, *La Grande-Bretagne devant l'opinion française au XVII siècle*, París, J. Gamber, 1930, 2 vols. (documentación muy rica).

Obras de Hobbes.—No existe en francés ninguna edición satisfactoria; la traducción de R. Antony (1921) es buena, pero sólo contiene la primera parte del libro, lo que entraña el peligro de falsear gravemente las perspectivas. Por consiguiente, es preciso recurrir a la edición inglesa de Michael Oakeshott, Oxford, 1946 (con una substancial introducción). [Hay versión española: Hobbes, *Leviatán, o la materia, forma y poder de una república eclesiástica y civil*, traducción de M. Sánchez Sarto, Méjico, Fondo de Cultura Económica, 1940, xxviii-620 págs.] De las restantes obras de Hobbes sólo existen en francés ediciones antiguas, especialmente: *Oeuvres philosophiques et politiques* de Thomas Hobbes, Neuchâtel, 1787. El vol. I contiene *Les éléments du citoyen;* el vol. II, el *Corps politique* y la *Nature humaine*. Ferdinand Tönnies publicó en 1889, en Londres, una edición crítica de los *Elements of Law*, 2.ª ed., Cambridge, U. P., 1928.

Trabajos sobre Hobbes.—El estudio de conjunto más reciente en francés es el de Raymond Polin, *Politique et philosophie chez Thomas Hobbes*, P. U. F., 1953, xx-268 págs. (punto de vista más filosófico que político). Bernard Landry, *Hobbes*, Alcan, 1930, 279 páginas (punto de vista católico, tratamiento bastante superficial de los problemas políticos). Ferdinand Tönnies, *Thomas Hobbes, der Mann und der Denker*, 2.ª ed., Stuttgar, 1922, 249 págs. [Hay versión española: *Vida y doctrina de Tomás Hobbes*, trad. de Eugenio Imaz, Madrid, Revista de Occidente, 1932, 337 págs.] (muy importante.) Z. Lubienski, *Die Grundlagen des ethisch-politischen Systems von Hobbes*, Munich, Reinhardt,

1932, 302 págs. (con una' excelente bibliografía de todos los trabajos anteriores a 1932).
J. VIALATOUX, *La cité de Hobbes, théorie de l'Etat totalitaire*, Lyon, Chronique sociale
de France, 1935, 224 págs. (profesor de Filosofía en el Instituto des Chartreux de
Lyon, el autor acusa a Hobbes de totalitarismo; vid. la recensión de este libro hecha
por René CAPITANT, en los *Archives de philosophie du droit et de sociologie juridique*,
1936, núms. 1-2, págs. 46-75). Leo STRAUSS, *Political Philosophy of Hobbes. Its basis
and genesis*, Oxford, 1936, Chicago, U. P., 1952, XXII-172 págs. (muy importante; vid. un
resumen en francés de las tesis de Leo STRAUSS sobre Hobbes en *Droit naturel et histoire*,
París, 1954, págs. 181-215). *La pensée et l'influence de Thomas Hobbes*, recopilación de
estudios en los *Archives de philosophie*, vol. XII. 1936. El estudio de VAUGHAN en *Studies
in the History...*, vol. I, critica a Hobbes, sin arrojar luz sobre su obra. John BOWLE,
Hobbes and his critics. A study in the seventeenth century constitutionalism, Londres,
J. Cape, 1951, 215 págs. (estudio a fondo de los autores ingleses que han criticado a
Hobbes, cuya obra anuncia la de Locke). Richard PETERS, *Hobbes*, Penguin Books, 1956,
271 págs. (breve pero denso; ofrece el interés de colocar la política de Hobbes en el
conjunto de su sistema). Howard WARRENDER, *The political philosophy of Hobbes*,
Londres, Clarendon Press, 1957, XII-347 págs. Sobre este libro vid. John PLAMENATZ.
Mr. Warrender's Hobbes, *Political Studies*, octubre de 1957, págs. 295-308 (refuta minuciosamente la tesis de 'Warrender según la cual Dios es necesario en el sistema político de Hobbes).

Estudios más breves: Georges DAVY, "Sur la cohérence de la politique de Hobbes",
Echanges sociologiques, 1947, págs. 9-20; "Sur la politique de Hobbes", *Mélanges Scelle*,
1950, tomo I, págs. 207-211 ("Hobbes, conocido sobre todo como el mayor teórico del
absolutismo, no es sólo esto, y quizá no es ni siquiera principal y esencialmente eso");
Raymond POLIN, "Signification de la paix chez Hobbes", *Revue française de science
politique*, abril-junio de 1954, págs. 252 y sigs. (aclara con acierto la fundamental importancia del tema de la paz en el pensamiento de Hobbes); del mismo autor, "La force
et son emploi dans la politique de Hobbes", *Revue internationale de philosophie*, octubre
de 1950; J. W. WATKINS, "The Posthumous Career of Thomas Hobbes", *The Review
of Politics*, julio de 1957.

IV. EL ABSOLUTISMO FRANCÉS. PROGRESO Y DIFICULTADES

Además de las obras citadas en el primer apartado del capítulo, especialmente la de
Henri SEE, hay que mencionar varios estudios generales: "Comment les Français voyaient
la France", *Bulletin de la Société d'études du XVII siècle*, 1955, núms. 25-26 (indica
perspectivas de investigaciones para definir las ideas políticas de las diferentes clases
sociales, con bibliografías útiles; véase especialmente la contribución de R. MOUSNIER
Comment les Français voyaient la Constitution). Rudolf VON ALBERTINI, *Das politische
Denken in Frankreich zur Zeit Richelieus*, Zurich, 1951, 60 págs. (breve estudio de conjunto, pero muy denso, sobre el pensamiento político en la época de Richelieu; buena
bibliografía). Martin GÖHRING, *Weg und Sieg der modernen Staatsidee in Frankreich*,
vom Mittelalter zu 1789, Tubinga, 1946, 282 págs. (importante).

Algunos estudios particulares.—Roland MOUSNIER, "L'opposition politique bourgeoise
a la fin du XVI et au début du XVII siècle, Louis Turquet de Mayerne", *Revue historique*,
enero-marzo 1955, págs. 1-20 (estudia al autor de *La monarchie aristo-démocratique*, demuestra que no es simple heredero de los "monarcómanos" y que anuncia la filosofía
de las luces). J. DECLAREUIL, "Les idées politiques de Guez de Balzac", *Revue de droit
public et de la science politique*, octubre-diciembre de 1907, págs. 633-674. Gilbert PICOT,
Cardin Le Bret et la doctrine de la souveraineté, Nancy, Société d'Impressions typogra-
phiques, 1948, 231 págs. (trabajo concienzudo, sin mucha amplitud). Guy THUILLIER,
"Politique et économie au XVII siècle. Le "Conseiller d'Etat" de Philippe de Béthune
(1633)", *Revue économique*, enero de 1958, págs. 144-150.

Dos libros importantes: René PINTARD, *Le libertinage érudit dans la première moitié
du XVII siècle*, Boivin, 1943, XI-765 págs. Paul BÉNICHOU, *Morales du grand siècle*,
Gallimard, 1948, 232 págs. (uno de los mejores libros sobre el siglo XVII; excelentes observaciones sobre la política de Corneille, de Racine y de Pascal). Véase también Georges COUTON, *La politique de La Fontaine*, Les Belles-Lettres, 1959, 155 págs.

Richelieu.—La mejor edición del *Testament* es la de Louis ANDRÉ, Laffont, 1947, 524 págs. [Una antigua edición castellana: RICHELIEU, *Testamento político*, Madrid, 1696]. Véase también las *Maximes d'Etat et fragments politiques*, publicados por G. HANOTAUX en 1880 (colección de "Documents inédits sur l'histoire de France"). La edición ANDRÉ ha dado lugar a un interesante artículo de R. MOUSNIER, "Le testament politique de Richelieu (à propos d'un livre récent)", *Revue historique*, enero-marzo de 1949, págs. 55-71. Véase también el debate anteriormente citado en la Société d'Histoire Moderne, *Bulletin de la Société d'Histoire Moderne*, diciembre de 1951-enero de 1952. Sobre Richelieu: Víctor L. TAPIÉ, *La France de Louis XIII et de Richelieu*, Flammarion, 1952, 563 págs. G. HANOTAUX y duc DE LA FORCE, *Histoire du cardinal de Richelieu*, Firmin-Didot & Plon. 1893-1947, 6 vols. Louis BATIFFOL, *Richelieu et le roi Louis XIII*, Calmann-Lévy, 1934, 315 págs. Karl J. BÜRCKHARD, *Richelieu, des Aufstieg zur Macht*. Munich, Callwey, 1935, 534 págs. Henri HAUSER, *La pensée et l'action économique du cardinal de Richelieu*, P. U. F., 1944, 196 págs.

La Fronda.—El estudio más reciente es el de Ernest H. KOSSMANN, *La Fronde*, Leyden, 1954, 275 págs. (critica vigorosamente las tesis de Chéruel, e insiste sobre el conservadurismo de los hombres de la Fronda y en su concepción del Estado barroco). Boris PORCHNEV ha ofrecido una interpretación marxista (a la que se ha opuesto Kossmann): *Narodnie Vosstania vo Francu pered Frondoï 1623-1648 (Las revueltas populares en Francia anteriores a la Fronda)*, Moscú, 1948. Este libro no ha sido traducido al francés, con excepción del prefacio, que ha aparecido en *La Pensé* (enero-febrero y marzo-abril de 1952). Hay trad. alemana: *Die Volksaufstände in Frankreich vor der Fronde 1623-1648*, Leipzig, 1954, 542 págs. V.-L. TAPIÉ expone y critica las tesis de PORCHNEV en su libro anteriormente citado, *La France de Louis XIII et de Richelieu*. Artículos a señalar: Henri SÉE, "Les idées politiques à l'époque de la Fronde", *Revue d'histoire moderne et contemporaine*, tomo III, 1901-1902, págs. 713-738. R. MOUSNIER, "Quelques raisons de la Fronde. Les causes des journées révolutionnaires parisiennes de 1648", *Bulletin de la Société d'études du XVII siècle*, 1949, núm. 2, págs. 33-78.

Resulta cómodo consultar las *Mémoires* del cardenal DE RETZ en la edición de la Pléiade, por M. ALLEM, Gallimard, 1950, 1003 págs.

Descartes.—Los trabajos dedicados a Descartes desde el comienzo del siglo XX han sido recensionados por Geneviève LEWIS (autora de un importante libro sobre *L'individualité selon Descartes*, Vrin, 1950), "Bilan de cinquante ans d'études cartésiennes", *Revue philosophique*, abril-junio de 1951, págs. 249-267. El estudio más reciente es el de Roger LEFÈBVRE, *L'humanisme de Descartes*, P. U. F., 1957, 248 págs. (la segunda parte está dedicada a los problemas políticos). Ferdinand ALQUIÉ, *Descartes, l'homme et l'oeuvre*, Hatier-Boivin, 1956, 174 págs. (excelente introducción filosófica en la colección "Connaissance des lettres"). S. DE SACY, *Descartes par lui-même*, Editions du Seuil, 1956, 192 págs. (colección "Ecrivains de toujours"). Henri LEFEBVRE, *Descartes*, Editions Hier et aujourd'hui, 1947, 311 págs. (ensayo de interpretación marxista; el autor, que cita con elogio el discurso pronunciado por Maurice Thorez en la Sorbona el 2 de mayo de 1946, subraya: 1) La imposibilidad de reducir la obra de Descartes, bien sea a una interpretación puramente idealista, bien sea a una interpretación puramente materialista; 2) El carácter "objetivamente revolucionario" del *Discurso del método*). Véase también la obra colectiva: Descartes, *Cahiers de Royaumont*, Philosophie, núm. 11. Editions de Minuit, 1957, 493 págs. (informe de un coloquio en el que participaron los principales filósofos especialistas en Descartes; sobre la política, véase la intervciónn de Henri Lefebvre y algunas observaciones de Lucien Goldmann). Puede consultarse además: Maxime LEROY, *Descartes, le philosophe au masque*, Rieder, 1929, 2 volúmenes (sostiene con talento una tesis que parece muy discutible). Pierre MESNARD, *Essai sur la moral de Descartes*, Boivin, 1936, VIII-236 págs. (vid. especialmente las páginas 190-212 sobre el pretendido maquiavelismo de Descartes). Henri GOUHIER, *Essais sur Descartes*, Vrin, 1937, 300 págs.

Luis XIV.—*Mémoires de Louis XIV pour l'instruction du dauphin*, edición DREYSS, Didier, 1860, 2 vols., CCLI-256 y 590 págs. Sobre las ideas políticas durante la juventud de Luis XIV, Georges LACOUR-GAYET, *L'éducation politique de Louis XIV*, Hachette, 1898, X-472 págs (obra antigua, pero que sigue siendo muy útil). [Existe en castellano una edición de escritos de Luis XIV: *Memorias sobre el arte de gobernar*, trad. de Manuel Granell, Buenos Aires, Editora Espasa-Calpe Argentina, Colección Austral, 1947, 151 páginas; contiene una selección de las *Memorias* y siete cartas de Luis XIV.]

Bossuet.—Para estudiar sus ideas políticas no hay que limitarse a la *Politique tirée de l'écriture sainte*. Véase también la *Histoire des variations des Eglises protestantes*. [Hay versión española: *Historia de las variaciones de las iglesias protestantes*, trad. del Pbro. Juan Díaz de Beza, Buenos Aires, Difusión, 1945, 690 págs.], los *Avertissements aux protestants sur les lettres du ministre Jurieu*, la *Correspondencia*, etc. Resulta cómodo estudiar a Bossuet en la recopilación de Gustave LANSON, *Bossuet, Extraits des oeuvres diverses*, con reseñas y notas, 1899, 693 págs. Proporciona una útil introducción: J. CALVET, *Bossuet, l'homme et l'oeuvre*, Boivin, 1941, 180 págs. (buen trabajo sobre la biografía de Bossuet: las ideas políticas son tratadas en algunas páginas). No existe ningún estudio de conjunto sobre las ideas políticas de Bossuet, ya que el libro de J.-F. NOURRISSON, *La politique de Bossuet*, Didier, 1867, 309 págs., ha de ser utilizado con precaución, y el de R. PISSÈRE, *Les idées politiques de Bossuet*, Montpellier, 1943, 199 págs., es poco satisfactorio. Véase G. LANSON, *Bossuet*, Lecène, Oudin, 1891, XII-522 págs. (en particular el capítulo V sobre "Las ideas políticas de Bossuet"). Aimé-Georges MARTIMORT, *Le gallicanisme de Bossuet*, Editions du Cerf, 1953, 793 págs. (fundamental, pero el libro se refiere sólo indirectamente a los problemas políticos). Jacques TRUCHET, *La prédication de Bossuet. Etude des thèmes*, Ed. du Cerf, 1960, 2 vols., 371 págs. y 347 págs. (principalmente, en el segundo volumen, el capítulo X, sobre "el Rey"). Raymond SCHMITTLEIN, *L'aspect politique du différend-Bossuet-Fénelon*, Baden, 1954, XXXII-503 págs. (apasionada requisitoria contra Bousset; Fénelon es presentado como un santo). Abbé Louis COGNET, *Crépuscule des mystiques: le conflit Fénelon-Bossuet*, Desclée, 1958, 400 págs. (el mejor estudio sobre el tema; favorable a Fénelon, con matices y con medida).

CAPITULO VIII

Ocaso del absolutismo

En el mismo momento en el que Bossuet apela a la Sagrada Escritura en socorro de la monarquía, el absolutismo es atacado desde todos los lados.

En Francia la monarquía se opone a los jansenistas, entra en conflicto con los protestantes y ha de hacer frente a una oposición aristocrática (sección I). Spinoza despoja al Poder de sus prestigios y afirma que la libertad es el fin del Estado, mientras que el universalismo de Leibniz anuncia la filosofía de las luces (sección II). En Inglaterra aparece una literatura radical, republicana e incluso comunista. Se trata —es cierto— de un republicanismo aristocrático y de un comunismo utópico (sección III). Corresponderá a Locke el extraer la filosofía de la revolución inglesa y el expresar el ideal de una sociedad en busca de libertad (sección IV).

La "crisis de la conciencia europea" está ligada a una crisis política, ligada a su vez a una crisis social. La rotura de las antiguas estructuras acarrea el retroceso de los principios absolutistas.

SECCION PRIMERA
Dificultades de la monarquía francesa.

1. Las ideas políticas de los jansenistas.

En apariencia, el jansenismo es un fenómeno puramente religioso. En realidad, el movimiento jansenista presenta, desde sus comienzos, un carácter político; así, Saint-Cyran es detenido en 1638 y debe aguardar a la muerte de Richelieu para salir de prisión.

Sociología del jansenismo.—El jansenismo se extiende sobre todo —pero no exclusivamente— en los medios parlamentarios a los que la creciente tendencia a la concentración del Poder amenaza en el plano de la primacía política; en esa "aristocracia de la clase media" de la que habla Sainte-Beuve y de la que surgen Le Maître, Arnauld, Pascal, Nicole.

El jansenismo está caracterizado, de esta forma, por un doble rechazo:

1) De las pretensiones aristocráticas. Pascal, en sus *Trois discours sur la condition des grands,* se burla de la opinión del pueblo, "que cree que la nobleza tiene una verdadera grandeza y que casi considera a los grandes como de una naturaleza diferente a la de los demás". Como dice Paul Bénichou, el jansenismo tiende a la "demolición del héroe".

2) De la centralización monárquica y de la estrecha alianza entre el catolicismo y el Poder.

Sin embargo, parece aventurado llevar la identificación del jansenismo con una clase social —la de la burguesía parlamentaria— tan lejos como lo hace Lucien Goldmann en su *Dieu caché.* Hay que tener también en cuenta la existencia de un cierto jansenismo aristocrático, así como de un jansenismo popular (cuya importancia es subrayada por Emile Poulat en su recensión al libro de Goldmann, publicada en los *Archives de sociologie des religions,* 1956, II).

Diversidad del jansenismo.—Se manifiestan diversas tendencias en el seno del jansenismo.

1) El "racionalismo centrista" de Arnauld y de Nicole.

2) El "extremismo trágico" de Barcos, sobre el que han llamado recientemente la atención los trabajos de Lucien Goldmann y que está caracterizado por el rechazo de toda actividad mundana y de todo compromiso con el Poder.

3) Entre estas tendencias, ¿dónde situar a Pascal? Evolucionó sensiblemente, de una a otra, entre las *Provinciales* y los *Pensées.* Su evolución hacia el "extremismo trágico" contribuiría a explicar, junto con otras razones, el despectivo juicio de Nicole, que escribe el 3 de septiembre de 1662: "Sin embargo, ¿qué queda de ese gran espíritu más que dos o tres obritas, de las cuales no todas son salvables?".

POLÍTICA DE PASCAL

Pascal (1623-1662) no es todo el jansenismo (no más que Barcos); además se ocupó muy poco de teoría política. Pero son muchos los cristianos que juzgan la política como Pascal la juzgó.

1) Conservadurismo prudente y respeto por el orden establecido (cf. Descartes). Según su hermana, Pascal ve en el poder real "no sólo una imagen del poder de Dios, sino una participación en ese mismo poder". En su *Abrégé de l'histoire de Port-Royal,* Racine afirma que, en los medios jansenistas, existía la convicción de que "un súbdito no podía tener nunca razones justas para alzarse contra su príncipe". Este conformismo cristiano es poco original.

2) Vanidad de la costumbre y de la ley, vanidad de la condición de los reyes y de los grandes, orígenes tenebrosos de las estructuras sociales, elogio de la mentira que salva el orden, antes la injusticia que el desorden: los textos pascalianos abundan en estos temas. "Es peligroso decir al pueblo que las leyes no son justas, pues sólo se las obedece porque se las considera justas." "La costumbre no debe ser seguida más que porque es costumbre, y no porque sea razonable o justa." "La justicia es lo que está establecido... No pudiendo fortificarse la justicia, se ha justificado la fuerza, a fin de que la justicia y la fuerza estuviesen juntas y que hubiera paz, que es el supremo bien." Este último texto podría ser de Hobbes. "La filosofía política que mejor aclara la de Pascal es la de Hobbes" (A. Adam).

3) Pero la última palabra de Pascal no es la defensa del absolutismo. Su política debe ser situada en el marco general de su apologética: carácter absurdo del mundo, miseria del hombre sin Dios, irrealidad de la política. "El hombre no podría encontrar su lugar en parte alguna sino en el orden de la caridad, que trasciende todos los órdenes transitorios, y en la comunidad de la Iglesia que sobrevive a todas las ciudades de ilusión". Así aparece una distinción fundamental entre el orden político y el orden de la caridad. La obra de Pascal denuncia la indiferencia, la quietud, el intelectualismo satisfecho, el optimismo racionalista, las ilusiones del derecho natural.

Obedecer y despreciar: tal sería, pues, en definitiva, el mensaje político del jansenismo, o al menos el de Pascal. Se comprende que Luis XIV se encarnizara contra un adversario aparentemente poco temible, y se adivina la futilidad de este encarnizamiento. Un jansenismo difuso, más político que religioso, molde del galicanismo, se extenderá durante el siglo XVIII en una buena parte de la burguesía francesa y se manifestará especialmente a través del antijesuitismo.

2. *La oposición protestante.*

La revocación del Edicto de Nantes (1685) es una fecha importante en la historia de las ideas políticas. Consuma el fracaso de quienes soñaban con restaurar la unidad de la fe. Produce la persecución y la emigración de los protestantes franceses, que crean en los Países Bajos, en Inglaterra y en Alemania ardientes focos de oposición a las tesis absolutistas.

A este respecto, la polémica entre Bossuet y el pastor Jurieu (1637-1713), emigrado en Holanda, ha quedado como clásica. Los escritos más conocidos de Jurieu son las *Lettres pastorales adressées aux fidèles de France qui gémissent sous la captivité de Babylone* (publicadas en Holanda de 1686 a 1689; ver especialmente las cartas 16, 17 y 18). Bossuet responde en sus *Avertissements aux protestants sur les lettres du ministre Jurieu contre l'histoire des variations* (véase especialmente la quinta advertencia).

Jurieu afirma la soberanía absoluta de la nación, así como el derecho de resistencia: "Hay un pacto mutuo entre el pueblo y el rey; cuando una de las partes viola este pacto la otra se libra de él... El pueblo es la fuente de la autoridad de los soberanos; el pueblo es el primer sujeto en el que reside la soberanía; el pueblo entra en posesión de la soberanía tan pronto como la persona o las familias a quienes se la había conferido faltan; el pueblo, en fin, es quien hace los reyes". Así, mientras que Arnauld, saliendo de su retiro, trata a Guillermo de Orange de "nuevo Absalón" en un panfleto de título provocativo (*Le vrai portrait de Guillaume-Henri de Nassau, nouvel Absalon, nouvel Hérode, nouveau Cromwell, nouveau Nerón*), Jurieu justifica totalmente la Revolución inglesa. Sus teorías se oponen al "justo medio" jansenista y se acercan, al menos en apariencia, a las de los whigs.

La respuesta de Bossuet al "sedicioso ministro" es vigorosa y hasta vehemente, pero manifiesta una cierta confusión; Bossuet afirma, en efecto, que Jurieu "derriba todos los poderes, tanto los que defiende como los que ataca", pero se aventura muy poco en el terreno de la política concreta; su principal preocupación parece ser el probar a Jurieu que la Sagrada Escritura no contiene ninguna alusión al pretendido poder del pueblo. Intenta mantener la controversia en un plano teológico. Así, el diálogo entre los dos hombres —no estando excluidas ni la exageración ni la mala fe ni en un lado ni en otro— se asemeja a un diálogo entre sordos.

No se ha de exagerar el alcance de las tesis sostenidas por Jurieu. Su vehemencia no debe ocultar que su pensamiento político no es ni muy atrevido ni muy original; afirma que, en el origen, la soberanía reside en el pueblo, pero esta soberanía no es inalienable y la misma noción de "pueblo" resulta imprecisa. El pueblo, mediante contrato, abandona su soberanía a un monarca, y ese monarca puede ser absoluto. Jurieu no es ni un republicano ni un defensor de la monarquía moderada; su pensamiento está muy alejado del de Locke. No debe considerársele ni como un demócrata ni como

un antepasado de los "filósofos", sino como un heredero de los monarcómanos.

Por lo demás, hay que observar que los protestantes manifestaron, durante mucho
tiempo, sentimientos de lealtad respecto a la monarquía. "Los soberanos a quienes Dios
ha permitido llegar al poder absoluto no tienen ninguna léy que los regule respecto
a sus súbditos... De aquí resulta la impunidad universal de sus acciones entre los
hombres, y el compromiso de los pueblos a sufrir sin rebelión todo lo que tales príncipes
puedan hacerles sufrir", declara el pastor Elie Merlat en su destierro (*Traité du pouvoir
absolu des souverains, pour servir d'instruction, de consolation et d'apologie aux Eglises
réformées de France qui sont affligées*, Colonia, 1865). Vid. igualmente *Les plaintes des
protestants cruellement opprimés dans le Royaume de France*, Colonia, 1686, en la que
el pastor Jean Claude protesta, en nombre de la razón y de los imprescriptibles derechos
de la naturaleza humana, contra la revocación del Edicto de Nantes, pero sin admitir que
quepa rebelarse contra el poder real.

Por tanto, las ideas políticas de los protestantes, en su conjunto, no son
en modo alguno democráticas[1]; el mismo Jurieu, antes de la Revocación,
declara que los protestantes son los fieles súbditos del rey y que tienen el
deber de obedecerle (cf. *La politique du clergé de France*, 1682). Incluso
cuando hablan de soberanía del pueblo, los calvinistas sostienen ideas políticas que se inspiran aún en la Edad Media y que se aproximan a las de
los parlamentarios o los grandes señores de la Fronda, o también al ideal
de gobierno aristocrático expuesto por Fénelon en las *Tables de Chaulnes*.

3. La oposición aristocrática.

La oposición aristocrática, cuyo representante más célebre —junto con
Saint-Simon— es Fénelon, es muy compleja. Algunos consideran a Fénelon
como a uno de los primeros "filósofos", mientras que otros ven en él uno
de los últimos feudales.

Tres rasgos se han de subrayar:

1) Esta oposición al absolutismo continúa siendo resueltamente monárquica; Fénelon, Saint-Simon y Vauban mantienen una fidelidad sin quiebras hacia la realeza. Proponen reformas a menudo atrevidas, pero no
piensan ni en una república ni en una monarquía constitucional.

2) El pensamiento de estos opositores continúa siendo profundamente
religioso. Esto resulta evidente en Fénelon, cuya obra política no puede
estudiarse con independencia de las controversias sobre el galicanismo y el
quietismo. La desavenencia que enfrenta a Fénelon con Bossuet es, a la vez,
religiosa y política; y quien sólo vea en ello un conflicto teológico o, como
R. Schmittlein, un conflicto político, se expone a muchos errores (cf. el reciente libro del abate Cognet).

3) La oposición aristocrática se preocupa por las realidades populares.
Fénelon, Vauban o Saint-Simon no vacilan en denunciar la miseria popular;
son conocidas las páginas de La Bruyère sobre la condición campesina. La
oposición monárquica a finales del reinado de Luis XIV está caracterizada
por una singular mezcla de realismo y de irrealidad. Realismo en la pintura

---

[1] Véase más arriba, págs. 214-219, la sección dedicada a las ideas políticas de la Reforma.

de la sociedad francesa (Vauban, La Bruyère). Irrealidad, porque la sociedad ideal para la mayoría de estos autores es una sociedad patriarcal, virtuosa, frugal y poética, al estilo del *Telémaco*.

Aunque La Bruyère y Fénelon no tuvieran las mismas posiciones políticas, su ideal político es igualmente literario. En la Francia de finales del siglo XVII y de los primeros años del siglo XVIII la política está profundamente marcada por la literatura. No se trata sólo de una crisis política, sino de una crisis de la sensibilidad que se expresa literariamente en la controversia de los antiguos y los modernos.

Esta crisis de conciencia —que no se limita a Francia, sino que es europea— refleja una profunda crisis económica y social (grandes hambres, marasmo de los negocios...). De aquí deriva una creciente tendencia a hacer recaer la responsabilidad de esta crisis sobre el sistema de control económico y de arbitrariedad política. Tal es, sin duda, la más profunda explicación de esta "crisis de conciencia" a la que Paul Hazard ha dedicado un libro célebre.

POLÍTICA DE LA BRUYÈRE (1645-1696)

Los *Caractères* (1688) se ocupan no de los caracteres, sino del conjunto de la sociedad francesa (cf. esta frase: "Los hombres no poseen caracteres o, si los poseen, es el de no tener ninguno que sea continuado".

La Bruyère denuncia la venalidad de los cargos públicos, la desigualdad de las fortunas, el lujo de los financieros, la política de conquista; pero "permanece encerrado en el programa del partido religioso, con sus ilusiones e ingenuidades". Se trata de un moralismo sin verdadera perspectiva política.

La Bruyère es, ante todo, como dice A. Adam, un hombre decepcionado, un solitario con máscara de filósofo; su lúcida crítica desemboca en la abstención: "Pongo por encima del gran político a quien desdeña llegar a serlo y se persuade de que el mundo no merece que se ocupen de él".

Pero los *Caractères* han ejercido una profunda influencia; pocas obras fueron más admiradas en la época. El joven Montesquieu ¿no tuvo acaso como modelo a La Bruyère?

FÉNELON (1651-1715)

—Un *temperamento romántico*, soñador, inestable, tornadizo: el "cisne de Cambrai" escribió páginas de extrema violencia.

—Una *obra pedagógica*: Fénelon, preceptor del duque de Borgoña (muerto en 1712); las *Aventures de Télemaque*, publicadas en 1699, son, en su origen, una novela educativa.

—Un *arzobispo en desgracia*: la polémica del quietismo enfrenta muy violentamente a Fénelon con Bossuet; las *Maximes des saints* de Fénelon son condenadas en 1699 por Inocencio XII, al término de una polémica tan apasionada que los historiadores encuentran dificultades, aun hoy día, para hablar de ella con serenidad.

—*Hombre de partido*. Fénelon pertenece, como Saint-Simon, al grupo que cuenta con el duque de Borgoña para imponerse; participa con el duque de Chevreuse, de quien es amigo, en la redacción de un plan de gobierno: las *Tables de Chaulnes* (1711). Sin la prematura muerte del duque de Borgoña la obra de Fénelon habría podido constituir la doctrina política del sucesor de Luis XIV.

Principales textos políticos, además de *Telémaco* y las *Tables de Chaulnes:*
— la carta a Luis XIV, redactada entre 1691 y 1695, atrevido panfleto que nunca fue enviado al rey;
— *Examen de conscience sur les devoirs de la royauté;*
— los escritos políticos están reunidos en el tomo XXII de la edición Lebel, y la correspondencia con Beauvilliers y Chevreuse constituye el tomo XXIII.

¿Fénelon feudal?—A primera vista, la política de Fénelon es fundamentalmente aristocrática; las *Tables de Chaulnes,* escribe Roland Mousnier, constituyen el "bosquejo ideal de un régimen que estuvo a punto de constituirse durante los siglos XIV y XV:

— Predominio de la nobleza: una sociedad aristocrática, jerarquizada, estabilizada; Fénelon, contra la "movilidad social"; en algunos aspectos, su obra es una obra de clase.
— Fénelon contra los intendentes y financieros. El Gobierno está asegurado gracias a los Consejos (polisinodia); deben reunirse cada tres años Estados Generales en los que domina la nobleza; Fénelon contra la centralización.
— Fénelon contra el lujo. La ciudad ideal, Salento, es una ciudad austera. A este respecto, oposición total entre las ideas de Fénelon y las que expresará Voltaire, especialmente en el *Mondain* ("lo superfluo, tan necesario..."). Fénelon se opone al capitalismo comercial, cuyo progreso le parece pernicioso. Antimercantilista, sueña con una sociedad que viva de la agricultura: "El número de habitantes y la abundancia de alimentos constituyen la verdadera fuerza y la verdadera riqueza de un reino".
— Fénelon contra el galicanismo: las *Tables de Chaulnes* subrayan la independencia recíproca entre el poder espiritual y el poder temporal; denuncian las falsas doctrinas de los medios parlamentarios.

Sobre todos estos puntos, la obra de Fénelon es, en el sentido etimológico del término, reaccionaria. Pero parece difícil aceptar sin algunas correcciones la imagen de Fénelon que ofrece Roland Mousnier: un aristócrata limitado, derrotista, mal francés, etc.

Fénelon y el siglo XVIII.—Fénelon tuvo la suerte de morir antes de que sus ideas políticas fueran sometidas a prueba de los hechos. Esta obra reaccionaria tiene acentos muy modernos; aunque el sistema político de Fénelon pertenezca al pasado, sus temas y su estilo son los de un "filósofo".

1.º *La utopía.*—Salento es una ciudad de utopía; los filósofos del siglo XVIII, al romper con la política positiva, partirán muchas veces, como Fénelon, a la búsqueda de la Ciudad ideal: "Queremos fundar Salento", dirá Robespierre.

2.º *La naturaleza y la felicidad.*—Salento es una ciudad feliz "donde ancianos vestidos de blanco enseñan una sabiduría sonriente a muchachos generosos y bellos". El fin de la política es la felicidad de los hombres, coincidiendo el interés particular con el interés general.

3.º *La moral.*—La política se reduce a la moral; la razón de Estado es una doctrina perniciosa. El *Examen de conscience sur les devoirs de la royauté* es el "verdadero anti-Maquiavelo del antiguo régimen" (Maxime Leroy).

4.º *Lo universal.*—Para Fénelon, el "hombre se debe a la humanidad más que a la patria, a la familia más que a sí mismo". Montesquieu no dirá nada diferente.

FLEURY Y CORDEMOY

Estos temas no son nada nuevos. Se hallan plenamente de acuerdo con la más antigua tradición del cristianismo, con antiguas reminiscencias y especialmente con recuerdos de Platón. Lo esencial de la política de Fénelon se encuentra en el abate Fleury y en Géraud de Cordemoy.

Claude Fleury (1640-1723), que recibe las órdenes en 1667 por influencia de Bossuet, y Géraud de Cordemoy pertenecen al grupo de Lamoignon, muy opuesto al de Colbert; Fleury pertenecerá más tarde al círculo del duque de Borgoña. Sus *Pensées politiques*, de fecha incierta (entre 1670 y 1680) anuncian el ideal del *Telémaco*: un rey económico, pacífico, amado por sus súbditos; una población numerosa, frugal, compuesta por una mayoría de labradores y artesanos (Fleury desconfía de las ciudades) que viva sobre un mismo pie de virtuosa igualdad; las concepciones económicas de Fleury manifiestan muchas reservas respecto al comercio y los comerciantes: "Comercio bueno, pero agricultura todavía mejor... Comercio al detalle y en tienda, menos honesto."

En cuanto a Cordemoy (1626-1684), su tratado *De la réformatoin d'un Etat* (1688) es una utopía platónica y cristiana, no sin huellas de cartesianismo: héroe legislador, soldados filósofos, jueces virtuosos, financieros íntegros, artesanos aislados de la burguesía y que viven en comunidad, educación natural y patriótica a estilo del *Emilio*, supresión de la venalidad de los cargos públicos, establecimiento de un Estado fuertemente jerarquizado y centralizado bajo la responsabilidad de un sabio monarca.

Las ideas de Fleury y de Cordemoy parecen haber tenido influencia no sólo sobre Fénelon sino también sobre Bossuet, cuyas concepciones políticas son, indudablemente, menos opuestas a las de Fénelon —y ciertamente menos originales— de lo que a veces se mantiene.

La obra de Fénelon representa un sonido nuevo en el umbral del siglo XVIII, precisamente quizá en la medida en que hunde sus raíces en la tradición. Anuncia a los "filósofos" en la misma medida en que es deliberadamente inactual y en que vuelve las espaldas a las ideas recibidas; bastará con laicizar a Fénelon para que los "filósofos" puedan saludarle como un precursor.

SAINT-SIMON Y BOULAINVILLIERS

Saint-Simon (1675-1755) es uno de los más grandes escritores franceses, pero no se ha de buscar una doctrina original en sus *Mémoires*, ni en sus *Projets de gouvernement pour le duc de Bourgogne*, ni en su *Lettre anonyme au Roi*, ni en sus *Projets de rétablissement du royaume de France*.

Las ideas políticas de Saint-Simon pujan con las de Fénelon. Lleno de aversión por los "tenderos" y la "vil burguesía", batalla por los privilegios de la nobleza. Tiene tal pasión por la etiqueta que la política es, ante todo, para él, un sistema de precedencias. Quiere suprimir las secretarías de Estado y sustituirlas por Consejos; quiere reunir frecuentemente los Estados Generales y asigna a la nobleza el papel de aconsejar al rey; llega a mencionar con elocuencia la miseria popular; habla con estimación de los jansenistas, reprueba las persecuciones contra los protestantes y se pronuncia en favor de la tolerancia religiosa.

Políticamente, Saint-Simon es un derrotado. La muerte del duque de Borgoña es el réquiem de sus esperanzas; después de la muerte de Luis XIV jugará tan sólo un papel secundario; su gran éxito será un éxito de etiqueta en la sesión solemne del Parlamento (*lit de justice*) de 26 de agosto de 1718. Pero este vencido, este honestísimo hombre sin perspicacia ("es duque en la nimiedad", dice Montherlant) ha dejado un inolvidable cuadro de la corte de Luis XIV. "Saint-Simon, gran escritor —dice Stendhal—. Gran escritor, pero pobre político."

Las ideas de Boulainvilliers (1658-1722) se emparentan con las de Fénelon y Saint-Simon. Critica el despotismo de Luis XIV, rechaza la teoría del derecho divino, censura la noción de razón de Estado. Estima que la nobleza, única heredera de los francos, es el mejor apoyo para el reino y que conviene devolverle su antigua autoridad, pero va en este punto más lejos que Saint-Simon. Propone una reforma fiscal que comprenda la institución de un "impuesto real y proporcional" y manifiesta preocupación por la miseria popular. Estima que el gobierno es una ciencia, y considera al Estado como un conjunto de particulares.

El reformismo de Vauban y Boisguilbert

Las preocupaciones de orden económico son enteramente ajenas a Saint-Simon y Fénelon. Pero la situación financiera, en los últimos años del reinado de Luis XIV, es tan grave, que fieles partidarios de la monarquía absoluta ponen en discusión los principios del colbertismo y preconizan profundas reformas.

Vauban (1633-1707), ingeniero militar que llegó a ser mariscal de Francia, propone una reforma fiscal en la *Dîme royale*, escrita en 1698 y publicada en 1707. Vauban, convencido de que la población es la verdadera riqueza de un país y preocupado por la racionalización, pretende simplificar el sistema fiscal y crear un impuesto proporcional a los recursos de cada uno. La distribución de las cargas le parece injusta y habla con cierta emoción de "esa parte del pueblo tan útil y tan despreciada, que ha sufrido y que sufre tanto". Pero más que un filántropo es un técnico amante de las estadísticas, preocupado por la eficacia y por lo que hoy día se llama la productividad. Quiere establecer un impuesto que, lejos de paralizar la actividad económica, estimule su progreso. Vauban, en materia política, no es un revolucionario, ni siquiera un liberal. Cuenta con la monarquía absoluta para realizar las reformas necesarias y piensa que esas reformas reforzarán la autoridad del Estado; una de las ventajas de la reforma fiscal será liberar al rey de los arrendatarios de contribuciones: "El rey no dependerá ya de los arrendatarios de contribuciones; no tendrá necesidad de ellos" [2].

Idéntica preocupación por la reforma y la eficacia aparecen en Boisguilbert (1646-1714), que publica en 1697 el *Détail de la France*, y en 1707 el *Factum de la France*. También él critica el sistema fiscal y censura los principios mismos del mercantilismo. Según él, lo que constituye la riqueza de un país no es el dinero, sino los bienes consumidos y las materias primas; el papel del dinero es el de activar los cambios, aumentar la producción y el consumo. Boisguilbert, por consiguiente, se preocupa más de la prosperidad económica que del equilibrio financiero. Reacciona contra todo lo que obstruye la libertad del comercio y no vacila en invocar —como harán más tarde los fisiócratas— las leyes de la justicia y de la razón. Este monárquico leal es un antepasado de los economistas liberales. Su pensamiento se sitúa dentro de un contexto de ideas y de intereses liberales en materia económica; las empresas libres se desarrollan cuando las compañías con privilegio periclitan.

---

[2] VAUBAN critica las consecuencias de la Revocación del Edicto de Nantes. Cf. su memoria dirigida a Louvois en diciembre de 1689: *Pour le rappel des Huguenots*.

SECCION II

Filosofía y política en Spinoza y Leibniz.

1. Crítica religiosa y análisis político en Spinoza.

La importancia del spinozismo en la historia de las ideas políticas es mucho mayor que el lugar reservado a Spinoza en la mayoría de las obras dedicadas a la historia de las ideas políticas (apenas unas líneas en el libro de Sabine).

Por un lado, la influencia de Spinoza (1632-1677) parece haber sido profunda: "Nunca se había levantado una tal unanimidad de odio contra un autor y una doctrina... Durante todo el siglo XVIII se mantuvo en las Universidades alemanas la tradición de comenzar una carrera de filósofo o de teólogo por una disertación contra Spinoza". Paul Vernière, autor de esta cita, ha dedicado un notable libro a demostrar la influencia del spinozismo. Según él, el deísmo francés tiene su fuente en el spinozismo, no en el deísmo inglés. Aunque sólo se le cite una vez, Spinoza es para Bossuet el adversario innominado; según Vernière, lo que Bossuet trata de refutar en su *Discours sur l'histoire universelle,* es el *Tractatus theologico-politicus.*

Por otro lado, la obra de Spinoza está estrechamente vinculada con el progreso de la burguesía neerlandesa (cf. el libro de Jean-T. Desanti, *Introduction à l'histoire de la philosophie,* que da del spinozismo una interpretación marxista, discutible en ocasiones, pero indudablemente sugestiva y original). Spinoza no es, en modo alguno, un "filósofo solitario"; pertenece al grupo de la burguesía patricia cuyo dirigente es Jean de Witt. Su obra interesa no sólo a la historia de las doctrinas, sino a la historia social.

Las ideas políticas de Spinoza están expresadas:

1. En el *Tratado teológico-político,* aparecido en 1670 con una falsa indicación del lugar de edición;

2. En el *Tratado político,* que no aparece hasta 1677, tras la muerte de Spinoza.

Pero estos dos tratados deben ser situados en el marco general de la filosofía de Spinoza, tal y como está expresada en la *Etica.*

Crítica religiosa.—Spinoza comienza por someter la religión a una crítica sistemática:

Crítica de los textos. Spinoza considera la Escritura, cuyas contradicciones subraya, como una obra humana. El *Tratado teológico-político* anuncia *L'histoire critique du Vieux Testament,* de Richard Simon (1678). Aunque el "astuto dieppés" no invoque nunca el testimonio de Spinoza, es casi seguro que sufrió su influencia.

Crítica de los milagros y de las profecías. En este punto, Spinoza anuncia a Bayle y a Fontenelle. Jurieu, en cambio, está muy lejos de Spinoza. Cree en las profecías, o al menos utiliza esta creencia en sus polémicas con los católicos, y anuncia que el fin del Anticristo —es decir, de la Iglesia católica— se producirá en abril de 1689... Nueva ocasión para observar que Jurieu no es, en modo alguno, un "moderno".

Spinoza afirma el absoluto divorcio entre la teología y la filosofía, entre la fe y la razón. "El objetivo de la filosofía es únicamente la verdad; el de la fe, únicamente la obediencia y la piedad".

RELIGIÓN Y POLÍTICA.—La crítica de la Ciudad terrena va emparejada, en Spinoza, con la de la Ciudad de Dios. La tercera parte del *Tratado teológico-político* (caps. XVI a XX) está dedicada a demostrar que el Estado tiene un fundamento natural y racional, no teológico. Aun manifestando el mayor respeto por las autoridades establecidas, Spinoza indica su preferencia por un régimen liberal, especialmente en materia religiosa.

El subtítulo del *Tratado* es, por otra parte, revelador: "Tratado teológico-político concerniente a varias disertaciones en las que se hace ver que la libertad de filosofar no sólo es compatible con el mantenimiento de la piedad y de la paz del Estado, sino que incluso no puede destruírsela sin destruir al mismo tiempo la paz del Estado y la piedad misma".

Para Spinoza el problema religioso y el problema político son dos aspectos de un problema único: se trata de expulsar el temor y el odio, de reincorporar la razón a la tierra (cf. Hobbes); en primer lugar, hay que desembarazar a la religión de su misterio, introducir en materia religiosa el libre razonamiento, mostrar que los hombres se juzgan por sus actos como los árboles se juzgan por sus frutos: "Llegué finalmente a esta consecuencia, que hay que dejar a cada cual la libertad de su juicio y los poderes de entender los principios de la religión como le plazca, y juzgar sólo la piedad o la impiedad de cada uno según sus obras".

La libertad también existe políticamente. "Demostré que nadie está obligado, según el derecho natural, a vivir a gusto de otro, sino que cada uno es el protector nato de su propia libertad". Ciertamente, los hombres pueden transferir su derecho natural. Pero "nadie puede despojarse absolutamente de su derecho natural y... los súbditos, en consecuencia, retienen siempre ciertos derechos que no pueden serles arrebatados sin gran peligro para el Estado".

Spinoza liga estrechamente religión y política. Tan estrechamente que —para reaccionar contra la independencia de las Iglesias— declara que los soberanos son los depositarios y los intérpretes, no sólo del derecho civil, sino también del derecho sagrado.

Atribuye, pues, a los soberanos derechos extremadamente amplios; y, pensando de manera más precisa en el Gobierno holandés, confía en que no abusen de ellos. El *Tratado* termina con un acto de fe en la sabiduría del Gobierno holandés y con un himno a la tolerancia y a la libertad de pensamiento.

Spinoza indica claramente su poca inclinación por los Gobiernos monárquicos: "Se ve cuán funesto es para un pueblo que no tiene el hábito de la autoridad real, y que está ya en posesión de una Constitución, el darse un gobierno monárquico". El Gobierno democrático —dice un poco más adelante— es "el más próximo al estado natural".

EL "TRATADO POLÍTICO".—El título completo es *Tratado en el que se demuestra de qué manera debe instituirse una sociedad en la que el Go-*

bierno monárquico está en vigor, al igual que en aquella en la que gobier-
nan los grandes, para que no degenere en tiranía y para que la paz y la
libertad de los ciudadanos sigan siendo inviolables. Esta vez la política de
Spinoza está integrada en el conjunto de su sistema filosófico: los hombres
no realizan plenamente sus derechos más que en una colectividad que se
los garantice. "Todo hombre, en la medida en que actúa según las leyes
de la naturaleza, actúa según el supremo derecho de la naturaleza, y tiene
tanto derecho como fuerza tenga". El Estado mejor es aquel en el que
los hombres vivan en mutuo acuerdo, aquel que garantice la seguridad
y la paz. Spinoza sueña, pues, con comunidades armoniosas, nacionales e
internacionales, donde la fuerza coincida con el derecho, donde la fuerza
no sea más que la manifestación del derecho.

2. Una nueva generación de libertinos.

Spinoza se sitúa entre dos generaciones de libertinos:

La de Gassendi, Naudé, La Mothe Le Vayer, que se extingue hacia
1660 y que constituye "la retaguardia de los ejércitos del Renacimiento".
Generación políticamente conservadora, vuelta hacia el pasado, que trata
de restaurar el atomismo epicúreo, la moral estoica y el pirronismo.

La de los innovadores, que se impondrá hacia 1685 con Saint-Evremond, Fontenelle y Bayle, y que anuncia a los filósofos del siglo XVIII.

Un nuevo espíritu se expande en Francia y fuera de Francia, especialmente entre los exilados y emigrados. La nueva generación ha sufrido
la influencia de Descartes y de Spinoza, pero no se trata en este caso ni
de un puro cartesianismo ni de un puro spinozismo; el cartesianismo, de
finales de siglo es un cartesianismo deformado, vuelto hacia el deísmo, en
tanto que surge la leyenda de Spinoza, el ateo virtuoso.

Saint-Evremond (1616-1703), refugiado en Inglaterra tras oponerse a Mazarino, conoció a Spinoza en Holanda. Su pensamiento se formó hacia 1640, en la época de Gassendi, y su rasgo dominante es el epicureísmo: el placer es "el verdadero fin al que se
dirigen todas nuestras acciones". Saint-Evremond es hostil a todo dogmatismo, incluso
al dogmatismo cartesiano. Políticamente es el hombre de las soluciones transaccionales
y, aunque condena las persecuciones religiosas, censura el espíritu de secta y el "gusto
por la separación".

Fontenelle (1657-1757) fue uno de los autores más admirados de su época. Hombre
de razón, perfectamente dueño de sí, se asemeja —dice Antoine Adam— a un "M. Teste" *
afectado. Su *Histoire des oracles* (1686) es una obra de libre crítica, pero la crítica de
Fontenelle no procede de un racionalismo seco. Su filosofía es una filosofía de la eterna
ilusión: su última palabra es el retorno a la naturaleza.

Pero si Fontenelle se muestra audaz cuando habla de religión, sus ideas políticas
son de una moderación extrema. Este libertino no es, en modo alguno, un revolucionario;
es partidario del orden y de un poder fuerte; su monarca preferido es Pedro el Grande.

En cuanto a *Bayle* (1647-1706), protestante refugiado en Holanda, sus obras ejercieron una influencia profunda en el siglo XVIII; Voltaire le llamará "el inmortal Bayle".

---

* Figura creada por Paul Valéry y que se caracteriza por un extremo racionalismo.
(*N. del T.*)

Obras principales:

1682: *Pensées diverses sur la comète* (contra la superstición; cf. Fontenelle contra los oráculos).

1686: Escritos inspirados en la Revocación del Edicto de Nantes, especialmente *Ce que c'est que la France toute catholique sous le règne de Louis le Grand* y *Commentaire philosophique sur les paroles de Jésus-Christ: "Contrains-les d'entrer"* (cf. *Tratado sobre la tolerancia*, de Locke, que es tres años posterior).

Y, sobre todo, en 1697 el *Dictionnaire historique et critique*, que anuncia la *Enciclopedia*.

Bayle es un espíritu crítico, pero profundamente preocupado por la tolerancia y la paz. Bayle responde a Jurieu —que empuja a los protestantes a la revuelta general— con un llamamiento a la calma.

Bayle es sinceramente cosmopolita (cf. sus *Nouvelles de la République des Lettres*), pero hay que señalar en él —como en Fontenelle y en los libertinos de la época de Richelieu— un desajuste entre la audacia del pensamiento religioso y la moderación del pensamiento político. Bayle es más bien conservador y monárquico; es partidario de un Gobierno que "distribuya con sabiduría los castigos y las recompensas, sin constituir una carga para su pueblo". Su política procede de un empirismo ilustrado.

Bayle deberá su influencia a su método más que a sus ideas. Si su método es cuasirrevolucionario, sus ideas son cuasiconservadoras, al menos en materia política. El siglo XVIII ofrecerá varios casos análogos, empezando por Voltaire.

3. *Racionalismo metafísico y universalismo en Leibniz.*

Matemático, físico, psicólogo, lógico, metafísico, historiador, jurista, filólogo, diplomático, teólogo, moralista, Leibniz (1646-1716) es un espíritu universal. Quiso ejercer una actividad política y se esforzó por traer a sus ideas a Luis XIV, al rey de Suecia Carlos XII y, por último, a Pedro el Grande, con quien tuvo tres entrevistas en 1711, 1712 y 1716, en un momento en el que pensó llegar a ser el "Solón de Rusia".

Leibniz, aunque profundamente religioso, no es un devoto; en la corte de Hannover se le considera un incrédulo. Su religión es una mezcla de misticismo y racionalismo; concilia fe y ciencia; la existencia de Dios es, para él, la suprema exigencia de la razón.

Por ello Leibniz cree en un derecho natural muy diferente del de Pufendorf, por quien profesa poca admiración (*vir parum iurisconsultus et minime philosophus*), mientras que rinde homenaje al "maravilloso *Diccionario*" de Bayle. Contrariamente a Pufendorf, que se aplica a separar el derecho positivo de la teología, Leibniz busca el fundamento del derecho natural en Dios mismo. Ve en Dios el principio de todo orden, y no porque el orden esté creado por Dios, sino porque está en Dios.

Leibniz distingue, por consiguiente, tres grados del derecho natural: el derecho estricto (*neminen laedere*, no perjudicar a nadie), la equidad (*suum cuique tribuere*, tratar a cada cual según su mérito) y, por último, la justicia universal (*pie vivere*, vivir piadosamente), que consiste en amar el orden establecido por Dios y en llegar a ser un miembro activo de la "Ciudad más perfecta". Dios aparece en este sistema como la Razón perfecta. Leibniz escribe en el prefacio de su *Teodicea* páginas que anuncian, a la vez, la religión natural y el utilitarismo del siglo XVIII [3]: "Al cumplir con su deber, al obedecer la Razón, se cumplen las órdenes de la suprema Razón, se dirigen todas las intenciones al bien común, que no es diferente de la gloria de Dios; se encuentra que no hay mayor interés particular que el de abrazar el general, y se satisface a uno mismo complaciéndose en buscar las verdaderas ventajas de los hombres".

Por consiguiente, la armonía es la suprema verdad metafísica; el universo aparece como un vasto coro (cf. la teoría de la mónada). La política de Leibniz es, a imagen de su metafísica, una política de la conciliación y de la unidad. Propone en 1670 una especie de federación de los Estados alemanes, en la memoria que compone para el elector de Maguncia, a petición del barón de Boinebourg: *Memoria sobre la consolidación del Imperio: reflexiones sobre los medios para establecer, sobre una base segura en las circunstancias presentes, la seguridad pública, interior y exterior, y la situación actual del Imperio.*

Leibniz piensa, por tanto, como patriota alemán. Sus concepciones económicas son autoritarias y proteccionistas. Paul Janet discierne en su obra gérmenes de socialismo de Estado y no vacila en afirmar que el despotismo ilustrado de Federico II es el régimen que mejor responde a su ideal político.

Pero esta afirmación descuida la aspiración más profunda de Leibniz, su ambición de unidad. En efecto, para Leibniz el sentimiento nacional es sólo un medio para alcanzar lo universal. Obsesionado por contribuir a la unificación humana, Leibniz medita sobre la unidad fundamental de las lenguas y desea vehementemente una organización internacional que pueda garantizar la paz de Europa y la expansión de la cristiandad; se interesa por la obra misional de los jesuitas en China y expone los beneficios de una comunicación de las culturas (carta del 2 de diciembre de 1697 al padre Verjus). Se interesa por realizar la unión de las Iglesias, con más pasión todavía que la paz política; de aquí su larga y finalmente inútil correspondencia con Bossuet, que comienza en 1678 y que no acaba hasta 1701.

De esta forma el pensamiento de Leibniz, aun siendo muy religioso y muy alemán, contiene un racionalismo y un humanismo cosmopolita que anuncian la obra de los enciclopedistas y la filosofía de las Luces.

SECCION III

Las ideas políticas en Inglaterra antes de la revolución de 1688.

Tras la ejecución de Carlos I cobra un gran desarrollo la idea —implícita en Hobbes— de que las instituciones políticas y sociales sólo se justifican en la medida en que protegen los intereses y garantizan los derechos

---

[3] La expresión de religión natural aparece en varias ocasiones en la *Teodicea*.

individuales. Esta tendencia dominante conduce tanto a la Restauración, en 1660, como a la Revolución, en 1688. El utilitarismo reina antes de haber sido formulado oficialmente.

A este utilitarismo, que se manifiesta tanto en la burguesía de negocios como en la aristocracia terrateniente, se oponen el radicalismo de los niveladores y las tesis republicanas sostenidas por algunos pensadores aislados; pero posiblemente esta oposición es más aparente que real.

A) El radicalismo de los niveladores.

El movimiento de los niveladores (*Levellers*) se propaga sobre todo en el ejército de Cromwell. Entre 1647 y 1650 los niveladores constituyen un verdadero partido, siendo su más notable representante John Lilburne (1618-1657).

Los niveladores no son en absoluto "partidarios del reparto"; la igualdad que reivindican es puramente civil y política; no piensan en preconizar la igualdad económica y no atacan el derecho de propiedad. Su doctrina expresa el punto de vista individualista de los artesanos y de los pequeños propietarios.

Algunos son republicanos, pero no la mayoría; la república es para ellos un medio más que un fin. Invocan los derechos del pueblo —del que el Parlamento es sólo un delegado—, y afirman que todo hombre tiene el derecho de aprobar la ley por intermedio de sus representantes. Los soldados quieren una representación de los hombres; los oficiales preconizan más bien una representación de los intereses, reservada a los propietarios.

Los niveladores conciben la nación como un conglomerado de individuos libres, que cooperan por motivos de interés personal y que se dan una legislación conforme con el cuidado por la libertad individual. Creen que los hombres tienen derechos innatos a un mínimo de garantías políticas. En materia religiosa están próximos a los independientes y son partidarios de la tolerancia.

La doctrina de los niveladores es interesante en más de un concepto:

1) Es la emancipación, si no de una clase, al menos de un medio social bien determinado: el de los artesanos y pequeños propietarios.

2) Pero no manifiesta ningún espíritu de clase. Procede de un individualismo utilitario que no difiere fundamentalmente del utilitarismo burgués.

3) Por ello las ideas políticas de los niveladores no tardan en fundirse con las ideas políticas de la burguesía; después de la Restauración de 1660 el movimiento de los niveladores parece muerto; pero es, sin duda, porque ha encontrado una salida más amplia en la filosofía que expresará Locke tras la Revolución de 1688.

B) Un comunismo utópico: Winstanley.

Los *Diggers* (cavadores) constituyen el ala izquierda de los niveladores. Se interesan, sobre todo, por las reformas económicas y sociales. El escrito más característico es la obra de Gerard Winstanley, *Law of Freedom* (1652).

Esta obra ofrece el bosquejo de una filosofía proletaria; si los niveladores son, en su mayoría, pequeños propietarios, los cavadores pertenecen a los medios próximos al proletariado. Calificándose de "verdaderos niveladores", insisten en el derecho innato a la existencia y manifiestan la mayor aversión por el comercio; algunos de sus textos hacen pensar en el *Discours sur l'inégalité* de Rousseau. Su inspiración es, a la vez, anticlerical y profundamente religiosa. Llaman a Jesucristo el primer nivelador e insisten en la autoridad de la propiedad comunal, pero no desean una revolución violenta.

Obra singular, mezcla de puritanismo y de espíritu "precuarenta y ocho", pero cuya difusión fue muy limitada en la Inglaterra del siglo XVII.

C) Economía y utopía: Harrington.

Las ideas republicanas apenas penetran en los medios burgueses y populares. Son peculiares de algunos pensadores aislados, siendo el más original de ellos Harrington (1611-1677).

En un primer momento Harrington parece singularmente adelantado sobre su época; en su principal obra —*Oceana* (1656)— llama la atención sobre las causas económicas de la "Revolución puritana": subordinando deliberadamente la política a la economía, presenta a la Revolución como la consecuencia ineluctable de una evolución económica y social, y explica la caída de la monarquía por la progresiva desaparición de los grandes latifundios. Por consiguiente, *Oceana* se nos muestra, a la vez, como una utopía y como un intento de análisis de las realidades británicas.

Pero Harrington se interesa sólo por la propiedad rural; se le escapa la evolución comercial e industrial y cree que todo poder está fundado sobre la propiedad de una tierra. Sueña con un "Estado homogéneo" (*The Equal Commonwealth*) y propone una ley agraria que limite la propiedad, de forma que las tres cuartas partes de la tierra sean repartidas entre 5.000 propietarios, con una renta máxima de 2.000 libras esterlinas, debiendo ser repartido el último cuarto entre el resto de la población. Por consiguiente, no se trata de una reforma igualitaria: el. gobierno de la república corresponde a la aristocracia rural. En cuanto a esta decisiva reforma, debe ser decidida por un solo hombre que la aplicaría de una sola vez.

Harrington no es, en modo alguno, un precursor de Marx. Admira a Maquiavelo, y su ideal es una república aristocrática a la antigua. Su obra está vuelta hacia el pasado, no hacia el futuro.

D) Un republicanismo aristocrático.

El republicanismo aristocrático no es exclusivo de Harrington. Caracteriza también las obras de Milton y de Algernon Sidney. Las ideas republicanas no tienen en esta época raíces profundas; el republicanismo del siglo XVII es una doctrina aristocrática.

El autor del *Paraíso perdido* (1608-1674) no es un doctrinario. Pero sus obras constituyen una defensa e ilustración de la Revolución puritana, un vigoroso alegato en favor de la libertad de prensa (Aeropagítica, 1644) y para la libertad de conciencia. Además de la *Areopagítica*, sus principales obras políticas son: el *Iconoclasta* (1649), la *Defensa del pueblo inglés* (1651) y el *Medio fácil y cómodo de establecer una República libre* (1660).

En cuanto a Algernon Sidney (nacido en 1617, condenado a muerte y ejecutado en 1683), su obra más conocida es la refutación del *Patriarca*, de Filmer, que apoyaba al absolutismo y hacía descansar el poder soberano sobre la extensión de la autoridad familiar primitiva a la realeza. En sus *Discursos sobre el gobierno* (que no fueron publicados hasta 1698), Sidney sostiene, en cambio, el principio de la soberanía popular. La libertad del pueblo proviene de Dios y de la naturaleza, no de la liberalidad del príncipe; la Carta Magna es una declaración de esas libertades naturales, no su fundamento. Aparece de esta forma en Sidney una concepción racionalista del derecho natural a la que Locke dará su forma más acabada.

A finales de siglo nada fundamental enfrenta al pensamiento de los republicanos con el de los partidarios de la monarquía constitucional, al de la burguesía con el de las demás clases sociales, al de los puritanos con el de los anglicanos moderados. Llega el tiempo de las revoluciones pacíficas y el de las síntesis racionales que parecen expresar la opinión de un pueblo entero. ¿Hay que recordar la frase de lord Acton: "La revolución de 1688 no es más que la substitución del derecho divino de los reyes por el derecho divino de la *gentry*"?

SECCION IV

Locke y la teoría de la Revolución inglesa.

Locke (1632-1704), considerado como el padre del individualismo liberal, ha ejercido una profunda influencia, no sólo sobre aquellos que se proclaman sus discípulos, sino también —por reacción— sobre todos los que apelan a la tradición; así, para Joseph de Maistre, el desprecio por Locke es el comienzo de la sabiduría.

Apenas se comprende esta influencia si se lee sólo el segundo *Tratado sobre el gobierno civil* (1690), que pasa por ser la obra en la que Locke condensó lo esencial de su pensamiento político. La obra de Locke no debe su éxito ni a la fuerte personalidad de su autor ni a la audacia de sus tesis. Es el prototipo de obra que aparece en el momento más oportuno y que refleja la opinión de la clase ascendente. Locke, teórico de la Revolución inglesa, expresa el ideal de la burguesía.

LOCKE Y SU FILOSOFÍA.—Locke es médico y filósofo. Pertenece a una familia puritana de modesto origen. Su salud es frágil y su temperamento pacífico. Tiene, según Paul Hazard, las cualidades de un *gentleman*: fortuna suficiente, urbanidad, claridad.

Hombre de confianza de Shaftesbury, participa en las luchas de los *whigs* contra los *tories* y pasa cinco años de exilio en Holanda, de 1683 a 1688. Vuelve a Inglaterra con Guillermo de Orange y justifica en su *Tratado* la revolución triunfante.

Pero Locke no se contenta con "transformar un accidente histórico en un acontecimiento dirigido por la razón humana"; aunque la política de Locke debe, ciertamente, mucho al acontecimiento, se integra en una filosofía coherente. Para interpretar correctamente el segundo *Tratado sobre el gobierno civil* hay que conocer no sólo el primer *Tratado* —en el que Locke critica las teorías de Filmer sobre el poder paternal de los reyes—, sino también, y sobre todo, el *Ensayo sobre el entendimiento humano* (1690), la *Carta sobre la tolerancia* (1689) y el *Cristianismo razonable* (1695). No hay que olvidar tampoco que Locke había expresado antes de 1689 algunas de las ideas que serán recogidas en su *Carta sobre la tolerancia*.

La política de Locke es solidaria con su filosofía, cuyo rasgo dominante es el empirismo. Su filosofía política, como el conjunto de su filosofía, implica el poder del hecho, lo que le conduce, naturalmente, a justificar el hecho realizado cuando ese hecho realizado le parece eminentemente razonable. En efecto, para Locke el hombre es un ser razonable y la libertad es inseparable de la felicidad. El fin de la política —el mismo que el de la filosofía— es la búsqueda de una felicidad que reside en la paz, la armonía y la seguridad. Así, no hay felicidad sin garantías políticas y no hay política que no deba tender a extender una felicidad razonable.

UNA DOCTRINA DE LA PROPIEDAD.—Contrariamente a Hobbes, Locke estima que el estado de naturaleza es un estado pacífico, o al menos relativamente pacífico. La naturaleza no es para él ni feroz, como para Hobbes, ni perfecta, como para Rousseau. El estado de naturaleza es un estado de hecho, una situación perfectible.

Contrariamente a Hobbes también, Locke estima que la propiedad privada existe en el estado de naturaleza, que es anterior a la sociedad civil. Esta teoría de la propiedad ocupa en Locke un destacado lugar: atestigua los orígenes burgueses de su pensamiento y contribuye a aclarar su éxito.

Según Locke, es el hombre "industrioso y razonable" —y no la naturaleza— quien está en el origen de casi todo lo que tiene valor. Por consiguiente, la propiedad es natural y bienhechora, no sólo para el propietario, sino para el conjunto de la humanidad: "El que se apropia de una tierra mediante su trabajo no disminuye, sino que aumenta, los recursos comunes del género humano". La propiedad confiere la felicidad, y la mayor felicidad coincide con el mayor poder: "La mayor felicidad no consiste en gozar de los mayores placeres, sino en poseer las cosas que producen los mayores placeres". De esta forma queda definido lo que Leo Strauss denomina un "hedonismo capitalista".

Para garantizar la propiedad, los hombres salen del estado de naturaleza y constituyen una sociedad civil "cuyo fin principal es la conservación de la propiedad". "El gobierno —escribe también Locke— no tiene más fin que la conservación de la propiedad."

Hay que observar aquí que Locke emplea más o menos indiferentemente —según parece— las expresiones "sociedad civil" y "gobierno". Para Locke la función del gobierno consiste menos en gobernar que en administrar y legislar.

Leyes, jueces y una policía: esto es lo que falta a los hombres en el estado de naturaleza y lo que les proporciona el gobierno civil. Por consiguiente, el poder político es una especie de depósito confiado por propietarios a propietarios ("political trusteeship"). Los gobernantes son administradores al servicio de la comunidad; su misión consiste en asegurar el bienestar y la prosperidad.

EL PODER SEGÚN LOCKE.—El poder supremo es el poder legislativo. Lo esencial es el hacer leyes; y las leyes no pueden ocasionar perjuicio a los propietarios. La prerrogativa del ejecutivo está limitada de la forma más precisa. En un "poder confiado al príncipe para que provea al bien público en los casos que dependen de circunstancias imprevistas e indeterminadas y que no se pueden, por este hecho, reglar, en forma segura, por leyes fijas e inmutables".

El poder ejecutivo y el poder legislativo no deben estar reunidos en las mismas manos, pero el poder legislativo es superior al ejecutivo. Es "el alma que da vida, forma y unidad al Estado".

Pero el poder del legislativo no es indefinido; se encuentra limitado por los derechos naturales. "El poder es, en su principio, poder de libertad. Y esa libertad es una libertad para la felicidad, una libertad para la felicidad mediante la razón" (R. Polin). Así, todo poder, para ser político, debe ser, ante todo, justo. Para Locke, como para Kant, el problema del poder se reduce a un problema moral.

LA RESISTENCIA AL PODER.—Si el poder perjudica a los derechos naturales, especialmente a la libertad y a la propiedad, Locke reconoce a los gobernados el derecho a sublevarse. Pero el derecho de resistencia de Locke es muy diferente de la teoría calvinista que descansa en la soberanía popular. El empleo por Locke del derecho de resistencia no tiende a realizar las aspiraciones populares, sino a defender o a restaurar el orden establecido La teoría de Locke es de inspiración conservadora; el reconocimiento del derecho de resistencia es un medio para hacer reflexionar al príncipe y para hacerle respetar la legalidad. Permite alejar el peligro de una revuelta popular, pero no constituye en absoluto una invitación a la sublevación. En definitiva, el derecho de resistencia es para Locke un llamamiento a la prudencia y al compromiso.

LA TOLERANCIA.—El pensamiento político de Locke es fundamentalmente laico. Separa rigurosamente lo temporal de lo espiritual y, contrariamente a Hobbes, declara que "el poder del gobierno civil no tiene relación más que con los intereses civiles". Repite que las opiniones religiosas "tienen un derecho absoluto y universal a la tolerancia".

Pero este llamamiento a la tolerancia no es una confesión de ateísmo. Locke se subleva contra quienes lo consideran materialista; declara que cree en la revelación y se proclama partidario de un "cristianismo razonable", cuyos dogmas esenciales puedan ser demostrados por la razón. Dedica un capítulo del *Ensayo sobre el entendimiento humano* a condenar el entusiasmo en materia de religión.

Después de Locke, surge en Inglaterra una corriente racionalista y deísta con Clarke, Toland (que lanza violentas diatribas contra los sacerdotes), Collins (que denuncia las extravagancias de la Biblia) y Shaftesbury, cuya *Carta sobre el entusiasmo* (1708) se sitúa exactamente en la misma línea de la obra de Locke. Shaftesbury hace notar en ella la diferencia entre el falso entusiasmo del fanático y el verdadero entusiasmo que procede de un sentimiento de paz con Dios. Afirma la preeminencia de la moral sobre la religión.

Locke, teórico de una revolución, no es en modo alguno un revolucionario. Desconfía tanto de la soberanía popular como del absolutismo del monarca. Su principal preocupación es el orden, la calma, la seguridad.

El ideal político de Locke —aquí reside la causa principal de su inmensa influencia— concuerda, por tanto, con el de la clase media en expansión. El pensamiento de Locke es complejo: defensa de la propiedad privada y llamamiento a la moral, preocupación por un poder eficaz y necesidad del consentimiento, un individualismo que se inclina ante la mayoría, empirismo y racionalismo, tolerancia y dogmatismo. Encontramos aquí temas medievales, el recuerdo de la ley natural, y un individualismo tan fundamental como en Hobbes, pero que conduce a soluciones diferentes. Nada muestra mejor la evolución de los espíritus en menos de cincuenta años que la diferencia entre la obra de Hobbes y la de Locke.

Igualmente preocupados ambos por la paz y la tranquilidad, una conduce al poder absoluto y la otra al predominio parlamentario. Esta divergencia no se explica tan sólo por divergencias doctrinales, sino por el medio social de dos obras que proceden de un mismo individualismo. En la época de Hobbes, la clase media debe situarse bajo la protección del poder: en 1688, se cree lo suficientemente fuerte como para reivindicarlo.

BIBLIOGRAFIA

Una obra fundamental para el conjunto de este capítulo: Paul HAZARD, *La crise de la conscience européenne* (1680-1715), Boivin, 1935, x-474 págs. [Hay traducción española: *La crisis de la conciencia europea* (1680-1715), trad. de Julián Marías, Madrid, Ediciones Pegaso, 1952, xv-420 págs.]

I. DIFICULTADES DE LA MONARQUÍA FRANCESA.

El jansenismo.

Hay sobre el jansenismo una inmensa bibliografía. Trabajos de conjunto recientes son los de Jean ORCIBAL, especialmente *Les origines du jansénisme*, Vrin, 1947-48, y los del abate Louis COGNET, especialmente *La Mère Angélique et son temps*, Sulliver, 1950-52 (2 vols.). El *Port-Royal* de SAINTE-BEUVE conserva todo su valor.

Pascal.

La tesis de Lucien GOLDMANN, *Le Dieu caché*, Gallimard, 1955, 455 págs., es muy estimulante, pero exige matizaciones y reservas. Las concepciones de L. GOLDMANN han sido objeto de un debate en Royaumont, en el que han participado los principales especialistas franceses en jansenismo: *Blaise Pascal, l'homme et l'oeuvre*, Editions de Minuit, 1956, 479 págs. El libro de Albert BRIMO, *Pascal et le droit*, Sirey, 1942, 220 páginas, es muy mediocre (hay un extraño capítulo sobre Pascal y Marx...). Será más útil la consulta de estudios de un carácter más general, siendo los más recientes: Jean MESNARD, *Pascal, l'homme et l'oeuvre*, 1951, 192 págs. (insiste en la unidad de Pascal, cuya obra —como la de Corneille— expresa la sociedad de Luis XIII y de la minoridad de Luis XIV). Albert BÉGUIN, *Pascal par lui-même*, Ed. du Seuil, 1953 192 págs. (texto denso y elocuente, nota bibliográfica precisa). Véase también BÉNICHOU, ADAM, *op. cit.*, así como Jacques CHEVALIER, *Pascal*, Plon, 1957, x-358 págs. Una tesis de letras ha sido dedicada a Clermont por Etiennette DEMAHIS a *La pensée politique de Pascal*, Saint-Amand, 1931, 403 págs. [Vid. de las ediciones españolas de PASCAL: *Pensamiento*, trad. de Ramón Ortega y Frías, Librería de José Anillo, Madrid, 1879, 303 págs.; *Cartas Provinciales*, traducción y prólogo de Francisco Cañamaque, Librería de José Anillo, Madrid, 1879, 308 páginas; una traducción de Eugenio d'Ors de los *Pensamientos*, edit. en Barcelona, Iberia, 1955, 366 págs.]

La oposición protestante.

Emile LÉONARD, "Le protestantisme français au XVII siècle", *Revue historique*, octubre-diciembre de 1948, págs. 153-179 (trabajo notable). Jean ORCIBAL, *Louis XIV et les protestants*, Vrin, 1951. 192 págs. Roger LUREAU, *Les doctrines politique de Jurieu*, Burdeos, Cadoret, 1904, 170 págs., y sobre todo Guy Howard DODGE, *The political theory of the Huguenots of the dispersion with special reference to the thought and influence of Pierre Jurieu*, Nueva York, Columbia, U. P., 1947, XII-287 págs. (estudio a fondo, rica bibliografía).

La oposición aristocrática.

Fénelon.—El librito de Gilbert GIDEL, *La politique de Fénelon*, Larose & Tenin, 1906, XII-103 págs., ha envejecido. Vid. sobre todo: R. MOUSNIER, *Les idées politiques de*

298   HISTORIA DE LAS IDEAS POLÍTICAS

Fénelon, en el número especial dedicado a Fénelon por el *Bulletin de la Société d'Etudes du XVII siècle* en 1952 (muy hostil a Fénelon). A comparar con R. SCHMITTLEIN, *op. cit.* (muy favorable). Estudios generales: E. CARCASSONNE, *Etat présent des travaux sur Fénelon,* Belles-Lettres, 1939. Del mismo autor, *Fénelon, l'homme et l'oeuvre,* Boivin, 1946, 172 páginas. El mejor estudio reciente es el de Antoine ADAM en su *Histoire de la littérature française, op. cit.* Vid. también: François VARILLON, *Fénelon et le pur amour.* Editions du Seuil, 1957, 192 págs. Jeanne-Lydie GORÉ, *La notion d'indifférence chez Fénelon,* ses *sources,* P. U. F., 1956, 320 págs. [Traducciones al castellano de FÉNELON: *Aventuras de Telémaco,* trad. y prólogo de Manuel Sacristán Luzón, Barcelona, Fama, 1954, 404 páginas; *La educación de las niñas,* trad. de M.ª Luisa Navarro Luzuriaga, Madrid, Espasa-Calpe, Colección Universal, 136 págs.]

Saint-Simon.—Consultar las *Mémoires* en la edición de la Pléiade por Gonzague TRUC, 1953. A completar con *Papiers en marge des Mémoires* (Club Francés del Libro), 1954: extractos de los *Ecrits inédits* publicados por FAUGÈRE en 1880-92. François-Régis BASTIDE, *Saint-Simon par lui-même,* Ed. du Seuil, 1953, 192 págs. (estudio sólido e inteligente, con una preocupación por la originalidad algo irritante).

Estudios diversos.—Maurice LANGE. *La Bruyère critique des conditions et des institutions sociales,* Hachette, 1909, XLII-424 págs. (tesis de letras). Sobre Claude FLEURY véase la tesis del abate François GAQUÈRE, *La vie et les oeuvres de Claude Fleury,* de Gigord, 1925, VI-515 págs.; un buen artículo de Guy THUILLIER en la *Revue administrative,* julio-agósto de 1957, págs. 348-358: "Economie et administration au grand siècle: l'abbé Fleury". Sobre Cordemoy hemos podido consultar trabajos todavía inéditos de Guy THUILLIER.

Vauban.—Véase, sobre todo, la edición de *La Dime Royale,* por E. COORNAERT, Alcan, 1933, 295 págs. (colección de los "Principaux économistes"); Daniel HALÉVY, *Vauban,* Grasset, 1923, 207 págs.; Walter BRAEUER, "Quelques remarques sur l'oeuvre économique de Vauban", *Revue d'histoire économique et sociale,* enero-marzo de 1951, páginas 8-26.

II.   FILOSOFÍA Y POLÍTICA EN SPINOZA Y LEIBNIZ.

Spinoza.—El *Tractatus theologico-politicus* y el *Tractatus politicus* deben consultarse preferentemente en la edición de Roland CAILLOIS, Madeleine FRANCÈS y Robert MISRAHI en la colección de la Pléiade: SPINOZA, *Oeuvres complètes,* Gallimard, 1954, 1.604 páginas. Hay que señalar una excelente edición crítica en italiano del *Tratado político* por Antonio DROETTO, Turín, 1958 (con una introducción de 140 págs.) [Ediciones en español de SPINOZA: *Etica demostrada según el orden geométrico,* trad. de Oscar Cohan, Fondo de Cultura Económica, Méjico, 1958, 273 págs.; *Tratado teológico-político y notas marginales,* trad. e introducción de Emilio Reus y Bahamonde, Madrid, Colección de filósofos modernos, s. f., 367 págs.; *Obras escogidas,* Buenos Aires, El Ateneo, 1953 (contienen la *Etica* y el *Tratado teológico-político.)*

Sobre la política de Spinoza.—Jean T. DESANTI, *Introduction à l'histoire de la philosophie,* tomo I, 1956, 317 págs. (ensayo de interpretación marxista). Joseph DUNNER, *Baruch Spinoza and Western Democracy, an interpretation of his philosophical, religious and political thought,* Nueva York, 1955, XIV-142 págs. (numerosas citas, muchos elogios, poca interpretación personal, ninguna bibliografía). El mejor estudio es el de P. VERNIÈRE, *Spinoza et la pensée française avant la Révolution,* P. U. F., 1954, 2 vols., 775 páginas (con una exhaustiva bibliografía). Vid. también León BRUNSCHVICG, *Spinoza et ses contemporains,* P. U. F., 4.ª ed., 1951, 312 págs. Lewis Samuel FEUER, *Spinoza and the rise of liberalism,* Boston, Beacon Press, 1958, XII-323 págs. R. de LACHARRIÈRE, "Spinoza et la théorie démocratique", *Revue du droit public et de la science politique,* enero-febrero de 1959, págs. 5-35.

Sobre la política de los libertinos.—El análisis de conjunto más reciente y nuevo es el de Antoine ADAM, *Histoire de la littérature française au XVII siècle (op. cit.).* Sobre

Saint-Evremond, H. T. Barnwell, *Les idées morales et critiques de Saint-Evremond*, P. U. F., 1957, 236 págs.

Fontenelle.—Edición de los *Oracles* por L. Maigron, 1908 (Société des Textes français modernes). Tesis de François Grégoire, *Fontenelle, une philosophie désabusée*, Vrin, 1947, 474 págs. J.-R. Carré, *La philosophie de Fontenelle ou le sourire de la raison*, Alcan, 1935, 706 págs. Hommage à Fontenelle, *Annales de l'Université de París*, julio-septiembre de 1957, págs. 378-415. [En castellano: Fontenelle, *Conversaciones sobre la pluralidad de los mundos*, trad. de Luis Gutiérrez del Arroyo, Madrid, Espasa-Calpe, Colección Universal, 153 págs.]

Bayle.—*Choix de textes et introduction*, por Marcel Raymond, Friburgo, 1948, 370 páginas (colección "Le Cri de la France"). Edición de los *Pensées diverses sur la comète* por A. Prat en la colección "Textes français modernes", 1911-1912, 2 vols. Jean Delvolvé, *Essai sur Pierre Bayle, religion, critique et philosophie positive*, Alcan, 1906, 455 págs. (tesis de letras). Ver también *Le philosophe de Rotterdam*, estudios y documentos publicados bajo la dirección de Paul Dibon, Amsterdam, 1959, xvii-255 págs.

Leibniz.—Jean Baruzi, *Leibniz et l'organisation religieuse de la terre*, Alcan, 1907, 526 págs. Gaston Grua, *Jurisprudence universelle et théodicée selon Leibniz*, P. U. F., 1953, 548 págs. Del mismo autor, *La justice humaine selon Leibniz*, P. U. F., 1956, xii-415 págs. F. Brunner, *Essai sur la signification historique de la phliosophie de Leibniz*, Vrin, 1951, 326 págs. Véase también Edmund Pfleiderer, *Gottfried Wilhelm Leibniz als Patriot, Staatsmann und Bildungsträger*, Leipzig, 1870 (desmiente la tesis según la cual Leibniz no habría tenido sentido de las realidades; le presenta como un patriota alemán y un hombre de Estado). Paul Ritter, *Leibniz als Politiker. Deutsche Monatshefte für christliche Politik und Kultur*, mayo de 1920. R. W. Meyer, *Leibniz und die europäische Ordnungskrise*, Hamburgo, 1948, 319 págs. Un buen capítulo de síntesis en Th. Ruyssen, *Les sources doctrinales de l'internationalisme*, tomo II, P. U. F., 1958, págs. 234-283 (numerosas referencias bibliográficas, especialmente sobre las ediciones de Leibniz). [En castellano, vid. las *Obras* de Leibniz, traducidas por Patricio de Azcárate, Madrid, 5 volúmenes].

III. Las ideas políticas en Inglaterra antes de la Revolución de 1688.

Además de las obras de Allen, Gooch y Zagorin citadas en el capítulo precedente, conviene consultar: F. J. C. Hearnshaw (ed.), *The Social and Political ideas of some English Thinkers of the Augustan Age, 1650-1750*, Londres, 1928, Nueva York, Barnes and Noble, 1950, 247 págs. (sobre Filmer, Halifax, los jacobistas, Locke, Hoadly, Daniel de Foe, Swift, Bolingbroke). Véase también: Zera S. Fink, *The Classical Republicans: An Essay in the Recovery of a Pattern of Thought in Seventeenth Century England*, Evanston, Illinois, 1945, xi-225 págs. *Britain and the Netherlands*, ed. por J. J. Bromley y E. H. Kessman, Londres, 1960, 255 págs.

[En castellano: Robert Filmer, *El patriarca, o El poder natural de los reyes*, traducción de Pablo de Azcárate, Madrid, Espasa-Calpe, Colección Universidad, 109 págs.]

Textos principales: *Trats on Liberty in the Puritan Revolution 1638-1647*, ed. por William Haller, Nueva York, 1934, 3 vols. *The Leveller Tracts, 1647-1653*, ed. por William Haller y Godfrey Davies, Nueva York, 1944. *Leveller Manifestoes of the puritan Revolution*, ed. por Don M. Wolfe, Nueva York, 1944.

Sobre los *Levellers*, Joseph Frank, *The Levellers. A history of the writings of three Seventeenth Century Social Democrats: John Lilburne, Richard Overton, William Walwyn*, Cambridge, Harvard, 1955, x-345 págs. Olivier Lutand, "Le parti politique "Niveleur" et la première Révolution anglaise", *Revue historique*, (461-462), febrero-marzo y abril-junio de 1962, págs. 77-114 y 377-414. Charles Blitzer, *An immortal Commonwealth, the political thought of James Harrington*, N. Y., Yale U. P., 1960, XVIII, 344 págs.

Los "Diggers" y Winstanley.—*The works of Gerrard Winstanley*, ed. por G. H. Sabine,, Ithaca, Nueva York, 1941 (con una introducción). David W. Petegorsky, *Left-wing Democracy in the English Civil War: A Study of the social philosophy of Gerrard Winstanley*, Londres, Gollancz, 1940, 247 págs. W. F. Murphy, "The Political thought of Gerrard Winstanley", *The Review of politics*, abril de 1957, págs. 214-238.

Harrington.—*The Political Writings of James Harrington,* ed. por Charles BLITZER, Nueva York, The Liberal Arts Press, 1955, XLIII-165 págs. Sobre Harrington, ZAGORIN, *op. cit.,* págs. 132-145, y Raymond POLIN, "Economique et politique au XVII siècle. L'Oceana de James Harrington", *Revue française de science politique,* enero-marzo de 1952, páginas 24-41. Russel SMITH, *Harrington and his Oceana: A study of a XVIIth Century Utopia and its influence in America,* Cambridge, 1914.

Milton.—*Areopagitica. Pour la liberté d'imprimer sans autorisation ni censure,* traducida y prologada por O. LUTAUD, Aubier, 1956, 243 págs. [Hay versión castellana: *Aeropagítica,* trad. de José Carner, Méjico, Fondo de Cultura Económica, XV-106 págs.] Sobre Milton, Arthur BARKER, *Milton and the puritan dilemma, 1641-1660,* Toronto, 1942, XXIV-440 págs. Don M. WOLFE, *Milton in the puritan revolution,* Nueva York, Nelson, 1941, XIV-496 págs. Para una bibliografía más completa sobre esta sección, vid. SABINE, *op. cit.,* págs. 495 y 515-16.

IV. LOCKE.

Textos.

L'essai sur le pouvoir civil, publicado por J.-L. FYOT en la colección dirigida por B. MIRKINE-GUETZÉVITCH y M. PRÉLOT, P. U. F., 1953, XVI-227 págs. [Dos ediciones españolas recientes: una, de Amando Lázaro Ros, Madrid-Buenos Aires, Editorial Aguilar, 1955, 255 págs.; otra (agotada), del Fondo de Cultura Económica, trad. de José Carner; ambas contienen sólo el segundo ensayo. Una antigua edición: *Del gobierno civil seguido de cartas sobre la tolerancia,* París, 1827.]

El *Ensayo sobre el entendimiento humano,* la *Carta sobre la tolerancia, El cristianismo razonable,* no han sido editadas en francés desde el siglo XVIII o comienzos del XIX (ed. Thurot, 1821-25). [Existe una traducción española del *Ensayo sobre el entendimiento humano,* Méjico, Fondo de Cultura Económica, 733 págs.] Gabriel COMPAYRÉ publicó en Hachete, en 1882. *Quelques pensées sur l'éducation.* [En castellano: LOCKE, *Pensamiento acerca de la educación,* trad. y notas de D. Barnés; LOCKE, *Selección de textos,* precedido de un estudio de A. Petzall, trad. y notas de León Dujovne, Buenos Aires, Editorial Sudamericana, 1940, 191 págs.] Una buena edición inglesa: *The second treatise of civil government and a letter concerning with toleration,* Oxford, Blackwell, 1948, XL-166 páginas (introducción de J. W. GOUGH).

Estudios.

H. O. CHRISTOPHERSEN, *A bibliographical introduction to the study of John Locke,* Oslo, 1930 (más de 130 páginas de indicaciones bibliográficas). Charles BASTIDE, *John Locke. Ses théories politiques et leur influence en Angleterre,* Leroux, 1906, 398 páginas. (sólida tesis de letras que ha quedado anticuada). J. W. GOUCH *John Locke's political philosophy,* Oxford, Clarendon Press, 1950, 204 págs. (breve pero substancial). Willmoore KENDALL, *John Locke and the doctrine of majority rule,* Urbana, University of Illinois Press, 1941, 141 págs. Raymond POLIN, *La politique raisonnable de John Locke,* P. U. F., 1960, 320 págs. El estudio de VAUGHAN en *Studies in the history...,* tomo I, páginas 130-203, continúa siendo clásico; contiene un análisis y una crítica igualmente a fondo del liberalismo de Locke. Vid. también GABRIEL BONNO, *Les relations intellectuelles de Locke avec la France,* Berkeley, 1955, 269 págs. A completar con la edición de *Travels in France (1675-1679),* publicado por John LOUGH, Cambridge, U. P., 1953, LXV-308 págs. J. W. YOLTON, *John Locke and the way of ideas,* Oxford, U. P., 1956, 235 págs. (insiste sobre todo en las ideas religiosas de Locke, situándolas en el ambiente de Inglaterra a finales del siglo XVII). Richard H. COX, *Locke on war and peace,* Oxford, Clarendon Press, 1960, XX-220 págs. Tres artículos a señalar: C. B. MACPHERSON, "Locke on capitalist appropriation", *The Western political Quartely,* diciembre de 1951, páginas 550-566 (interpretación próxima al marxismo); Leo STRAUSS, "On Locke's doctrine of natural right", *Philosophical Review,* LXI (1952), págs. 475-502 (reproducido en *Droit naturel et histoire,* págs. 215-261); R. POLIN, "Sens et fondement du pouvoir chez Locke", *Le pouvoir,* publicación del Instituto Internacional de Filosofía Política, tomo I, P. U. F., 1956.

CAPITULO IX

El siglo de las luces

Una filosofía burguesa.

Un hecho domina la historia de las ideas políticas en el siglo XVIII: el crecimiento de la burguesía en Europa occidental.

A este respecto, hay que mencionar no sólo el progreso técnico, sino también el clima general de la economía, en la que aparecen los primeros signos de la revolución industrial: largo período de expansión iniciado hacia 1730, en primer lugar en el dominio agrícola (progreso agronómico y producción incrementada que permiten alimentar a una población más numerosa); coyuntura favorable en beneficio de todos los sectores, que estimula los intercambios y las actividades manufactureras; crecimiento de las ciudades y puertos; poder de los armadores y negociantes, cuyo panegírico ofrece Voltaire en sus *Lettres anglaises:* "El comercio, que ha enriquecido a los ciudadanos en Inglaterra, ha contribuido a hacerlos libres, y esta libertad a su vez ha dilatado el comercio, formándose así la grandeza del Estado". Este texto de Voltaire define el ideal de una clase. Plantea en términos precisos las cuatro ecuaciones que constituyen, para la burguesía europea, el ciclo del progreso: comercio, factor de riqueza; riqueza, factor de libertad; la libertad favorece el comercio; el comercio favorece la grandeza del Estado.

Jaurès enumera detallada y casi líricamente, en su *Histoire socialiste*, las familias burguesas que acceden al poder económico y que no tardarán en reivindicar el poder político. Como dirá Barnave: "Una nueva distribución de la riqueza acarrea una nueva distribución del poder".

Esta burguesía del siglo XVIII no es, en modo alguno, homogénea; cuando es ya poderosa en Europa occidental, sigue siendo todavía embrionaria en numerosos países. En la misma Europa occidental está compuesta de elementos extremadamente diversos: funcionarios y "oficiales" instalados en cargos venales, especuladores (tipo "Turcaret"), financieros filósofos (tipo Helvétius), negociantes y armadores, fabricantes y técnicos, intelectuales (el sustantivo no surgirá hasta el "affaire Dreyfus", pero escribir es ya un oficio en el siglo XVIII).

Todos estos burgueses ocupan situaciones muy diferentes en la sociedad, pero se adhieren a ciertas ideas comunes. La burguesía no es una clase homogénea, pero vemos aparecer los rasgos de una filosofía burguesa. Y esta filosofía burguesa no se presenta como una filosofía exclusiva de los burgueses, sino como una filosofía para todos los hombres. Fenómeno capital y muy diferente del que se producirá un siglo después: cuando el proletariado adquiera la conciencia de formar una clase independiente, adoptará una doctrina proletaria, una doctrina de clase. Por el contrario, la burguesía, aun conservando un vivo sentimiento de las jerarquías, elabora una doctrina universalista en el mismo instante en que toma conciencia de su originalidad social.

Comienza así el tiempo de las mayúsculas: Libertad, Progreso, Hombre. El siglo XVIII descubre la existencia del hombre. Bossuet, en su *Histoire universelle,* no habla del universo, sino de algunas naciones desaparecidas. Pascal habla sólo de los hombres: "Cuando me puse a considerar en alguna ocasión las diversas agitaciones de los hombres... descubrí que toda la desgracia de los hombres proviene de una sola cosa, que es el no saber permanecer en reposo en una habitación". Cuando Voltaire trata de refutar este famoso pasaje en sus *Réflexions sur les pensées de Pascal* pasa del plural al singular: "El hombre ha nacido para la acción, como el fuego tiende hacia arriba y la piedra hacia abajo. Para el hombre, no estar ocupado y no existir es la misma cosa". Cambio fundamental, cuyo alcance subraya Condorcet: "Como filósofo, Voltaire es el primero que ha expuesto el modelo de un simple ciudadano que abarca en sus propósitos y en sus trabajos todos los intereses del hombre en todos los países y en todos los siglos, y que se alza contra todos los errores, contra todas las opresiones, que defiende y propaga todas las verdades humanas".

La burguesía europea confunde así su causa con la de la humanidad: "Los miembros del Tercer Estado en la Constituyente —escribe Sartre en su *Présentation des Temps Modernes*— eran burgueses porque se consideraban sencillamente hombres" [recogido en *Situations II,* trad. esp. de Aurora Bernárdez, con el título *¿Qué es la literatura?* Buenos Aires, Losada, 1950, 262 páginas].

A) DOCTRINAS Y REALIDADES.—Si bien el desarrollo de las ideas políticas en el siglo XVIII está estrechamente vinculado a la evolución económica y social en su conjunto, también depende de los acontecimientos que se producen tanto en Europa como fuera de Europa.

1.º *Las dificultades de la Monarquía francesa.*—El penoso final del reinado de Luis XIV contribuyó a la difusión de las nuevas ideas. La tarea de los filósofos será asimismo facilitada por la impopularidad de Luis XV, y por la incapacidad de Luis XVI para resolver la crisis financiera.

Sin embargo, los comienzos de la Revolución francesa atestiguarán la profundidad de las convicciones monárquicas en las masas populares. La oposición al poder adopta la forma de una oposición al fisco y al régimen señorial, o de una oposición a la corte; en modo alguno de una oposición a la monarquía.

2.º *La preponderancia francesa.*—El predominio europeo está todavía asegurado y Europa prosigue la conquista del mundo. Europa es, en amplia medida, una "Europa francesa"; la irradiación de la lengua y de las ideas francesas se manifiesta en las capitales más alejadas.

Existe una especie de desajuste entre la influencia intelectual y el poder militar y económico. Los ejércitos franceses sufren graves reveses (guerra de los Siete Años, pérdida del Canadá, etc.); la economía francesa está lejos de alcanzar el desarrollo de la economía inglesa, y, sin embargo, la preponderancia intelectual de Francia, especialmente en el campo de las ideas políticas, apenas se discute.

Las ideas toman una nueva dimensión; los filósofos razonan a escala europea. Políticamente, Europa está más dividida que nunca, pero existe una "conciencia europea" y, por encima de las fronteras, el esbozo de una "república de las letras".

3.º *El despotismo ilustrado.*—El siglo XVIII es el siglo de los "déspotas ilustrados": Federico II en Prusia, Catalina II en Rusia, José II en Austria, Gustavo III en Suecia, Estanislao-Augusto en Polonia, etc.

Entre los príncipes y los filósofos se organiza ese *minuet* del que habla Paul Hazard, ese intercambio de reverencias en que participan Voltaire, Diderot, D'Alembert, etc. Voltaire reside algún tiempo en Berlín y Diderot en San Petersburgo, y D'Alembert escribe a Federico II: "Los filósofos y las gentes de letras de todas las naciones os miran desde hace tiempo, señor, como a su jefe y modelo."

La historia de las ideas políticas debe reservar a Federico II un amplio espacio; sin duda, no a causa de la originalidad del pensamiento del "filósofo de Sans Souci", sino a causa de la admiración que suscitó. Al igual que Enrique IV fue considerado, en el siglo anterior, el modelo de los reyes, Federico II fue considerado durante largo tiempo como el monarca perfecto: "La filosofía creía servirse de los reyes, y eran los reyes los que se servían de ella" (Hazard) [1].

4.º *Las revoluciones.*—El siglo XVIII finaliza con la independencia de los Estados Unidos y con la Revolución francesa. A este respecto, no resulta fácil medir la influencia de las ideas sobre los acontecimientos. Pero la influencia de los acontecimientos sobre las doctrinas —y todavía más sobre las ideas— es manifiestamente considerable.

Por eso dedicaremos, después de un largo capítulo sobre la filosofía de las luces, un capítulo especial a la Revolución americana y a la Revolución francesa.

B) LA ORGANIZACIÓN DE LA PROPAGANDA.—Antes de pasar revista rápidamente a los grandes temas del siglo XVIII, importa resaltar un hecho cuya novedad ha sido exagerada a veces, pero cuya importancia es indiscutible: la difusión de las ideas políticas se organiza, poco a poco, con una precisión y eficacia crecientes; los centros de reflexión y los órganos de difusión y de propaganda se multiplican. Recordemos el papel de las gacetas, el de las enciclopedias, el de los cafés, el de los salones, el de las sociedades secretas y especialmente el de la francmasonería. Esta secta, importada de Inglaterra, consigue en Francia una rápida difusión. Según documentos masónicos, el número de logias en Francia en 1776 habría sido 198, y 629 en 1789, con unos treinta mil "hermanos" en total. Montesquieu, Diderot, D'Alembert, Helvétius, Voltaire, Federico II, Wieland, Lessing, Herder, Mozart, Washington, Franklin y, quizá, el mismo Kant, son masones.

El culto a la humanidad es el primer principio de la francmasonería. "Queremos —escribe Ramsay en su *Discours* de 1738— reunir a todos los hombres de pensamiento ilustrado, de apacibles costumbres y de humor agradable, no sólo mediante el amor por las Bellas Artes, sino también mediante los grandes principios de virtud, de ciencia y de religión, en los que el interés de la Confraternidad se convierte en el del género humano, de los que todas las naciones pueden extraer sólidos conocimientos y en los que todos los reinos pueden aprender a quererse mutuamente, sin renunciar a su patria."

La tesis del "complot masónico" dirigido contra la monarquía, muy extendida hacia 1940, ha sido vivamente atacada por los trabajos más recientes, que subrayan: 1) La función social de las logias que, en las ciudades de provincias, tienen un poco el papel de "círculos" culturales y mundanos; 2) La indiferencia política o la fidelidad monárquica de la mayoría de los masones: "Se buscaría en vano el menor rasgo de una conjuración antimonárquica en las logias del período prerrevolucionario", escribe Théodore Ruyssen en 1958: 3) Y, sobre todo, los vínculos entre la francmasonería y el iluminismo, el ocultismo y el misticismo (véase sobre este punto Roger Priouret, *La francmaçonnerie sous les lys.* 1953).

---

[1] Sobre la teoría del despotismo ilustrado véase más adelante págs. 325-327.

C)   UN NUEVO VOCABULARIO.—El siglo XVIII es una época de revolución en el vocabulario político.

La palabra "social" no adopta su sentido moderno hasta el *Contrat social;* la *Enciclopedia* (1751-1772) considera la palabra como nueva y le confiere un sentido diferente al actual. "Capitalista" pertenece al vocabulario de Turgot. La expresión "clase media" será empleada en la Constituyente durante la discusión sobre el censo. En cuanto a la palabra "pueblo", que a comienzos de siglo tiene por lo general un sentido peyorativo ("Llamo pueblo a todo lo que piensa villana y comúnmente", dice Mme. de Lambert la amiga de Montesquieu), toma un sentido nuevo a partir de 1750; para los redactores de la *Enciclopedia,* el pueblo es la "parte más numerosa y necesaria de la nación". Igualmente las palabras nación y nacional toman, poco a poco, su sentido moderno.

* * *

Esta transformación del vocabulario es el signo de una profunda evolución de las ideas. Algunas palabras dominan el siglo: naturaleza, felicidad, virtud, razón, progreso. No son nuevas, y los diferentes autores están lejos de conferirles siempre el mismo sentido. Sin embargo, existe un "espíritu del siglo", un amplio acuerdo sobre algunas nociones fundamentales.

1.   La Ciencia y la Naturaleza.—Tras los grandes descubrimientos del siglo XVII, el siglo XVIII es sobre todo una época de aplicaciones prácticas. Monarcas y filósofos manifiestan una pasión notable por las ciencias. Voltaire estudia matemáticas y vulgariza a Newton; Diderot estudia anatomía, psicología y química; el mismo Jean-Jacques Rousseau se ocupa de botánica. El sabio debe ser universal; no hay tabiques entre las ciencias.

La historia natural y las ciencias biológicas pasan al primer plano. Buffon (1707-1788) es uno de los sabios, si no más originales, al menos más representativos de su época: Jean-Jacques Rousseau se arrodilla para besar el umbral de su puerta; Montbard (patria de Buffon) es un lugar de peregrinaje.

— La ciencia de Buffon es *positiva* y laica; rechaza las causas finales.

— Es *evolutiva;* Buffon cree en la evolución de las especies. Sus *Epoques de la nature* anuncian *L'esquisse d'un tableau historique des progrès de l'esprit humain* de Condorcet.

— Por último, la ciencia de Buffon es *unitaria.* En su *Histoire naturelle,* cuyos 32 volúmenes aparecen de 1749 a 1789, afirma la unidad de la especie humana.

2.   La felicidad.—Ni Hobbes, ni Pascal, ni Bossuet, ni siquiera Locke hablan mucho de felicidad. El tema de la felicidad ocupa, por el contrario, un amplio lugar en la mayoría de los filósofos del siglo XVIII: felicidad del equilibrio en Montesquieu, de la acción útil en Voltaire, del ensueño en Rousseau, etc. "La felicidad es una idea nueva en Europa", escribirá Saint-Just.

El desarrollo de este tema está evidentemente vinculado a la relajación de las disciplinas católicas. Toma diversas formas:
— felicidad en la naturaleza; felicidad del aire libre (la marcha y la montaña según J.-J. Rousseau, las islas según Bernardin de Saint-Pierre,

los apriscos de María Antonieta...); la felicidad del viaje (Montesquieu) y del viajero desconcertado que mira el mundo con ojos nuevos: feliz siamés, felices persas.

— felicidad en la naturaleza; tema del buen salvaje, igualmente visible en Montesquieu (*Lettres persanes*) y en Rousseau (*Discours sur l'inégalité*).

— felicidad en la utopía, recurso a la fábula: fábula de las abejas de Mandeville, episodio de los Trogloditas en las *Lettres persanes,* el *Robinson* de Daniel de Föe, el *Gulliver* de Swift, *Micromégas, Candide,* etc.

— felicidad en la virtud, la medida y la razón: la felicidad se conquista, se merece; existe un derecho a la felicidad y un deber de ser feliz; la felicidad particular coincide con la felicidad general. La felicidad tiene sus leyes, su justo medio. La política no puede dejar a un lado a la felicidad.

3. La virtud.—La definición de la virtud es objeto de una especie de querella entre antiguos y modernos. Unos sueñan con una virtud a la antigua, sobre el modelo de Esparta o de Roma. Otros preconizan una virtud amable, social: el hombre más virtuoso es el más útil a sus conciudadanos. Aparecen así dos tipos de hombre virtuoso, Catón y Franklin. Si bien Voltaire opta resueltamente por el segundo tipo —por el "gran hombre" y contra el héroe—, la obra de Montesquieu revela una cierta vacilación.

En cuanto a Rousseau, ofrece otro tipo de virtud, la del hombre sensible a la manera de los héroes de la *Nouvelle Héloïse,* de Saint-Preux, siempre conmovido y siempre razonador, si no razonable. La sensibilidad es el refinamiento de la razón.

La virtud se hace laica, el deísmo se desarrolla y la moral se separa del sentimiento religioso. De ahí la importancia de las discusiones sobre los chinos, que gozan en el siglo XVIII de un singular prestigio.

4. La razón.—*Lumières, Aufklärung, Enlightenment.* Luces. Encontramos la metáfora en todas las lenguas. Los temas de la ciencia, de la naturaleza, de la felicidad, de la virtud y de la verdad se confunden con el de la razón.

Dos textos característicos, entre muchos otros:

— Esta definición de la razón en el *Catéchisme universel* de Saint-Lambert: —¿Qué es la razón?—. El conocimiento de las verdades útiles para nuestra felicidad.

— Esta definición de ley en la *Enciclopedia:* "La ley, en general, es la razón humana en tanto que gobierna todos los pueblos de la tierra; y las leyes políticas y civiles de cada nación no deben ser más que los diversos casos particulares en los que se aplica esa razón humana".

Aparecen de esta forma la idea de una razón universal que permite acceder al mismo tiempo a la verdad y a la felicidad, y la idea de un progreso ineluctable e indivisible, yendo emparejado el progreso material con el progreso intelectual, emparejado a su vez con el progreso moral. A esta concepción materialista y burguesa se opondrá Rousseau en nombre mismo de la razón.

5. La utilidad.—El siglo XVIII inventa el optimismo (la palabra, según parece, surge entre 1735 y 1740) y se coloca bajo el signo de la utilidad. Bentham, a fines de siglo, definirá así la utilidad: "La propiedad o la tendencia de una cosa a preservar de algún mal o a procurar algún bien. Mal es pena, dolor o causa de dolor. Bien es placer o causa de placer. Lo que está conforme con la utilidad o el interés del individuo es lo que tiende a aumentar la suma total de su bienestar".

Este utilitarismo que confunde moral e interés y que subordina la política a la economía no es exclusivo del utilitarismo inglés. Voltaire, los enciclopedistas, los fisiócratas, los fundadores de la economía liberal, los partidarios del despotismo ilustrado y los promotores de la revolución americana parten, con muy diversos matices, de una concepción utilitaria de la política.

Es sorprendente la concordancia existente entre las obras de Voltaire, Diderot, los enciclopedistas, Adam Smith y Franklin, y las ideas políticas de la burguesía, tal y como se expresan en las memorias o correspondencias de la época. Las obras de Voltaire y Franklin, poco significativas en el plano de las doctrinas políticas, resultan fundamentales cuando se busca en ellas la expresión de una sociedad.

Cuidémonos mucho de representarnos al siglo XVIII como dominado por dos obras opuestas: *Esprit des lois* o el liberalismo sin democracia, y el *Contrat social* o la democracia sin liberalismo. Por un lado —como veremos— estos dos libros, una vez emplazados en su contexto, dejan de oponerse entre sí tan absolutamente como suele con frecuencia afirmarse. Por otro lado —y sobre todo—, ni Montesquieu, señor de La Brède, ni Rousseau, antiguo criado, pertenecen a esa burguesía nueva cuyo ideal político se expresa ampliamente en la filosofía de las luces. Los dos libros de doctrina política más célebres del siglo XVIII son, si no dos libros a contra-corriente, al menos dos libros al margen de la ideología dominante.

Estas observaciones preliminares nos dictan nuestro plan:

— Primera Parte: el liberalismo aristocrático, Montesquieu.
— Segunda Parte, la más amplia: el triunfo del utilitarismo.
— Tercera Parte: rebeldías y utopías (Rousseau, las construcciones socialistas, los ensueños de paz perpetua y de progreso irreversible).

SECCION PRIMERA

El liberalismo aristocrático.

El elogio de la Constitución inglesa.—Después de la "gloriosa Revolución", Inglaterra pasa durante el siglo XVIII por lo que Laski denomina una "era de estancamiento". La aristocracia sigue siendo poderosa y sus adversarios le reprochan el confundir el bien del Estado con el bien de la clase gobernante. Bajo el reinado de Jorge I y de Jorge II hasta la salida de Walpole, en 1742, el movimiento de los negocios ayuda a ocultar el inmovilismo político. Inglaterra digiere su revolución y comenta a Locke, siendo escasas las obras originales de teoría política.

Pero la Constitución inglesa ejerce sobre el continente europeo una poderosa seducción. Montesquieu y Voltaire residen algún tiempo en Inglaterra y se convierten en propagandistas de unas instituciones que conocen mal. Voltaire, en sus *Lettres anglaises,* insiste sobre todo en la libertad de conciencia y de opinión que reina, según él, en Inglaterra. En cuanto a Montesquieu, su elogio de la Constitución inglesa en el *Esprit des lois* se convierte rápidamente en clásico.

Montesquieu no residió mucho tiempo en Inglaterra. No parece que Bolingbroke haya ejercido sobre él la influencia que a veces se le atribuye; además, Bolingbroke no era un gran pensador (fue "a solemn trifler", dice Laski). Robert Shackleton, que ha estudiado de cerca el catálogo de La Brède, ha podido señalar que la biblioteca de Montesquieu contenía muy pocas obras en inglés (cf. R. Shackleton, Montesquieu, "Two unpublished documents", *French Studies,* 1950).

El elogio de las instituciones inglesas hecho por Montesquieu descansa sobre un equívoco. Montesquieu pertenece a la nobleza y sostiene la causa de los parlamentarios. Sin duda, su liberalismo es sincero y profundo, pero ese liberalismo está vuelto hacia el pasado; es un liberalismo aristocrático y francés, muy alejado del liberalismo inglés, muy separado a su vez de las realidades británicas.

Montesquieu.

Montesquieu (1689-1755), vulgarizador de la Constitución inglesa, teórico de la separación de poderes, adepto de un perfecto liberalismo, un Montesquieu muy próximo a Locke...

Montesquieu, señor de la Brède, presidente del parlamento de Burdeos, autor de las *Lettres persanes,* un Montesquieu próximo a Saint-Simon...

La obra de Montesquieu es compleja, y se debe evitar el reducirla a estas dos sumarias imágenes.

1) EL HOMBRE.—El hombre apenas aparece en el *Esprit des lois* (1748), ni en las *Considérations sur les causes de la grandeur des Romains et de leur décadence* (1734). En cambio, las *Lettres persanes* (1721) están escritas por un hombre que se divierte; y la recopilación autobiográfica, titulada *Mes pensées,* es un documento sin duda un poco afectado, pero de una incomparable riqueza.

A Montesquieu le gusta mostrarse en estos escritos como un hombre feliz ("Mi espíritu se interesa por todo"), disponible ("Todo me interesa, todo me asombra"), benévolo ("No sé odiar"), modesto ("Venid para que os abrace, hombres modestos"), perfectamente equilibrado ("No habiendo tenido nunca disgusto que una hora de lectura no me haya quitado").

Esta sabiduría es casi demasiado perfecta, pero felizmente Montesquieu deja a veces de vigilarse. Exclama: "Me gustan los campesinos; no son lo bastante sabios como para razonar torcidamente". Apenas cree en el progreso ("Proponer la perfección a un siglo que es cada vez peor..."), y escribe para sí mismo, sin alegría: "Es el espíritu de comercio quien domina en nuestros días. Ese espíritu de comercio hace que se someta todo a cálculo."

Encontramos juicios análogos en el *Esprit des lois,* especialmente en el libro XX: *Des lois dans le rapport qu'elles ont avec le commerce considéré dans sa nature et ses distinctions.* Montesquieu afirma que Inglaterra es el "pueblo del mundo que mejor supo enorgullecerse a la vez de estas tres grandes cosas: la religión, el comercio y la libertad". Pero sus juicios sobre los comerciantes son de lo más reservado; no quiere que los nobles practiquen el comercio y no duda en escribir: "Va contra el espíritu del comercio el que la nobleza lo practique en la monarquía... Va contra el espíritu de la monarquía que la nobleza practique en ella el comercio. La costumbre que ha permitido en

Inglaterra el comercio a la nobleza es una de las cosas que más ha contribuido a debi-
litar el gobierno monárquico".

Por consiguiente, Montesquieu se opone a Voltaire en esta fundamental cuestión.
Se coloca en el campo de la tradición. Las transformaciones que se producen en el mundo tan sólo inspiran reacciones reticentes a este noble provinciano naturalmente irónico
y moderado.

2) La política de las "Lettres persanes".—Las *Lettres persanes* son el divertimiento de un hombre feliz. Los dos persas —Usbek el Razonador y Rica el Gascón—
ponen al desnudo a la sociedad de la Regencia; levantan todas las máscaras; nada
ni nadie les engaña.

¿Los hombres son felices por los placeres de los sentidos o por la práctica de la
virtud? Usbek responde mediante la fábula de los troglodítas (pequeño pueblo de una
Arabia irreal).

Primer acto: monarquía. Los troglodítas tienen un rey "de origen extranjero"; lo
matan.

Segundo acto: anarquía. Reinado del egoísmo y del interés particular. Serie de
catástrofes.

Tercer acto: democracia patriarcal. Dos amigos consiguen persuadir a los troglodítas de que "el interés de los particulares se encuentra siempre en el interés común".
Ayuda mutua, virtud, felicidad idílica y familiar. Los troglodítas rechazan una invasión;
son invencibles y felices.

Ultimo acto: aumento el número de los troglodítas y la virtud comienza a pesarles.
Los troglodítas quieren darse un rey y eligen a un anciano venerable. Este derrama al
principio "torrentes de lágrimas" y acaba por aceptar. Regreso al primer acto...

Conclusión escéptica: las costumbres son más eficaces que las leyes ("las costumbres
siempre hacen mejores ciudadanos que las leyes"). pero los hombres se cansan de ser
virtuosos; los mejores regímenes no duran más que un cierto tiempo...

Nada impide pensar que Montesquieu pusiera en esta desenvuelta fábula lo esencial
de su filosofía política. Como quiera que sea, esta filosofía de las *Lettres persanes* parece, a primera vista, muy diferente de la que majestuosamente se expresa en el *Esprit
des lois*.

3) Método de Montesquieu.—¿Cómo explicar en un país determinado la presencia de una legislación determinada? Tal es el objeto del
Esprit des lois. Montesquieu va en busca de un orden inteligible; y se
esfuerza por distinguirlo y explicarlo.

Los principales rasgos de su método son los siguientes:

a) *Sentido de la diversidad*.—Para Montesquieu la primera tarea de
la inteligencia consiste en percibir las distinciones (cf. las ideas claras y
distintas de Descartes). Como más adelante Benjamín Constant y Tocqueville y como todos los grandes teóricos del liberalismo, Montesquieu se interesa apasionadamente por la diversidad del mundo. Nada teme tanto
como la unidad. Contrariamente a Bossuet —que multiplica las compara-
ciones—, Montesquieu distingue los gobiernos según las épocas y países.
"El sentido común —dice— consiste en gran parte en conocer los matices
de las cosas."

b) *Relativismo*.—La ley es para Montesquieu un sistema de relaciones: "El espíritu de las leyes consiste en las diversas relaciones que las
leyes pueden tener con diversas cosas". Relaciones con la constitución de
cada gobierno, con las costumbres, clima, religión, comercio, etc.

Montesquieu se aplica, por consiguiente, a determinar todas las influencias que se ejercen sobre las leyes; su método parte de un análisis socio-lógico.

c) *Determinismo.*—Montesquieu cree que las cosas tienen una natu-raleza: "Las leyes, en la significación más extendida, son las relaciones ne-cesarias que derivan de la naturaleza de las cosas". Relaciones necesarias, pero no relaciones suficientes; las leyes tienen sus leyes, pero estas leyes son complejas, y ni el clima ni la Constitución bastan para explicar la si-tuación de un país. La historia es inteligible, y los hombres pueden ha-cerla.

d) *Racionalismo.*—Si Montesquieu recusa todo fatalismo (y natural-mente todo providencialismo), su método no cae en el empirismo. Tiene una elevada idea de la ley; es —debiera ser— la encarnación de la razón: "Es un pensamiento admirable de Platón el de que las leyes se hacen para anunciar los mandatos de la razón a quienes no pueden recibirlos inmedia-tamente de ella".

e) *Escepticismo.*—Pero la ley está hecha por legisladores, y éstos muy a menudo están por bajo de su misión. Grandeza de la ley y debilidad de los legisladores: "La mayoría de los legisladores han sido hombres limita-dos a quienes el azar puso al frente de los demás y que apenas han con-sultado más que a sus prejuicios y sus fantasías. Parece que desconocieran la grandeza y la dignidad misma de su obra".

De esta forma, el método de Montesquieu, riguroso y matizado, hace un lugar a la debilidad humana. Nunca se admiraría lo suficiente la am-plitud de un propósito que convierte a Montesquieu en uno de los funda-dores de la sociología.

Pero el método vale más que las aplicaciones. En especial, nos parece que se le hace un mal servicio a Montesquieu cuando se insiste en su *teoría de los climas.* Por un lado, esta teoría existía mucho antes que Montes-quieu; por otro —y sobre todo—, sus largas consideraciones sobre el tema (del tipo: "Se posee mayor vigor en los climas fríos" o "Los indios carecen naturalmente de valor") no nos sorprenden hoy día ni por su originalidad ni por su pertinencia.

4) LA TEORÍA DE LOS GOBIERNOS.—La teoría de los gobiernos, que abre el *Esprit des lois,* es —junto con la separación de poderes— la teoría más conocida de Montesquieu. Sin embargo, resulta dudoso que Montesquieu pusiera en ella lo esencial de su pensa-miento político.

Montesquieu distingue entre la *naturaleza* de cada gobierno —lo que le hace ser— y su principio —lo que le hace actuar—. Pasa revista a tres tipos de gobierno.

a) *El gobierno republicano.*—Naturaleza: "El gobierno republicano es aquel en el que el pueblo colectivamente, o sólo una parte del pueblo, tiene el poder soberano". Por consiguiente, hay dos formas muy diferentes de república: la república democrática y la república aristocrática.

α) *La república democrática.*—Naturaleza: el pueblo colectivamente, o sea el con-junto de los ciudadanos reunidos, ejerce el poder soberano.
Principio: la virtud, en sentido cívico y no en sentido moral, es decir, la facultad que tiene cada ciudadano de hacer pasar el interés general por encima del interés par-ticular.

La república democrática según Montesquieu (que no distingue claramente entre la palabra "república" y la palabra "democracia") es una república a la antigua, austera, frugal, virtuosa, limitada a pequeñas ciudades cuyos ciudadanos pueden reunirse en una plaza pública.

β) *La república aristocrática* (tipo Venecia).—Naturaleza: el poder soberano pertenece a "un cierto número de personas".

Principio: la moderación en el uso de la desigualdad. La aristocracia gobernante debe ser bastante numerosa y debe, en cierto modo, hacer olvidar a los gobernados su existencia: "Cuanto más se aproxime una aristocracia a la democracia, tanto más perfecta será; y lo será menos, a medida que se aproxime a la monarquía".

b) *El gobierno monárquico.*—Su naturaleza implica que gobierne uno solo. Pero la monarquía no se confunde con el despotismo. El monarca gobierna según las leyes fundamentales, que se ejercen gracias a poderes intermedios. "Los poderes intermedios, subordinados y dependientes, constituyen la naturaleza del gobierno monárquico". Estos poderes o cuerpos intermedios son "los canales medios por los que corre el poder".

Principio: el honor, es decir, el espíritu de cuerpo, "el prejuicio de cada persona y de cada condición". "La naturaleza del honor consiste en exigir preferencias y distinciones". Montesquieu no habla ni de la virtud de los príncipes (al estilo de Bossuet o de Fénelon) ni de la virtud de los ciudadanos, sino del honor de algunos. Por consiguiente, el principio del gobierno monárquico no se encuentra en manos del monarca. Es una concepción aristocrática y casi feudal de la monarquía. Cuando Montesquieu habla de la monarquía en los primeros libros del *Esprit des lois*, parece pensar más en la monarquía francesa de la Edad Media que en una monarquía constitucional a la inglesa.

c) *El gobierno despótico.*—Es el único tipo de gobierno al que Montesquieu condena formalmente. Su naturaleza consiste en que uno sólo gobierna según su capricho, sin leyes ni reglas. Su principio es el temor; el déspota trata a sus súbditos como a bestias.

No se encuentra en Montesquieu ninguna distinción entre diferentes formas de despotismo, ni ninguna referencia al despotismo ilustrado. Sin embargo, Montesquieu apunta, por encima del despotismo, hacia la monarquía absoluta.

Esta tipología de los gobiernos es doblemente abstracta:

— Abstracta respecto a los gobiernos existentes en la época en que Montesquieu escribió *Esprit des lois;* la monarquía inglesa no entra en ninguna categoría y no se hace ninguna distinción entre las diversas monarquías.

— Abstracta, por otro lado, respecto a las preferencias íntimas de Montesquieu. Condena el despotismo; pero el gobierno de su preferencia no está conforme ni con el tipo monárquico, ni con el tipo aristocrático, ni con el tipo democrático, tal y como los ha dibujado. Una vez más, Montesquieu encubre su íntimo pensamiento; únicamente cuando se ha leído no sólo el conjunto de *l'Esprit des lois,* sino el conjunto de su obra, se ve aparecer, como una imagen compuesta, esa monarquía aristocrática, virtuosa y moderada en la que soñaba Montesquieu sin hacerse demasiadas ilusiones sobre sus posibilidades de realización.

5) EL GOBIERNO MODERADO.—Montesquieu parece menos preocupado por la forma de los gobiernos que por las instituciones, y menos preocupado por las instituciones que por las costumbres. Encontraremos idéntica tendencia en Tocqueville, Prévost-Paradol y Renan.

La teoría política de Montesquieu es una teoría de los contrapesos ("Es preciso que el poder detenga al poder"). La separación de poderes, los cuerpos intermedios, la descentralización y la moral son para él otros tantos contrapesos, otras tantas fuerzas que impiden que el poder caiga en el despotismo.

a) *La separación de poderes.*—La separación de poderes se ha convertido, gracias a Montesquieu, en una especie de dogma. El artículo 16 de la Declaración de Derechos del Hombre proclamará: "Toda sociedad en la que no esté asegurada la garantía de los derechos ni determinada la separación de poderes carece de constitución".

En realidad, sin embargo, la doctrina de la separación de poderes no tiene en Montesquieu el alcance que le han atribuido sus sucesores. Se contenta con afirmar que el poder ejecutivo, el poder legislativo y el poder judicial no deben encontrarse en las mismas manos; pero de ningún modo piensa en preconizar una rigurosa separación entre los tres poderes, inexistente por lo demás en el régimen inglés.

Lo que Montesquieu preconiza es una armonía entre los poderes, una atribución conjunta e indivisa del poder a tres órganos, la co-soberanía de tres fuerzas políticas, y también de tres fuerzas sociales: rey, pueblo y aristocracia. Como ha observado Ch. Eisenmann, existe una correspondencia entre las ideas constitucionales y las ideas sociales de Montesquieu: "Su aparato gubernamental aparece como la proyección en el plano constitucional de su imagen de la sociedad: tres fuerzas sociales están encarnadas por tres fuerzas políticas: la correspondencia es perfecta". En realidad, no existe en Montesquieu una teoría (jurídica) de la separación de poderes, sino una concepción (político-social) del equilibrio de poderes, equilibrio que tiende a consagrar a un poder entre los demás: el de la aristocracia (cf. los análisis de Louis Althusser en *"Montesquieu, la politique et l'histoire"*, P. U. F., 1959, pág. 120).

b) *Los cuerpos intermedios.*—Montesquieu cree en la utilidad social y moral de los cuerpos intermedios, especialmente los parlamentos y la nobleza.

Montesquieu, presidente del Parlamento de Burdeos, defiende con vigor los privilegios de los parlamentarios, a los que parece confundir a veces con los privilegios de la nobleza. Montesquieu no vacila en defender la venalidad de los cargos: se trata sin duda de un abuso, pero de un abuso útil.

Montesquieu es un gentilhombre orgulloso de su nobleza ("trescientos cincuenta años de nobleza probada") y considera a la nobleza como el mejor sostén de la monarquía, como la mejor garantía de la libertad: "Sin monarca, no hay nobleza; sin nobleza, no hay monarca, pero sí un déspota". Resulta extraño —aunque sin duda él hizo todo lo posible para mantener esta ambigüedad— que Montesquieu haya sido considerado como un admirador del sistema inglés, cuando la verdad es que su pensamiento está profundamente enraizado en las más antiguas tradiciones francesas. El capítulo de su *Esprit des lois* que más frecuentemente se cita es el capítulo VI del libro XI, dedicado a la Constitución de Inglaterra. Pero hay que observar, en primer lugar, que este capítulo no tiende en absoluto a ofrecer una descripción fiel del sistema británico; es una Inglaterra idealizada, estilizada, una Inglaterra a la francesa, muy alejada de la realidad histórica. Por otra parte, este capítulo sobre Inglaterra sólo ocupa diez páginas en un libro que cuenta con más de 700. ¿Por qué no atribuir la misma importancia a las amplias consideraciones sobre el derecho feudal con las que termina el *Esprit des lois*, a esas páginas sobre los orígenes de la nobleza francesa que hacen pensar en Saint-Simon y en su pasión por la etiqueta?

c) *La descentralización.*—La descentralización es un contrapeso eficaz contra el despotismo. El señor de La Brède tiene sobre el tema las mismas ideas que mantendrá el señor de Tocqueville. El pensamiento de Montesquieu no se opone tanto al de Rousseau (mucho menos centralizador de lo que se ha dicho) como al de sus discípulos montañeses y al de los grandes funcionarios de la monarquía.

d) *Las costumbres.*—"Nunca se debe hacer mediante las leyes lo que se puede hacer mediante las costumbres." La verdadera reforma no es política, sino intelectual y moral. No deben hacerse demasiadas leyes. La moderación es la virtud principal: "El espíritu de moderación debe ser el del legislador; el bien político, al igual que el bien moral, se encuentra siempre entre dos límites". La moral de Montesquieu es una moral del justo medio. Aunque su condición social y sus opciones políticas le sitúan en el campo de la aristocracia, su moral es burguesa, o por lo menos puede ser adoptada fácilmente —y lo será efectivamente— por la burguesía.

En cuanto a la religión, para Montesquieu es a la vez una bella decoración (como en las *Lettres persanes*) y un freno social. Montesquieu —anticlerical, poco religioso— niega que sea ateo. Cree en la utilidad de la religión en tanto que "motivo represivo"; "Es muy útil que se crea en la existencia de Dios... Aun cuando fuera inútil que los súbditos tuviesen una religión, no lo sería que los príncipes la tuviesen". La religión de Napoleón es muy semejante a la de Montesquieu.

6) LAS IDEAS SOCIALES DE MONTESQUIEU.—*a)* Las ideas sociales de Montesquieu nada tienen de revolucionario. La libertad consiste para él fundamentalmente en la seguridad "La única ventaja que un pueblo libre posee sobre otro es la seguridad que cada uno tiene de que el capricho de uno solo no le privará de sus bienes o de su vida". La igualdad absoluta es un sueño: "Así como el cielo está separado de la tierra, así lo está el verdadero espíritu de igualdad del espíritu de igualdad extrema". El pueblo no debe ser confundido con el populacho, siendo prudente negar el derecho de voto a quienes se encuentran en un profundo "estado de vileza"; "incluso en el gobierno popular, el poder no debe caer en manos del pueblo bajo". Voltaire y los constituyentes de 1789 no dirán otra cosa.

b) Pero Montesquieu es un "conservador ilustrado" (J. J. Chevallier). Su ideal no es el "laissez-faire" de los economistas liberales y de quienes invocarán su obra para la defensa del orden burgués. Opina que el Estado "debe a todos los ciudadanos una subsistencia asegurada, alimentación, un vestido conveniente y un género de vida que no sea contrario a la salud" (véase sobre este punto el capítulo sobre los hospitales en el *Esprit des lois*, libro XXIII, cap. XXIX). Por tanto, Montesquieu estima que el propio Estado debe proveer al mantenimiento de los enfermos, de los ancianos y de los huérfanos, que debe abrir graneros públicos y luchar contra la miseria. Maxime Leroy ve en estas preocupaciones de Montesquieu las primicias de un "socialismo de Estado" de tipo patriarcal.

Por consiguiente, Montesquieu no es tan sólo el antepasado del orleanismo liberal. Su obra ejerce una profunda influencia en Saint-Just y entusiasma a Marat; el "amigo del pueblo" afirma, en su proyecto de Constitución, que Montesquieu es el hombre más grande del siglo.

*   *   *

Tal es la ambigüedad de Montesquieu. Sus convicciones políticas son las de los aristócratas liberales y las de todos aquellos que consideran la tradición como la salvaguardia de la libertad. Pero Montesquieu llegaba demasiado tarde —o demasiado pronto— en un siglo de burguesía, y su obra fue adoptada —y adaptada— por una burguesía que la dirigió en el sentido de los valores burgueses, de la seguridad, de la paz, del régimen censitario y del orden moral. De esta forma, el señor de La Brède pasa por fundador de un sistema que seguramente le habría producido horror.

Montesquieu —se dice a menudo— expresa la opinión de los medios parlamentarios, así como Voltaire expresa la opinión de la burguesía capitalista. Esta afirmación no es falsa, pero sería más exacto decir que los medios parlamentarios hicieron su libro de cabecera y su arma de combate de una obra que propendía inicialmente a situarse del lado de la nobleza más que del lado de los Parlamentos. Sin duda Montesquieu permanece fiel a sus orígenes parlamentarios; pero considerarlo un ciego defensor de los Parlamentos sería desconocer su libertad de espíritu. Es ciertamente su defensor, pero lúcido, desdeñoso y peligroso para los privilegios que defiende...

Como quiera que sea, los Parlamentos, confundiendo un poco sus libertades —es decir, sus prerrogativas— con la libertad, utilizan abundantemente a Montesquieu —no sin deformar el sentido de su obra— en su lucha contra el poder real. Lucha estéril y combate de retaguardia que obstaculiza toda tentativa de modernización política y social de la monarquía. Son los medios parlamentarios quienes expurgaron y aburguesaron a Montesquieu.

Historia y progreso según Vico.

El napolitano Giovanni Batista Vico (1668-1744) es un autor tan difícil de clasificar como de leer. Su obra más importante se titula *Principios de una ciencia nueva en torno a la naturaleza común de las naciones.* Fue publicada por primera vez en 1725 y apareció en su forma definitiva en 1744.

Se compara a veces a Vico con Montesquieu. Ambos tuvieron la ambición de ofrecer una teoría general de las sociedades y de los gobiernos. Sin embargo, las analogías entre ambas obras son superficiales. No parece que Vico influyera sobre Montesquieu. Su obra permaneció durante mucho tiempo ignorada; por una aparente paradoja, fue Michelet quien reveló al público francés la importancia de este filósofo profundamente cristiano.

Es costumbre afirmar que la *Ciencia Nueva* y los demás libros de Vico son extraños a la época que los vio nacer. Resulta desde luego muy difícil enlazar la obra de Vico con las grandes corrientes de la filosofía de las luces. Vico condena no sólo el individualismo, sino también el utilitarismo que triunfa en el siglo XVIII: "La utilidad —dice— no es el principio explicativo de la moralidad, ya que proviene de la parte corporal del hombre, mientras que la moralidad es eterna".

En realidad, la obra de Vico es muy característica de una época de transición y de una sociedad recorrida por fuerzas contradictorias:

1.º En muchos aspectos, Vico es un hombre del pasado. En cuanto cristiano, está convencido de que la Providencia dirige el mundo; "su filosofía de la historia es una teología de la historia" (P. Janet). Pero su cristianismo está teñido de platonismo. Vico busca el orden eterno de las cosas, "la Historia ideal de las Leyes eternas de las que dependen los Destinos de todas las naciones, su nacimiento, su progreso, su decadencia y su fin". Mientras que Montesquieu multiplica las distinciones, Vico quiere descubrir la unidad. Una de sus obras más importantes es el *De uno* (1720).

2.º Es precisamente este apetito de unidad el que seducirá a Herder, Michelet o Auguste Comte. Vico encuentra su público en el siglo XIX; su obra se adelanta a su época.

a) Contra las ideas claras y distintas, Vico invoca las fuerzas obscuras, los sentimientos profundos, los mitos y las leyendas. Rehabilita la imaginación, la poesía; anticartesianismo, *prerromanticismo.*

b) Vico tiene el sentido de la *historia.* No busca en ella ejemplos de moral como Fénelon, o la justificación de una política como Bossuet. La historia se le presenta como una evolución continua. Cree que cada pueblo pasa por tres edades, la edad de los dioses, la edad de los héroes y la edad de los hombres; a estas tres edades corresponderían tres formas de gobierno: la teocracia, la aristocracia y el gobierno humano. Esta ley de las tres edades anuncia la ley de los tres estados de Auguste Comte.

c) El *progreso* es la ley de la historia; la evolución de la humanidad no adopta, según Vico, la forma de una línea recta, sino la de una serie de círculos en espiral; por tanto, la historia nunca se acaba: así, tras haber llegado a la democracia, "todas las naciones quieren descansar en la monarquía", de la que pasan a la aristocracia y después nuevamente a la democracia. Tal es la ley de los "ricorsi", es decir, de los retornos.

Esta concepción idealista y cíclica del progreso es muy diferente del progreso tal y como lo conciben los enciclopedistas. La última palabra de la *Ciencia Nueva* es un llamamiento a la piedad: "Quien no sea piadoso, no puede ser verdaderamente sabio".

Tales son los principales rasgos de una obra que, como la de Montesquieu, se sitúa al margen del utilitarismo reinante.

SECCION II

El utilitarismo político.

El utilitarismo político tomó diversas formas según los países y según los problemas a resolver: política del "sentido común" en Voltaire, subordinación de la política a la economía en los enciclopedistas y en Diderot, mezcla de liberalismo económico y de autoridad política en los fisiócratas, radicalismo filosófico y malthusianismo liberal en Inglaterra... Adam Smith analiza el "poder de las naciones" mientras "déspotas ilustrados" se esfuerzan por establecer el poder del Estado; en un cierto contexto social el despotismo ilustrado es la coronación del utilitarismo político.

1. Voltaire o la política del sentido común.

No fue un teórico; incluso su obra es contradictoria. Pero su gloria fue inmensa. Su vejez se asemeja a una apoteosis. La burguesía francesa se reconoció en el "rey Voltaire", y Voltaire (1694-1778) supo hacer lo necesario para nutrir su leyenda. Sus ideas políticas son tanto más interesantes cuanto que son menos originales.

Las expresó en diversas obras, pero sobre todo en las Lettres philosophiques o Lettres anglaises (1734), que contribuyeron a popularizar en Francia la imagen de la libre Inglaterra, en el Dictionnaire philosophique (1764), en sus novelas —especialmente Candide y L'ingénu (1767)—, en su correspondencia, en los Commentaires sur l'Esprit des lois (Voltaire contra Montesquieu).

Hay dos partes bien diferenciadas en la vida de Voltaire (como en la de Víctor Hugo, cuyos últimos años se parecen a los de Voltaire). Tiene más de sesenta cuando se convierte en el apóstol de la tolerancia (asuntos Calas, Sirven, de La Barre) y aborda de frente la política. Si hubiera muerto a los sesenta años no habría dejado, sin duda, más que el recuerdo de un segundo Fontenelle, más espiritual y más hábil que el primero.

Religión.—Las ideas religiosas de Voltaire son más conocidas que sus ideas políticas. Aún así, hay que cuidarse de reducirlas a una fórmula simplista como "aplastad al infame". La reciente tesis de René Pomeau, Voltaire et la religion, ha demostrado de manera efectiva que existía en Voltaire un fondo auténticamente religioso, una inquietud metafísica. Voltaire no era volteriano al estilo de M. Homais (*).

Voltaire emprende su combate en nombre del "sentido común": "Hay que verter la sangre para servir a los amigos y para vengarse de los enemigos, sin lo cual no se es digno de ser hombre. Yo moriría desafiando a todos los enemigos del sentido común". Esta expresión de "sentido común" ("sens comun") será sustituida en el siglo XIX por la de "buen sentido" ("bon sens"), de la que se hará un gran uso en la monarquía de julio (cf. el periódico Le bon sens, tan apreciado por Béranger).

La religión es para Voltaire sinónimo de superstición y fanatismo; el fanatismo religioso le resulta físicamente intolerable; en el aniversario de la noche de San Bartolomé, le entra fiebre y ha de meterse en la cama. Su anticlericalismo es apasionado, tumultuoso. Pero reconoce la utilidad social de la religión ("Si tenéis una aldea que gobernar, es necesario que posea una religión", escribe en el Dictionnaire philosophique). El mismo tiende a distinguir entre los sacerdotes y la religión: "Hay que tener una religión y no creer a los sacerdotes". Su deísmo no es ni una superchería ni una concesión. Su "religión natural" es una religión razonable. "El Dios de Voltaire es el de Newton, manifestado en la armonía de las esferas, Dios sensible a la inteligencia, no al corazón" (R. Pomeau).

Autoridad.—"'Liberty and property' es el grito inglés..., es el grito de la naturaleza." ¿Pero cómo asegurar la libertad, cómo garantizar la propiedad (dos nociones que están estrechamente ligadas en Voltaire)?

En las Lettres philosophiques Voltaire hace un vivo elogio de la Constitución inglesa, pero su confianza parece dirigirse cada vez más hacia un régimen fuerte: cuenta con la autoridad para fundamentar la libertad.

---

* Personaje de la novela de Gustave FLAUBERT Madame Bovary; un farmacéutico necio, sedicentemente librepensador y volteriano.

Cuando Voltaire habla de libertades, piensa generalmente más en las libertades civiles que en las libertades políticas. No tiene ninguna confianza en los cuerpos intermedios y juzga muy severamente las pretensiones de los parlamentarios, así como la venalidad de los cargos públicos. Desea una magistratura sometida al gobierno; y la reforma de Maupeou le inspira un vivo entusiasmo.

Contribuye al culto del "buen rey Enrique" al escribir la *Henriade*, y erige un grandioso cuadro del *Siècle de Louis XIV.* "¡Ah, Luis XIV, Luis XIV!, ¿acaso no fuiste tú filósofo?..."

Riqueza y propiedad.—Voltaire no cree en la igualdad: "La igualdad es, a la vez, la cosa más natural y la más quimérica". Su filosofía social es la de un propietario burgués.

Voltaire, muy rico a su vez, hace el elogio del lujo y de la riqueza en *Le mondain.* Habla en el tono más desdeñoso del *Discours sur l'inégalité*, de Rousseau, especialmente del famoso pasaje sobre la propiedad: "El primero que habiendo cercado un terreno...". "Tiene que ser —declara el personaje llamado C en el ABC— algún bandolero pretendidamente ingenioso quien haya escrito esa impertinencia." Y A redarguye: "Supongo tan sólo que es un indigente muy perezoso... El autor de este pasaje me parece un animal muy insociable".

Voltaire considera beneficiosa la jerarquía de las clases sociales; hay que abstenerse de desarrollar la enseñanza de las clases populares: "Me parece esencial que existan mendigos ignorantes... No es al peón a quien hay que instruir, sino al buen burgués, al habitante de las ciudades... Cuando el populacho se mete a razonar, todo está perdido" (a Damilaville, 1 de abril de 1766).

Las ideas de Voltaire proceden de una visión censitaria de la sociedad.

Reformas.—Pero la política de Voltaire es una política concreta. No se eleva a vastas síntesis, sino que propone para la vida de cada día las reformas que le parecen necesarias y realizables. La política para Voltaire es cotidiana; toma el gobierno tal como es y combate por reformas administrativas y civiles: prohibición de las detenciones arbitrarias, supresión de la tortura y de la pena de muerte, abolición del procedimiento secreto, adecuación de las penas con los delitos, unidad de la legislación, supresión de las aduanas interiores, mejor percepción de los impuestos, supresión de algunos derechos señoriales, garantía de la libertad de pensamiento y de expresión, etc.

Tal es la política de Voltaire. Ninguno de sus contemporáneos —ni Montesquieu, ni Diderot, ni Rousseau— expuso un catálogo semejante de reformas; ninguno batalló tanto por hacerlas prevaler. Cuando Voltaire fue calurosamente aclamado en 1778, unas semanas antes de su muerte, las ovaciones no se dirigían al escritor, sino al defensor de Calas. Voltaire inaugura brillantemente un nuevo tipo de filósofo, lo que más tarde se llamará el "filósofo comprometido".

2. El utilitarismo francés. Diderot y la "Enciclopedia".

La *Enciclopedia* es el mejor documento sobre las ideas de la burguesía francesa en el siglo XVIII, y sobre sus audacias y sus límites. Diderot supo asociar a su empresa a sabios como D'Alembert y Buffon (el más grande filósofo de su tiempo, según Diderot), a financieros ilustrados como Helvétius, a especialistas en ateísmo como el barón de Holbach, a los principales representantes de la escuela fisiocrática (Quesnay redacta los artículos "labradores" y "granos", Turgot el artículo "ferias"). Incluso consiguió de Voltaire y Rousseau una breve colaboración.

La *Enciclopedia*, obra colectiva, es necesariamente una obra de contenido vario. Por esto hay que evitar el confundir las ideas políticas de la *Enciclopedia* con las de Diderot, que de 1745 (concesión del privilegio) a 1772 (fin de las planchas) fue el infatigable protagonista de esta gran obra. Sin embargo, en el marco de este manual no podemos menos de estudiar conjuntamente a Diderot y a la *Enciclopedia*, tratando de señalar lo que es exclusivo de Diderot en una empresa que no podría haber sido acabada sin él.

A)   MATERIALISMO Y MORALISMO EN DIDEROT.—No es seguro que Diderot (1713-1784) fuera —como afirma Yvon Belaval— el personaje más representativo de su siglo, pero es sin duda el más desbordante de vida. Se interesó por todo, tanto por las artes como por las ciencias; frecuentó todos los medios, en Francia y fuera de Francia; dejó obras de todo género. Ningún término le conviene mejor que el de enciclopedista.

El temperamento de Diderot es un temperamento de diálogo (*Le neveu de Rameau, Jacques le fataliste*, etc.). Diálogo entre la razón ("ese astuto campesino que siempre fue", dice Paul Vernière) y el entusiasmo: "Sólo las pasiones, y las grandes pasiones, pueden elevar el alma a las cosas grandes". Abraza, perora, gesticula, pero sabe lo que hace. "El destino —dice Grimm— le concedió el mayor bien: una serenidad de alma inalterable, junto con una gran pasión por las obras de genio y por el viento del norte..."

Diálogos entre materialismo y moralismo. Diderot derrama lágrimas ante los cuadros de Greuze, pero es un materialista decidido. Algunos (y especialmente Jean Thomas) estiman que el pensamiento de Diderot evolucionó, que su materialismo se mitigó en un humanismo. Sin embargo, para Vernière la profunda unidad del pensamiento de Diderot es su anticristianismo: Diderot parece oponer tres niveles a los tres órdenes tabicados de Pascal: búsqueda de la felicidad, deber social, sacrificio por la humanidad".

De esta forma el humanismo de Diderot deriva de su mismo materialismo. Es fundamentalmente hostil al innatismo, al inmovilismo, al finalismo. Cree en la evolución, en el progreso, en la posibilidad y en el deber de transformar a los seres y de contribuir a su felicidad. El universo es una sola y única máquina donde todo está vinculado y donde todos los seres se elevan o descienden por grados imperceptibles, de forma que no haya ningún vacío en la cadena (artículo "Animal" en la *Enciclopedia*).

B) Subordinación de la política a la economía en la "Enciclopedia".—La *Enciclopedia* es un himno al progreso técnico. En el *Discours préliminaire* de 1751 D'Alembert se asombra del "desprecio" que existe por las artes mecánicas y por los inventores mismos; observa con sorpresa que "los nombres de estos bienhechores del género humano son casi desconocidos, mientras que la historia de sus destructores, es decir, de sus conquistadores, no es ignorada por nadie. Sin embargo, las más admirables pruebas de la sagacidad del espíritu, de su paciencia y de sus recursos, hay que buscarlas seguramente entre los artesanos".

Los oficios y las técnicas encuentran sitio en la *Enciclopedia*, que se coloca así bajo el signo de la utilidad. El filósofo es "un hombre honesto que quiere agradar y ser útil".

Toda la doctrina del utilitarismo está en germen en la *Enciclopedia*, que subordina deliberadamente la política a la economía. La libertad según la *Enciclopedia* es esencialmente la libertad económica, dándose la libertad política por añadidura: "El Estado debe a cada uno de sus miembros la destrucción de los obstáculos que les estorbarían en su industria o que les perturbarían en el goce de los productos que son su recompensa".

El artículo "Hombre" (redactado por Diderot) es muy importante. Después de una definición general, se compone de dos partes: la primera, titulada *Hombre (moral)*, resalta la superioridad del hombre y el poder de la razón. Pero la segunda parte, titulada *Hombre (político)*, es la que debe retener más especialmente nuestra atención. En este pasaje, cuyo título contiene la palabra político, Diderot no se hace problema más que de la agricultura, la demografía, el bienestar y la riqueza.

— "Las únicas verdaderas riquezas son el hombre y la tierra. El hombre nada vale sin la tierra y la tierra nada vale sin el hombre" (temas fisiocráticos).

— "El hombre vale por su número; cuanto más numerosa es una sociedad, tanto más poderosa es..." (como en Voltaire, tema del poder; preocupaciones "populacionistas").

— "Pero no es suficiente con tener hombres; han de ser industriosos y robustos. Habrá hombres robustos si tienen buenas costumbres y si el bienestar es fácil de adquirir y de conservar". "Habrá hombres industriosos si son libres". (Vinculación entre la salud, las buenas costumbres y el bienestar, entre el trabajo y la libertad.)

Así, el fin de la organización política será el mejor empleo posible de los hombres con el fin de asegurarles una existencia agradable y de garantizar la riqueza de la nación: "Nadie se apresura a entrar en una condición más que por la esperanza de una vida buena. El goce de una vida agradable lo retiene y lo llama a ella. El empleo de hombres sólo es bueno cuando el beneficio va más allá de los gastos del salario. La riqueza de una nación es el producto de la suma de sus trabajos superiores a los gastos de salario".

C) Estabilidad y seguridad.—De esta forma los problemas políticos se plantean en la *Enciclopedia* en términos económicos. Las concepciones políticas de Diderot parecen muy inciertas. Oscilan entre la monarquía a la inglesa y el despotismo ilustrado, no sin contradicciones.

Los autores de tendencia marxista tratan de lavar a Diderot del reproche de haberse inclinado hacia el despotismo. Es cierto que Diderot escribió: "El gobierno arbitrario de un príncipe justo e ilustrado es siempre malo" *(Refutation d'Helvétius)*, así como varios textos de la misma tendencia. Pero no pueden olvidarse los ditirambos de Diderot cuando Catalina II compra su biblioteca, ni la entusiasta carta a la princesa Dashkoff en la que Diderot atribúye a Catalina II "el alma de Bruto con los encantos de Cleopatra".

Parece, en efecto, que este problema de la forma de gobierno fue para Diderot enteramente secundario. La única cosa que le importa es que el gobierno sea estable y que fomente la actividad económica y artística: "Esto puede decirse tanto de un gobierno en general como de la vida animal. El mejor gobierno no es aquel que es inmortal, sino el que dura más tiempo y más tranquilamente" (artículo "Ciudadano").

Por consiguiente, el pensamiento político de la *Enciclopedia* no es ni revolucionario ni democrático. El artículo "Propiedad" (redactado por Diderot) no contiene ninguna reserva sobre el derecho de propiedad. El artículo "Libertad" (redactado por Jaucourt) no es más audaz y encontramos en él la misma referencia a la seguridad que en Montesquieu: "La libertad política del ciudadano es esa tranquilidad de espíritu que procede de la opinión que cada cual tiene de su seguridad". Los textos sobre la igualdad también son prudentes: "Los progresos de las luces son limitados: apenas se extienden en los arrabales; el pueblo es allí demasiado necio. La cantidad de canalla es casi siempre la misma. La multitud es ignorante y embrutecida". El artículo "Estado" es igualmente característico; define un Estado en sí, independiente de la Historia y de la evolución social: "Se puede definir el Estado como una sociedad civil por la que una multitud de hombres están unidos bajo la dependencia de un soberano, para gozar, mediante su protección y sus cuidados, de la seguridad y de la felicidad que faltan en el estado de naturaleza".

Sería fácil multiplicar las citas, pero habría que citar también los textos que condenan el despotismo y la intolerancia y que elogian el trabajo y reclaman reformas. La *Enciclopedia* señala una ruptura con el pasado dentro del clima del capitalismo en formación. Su principal interés político es mostrar los límites que la burguesía liberal está resuelta a no franquear.

D) HELVÉTIUS Y HOLBACH, O EL ATEÍSMO CONSERVADOR.—Las principales obras de Helvétius (1715-1771) son: *De l'esprit* (1758) y *De l'homme* (1772). En cuanto al barón de Holbach (1723-1789), es el autor del *Christianisme dévoilé*, del *Système de la nature*, de la *Politique naturelle ou Discours sur les vrais principes du gouvernement*, de *L'éthocratie ou le gouvernement fondé sur la morale*, etc.

Estas compactas obras deben retener nuestra atención por diversas razones:

1) Tuvieron en el siglo XVIII un éxito de escándalo, especialmente *De l'esprit* y *Le système de la nature*. Diderot criticó a Helvétius, y Voltaire criticó a Holbach.

2) Tanto Helvétius como Holbach son hombres ricos; Helvétius es "fermier général" (arrendatario de la cobranza de impuestos).

3) Sus obras, y especialmente la de Holbach, exponen una versión radical del ateísmo.

4) Estas obras, tan audaces en el campo religioso, son más conservadoras en materia política.

5) Helvétius y Holbach exponen un utilitarismo francés que anuncia el de Bentham.

Bentham reconoció la influencia que había ejercido sobre él la obra de Helvétius, en la que habría descubierto la fórmula de la mayor felicidad para el mayor número. La obra de Helvétius es una reflexión sobre el fundamento de la moral. Preocupado por fundamentar la moral sobre una base rigurosamente científica, estima que la utilidad es el único criterio satisfactorio. El hombre es un organismo puramente físico y las acciones humanas serán juzgadas buenas o malas, según su efecto sobre la felicidad humana. De esta moral utilitaria deriva naturalmente una política: el único medio de formar ciudadanos virtuosos es unir los intereses de los particulares con el interés general. El gobierno debe ser representativo, y hay que confiar en el Estado para que cree la felicidad de los hombres. Pero no hay que confundir gobierno representativo con gobierno democrático: el hombre que carece de propiedad "no tiene patria". En definitiva, Helvétius propone un sistema capitalista y descentralizado, de tipo federativo. Francia sería dividida en una treintena de provincias, teniendo cada una su legislación, su policía y sus magistrados. No se puede llegar a una fórmula más tímida partiendo de principios en apariencias tan corrosivos.

El estilo del barón de Holbach es similar. Afirma abiertamente su ateísmo y ataca a los sacerdotes, a los dioses y a los reyes: "La ignorancia y el temor crearon los dioses". Pero no es partidario, en modo alguno, de una revolución y atribuye poca importancia a la forma de gobierno. Se preocupa ante todo por la felicidad y el bienestar, que le parecen indisolublemente ligados: "La sociedad sólo es útil porque proporciona a sus miembros los medios de trabajar libremente por su felicidad... La sociedad, el gobierno y la ley están hechos tan sólo para trazarnos la ruta hacia el bienestar, de forma que no se pongan obstáculos al bienestar de los demás...". Naturalmente, Holbach establece una distinción entre los propietarios y el "populacho imbécil que, privado de luces y de buen sentido, puede convertirse en cada momento en el instrumento y el cómplice de los turbulentos demagogos que quieran perturbar la sociedad". Opone a una falsa libertad basada en "una pretendida igualdad de los ciudadanos", una libertad "igualmente ventajosa para todos los miembros de la sociedad". "No protestemos nunca contra esa desigualdad —exclama— que siempre fue necesaria y que es la condición misma de nuestra fidelidad". El pesado barón pudo escandalizar a algunos de sus contemporáneos, pero sus ideas no eran como para amenazar el orden establecido.

E) MATERIALISMO Y DESPOTISMO ILUSTRADO. LA METTRIE.—La Mettrie (1709-1751) —inmoral para Diderot, "frenético" para Holbach— llevó el materialismo más lejos que nadie en el siglo XVIII. Pero este materialismo, expresado especialmente en *L'homme machine* (1748), procede de una visión estática y mecanicista; la idea del devenir social y la influencia de la sociedad sobre el individuo son extrañas a La Mettrie. Además, este audaz filósofo es un político muy prudente. Reside en la corte de Federico II y hace el elogio del despotismo ilustrado: "Todo lo que deseo es que quienes desempeñan el poder del Estado sean algo filósofos; todo lo que pienso es que nunca podrían serlo demasiado".

Condena el despotismo, pero no indica preferencia por una determinada forma de gobierno, y juzga con severidad la Constitución inglesa. Cuenta con la sabiduría de un gobierno fuerte e ilustrado para asegurar el acuerdo del interés particular con el interés general, la virtud y la felicidad.

3. Liberalismo económico y autoridad política: los fisiócratas.

La doctrina fisiocrática es una mezcla de liberalismo económico y de despotismo ilustrado. Los fisiócratas son los únicos doctrinarios del siglo XVIII que se pronuncian abiertamente por el "despotismo legal".

Los principales teóricos de la escuela fisiocrática son Quesnay, cuyo tratado del *Droit naturel* aparece en 1765; el marqués de Mirabeau, el "amigo de los hombres" y autor de la *Philosophie rurale* (1763); Mercier de La Rivière, autor de *L'ordre naturel et essentiel des sociétés politiques;* Le Trosne, autor de *L'intérêt social* (1777); Dupont de Nemours; el abate Baudeau, etc. Las ideas de Turgot están, en ciertos aspectos, muy próximas a las de los fisiócratas. Atribuye, sin embargo, mucho menos importancia que ellos a la agricultura; su pensamiento se acerca al de Adam Smith. Partidario de la libertad del comercio de granos, de la supresión de la prestación personal y de las comunidades de oficio, chocará con la oposición de los financieros, de los parlamentarios, del clero y de la corte.

El pensamiento de los fisiócratas se ordena en torno a cuatro grandes temas: la naturaleza, la libertad, la tierra y el despotismo legal.

La naturaleza.—Los fisiócratas creen en la omnipotencia de la naturaleza y en la existencia de leyes naturales. Su escuela es uno de los resultados de la doctrina del derecho natural. Cf. el *Droit naturel* de Quesnay, *L'ordre naturel et essentiel des sociétés politiques* de Mercier de La Rivière, etc.

Los fisiócratas se interesan ante todo por los derechos económicos y, como el primero de entre ellos, por el derecho de propiedad. "El orden esencial" de las sociedades está fundado, según Mercier de La Rivière, sobre el derecho de la propiedad: "El hombre recibe de la misma naturaleza la propiedad exclusiva de su persona y la de las cosas adquiridas por sus esfuerzos y trabajos. Digo la propiedad exclusiva, ya que, si no fuera exclusiva, no sería un derecho de propiedad" (Mercier de La Rivière). Pocos autores han llevado más lejos el absolutismo de la propiedad.

La tierra.—La propiedad de la tierra es la forma auténtica de la propiedad. Contrariamente a los mercantilistas y a los enciclopedistas, los fisiócratas estiman que la agricultura es la única creadora de riquezas. Comerciantes y financieros son extraños a la Ciudad, prestos a aprovecharse de las dificultades de la patria para enriquecerse. El Estado debe ser gobernado por propietarios terratenientes; tan sólo ellos tienen patria; patria y patrimonio están unidos.

El ideal económico de los fisiócratas es "un gran taller de cultivo sobre una rica heredad". Sueñan con un cultivo mecanizado de alto rendimiento, con un "capitalismo agrario" (C. Bouglé).

La libertad.—La agricultura vive de la libertad; existen leyes naturales tan inviolables como el ritmo de las estaciones. El legislador no tiene otro papel que el de reconocer y expresar las leyes naturales; desempeña la función de un escribano de la naturaleza.

Por consiguiente, los fisiócratas son hostiles a toda reglamentación. Aplaudirán las efímeras reformas de Turgot. Su fórmula es "laissez faire, laissez passer".

El "despotismo legal".—El papel que incumbe al monarca es simple;
debe actuar lo menos posible. Cf. la famosa ocurrencia atribuida a Quesnay:
"—¿Qué haríais si fueseis rey?
—No haría nada.
—¿Y quién gobernaría?
—Las leyes."

Los fisiócratas son partidarios de la monarquía absoluta: "Que la autoridad soberana —declara Quesnay— sea única y superior a todos los individuos de la sociedad y a todas las empresas injustas de los intereses
particulares".

Por tanto, la teoría política de los fisiócratas es lo que Mercier de La
Rivière denomina el "despotismo legal". Esta teoría es tan hostil a los cuerpos intermedios como al principio de igualdad política.

* * *

Voltaire se burla de los fisiócratas en *L'homme aux quarante écus*, pero
su crítica no se dirige a lo esencial. El pensamiento de los fisiócratas está
próximo, económica y políticamente, al de los filósofos: igual culto por la
naturaleza y la propiedad, iguales preocupaciones demográficas, igual cuidado por aumentar la producción y la riqueza, idénticas concepciones cen-
sitarias, idéntico respeto por una autoridad ilustrada, igual primacía de la
economía sobre la política. El único punto aparentemente aberrante de la
doctrina fisiocrática es la preeminencia concedida a la agricultura; aún así,
es preciso recordar que la Francia de 1770 era todavía, en amplísima medida, una nación agrícola.

4. El utilitarismo inglés. De Locke a Bentham.

Mientras que los fisiócratas cuentan con la autoridad política para asegurar el desarrollo de la economía francesa, la economía inglesa realiza un
progreso mucho más rápido.

El liberalismo inglés es una doctrina coherente; todos sus aspectos (económicos, políticos, demográficos, humanitarios) proceden de una misma filosofía, el utilitarismo. Filosofía de conquista pacífica, filosofía de una nación
plenamente consciente de su supremacía económica, filosofía *ad hoc*.

Bentham fue quien formuló más claramente la doctrina del utilitarismo.
Pero —como hemos visto ya— Hobbes, y sobre todo Locke, habían colocado ya el acento sobre el principio de utilidad. Bentham no hace sino
sistematizar la ideología de una Inglaterra más preocupada por la eficacia
y el bienestar que por la especulación política.

La *Fábula de las abejas* (1723), de Mandeville, es la carta simbólica de este utilitarismo. Nos presenta una colmena donde las abejas se vuelven virtuosas, sobrias, austeras
y caritativas; es un desastre. Conclusión: los vicios de los individuos son un beneficio
para la sociedad, y el egoísmo de cada uno condiciona la prosperidad de todos. La
influencia de Mandeville parece haber sido grande, especialmente sobre Voltaire. Encontramos en su obra la idea de que el ejercicio real del poder está fundado en el poder
económico.

A) Política de Hume: empirismo y conservadurismo.—David Hume (1711-1776) constituye un puente entre Locke, por una parte, y Adam Smith y Bentham, por otra.

Su filosofía procede del empirismo y somete a una crítica rigurosa el principio de causalidad. Su moral se inspira en la noción de utilidad, pero da una gran importancia a la simpatía. Su política es fundamentalmente conservadora.

Aspecto negativo de esta política: Hume no cree ni en el derecho divino ni en las leyes naturales, eternas e independientes del estado de la sociedad. Las pretendidas leyes naturales sólo son convenciones útiles: estabilidad de las propiedades, respeto de los compromisos adquiridos. El verdadero fundamento del gobierno es el hábito.

Pero es un fundamento sólido. Los hombres respetan los compromisos porque tienen ese hábito y porque tal es su interés. De otra forma, las relaciones sociales no ofrecerían ninguna seguridad. Hume se preocupa muy poco por el origen de los gobiernos; a sus ojos, la utilidad es la piedra de toque de las instituciones.

En consecuencia, sus conclusiones políticas son de lo más prudente: "Un gobierno aceptado y establecido ofrece, por eso mismo, una ventaja infinita". En su *República perfecta*, que es una especie de utopía, expone un proyecto de Constitución, con un sistema censitario y descentralizado, que recuerda al de las Provincias Unidas: "El único procedimiento para hacer al pueblo más avisado, es impedirle que se reúna para formar grandes sambleas". Hume no tiene el sentido de la evolución histórica; su filosofía política es puramente estática.

Hume ha sido comparado a veces con Montaigne, pero su pensamiento político procede más directamente de Hobbes. Destruye el concepto de contrato social, pero no cae en el escepticismo. Agnóstico antes que escéptico, quiere seguir de cerca la realidad, atento a los intereses, preocupado por la seguridad y la estabilidad. Representa todo lo que Rousseau, que se peleará espectacularmente con él, detesta. Anuncia a Burke (por su respeto por el hábito, por el carácter antimetafísico de su pensamiento) tanto como a Bentham (por su culto a la utilidad).

B) Liberalismo económico.—En materia económica, Hume no es mercantilista. Se declara partidario, mucho antes que Adam Smith, del libre comercio. Preconiza un gobierno moderado que favorezca el desarrollo de la clase comercial y que recurra al impuesto con moderación.

Adam Smith (1723-1790) expresa el ideal de una clase y de un pueblo en plena expansión en su célebre obra *Ensayo sobre la naturaleza y las causas de la riqueza de las naciones* (1776), en la que sostiene la tesis de la armonía fundamental entre el interés particular y el interés general. Cree en el progreso económico constante y estima que la verdadera riqueza es el trabajo nacional. Ensalza los beneficios de la concurrencia y del ahorro, y se alza contra las reglamentaciones. Su obra, que corresponde a una época de revolución comercial, no acierta a perfilar la era de la industria.

El liberalismo económico de Adam Smith asigna al Estado funciones precisas: facilitar la producción, hacer reinar el orden, hacer respetar la justicia, proteger la propiedad. De esta forma, la obra de Adam Smith no sólo interesa a la historia económica, sino también a la historia política.

El *Ensayo sobre el principio de población* de Malthus (1776-1834) es de 1798. El malthusianismo dejará una profunda impronta en el liberalismo inglés. La idea de salvaguardar la felicidad y el bienestar limitando el número de sus beneficiarios es lanzada y adoptada por hombres que invocan el liberalismo más ortodoxo. El utilitarismo de Bentham es malthusiano, y John Stuart Mill resalta en su *Autobiografía* la influencia del malthusianismo sobre los jóvenes liberales nacidos hacia 1800. También en Francia las ideas malthusianas tuvieron una gran difusión. En 1858, J.-J. Rapet escribirá, en una obra premiada por la Academia de Ciencias Morales y Políticas: "Los obreros se casan con una ligereza inexcusable y sin preocuparse por el porvenir de sus hijos" *(Manuel de morale et d'économie politique à l'usage des classes ouvrières):*

Malthus no cesa de repetir que "los pobres no tienen derecho alguno a ser mantenidos... No corresponde a los ricos el proporcionar a los pobres ocupación y pan; y, en consecuencia, los pobres, por la naturaleza misma de las cosas, no tienen ningún derecho a pedírselo". El joven pastor recomienda, pues, el celibato a los pobres hasta que puedan mantener una familia.

Esta conclusión divide irremediablemente el mundo en dos clases: los ricos, que pueden casarse jóvenes, y los pobres, que sólo pueden casarse viejos. Pero no hay que confundir a Malthus con el malthusianismo, ni juzgar a Malthus exclusivamente por el *Ensayo sobre el principio de población.* Si con su *Ensayo* —que tuvo una amplia repercusión— presta un servicio a la clase dominante, también la inquieta con sus *Principios de economía política,* en los que, rompiendo con el optimismo liberal, llama la atención sobre la posibilidad y el peligro de las crisis generales. El pensamiento de Malthus —como ha señalado uno de sus más recientes comentaristas— se encuentra, así, cerca del de Keynes (Paul Lambert, prefacio del libro de Joseph Stassart, *Malthus et la population,* Lieja, 1957).

C) BENTHAM.—El utilitarismo desempeña, a fines del siglo XVIII, el papel de filosofía oficial. Burke, Malthus, Paine, Godwin, etc., invocan el principio de utilidad para sostener tesis a veces opuestas.

El utilitarismo es la doctrina de una época, de un país, de una clase. Procede de una especie de "newtonismo moral", del deseo de explicar el conjunto de los fenómenos sociales mediante un principio único. El utilitarismo, ajeno a toda forma de romanticismo, es una filosofía comercial, una mecánica, una contabilidad.

Moral y contabilidad, felicidad y utilidad están estrechamente ligadas en Bentham (1748-1832). Al principio, Bentham se preocupa sobre todo por las reformas sociales (reforma de las prisiones, del procedimiento legal y de la organización judicial), y no considera a la política más que como un medio de asegurar el orden y de concluir las reformas sociales que le preocupan.

Bentham define la economía política a la manera de Adam Smith: "El conocimiento de los medios adecuados para producir el máximo de felicidad, en la medida en que este fin más general tiene como causa la producción del máximo de riquezas y del máximo de población". Publica una *Defensa de la usura* y se pronuncian en favor de la libertad económica: "El Estado no tiene como función aumentar la riqueza o crear capitales, sino afirmar la seguridad en la posesión de la riqueza, una vez adquirida. El Estado tiene una función judicial que cumplir, pero su función económica debe ser reducida al mínimo".

El pensamiento político de Bentham evolucionó. En el *Fragmento sobre el gobierno* (1776) critica los *Comentarios* de Blakstone y la concepción whig; expone cómo la base del gobierno no es el contrato, sino la necesidad humana; el interés de los súbditos está en obedecer al soberano mientras que favorezca su felicidad. En su *Introducción a los principios de moral y de legislación* (1789), donde expone proyectos filantrópicos semejantes a los de Beccaria, se muestra preocupado ante todo por la paz social y la eficacia. Tan opuesto como Burke a la metafísica, juzga absurda la declaración de derechos de 1789.

Bentham evoluciona hacia el radicalismo democrático, en parte bajo la influencia de James Mill (1773-1836). En adelante se mostrará partidario de un poder fuerte y bien armado para la acción (Inglaterra está en guerra con Napoleón), y sostendrá la teoría de la "democracia representativa pura": sufragio universal, soberanía del pueblo, estricta subordinación de los gobernantes a los gobernados, ausencia de contrapesos y de cuerpos intermedios, sistema fuertemente centralizado.

Por consiguiente, Bentham, partidario inicialmente de un sistema próximo al despotismo ilustrado, termina en el autoritarismo democrático. Pero la democracia sigue siendo para él un conjunto de individualidades, el producto de un cálculo: "La democracia es necesaria para conciliar los intereses individuales del soberano y los intereses corporativos de la aristocracia (del dinero)".

5. El despotismo ilustrado.

La expresión "despotismo ilustrado" parece haber sido inventada por los historiadores alemanes del siglo XIX. Designa un hecho histórico, característico de una determinada época (la segunda mitad del siglo XVIII) y de determinados países (la mayoría de ellos situados en la Europa central y oriental).

El despotismo ilustrado es el encuentro de una política y de una filosofía. Los filósofos adulan a los monarcas y los monarcas adulan a los filósofos. José II declara: "He hecho a la filosofía legisladora de mi Imperio".

Ninguna definición del despotismo ilustrado es plenamente satisfactoria: "El despotismo ilustrado es la racionalización del Estado" (Pirenne). "Todo para el pueblo, nada por el pueblo" (Ch. Seignobos). "Los príncipes ilustrados fueron aquellos que poseyeron el espíritu del siglo" (M. Lhéritier).

En realidad, el despotismo ilustrado tiene diferentes aspectos. Parece necesario hacer dos distinciones:

1. Entre la teoría y la práctica del despotismo ilustrado;
2. Entre diferentes estilos de despotismo ilustrado; el estilo de Federico II no es el de José II.

A) Teoría y práctica del despotismo ilustrado.—Algunos filósofos se inclinan hacia el despotismo ilustrado, pero ninguno de ellos ofrece una teoría completa de él. Voltaire y Diderot coquetearon con los monarcas, pero se cuidaron mucho de preconizar imprudentemente el despotismo. Veamos, por ejemplo, lo que escribe Voltaire en su *Dictionnaire philosophique* (artículo "Tiranía"):

"¿Bajo qué tiranía preferiríais vivir? Bajo ninguna; pero si fuera necesario escoger, detestaría menos la tiranía de uno sólo que la de varios. Un déspota tiene siempre algunos momentos buenos; una asamblea de déspotas no los tiene nunca."

Los fisiócratas van más lejos, y Mercier de La Rivière expone, en 1767, su concepción del despotismo legal en su *Ordre naturel et essentiel des sociétés politiques*, obra superior al *Esprit des lois*, a juicio de Diderot. Mercier de la Rivière, antiguo intendente, al igual que Turgot y Sénac de Meilhan, era, como Turgot, un adepto de la "administración ilustrada". Pero sus concepciones, esencialmente económicas y dictadas por la preocupación de lo que hoy día se denomina productividad, son muy diferentes de las concepciones esencialmente políticas de Federico II. Por lo demás, en 1767 —la guerra de los Siete Años había finalizado en 1763—, Federico II se encuentra en la cumbre de su gloria, y ha expresado ya en varias obras sus ideas políticas. Por consiguiente, no es la política de los fisiócratas la que inspira al despotismo ilustrado, sino que es el despotismo ilustrado el que propone un modelo a los fisiócratas .

Sin embargo, el despotismo legal y el despotismo ilustrado proceden de diferentes principios —los derechos de los individuos, en el primer caso; el poder del Estado, en el segundo—. Los fisiócratas no tienen ninguna confianza en el Estado. Su fórmula es: "El rey reina, y la ley gobierna". Un Federico II afirmará tal vez que la ley reina, pero para él es al rey a quien incumbe gobernar. "El despotismo legal es lo contrario del despotismo" (M. Lhéritier).

Por consiguiente, hay que buscar en los mismos monarcas una teoría del despotismo ilustrado, estrechamente ligada a la acción y procedente de la acción.

B) Dos formas de despotismo ilustrado.—1.º *El Estado según Federico II.*—Federico II (1712-1786) expresó sus ideas políticas en numerosas obras (sin hablar de una voluminosa correspondencia): *Antimaquiavelo* (1740), *Historia de mi tiempo* (1746), *Testamento político* (1752), *Ensayo sobre las formas de gobierno y sobre los deberes de los soberanos* (1781), etcétera.

La política de Federico II es, sobre todo, una teoría del Estado. Contrariamente a Luis XIV, Federico II distingue claramente al soberano del Estado; el soberano es el primer servidor del Estado. La autoridad real no es de derecho divino. "Es de origen humano y descansa sobre un contrato formal... Los hombres eligieron a quien creyeron el más justo para gobernarlos, el mejor para servirles de padre." De esta forma, el soberano lo puede todo, pero no quiere más que el bien del Estado. Aunque es amo absoluto, lo es para mejor cuidar de los intereses de todos.

Por consiguiente, el soberano es el jefe de una familia, el padre de su pueblo. Federico II muestra un gran respeto por la moral, al menos al comienzo de su carrera (cf. su *Antimaquiavelo*): "El principal objetivo de los príncipes es la justicia... Resulta más agradable instruir a la humanidad que destruirla". Federico II exalta las virtudes pacíficas, al tiempo que practica las virtudes militares; considera peligrosa la irreligión del barón de Holbach y se dedica a refutarla; por último, preconiza la tolerancia en materia religiosa.

En materia económica, Federico II es mercantilista; le preocupa sobre todo el obtener un excedente en la balanza de pagos; se preocupa por mejorar la producción, sin perjudicar las situaciones adquiridas. Aun siendo progresivo, este régimen es conservador; y sin ser nacional —pues Federico II presume de ser europeo—, es imperialista (M. Lhéritier).

Bajo la presión de necesidades militares y financieras, Federico II elabora poco a poco la doctrina del Estado prusiano, al tiempo que construye ese Estado. Tal doctrina deriva menos de la influencia de los filósofos que de los acontecimientos, de las instituciones y de las tradiciones prusianas; pero nada permite afirmar que la filosofía del "rey filósofo" fuera un simple "barniz". Sin duda alguna, Federico II creyó que el Estado prusiano era la más perfecta expresión de la filosofía de las luces. Numerosos filósofos fueron también de esta opinión. El problema importante no es la influencia (muy limitada) de los filósofos sobre los déspotas ilustrados, sino el prestigio de los déspotas ilustrados sobre los filósofos y, de manera más general, sobre la opinión.

2.º El josefismo.—El emperador José II (1741-1790) no tuvo, en manera alguna, la misma concepción del Estado que Federico II. Tras la exaltación de la razón de Estado, viene una especie de filantropía democrática: "El Estado significa el mayor bien para el mayor número... Mi dolor es no poder hacer a todo el mundo feliz... Mis guardias son mis súbditos, mi seguridad es su amor".

José II se compromete en una empresa de unificación y se esfuerza por realizar un programa completo de reformas que deberían hacer de la Iglesia austriaca una Iglesia nacional: libertad de prensa, tolerancia para todas las sectas, disolución de las órdenes mendicantes, prohibición del traje talar, nombramiento de los obispos por el emperador, etc. Estas reformas terminarán en el fracaso. El más sincero sin duda de los déspotas ilustrados no consiguió plasmar en los hechos medidas que eran la expresión de los principios racionalistas del siglo.

Es posible extraer algunos rasgos comunes del despotismo ilustrado de Federico II y del de José II: 1) Absolutismo centralizador; 2) La jerarquía de los funcionarios; 3) El "furor de gobernar" (intervenciones del Estado en materia económica, pedagógica y religiosa); 4) Las concepciones humanitarias. Fueron causas económicas y políticas, más que ideológicas, las que llevaron a esta concentración y a esa "racionalización" del Poder de que habla H. Pirenne. Se trata, ante todo, de construir un Estado fuerte, empresa eminentemente racional...

La noción del despotismo ilustrado ha sido sometida a un análisis crítico por Fritz Hartung y Roland Mousnier, en el Congreso internacional de Ciencias Históricas de Roma (1955). Según Hartung, la noción de despotismo ilustrado es una noción excesivamente elogiada: Federico II tuvo una política interior conservadora hasta el "inmovilismo". Se atuvo a un estrecho mercantilismo. Dejo subsistir una sociedad compuesta por órdenes y cuerpos. El único déspota ilustrado digno de este nombre es José II, cuyas empresas son otros tantos fracasos... En suma —concluye Hartung—, no existe una diferencia fundamental entre el absolutismo y el despotismo ilustrado.

SECCION III

Rebeldías y utopías.

El utilitarismo es una doctrina filosófica realista, la doctrina de la burguesía. El proletariado —disperso, miserable, dividido por las corporaciones— no está en condiciones de oponerle una doctrina coherente. Por otra parte, ¿puede hablarse de proletariado en una Europa todavía esencialmente rural, donde el artesanado presenta los más variados aspectos (con su aristocracia, su burguesía, su proletariado)?

Como consecuencia, las ideas democráticas e igualitarias sólo son sostenidas por pensadores aislados que se rebelan contra el utilitarismo triunfante o que construyen ciudades de utopía.

—Rousseau es el más grande de estos solitarios. Aun así, hay que cuidar-se de presentarlo como un revolucionario o como un reformador [1].

—Si la democracia de Rousseau no es igualitaria, las utopías igualitarias que florecen en el siglo XVIII no son siempre democráticas. Están inspiradas en una especie de comunismo espartano y moralizante, muy ajeno al socialismo que verá la luz con la revolución industrial [2].

En cuanto al pacifismo del siglo XVIII, es también muy diferente del pacifismo popular que se expanderá en el siglo XIX y, sobre todo, en los comienzos del XX. Es la época del pacifismo utópico [3].

1. Jean-Jacques Rousseau.

El *Contrat social* (1762) está en el centro de la obra de Rousseau (1712-1778). Pero sería erróneo considerarlo como una especie de suma en la que Rousseau habría concentrado todas sus ideas políticas. Es importante interpretarlo a la luz de las obras que le precedieron o le siguieron:

1) Las obras de escándalo: el *Discours sur les sciences et les arts* (1749), el *Discours sur l'inégalité parmi les hommes* (1775), la *Lettre à D'Alembert sur les spectacles* (1758), Rousseau contra el progreso, contra la propiedad, contra el teatro.

2) Las obras contemporáneas del *Contrat social* y que aparecen como su prolongación en el campo de la educación (*Emile*, 1762), de la religión (*Profession de foi du vicaire savoyard*, en el libro IV del *Emile*), de la vida cotidiana (*La Nouvelle Héloïse*, 1761).

3) Las aplicaciones prácticas —y muy pragmáticas— de sus teorías políticas:
— Las *Lettres à M. Buttafuoco sur la législation de la Corse* (1764-1765) y el *Projet de Constitution pour la Corse* (1765).
— Las *Considérations sur le gouvernement de Pologne et sur sa réformation* (1772).

Rousseau es, sin duda, el primer escritor político que está enteramente presente en su obra. El hombre que Rousseau era, nunca se deja olvidar, ni siquiera en los pasajes más abstractos; y tal vez haya que buscar, en definitiva, la clave de su política en las *Confessions*, en los *Rêveries*, en *Rousseau juge de Jean-Jacques*. En cualquier caso, cuando se estudia a Rousseau, es importante seguir de cerca la cronología.

1.º *Un hombre fiel a su infancia*: esto es ante todo Jean-Jacques Rousseau. Infancia ginebrina; infancia sin familia; infancia de autodidacta apasionado; infancia de rebelde. Jean-Jacques en el horrible hospicio de los catecúmenos de Turín; Jean-Jacques, lacayo y ladrón, descubriendo la felicidad en Mme. de Warens: otras tantas imágenes que definen una vida. Después de sentir la tentación de encumbrarse (cf. su embajada en Venecia, su orgullo de autor mundano cuando se representa en la corte *Le devin de village*), Rousseau elige ponerse del lado de quienes no triunfan. Desprecia el dinero; el éxito social y burgués de Voltaire le produce horror.

Se pelea con Voltaire, con Diderot, con Grimm, con Hume. Es inestable y excesivo, pero no agrio. Mientras que Voltaire y Diderot se aburguesan, Rousseau es tal vez quien permanece más fiel al espíritu de la *Enciclopedia*. No renuncia a la felicidad; ni a la suya (cf. los admirables *Rêveries*), ni a la de los hombres. Unas veces redacta un plan de gobierno en sus más pequeños detalles; otras, se sumerge en "el país de las quimeras, su verdadero país" (Guéhenno).

2.º *Racionalismo o utopía.*—Es un viejo debate que existe desde que se escribe sobre Rousseau. Pero ¿no habría que decir racionalismo y utopía? Pues el pensamiento de Rousseau difícilmente puede reducirse a unidad. Comporta contradicciones, proviniendo unas de su naturaleza ("esa vivacidad de sentir, aliada a esa lentitud de pensamiento") y otras de su época: Rousseau eligió la democracia en una época en la que la democracia no existía ni en los hechos ni en las ideas. Como las condiciones históricas de la democracia no existían, Rousseau se vio obligado, bien a aceptar la ideología del liberalismo burgués, que era entonces la ideología dominante (libertad, desigualdad, propiedad), bien a construir una Ciudad de utopía. Utopía, pero utopía racional.

LA POLÍTICA DE LOS "DISCOURS".—¿Hay que ver sólo en los dos discursos una brillante paradoja (el hombre es naturalmente bueno, la sociedad es quien lo pervierte), una atrevida tesis sobre el derecho de propiedad ("El primero que, habiendo cercado un terreno, descubrió la manera de decir esto me pertenece")? Esto sería desconocer singularmente su alcance.

1) Los *Discours* son una autobiografía indirecta, un fragmento de las *Confessions.* Encontramos en ellos el conflicto, fundamental en Rousseau, entre pobreza y sociedad. El tema que domina los *Discours* es la injusticia de la sociedad; la bondad de la naturaleza es un tema secundario.

2) Un tema secundario pero que no es exclusivo de Rousseau. Cuando habla del hombre natural, no piensa en forma alguna en la prehistoria. Piensa en sí mismo y en los buenos salvajes de América y de otros lugares, descritos en las narraciones de viajes leídas por él con pasión ("Pasé mi vida leyendo narraciones de viajes").

3) Por último, el análisis de Rousseau tiene un alcance sociológico. Muestra el dominio de la sociedad sobre los individuos, la red de coacciones que establece, el peso que tiene sobre la vida de cada cual. Liga el nacimiento de la sociedad con la aparición de la propiedad, la autoridad con la salvaguardia de los intereses. No considera el poder ni como una esencia teológica, ni como una construcción jurídica, ni como una conquista militar, sino como una suma de intereses. El *Discours sur l'inégalité* posee así acentos premarxistas, subrayados por Engels en su *Anti-Dühring.*

Rousseau no pensó nunca en abolir la propiedad o en renunciar al progreso. "La sociedad natural —escribirá— es natural a la especie humana...". No es cosa de "volver a vivir al bosque junto a los osos, y de quemar las bibliotecas"; Rousseau no construye más que una hipótesis, un "sueño".

Pero este sueño no termina en la resignación. Si el hombre es desgraciado, es por razones políticas y sociales que en nada dependen de la naturaleza de las cosas. Es posible y necesario sentar las bases de una política nueva; este será el objeto del *Contrat social.*

El *Discours sur l'inégalité* exigiría otras nuevas observaciones, especialmente en lo que se relaciona con la definición de Rousseau del estado de naturaleza. Robert Dérathé se ha dedicado a probar que Rousseau no sólo rechaza la concepción hobbesiana de la naturaleza salvaje, sino también la concepción inversa de la sociabilidad natural, sostenida por los teóricos de la ley natural. El estado de naturaleza no es, para Rousseau, ni una guerra general, ni una vida sociable, sino un estado de dispersión y de aislamiento.

Sin duda, el hombre es bueno en este estado de naturaleza. Pero donde el hombre es más feliz es en la sociedad naciente, es decir, en un estado intermedio entre el estado de naturaleza y la sociedad establecida. Estado aparentemente precario, pero que, según Rousseau, "es la verdadera juventud del mundo"; "el género humano estaba hecho para permanecer siempre en él".

C. E. Vaughan ha afirmado que Rousseau rechazaba totalmente la ley natural. Dérathé estima que Rousseau se contenta con establecer una distinción entre el derecho
natural primitivo, que es instinto y bondad, y el derecho natural restablecido por la
razón.

En todo caso, Rousseau negó siempre formalmente que la ley natural pudiera servir,
como en Grocio y Pufendorf, para fundamentar el absolutismo. Denuncia con vigor
esta capitulación, ese abandono al despotismo. De esta forma, Dérathé considera el *Contrat social* como una refutación de Pufendorf. Tesis exacta, sin duda, si nos limitamos
al estudio de las fuentes; pero cabe dudar de que las fuentes librescas tengan tanta importancia para explicar la obra de Rousseau como su íntima naturaleza y como la sociedad en la que vivió.

EL CONTRATO SOCIAL.—El *Contrat social* está inspirado por la pasión de
la unidad. Unidad del cuerpo social, subordinación de los intereses particulares a la voluntad general, soberanía absoluta e indisoluble de la voluntad general, reinado de la virtud en una nación de ciudadanos.

El contrato de Rousseau no es ni un contrato entre individuos (como en
Hobbes) ni un contrato entre los individuos y el soberano. Esta última forma de contrato es particularmente extraña al pensamiento de Ruosseau, que
rechaza cúalquier forma de contrato de gobierno, bien se trate de fundamentar el absolutismo (como en Grocio o en Pufendorf), bien de fundamentar la libertad.

Mediante el pacto social, cada uno se une a todos. El contrato se for-
maliza con la comunidad: "Cada uno de nosotros pone en común su persona y todo su poder bajo la suprema dirección de la voluntad general, y
recibimos colectivamente a cada miembro como parte indivisible del todo.
Cada asociado se une a todos y no se une a nadie en particular; de esta
forma, no obedece más que a sí mismo y permanece tan libre como antes".

Nada ata al soberano; pero, según la teoría de Rousseau, no puede tener
interés contrario a los particulares que lo componen.

Por consiguiente, el soberano es esa voluntad general que es la voluntad de la comunidad y no la voluntad de los miembros que constituyen esa
comunidad. Existe una diferencia, de naturaleza y no de grado, entre la
voluntad general y la voluntad de los particulares. Rousseau ve en la voluntad general el mejor refugio contra las obstaculizaciones de los particulares.

El contrato social garantiza, a la vez, la igualdad —ya que todos los
asociados tienen iguales derechos en el seno de la comunidad— y la libertad
que, según Rousseau, depende estrechamente de la igualdad. Según Locke,
el individuo es libre de hacer cualquier contrato; Rousseau estima, en cambio, que la soberanía del pueblo es la garantía más segura de los derechos
individuales. El individuo sólo es libre en y por la Ciudad; y la libertad es
la obediencia a las leyes. La libertad, lejos de estar amenazada por el soberano, sólo puede ser realizada por el soberano. Podría decirse, parafrasean-
do la fórmula de los existencialistas, que el individuo mediante el contrato
se condena a ser libre.

El hombre realiza su libertad obedeciendo a las leyes: "Un pueblo libre
obedece, pero no sirve; tiene jefes, pero no amos; obedece a las leyes, pero
no obedece más que a las leyes; y es por la fuerza de las leyes por lo que
no obedece a los hombres".

Vemos, así, que la libertad en Rousseau es muy diferente de la libertad en Locke. Locke asocia libertad y propiedad; Rousseau, libertad e igualdad. Para Locke, la libertad es conciencia de una particularidad; para Rousseau, es ante todo solidaridad. Para Locke la libertad es un bien que se protege; para Rousseau, una posibilidad que se realiza.

EL SOBERANO.—Así, pues, el soberano es la voluntad general, de la que la ley es expresión: "La voluntad del soberano es el soberano mismo. El soberano quiere el interés general y, por definición, no puede querer más que el interés general".

La soberanía tiene cuatro caracteres:

— Es *inalienable*. La soberanía no se delega. Rousseau condena el gobierno representativo y la monarquía inglesa: "Los diputados del pueblo no son ni pueden ser sus representantes: sólo son sus comisarios".

— Es *indivisible*. Rousseau es hostil a la separación de poderes, a los cuerpos intermedios, a las facciones dentro del Estado. Un cuerpo representa necesariamente intereses particulares; no hay que contar con él para hacer prevalecer el interés general.

— Es *infalible* (a condición de que los intereses particulares se encuentren neutralizados). La voluntad general es "siempre recta y tiende siempre a la utilidad pública". "El soberano, por el exclusivo hecho de serlo, es siempre lo que debe ser." Fórmula menos segura de lo que parece, ya que el problema reside en que el soberano *sea*.

— Es *absoluta*: "El pacto social confiere al cuerpo político un poder absoluto sobre todos los suyos".

Pero este absolutismo de la voluntad general no corre el peligro, según Rousseau, de ser arbitrario. Véase a este respecto el capítulo "De los límites del poder soberano": si el poder se convierte en arbitrario, es que la voluntad general no es ya soberana.

EL GOBIERNO.—En el sistema de Rousseau el gobierno desempeña un papel subordinado. Rousseau distingue entre el soberano, pueblo que establece las leyes colectivamente, y el gobierno, grupo de hombres particulares que las ejecutan.

La principal función del soberano consiste en hacer las leyes, que tienen un valor religioso y que son el reflejo de un orden trascendente. Las leyes deben ser poco numerosas; su objeto debe ser general: "Toda función que se refiera a un objeto individual no pertenece al poder legislativo".

En cuanto al gobierno, es un simple agente de ejecución: "Ejecuta siempre la ley y no ejecuta sino la ley". El gobierno tan sólo es el "ministro del soberano"; los gobernantes son los depositarios del poder, pero no tienen de por sí ningún papel: no tienen absolutamente más que una comisión, un empleo en el que—simples oficiales del soberano— ejercen, en su nombre, el poder del que se les ha hecho depositarios, poder que el soberano puede modificar, limitar o recuperar cuando le plazca.

Rousseau pasa revista a tres tipos de gobierno:

— la monarquía, de la que hace una viva crítica;

— la aristocracia, que puede ser hereditaria o electiva. La aristocracia hereditaria es un sistema detestable, pero "el que los más sabios gobiernen la multitud es el orden mejor y más natural";

— por último, la democracia, es decir —según la terminología de Rousseau—, la confusión del poder ejecutivo y del poder legislativo. Este tipo de gobierno es, prácticamente, irrealizable; por otra parte, presentaría peligros, pues no es bueno que el que hace las leyes las ejecute, ni que el cuerpo del pueblo desvíe su atención de las concepciones generales para otorgarla a los intereses particulares. Rousseau concluye sobre el tema: "Si hubiera un pueblo de dioses, se gobernaría democráticamente. Un gobierno tan perfecto no conviene a los hombres".

Finalmente, Rousseau se abstiene de recomendar una u otra forma de gobierno: "Cada una es la mejor en ciertos casos, o la peor en otros". Rousseau, después de haber seguido un camino tan diferente del de Montesquieu, no está muy lejos de concluir como él:

1) Que la forma de los gobiernos debe depender de las situaciones locales, y que resulta absurdo querer imponer en todas partes una solución única; este relativismo se manifiesta claramente en sus escritos sobre Polonia y Córcega.

2) Que el problema del gobierno es secundario, y que el gobierno tiene tendencia a degenerar y a traicionar la soberanía. Rousseau piensa en el fondo, como Montesquieu, que las instituciones nada son sin las costumbres y que hay que dedicarse ante todo a formar a los ciudadanos. El gran problema para Rousseau consiste en asegurar la solidaridad del cuerpo social. Mediante la educación, mediante la religión, mediante un ideal común de civismo, de patriotismo, de frugalidad y de virtud. *Emile, Le vicaire saboyard* y *La Nouvelle Héloïse* completan el *Contrat social*.

La RELIGIÓN CIVIL.—Las ideas de Rousseau sobre la religión están expresadas en el capítulo titulado "De la religión civil", que Rousseau decidió añadir al *Contrat social*, así como en *La profession de foi du vicaire savoyard*.

En el *Vicaire savoyard*, Rousseau exalta la religión individual: "Hijo mío, mantén tu alma en estado de desear siempre que haya un Dios, y no dudarás nunca de El".

En el *Contrat social*, Rousseau exalta la religión del ciudadano. En efecto, considera la religión el medio más eficaz de realizar esa unidad social de la que siempre tuvo nostalgia. Rousseau piensa, como Hobbes, que es necesario asociar estrechamente poder civil y poder religioso y "reducir todo a la unidad política, sin la cual no habrá nunca Estado ni gobierno bien constituido".

Rousseau distingue su religión civil de las religiones antiguas y del catolicismo romano. Sólo contiene un reducido número de dogmas positivos: "La existencia de la Divinidad poderosa, inteligente, bienhechora, previsora y proveedora, la vida futura, la felicidad de los justos, el castigo de los malvados, la santidad del contrato social y de las leyes". Un único "dogma negativo": la intolerancia. Pero si Rousseau excluye la intolerancia, también excluye del Estado a todo el que no acepte los dogmas de la religión civil.

Robespierre se acordará de Rousseau cuando trate de organizar el culto al Ser Supremo.

La EDUCACIÓN Y LA VIRTUD.—*Emile* es, ante todo, un tratado de educación natural en la línea de Montaigne. Emilio será educado cerca de la naturaleza, tendrá un oficio, etc. Cabe ciertamente preguntarse si esa educación solitaria es apta para formar ciudadanos, si esa educación de lujo puede ser fácilmente generalizada; cabe también interrogarse sobre la confianza mostrada por Rousseau hacia los educadores, pues ¿quién educará a los educadores? En suma, no puede sino juzgarse bastante antisocial e incluso algo reaccionaria esa educación de un futuro ciudadano. La contradicción es manifiesta, pero cabe pensar que Rousseau la sintiera y quisiera así. Resulta claro que si Rousseau hubiese querido redactar un plan de educación nacional, no habría propuesto la generalización del sistema tan poco práctico que expone en el *Emile*. Más que un manual de instrucción cívica, escribió una utopía pedagógica, con el único fin de recordar que los ciudadanos son, ante todo, hombres.

Contradicciones análogas aparecen en *La Nouvelle Héloïse*, que tuvo en el siglo XVIII más lectores que el *Contrat social*. Es, sobre todo, un himno a la pasión, a la libre expansión de los sentimientos. No obstante, Julia renuncia finalmente al hombre que ama, terminando la novela con el triunfo de las convenciones sociales.

PRAGMATISMO: CÓRCEGA Y POLONIA.—El régimen que Rousseau propone para Córcega es una especie de república agraria, de democracia patriarcal. La isla es pobre, constituyendo la agricultura su principal recurso; Rousseau piensa por eso que los habitantes se han conservado frugales y virtuosos, y que aceptarán un sistema igualitario. Sin embargo, no se trata en modo alguno de una igualdad absoluta ni de un sistema de explotación colectiva. Rousseau se contenta con desear que los ricos no sean demasiado ricos y que los pobres no sean demasiado pobres: "Es necesario que todo el mundo viva y que nadie se enriquezca". Expresa el deseo de que la propiedad particular sea "contenida dentro de los más estrechos límites".

Este texto muestra lo que separa a Rousseau del socialismo. Aun así, hay que señalar que el proyecto referente a Córcega (1765) es mucho más audaz que el plan sobre Polonia (1772). Las *Considérations sur le gouvernement de Pologne* son un texto muy importante en el que, a propósito de un problema concreto, se nos muestra el último estadio del pensamiento de Rousseau:

1) Lejos de aplicar una teoría abstracta, pretende tener en cuenta las particularidades nacionales y no emprender reformas más que con una extremada prudencia.

2) Antes de reformar las instituciones hay que "establecer la república en el corazón de los polacos"; antes de liberar a los siervos hay que "hacerlos dignos de la libertad". Se trata, ante todo, de formar ciudadanos: "Siempre han sido los buenos ciudadanos quienes dan la fuerza y la prosperidad al Estado". La reforma moral precede a la reforma política.

3) Rousseau, por tanto, comienza por proyectar un plan de educación cívica (importancia de los espectáculos y de las ceremonias, de los uniformes y condecoraciones; cf. las grandes fiestas de la Revolución francesa) y nacional: los polacos deben tener como maestros sólo a polacos, casados.

4) Rousseau alienta el patriotismo polaco. Hostil al cosmopolitismo (cf. su crítica del abate Saint-Pierre), quiere desarrollar entre los polacos un sentimiento nacional; de esta forma, se pronuncia en favor de un ejército nacional: "Todo ciudadano debe ser soldado por deber, ninguno debe serlo por oficio".

5) Rousseau confirma en el *Gouvernement de Pologne* su predilección por los Estados pequeños y su inclinación por el sistema federativo. Su ideal es autárquico: "Una nación libre, pacífica y prudente, que no tiene temor ni necesidad de nadie, que se basta a sí misma y que es feliz".

6) Económicamente, el ideal de Rousseau es la mediocridad. Distingue prosperidad y riqueza, y lanza contra el dinero una verdadera requisitoria: "El dinero es el mecanismo a la vez más débil y más inútil que conozco para hacer marchar hacia su fin a la máquina política, y el más poderoso y más seguro para desviarla de él".

Quiere favorecer la agricultura, hacer desaparecer tanto el lujo como la indigencia, instaurar un estado social en el que los siervos puedan llegar a ser libres y donde los burgueses puedan llegar a ser nobles.

IDEAS SOCIALES DE ROUSSEAU.—Rousseau no piensa en absoluto en instaurar una sociedad rigurosamente igualitaria, pero quiere corregir la injusticia y reducir la distancia que separa a los más pobres de los más ricos: "¿Queréis dar consistencia al Estado? —escribe en el *Contrat social*—. Acercad los grados extremos tanto como sea posible; no permitáis ni gentes opulentas ni mendigos. Ambos estados, naturalmente inseparables, son igualmente funestos para el bien común; de uno proceden los instigadores a la tiranía, y del otro, los tiranos; son siempre ambos quienes comercian con la libertad pública: unos la compran y otros la venden".

Este texto señala una vía media, pero Rousseau sabe perfectamente que resulta muy difícil atenerse a ella. No ignora que la igualdad es precaria y que está siempre amenazada. Pero cuenta con el legislador para emprender contra la "fuerza de las cosas" (esa fuerza de las cosas de la que hablará Saint-Just) una lucha comparable a la de Sísifo: "Precisamente porque la fuerza de las cosas tiende siempre a destruir la igualdad, la fuerza de la legislación debe siempre tender a mantenerla".

* * *

Las ideas de Rousseau están inspiradas, por tanto, en la preocupación por la "movilidad social" y en la aversión que le inspiran las situaciones extremas: opulencia e indigencia.

Hay en Rousseau dos concepciones de la libertad, de la igualdad, de la religión, de la felicidad: felicidad del "paseante solitario", felicidad en una multitud unánime: "¿Existe un placer más agradable que el de ver a un pueblo entero entregarse a la alegría en un día de fiesta?".

La naturaleza, la nación: del primer *Discours* al *Gouvernement de Pologne,* la obra de Rousseau oscila de un tema a otro. Por eso algunos críticos califican a Rousseau de puro individualista, mientras otros le presentan como un lejano antepasado del totalitarismo.

En realidad, Rousseau es un hombre que aspira a la unidad. Elegir el Estado no es elegir contra la naturaleza. La voluntad general es la naturaleza recobrada. El hombre no se reconciliará con los otros y consigo mismo más que a través de la reforma de la vida política.

El individuo sólo puede conseguir la paz y la felicidad, o en la soledad, o en el Estado perfecto. Ahora bien, ninguna de las dos soluciones son posibles. "La teoría política de Rousseau es, y él sabe que lo es, irrealizable" (Eric Weil).

Rousseau se opone radicalmente a la sociedad tal y como es, pero no quiere ni volver hacia atrás, ni proceder a un cambio brutal, ni proceder a arreglos de detalle. No es ni reaccionario, ni revolucionario, ni reformista: y es infinitamente probable que hubiera detestado el régimen de la Convención, cuya paternidad tan a menudo se le atribuye.

"Rousseau —concluye Eric Weil— continúa siendo así el súbdito rebelde... Y porque quiso ser siempre rebelde, todos los revolucionarios y todos los reformadores han podido estar convencidos de que marchaban tras su bandera."

2. Las ideas sociales.

Aunque André Lichtenberger ha dedicado un importante libro al *Socialisme au XVIII siècle*, no parece justificado denominar socialistas, empleando el término en un sentido riguroso, a las ideas expresadas por Mably, Morelly o Linguet. Y en el caso de que se emplee la palabra al hablar del siglo XVIII, hay que subrayar lo que separa a esa especie de fraternalismo prerrevolucionario y preindustrial, de las doctrinas socialistas que surgen, al tiempo que el propio término de socialismo, a partir de 1830.

Varios autores del siglo XVIII elaboran planes de ciudades fraternales. Pero estas obras no parten de un análisis económico. Unas, las de Morelly y Mably, están inspiradas en una especie de comunismo utópico y retrógrado; otras, las del abate Meslier y Linguet, en un populismo elemental. Ni las unas ni las otras despiertan eco en los medios populares.

A) MORELLY.—Morelly traza, en el *Code de la nature* (1755), el plan de una utopía comunista. En 1796, Babeuf le llamará el maestro del comunismo. Pero este comunismo no descansa ni sobre un análisis económico, ni sobre el conocimiento de la oposición entre las clases sociales. Es un comunismo literario (influencia de Platón, Moro, Campanella), poético (relatos de viajes, el buen salvaje) y moral: Morelly reprocha sobre todo a la propiedad privada el haber corrompido al hombre y el haberle hecho desgraciado. La sociedad humana, para ser feliz y virtuosa, debe vivir de acuerdo con el código de la naturaleza.

Las tres "leyes fundamentales y sagradas que cortarían de raíz los vicios y los males de una sociedad" son:
— la abolición de la propiedad privada: "En la sociedad, no pertenecerán a nadie singularmente y en propiedad más que las cosas de que se hagan un uso actual, bien sea para sus necesidades, sus placeres o su trabajo diario";
— un sistema de asistencia nacional: "Todo ciudadano será hombre público, alimentado, mantenido y ocupado a expensas del público" (en este espíritu, Morelly es partidario de una educación colectiva y estatizada);
— por último, un sistema de cooperación, que en algunos rasgos anuncia al fourierismo: "Todo ciudadano contribuirá por su parte a la utilidad pública según sus fuerzas, sus talentos y su edad; sus deberes serán reglados, sobre esta base, según leyes distributivas".

Por tanto, el comunismo de Morelly es, a la vez, centralizador y moralizante. Su república carece de pasado y de porvenir. Este comunismo utópico y estático atestigua las aspiraciones de algunos intelectuales. Sin embargo, sólo con la revolución industrial surgirá una verdadera doctrina comunista.

B) MABLY.—En la obra de Mably (1709-1785) —como en la de Morelly—, política y moral se encuentran estrechamente ligadas, casi confundidas, siendo, sobre todo, la crítica de la sociedad, una crítica moral.

Mably critica vivamente la desigualdad de las condiciones y se pronuncia a favor de la comunidad de bienes. Pero, como en el caso de Morelly, no se trata tanto de hacer reinar la justicia como la felicidad ("Sólo podemos encontrar la felicidad en la comunidad de bienes") y la virtud: "Creo que la igualdad, al mantener la modestia de nuestras necesidades, conserva en nuestra alma una paz que se opone al nacimiento y a los progresos de las pasiones". ´ Esta pasión por la frugalidad la volveremos a encontrar en Babeuf. Esparta es el modelo de Mably; y cuando necesite de un portavoz que exponga sus ideas sobre las relaciones entre la moral y la política, recurrirá naturalmente a Foción (las *Entretiens de Phocion* aparecen en 1763).

Las ideas políticas de Mably, al igual que sus ideas sociales, están nutridas de reminiscencias antiguas. Mably habla continuamente de Licurgo, y su política está dominada por el tema del buen legislador. Critica el "despotismo legal" de los fisiócratas y se aplica a refutar detalladamente *L'ordre naturel et essentiel des sociétés politiques*, de Mercier de La Rivière. Critica igualmente la Constitución inglesa, que comete el error de subordinar el poder legislativo al poder ejecutivo. Mably es partidario, por el contrario, del predominio del legislativo.

Sin embargo, no es un demócrata. Desconfía de la multitud ("la historia de Grecia me ha enseñado lo suficiente cómo la democracia es caprichosa, veleidosa y tiránica"), de la elocuencia, de las aclamaciones, de la pasión. "El poder legislativo no podría reflexionar lo suficiente y, si se me permite decirlo de esta forma, replegarse sobre sí mismo".

Todas las simpatías de Mably se dirigen a los países donde reina la simplicidad. Le gusta Suiza por sus leyes suntuarias y por la relativa igualdad que reina entre las fortunas. Formula severos juicios sobre el comercio y los comerciantes. Su socialismo, inspirado en la antigüedad, es económicamente retrógrado y políticamente conservador.

C) RAYNAL.—El abate Raynal (1713-1796) fue considerado por sus contemporáneos como el igual de Diderot y Rousseau. Su principal obra es la *Histoire philosophique et politique des établissements et du commerce des européens dans les deux Indes* (1770). Encontramos en ella, confusamente expresados y sin gran cuidado por la coherencia interna, los principales temas de los fisiócratas, de Montesquieu, de Rousseau y de los enciclopedistas: exaltación de la simplicidad patriarcal y crítica severa del sistema colonial, ataques contra la Iglesia —que debería estar sometida al Estado—, desconfianza respecto al ejército, crítica del despotismo (pero elogio de Federico II), respeto simultáneo por la Constitución inglesa y por las virtudes republicanas, exaltación de la libertad y afirmación de que el interés del Estado es la ley suprema, preocupación por la igualdad y culto de la propiedad... Raynal representa la opinión media de su época. En este sentido interesa a la historia de las ideas políticas más por sus contradicciones que por su originalidad.

D) UN SOCIALISMO POPULISTA.—Sin embargo, existe en el siglo XVIII una forma diferente de pensamiento socialista: la representada por el cura Meslier y, sobre todo, por Linguet (1736-1794), el principal adversario de los fisiócratas. El testamento del cura Meslier fue utilizado por la propaganda anticlerical. Se encuentra en su obra un vivo sentimiento de la miseria y de la injustica. En cuanto a Linguet, describe al peón como al paria de Europa. Su "socialismo" es puramente negativo y no desemboca en ninguna conclusión práctica; pero su obra —en lugar de estar vuelta hacia la utopía o la antigüedad, como las de Morelly o Mably— está inspirada en el espectáculo de las realidades cotidianas y muestra la conciencia de una lucha entre las clases. Linguet "es uno de los escasos escritores anteriores a 1789 de los que se puede decir, con algún fundamento, que es más un precursor de Karl Marx que un antecesor de Fourier o de Cabet" (A. Lichtenberger).

3. El pacifismo en el siglo XVIII.

Hasta la Revolución francesa, la guerra continúa siendo una operación limitada que no interesa al conjunto de la nación. Las guerras se deciden en el silencio de las Cortes y su desarrollo comporta inesperados cambios (cf. la inversión de las alianzas).

Los ejércitos están compuestos, en amplia medida, por mercenarios, aventureros y proletarios. Los militares son poco considerados; hasta la Revolución, algunos edificios ostentan el rótulo: "Ni perros, ni lacayos, ni soldados". El conde Saint-Germain, conocido por la audacia de sus reformas militares, no tiene una elevada idea del ejército:

"Sería de desear, sin duda, que se pudieran formar los ejércitos con hombres seguros, bien escogidos y de la mejor especie; pero no se debe destruir la nación para formar un ejército, y sería destruirla privarla de lo mejor que tiene. En el actual estado de cosas, los ejércitos sólo pueden estar compuestos por el fango de las naciones y por todo lo que es inútil a la sociedad. Corresponde luego a la disciplina militar depurar esa masa corrompida, modelarla y hacerla útil".

Las guerras son relativamente poco mortíferas. El inglés Robins expresa, en 1742, en sus *New principles of gunnery,* la opinión de que la invención de la pólvora ha hecho mucho menos sanguinarias las guerras; con el progreso de las técnicas militares —opina— la guerra llegará a ser cada vez más limitada, más rápida, menos mortífera...

Las guerras no se consideran como catástrofes. Voltaire describe con emoción las imaginarias batallas de *Candide,* pero el sanguinario combate de Filisburgo no le inspira más que estos amables versos:

> ...*C'est ici qu'on dort sans lit*
> *Et qu'on prend des repas par terre...* (* *).

Sin embargo, un cierto número de pensadores buscan los medios de suprimir las guerras y de instaurar la paz perpetua. La mayoría de ellos ponen sus esperanzas en la sabiduría de los príncipes y en el respeto de los pactos. El pacifismo del siglo XVIII no es, pues, un sentimiento popular; pero se advierte, en el espacio de un siglo, una clara evolución del concepto de paz.

A) EL PACIFISMO RELIGIOSO.—La obra de Leibniz [2] está animada por un profundo universalismo de inspiración religiosa. Pero se trata de un universalismo, más que de un pacifismo radical. Preocupado por asegurar la paz en Europa, no duda en incitar a Luis XIV a emprender una política de conquista, en Oriente y especialmente en Egipto, difícilmente realizable por medios pacíficos. El proyecto de paz perpetua del abate Saint-Pierre le inspirará, hacia el fin de su vida, juicios reservados.

Otra forma de inspiración de pacifismo religioso, más claramente pacifista: la de William Penn, cuyo *Ensayo sobre la paz presente y futura de Europa* data de 1693.

El fundador de Pensilvania pertenece a la secta de los Cuáqueros; partidario de la no violencia, mantiene que el cristiano no debe —en principio— recurrir a la fuerza, preconiza la reducción de armamentos y expone un plan de inspiración federativa, muy cercano a las ideas de Spinoza, que escribía: "La paz no es la ausencia de guerra, sino una virtud que nace de la fuerza del alma".

B) EL EQUILIBRIO EUROPEO.—El pacifismo del abate de Saint-Pierre (*Projet pour rendre la paix pérpetuelle en Europe,* 1713) es de naturaleza diferente. Enlaza con el "gran proyecto" de Enrique IV, y no procede de consideraciones religiosas (Saint-Pierre era hostil al celibato de los sacerdotes y denunciaba de buen grado el número excesivo de monjes), sino de su preocupación por el equilibrio europeo; propone una especie de "Santa Alianza" entre los monarcas de Europa, sobre la base de un *statu quo* territorial. Saint-Pierre es un espíritu fecundo, aunque no carece de confusión; partidario de la polisinodia, de la elección de los funcionarios, de una Academia internacional de Ciencias Políticas, convencido de que la edad de oro se encuentra en el futuro, es el tipo mismo de reformador en quien se conjugan el humanitarismo y el utilitarismo: "Florece en él el entusiasmo por Esparta y por Licurgo, el amor por Plutarco, la preocupación por las cosas morales, el respeto por una China imaginaria, el culto de la razón de Estado" (A. Lichtenberger).

C) PACIFISMO Y DEMOCRACIA EN KANT.—Kant (1724-1804), por el contrario, sólo muestra desprecio por el "equilibrio europeo". Su "Proyecto filosófico de paz perpetua" (1795) expresa claramente la idea de que la paz no es asunto de los príncipes, sino de los pueblos. La guerra es una injerencia inadmisible en un estado independiente (cf. las ideas kantianas sobre la autonomía de la voluntad). Por ello, Kant reprueba el servicio obliga-

---

** "Aquí se duerme sin cama y se come en el suelo."
[2] Véase más arriba, págs. 293-294.

torio y afirma que ninguna guerra debe emprenderse sin el consentimiento de los participantes, es decir, del propio pueblo.

Kant ve tres remedios contra las guerras:

— el comercio: el espíritu comercial se apodera tarde o temprano de cada pueblo, siendo incompatible con la guerra. Kant expone aquí la primera versión de lo que
será una de las ideas-fuerza del liberalismo burgués en el siglo XIX: el desarrollo
del comercio hará desaparecer las guerras, siendo el pacifismo la fase superior
del capitalismo...;

— la moral democrática: la paz es una virtud moral, virtud de los pueblos y no de los
príncipes. Los regímenes monárquicos son peligrosos para la paz;

— la publicidad: el secreto de las negociaciones facilita las guerras; la política realizada a la luz pública, que resultará corriente en los regímenes democráticos, favorecerá la paz [3].

D)   INTERNACIONALISMO Y NACIONALISMO.—Algunos proyectos de paz,
pero ninguna concepción verdaderamente internacionalista con anterioridad
a Kant: tal sería el balance del siglo XVIII. Y esto por una sencilla razón:
si el siglo XVIII no posee una noción clara de una sociedad internacional, es
porque el propio concepto de la nación continúa siendo muy vago.

Ni el *Esprit des lois* ni el *Essai sur les moeurs* (titulado, sin embargo,
Essai sur les moeurs et l'esprit des nations) contienen una definición precisa de nación. No existe el artículo "Nación" en el *Dictionnaire philosophique* de Voltaire, que, sin embargo, contiene un interesante artículo titulado "Patria": "¿Qué es, por tanto, la patria? ¿No sería, por casualidad,
una buena tierra?, etc.". Voltaire define la patria como una propiedad, en
términos muy concretos (la patria es un campo, una aldea, una familia); no
se trata de patriotismo, sino de patria ("Cuanto mayor se hace la patria,
menos se la ama").

La palabra "nación" posee, en el siglo XVIII, un sentido muy diferente del
actual. Se habla más de nación bretona que de nación francesa. Las ideas
de los filósofos sobre la nación son una mezcla —contradictoria sólo en apariencia— de particularismo y de cosmopolitismo, de espíritu de campanario
y de universalismo. "Quien quisiera que su patria no fuera nunca ni más
grande ni más pequeña ni más pobre, sería el ciudadano del mundo", escribe
Voltaire, de acuerdo en este punto con Montesquieu.

Los déspotas ilustrados, a pesar de sus protestas de cosmopolitismo, contribuyeron a desarrollar lo que más adelante se llamará el nacionalismo. Así,
Federico II escribe, en 1779, *Cartas sobre el amor a la patria, o correspondencia de Anapistemón y Filópatros*. Este último, cuyo nombre ya indica sus
preferencias, explica a su amigo, el filósofo escéptico y cosmopolita, el poder del sentimiento nacional: "...El amor a la patria no es un ente de razón,
existe realmente".

El *Sturm und Drang*, en Alemania, es una revolución literaria de inspiración nacionalista. Herder afirma que la poesía debe ser la expresión del
genio nacional y preconiza el retorno a las tradiciones alemanas; el mismo
Goethe, en la época de "Goetz von Berlichingen", sufrirá temporalmente la
impronta de este prerromanticismo nacionalista. La obra de Hegel hunde sus
raíces en este prerromanticismo típicamente alemán, que trata de conciliar

---

[3]   Sobre la política de Kant véase más adelante págs. 380-383.

un nacionalismo confinante a veces con la xenofobia, con aspiraciones humanistas y místicas.

Sin embargo, sólo con la Revolución francesa entra la palabra "nación" en el vocabulario político con su sentido actual: "Una ley común y una representación común, he ahí lo que constituye una nación" (Sieyès).

Conclusión.—Una síntesis: la obra de Condorcet.

Para la claridad de la exposición, hemos distinguido en el siglo XVIII tres corrientes de pensamiento, con las que se corresponden —en Francia— los nombres de Montesquieu, Voltaire y Rousseau.

Pero en la realidad, las tres corrientes no se distinguen tan claramente. Sería completamente abusivo considerar a Montesquieu, Voltaire y Rousseau los portavoces de tres categorías sociales homogéneas y distintas: medios parlamentarios (Montesquieu), burguesía de negocios (Voltaire), clase intermedia entre la burguesía y el proletariado (Rousseau). Mientras que en nuestros días llama nuestra atención lo que separa a Voltaire de Montesquieu, o a Rousseau de Voltaire, son numerosos los lectores del siglo XVIII que parecen haber percibido, sobre todo, lo que les aproxima.

Los liberales del siglo XVIII no tuvieron la sensación de que habían de escoger entre tres filósofos. Y ni siquiera tuvieron la sensación de que les correspondía efectuar su síntesis; esa síntesis se realizaba en cierto modo por sí misma, por la eliminación de los contrarios y la acentuación de los rasgos comunes, conforme a una técnica comparable a la de la "foto-robot". Condorcet, que no es ni mucho menos un caso excepcional, resulta así una especie de resumen vivo del siglo XVIII francés.

* * *

Marie-Jean-Antoine-Nicolas Caritat (1743-1794), marqués de Condorcet, de una antigua familia del Delfinado, es —según su más reciente hisotriador, G. G. Granger— "el representante más retrasado, pero quizá el más perfecto, del enciclopedismo".

1) Condorcet es un estudioso que sueña con abarcar la totalidad del saber humano. Trata de construir una ciencia del hombre basada en las matemáticas, de donde proceden sus proyectos de "matemática social". Voltaire calificaba a Condorcet de "filósofo universal".

2) En Condorcet se funden el utilitarismo de los enciclopedistas y la pasión de Rousseau. Admira por igual a Voltaire y a Rousseau: "Ambos sentaron los fundamentos de este edificio de la libertad que estamos acabando en nuestros días". Es racionalista con pasión. D'Alembert le califica de "volcán cubierto de nieve". "Intelectualmente liberal, era liberal con intolerancia".

3) Condorcet no dejó de saludar con entusiasmo la Revolución americana. Cf. su estudio De l'influence de la Révolution d'Amérique.

4) El sistema político de Condorcet está basado en la afirmación de los derechos del hombre, que define como los constituyentes de 1789. Para él, los dos principales derechos del hombre son "la seguridad de la persona" y la "seguridad del libre goce de la propiedad". Concepción muy burguesa, que lleva a Condorcet a distinguir entre ciudadanos activos y ciudadanos pasivos.

5) A partir de 1792, Condorcet se acerca a los girondinos. No vota por la muerte del rey y, en 1793, elabora un proyecto de Constitución en el que se preocupa por asegurar "la soberanía del pueblo, la igualdad entre los hombres y la unidad de la República".

6) Obligado a ocultarse durante el Terror, compone su *Esquise d'un tableau historique des progrès de l'esprit humain*. Se encuentran en este libro, muy característico, los principales temas de la "filosofía de las luces". Condorcet manifiesta una confianza absoluta en la indefinida perfectibilidad del género humano. Distingue diez épocas en la historia de la humanidad, correspondiendo la última a la de la Revolución francesa; considera la Edad Media como una época de decadencia y obscurantismo, pero percibe desde el renacimiento científico un continuo progreso, no sólo de los conocimientos, sino del mismo espíritu humano: "Llegará un día en el que nuestros intereses y nuestras pasiones no tendrán mayor influencia sobre los juicios que dirigen la voluntad, de la que tienen hoy sobre nuestras opiniones científicas".

La concepción optimista y racionalista que del progreso tiene Condorcet, se opone a la de Vico [4]; anuncia, en ciertos aspectos, la de Hegel [5]. Vico, Condorcet y Hegel, o las tres edades del progreso.

Condocert considera la Revolución francesa como el resultado, pero no como el término del progreso humano: "Nuestras esperanzas sobre el estado futuro de la especie humana pueden reducirse a tres puntos importantes: la destrucción de la desigualdad entre las naciones, los progresos de la igualdad en un mismo pueblo y, por último, el perfeccionamiento real del hombre". Poco después de haber escrito este texto singularmente optimista, Condorcet era detenido y se suicidaba en prisión.

Una de las encarnaciones más perfectas del "espíritu del 89" es, de esta forma, víctima de la propia Revolución. También en esto tiene el caso de Condorcet valor de ejemplo, pues fueron numerosos los hombres que recibieron con entusiasmo la Revolución de 1789 y que luego, o se alzaron contra el gobierno revolucionario, o fueron sus víctimas.

Este tránsito de la ideología de las luces a la ideología revolucionaria es lo que tenemos ahora que estudiar.

BIBLIOGRAFIA

HISTORIA GENERAL.

Roland MOUSNIER, Ernest LABROUSSE, Marc BOULOISEAU, *Le XVIII siècle. Révolution technique et politique (1715-1815);* P. U. F., 1953, 568 págs. ("Histoire générale des civilisations). [Hay traducción española: *El siglo XVIII. Revolución intelectual, técnica y política (1715-1815)*, tomo V de la "Historia General de las Civilizaciones", trad. de David Romano, rev. de Juan Reglá, Barcelona, Ed. Destino, 1958, 629 págs.] Edmond PRÉCLIN y Víctor L. TAPIÉ, *Le XVIII siècle*, P. U. F., 1952, VIII-996 págs., 2 vols. (colección "Clío"). Pierre MURET y Philippe SAGNAC, *La prépondérance anglaise (1715-1763)*, P. U. F., 2.ª ed., 1942, 684 págs. (colección "Peuples et civilisations"). En la misma colección, Philippe SAGNAC, *La fin de l'Ancien Régime et la Révolution américaine (1763-1789)*, P. U. F., 1941, 614 págs.; del mismo autor, *La formation de la société française moderne*, P. U. F., 1945-1946, 2 vols., VIII-240 págs., VIII-356 págs. (varios capítulos dedicados a la evolución del espíritu público).

HISTORIA DE LAS IDEAS POLÍTICAS.

Obras generales.

Paul HAZARD, *La crise de la conscience européenne (1680-1715), op. cit.* (muestra el nacimiento de los grandes temas que dominan el siglo XVIII). [Hay traducción española, vid. pág. 297]; del mismo autor, *La pensée européenne au XVIII siècle, de Montesquieu*

[4] Véanse más arriba págs. 313-314.
[5] Véanse más adelante págs. 384-394.

à *Lessing*, Boivin, 1946, 3 vols., VI-378 págs. 299, 156 págs. (rica documentación; exposición brillante, pero excesivamente discontinua). [Versión castellana: *El pensamiento europeo en s. XVIII*, trad. Julián Marías. Guadarrama, 1958, 582 págs.], Ernst CASSIRER, *Die Philosophie der Aufklärung*, Tubinga, J. C. B., Mohr, 1932, XVIII-491 págs. [Hay versión española: Ernst CASSIRER, *Filosofía de la Ilustración*, trad. de Eugenio Imaz, Méjico, Fondo de Cultura Económica, 1943, 352 págs.] (obra fundamental que trata no sólo de Alemania, sino del siglo XVIII en su conjunto; véase en especial el capítulo VI sobre la idea del Estado). Friedrich MEINECKE, *Die Entstehung des Historismus. I. Vorstufen und Aufklärungshistorie; II. Die deutsche Bewegung*, Munich, R. Oldenbourg, 1936, 2 vols., 656 págs. [Hay traducción española: F. MEINECKE, *El historicismo y su génesis*, trad. de José Mingarro y San Martín y Tomás Muñoz Molina, Méjico, Fondo de Cultura Económica, 1943, 526 págs.] (el primer volumen estudia la evolución de las ideas en el siglo XVIII, de Leibniz y Vico a Burke; el segundo volumen está dedicado a Alemania, de Lessing a Ranke; amplios desarrollos sobre Herder y Goethe); del mismo autor: *Welbürgertum und Nationalstaat, Studien zur Genesis des deutschen Nationalstaates*, 3.ª ed., Munich, R. Oldenbourg, 1915 ,VIII-528 págs. Harold LASKI, *Le libéralisme européen du Moyen Age à nos jours*, trad. franc. de Emile PAUL, 1950, 299 págs. (lo esencial del libro se relaciona con los siglos XVI y XVII; síntesis brillante, sin cuidado de rigor). [Hay versión española: H. J. LASKI, *El liberalismo europeo*, trad. de Victoriano Miguélez, Méjico, Fondo de Cultura Económica, "Breviarios", 1953, 250 págs.]. Frederick WATKINS, *The political tradition of the West. A study in the development of modern liberalism*, Cambridge, Harvard U. P., 1948, XIV-368 págs. Carl Lotus BECKER, *The heavenly city of the eighteenth century philosophers*, Nueva York, Yale U. P., 1932, 168 págs. [Hay traducción española: C. L. BECKER, *La ciudad de Dios del siglo XVIII*, trad. de José Carner, Méjico, Fondo de Cultura Económica, 1943, 180 págs.] C. E. VAUGHAM, *Studies in the history...* (como información). F. J. C. HEARNSHAW (ed.), *The social and political ideas of some great French thinkers of the age of reason*, Nueva York, Barnes and Noble, 1950, 252 págs.; F. J. C. HEARNSHAW (ed.), *The social and political ideas of some representative thinkers of the revolutionary era*, Nueva York, Barnes and Noble, 1950, 252 págs. (comprende principalmente estudios sobre Burke, Paine, Godwin, Bentham, la tradición socialista en la revolución francesa, los pensadores alemanes de la era revolucionaria). Entre las obras publicadas desde la primera edición de este manual, señalaremos la importante tesis de Robert MAUZI, *L'idée du bonheur au XVIII siècle*, A. Colin, 1960, 727 págs., y la de Jean EHRARD, *L'idée de nature en France dans la première moitié du XVIII siècle*, S. E. V. P. E. N., 1963. En inglés Jhon PLAMENATZ, *Man and society. A critical examination of some important social and political theories from Machiavelli to Marx*, Londres, Longmans, 1963, 2 vols.

Francia.

Henri SÉE, *L'évolution de la pensée politique en France au XVIII siècle*, Marcel Giard, 1925, 399 págs. (con las mismas cualidades de precisión y con idéntica ausencia de preocupaciones sociológicas que la obra del mismo autor sobre el siglo XVII); del mismo autor, *Les idées politiques en France au XVIII siècle*, Hachette, 1920, 269 págs. (extractos brevemente comentados). Consúltense preferentemente los trozos escogidos de Albert BAYET y François ALBERT, *Les écrivains politiques du XVIII siècle*, A. Colin, 1926. LII-446 págs. (introducción útil). A FAGUET le gustaba poco el siglo XVIII, y además sus libros han quedado anticuados. Su *XVIII siècle*, Société française d'Imprimerie et de Libraire, 1890, XXXII-559 págs., es extremadamente rápido. Más útil es su *Politique comparée de Montesquieu, Rousseau et Voltaire*, Société française d'Imprimerie et Librairie, 1902, 299 págs.; pero este libro, parcial, debe consultarse con precauciones. Los análisis de Sainte Beuve son, por el contrario, sólidos. Maxime LEROY, *Histoire des idées sociales en France*, tomo I: *De Montesquieu à Robespierre*, Gallimard, 1946, 387 págs. (ideas interesantes, exposición un poco confusa). Los libros de Daniel MORNET han sido durante mucho tiempo clásicos; hoy día son juzgados de manera severa: Daniel MORNET. *Les origines intellectuelles de la Révolution française (1715-1787)*. A. Colin, 1933, 552 páginas (investigación muy minuciosa, con cierta falta de perspectiva); del mismo autor, *La pensée française au XVIII siècle*, 5.ª ed., A. Colin, 1938, 220 págs. (sumario).

Tres buenos libros en lengua inglesa: Kingsley MARTIN, *French liberal thought in the eighteenth century. A study of political ideas from Bayle to Condorcet*, Londres Turnstile Press, 1954, XVIII-316 págs. (buena síntesis, a veces un poco rápida). Elinor G. BARBER, *The bourgeoisie in 18th century France*, Princeton U. P., 1955, XII-165 págs. (interesante aplicación de los métodos sociológicos modernos al estudio de la ideología burguesa). Ira O. WADE, *The clandestine organization and diffusion of philosophic ideas in France from 1700 to 1750*, Princeton U. P., XII-329 ,págs. (estudia muy minuciosamente los libelos difundidos en el siglo XVIII; notablemente original y preciso). Vid. también: George R. HAVENS, *The age of ideas. From reaction to revolution in eighteenth century France*, Nueva York, H. Hot, 1955, X-474 págs. y SHETLY T. MAC CLOY, *The humanitarian movement in eighteenth century France*, Kentucky, U. P., 1957, X-275 págs.

Inglaterra.

Una obra fundamental: Leslie STEPHEN, *History of the English thought in the eighteenth century*, Londres, Smith, Elder and Co., 1902, 2 vols., XVIII-466, XII-469 págs. Un libro mucho más rápido: Harold LASKI, *Political thought in England from Locke to Bentham*, Nueva York, H. Holt, 1920, 324 págs. (con un capítulo titulado "La era del estancamiento" y un largo capítulo sobre Burke).

Alemania.

A las obras de Spenlé, Basch, Lévy-Bruhl, Minder, Vermeil, citadas en la bibliografía general, añádase: Henri BRUNSCHWIG, *La crise de l'Etat prussien à la fin du XVIIIᵉ siècle et la genèse de la mentalité romantique*, P. U. F., 1947, 344 págs. Ver también Frederic HERTZ, *The development of the German public mind*; tomo II. *The age of enligthement*, Londres, Allen and Unwin, 1962. 488 págs.

España.

El libro básico es el del rector Jean SARRAILH, *L'Espagne éclairée dans la seconde moitié du XVIII siècle*, Klincksieck, 1954, VI-781 págs. (muestra que la España de los Borbones permaneció en conjunto apartada de la corriente liberal que circulaba' por el resto de Europa; resalta el papel de algunas individualidades, especialmente la de Gaspar Melchor de JOVELLANOS, discípulo de Turgot en materia económica, y que expresa ideas liberales en su *Informe sobre el libre ejercicio de las artes* (1785), donde afirma que "los derechos de la libertad son imprescriptibles, y entre ellos el más firme, el más inviolable, el más sagrado que tiene el hombre es, como hemos dicho al principio, el de trabajar para vivir". [Hay traducción española: J. SARRAILH, *La España ilustrada de la segunda mitad del siglo XVIII*, trad. de Antonio Alatorre, Méjico, Fondo de Cultura Económica, 1957, 788 págs.] Richard HERR, *The Enlightenment and revolutionary spirit in eighteenth century Spain*, Chicago, 1954.

Italia.

Gabriel MAUGAIN, *Etudes sur l'évolution intellectuelle de l'Italie de 1657 à 1750*, Hachette, 1910, XXI-407 págs. Luigi SALVATORELLI, *Il pensiero politico italiano dal 1700 al 1872*, Turín, 5.ª ed., 1949.

Europa del Este.

Albert LORTHOLARY, *Le mirage russe en France au XVIII siècle*, Boivin, 1951, 412 páginas. Jean FABRE, *Stanislas-Auguste Poniatowski et l'Europe des lumières*, Les Belles-Lettres, 1952, III-748 págs.

Oriente.

Marie-Louise DUFRENOY, *L'Orient romanesque en France (1704-1789)*. Fides, 1958, 2 vols. Virgile PINOT, *La Chine et la formation de l'esprit philosophique en France (1640-1740)*, Geuthner, 1932, 480 págs. Henri BERNARD-MAITRE, S. J., *La sagesse chinoise et la philosophie chrétienne*, Les Belles-Lettres, 1949-1950, 277 págs.

IDEAS POLÍTICAS E IDEAS RELIGIOSAS.

E. PRÉCLIN y E. JARRY, *Les luttes politiques et doctrinales aux XVII et XVIII siècles* *(op. cit.).* Sobre la actitud de los jesuitas franceses: Alfred R. DESAUTELS, S. J., *Les Mémoires de Trévoux et le mouvement des idées au XVIII siècle (1701-1734),* Roma, Institutum Historicum, 1956, XXVII-256 págs.

EVOLUCIÓN CIENTÍFICA Y MOVIMIENTO DE LAS IDEAS.

El libro básico es el de Roland MOUSNIER, *Progrès technique et progrès scientifique au XVIII siècle,* Plon, 1958, 451 págs. Daniel MORNET, *Les sciences de la nature en France au XVIII siècle; un chapitre de l'histoire des idées,* A. Colin, 1911, 291 págs.

SOBRE LA FRANCMASONERÍA.

Gaston MARTIN, *Manuel d'histoire de la franc-maçonnerie,* 2.ª ed., P. U. F., 1932, XII-285 págs. Bernard FAY, *La franc-maçonnerie et la révolution intellectuelle du XVIII siècle,* Cluny, 1935, 287 págs. Roger PRIOURET, *La franc-maçonnerie sous les lys,* Grasset, 1953, XII-273 págs. Una buena monografía: André BOUTON y Marius LEPAGE, *Histoire de la franc-maçonnerie dans la Mayenne (1756-1951),* Le Mans, 1951, 303 págs. André BOUTON, *Les franc-maçons manceaux et la Révolution française (1741-1815),* Le Mans, 1958.

I. EL LIBERALISMO ARISTOCRÁTICO.

Montesquieu.

La mejor edición de *Oeuvres complètes* es la de André MASSON, en Nagel. El tomo primero (1950) contiene las grandes obras publicadas por Montesquieu mismo *(Lettres persanes, Considérations, Esprit des lois);* el tomo II (1953) contiene los documentos que estuvieron durante mucho tiempo inéditos *(Voyages, Pensées, Spicilège);* el tomo III (1955) contiene obras diversas, así como la *Correspondencia.* Véase también la edición de la Pléiade, al cuidado de Roger CAILLOIS, 2 vol., 1949-1951.

Una excelente edición crítica del *Esprit des lois* ha sido publicada por Jan BRÈTHE DE LA GRESSAYE, Les Belles-Lettres, 1950-1961, 4 vols. Una útil antología de textos escogidos bajo la dirección de J. EHRARD, *Politique de Montesquieu,* A. Colin, 1965 (col. "U"). Mencionaremos igualmente una excelente edición italiana de Sergio COTTA, Turín, 1952. [Versiones castellanas de Montesquieu: *Grandeza y decadencia de los romanos,* trad. de Matilde Huici, Madrid, Espasa-Calpe, Colección Universal, 230 págs. (reimpreso en la Col. Austral); *El Espíritu de las leyes,* Madrid, 1820-21, 4 vols., y 1845, 2 vols.; una versión de Siro García del Mazo en la Biblioteca de Derecho y Ciencias Sociales; *Cartas persas,* trad. de José Marchena, Cádiz, 1821, 2 vols. (reimpresas en Madrid, 1925).]

Sobre Montesquieu.—Joseph DEDIEU, *Montesquieu, l'homme et l'oeuvre,* Boivin, 1943, 204 págs. (estudio preciso, pero necesariamente sucinto, teniendo en cuenta las dimensiones de esta buena colección). L.-H. BARCKHAUSEN, *Montesquieu, ses idées et ses oeuvres d'après les papiers de La Brède,* Hachette, 1907, 344 págs. (este libro, de gran autoridad hace cincuenta años, continúa siendo muy útil, especialmente la primera parte, titulada "Las ideas de M..."). Pierre BARRIÈRE, *Un grand provincial: Charles-Louis de Secondat, baron de Montesquieu,* Burdeos, Delmas, 1946, 551 págs. (copioso y compacto, sin ninguna bibliografía; la segunda parte examina las ideas políticas, económicas, filosóficas y religiosas de M...). Sergio COTTA, *Montesquieu e la scienza della società,* Turín, 1953, 420 págs. (insiste en la sociología de Montesquieu). El estudio de Bernard GROETHUYSEN sobre Montesquieu, publicado en el mismo volumen de su *Philosophie de la Révolution française,* Gallimard, 1956, 307 págs. El *Montesquieu par lui-même,* de Jean STAROBINSKI, 1953, no es uno de los mejores libros de la colección "Ecrivains de toujours". Dos estudios complementarios: J. DEDIEU, *Montesquieu et la tradition politique anglaise en Fran-*

ce, les sources anglaises de l'Esprit des lois, Gabalda, 1909, 396 págs. (utilísimo estudio de influencia; menciona especialmente a A. Sidney, Mandeville, etc.); E. CARCASSONNE, Montesquieu et le problème de la Constitution française au XVIII siècle. P. U. F., 1927, XVI-736 págs. (útil, pero muy pesado). Véase también, P. M. SPURLIN, Montesquieu in America, 1760-1801, Luisiana U. P., 1940, F. T. H. FLETCHER, Montesquieu and English politics (1750-1800), Londres, 1939, 286 págs. El bicentenario del Esprit des lois ha dado lugar a diversas manifestaciones y a dos publicaciones: Le deuxième centenaire de l'Esprit des lois de Montesquieu, Burdeos, 1949 (conferencias organizadas por la ciudad de Burdeos); La pensée politique et constitutionnelle de Montesquieu. Bicentenaire de l'Esprit des lois, Sirey, 1952, 329 págs. (recopilación de las conferencias organizadas por el Instituto de Derecho comparado de la Universidad de París). Estas conferencias son de desigual valor; la más interesante es la de Ch. EISENMANN; del mismo autor, "L'Esprit des lois et la séparation des pouvoirs", Mélanges Carré de Malberg, 1933, págs. 163-192. Hay que mencionar también las Actes du Congrès Montesquieu reunido en Burdeos del 23 al 26 de mayo de 1955, Burdeos, 1956, 367 págs. (numerosos estudios que aportan elementos inéditos sobre temas precisos; importante controversia entre R. SHACKLETON y R. CAILLOIS sobre la religión de Montesquieu). Véase también Louis ALTHUSSER, Montesquieu, la politique et l'histoire, P. U. F., 1959, 120 págs. (interpretación marxista), y la importante de Robert SHACKELETON, Montesquieu, Oxford U. P., 1961, XVI-432 págs.

Vico.

Vid. las Oeuvres choisies por J. CHAIX-RUY, P. U. F., 1946, 186 págs. (sobre todo la tercera parte); J. CHAIX-RUY, La formation de la pensée philosophique de J.-B. Vico, P. U. F., 1943, 317 págs. (minucioso análisis de las primeras obras de Vico); del mismo autor, Vie de J.-B. Vico, seguida de una traducción de la Autobiografía, de una selección de cartas, de una poesía y de diversas notas, P. U. F., 1943, 159 págs.; una excelente exposición sintética de Vico en VAUGHAN, Studies..., págs. 207-253. Véase también: Benedetto CROCE, La philosophie de J.-B. Vico, trad. francesa, Giard & Brière, 1913, IX-358 páginas. La science nouvelle, trad. franc., 1953, Editions Nagel (colección Unesco de obras representativas).

[En castellano: Giambattista VICO, Ciencia Nueva, prólogo y traducción de José Carner. Méjico. El Colegio de Méjico, 2 vols., XV-229 págs. y 223 págs.; Autobiografía, Madrid, Espasa-Calpe, Colec. Austral.]

II. EL UTILITARISMO POLÍTICO.

1. Voltaire.

El mejor especialista en Francia de Voltaire es, sin duda, René POMEAU, autor de una tesis sobre La religión de Voltaire, Nizet, 1956, 516 págs. (excelente bibliografía). Del msimo autor, un Voltaire par lui-même, Editions du Seuil, 1955, 192 págs., que comienza con un breve "Estado presente de los estudios volterianos". Este texto resume un estudio particularmente útil publicado con el mismo titulo por René POMEAU en Travaux sur Voltaire et le XVIII siècle, sous la direction de Theodore Besterman, tomo primero, Ginebra, 1955 (págs. 183-200). Del mismo autor, una excelente antología de textos escogidos, Politique de Voltaire, A. Colin, 1963, 255 págs. (Col. "U"). Aparte de este libro no existe ningún estudio de conjunto sobre la política de Voltaire. FAGUET, Politique comparée de Montesquieu, Rousseau et Voltaire (op. cit.) ofrece una caricatura de Voltaire. Vid. Henri SÉE, "Les idées politiques de Voltaire", Revue historique, 1908; y sobre todo, Constance ROWE, Voltaire and the State, Nueva York, Columbia U. P., 1955, 254 págs. (considera a Voltaire como un liberal en la linea de Locke). Algunas indicaciones en el número dedicado a Voltaire por La Table Ronde, febrero de 1958 (especialmente el articulo de Jean FABRE sobre las relaciones entre Voltaire y Diderot). Véase también Peter GAY, Voltaire's politics: the poet as realist, Princeton, U. P., 1959, XII-418 págs.

[Ediciones en castellano de Voltaire: Obras selectas, precedidas de la vida y obra de Voltaire por Condorcet y de un estudio crítico de Juan Valera, Madrid, Perojo, 1878,

2 vols.; *El siglo de Luis XIV,* Méjico, Fondo de Cultura Económica, 640 págs.; *Historia de Carlos XII,* trad. de Alvaro Martín, Madrid, Espasa, 1932 (una traducción anterior de Leonardo de Uría, 1734. 2 vols.); *Memorias,* trad. de Manuel Azaña, Madrid, Espasa, Colección Universal, 1920, 94 págs.; *Historia del Imperio Ruso bajo Pedro el Grande,* traducción de Luis Gutiérrez del Arroyo, Madrid, Espasa-Calpe, Colec. Univ., 2 volúmenes de 208, 204 págs.; *Sobre la tolerancia,* trad. de Carlos Chías, Barcelona, Sopena, 172 páginas; *Diccionario filosófico,* Valencia, Sempere, 6 vols., y Madrid, Bergua, 1935, 1 vol. de 558 págs.; una recopilación de antiguas traducciones, *Diccionario filosófico, Novelas y Cartas filosóficas,* Buenos Aires, El Ateneo.]

2. Diderot y la Enciclopedia.

Textos.—Los "Classiques du Peuple" han publicado unos utilísimos *Textes choisis de la Enciclopedia* (introducción y comentarios de Albert SOBOUL). Editions sociales, 1952, 191 págs. Existen en la misma colección unos *Textes choisis* de DIDEROT, en seis tomos, 1952-1960. Las *Oeuvres* de DIDEROT están recogidas en un volumen en la colección de la Pleiade (texto al cuidado y con notas de André BILLY), 1935. Consúltese mejor las *Oeuvres philosophiques,* con una introducción de Paul VERNIÈRE, publicadas en Garnier en 1956, y las *Oeuvres romanesques,* publicadas en 1951 por Henri BÉNAC en el mismo editor. La *Correspondance de Diderot,* recogida y anotada por Georges ROTH, está en curso de publicación en las Editions de Minuit, 1955-65, 12 vols. publicados.

Estudios.—*Sobre la Enciclopedia:* René HUBERT, *Les sciences sociales dans l'Encyclopédie,* Alcan, 1923, 368 págs. Del mismo autor. *Rousseau et l'Encyclopédie, essai sur la formation des idées politiques de Rousseau (1742-1756),* Gamber, 1928, 139 páginas. Raymond NAVES, *Voltaire et l'Encyclopédie.* Presses modernes, 1938, 216 págs. J. LEGRAS, *Diderot et l'Encyclopédie,* Malfère, 1928, 172 págs. *L'Encyclopédie et le progrès des sciences et des techniques,* P. U. F., 1952, VIII-236 págs. (Centro Internacional de Síntesis. Sección de Historia de las Ciencias). Eberhard WEIS, *Geschichtsschreibung und Staatsauffassung in der französischen Enzyklopädie,* Wiesbaden, 1956. Como se sabe, los escritores marxistas están especialmente interesados en los escritores materialistas del siglo XVIII. Ver especialmente F. ENGELS, *Anti-Dühring,* Editions sociales, 1950. [Hay versión española, *Anti-Dühring,* trad. de W. Roces, Madrid, Editorial Cenit, 1932, XXVII-434 págs.]; K. MARX, "Contribution à l'historie du matérialisme français" (extracto de *La Sainte Famille),* Editions sociales, 1951 [de la que hay versión española: *La Sagrada Familia y otros escritos,* trad. de W. Roces, Méjico, Grijalbo, 1958, XI-308 páginas]; Georges PLEKHANOV, *Essais sur l'histoire du matérialisme* (Holbach, Helvétius, Marx), Editions sociales, 1957, 192 págs.

Sobre Diderot: Un excelente trabajo de Yvon BELAVAL, en *Critique,* septiembre-octubre de 1955 (págs. 793-799), abril de 1956 (págs. 291-318), mayo de 1956 (págs. 400-421) y junio de 1956 (págs. 534-553). Véase también, entre numerosos títulos: Jean THOMAS, *L'humanisme de Diderot,* Les Belles-Lettres, 1938, 183 págs. (como apéndice: Estado presente de los estudios sobre Diderot). Henri LEFEBVRE, *Diderot,* Hier et aujourd'hui, 1949, 311 págs. (por un autor marxista cuya ruptura con el partido comunista es bien conocida). Lester G. CROCKER, *The embattled philosopher; a biographie of Denis Diderot,* Michigan State College Press, 1955 (no dispensa de consultar la biografía de Diderot de André Billy; insiste en el utilitarismo de la *Enciclopedia* y en su liberalismo pequeño-burgués; estilo "vida novelada", pero información escrupulosa). Charly GUYOT, *Diderot par lui-même,* Editions du Seuil, 1953, 192 págs. Arthur M. Wilson, *Diderot. The testing years,* Nueva York, Oxford U. P., 1957, 417 págs. (excelente biografía de Diderot que llega hasta el año 1759). Véase también Daniel MORNET, *Diderot, l'homme et l'oeuvre,* Boivin, 1951, 208 págs., y Maurice TOURNEUX, *Diderot et Catherine II,* C. Lévy, 1899, IV-601 págs. No omitir el remitirse a la obra fundamental de Jacques PROUST, *Diderot et l'Encyclopédie,* A. Colin, 1962, 623 págs.

Sobre Helvétius véase la tesis de A. KEIM. *Helvétius, sa vie et son oeuvre d'après ses ouvrages, des écrits divers et des documents inédits;* Alcan, 1907, VIII-720 págs.

Los "Classiques du Peuple" han publicado recientemente textos escogidos del barón de Holbach y de La Mettrie: D'HOLBACH, *Textes choisis,* prefacio y comentario de Paulette CHARBONNEL, Editions sociales, 1957, 200 págs.; LA METTRIE, *Textes choisis,* prefacio y comentarios de Marcelle TISSERAND, 1954, 200 págs. El texto de *L'homme-*

machine ha sido publicado en 1948, Nord-Sud. Sobre Holbach: Pierre NAVILLE, *Paul-Henry d'Holbach et la philosophie scientifique au XVIII siècle*, Gallimard, 1953, 473 páginas.

[Ediciones castellanas de los autores de esta sección:

D'ALEMBERT, *Discurso preliminar de la Enciclopedia*, trad. de F. Rivera Pastor, Madrid, Espasa-Calpe, Colección Universal, 205 págs.; otra edición de la misma obra, traducción de Eduardo Warschaver y Gregorio Weimberg, Buenos Aires, Lautaro, 1947, 150 págs. (con introducción, bibliografía y apéndices).

DIDEROT, *Obras escogidas*, trad. de N. Estévanez, París, 1897, 2 vols.; *Obras filosóficas*, trad. de Antonio Zozaya, Madrid, Biblioteca Filosófica, 1880; *Vida de Séneca*, traducción de Antonio Dorta, Buenos Aires, Espasa-Calpe, Colección Austral, 1952, 212 páginas (sólo contiene la primera parte del original francés); *Obras filosóficas*, Valencia, Sempere, 206 págs.

Una selección de textos de Diderot como apéndice de Jean LUC e I. K. LUPPOL, *Diderot*, trad. de Angela Selke y Antonio Sánchez Barbudo, Méjico, Fondo de Cultura Económica, 1940, 2 vols. de 325 y 302 págs.

Una traducción del barón de Holbach, sin el nombre del autor: *La moral universal*, traducción de D. M. D. M., Madrid, Imprenta de don José Collado, 1812, 3 vols., 270, 234 y 227-XLII págs. BARÓN D'HOLBACH, *Sistema de la Naturaleza*, Buenos Aires, Lautaro; *Historia crítica de Jesucristo*, Sevilla, 1838; *Moisés, Jesús y Mahoma*, Valencia, Sempere; *El buen sentido, o sea las ideas naturales opuestas a las sobrenaturales*, París, Librería Hispano-Americana, 1834, 226 págs.; *Ensayo sobre las preocupaciones*, Madrid, 1823.]

3. Los fisiócratas.

G. WEULERSSE, *Le mouvement physiocratique en France de 1756 à 1770*, Alcan, 1910 (2 vols.); *La physiocratie sous les ministères de Turgot et de Necker (1774-1781)*, P. U. F., 1950, 375 págs. *La Physiocratie à la fin du règne de Louis XV (1770-1774)*, P. U. F., 1960 (importante publicación póstuma). G. WEULERSSE expuso un resumen de sus trabajos en *Les physiocrates*, G. Doin, 1931, XII-332 págs. Véase también: A. MATHIEZ, "Les doctrines politique des physiocrates", *Annales historiques de la Révolution française*, mayo-junio de 1936, páginas 200 y sigs. Dino FIOROT, *La filosofia politica dei fisiocrati*, Padua, Cedam, 1954, 287 págs. El universo intelectual y político de los fisiócratas ha sido bien reconstruido por Pierre JOLLY, *Du Pont de Nemours, soldat de la liberté*, P. U. F., 1956, 303 págs.

Turgot.—Textes choisies con prefacio de Pierre VIGREUX, Dalloz, 1947, 431 páginas (colección "Les grands économistes"). Henri SÉE *(op. cit.)* dedica un capítulo a "La doctrine politique et morale de Turgot", págs. 225-247. C.-J. GIGNOUX, *Turgot*, Fayard, 1945, 308 págs.

[Una edición castellana de escritos de Turgot: TURGOT, *El progreso en la historia universal*, trad. de María Vergara, Madrid, Ed. Pegaso, 1941, 172 págs. (con un breve prólogo de J. M.; contiene varios escritos de Turgot sobre el tema del progreso histórico: discursos en la Sorbona en 1750, esbozo de un plan de geografía política; plan de dos discursos sobre la Historia Universal.]

Señalemos, por último, la obra monumental *François Quesnay et la physiocratie*, publicada por el Instituto Nacional de Estudios Demográficos con ocasión del bicentenario del *Tableau économique*, P. U. F., 1958, 2 vols. (el primer volumen contiene once estudios sobre Quesnay y una bibliografía; el segundo, lo esencial de la obra).

4. El utilitarismo inglés.

*Obras generales.—*Leslie STEPHEN y Harold LASKI *(op. cit.)*. La principal obra en lengua francesa es la de Elie HALÉVY, *La formation du radicalisme philosophique*, Alcan,

1901-1904, 3 vols., XVI-447 págs., IV-385 págs., VI-512 págs. (obra fundamental que se detiene en 1832, con la muerte de Bentham). Los tres tomos del libro de Leslie STEPHEN, *The English Utilitarians*, están dedicados, respectivamente, a Bentham, James Mill y Stuart Mill, Duckworth, 1900, 3 vols. La síntesis ofrecida por John PLAMENATZ, *The English Utilitarians*, Oxford, Blackwell, 1949, 228 págs., abarca toda la historia del utilitarismo desde los orígenes hasta Stuart Mill inclusive. La segunda parte (págs. 161-228) contiene el texto de Stuart Mill: *Utilitarianism*. J.-J. CHEVALLIER ha escrito un breve y vigoroso artículo, "Le pouvoir et l'idée d'utilité chez les utilitaires anglais", en la obra colectiva *Le pouvoir*, publicada por el Instituto Internacional de Filosofía Política P. U. F., 1956 (págs. 125-142). De HUME resultará provechoso consultar los *Political Essays*, con una introducción de Charles W. HENDEL en la colección de la "Library of Liberal Arts", Nueva York, 1953, LXIV-166 págs. Véase también *Theory of politics*, editado por Frederick WATKINS, Londres, Nelson, 1951, XXX-246 págs. El más reciente estudio en lengua francesa sobre Hume es el de Georges VLACHOS, *Essai sur la politique de Hume*, Domat-Montchrestien, 1955, 250 págs. Sobre Mandeville véase la tesis de François GRÉGOIRE, *Bernard de Mandeville et la Fable des Abeilles*, Nancy, Thomas, 1947, 235 págs. Lucien MANDEVILLE ha realizado en 1957, en el marco del D. E. S. de derecho público de la Facultad de Derecho de París, un útil trabajo sobre *Les idées politiques de Bernard de Mandeville*, dactilogr., 48 págs. La edición científica de BENTHAM más reciente es la de Wilfrid HARRISON, Oxford, 1948, LXVI-436 págs. Precedida de una introducción substancial, contiene el *Fragmento sobre el gobierno* y la *Introducción a los principios de moral y legislación*. Existen *Textes choisis* de Adam SMITH en francés, prefacio de G.-H. BOUSQUET, Dalloz, 1950, 303 págs. Sobre Malthus, el estudio más reciente en francés es el de Joseph STASSART, *Malthus et la population*, Lieja, 1957, 343 págs. (muy a fondo, excelente bibliografía; el autor indica las distancias entre Malthus y el malthusianismo contemporáneo; se dedica a probar que el *Ensayo sobre el principio de población* es "una obra de juventud inspirada por la rebelión y la piedad"). Para indicaciones complementarias sobre la bibliografía en lengua inglesa véase SABINE, *op. cit.*, pág. 619.

[Ediciones castellanas de los autores de esta sección:

David HUME, *Ensayos políticos*, trad. y prólogo de Enrique Tierno Galván, Madrid, Instituto de Estudios Políticos, 1955, 467 págs.; *Diálogos sobre religión natural*, trad. de Edmundo O'Gorman y prólogo de Eduardo Nicol, Méjico, El Colegio de Méjico, 1942, XLVII-170 págs.; *Investigación sobre la moral*, trad. de Juan Adolfo Vázquez, Buenos Aires, Editorial Losada, 1945, 199 págs. (con la autobiografía y una carta de Adam Smith a Guillermo Strahan); *David Hume*, selección de textos precedida de un estudio de L. LÉVY BRUHL, trad. y notas de León Dujovne, Buenos Aires, Editorial Sudamericana, 1939, 175 págs.; *Investigación sobre el entendimiento humano*, Buenos Aires, Editorial Losada, 242 págs.; *Del conocimiento*, trad., selección y prólogo de Juan Segura Ruiz, Buenos Aires, Ed. Aguilar, 186 págs. (selección del libro primero del *Tratado de la naturaleza humana)*; *Tratado de la naturaleza humana*, trad. Vicente Viqueira, Madrid, Espasa-Calpe, Col. Universal, 3 vols.; *Ensayos económicos*, trad. de Antonio Zoraya, Madrid, Sociedad española de librería, 1928.

Adam SMITH, *La riqueza de las naciones*, trad. de Amando Lázaro Ros, Madrid, Aguilar, 1956, XVI-847 págs. (Existen otras dos traducciones de esta obra: una, del Fondo de Cultura Económica, LXXVI-920 págs.; otra, de la Editorial Bosch, de Barcelona, que reproduce una antigua traducción (revisada) de 1794, de José Alonso Ortiz, 3 vols. de 339, 455 y 262-XLVI págs.); *Teoría de los sentimientos morales*, trad. de E. O'Gorman y prólogo de E. Nicol, Méjico, El Colegio de Méjico, 1941, 168 págs.

Thomas R. MALTHUS, *Ensayo sobre el principio de población*, trad. de Teodoro Ortiz, Méjico, Fondo de Cultura Económica, 1951, XLI-622 págs. (con una introducción de Kingsley Davis; *Principios de economía política*, prólogo de J. M. Keynes, trad. de Javier Márquez, Méjico, Fondo de Cultura Económica, 1946, XL-388 págs.

Jeremías BENTHAM, *Principios de legislación y de codificación*, extractados de las obras del filósofo inglés por F. Ferrer y Valls, Madrid, 1834, 3 vols.; *Carta que el célebre jurisconsulto Jeremías Bentham dirigió a los españoles en 1822 sobre la reforma proyectada en nuestra Constitución*, Cádiz, 1837; *Carta al Sr. Conde de Toreno* sobre el proyecto de Código penal presentado en las Cortes, Madrid, 1821; *Colección de sus obras* reunidas y vertida al castellano con comentarios por don Baltasar Anduaga, Madrid, 1841-43, 7 vols.; *Principios de la ciencia social* o *de las ciencias morales y políticas,* ordenadas y aplicadas a la Constitución española, Salamanca, 1821; *Sistema de la ciencia social* ideado por Jeremías Bentham y puesto en ejecución por don Toribio Núñez; *Táctica de las asambleas legislativas,* Madrid, 1835; *Consejos que dirige a las Cortes y al pueblo español Jeremías Bentham,* trad. de José Joaquín Mora, Madrid, Repullés, 1820; *Tratado de legislación civil y penal,* extractado de los manuscritos, trad. de Ramón Salas, Madrid, 1821-22, 5 vols.; *Tratado sobre la organización judicial y la codificación,* Madrid, 1843.]

5. El despotismo ilustrado.

La práctica del *despotismo ilustrado* ha sido más estudiada que las concepciones políticas en la que se inspira o que derivan de ella. El Comité Internacional de Ciencias Históricas emprendió, antes de la guerra de 1939, una amplia investigación sobre el despotismo ilustrado, con numerosos informes nacionales; el informe general de Michel LHÉRITIER, "Le despotisme éclairé de Frédéric II à la Révolution française", fue publicado en el *Bulletin du Comité international des Sciences historiques,* núm. 35, junio de 1937, págs. 181-225 (referencias bibliográficas muy numerosas). Véase también el artículo de Charles MORAZÉ, "Essai sur les despotes éclairés, finance et despotisme", en los *Annales,* julio-septiembre de 1948, págs. 279-296 (interpretación económica y financiera del despotismo ilustrado: la influencia de los filósofos es superficial; "ninguna reforma de Europa se debió al pensamiento filosófico"). Paul VAUCHER juzga esta tesis excesivamente categórica en su curso sobre *Le despotisme éclaire (1740-1789)* (Curso de la Sorbona, 1948-1949, Centro de Documentación Universitaria). Véase también Franco VALSECCHI, "Dispotismo illuminato", en *Questioni di Storia del Risorgimiento e dell'unità d'Italia,* a cura di Ettore Rota, Como, Marzorati, 1944, 379 págs. Luis SÁNCHEZ AGESTA, *El pensamiento político del despotismo ilustrado,* Madrid, Instituto de Estudios Políticos, 1953, 319 págs. Fritz HARTUNG y Roland MOUSNIER han criticado la noción misma de despotismo ilustrado en su informe al Congreso Internacional de Ciencias Históricas en 1955. Las *Oeuvres de Frédéric II* aparecieron en una gran edición dirigida por PREUSS (1846-1858); los tomos VIII y IX contienen la exposición de las teorías políticas. La correspondencia de Federico II forma una larga serie de volúmenes (*Politische Correspondenz Friedrichs des Grossen);* el tomo 46, publicado en 1939, alcanza al año 1782. [Ediciones castellanas de Federico II: *El arte de la guerra,* Madrid, 1793; *Discurso sobre la literatura alemana,* Madrid, 1787; *Pensamientos escogidos de las máximas filosóficas de Federico II,* Madrid, 1785.] L.-Paul DUBOIS, *Frédéric le Grand d'après sa correspondance politique,* Perrin, 1903, 330 págs. Sobre Federico II, P. GAXOTTE, *Frédéric II,* Fayard, 1938, 548 págs. (sin duda, el mejor libro de Gaxotte). El estudio básico alemán es el de R. KOSER, *Geschichte Friedrichs des Gossen,* Stuttgart (última edición, 4 vols., 1921). José II no expuso sus concepciones políticas de una manera sistemática; el libro de Saul K. PADOVER, *Joseph II* (trad. fr., de Payot, 1935, 323 págs.), contiene numerosos textos. Roger BAUER, "Le joséphisme", *Critique,* julio de 1958, págs. 622-639 (estado de los trabajos más recientes). Sobre el despotismo ilustrado ver también la redacción sobre el coloquio que tuvo lugar en Nancy en 1959: Pierre FRANKASTEL, Ed., *Utopie et institutions au XVIII siècle.* La Hava, Mouton, 1963, 365 págs.

III. REBELDÍAS Y UTOPÍAS.

1. Rousseau.

Una edifición fundamental, sin equivalencia en francés: *The political writings of Jean-Jacques Rousseau,* ed. por C. E. VAUGHAN, Cambridge U. P., 1915, 2 vlos., 516-577 páginas (cada texto político de Rousseau está precedido de una introducción. Ver también *Les OEuvres complètes,* tomo III, *Ecrits politiques,* Editions de la Pléiade, 1964. Las diversas ediciones del *Contrat social* están enumeradas en Robert DÉRATHÉ, *Jean-Jacques Rousseau et la science politique de son temps* (págs. 441-442); hay que añadir la edición de los "Classiques du Peuple", de J.-L. LECLRCLE (punto de vista marxista). La introducción de Bertrand DE JOUVENEL a su edición del *Contrat social,* Ginebra, 1947, es muy elogiada por algunos: contiene todas las observaciones de Voltaire sobre el texto de Rousseau.

La edición HALBWACHS (1943) es muy científica. El *Discours sur l'inégalité* ha sido publicado —como el *Contrat social*— por J.-L. LECERCLE en los "Classiques du Peuple". Consultar con preferencia la *Profession de foi du vicaire savoyard* en la edición crítica de P.-M. MASSON, Friburgo, 1914; las *Confessions*, en la edición VAN BEVER, 1927 (3 volúmenes); la *Nouvelle Héloïse*, en la edición MORNET, 1925 (4 vols.); el *Discours sur les sciences et les arts*, en la edición crítica de George R. HAVENS, Nueva York; los *Rêveries*, en la edición crítica de Marcel RAYMOND, Ginebra, 1948.

[Ediciones castellanas de Rousseau, no críticas: J.-J. ROUSSEAU, *El Contrato social, o principios de derecho político*, trad. de Everardo Velarde con prólogo de C. Rodríguez, París, Garnier Hermanos, 1910, XV-333 págs. (incluye, además, el *Discurso sobre las ciencias y las artes* y el *Discurso sobre la desigualdad entre los hombres*); *Emilio*, traducción de D. J. M., Barcelona, Casa Editorial Maucci, s. f., 2 vols., 400 y 405 págs.; *Obras selecetas*, Buenos Aires, El Ateneo (contiene traducciones antiguas del *Emilio*, el *Discurso sobre la desigualdad* y el *Contrato*). En la Colección Universal, del Espasa-Calpe, fueron publicados el *Contrato social*, trad. de don Fernando de los Ríos; las *Confesiones*, trad. de Pedro Vances, 2 vols., y el *Discurso sobre el origen de la desigualdad de los hombres*, trad. de Angel Pumariega.]

Sobre Rousseau, una excelente bibliografía en R. DÉRATHÉ, *Jean-Jacques Rousseau et la science politique de son temps*, P. U. F., 1950, XIV-464 págs. (trata de inducir las influencias ejercidas sobre Rousseau; muestra que su obra se explica como una reacción frente a los teóricos del derecho natural); véase también Jean SÉNELIER, *Bibliographie générale des oeuvres de J.-J. Rousseau*, P. U. F., 1950, 285 págs. (bibliografía muy completa, pero no crítica). Principales estudios recientes: Pierre BURGELIN, *La philosophie de l'existence de Jean-Jacques Rousseau*, P. U. F., 1952, 599 págs. (ensayo de interpretación global muy interesante). Bernard GROETHUYSEN, *Jean-Jacques Rousseau*, Gallimard, 1949, 340 págs. (notas para un trabajo inacabado; concepciones penetrantes, pero inevitablemente discontinuas). Ernst CASSIRER, *The Question of Jean-Jacques Rousseau*, Nueva York, Columbia U. P., 1954, VIII-129 págs. (cf. del mismo autor, "L'unité dans l'oeuvre de J.-J. Rousseau", *Bulletin de la Société française de Philosophie*, abril-junio de 1932). Jacques-François THOMAS, *Le pélagianisme de J.-J. Rousseau*, Nizet, 1956, 156 págs. breve pero densa contribución al estudio de las ideas religiosas de Rousseau). Frederick Jean STAROBINSKI, *Jean Jacques Rousseau, la transparence et l'obstacle*, Plon, 1958, 341 p.

Artículos: J.-J. CHEVALLIER, "Jean-Jacques Rousseau ou l'absolutisme de la volonté générale", *Revue française de science politique*, enero-marzo de 1953, págs. 5-31; Eric WEIL, "Jean-Jacques Rousseau et sa politique", *Critique*, enero de 1952, págs. 3-28 (artículo de primerísima importancia).

Dos debates incesantemente reanudados: 1) Rousseau, ¿es un sentimental o un racionalista? La primera tesis es la de P.-M. MASSON, *La religión de Rousseau*, Hachette, 1916, 3 vols.; Henri GUILLEMIN, *Cette affaire infernale (l'affaire J.-J. Rousseau-David Hume, 1766)*, Plon, 1942, 345 págs. (denuncia vehementemente a la camarilla de filósofos racionalista, que habrían tomado como blanco a Rousseau); Jean GUÉHENNO, *Jean-Jacques*, Grasset, 1952, 3 vols. (Calibán se identifica con Rousseau). La segunda tesis es defendida principalmente por CASSIRER, *op. cit.* Puede considerarse que la cuestión ha sido zanjada por R. DÉRATHÉ, en *Le rationalisme de Rousseau*, P. U. F., 1948, 203 páginas, y por Eric WEIL, *art. cit.*: Rousseau es racionalista, pero su racionalismo no es el de los racionalistas; para Rousseau la pureza de corazón es la condición de la recta razón. 2) Rousseau, ¿es un individualista o un antecesor del colectivismo totalitario? Oponiéndose a la interpretación de C. E. VAUGHAN en su introducción a los *Political writings*, Alfred COBBAN (*Rousseau and the modern state*, Londres, Allen and Unwin, 1934, 288 págs.) se esfuerza por demostrar que Rousseau es, ante todo, un individualista. El "totalitarismo" de Rousseau, en cambio, es una evidencia para J. L. TALMON, *The Origins of totalitarian democracy*, Londres, Secker and Warburg, 1952, XI-366 págs. Una buena aclaración en John W. CHAPMAN, *Rousseau: totalitarian or liberal?*, Nueva York, Columbia, U. P., 1956, XII-154 págs. Sobre la influencia de Rousseau en Inglaterra véase la tesis de Jacques VOISINE, *Jean-Jacques Rousseau en Angleterre à l'époque romantique.*

Les écrits autobiographiques et la légende, Didier, 1956, 484 págs., prolonga los trabajos de Henri RODDIER, J.-J. *Rousseau en Angleterre au XVIII siècle*, Boivin, 1950, 435 págs., y Joseph TEXTE, J.-J. *Rousseau et les origines du cosmopolitisme littéraire*, Hachette, 1895, XXIV-466 págs.

2. Ideas sociales.

El libro clásico es el de André LICHTENBERGER, *Le socialisme au XVIII⁰ siècle*, Alcan, 1895, VIII-473 págs. (muy completo, pero esencialmente analítico). Vid. también Maxime LEROY, *Histoire des idées sociales en France (op. cit.)*; Roger GARAUDY, *Les sources françaises du socialisme scientifique*, Hier et aujourd'hui, 1948, 287 págs. (expresa —de forma más afirmativa que matizada— el punto de vista comunista: "Lo progresivo en el siglo XVIII francés es el materialismo consecuente de la gran burguesía revolucionaria, y no la utopía de los idilios comunitarios de buenos salvajes sin propiedad o de una antigüedad de opereta".) René GONNARD, *La légende du bon sauvage. Contribution à l'histoire des origines du socialisme*, Librairie de Médicis, 1946, 128 págs.

MORELLY, *Code de la nature*, introducción y notas de Gilbert CHINARD, París, R. Clavreuil, 1950, 335 págs. Otra edición de V.-P. VOLGUINE en la colección "Classiques du Peuple", Editions sociales, 1953, 159 págs. Sobre Morelly véase en los *Annales historiques de la Revolution française*, enero-marzo de 1958, el artículo de R. N. C. COE, "La théorie morellienne' et la pratique babouviste", págs. 38-50 (subraya la influencia de Morelly sobre los babuvistas, especialmente sobre Buonarroti) y el coloquio sobre Morelly, páginas 50-64 (discusiones de las tesis de R. N. C. COE por Jean DAUTRY y Armando SAITTA).

Sobre Mably, W. GUERRIER, *L'abbé de Mably moraliste et politique, étude sur la doctrine morale du jacobinisme puritain et sur le développement de l'esprit puritain au XVIII⁰ siècle*, F. Vieweg, 1886, 208 págs. [Ediciones españolas de MABLY: *Derechos y deberes del ciudadano*, Cádiz, 1821; *Elementos de moral*, trad. de don Tiburcio de Maquieira, Valladolid, 503 págs.; *Entretenimiento de la noción sobre la semejanza y la conformidad de la moral con la política*, Madrid, 1781.]

[Fragmentos de MESLIER traducidos al castellano: *La razón natural, o las ideas naturales opuestas a las sobrenaturales*, Barcelona, 1870; *Dios ante el sentido común*, Madrid, 1913.]

Sobre Raynal, Hans WOLPE, *Raynal et sa machine de guerre: "L'histoire des deux Indes" et ses perfectionnements*, Librairie de Médicis, 1956, 255 págs. (estudia minuciosamente las variantes de la *Histoire des deux Indes* que fue editada 30 veces entre 1770 y 1790. Estas variantes son numerosas y de importancia. Muestran —lo que sólo en apariencia es contradictorio— una creciente violencia en las declaraciones sobre política, y una prudencia cada vez más manifiesta en las concepciones sobre el orden y la propiedad).

3. La idea de paz.

Théodore RUŸSSEN, *Les sources doctrinales de l'internationalisme*, tomo I: *Des origines à la paix de Westphalie*, P. U. F., 1954, 503 págs.; tomo II: *De la paix de Westphalie à la Révolution française*, 1958, 646 págs. (obra bien documentada, de fácil consulta; desgraciadamente, el análisis está demasiado dividido). Christian LANGE, *Histoire de l'internationalisme*, tomo primero: *Jusqu'à la paix de Westphalie*, Oslo, 1919, XVI-519 páginas; Ch. LANGE y A. SCHOU, *Histoire de l'internationalisme*, tomo II: *De la paix de Westphalie jusqu'au Congrès de Vienne*, Oslo, 1954, XII-482 págs. (en este segundo tomo se tratan las cuestiones mencionadas en el presente capítulo; publicación útil y bien documentada, pero expuesta como un catálogo de autores, conteniendo sólo un mínimo de referencias a la situación socio-económica). Joseph DROUET, *L'abbé de Saint-Pierre, l'homme et l'oeuvre*, Champion, 1912, 399 págs. Albert MATHIEZ, "Pacifisme et nationalisme au XVIII⁰ siècle", *Annales historiques de la Révolution française*, 1936, págs. 1-17. Una buena edición de la obra de KANT, *Vers la paix perpétuelle*, con una introducción de Jean DARBELLAYS P. U. F., 1958, 188 págs. [Hay una traducción castellana de *La paz perpetua*, de F. Rivera Pastor, en KANT, *Lo bello y lo sublime* y *La paz perpetua*, Buenos Aires, Espasa-Calpe, 1946, 159 págs.]

Una excelente antología de textos cuidadosamente escogidos: Marcel MERLE, *Pacifisme et internationalisme, XIX-XX siècles*, A. Colin, 1966, 360 págs. (Col. "U", Idées politiques).

CONCLUSIÓN.

Sobre la idea de progreso.—J. B. BURY, *The idea of progress. An inquiry into its origin and growth*, Londres, Macmillan, 1920, 392 págs. Ferdinand BRUNETIÈRE, "La formation de l'idée de progrès au XVIIIᵉ siècle", *Etudes critiques sur l'histoire de la littérature française*, 5.ª serie, 1893, págs. 183-250.

Condorcet.—Esquisse d'un tableau historique des progrès de l'esprit humain; Edición de O.-H. PRIOR, Boivin, 1933, XXII-243 págs. [Versión castellana: *Bosquejo de un cuadro histórico de los progresos del espíritu humano*, trad. de Domingo Barnés, Espasa-Calpe, Colección Universal, 2 vols.]

Sobre Condorcet: Léon CAHEN, *Condorcet et la Révolution française*, Alcan, 1904, XXXI-592 págs. (excelente tesis de historia). G.-G. GRANGER, *La mathématique sociale du marquis de Condorcet*, P. U. F., 1956, VIII-179 págs. (tesis complementaria de filosofía; insiste en la obra científica de Condorcet). J. S. SCHAPIRO, *Condorcet and the rise of liberalism*, Nueva York, Harcourt, 1934, 311 págs. William GODWIN sostiene en Inglaterra, en la misma época, tesis análogas a las de Condorcet. En su *Enquiry concerning political justice* (1793) manifiesta un optimismo total: confianza absoluta en los progresos de la razón, de la ciencia y de la técnica; confianza ilimitada en una organización igualitaria que debe abolir la guerra, la escasez y la desgracia. [Hay versión castellana: *Investigación acerca de la justicia política y su influencia en la virtud y los derechos generales*, trad. de J. Prince, introducción de Diego A. de Santillán, Buenos Aires, Americalee, 1945, 417 págs.] Véase sobre este tema George WOODCOCK, *William Godwin*, Londres, 1946, x-266 págs.

CAPITULO X

El pensamiento revolucionario

Ningún autor del siglo XVIII ofrece una teoría de la revolución; ninguno, antes de Babeuf, sugiere los medios de tomar el Poder. De manera general, las poblaciones —en la medida en que pueden expresar sus opiniones políticas— parecen apegadas a las instituciones existentes y no parecen poner en duda el principio mismo del sistema monárquico. Así lo prueban, al menos, los Cuadernos de reclamaciones de 1789.

La revolución americana es, en el siglo XVIII, el primer ejemplo de una revolución triunfante. Esto le confiere una gran importancia para la historia de las ideas políticas. Señala el paso de la especulación a la acción. Ofrece una referencia y presenta un modelo (que será ampliamente utilizado, especialmente en América latina).

SECCION PRIMERA

La revolución americana.

El alcance de la Declaración de Independencia (4 de julio de 1776) y de la Constitución americana (1787) no guardan relación con la población de Estados Unidos a finales del siglo XVIII (tres millones de habitantes, aproximadamente).

A) ORÍGENES DE LA REVOLUCIÓN AMERICANA.—La revolución americana —es necesario recordarlo brevemente— tuvo orígenes económicos, políticos, religiosos e intelectuales.

a) Un violento conflicto de intereses enfrenta a los negociantes y armadores de Nueva Inglaterra con los de la metrópoli, que quieren conservar, con el apoyo de las autoridades, el monopolio del comercio con las Antillas. El conflicto recae igualmente sobre la distribución de las cargas fiscales, ya que el Parlamento inglés, durante y después de la guerra de los Siete Años, trata de fijar impuestos aún más gravosos a los colonos americanos.

b) Entre los gobernadores y las asambleas de las colonias los motivos de oposición son cada vez más frecuentes. Los colonos soportan difícilmente la autoridad de los gobernadores.

c) El estado de ánimo de los colonos sigue fiel al individualismo de los puritanos, que constituyeron una gran parte de los primeros inmigrantes. Algunas colonias —especialmente la de Rhode Island, bajo la influencia de Roger Williams (1604-1683)— establecen un régimen de tolerancia religiosa; las sectas se multiplican. A esta tradición puritana se une la tradición de libertad personal del *common law*, así como el hábito del *self government* en el nivel del municipio (con la práctica de los *town meetings*, esbozo de democracia directa) y de la colonia (papel de las asambleas elegidas, democracia de propietarios).

B) ALCANCE DE LA REVOLUCIÓN.—La revolución americana se realiza bajo el impulso de los hechos. Ni está precedida —como la Revolución francesa— de una larga maduración ideológica, ni es el producto ni el crisol de doctrinas originales. Hasta el comienzo de la guerra el problema que domina los debates es el del impuesto: ¿puede imponer tributos un Parlamento en el que no se está representado *(no taxation without representation)*? Los colonos invocan simultáneamente los derechos naturales, los de los ciudadanos británicos y los que derivan de sus propios privilegios; pero todos —se trate de James Otis, de Dickinson o de James Wilson— sitúan sus reivindicaciones, antes de 1775, en el interior del sistema británico. La Constitución inglesa es objeto de un respeto casi universal, y los teóricos de la insurrección aportan sólo pequeñas variantes a los temas fundamentales de Locke.

Entretanto, la insurrección triunfa y América aparece como un modelo: es conforme con el derecho natural el que las colonias lleguen a ser independientes, y con la moral el que lleguen a ser económica y políticamente poderosas. Los Estados de América latina, a medida que adquieran su independencia, adoptarán Constituciones directamente inspiradas en la Constitución americana. En la misma Europa la influencia de la revolución americana es profunda, formándose una imagen de América todavía más mítica que la imagen de Inglaterra que había inspirado la revolución americana.

No estamos ahora en el terreno de las doctrinas, sino en el de las representaciones colectivas. Resulta del mayor interés tratar de delimitar la imagen de América que prevalece en Europa a fines del siglo XVIII y a principios del XIX. Hay que evocar los Estados Unidos de Franklin y su nacionalismo razonable; los de La Fayette, el "héroe de los Dos Mundos"; los de Chateaubriand y los buenos iroqueses; los de Tocqueville; los de los numerosos viajeros europeos que oponen el Sur, donde se vive bien, al Norte, brutal y vulgar...

C) FRANKLIN Y EL UTILITARISMO AMERICANO.—Pocos extranjeros han gozado en Francia de una gloria semejante a la de Franklin. La sesión del 27 de abril de 1778 en la Academia de Ciencias, en la que Voltaire y Franklin se abrazan entre los aplausos de la multitud, es un acontecimiento de un alcance espectacular. Tras la muerte de Franklin, la Asamblea nacional, a propuesta de Mirabeau, guarda luto durante tres días.

¿Qué representa, pues, Franklin, el "Sócrates de América" (1706-1790)? El hijo del pueblo (su padre fabricaba velas), el autodidacta, el librepensador, el hombre que triunfa por sus propios medios, el sabio (inventor del pararrayos), el periodista, el filántropo (sociedades de templanza y escuelas de natación), el hombre virtuoso...

Hace falta leer la *Autobiografía* o el *Almanaque del buen Ricardo* para encontrar el tono exacto de esa sabiduría burguesa, de esa imperturbable buena conciencia, de ese nacionalismo pacífico, de esa combinación de moralismo y utilitarismo. Béranger será calificado de "Franklin francés" por sus admiradores, incapaces de encontrar un elogio más elevado. En 1837, la "Sociedad Montyon et Franklin" publicará un *Almanach des hommes utiles,* con esta leyenda: "Montyon, genio de la beneficencia; Franklin, beneficencia del genio".

Por consiguiente, el utilitarismo no es exclusivo de la Inglaterra de Bentham. Es un fenómeno general que aparece igualmente en Estados Unidos y Francia, y del que constituyen manifestaciones simbólicas la gloria de Franklin y la de Voltaire (y después la de Béranger): "Amar, amar —dirá Béranger— es ser útil a uno mismo; hacerse amar es ser útil a los demás". La fórmula podría ser de Franklin.

Franklin es el prototipo del burgués. Para él la virtud mayor es la economía. No cesa de aconsejar la aplicación y la templanza; no hay otras vías que conduzcan a la riqueza: "No derroches ni tiempo ni dinero; da a uno y a otro el mejor empleo posible".

Flanklin une la preocupación por la moral con la preocupación por el ahorro. Cuenta en su *Autobiografía* cómo decidió adquirir las trece virtudes siguientes: templanza, silencio, orden, resolución, economía, trabajo, sinceridad, justicia, moderación, limpieza, tranquilidad, castidad y humildad. ("Imitad a Jesús y a Sócrates...".) En lugar de fijarse simultáneamente como objetivo todas estas virtudes, eligió el procedimiento más económico de emprender sucesivamente su conquista: "Procediendo de este modo... podía hacer en trece semanas un curso completo, y volver a principiarlo cuatro veces al año".

D) PAINE Y LA FILOSOFÍA DE LAS LUCES.—Algunos meses antes de la Declaración de Independencia, Thomas Paime (1737-1809), que más tarde llegará a ser ciudadano francés y diputado en la Convención, publica un panfleto —con un título muy característico: *El sentido común*— de inspiración abiertamente republicana y que contiene una viva crítica de la Constitución inglesa. Considera a la realeza como un "papismo político" e insiste en la distinción entre sociedad y gobierno: "La sociedad es producto de nuestras necesidades; el gobierno, de nuestros vicios; la primera procura nuestra felicidad de una manera positiva, uniendo nuestros afectos; el segundo, de una manera negativa, restringiendo nuestros vicios. La una alienta la unión, el otro crea distinciones. La una protege, el otro castiga".

En 1791 Paine publicó *Los derechos del homber,* en donde toma a su cargo, contra Burke, la defensa de la revolución francesa. Encarcelado por la Convención, escribe durante su cautiverio *La edad de la razón.*

En este amigo de Condorcet se encuentran los principales temas de la filosofía de las luces.

E) LA DECLARACIÓN DE INDEPENDENCIA Y LA CONSTITUCIÓN AMERICANA.— La declaración de Independencia, redactada por Jefferson, procede del deseo de justificar a las colonias sublevadas ante el tribunal de las naciones; presupone la validez eterna de la ley natural. Afirma que los hombres poseen ciertos derechos inalienables: la vida, la libertad y la búsqueda de la felicidad. La función del Gobierno consiste en preservar estos derechos naturales: si incumple esta misión, los gobernados tienen el derecho de sublevarse. Todos estos principios estaban ya en Locke, pero nunca habían sido afirmados con tanta resonancia. No se trataba ya, como en 1688, de justificar un cambio de dinastía, sino del nacimiento de un nuevo Estado.

La Constitución americana es el producto de tendencias diversas:

— admiración por el sistema inglés y fidelidad hacia los principios del gobierno mixto y de la separación de poderes. John Adams refuta a Turgot, que censuraba a los americanos su "insensata imitación" de las instituciones inglesas;
— desconfianza hacia la masa, cuyos errores deben ser prevenidos mediante un derecho de sufragio inteligentemente reglamentado, y rectificados por un Senado vigilante. La Constitución federal es menos democrática aún que la de los Estados;
— desconfianza inicial respecto al Gobierno federal, pero conciencia de las necesidades políticas, y sobre todo económicas, que conducen a reforzar el Poder central. Cf. sobre este punto la tesis de Charles-A. Beard, que expone una interpretación económica de la Constitución americana.

Las diez primeras enmiendas a la Constitución de los Estados Unidos constituyen una verdadera declaración de los derechos del hombre, en la línea de Locke. Esta declaración difiere de las declaraciones europeas en el sentido de que sus prescripciones son aplicables por los tribunales. Aporta, por consiguiente, una garantía efectiva, y no una simple declaración de intenciones.

La Constitución americana es el fruto de un compromiso entre grandes y pequeños Estados; entre partidarios de un Poder fuerte y partidarios de las libertades locales; entre quienes estimulan la industrialización y quienes se apoyan en la agricultura. Se enfrentan así dos concepciones de la democracia: la democracia autoritaria de los "federalistas" y la democracia liberal de Jefferson. Ninguna de estas dos concepciones es de origen popular, pero sus bases filosóficas y sociológicas son diferentes.

F) "EL FEDERALISTA" Y LA DEMOCRACIA EFICAZ. — Entre el otoño de 1787 y el verano de 1788 los periódicos federalistas publicaron una serie de artículos para incitar a la población del Estado de Nueva York a ratificar la Constitución establecida en 1787. La mayoría de estos artículos eran de Hamilton, y los restantes de Madison y Jay. Fueron publicados posteriormente en un volumen titulado *El Federalista*.

La filosofía de Hamilton (1757-1804) es —como la de Hobbes— una filosofía del Poder. Teme la anarquía y la desunión más que el despotismo, y juzga que la energía del Poder ejecutivo es el mejor criterio para reconocer un buen Gobierno. Se opone, por tanto, a quienes desconfían del Poder federal y tratan de preservar celosamente, bien la autonomía de los Estados, bien el poder de las "facciones".

El nacionalismo de Hamilton tiene bases económicas. Cuenta con la autoridad federal para construir una poderosa organización económica, para favorecer la industria, para crear la prosperidad y permitir la autarquía: mercantilismo y proteccionismo. Hamilton, preocupado por la productividad y el crecimiento económico, siente poca inclinación por el Gobierno popular. Cree que lo que resulta bueno para el grupo económico dominante es bueno para el pueblo americano en su conjunto.

Al igual que Hamilton, John Adams, el segundo presidente de los Estados Unidos, desea un Gobierno fuerte, apoyado en una aristocracia poderosa. Adams es hostil al despotismo, pero su pensamiento es fundamentalmente antiigualatorio y pesimista. Su liberalismo es aristocrático y conservador. A esta concepción de la democracia se opondrá Jefferson, que sucede en la Presidencia a Adams en 1801.

G) JEFFERSON Y LA DEMOCRACIA LIBERAL.—Mientras que Hamilton y Adams son, en el fondo, partidarios de la Constitución inglesa, Jefferson (1743-1826) desea una extensión de la democracia. Mientras que Hamilton pertenece a la escuela de Hobbes y afirma su admiración por Julio César, Jefferson invoca a Locke, cree en la bondad innata del hombre y considera el Gobierno como una amenaza permanente para los gobernados. Piensa que el hombre posee derechos inalienables, que corresponden a las leyes de la naturaleza. Se pronuncia contra el derecho de primogenitura, contra la esclavitud, contra todo menoscabo de la libertad religiosa.

Jefferson desconfía de un Poder demasiado concentrado (incluso cuando se trata del Poder legislativo), y cuenta con los poderes locales para hacer fracasar las pretensiones abusivas del Poder central. Quiere extender el derecho de sufragio y desarrollar la instrucción pública; hay que hacer comprender a los hombres que el obedecer las leyes de la moralidad está en conformidad con su interés, y que la ignorancia no sólo impide el comportarse bien, sino el ser feliz: moralismo y utilitarismo.

Mientras Hamilton piensa sobre todo en la industria y encuentra en el Norte sus más fieles partidarios, Jefferson se preocupa esencialmente por la agricultura ("Quienes trabajan la tierra son el pueblo elegido de Dios") y se apoya principalmente en el Oeste y en el Sur.

Nacionalismo, culto de la *élite*, respeto por el Poder: tales son los principales rasgos de la democracia según los federalistas. Los principios de la democracia jeffersoniana son el Gobierno limitado, los derechos del hombre y la igualdad natural. La democracia jeffersoniana parece triunfar entre 1820 y 1840; es la que Tocqueville describe en su viaje por Estados Unidos. Pero las concepciones federalistas han impreso una profunda huella, no siempre visible, en el pensamiento político americano; realizan la primera síntesis entre capitalismo y democracia, entre eficacia y libertad, entre planificación y *laissez-faire*. El New Deal, aun invocando la tradición jeffersoniana, pondrá al servicio de la democracia ampliada, el Poder federal reclamado por Hamilton.

SECCION II

La Revolución francesa.

La Revolución que se inicia en 1789 altera las instituciones francesas y contribuye ampliamente a transformar las instituciones europeas. Sin embargo, entre 1789 y 1815 aparecen en Francia pocas obras de doctrina política. Y las que aparecen están profundamente marcadas por el

acontecimiento. Hay que hacer la Revolución, luchar contra ella o sencillamente vivir. Además, la guerra deja pocos ocios a los pensadores y aísla
a los ideólogos profesionales de la nación.

Por consiguiente, una historia de las *doctrinas* políticas bajo la Revolución y el Imperio podría relatarse bastante rápidamente. Sin embargo, ¿no
resulta anormal reservar mayor espacio a la Restauración que a la Revolución en una historia de las *ideas* políticas, por el solo hecho de que aparecieron mayor número de obras doctrinales entre 1815 y 1830 que entre
1789 y 1815? Los símbolos, las palabras y las ideas políticas con las que
vivimos hoy no se formaron entre 1815 y 1830, sino entre 1789 y 1815 —especialmente entre la toma de la Bastilla y el 9 Termidor—: no sólo la
fiesta y el himno nacional francés datan de este período, sino conceptos
como los de derecha e izquierda, patria y nación armada; los blancos continúan oponiéndose a los azules en una parte de Francia que todavía no ha
olvidado la Chuanería; la Constitución civil del clero, la descristianización y
el culto a la razón, ¿acaso no pesan todavía sobre los sentimientos de numerosos católicos respecto al Estado? ¿Y no han encontrado tiempo los diputados franceses para enfrentarse con pasión con ocasión de una ceremonia en
honor de Robespierre?

Los estudios de vocabulario político son, a este respecto, de una gran importancia.
Nunca aconsejaríamos lo bastante la lectura del tomo dedicado al vocabulario de la
Revolución en la monumental *Histoire de la langue française*, de Ferdinand Brunot (tomo IX). Podría resultar también interesante el estudiar las metáforas políticas y enumerar las que datan de la Revolución; podría dedicarse un estudio similar al ritual revolucionario. La mayoría de nuestros símbolos políticos datan de esta época.

¿Revolución francesa o Revolución del Occidente?—Los trabajos más recientes tienden a reaccionar contra una explicación demasiado exclusivamente francesa de la Revolución que comienza en 1789. Hay que cuidarse, sin duda, de comparar situaciones
que no son comparables, pero es evidente que la revolución americana y la Revolución
francesa tienen causas comunes, especialmente el crecimiento de la burguesía. Igualmente
es preciso relacionar la Revolución francesa con todo los movimientos revolucionarios
que se desarrollan en Europa a finales del siglo XVIII. La Revolución francesa no es un
hecho puramente francés. Cf. sobre este punto el primer capítulo de G. Lefebvre, *La
Révolution française,* colección "Peuples et civilisations" (edición de 1951), y sobre todo
J. Godechot, *La grande nation,* París, Aubier, 1957, 2 vols., excelente obra dedicada
a la expansión revolucionaria de Francia en el mundo entre 1789 y 1799, que contiene
numerosas referencias sobre el movimiento de las ideas fuera de Francia y sobre los
órganos de la penetración francesa.

La influencia de los filósofos.—¿En qué medida las doctrinas del siglo XVIII determi-
naron la Revolución francesa? Esta vieja polémica está lejos de haber sido zanjada.
Daniel Mornet ha dedicado a los *Origines intellectuelles de la Révolution française* un
libro ampliamente documentado, pero que no puede ser considerado como definitivo.
Parece que la investigación debe ser dirigida en varios planos:

1) Es importante, ciertamente, tratar de enumerar los ejemplares de Voltaire o de
Rousseau que estaban en circulación antes de 1789. Es útil recordar que el precio de la
Enciclopedia era muy elevado, y que la lectura estaba reservada a las clases ricas.

2) Pero también habría que saber en qué medios —excluidas, salvo excepciones, las
clases populares— se encontraban más extendidas las obras de los filósofos: nobleza de
espada, nobleza de toga, burguesía comerciante y financiera. El estudio sistemático de
las correspondencias y de las memorias permitiría extraer algunas conclusiones; sin duda,
no sería la burguesía nueva la que ocupara la primera fila entre los consumidores de
obras "nuevas",

3) Y aún habría que esforzarse —ahí está el problema fundamental— no sólo en contar los lectores de Voltaire (o las bibliotecas en que se encuentran sus obras), sino en captar el volterianismo de quienes no leyeron a Voltaire. Volterianismo difuso, simplista y deformado, pero mucho más poderoso que el de los lectores relativamente escasos que habían asimilado la obra de los filósofos. Para aprehender estas difusas representaciones, un procedimiento resulta posible: estudiar de cerca la literatura revolucionaria, especialmente los periódicos y almanaques que tanto proliferaron entre 1789 y 1792, y que apenas han sido analizados hasta ahora. Cf. el cuadro de la prensa ofrecido por J. Godechot, *Les institutions politiques*, París, 1951 (págs. 57 a 61).

4) Sería posible, de esta forma, determinar una especie de jerarquía de las influencias que se nos escapa casi completamente en el momento actual. J. Godechot (*op. cit.*, página 14) estima que la influencia dominante a finales del siglo XVIII es la de los fisiócratas y que esta influencia es aún mayor que la de Rousseau, colocado así en segundo lugar antes que Voltaire, los enciclopedistas y Montesquieu. Queda por probar tales afirmaciones. J. Godechot parece inclinado, a nuestro juicio, a minimizar la influencia de Montesquieu, a quien juzga retrógrado y reaccionario, y a exagerar la de los fisiócratas, cuya obra expresaría los sentimientos de la clase en expansión. En realidad, las ideas de Montesquieu fueron parcialmente adoptadas por una burguesía a la que no apreciaba y que había leído poco su obra; mientras que las de los fisiócratas, cuyo éxito lógicamente debería haber sido muy grande, rara vez fueron adoptadas por quienes aparecían como sus aliados naturales.

1. Los principios del 89.

Los "inmortales principios" fueron expresados en algunos textos célebres: el folleto de Sieyès, *Qu'est-ce que le Tiers-Etat?* (1789), la Declaración de Derechos del Hombre y del Ciudadano (agosto de 1789), el preámbulo y el título primero de la Constitución de 1791.

Si se comparan estos textos con los Cuadernos de reclamaciones, resulta posible extraer los rasgos principales de la ideología dominante. Fuera de los "privilegiados" —¿no dice acaso Sieyès que no forman parte de la nación?—, el *credo* revolucionario parece ser aceptado por toda la nación, y aun algunos privilegiados parecen adherirse a él: noche del 4 de agosto, fiesta de la federación, ilusión de unanimidad que no tardará en disiparse, pero que dejará una profunda huella.

a) SOBERANÍA DE LA NACIÓN.—"La nación existe ante todo y es el origen de todo. Su voluntad es siempre legal; es la ley misma. Antes de ella, por encima de ella, no hay más que el derecho natural" [trad. Rico Godoy, pág. 147]. Sieyès plantea así, de manera resonante, el principio de la soberanía nacional. El rey, identificado en otro tiempo con el Estado, forma parte de la nación; pero la nación es soberana, proclamándose los Estados Generales Asamblea nacional Constituyente.

Sieyès tiene de la nación una concepción racionalista, utilitaria, individualista y fundamentalmente jurídica.

Racionalismo.—El pensamiento de Sieyès no deja sitio a la historia. En *Qu'est-ce que le Tiers-Etat?* no hay ninguna alusión a la evolución de las instituciones ni al papel histórico de la nobleza o de la monarquía. La Historia comienza en 1789. Poco importan las causas de la situación actual; es irracional y, por consiguiente, inaceptable,

Utilitarismo.—"¿Qué es necesario para que una nación exista y prospere? *Trabajos particulares* y funciones *públicas*" [trad. Rico, pág. 63]. El comienzo del folleto está dedicado a demostrar la utilidad del Tercer Estado y la inutilidad de los órdenes privilegiados. Para Sieyès el argumento de utilidad es el argumento primordial. Es el lenguaje de Voltaire en las *Lettres anglaises;* es el lenguaje de Bentham; y lo que será más adelante el lenguaje de Saint-Simon en su *Parabole.*

Individualismo.—La voluntad nacional es el "resultado de las voluntades individuales, al igual como la nación es el conjunto de los individuos". La nación aparece así como una colección de individuos —25 ó 26 millones de individuos, con la excepción de 200.000 nobles o sacerdotes—; la fuerza proviene del número.

Juridicismo.—"¿Qué es una nación? Un cuerpo de asociados que viven bajo una ley *común* y están representados por la misma *legislatura*" [*ibid.,* página 70]. Sieyès subraya doblemente en esta frase la importancia de la ley. Su punto de vista es puramente jurídico. No encontramos ni análisis económico ni la menor referencia a distinciones sociales: el Tercer Estado es presentado como un bloque indisociado de 25 millones de individuos idénticos.

La única distinción es la que opone a privilegiados con no privilegiados. *Qu'est-ce que le Tiers-Etat?* no hace más que completar el *Essai sur les privilèges* (1788), breve folleto de combate que da todo su sentido a la obra de Sieyès. Principios universales y preocupación por los intereses del momento: Sieyès, que abre resonantemente una época de la Revolución, contribuirá más discretamente a cerrarla, favoreciendo el golpe de Estado de Brumario. En cuanto a Barnave, que "encarna a la perfección la Asamblea Constituyente" (J.-J. Chevallier), muere en el cadalso en 1793; su destino es comparable al de Condorcet.

Sieyès y Barnave no resumen el 89, pero ambos son "personajes representativos". "El espíritu de Sieyès es el espíritu mismo de la Revolución francesa", escribe P. Bastid. En cuanto a Barnave, J.-J. Chevallier estima que "representa mejor que nadie a esa burguesía francesa cultivada, poseedora y que se siente "a gusto" —con lo que tenía de mejor, con sus estrecheces y errores—, a ese joven Tercer Estado que deseó la Revolución y la impulsó en su curso".

b) LOS DERECHOS DEL HOMBRE.—La Declaración de los Derechos del Hombre y del Ciudadano recoge algunos principios afirmados en la Declaración de Derechos de Virginia (junio de 1776), en la Declaración de Independencia o en las Constituciones de los Estados americanos. Pero la declaración de 1789 tiene un alcance mucho más amplio. En la Declaración de Independencia sólo se dedican algunas líneas a los derechos del hombre, presentándose el texto como una inquieta y prudente justificación de una situación dada (... "La prudencia dirá que los Gobiernos establecidos desde tiempo atrás no deben ser cambiados por motivos ligeros y causas pasajeras. Pero, etc."). La Declaración de 1789, por el contrario, se dirige solemnemente a todos los hombres,

La Declaración de Derechos del Hombre y del Ciudadano —brillante manifestación de universalismo, triunfo del derecho natural— enumera los derechos "naturales e imprescriptibles" del hombre: la libertad, la propiedad, la seguridad y la resistencia a la opresión (la Declaración de Independencia americana hablaba de "la vida, la libertad y la búsqueda de la felicidad").

El principio de *igualdad* está contenido en el artículo 1.º: "Los hombres nacen y permanecen libres e iguales en derechos"; la Declaración de Virginia tan sólo afirmaba: "Todos los hombres nacen igualmente libres e independientes". La igualdad judicial está reconocida en el artículo 6.º, y la igualdad fiscal en el artículo 13.

El artículo 4.º da una definición esencialmente negativa de la *libertad*: "La libertad consiste en poder hacer todo lo que no dañe a los demás". Se define, por consiguiente, por sus límites. Sin embargo, se nos muestra como un poder, no ya como una cosa al estilo de Locke.

No obstante, la noción de libertad se encuentra estrechamente vinculada con la de *propiedad,* a la que está dedicado el artículo 17: "Siendo la propiedad un derecho inviolable y sagrado, nadie puede ser privado de él, a no ser que la necesidad pública, legalmente constituida, lo exija con toda evidencia y bajo la condición de una justa y previa indemnización". En nuestros días somos sensibles a la prudencia de este texto, a los adverbios y adjetivos que garantizan los derechos del propietario; pero en 1789 no se estaba tan lejos del tiempo en que los doctrinarios del absolutismo afirmaban que el monarca era propietario del reino. La Declaración de 1789 indica, respecto a tales doctrinas, una ruptura que no será ya discutida.

La Declaración de Derechos afirma no sólo la *soberanía de la nación,* sino la ilegitimidad de una política basada en los cuerpos intermedios: "El principio de toda soberanía reside esencialmente en la nación. Ningún cuerpo, ningún individuo puede ejercer autoridad que no emane expresamente de ella" (art. 3.º).

De la soberanía de la nación deriva la *soberanía de la ley.* La ley: del artículo 5.º al artículo 11 la expresión se repite once veces, como se repetirá incesantemente en los discursos de Robespierre. Montesquieu hablaba de las leyes; Robespierre, de la ley.

Esa majestad de la ley se encuentra reforzada por el carácter religioso de una declaración hecha "en presencia y bajo los auspicios del Ser Supremo". Los derechos del hombre, además de naturales e inalienables, son sagrados, y "ningún hombre puede ser inquietado por sus opiniones, *ni siquiera religiosas*" (art. 10).

La Declaración de Derechos, racionalista y deísta, es la suma de la filosofía de las luces. Algunos pasajes hacen pensar en Montesquieu (como la referencia a la separación de poderes, en el artículo 16); otros, en Rousseau (como la referencia a la voluntad general, en el artículo 6.º: "La ley es la expresión de la voluntad general").

La Declaración ha sido calificada de "incompleta" y de "tendenciosa" (J. Godechot, *op. cit.,* pág. 36). Es evidentemente la obra de una Asamblea burguesa, en lucha contra los privilegios y poco preocupada por conceder a todas las clases de la sociedad el beneficio de los principios de igualdad y libertad que solemnemente había afirmado: no se reconoce la igualdad civil ni a los mulatos ni a los esclavos, y la Constitución de 1791 distingue entre "ciudadanos activos" y "ciudadanos pasivos". La ley Le Chapelier de 1791 es una manifestación del egoísmo burgués: "Debe permitirse a todos los ciudadanos unirse, pero no debe permitirse a los ciudadanos de ciertas profesiones unirse para sus pretendidos intereses comunes".

Por consiguiente, los principios de 1789 son, y no podían ser otra cosa, de inspiración burguesa, pero su alcance sobrepasa infinitamente las intenciones de quienes los sostuvieron. Sin duda, están fechados y situados; pero desde hace siglo y medio han vivido y han muerto para defenderlos, en el mundo entero, hombres que no siempre eran burgueses.

2. Las ideas del 93.

La distinción entre el 89 y el 93, entre la buena Revolución y la mala Revolución, ha sido, durante una parte del siglo XIX, uno de los lugares comunes de la historiografía burguesa. Algunos historiadores han parecido olvidar que los hombres del 93 fueron antes hombres del 89. En realidad, las ideas políticas del 93 no son tan diferentes de las del 89; son las circunstancias las que han cambiado: no se trata ya de abatir el Antiguo Régimen, sino de gobernar y hacer la guerra.

A) LAS IDEAS POLÍTICAS DE LOS GIRONDINOS.—Existe una leyenda sobre los girondinos, a la que Lamartine contribuyó en gran medida mediante su *Histoire des Girondins* (1847). Este libro, de inmenso éxito, popularizó la imagen del revolucionario idealista "muerto por el porvenir y obrero de la humanidad".

Los jefes girondinos no son, ni geográfica ni sociológicamente, muy diferentes de los jefes de la Montaña. Ni son mucho más burgueses ni mucho más provincianos, pero ejercen el Poder en condiciones y en momentos diferentes de los de la Montaña. Por consiguiente, su política es diferente, habiéndose deducido de esto —un poco rápidamente tal vez— la conclusión de que sus principios políticos eran fundamentalmente diferentes.

Los girondinos soñaron con un Gobierno mixto, desearon la guerra que les precipitó a su pérdida, se opusieron a la centralización parisiense, trataron —sin éxito— de apoyarse en las provincias frente a París. A los ojos de la posteridad, los girondinos aparecen como los enemigos de la violencia y los adversarios de París. Sin embargo, es probable que un estudio sistemático permitiera concluir:

1) Que las ideas políticas de los girondinos carecen de la coherencia que a veces se les atribuye; existen diversas variedades de girondinos; el pensamiento de Brissot, Buzot, Louvet, Barbaroux, Isnard, Gensonné, Guadet, etc., no está vaciado en el mismo molde.

2) Que las ideas políticas de los girondinos y las de la Montaña ofrecen mayores similitudes de lo que cabría pensar.

B) LOS JACOBINOS.—Sería necesario seguir de muy cerca la cronología para extraer las ideas políticas de los jacobinos, que no forman —ni siquiera en Robespierre y Saint-Just— un cuerpo de doctrina intangible e inmutable. El jacobinismo no es el mismo antes y después de la declaración de guerra, antes y después de la caída del rey, antes y después de la de los girondinos, antes y después de la de Robespierre.

Aunque el Club de los Jacobinos existía desde más de dos años antes, el jacobinismo —en el sentido moderno del término— nace con la guerra; es una doctrina de *la patria en peligro* (cf. Clemenceau invocando la tradición jacobina), de la salvación pública, de la nación en armas. Con los jacobinos aparece una nueva concepción de la guerra, una nueva dimensión del patriotismo. Los partidarios de la Revolución se denominan, desde 1789, los "patriotas" (opuestos a los "aristócratas"); la palabra adquiere entonces todo su sentido. El patriotismo jacobino es inflexible, pero no xenófobo; proviene de la idea de una misión nacional (cf. la concepción de las "repúblicas hermanas"). Es un patriotismo democrático, que supone el derecho de los pueblos a determinar por sí mismos su porvenir. Es también un patriotismo unitario: la República es una e indivisible, condenándose las fracciones como empresas de traición.

Estrechamente ligado a este tema de patria se encuentra el de la revolución, o más bien, el del hombre revolucionario. Los jacobinos sienten que la revolución es, ante todo, la obra de los hombres. Saint-Just —en su discurso del 26 de Germinal del año II, tras la ejecución de los hebertistas y dantonistas— describe detalladamente todas las virtudes del hombre revolucionario, inflexible, razonable y sensible a la vez: "Un hombre revolucionario es un héroe de buen sentido y de probidad".

Robespierre, "el incorruptible", rinde culto a la virtud. No hay política separada de la moral ni distinción entre la moral pública y la moral privada, siendo la moral pública el desarrollo de las virtudes privadas. La consecuencia es una combinación de idilio y de terror: el terror es la emanación de la virtud.

Robespierre, fiel a las lecciones de Rousseau, no cree en los beneficios del régimen representativo: la soberanía no se delega. El Gobierno revolucionario nada tiene de Gobierno parlamentario. Es el primer ejemplo de un Gobierno por medio de *Comités*. El radicalismo de la III República invocará la tradición jacobina para intentar resucitar el Gobierno de los Comités (cf. el panfleto de Daniel Halévy, *La République des Comités*).

La *religión* de Robespierre es la de Rousseau; así, impone el culto al Ser Supremo (que no ha de confundirse con el culto a la Razón y las manifestaciones anticristianas). Los primeros jacobinos, contrariamente a sus herederos, no son laicos. No conciben una separación rigurosa entre Iglesia y Estado, y cuentan con una religión civil para apoyar la obra del Gobierno revolucionario. Su pensamiento no sólo está teñido de idealismo, sino también de espiritualismo.

El pensamiento de los jacobinos —o, al menos, el de Robespierre y Saint-Just— es esencialmente político, religioso y moral, y poco sensible a la *economía*. La principal decisión del Gobierno revolucionario en el campo económico y social —los decretos de Ventoso (febrero de 1794)— tiene sólo un alcance limitado: 1) Esta decisión fue tomada bajo la presión de las circunstancias y está inspirada por el oportunismo ("La fuerza de las cosas —dice Saint-Just— nos conduce tal vez a resultados en los que nunca habíamos pensado"); 2) No proviene de una concepción original, exclusiva de Saint-Just. Numerosos oradores pedían, desde un año antes, la atribución de los bienes de los sospechosos a los patriotas indigentes; 3) Por último —y sobre todo—, no se trata en modo alguno de una medida de inspiración colectivista. Saint-Just no piensa en atacar a la propiedad. Desea, como Robespierre, una democracia de pequeños propietarios enemigos del lujo, animados de virtudes espartanas.

El pensamiento de Robespierre y de Saint-Just no resulta conforme ni con las aspiraciones confusamente socialistas de los *sans-culotte* ni con las de la burguesía mercantil. Algunos amigos, que tienen conciencia de su soledad (cf. la importancia del tema de la amistad en las *Institutions révolutionnaires* de Saint-Just), tratan de hacer una revolución que no sea ni la de la burguesía capitalista ni la del proletariado —cuya opinión no está todavía formada y que se preocupa más de vivir que de hacer una revolución—. Como consecuencia, existe en los jacobinos una especie de angustia pedagógica; elaboran planes de instrucción nacional ("Hay que dedicarse a formar una conciencia pública", dice Saint-Just), sabiendo que no tienen tiempo para ponerlos en práctica; tienen la certidumbre de detentar la verdad y se saben aislados en la sociedad francesa de 1793. Así se explica, sin duda, el carácter deliberadamente utópico de los *Fragments sur les institutions révolutionnaires* y el silencio de Saint-Just el 9 de Termidor.

No existe ningún estudio de conjunto sobre la ideología política de los jacobinos y sus raíces sociales. Creemos que los principales problemas a estudiar son los siguientes:

1) ¿Cómo se formó y evolucionó la ideología de los jacobinos? No hay que olvidar que Saint-Just se nos muestra, en su *Esprit de la Révolution* (1791), como un admirador de Montesquieu y un defensor de la Constitución de 1791.

2) ¿No se hace mal en confundir el pensamiento político de los jacobinos con el de Robespierre y Saint-Just? ¿No habrá acaso que tener más en cuenta a los jacobinos provincianos, así como las tendencias favorables a la Comuna de París?

3) ¿No habría que subrayar las influencias antiguas (especialmente la de Esparta), rurales (perceptibles sobre todo en Saint-Just) y artesanales (perceptibles sobre todo en Robespierre), que se ejercen sobre el pensamiento de los jacobinos? Los jacobinos del 93 no tienen tras de sí ni la clase más numerosa ni la clase de ideología más coherente, la única coherente.

4) ¿Cuál es la influencia de la "filosofía de las luces" sobre la ideología jacobina? Saint-Just es, de manera profunda, un hombre del siglo XVIII; no hay que olvidar que el autor de las *Institutions républicaines* es también el autor de un poema licencioso *(Organt)*.

5) ¿De qué forma la ideología jacobina se fue enraizando poco a poco en la burguesía, hasta que Eduardo Herriot exclame: "Nosotros, los hijos de los jacobinos..."? Del jacobinismo al radicalismo. Cf. el periódico *Le Jacobin*, órgano de los jóvenes radicales de Mendès-France.

C) LAS IDEAS POLÍTICAS DE LOS "ENRAGÉS".—La vida cara suscita en 1793 violentos movimientos de protesta popular. Se da, por lo general, el término de *enragés* (rabiosos) a los responsables de esos movimientos; Jacques Roux, "el cura rojo", es el más conocido de ellos.

Varias obras han subrayado la importancia de los *enragés* y han presentado su movimiento como una oposición proletaria al Gobierno burgués de Robespierre; así, la tesis expuesta por Daniel Guérin en *La lutte des classes sous la première République. Burgeois et "bras-nus" (1793-1797)*, Gallimard, 1946, 2 vols.

Las ideas sociales de los *enragés* son simples y vehementes: muerte a los agiotistas, a los acaparadores, a los "monopolizadores". "La libertad no es sino un vano fantasma cuando una clase de hombres puede impunemente hacer padecer hambre a los demás. La igualdad no es sino un vano fantasma cuando el rico, mediante el monopolio, ejerce el derecho de vida y de muerte sobre su semejante..." "Las leyes han sido crueles respecto a los pobres porque no han sido hechas más que por los ricos y para los ricos,"

Tales textos sientan el principio de la lucha de clases y de lo que más tarde se llamará la distinción entre "libertades formales" y "libertades reales". Se comprende que Marx cite, en *La Sagrada Familia*, a Jacques Roux, entre los predecesores del comunismo.

Sin embargo, es necesario reducir a sus justas proporciones el movimiento de los *enragés*:

1) No hay que atribuirle una coherencia que nunca tuvo. Marat se alza contra Roux, a su vez ignorado por Bebeuf. Los principales *enragés* —Valet, Roux Chalier, Leclerc— se conocen poco o desconfían unos de otros.

2) Este movimiento de defensa proletaria no es un movimiento popular; Jacques Roux no puede ser elegido para la Convención, y sólo desempeña un limitado papel en el Ayuntamiento, no rebasando apenas su popularidad los límites de su sección, los Gravilliers.

3) Jacques Roux es principalmente un agitador. Sus ideas sociales son sumarias y confusas. Denuncia los abusos en la distribución, pero no se preocupa ni de la producción ni de las necesidades de la guerra. Aunque lance declaraciones hostiles a la propiedad privada, ¿no se limita acaso a desear un cambio de propietarios?

4) Por último, los *enragés* mantienen sus reivindicaciones en el terreno social. En vano se buscaría en ellos el esbozo de una doctrina política. Se contentan con ver traidores por todas partes, con recomendar la multiplicación de los controles y la ejecución de los rehenes, con denunciar la complicidad de los convencionales con los acaparadores. Su antiparlamentarismo es tan violento como anárquico. No conocen los problemas que se le plantean a un Gobierno. Algunos de sus ataques contra el Gobierno revolucionario coinciden —como no dejará de subrayar Robespierre— con los que le dirigen los emigrados.

D) LAS IDEAS POLÍTICAS DE LOS EMIGRADOS.—Los emigrados constituyeron, fuera de Francia, centros hostiles a la Revolución francesa. Pero fueron al mismo tiempo —como hace notar J. Godechot en *La grande nation*— influyentes agentes de la expansión francesa en el extranjero.

Es necesario distinguir, por lo demás, varias emigraciones: los emigrados de 1792 o de 1797 (tras el 18 de Fructidor) eran en su mayor parte menos hostiles a la Revolución francesa que los emigrados de 1789; varios emigrados habían desempeñado incluso un papel importante en los primeros tiempos de la Revolución. Uno de los emigrados más reformadores es Mounier, que había estado asociado muy estrechamente a la redacción de la Declaración de los Derechos del Hombre y del Ciudadano, y cuyo sistema político es, en cierto modo, preorleanista.

También hay que distinguir entre los que Chateaubriand denomina la "emigración fatua" (es decir, los dignatarios de la emigración) y la emigración que se bate y que conocerá durante mucho tiempo la miseria y el hambre. El *Essai sur les révolutions* que Chateaubriand publica en Londres en 1797 no procede en modo alguno de una hostilidad sistemática respecto a la Revolución francesa; su título completo es *Essai historique, politique et moral sur les révolution anciennes et modernes considérées dans leurs rapports avec la Révolution française*.

Los autores de lengua francesa más hostiles a la Revolución —Mallet du Pan, Joseph de Maistre (el primero es suizo; el segundo, saboyano)— contribuyen a difundir la idea de que la Revolución rebasa a sus actores, de que es querida por Dios, etc.; su hostilidad aumenta todavía más el alcance de la Revolución.

3. Termidorianos y rebeldes.

El 9 de Termidor cierra una época, en tanto que el 18 Brumario marca una etapa; los hombres de Termidor serán con frecuencia los de Brumario.

A) LOS TERMIDORIANOS.—Las ideas políticas de los termidorianos se hallan en los orígenes del liberalismo moderno. Doctrina del orden y del *ralliement*, de la conciliación, de una libertad que se confunde con la posibilidad de gozar, la doctrina de los termidorianos utiliza los principios de 1789 para garantizar el orden burgués y para constreñir al silencio a los no poseedores. Las "dinastías burguesas" comienzan a formarse. Benjamín Constant hace amistad con Mme. de Staël y publica *De la force du gouvernement actuel de la France et de la nécessité de s'y rallier*. Más tarde pasará por ser el corifeo del liberalismo. En cuanto a Mme. de Staël, es, en muchos aspectos, *le blas-bleu* del Termidor.

B) BABEUF.—La doctrina "babuvista" nace de una conspiración destinada a derribar al Gobierno del Directorio. La conspiración, ahogada por la policía, fracasa. Babeuf, considerado como su jefe, es ejecutado en mayo de 1797. La principal fuente de información sobre el movimiento es el libro publicado en 1828 por un antiguo conjurado, Buonarroti. En cuanto al *Manifeste des égaux*, parece haber sido redactado por Sylvain Maréchal.

Los historiadores no han determinado aún claramente la influencia respectiva de Babeuf, Buonarroti y Maréchal en la formación de la doctrina denominada "babuvismo". Según el historiador italiano Galante Garrone, Buonarroti, bajo la influencia de una estancia en Córcega, habría sido quien inspirara a Babeuf lo esencial de la doctrina. Como quiera que sea, el "babuvismo" de Babeuf no es idéntico al de Buonarroti. Este último fue siempre fiel a Robespierre, y su comunismo espiritualista prolonga directamente el comunismo utópico del siglo XVIII. Babeuf es más oscilante (comienza alegrándose de la caída de Robespierre, antes de invocarle), más inquietante (el asunto de su destitución de 1793 continúa siendo obscuro); su comunismo fundamentalmente proletario enlaza con el de los *enragés*.

El "babuvismo" es, más que una doctrina, una técnica de agitación, un plan de sublevación. Es, en primer lugar, una reacción ante la miseria y el hambre. La Revolución francesa es "la guerra declarada entre los patricios y los plebeyos, entre los ricos y los pobres". Babeuf plantea así el problema de la lucha de clases. Afirma que los gobernantes hacen una política de clase, y el *Manifiesto de los iguales* mantiene que la revolución política no es nada sin la revolución social: "La revolución francesa no es sino la precursora de otra revolución mucho más grande, mucho más solemne, y que será la última".

El principal fundamento de "babuvismo" es el que da su nombre a la conspiración: la igualdad. El *Manifiesto de los iguales* —como el de los *enragés*— afirma la distinción entre la igualdad formal ("La igualdad no fue más que una bella y estéril ficción de la ley") y la igualdad real: "Queremos la igualdad real o la muerte".

Este igualitarismo conduce al comunismo. El *Manifiesto* rechaza, por insuficiente, la ley agraria o el reparto de tierras: "Buscamos lo más sublime y lo más justo, el bien común o la comunidad de bienes. Basta de propiedad individual de tierras, la tierra no es de nadie..., los frutos son de todo el mundo".

El comunismo de los babuvistas es un comunismo de la distribución. Quieren proscribir no sólo el lujo, sino toda apariencia de desigualdad, salvo —escribe Sylvain Maréchal— las de edad y sexo. Apenas se preocupan por la producción. Su comunismo es ascético y receloso. Los dos tipos de sociedad a los que se refiere con mayor agrado Babeuf, son la agricultura y el ejército. Su comunismo resulta inaplicable en sociedades complejas en vía de industrialización. Su doctrina está vuelta hacia un pasado de inspiración romana: Babeuf se llama Graco, y uno de sus hijos, Cayo.

Los babuvistas desconfían de la inteligencia y de los intelectuales. Indican su preferencia por el trabajo manual, por las virtudes militares. Sylvain Maréchal llega a exclamar: "¡Perezcan todas las artes si es necesario, a condición de que nos quede la igualdad!".

El "babuvismo" es una doctrina autoritaria y centralista. Cuando la conspiración triunfe, Babeuf se propone mantener durante un largo período la dictadura de lo que denomina el "Comité insurrector". Para instaurar el comunismo cuenta con un Gobierno fuerte; y no parece que sintiera mayor inclinación por la democracia directa que por la democracia representativa.

El "babuvismo", según Maxime Lerroy, es una "combinación de terrorismo y de asistencia social". Es exacto que el *Manifiesto de los iguales* compara a la sociedad futura con un "hospicio". Sin embargo, es la primera doctrina indiscutiblemente comunista que descansa sobre una organización política y que no es tan sólo el sueño de un filósofo. Tiene, por tanto, una importancia cierta en la historia de las doctrinas políticas.

Entiéndase, en la historia de las doctrinas más que en la de las ideas. Pues, a pesar de su tono plebeyo, la doctrina de Babeuf nunca interesó a las masas a las que pretendía sublevar. El "babuvismo" extendió su acción más allá de las fronteras francesas, pero esta acción quedó limitada, salvo excepciones, a burgueses idealistas y a profesionales de la conspiración. Babeuf fue detenido y después ejecutado (un año después de su detención) sin que el proletariado hiciese el menor esfuerzo por salvarlo.

La Revolución francesa: historia y leyenda.—El golpe de Estado de Brumario acaba con el régimen del Directorio, pero no con el poder de los termidorianos. La Revolución entra en la Historia.

A lo largo del siglo XIX los historiadores de la Revolución francesa se multiplican. Las obras de Thiers, Mignet, Louis Blanc, Buchez, Lamartine, Cabet, Michelet, Tocqueville, Taine, Jaurès, propagan imágenes diferentes y a veces opuestas de la Revolución y mantienen en torno a ella una atmósfera de leyenda.

Sería interesante escribir la historia de esta leyenda revolucionaria —que se confunde durante algunos años con la leyenda napoleónica, antes de oponerse a ella—, trazar su evolución, indicar los medios de su propagación y especialmente el papel de los manuales escolares. Libros como la *Histoire des Girondins*, de Lamartine, o la *Histoire socialiste*, de Jaurès, interesan en primer término a la historia de las ideas políticas, ya que han fijado, para un amplio público, una cierta imagen de la Revolución. Hay que lamentar que los historiadores no se hayan interesado más por la historia de la Historia.

* * *

Las ideas políticas de Napoleón.—El Imperio es una época de acción, no de doctrina. Napoleón detesta a los "ideólogos" y atribuye la responsabilidad de todas las desgracias sufridas por Francia a la ideología, "esa tenebrosa metafísica que, al buscar con sutileza las causas primeras, quiere fundar sobre esas bases la legislación de los pueblos, en lugar de adecuar las leyes al conocimiento del corazón humano y a las lecciones de la Historia".

Napoleón nada tiene de doctrinario. Se expresa de la forma aparentemente más contradictoria —pero siempre la más oportuna— según los interlocutores, los lugares y los momentos. Unas veces denuncia los falsos principios del 1789, otras se presenta como el heredero de la Revolución ("Hemos terminado la novela de la Revolución; hay que comenzar su historia"). En 4 de mayo de 1802 afirma en el Consejo de Estado: "En todos los países la fuerza cede a las cualidades civiles... Predije a los militares que tenían algunos escrúpulos que el Gobierno militar nunca prendería en Francia, a menos que la nación fuera embrutecida por cincuenta años de ignorancia...". Pero más tarde declarará a Gourgaud: "En último análisis, para gobernar es preciso ser militar; no se gobierna más que con espuelas y botas...".

Las ideas políticas de Napoleón son eminentemente pragmáticas. Lo mismo ocurre con sus ideas religiosas. La religión es para Napoleón el soporte del orden social: "No veo en la religión el misterio de la Encarnación, sino el misterio del orden social". Añade que la religión satisface nuestro "amor por lo maravilloso", garantizándonos de esta forma charlatanes y hechiceros: "Los sacerdotes valen más que los Cagliostro, los Kant y todos los soñadores de Alemania...".

Napoleón tiene, por tanto, la preocupación de lo maravilloso, el gusto por el fasto y el aparato escénico. Piensa que la imaginación gobierna el mundo. "El vicio de nuestras instituciones consiste en no tener nada que hable a la imaginación. Sólo mediante ella puede gobernarse al hombre; sin la imaginación, éste es un bruto". La poesía, el sentido de la epopeya se combina con el oportunismo. Y Napoleón, en Santa Elena, forja ya su leyenda.

BIBLIOGRAFIA

I. La Revolución americana.

Véase la bibliografía general concerniente a los Estados Unidos al principio de la presente obra. Hay numerosas indicaciones bibliográficas sobre la revolución americana en Alan Pendleton Grimes, *American political thought*, Nueva York, H. Holt. and Co., 1955, 500 págs. Véase especialmente Charles A. Beard, *An economic interpretation of the Constitution of the United States*, Nueva York, Macmillan, 1913, 330 págs. [Hay traducción española: *Una interpretación económica de la Constitución de los Estados Unidos*, Buenos Aires, Ediciones Arayú, 1953, 320 págs.] C. H. McIlwain, *The American Revolution: A constitutional interpretation*, Nueva York, Macmillan, 1924, 198 páginas. Vernon L. Parrington, *Main currents of American thought*, Nueva York, Harcourt, Brace and Co., 1930, 3 vols. [traducción española, citada en la bibliografía general].

Dos artículos: Louis Hartz, "American political thought and the American Revolution", *American political science review*, junio de 1952, págs. 321-342. Clinton Rossiter, "The political theory of the American Revolution", *Review of politics*, enero de 1953, págs. 97-108.

Sobre la declaración de Independencia: Carl Becker, *The Declaration of Independence. A study in the history of political ideas*, Nueva York, A. A. Knopf, 1942, 286 págs.

Sobre Franklin han sido recientemente publicados en francés diferentes estudios: Carl van Doren, *Benjamin Franklin*, Aubier, 1956, 504 págs. (versión abreviada de la edición americana); Gilbert, CHINARD, *L'apothéose de Benjamin Franklin,* colección de textos, acompañada por una introducción y notas de Gilbert CHINARD, Libraire Orientale et Américaine, 1955, 189 págs. (muy interesante). [Una selección de textos de Franklin en castellano: *El libro del hombre de bien,* Madrid, Nueva Biblioteca Filosófica, 1929, 255 págs.] Una nueva edición en francés del *Federalista,* con un prefacio de André TUNC, Libraire Générale de Droit et Jurisprudence, 1957, LVI-782 págs. Véase también la edición inglesa con el prefacio de Max BELOFF, Oxford, B. Blackwell, 1948- LXXII-484 páginas. [Hay traducción castellana: HAMILTON, MADISON y JAY, *El Federalista o la nueva Constitución,* Méjico, Fondo de Cultura Económica, 448 págs.]

Sobre Jefferson y Hamilton: Claude G. BOWERS, *Jefferson and Hamilton; the struggle for democracy in America,* Boston, Houghton, Mifflin and Co., 1933. Saul K. PADOVER, "The Singular Mr. Hamilton", *Social Research,* verano de 1957, págs. 156-190 (anuncia un libro de conjunto sobre Hamilton). Saul K. PADOVER, ed., *The Complete Jefferson,* Nueva York, Duell, Sloan and Pearce, 1943, 1.332 págs. Charles A. BEARD, *Economic origins of Jeffersonian democracy,* Nueva York, Macmillan, 1915, 475 págs. Sobre Adams: *The political writings of John Adams,* Nueva York, The Liberal Arts Press, 1954, XXXII-223 págs.

Sobre la influencia de la revolución americana en Inglaterra véase la recopilación de textos publicada por Max BELOFF, en la colección "The British Political Tradition": *The Debate on the American Revolution, 1761-1783,* Londres, Nicholas Kaye, 1499, 304 páginas.

Sobre la imagen de los Estados Unidos en la Francia del siglo XVIII: Durand ECHEVERRIA, *Mirage in the West. A history of the French image of American society to 1815,* Princeton, 1957, XVIII-300 págs. Para el período posterior véase la tesis de René RÉMOND, *Les Etats-Unis devant l'opinion française dans la première moitié du XIX siècle,* A. Colin, 1962.

[Trozos escogidos de Washington y Jefferson en: Philip S. FONER, *Washington, Jefferson, Lincoln,* Montevideo, P. Unidos, 1945, 207 págs.

Obras de Thomas PAINE en castellano: *Los derechos del hombre,* prólogo de Eloy Terrón, trad. de J. A. Fontanilla, Buenos Aires, Aguilar, 1954, 367 págs.; *La independencia de la Costa firme,* traducción y extractos (de *El sentido común* y la *Disertación sobre los primeros principios de gobierno)* de Manuel García Siena, Filadelfia, 1911, reimpresión, Caracas, 1949.]

II. LA REVOLUCIÓN FRANCESA.

La más reciente puesta a punto es la de Jacques GODECHOT, *Les révolutions (1770-1789),* P. U. F., 1963, 411 págs. (Nouvelle Clio). Del mismo autor, *La pensée révolutionnaire en France et en Europe (1780-1799),* A. Colin, 1964, 404 págs., (Antología de textos escogidos para la colección "U"), así como *Les institutions de la France sous la Révolution et l'Empire,* P. U. F., 1951, 696 págs., y *La Grande Nation. L'expansion révolutionnaire de la France dans le monde (1789-1799),* Aubier, 1956, 2 vols., 759 págs. El libro de Bernard GROETHUYSEN, *Philosophie de la Révolution française. Précédé de Montesquieu,* Gallimard, 1956, 307 págs., se refiere a la filosofía del siglo XVIII en su conjunto; por consiguiente, se corresponde muy imperfectamente con su título. En cuanto al libro de Paul JANET, *Philosophie de la Révolution française,* Baillière, 1875, 175 págs., se contenta con pasar una breve revista a los diversos juicios sobre la Revolución francesa, especialmente los de Thiers, Mignet, Michelet, Louis Blanc, Buchez, Tocqueville y Taine. André LITCHTENBERGER, *Le socialisme et la Révolution française (1789-1796).* F. Alcan, 1899, 316 págs. Jean BELIN-MILLERON, *La logique d'une idée-force. L'idée d'utilité sociale et la Révolution française,* Hermann, 1939, 7 fasc. (emplea con notable confusión una abundante documentación).

Sobre las relaciones de las ideas políticas y de las ideas religiosas: André LATREILLE, *L'Eglise catholique et la Révolution française,* Hachette, 1946-50, 2 vols.; Alphonse

AULARD, *Le Christianisme et la Révolution française*, Rieder, 1925, 160 págs.; Jean LE-FLON, *La crise révolutionnaire (1789-1846)*, Bloud & Gay, 1949, 524 págs.

Sobre la influencia de los filósofos, el libro básico, con sus limitaciones, sigue siendo el de Daniel MORNET, *Les origines intellectuelles de la Révolution française (1715-1787)*, A. Colin, 1933, 552 págs.

Sobre el tema del "complot" revolucionario: Augustin COCHIN, *Les sociétés de pensée et la démocratie*, Etudes d'histoire révolutionnaire, Plon, 1921, 300 págs. (tres estudios refiriéndose el más extenso a una polémica con Aulard); del mismo autor, *La Révolution et la libre-pensée*, Plon, 1955, LII-293 págs. (tres estudios, indicando el título acertadamente la orientación: "Verité ou la pensée socialisée"; "Liberté ou la volonté socialisée"; "Justice ou les biens socialisés"). Un ensayo rápido, pero sugestivo: Daniel HALÉVY, *Histoire d'une histoire, esquissée pour le troisième cinquantenaire de la Révolution française*, Grasset, 1939, 114 págs. Véase también: Bernard FAY, *L'esprit révolutionnaire en France et aux Etats-Unis à la fin du XVIII* siècle*, Champion, 1925, 378 págs.

Los principios del 89.

Resultará cómodo estudiar la Declaración de Derechos del Hombre y del Ciudadano y la Constitución de 1791 en la edición de M. BOUCHARY, Tiranty, 1947, 216 págs. (numerosos textos anexos y bibliografía). Se podrá encontrar en Georges LEFEBVRE, *La Révolution française*, pág. 156, las principales referencias de la discusión Jellinek-Boutmy sobre la influencia de las declaraciones americanas sobre la declaración francesa. [Vid. JELLINEK, *La declaración de los derechos del hombre y del ciudadano*, trad. A. Posada, Madrid, Biblioteca de Derecho y de Ciencias Sociales, vol. XLII.] Véase sobre este punto: Gilbert CHINARD, *La déclaration des droits de l'homme et du citoyen et ses antécédents américains*, Washington, Instituto francés, 38 págs.

SIEYÈS, *Qu'est-ce que le Tiers Etat?*, precedido del *Essai sur les privilèges*, edición crítica de Edme Champion, 1888, XV-95 págs. [En castellano: Emmanuel-Joseph SIEYÈS, *¿Qué es el Estado llano?*, precedido del *Ensayo sobre los privilegios*, versión castellana de José Rico Godoy, con un prólogo de Valentín Andrés Alvarez, Madrid, Instituto de Estudios Políticos, 1950, 201 págs.] Sobre Sieyès el libro básico es el de Paul BASTID, *Sieyès et sa pensée*, Hachette, 1939, 652 págs. Sobre Barnave véase Jean-Jacques CHE-VALLIER, *Barnave ou les deux faces de la Révolution (1761-1793)*, Payot, 1936, 361 páginas. Sobre Mounier: Jean EGRET, *La Révolution des notables, Mounier et les monarchiens*, A. Colin, 1950, 244 págs.

Los girondinos.

Véase el tomo VI de los *Grands orateurs républicains*, edición de Michel LHÉRITIER, Mónaco, Hemera, 1950, 257 págs. Véase también la obra de CONDORCET (cf. más arriba, página 351); las *Mémoires de Mme. Roland* (documento muy característico de la sensibilidad burguesa de la época revolucionaria); Michel LHÉRITIER, *Les Girondins, Bordeaux et la Révolution française*, Renaissance du Livre, 1947, 365 págs.

Los jacobinos.

Gaston MARTIN, *Les jacobins*, P. U. F., 1945, 118 págs. Crane BRINTON, *Jacobins: an essay in the new history, Nueva York*, Macmillan, 1931, X-319 págs. Remitirse con ulterior provecho a la obra fundamental de Albert SOBOUL, *Les sans-culottes parisiens en l'an II. Mouvement populaire et gouvernement révolutionnaire*, Clavreuil, 1958, 1.170 páginas.

El principal instrumento de trabajo para el estudio de Robespierre es la monumental edición de sus *Discours*, preparada bajo la dirección de M. BOULOISEAU, G. LEFEBVRE y Albert SOBOUL (9 tomos aparecidos). Entre los recientes trozos escogidos véanse los de Henri CALVET, Mónaco, Hemera, 1950, 252 págs. *(Les grands orateurs républicains)* y los de Jean POPEREN, Editions sociales, 1956, 2 vols. (interpretación marxista, sin elementos nuevos). Sobre las ideas políticas de Robespierre: A. COBBAN, "The Political Ideas of Robespierre", *English historical Review*, 1946; vea también Albert MATHIEZ, *Etudes sur Robespierre*, Editions sociales, 1958, 282 páginas (útil recopilación de artículos) y Jean MASSIN *Robespierre*, Club français du Livre, 1960, 322 págs.

No existe ninguna edición completa de las *Oeuvres* de Saint-Just. Los mejores trozos escogidos son, a nuestro juicio, los de Albert SOBOUL, en la colección "Classiques du Peuple", Editions sociales, 1957, 223 págs. (con una útil nota bibliográfica y una substancial introducción, de inspiración marxista). A completar con: Albert SOBOUL, "Les Institutions républicaines de Saint-Just d'après les manuscrits de la Bibliothèque Nationale", *Annales historiques de la Révolution française*, julio-septiembre de 1948, págs. 193-262; del mismo autor, en la misma revista: Un manuscrit inédit de Saint-Just: *De la nature de l'Etat civil, de la Cité ou les règles de l'indépendance du Gouvernement* en el número de octubre-diciembre de 1951, págs. 321-359, y *Sur la mission de Saint-Just à l'armée du Rhin* en los números de julio-septiembre (págs. 193-231) y octubre-diciembre de 1954 (páginas 298-337). Véase también Pierre DEROCLES (seudónimo de Albert Soboul), *Saint-Just, ses idées politiques et sociales*, Editions Sociales Internationales, 1937, 173 páginas (repertorio metódico, descuidando la cronología). El último libro sobre Saint-Just es el de Albert OLLIVIER, *Saint-Just et la force des choses*, Gallimard, 1955, 587 páginas. Véase la recensión de Marcel REINHARD en la *Revue française de science politique*, octubre-diciembre de 1955, pág. 884. En lo que concierne a Marat véanse los *Textes choisis* por Michel OVELLE, Éditions sociales, 1963, 253 págs. Así como Jean MASSIN. *Marat*, Club français du Livre, 1960, 306 págs.

Los "enragés".

Además de Daniel GUÉRIN (*op. cit.*, pág. 466) véase Maurice DOMMANGET, *Jacques Roux, le curé rouge*, Spartacus, 1948, 94 págs. (contiene el texto de la petición de 25 de junio de 1793, frecuentemente calificada de "Manifiesto de los *enragés*"). El libro básico continúa siendo, sin embargo, Albert MATHIEZ, *La vie chère et le mouvement social sous la Terreur*, Payot, 1927, 620 págs. Una biografía de Hébert, por Louis JACOB, Gallimard, 1960, 365 págs.

Las ideas políticas de los emigrados.

El principal estudio es el de Fernand BALDENSPERGER, *Le mouvement des idées dans l'émigration française (1789-1815)*, Plon-Nourrit & C.ª, 1924, 2 vols., XVI-339, 335 págs.
Sobre Mallet du Pan: F. DESCOSTES, *La Révolution française vue de l'étranger (1788-1799): Mallet du Pan à Berne et à Londres*, Tours, 1897, X-563 págs.
Sobre Chateaubriand y Joseph de Maistre véase más adelante págs. 453 y 454.

Las ideas políticas bajo la reacción termidoriana y el Directorio.

Obras generales.—Georges LEFEBVRE, *Les thermidoriens*, A. Colin, 1937, 220 págs. Albert MATHIEZ, *La réaction thermidorienne*, A. Colin, 1929, 327 págs. Georges LEFEBVRE, *Le Directoire*, 2.ª ed., A. Colin, 1950, 199 págs. Albert MATHIEZ, *Le Directoire*, 1934, VIII-392 págs. (tiende a minimizar la importancia del comunismo en el movimiento de Babeuf). La publicación más reciente sobre este movimiento es la edición de *La Conspiration pour l'égalité dite de Babeuf*, de BUONARROTI, en la colección de "Classiques du Peuple", (con una utilísima referencia bibliográfica de Jean DAUTRY), Editions sociales, 1957, 2 vols., 239-248 págs. Maurice DOMMANGET, *Pages choisies de Babeuf*, A. Colin, 1935, XI-300 págs. ("Les Classiques de la Révolution"), preferible a los trozos escogidos de C. y G. WILLARD, Editions sociales, 1951, 104 págs. ("Classiques du Peuple"). Claude MAZAURIC, *Babeuf et la conspiration pour l'égalité*, Editions sociales, 1962, 247 págs. (Recientemente, Tierno GALVAN, *Babeuf y los iguales:* Un episodio del socialismo premarxista. Madrid, Editorial Tecnos). Georges LEFEBVRE, *Les origines du comunisque de Babeuf*, en los informes del IX Congreso Internacional de Ciencias Históricas, Impr. nationale, 1950, tomo I, págs. 561-571. J.-L. TALMON, *The Origins of Totalitarian De-*

mocracy, Londres, Secker and Warburg, 1952, xi-366 págs. (ve en el "babuvismo" el resultado de las doctrinas de la "democracia totalitaria, en germen en el siglo XVIII y especialmente en Rousseau). Véase la crítica de este libro hecha por G. Lefebvre en los *Annales historiques de la Révolution française,* 1954, págs. 182-184. Consúltese sobre todo el número especial de los *Annales historiques de la Révolution française* (octubrediciembre 1960), sobre Babeuf, así como *Babeuf* (1760-1797), *Buonarroti* (1761-1837). *Pour le deuxième centenaire de leur naissance,* Nancy, 1961, 228 págs. (Sociétés des Etudes robespierristes).

Sobre Buonarroti: Alessandro Galante Garrone, *Buonarroti e Babeuf,* Turín, F. de Silva, 1948, 284 págs. Armando Saitta, *Filippo Buonarroti,* Roma, 1950-1951, 2, vols., XII-295 págs., II-316 págs.

Sobre Sylvain Maréchal: Maurice Dommanget, *Sylvain Maréchal, L'égalitaire, "l'homme sans Dieu",* Lefeuvre, 1950, 518 págs. (mucho más elaborado que el libro del mismo autor sobre Jacques Roux).

Sobre la influencia de la Revolución francesa en Inglaterra es útil consultar la recopilación de textos escogidos y publicados por Alfred Cobran en la colección "The British Political Tradition", Londres, Nicholas Kaye, 1950, xx-496 págs. En el mismo orden de ideas: Jacques Droz, *L'Allemagne et la Révolution française,* P. U. F., 1949, 501 págs. (importante estudio).

El Imperio.

Los trozos escogidos de Adrien Dansette, *Napoleón, vues politiques,* A. Fayard, 1939, xxv-363 págs., son de consulta fácil; pero, construidos según un plan metódico tienden a ofrecer una imagen demasiado coherente de la doctrina napoleónica; *Le Mémorial de Sainte-Hélène,* de Las Cases, debe ser consultado en la excelente edición de Marcel Dunan, Flammarion, 1951, 2 vols., xx-911, 924 págs.

Sobre los ideólogos véase: M. Ferraz, *Histoire de la philosophie pendant la Révolution (1789-1804)* (Grant, Destut de Tracy, Cabanis, Rivarol, Condorcet, Volney, etc.), Perrin, 1889, xx-388 págs.; Jean Gaulmier, *L'idéologue Volney (1757-1820),* Beirut, Impr. catholique, 1951, 628 págs.

La oposición al Imperio produjo pocas obras doctrinales; resulta interesante comparar el panfleto de Benjamín Constant, *De l'esprit de conquête et de l'usurpation* (1814) con el de Chateaubriand, *De Buonaparte et des Bourbons.*

CAPITULO XI

Reflexiones sobre la Revolución

La Revolución francesa era un acontecimiento demasiado importante en sí mismo, había sido "preparado" por oleadas ideológicas demasiado poderosas y se acompañaba de demasiadas armonías (en la historia de los hechos sociales, económicos y políticos) como para no tener importantes repercusiones en la historia del pensamiento político.

Juristas, publicistas y filósofos no pudieron prescindir de una "reflexión sobre la revolución". Y no sólo en Francia, sino también —y sobre todo— en los países afectados por las guerras de la Revolución, del Consulado y del Imperio. Reflexión pasional y apasionada en algunos casos, pero también —sobre todo por parte de los filósofos alemanes— reflexión integrada en una vasta tentativa de reconstrucción lógica, moral y metafísica, o en una filosofía de la Historia y del Espíritu.

Es, sin duda, arbitrario, pero seguramente útil para la claridad de la exposición, estudiar sucesivamente:

— el rechazo de los principios de la Revolución, especialmente visible en los pensamientos de Burke, Rivarol y Joseph de Maistre (sección I).

— la filosofía alemana, de la *Aufklärung* a Hegel (sección II).

— la obra de Hegel, o la tentativa de una filosofía del Estado moderno: el Estado es uno de los "momentos" supremos de la Historia, que no es, a su vez, más que una historia del Espíritu (sección III).

SECCION PRIMERA

El rechazo de los principios de la Revolución.

1. La reacción apasionada de Burke.—Evidentemente, sería reducir la personalidad y la obra de Edmund Burke (1729-1797) el estudiarlas sólo a través de su reacción ante la Revolución francesa. Sin embargo, sus *Reflexiones sobre la Revolución francesa* (1790) expresan con bastante perfección el conjunto de su pensamiento. Lo más importante a este respecto es que —como ha observado Leo Strauss— "una misma fe inspira sus campañas en favor de los colonos americanos y de los católicos irlandeses, en contra de Warren Hastings y de la Revolución francesa; esta última... no hizo apenas más que confirmar su concepción del bien y del mal, tanto en política como en moral".

Gran parlamentario *whig*, temperamento impetuoso y espíritu poco sistemático (al menos en la exposición de sus convicciones), Burke no escribió ningún tratado sobre teoría política. Sus pensamientos sobre política se expresan en cartas, discursos y panfletos de circunstancias. Burke se expresa mediante aforismos, efusiones líricas o polémicas y argumentos *ad hominem* que apuntan las más de las veces a un resultado práctico. Derivan de aquí aparentes contradicciones, debidas tan sólo a las diferentes situaciones que excitan su emoción. La inspiración es siempre la misma. Es, en primer lugar —en este hombre que es ante todo un contradictor—, el odio hacia los "filósofos parisienses" —en particular Rousseau—, hacia esos "audaces experimentadores de la nueva moral". No es que no admita, muy por el contrario, la teoría del contrato social y de la soberanía del pueblo; pero nadie insistió más que él en la idea de que razón y teoría no son referencias válidas para la vida de las sociedades, de que la Historia es menos asunto de "especulaciones" (que Burke aborrece con todo su instinto de irlandés, aristócrata e insular) que de un largo depósito de tradiciones, de prudencia, de moral incorporada en los usos y en las "civilizaciones". Violento detractor del "legalismo" —que para él se identifica con una creencia racionalista en "derechos metafísicos"[1]—, Burke niega que las Constituciones puedan "hacerse" (la misma idea se encuentra en Joseph de Maistre): no pueden más que "crecer", gracias a la adquisición del "patrimonio razonable de los siglos". Si bien es un apasionado admirador de la "Constitución" británica, no lo es tanto porque considere que el derecho natural esté encarnado en ella (el derecho natural es siempre la gran preocupación de Burke) como porque, a sus ojos, esa Constitución tiene el mérito de establecer y hacer valer *realmente* la libertad de los ingleses "como un estado particular del pueblo de este reino, sin ninguna referencia a cualquier otro derecho más general o anterior". En cierta medida, anuncia a Hegel por la intuición, que atraviesa todo su pensamiento, de que lo real (es decir, el presente, lo actual como producto de los siglos) es racional. Por último, si Burke, liberal contemporáneo de Adam Smith, considera providencial la miseria de los pobres y se indigna con la "idea especulativa" de que un decreto humano pueda remediarla, es porque cree profundamente que el hombre nunca podrá llegar a ser el amo clarividente de su destino; la especulación del más sabio legislador no alcanzará nunca la sabiduría práctica contenida en "lo que ha sucedido en un gran lapso de tiempo y por una gran variedad de accidentes".

El pensamiento de Burke se inscribe en un contexto ideológico, clásico (la sabiduría ciceroniana) y tomista a la vez. Tal vez a esto se agregue, en este aristócrata liberal e individualista, una ética y una estética que postulan orden y belleza en la irregularidad natural y en el brote de lo individual[2]. Burke reprobó frecuentemente al universalismo del "espíritu filosófico" el proceder a una "secularización de lo eterno". Aun admitiendo que el reproche no le pueda ser devuelto, cabe de seguro hablar, respecto a él, de una naturalización de lo espiritual.

LAS "REFLEXIONES SOBRE LA REVOLUCIÓN FRANCESA".—La ocasión de este libro compacto, tan inspirado como desordenado y desprovisto de serenidad, fue un elogio de la Revolución francesa pronunciado por Price el 4 de noviembre de 1789 en la Sociedad de la Revolución.

Burke se indigna, ante todo, de que Price haya propuesto la Revolución francesa a los británicos como modelo. ¿No son acaso éstos, gracias a la revolución de 1688 y a las tradiciones y Constitución del reino, un pueblo libre? En la libertad proclamada en Francia no ve y prevé más que una

---

[1] "Metafísica" tiene siempre en Burke un sentido peyorativo.
[2] La única obra teórica de Burke se titula *A philosophical Inquiry into the Origin of our Ideas of the Sublime and Beautiful*. De acuerdo con el sensualismo inglés, la obra es también prerromántica, en la medida en que habla en pro de una emancipación del sentimiento y del instinto contra la razón.

fuente indefinida de desórdenes. Ahora bien, la libertad debe ser "viril, moral y ordenada".

"Yo hubiera suspendido mis felicitaciones a Francia por su nueva libertad hasta que me hubiera dado cuenta de cómo tal libertad se adecuaba con el Gobierno, con la fuerza pública, con la disciplina y obediencia de los ejércitos, con la percepción y buena distribución de los ingresos, con la moralidad y la religión, con la raigambre de la propiedad, con la paz y el orden, con las costumbres privadas y públicas" [cit. de la trad. de Enrique Tierno Galván, pág. 36].

Se comprende en seguida el movimiento constante que conduce a Burke a privilegiar bruscamente los valores prácticos, únicos guardianes del orden natural, aun cuando acaba de admitir, en teoría, valores universales. El pensamiento utilitarista que impregna la Inglaterra del siglo XVIII imprime una profunda huella en Burke y le lleva en ocasiones a emplear argumentos bastante cercanos a los del maquiavelismo.

Burke enfrenta, en un cuadro violentamente contrastado, a la Revolución francesa, geometría orgullosa edificada sobre una tabla rasa, con la Constitución inglesa, cuya profunda sabiduría no reside en algunas reglas o principios, sino en una amplísima y sutil armonía de costumbres, prejuicios e instituciones concretas depositadas en el curso de los siglos; las cuales frecuentemente, sin excluirse lógicamente entre sí, se han superpuesto, armonizado y "fundido", suscitando naturalmente el diálogo alternativo de los partidos políticos, cuyo papel consiste, a la vez, en estimular y equilibrar ese organismo vivo que es la Constitución británica.

Esta antítesis entre las dos Constituciones y las dos libertades constituye el telón de fondo sobre el que Burke proyecta, a propósito del comienzo de la Revolución francesa, los principales temas de una filosofía del conservadurismo.

El odio a la abstracción.—"[Los filósofos parisienses] son peor que indiferentes a los *sentimientos* y a los *hábitos* que sostienen el mundo moral..., tratan a los hombres en sus experiencias ni más ni menos como lo harían con ratones en una bomba de aire o en un recipiente de gas mefítico...
... Las decisiones nacionales o los problemas políticos no se centran, en primer lugar, sobre la verdad y el error. Se relacionan con el bien y el mal, con la paz o la mutua comodidad..., (con) el juicioso manejo del temperamento del pueblo...
... La antigua costumbre es el gran sostén de todos los Gobiernos del mundo."

La novedad de la Revolución francesa, que Burke diferencia radicalmente de las demás revoluciones (la inglesa, por ejemplo) y a la que relaciona más bien con los desórdenes y trastornos de origen religioso, consiste en ser una "revolución de doctrina y de dogma teórico", "la primera revolución filosófica", realizada por hombres que desprecian el poder del azar y que olvidan que "tal vez la única cosa de la que, con alguna seguridad, seamos responsables, es el tomar a cargo nuestro tiempo". La Declaración de Derechos del Hombre y del Ciudadano provoca de manera especial los sarcasmos (vehementes) de Burke. Frente a ella invoca lo particular, lo único, lo "maravilloso" de las diferencias naturales de lugar, tiempo, costumbres, experiencias y personas.

Elogio de la naturaleza.—Según Burke, la naturaleza no es un "universal" racional, sino lo que la Providencia nos entrega dentro de su libertad misteriosa, en la que participamos "naturalmente".

Desde este punto de partida Burke llega hasta el elogio de los hábitos (cfr. Hume) y de los prejuicios:

"Cuanto más han durado y más general ha sido su influencia, más los cuidamos" [trad. Tierno, pág. 481].

Este liberal no admite, en modo alguno, la igualdad —evidentemente contra natura— y rechaza con desprecio las pretensiones que candeleros y peluqueros pudieran tener al Gobierno del Estado.

Elogio de las sujeciones.—Burke cree que la sociedad civil descansa sobre un contrato que puso fin al estado de naturaleza, que era el que correspondía a "nuestra desnuda y temblorosa naturaleza". Según Burke, éste es el estado de naturaleza anterior a la Providencia (y, en consecuencia, una pura imaginación), de tal suerte que la sociedad civil "convencionada" *(convenanted)* es el verdadero estado de naturaleza (providencial). La sociedad civil tiene, sin duda, el fin de proteger los derechos de los hombres, pero estos derechos son exclusivamente el derecho de alcanzar la felicidad mediante la victoria de la virtud sobre las pasiones. Por ello, ha de contarse en primer término, entre esos derechos, el derecho a ser gobernado, el derecho a las leyes, a las sujeciones. El derecho de cada cual a su conservación y felicidad no implica, en modo alguno, el derecho individual a participar en la discusión de los negocios públicos o en el Gobierno, sino tan sólo el derecho a un buen Gobierno. Así, Burke postula el Gobierno de una "aristocracia natural", hondamente penetrada por la práctica de una disciplina personal y de virtudes severas y restrictivas. De aquí proviene la exaltación (en desorden) de las sujeciones del matrimonio, la frugalidad y la religión.

Instituciones encarnadas en personas.—Este tema, destinado a alcanzar un gran éxito en todo el pensamiento tradicionalista, surge en Burke por su horror al legalismo. La Revolución francesa pretende hacer a la familia real simple titular físico de una función pública. "En el nuevo orden de cosas un rey no es más que un hombre; una reina, una mujer", protesta Burke. Su indignación no conoce límites cuando piensa en los ataques dirigidos a la joven reina María Antonieta. Esa racionalización de la función real que hace abstracción de la *persona* carnal del soberano le parece, a la vez, una desacralización sacrílega y un desorden fuera de los sentimientos naturales. El amor es una ley de la naturaleza; ahora bien, aunque es natural amar a las personas, no lo es el esperar que los hombres dirijan su amor a las instituciones y a las funciones.

Las libertades, no la libertad.—Así como Burke defendió ante todo, en la causa de los colonos de América, las libertades de las comunidades inglesas contra la tentativa centralizadora y asimilacionista de Jorge III, así se alza contra los proyectos de la Asamblea nacional francesa de remediar el aparente capricho de la organización administrativa y financiera de la monarquía. Esta era el fruto de la historia y de la experiencia, la red de

alvéolos en la que se equilibraban las múltiples libertades concretas. Las
libertades sólo pueden ser el producto de una herencia. En cambio, la libertad proclamada como absoluta no proporciona sino miseria. El tema será
repetido hasta la saciedad en Francia por la escuela de "Acción Francesa"
y por la propaganda del Gobierno de Vichy.

La Revolución en la historia providencial.—Bosquejando un tema que
será ampliamente desarrollado por Maistre, Burke no dista mucho de considerar la Revolución francesa como un castigo de Dios por los pecados
de los hombres. En sus últimas cartas admite que la victoria de esa Revolución haya podido ser decretada por la Providencia y que el Estado nacido
de ella pudiera existir "como un daño sobre la tierra para varios centenares
de años". En su pesimismo llega a pensar que los hombres no serán ni lo
bastante virtuosos ni lo suficientemente resueltos como para oponer una
barrera a una corriente tan poderosa. La historia providencial de Burke no
está guiada por una razón. Es enteramente fortuita. El azar parece un atributo de Dios.

2.   La contrarrevolución y los escritores de lengua francesa.—De Burke
a los escritores de lengua francesa, los cargos de acusación contra la Revolución son casi siempre los mismos y muchos de los temas son idénticos.
Sin embargo, el contexto ideológico es diferente. Cuando Burke vitupera
el 1789, lo que sobre todo hace es exaltar a Inglaterra y su "combinación"
incomparable de libertades y tradiciones. Con su característico temperamento y con la emoción que los acontecimientos le transmiten, realiza una
transposición de Locke, impregnado como está (incluso inconscientemente)
por el utilitarismo. Rivarol o Joseph de Maistre ni siquiera tienen una mirada para las instituciones británicas. Rivarol se sitúa en la línea de Voltaire. En cuanto a Joseph de Maistre, su pensamiento es propiamente teocrático, más inspirado, por lo demás, en las fuentes del iluminismo teosófico
que en las doctrinas teocráticas medievales.

A)   RIVAROL.—Aunque Rivarol no fue un teórico, su recuerdo permanece vivo en
nuestros días (cf. el periódico que lleva su nombre). El estudio de su obra descubre las
raíces que el pensamiento contrarrevolucionario hunde en la filosofía del siglo XVIII. La
contrarrevolución no es una simple reacción contra el siglo de los filósofos; aunque vuelva contra ellos algunos de los temas de ellos recogidos, les debe mucho.
Con anterioridad a 1789 Rivarol (1753-1801) es conocido como un brillante conver-
sador, especialista en retruécanos y chistes. Parásito sarcástico de una sociedad a punto
de derrumbarse, es uno de los últimos arribistas del Antiguo Régimen. Como ha dicho
V.-H. Debidour en su prefacio a los trozos escogidos publicados por Grasset en 1956,
tiene su lado de Jean-Jacques Rousseau, su lado de Chénier y, sobre todo, su lado de
Voltaire: "Plenamente de su tiempo, no es más que de su tiempo".
Pero la Revolución estalla y Rivarol se alza contra ella. El incrédulo se convierte
en defensor de la Iglesia y de la monarquía, lo que no le impide juzgar con severidad
a Luis XVI. Critica la Declaración de Derechos, "prefacio criminal de un libro imposible", estimando que debe ser sustituida por una declaración de hechos y una declaración de deberes. Denuncia las ilusiones de la soberanía popular y de la igualdad. Indica su preferencia por la agricultura y utiliza mucho el tema del árbol [3] ("¡Ah! ¡No seáis

---

[3]   Tan ampliamente utilizado por la literatura tradicionalista. Cf. más adelante, pág. 415.

más sabios que la naturaleza; si queréis que un gran pueblo goce de la sombra y se alimente de los frutos del árbol que habéis plantado, no dejéis sus raíces al descubierto"). Una de sus obras lleva un título a lo Renan: *De l'homme intellectuel et moral* (1797). Como más tarde hará Maurras, habla de política natural: "No se debe desear ser más sabio que la naturaleza".

Sin embargo, continúa siendo un hombre del siglo XVIII. Como Rousseau y Saint-Just, habla de la felicidad: "Una nación no tiene derechos contrarios a su felicidad... Los verdaderos representantes de una nación no son quienes realizan su voluntad del momento, sino los que interpretan y siguen su voluntad eterna; esa voluntad que no difiere nunca de su gloria y de su felicidad".

En contextos históricos diferentes Rivarol siempre tendrá en Francia herederos: brillantes y mimados literatos, inteligencias claras y ágiles, plumas impertinentes. La política les atraería poco, a no ser porque la iritación producida por los "ideólogos" de tosco lenguaje y el horror físico ante el jueblo encolerizado les hiciera tomar bruscamente conciencia de que son solidarios de una sociedad cuyo orden y tradiciones les garantiza tranquilidad y éxito. Paradójicamente, estos impertinentes negadores se transforman en soldados de caballería ligera del tradicionalismo que caracolean en torno al pesado escuadrón de los académicos, cuyos vacíos llenarán llegado el momento.

B) ILUMINISMO Y TEOCRACIA.—El tradicionalismo de Rivarol es de estilo volteriano. El de Joseph de Maistre hunde sus raíces en el iluminismo que se expandió con bastante amplitud a finales del siglo XVIII.

Sólo podemos aquí mencionar la obra de Fabre d'Olivet (1768-1825) y de Claude de Saint-Martin (1743-1803), el "filósofo desconocido", autor de *L'homme de désir* (1790), cuyas *Considérations politiques, philosophies et religieuses sur la Révolution française* (1795) preceden en un año a las *Considérations sur la France* de Joseph de Maistre y subrayan, al igual que éstas, el carácter providencial de la Revolución.

Maistre posee un vigoroso y conciso talento, del que Saint-Martin, aunque ejerciera sobre sus fieles una profunda influencia, carece por completo. A este respecto, resulta interesante observar:

1) Las fuentes místicas del tradicionalismo francés: En las *Considérations sur la France*, Joseph de Maistre declara que espera una nueva Revelación, una expresión religiosa nueva que formule plenamente el sentido de las Escrituras. Nada hay más alejado del racionalismo del que presumirá Maurras.

2) Los puntos de unión entre el tradicionalismo místico de Maistre y el "nuevo cristianismo" de los saint-simonianos. Tradicionalismo y saint-simonismo ofrecen más de un rasgo en común. El obispo saint-simoniano de Bretaña Luis Rousseau conoce bien la obra de Saint-Martin y de Joseph de Maistre; vuelve en 1834 a la fe católica, pasa por el fourierismo y llega a ser un ardiente propagandista del catolicismo social... Este caso no es excepcional. Y lleva a un saludable escepticismo respecto a los planes que introducen tajantes separaciones entre los diversos movimientos de pensamiento de una misma época...

C) LA SISTEMATIZACIÓN DE LOS TEMAS CONTRARREVOLUCIONARIOS.—Primero con el saboyano Joseph de Maistre y después con el vizconde de Bonald (Chateaubriand y Lamennais aportan una nota diferente), el tradicionalismo —en adelante presentado siempre como la contrarrevolución— pasa de las reacciones fulgurantes de Burke y de los epígramas de Rivarol a la edificación de un cuerpo coherente de doctrinas.

La continuidad de la temática entre las *Reflexiones* de Burke (1790) y las *Considérations sur la France* (1796) de Joseph de Maistre es indiscutible y evidente: idénticas prevenciones contra el racionalismo aplicado a las sociedades humanas, idénticos transportes cuando se evoca la herencia de las tradiciones seculares, idéntica creencia en la Providencia, reguladora misteriosa y soberana del destino de los pueblos, idéntica filosofía de la Historia que moraliza los cataclismos políticos y ve en ellos el signo del castigo divino del pecado.

Igualmente la deuda del francmasón místico Joseph de Maistre hacia el iluminismo de Saint-Martin resulta evidente. Su concepción totalmente mística, por ejemplo, del "verdugo", "horror y vínculo de asociación del mundo..., agente incomprensible del mundo", o su concepción de la guerra[4], sólo pueden comprenderse a la luz del iluminismo.

Por consiguiente, éste es el apartado en el que deberíamos estudiar a De Maistre (y también a Bonald, menos inspirado y más sistemático). Sin embargo, por razones puramente cronológicas, lo haremos en el capítulo XII, junto al estudio del tradicionalismo francés del siglo XIX. Sin duda, el pensamiento de Joseph de Maistre está ya casi enteramente formado hacia 1795; pero no es por ello menos cierto que tanto De Maistre como Bonald ejercieron su mayor influencia bajo la Restauración. Maistre muere en 1821 y Bonald en 1840, en tanto que Burke, Rivarol y Saint-Martin desaparecen, respectivamente, en 1797, 1801 y 1803. Bastará, por tanto, con subrayar aquí la continuidad del pensamiento contrarrevolucionario[5].

SECCION II

Filosofía y política en Alemania.

Hacia 1789 Kant interrumpía su solitario paseo diario para esperar la llegada del correo de Francia. En 1793 Fichte escribe dos opúsculos para defender los actos de la Convención. Y Hegel escribirá, al evocar años más tarde los comienzos de la Revolución francesa:

"...Ahora por vez primera el hombre ha llegado a reconocer que el pensamiento debe regir la realidad espiritual. Fue esto, por consiguiente, un magnífico orto. Todos los seres pensantes han celebrado esta época. Una emoción sublime reinaba en aquel tiempo; el entusiasmo del espíritu estremeció al mundo, como si sólo entonces se hubiese llegado a la efectiva reconciliación de lo divino con el mundo" [trad. José Gaos].

Y, sin embargo, casi todos los pensadores alemanes se apartaron con más o menos tristeza u horror, desde 1795 —y algunos desde antes—, si no de los principios, al menos de la obra de la Revolución. Gentz —que en 1790 había exclamado: "Miraría el fracaso de esta revolución como la mayor desgracia que haya azotado nunca al género humano"— publica en 1793 una traducción, adornada con comentarios entusiastas, de las *Reflexiones* de Burke.

A pesar de esta rápida desafección, casi todos los escritores alemanes conservaron una vivísima conciencia de la importancia decisiva y universal de la Revolución (recuérdense las reflexiones que la batalla de Valmy inspiró a Goethe...). No parece excesivo decir que, al menos para algunos de ellos, la importancia del "signo" histórico que la Revolución constituyó, con-

---

[4] "Sobre estas numerosas razas de animales está colocado el hombre, cuya mano destructora no deja libre nada de lo que vive... Pero esta ley, ¿no se cumplirá en el hombre?... ¿Qué ser exterminará a aquel que a todos extermina? Él mismo. El hombre es quien está encargado de degollar al hombre... La guerra es la que está encargada de ejecutar el decreto. ¿No oís la *tierra* que grita y pide sangre?... La *tierra* no ha gritado en vano, la guerra se ha encendido. El hombre, inflamado de repente con un furor *divino*, extraño al odio y a la cólera, se arroja sobre el campo de batalla sin saber lo que quiere ni aun lo que hace... Nada resiste, nada puede resistir a la fuerza que arrastra al hombre al combate; inocente asesino, instrumento pasivo de una mano temible, se arroja sin mirar al peligro en el abismo que él mismo se ha cavado... El ángel exterminador gira como el sol en torno de este desgraciado globo y no deja respirar a una nación más que para herir a otras" (*Las veladas de San Petersburgo*, 7.ª velada).

[5] No debe omitirse al suizo Charles-Louis DE HALLER (1768-1854), admirador y émulo de Bonald, autor de la *Restauración de la ciencia política* (1816-1834, 6 vols.).

tribuyó poderosamente a integrar en su filosofía la dimensión de los hechos políticos y sociales.

Tanto la causa de estas variaciones con respecto a la Revolución como la fascinación ejercida por ella sobre el pensamiento alemán, reside tal vez en el contexto ideológico en el que la Alemania de finales del siglo XVIII y de principios del XIX se hallaba sumergida; contexto en el que se mezclaban, a veces hasta fundirse, las influencias de la filosofía de las luces, del historicismo y del prerromanticismo.

1. El contexto ideológico.

Como toda Europa, Alemania conoció su época de filosofía de las luces: la *Aufklärung*. Derivada de las concepciones de Leibniz, fue vulgarizada sobre todo por un discípulo de éste, Wolff.

En muchos aspectos la *Aufklärung* ofrece las mismas características que la "filosofía de las luces" en el resto de Europa, especialmente en Francia: idéntico método analítico y crítico (que será el punto de partida de Kant), idéntica tendencia al dogmatismo puramente lógico, idéntico horror a la "ignorancia"; Kant definió bien la ambición de la *Aufklärung:* "...Es la emancipación del hombre, que sale de la edad de minoría intelectual en la que hasta entonces vivió por su propia voluntad... *Sapere aude,* ¡atrévete a emplear tu juicio! Esta es la fórmula de la *Aufklärung*".

Sin embargo, la *Aufklärung,* que no penetró más que en una pequeña *élite* (en forma alguna en *toda* la *élite* intelectual alemana) y que coexistió con un vigoroso movimiento pietista, ofrece algunos rasgos que la caracterizan bastante acentuadamente.

En primer lugar, no es —o lo es en pequeño grado— un movimiento de ideas políticas. Se preocupa esencialmente de problemas religiosos y morales. Su objetivo primordial es una pedagogía de la razón crítica dentro de las categorías éticas.

En el plano político eran varios los factores que predisponían poco a los pensadores alemanes a dirigir su crítica sobre las instituciones: influencia luterana, división política de los países alemanes, tendencias idealistas de la *élite* intelectual, burguesía lo más a menudo funcionarizada, etc. Por lo demás, el despotismo ilustrado utilizaba y captaba perfectamente, en provecho de los monarcas, la reivindicación bastante anodina de la *Aufklärung* en favor de un Gobierno ilustrado por la razón, en busca de la armoniosa felicidad de los pueblos.

Pero sobre todo la *Aufklärung* nunca tuvo en Alemania (salvo en Wolff, quizá) el carácter fríamente racionalista (o superficialmente deísta) que tan frecuentemente tuvo en Francia la filosofía de las luces. Sus fuertes preocupaciones morales la mantienen en una inquietud que alcanza, por ejemplo, a Lessing[6], a la espera de una religión definitiva y *totalmente* verdadera. Esto explica, en cierta manera, por qué Kant —que, según la frase de J.-E. Spenlé, marca a la vez "el término y la liquidación" de la *Aufklärung*— sentirá la necesidad de fundamentar su filosofía en categorías dadas (por el entendimiento) de una razón pura, y no en los datos de la experiencia. Esto también explica cómo, en 1770, Goethe y Herder pasan tan fácilmente, en Estrasburgo, del clima de la *Aufklärung* al del germanismo que caracteriza el *Sturm und Drang.* La filosofía de las luces no desarrolló en Alemania, al menos en el terreno de las ideologías políticas, la misma fuerza corrosiva que en Francia.

Por otra parte, la *Aufklärung* tropezará desde 1770 con una reacción anti-intelectualista y anti-cosmopolita, la del *Sturm und Drang (Tempestad e impulso).* Su punto de partida fue, sin duda, puramente estético (Lessing, en su *Dramaturgia de Hamburgo,* criticaba la estética pretendidamente universal de los franceses y elogiaba a Shakespeare), con la consigna del retorno a la naturaleza tosca y virgen. Sin embargo, el movimiento no careció de implicaciones políticas. Ante todo, en el sentido de que es netamente nacionalista:

---

[6] "Si Dios me propusiera escoger entre la verdad poseída o la búsqueda incansable, le respondería: Guarda para Ti la verdad, yo elijo para mí la inquietud de la búsqueda."

luego, porque "coloreó" indiscutiblemente el pensamiento de autores como Herder, Fichte y, sin duda también, Hegel.

En cuanto al *romanticismo* alemán, resulta difícil precisar su lugar en el contexto de las ideas políticas. Tan sólo Hölderlin parece haberse preocupado realmente por los acontecimientos políticos. Indiquemos, sin embargo, que la escuela romántica del "Ateneum" se creerá a veces en el deber de invocar a Fichte. Pero fueron sobre todo dos temas del romanticismo alemán los que pudieron ejercer una influencia difusa, al menos sobre el estilo de la filosofía política posterior a Fichte. En primer lugar, el tema (ya presente en Lessing) de lo "infinito dinámico", eterno inacabado, que puede servir de introducción tanto a la idea del retorno cíclico como a la de los movimientos dialécticos de la Historia. En segundo lugar, el tema "organicista" de una comunidad de vida y experiencia, que descansa sobre elementos irracionales (tradiciones, mitos, razas) y engloba y sobrepasa al individuo.

El *historicismo* —al que están ligados los nombres de Adam Müller y Savigny— tiene, más que el romanticismo, un alcance político directo. Adam Müller, lector de Burke y de Maistre, repudiando en bloque la herencia individualista del derecho romano y de la filosofía del siglo XVIII, exalta con insistencia —en unas conferencias pronunciadas en Dresde, en 1808-1809— el desarrollo histórico que ──a través de las familias según él— da origen al Estado, organismo dotado de vida, de unidad y continuidad. Para Müller el Estado prima sobre todo, pues sólo él posee un "alma común". Sin embargo, el despotismo no está justificado (ya que sería también una manifestación de individualismo: el del monarca); a la omnipotencia del Estado Müller opone el sentimiento religioso. En 1814 el historiador y jurista Savigny, al replicar a ciertos juristas alemanes que reclamaban para Alemania un sistema de derecho codificado inspirado en el código francés, enuncia su teoría del derecho, "producto histórico y comunitario del alma del pueblo" (*Volksgeist*). El *Volksgeist*, siempre en desarrollo, tiene como forma visible al Estado que, procediendo históricamente de la familia y después de la tribu, se encuentra hoy en la comunidad ampliada. Toda la organización judicial heredada de siglos es legítima, es la forma legítima de Estado.

2. La política en la filosofía de Kant.

La única obra de Kant (1724-1804), que reviste un carácter directamente político, es su *Proyecto de paz perpetua* (1795). Algunas otras de sus obras, a menudo simples opúsculos, abordan el problema político a partir de una reflexión sobre la moral y el derecho, o a partir de la filosofía de la Historia. Y, sin embargo, estas obras, o fragmentos de obras, están lejos de expresar el conjunto del pensamiento político contenido en la filosofía kantiana. La *Crítica de la razón pura* y la *Crítica de la razón práctica* son tan necesarias para la comprensión de la filosofía política de Kant como los escritos y alusiones directamente dedicados a la política. La reflexión kantiana sobre la política y la Historia adquiere su sentido y su lugar dentro del conjunto del idealismo trascendental y moral de Kant. Para Kant no hay saber absoluto de lo real en sí. El saber es el dominio del conocimiento, la acción es el dominio de la moral. Para construir los postulados de su moral y de su metafísica recurre a la "forma pura" del deber, del imperativo moral categórico.

Fuentes y préstamos.—Además de los escritores políticos de la antigüedad Kant recibe la influencia de Montesquieu, Rousseau y, sobre todo, de los *Aufklärer*.

Toma de Montesquieu la idea de la separación y el equilibrio de los tres poderes. Transforma la teoría del contrato social de Rousseau, que sucedía al estado de naturaleza: no se trata ya, en modo alguno, de una especie de hipótesis histórica, sino de una "idea de la razón" que constituye el fundamento legítimo de la autoridad pública. La idea de la igualdad fundamental de los hombres y la teoría de la voluntad general no constituyen ya, como en Rousseau, los elementos de una doctrina democrática: Kant es un republicano, no un demócrata. En él, ambas ideas sólo son postulados que derivan del imperativo moral y que prohiben al soberano (i. e. la *republica,* no el pueblo en el sentido de Rousseau) decretar una decisión que no pudiera ser tomada por cada sujeto moral. Por último, Kant toma de la *Aufklärung* el postulado de un progreso homogéneo de la humanidad hacia la libertad y la moralidad, y, en consecuencia, hacia la paz perpetua. En contrapartida, se separa sin lugar a dudas del intelectualismo seco de la *Aufklärung,* admitiendo de manera resuelta el primado de la práctica sobre la teoría e insistiendo en el factor decisivo que, en esta progresión de la humanidad hacia su humanización, el trabajo práctico del hombre constituye.

Las consecuencias políticas de la filosofía general.—La universalidad de la moral lleva consigo la igualdad de todos los individuos en tanto que sujetos morales. La autonomía de cada uno de éstos implica su dignidad. Dignos en cuanto personas racionales, estos sujetos merecen la libertad política. El mundo moral (y, por consiguiente, el mundo de las realidades políticas y sociales) está dominado por el reino de los fines. En consecuencia, este mundo sólo puede ser regido por un estado de derecho, en el que la política debe encontrarse en una absoluta subordinación respecto a la moral, cuyo carácter es absoluto y rígido. Repetimos que no se trata de una teoría aplicada a la exclusiva búsqueda de la verdad en sí, sino de un esfuerzo práctico por parte de la filosofía. Kant, al igual que Rousseau, no reconoce más mérito a su filosofía que el de ayudar a los hombres a establecer sus derechos:

"Hubo un tiempo en el que yo consideraba que únicamente la búsqueda de la verdad constituía la gloria de la humanidad, y despreciaba al hombre ordinario que nada sabía. Rousseau me puso en el recto camino...; aprendí a conocer la recta naturaleza humana, y me consideraría mucho más inútil que el trabajador ordinario si no creyera que mi filosofía puede ayudar a los hombres a establecer sus derechos" (*Frag.,* ed. Hartesnstein, volumen VIII, pág. 624).

La política fundada en el derecho.—Kant define el derecho:

"El conjunto de condiciones por las que el libre arbitrio de uno puede concordarse con el de los demás según una ley general de libertad."

Definición que, por una parte, dimana de la idea kantiana de la autonomía de la voluntad y del reino de los fines, y que, por otra parte, transcribe la fórmula de la Declaración de Derechos de 1789.

Los derechos del hombre son: 1) La *libertad* como hombre; 2) La *igualdad* como sujeto ante una misma Ley moral; 3) El derecho a ser *ciudadano,* es decir, el derecho de todos los que no se encuentran en un estatuto de dependencia (que excluye a los domésticos y obreros) a disfrutar de un estado de igual fraternidad ante una ley común.

La defensa y el respeto por estos derechos inalienables son el fundamento de todo orden político legítimo. El fin de toda política es esta defensa, y no la felicidad y la satisfacción de los ciudadanos (Kant repudia aquí el despotismo ilustrado y todo el utilitarismo de la *Aufklärung*). La única forma política *(forma regiminis* y no *forma imperii)* que responde a este fin es la forma republicana (opuesta a la forma despótica), que implica, como únicos mecanismos concretos, el sistema representativo y la separación de poderes. Kant admite la monarquía constitucional y el sufragio censitario. En la práctica política es, con frecuencia, prudente.

Política y filosofía de la Historia.—Kant es el primer gran filósofo cuya filosofía política no se limita, como en muchos de quienes le precedieron, a ser ilustrada o aclarada por "consideraciones históricas", sino que se integra en una filosofía de la Historia.

Kant cree en un "proyecto" de la especie humana, o al menos (pues este término "proyecto" implicaría que es la voluntad humana, inteligente y consciente, quien forma el proyecto) cree que la Naturaleza prepara su universalización, conduciendo a la humanidad hacia sus fines. La Naturaleza da espontáneamente sus fines a la política, al conducir a la especie humana hacia la extensión sobre toda la tierra y hacia la cultura, condiciones para la instauración de un Gobierno legítimo, republicano y universal que hará reinar una paz perpetua. El régimen republicano, naturalmente destinado a universalizarse y a eliminar guerras y antagonismos, constituye así una "preparación" del reino de Dios.

No obstante, el régimen republicano concreto (es decir, histórico), en la simple práctica, instituye sólo imperfectamente el reino de la libertad. Naturaleza y política conducen a la *legalidad,* no a la *moralidad.* Pero el estado de derecho es ya, en el plan general de una filosofía de la Historia, la prefiguración y la esperanza de una absoluta dominación práctica de la Ley moral.

Política y moral. Fin y medios.—La razón práctica no es para Kant, en forma alguna, una razón *oportunista.* Los mandatos de la razón práctica (i. e. de la razón aplicada al mundo de la acción) se imponen como absolutos, no siendo admisible con respecto a ellos ninguna transgresión. El mandato moral contenido en los fines en ningún caso puede ser subordinado a los medios, ni siquiera cuando éstos permitieran abreviar el camino que conduce a los fines. El ideal de Kant es el "político moralista" y no el maquiavélico. La moral es siempre el juez sin apelación de la política. Según Kant, la máxima del "político moralista" es: *Fiat iustitia, pereat mundus.*

En ciertos aspectos Kant constituye un puente entre el Rousseau del *Discours sur l'origine de l'inégalité* y Hegel. Lleva a efecto y sistematiza en una filosofía general la idea, en germen en los "filósofos" y proclamada por la Revolución, de una subordinación de la política al derecho y a la moral. Pero anuncia a Hegel por la inclusión de la teoría de las formas políticas en una filosofía de la Historia. Su idealismo moral imprimirá su huella a la filosofía política alemana tanto, si no más, como el idealismo histórico de Hegel. Sin embargo, las lagunas de esta filosofía, en el plano de la reflexión política, son grandes. Sin duda, en ella quedan trazadas muchas perspectivas (Kant condena la colonización, elogia el federalismo, opone una orgullosa respuesta al viejo dilema de los fines y de los medios, etcétera), pero todo su pensamiento está sumergido en un formalismo indefinido. Lo que propone son siempre "formas puras de la razón". Hegel tendrá buena ocasión de objetarle el desacuerdo práctico de la vida, el "dolor" de las conciencias desgarradas entre el Ser y el Deber, la necesidad de explicar plenamente lo trágico en la Historia, de dar a la conciencia una verdadera serenidad haciéndole aceptar la alienación del individuo en el Estado como la racionalidad misma de la violencia en la Historia (no siendo esta violencia más que la ley mediante la que el Espíritu se "realiza").

3. Fichte.

La obra más conocida y difundida de Fichte (1762-1814) es sus *Discursos a la nación alemana*, pronunciados en Berlín durante el invierno 1807-1808 para llamar a la derrotada Prusia a luchar contra los ejércitos de Napoleón. Por ello Fichte es presentado frecuentemente como el primer doctrinario del nacionalismo alemán, como un predecesor del pangermanismo.

La realidad es más compleja:

1)   En primer lugar, Fichte es un filósofo, y su política procede directamente de su filosofía. Su vocación filosófica la decide la lectura de Spinoza, y se entusiasma con Kant: dos autores aparentemente poco nacionalistas. La filosofía política de Fichte afirma que la libertad es la esencia interna del hombre y que los individuos, mediante su colaboración viviente, crean un alma colectiva: la verdadera filosofía, escribe en sus *Discursos*, considera "el pensamiento libre como la fuente de toda verdad independiente".

2)   Esta filosofía de la libertad lleva a Fichte, como es natural, a defender ante sus compatriotas a la Revolución francesa. En 1793 publica en Jena una *Contribución a la rectificación de los juicios del público sobre la Revolución francesa*, donde se muestra tan entusiasta como denigrante había sido Burke. Muestra idéntica desconfianza hacia la monarquía absoluta y hacia la monarquía universal: "Toda monarquía absoluta aspira necesariamente a la monarquía universal". Algunos años más tarde, acusado de zapar en los estudiantes los fundamentos de la religión y del orden público, se ve obligado a abandonar Jena. En 1800 publica en Tubinga su *Estado comercial cerrado (Der geschlossene Handelsstaat)*, donde se opone tanto a la libertad anárquica del liberalismo económico como a la reglamentación anárquica del mercantilismo; obra singular en la que aparece a la vez un nacionalismo económico que anuncia a List y un anti-individualismo que anuncia el socialismo de Estado; al Estado corresponde realizar la libertad y la igualdad, hacer reinar la razón.

En sus principios, la filosofía de Fichte es una filosofía de lo universal. Mas para asegurar el triunfo de lo universal cuenta con la nación alemana y sólo con ella. De aquí dimana este texto fundamental de los *Discursos*: "La verdadera filosofía, la filosofía autónoma y realizada, la que, más allá de los fenómenos, ha penetrado en su esencia, no sale de tal o cual vida particular: sale, por el contrario, de la vida una, pura, divina, de la vida absoluta, que continúa siendo vida eternamente y subsiste en una eterna unidad... Esta filosofía es, por consiguiente, propiamente alemana, es decir, primitiva; e, inversamente, si alguien llegara a ser verdaderamente alemán, no podría filosofar de otra manera".

1.º *Nacionalismo metafísico.*—"No poseen, los franceses, un yo que hayan formado por sí mismos; no tienen más que un yo histórico, nacido del consentimiento individual; el alemán, por el contrario, posee un yo metafísico." Importancia de esta oposición entre el yo histórico del francés y el yo metafísico del alemán.

2.º *Nacionalismo religioso y místico.*—La superioridad de Alemania es un artículo de fe. El auténtico cristianismo no pudo crecer más que entre los alemanes (Lutero es para Fichte el alemán por excelencia). Quiere realizar "el desarrollo siempre más puro, más perfecto, más armonioso, en un progreso incesante, del principio eterno y divino en el mundo".

3.º *Nacionalismo romántico.*—Fichte exalta el entusiasmo y la vida: "Ved, además, un rasgo fundamental del espíritu alemán. Cuando busca, encuentra más de lo que busca; pues bucea en el torrente de la vida viviente, que corre por su propio impulso y le arrastra con él". La Historia es tránsito del instinto a la razón, de la inconsciencia a la libertad.

4.º *Nacionalismo pedagógico.*—"Hemos perdido todo —dice Fichte—, pero nos queda la educación." Renan se expresará en términos casi análogos después de la guerra de 1870, en *La réforme intellectuelle et morale;* pero mientras que Renan lanza un llamamiento a las *élites,* Fichte se dirige al conjunto de la nación alemana y cuenta con el aliento de todo el pueblo, con la nación armada. Vuelve contra el Imperio napoleónico las lecciones de la Revolución francesa.

Fichte afirma que no distingue entre la salvación de Alemania, y la de Europa y la de la humanidad, pero su nacionalismo es típicamente germánico y xenófobo, autárquico a imagen de su "Estado comercial cerrado". Fanáticamente antilatino, está profundamente convencido de que la raza alemana posee una superioridad fundamental; estima que no hay que conceder a los judíos el derecho de ciudadanía, y piensa que la misión de Alemania consiste en formar un Estado unificado, un Imperio único que será el "verdadero Imperio del derecho, como el mundo jamás ha visto". El racismo al servicio del Derecho.

Sin duda, Fichte fue siempre un "jacobino místico" (Víctor Basch). Pero "es uno de los orígenes del pangermanismo, como es una de las fuentes del liberalismo alemán" (Charles Andler).

SECCION III

Hegel o la tentativa de una filosofía del Estado.

Cualquier clasificación es evidentemente arbitraria, y nuestra decisión de estudiar el hegelianismo como conclusión de los movimientos de pensamiento originados por la filosofía del siglo XVIII y por la Revolución francesa no escapa, ciertamente, a este reproche. Sin embargo, desde el punto de vista de la filosofía política, nos ha parecido que Hegel (1770-1831), en su reflexión sobre la historia universal, sobre el derecho y sobre el Estado, toma como "punto de referencia" la crisis que la Revolución francesa señala. Desde este observatorio "remonta" la Historia y proyecta hacia adelante su reflexión sobre el Estado moderno.

La teoría del Estado, la teoría del derecho y la filosofía de la Historia constituyen, en la filosofía de Hegel, partes de un conjunto sistemático. A diferencia de Montesquieu —que sólo trata de instituciones concretas y reales—, Hegel afirmó en varias ocasiones —por ejemplo, a propósito de su teoría del Estado— que importa poco considerar Estados *particulares* o instituciones *particulares,* que es necesario considerar, en primer lugar, *lo que es el Estado:* no se puede juzgar a los Estados antes de saber lo que es el Estado, es decir, *la idea de Estado.*

1. *El sistema filosófico de Hegel.*

A lo largo de sus años de estudios en Tubinga, primeramente (1788-1793), y más tarde durante sus años de preceptorado en Berna (1793-1796) y en Francfort (1797-1800), Hegel sufrió las más diversas influencias filosóficas: filosofía crítica de la *Aufklärung,* kantismo, naturalismo spinozista de su amigo Schelling, romanticismo (a través de su otro amigo de juventud, Hölderlin).

Las principales obras de Hegel son *La fenomenología del espíritu* (1807), la *Lógica* (1812-1816), la *Enciclopedia de las ciencias filosóficas* (edición definitiva, 1830). Esta última obra es completada por la *Filosofía del Derecho* (publicada en 1821), que es, en realidad, un desarrollo de una de las partes de la *Enciclopedia.* Es la obra en la que las ideas políticas de Hegel se exponen más directamente. Sus alumnos, recogiendo manuscritos y notas de curso, publicaron tras la muerte del maestro varios de sus cursos bajo el título de *Lecciones* (especialmente las *Lecciones sobre la filosofía de la Historia*).

En *La fenomenología* Hegel se propone, no ya reflexionar sobre el *Sollen,* es decir, sobre lo que debe ser, sino comprender lo que es como es, ya que todo es necesario.

A) El idealismo absoluto del hegelianismo.—El idealismo hegeliano es radical. Para él la idea no es una creación subjetiva del sujeto, sino la misma realidad objetiva o, si se prefiere, el primer y único sujeto. Todo procede de ella, tanto el mundo sensible como las producciones del espíritu (y, en consecuencia, mi propia reflexión).

El desarrollo progresivo de la Idea inicial hacia el Espíritu universal es la propia Historia, que no es sino la historia de la creciente plenitud del Espíritu en el mundo y la historia de la emergencia del mundo a la conciencia:

El Espíritu, incesantemente, se niega, se rompe, se objetiva en un mundo "exterior", pero siempre para hacerse más consciente ante sí mismo, para "recobrarse" y, finalmente, para crecer.

B) Las leyes dialécticas del crecimiento del Espíritu.—El Espíritu no se desarrolla según el azar o el puro arbitrio, sino según leyes conformes con su naturaleza, según leyes lógicas (se ha dicho del sistema hegeliano que era un panlogismo). Pero esta lógica es la de la dialéctica y no la de la identidad (o de la no conciliación de los contrarios).

La dialéctica es la ley del desarrollo a través de la conservación y la superación de las antinomias, que se "resuelven" en un tercer término que las supera. Este ritmo de tres tiempos —tesis-antítesis-síntesis— es el único modo de desarrollo, tanto del Ser como del Pensamiento.

Si este ritmo resuena en toda la naturalezza y en toda la Historia, es a causa de la finalidad que impulsa a la Idea a hacerse Espíritu universal.

C) INDIVIDUO Y PUEBLO.—Para Hegel el individuo, o sea el sujeto pensante, está irremediablemente aprisionado entre su subjetividad particular, finita, y su deseo de acceder a lo universal. Desde esta visión individualista, la única solución es la de Kant: el individuo aspira a un deber-ser, que, sin embargo, permanece para él inaccesible. Por ello la única verdadera solución es la de admitir que el individuo no accede al Espíritu universal más que a través de la mediación de un todo orgánico, que es un pueblo. "La moralidad se realiza y deja de ser tan sólo un deber-ser, un ideal inaccesible, en un pueblo y únicamente en un pueblo."

Hegel llama *Moralität* al ideal moral al que aspira el individuo, y *Sittlichkeit* a la realidad viviente de las costumbres y de las instituciones de un pueblo en un momento dado. La religión, por ejemplo, es una de las más elevadas aspiraciones del espíritu de un pueblo (*Volksgeist*), es un fenómeno supra-individual.

El pueblo es la única encarnación *concreta* de la ética. Querer buscar en otra parte que no sea el espíritu de un pueblo el fundamento de la ética equivale a perderse en puras abstracciones. ¿Por qué? Porque un pueblo es una organización espiritual.

Pero cada pueblo es único, y excluye a las restantes individualidades semejantes a él. Por esta razón las guerras entre pueblos, en un momento o en otro, son necesarias. Son una condición de la "salud ética de los pueblos". Las guerras sacuden la dilución del hombre en el mundo de los intereses y de los conflictos de clase, y dan al pueblo su unidad.

Sin embargo, las guerras, aunque necesarias, llevan a los pueblos hacia su decadencia, incluso a los que logran el triunfo. En efecto, mediante las guerras se construyen los Imperios, demasiado vastos para conservar la unidad, demasiado amenazados de dispersión interna como para no compensar este riesgo mediante la pura dominación de la violencia. Tal fue el destino de Roma. En semejante caso el ciudadano no halla ya en el Estado la mediación hacia lo universal; se retira a su fuero interno, se aleja del Estado.

2. La historia universal según Hegel.

A) LA RAZÓN ES LA SUSTANCIA DE LA HISTORIA.—Toda la lectura de la Historia universal que lleva a cabo Hegel consiste en mostrar a la Razón interviniendo progesivamente en los acontecimientos (ninguno de los cuales es fortuito ni resulta "perdido": todo es "recuperado" e integrado en "una vida del pensamiento"). Si la *Lógica* de Hegel es "histórica" en cuanto se dedica a comprender la vida del pensamiento, inversamente *su Historia es una historia de la Razón*. Tal actitud ante la Historia explica también la forma, a veces escandalosa, en que Hegel acogió ciertos acontecimientos de su tiempo. Al ser la Historia universal —como Hegel se complació muchas veces en afirmar— "el tribunal supremo", el filósofo se limita a buscar la "razón" de los acontecimientos: "Todo lo real es racional".

B) TODA LA HISTORIA TRAZA EL PROGRESO DE LA LIBERTAD EN LAS CONCIENCIAS.—La Historia es la historia del Espíritu, o mejor, es "una representación" del Espíritu que muestra a los hombres cómo éste se esfuerza en elevarse al conocimiento de lo que es en sí. La Razón, que actúa en la Historia, consigue sus fines mediante una "astucia": utiliza las "pasiones" de los hombres; éstos siguen su propio interés y lo realizan; "pero, al hacerlo, producen algo más, algo que está en lo que hacen, pero que no estaba ni en su conciencia ni en su intención" (introducción a la *Filosofía de la Historia*, trad. José Gaos, pág. 70). Este fin lejano es la realización y la toma de conciencia de la naturaleza más peculiar del Espíritu: la libertad.

Este es el motivo por el que Hegel se interesa poco, en la economía general de la Historia universal, por los Imperios orientales de la antigüedad y por las tribus de América y Africa. La conciencia de la libertad sólo floreció en los griegos, que por esta razón fueron libres. Por ello Hegel sitúa al mundo del pensamiento griego en el centro mismo de su historia de la libertad. Pero el mismo espíritu griego no había alcanzado aún más que la adolescencia del concepto de la libertad del Espíritu. Es el cristianismo, sobre todo cuando penetró en los pueblos germánicos, quien, al destruir la "bella totalidad" de la Ciudad antigua en la que las categorías de lo "privado" y lo "público" se identificaban en la conciencia del ciudadano, ha permitido un nuevo progreso de la conciencia de la libertad.

C) EL ESPÍRITU QUE ACTÚA EN LA HISTORIA NO ES UN ESPÍRITU INDIVIDUAL, SINO EL ESPÍRITU DE UN PUEBLO.—En la Historia universal no tenemos que habérnoslas con lo singular: el Espíritu se manifiesta en la Historia a través de los "todos concretos", es decir, de los pueblos. El Espíritu de que aquí se trata es "el espíritu nacional", es decir, el "desarrollo de un principio envuelto al principio bajo la forma de un obscuro deseo, y que se manifiesta hacia afuera, que tiende a llegar a ser objetivo. Se despliega en la religión, la ciencia, las artes, los destinos y los acontecimientos" (véase sobre este punto J. Hyppolite, *Etudes sur Marx et Hegel*, pág. 27).

Un "espíritu nacional" particular es un ser vivo que nace, se desarrolla y muere. En un momento de la Historia el Espíritu absoluto se encarna en un pueblo y lo espiritualiza. Le insufla entonces la cultura. Esta cultura nacional se impone como realidad objetiva a los individuos de esa nación.

Sin embargo, Hegel no adopta hasta sus últimas consecuencias la tesis de la escuela histórica alemana. Supera este estadio de la "contemplación" del Espíritu en un "espíritu nacional". En ese estadio, dice Hegel, "el espíritu nacional" representa, en efecto, "el concepto más elevado que el Espíritu ha tenido de sí mismo", pero este nivel está destinado a ser sobrepasado. El Espíritu, en efecto, "tiene lo que quiere". Su actividad no es ya estimulada, "su alma espiritual ya no es activa". No es ya la juventud de un pueblo; "tras la realización sobreviene el hábito de la vida... Es el momento de la nulidad política y del tedio".

¿Qué ocurrirá entonces? El espíritu nacional muere, pero lo que representaba, su principio, es actualizado: no puede morir totalmente, se abrirá camino hasta un principio más elevado que se encarnará en otro espíritu nacional. "Un pueblo domina en la historia del mundo en una época determinada —y cada pueblo no puede hacer época más que una vez..." (*Filosofía del Derecho*).

Si bien Hegel afirmó, especialmente en su lección inaugural en la Universidad de Berlín, la coincidencia histórica entre el Estado prusiano y el Estado ideal y racional al que conduce su filosofía del Derecho y de la Historia, nunca afirmó (que sepamos) que el pueblo que hiciera época en su tiempo fuera el pueblo germánico. No por ello deja de ser cierto que, de todos sus escritos posteriores al período de Jena, se induce que el pueblo alemán, en efecto, pasa por esa fase de "la fresca juventud" de un pueblo elegido por el Espíritu, en un momento de la Historia, para darse, a través de él, el más elevado concepto de sí mismo. Asimismo se adivina la utilización que los apologistas de la grandeza alemana durante el período bismarckiano podrán hacer de textos como el que acabamos de citar: es la mejor justificación de la libertad del bien y del mal, en provecho de *Herrenvolk*.

En la historia de estos sucesivos imperialismos (Spenlé), un pueblo encargado de una misión histórica realiza el destino y la aventura del Espíritu (que no puede encontrar su camino más que a través de la violencia). Por eso los demás pueblos carecen frente a él de derechos (*rechtlos*), ya que los pueblos no son individuos (los únicos que pueden tener derechos). Pero la misma violencia que este pueblo despliega le conducirá a su dilatación, que engendrará la detención de su progreso, de donde provendrá, a su vez, su decadencia. De esta forma este pueblo será "juzgado", pero en el tribunal de la Historia universal, a su hora y cuando su destino se haya cumplido (*die Weltgeschichte ist das Weltgericht*: la Historia universal es el tribunal supremo). De aquí deriva, en consecuencia, la justificación de la guerra entre los pueblos.

3. *La filosofía del Estado.*

La tradición ha popularizado, sobre todo en Francia, la idea de un Hegel justificador y teórico del absolutismo prusiano, de un Hegel apologista de los derechos absolutos del Estado frente al individuo. Casi se le llega a considerar responsable del autoritarismo alemán del período bismarkiano.

Pero esto es una simplificación contra la que ya Marx protestó. En nuestros días, primero Jean Hyppolite y luego —sobre todo— Eric Weil, éste de forma mucho más apasionada, han restablecido el verdadero pensamiento de Hegel. Aunque, en efecto, parece que Hegel, sobre todo en los años 1818-1830, creyó encontrar en el Estado prusiano de su tiempo una encarnación histórica de su teoría del Estado moderno, no parece, sin embargo, que quepa reprocharle el haber sostenido que ese Estado concreto fuera la mejor organización política posible.

A) LA INTENCIÓN DE HEGEL EN SU TEORÍA DEL ESTADO.—Hegel toma, en el fondo, el camino inverso de los "filósofos" del siglo XVIII y de los "fabricantes de Constituciones" de la Revolución francesa, que tanto buscaron la "piedra filosofal de la política" y que tanto se obstinaron en decir cuál era el mejor Estado. Para Hegel, al ser todo lo que existe una creación histórica del Espíritu, en lo que es hay ya, y siempre, razón, al igual que hay ya libertad.

De creer a los teóricos del "buen Estado", parecería "que no habría existido todavía en el mundo Estado o Constitución de Estado; que se debe comenzar ahora por el comienzo" (prefacio de la *Filosofía del Derecho*). Para Hegel ésta es una idea falsa. Si es posible buscar lo que podría ser el Estado, es porque el Estado existe ya. Una búsqueda realmente científica del "buen" Estado sólo puede ser, por consiguiente, la teoría de la racionalidad del Estado *que es:* se trata de comprender lo que es el Estado y lo que *será.*

En el prefacio a su *Filosofía del Derecho* Hegel puso a sus lectores en guardia. La filosofía llega siempre demasiado tarde para entregar recetas sobre cómo debe ser el mundo, comprende lo que es en el momento "en el que una forma de vida ha envejecido". "Cuando la filosofía pinta gris sobre gris una forma de vida ha envejecido, y no se deja rejuvenecer con ello; se deja sólo *conocer*. La lechuza de Minerva sólo emprende su vuelo a la caída de la noche."

Ciertamente, tal Estado concreto y particular puede ser malo, pero la tarea del pensamiento es tratar de comprender lo que de positivo existe *hit et nunc* en el Estado actualmente y concretamente malo.

B) LA "LIBERTAD CONCRETA".—La equivocación de Kant y de los filósofos liberales es, a juicio de Hegel, haber considerado la libre voluntad del sujeto pensante sólo *in abstracto*. Para Hegel, esa voluntad libre en sí, es lo arbitrario. La voluntad libre sólo puede satisfacerse comprendiendo que no es una pura negatividad; que busca y ha buscado siempre la libertad en una organización racional y universal de la misma. Por consiguiente, la política es la ciencia de la realización histórica de la libertad en sus encarnaciones sucesivas y progresivas, a través de mediaciones concretas (familia, corporaciones, Estado). El hombre que quiere actuar en la realidad del mundo, no puede basarse exclusivamente en la convicción espontánea de su conciencia moral individual. Por una parte, ha de someterse a las leyes del mundo objetivo que existe fuera de él; por otra, en tanto que ser racional, está llamado a sobrepasar su particularidad para acceder a la consideración de lo universal.

Para resumir: la "libertad concreta" postula la conciliación de dos tendencias (o, si se prefiere, de dos necesidades) de las personas individuales:

— la persona individual, inmersa en sus intereses particulares (que no son exclusivamente materiales), encuentra o desea encontrar su desarrollo total en las esferas "privadas" constituidas por la familia y por la sociedad civil;

— pero esta misma persona individual reconoce, gracias a su razón, que debe sobrepasar su particularidad y que no puede realizarla finalmente más que en el interés universal.

De la tensión entre estas dos exigencias dimana:

— que lo universal no podría tener valor y no podría ser realizado sin que lo individual reciba también satisfacción;

— que lo universal no podría ser alcanzado por la simple yuxtaposición y coexistencia de voluntades subjetivas y de intereses particulares.

Ahora bien, ¿cuál es el instrumento de esta conciliación? Según Hegel, el Estado. Lo repitió en varias ocasiones: "El Estado es la esfera de la conciliación de lo universal y lo particular", "el Estado es la realidad (*Wirklichkeit*) de la libertad concreta".

C) "EL ESTADO ES LA ASTUCIA".—Según Hegel, la antinomia entre la libertad interior del sujeto y el orden objetivo de la comunidad organizada no existía en la "bella vida pública" de la antigüedad griega. El individuo no había adquirido aún su libertad interior y no se pensaba a sí mismo como absoluto. La conciliación de lo "privado" y de lo "público" era inmediata; el individuo no tenía más que una voluntad general.

El mundo moderno ya nunca será así. Como consecuencia del cristianismo, la religión no es ya la religión de un pueblo particular, sino la religión del espíritu universal; la riqueza de las ciudades ha dado cuerpo a una sociedad civil que separa fuertemente al individuo de la comunidad. En adelante existe una oposición entre el individuo y la colectividad organizada, que se muestra al individuo como poder exterior y fuerza constrictora.

Pero esta oposición es un momento que debe ser superado. ¿Cómo? Mediante un artificio, o mediante lo que Hegel denomina una "astucia". El Estado moderno es quien pone en práctica esa astucia. En efecto, el Estado usa de esa astucia en la medida en que se sirve de la libertad "privada" dejada a los hombres, para conducirles a reconocer el carácter superior de su poder y el carácter razonable de su ley. El Estado es, pues, esa mediación que transforma la "cultura" del *vulgus* (simple agregado de personas privadas) para conducirlo a pensarse como *populus,* es decir, como una verdadera comunidad libre de hombres que han comprendido que el Estado, manteniéndose por encima de los intereses privados, encarna ese universal al cual ellos mismos se han elevado.

Por consiguiente, Hegel concluye que sólo existe libertad en el Estado si las dos condiciones siguientes se encuentran realizadas:

a) Si el ciudadano razonable puede encontrar ahí la satisfacción de los deseos y de los intereses razonables que, en tanto que ser pensante, puede justificar ante sí mismo.

b) Si las leyes del Estado pueden ser reconocidas como justas por quienes han renunciado a vivir según su instinto natural inmediato (o según su arbitrio) y han comprendido que el hombre natural no es realmente libre, y que sólo el ser razonable y universal puede serlo.

D) LO QUE ES EL ESTADO "DEL PENSAMIENTO" EN LA ÉPOCA ACTUAL.— Si bien Hegel, en el cuadro que traza de los mecanismos y del funcionamiento del Estado moderno, tiene en consideración, en el segundo término de su pensamiento, al Estado de Prusia de su tiempo, tampoco se limita a describirlo tal y como realmente era.

Por lo demás, su objetivo no es éste. Trata tan sólo de mostrar aquello en lo que el Estado que describe es una *organización racional de la libertad* (pero una organización que es histórica y que no es eterna).

La "Constitución" de este Estado se ordena de tal forma que en ella se encuentran tres poderes: los Estados *(Stände)*, que detentan el poder legislativo; los funcionarios, que ejercen el poder administrativo; el príncipe, que tiene el poder de poner fin a las deliberaciones, decidiendo.

1.º El monarca hereditario encarna la continuidad del Estado; pero, al igual que los otros dos poderes, representa lo universal, es decir, lo que el conjunto de los ciudadanos comprenden como su interés común. Ejerce una función que corresponde a un momento de la vida del Estado, al momento en el que, tras las deliberaciones de los Estados y las decisiones o proyectos de los funcionarios, hay que zanjar la cuestión mediante un sí o un no.

2.º El pueblo está representado en los Estados (que hacen las veces de Parlamento), no en virtud de una representación de individuos, sino en virtud de una representación de los intereses. No existe elección directa.

No se pide a esta representación del pueblo el tomar las iniciativas, sino el ser un puente entre el Estado, poder siempre parcialmente exterior a los individuos, y la sociedad civil. Permite, a la vez, mostrar a los individuos de la sociedad civil que sus intereses no son descuidados por la Administración y por el príncipe, y garantizar que los funcionarios no ejercen su poder de forma ciega.

3.º Sin embargo, el funcionario es quien ejerce, dentro del Estado, la autoridad principal y quien mejor expresa la misión del Estado. Servidor y dueño del Estado, en él se realiza lo universal. En primer lugar, porque es imparcial y desinteresado; luego, porque su función consiste precisamente en ejercer diariamente el Poder, preparando continuamente los actos de alcance universal y aplicando constantemente las reglas generales a los casos particulares. Los ciudadanos comprenden que la competencia y la imparcialidad de los funcionarios realizan la unidad de la sociedad en la comunidad organizada.

¿Equivale esto a decir que el Estado ha llegado, de esta forma, a disolverse en la sociedad, o, inversamente, que la sociedad esté totalmente identificada con el Estado? No; entre ellos hay sólo una mediación.

A pesar de los esfuerzos desplegados por Eric Weil para demostrar que "la teoría hegeliana del Estado es correcta, ya que analiza correctamente el Estado real de su época y de la nuestra" (op. cit., pág. 71), las feroces críticas dirigidas por Karl Marx a esta teoría son bastante justificadas. En realidad, Hegel en ningún momento demostró que el Estado concilie realmente, en la Constitución que esboza, lo que, según sus propias tesis, debería conciliar. El problema de la conciliación entre la libertad individual y la unidad de la voluntad general no es resuelto, en forma alguna, por la monarquía constitucional, las dos Cámaras corporativas y la burocracia. Hegel demostró, todo lo más, que no existe organización racional a menos que esta conciliación se realice; pero cuando pasa a la descripción de lo que existe, no hace más que yuxtaponer a un problema lógico la descripción de un Estado histórico, sin demostrar en absoluto que en él esté la solución. En suma, esquiva la dificultad pretendiendo que en todo sistema político existente hay razón y libertad concreta.

E) LAS INSUFICIENCIAS DEL ESTADO.—Este Estado "del pensamiento" no es la última palabra del Espíritu, ni tampoco la "reconciliación definitiva" del hombre consigo mismo. Nuevas transformaciones se preparan. La vía sigue siendo trágica.

En tres circunstancias, al menos, revela el Estado sus insuficiencias. Estos tres "momentos" son:

— las relaciones de los Estados en la vida internacional;

— las crisis interiores que justifican la tiranía de los "grandes hombres" y de los "héroes";

— la constitución, en el seno de la sociedad civil, de una clase explotada que, teniendo conciencia de no participar ni en la sociedad ni en el Estado, trabaja por la destrucción de este último.

1.º *Los Estados en la vida internacional.*—En el plano interno, lo que caracteriza al Estado es que las relaciones entre las personas individuales se encuentran, en adelante, mediatizadas por las leyes del Estado. En el plano de las relaciones entre Estados, por el contrario, no existe ninguna mediación ni ninguna autoridad superior que trascienda sus voluntades subjetivas.

¿Equivale esto a decir que la violencia y el estado de naturaleza son la única regla de las relaciones entre Estados? Ciertamente que no. Los Estados se reconocen mutuamente como independientes, lo que implica para ellos unos ciertos deberes morales. Los tratados deben ser observados, los embajadores deben ser respetados, etc.

Pero, según Hegel, no se trata más que de un *Sollen.* En otros términos, los Estados se encuentran en la misma situación que los individuos antes de la constitución del Estado. La voluntad libre es capaz de conocer su deber moral; pero, como ninguna norma o autoridad suprema le obliga concretamente a conformarse con este imperativo moral, puede ajustarse a él o transgredirlo. El deber sigue siendo el deber, y la acción sigue siendo la acción.

Como escribe Eric Weil: "Hegel no dice que este estado de cosas sea perfecto, ni asume su defensa; *constata y comprende*" (*op. cit.*, pág. 77). ¿Hay, pues, que rendir homenaje a Hegel? A decir verdad, "constatar y comprender" está aquí al alcance de todos. La crítica (con frecuencia llena de pesada ironía) que realiza Hegel de Kant, no es en absoluto pertinente. Es verdad que un "Proyecto de paz perpetua" se queda en proyecto; ¿pero significa esto que su autor no "constató" ni "comprendió" lo que es?

En la filosofía de la Historia de Hegel las guerras están destinadas a impedir que los pueblos lleguen a ser esclavos de la vida. El Espíritu da la guerra a los pueblos para hacerles sentir que su verdadero dueño es la muerte: los pueblos que tienen miedo de la muerte y que prefieren interesarse por su "ser-ahí", se convierten en esclavos y pierden su independencia. "De esta forma, la agitación de los vientos preserva a las aguas de los lagos de pudrirse."

Si queremos limitarnos a "comprender" el pensamiento de Hegel, esta necesidad espiritual de las guerras para "remediar" la tendencia de los Estados a encerrarse en su individualidad se deduce perfectamente de los postulados de la "filosofía del Espíritu". En efecto, para Hegel el Espíritu no actúa en el mundo de manera idealista ni moral, sino con violencia (cf. E. Weil, *op. cit.*, pág. 79).

2.º *El papel de los "grandes hombres" y de los "héroes".*—Antes de que se funde el Estado, o cuando sobreviene una crisis profunda que lo destruye, tan sólo existe el estado de naturaleza, es decir, la anarquía y arbitrariedad de las voluntades individuales. Nada existe entonces: ni virtud individual, ni sistema moral colectivo *(Sittlichkeit)*. Es el mundo de la negatividad absoluta; lo universal no está en ninguna pare. Ahora bien, es necesario (para el Espíritu) que el Estado se funde o se restaure.

Entonces es cuando el Espíritu actúa mediante la astucia y se sirve de los grandes hombres y de los héroes. Utiliza sus pasiones y su sed de dominación: no son sino los instrumentos inconscientes del Espíritu. En estos momenos no hay derecho que valga frente a los derechos del héroe, pues éste, al ejercer aparentemente su pura voluntad individual, ejerce, en realidad, el derecho absoluto de la Idea a realizarse en instituciones comunes concretas. Por esta razón los pueblos siguen a los grandes hombres y se alínean bajo su estandarte.

Más tarde, cuando el Estado ha sido fundado o restaurado (pero renovado), la tiranía del gran hombre se convierte en inútil. Una sola virtud es necesaria entonces en el Estado: la del ciudadano y del hombre honrado. La tiranía es abatida, y el "héroe", expulsado: el estado de naturaleza deja su lugar a un estado de razón, y la voluntad general reina gracias a la mediación del Estado.

3.º *La sociedad civil recrea un estado de insatisfacción que niega al Estado.*—Alexandre Kojève ha demostrado con acierto que toda la teoría del Estado de Hegel descansa sobre dos nociones: satisfacción y reconocimiento. El Estado existe cuando, en el seno de la colectividad, cada ciudadano encuentra satisfacción de los intereses que reconoce como razonables; y cada cual reconoce al Estado al reconocer su voluntad personal razonable en la voluntad general expresada por los órganos del Estado. Lo que equivale a postular que, en la realidad, la separación entre ese universal pensado y el estado de la sociedad no sea demasiado flagrante.

En 1805 Hegel leyó *La riqueza de las naciones*, de Adam Smith (que acababa de ser traducido al alemán); más tarde leerá a Ricardo y a J.-B. Say. La preocupación por ese mundo económico imprimirá progresivamente su huella en sus últimas obras. Hegel comprende perfectamente, muchas veces de manera profética, las transformaciones que la sociedad liberal burguesa aporta.

Hegel adopta parcialmente lo esencial del *credo* liberal. Sin embargo, no se detiene ahí. Mediante el trabajo, el hombre escapa a la naturaleza, ya que actúa sobre ella. Pero Hegel observa cómo la división del trabajo produce un trabajo parcelario y mecanizado: el trabajo del hombre se hace abstracto, las operaciones se hacen formales, y el hombre sufre así la esclavitud de un trabajo que lo des-espiritualiza. Las variaciones del mercado y las desapariciones de empresas dejan al trabajador cada vez más expuesto a los peligros de la vida económica: una clase se encuentra condenada a una pobreza creciente de la que no puede salir.

De esta forma la sociedad civil ha vuelto a un estado seudonatural, violento y dividido. El "populacho" se encuentra en estado de revuelta, se separa: se niega a reconocer a una sociedad que no le da ya satisfacción. Los dos supuestos que permiten "pensar" el Estado faltan.

El Estado debería reconciliar a la sociedad (Hegel vuelve a encontrar aquí el *Sollen*). Pero sería necesario que el populacho se reconociera en él. Ahora bien, no se reconoce y niega su universalidad; en efecto, en la medida en que el Estado ha reconocido una cierta autonomía a la esfera de los intereses privados, la sociedad civil, desarrollando lógicamente sus mecanismos naturales, ha llegado a la situación presente. El Estado no es ya, para el populacho, el "todo" del pueblo. Desde ese momento existe un partido en el Estado. Ahora bien, como la teoría del Estado, según Hegel, no soporta la noción de "partido" (es antinómica de lo universal), ese partido no sólo no está dentro del Estado, sino que está contra el Estado. Si este partido se constituye y se desarrolla, otros partidos se alzarán frente a él, y necesariamente frente al Estado.

¿Entonces? Entonces Hegel no concluye. "Una forma del Espíritu ha envejecido..." La Historia continúa... Este Estado concreto ha vivido y desaparecerá, por violencia, por guerra, por la acción de un gran hombre (Hegel no piensa que el héroe pueda ser un ser colectivo: el proletariado, por ejemplo). Pero ha sido la verdad de su época, y contenía una positividad que será recogida y superada en la nueva forma que se dará el Espíritu.

* * *

A pesar de los honores de que se le rodeó en sus últimos años, a pesar del éxito inmenso de que gozó su filosofía entre el público intelectual alemán a partir de 1820, Hegel apenas tuvo discípulos perfectamente fieles. En su sistema había equívocos y, sobre todo, una ambivalencia que condujo a su posteridad intelectual a dividirse en varias corrientes. En el plano religioso se ha utilizado el hegelianismo para justificar, bien un racionalismo deísta o humanista, bien una teología cristiana. En el plano político veremos más adelante (cap. XIII) cómo de Hegel derivó, a la vez, una corriente conservadora y una corriente de "izquierda". De esta última nacerá el marxismo.

BIBLIOGRAFIA

Sobre el conjunto de las cuestiones abordadas en este capítulo: Jacques GODECHOT, *Le grande nation* (*op. cit.*, en el capítulo precedente). Del mismo autor: *La contre-révolution. Doctrina y acción* (1789-1804), P. U. F., 1961, 427 págs. (estudio muy importante).

I.   LA CONTRARREVOLUCIÓN.

1.   La mayoría de las obras de BURKE fueron traducidas al francés en la época de su publicación y no han vuelto a ser reeditadas desde esa fecha, salvo las *Réflexions sur la Révolution française*. La traducción de las *Réflexions* más cómoda es la de Jacques D'ANGLEJAN, Nouvelle Librairie Nationale, 1912, xxviii-418 págs. En inglés hay que señalar la edición de las *Reflexiones* realizada por Thomas H. D. MAHONEY, Nueva York, The Liberal Arts Press, 1955, xLIV-307 págs. (con una bibliografía muy precisa). Para tener una visión más completa del pensamiento de Burke, con demasiada frecuencia juzgado tan sólo por sus *Réflexions sobre la Revolución francesa*, consúltese la excelente edición de *Textos escogidos* de Ross J. F. HOFFMAN y Paul LEVACK, *Burke's Politics, Selected writings on Reform, Revolution and War*, Nueva York, A. A. Knopf, 1949, xxxvii-536 págs. La mejor biografía de Burke es la de sir Philip MAGNUS, *Edmund Burke, a life*, Londres, Murray, 1939, xiii-367 págs.

[En castellano: Edmund BURKE, *Reflexiones sobre la Revolución francesa*, trad. y prólogo de Enrique Tierno Galván, Madrid, Instituto de Estudios Políticos, 1954, 588 páginas: *Textos escogidos*, trad. de José Carner. Méjico, Fondo de Cultura Económica.]

Estudios sobre el pensamiento de Burke: Alfred COBBAN, *Edmund Burke and the revolt against the eighteenth Century*, Nueva York, Macmillan, 1929, 280 págs. John MAC CUNN, *The political philosophy of Burke*, Londres, E. Arnold, 1913, 278 págs. Annie M. OSBORN, *Rousseau and Burke: a study of the idea of liberty in eighteenth century politica thought*, Londres, Oxford, U. P., 1940, xi-272 págs. (Burke denunció a Rousseau como un falso profeta, pero los principios dirigentes de su política no son muy diferentes de los de Rousseau). Stephan SKALWEIT, *Edmund Burke und Frankreich*, Colonia, Westdeutscher Verlag, 1956, 75 págs. Charles PARKIN, *The moral basis of Burke's political thought*, Cambridge U. P., 1957, 145 págs. Francis P. CANAVAN, *The political reason of Edmund Burke*, Duke, U. P., 1960, xvi-222 págs. Carl. B. BONE, *Burke and the natural of politics* Kentucky Press, 1957-1964.

2.   Han sido publicados trozos escogidos de RIVAROL por V-.H. DEBIDOUR, Grasset, 1956, 244 págs. Ver también RIVAROL, *Journal politique national et autres textes*, presentado por Willy de SPENS, Union Générale d'Editions, 1964, 309 págs. André TANNER publicó en 1946, en la colección "Le cri de la France", útiles trozos escogidos de *Les gnostiques de la Révolution* (un tomo sobre *Saint-Martin*, un tomo sobre *Fabre d'Olivet*. Louis-Claude de SAINT-MARTIN, *mon portrait historique et philosophique* (1789-1803), publicado por Robert AMADOU, Julliard, 1961, 472 págs. León CELLIER ha dedicado su tesis a Fabre d'Olivet. Sobre el misticismo y el iluminismo en Joseph de Maistre véase el libro de Emile DERMENGHEM, *Joseph de Maistre, mystique. Ses rapports avec le martinisme, l'illuminisme et la francmaçonerie. L'influence des doctrines mystiques et occultes sur sa pensée religieuse*, La Colombe, 1946, 301 págs. Auguste VIATE, *Les sources occultes du romantisme (1770-1820)*, Champion, 1928, 2 vols. Para la bibliografía general sobre Joseph de Maistre véanse más adelante, pág. 453.

II.   FILOSOFÍA Y POLÍTICA EN ALEMANIA.

Obras generales ya citadas en la bibliografía general relativa al siglo XVIII: Lévy-Bruhl, Spenlé, Basch, Brunschwig, Minder, Cassirer, Meinecke, etc. Emile BRÉHIER,

Histoire de la philosophie allemande, 3.ª ed. puesta al día por P. RICOEUR, París, Vrin, 1954, 262 págs. (insiste en Kant y el idealismo postkantiano).

Kant.

Textos de Kant de carácter político.

1. Obra directamente política: *Proyecto de paz perpetua* (1795) [versión española citada en la bibliografía del cap. IX].
2. Obras que tratan de política, a partir de la moral y del derecho:
   a) *Sobre el lugar común: eso puede ser justo en teoría, pero nada vale en la práctica* (1793), sobre todo la segunda parte: "De la relación de la teoría y la práctica en el derecho público: contra Hobbes", y tercera parte: "De la relación de la teoría y la práctica en el derecho de gentes: contra Mendelsohn", trad. francesa de GIBELIN en apéndice a su estudio de la *Crítica de la razón práctica* (Vrin).
   b) *Metafísica de las costumbres,* primera parte: "Doctrina del Derecho" (1797). [Versión castellana en: *Crítica de la razón práctica, Crítica del Juicio, Fundamentación de la Metafísica de las costumbres,* trad. de Manuel García Morente, Buenos Aires, El Ateneo, 1951, 544 págs.].
3. Obras que tratan de la política a partir de la filosofía de la Historia.
   Todos los opúsculos reunidos por Stéphane PIOBETTA bajo el título: *Kant: la philosophie de l'histoire,* Aubier, 1947, 239 págs., sobre todo: *Idea de una historia universal desde el punto de vista cosmopolita* (1784), *Respuesta a la cuestión: ¿Qué son "las luces"?* (1784), *Conjetura sobre los orígenes de la historia de la humanidad* (1786), *El conflicto de las Facultades* (1798), 2.ª sección. [En castellano: *Filosofía de la Historia,* prólogo y traducción de Eugenio Imaz, Méjico, El Colegio de Méjico, 1941, 147 págs.]
4. Obras en las que se encuentran interesantes alusiones sobre la política y la filosofía de la Historia. *Crítica del juicio* (metodología) [véase *supra* trad. castellana]; *La religión dentro de los límites de la mera razón.*

Estudios sobre Kant.

Una buena introducción general: Georges PASCAL, *La pensée de Kant,* Bordas, 2.ª edición, 1957, 200 págs. Sobre la política de Kant, dos obras importantes: *La philosophie politique de Kant,* por Eric WEIL, Th. RUYSSEN, M. VILLEY, etc., P. U. F., 1962, 188 páginas, y Georges VLACHOS, *La pensée politique de Kant,* P. U. F., 1962, xx-591 págs. Artículo de Pierre HASSNER, *La guerre et la paix en Kant,* Revue Française de science politique, septiembre 1961.

En inglés: capítulo de VAUGHAN, en *Studies in the history... (op. cit.);* Ernst CASSIRER, *Rousseau, Kant, Goethe,* Princeton U. P., 1945, IX-98 págs.; C. J. FRIEDRICH, Introducción a *The philosophy of Kant* (Modern Library).

En alemán: Kurt BORRIES, *Kant als Politiker,* Leipzig, F. Meiner, 1928, VII-248 páginas, Paul NATORP, *Kant über Krieg und Frieden,* Erlangen Weltkreis-Verlag, 56 págs.; Otto-Heinrich VON DER GABLENTZ, *Kants politische Philosophie und die Weltpolitik unseret Tage,* Berlin, Colloquium Verlag, 1956, 24 págs.

Pierre HASSNER, antiguo alumno de la Escuela Normal Superior, profesor de la Universidad, trabaja en una tesis sobre la política de Kant. Nos ha ayudado a redactar la parte sobre Kant y a preparar esta bibliografía. Tenemos que agradecérselo muy vivamente.

Fichte.

En francés: *Discours à la nation allemande* (trad. MOLITOR), A. Costes, 1923, XXXVI-249 págs.; *L'Etat commercial fermé. Esquisse philosophique. Supplément à la theorie du droit et essai d'une politique à donner ultérieurement* (trad. GIBELIN), Librairie générale de Droit et de Jurisprudence, 1940, 216 págs. [En castellano: *Los caracteres de la socie-*

dad contemporánea, trad. José Gaos, Madrid, Revista de Occidente, 1934, XVIII-243 páginas; *Discurso a la nación alemana.* Regeneración y educación de la Alemania moderna, traducción de R. Altamira, Madrid, s. f.]

*Principales estudios en francés sobre Fichte.—*Una voluminosa obra de Xavier LÉON, *Fichte et son temps,* A. Colin, 1922-1927, 3 vols., 649, 533, 329 págs. (extremadamente minuciosa; sobre la política véase sobre todo el tomo III). Georges VLACHOS, *Fédéralisme et raison d'Etat dans la pensée internationale de Fichte,* Pedone, 1948, VIII-208 págs. (sólido, un poco compacto). Maurice BOUCHER, *Le sentiment national en Allemagne,* La Colombe, 1947, 260 págs. (dedica a Fichte un amplio espacio; un capítulo sobre "La opinión pública y la Revolución francesa").

III. HEGEL.

Obras de Hegel recientemente traducidas al francés: *La phénoménologie de l'esprit* (trad. Jean HYPPOLITE), Aubier, 1939-1946, 2 vols. [Fragmentos en castellano: *Fenomenología del Espíritu,* trad. de X. Zubiri, Madrid, Rev. de Occidente, 1934]; *Principes de la philosophie du droit* (trad. André KAAN, prefacio de J. HYPPOLITE), N. R. F., 1949. [Una selección de textos en castellano: *Filosofía del Derecho.—Introducción. La Eticidad,* trad. de F. E. G. Vicent, Madrid, Revista de Occidente, 1935, XIII-86 págs. Una edición íntegra: *Filosofía del Derecho,* trad. de A. Mendoza de Montero sobre la versión italiana de Croce y Gentile, Buenos Aires, Editorial Claridad, Biblioteca Filosófica, 1955, 280 págs.]; *Leçons sur l'histoire de la philosophie.* Introduction (trad. GIBELIN), N. R. F., 1954. [En castellano: *Introducción a la Historia de la Filosofía,* prólogo y traducción de Eloy Terrón, Buenos Aires, Aguilar, 1956, 302 págs.; *Historia de la Filosofía,* trad. de Wenceslao Roces, Méjico, Fondo de Cultura Económica, 1955, 3 vols., XX-327, 462 y 534 páginas.] Una excelente selección de textos, por Henri LEFEBVRE y N. GUTERMANN, Hegel, *Morceaux choisis,* con una buena introducción de los autores (N. R. F., 1.ª ed. 1936; 2.ª edición 1939, 352 págs.). *Leçons sur la philosophie de l'histoire* (trad. GIBELIN), nueva edición revisada, Vrin, 1945. *Leçons sur l'histoire de la philosophie, Introduction* (trad. GIBELIN), N. R. F., 1954, *Leçons sur la philosophie de la religion* (trad. GIBELIN), Vrin, 1959. Ver también la antología de textos escogidos por Kostas PAPAIOANNOU, Seghers, 1966, 207 págs. Una edición de textos escogidos en inglés, *Hegel's political writings,* Oxford, Clarendon Press, 1964, VIII-366 págs. [Vid. también en castellano: *Lecciones sobre la Filosofía de la Historia Universal,* traducción de José Gaos, reimpresión con un estudio preliminar de Adolfo P. Carpio, Madrid, Revista de Occidente, Ediciones de la Universidad de Puerto Rico, 1953, 2 vols. de XLI-395 y 415 págs.]

Principales obras en francés sobre Hegel: Angèle MARIETTI, *La pensée de Hegel,* Bordas, 1957, 203 págs. (introducción útil). Jean HYPPOLITE, *Introduction à la philosophie de l'histoire de Hegel,* Rivière, 1948, 98 págs.; del mismo autor, *Etudes sur Marx et Hegel,* Rivière, 1955, 207 págs. Alexandre KOJÈVE, *Introduction à la lecture de Hegel,* Gallimard, 1947, 599 págs. (obra profunda, pero la mayoría de sus partes son de lectura difícil). Henri NIEL, *De la médiation dans la philosophie de Hegel,* Aubier, 1945, 381 págs. (interpretación cristiana de la filosofía hegeliana). Edmon VERMEIL, *La pensée politique de Hegel* (en *Etudes sur Hegel,* París, 1931). Eric WEIL, *Hegel et l'Etat,* Vrin, 1950, 118 págs. (elocuente defensa en favor de Hegel, pero también la obra más penetrante sobre el conjunto de las cuestiones abordadas en este capítulo). Jacques d'HONDT, *Hegel philosophe de l'histoire vivante,* P. U. F., 1966, 487 págs.

Sobre las obras en lenguas inglesa y alemana dedicadas a Hegel, véase la bibliografía de C. J. FRIEDRICH, en *The Philosophy of law in historical perspective (op. cit.).* Recomendamos especialmente Herbert MARCUSE, *Reason and Revolution. Hegel and the rise of social theory,* Routledge and Paul Kegan, 1941, XII-440 págs.

CAPITULO XII

El movimiento de las ideas políticas hasta 1848

Liberalismo, nacionalismo, socialismo: tales son las palabras-clave del siglo XIX.

El liberalismo es la ideología de la clase burguesa, que se beneficia de la Revolución francesa. Pero en Alemania, en Italia, en la Europa central y oriental, gobierna la aristocracia y la unidad nacional no se ha realizado; los liberales están en la oposición y el movimiento liberal se confunde, durante la primera mitad del siglo, con el movimiento nacional. De esta forma, durante mucho tiempo, coexisten dos estilos muy diferentes de liberalismo: el liberalismo confortable, cuya expresión más perfecta es la doctrina de Manchester, y el liberalismo militante, que inspira, en Alemania o en Italia, a los eternos derrotados de todos los movimientos revolucionarios.

Ni la unidad alemana ni la unidad italiana son realizadas por los liberales; e incluso, en cierta medida, se realizan contra ellos. El nacionalismo cambia de naturaleza; de liberal pasa a ser conservador y a veces hasta abiertamente reaccionario. Aparecen nuevos Estados en el mapa de Europa y en el de América latina. Los más poderosos se enfrentan por el dominio del mundo. El nacionalismo se convierte en imperialismo. Europa —es decir, principalmente Inglaterra y Francia— extiende su influencia sobre el conjunto del mundo. Los imperios coloniales se forman o se reforman. El Extremo Oriente se abre al comercio europeo y a las ideas occidentales.

La revolución industrial transforma la faz del mundo. Abre un foso entre las naciones que se lanzan febrilmente por la vía del progreso, y las que, como España, se refugian en el recuerdo. Concentra, en un mismo lugar y para una misma tarea, a los proletarios antes dispersos, y les hace descubrir su solidaridad y su fuerza. El socialismo deja de ser un sueño humanitario o un divertimiento literario para convertirse en una doctrina científica y en la esperanza de una clase.

Hacia mitad de siglo las revoluciones de 1848 marcan en Europa un profundo corte. El corte es menos neto en Inglaterra, pero la adopción del librecambio y el fracaso del cartismo testimonian el comienzo de una nueva era. De 1861 a 1865 la guerra de Secesión desgarra los Estados Unidos.

Ni el tradicionalismo (que pasa de la contrarrevolución al positivismo), ni el nacionalismo (que de liberal se convierte en conservador), ni el socia-

lismo (que, como dirán los marxistas, pasa del estado utópico al estado
científico), ofrecen las mismas características en la primera mitad del siglo
y en la segunda. El liberalismo es el único, entre todos los grandes movimientos de ideas, que evoluciona poco; pero mientras permanece anacrónicamente fiel a formas orleanistas o manchesterianas, el mundo evoluciona
en torno a él.

Aunque cabe estudiar de una sola tirada el liberalismo, después el tradicionalismo y después el socialismo de 1815 a 1914, nos ha parecido mejor
hacer una pausa en 1848 y distinguir dos épocas: la del romanticismo y la
del positivismo.

Esta distinción exige, evidentemente, muchos matices. Podemos pensar
que las revoluciones de 1848 constituyen el término e indican el fracaso del
romanticismo político; pero es evidente que el romanticismo no desapareció
bruscamente a finales de 1848: pueden encontrarse vestigios del romanticismo en la Comuna de París (1871), en el sindicalismo revolucionario, en
el nacionalismo de Barrès, en el imperialismo de Kipling, en el irracionalismo de Nietzsche... Es también evidente que el positivismo se manifiesta
mucho antes de 1848, aunque no sea más que en el saint-simonismo, sin el
que el comtismo es incomprensible. Y, sin embargo, el positivismo saint-
simoniano está marcado, a nuestro juicio, por el romanticismo, y difiere profundamente de las doctrinas cientificistas que se desarrollarán hacia 1880.

Es evidente también que existen doctrinas (como la de Tocqueville, uno
de los más vigorosos pensadores del siglo), a las que se adecuan mal tanto
la palabra "romanticismo" como la palabra "positivismo". Una época no puede ser resumida en una palabra.

Pero cada época tiene su atmósfera dominante, su clima particular. En
el siglo XIX nos parecen más estrechas y significativas las correspondencias
entre obras de una misma época pero de inspiración diferente, que entre obras
que invocan una misma doctrina, pero que no pertenecen a la misma generación. Con el objeto de tener en cuenta estas diferencias de generación
hemos optado, no sin vacilación, por un plan que tenga en cuenta los cortes cronológicos, aun con el riesgo de hacer discontinuo el análisis de las
doctrinas.

El romanticismo político.

La expresión "romanticismo político" es ambigua.

Los escritores generalmente calificados de románticos adoptaron, según
los países, las posiciones políticas más diversas. En Italia la mayor parte de
los románticos son liberales, mientras que en Alemania el romanticismo es
generalmente, hasta mitad de siglo, sinónimo de conservadurismo político.
En cuanto a los románticos ingleses, emprenden vías aparentemente opuestas: Byron muere en Missolonghi en 1824, y Coleridge se consagra a la
defensa de las tradiciones.

En Francia es necesario distinguir los siguientes períodos: 1.º El primer romanticismo está sentimental y políticamente vuelto hacia la antigua
Francia; Chateaubriand, Lamartine, Vigny son monárquicos, y el joven Víctor Hugo canta la consagración de Carlos X; por eso los revolucionarios

de 1830 tuvieron la sensación de vencer a los románticos, al mismo tiempo que a los Borbones; durante los "Tres gloriosos" * puede escucharse el grito de "¡Abajo los románticos!...". 2.º Pero la situación cambia con la Monarquía de Julio; Chateaubriand, Lamennais, Lamartine y Michelet pasan, uno tras otro, a la oposición; Hugo no lo hará hasta 1849, siendo uno de los últimos fieles al orleanismo. Lamartine, tras haber sido uno de los más elocuentes adversarios del "justo medio", sube al Poder en 1848; una revolución romántica sucede a una revolución antirromántica. 3.º Tras la brusca recaída de la oleada revolucionaria comienza la tercera época del romanticismo, dominada por Víctor Hugo. Chateaubriand, Lamennais y Lamartine desaparecen, pero Vícor Hugo, mago del progreso, de la democracia, del pueblo y de la fraternidad, vive hasta 1885: romanticismo "tras la batalla" y "tras el exilio", romanticismo retrospectivo que aporta a la ideología republicana el prestigio del genio, así como algunos pretextos para el inmovilismo.

Sin embargo, no hay que confundir el romanticismo con los escritores románticos. En la sociedad francesa de la época existe una especie de aptitud para el romanticismo, que explica el éxito popular de una obra como las *Paroles d'un croyant,* de Lamennais (1834). Este romanticismo popular es el que se expresa en las novelas de Alejandro Dumas y, sobre todo, en los folletones de Eugène Sue: *Les mystères de Paris, Le Juif errant, Histoire d'une famille à travers les âges...* Romanticismo elemental que opone lo justo a lo injusto, y que descansa sobre algunos tipos y temas plasmados de una vez para siempre: el héroe, el traidor, el miserable, el golfillo, la buena prostituta, el buen sacerdote, el mal sacerdote, el pueblo, la instrucción, la revolución, la superioridad de Francia... La elección de Eugène Sue a la Asamblea legislativa en 1850 resultará, así, un acontecimiento simbólico (aunque Eugène Sue no tuviera sino un mínimo de convicciones políticas).

El romanticismo francés es sociológicamente incoherente. Los escritores románticos son de origen muy diverso: gran o pequeña nobleza, burguesía, desclasados, artesanado próximo al proletariado (Michelet). En cuanto a la difusión del romanticismo, también es muy diversa: romanticismo de salones, romanticismo de cafés, romanticismo popular. La única clase que durante mucho tiempo continúa siendo impermeable al romanticismo, es la burguesía. Los románticos de 1830 toman a la burguesía como blanco, y el burgués tiembla ante las audacias románticas; el *Diario* del académico Viennet muestra bien el horror que los románticos inspiran a los bugueses liberales. Sin embargo, el romanticismo se aburguesa poco a poco, y el liberalismo se cubre de un idealismo que la burguesía confunde con el romanticismo. Pero esta transformación es lenta. De manera general, el romanticismo fue el centro. Existe un tradicionalismo, un socialismo y un nacionalismo románticos. Pero el liberalismo francés se muestra durante mucho tiempo —y tal vez todavía hoy— impermeable al romanticismo.

A) Algunos rasgos del romanticismo político.—1.º *El sentido del espectáculo* (el drama, el heroísmo, el sacrificio, la grandeza, la sangre derramada...).—El romanticismo

---

* Los días 27, 28 y 29 de julio de 1830. *(N. del T.)*

político está alimentado por los recuerdos de la Revolución y del Imperio. Los más severos censores de la Revolución (Maistre) o del Imperio (Chateaubriand) son más sensibles que nadie a su grandeza.

2.º *Una concepción sentimental y elocuente de la política.*—La política, en otro tiempo arte de lo posible, se convierte en llamamiento al ideal. Hasta entonces la política estaba fundada en el secreto y tendía a la máxima, a la lítote; desde ahora no se trata sólo de gobernar (o de obedecer), sino de convencer, de entusiasmar; la política recurre al poder del verbo y se transforma en un género literario.

3.º *La piedad.*—Piedad hacia los humildes, atención por los problemas sociales (de los que la mayoría de los liberales se desinteresan), idea de que la "cuestión social" es más importante y más urgente que las cuestiones puramente políticas. El romanticismo social (muy evidente en Chateaubriand, Lamennais, Michelet) no excluye opciones políticas aparentemente opuestas; y es este romanticismo social el que da su profunda unidad a la obra de Lamennais, de *L'essai sur l'indifférence* al *Livre du peuple.*

Piedad por los pueblos oprimidos: primero, Grecia; luego, Polonia. El movimiento filoheleno suscita el entusiasmo del romanticismo internacional; en cuanto a la defensa de Polonia, da origen a una literatura tan elocuente como poco eficaz.

4.º En definitiva, el romanticismo es una *visión global del universo.* La política clásica consistía en seriar los problemas para intentar resolverlos. Los románticos no tratan quizá tanto de resolverlos como de plantearlos en toda su amplitud, de extenderlos a las dimensiones del universo y de la Historia.

B) LA HISTORIA.—El siglo XIX, sobre todo su primera mitad, conoció una proliferación sin precedentes de obras históricas de todo tipo: las de Walter Scott, Chateaubriand, Lamartine, Augustin Thierry, Guizot, Thiers, Mignet, Michelet, Quinet, historiadores alemanes, Carlyle, etc.

El hecho no deja de tener relación con el romaticismo. Así, Augustin Thierry declara, en su prefacio a los *Récits des temps mérovingiens* (1840), que su vocación histórica se la inspiró la lectura de los *Martyrs,* de Chateaubriand. Por otra parte, es conocida la afición de los románticos por las obras de teatro y las novelas históricas. Pero, evidentemente, el romanticismo no es la única causa de ese retorno a la Historia, que no sólo se manifiesta en los autores próximos al romanticismo, sino también en historiadores que, como Guizot o Thiers, están muy alejados de él.

Sería más exacto decir que el romanticismo y el desenvolvimiento de los estudios históricos tiene una causa común: la opinión —compartida por todos los hombres nacidos a finales del siglo XVIII y a principios del XIX— de vivir una época de transición entre un pasado acabado y un futuro incierto. Toda una generación tuvo la sensación, tras la Revolución y el Imperio, de que una época acababa de cerrarse y que otra nueva, fundamentalmente diferente de la precedente, comenzaba. En unos, sentimiento de exaltación; en otros, nostalgia. En ambos casos la Historia proporcionaba un recurso.

La historia reciente ofrecía grandiosos cuadros, emociones poderosas. De ella proceden la *Histoire de la Révolution française* (1823-1827), de Thiers, las de Mignet y de Michelet, y, sobre todo, la *Histoire des Girondins* (1847), cuya repercusión en la víspera de la revolución de 1848 fue inmensa. De ella procede también la *Histoire du Consulat et de l'Empire* (1845-1862) de Thiers.

Pero la Historia ofrece también armas para las luchas políticas, es proveedora de argumentos. "En 1817 —escribe Augustin Thierry en el prefacio a los *Dix ans d'études historiques*—, preocupado por el vivo deseo de contribuir por mi parte al triunfo de las ideas constitucionales, me puse a buscar en los libros de Historia pruebas y argumentos en apoyo de mis creencias políticas" (cf. su teoría que explica la historia de los pueblos mediante la lucha entre la raza conquistadora y la raza conquistada). Guizot, por su parte, trata de probar, en su *Histoire de la civilisation,* que la evolución histórica se realiza en el sentido del orden y de la libertad: "(Francia) no renunció nunca, durante mucho tiempo, ni al orden ni a la libertad, esas dos condiciones, tanto del honor como del bienestar duradero de las naciones" (prefacio de 1855). Los prejuicios de Michelet, aunque no se orientan en la misma dirección que los de Guizot, no por ello son menos evidentes. En cuanto a los historiadores alemanes, su obra asocia de la manera más estrecha ciencia y política. De esta forma la *Historische Zeitschrift,* fundada en Munich en 1857, proclama su finalidad de "propagar en la nación los buenos métodos históricos e inculcar a los alemanes principios políticos sanos".

SECCION PRIMERA

El liberalismo.

La historia de las ideas políticas en el siglo XIX está dominada por el progreso del liberalismo en el conjunto del universo. El liberalismo triunfa en Europa ocidental; se propaga en Alemania y en Italia, donde el movimiento liberal está ligado estrechamente al movimiento nacional; gana la Europa oriental (lucha de "eslavófilos" y "occidentales"); penetra, bajo su forma europea, en los países de Extremo Oriente, que se abren al comercio occidental; las repúblicas latinoamericanas se otorgan Constituciones liberales, inspiradas en la Constitución de Estados Unidos.

En cuanto a Estados Unidos, aparece como la tierra de elección del liberalismo y de la democracia, eficazmente conciliados. De considerar solamente las doctrinas, cabría la tentación de dejar a un lado la aportación de Estados Unidos; pero lo que importa es la imagen de Estados Unidos, no las obras doctrinales —relativamente poco numerosas y poco originales— que allí salen a la luz. Sin duda, la imagen que los liberales europeos adoptan, con frecuencia está muy lejos de corresponder a la realidad. El mismo Tocqueville, más que describir la realidad americana, interpreta los Estados Unidos a la luz de sus propias convicciones. La referencia a Estados Unidos adopta, pues, la forma de un mito o de una serie de mitos, cuya historia desde comienzos del siglo XIX es muy instructivo seguir.

El siglo XIX es, ante todo, el siglo del liberalismo, Pero ¿de qué liberalismo? Son necesarias aquí algunas distinciones.

1.º *Liberalismo y progreso técnico.*—El liberalismo es inicialmente una filosofía del progreso indivisible e irreversible; progreso técnico, progreso del bienestar, progreso intelectual y progreso moral yendo a la par. Pero el tema del progreso se vacía poco a poco de su substancia. Hacia finales del siglo XIX son numerosos los liberales —especialmente en Francia— que sueñan con una era estacionaria, con un universo detenido; este estado de ánimo es particularmente evidente entre los progresistas de los años 1890. De esta forma es necesario distinguir entre un liberalismo dinámico, que acepta la máquina y que favorece la industria, y un liberalismo económicamente conservador y proteccionista. Esa primera forma del liberalismo prevalece, en conjunto, en Inglaterra; y la segunda domina en Francia, donde el liberalismo —generalmente más audaz que en Inglaterra en materia política— se muestra económicamente muy timorato, y donde el progreso de la industria y de los transportes se debe a hombres, especialmente los saint-simonianos, cuyas concepciones políticas son totalmente ajenas al liberalismo tradicional.

2.º *Liberalismo y burguesía.*—El liberalismo es uno de los elementos originarios de la filosofía de la burguesía. Pero, durante el siglo XIX, las fronteras del liberalismo no coinciden ya en manera alguna —si es que alguna vez coincidieron exactamente— con las fronteras de la burguesía. La situación, a este respecto, difiere según las épocas y según los países. En Francia el liberalismo permanece, en conjunto, estrechamente vinculado a

la defensa de los intereses ("Bajo la guardia de nuestras ideas, venid a colocar vuestros intereses", dice irónicamente el liberal Charles de Rémusat).
Pero mientras que el liberalismo francés apenas evoluciona y lleva la impronta de un orleanismo congénito, Inglaterra conoce varias tentativas para
ensanchar y revisar el liberalismo, especialmente en la época de Stuart Mill
y, más tarde, en los últimos años del siglo XIX. El socialismo francés del
siglo XIX constituye una reacción contra el liberalismo burgués, en tanto que
el socialismo inglés está impregnado en gran medida de liberalismo: el hecho es particularmente claro entre los fabianos. El liberalismo inglés es más
inglés que burgués, siendo el imperialismo su término normal; el liberalismo
francés es más burgués que francés, y, dedicado a conservar, vacilará en
conquistar, por lo que el Imperio colonial francés será obra de algunos individuos.

3.º *Liberalismo y libertad.* — En el siglo XVIII se hablaba indistintamente de libertad y de libertades; y el liberalismo aparecía como la garantía
de las libertades, como la doctrina de la libertad. La confusión de los tres
términos (liberalismo, libertades y libertad) es manifiesta en la monarquía
de julio. Pero en la misma medida en que el liberalismo aparece como la
filosofía de la clase burguesa, no asegura más que la libertad de la burguesía; y los no-burgueses, por ejemplo, Proudhon, tratan de establecer la libertad frente al liberalismo.

Por consiguiente, existen, por lo menos, dos clases de liberales: los que
piensan —como dirá más tarde Emile Mireaux en su *Philosophie du libéralisme* (1950)— que el "liberalismo es uno porque la libertad humana es una",
y los que no creen en la unidad de la libertad humana y piensan que la
libertad de unos puede alienar la libertad de otros.

4.º *Liberalismo y liberalismos.*—Durante mucho tiempo el liberalismo
aparece como un bloque: para Benjamin Constant, liberalismo político, liberalismo económico, liberalismo intelectual y liberalismo religioso no constituyen más que los aspectos de una sola e idéntica doctrina. "He defendido
durante cuarenta años —escribe— el mismo principio: libertad en todo, en religión, en literatura, en filosofía, en industria, en política; y por libertad entiendo el triunfo de la individualidad, tanto sobre la autoridad que pretenda gobernar mediante el despotismo, como sobre las masas que reclaman
el derecho de sojuzgar a la minoría".

Esta concepción es la del siglo XVIII, para el que la unidad del liberalismo
era un dogma indiscutible. Pero en el siglo XIX se produce un hecho capital:
la fragmentación del liberalismo en varias ideologías distintas, aunque no
siempre distinguidas:

— el liberalismo económico descansa sobre dos principios: riqueza y
propiedad; se opone al dirigismo, aun aviniéndose con los favores del Estado; es el fundamento doctrinal del capitalismo;

— el liberalismo político se opone al despotismo; es el fundamento doctrinal del Gobierno representativo y de la democracia parlamentaria;

— el liberalismo intelectual se caracteriza por el espíritu de tolerancia y
de conciliación; este espíritu liberal no es exclusivo de los liberales,
algunos de los cuales se muestran incluso notablemente intolerantes.

De esta forma, la unidad del liberalismo, al igual que la unidad del progreso, se nos presenta como un mito. El liberalismo ofrece aspectos muy diversos, según las épocas, según los países y según las tendencias de una misma época y de un mismo país.

1. El liberalismo francés.—La historia del liberalismo francés en el siglo XIX, está jalonada de crisis y revoluciones. Los liberales, bajo los reinados de Luis XVIII y de Carlos X, están en la oposición; suben al Poder con la monarquía de julio; son expulsados de él en 1848; tras el Segundo Imperio, período de oposición matizada, el advenimiento de la III República señala el aparente triunfo y la falta de aliento, pronto evidente, de un liberalismo que durante mucho tiempo —y quizá todavía hoy— estará a la busca de una ideología que no sacrifique la libertad al ejercicio del gobierno.

A lo largo de su historia, desde comienzos del siglo XIX, el liberalismo francés se muestra estrechamente tributario del acontecimiento.

1.º EL LIBERALISMO DE OPOSICIÓN.—a) *La impronta imperial.*—Bajo el Imperio —o podría incluso añadirse con un mínimo de exageración: bajo el Consulado— el liberalismo francés adquiere sus principales caracteres, de los que no se deshará nunca totalmente; el liberalismo francés estará siempre marcado por la impronta napoleónica.

1) *Las "dinastías burguesas".*—Bajo el Imperio se sitúan cerca del Poder esas dinastías liberales que manifiestan un sentido del *ralliement* del que darán ulteriores pruebas, así como una notable aptitud para beneficiarse del Poder sin asumir sus cargas. No podemos aquí sino remitir al libro de Emmanuel Beau de Loménie, *Les responsabilités des dynasties bourgeoisis,* que se desliza a veces hacia el panfleto, pero que muestra claramente lo que deben al Imperio las grandes familias liberales, que ocuparán el Poder con la monarquía de julio y que conservarán durante mucho tiempo un lugar preponderante en la banca, en la industria, en las Academias, etc.

2) *El espíritu de Coppet.*—La frontera entre el Poder y la oposición no resulta, pues, facil de establecer. Los principales opositores del Imperio, Mme. de Staël y Benjamin Constant, comienzan adhiriéndose al Consulado. Benjamin Constant se adherirá, por segunda vez, durante los Cien Días, y contribuirá a la redacción del *Acta adicional.* Tras escribir, en marzo de 1815, un artículo de extremada violencia contra Napoleón, que regresaba de la isla de Elba ("No iré, miserable tránsfuga, a arrastrarme de un poder a otro, a ocultar la infamia mediante el sofisma", etc.), escribe el 13 de mayo de 1815 en su diario íntimo: "Velada con el emperador, charlé largo rato con él, entiende muy bien la libertad".

Pero el círculo de Coppet no tiene la misma concepción del liberalismo que las "dinastías burguesas"; es un liberalismo de emigrados, un liberalismo cosmopolita, menos preocupado de hacer fortuna que de estudiar la literatura y las civilizaciones. Si el círculo de Coppet se opone a Napoleón, no es tanto porque lo considere un déspota como porque vea en él un déspota mal ilustrado, el representante de un imperialismo francés. La filosofía de Coppet es la del siglo XVIII; persigue el sueño de una sociedad europea y de una república de las letras, que la Revolución francesa y el Imperio han arrojado al pasado.

b) *Las luchas de la Restauración.*—El liberalismo de la Restauración nace del encuentro de algunos ideólogos cosmopolitas con una sociedad de burgueses advenedizos o deseosos de subir. Los primeros proporcionan la doctrina y la indispensable justificación moral; los segundos, el público dispuesto a hacer triunfar la doctrina. Efímera conjunción, y soledad de Benjamín Constat escribiendo para un público con el que nada tiene en común.

El liberalismo de la Restauración ofrece diferentes caracteres:

α) Su extremada *violencia* y su afición por las sociedades secretas (carbonarios). Aunque el régimen de la Restauración no perjudicará gravemente las situaciones adquiridas, es el blanco de ataques particularmente vehementes, en los que llegaron a ser cé-

lebres Béranger (1780-1857) y Paul-Louis Courier (1772-1825), cuya popularidad supera
de muy lejos a la de Benjamin Constant. Estos ataques se dirigen:
— al rey (por ejemplo, la canción de Béranger, sobre la Sacre de Charles le Simple);
— a la Corte y a la nobleza ("La corte es un lugar muy bajo —dice Courier—, muy por
   debajo del nivel de la nación");
— al Papa (cf. Le Pape musulman, de Béranger: el Papa ha sido hecho prisionero por
   los corsarios, se convierte en musulmán, tiene un harén, etc.),
— y, sobre todo, a los sacerdotes y jesuitas, los "hombres negros" de Béranger. El anticlericalismo es uno de los rasgos característicos de la oposición liberal, que en
   todas partes ve la mano de los jesuitas y la influencia de la Congregación.
   El liberalismo de la Restauración es esencialmente crítico, negativo; en Courier toma
la forma de una empresa de denigración casi universal.
   β) La leyenda napoleónica.—El liberalismo, en busca de un ideal y de una poesía,
se coloca bajo el signo del Imperio. De esta forma aparece la leyenda napoleónica, que
se manifiesta no sólo en Francia, sino también en Italia, en Alemania, en el Imperio
austro-húngaro, en Polonia, etc. Mediante la imagen, la canción y el relato popular (cf. el
relato en el granero, en Le médecin de campagne, de Balzac), esta leyenda napoleónica
penetra profundamente en las masas populares, a las que apenas llega la literatura impresa
(a excepción de los almanaques).
   Béranger juega, a este respecto, un papel especialmente interesante. Después de sustraerse prudentemente a la conscripción bajo el Imperio, manifiesta un entusiasmo tan vivo
como retrospectivo por Napoleón, y contribuye en gran manera a propagar la imagen
de un Napoleón soldado de la libertad y de la igualdad, de un Napoleón al uso popular (cf. Les souvenirs du peuple, en donde la abuela muestra como una reliquia el vaso
en que bebió el emperador).
   Ni Courier ni Constant rinden culto a la leyenda. Pero ésta aparece, bajo diversas
formas, en Las Cases (cuyo Memorial tiende a presentar un Napoleón liberal), en Chateaubriand (Napoleón es un "poeta en acción", su vida "es la última gran existencia
individual"), en Stendhal (que se interesa menos por Napoleón que por Bonaparte), en
Balzac (que considera a Napoleón como un poderoso organizador y un hombre de voluntad), en Hugo (sensible sobre todo a las glorias imperiales), etc.
   γ) Un ideal de confusión.—El ideal de los principales escritores liberales es eminentemente burgués; pero se tiende a dar a ese ideal burgués una caución popular. Courier,
propietario susceptible y helenista distinguido, se presenta a sus lectores como un "simple
viñador" o un "cañonero de a caballo". Béranger no vacila en decir: "El pueblo es mi
musa". Su amigo Joseph Bernard, futuro prefecto con Luis Felipe, escribe en 1829: Le
bons sens d'un homme de rien, ou traité de politique à l'usage des simples, en el que
formula un ideal que viene a ser el de Joseph Prudhomme *.
   La ideología liberal es esencialmente confusa: confusión entre la burguesía y el pueblo, entre la Revolución y el Imperio, entre las libertades y la libertad, entre la política
y los buenos sentimientos. Se realiza, de esta forma, entre la burguesía y el proletariado,
un acuerdo precario que no tarda en romperse tras la revolución de 1830.
   δ) Liberalismo de los doctrinarios y liberalismo de los independientes.—El liberalismo dista mucho de aparecer como un bloque, incluso antes de que sus contradicciones
sean puestas en evidencia.
   Los "doctrinarios", cuyo más célebre representante es Royer-Collard (1763-1845),
ofrecen una teoría del "justo medio" entre los defensores del Antiguo Régimen y los
partidarios de la democracia. Para ellos la Carta es la última palabra de la sabiduría,
el "punto final" de la época revolucionaria. Como el Parlamento no representa a la nación
sino a los "intereses" de los ciudadanos, el voto debe reservarse a los propietarios y a las
"capacidades", que son lo bastante ilustrados como para expresar una opinión de peso.
   Courier, Constant y Stendhal, hombres del siglo XVIII, se sitúan al margen de ese
liberalismo dogmático, ya luis-felipista. Stendhal escribe en sus Souvenirs d'égotisme:
"Aunque liberal, yo encontraba a los liberales excesivamente necios..." De esta forma
coexisten, y muchas veces se enfrentan, el liberalismo ortodoxo y el liberalismo de los
independientes. Esta oposición se dará en todas las épocas.

---

   * Joseph Prudhomme, creación literaria del escritor Henri Monnier, personifica al pequeño burgués banal y enfático. (N. del T.)

Benjamin Constant. — Benjamin Constant (1767-1830) es el principal teórico del liberalismo bajo la Restauración. Sus textos políticos más importantes fueron reunidos en el *Cours de politique constitutionnelle* (1.ª edición en 1816; edición aumentada en 1872, con una importante introducción de Laboulaye) y las *Mélanges de littérature et de politique* (1829). Pero es imposible comprender la política de Benamin Constant si no se conoce *Le Cahier rouge, Adolphe, Cécile* y, sobre todo, *Les journaux intimes* (a leer en la edición de Roulin et Roth, Gallimard, 1952).

Constant define la libertad como "el pacífico goce de la independencia privada", y expone una teoría muy clásica del Gobierno representativo a la inglesa: responsabilidad ministerial, poder legislativo ejercido por dos Cámaras, defensa de las libertades locales y de la libertad religiosa. El Estado, reducido a la función de cajero, subvenciona los cultos, pero no los controla. En cuanto al rey, su autoridad debe ser "neutra"; "planea irresponsable por encima de las agitaciones humanas"; reina, pero no gobierna.

La política de Constant es censitaria y burguesa: "La propiedad es la única que proporciona el ocio indispensable para la adquisición de las luces y la rectitud del juicio; por consiguiente, sólo ella hace a los hombres capaces del ejercicio de los derechos políticos". Constant piensa que corresponde al comercio y a la industria el "fundamentar la libertad, mediante su acción lenta, gradual, que nada puede detener" *(Des élections prochaines,* 1817).

El liberalismo de Constant es de una abstracción que el título de sus obras atestigua: *Principes de politique applicables à tous les gouvernements représentatifs, De la doctrine politique qui peut réunir les parties en France...* Constant busca incesantemente un denominador común, una fórmula lo suficientemente abstracta como para que sea aceptada por todos: "Es preciso que lo apasionado, personal y transitorio se vincule y se someta a lo abstracto, impasible e inmutable" *(Réactions politiques).*

Sin embargo, nada hay más apasionado y personal que las obras íntimas de Constant. Tanto como son prolijas sus obras políticas, son agudas y concentradas sus obras íntimas; tanto como son optimistas y burguesas sus obras políticas, son escépticas e inconformistas sus obras íntimas. Constant, temperamento de diálogo, no tolera la uniformidad: "La diversidad es la vida; la uniformidad es la muerte", se lee en el *Cours de politique constitutionnelle.* Es de esas naturalezas dobles que nunca se entregan completamente. Su liberalismo es la transcripción abstracta de su drama íntimo, un sistema de impotencia intelectual, una teoría de la irresolución. Es, a la vez, una doctrina burguesa y la expresión de un temperamento dividido.

2.º EL LIBERALISMO EN EL PODER.—Benjamin Constant muere algunas semanas después de los "Tres gloriosos". El reinado del "rey-burgués" es el triunfo del liberalismo; Dupont de l'Eure, Laffitte, Guizot y Thiers serán ministros; la "clase media" es, no sólo la dirigente única de la sociedad, sino también, recogiendo la expresión de Tocqueville en sus *Souvenirs,* "la fermière": "Se colocó en todos los puestos, aumentó prodigiosamente el número de éstos, y se habituó a vivir casi tanto del Tesoro público como de su propia industria... La clase media, dueña de todo como nunca lo fue y como tal vez nunca lo será ninguna aristocracia, convertida en gobierno, tomó un aire de industria privada".

Este severo juicio del liberal Tocqueville sobre los liberales en el Poder prueba que el liberalismo estaba lejos de presentar un frente unido. Efectivamente, nunca serán tan evidentes las contradicciones internas del liberalismo como en la época de su aparente apogeo.

a) CONTRADICCIONES LIBERALES.—Estas contradicciones se manifiestan en casi todos los terrenos:

1) *Política interior.*—Los liberales que, bajo la Restauración, reivindicaban "la libertad en todo", cuando llegan al Poder se contentan con rebajar ligeramente el censo electoral: 80.000 electores aproximadamente bajo la Restauración, 200.000 en la monarquía de julio; después de 1840 Guizot se opone resueltamente a cualquier proyecto de reforma.

Igualmente, los liberales en el Poder yugulan, en abril de 1834, la libertad de prensa, que reivindicaban bajo la Restauración como una libertad esencial.

2) *Política exterior.*—Los liberales son generalmente hostiles a las aventuras guerreras. Pero estas tendencias pacifistas no excluyen en absoluto el culto a Napoleón (bajo cuyo signo se coloca oficialmente la monarquía de julio, con el retorno de las cenizas) ni un chauvinismo que se manifiesta violentamente durante la crisis de 1840.

3) *Política religiosa.*—Los burgueses liberales continúan mostrándose inclinados al anticlericalismo. No obstante, consideran a la Iglesia católica como un poder de orden, y su anticlericalismo no excluye un deísmo más o menos marcado. Béranger, autor del *Pape musulman,* es también el autor del *Dieu des bonnes gens,* en el que Dios aparece como un pequeño burgués complaciente e indulgente con los libertinajes:

> *Es un Dios; ante Él me inclino,*
> *pobre y contento, sin pedirle nada...**

4) *Política comercial.*—Los liberales se declaran partidarios del *laissez faire, laissez passer.* Invocan de buen grado las leyes naturales y las "armonías económicas", tan del gusto de Bastiat (1801-1850). Pero preconizan una política rigurosamente proteccionista cuando se trata de defender a la economía francesa frente a la concurrencia extranjera y de mantener precios elevados. El libro de Henri-Thierry Deschamps, *La Belgique devant la France de Juillet, l'opinion et l'attitude françaises de 1839 à 1848* (París, Les Belles-Lettres, 1956), muestra adecuadamente el juego de lo que hoy denominaríamos los "grupos de presión" proteccionista, especialmente del diputado Mimerel, defensor de los intereses siderúrgicos.

5) *Política económica.*—Aun afirmando el principio de libre concurrencia, los liberales tratan de obtener del Estado el máximo de ventajas. La ley de 1842 sobre los ferrocarriles (contra la que Lamartine es uno de los pocos en alzarse) es muy característica. Beau de Loménie concluye su

---

* Il est un Dieu; devant lui je m'incline / Pauvre et content sans lui demander rien.

análisis sobre este tema afirmando que "la economía liberal fue, en realidad, una economía "acaparada".

6) *Política social.*—Los liberales consideran, como regla general, que ni al Estado ni a los patronos corresponde mejorar la suerte del obrero. El obrero es el principal responsable de su miseria, correspondiendo a la beneficencia privada su remedio. Por consiguiente, la moral es el supremo remedio político y social. La Academia de Ciencias Morales y Políticas ofrece sobre este tema una amplia cosecha de textos instructivos.

Corresponde el honor de haber denunciado —antes de la crítica marxista— las tareas del sistema industrial a algunos grupos de católicos, especialmente al grupo de la "Universidad católica", políticamente reaccionario en su mayoría. Entretanto la ideología liberal permanecía, por lo general, fiel a una lógica de autodestrucción.

b)   EL ORLEANISMO.—Sin embargo, ¿cabe hablar de una "ideología liberal" cuando la burguesía es tan variada como lo era bajo la monarquía de julio? ¿Se puede incluso hablar de una burguesía cuando existe una burguesía parisiense, una burguesía provinciana y una burguesía rural, una gran, mediana y pequeña burguesía, una burguesía de la banca, una burguesía de la industria, una burguesía del comercio, una burguesía universitaria, una burguesía de la administración, una vieja burguesía parlamentaria, una burguesía de rentistas, etc.?

Aunque la condición burguesa, tal y como aparece, por ejemplo, en la obra de Balzac, es muy varia, la ideología burguesa posee, en su conjunto, una gran unidad. Así, Gaudissart no dista mucho de Nucingen, y Laffitte se reconoce en Béranger con el mismo título que Michelet.

–Añadamos que las fronteras de la ideología burguesa son mucho más extensas que las de la burguesía. El periódico *L'Atelier*, escrito para obreros y por obreros, no es tan diferente del *Constitutionnel*. Los "poetas-obreros" que abundan en esta época —los Savinien Lapointe, los Reboul, los Magu, etcétera— piensan y escriben como Béranger y como George Sand. Agricol Perdiguier y Martin Nadaud, dos autores de origen de lo más popular —y de lo más diverso, ya que el primero era un artesano meridional y el segundo un albañil de la Creuse—, adoptan fielmente los grandes artículos del credo liberal. Los *Souvenirs d'un compagnon du Tour de France,* de Perdiguier, y las *Mémoires de Léonard, ancien garçon maçon,* escritas por Nodaud, no son, en el fondo, muy diferentes de los *Souvenirs* de Laffitte, "rey de los banqueros y banquero de los reyes".

Por consiguiente, existe, en efecto, una ideología orleanista, que no dio lugar a grandes obras de doctrina, pero que durante mucho tiempo —y tal vez todavía ahora— ha impreso su huella a la vida política francesa. Este orleanismo, cuya fidelidad hacia la familia de Orleáns no es sino un aspecto totalmente secundario, puede ser estudiado, con matizaciones diversas, en Guizot (1787-1874) y en su mujer Elisa, en madame Dosne, suegra de Thiers; en el doctor Véron, animador del *Constitutionnel* y autor de las *Mémoires d'un bourgeois de Paris;* en el académico Viennet, cuyas memorias son un hermoso monumento de pretensión satisfecha; en Laffitte, que relata en sus apasionantes *Mémoires* las etapas de una ascensión a su jui-

cio altamente moral; en Duvergier de Hauranne, que desarrolla en 1838
—en sus *Principes du gouvernement représentatif*— la teoría según la cual
"el rey reina, pero no gobierna".

La época pertenece a Béranger, cuya gloria casi universal —Chateaubriand, Stendhal, Lamennais, Lamartine y Michelet le consideran, además
de un gran poeta, un gran hombre, siendo indudablemente el escritor francés que ha tenido la mayor influencia en los medios populares y en el extranjero— plantea al historiador algunos problemas interesantes...

c) EL LIBERALISMO DE TOCQUEVILLE.—La obra de Tocqueville (1805-
1859), el máximo escritor liberal de la época, se sitúa al margen de este orleanismo hipertrofiado. No es representativa de una amplia corriente de pensamiento; es el resultado de la reflexión, lo más a menudo solitaria, de un
espíritu no exento de prejuicios, pero dedicado a juzgar y a juzgarse con
una rigurosa independencia.

El "Montesquieu del siglo XIX" (J.-J. Chevallier) es señor de Tocqueville, en el Cotentin, como Montesquieu lo era de La Brède. Es heredero
de una tradición aristocrática y terrateniente, a la que permanecerá siempre
fiel. Véase, a este respecto, en sus *Souvenirs* la sabrosa y muy poco democrática descripción de las elecciones de 1848 en el burgo de Saint-Pierre,
cerca de Tocqueville: "Todos los votos fueron otorgados al mismo tiempo,
y tengo razones para pensar que casi todos fueron para un mismo candidato" (que no es otro que Tocqueville).

Esta tradición aristocrática se concilia en Tocqueville con la tradición
parlamentaria. Por su madre, es nieto de Malesherbes. Su actitud, respetuosa pero libre, respecto a la religión, es la de "un hombre del siglo XVIII
profundamente interesado por el racionalismo experimental" (Georges Lefebvre, prefacio a *L'Ancien Régime et la Révolution*).

Tocqueville es un provinciano, un girondino a quien París extraña y a
veces asusta. Léanse a este respecto las páginas en las que Tocqueville expresa su profundo alivio cuando regresa a su pacífica Normandía, tras las
"saturnales" parisienses de febrero de 1848: "La propiedad se había convertido en una especie de fraternidad para quienes gozaban de ella".

Tocqueville no es ni un revolucionario ni un reaccionario. Aunque su familia sea legitimista (su padre fue prefecto con la Restauración), acepta servir a la monarquía de julio, y, aunque juzga muy severamente a los revolucionarios de 1848, será ministro de la Segunda República. Pero estas adhesiones son siempre totalmente desinteresadas. Si Tocqueville acepta el acontecimiento, sin dejar por ello de criticar a los hombres, es porque cree en la
continuidad del Estado; es para ser útil, no para utilizar.

Es preciso distinguir en Tocqueville el instinto y la reflexión, el corazón y la razón. Es aristócrata de instinto, pero la reflexión le lleva a aceptar
como irreversible la evolución hacia la democracia, a adaptarse a un régimen
que no le gusta: "Tengo una inclinación racional —escribe en una nota íntima
encontrada por J.-P. Mayer— por las instituciones democráticas, pero soy
aristócrata por instinto, es decir, que desprecio y temo a la multitud. Amo
con pasión la libertad, la legalidad, el respeto de los derechos, pero no la
democracia. Este es el fondo del hombre".

A) *Obras de Tocqueville.*—Las principales obras de Tocqueville son:

1) *La Démocratie en Amérique*, obra de un hombre de treinta años tras una estancia de menos de un año, con Beaumont, en Estados Unidos. La primera parte (1835), la mejor acogida por sus contemporáneos, estudia la influencia de la democracia sobre las instituciones; la segunda parte (1840), más abstracta, está dedicada a la influencia de las instituciones sobre las costumbres.

2) *L'Ancien Régime et la Révolution* (1856) es una obra inacabada. El primer volumen, el único que apareció viviendo Tocqueville, se detiene al comienzo de la Revolución; el autor muestra cómo la centralización administrativa es obra del Antiguo Régimen y no de la Revolución o del Imperio; la Revolución es el fruto de una larga evolución; "ha salido de lo que precede". Tocqueville había reunido para los volúmenes siguientes, que deberían estar dedicados a la Revolución y al Imperio, numerosas notas, de las que André Jardin ha publicado lo más importante.

La importancia de *L'Ancien Régime et la Révolution* es, por lo menos, igual a la de *La Démocratie en Amérique* (de la que se ocupan más fácilmente los historiadores de las ideas políticas). Taine, en sus *Origines de la France contemporaine*, sigue de cerca a Tocqueville.

3) Los *Souvenirs*, admirablemente lúcidos y en ocasiones irónicos, están dedicados en su mayor parte al período de 1848-1849, especialmente al breve paso de Tocqueville por el Ministerio de Asuntos Extranjeros. Las primeras páginas ofrecen un cuadro cruel de la monarquía de julio.

4) La *Correspondance* de Tocqueville está en curso de publicación en una nueva edición, que aporta numerosos textos inéditos.

5) Por último, hay que señalar los *Voyages* que contienen numerosos textos inéditos.

B) *El pensamiento de Tocqueville y el espectáculo de América.*—La América que visita Tocqueville es la América jacksoniana —Jackson (1767-1845) fue presidente de Estados Unidos en 1829 y en 1837—, que vuelve a las fuentes de la democracia jeffersoniana: desconfianza respecto a los privilegios y a los monopolios, retorno a los principios de la Declaración de Independencia, insistencia en la igualdad de derechos. Mientras que Hamilton cree en el conflicto fundamental de los intereses, Jackson piensa que éstos pueden ser armoniosamente conjugados y estima que hay que confinar a los gobernantes en su función propia, que consiste en proteger las personas y los bienes.

Así nos vemos obligados a plantearnos la pregunta: ¿En qué medida las ideas de Tocqueville sobre la democracia estuvieron influidas por su estancia en América?

Ahora nos es posible responder con una cierta precisión a esta pregunta. En efecto, J.-P. Mayer ha publicado en la colección de las "Oeuvres complètes", la edición íntegra del *Journal de Voyage* de Tocqueville. Este *Diario*, que completa admirablemente el libro de Pierson, *Tocqueville and Beaumont in America*, permite seguir de cerca la génesis de *La Démocratie en Amérique*.

Sobre este problema, señalamos la comunicación de René RÉMOND, reproducida en el *Livre du Centenaire d'Alexis de Tocqueville*, Editions du C. N. R. S., 1961.

C) *La libertad según Tocqueville.*—El método seguido por Tocqueville es el mismo en *La Démocratie en Amérique*, que estudia una sociedad viviente, que en *L'Ancien Régime*, que evoca la historia de la sociedad francesa. Toda su obra es una meditación sobre la libertad. Más que la obra de un sociólogo o de un historiador, es la obra de un moralista, situado dentro de la gran tradición de moralistas franceses.

Tocqueville no se preocupa ni de describir, ni de relatar, ni de agotar el tema. Tanto al estudiar la sociedad americana como la Francia del antiguo régimen, busca una respuesta a esta única pregunta: ¿Cómo conciliar la libertad con la nivelación igualitaria, cómo salvar la libertad?

La obra de Tocqueville se encuentra en los antípodas del positivismo. No es, en modo alguno, objetiva. Está animada por una vibración íntima, recorrida por algunas intuiciones fulgurantes. Se cita con frecuencia la página, calificada de profética, sobre el futuro de América y Rusia, llamadas a repartirse el mundo; pero hay que recordar también el capítulo de *La Démocratie en Amérique* sobre la nueva aristocracia industrial *(De qué manera podría la aristocracia originarse de la industria)*, o simples frases como ésta: "Se es ante todo de su clase, antes de ser de su opinión" *(Ancien Régime*, tomo II, libro II, cap. 1.º), o también: "Pueden oponérseme, sin duda, individuos; hablo de clases; sólo ellas deben ocupar la Historia" *(Ancien Régime*, tomo I, pág. 179).

La Démocratie en Amérique procede de una reflexión sobre la igualdad. Los hombres tienen una "pasión ardiente, insaciable, eterna, invencible" por la igualdad. La sociedad evoluciona necesariamente hacia la igualdad, es decir, hacia la democracia, es decir, hacia el nivelamiento. Esta evolución llena a Tocqueville de un "terror religioso", pero le parece ilusorio oponerse a ella. Es preciso aprender a conocer la democracia para impedir que caiga, bien en la anarquía, bien en el despotismo.

L'Ancien Régime et la Révolution es una meditación sobre la centralización y la decadencia de la aristocracia. La centralización monárquica conduce al mismo resultado que el nivelamiento democrático: el aislamiento de individuos uniformes, incapaces de oponerse a un despotismo que precisamente triunfa después del 2 de diciembre. *L'Ancien Régime et la Révolution* es el libro de un derrotado, pero de un derrotado que no renuncia a la esperanza.

En definitiva, el tema de la libertad domina toda la obra de Tocqueville y le da su unidad. "Una libertad moderada, regular, contenida por las creencias, las costumbres y las leyes" *(Souvenirs*, pág. 74). Esa libertad —dice— es la pasión de su vida. ¿Cómo protegerla?

Tocqueville, contrariamente a Montesquieu, no cree en los cuerpos intermedios, en su forma tradicional. En cuanto a la organización de los poderes, habla relativamente poco del tema; es partidario de un sistema bicameral y se muestra hostil al sistema presidencial, pero no tiene sino una limitada confianza en las instituciones políticas para garantizar la libertad.

Tocqueville preconiza tres remedios contra el individualismo, "destrucción de las sociedades":

1.º La descentralización administrativa, las libertades locales y provinciales. "El espíritu comunal es un gran elemento de orden y de tranquilidad pública."

2.º La creación de asociaciones de todo tipo —políticas, industriales, comerciales, científicas o literarias— que ayuden a formar un substituto de la aristocracia: "No se puede fundar en el mundo de nuevo una aristocracia, pero nada impide constituirla mediante asociaciones de simples ciudadanos, de seres muy opulentos, muy influyentes, muy fuertes; en una palabra, de personas aristocráticas".

3.º Por último, y sobre todo, las cualidades morales, el sentido de las responsabilidades, la pasión por el bien público; Tocqueville cree, como Montesquieu, en el primado de la moral sobre la política.

Estos remedios para los males de la democracia son muy tradicionales e incluso tradicionalistas; Taine no dirá otra cosa, pero Taine no habría escrito seguramente la página del *Ancien Régime* sobre el idealismo revolucionario: "El 89 fue tiempo de inexperiencia, sin duda, pero también de generosidad, de entusiasmo, de virilidad y de grandeza, etc." (tomo I, página 247).

Tocqueville sabe rendir homenaje al adversario; lleva al más alto grado el arte de comprender lo que le repugna. En este sentido es realmente un liberal.

2. El liberalismo inglés.—La situación política de Inglaterra no evolucionó sensiblemente desde la revolución de 1688. Del rey, la preponderancia pasa a una aristocracia que posee el suelo, el dinero, todos los privilegios, todos los poderes del Estado. En cuanto al *self government*, ensalzado en Francia como la garantía de las libertades inglesas, no es más que la administración del país por parte de la aristocracia local.

Pero Inglaterra prosigue y acelera la transformación de su economía. No sin crisis y luchas, opta por la industrialización. La reforma electoral de 1832 —que hace pasar el número de electores de 425.000 a 650.000— no es una medida democrática, sino una reforma destinada a asegurar una más amplia representación a los industriales y a los exportadores. La evolución del liberalismo inglés sigue de cerca la evolución económica de un país que elige la expansión y que se siente lo bastante fuerte como para adoptar el librecambio.

Mientras que el liberalismo de Courier, de Constant, de Tocqueville, está vuelto hacia los problemas políticos, el liberalismo inglés de la misma época dedica un lugar mucho más amplio a las preocupaciones económicas. Otra diferencia fundamental es que Francia acaba de hacer una revolución, en tanto que la última revolución inglesa se remonta a 1688. El liberalismo francés vive del recuerdo de 1789, e incluso para algunos ese recuerdo ocupa el lugar de la doctrina; el liberalismo inglés de la primera mitad del siglo XIX no debe casi nada a la Revolución francesa, se sustrae sólo lenta y parcialmente al utilitarismo benthamiano, y sigue bajo la influencia de Adam Smith [1].

1.º EL UTILITARISMO BENTHAMIANO: JAMES MILL.—Bentham (que muere en 1832) continúa siendo el principal representante del radicalismo utilitario. Ricardo publica en 1817 sus *Principios de economía política y tributación*.

James Mill (1773-1836) prosigue la obra de su amigo Bentham y publica en 1820 un *Ensayo sobre el Gobierno*, donde pone en relación la doctrina del Gobierno representativo con el principio de la mayor felicidad para el mayor número. Considera que la función del Gobierno es esencialmente negativa: se trata de asegurar la policía necesaria para que cada individuo pueda perseguir, sin trabas, su interés personal. James Mill, que pasó la mayor parte de su vida en una oficina de la Compañía de Indias, es el perfecto tipo de doctrinario. De esta forma, tanto en Inglaterra como en Francia surgen, a principios del siglo XIX, movimientos de tendencia ideocrática: cf. los ideólogos, cuya nocividad Napoleón denuncia, los "doctrinarios" de la Restauración, así como los saint-simonianos.

2.º DEL UTILITARISMO AL LIBERALISMO HUMANITARIO: STUART MILL.—Stuart Mill (1806-1873), educado en los principios del más rígido utilitarismo, recibió de su padre una educación inhumanamente enciclopédica, de la que poco a poco se fue desprendiendo para emprender una revisión idealista del liberalismo.

Se trata, en primer lugar, de un conflicto de generación, de una revuelta contra el

---

[1] Véase más atrás, págs. 323-325.

dogmatismo. Mi padre —escribe Stuart Mill— ha sido "el último pensador del siglo XVIII". El mismo Stuart Mill es una naturaleza inquieta, sensible, marcada por un romanticismo del que estaba totalmente exenta la generación anterior; lee a Wordsworth, a Coleridge, y sufre la influencia de Carlyle.

Sufre también influencias continentales —la de Kant, la de Comte—, se interesa por el saint-simonismo y mantiene correspondencia con Tocqueville. También en este caso la oposición con la generación anterior es total. Mientras que el utilitarismo de Bentham y de James Mill es esencialmente insular y británico, el liberalismo de Stuart Mill aspira a la universalidad.

La obra de Stuart Mill es contemporánea de una crisis del liberalismo y constituye la mejor expresión de esta crisis. En 1841 la Comisión Real de Encuesta sobre la Industria Minera elaboró un abrumador informe (comparable con el informe Villermé, en Francia). El principio, tan del gusto de James Mill, de la indefinida perfectibilidad, no se sostiene ante los hechos. El industrialismo es sometido a proceso. No parece ya posible reducir la vida social a algunos principios de mecánica. Dos hechos se imponen: la evolución de las sociedades y su diversidad.

Stuart Mill se dedica, pues, a formular un liberalismo instalado de nuevo en la Historia y en la sociedad. Mientras que James Mill se interesaba sobre todo por el problema del Gobierno y le daba una solución mecánica (reforma de la representación y extensión del derecho de sufragio), Stuart Mill estima que el Gobierno no puede ser liberal si no existe una sociedad liberal.

Para Bentham el Gobierno liberal era bueno, no porque fuera liberal, sino porque era eficaz. Por el contrario, la libertad es para Stuart Mill un bien en sí mismo, independientemente del principio de la mayor felicidad, y un bien no sólo individual, sino también social. Stuart Mill critica el capitalismo. Cree que la función del Estado liberal no es puramente negativa, que debe tratar de realizar las condiciones de la libertad. Su liberalismo está, por consiguiente, en oposición con la filosofía del *laissez-faire*.

Las ideas políticas de Stuart Mill —cuya *Autobiografía* es un documento muchas veces sabroso— están expresadas sobre todo en *La libertad* (1859) y en las *Consideraciones sobre el Gobierno representativo* (1860-1861).

La libertad comienza con un himno al individuo, con una denuncia más vigorosa que original de los sistemas que instauran el despotismo de la sociedad o la tiranía de la mayoría. Stuart Mill pasa, poco a poco, del culto del individuo al culto de las individualidades y al cultivo de las *élites*. En el capítulo III expresa claramente su nostalgia por una Inglaterra donde pudieran salir a la luz hombres de un temple diferente del de los mediocres que en todas partes reinan: "A la larga, el valor de un Estado es el valor de los individuos que lo componen". Stuart Mill se acerca aquí a Carlyle y a su culto al héroe, que se expandirá en la Inglaterra victoriana.

Stuart Mill preconiza en *La Libertad* "la mayor dispersión del Poder compatible con la acción útil del Poder". Precisa sus ideas en las *Consideraciones sobre el Gobierno representativo*, donde distingue dos funciones: una función de control, que corresponde al Parlamento, y la función legislativa. Stuart Mill considera que esta útlima función no le corresponde al Parlamento y que debe ser atribuida a una Comisión legislativa. En su *Autobiografía* se muestra obsesionado por la preocupación de proponer economías y de reducir el coste de las elecciones.

La filosofía política de Stuart Mill es, pues, una mezcla de idealismo y de avaricia, de kantismo y de utilitarismo, de generosidad y de estrechez de miras. Expresa adecuadamente las vacilaciones de una sociedad en pleno período de transición.

3.° LA DOCTRINA DE MANCHESTER: COBDEN.—Stuart Mill es, como Tocqueville, un hombre aislado. Su obra apenas nos informa sobre las opiniones del "liberal medio".

Richard Cobden (1804-1865), en contrapartida, es un perfecto representante de esa burguesía industrial que consigue obtener la abolición de los derechos sobre el trigo (1846) y del Acta de navegación (1849). Antiguo cuidador de rebaños, más tarde rico fabricante de tejidos de algodón en Manchester, Cobden es un hombre de acción. Su Anti Corn Law League es un poderoso grupo de presión, al que conduce con arte hasta la victoria. Su idea maestra es el libre comercio: comprar lo menos caro posible, vender lo más caro posible. Presenta, como remedio para todos los ingleses, una medida evidentemente conforme con los intereses de clase que representa. Habla sin cesar de las *middle and indoustrious classes* y afirma que el Gobierno, en un país industrial, tiene poca importancia. Admira a Estados Unidos y preconiza la propiedad, la eficacia, una estricta economía. Quiere cultivar en el trabajador inglés el gusto por la independencia, el respeto de sí mismo, la ambición de llegar, el deseo de acumular. Como señala Crane Brinton, el pensamiento de este destructor de utopías cae en la utopía cuando se trata de cuestiones sociales.

En materia de relaciones internacionales Cobden es partidario de la paz v de la no-intervención. Es hostil a la guerra de Crimea, a las aventuras de ultramar. En un *little Englander*.

Con el triunfo del libre cambio y con el fracaso del cartismo termina una época del liberalismo inglés. La era victoriana comienza.

3. Del nacionalismo revolucionario al nacionalismo liberal.—El siglo XIX, para hablar con propiedad, no presencia "el despertar de las nacionalidades", sino la extensión de los nacionalismos. La mayoría de los movimientos revolucionarios que se producen entre 1815 y 1848 —en Italia, en Alemania, en Polonia, en el Imperio austro-húngaro—. tienen una doble inspiración, liberal y nacional. *Le National* es, en Francia, el periódico de los liberales.

A) NACIONALISMO ECONÓMICO Y NACIONALISMO ROMÁNTICO: MAZZINI.— El nacionalismo económico del alemán List, que publica en 1841 su *Sistema nacional de economía política,* es muy poco liberal. Anuncia la unidad alemana y la *Machtpolitik*. Pero obras de este género son raras antes de 1848. En Mickiewicz (1798-1855), en Gioberti (1801-1852), en Mazzini (1805-1872), en el húngaro Petoefi (1823-1849) —muy influido por Béranger—, el nacionalismo es literario y romántico: nacionalismo de escritores y poetas en países que, por falta de industria y de clase media comparables con la de Francia, Inglaterra o Estados Unidos, no conocen el nacionalismo mercantil.

Mazzini es uno de los mejores representantes de este nacionalismo liberal y romántico. Es un patriota italiano, un eterno proscrito, un obstinado conspirador; permanece fiel a sus convicciones republicanas y no cesa de denunciar el maquiavelismo de Cavour, incluso después de la realización de la unidad italiana.

Este patriota italiano es un europeo convencido (cf., por ejemplo, su *Santa Alianza de los pueblos,* publicada en 1849). Cuenta con los pueblos, no con los reyes, para instaurar el reinado de la justicia y de la paz.

El pensamiento de Mazzini es profundamente idealista y religioso. Se opone en todos los puntos a Bentham, cuyo utilitarismo le repugna. Mazzini cree en el progreso, en la humanidad, en la fusión de clases, en la fraternidad humana, en la eminente dignidad del pueblo. No cree ni en la lucha de clases, ni en los antagonismos entre naciones, ni en la influencia de la economía sobre la política. Su obra está en absoluta contradicción con la de Marx. "Religión y política son inseparables —escribe Mazzini—. Sin religión, la ciencia política no puede crear más que despotismo o anarquía."

Mazzini pertenece a la era del romanticismo. La revolución de 1848 constituye su suprema esperanza y su suprema derrota. Tras el fracaso de la revolución Mazzini se sobrevive a sí mismo. Los tiempos de generosos

sueños de fraternidad universal han acabado. Las naciones se constituyen
y se enfrentan. Una nueva era comienza en la historia del nacionalismo:
la era de la fuerza.

B) EL NACIONALISMO FRANCÉS: MICHELET.—En la primera mitad del
siglo XIX el nacionalismo francés está estrechamente ligado a los recuerdos
de la Revolución francesa y de la epopeya imperial. Francia, a diferencia
de Alemania o de Italia, ha realizado ya su unidad nacional. El nacionalismo tiene, por consiguiente, un doble carácter, retrospectivo y profético, claramente visible en la obra de Michelet (1798-1874).

Cuando Michelet habla de nación piensa en Francia, en su patria. Su
obra es un himno a Francia. Cree en su misión, la considera como una
persona: "... La nación no es una colección de seres diversos, es un ser
organizado; más aún: una persona moral; un admirable misterio se hace
evidente: la gran alma de Francia". La nación es, por consiguiente, inviolable: "Matar a un hombre es un crimen. Pero ¿qué es matar a una nación?
¿Cómo calificar este enorme crimen?".

Michelet, como muchos de sus contemporáneos, cuenta con el sentimiento nacional para fundar la paz y la concordia universales. Contrariamente
a Voltaire —que oponía la patria al universo—, opina que "la patria es la
iniciación necesaria para la patria universal". Considera que la patria está
basada en la amistad: "La patria, la gran amistad...". En 1846 escribe en
Le peuple (tercera parte, cap. 1.º): "La patria, la gran amistad en la que
se dan todos nuestros cariños y afectos, se nos muestra en primer lugar
a través de éstos; después, a su vez, los generaliza, los extiende, los enno-
blece. El amigo llega a ser un pueblo. Nuestras amistades individuales son
como primeros grados de esa gran iniciación, estaciones por las que el alma
pasa y poco a poco asciende, para conocerse y amarse en esa alma mejor,
más desinteresada y más elevada que se llama la patria". Esta definición
de la patria hay que oponerla a la célebre definición de Renan en Qu'est-ce
qu'une nation? [2].

Michelet asocia estrechamente nación y libertad, nación y revolución;
según él, Francia es la nación revolucionaria por excelencia: "Ante Europa,
Francia, sabedlo, no tendrá nunca más que un nombre inexpiable, que es
su verdadero nombre eterno, la Revolución".

Como ha subrayado ya Roland Barthes, las ideas políticas de Michelet están de acuerdo con el credo clásico del pequeño burgués liberal de
1840: "Convicción púdica de que las clases sociales van a federarse, pero
no a desaparecer. Piadoso deseo de una asociación cordial entre capital y
trabajo. Lamentaciones contra el maquinismo. Anticlericalismo (el de Voltaire). Deísmo (el de Rousseau). El pueblo es infalible, Béranger es el
más grande poeta del siglo. Alemania (excepto Prusia) es un gran país, generoso y apacible. Inglaterra es pérfida. Francia tiene dos enemigos: el
sacerdote y el oro inglés...".

Pero Michelet es un poeta, y un hombre que durante su infancia tuvo
una experiencia directa del frío y del hambre. Por ello su obra, cuyo fondo

---

[2] Véase más adelante, pág. 526.

es burgués, posee —al igual que la de Lamennais, mucho más moderada tanto en el fondo como en la forma— un tono revolucionario. El nacionalismo romántico, estilo Michelet, es uno de los elementos del "espíritu del cuarenta y ocho".

SECCION II

Tradicionalismo y tradiciones.

1. Introducción general: El tradicionalismo desde la Revolución francesa hasta nuestros días. — A) Los temas del tradicionalismo. — Tras esta rápida exposición de la "tradición liberal" nos proponemos evocar sumariamente una tradición de pensamiento diferente, que presenta en Francia una homogeneidad bastante notable y que está caracterizada por una complaciente evocación de temas que, o son muy diferentes de los temas liberales, o poseen un contenido diferente a pesar de emplear las mismas palabras:

1.º Temas psicológicos (afición de Balzac y de sus contemporáneos por el término *psicología*: "psicología del matrimonio", "psicología del gusto", etc.), recurso a la *naturaleza* ("política natural" de Maurras) y a la *experiencia*. El término "naturaleza" tiene en los tradicionalistas una significación completamente distinta que en los liberales. La naturaleza de los liberales está ligada a la noción de un orden natural; el orden natural es un orden económico, una consecuencia del juego armonioso de algunos mecanismos de adaptación, prescinde de la Historia; se refiere a un mundo en el que domina la industria y el comercio (con algunas notables excepciones, como la de los fisiócratas); recurre de buen grado a las metáforas orgánicas (imagen del cuerpo). Por el contrario, para los partidarios de la tradición, la naturaleza está ligada a la *Historia;* la política natural no se basa en la naturaleza del hombre, sino en el desarrollo de la Historia, en las lecciones de la experiencia: poder de los hechos, desconfianza respecto a las abstracciones, positivismo y relativismo.

2.º De ahí derivan los temas de la *tierra* (en todos los sentidos de la palabra: tierra natal y agricultura), del *medio,* de la *continuidad,* de la *herencia,* el *recurso a los antepasados* ("la tierra y los muertos" de Barrès), la abundancia de metáforas vegetales.

La metáfora del *árbol* es esencialmente tradicionalista. Aparece en Chateaubriand (los árboles de Combourg), en Taine ("el plátano de M. Taine", en *Les déracinés,* de Barrès; M. Taine todos los días va a meditar ante un plátano del bulevar de los Inválidos y exclama: "Este árbol es la imagen expresiva de una bella existencia... No me canso de admirarlo, de comprenderlo"), en Barrès (cf. la misma expresión de "desarraigado"), en Maurras ("disputa del álamo" narrada por Gide, en *Prétextes:* Maurras denuncia los daños del desarraigamiento, y Gide alaba los beneficios del trasplante), en Malraux *(Les noyers de l'Altenburg,* pág. 151), en Saint-Exupéry, etcétera. El árbol es la imagen de la espontaneidad, de la continuidad, de la asimilación, de la disciplina; metáforas anexas de las raíces, del tronco, de la cepa, de la savia, de los brotes, del follaje, de la planta...

3.º Temas de la *asociación*, que se oponen al individualismo liberal y que adoptan diversas formas:

— asociación natural: la familia (ligada frecuentemente al tema de la paternidad, fundamental en Balzaç, en Joseph de Maistre, en Montherlant):
— asociación local: descentralización, *regionalismo*, gusto por el folklore;
— asociación profesional: importancia del *corporativismo* en la escuela de *L'Acction Française*, orígenes de esta tradición.

4.º Temas morales. Al igual que los liberales, los defensores de la tradición invocan de buen grado la *moral* (Renan, *La réforme intellectuelle et morale*), pero no resulta imposible distinguir dos tipos diferentes de ideal moral (que aparecen a veces —como en Renan— en un mismo escritor). Los liberales prefieren hablar de virtud y creen en la educación moral, mientras que los tradicionalistas prefieren hablar de *cualidades* y desconfían algo de la pedagogía. Cf. el siguiente texto de Montherlant: "La cualidad es una noción bastante indefinible. Sin embargo, está en el primer plano de mis preocupaciones y de mis "exigencias". La cualidad es independiente de la inteligencia, de la moralidad y del carácter. Si bien puede suplirles, la inversa no es verdad. Transfiguran a un ser y... le sitúan en el rango de los señores".

Algunos componentes de este ideal moral: el *honor* (particularmente importante en Chateaubriand), la *energía* (tema fundamental en Balzac y en Barrès: *Roman de l'énergie nationale*), la *responsabilidad* (Saint-Exupéry), el *trabajo* bien hecho (adopción abusiva de Péguy por la "revolución nacional" petainista), el *patriotismo*, etc.

Esta moral puede estar ligada a una fe religiosa (y en este caso los temas fundamentales son, como en Péguy, la encarnación y la comunión de los santos), pero no siempre ocurre así (ejemplo de Taine, tibieza de Barrès). En cambio, las cualidades exaltadas son siempre de *esencia viril* (cf. "el orden viril" de Montherlant, frente al papel desempeñado por las mujeres en la tradición liberal —Mme. Roland. Mme. Staël...—). Igualmente, los mantenedores del tradicionalismo se complacen en evocar, según los períodos, a Alemania (Taine y Renan) y a España (Barrès y Montherlant), mientras que los liberales y neoliberales, de Tocqueville a Tardieu, toman la mayoría de sus ejemplos del mundo anglosajón.

La exaltación del heroísmo camina a la par con el culto del héroe, del "hombre providencial", y con el llamamiento a las *élites*, visible por igual en los teócratas de comienzos del XIX, en los saint-simonianos, en los positivistas, en los nacionalistas de finales del XIX: el santo y el héroe según Péguy, la referencia a Juana de Arco (prolongada después de la guerra 1914-1918 con la referencia a Clemenceau).

5.º Y, por último, el tema del *orden*, tema tan ambiguo como el propio tradicionalismo y que es utilizado, sucesiva o simultáneamente, en distintos sentidos: sentido medieval ("Orden de caballería"), sentido del Antiguo Régimen ("los tres órdenes del reino"), sentido familiar ("una persona de orden"), sentido político ("el orden reina en Varsovia"), sentido positivista ("orden y progreso"), sin hablar del orden público, del orden moral, del orden nuevo, del partido del orden, del "orden eterno de los campos", del "orden viril", etc.

B) DISTINCIÓN EN EL ESPACIO Y EN EL TIEMPO.—Tras haber enumerado los grandes temas del tradicionalismo, es preciso añadir, a renglón seguido, que la realidad es singularmente más compleja que nuestros análisis.

1.º Hemos limitado nuestros análisis, desde el principio de este capítulo, casi enteramente a Francia; y es bien evidente que el tradicionalismo, en la medida en que está basado en la referencia a la Historia, no reviste la misma forma en países cuya historia está lejos de ser idéntica.

Serían aquí necesarios amplios estudios comparativos. En ausencia de semejantes estudios parece posible retener, como hipótesis, que el liberalismo reviste, según los países, aspectos más claramente contrastados que el tradicionalismo: Burke está menos lejos de Joseph de Maistre que Bentham de Benjamín Constant, o incluso Stuart Mill de Tocqueville. Confirma esta impresión la lectura de un libro como el de Russell Kirk, *The Conservative Mind*. Pero antes de admitir la existencia de un "espíritu conservador" se imponen precisiones y matizaciones.

2.º Estas precisiones deben referirse más a la Historia que a la Geografía. El tradicionalismo no es una doctrina inmovilizada, inmutable. Es importante distinguir las épocas:

a) La época de la "restauración", con Maistre, Bonald y también Lamennais (ya que su obra constituye una rama de la escuela teocrática). Hay que subrayar la ambivalencia de esta escuela teocrática, fundamentalmente reaccionaria en Joseph de Maistre, y que conduce a Lamennais a la vía del catolicismo social.

b) La época positivista, con Auguste Comte, cuya importancia política con frecuencia no se estima lo súficiente. El comtismo es una filosofía ambigua. Existe un positivismo conservador que, a través de Taine y también de Renan (que constituye un complejo caso), conduce a Maurras. Pero existe también un positivismo democrático, el de Littré, que rechaza la evolución de Augusto Comte hacia el misticismo y que nutre el pensamiento de las grandes Universidades laicas de comienzos de la III República.

c) La gran época del nacionalismo francés, del boulangerismo a 1914 (Barrès, Maurras).

d) Por último, la época contemporánea, en la que el tradicionalismo busca con dificultad un camino entre el conservadurismo y el fascismo.

C) SOCIOLOGÍA DEL TRADICIONALISMO.—Serían precisos profundos trabajos para ofrecer una sociología del tradicionalismo. Contentémonos aquí con indicar que parece muy ecléctica. El tradicionalismo no se confunde con una clase social; recluta adeptos, no sólo en la aristocracia, el clero y los medios rurales, sino también en la burguesía, en el artesanado e incluso en ciertos medios próximos al proletariado. Por otro lado, las posiciones no están cristalizadas, y las convicciones políticas evolucionan como las mismas categorías sociales; así, un caso muy característico es el del Ejército, que, bajo la Restauración, pasa por ser una guarida de liberales y que, más tarde, pasará por ser una fortaleza del conservadurismo (sobre esta evolución, véase Raoul Girardet, *La societé militaire dans la France contemporaine*). La economía del tradicionalismo debería ser estudiada al tiempo que su sociología: en general, el tradicionalismo francés es pobre y, en consecuencia, anticapitalista.

* * *

La historia del tradicionalismo francés no se confunde con la historia de la derecha. No todos los hombres de derecha invocan el tradicionalismo; la derecha es invadida, cada vez más, por el orleanismo. Ni todos los defensores de la tradición se sitúan a la derecha; la referencia a la tradición justifica actitudes políticamente opuestas: caso de Lamennais en 1830 de Péguy en el momento del asunto Dreyfus, de Bernanos durante la guerra de España, de Mauriac en nuestros días.

2. Los doctrinarios de la contrarrevolución: Maistre y Bonald.—Los dos principales doctrinarios de la contrarrevolución en todo el continente son Joseph de Maistre (1753-1821), noble saboyano, y el vizconde de Bonald (1754-1840), gentilhombre del Rouergue. Maistre tiene inclinación por el misterio y el sentido de la fórmula; Bonald es un razonador pesado en ocasiones. En cambio, Bonald tiene un sentido más agudo de los problemas sociales que Maistre; su *Législation primitive* denuncia el maquinismo y la escuela "material y materialista" de Adam Smith: "...Cuantas más máquinas existen en un Estado para aliviar la industria del hombre, más hombres hay que sólo son máquinas".

Aunque el pensamiento de Bonald sea distinto del de Maistre, ambos ofrecen notables semejanzas.

A) La experiencia contra la razón.—Al igual que Burke[3], Maistre y Bonald se burlan de las pretensiones racionalistas del siglo XVIII: "Juzgar todo según las reglas abstractas, sin consideración a la experiencia, fue un singular ridículo del pasado siglo" (Maistre, *Du Pape*). El hombre abstracto no existe; es irrisorio y peligroso el querer legislar para el hombre, el querer establecer Constituciones escritas y declaraciones de derechos: "La Constitución de 1795, como sus mayores, está hecha para el hombre. Ahora bien, no existen hombres en el mundo. He visto en mi vida franceses, italianos, rusos, etc.; pero, en cuanto al hombre, declaro no haberlo encontrado en mi vida; si existe, es sin yo saberlo" (Maistre, *Considérations sur la France*).

Es preciso oponer a los sueños universalistas y a las pretensiones racionalistas las lecciones de la experiencia y de la sabiduría providencial.

Maistre y Bonald dan a la palabra "naturaleza" el mismo sentido que Burke. La política natural está basada en la Historia: "Reconozco en política una autoridad indiscutible, que es la de la Historia, y en materia religiosa una autoridad infalible, que es la de la Iglesia" (Bonald, *Théorie du pouvoir politique et religieux,* tomo II). Los tradicionalistas, al igual que los liberales de la misma época, recurren a la Historia como principio de explicación y de justificación política; de esta forma Del Vecchio habla del "historiscismo político" de la escuela tradicionalista.

Sin embargo, la Historia está subordinada a los designios de la Providencia. Para Maistre como para Bossuet la Historia es el producto de un orden providencial. Este "providencialismo" de Joseph de Maistre le conduce a presentar a la Revolución francesa como una expiación querida por Dios; a Napoleón, como el instrumento de la Providencia divina; a Francia, como investida de una misión religiosa; y a la guerra, como una obra divina. Esta concepción grandiosa de la Historia desvía a Maistre de los juicios sumarios que llenan la obra de Burke; lejos de empequeñecer a sus adversarios, Maistre los convierte en agentes de la voluntad divina.

B) La sociedad contra el individuo.—Tanto para Bonald como para Maistre —y todavía más para Maistre— no son los individuos los que constituyen la sociedad, sino que es la sociedad la que constituye a los individuos; los individuos no existen más que en y por la sociedad, y no poseen derechos sino deberes respecto a ésta.

Esta religión de la sociedad termina en religión del Estado, "la sociología se convierte en sociolatría" (Jean Lacroix, *Vocation personnelle et tradition nationale*). De esta

---

[3] Véase más atrás, págs. 372-376.

forma el Estado se encuentra divinizado, el Gobierno se establece sobre bases teocráticas y la obediencia está siempre justificada: "La naturaleza del catolicismo le hace el amigo, el conservador, el más ardiente defensor de todos los Gobiernos" (Maistre, *Réflexions sur le protestantisme*).

De estas premisas teocráticas derivan el antiprotestantismo de Maistre, el antisemitismo de Bonald, la justificación de la Inquisición por parte de Maistre, la legitimación de la esclavitud por parte de Bonald.

C) EL ORDEN CONTRA EL PROGRESO.—La sociología de Joseph de Maistre es una sociología del orden, y su obra expresa la nostalgia de la unidad. Unidad de la fe *(Ut sint unum)*, unidad del poder, cohesión del cuerpo social.

Maistre y Bonald insisten en el papel de la familia y de las corporaciones, en los beneficios de la agricultura, que "debe ser el fundamento de la prosperidad pública en una sociedad constituida" (Bonald, *Théorie du pouvoir politique et religieux,* tomo II).

El orden tradicionalista es esencialmente jerárquico. El Gobierno más natural para el hombre es la monarquía; la soberanía es una, inviolable y absoluta. "Cuando se dice que el hombre ha nacido para la libertad se dice una frase que carece de sentido... El monarca pueblo es el más duro, el más despótico y el más intolerable de todos los monarcas" (Maistre, *Etude sur la souveraineté*).

Maistre subordina estrechamente el poder temporal al poder espiritual, y atribuye al Papa una especie de magistratura universal. Condena las tesis galicanas, y su libro *Du Pape* (1819) constituye la más perfecta expresión del ultramontanismo político.

Experiencia, sociedad, orden, unidad, Providencia: estos temas constituyen el fondo común del tradicionalismo universal. La obra de Joseph de Maistre y de Bonald comporta pocas referencias precisas a las tradiciones francesas; es menos tradicionalista que contrarrevolucionaria.

3. La poesía de la tradición: Chateaubriand.—El tradicionalismo, al igual que el liberalismo, tiene sus doctrinarios: Bonald y Royer-Collard son contemporáneos. Sin embargo, Chateaubriand (1768-1848) contribuyó más que nadie a dar al tradicionalismo francés un estilo.

Chateaubriand no es, ciertamente, un teórico. Este monárquico contribuyó a derribar la monarquía de los Borbones, al adherirse en 1830 a la oposición liberal. Maurras —que sentía hacia él poco aprecio— ha subrayado sus inconsecuencias, sus caprichos, su amor por las ruinas: "Chateaubriand, lejos de conservar, llegado el caso destruyó con el fin de tener más firmes motivos para lamentarse".

Esta interpretación está muy extendida: Chateaubriand, esclavo de sus rencores y de sus ambiciones, diletante siempre dispuesto a escoger el más bello gesto, poeta extraviado en la política. No obstante, Chateaubriand aportó al tradicionalismo precisamente aquello de lo que carecían tanto el liberalismo como la obra de Maistre y de Bonald: una poesía.

1.º *Poesía del rechazo.* — Mientras que la carrera de la mayor parte de los liberales está jalonada de *ralliements,* la de Chateaubriand es una serie de rupturas: se opone a la Revolución, al Imperio, a la Restauración, a la monarquía de julio. Su discurso en la Cámara de los Pares, el 30 de julio de 1830, en el que rechaza el régimen que había contribuido a establecer, será durante mucho tiempo el modelo de aquellos a quienes no causan repugnancia las dimisiones espectaculares y que colocan en el primer plano de las virtudes políticas la fidelidad y lo que Montherlant denomina la virtud del desprecio.

2.º *Poesía del honor.*—"Ese honor que ha llegado a ser el ídolo de mi vida, y al que tantas veces he sacrificado descanso, placer y fortuna", ese honor que invoca el conde de Chambord cuando se declara fiel a la bandera blanca en 1873 (cf. *La fin des notables,* de Daniel Halévy, que ve en la carta del conde de Chambord a Chesnelong un eco de Chateaubriand), ese honor del que tanto hablan Péguy y Barrès: "En esa alma asqueada hasta el nihilismo —escribe Barrès a propósito de Chateaubriand—, se alza el honor, solitario como un castillo en medio de la landa bretona".

3.º *Poesía de la soledad y de la nada.*—"¿Puede creerse en los reyes del futuro? ¿Hay que creer en el pueblo del presente? El hombre sabio y desconsolado de este siglo sin convicciones no encuentra un miserable descanso más que en el ateísmo político."

Pero aunque Chateaubriand sea indiferente a la forma de gobierno, no lo es respecto a su espíritu y a su alma. ¿Cree en Dios? "No hay en la Tierra cristiano más creyente y hombre más incrédulo que yo". Su religión no es ni fe, ni esperanza, ni —sobre todo— caridad; es una armadura social, una construcción de la voluntad, una fidelidad a la infancia. Aprecia la libertad, pero la cree incompatible con la nivelación igualitaria y con el reinado del dinero; la considera inseparable de las instituciones del Antiguo Régimen, pero sabe que la Historia no vuelve atrás. ¿Es excesivo hablar, a propósito de Chateaubriand, de "caballería de la nada"?

Propone un modelo a todos aquellos que —aun considerándolo como un "mal maestro"— rechazaron la monarquía de julio, el Segundo Imperio, el *Ralliement,* los inventarios, la decisión de Roma condenando Acción Francesa; a todos los que rechazaron, a la vez, la derrota de junio de 1940 y Vichy. Familias de hidalgos, de religiosos, de oficiales que se niegan a adherirse al orleanismo triunfante, incluso aunque la fe legitimista haya desaparecido mucho tiempo ha, incluso —y sobre todo— aunque sean cada vez más escasos.

Pero la sociología del tradicionalismo no se confunde con la de un legitimismo que se extingue. Dos nuevas formas de tradicionalismo, procedentes de concepciones aparentemente antagónicas, aparecen con algunos años de distancia: el catolicismo social y el positivismo [4].

4. De la teocracia a la democracia.—A) Los comienzos del catolicismo social.

—La expresión de "catolicismo social" data de los años 1890; pero, como ha demostrado en su tesis J.-B. Duroselle, el catolicismo social se remonta, en sus orígenes, al comienzo del siglo xix. A lo largo del siglo la Iglesia católica está atravesada por corrientes que es importante distinguir:

1.º Lamennais puede ser considerado como el antepasado del *catolicismo social*. Ahora bien, durante un largo período se manifestó como un teócrata intransigente, expresando en sus primeras obras las mismas ideas que Joseph de Maistre y Bonald. E incluso cuando, después de 1830, pone su obra bajo el signo de *Dios y libertad,* Lamennais es lo opuesto a un liberal.

Así aparece una primera corriente de pensamiento, el "legitimismo social", en cuyo campo entran, a lo largo del siglo xix, hombres como Alban de Villeneuve-Bargemont, Armand de Melun, La Tour du Pin, Albert de Mun (1841-1914) que, conmovidos profundamente por la miseria de las clases trabajadoras, denuncian los vicios del triunfante liberalismo.

2.º Este catolicismo social es muy diferente del *socialismo cristiano* de un Buchez (1796-1865), fundador, junto con Bazard, de los Carbonarios de Francia, antiguo saint-simoniano convertido al catolicismo, teórico de la asociación obrera [5]. Ni la inspiración ni la sociología de este socialismo cristiano se confunden con las del catolicismo social.

3.º Pero es importante, sobre todo, distinguir entre catolicismo social y *catolicismo liberal*. El catolicismo liberal es un eclecticismo, una síntesis de liberalismo y catolicismo, una adaptación del catolicismo al orden liberal. Ante todo, adaptación económica: los católicos liberales rompen con la reticencia inicial de la Iglesia respecto al maquinismo, con su preferencia por el trabajo agrícola; no les produce repugnancia el enriquecerse en la industria, en el comercio o en la banca. Pero se trata también de una adaptación

---

[4] Sobre el positivismo véase más adelante, págs. 509-512.
[5] Sobre Buchez véase más adelante, pág. 439.

política: los católicos liberales se consideran desligados de cualquier fidelidad supersticiosa respecto a la monarquía; aceptarán la democracia, el
parlamentarismo y la república. Se adhieren al régimen, pero muestran siempre una conciencia menos aguda de los problemas sociales que los liberales
no católicos. Así como existen católicos sociales antiliberales como Villeneuve-Bargemont (y quizá también Lamennais), existen también católicos
liberales ajenos al catolicismo social como Dupanloup (y quizá también Montalembert); así, Lamennais, fundador del catolicismo social, vota en 1850
contra la ley Falloux que instaura la libertad de enseñanza.

Aunque parece necesario distinguir claramente, en lo que concierne a Francia, entre
catolicismo liberal y catolicismo social, la distinción es mucho menos inequívoca en Bélgica y, sobre todo, en Alemania, donde Ketteler y Doellinger representan, a la vez, un
cierto liberalismo católico, en el plano político-religioso, y un cierto catolicismo social.
Por otra parte, el protestantismo liberal ha dado origen a un importante movimiento de
"cristianismo social" [6].
En Bélgica la denominada política de "unionismo" (acercamiento entre católicos y liberales) conduce a la Constitución de 1831, que establece una cierta separación entre
Iglesia y Estado y afirma los principios de las grandes libertades modernas. Los recientes trabajos de los historiadores belgas han demostrado que Lamennais no es el origen
ni de las ideas ni de los métodos de los unionistas belgas, preocupados ante todo de las
realizaciones prácticas y muy poco audaces en sus concepciones sociales. Esto parece
indiscutible, pero tambien parece algo forzado concluir, al contrario, como hace J.-B. Duroselle, que "el unionismo belga impresionó a Lamennais". Duroselle no da ninguna
prueba satisfactoria de esta influencia; nos parece que su juicio sobre el papel de Lamennais es algo estrecho.

B)   CRONOLOGÍA LARGA Y CRONOLOGÍA CORTA.—Podemos recordar aquí el diálogo entre Joseph Hours y Etienne Borne a propósito de la "cronología larga" y de la "cronología corta".
En el Cahier número 31 de la Fundación Nacional de Ciencias políticas, que lleva
el título de Libéralisme, traditionalisme, décentralisation (París, A. Colin, 1952), figura
un estudio de Joseph Hours: "Los orígenes de una tradición política: la formación en
Francia de la doctrina de la democracia cristiana y de los poderes intermedios" (páginas 79 a 123). Este estudio desarrolla y sistematiza un artículo publicado en la Vie
Intellectuelle, en mayo de 1948: "Los cristianos en la política, la experiencia del M. R. P."
(páginas 62 a 77).
En estos dos estudios Hours se dedica a determinar los orígenes lejanos de la democracia cristiana y a demostrar que sus fundadores no fueron ni liberales ni demócratas.
La democracia cristiana es en Francia, según él, la corriente política y religiosa más
tradicional, localizándose sus orígenes en el ocaso de la Edad Media, y siendo su
doctrina apasionada y sistemáticamente antiestatal y antigalicana. Hours establece así
una filiación: borgoñones, Liga, partido devoto, ultramontanistas de la Restauración, legi-
timistas sociales de la III República, partido demócrata popular, M. R. P. Se muestra
particularmente severo con Lamennais: "Resulta difícil comprender cómo un espíritu tan
irracional y excesivo pudiera ser verdaderamente liberal...".
A esta tesis vigorosamente galicana y "antieuropea" Etienne Borne contesta en Terre
humaine de julio-agosto de 1952 (págs. 76 a 101): "¿La democracia cristiana contra el
Estado?". El diálogo prosigue en el número de octubre (págs. 76 a 85) con una carta
de Joseph Hours y una nueva respuesta de Etienne Borne. Véase sobre esta polémica
el artículo de Jacques Fauvet en Le Monde del 16 de septiembre de 1952: "M. Robert
Schuman a-t-il brûlé Jeanne d'Arc?", y el de Pierre de Sarcus en La Revue Politique
et Parlementaire de noviembre de 1953 (págs. 248-257): "Le M. R. P. a-t-il des an-
cêtres?".

_____
[6]   Una revista protestante, impresa en París, lleva todavía hoy tal denominación.

Etienne Borne no admite, evidentemente, que Joseph Hors reencuentre en la política del M. R. P. y en los proyectos europeístas de M. Schuman el espíritu de la Liga. Rechaza la "cronología larga" de Joseph Hours´y propone una "cronología corta", según la cual Lamennais es el predecesor de la democracia cristiana, de la que Marc Sangnier es el "segundo fundador": "Lamennais es quien realmente inventó la democracia cristiana...".

C) LAMENNAIS.—No ha de buscarse un cuerpo de doctrina en la obra de Lamennais (1782-1854). A primera vista se nos muestra como el autor de dos obras profundamente opuestas: en el *Essai sur l'indifférence en matière de religion* (1817-1824) se expresa como un teócrata intransigente; con la publicación de *L'Avenir* (1830-1831; lema "Dios y libertad"), con las *Paroles d'un croyant* (1834) o el *Livre du peuple* (1837), pasa de la teocracia a la democracia.

En la primera parte de su vida denuncia, con el más violento de los fanatismos, los vicios del siglo, especialmente las infamias de la Universidad Imperial. Después se declara firme partidario del socialismo, aun permaneciendo fielmente apegado al derecho de propiedad. Su socialismo es vaporoso y sentimental; no propone prácticamente ninguna reforma que sea aplicable, y muestra hacia el Estado la mayor desconfianza; condena el comunismo sin tratar de comprenderlo, y manifiesta con respecto a sus contemporáneos los mismos sentimientos que más tarde exteriorizarán Péguy o Bernanos.

Sin embargo, este irreducible solitario ejerció sobre su época una influencia mucho más profunda de lo que el análisis crítico de su obra permitiría suponer. Todavía en nuestros días el destino de Lamennais suscita ardientes polémicas.

Un marco romántico (La Chênaie). Un temperamento romántico, violento, inestable, apasionado, sensible a la poesía ("No me gustan las ciudades. He nacido para trazar mi surco al aire libre, bajo un cielo libre y limitado solamente por algunos árboles en el horizonte"). Un gran destino romántico: Lamennais, "sacerdote a pesar suyo", ultramontano condenado por Roma, apasionadamente religioso, muriendo fuera de la Iglesia: "Quiero ser enterrado en medio de los pobres y como los pobres. No se pondrá nada sobre mi tumba, ni siquiera una simple piedra...".

Durante la primera parte de su vida Lamennais predica la unidad de las Iglesias, así como la unidad de la fe. Para él la verdadera religión es "la que descansa sobre la mayor autoridad visible"; la adhesión unánime es el único criterio de la fe *(Essai sur l'indifférence)*. Después, Lamennais pasa de la unidad a la unión, y sueña con una vasta reconciliación en la que todas las clases queden confundidas. De esta forma, para Lamennais, el pueblo no es proletariado, sino el género humano (menos una minoría de privilegiados o de culpables): "La causa del pueblo vencerá... Lo que el pueblo quiere Dios mismo lo quiere... La causa del pueblo es la causa santa, la causa de Dios". La democracia aparece como la realización de la teocracia. Nada existe más ajeno al marxismo o al liberalismo.

No hay que exagerar la influencia de Lamennais en el seno de la Iglesia de Francia. La totalidad del alto clero y la inmensa mayoría del clero bajo se mostraron impermeables a las ideas de *L'Avenir*. La obra de Lamennais tuvo su influencia mayor, de una forma difusa, fuera de la Iglesia. Un libro como las *Paroles d'un croyant* parece haber tenido una amplia difusión, incluso en los medios populares. Lamennais —que era lo más opuesto a un orador o a un tribuno— fue elegido en 1848 para la Asamblea nacional, donde desempeñó, por lo demás, un papel poco importante.

Cualquiera que fuera la influencia de Lamennais, el catolicismo social no se confunde con él. Resulta indispensable mencionar hombres como Montalembert (cuya correspondencia con Lamennais, cuando la ruptura con Roma, es un documento conmovedor), Lacordaire (que decidió bruscamente abandonar La Chênaie), Gerbert, Charles de Coux, Villeneuve-Bargemont (autor de un gran *Traité d'economie politique chrétienne*), Ozanam, etc.; instituciones como la Sociedad de San Vicente de Paúl y la Sociedad de San Francisco Javier; publicaciones como *L'Université catholique;* los vínculos entre el fourierismo y el catolicismo social; las tentativas de asociación agrícola de inspiración cristiana ("Croisade du XIX siècle", de Louis Rousseau: "Commune chrétienne", de Hippolyte de La Marvonnais, etc.).

Aun con proyectos utópicos o realizaciones modestas, los católicos franceses manifiestan en esta época una preocupación por los problemas sociales que contrasta con la indiferencia, al menos aparente, de los liberales instalados en el Poder. Sin duda, estos católicos sociales son relativamente poco numerosos, pero contribuyen a acreditar, en torno a ellos, la idea de que la Iglesia no es un poder conservador. E incluso algunos llegan a considerar al catolicismo como una fuerza revolucionaria, y a asociar a la Iglesia con los recuerdos de 1789. El catolicismo social es uno de los componentes del espíritu de 1848.

SECCION III

El socialismo antes de Marx.

El término "socialismo" aparece, casi simultáneamente, en Francia y en Inglaterra entre 1830 y 1840, pero la palabra posee en esta época un sentido bastante vago. Así, para Pierre Leroux, el socialismo se opone al individualismo (artículo de la *Revue Encyclopédique,* en noviembre de 1833); para Robert Owen el socialismo es principalmente un sistema de asociaciones cooperativas. En 1836-1838 Louis Reybaud, futuro autor de *Jérôme Paturot,* publica en la *Revue des Deux Mondes* una serie de artículos, titulada *Socialistas modernos (los saint-simonianos, Fourier, Owen).* En 1841 Owen publica su panfleto *What is Socialism?*

La primera mitad del siglo XIX ve nacer, en los países más industrializados de Europa, numerosas doctrinas de reforma social que difieren profundamente de las utopías humanitarias o de las efusiones sentimentales del siglo XVIII [7], así como de la conspiración de los Iguales [8]. Los autores del siglo XIX se encuentran ante un inmenso problema que no se les había plan-

---

[7] Véase más atrás, págs. 335-336.
[8] Véase más atrás, págs. 365-366.

teado ni a Mably, ni a Morelly, ni a Babeuf, ni a los lejanos precursores del socialismo: las consecuencias sociales de la revolución industrial.

Esta revolución —como es sabido— comienza en Inglaterra durante el siglo XVIII, en tanto que la transformación de la economía francesa es mucho más lenta. En la época en la que escriben Saint-Simon, Fourier, Buchez, Louis Blanc, Blanqui y en la que Proudhon elabora lo esencial de su obra, Francia no vive todavía la gran fiebre de industrialización que se manifestará bajo el Segundo Imperio. El socialismo inglés —especialmente el de Owen— da pruebas, por el contrario, de un íntimo conocimiento de las realidades industriales, que los teóricos franceses están lejos de poseer.

Las primeras denuncias solemnes del maquinismo se inspiran en el espectáculo de Inglaterra, especialmente en la crisis inglesa de 1815. El ginebrino Sismondi escribe sus *Nouveaux principes d'économie politique ou la richesse dans ses rapports avec la population* (1819) tras una estancia en Inglaterra. Sismondi no es, en modo alguno, un revolucionario. Es un liberal que pertenece al círculo de Coppet. Se muestra hostil hacia el sufragio universal, yendo sus preferencias hacia una sociedad de pequeños propietarios campesinos que cultiven la tierra según métodos intensivos, con el concurso de un Gobierno que cuide del orden, del bienestar y la eficacia. No obstante, Sismondi afirma con vigor que el optimismo de Ricardo y de J.-B. Say ha sido totalmente desmentido por los hechos:

1.º La libre concurrencia no produce, como afirman los economistas liberales, la armonía de los intereses y la igualdad de las condiciones, sino la concentración de las fortunas.

2.º Esta concentración produce, como consecuencia, la superproducción y las crisis.

3.º El desarrollo de la gran industria, lejos de mejorar la suerte de la clase obrera, no hace, pues, sino agravarla.

Sismondi expone los males, pero no sugiere ningún remedio. Como ha señalado Elie Halévy, su obra es "pesimista y reaccionaria".

Las ideas expuestas en los *Nouveaux principes d'économie politique* no son patrimonio exclusivo de Sismondi. Autores que invocan la tradición monárquica y católica también incoan el proceso de la economía liberal. Cuando se estudia un poco de cerca el movimiento de las ideas en la primera mitad del siglo XIX, se advierte que las diferentes escuelas se encuentran mucho menos alejadas de lo que a primera vista cabe pensar. Las doctrinas son, indudablemente, muy distintas entre sí; pero los hombres que las defienden muchas veces realizan una especie de amalgama, en la que las divergencias desaparecen en provecho de algunas creencias fundamentales. Muchos hombres de esta época fueron, sucesiva y casi simultáneamente, saint-simonianos, fourieristas, católicos sociales, lectores de Saint-Martin, de Joseph de Maistre y de Saint-Simon, de Lamennais y de Fourier. En Francia el socialismo premarxista tiene vinculaciones con el iluminismo, con el tradicionalismo, con el romanticismo, con el cristianismo; y en Inglaterra, con el utilitarismo.

1.   **La evolución de las ideas sociales en Inglaterra.**—El rápido crecimiento del maquinismo, el *factory sistem* y una severa legislación imponen

al proletariado inglés duras condiciones de existencia [9]. La reforma electoral en 1832 constituye una victoria para la burguesía radical, no para el proletariado, que considera la ley de 1834 sobre los indigentes como una medida de clase, inspirada en el deseo de proporcionar a los fabricantes mano de obra barata.

Las primeras doctrinas corrientemente calificadas de socialistas ven la luz en una Inglaterra periódicamente sacudida por profundas crisis (especialmente en 1815 y en 1845). Hacia 1830-1840 los términos "owenismo" y "socialismo" son considerados como sinónimos. Sin embargo, es importante llamar la atención sobre dos puntos:

1.º Estas primeras formas de socialismo nunca fueron verdaderamente populares.

2.º Un movimiento auténticamente popular como el cartismo, nunca fue verdaderamente socialista.

A) OWEN.—Robert Owen (1771-1858) es un gran empresario. A los diecinueve años dirige una hilatura de algodón de 500 obreros. Es consciente de no deber más que a sí mismo su fortuna. Su autobiografía es una vida edificante, al estilo de las de Franklin o Laffite. Sobrio, ahorrativo, metódico, incansablemente optimista, este autodidacta es un hombre de acción que cree en la omnipotencia de la razón. Su ideal: "La formación integral, en lo físico y en lo moral, de hombres y mujeres, que pensarán y actuarán siempre racionalmente".

Este empresario filantrópico, que no retrocede ante los gestos prudhommescos (cf. su declaración de independencia religiosa en agosto de 1817), considera al hombre como un producto manufacturado; piensa que el carácter es el producto del medio social y de circunstancias exteriores; cree en la eminente virtud de la educación. Owen es, cronológicamente, uno de los primeros pedagogos de un siglo extremadamente pedagógico.

Desea una profunda reforma de la sociedad, pero las fórmulas que preconiza para realizar esta reforma son numerosas, pudiéndose distinguir cinco formas sucesivas de "owenismo". Indudablemente, esta sucesión no es rigurosa, pero el pensamiento de Owen evoluciona de la filantropía patronal al mesianismo social.

1.º La filantropía patronal, tal y como la practicó Owen en New Lanark al principio de su carrera: mejoramiento de la vivienda y de la higiene, construcción de escuelas, aumento de salarios, reducción de la duración del trabajo, etc. Owen obtuvo, al parecer, resultados que maravillaron a sus contemporáneos, mediante métodos algunas veces singulares (instalación cerca de cada obrero de un indicador que permitía ver inmediatamente, gracias a colores diferentes, si el obrero era muy bueno, bueno, mediocre o malo). Sin embargo, la actuación de Owen en New Lanark corresponde a la de un "empresario ilustrado", en absoluto a la de un socialista.

2.º El recurso al Estado fue, durante mucho tiempo, una constante del

---

[9] Cfr. el testimonio de Sismondi en 1819, y más tarde el de ENGELS, *La situación de la clase obrera en Inglaterra*, 1844.

pensamiento de Owen. Trata inútilmente de hacer adoptar una ley que modifique radicalmente las condiciones de trabajo de los niños; la ley que finalmente aparece en 1819 es muy diferente de lo que Owen había deseado. Más tarde contará con el Estado para alentar sus experiencias de comunismo agrario o de banco de intercambio.

3.º *El comunismo agrario.*—Al igual que Fourier, Owen muestra una clara preferencia por la agricultura; sueña con disolver la industria en la agricultura y se propone crear poblados modelos de los que la propiedad privada estaría totalmente excluida. Las comunidades de Owen presentan así dos diferencias con los falansterios de Fourier: a) Son principalmente agrícolas, mientras que los falansterios son polivalentes; b) Mientras que en ellas debe de desaparecer la propiedad privada, Fourier prevé una distribución proporcional a la aportación de cada cual (5/12 para el trabajo, 4/12 para el capital, 3/12 para el talento).

Las tentativas de realización acabaron en completos fracasos (especialmente New Harmony, fundada por Owen en Estados Unidos).

4.º *El socialismo mutualista y cooperativo.*—Owen opina que el trabajo es la medida del valor, y pretende fundar un Banco donde se intercambien bonos de trabajo. Es la "Bolsa nacional equitativa para obreros", que se inaugura en 1832 y desaparece en 1834. En este punto las ideas de Owen se aproximan a las que expresará Proudhon en 1848-49 (proyecto de constitución de un Banco de intercambio y acto de fundación del Banco del Pueblo) y en 1855 (proyecto de sociedad de la Exposición perpetua). Tanto en Proudhon como en Owen, se trata de un socialismo limitado al cambio, sin organización socialista de la producción.

Quienes contribuyeron a desarrollar el movimiento cooperativo fueron discípulos de Owen. Owen alentó con condescendencia este movimiento, que le parecía animado de buenas intenciones, pero que dejaba, a su juicio, demasiado espacio al espíritu mercantil.

5.º En sus últimas obras Owen se convierte en el apóstol de un *mesianismo social,* adecuadamente expresado en *El nuevo mundo moral* (véase especialmente el *Catecismo del nuevo mundo moral,* al final del libro de Dolleans sobre Owen, págs. 337-351). Anuncia el reino de Dios sobre la tierra, el advenimiento de una era de virtud y de felicidad; repite sin cesar que "los tiempos están próximos". El owenismo, pues, parte del paternalismo y termina en una especie de milenarismo laico.

La notoriedad de Owen en su época fue grande, incomparablemente mayor que la de Saint-Simon. El motivo radica en que su doctrina era fácilmente asimilable por la burguesía, en que seguía siendo en el fondo una doctrina burguesa. Era relativamente fácil dejar a un lado su comunismo agrario y retener sólo una mezcla de utilitarismo y de idealismo, de paternalismo y de cooperación que permitiera a hombres muy diversos proclamarse igualmente sus discípulos. En 1841 Owen responde a la pregunta "¿Qué es el socialismo?" de la siguiente forma: "El sistema racional de sociedad fundado sobre la naturaleza". ¿Quién no suscribiría una definición tan vaga?

Owen criticó a Bentham, pero se encuentra más cerca de él —y de los "filósofos" del siglo XVIII— que de los obreros de New Lanark. Su doctrina nunca fue popular, pero contribuyó a acreditar dos nociones:

1.º La idea —propiamente utópica y que se encuentra en muchos teóricos franceses, especialmente en Fourier— de que la sociedad puede ser reformada a partir de una comunidad ejemplar.

2.º La idea de que la reforma social es independiente de la acción política y de la toma del Poder.

B) EL CARTISMO.—Owen y sus discípulos desprecian la acción política; creen que el sufragio universal y los derechos políticos no son condiciones previas para la fundación de poblados comunistas. Owen afirma en 1837: "La igualdad es más fácil que cualquier otra reforma".

Por el contrario, la Carta del pueblo (8 de mayo de 1838), que dio su nombre al movimiento cartista, sólo formula reivindicaciones políticas: anualidad del Parlamento, sufragio universal, igualdad de los distritos electorales, abolición del censo de elegibilidad, voto con escrutinio secreto, indemnización parlamentaria.

El cartismo es, en su origen, un movimiento popular. La Working Men's Association fundada en 1836, sólo comprende obreros. Los primeros jefes del cartismo son Lovett, el obrero autodidacta, antiguo discípulo de Owen; Bromterre O'Brien, el burgués jacobino, gran admirador de Robespierre y de Babeuf, y Benbow, el tarbernero demagogo que lanza la fórmula de huelga general.

El primer cartismo comprende un cierto número de owenistas disidentes, a quienes repugna el dogmatismo de Owen y que no cuentan ya con él para realizar una reforma social. Creen que la conquista de los derechos políticos es el único medio para asegurar una nueva distribución de las riquezas, y que la democracia es el camino más corto para llegar al socialismo.

El cartismo se transforma en un movimiento revolucionario cuando se extiende por los condados industriales del Noroeste, Feargus O'Connor elimina a los primeros jefes del cartismo; su elocuencia inflama a las masas populares.

A partir de 1843 el cartismo entra en decadencia. Se descompondrá definitivamente tras la manifestación de abril de 1848 y la seudopetición rubricada por cerca de seis millones de firmantes.

El cartismo es el único ejemplo, antes de 1848, de un movimiento obrero animado por una ideología de clase. Los cartistas se niegan, en su conjunto, a colaborar con los radicales, y se oponen durante mucho tiempo a la campaña por el librecambio, que denuncian como una maniobra de la burguesía manufacturera. Pero esta ideología obrera no es, en modo alguno, una ideología socialista. Se trata de una rebelión elemental contra el maquinismo y contra la miseria. O'Connor —menos socialista que nadie— propone a los obreros que le aclaman la imagen ideal de un campesino propietario (cf. la fundación de O'Connorville en 1847). Nostalgia del pasado, temas tomados de la filosofía del siglo XVIII, credo de los revolucionarios franceses, afirmación de una especie de socialismo eterno: tal es la materia de la que está fabricado el cartismo. El proletariado inglés, en el mismo momento en que afirma su existencia como clase, se muestra poco apto para elaborar una ideología de clase.

2. **Los socialismos franceses.**—Los historiadores de las doctrinas socialistas se interesan hoy especialmente por la obra de Saint-Simon, Fourier y Proudhon. Indudablemente, estas tres obras son las más originales de todas cuantas propusieron, en la primera mitad del siglo XIX, una nuev-

organización de la sociedad. No obstante, obras menos originales tuvieron mayor irradiación en la misma época. Tal es el caso de Louis Blanc y de su famosa fórmula sobre "la organización del trabajo", que llegó a ser un dogma para todo un público, ignorante, sin duda, del detalle de sus obras. Tal es también el caso de Pierre Leroux, en cuya obra se encuentran la mayoría de los temas diseminados entre sus contemporáneos. Pierre Leroux, llevando hasta la confusión más total la vocación de síntesis, presenta una especie de *foto-robot* de un socialismo enternecido que se confunde con la religión de la humanidad; es el Béranger del socialismo.

Motivos de orden pedagógico nos obligan a distinguir dos grupos de doctrinas:

1.º Las doctrinas que sitúan en el primer plano la reforma de la economía, y que prescinden de la democracia política para realizar la reforma económica y social: saint-simonismo, fourierismo, proudhonismo.

2.º Las doctrinas que no separan la reforma social de la democracia política y de los recuerdos de la Revolución francesa: Cabet, Buchez, Pierre Leroux, Louis Blanc, Blanqui.

Pero semejante análisis nos obliga a establecer, entre las diferentes doctrinas, distinciones que no siempre fueron advertidas por los contemporáneos. Aunque las obras de los doctrinarios apenas penetran en las masas, algunos temas, elementales pero poderosamente sentidos, se imponen a lo que es legítimo denominar conciencia popular. Por esta razón nos preguntaremos, como conclusión, la forma en que sería posible extraer los grandes rasgos de la ideología popular en el período que precede a la revolución de 1848.

1) La reforma de la sociedad.

A) EL SAINT-SIMONISMO.—Los saint-simonianos de estricta obediencia fueron poco numerosos, pero el saint-simonismo ha ejercido una cierta influencia en los medios dirigentes franceses. La doctrina saint-simoniana, puesta en circulación en una Francia todavía esencialmente agrícola, anuncia y reclama una revolución industrial, que los saint-simonianos contribuyeron, por su parte, a realizar bajo el Segundo Imperio.

Saint-Simon cree en la ciencia, en su progreso continuo, en la existencia de una ciencia social cuyos principios fundamentales le corresponde a él inducir: "Que las abstracciones —exclama— cedan paso, por fin, a las ideas positivas...". Y concluye: "La ciencia de las sociedades tiene desde ahora un principio. Por fin llega a ser una ciencia positiva". Saint-Simon tuvo como secretario a Auguste Comte, procediendo el comtismo directamente del positivismo saint-simoniano.

Positivismo apasionado, impregnado de romanticismo. Saint-Simon siente por la ciencia una pasión exaltada, religiosa: "La empresa que yo acometo —confía— está por encima de mis fuerzas. Lo sé y lo quiero ignorar. No tengo más que exaltación, pero tengo mucha".

a) *Saint-Simon y los saint-simonianos.*—1.º El saint-simonismo es, en primer lugar, la doctrina de un hombre, Claude-Henri de Rouvroy, conde de Saint-Simon (1760-1825).

Aristócrata ilustrado, participa en la guerra de la Independencia americana, a la que más tarde presentará como el punto de partida de sus reflexiones políticas: "Desde ese momento entreví —escribe en 1817 en la recopilación titulada *L'industrie*— que la revolución de América señalaba el comienzo de una nueva era política, que esta revolución debía necesariamente determinar un progreso importante en la civilización general y que al poco tiempo causaría grandes cambios en el orden social que existía entonces en Europa". Gana una fortuna especulando con los bienes nacionales y se arruina tan de prisa como se había enriquecido. Profeta incomprendido, trata de convertirse en el consejero político de la joven burguesía capitalista. Poco tiempo antes de su muerte publica un *Nouveau christianisme* (1825).

2.º La escuela saint-simoniana se constituye tras la muerte de Saint-Simon. En 1828 comienza la exposición de la doctrina. El saint-simonismo atrae a algunos antiguos conspiradores (como Bazard y Buchez) y a muchos politécnicos e ingenieros (Enfantin, Michel Chevalier, Talabot, Jean Reynaud, Edouard Charton, etc.), de los cuales un buen número son israelitas (Olinde Rodrigues, los Péreire, etc.). La seducción ejercida por el saint-simonismo sobre la Escuela Politécnica debe ser particularmente subrayada.

La historia del saint-simonismo comporta generosos sacrificios, intuiciones proféticas, episodios burlescos (como la retirada a Ménilmontant), resonantes procesos e innumerables cismas hasta la dispersión final.

En una exposición más detallada sería indispensable distinguir netamente entre lo que corresponde a Saint-Simon y lo que corresponde a sus sucesores; también sería necesario señalar las divergencias entre los mismos sucesores (cf. la oposición de Bazard al hipermisticismo de Enfantin). En conjunto, y aun subrayando hasta la caricatura los rasgos religiosos de la doctrina (uniforme, ritual, cantos, jerarquía eclesiástica, etc.), los saint-simonianos parecen haber insistido en los aspectos prácticos, en todo aquello que podía seducir a una generación, apasionada sin duda por el ideal, pero también por la eficacia. En cambio, apenas si desarrollaron las ideas —que podían parecerles difícilmente realizables— que Saint-Simon había expuesto sobre *La réorganisation de la société européenne* (1814) y sobre la utilidad que representaría la institución de un Parlamento europeo.

El saint-simonismo de los saint-simonianos es, pues, más pedagógico y más práctico que el saint-simonismo de Saint-Simon. Pero, en general, es mucho más fiel al pensamiento de Saint-Simon que lo fue la escuela fourierista al de Fourier.

b) *Una doctrina de la producción.*—El saint-simonismo es, ante todo, una doctrina de la producción: "La política es la ciencia que tiene por objeto el orden de cosas más favorable a todos los tipos de producción". Mientras que Adam Smith y los teóricos de la economía liberal se interesaban sobre todo por los consumidores, Saint-Simon subraya la eminente utilidad de los productores. Tal es el sentido de la famosa "parábola" (1819): "Supongamos que Francia pierde súbitamente sus primeros cincuenta físicos, sus primeros cincuenta químicos, etc.". Según Saint-Simon, Francia podría perder, sin menoscabo, la familia real, los ministros, los altos funcionarios, "todos los empleados de los Ministerios", el alto clero, los jueces y los 10.000 propietarios más ricos que no cultivan directamente sus tierras —o sea, en total, los 30.000 individuos considerados como los más importantes del Estado—; en cambio, sería una catástrofe nacional si Francia perdiera sus "3.000 primeros sabios, artistas y artesanos". Entre estos 3.000 hombres a salvar figuran 600 cultivadores directos, 200 negociantes, 200 sabios, 250 escritores o artistas, 250 a 300 representantes de las profesiones liberales, integrando el resto las industrias y los cuerpos de oficio; hay que conservar 50 banqueros, pero también 50 herreros, 50 cuchilleros, etc.

Saint-Simon establece así una distinción fundamental entre los productores y los ociosos (que denomina "zánganos"). Reserva para los productores el término de "industriales", del que hace, a partir de 1817, un amplio uso: *Système industriel* (1821-1822), *Catéchisme des industriels* (1823-1824). Rouget de Lisle compone en 1821 un *Chant des industriels:* "Honor a nosotros, hijos de la industria". Saint-Simon afirma: "La clase industrial es la clase fundamental de la sociedad, la clase nutricia de la sociedad".

No hay que engañarse sobre la expresión "clase industrial". Para Saint-Simon, un cultivador directo, un carretero o un carpintero son industriales. Los industriales son los productores, cualquiera que sea la producción de que se trate. Quedan, así, enrolados en una misma "clase" el banquero, el propietario terrateniente y el cerrajero.

c) *Tecnocracia.*—La tarea más urgente consiste en organizar la economía: "La filosofía del último siglo ha sido revolucionaria, la del siglo XIX debe ser organizadora". Los saint-simonianos creen en la virtud de la organización (cf. la publicación titulada *L'organisateur,* 1819-1820).

La organización de la economía importa más que las instituciones políticas: "Atribuimos demasiada importancia a la forma de los Gobiernos". El saint-simonismo afirma, de esta manera, el primado de lo económico sobre lo político: "La Declaración de Derechos del Hombre, a la que se ha contemplado como la solución del problema de la libertad social, no era realmente más que su enunciado". Saint-Simon no sólo sugiere la distinción —que se convertirá en clásica— entre libertades formales y libertades reales, sino que pone en duda los principios mismos del liberalismo político y de la democracia.

Saint-Simon no es un demócrata. Considera la desigualdad como natural y beneficiosa. Cree en la virtud de las *élites*. En la jerarquía saint-simoniana se clasifica a cada cual según su capacidad y se le retribuye según sus obras. Desconfía tanto de los políticos como de los militares. Lo único que pide al Gobierno es que organice la economía, especialmente el crédito; en la cumbre de la jerarquía saint-simoniana se sitúan los banqueros. El Gobierno, según Saint-Simon, es, propiamente hablando, una tecnocracia.

Así, Saint-Simon se convierte en el precursor de quienes alaban los méritos de los "Gobiernos de técnicos" y reprochan periódicamente a Francia su "fobia por lo económico".

d) *Crítica del orden establecido.*—Tal economismo parece situar al saint-simonismo muy lejos de lo que denominamos hoy una doctrina socialista.

Sin embargo, aunque las soluciones sugeridas por los saint-simonianos difícilmente pueden ser calificadas de socialistas, la crítica de la economía liberal de Saint-Simon anuncia la crítica marxista. Engels, en su *Anti-Dühring,* habla de la "profundidad genial de mirada" de Saint-Simon.

"Mejorar lo más rápidamente posible la existencia moral y material de la clase más pobre." La inspiración de Saint-Simon no difiere de la de Marx; su objetivo es la reforma social.

Su método subraya la importancia de la infraestructura económica y basa en el trabajo la diferenciación de las clases. "No hay cambios en el orden social sin un cambio en la propiedad", escribía Saint-Simon en 1814. Muchos textos de Saint-Simon anuncian, de esta forma, los temas fundamentales de Marx.

Por último, aunque Saint-Simon respeta la propiedad (aun pidiendo al tiempo su reorganización bajo control del Estado) y conserva, a este respecto, la mentalidad de antiguo comprador de bienes nacionales, algunos de sus discípulos van más allá que él y consideran a la propiedad como una función social, pronunciándose contra la herencia: "El único derecho conferido por el título de propietario —puede leerse en la exposición de la *Doctrina*— es la dirección, el empleo, la explotación de la propiedad".

e) *Sueños y realizaciones.*—Para poder apreciar correctamente el saint-simonismo es necesario confrontar los sueños con las realizaciones.

Los sueños son grandiosos. Los saint-simonianos quieren realizar una reforma global de la sociedad. No se satisfacen con realizaciones parciales, con empresas nacionales. Creen en la unidad del género humano y quieren instaurar la concordia y la armonía universales. Cuentan con el desarrollo de la industria y de los transportes para poder cimentar una paz definitiva. Están convencidos de que la edad de oro de la humanidad no está en el pasado, sino en el porvenir. La "religión saint-simoniana" —ya que así se denomina la escuela después de 1830— es, ante todo, religión del progreso. No es una meditación individual (el saint-simonismo es fundamentalmente antiprotestante), sino una efusión social y la regla de una comunidad.

Los saint-simonianos realizaron muy concretamente su ideal. Ingenieros, financieros y administradores, contribuyeron a crear los primeros ferrocarriles franceses, asociándose muy de cerca a tal empresa "el padre" Enfantin. Fournel y Enfantin trazan los primeros planos del canal de Suez, que será realizado por un antiguo saint-simoniano, Ferdinand de Lesseps; los hermanos Péreire organizan el crédito mobiliario; Edouard Charton lanza una revista popular de gran tirada, *Le Magasin Pittoresque;* Charles Duveyrier funda la primera agencia de publicidad para periódicos; Michel Chevalier es uno de los consejeros económicos de Napoleón III. El Segundo Imperio —régimen autoritario que fomenta la economía y la banca— se nos muestra, en ciertos aspectos, como la tardía realización de los sueños saint-simonianos.

¿Realización o traición? ¿Fueron los saint-simonianos infieles a los sueños de su juventud, o no tenían otros medios para realizarlos? En cualquier caso, no hay nada menos utópico ni menos socialista que esta participación de los saint-simonianos en la expansión del capitalismo francés.

B) Fourier.—La obra de Charles Fourier (1772-1837), plena de extraños desarrollos (¿cómo hacer que le gusten las matemáticas a una joven a la que gusta el ajo?) y de profecías extravagantes (el agua de mar llegará a ser potable y las ballenas serán sustituidas por antiballenas que ayudarán a tirar de los barcos), ha ejercido una influencia no desdeñable, pero sin duda menor que la de Saint-Simon.

No obstante, tiene el triple interés:

1.º De tratar de exponer una interpretación global del universo, y de manifestar esa pasión por la unidad que caracteriza el comienzo del siglo XIX.

2.º De exponer una crítica muy aguda del sistema capitalista.

3.º De sugerir un plan de asociación voluntaria, en el que aparecen amplificadas y sistematizadas aspiraciones confusas pero ampliamente extendidas entre la pequeña burguesía y el artesanado, amenazados por la revolución comercial, así como también entre un proletariado que no posee todavía la conciencia de formar una clase. La obra de Fourier contribuye, de esta forma, a iluminar la mentalidad de una sociedad.

a) *El falansterio según Fourier.*—"Tipo de viejo solterón gruñón y testarudo" (M. Leroy), "amigo de comer en fondas baratas" (R. Maublanc), Fourier es un personaje balzaquiano. Hijo de un comerciante en paños, llevó la vida mediocre de un viajante de comercio y de un empleado subalterno, esperando hasta su muerte el mecenas que debería ayudarle a reformar el universo.

Fourier creía, en efecto, haber realizado un descubrimiento capital al afirmar que el principio de atracción no sólo regía el mundo físico, sino también el mundo social. La ciencia de las sociedades se reduce, según él, a una matemática de las pasiones. Clasifica, pues, minuciosamente, no sin alguna propensión al erotismo, las pasiones humanas. Así como los saint-simonianos preconizaban la "rehabilitación de la carne", él quiere exaltar románticamente las pasiones, a fin de instaurar la armonía universal. Fourier hace, de manera inagotable, la crítica de la sociedad que le rodea; como dijo Engels en su *Anti-Dühring*, "es uno de los más grandes satíricos de todos los tiempos".

"Todo es vicioso en el sistema industrial —afirma—; tal sistema no es más que un mundo al revés." Contrariamente a los saint-simonianos, Fourier no tiene la menor inclinación por la industria: "Las manufacturas progresan a causa del empobrecimiento del obrero".

El hombre no debe dedicar a la industria más que la cuarta parte de su tiempo como máximo. En consecuencia, hay que diseminar las fábricas por el campo, al objeto de que los obreros puedan consagrar una parte de su tiempo a la labranza.

Fourier, que había vivido en Lyon y que había visto de cerca la miseria obrera, muestra una clara preferencia por la agricultura, especialmente por la horticultura. Flores, frutos y comidas ocupan un amplio lugar en el universo fourierista.

En todo caso, Fourier persigue con un odio tenaz al comercio y a los comerciantes. Estos son parásitos, y todo su arte consiste en vender a seis francos lo que cuesta tres, y en comprar en tres lo que cuesta seis. El comercio crea una "feudalidad mercantil" y favorece el reinado de los banqueros (a los que Fourier juzga con mucha menos simpatía que Saint-Simon). El liberalismo económico engendra una anarquía y una miseria de las que Inglaterra ofrece un triste espectáculo. Fourier habla sin ninguna afabilidad de los "comerciantes de Londres" y de la codicia inglesa.

De esta forma, en tanto que los saint-simonianos reclaman una profunda transformación de la economía, Fourier parece desconfiar de ella, y, en tanto que los saint-simonianos insisten en la necesidad de aumentar la producción, Fourier subraya la inutilidad de todas las doctrinas que no concluyan en aumentar el bienestar de los consumidores.

Para reformar la sociedad Fourier cuenta con los falansterios, es decir, con una especie de sociedades cerradas, formadas aproximadamente por 1.600 personas, que deben asumir todas las funciones sociales, sucediéndose unas a otras para evitar una especialización excesiva. Fourier describe complacientemente el marco de un falansterio, en el que los pasillos están encristalados y disponen de un sistema de calefacción, y en el que los comedores ofrecen a los consumidores 40 platos diferentes. Y como el trabajo debe resultar siempre atrayente, los falansterianos corren sin cesar del cultivo de las rosas al esquileo de los corderos...

El falansterio no es en absoluto un sistema comunista. Fourier detesta el desorden, respeta la herencia y considera como naturales riqueza y pobreza; trata de atraer a los capitalistas, haciéndoles esperar maravillosos dividendos si invierten sus fondos en los falansterios.

Fourier no cuenta con el Estado para crear falansterios. Estos se constituirán libremente, mediante "acuerdo afectuoso". La reorganización de la sociedad vendrá de abajo, no desde lo alto, como pensaban los saint-simonianos. Como Proudhon, Fourier siente horror por un régimen autoritario y centralizador. El Estado es para él una federación de asociaciones libres.

Fourier desconfía de las revoluciones y juzga de forma muy severa a la de 1789. Es antidemócrata y anti-igualitario. Pone todas sus esperanzas en asociaciones de menos de 2.000 miembros, y piensa que, para reformar la sociedad en su conjunto, lo más importante es crear algunas sociedades perfectas.

b) *Realizaciones fourieristas.*—Se realizaron numerosas tentativas de tipo falansteriano no sólo en Francia, sino también en los Estados Unidos, Inglaterra, Rusia, etc. Cf. sobre este punto el utilísimo estudio de Henri Desroche: "Fourierismo escrito y fourierismo práctico. Nota sobre los estudios fourieristas contemporáneos", en el libro de Emile Poulat, *Les Cahiers manucrits de Fourier*, París, Editions de Minuit, 1957, 223 páginas. Muchas de estas tentativas (especialmente la de Condé-sur-Vesgre) fracasaron, y, cuando triunfaron, fue más bajo la forma de asociaciones cooperativas que de verdaderos falansterios. Véase a este respecto los trabajos de J. Gaumont sobre A. de Bonnard y su estudio: "De la utopía falansteriana al asociacionismo francés de 1848", en los *Etudes sur la tradition française de l'association ouvrière*, Editions de Minuit, 1956, 148 págs.

c) *El fourierismo después de Fourier.*—Tras la muerte de Fourier en 1837 Víctor Considerant, antiguo politécnico, se convierte en jefe de la escuela fourierista y en principal propagador de la doctrina, especialmente en el periódico *La Démocratie Pacifique,* que aparece a partir de 1843. Emile Poulat evoca, en la importantísima obra que ha dedicado a Fourier, el conflicto que enfrentó a los partidarios del fourierismo ortodoxo, representado por Víctor Considerant, con los fourieristas disidentes, más preocupados de las realizaciones cooperativas que de teorías sociales. Los fourieristas ortodoxos, "gentes razonables y de buen trato", consideran su deber ocultar las extravagancias y exageraciones de Fourier; se abstienen durante varios años de publicar sus obras, y cuando se deciden a ello proceden a las selecciones y cortes más discutibles. De esta forma las obras de Fourier fueron publicadas "de forma incoherente, incompleta y expurgada". Por eso Emile Poulat ha realizado una tarea particularmente útil al publicar el inventario de los manuscritos de Fourier conservados en los Archivos nacionales.

El movimiento cooperativo no carece, evidentemente, de relación con el pensamiento de Fourier, pero sería totalmente *abusivo* presentar a Fourier como el profeta y el fundador de la cooperación. Es lícito pensar que el juicio de Fourier sobre las cooperativas de consumo habría carecido de entusiasmo; tal vez incluso, al tiempo que hubiera deplorado su ausencia de ambición ampliamente reformadora, hubiera visto en ellas la manifestación de ese espíritu mercantil que le horrorizaba. Nos parece que Henri Desroche y Emile Poulat, llevados por su simpatía hacia Fourier, abultan un poco su influencia.

C) PROUDHON.—No es posible separar el proudhonismo de la vida de Proudhon; el proudhonismo es, ante todo, la presencia de un hombre.

Pierre-Joseph Proudhon (1809-1865) fue hijo de un tonelero y una cocinera. Cuidó animales en el campo, cerca de Besançon (cf. el famoso pasaje de *La justice dans la Révolution et dans l'Eglise,* quinto estudio, cap. IV: "¡Qué placer antaño en revolcarme en las altas hierbas que yo habría deseado ramonear como mis vacas!"). Se juró a sí mismo permanecer fiel a la clase obrera y trabajar sin descanso... para la mejora intelectual y moral de quienes se complace en denominar sus hermanos y compañeros (carta a la Academia de Besançon en 1838).

Una existencia "a lo Péguy", cuyos principales acontecimientos son:

— la ruptura con Karl Marx en 1846. Al *Système des contradictions économiques ou philosophie de la misère* publicado por Proudhon Marx responde con la *Misère de la philosophie;*

— la elección de Proudhon en 1848 a la Asamblea Nacional, en la que no consigue hacerse escuchar (cf. el testimonio de Víctor Hugo en *Choses vues,* y el de Tocqueville en sus *Souvenirs);*

— su condena a tres años de prisión en marzo de 1849, tras violentos artículos contra el príncipe-Presidente;

— su *Révolution sociale démontrée par le coup d'Etat du 2 décembre 1851* (1852), que a juicio de muchos de sus antiguos amigos resulta una escandalosa adhesión a Napoleón III; las obras ulteriores de Proudhon muestran que muy pronto guardó las distancias con el Segundo Imperio, pero a pesar de todo se le sigue acusando de haber pactado con el "régimen fuerte".

Proudhon escribió mucho. Sus principales obras que conciernen a la política son las tres memorias sobre la propiedad (1840-1842), *De la création de l'ordre dans l'humanité* (1843), *Système des contradictions économiques ou philosophie de la misère* (1846), *Solution du problème social* (1848), *Les confessions d'un révolutionnaire* (1849), *Idée générale de la Révolution au XIXᵉ siècle* (1851), *La Révolution sociale demontrée par le coup d'Etat* (1852), *De la justice dans la Révolution et dans l'Eglise* (1858-60), *La guerre et la paix* (1861), *Du principe fédératif* (1863), *De la capacité politique des classes ouvrières* (1865).

Las principales obras de Proudhon son posteriores a la revolución de 1848. Sin embargo, creemos adecuado hablar de Proudhon en este capítulo que estudia el período anterior a 1848. El pensamiento de Proudhon se formó en una Francia todavía ampliamente artesanal y campesina, antes de la gran expansión industrial del Segundo Imperio. Este pensamiento precapitalista pertenece a una edad diferente de la del pensamiento capitalista de Marx. No obstante, volveremos a encontrarnos con Proudhon cuando hablemos, en un capítulo próximo, de Marx [10].

a) *Contradicciones y actualidad de Proudhon.*—Proudhon fue autor de algunas fórmulas que produjeron escándalo ("La propiedad es un robo", "Dios es el mal"). En su obra existen muchos textos aparentemente contradictorios; nada resulta más fácil que oponer a un texto de Proudhon otro suyo. Se da a conocer mediante una diatriba contra la propiedad, pero exalta luego la propiedad campesina; lo que ocurre —aseguran los proudhonianos— es que no critica la propiedad en tanto que tal, sino el mal uso que se hace de ella, la propiedad sin utilidad social... Declara la guerra a la religión en nombre de la ciencia y en nombre de la moral, pero luego hace de ella un magnífico elogio en *La création de l'ordre* ("¡Cómo supo ennoblecer el trabajo, hacer llevadero el dolor, humillar el orgullo del rico y realzar la dignidad del pobre!", ed. Cuvillier, págs. 73-74); los proudhonianos explicarán, es cierto, que es un elogio fúnebre... Dirige a la guerra un saludo que Joseph de Maistre no habría desaprobado ("¡Salud a la guerra! Gracias a ella el hombre, apenas salido del barro que le sirve de matriz, se constituye en su majestad y valor", *La guerre et la paix*, pág. 29), pero un poco más adelante afirma que contiene un elemento bestial y que inspira, en consecuencia, un legítimo horror; los proudhonianos explican aquí que la guerra exaltada por Proudhon es "la guerra ideal, la guerra sometida a leyes, la guerra leal entre combatientes seguros de su derecho" [11].

En tanto que Saint-Simon, Fourier, Louis Blanc y Pierre Leroux son hoy temas de Historia, Proudhon tiene todavía sus fieles, sus entusiastas partidarios. La escuela de *Action Française* ha exaltado durante mucho tiempo a Proudhon como un "maestro de la contrarrevolución", como un adversario de la democracia. Y a los proudhonianos de derecha se han opuesto ardientemente los proudhonianos de izquierda. En la época actual se ha convertido en costumbre el considerar a Proudhon como el maestro de lo que habría podido y debido ser el socialismo francés, si no hubiera sido desviado de su camino por el marxismo; la renovación del federalismo ha contribuido a nutrir esta leyenda proudhoniana, a la que los marxistas continúan oponiendo la imagen de un Proudhon resueltamente reaccionario [12]. No es fácil, pues, distinguir el proudhonismo de las leyendas que se le oponen.

b) *Proudhon y la democracia.*—Saint-Simon y Fourier consideraban que la solución del problema social no era un asunto político. Proudhon es de la misma opinión. Estima que existe una ciencia de la sociedad y que el conocimiento básico es la economía política: "La política hoy día es economía política", afirma en *La guerre et la paix* en 1861. En 1848 declara que el "Banco del Pueblo" es la "solución del problema social".

Proudhon no tiene mayor confianza que Saint-Simon y Fourier en la democracia parlamentaria. "Democracia —escribe en diciembre de 1851— es una palabra ficticia que significa amor al pueblo, amor a los niños, pero no gobierno del pueblo." Y en *La révolution sociale, démontrée par le coup*

---

[10] Véase más adelante, págs. 475-504.
[11] Georges GUY-GRAND, *Pour connaître la pensée de Proudhon*, Bordas, 1947, pág. 172.
[12] Los "Classiques du Peuple" han acogido a Saint-Simon y a Fourier, pero no a Proudhon.

d'Etat afirma que "democracia es demopedia", es decir, educación del pueblo.

En 1848 Proudhon considera que el pueblo francés no está preparado para la revolución. Cuando cuatro años más tarde acepta el golpe de Estado es, sin duda, porque considera que la única revolución importante es de orden económico y social; el golpe de Estado es un acontecimiento puramente político que no afecta a lo esencial; por ello no resulta imposible otorgar la confianza al nuevo régimen y contar con él para realizar esa revolución de la economía, que es la única verdadera revolución.

Proudhon critica ásperamente el sufragio universal: "Religión por religión, la urna popular está todavía por debajo de la *sainte ampoule* merovingia. Todo lo que ha producido ha sido el cambiar la ciencia en tedio y el escepticismo en odio". Las fórmulas de este tipo, que abundan en *La justice dans la Révolution et dans l'Eglise*, serán recogidas con entusiasmo por los doctrinarios de *Action Française*.

La desconfianza proudhoniana respecto a la democracia se encuentra, además, en la tradición de los sindicalistas franceses, que durante mucho tiempo se aplicarán a distinguir entre la acción sindical, la única verdaderamente revolucionaria, y la acción política, que corre el peligro de caer en el oportunismo.

c) *Proudhon contra el Estado.*—Proudhon desconfía del Estado todavía más que de la democracia; siente la mayor aversión hacia la centralización y la burocracia. Critica el *Contrat social* de Rousseau, que amenaza con conducir al despotismo de la voluntad general: "su programa habla exclusivamente de derechos políticos; no reconoce derechos económicos" *(De la justice...)*. Proudhon sueña con una sociedad anárquica —en el sentido etimológico del término— en la que el poder político sería sustituido por libres acuerdos entre los trabajadores. Prefiere Voltaire a Rousseau.

Proudhon se opone a cualquier autoridad, tanto a la de la Iglesia como a la del Estado. Contrariamente al saint-simonismo, la doctrina de Proudhon es fundamentalmente antirreligiosa, y si rompe con Marx, en 1846, es porque considera al marxismo como una religión intolerante. "... No nos convirtamos en los jefes de una nueva religión, no adoptemos la postura de jefes de una nueva religión, aunque esta religión fuese la religión de la lógica, la religión de la razón" (carta del 17 de mayo de 1846).

En su libro sobre *Proudhon et le christianisme* el R. P. de Lubac ha subrayado con vigor lo que él denomina su "antiteísmo social", así como su "inmanentismo moral". Concluye de esta forma su análisis: "Su crítica, dirigida en primer lugar y de forma más explícita contra el cielo de las religiones, afecta por añadidura a cualquier mesianismo terrestre".

d) *Igualdad y solidaridad.*—La doctrina de Proudhon es, a la vez, una doctrina de libertad y de igualdad. También aquí el proudhonismo se diferencia del saint-simonismo y del fourierismo, ya que ni el uno ni el otro son doctrinas igualitarias. Proudhon, en cambio, se muestra apasionadamente apegado a la igualdad: "La igualdad de las condiciones, he aquí el principio de las sociedades; la solidaridad universal, he aquí la sanción de esta ley", declara en su primera memoria sobre la propiedad.

No quiere sacrificar la libertad a la igualdad, ni la igualdad a la libertad. Devolviendo todo su sentido al lema revolucionario, piensa que el equilibrio entre la libertad e igualdad sólo puede ser realizado mediante una solidaridad fraternal. De esta forma, en sus *Confesions d'un révolutionnaire*, opone a la libertad simple —que es la del bárbaro, o la del civilizado que no reconoce más ley que la de cada uno para sí— la libertad compuesta, que se confunde con la solidaridad: "Desde el punto de vista social, libertad y solidaridad son términos idénticos: la libertad de cada cual encuentra en la libertad de los demás no un límite, sino un auxiliar: el hombre más libre es el que tiene más relaciones con sus semejantes".

e) *Federalismo y mutualismo.*—Por consiguiente, la doctrina de Proudhon es una doctrina de la solidaridad:

α) En el campo político: *federalismo*. Para Proudhon, el Estado es una federación de grupos. El Estado es la consecuencia de la reunión de varios grupos diferentes, tanto por la naturaleza como por el objeto, "formados cada uno para el ejercicio de una función especial y la creación de un objeto particular, y unidos después bajo una ley común y con un interés idéntico" *(De la justice,* cuarto estudio).

Proudhon es partidario, igualmente, de la federación en el campo internacional. Dedicó a la acción antinacionalista y antiunitaria varios folletos, así como un tratado: *Du principe fédératif* (1863). Deseó para Italia un régimen federal, y no vaciló en profetizar: "La era de los Gobiernos de concentración y de las grandes aglomeraciones de pueblos ha terminado. El siglo XX abrirá la era de las federaciones, en la que la humanidad volverá a comenzar un purgatorio de mil años".

β) En el campo social: *mutualismo*. La asociación mutualista ofrece, según Proudhon, la posibilidad de resolver el problema social sin violencia y sin lucha de clases. El mutualismo consiste en un intercambio en virtud del cual los miembros asociados se garantizan recíprocamente "servicio por servicio", crédito por crédito, retribución por retribución, seguridad por seguridad, valor por valor, información por información, buena fe por buena fe, verdad por verdad, libertad por libertad, propiedad por propiedad". La principal institución mutualista imaginada por Proudhon, el "Banco del Pueblo", no pasó apenas del estadio del proyecto, pero Proudhon no por ello dejó de afirmar que "la mutualidad es una fórmula, hasta el presente desdeñada, de la justicia".

f) *El humanismo proudhoniano.*—Para Proudhon la justicia es la suprema virtud. A sus ojos, el problema esencial es un problema moral. Cualquier sistema de intercambio, por bien concebido que esté, sólo puede funcionar si los participantes respetan no sólo la honradez, sino también la justicia, que es un sentimiento propiamente revolucionario: "Las revoluciones son las sucesivas manifestaciones de la justicia en la humanidad" (brindis del 17 de octubre de 1848).

Proudhon, en consecuencia, asocia estrechamente justicia y revolución. Pero ¿qué es la justicia? "Es el respeto, espontáneamente sentido y recíprocamente garantizado, de la dignidad humana, en cualquier persona y en cualquier circunstancia en que se encuentre comprometida, y a cualquier riesgo que su defensa nos exponga *(De la justice,* segundo estudio, capítulo VII).

En definitiva, la política de Proudhon descansa sobre una determinada concepción del hombre. Su humanismo —como ha señalado Jean Lacroix— es un "humanismo de la tensión". Mientras los marxistas se preocupan por la síntesis, Proudhon opina que "la síntesis es gubernamental", y que es menos conveniente el resolver las contradicciones que el asumirlas. Sobre esta cuestión la oposición entre Proudhon y Marx es irreductible.

El pensamiento de Proudhon es la expresión de un temperamento apasionadamente hostil a cualquier forma de alistamiento. Pero este individualismo no es algo exclusivo de Proudhon. Es la expresión de una sociedad que todavía no ha descubierto las necesarias disciplinas de la acción colectiva en un medio industrial. No cabe duda de que el proudhonismo es más un socialismo para los artesanos que —como se ha dicho— "un socialismo para los campesinos". En armonía con un determinado estado de la sociedad francesa, corría el peligro de que el día en que la revolución industrial modificara las bases de esta sociedad, apareciera anacrónicamente como un moralismo. Por consiguiente, la decadencia de la influencia proudhoniana al final del Segundo Imperio fue precipitada, más que por la propaganda marxista, por las nuevas condiciones creadas por la revolución industrial.

g) *Ensayo de síntesis Saint-Simon-Fourier-Proudhon.*—Proudhon se opuso con extremada violencia a los saint-simonianos, especialmente a Enfantin, y juzgó sin indulgencia a los fourieristas. Sin embargo, como acertadamente ha indicado G. Gurvitch, Proudhon no sería posible sin Saint-Simon. Pueden indicarse algunos puntos de coincidencia entre su obra y la de Proudhon:

1.º El Estado está destinado a disolverse en la sociedad;
2.º La propiedad constituye la base de toda la estructura social, pero se encuentra en perpetua evolución;
3.º La sociedad existe "en acto", es decir, acción, esfuerzo, creación;
4.º La clase obrera o proletaria (la palabra es de Saint-Simon) se opone a la clase de los propietarios ociosos;
5.º La nueva moral descansa sobre el trabajo;
6.º El humanismo prometeico es el único que puede conducir a comprender la sociedad y su destino (pero en Saint-Simon este humanismo es "panteísta", mientras que en Proudhon es "antiteísta").

2) *Socialismo y democracia.*

"Louis Blanc —escribe Proudhon en sus *Confessions d'un révolutionnaire*— representa el socialismo gubernamental, la revolución desde el Poder; yo represento el socialismo democrático, la revolución por el pueblo. Existe un abismo entre nosotros." En otro lugar Proudhon califica a Louis Blanc de "sombra desmedrada" de Robespierre.

Cabet, Buchez o Pierre Leroux son indudablemente, en ciertos aspectos, muy diferentes a Louis Blanc. Pero todos tienen de común una confianza en la democracia y en la revolución política que está muy lejos de aflorar en Saint-Simon, Fourier o Proudhon.

Blanqui parece, a primera vista, un personaje fuera de serie, un activista de una raza diferente a la de sus contemporáneos, fabricantes de utopías. Pero, en realidad, sus ideas no son tan diferentes de las de sus contemporáneos, ya que proceden del mismo idealismo, del mismo reformismo.

a) *Cabet y el comunismo utópico.*—Etienne Cabet (1788-1856) era hijo de un tonelero, pero no fue ni un proletario ni un agitador. Realizó estudios de Derecho, ejerció la profesión de abogado y ocupó incluso durante cierto tiempo, tras la revolución de 1830, el puesto de procurador general en Córcega. En 1832 fue elegido disputado de la Côte-d'Or. En 1842 publicó una utopía comunista, el *Voyage en Icarie.*

Cabet es un "demócrata convertido en comunista". Antiguo dirigente de los carbonarios, antiguo secretario del burguesísimo Dupont de l'Eure, Cabet es un fiel admirador de la Revolución francesa. En 1839 publica una *Histoire populaire de la Révolution française de 1789 à 1830,* en la que define de la siguiente forma a la democracia: "Por democracia... entiendo, en una palabra, el sistema social y político más favorable a la dignidad y al perfeccionamiento del hombre, al orden público, al respeto de las leyes y a la felicidad de todos los ciudadanos, dándole por fundamento la educación y el trabajo". Cabet, partidario del sufragio universal y de la educación popular, cree que la igualdad y la fraternidad conducen de forma natural a la comunidad de bienes: "(El comunismo) es la realización más completa y la única perfecta de la Democracia... La Democracia conduce a la Comunidad y..., sin la Comunidad, la Democracia perfecta es imposible".

El comunismo de Cabet no deriva en modo alguno de un análisis a fondo de las realidades contemporáneas. Es una mezcla en la que se combinan Platón, Tomás Moro, las utopías comunistas del siglo XVIII, el owenismo y un cristianismo fraternal que se emparenta con el de Saint-Simon: el comunismo icariano es el "verdadero cristianismo", "los comunistas actuales son los discípulos, los imitadores y los continuadores de Jesucristo". Cabet piensa que la comunidad resulta más fácilmente practicable en una gran nación industrial y comerciante que en un pueblo pequeño poco desarrollado; su comunismo, difiere, en consecuencia, del comunismo espartano de Babeuf.

Cabet, al igual que Owen y que Fourier, cuenta, para realizar esa fraternal reconciliación con la que sueña, con el ejemplo comunicativo de una experiencia con éxito. Pero las tentativas icarianas en Texas y en Illinois fracasaron completamente. No parece que las ideas de Cabet tuvieran una verdadera audiencia en los medios populares. Su periódico *Le Populaire* tira 3.600 ejemplares en 1846, y Cabet no consigue salir elegido para la Asamblea Nacional de 1848, obteniendo menos de 70.000 votos.

b) *Buchez y el socialismo cristiano.*—El médico Buchez (1796-1865) es, junto con Bazard, uno de los fundadores de los carbonarios franceses (1821). Seducido por los saint-simonianos, se separa, sin embargo, de ellos en 1829; no obstante, los buchezianos pretenderán ser, durante mucho tiempo, los herederos del saint-simonismo auténtico. Se convierte al catolicismo, y en 1833 publica una *Introduction à la science de l'histoire,* y, después, una *Histoire parlementaire de la Révolution française* (1834-38).

Buchez se dedica a demostrar, no ya que los principios de la Revolución francesa no se encuentran en oposición con los principios cristianos, sino que derivan directamente de ellos. La Revolución francesa es la consecuencia más adelantada de la civilización; y la civilización moderna ha salido enteramente del Evangelio. Tales son las dos grandes tesis que Buchez desarrolla. Critica vivamente a la Constituyente y no oculta sus preferencias por la Convención.

Buchez, teórico de la asociación obrera y de la cooperativa de producción, quiere eliminar el salariado y organizar el trabajo. Louis Blanc se inspiró bastante, al parecer, en sus ideas; tal es, al menos, lo que Armand Cuvillier sugiere en su libro sobre *Buchez et les origines du socialisme chrétien.*

Las ideas de Buchez tuvieron una cierta difusión en los medios obreros. Testimonia esta difusión el periódico *L'Atelier,* "órgano de los intereses morales y materiales de la clase obrera", que apareció de 1840 a 1850 y que fue siempre exclusivamente redactado por obreros, especialmente por Anthime Corbon. *L'Atelier,* que tenía como lema las palabras de San Pablo: "El que no trabaja no come", tenía vinculaciones buchezianas. El propio Buchez fue, en 1848, el primer presidente de la Asamblea Nacional. Designación simbólica que muestra adecuadamente el eco suscitado en la opinión por el intento bucheziano de síntesis entre el cristianismo, el socialismo y el ideal revolucionario.

c) *Pierre Leroux y la religión de la humanidad.*—Pierre Leroux (1797-1871) es, más aún que Buchez, el hombre de las vastas síntesis. Al igual que Buchez, pasa por el saint-simonismo (que abandona en 1831), y también, como él, invoca con emoción los recuerdos de la Convención y da incluso a entender que ha nacido en 1793: "Nací por el tiempo en que la Convención luchaba contra el negociantismo", escribe en 1846 en *Malthus et les économistes*. También habla Leroux del "verdadero cristiano" y de "esas dos grandes cosas: el Evangelio y la Revolución".

Pierre Leroux fue muy admirado durante su vida. Lamartine afirmaba que algún día se leerían las obras de Pierre Leroux como se leyó el *Contrat social*. George Sand se declaraba pálido reflejo de Pierre Leroux, Renan, en sus *Souvenirs d'enfance et de jeunesse*, subraya la seducción que Pierre Leroux ejercía sobre los alumnos del seminario de Saint-Sulpice. Sus principales obras, *De l'humanité, De l'égalité, Du christianisme et de son origine démocratique, Malthus et les économistes, La grève de Samarez*, etc., constituyen, por consiguiente, importantes documentos para el conocimiento de la época.

Según Pierre Leroux, que lanzó la expresión, el socialismo tiene como misión "conciliar, mediante una verdadera síntesis la libertad, la fraternidad y la igualdad". Hace enlazar, pues, al socialismo con la Revolución francesa. En 1832 preconiza "la doctrina de la Revolución francesa, la doctrina de la igualdad organizada". En 1833, en el número de octubre-diciembre de la *Revue Encyclopédique*, escribe: "La lucha actual de los proletarios contra la burguesía es la lucha de quienes no poseen los instrumentos de trabajo contra quienes los poseen".

El pensamiento de Pierre Leroux es, sobre todo, religioso: "Soy un creyente", se complace en repetir, y en *Le carrosse de M. Aguado* (1848) no vacila en escribir: "Jesús es el más grande de todos los economistas, y no existe ciencia verdadera fuera de su doctrina".

Tres palabras se repiten sin cesar en la obra de Pierre Leroux: unidad ("Buscamos la unidad y demostramos la posibilidad de establecerla"), igualdad ("Esta palabra resume todos los anteriores progresos realizados, hasta ahora, por la humanidad") y, sobre todo, humanidad ("No somos los hijos ni de Jesús ni de Moisés, somos los hijos de la humanidad").

La democracia es, para Pierre Leroux, una religión. Cree que el sistema representativo no debe ser una representación de lo que es, sino una "representación del Ideal". Esto le conduce a elaborar, en 1848, un proyecto de Constitución totalmente extraño, en el que las instituciones parlamentarias reflejan el misterio de la Trinidad. Por lo demás, no faltan los pasajes extraños en la obra de Pierre Leroux, aunque sólo fuera su teoría sobre el principio de continuidad y la utilización del abono humano...

d) *Louis Blanc y la organización del trabajo.*—Louis Blanc (1811-1882), redactor jefe del *Bon Sens*, fundador de la *Revue du Progrès*, redactor de *La Réforme*, presidente en 1848 de la Comisión de gobierno para los trabajadores o Comisión de Luxemburgo, exilado en Londres tras las jornadas de junio, autor en el exilio de una *Histoire de la Révolution française*, es el tipo mismo de demócrata reformista. Sus ideas sociales, que produjeron un gran temor a la burguesía, no son, sin embargo, ni muy originales ni muy revolucionarias.

La popularidad de Louis Blanc en los medios obreros se vincula con una fórmula: la organización del trabajo. Louis Blanc, recogiendo un tema ampliamente vulgarizado por los saint-simonianos, expuso en un artículo de *Revue du Progrès* —recogido luego en un folleto con el título *L'organisation du travail* (1840)— un plan de reforma encaminado a abolir la concurrencia y a asegurar "el mejoramiento moral e intelectual del destino de todos, mediante el libre concurso de todos y su fraternal asociación".

Louis Blanc preconiza la creación de "talleres sociales" que permitan "a todos los obreros que ofrecieran garantías de moralidad la compra de los instrumentos de trabajo". La restricción es significativa: Louis Blanc considera conveniente que los instrumentos de trabajo pertenezcan a los trabajadores, pero inmediatamente precisa que esta posibilidad debe reservarse, al menos durante una fase transitoria, a los trabajadores suficientemente educados.

Louis Blanc cuenta con el Estado para crear los talleres sociales. A este respecto, sus concepciones autoritarias y centralizadoras se encuentran en completa oposición con el anarquismo de Proudhon. Los talleres sociales se crearían gracias a los fondos del Estado, pero Louis Blanc también cuenta con la generosidad de los capitalistas, llamados de esta manera a favorecer la destrucción del régimen del que son dueños. Lejos de preconizar la lucha de clases, Louis Blanc intenta mostrar a las clases dirigentes su verdadero interés. Considera que los talleres sociales ofrecerían tal posibilidad de progreso técnico y tales ventajas en todos los aspectos (remuneración de los trabajadores, calidad de la producción, beneficios para los socios capitalistas), que concurrirían victoriosamente con las empresas existentes. De esta forma, tras un período de transición en el que subsistiría de alguna manera un doble sector, libre y nacionalizado, el sistema de los talleres sociales se propagaría poco a poco y terminaría por extenderse al conjunto de la economía.

Las reformas preconizadas por Louis Blanc, que considera la omnipotencia del Estado burgués como un hecho indiscutible, son, indudablemente, menos innovadoras que la mayoría de los planes elaborados en la misma época. Es interesante observar que fueron las mejor acogidas en los medios populares. El 28 de febrero de 1848 las delegaciones obreras que se presentan ante el Ayuntamiento llevan banderas sobre las que van inscritas estas palabras: "Organización del trabajo. Abolición de la explotación del hombre por el hombre".

Son conocidas las dificultades que Louis Blanc encontró en la Comisión de Luxemburgo. Es sabido también cómo los "talleres nacionales", simples talleres de caridad sin verdadera relación con los talleres sociales de Louis Blanc, fueron una de las causas de las jornadas de junio de 1848.

e) *La revolución según Blanqui.*—Louis-Auguste Blanqui (1805-1881), "el encarcelado", es —según su biógrafo Geffroy— "la manifestación política de la Revolución francesa en el siglo XIX".

Blanqui se nos muestra como un revolucionario integral: "El deber de un revolucionario —decía Blanqui— es siempre la lucha, la lucha a pesar de todo, la lucha hasta la extinción". La vida de Blanqui, llena de tentativas revolucionarias y de largas estancias en prisión, bajo todos los regímenes, se nos aparece así como la de un hombre de acción, poco preocupado por la doctrina.

El excelente libro de Alan B. Spitzer, *The revolutionary theories of Louis-Auguste Blanqui,* ha demostrado que este juicio sumario debe ser rectificado. Lejos de ser un revolucionario profesional, Blanqui es un intelectual que se interesa por numerosos problemas y cuyos manuscritos inéditos atestiguan vastas lecturas. Este teórico de la insurrección permanente es un "insurrecto vacilante" (A. B. Spitzer). Casi todos los líderes blanquistas pertenecen a la burguesía, juzgan severamente al anarquismo y cuentan para hacer la revolución con una *élite* ilustrada.

Blanqui es, ante todo, un hombre del siglo XVIII. Considera al hombre como un animal social y perfectible. Cree en el progreso, del que tiene una concepción idealista y pedagógica. Estima que el siglo XIX sólo se justificará por la ciencia, y afirma que "la moralidad es el fundamento de la sociedad".

Blanqui atribuye mucha importancia al problema de la educación. Vigorosamente anticlerical, denuncia la nefasta influencia de la Iglesia católica y, como muchos de sus contemporáneos (cf. los cursos de Michelet y de Quinet), ve en todas partes la mano de los jesuitas. "Libertad, laicismo, instrucción": tal es su fórmula.

Sin embargo, Blanqui es muy patriota, inclinado al chauvinismo y a la xenofobia. Como Toussenel —autor del célebre panfleto sobre *Les Juifs rois de l'époque* (1844)—, considera que los judíos encarnan la usura y la rapacidad. Durante mucho tiempo subsistió en Francia un antisemitismo de izquierda, al igual como surge durante la Comuna (1871) un nacionalismo

jacobino. Sólo en los últimos años del siglo XIX se transforman el nacionalismo y el antisemitismo en atributos tradicionales de la derecha francesa
(pero no sólo de ella).

Blanqui es partidario, al tiempo que de una revolución política, de una
revolución social. La república debe realizar "la emancipación de los trabajadores, el fin del régimen de explotación..., el advenimiento de un nuevo
orden destinado a liberar a los trabajadores de la tiranía del capital". Pero
el "socialismo" de Blanqui resulta extremadamente vago: afirmaciones igualitarias y referencias a la justicia, del tipo: "Quien hace la sopa debe co-
merla" (artículo escrito en 1834 para Le Libérateur), confianza en un "pueblo" muy impreciso, referencias a la lucha entre explotadores y explotados sin el menor análisis económico de las diferentes clases sociales. Las
peticiones blanquistas al Gobierno provisional en 1848 son democráticas,
no socialistas.

A Blanqui no le gusta Robespierre. Le reprocha tres traiciones: la ejecución de Hébert, la de Danton y el culto al Ser Supremo. Manifiesta la
mayor aversión hacia el socialismo utópico, especialmente hacia Cabet, así
como hacia el reformismo y economismo de Proudhon. Su idea de revolución parece vincularse, de la manera más directa, con Babeuf y los hebertistas. En 1864 Tridon, discípulo muy antisemita de Blanqui, publica un
libro sobre los hebertistas.

Por consiguiente, el pensamiento de Blanqui se refiere al pasado. Como
escribe Engels en 1874, es "un revolucionario de la pasada generación".
Según V.-P. Volguine, se detuvo en su desarrollo ideológico en el nivel
que había alcanzado en 1848.

Sin embargo, la tradición blanquista siguió viva durante largo tiempo,
no sólo entre los socialistas franceses (cf. el artículo de Benôit Malon en la
Revue Socialiste en julio de 1885: "Blanqui socialiste"), sino en todos los
que se complacen en exaltar la energía y la voluntad: Clemenceau escribe
en 1896 un elogio de Blanqui.

3) Los sentimientos populares.

Tras este inventario de doctrinas resulta indispensable preguntarse en qué medida
penetraron éstas en los medios populares.

Para responder a semejante pregunta habría que realizar una investigación tan minuciosa como la de Georges Duveau sobre el período del Segundo Imperio. Resulta
posible, al menos, indicar algunas fuentes para una investigación de este tipo:

1.º La literatura obrera, que proliferó durante la monarquía de julio con la doble
bendición de Georges Sand y de Béranger, cf. Michel Ragon, Histoire de la littérature
ouvrière, Editions ouvrières, 1953, 223 págs.

2.º Periódicos obreros como L'Atelier, órgano especial de la clase trabajadora, redactado exclusivamente por obreros, que apareció de 1840 a 1850[13]. Véase sobre este
punto el excelente libro de Armand Cuvillier, Un journal d'ouvriers: L'Atelier, Editions
ouvrières, nueva edición, 1954, 221 págs. A completar con dos estudios del mismo autor,
"Les journeaux ouvriers en France avant 1840" y "Les doctrines économiques et sociales
en 1840", en Hommes et idéologies de 1840, Rivière, 1956, 254 págs. Este segundo estudio es especialmente interesante; muestra que los redactores de L'Atelier juzgaban seve-

---

[13] Véase más atrás, pág. 439.

ramente a los saint-simonianos, a los fourieristas, a Louis Blanc, etc.; excepto en materia religiosa, era de Proudhon de quien estaban más cerca sus concepciones. Sin embargo, hay que abstenerse de sacar conclusiones demasiado generales de este estudio sobre *L'Atelier.* Por un lado, *L'Atelier* llegó sólo a un público muy reducido (1.000 abonados como máximo); por otro, y sobre todo, no todos los obreros de la época tenían las convicciones religiosas de los obreros buchezianos que redactaban *L'Atelier.*

3.º Las memorias de los hombres salidos del proletariado, como el carpintero meridional Agricol Perdiguier (1805-1875), llamado "Avignonnais la Vertu", y el albañil, oriundo de la Creuse, Martin Nadaud (1815-1898), ambos diputados de la Segunda República y exilados tras el golpe de Estado. Agricol Perdiguier, *Mémoires d'un compagnon,* nueva edición, con un prefacio de Jean Follain, Denoël, 1943, 355 págs.; abate J. Briquet, *Agricol Perdiguier, compagnon du Tour de France et représentant du peuple,* M. Rivière, 1955, xiv-469 págs.; Martin Nadaud, *Mémoires de Léonard, ancien garçon maçon,* Egloff, 1948, 285 págs.

4.º Los almanaques, cuya boga en esta época es muy significativa y que no expresan tanto la realidad de los sentimientos populares (la mayoría de los almanaques son empresas burguesas, a la imagen del *Magasin Pittoresque,* e incluso excelentes negocios) como la forma en la que la burguesía se representa al pueblo.

5.º Las canciones populares, que son especialmente importantes a causa del elevado número de iletrados, y cuyo estudio ha sido descuidado hasta una época reciente. Los dos libritos de Pierre Brochon en la colección "Les Classiques du Peuple", *Béranger et son temps* y, sobre todo, *Le pamphlet du pauvre, du socialisme utopique à la Révolution de 1848,* Editions sociales, 1957, 208 págs., constituyen una excelente introducción.

Se obtienen de estos documentos algunos rasgos dominantes: la costumbre de plantear los problemas políticos en términos de moral; idealismo; un patriotismo a veces chauvinista; una general ausencia de conciencia de clase, que no excluye ciertas tendencias de lo que más tarde se denominará obrerismo. Vinçard compone en 1835 una canción titulada *El proletario;* en ella se llama al proletario "ese valiente hijo de la miseria". Louis Festeau compone también una canción titulada *El proletario;* el refrán es singularmente "pequeño-burgués": "Quiero felicidad a poco precio...". "Quiero Moral a poco precio". "Quiero Progreso a poco precio...". Es verdad que Festeau no es un verdadero obrero, aunque Olinde Rodrigues le reserve un amplio espacio en sus *Poésies sociales des ouvriers.* Pero Charles Gille (1820-1856), que sí es un verdadero proletario, no emplea palabras muy diferentes. Cantando a *Los viejos obreros* escribe:

El humilde obrero que se consume en su trabajo
es como el soldado que cae en el campo del honor*

Su canción titulada *El Salario* comienza así:

Marchemos, muchachos..., Dios protege a los valientes.

y termina:

Obtendremos un derecho, el derecho de vivir,
o moriremos con las armas en la mano**.

En todas estas canciones populares continuamente se habla de Dios, de "nuestra hermosa patria", de "fraternidad universal". Poco antes de que

---

* L'humble ouvrier qui s'use à son ouvrage / Vaut le soldat qui tombe au champ d'honneur.
** Marchons, enfants; Dieu protège les braves.
Nous obtiendrons un droit, le droit de vivre / Ou nous mourrons les armes à la main.

Marx redacte el *Manifiesto del partido comunista* Pierre Dupont conquista
una efímera gloria con su *Canto de los obreros* (1846), cuyo refrán dice así:

> *Amémonos, y cuando podamos*
> *reunirnos para beber en rueda,*
> *bien sea que el cañón calle o retumbe,*
> *bebamos*
> *por la independencia del mundo* ***.

Este canto de los obreros es un buen documento sobre ese "espíritu
de 1848", más frecuentemente evocado que definido, y del que vamos a
continuación a tratar

★ ★ ★

El espíritu de 1848.

Corrientemente se habla del "espíritu de 1848", mientras que se buscaría en vano la huella de un "espíritu de 1830" o de un "espíritu de 1870".
Espíritu común —seguramente no sin variantes— a todos los movimientos
revolucionarios que se manifiestan casi simultáneamente en Europa; espíritu común a las diversas categorías sociales comprometidas en estos movimientos.

No hablamos de unanimidad. Sin duda, subsisten las divergencias, y
son fundamentales, entre la burguesía liberal y el proletariado. Pero durante
un breve período las divergencias son relegadas a un segundo plano y la
fraternidad figura en el orden del día. Ilusión lírica que sería seguida de
sangrientos despertares.

El espíritu de 1848 está formado por diversos elementos:

1.º *El romanticismo.*—Las revoluciones de 1848 marcan el punto culminante del romanticismo político, que representa una conjunción sin precedentes entre la literatura romántica y el romanticismo popular [14]. La mayor
parte de los grandes escritores participan en las luchas políticas (cf. el número de escritores elegidos para la Asamblea en las primeras elecciones
con sufragio universal: Lamartine, Lamennais, Béranger, Hugo, etc.). Lamartine, triunfalmente elegido para la Constituyente (elegido el primero en
París, así como en nueve departamentos), fracasa en su tentativa del Gobierno romántico. Pero la política de 1848 en su conjunto, tal y como se
expresa en las hojas populares o en el lenguaje de los clubs, es eminentemente literaria.

2.º *Los recuerdos de la Revolución francesa,* el culto a los "grandes
antepasados", la adopción del ceremonial y del vocabulario revolucionario:
Montaña, Clubs, árboles de la libertad, periódicos titulados el *Père Du-
chêne* o *L'Ami du Peuple*. En sus *Souvenirs* Tocqueville indica que los
revolucionarios de 1848 parecían más preocupados por evocar la revolución

---

*** Aimons-nous, et quand nous pouvons / Nous unir pour boire à la ronde / Que le canon
se taise ou gronde / Buvons / A l'indépendance du monde.
[14] Véase más atrás, págs. 398-400.

que por hacerla. Cf. las numerosas historias de la Revolución publicadas antes de 1848.

3.º *La mística del progreso y el culto de la ciencia,* la idea de que los problemas planteados a la sociedad moderna serán resueltos por técnicos y por sabios. A este respecto *L'Avenir de la science,* de Renan (escrito en el invierno 1848-49), representa adecuadamente el espíritu de 1848.

Es preciso subrayar el carácter pedagógico de esta revolución (influencia de las *escuelas* saint-simoniana, falansteriana, bucheziana, etc.; papel preponderante de la educación cívica y popular para los miembros del Gobierno provisional, obra de Hippolyte Carnot en el Ministerio de Instrucción pública).

4.º *Un culto del pueblo,* que llega en ocasiones a convertirse en un populismo ingenuo ("descubrirse ante la gorra, de rodillas ante el obrero...") y que confunde, más o menos conscientemente, dos definiciones de la palabra "pueblo": el pueblo-humanidad (con excepción de algunos traidores) y el pueblo-proletariado. Esta confusión es muy visible en *Le livre du peuple,* de Lamennais (1837) y en *Le peuple,* de Michelet (1846): "Quitando un pequeño número de privilegiados sumergidos en el puro goce —escribe Lamennais—, el pueblo es el género humano". Y Michelet escribe: "El pueblo es la voz de Dios". De esta forma aparecen, a veces en un mismo autor, una mentalidad de clase y un sueño de fraternidad que funde a todas las clases. La lucha de clases no fue descubierta por Marx. Buchez, en su *Introduction à la science de l'histoire* (1833) escribe que la sociedad está dividida en dos clases, una de las cuales "se encuentra en posesión de todos los instrumentos del trabajo, tierra, fábricas, casas, capitales", no poseyendo nada la otra, que "trabaja para la primera". Análogas ideas son expuestas por los obreros que redactan *L'Atelier.*

Pero son muy escasos quienes sacan las consecuencias de estas afirmaciones. La reconciliación universal continúa siendo el sueño de la mayoría. La palabra "fraternidad" adquiere una boga sin precedentes. "El amor es más fuerte que el odio", escribe Pierre Dupont en *El canto de los obreros;* y Louis Festeau, "el cancionero del pueblo", compone un poema titulado *Fraternidad,* al que pertenecen los siguientes versos:

> *Reguardados todos bajo la misma bandera,*
> *adjurando de rencorosos furores;*
> *no tengamos más que un canto, más que un fin, más que*
> *   [un Dios, más que un alma,*
> *fraternidad, une nuestros brazos y nuestros corazones *.*

5.º *Una concepción idealista, a menudo incluso espiritualizada, de la política.*—La Iglesia católica francesa se adhirió a la revolución. Monseñor Affre recomienda al clero una adhesión sin reservas. Los sacerdotes bendicen los árboles de la libertad. Se recuerda "que la causa del sacerdote es la causa del pueblo y que fue Jesucristo el primero que dio al mundo la fórmula republicana: Libertad, igualdad, fraternidad" (Daniel Stern). *L'Ere*

---

*   Tous abrités sous le même oriflamme |/ En abjurant de haineuses fureurs |/ N'ayons qu'un chant, qu'un but, qu'un Dieu, qu'une âme |/ Fraternité, joins nos bras et nos cœurs.

Nouvelle, del abate Maret, intenta conciliar los principios de 1789 y la fe católica, y declara: "Consideramos el mejoramiento progresivo del destino moral y material de la clase obrera como el fin mismo de la sociedad". En junio de 1848 la tirada de *L'Ere Nouvelle* sobrepasa los 20.000 ejemplares.

En las masas populares se manifiesta una religiosidad confusa. Se exalta al "proletario de Nazaret". Una profesión de fe materialista en un club popular es interrumpida por los gritos de "¡Ateo, aristócrata, canalla!...". El pintor de *L'éducation sentimentale,* al tratar de fijar sobre el lienzo el espíritu de 1848, representa un Cristo muy barbudo conduciendo una locomotora a través de una selva virgen...

No es necesario ser marxista para estar de acuerdo en que la revolución de 1848 tuvo no sólo causas políticas, sino también económicas; en que ciertas adhesiones a la causa revolucionaria fueron interesadas; en que la burguesía liberal, en su conjunto, deseó restablecer lo más pronto posible el orden burgués, por un momento debilitado; en que las jornadas de junio fueron deseadas por algunos (cf. el análisis de Marx en *Las luchas de clases en Francia).* Pero nada autoriza a atribuir sistemáticamente hipocresía a todos los burgueses o católicos que se adhirieron desde el principio a la revolución de 1848. A este respecto las afirmaciones de Henri Guillemin sobre Lamartine son más elocuentes que matizadas. Por otro lado, nada autoriza a silenciar este hecho fundamental: el proletariado de 1848 no poseía una ideología proletaria, y las tesis marxistas no penetraron prácticamente en él. En consecuencia, los dos siguientes capítulos serán dedicados a la génesis y a la exposición de la doctrina marxista.

BIBLIOGRAFIA

OBRAS GENERALES: En la "Histoire générale des civilisations", Robert SCHNERB, *Le XIXe siècle. L'apogée de l'expansión européenne (1815-1914),* P. U. F., 1955, 628 páginas [versión española citada, de Editorial Destino, Barcelona]. En la colección "Peuples et civilisations" 4 vols. tratan del siglo XIX: Georges WEILL, *L'éveil des nationalités et le mouvement libéral (1815-1848),* P. U. F., 1930, 592 págs. Charles POUTHAS, *Démocraties et capitalisme (1848-1860),* P. U. F., 2.ª ed., 1948, 639 págs. Henri HAUSER, Jean MAURAIN, Pierre BENAERTS, Fernand LHUILLIER, *Du libéralisme à l'impérialisme (1860-1878),* P. U. F., 1952, 677 págs. Maurice BAUMONT, *L'essor industriel et l'impérialisme colonial,* P. U. F., 2.ª ed., 1949, 610 págs. En la colección "Clío". 2 volúmenes: Jacques DROZ, Lucien GENET, Jean VIDALENC, *Restaurations et Révolutions (1815-1871).* P. U. F., 1953, XVI-659 págs. Pierre RENOUVIN, Edmond PRÉCLIN, Georges HARDY, *La paix armée et la grand guerre (1871-1919),* P. U. F., 1947, XXVIII-707 págs.

Ver también: Jean-Jacques CHEVALIER, *Histoire des institutions et des régimes politiques de la France moderne,* 3.ª ed., Dalloz, 1967, 742 págs. (excelente síntesis que liga estrechamente historia de las instituciones e historia de las ideas). René RÉMOND, *La vie politique en France depuis 1789,* 1789-1848, A. Colin, 1965, 424 págs. (Obra muy rica y muy sugestiva en lo concerniente a la historia de la opinión.) Charles MORAZÉ, *Les bourgeois conquérants,* A. Colin, 491 págs. (insiste más en la evolución de las técnicas que en la evolución de las ideas).

HISTORIA DE LAS IDEAS POLÍTICAS.

El más importante estudio de conjunto recientemente publicado es el de John BOWLE, *Politics and Opinion in the Nineteenth Century, an historical introduction,* Londres, Jonathan Cape, 1954, 512 págs. (a pesar del título, se interesa relativamente poco por la opinión). Se relacionan con el siglo XIX dos tomos de la colección dirigida por F. J. C. HEARNSHAW: *The Social and Political Ideas of some representative thinkers of the Age of Reaction and Reconstruction*, Londres, 1930; Nueva York, Barnes and Noble, 1949, 229 págs. (autores citados: Chateaubriand, Hegel, Coleridge, Owen, Stuart Mill, Auguste Comte, John Austin, Thomas Hodgskin). *The Social and Political Ideas of some representative thinkers of the Victorian Age*, Londres, 1930; Nueva York, Barnes and Noble, 1950, 271 págs. (especialmente sobre Carlyle, Spencer, Maine, Tocqueville, Marx, Bagehot, Taine).

Véase también: J. T. MERZ, *A history of European thought in the nineteenth century*, nueva edición, Chicago U. P., 1924, 4 vols. Bertrand RUSSELL, *Histoire des idées au XIXe siècle, liberté et organisation*, trad. francesa Gallimard, 1938, 397 págs. (este libro, muy anecdótico y construido conforme a un plan singular, no puede ser considerado como un estudio completo y científico). Félix PONTEIL, *La pensée politique depuis Montesquieu*, Sirey, 1960, XVI-335 págs. Por último, señalaremos la importante obra de Raymond ARON, *Les étapes de la pensée sociologique, Montesquieu, Comte, Marx, Tocqueville, Durkheim, Pareto, Weber*, Gallimard, 1967, 364 págs.

FRANCIA.

Recopilaciones de textos escogidos: Albert BAYET y François ALBERT, *Les écrivains politiques du XIXe siècle*, A. Colin, 1935, 500 págs. (textos escogidos de autores franceses, la mayoría de la primera mitad del siglo; recopilación concebida con el mismo espíritu que la anteriormente citada sobre el siglo XVIII). Rudolf VON ALBERTINI, *Freiheit und Demokratie in Frankreich*, Friburgo y Munich, Karl Alber, 1957, 370 págs. (textos escogidos de autores franceses de la Restauración a la Resistencia; substancial introducción de 80 páginas, buena bibliografía).

En lengua francesa existen pocas obras generales: Emile FAGUET, *Politiques et moralistes au XIXe siècle*, Lecène &. Oudin, 1891-1900, 3 vols. 1.ª serie: Joseph de Maistre, Bonald, Mme. de Staël, B. Constant, Royer-Collard, Guizot; 2.ª serie: Saint-Simon, Fourier, Lamennais, Ballanche, Edgar Quinet, Víctor Cousin, Auguste Comte; 3.ª serie: Stendhal, Tocqueville, Proudhon, Saint-Beuve, Taine, Renan. Henry MICHEL, *L'idée de l'Etat. Essai critique sur l'histoire des théories sociales et politiques en France depuis la Révolution*, Hachette, 1896, x-660 págs. (vigorosamente compuesta; pertenece a un género que ha quedado anticuado). Dominique BAGGE, *Les idées politiques sous la Restauration*, P. U. F., 1952, XVI-463 págs. (muy parcial y mucho más ambicioso que sólido; insiste principalmente en los escritores contrarrevolucionarios, a los que se dirigen las preferencias del autor). Maxime LEROY, *Histoire des idées sociales en France*, tomo II: *De Bebeuf à Tocqueville*, Gallimard, 1950, 447 págs.; tomo III: *D'Auguste Comte à Proudhon*, 1954, 395 págs. (están llenos de indicaciones útiles, pero son mucho más confusos, sobre todo el tomo III, que el volumen sobre el siglo XVIII). Georges WEILL, *Histoire de l'idée laïque en France au XIX siècle*, F. Alcan, 1925, 374 págs. René REMOND, *La droite en France de la Première Restauration à la Cinquième République*, nueva ed., Aubier, 1963, 415 págs. "extremadamente sugestivo; el autor señala tres corrientes —legitimismo, orleanismo, bonapartismo— y sigue su evolución hasta la época contemporánea). Raoul GIRARDET, *La société militaire dans la France contemporaine*, Plon, 1953, 333 págs. (interesante estudio de historia social y de historia de las ideas; ilumina la génesis del antimilitarismo).

En inglés: J. P. MAYER, *Political thought in France from Sieyès to Sorel*, Londres, Faber and Faber, 1942, 148 págs. (panorama rápido). Y sobre todo: Roger H. SOLTAU, *French political thought in the nineteenth century*, Londres, 1931, XXXI-500 págs. (importante).

En alemán, además de una excelente introducción de Rudolf VON ALBERTINI (*op. cit.*); Carl EPTING, *Das französische Sendungsbewusstsein im 19 und 20 Jahrhundert*. Heidelberg, K. Vowinckel, 1952, 239 págs. O. H. VON DER GABLENTZ, *Die politischen Theorien seit der französischen Revolution*, Köln und Opladen, Westdeutscher Verlag, 1957.

Sobre las relaciones entre la historia económica y la historia de las ideas: Charles MORAZÉ, *La France bourgeoise*, 3.ª ed., A. Colin, 1952, XVI-220 págs. (un capítulo sobre la ideología orleanista). Emmanuel BEAU DE LOMÉNIE, *Responsabilités des dynasties bourgeoises*, Denoël, 1943-1954, 3 vols. (subraya las vinculaciones entre el pensamiento liberal y el capitalismo; aun siendo siempre interesante, a veces resulta demasiado sistemático; para nuestro tema, el primer volumen, de Bonaparte a Mac-Mahon, es el más interesante). Jean L'HOMME, *La grande bourgeoisie au Pouvoir*, P. U. F., 1960, VIII-379 p.

Sobre las relaciones entre la historia religiosa y la historia de las ideas políticas: Adrien DANSETTE, *Histoire religieuse de la France contemporaine*, Flammarion, 2 vols., 1948-1952, 529, 693 págs. Véanse también los tomos XX y XXI de la *Histoire de l'Eglise, depuis les origines jusqu'à nos jours*, fundada por A. FLICHE y V. MARTIN. Louis FOUCHER, *La philosophie catholique en France au XIX⁰ siècle, avant la renaissance thomiste et dans son rapport avec elle*, Vrin, 1955, 288 págs. (excelente síntesis que muestra adecuadamente el paso de una concepción antirracionalista a la filosofía tomista).

Sobre las relaciones entre literatura y política: Albert THIBAUDET, *Histoire de la littérature française de 1789 à nos jours*, Stock, 2.ª ed., 1936, 587 págs. [Hay versión castellana: *Historia de la literatura francesa desde 1789 hasta nuestros días*, trad. de Luis Echávarri, Buenos Aires, Losada, 1947, 492 págs.]

Es interesante estudiar la imagen, en Francia, de Inglaterra, Alemania, Estados Unidos, etc. Sobre Inglaterra véase la tesis de Pierre REBOUL, *Le mythe anglais en France sous la Restauration*, Lille 1962, 479 págs.; y sobre Estados Unidos la tesis de René RÉMOND. Sobre Alemania, el trabajo más reciente es el de André MONCHOUX, *L'Allemagne devant les lettres françaises de 1814 à 1835*, A. Colin, 1953, 527 págs. Véase también J.-M. CARRÉ, *Les écrivains français et le mirage allemand (1800-1940)*, Boivin, 1947, 225 páginas, así como los trabajos muy parciales de Louis REYNAUD, especialmente *Français et Allemands, histoire de leurs relations intellectuelles et sentimentales*, Fayard, 1930, 386 páginas.

GRAN BRETAÑA.

Sobre la historia de las ideas políticas en Inglaterra durante el siglo XIX no existe ninguna obra que se pueda comparar con la de Leslie STEPHEN sobre el siglo XVIII. Crane BRINTON, *English Political Thought in the Nineteenth Century*, Cambridge, Mass., Harvard U. P., 1949, 312 págs. (serie de estudios inteligentes y personales, pero el conjunto de estos 19 retratos —de Bentham a Kidd, pasando por Newman, Bagehot, Acton— no constituye una historia continuada de las ideas políticas en Inglaterra). Idéntica observación para las dos obras publicadas por F. J. C. HEARNSHAW, con la circunstancia agravante de que se trata de obras colectivas; no obstante, se encontrarán en ellas indicaciones útiles para completar el libro de Crane BRINTON. En la pequeña colección "The Home University Library" han aparecido dos libros sobre el pensamiento político inglés del siglo XIX: William L. DAVIDSON, *Political Thought in England, The utilitarians from Bentham to J. S. Mill*, Londres, 1915, VI-256 págs. (cuatro capítulos sobre Bentham, dos sobre James Mill, tres sobre Stuart Mill, observaciones rápidas sobre Grote, Austin y Bain). Ernest BARKER, *Political Thought in England from Spencer to the present day*, Londres, 1915, 256 págs. (obra mucho más densa que la precedente; se interesa principalmente por las obras y no explora casi nada la historia de la opinión; casi nada sobre el imperialismo; estudio muy substancial, pero que procede de una concepción estrecha de la filosofía política). Véase también R. H. MURRAY, *Studies in the English social and political thinkers of the nineteenth century*, Cambridge, 1929, 2 vols. D. C. SOMERVELL, *English thought in the nineteenth century*, Londres, Methuen, 1957, XII-241 páginas. William GRAHAM, *English political philosophy from Hobbes to Maine*, Londres, E. Arnold, 1899, XXX-415 págs. (estudia a Hobbes, Locke, Burke, Bentham, Stuart Mill y Maine).

ALEMANIA Y AUSTRIA.

Reinhold ARIS, *History of European thought in Germany from 1789 to 1815*. Londres, Macmillan, 1936, 414 págs. Otto BUTZ, *Modern German political theory*, Nueva York, Doubleday, 1955, 72 págs. (rápido pero útil). Jacques DROZ, *Le libéralisme rhénan (1815-1848)*, Sorlot, 1940, XVIII-468 págs. Del mismo autor, *Les révolutions allemandes de 1848*, P. U. F., 1957, 656 págs. Georg FRANZ, *Liberalismus. Die deutschliberale Bewegung in der habsburgischen Monarchie*, Munich, Callwey, 1955, 531 págs.

ESPAÑA.

Pierre JOBIT, *Les éducateurs de l'Espagne contemporaine*, tomo I: *Les Krausistes*, de Boccard, 1936, XXIII-301 págs.

ITALIA.

Existe un gran número de obras, especialmente sobre el Risorgimento. Consultar a este respecto la bibliografía de Rodolfo DE MATTEI (*op. cit.*, pág. 4). Véase también el libro de Luigi SALVATORELLI (*op. cit.*, pág. 441), que contiene, en especial, un capítulo sobre las ideas políticas de Cavour.

ESTADOS UNIDOS.

Véanse los títulos indicados en la bibliografía general, pág. 21.

EL ROMANTICISMO POLÍTICO.

1. Estudios generales.

Véase ante todo Pierre MOREAU, *Le Romantisme*, del Duca, 1957, 470 págs. (se interesa relativamente poco por los problemas políticos, pero determina con precisión y autoridad la situación de las recientes investigaciones). David Owen EVANS, *Social romanticism in France (1830-1848), with a selective critical bibliography*, Oxford, Clarendon Press, 1952, 149 págs. (buena bibliografía, con 215 títulos sobre el socialismo francés, de Saint-Simon a Proudhon). H. J. HUNT, *Le socialisme et le romantisme en France, étude de la presse socialiste de 1830 à 1848*, Oxford, Clarendon Press, 1935, x-400 págs. (examen muy concienzudo; concepción imprecisa y demasiado extensa del socialismo). André JOUSSAIN, *Romantisme et politique*, Bossard, 1924, 292 págs. Carl SCHMITT, *Romantisme politique*, trad. francesa, Valois, 1928, 167 págs. (bastante decepcionante). Jacques POISSON, *Le romantisme et la souveraineté, enquête bibliographique sur la philosophie du pouvoir pendant la Restauration et la monarchie de Juillet (1815-1848)*, Vrin, 1932, 188 págs. Roger PICARD, *Le romantisme social*, Nueva York, Brentano's, 1944, 439 págs. [Hay versión castellana: *El romanticismo social*, traducción de Blanca Chacel, Méjico, Fondo de Cultura Económica, 1947, 363 págs.] Sobre el romanticismo inglés: Crane BRINTON, *The political ideas of the English romanticists*, Oxford, U. P., 1926, 242 págs. Sobre el romanticismo alemán, Jean L'HOMME, *La grande bourgeoisie au Pouvoir*, P. U. F., 1960, VIII-379 págs., H. S. REISS (ed.), *The political thought of the German romantics, 1793-1815*, Oxford, Blackwell, 1955, VIII-211 págs. Jacques DROZ, *Le romantisme politique en Allemagne*, A. Colin, 1963, 211 págs. (coll. "U"). Número especial de los *Cahiers du Sud*, mayo-junio, 1937, 444 págs.

Sobre la historia: G. P. GOOCH, *History and historians in the nineteenth century*, Londres, Longmans Green and Co., 1913, 608 págs. [Versión castellana: *Historia e historiadores en el siglo XIX*, trad. de Ernestina Champourcin y Ramón Iglesia, Méjico, Fondo de Cultura Económica, 1942, 607 págs.] (obra monumental que trata de los historiadores alemanes, franceses, británicos, etc.). Pierre MOREAU, *L'histoire en France au XIXᵉ siècle. État présent des travaux et esquisse d'un plan d'études*, Les Belles-Lettres, 1935, 173 págs. Stanley MELLON, *The political uses of history. A study of historians in the French Restoration*, Stanford U. P., 1958, 226 págs. (interesante estudio de un profesor americano que prepara un libro sobre Guizot). Friedrich ENGEL-JANOSI, *Four studies in French romantic historical writing*, Baltimore, The Johns Hopkins Press, 1955, 158 págs. (sobre Chateaubriand, Barante, A. Thierry y Tocqueville).

2. Estudios particulares.

Henri GUILLEMIN, *Lamartine et la question sociale*, Plon, 1946, 220 págs. (interesante pero parcial, y no dispensa de la consulta del libro de Ethel Harris); del mismo autor: *Lamartine en 1848*, P. U. F., 1948, en la colección del "Centenario". Pierre FLOTTES, *La pensée politique et sociale d'Alfred de Vigny*, 1927. Henri GUILLEMIN, *M. de Vigny homme d'ordre*, Gallimard, 1955, 205 págs. (el autor acusa a Vigny con un tenaz odio, lo considera un denunciador). Pierre DE LACRETELLE, *La vie politique de Victor Hugo*,

Hachette, 1928, 254 ,págs. Bernard GUYON, *La pensée politique et sociale de Balzac,*
A. Colin, 1947, 829 págs. (muy elaborado; se detiene, desgraciadamente, en 1834). Jean
POMMIER, *Les écrivains devant la Revolution de 1848,* P. U. F., 1948, 80 págs. (colección
del "Centenario").

I. EL LIBERALISMO.

Una importante obra de conjunto: Guido DE RUGGIERO, *Storia del liberalismo europeo*
Bari, Laterza, 5.ª ed., 1949, 499 págs. (amplia introducción sobre el siglo XVIII; primera
parte dedicada a la descripción del liberalismo inglés, francés, alemán e italiano en el
siglo XIX; la segunda parte es un intento de definición sintética). [Hay versión castellana
de una edición anterior: *Historia del liberalismo europeo,* trad. de C. G. Posada, Madrid,
Ediciones Pegaso, 1944, CXVI-475 págs.]

1) El liberalismo francés.

Sobre el espíritu de Coppet véanse las obras de Mme. de STAËL, especialmente *De
l'Allemagne* (1813) y *Dix années d'exil* (consúltense en la edición crítica de Paul Gau-
tier, 1904). [Versión castellana de ambas obras: *Alemania,* prólogo y traducción de
M. Granell; *Diez años de destierro,* trad. de Manuel Azaña; ambas publicadas en Espasa-
Calpe, Colección Universal, y reimpresas en la Colección Austral.] SISMONDI, BONSTET-
TEN, etc. Sobre la política de Mme. de Staël: Basil MUNTEANO, *Les idées politiques
de Mme. de Staël et la Constitution de l'an III,* Les Belles-Lettres, 1932, 79 págs., y Paul
GAUTIER, *Mme. de Staël et Napoléon,* Plon-Nourrit, 1903, 422 págs.

Sobre el partido liberal y el partido republicano: THUREAU-DANGIN, *Le parti libéral
sous la Restauration (1888),* Plon, 2.ª ed., XVI-520 págs, Georges WEILL, *Histoire du
parti républicain en France de 1814 à 1870,* Alcan, 1900, 552 págs. Véase también Guy
Howard DODGE, *French liberalism (1795-1830) with special reference to the political
theory of Benjamin Constant,* Brown University, 1953.

Benjamin Constant.—Principal texto de doctrina política: el *Cours de politique constitutionnelle ou collection des ouvrages publiés sur le gouvernement représentatif,* con una
introducción y notas de E. DE LABOULAYE, 2.ª ed., Guillaumin, 1872, 2 vols., XLIV-564 páginas, 572 págs. Se ha renovado, en gran medida, el conocimiento de B. Constant gracias
a la publicación de sus *Journaux intimes,* al cuidado de Alfred ROULIN y Charles ROTH,
Gallimard, 1952, 575 págs. (esta edición deja totalmente sin vigencia las ediciones Mele-
gari y Mistler), así como de su *Cécile,* Gallimard, 1951, 159 págs. [Obras de Constant
en castellano: *Adolfo,* trad. de Antonio Espina, Madrid, Espasa-Calpe, Colección Universal, 122 págs. (hay varias traducciones, además de la citada); *Curso de política constitucional,* trad. de Marcial Antonio López, Madrid, 1820, 2 vols.; *Principios de política
aplicable a todos los gobiernos,* trad. y prólogo de don Antonio Zozaya, Madrid, 1891,
166 págs. Sobre el pensamiento político de B. Constant, la obra fundamental es la de
Paul BASTID, *Benjamin Constant et sa doctrine,* A. Colin, 1966, 2 vols. Ver también
Gustave RUDLER, *La jeunesse de Benjamin Constant,* A. Colin, 1909, IX-542 págs. (estudio muy importante, pero que se detiene en 1794). Charles DU BOS, *Grandeur et misère
de Benjamin Constant,* Correa, 1946, 305 págs. (fino e ingenioso, pero no se interesa de
manera especial por los problemas políticos). Lo que mejor ayuda a comprender a Benjamin Constant son, indudablemente, los recientes artículos de Paul BÈNICHOU, aparentemente ajenos al análisis político: "La genèse d'Adolphe", *Revue d'histoire littéraire de
la France,* julio-septiembre de 1951, págs. 332-356. Del mismo autor un artículo en *Critique,* diciembre de 1952, págs. 1026-1046. El libro de Henri GUILLEMIN, *Benjamin Constant muscadin,* Gallimard, 1958, 301 págs., es fuertemente hostil a Constant.

Sobre *Maine de Biran* (1766-1824), filósofo espiritualista y práctico en el *ralliement:*
Jean LASSAIGNE, *Maine de Biran, homme politique,* La Colombe, 1958, 215 págs. Gerhard
FUNKE, *Maine de Biran. Philosophie und politisches Denken zwischen. Ancien Régime
und Burger-Königtum in Frankreich,* Bonn, Bouvier, 1947, VII-432 págs.

P.-L. Courier.—Consultar sus obras (sin olvidar su admirable *Lettres de France et d'Italie*) en la edición de la Pléiade, Gallimard 1951, XIX-1052 págs.. R. GASCHET, *Paul-Louis Courier et la Restauration*, Garnier, 1913, 279 págs. [Ediciones castellanas de Paul-Louis COURIER: *Obras*, precedidas de una noticia sobre su vida y escritos, trad. de Ricardo Fuente, París, 1896; *Panfletos políticos*, traducción y prólogo de Fernando Vela, Madrid, Revista de Occidente, 1936, 210 págs.]

La política de *Stendhal* ha sido interpretada en sentidos muy diversos: Maurice BARDÈCHE, *Stendhal romancier*, Table Ronde, 1950, 475 págs. (un Stendhal visto según el recuerdo de Brasillach). Louis ARAGON, *La lumière de Stendhal*, Denoël, 1954, 272 págs. (un Stendhal precomunista), Claude ROY, *Stendhal par lui-même*, Editions du Seuil, 190 págs. (un Stendhal amablemente progresista).

Sobre *Royer-Collard*, el libro más recientes es el de Roger LANGERON, *Un conseiller secret de Louis XVIII: Royer-Collard*, Hachette, 1956, 255 págs. Véase también: Gabriel RÉMOND, *Royer-Collard: son essai d'un système politique*, Sirey, 1933, 167 págs.

Sobre *Guizot:* Charles POUTHAS, *Guizot pendant la Restauration*, Plon, 1923, IV-497 páginas (muy importante para la comprensión de la época). Douglas JOHNSON, *Guizot*, Londres, Routledge and Kegan Paul, 1963, X-469 págs. [Obras en castellano de GUIZOT: *Historia general de la civilización de Europa*. Curso de Historia moderna, Madrid, Mellado, 1874, 398 págs.; *Historia de la Revolución de Inglaterra*, trad. de R. Campuzano, Madrid, 1841, 2 vols., 120 y 280 págs.; *De la pena de muerte en los delitos políticos*, Madrid, 1845, 378 págs.; *De la democracia de Francia*, Madrid, 1849; una moderna traducción de la *H. G. de la Civilización* por Fernando Vela, Madrid, Revista de Occidente, 1935, XV-321 págs.]

Sobre los doctrinarios: Luis DÍEZ DEL CORRAL, *El liberalismo doctrinario*, Madrid, Instituto de Estudios Políticos, 1945, VII-616 págs. Las *Mémoires* de RÉMUSAT (PLON, 5 volúmenes aparecidos) son muy interesantes.

Sobre *J.-B. Say* (1767-1832), doctrinario del liberalismo económico y tipo de ideólogo en el estilo del siglo XVIII: Ernest TEILHAC, *L'oeuvre économique de J.-B. Say*, Alcan, 1928, 390 págs. [Una traducción española de SAY: *Tratado de economía política*, con un epítome de los principios fundamentales de economía política y Cartas de J.-B. Say a Malthus, traducción de Juan Sánchez Rivera, Madrid, 1821, 2 vols., 329 y 480 págs.]

Sobre la leyenda napoleónica, Philippe GONNARD, *Les origines de la légende napoléonienne*, Calmann-Lévy, 1906, 388 págs. (interesante pero muy parcial; sólo estudia los escritos de Santa Elena); A. TUDESQ, "La légende napoléonienne en France en 1848", *Revue historique*, julio-septiembre de 1957, págs. 64-85 (muchas referencias útiles). Indicaciones sobre los fundamentos sociológicos de la leyenda napolónica en Jean VIDALENC, *Les demi-solde. Etude d'une catégorie sociale*, M. Rivière, 1955, 231 págs. J. LUCAS-DU-BRETON, *Le culte de Napoléon*, Albin Michel, 1960, 471 págs.

Tocqueville.—Consúltense sus obras en la edición de Gallimard, bajo la dirección de J. P. MAYER. Véase especialmente *L'Ancien Régime et le Révolution*, introducción de Georges LEFEBVRE, Gallimard, 1952-53, 2 vols.; *De la Démocratie en Amérique*, introducción de Harold LASKI, 1951, 2 vols.; *Voyages en Angleterre, Irlande, Suisse et Algérie*, 1958, 246 págs.; *Voyages en Sicile et aux Etats-Unis*, 1957, 390 págs.; *Correspondance anglaise* (con Henri REEVE y John Stuart MILL), 1954, 356 págs. No debe olvidarse los admirables *Souvenirs*, Gallimard, 1942, 277 págs., ni la *Correspondance avec Gobineau*, Gallimard, 1959, 397 págs. No olvidar los admirables *Souvenirs*, Gallimard, 1942, 277 págs. [Versiones castellanas: *El Antiguo Régimen y la revolución*, trad. de la segunda edición francesa por R. V. de R., Madrid, Daniel Jorro, 1911, 372 págs.; *La Democracia en América*, traducción y prólogo de Carlos Cerrillo Escobar, Madrid, Daniel Jorro, 1911, 2 vols., XXIV-388 y 598 págs. Hay una traducción posterior, agotada, de *La Democracia en América* en el Fondo de Cultura Económica.]

Sobre Tocqueville, Antoine REDIER, *Comme disait M. de Tocqueville*, Perrin, 1925, 301 págs. (sabroso y útil); J. P. MAYER, *Alexis de Tocqueville*, trad. francesa, Gallimard, 1949, 191 págs. (rápida exposición sintética). En inglés, además de la monumental obra de G. W. PIERSON, *Tocqueville and Beaumont in Amercia*, Nueva York, Oxford, U. P., 1938, XVI-852 págs., véase la tesis de Edward T. GARGAN, *Alexis de Tocqueville: the critical years 1848-1851*, Washington, The Catholic University of America. Press, 1955, XII-324 págs. y Richard HERR, *Tocqueville and the Old Regime*, Princeton, U. P., 1962, 142 págs. [J. P. MAYER, *Alexis de Tocqueville:* Estudio biográfico de ciencia política, trad. Antonio y Paulina Truyol Serra, Madrid, Edit. Tecnos, 194 páginas]. En la obra colectiva, *Alexis de Tocqueville, Le livre du Centenaire,* Edit. C. N. R. S.; 1961, 193 págs., se recogen las conferencias pronunciadas en 1959, en ocasión del centenario de la muerte de Tocqueville.

2) El liberalismo inglés.

Una excelente recopilación de textos: *The Liberal Tradition, from Fox to Keynes,* edición Alan BULLOCK y Maurice SHOCK, Londres, A. and C. Black, 1956, LV-288 páginas. (The British Political Tradition). En la misma colección: *The English Radical Tradition 1763-1914,* ed. S. Mac Coby, Londres, Nicholas Kaye, 1952, 236 págs. (recopilación de textos sobre el radicalismo y el cartismo; el estudio de la tradición radical se prolonga hasta Joseph Chamberlain y Lloyd George).

Sobre el utilitarismo véase la bibliografía del capítulo IX, en especial las obras de Elie HALÉVY y Leslie STEPHEN, así como de John PLAMENATZ, *Mills Utilitarism,* Oxford, Blackwell, 1949, 288 págs. El *Ensayo sobre el Gobierno* de James Mill ha sido editado en 1955, en Nueva York, por The Liberal Arts Press, con una introducción de Currin V. SHIELDS. [En castellano: James MILL, *Elementos de economía política,* Madrid 1831.] El libro clásico de STUART MILL ha sido editado en francés: *La liberté,* traducción de DUPONT-WHITE, Guillaumin, 1864, XX-304 págs., pero la edición no tiene ningún carácter científico. STUART MILL, *Textes choisis,* prefacio de François TRÉVOUX. París, Dalloz, 1953, 372 págs. (colección "Grands économistes"). El autor del prefacio habla más de las relaciones de Stuart Mill con Harriet Taylor que de sus ideas políticas. Iris Wessel MUELLER, *John Stuart Mill and French thought,* Urbana, University of Illinois Press, 1956, XII-275 págs. J. H. BURNS, "J. S. Mill and Democracy, 1829-61", *Political Studies,* junio de 1957, págs. 158-174; octubre de 1957; págs. 281-294 (estudia cronológicamente las concepciones de Stuart Mill sobre la democracia, subraya la constancia de su pensamiento, muestra lo que le separa de una estricta democracia). [Ediciones castellanas de STUART MILL: *La, libertad,* trad. de Pablo de Azcárate, precedida de la reimpresión de un comentario crítico de Dupont-White, Madrid, Ediciones La Nave, 1931, 264 págs.: *El Utilitarismo,* traducción y prólogo de Ramón Castilla, Buenos Aires, Aguilar, 1955, 124 págs.; *Autobiografía,* trad. de Juan Uña, Madrid, Espasa-Calpe, Colección Universal: *Principios de economía política con algunas de sus aplicaciones a la filosofía social,* Méjico, Fondo de Cultura Económica; *El Gobierno representativo,* Sevilla, 1878.]

3) El nacionalismo.

1. Estudios generales.

Existen numerosos trabajos en inglés: una introducción cómoda en Hans KOHN, *Nationalism, its meaning and history,* Nueva York, Van Nostrand, 1955, 191 págs. 24 textos precedidos de una introducción de 90 págs.). Del mismo autor, *The idea of nationalism: a study of its origins and background,* Nueva York, Macmillan, 1946, XIII-735 págs. [Hay versión castellana: *Historia del nacionalismo,* trad. de Samuel Cosío Villegas, Méjico, Fondo de Cultura Económica, 1949, 631 págs.]; *The American nationalism,* Nueva York, Macmillan, 1957, XII-272 págs. Carlton J. H. HAYES, *The historical evolution of modern nationalism,* Nueva York, Macmillan, 1948, VIII-327 págs. Del mismo autor, *Essays on nationalism,* Nueva York, Macmillan, 1926, 279 págs. Karl W. DEUTSCH, *Nationalism and social communication: an inquiry into the foundation of nationality,* Nueva York, Wiley, 1953, X-292 págs. Louis L. SNYDER, *The meaning of nationalism,* New Brunswick, Rutgers U. P., 1954, XVI-208 págs. *Nationalism and internationalism,* Essays inscribed to Carlton J. H. HAYES, Nueva York, Columbia, U. P., 1950, XVIII-510 págs. Boyd C. SCHAFFER *Le nationalisme mythe et réalité,* trad. francesa, Payot, 1964, 257 págs.

Véase también la publicación colectiva del Royal Institute of International Affairs, *Nationalism,* Londres, Oxford U. P., 1939, XX-360 págs. La bibliografía de Karl W. DEUTSCH, *Interdisciplinary bibliography on nationalism 1935-1953,* Cambridge Technology Press, 1956, 165 págs., tiene como propósito prolongar la bibliografía de Koppel S. PINSON, Nueva York, Columbia U. P., 1935. Desgraciadamente, resulta de muy difícil utilización y es particularmente mediocre en lo que concierne a Francia.

Sobre la historia de la palabra "nacionalismo" véanse las reflexiones de Charles Maurras en el tomo III del *Dictionnaire politique et critique,* de Pierre CHARDON. Véase también la *Enquête sur le nationalisme* de Marcel CLÈMENT, Nouvelles Editions latines, 1957, 264 págs.

Sobre Francia, Raoul GIRARDET, "Introduction à l'étude du nationalisme français", *Revue française de science politique,* septiembre de 1958, págs. 505-528. H. F. STEWART y P. DESJARDINS, *French patriotism in the nineteenth century (1814-1833),* Cambridge U. P., 1923, XLIV-333 págs. (útil recopilación de textos escogidos).

2. Estudios particulares.

La edición más reciente de trozos escogidos de Michelet es la de Roland BARTHES, *Michelet par lui-même,* Editions du Seuil 1954, 192 págs. (estudio muy original en la colección "Ecrivains de toujours"). [Hay muchas traducciones de MICHELET: *Historia de Francia,* ed. bilingüe, trad. María Luisa Navarro, Madrid, R. D. P., 1936; *Historia de la Revolución Francesa,* Valencia, Sempere, 1898-1900.] Sobre Michelet, el libro básico es el de G. MONOD, *La vie et la pensée de Michelet (1798-1852),* Champion, 1923, 2 vols., VIII-388 págs., 262 págs. O. A. HAAC, *Les principes inspirateurs de Michelet, sensibilité et philosophie de l'histoire,* P. U. F., 1951, 244 págs. Paul VILLANEIX, *La voie royale. Essai sur l'idée du peuple dans l'oeuvre de Michelet,* Delagrave, 1959, 543 págs. Sobre Quinet, el libro más reciente es el de Richard Howard POWERS, *Edgar Quinet. A study in French patriotism,* Dallas, Southern Methodist University Press, 1957, XVI-207 págs. [Algunas obras de E. QUINET vertidas al castellano: *El espíritu nuevo,* trad. de M. Alonso Paniagua, Avrial, 256 págs.; *La creación,* trad. de Eugenio Ochoa, Madrid, Bailly Balliere, 1891, 2 vols.]

Sobre Mazzini, el libro francés más reciente es el de Maria dell'ISOLA y Georges BOURGIN, *Mazzini, promoteur de la République italienne et pionnier de la Fédération européenne,* Rivière, 1956, 184 págs.

Sobre el nacionalismo italiano: Maurice VAUSSARD, *De Pétrarque à Mussolini, évolution du sentiment nationaliste italien,* A. Colin, 1961, 304 págs.

II. TRADICIONALISMO Y TRADICIONES.

1. Libros básicos.

Francia: René RÉMOND, *La droite en France* (op. cit., pág. 447).

Gran Bretaña: *The Conservative tradition,* ed. por R. J. WHITE, Londres, Nicholas Kape, 1950, XIX-256 págs. (The British political tradition). En la primera parte los textos están clasificados por temas; en la segunda, por fechas. Numerosas citas de Burke, Coleridge, Disraeli, Joseph Chamberlian; bibliografía sucinta pero muy útil. Ver también Stephen GRAUBARD, *Burke, Disraeli and Churchill,* Harvard, U. P., 1961, 262 págs. Un libro de conjunto: Rusell KIRK, *The conservative mind from Burke to Santaganá,* Chicago, H. Regnery, 1953, 458 págs. [Hay versión catellana: *La mentalidad conservadora en Inglaterra y Estados Unidos,* trad. de Pedro Nácher, Madrid, Rialp, 1956, 521 páginas.]

Obras generales sobre Francia.—Alphonse-V. ROCHE, *Les idées traditionalistes en France de Rivarol à Charles Maurras,* Urbana, Univ. of Illinois, 1937, 235 págs. Charlotte T. MURET, *French royalist doctrines since the Revolution,* Nueva York, Columbia U. P., 1933, 326 págs. Marcello CAPURSO, *Potere e classi nella Francia della Restaurazione. La polemica antiborgese degli scrittori legitimisti,* Roma, ed. Modelgraf, 1956, 276 págs., y por último, BAGGE *(op. cit.).*

2. Los doctrinarios de la Contrarrevolución.

Joseph de Maistre.—Las *Considérations sur la France* han sido publicadas por R. JOHANNET y F. VERMALE, Vrin, 1936, XXXVI-185 págs. Existen ediciones de trozos escogidos: por B. DE VAULX, con el título *Une politique expérimentale,* A. Fayard, 1940,

347 págs.; más recientemente, por E. M. CIORAN, Mónaco, éd. du Rocher, 1957, 312 páginas, George COGORDAN, *Joseph de Maistre*, Hachette, 2.ª ed., 1922, 207 págs. (bibliografía útil, breve sobre la doctrina). René JOHANNET, *Joseph de Maistre*, Flammarion, 1932, 249 págs. Francis BAYLE, *Les idées politiques de Joseph de Maistre*, Lyon, Impr. des Beaux-Arts, 158 págs. (tesis de Derecho). Robert TRIOMPHE, *A la découverte de Joseph de Maistre*, *Recherches biographiques: étude d'influence et d'affinités idéologiques*, tesis de Letras, Estrasburgo, 1955 (dactilografiado). P. R. RHODEN, *Joseph de Maistre als politischer Theoretiker. Ein Beitrag zur Geschichte des konservativen Staatsgedankens in Frankreich*, Munich, Verlag D. Münchener Drucke, VIII-208 págs. Joseph C. MURRAY, "The political thought of Joseph de Maistre", *Review of Politics*, enero de 1949, páginas 63-86. M. HUBER, *Die Staatsphilosophie von Joseph de Maistre im Lichte des Thomismus*, Basilea, Helberg, und Lichtenhahn, 1958, 288 págs. [En castellano: José de MAISTRE, *Las veladas de San Petersburgo*, Buenos Aires, Espasa-Calpe, Argentina, 1946, 280 págs.; Joseph de MAISTRE, *Consideraciones sobre Francia*, trad. de Carmela G. de Gambra, estudio preliminar de Rafael Gambra, Madrid, Rialp, 1955, 234 págs.; *Cartas de un caballero ruso sobre la Inquisición española*, trad. de Raúl Rivero Olazábal, Buenos Aires, C. E. P. A., 1941, 127 págs.; *Del Papa y de la Iglesia galicana*, Madrid, Biblioteca Religiosa, 1842; *De la Iglesia galicana en sus relaciones con el Sumo Pontífice para servir de continuación a la obra intitulada Del Papa, ídem*, 288 págs.]

Sobre *Bonald*.—R. MAUDUIT, *Les conceptions politiques et sociales de Bonald*, G. Oudin, 1913, 192 págs. Henri MOULINIÉ, *De Bonald*, Alcan, 1915, 465 págs. (tesis de Toulouse), una útil antología de textos escogidos; Paul BOURGET y Michel SALOMON, *Bonald*, Bloud and Cía, 1905, XL-332 págs. [Obras en castellano de BONALD, *Investigaciones filosóficas acerca de los primeros objetos de los conocimientos morales*, Madrid, 1824, 2 volúmenes; *Observaciones religiosas, morales y literarias*, Barcelona, 1842.]

3. Chateaubriand.

Chateaubriand. Politique de Chateaubriand, textos escogidos y presentados por: G. DUPUIS, J. GEORGEL y J. MOREAU, A. Colin, 1966, 295 págs. pág. 454. Una abundante bibliografía en la tesis de Mme. DURRY, *La vieillesse de Chateaubriand*, Le Divan, 1933, 2 vols., 600-547, págs. Albert CASSAGNE, *La vie politique de Chateaubriand*, Plon-Nourrit, 1911 (concerniente al Consulado y al Imperio). Emmanuel BEAU DE LOMÉNIE, *La carrière politique de Chateaubriand, de 1814 à 1830*. Plon, 1929, 2 vols., VI-339, 363 págs. Charles MAURRAS, *Trois idées politiques (Chateaubriand, Michelet, Sainte-Beuve)*, Campion, 1912, VI-83 págs. [De las traducciones españolas de CHATEAUBRIAND: *Ensayo sobre las revoluciones antiguas*, trad. de Francisco Madinaveytia, Madrid, 1856, 155 págs.; *El genio del cristianismo*, Madrid, 1878, 543 págs.; *Napoleón*, trad. y notas de Javier Núñez del Prado, prólogo de Emiliano M. Aguilera, Barcelona, Iberia, 1957; *Viajes en América, Italia y Suiza*, Mellado, 1844, LXXII-399 páginas.]

4. Catolicismo liberal y catolicismo social.

Una puntualización muy útil (en parte discutible) sobre *Le libéralisme religieux au XIXᵉ siècle*, de Roger AUBERT, J.-B. DUROSELLE y Arturo JEMOLO, en las *Actes du Xᵉ Congrès des Sciences historiques de Rome*, septiembre de 1955, vol. V, págs. 303-383. Sobre Francia, el libro de mayor autoridad es la tesis de J.-B. DUROSELLE, *Les débuts du catholicisme social en France (1822-1870)*, P. U. F., 1951, XII-787 págs. Véase también: Waldemar GURIAN, *Die politischen und sozialen Ideen des französischen Katholicismus (1789-1914)*, Munich-Gladbach, 1929, 418 págs. Sobre el catolicismo liberal en Bélgica los trabajos más recientes son los de Henri HAAG, *Les origines du catholicisme libéral en Belgique (1789-1839)*, Lovaina, Nauwelaerts, 1950, 303 págs., y los del canónigo A. SIMON; detalladas referencias en R. AUBERT, J.-B. DUROSELLE y A. JEMOLO, *op. cit.*, página 311. Sobre la influencia del grupo de Munich sobre los católicos liberales de Francia véase el excelente estudio de Stefan LOESCH, *Doellinger und Frankreich. Eine geistige Allianz (1823-1871)*, Munich, 1955, 568 págs. El libro de HAVARD DE LA MONTAGNE, *Histoire de la démocratie chrétienne de Lamennais à Georges Bidault*, Amiot-Dumont, 1948, 253 págs., es un panfleto de inspiración "Acción Francesa", mientras que el libro de

Henri GUILLEMIN, *Histoire des catholiques français au XIXe siècle (1815-1905)*, Milieu du Monde, 1947, 393 págs., es un panfleto de inspiración opuesta. La tesis de Derecho de Louis BITON, *La démocratie chrétienne, sa grandeur, ses servitudes*, Angers, Siraudeau, 1953, 171 págs., es un trabajo concienzudo pero sin gran originalidad. Véanse los libros de Georges HOOG, *Histoire du catholicisme social en France, de l'encyclique Rerum Novarum à l'encyclique Quadragesimo Anno*, Domat-Montchestien, 1942, XIII-376 páginas, y de Henri ROLLET, *L'action sociale des catholiques en France*, tomo I: *1871-1901*, Boivin, 1947; tomo II: *1901-1914*, Desclée de Brouwer, 1958, 405 págs. Recordemos, por último, la utilísima *Histoire religieuse de la France contemporaine* de Adrien DANSETTE *(op. cit.).*

Sobre Lamennais, el libro a la vez más completo y más reciente data de hace cerca de cuarenta años y no es plenamente satisfactorio: F. DUINE, *Lamennais, sa vie, ses idées, ses ouvrages*, Garnier, 1922, 389 págs. Véase también: René RÉMOND, *Lamennais et la démocratie*, P. U. F., 1948, 78 págs. (colección del "Centenario de 1848"). Louis DE VILLEFOSSE, *Lamennais ou l'occasion manquée*, J. Vigneau, 1945, 297 págs. Este último libro, cuya orientación está indicada por el título, puede contrastarse con el de Michel MOURRE, *Lamennais ou l'hérésie des temps modernes*, Amiot-Dumont, 1955, 376 páginas (punto de vista netamente conservador). Véase también el número especial de la revista *Europe*, febrero-marzo de 1954 (presenta una imagen discutible de Lamennais, pero incita al lector a plantearse útiles cuestiones). Es interesante consultar el artículo de J.-B. DUROSELLE, "Quelques vues nouvelles sur Lamennais à l'occasion du centenaire de sa mort" (extracto de la *Rassegna storica del Risorgimento*, año XLIII, fasc. II, abril-junio de 1956) (tiende a restringir la originalidad y la influencia de Lamennais. Ver también la tesis de Jean-René DERRE, *Le renouvellement de la pensée religieuse en France de 1824 à 1834, Essai sur les origines et la signification du mennaisisme*, Klincksieck, 1962, 767 págs. [De Lamennais, en castellano: *El libro del pueblo. El eco de las cárceles*, trad. de A. Zozaya, Madrid, 1883, 167 págs.; *Obras políticas*, Madrid, 1854; *Palabras de un creyente*, trad. de M. J. de Larra, París, Baudry, 1836. *Ensayo sobre la indiferencia en materia de religión*, Barcelona, 1865-68, 3 vols.; *La religión considerada en sus relaciones con el orden político y civil*, Valladolid, 1829.]

Sobre la reacción contra Lamennais, R. P. DROULERS, *Action pastorale et problèmes sociaux sous la monarchie de juillet chez Mgr d'Astros*, Vrin, 1954, 445 págs.

Sobre Montalembert ("Bestia negra" de Henri Guillemin), André TRANNOY, *Le romantisme politique de Montalembert avant 1843*, Bloud & Gay, 1942, 624 págs. R. P. Edouard LECANUET, *Montalembert*, Poussielgue, 1895-1902, 3 vols. [En castellano: MONTALEMBERT, *De los intereses católicos en el siglo XIX*, Madrid, 1852.] Véase también: Frédéric OZANAM, *Pages choisies, présentées par l'abbé Chatelain*, Lyon, E. Vitle, 1909, 399 páginas, y R. P. GUIHAIRE, *Lacordaire et Ozanam*, Alsatia, 1939, 171 págs. P. SPENCER, *Politics of belief in nineteenth century France: Lacordaire, Micha Venillot*, Londres, Faber and Fabe, 1954, 284 págs. [Obras de LACORDAIRE en castellano: *Obras*, Madrid, 1926; *Conferencias en Nuestra Señora de París*, Madrid, 1845-52, 4 vols.; *Ultimas conferencias*, Madrid, 1855.]

III. SOCIALISMO.

OBRAS GENERALES.

Elie HALÉVY, *Histoire du socialisme européen*, Gallimard,, 1948, 367 págs. (redactada tras la muerte de Elie Halévy, según apuntes de sus cursos; indicaciones útiles, pero resulta en conjunto bastante decepcionante; sin bibliografia).

La historia del socialismo más completa y más reciente es la de G. D. H. COLE, *Socialist thought*, Londres, Macmillan, 1953-56. Sus cinco volúmenes (siete tomos) aparecidos tratan, respectivamente, de los precursores (1789-1850), del marxismo y del anarquismo (1850-1890), del período 1890-1914, del comunismo y de la socialdemocracia, y, por último, del socialismo y el fascismo. Para el período tratado en este capítulo véase el volumen I: *The forerunners*, 346 págs. (bibliografía copiosa; algunos errores sobre los títulos franceses). [Hay versión española, en el Fondo de Cultura Económica, Méjico: *Historia del pensamiento socialista. I. Los precursores 1789-1850*, trad. de Rubén Landa, 1957, 340 págs. *II. Marxismo y Anarquismo (1850-1890)*, trad. R. Landa, 1958, 437 páginas. *III. La Segunda Internacional (1889-1914)*; vol. 1, trad. de R. Landa, 1959, 476 págs.; vol. 2, trad. de Enrique González Pedrero, 1960, 449 págs. *IV. Comunismo y Socialdemocracia (1914-1931);* vol. 1, trad. Enrique González Pedrero, 1961, 405 páginas; vol. 2, trad. Julieta Campos, 1962, 424 págs. V. *Socialismo y Fascismo (1931-1939),* trad. Julieta Campos, 1963, 313 págs.]

Los *Nouveaux principes d'économie politique* de SISMONDI (1.ª ed., 1819), han sido reeditados en Suiza, al cuidado de G. SOTIROFF en 1951.

Sobre Sismondi véase la tesis de Jean-Rodolphe DE SALIS, *Jean-Baptiste Sismondi (1773-1842), la vie et l'oeuvre d'un cosmopolite philosophe,* Champion, 1932, XV-481 páginas.

Sobre las formas utópicas del pensamiento político: Joyce Oramel HERTZLER, *The history of utopian thought,* Nueva York, Macmillan, 1923, VII-321 págs. J. L. TALMON, *Political messianism. The romantic phase,* Londres, Secker and Warburg, 1960, 607 páginas (es la continuación de *"The origins of totalitarian democracy",* estudia sobre todo el mesianismo socialista y el nacionalismo mesiánico anterior a 1848).

1. Gran Bretaña.

Sobre el socialismo inglés hay un libro fundamental: Max BEER, *A History of British Socialism,* Londres, Allen and Unwin, 1948, XXXII-452 págs. Consultar la excelente recopilación de textos en la colección "The British political tradition", *The Challenge of Socialism,* ed. Henry Pelling, Londres, A. & C. Black, 1954, XVIII-370 págs. (primera parte cronológica, segunda parte por temas). Véase también G. D. H. COLE y A. W. FILSON *British Working Class Movements: select documents (1789-1875),* Londres, Macmillan, 1951, XXII-629 págs. Adam B. ULAM, *Philosophical foundations of English socialism,* Cambridge, Harvard U. P., 1951. 173 págs.

Owen.—La autobiografía de OWEN, *Life of Owen,* (1857) está repleta de detalles sabrosos. Una buena antología de textos escogidos y presentados por A. L. MORTON, Editions sociales, 1963, 205 págs. Sobre Owen véase en francés Edouard DOLLÉANS *Robert Owen,* Alcan, 1907, III-374 págs. En inglés, F. PODMORE, *Robert Owen,* Londres, Hutchinson, 1906, 2 vols. G. D. H. COLE, *The life of Robert Owen,* Londres, Macmillan, 1930, 349 págs.

Sobre el *cartismo,* Edouard DOLLÉANS, *Le chartisme,* Floury, 1912-13, 2 vols., 426-501 páginas (compacto y algo evasivo, pero extremadamente útil). Para la bibliografía en lengua inglesa, que es abundante, véase G. D. H. COLE, *A History of Socialist Thought (op. cit.),* vol. I, págs. 325-26.

La *Histoire du peuple anglais au XIXe siècle,* de Elie HALÉVY, traza la historia del cartismo, pero contiene pocas informaciones sobre su ideología.

No hemos mencionado en nuestro texto ni las ideas igualitarias de Thomas HODGSKIN ni el socialismo cristiano de KINGSLEY. Sobre el primero, que a juicio de los Webb influyó en Marx, pero que durante su vida sólo tuvo una audiencia restringida, Elie HELÉVY, *Thomas Hodgskin (1789-1869),* Rieder, 1903, 223 págs. Sobre el socialismo cristiano en Inglaterra, C. E. RAVEN, *Christian Socialism (1848-1854),* Londres, Macmillan, 1920, XII-396 págs., y la bibliografía que figura en COLE, *op. cit.,* pág. 332.

2. Francia.

La más reciente obra de conjunto es la de Maxime LEROY, *Histoire des idées sociales en France (op. cit.).* Del mismo autor, *Les précurseurs français du socialisme,* Editions du Temps présent, 1948, 448 págs. (útil recopilación de trozos escogidos). Célestin BOUGLÉ, *Socialismes français. Du "socialisme utopique" à la "démocratie industrielle",* A. Colin, 2.ª ed., 1933, VIII-200 págs. (denso y preciso, aun siendo un pequeño volumen; trata de extraer lo que queda vivo del saint-simonismo, del fourierismo, del proudhonismo, etc.). Las obras frecuentemente citadas de Paul LOUIS no pueden recomendarse sin reservas: *Le parti socialiste en France,* A. Quillet, 1912, 408 págs. (este volumen de la *Encyclopédie socialiste syndicale et coopérative de la classe ouvrière,* publicada bajo la dirección de COMPÈRE-MOREL [15], expone la historia del partido socialista; insiste mucho en la organización y en la vida interior del partido; trata rápidamente por las cuestiones de doctrina). Del mismo autor, *Histoire du socialisme en France (1789-1945),* M. Rivière, 1946, 424 páginas (exposición lírica, tratamiento rápido de los precursores; sin referencias). Del mismo

---

[15] Toda la colección es interesante, especialmente Charles RAPPOPORT, *La révolution sociale,* 1912, 508 págs.

autor, *Cent cinquante ans de pensée socialiste (De Gracchus Babeuf à Lénine)*. M. Riviè-re, 1947, 264 págs. (extractos de una brevedad tal que son difícilmente utilizables para un estudio a fondo). Marcel PRÉLOT, *L'évolution politique du socialisme français (1789-1934)*, Spes, 1939, 302 págs. (estudia rápidamente las doctrinas premarxistas). Georges y Hubert BOURGIN, *Le socialisme français de 1789 à 1848*, Hachette, 1918, VI-112 pági-nas. V. VOLGUINE, *Idées socialistes et communistes dans les sociétés secrètes (1835-40)*. *Questions d'histoire*, tomo II: "La nouvelle critique", 1954, págs. 9-37 (punto de vista marxista).

Frecuentemente se afirma —con mayor convicción que precisión— que existía una tra-dición auténticamente francesa del socialismo, independiente del marxismo e incluso fun-damentalmente antimarxista. Tal idea aparece especialmente en tres publicaciones colec-tivas que acentúan la herencia proudhoniana: *Traditions socialistes françaises*, Neuchâtel, Cahiers du Rhône, 1944, 92 págs. (con Albert BÉGUIN, Alexandre MARC, Jacques BÉNET), *De Marx au marxisme (1848-1948)*, Ed. de Flore, 1948 (con Robert ARON, Arnaud DANDIEU, Georges IZARD, Thierry MAULNIER, etc.) y el número especial de *La Nef*: "Le socialisme français victime du marxisme?", junio-julio de 1950.

A) LA REFORMA DE LA SOCIEDAD.

a) Saint-Simon.

Las *Oeuvres de Saint-Simon et d'Enfantin*, editadas por los ejecutores testamentarios de Enfantin entre 1865 y 1878 (47 vols.) son de difícil consulta. *Morceaux choisis de Saint-Simon*, por Célestin BOUGLÉ, Alcan, 1925, XXXII-264 págs. (una sección entera está consagrada a la organización de la paz; útil nota bibliográfica de Alfred Péreire). Otra recopilación, de Jean DAUTRY, Editions sociales, 1951, 182 págs. (punto de vista marxista). Existe una recopilación más antigua y mucho más completa: SAINT-SIMON, *Oeuvres choisies*, Bruselas, Lemonnier, 1859, 3 vols. La exposición de la *Doctrine de Saint-Simon* (primer año, 1829) ha sido objeto de una excelente edición crítica, bajo los cuidados de C. BOUGLÉ y Elie HALÉVY, Rivière, 1924, 504 págs. (largo prefacio). S. CHARLÉTY ha publicado *Morceaux choisis d'Enfantin*, Alcan, 1930, 108 págs. (colección "Réformateurs sociaux"). La obra fundamental sobre Saint-Simon y los saint-simonianos es la de Sé-bastien CHARLÉTY, *Histoire du saint-simonisme*, nueva ed., 1931, 387 págs. El libro de Henry-René D'ALLEMAGNE, *Les saint-simoniens*, Gründ, 1930, 455 págs., reproduce nume-rosos documentos de los archivos saint-simonianos depositados en la biblioteca del Arse-nal. Han aparecido recientemente en Estados Unidos dos obras sobre Saint-Simon: Ma-thurin DONDO, *The French Faust: Henri de Saint-Simon*, Nueva York, Philosophical library, 1956, 253 págs., y Frank E. MANUEL, *The new world of Henri de Saint-Simon*. Cambridge, Harvard, U. P., 1956, 433 págs., del mismo autor, *The prophets of Paris*, Cambridge, Harvard, U. P., 1962, XIV-349 págs. (sobre Turgot, Condorcet, Saint-Simon, Fourier y Auguste Comte), G. G. IGGERS, *The cult of authority, the political philosophy of the saint-simonians: a chapter in the intellectual history of totalitarianism*, La Haya, M. Nijhoff, 1958, 210 págs.

b) Fourier.

Un excelente instrumento de trabajo, las obras de Fourier en seis volúmenes, publi-cadas en 1966 por la editorial Anthropos. Existen varias recopilaciones de textos esco-gidos de Fourier. La mejor no es la de E. POISSON, Félix Alcan, 1932, 156 págs. (colec-ción "Réformateurs sociaux"). Consúltese preferentemente las *Pages choisies de Fourier* de Charles GIDE (con un interesante prefacio), Sirey, 1932, LXV-232 págs., o la recopila-ción publicada por Félix ARMAND y René MAUBLANC. *Fourier*, Editions sociales interna-cionales, 1937. 2 vols., 264-263 págs. [Hay versión castellana: *Fourier*, trad. de Enrique Jiménez Domínguez, Méjico, Fondo de Cultura Económica, 460 págs., 1940.] Félix AR-MAND ha publicado en los "Classiques du Peuple", Editions sociales, 1953, 166 págs., una edición de *Textes choisis* que puede resultar útil, a pesar de su reiterativa preocupación por hacer proselitismo a favor del "genial Stalin". Hubert BOURGIN, *Fourier: Contribu-tion à l'étude du socialisme français*, Société Nouvelle de Librairie et d'Edition, 1905, 620 págs. Emile POULAT ha prestado un utilísimo servicio a los especialistas al publicar los *Cahiers manuscrits* de Fourier. Editions de Minuit, 1957, 223 págs. Félix ARMAND,

Les fourieristes et les luttes révolutionnaires de 1848 à 1851, P. U. F., 1948, 84 págs. (colección del "Centenaire"; el libro trata, sobre todo, de Considerant). Véase también la importante publicación del Instituto Giangiacomo Feltrinelli, *Il Socialismo utopistico, 1. Charles Fourier e la Scuola societaria (1801-1922).* Saggio bibliografico a cura di Giuseppe del Bo, Milán, Feltrinelli, 1957, 120 págs. Maurice DOMMANGET, *Victor Considérant. Sa vie, son oeuvre,* Ed. sociales internationales, 1929, 232 págs.
[Una exposición anónima del fourierismo en castellano: *Fourier, o sea explanación del sistema societario,* Barcelona, J. Roger, 1841, 410 págs.; *Doctrina social: el falansterio,* trad. de José Menéndez Novella, Biblioteca de Filosofía y Sociología, Madrid, 1900.]

c) Proudhon.

Las obras de Proudhon deben consultarse en la colección que comenzó a aparecer en 1920, en la ed. Rivière, bajo la dirección de BOUGLÉ y MOYSSET. Existen numerosos trozos escogidos de Proudhon: de BOUGLÉ (Alcan, 1930, 156 págs.), de Alexandre MARC ("Le cri de la France", 1945, 321 págs.), de Lucien MAURY (Stock, 1942, 2 vols., 200-191 páginas), de Robert ARON (con el título de *Portrait de Jésus,* Pierre Horay, 1951, x-246 páginas), de Joseph LAJUGIE, Dalloz, 1953, 492 págs. (Colección de los "Grands économistes").
La *Vie de Proudhon,* de SAINTE-BEUVE, continúa siendo un libro clásico; véase la edición de Daniel HALÉVY, Stock, 1948, 449 págs. (tres partes: 1) Juventud de Proudhon, por Daniel HALÉVY (1809-1837); 2) Proudhon, por SAINTE-BEUVE (1837-1848); 3) Apéndices y comentarios de Daniel HALÉVY). La mejor introducción al estudio de Proudhon es, indudablemente: Georges GUY-GRAND, *Pour connaître la pensée de Proudhon,* Bordas, 1947, VII-237 págs. (con una bibliografía que detalla la situación de las principales obras relativas a Proudhon en 1947). Véase también: Edouard DOLLÉANS, *Proudhon,* Gallimard, 1948, 529 págs. (biografía calurosa y detallada; el último capítulo está dedicado a Sorel). Henri DE LUBAC, *Proudhon et le christianisme,* Editions du Seuil, 1945, 319 páginas (Proudhon anticlerical y teólogo, su inmanentismo moral. El R. P. de L. estudia a Proudhon con simpatía y estima que el hombre valía más que sus libros). Pierre HAUBTMANN, *Marx et Proudhon, leurs rapports personnels, 1844-1847,* "Economie et humanisme", 103 págs. (analiza de una forma precisa las relaciones y la ruptura entre Marx y Proudhon; varios textos inéditos). Célestin BOUGLÉ, *La sociologie de Proudhon,* A. Colin, 1911, XX-333 págs. Georges GURVITCH, *Les fondateurs français de la sociologie contemporaine: Saint-Simon et Proudhon,* Cours de Sorbonne, 1955, 2 fasc. [Hay versión castellana: *Los fundadores franceses de la sociología contemporánea: Saint-Simon y Proudhon,* trad. de Ana Goutman e Hilda Sito, Buenos Aires, Ediciones Galatea-Nueva Visión, 1958, 202 págs.] Edouard DOLLÉANS y J.-L. PUECH, *Proudhon et la Révolution de 1848,* P. U. F., 1948, 77 págs. (colección del "Centenarie"). Madeleine AMOUDRUZ, *Proudhon et l'Europe, les idées de Proudhon en politique étrangère,* Domat-Montchrestien, 1945, 160 págs. Daniel HALÉVY, *Le mariage de Proudhon,* Stock, 1955, 314 páginas. George WOODCOCK, *P.-J. Proudhon: a biography,* Nueva York, Macmillan 1956 (sin duda la mejor biografía de Proudhon en inglés).
[Ediciones castellanas de obras de Proudhon: *¿Qué es la propiedad? Investigaciones acerca de su principio, de su derecho y de su autoridad,* trad. de A. Gómez Pinilla, Valencia, F. Sempere, 250 págs.; *De la creación del orden en la humanidad o principios de organización política,* Valencia, Sempere; *Amor y matrimonio,* Valencia, Sempere; *El Estado.—La dignidad personal,* Valencia, Sempere; *Sistema de las contradicciones económicas o filosofía de la miseria,* traducción y prólogo de F. Pi y Margall, Madrid, Librería de Alfonso Durán, 1870, 2 vols., 491 págs. (pág. cont.); *Filosofía popular,* trad. de F. Pi y Margall, Madrid, Librería de Alfonso Durán, 1868; *Filosofía del progreso,* traducción de F. Pi y Margall, Madrid, Librería de Alfonso Durán, 1869; *De la capacidad política de las clases jornaleras,* trad. de F. Pi y Margall, Madrid, Librería de Alfonso Durán, 1869; *Solución del problema social.—Sociedad de la Exposición perpetua,* traducción de F. Pi y Margall, Madrid, Librería de Alfonso Durán, 1869; *Pobres y ricos (Estudios de economía práctica),* trad. de Francisco Lombardía, Valencia, Sempere, 211 págs.; *Contradicciones políticas. Teoría del movimiento constitucional en el siglo XIX,* traducción de Gabino Lizárraga, Madrid, Biblioteca Universal, 1873, 211 págs.; *Idea general de la Revolución en el siglo XIX,* trad. de J. Comas, Barcelona, 1868; *La Fede-*

ración y la unidad en Italia, trad. de A. Alvarez, prólogo de J. Sánchez Ruano, 1870; *El principio federativo,* trad. y prólogo de F. Pi y Margall, Madrid, Fontanet, 1868; *Teoría de la propiedad,* trad. de G. Lizárraga, Madrid, V. Suárez, 1873; *Cartas* de P. J. Proudhon, escogidas y anotadas por D. Halévy y L. Guillaume, prólogo de Sainte-Beuve, trad. de Salvador Quemades, Madrid, 1932.]

B) Socialismo y democracia.

a) Cabet.

Jules Prudhommeaux, *Icarie et son fondateur Etienne Cabet; contribution à l'étude du socialisme expérimental,* Rieder, 1926, XL-689 págs. Pierre Angrand, *Etienne Cabet et la République de 1848,* P. U. F., 1848, 79 págs. (útil, pero rápido y poco sistemático). [Tres antiguas traducciones castellanas de Cabet: *Viaje en Icaria,* Barcelona, 1845, 2 volúmenes; *La revolución francesa de 1830,* Barcelona, 1839, 2 vols.; *Diario de los sucesos de Barcelona,* Barcelona, 1843. Una edición más reciente: *Viaje por Icaria,* Barcelona, 1930, 2 vols.].

b) Buchez.

Armand Cuvillier, *P.-J. Buchez et les origines du socialisme chrétien,* P. U. F., 1948, 84 págs. Del mismo autor, *Hommes et idéologies de 1840,* M. Rivière, 1956, 252 págs. (recopilación de artículos discontinuos; trata sobre todo de Buchez); y *Un Journal d'ouviers: L'atelier (1840-1850).* Editions ouvrières, 1954, 224 págs. (muy interesante; uno de los escasos estudios que permiten aprehender las ideologías "en la base"). Sobre el pensamiento de Bouchez, el estudio fundamental es la tesis de. F. A. Isambert, sostenida en 1967, así como su tesis complementaria sobre la juventud de Buchez, Editions du Minuit, 1966, 200 págs. [El libro de Armand Cuvillier publicado en castellano: *Las ideologías a la luz de la sociología del conocimiento,* Méjico, Universidad Nacional, 1957, 250 págs., reúne una serie de artículos, algunos de los cuales se relacionan con el tema del presente capítulo: "Las ideologías económicas a la luz de la sociología del conocimiento", "Los antagonismos de clase en la literatura social francesa", "Los periódicos obreros en Francia antes de 1840", "La ideología de 1848", "La revolución de los profetas", "Ideología proudhoniana y marxismo".]

c) Pierre Leroux.

Véase, sobre todo, David Owen Evans, *Le socialisme romantique: Pierre Leroux et ses contemporains,* Rivière, 1948, 262 págs. (expone con claridad el pensamiento de Pierre Leroux y estudia a fondo sus relaciones con Sainte-Beuve, George Sand y Víctor Hugo; excelente bibliografía). Puede ser completado con P.-F. Thomas, *Pierre Leroux, sa vie, son oeuvre, sa doctrine,* Alcan, 1904, 340 págs. (la mejor bibliografía de Pierre Leroux), y con Henri Mougin, *Pierre Leroux,* Editions sociales internationales, 1938, 303 págs. (la mitad del libro está constituida por una introducción de H. M., conteniendo el resto textos de Pierre Leroux; punto de vista marxista). La influencia de Pierre Leroux sobre las ideas sociales de George Sand ha sido objeto de varios estudios. Véase sobre el tema la bibliografía de André Maurois, *Lélia ou la vie de George Sand,* Hachette, 1953, 365 págs.

d) Louis Blanc.

Jean Vidalenc, *Louis Blanc,* P. U. F., 1948, 68 págs. Leo A. Loubère, *Louis Blanc, His life and his contribution to the rise of French jacobin-socialism,* Evanston, 1961, XII-256 págs.

e) Blanqui.

"Los "Classiques du peuple" han publicado unos utilísimos trozos escogidos de BLANQUI: *Textes choisis de Blanqui*, introducción de V.-P. VOLGUINE, Editions sociales, 1956, 223 págs. La bibliografía de la página 68 ha de ser completada con el importante libro de Alan B. SPITZER, *The revolutionary theories of Louis-Auguste Blanqui*, Nueva York, Columbia U. P., 1957, 208 págs. A confrontar con: Maurice DOMMANGET, *Les idées politiques et sociales de Blanqui*, Rivière, 1957, 429 págs. El libro de Sylvain MOLINIER, *Blanqui*, P. U. F., 1948, 70 págs., en la colección del Centenario, no es más que una rápida introducción. El libro de Gustave GEFFROY, *L'enfermé*, Fasquelle, 1897, 446 páginas, ha quedado como clásico. Albert MATHIEZ, "Notes de Blanqui sur Robespierre", *Annales historiques de la Révolution française*, julio-agosto de 1928, págs. 305-321. Roger GARAUDY y André MARTY mantuvieron una interesante polémica sobre Blanqui: A. MARTY, *Quelques aspects de l'activité de Blanqui*, Société des Amis de Blanqui, 1951 (subraya la importancia de Blanqui como precursor del marxismo-leninismo); Roger GARAUDY, "Le néo-blanquisme de contrebande et les positions antiléninistes d'André Marty", *Cahiers du communisme*, enero de 1953, págs. 38-50. Véase también Charles DE COSTA, *Les blanquistes. Histoire des partis socialistes en France*, vol. VI, Rivière, 1912, 69 págs.

C) LOS SENTIMIENTOS POPULARES.

Además de los textos de Agricol Perdiguier y de Martin Nadaud y de los libros de Jean Briquet, Michel Ragon, Pierre Brochon y Armand Cuvillier ya citados: Georges DUVEAU, *La pensée euvrière sur l'education pendant la Seconde République et le Second Empire*, Domat-Montchrestien, 1947, 348 págs. Véase también la principal tesis del mismo autor, *La vie ouvrière en France sous le Second Empire*, Gallimard, 1946, XIX-607 páginas. Habría que estudiar otros autores, especialmente Constantin PECQUEUR, autor de la *Théorie nouvelle d'économie sociale et politique* (1842), que reúne numerosos temas diseminados entre los pensadores socialistas. Véase también Flora Tristán y el libro de J.-L. PUECH, *La vie et l'oeuvre de Flora Tristán*, Rivière, 1925, 515 págs. [Una traducción de FLORA TRISTÁN: *Peregrinaciones de una paria*, trad. y notas de Emilia Romero, Lima, Cultura Antártica, 1946, XXIII-444 págs.]

El espíritu de 1848.

Algunos estudios generales sobre la idea de revolución: Michel RALEA, *L'idée de révolution dans les doctrines socialistes*, Jouve, 1923, 400 págs. (tesis de letras). G. ELTON, *The revolutionary idea in France (1789-1871)*, Nueva York, Longmans, 1923. Robert PELLOUX, "Remarques sur le mot et l'idée de révolution", *Revue française de science politique*, enero-marzo de 1952, págs. 42-55.

Sobre el espíritu de 1848, J.-B. DUROSELLE, "L'esprit de 1848", en: *1848, révolution créatrice*, obra colectiva publicada en 1948, Bloud & Gay, 231 págs. (insiste en los sentimientos religiosos y en el tema de la fraternidad); Armand CUVILLIER, "L'idéologie de 1848", *Hommes et idéologies de 1840*, Rivière, 1956 (subraya los aspectos cultos y los aspectos populares). *L'esprit de 1848*, por E. BEAU DE LOMÉNIE, A. BECHEYRAS, A. DAUPHIN-MEUNIER, etc., Bader-Dufour, 1948, 351 págs. *1848. Le livre du centenaire*, Ed. Atlas, 1948, 333 págs. (especialmente los textos de G. DUVEAU; iconografía muy sugestiva).

Véase también, de géneros muy diversos: Paul BASTID, *Doctrines et institutions politiques de la Seconde République*, Hachette, 1945, 2 vols., 302 y 336 págs. Jean CASSOU, *Le quarante-huitard*, P. U. F., 1948 (colección del Centenario). Debe consultarse toda la colección, especialmente, además de las obras anteriormente citadas: Georges DUVEAU, *Raspail*, P. U. F., 1948, 62 págs. (muestra una calurosa simpatía hacia Raspail). Pierre CHAUNU, *Eugène Sue et la Seconde République*, P. U. F., 1948, 71 págs. Para orientarse en las publicaciones de la Sociedad de Historia de la Revolución de 1848: Lise DUBIEF, *Tables analytiques des publications de la Société d'Histoire de la Révolution de 1848*, La Roche-sur-Yon, Imprimerie centrale de l'Ouest, 44 págs.

CAPITULO XIII

La posteridad de Hegel y la formación del marxismo (Alemania, 1830-1870)

SECCION PRIMERA

De la "Joven Alemania" a la "Izquierda hegeliana".

Hegel muere en Berlín en 1831. Desde hacía algunos años su filosofía era la filosofía casi "oficial" de las Universidades prusianas y también, en cierta medida, de los dirigentes políticos de Prusia.

Sin embargo, no iba a transcurrir mucho tiempo antes de que fuese combatida, sobre todo a causa de la utilización religiosa y política de que era objeto por parte de la Iglesia luterana y los medios conservadores alemanes.

En el plano político el rey Federico-Guillermo III se había adherido a la Santa Alianza, con gran descontento de los liberales prusianos y, sobre todo, de los de Renania, provincia en la que las "ideas francesas" habían penetrado profundamente. El asesinato del escritor Kotzebue (que era el gran adversario de los intelectuales liberales) en 1819 trajo como consecuencia una severa represión contra la prensa y contra las agrupaciones de estudiantes. La revolución francesa de 1830, que supuso un notable fracaso del edificio "legitimista" de la Santa Alianza, tuvo un gran eco, especialmente en Alemania del Sur, desencadenando una viva agitación en las Universidades. La monarquía prusiana replicó con una censura mucho más severa y con un régimen policiaco fastidioso y sofocante. El rey se negó a mantener sus promesas de conceder una Constitución liberal. Desde esta fecha hasta 1848 se producen algunos movimientos insurreccionales que en ningún momento pondrán seriamente en peligro al régimen. La oposición obrera, sin ser inexistente, durante bastante tiempo carecerá de importancia: Alemania apenas si comienza su industrialización; y si a partir de 1839 bastantes obreros y artesanos desterrados por agitación subversiva se dirigen a París, es precisamente porque su acción ha sido aplastada en Alemania.

En consecuencia, la oposición contra el conservadurismo prusiano se manifestará esencialmente en el plano intelectual, y será obra principalmente de escritores, historiadores y periodistas. Por ello, se trata de una lucha ideológica en la que los debates teóricos alcanzan una considerable importancia, y en la que la efímera historia de algunos periódicos y gacetas, en su lucha contra la censura, ocupan muchas veces el lugar de la "acción revolucionaria". Hasta 1848 dos movimientos jalonan en Alemania una tentativa de liberación intelectual. En un plano más específicamente literario (aunque no sin alcance político), el movimiento "Joven Alemania"; en el plano de la crítica filosófica, religiosa y política, el "radicalismo" de quienes se acostumbra a agrupar bajo el nombre de "Izquierda hegeliana". Aproximadamente a partir de 1835, la actividad de este segundo grupo comenzará a primar sobre el primero.

1. **El movimiento "Joven Alemania".**—A) DE LOS ESCRITORES "COMPROMETIDOS".—Se trata de una nueva escuela literaria que intenta sobre todo escapar de un "romanticismo" que encierra cada vez más al pensamiento alemán en un nacionalismo receloso (manifestado, en primer lugar, a través de una sólida galofobia), en tendencias religiosas e incluso pietistas, y en una desconfianza, por último, hacia las ideas liberales. Por oposición, la "Joven Alemania" se apasiona por las "ideas francesas", y no sólo por las de los filósofos del siglo XVIII, sino también por las de 1830. Sus maestros son dos autores que, precisamente, residen en París desde 1830 y 1831: Ludwig Börne (1786-1837) y Heinrich Heine (1797-1856). Ludwig Börne publica en Alemania sus *Cartas de París* (de 1831 a 1834), que contienen un entusiasta elogio de la libertad que reina en Francia, y que hacen conocer al público alemán el movimiento de las ideas liberales y de las escuelas socialistas. Heine, iniciado en las doctrinas saint-simonianas, las da a conocer en Alemania con su obra *La escuela romántica alemana* (1834).

La obra de estos dos maestros, apasionadamente admirados por numerosos poetas jóvenes, dramaturgos y críticos de Alemania, sirve de fermento. Entre estos autores jóvenes, Karl Gutzkow (1811-1878), Heinrich Laube (1806-1884), Theodor Mundt (1808-1861) y Ludolf Wienbarg (1802-1872) son los más representativos. Agresivos, irónicos, satíricos, atacan el dogmatismo filosófico de los discípulos "ortodoxos" de Hegel, critican las instituciones políticas y sociales de Prusia, la escuela histórica alemana, etc. Políticamente, son liberales, y algunos de ellos abiertamente republicanos. Su crítica ataca sobre todo al ridículo y a la pesadez germánicas. Destruye, pero apenas construye. Su preocupación literaria por crear una literatura viva, en contacto con los grandes movimientos sociales y políticos de la época, se traduce, en algunos de ellos, en actos de oposición política caracterizados. De esta forma, Gutzkow funda en 1838, en Hamburgo, uno de los principales periódicos liberales de Alemania, *El Telégrafo*.

El papel político real de la "Joven Alemania", sin ser despreciable, fue limitado. Por una parte, el movimiento afectaba tan sólo a un público literario o interesado por la literatura. Por otra, el movimiento llevaba encima un cierto descrédito, por el hecho de convertirse en el campeón de las ideas francesas e incluso (decían sus adversarios) de las ideas "judías" (Börne y Heine eran judíos). A partir de 1835 la censura prohibió, de forma casi absoluta, la difusión y la publicación en Prusia de las obras de Heine. Por último, la protesta política de la "Joven Alemania", bastante superficial, no se apoyaba en una burguesía liberal muy ardiente (salvo, en cierta medida, en Renania; y, en todo caso, los burgueses de esta provincia querían hacer oír sobre todo sus reivindicaciones económicas, a las que los escritores de la "Joven Alemania" eran casi por completo ajenos).

De todas formas, había que mencionar este clima literario y filosófico, ya que fue más o menos el del medio intelectual y familiar en el que se desarrolló la juventud de Karl Marx (nacido en Tréves, en 1818) y la de la mayor parte de sus primeros compañeros.

B) DE LOS INTELECTUALES LIBERALES.—Por lo demás, durante la misma época se ejercieron sobre la juventud intelectual alemana otras influencias liberales, procedentes de medios más "cultos".

Algunos maestros de Universidad (especialmente en Gotinga y en Berlín) se convirtieron en los campeones del liberalismo político. Tal era especialmente el caso de Eduard Gans (1798-1839), historiador y filósofo del derecho, profesor en Berlín —donde era el rival de F. Carl von Savigny (1779-1861)—, y que fue uno de los maestros de Marx. Gans, liberal "militante", se oponía, en nombre del hegelianismo, a las tesis de la escuela "histórica" alemana. Francófilo declarado (hasta el punto de lamentar que el "justo medio" orleanista traicionara las tradiciones revolucionarias francesas), iniciaba a sus alumnos en las teorías saint-simonianas y manifestaba abiertamente su simpatía por la causa de la clase obrera. Otros jóvenes universitarios, que se vinculaban más claramente a la "Izquierda neohegeliana", se daban también a conocer por su oposición al conservadurismo prusiano: David Strauss, Ludwig Feuerbach, Bruno Bauer. Los volveremos a encontrar bien pronto.

Igualmente a lo largo de los años 1834-1843 aparecieron los quince volúmenes del *Staatslexikon*, enciclopedia de "ciencia política", editada por K. W. von Rotteck y K. T. Welcker y basada en los principios de liberalismo "francés".

Estas diferentes corrientes de expresión liberal tropezarían, por lo demás, con una fuerte oposición ideológica, representada por los hegelianos de derecha, los teóricos del absolutismo monárquico y los teólogos pietistas (cf. *infra*).

2. La "Izquierda hegeliana".—Incluso durante la vida de Hegel (cuya filosofía no había sido aceptada sin reticencias, especialmente por parte de ciertos teólogos protestantes y de partidarios de la escuela "histórica"), algunos de sus discípulos habían criticado la exaltación de la monarquía conservadora a la que su *Filosofía del Derecho* conducía. Eduard Gans se encontraba entre ellos. Tras la muerte del filósofo de Berlín los discípulos se separan muy claramente en dos tendencias: una, "ortodoxa" y resueltamente conservadora (tanto en política como en religión), se agrupa en torno al teólogo Marheinecke (1780-1846); la otra, liberal y "crítica", muy libre respecto a la herencia del maestro, se agrupa en torno a hombres mucho más jóvenes, como David Strauss (1808-1874), los hermanos Bruno (1802-1882) y Edgar Bauer, Ludwig Feuerbach (1804-1872) y Arnold Ruge (1803-1880). Esta segunda tendencia, infinitamente más dinámica, termina por representar tan indiscutiblemente la "verdadera" posteridad de Hegel ante la juventud intelectual alemana que el mismo hegelianismo termina por hacerse sospechoso para Federico-Guillermo IV. El nuevo soberano (que de tal manera había de decepcionar a los liberales de Alemania), poco después de su acceso al trono (1840), hace nombrar a Julius Stahl (1802-1861) para suceder a Gans, y hace llamar al viejo filósofo Schelling a la Universidad de Berlín para combatir una filosofía cuyos efectos resultaban subversivos.

En realidad, el régimen político prusiano encontraba más apoyo en los historiadores y filósofos de las escuelas románticas e históricas que en los hegelianos de derecha, bastante desvaídos. El ideólogo oficial era, precisamente, Julius Stahl. Israelita convertido al luteranismo, publicó, entre 1830 y 1837, una *Filosofía del Derecho* que edificaba una construcción doctrinal del "Estado cristiano" fuertemente inspirada en determinadas tesis luteranas: el Estado es un instrumento sobrenatural de redención del hombre corrompido por el pecado. Stahl justifica el absolutismo del Estado, encarnado en la monarquía prusiana, sin someterlo siquiera a ninguna exigencia de moral cristiana.

Por lo demás, la Izquierda hegeliana dirigirá principalmente el combate

contra el orden estáblecido en el terreno religioso [1]. Este ataque está jalo-
nado por las obras de David Strauss, Bruno Bauer y Ludwig Feuerbach, a
lo largo de los años 1835-1841.

A) STRAUSS: UN RENAN ALEMÁN.—David Strauss publica, en 1835-36, *La vida de
Jesús,* obra que comporta una doble crítica. En primer lugar, una crítica histórica de los
textos evangélicos que indicaba en ellos innumerables contradicciones y que deducía, en
consecuencia, una interpretación "mítica" de los textos sagrados. Luego, una crítica teológica, dirigida principalmente contra la interpretación racionalista de la religión intentada
por Hegel. Demostraba la imposibilidad de reducir a Cristo (por lo demás, según Strauss,
personaje mítico) a la revelación total del Espíritu divino; por consiguiente, no era legítimo intentar "conciliar", como había hecho Hegel, filosofía y religión. Para Strauss, la
legítima lección que podía sacarse del hegelianismo era la siguiente: hay que considerar
a las diferentes religiones (incluido el cristianismo), en su esencia histórica, como un largo
esfuerzo continuo de la humanidad hacia el desarrollo del Espíritu Universal. La obra
tuvo una enorme repercusión entre la juventud intelectual, ya que Strauss separaba la
filosofía de la religión.

B) FEUERBACH: CRÍTICA DE LA ALIENACIÓN RELIGIOSA.—Una crítica infinitamente más radical de la religión iba a ser desarrollada por Bruno
Bauer y, sobre todo, por Feuerbach. Tal actitud antirreligiosa será compartida, hacia 1837-1843, por los jóvenes neohegelianos que se reúnen en
Berlín en el "Doktorclub", del que Karl Marx será uno de los más desta-
cados miembros.

Feuerbach publica en 1841 (año en el que Marx lee su tesis en Jena)
La esencia del cristianismo (seguida en 1843 de *Principios de la filosofía
del futuro* y en 1845 de *La esencia de la religión*). La tesis fundamental de
Feuerbach es que la religión constituye para el hombre una pérdida de su
substancia, a la que proyecta en un "ser divino", exterior a sí mismo y puro
producto de su conciencia. El hombre reviste ese ídolo, que él mismo ha
fabricado, con las virtudes y posibilidades que son la substancia de la propia humanidad. Esto ocurre, según Feuerbach, porque, por el momento, el
hombre no puede todavía comprender su ser genérico (i. e., la imagen de
la humanidad "final") más que a través de un "objeto" separado de su individualidad concreta; el hombre tiene necesidad de un ídolo, al que crea
con su propia substancia y con lo mejor de sí mismo ("El ser divino no es
otra cosa que el ser del hombre liberado de las ataduras y limitaciones del
individuo..., que el hombre real objetivo... al que contempla y adora como
un ser aparte..."). Feuerbach propone a la filosofía como tarea criticar esa
"alienación" (tomando la palabra del vocabulario hegeliano) del hombre en
el ser divino, y hacer que el hombre recupere su "ser genérico", es decir,
su plena humanidad.

De creer a Friedrich Engels, el éxito de esta crítica entre los jóvenes
hegelianos fue fulminante, ya que "todos nos convertimos en feuerbachia-
nos". Como más adelante veremos, fue realmente decisiva en la evolución
intelectual de Marx y Engels. No obstante, Feuerbach, intelectual puro, se

---

[1] Hay que señalar, sin embargo, la obra de un hegeliano de izquierda, poco unido al resto
del movimiento, VON CIESZKOWSKI, que en sus *Prolegómenos a la filosofía de la Historia*
(1838) criticó a la hegeliana como puramente especulativa y quiso desarrollarla como una
filosofía de la acción inspirada en el voluntarismo fichtiano.

acantonó siempre en la crítica de la alienación religiosa, participando sólo de manera episódica e indirecta en las luchas políticas de los liberales alemanes (en 1843 concedió su protección a los *Anales francoalemanes* dirigidos por Marx y Ruge, pero no escribió en sus páginas).

Marx y Engels recogieron de Feuerbach, además del análisis de la alienación religiosa, el postulado materialista. En efecto, Feuerbach, como contrapartida del idealismo absoluto de Hegel, intentaba hacer partir toda la reflexión filosófica de la realidad natural del hombre concreto, entendido no sólo como ser individual, sino también como especie social y como "masa humana". De ahí deducía, en consecuencia, la necesidad de una liberación de la especie humana, tanto de la ilusión religiosa como del egoísmo individual, propugnando la alianza de la filosofía y del movimiento social. Su materialismo, en último término bastante tímido, consistía sobre todo en hacer de "la humanidad" (sustraída al desarrollo histórico) el objetivo y el punto de partida de toda reflexión y de toda acción. Era esencialmente —pero únicamente— una crítica radical de toda "metafísica": en este punto apenas si superaba el materialismo de los filósofos del siglo XVIII. "El hombre" de Feuerbach es abstracto. Y, como certeramente indicará Marx, su preocupación por unir la acción y la filosofía no irá, en el terreno concreto, más allá de una predicación altruista y de una "religión de la humanidad".

C) BRUNO BAUER: LA FILOSOFÍA CRÍTICA.—Menos interesado por la acción política que Bruno Bauer, Feuerbach fue, sin embargo, más lejos que él en el terreno de la crítica filosófica. Bauer, que fue desde 1837 a 1841 el guía y el amigo de Karl Marx, fue el principal representante de lo que él mismo denominaba la "filosofía crítica". Joven *privatdozent* de Teología en Bonn, comenzó emprendiendo una detallada crítica de los evangelios sinópticos (1841), sobre la que fundamentó una nueva orientación de la filosofía hegeliana, a la que Bauer tendía a subordinar cada vez más al idealismo de Fichte. Según él, existía una especie de progreso dialéctico desde la religión (que había permitido en el mundo antiguo la formación de la conciencia individual) a la filosofía moderna, que se alzaba ahora, en nombre de los derechos de la conciencia y del espíritu, contra la religión. La filosofía crítica, producto de la conciencia del Yo, una vez que se destaca del "ser" (considerado por Bauer, a diferencia de Hegel, como no racional), tiene el poder de transformar el mundo y de actuar en la Historia de forma creadora y libre. Bauer aplicó sus teorías en su libro sobre *La cuestión judía* (1843), del que Marx hará una rigurosa crítica. Así Bauer afirma que la verdadera emancipación del judío en un Estado cristiano como Prusia supone la realización de dos condiciones: en primer lugar, que la religión se convierta en asunto privado y no en un modo de existencia del Estado; luego, que el judío renuncie a su religión, la cual, a diferencia de la religión cristiana, le impide elevarse hasta una conciencia universal. En la práctica, Bruno Bauer cuenta en gran medida, para luchar contra la conciencia religiosa y para emancipar las conciencias, con la ayuda del Estado, un Estado liberal y "filósofo". Tal actitud de confianza en un reformismo político bajo los auspicios de un Estado liberal caracteriza perfectamente las primitivas aspiraciones (que fueron también las de Marx) de los jóvenes hegelianos de izquierda hasta 1843-1844. Cuando Federico-Guillermo IV decepcionó definitivamente estas esperanzas y cuando se comprobó, tras las inútiles luchas sostenidas por Bauer, Ruge, Marx y algunos otros en el terreno de la prensa, que el Estado prusiano era resueltamente antiliberal, Bauer se refugió cada vez más en un cuasi-anarquismo muy intelectualista. Rompiendo totalmente cualquier vínculo entre pensamiento y acción, condenará en bloque al Estado, a las Iglesias, a los partidos políticos y, sobre todo, a la "masa" (convertida en responsable, por carencia de espíritu crítico y de cultura, del lamentable fracaso del movimiento liberal en Alemania). La "filosofía crítica" conduce a un nihilismo que Marx caricaturizará en *La Sagrada Familia* (escrita en colaboración con Engels, 1845) con el nombre de "crítica crítica".

D)   STIRNER.—Todo un grupo de jóvenes escritores y filósofos participó en esta "crítica crítica": fue el grupo denominado de los "libres" *(Freien)*, que contó como miembro destacado, además de los hermanos Bauer, a Max Stirner (1806-1856), seudónimo de Kaspar Schmidt. Este publicó en 1845 una extraña obra titulada *El único y su propiedad*, frecuentemente considerada como el manifiesto literario del anarquismo filosófico. "El único" es el Yo, que rehusa cualquier otro valor y cualquier otro fin que no sea él mismo, que rechaza cualquier otra ley que no sea la de su puro capricho, que se considera liberado de toda solidaridad con "la humanidad", tan cara a Feuerbach (el libro de Stirner es, en gran medida, un anti-Feuerbach). El "egoísta integral" se proclama, sin embargo, heredero de esa humanidad, pero heredero libre para derrochar la herencia, sin contribuir a aumentarla; no se valora más que a sí mismo, tal es su regla de vida. Stirner preconiza una "asociación de los egoístas" que, no exigiendo nada de sus miembros, se pusiera al servicio de sus necesidades (por otra parte limitadas al mínimo, ya que Stirner es un hombre sosegado que predica más el despojo de las pasiones que la voluntad de poder del superhombre).

Ciertamente, Stirner es un hombre aislado. No obstante, lleva hasta el paroxismo un estado de ánimo, desesperado y nihilista a la vez, que señaló, entre la juventud intelectual "radical" de los años 1830-1850, el callejón sin salida al que conducía un radicalismo filosófico que creyó primero, según el idealismo hegeliano, poder ser el "demiurgo del mundo" y que se desgastó luego contra la ruda burocracia del Estado prusiano y contra la inercia de las estructuras sociales alemanas.

E)   EL FRACASO DEL RADICALISMO POLÍTICO.—La mejor ilustración de ese callejón sin salida del radicalismo político y filosófico (que constituyó el medio originario del pensamiento marxista) es la historia de los periódicos en que colaboraron, durante los años 1839-1845, Marx y los jóvenes hegelianos de izquierda. Estos periódicos (que podían sólo publicarse en las escasas ciudades en las que el régimen de censura era menos estricto: Hamburgo, Halle, Colonia) intentan inútilmente, exceptuando algunos escasísimos éxitos relativamente duraderos, dirigir la lucha política; emplean trucos para engañar a la censura sin conseguir desarmarla, y desaparecen uno tras otro. Algunos de ellos, para escapar a la censura, se publican en Zurich, y después en París, desde donde los redactores intentan hacerlos pasar a Alemania: esfuerzo inútil, ya que el Gobierno alemán será lo bastante poderoso como para alcanzarlos en esos refugios y hacerlos prohibir. Sin embargo, lo que caracteriza la actitud política de estos periódicos [2] es, en definitiva, una indefectible confianza en el Estado y en las ilimitadas posibilidades del reformismo político, ilustrado por la ciencia y la filosofía. Sólo de manera excepcional se encuentra en sus columnas una exposición simpática de las doctrinas socialistas, comunistas o anarquistas.

A partir aproximadamente de 1844 la relativa unidad de este movimiento filosófico y político "radical" va a romperse. Los supervivientes y sucesores se orientarán por diversos caminos:

---

[2] El primer órgano importante en el que se expresaron los neohegelianos fue los *Anales de Halle (Hallesche Jahrbücher)*, fundados en 1838 por Arnold RUGE para luchar, ante todo en el plano filosófico, contra el hegelianismo ortodoxo. Cuando, a fines de 1840, los *Anales de Halle* pasaron a la lucha política directa, se les obligó a dejar Halle por Dresde, donde fueron publicados con el nombre de *Anales alemanes* (1841), reducidos, por lo demás, muy rápidamente a la impotencia. En 1842 se fundó en Colonia la *Gaceta Renana (Rheinische Zeitung,* enero de 1842 marzo de 1843), cuyo efímero redactor jefe fue Karl Marx y a la que la censura hizo desaparecer. A partir de esta fecha los jóvenes hegelianos intentaron publicar revistas en Suiza (por ejemplo, las *Anecdota philosophica,* de Arnold RUGE, y las *Veintiún hojas de Suiza,* dirigidas por el poeta HERWEGH). Marx, Ruge y Hess (patrocinados por Feuerbach) hicieron grandes esfuerzos, de julio a diciembre de 1843, para fundar los *Anales franco-alemanes,* publicados en París y prohibidos en 1844, tras un único número doble. Después de esta fecha no subsistió más que un órgano, en el que pudiera expresarse esta tendencia, el periódico *Vorwärts,* órgano publicado en París para las necesidades de numerosos refugiados políticos alemanes que residían por entonces allí.

— unos proseguirán una obra puramente científica o literaria, no interesando ya directamente a la historia de las ideas políticas;

— muchos (Feuerbach, Bauer) se refugiarán en una crítica filosófica de la religión que apenas se renovará;

— un número considerable de ellos se adherirá más o menos directamente al régimen político establecido, y formará los diversos elementos de un "justo medio" liberal;

— otros se adherirán a las múltiples escuelas socialistas o comunistas (cuyo desarrollo será, sin embargo, lento en Alemania hasta la fundación en 1863, por Ferdinand Lassalle, de la Asociación general de los Trabajadores alemanes, "Die Allgemeine Deutsche Arbeiterverein");

— parece, por último, que algunos de ellos encontraron un camino, tras el fracaso de 1848, en el movimiento liberal —pero resueltamente apolítico— que, bajo el impulso del economista Schulze-Delitzsche (1808-1883), se dedicó a la creación de cooperativas de consumo y crédito, y de sociedades de educación obrera.

SECCION II

Las ideas socialistas y comunistas en Alemania.

A)   DIFUSIÓN DE LAS DOCTRINAS SOCIALISTAS Y COMUNISTAS.—La mayoría de las grandes obras del socialismo inglés y francés estaban ya escritas cuando las ideas socialistas comenzaron a gozar de una cierta curiosidad en Alemania por parte de círculos intelectuales muy restringidos (pero, en general, de una cultura filosófica mucho más amplia que la de los Owen, Louis Blanc, Saint-Simon y Proudhon). Durante bastante tiempo el socialismo y el comunismo fueron en Alemania tan sólo objeto de conocimiento teórico. Sin embargo, resulta conveniente señalar que las ideas socialistas y comunistas encontraron una favorable acogida entre los "desterrados" alemanes que, a partir de 1832, se establecieron en Londres y París. En Alemania, sus progresos en los medios populares fueron, al parecer, lentos, por lo menos hasta 1860 [3].

En los medios intelectuales hemos visto ya cómo hombres del tipo de Gans y Heine habían ayudado a dar a conocer en Alemania las teorías saint-simonianas y, en menor medida, las de Louis Blanc, Fourier, Proudhon, Blanqui, Pierre Leroux y Robert Owen. Sin embargo, la obra que más hizo para la difusión y el conocimiento exacto de estas ideas fue la de un universitario conservador, Lorenz von Stein (1815-1890), que, tras una larga estancia en Francia, publicó en 1842 una obra muy documentada sobre *El socialismo y el comunismo en la Francia contemporánea:* la parte crítica de esta obra era relativamente endeble, pero la exposición científica de las doctrinas era sólida y valió a la obra un verdadero éxito.

B)   WEITLING Y LA "LIGA DE LOS JUSTOS".—Por la misma época un obrero autodidacta, Wilhem Weitling (1808-1871), afiliado en París a la "Liga de los Justos" (agrupación de desterrados alemanes), refugiado más tarde en Suiza, publica diversas obras de ideario comunista y anuncia que la clase obrera liberará a la sociedad. Su principal obra, *Las garantías de la armonía y de la libertad,* publicada en 1842 y claramente inspirada en Fourier, ofrecía menos novedad por su crítica (bastante moralizante) del capitalismo que por su convicción en el futuro establecimiento de la comunidad de bienes, consecuencia inevitable de la miseria de las masas y de su rebelión. Sin embargo Weitling, que nunca tuvo confianza en la acción política, evolucionó cada vez más hacia una religiosidad comparable en cierta medida a la de los discípulos de Lamennais, confiando en un nuevo Mesías para fundar sobre el amor la comunidad de bienes (*El evangelio de un pobre pecador,* 1843). Weitling se apartó progresivamente de los demás socialistas alemanes y, poco a poco, de toda acción revolucionaria. Hasta 1847 su influencia entre los refugiados políticos alemanes de Londres y París contrabalanceó, sin embargo, el influjo blanquista. En esa fecha, Marx y Engels toman la dirección de la antigua "Liga de los Justos", transformada, en el mismo año, en "Liga de los comunistas" (mientras que Weitling, que había roto con sus antiguos compañeros, se expatriaba a Estados Unidos.)

Una corriente en cierta medida comparable con la de Weitling, pero animada por intelectuales procedentes más o menos directamente del neohegelianismo, fue la escuela denominada del "verdadero socialismo". Puede encontrarse su origen en las obras, utópicas y un poco confusas, de uno de los primeros compañeros de Marx y Engels, Moses Hess (1812-1875), uno de los primeros jóvenes hegelianos de izquierda que extrajo del humanismo de Feuerbach conclusiones en favor de la doctrina comunista. El "verdadero" socialismo, cuyo principal representante fue Karl Grün (1813-1887), intentaba buscar un punto de contacto entre la filosofía hegeliana y las doctrinas socialistas francesas (especialmente las de Proudhon). El "verdadero socialismo", aislado casi totalmente de todo movimiento popular real, negando la lucha de clases y absorbido en especulaciones filosóficas, tendía a "pensar" la revolución social, haciendo abstracción de las realidades económicas, sociales y políticas de la Alemania de la época.

C) La economía política y el Estado.—Lo que caracteriza estas primeras tentativas alemanas de contrucción doctrinal socialista o comunista es que no se apoyan ni en un conocimiento real de la existencia concreta de la condición obrera, ni —sobre todo— en un análisis científico de la vida económica.

Ahora bien, el estudio de la economía política, promovido tanto por el desarrollo industrial como por los problemas de comercio exterior suscitados por las uniones aduaneras alemanas, era acometido en Alemania por autores como Friedrich List (1789-1846), proteccionista y, sin embargo, políticamente liberal, y Johann Karl Rodbertus (1805-1875). Este último, bastante cerca del comunismo en sus primeros escritos (entre 1837 y 1842), llegó a ser uno de los dirigentes políticos del Centro izquierda y el campeón de la organización de la economía nacional bajo la estrecha dirección del Estado. A partir de 1843 la "escuela histórica" alemana inicia sus trabajos de economía política; partiendo de una crítica (mediante el método histórico de Savigny y de Gervinius) de los liberales ingleses (Ricardo y Malthus sobre todo), se propone hacer de la economía política una ciencia de lo real, apoyada sobre la estadística y la observación histórica, y no una ciencia deductiva. Esta tarea quedará limitada a Alemania y, después, a Austria. Friedrich Engels se dedicará, desde 1843, por el contrario, al estudio de los economistas ingleses, y Marx seguirá su ejemplo. En contrapartida, Ferdinand Lasalle (1825-1864), aun adhiriéndose al marxismo en 1848, está muy influido por List, Rodbertus y los partidarios del "historicismo".

La cuestión del "pauperismo" suscita, tras la revolución de 1848, diversas tentativas de "solución". Algunos autores, como el economista Schulze-Delitzsche (cf. *supra*), intentan orientar al mundo obrero hacia el cooperativismo, rechazando toda intervención del Estado y toda acción política (incluso no revolucionaria) del proletariado. Otros buscan una vía hacia el "socialismo de Estado" mediante la organización autoritaria de la economía nacional. Por último, a partir de 1860, la escuela denominada (burlonamente) del "socialismo de cátedra", constituida sobre todo por teóricos universitarios, reclama una política social, bajo los auspicios del Estado, para luchar contra el pauperismo. A pesar de sus tímidas actitudes doctrinales, esta escuela creó, en los años 1863-1871, un medio favorable para la acción de Lassalle y sus discípulos, aunque también contribuyó a mantener durante bastante tiempo a los dirigentes lassallistas en una actitud de sumisión y de confianza respecto al Estado prusiano.

D) Ferdinand Lassalle y el movimiento obrero alemán.—Ferdinand Lassalle, joven judío alemán, colmado de dotes, ambicioso e impetuoso, se afilió en 1845 (tenía veinte años) a la "Liga de los Justos", tras una estancia en París. Participó en la revolución alemana de 1848 y fue hecho luego prisionero. En 1849 conoció a Karl Marx, convirtiéndose en discípulo suyo. Después se mantuvo apartado de la lucha política activa hasta 1859. Desde este momento Lassalle, proclamándose siempre "marxista", comenzó a desplegar una intensa actividad, apoyando la emancipación nacional de Italia y tomando partido por la unidad nacional alemana, emprendiendo una campaña contra los "progresistas burgueses" alemanes (tendencia Schulze-Delitzsche) y contra diversos economistas burgueses. Lassalle esperaba aprovechar la negativa de los progresistas a apoyar la reivindicación del sufragio universal, para separar de ellos a los obreros alemanes. En 1863 consiguió fundar un "partido de clase", la Asociación General de los Trabajadores Alemanes. Lassalle, entretanto, había firmado un verdadero pacto con Bismarck. A cambio de la benévola neutralidad de este último, respecto a la propaganda de Lassalle, éste apoyaba la política exterior de Bismarck (asunto de los ducados) * y ayudaba al canciller en su lucha contra los liberales y progresistas. En 1863, tras la brutal disolución del Landtag de mayoría liberal, Lassalle participó en la siguiente campaña electoral, explicando a los obreros alemanes que Bismarck había hecho bien en desenmascarar a los liberales, malos nacionalistas alemanes y enemigos de las reformas sociales realizadas por el Estado.

Desde 1862 Marx y Engels habían roto con Lassalle. Le reprochaban, además de las abusivas deformaciones y simplificaciones a que sometía al marxismo (especialmente en el enunciado de su famosa "ley de bronce de los salarios"), su actividad alborotadora, su nacionalismo imprudente y, sobre todo, su probable colusión con Bismarck [4]. La aportación teórica de Lassalle es prácticamente nimia, enlazando tal vez más con el socialismo de Louis Blanc y de ciertos economistas alemanes (especialmente Rodbertus) que con el marxismo: ley de bronce de los salarios; proletarización de las capas medias; subvenciones del Estado para la multiplicación de cooperativas de producción, que llegarían, gracias a esa ayuda, a sustituir todo el sistema económico capitalista.

La verdadera aportación de Lassalle fue la creación del primer partido socialista obrero de Europa, partido al que organizó de forma muy autocrática. Bajo la dirección del sucesor de Lassalle, J. B. von Schweitzer (1834-1875), este partido fue utilizado frecuentemente por Bismarck en detrimento de los intereses de los trabajadores alemanes. No obstante, sobrevivió hasta 1875, a pesar de la creación en 1869 de un partido rival, el partido social-demócrata alemán (fundado por August Bebel y William Liebknecht, cf. infra), destinado a disfrutar de un mejor futuro. El que la Asociación General de los Trabajadores Alemanes no se adhiriera a la I Internacional, es una muestra bastante característica de sus tendencias nacionalistas y estatistas; fue Marx, refugiado en Londres, quien representó, en 1864, a los trabajadores alemanes en el Comité de la Internacional.

---

* Los ducados de Holstein y Sleswig, anexionados a Prusia en 1864.
[4] La prueba de esta colusión no fue proporcionada hasta 1927, gracias a la publicación de una correspondencia secreta entre Bismarck y Lassalle.

SECCION III

La formación del pensamiento de Karl Marx.

A) 1842-1848: Los años de formación. —,En octubre de 1842 la *Rheinische Zeitung*, periódico cuya dirección asume el joven Karl Marx, es objeto de crítica ipor uno de sus colegas, con ocasión de una serie de artículos de Moses Hess (que profesaba un comunismo basado en la moral altruista derivada de Feuerbach), a causa de sus tendencias comunistas. Marx, respondiendo a esta reconvención, declara que el comunismo permanece en Alemania en el campo de la especulación, y no oculta su falta de interés por esa especulación. Añade incluso: para Alemania, el peligro reside, no tanto en la tentativa de algunos de poner en práctica el comunismo (este peligro podría ser destruido con el cañón), como en la seducción que las "ideas" comunistas ejerzan sobre las almas y las conciencias. Así, pues, Marx, en octubre de 1842, no sólo no es comunista, sino que parece compartir ciertas ilusiones de sus amigos neohegelianos respecto al poder de las ideas. Ahora bien, el mismo Karl Marx redacta, en enero de 1848, el *Manifiesto comunista* para la Liga de los Comunistas, que contribuyó a fundar el año anterior.

Hay que precisar que, entre 1842 y el *Manifiesto*, Karl Marx había escrito ya —y publicado en algún caso— la mayoría de las obras, acabadas o no, que continuen —mucho más que en germen— lo esencial del marxismo. No cabe decir que este primer período corresponde al Marx "filósofo", comenzando sólo a partir de 1848 el período del Marx "revolucionario" y "economista". De un lado, puede hacerse remontar la actividad revolucionaria "práctica" de Karl Marx a febrero de 1846, cuando funda en Bruselas, junto con Engels, un Comité de propaganda comunista. Por otro lado, Marx se sumergió en el estudio de los economistas ingleses desde su primera estancia en París (1844), y de 1844 data también una de sus obras más importantes (a pesar de ser un simple borrador, ipublicado después de su muerte): los *Manuscritos económico-filosóficos;* siendo asimismo de 1847 una obra que muestra ya la amplitud y el dominio de la reflexión y del análisis económico de Marx: *Miseria de la filosofía, respuesta a la filosofía de la miseria de M. Proudhon.*

No es menor el camino recorrido por Marx, durante los años 1842-1848, en el plano de la teoría política, *stricto sensu*. En los artículos que Karl Marx redactó en 1842 para la *Rheinische Zeitung,* si bien es cierto que se dedica a una crítica realista de la política y del derecho de la sociedad alemana, cree todavía que la solución de las desigualdades sociales debe proporcionarla el Estado, y que una reforma del Estado traerá consigo una reforma de la sociedad. Marx, de marzo de 1843 a comienzos de 1844, abandona en dos obras sucesivas *(La crítica de la Filosofía del Derecho de Hegel,* y en su artículo de los *Anales francoalemanes* sobre la "Cuestión judía"), la idea de que el Estado es la esfera constitutiva de la sociedad: el Estado se encuentra determinado por la sociedad y por la relación de producción que la domina (la propiedad privada), remitiendo en consecuencia la pretensión de emancipación política a un previo cambio revolucionario de las relaciones económicas entre los hombres. También desde 1844 (artículo sobre la revuelta de los tejedores de Silesia), y sobre todo a partir de 1845 (cf. *La Sagrada Familia* y las *Tesis sobre Feuerbach*), Marx está convencido de que sólo el proletariado puede realizar una revolución a la vez social y política; en la misma ocasión rechaza, no sólo el reformismo, de Estado, sino también el comunismo utópico apolítico —como el blanquismo—, que sólo intenta golpes de mano contra el aparato del Estado.

Por consiguiente, los años 1842-1848 resultan, en todos los aspectos, decisivos: no sólo para exponer el itinerario intelectual de Marx, sino, sobre todo, para mostrar a partir de qué y cómo se formó el pensamiento marxista.

B) MARX FRENTE AL ESTADO ALEMÁN Y AL RADICALISMO NEOHEGELIANO. Marx pasó al principio por la experiencia de todos los jóvenes liberales y hegelianos de su época en Alemania: confiando en las posibilidades de una política liberal —de la que el Estado prusiano había dado ejemplo entre 1811 y 1820—, luchó en el terreno político (más exactamente, periodístico) contra una política que se había transformado en absolutista. Al igual que sus demás compañeros de lucha, fue reducido a la impotencia. De nuevo en Alemania en el momento de la revolución de 1848 (dirige ahora la *Neue Rheinische Zeitung*) asistirá a la descomposición, casi sin lucha, de la burguesía liberal, en la que había confiado para hacer franquear a la sociedad alemana una etapa decisiva. En 1849 tendrá que emprender de nuevo el camino del exilio.

Se vio obligado a comprobar, al igual que casi todos los jóvenes neohegelianos, que la burguesía alemana, poco numerosa, trabada por estructuras político-sociales aún muy impregnadas de vestigios feudales y dominadas por la burocracia prusiana, carecía de voluntad revolucionaria y no se encontraba objetivamente en situación revolucionaria. En cuanto al proletariado industrial alemán, apenas estaba surgiendo.

Hacia 1843, en la época en la que Marx rompe con Bruno Bauer y el grupo de los "libres", llega a la conclusión de que esos jóvenes filósofos alemanes expresan —y creen compensar— esa impotencia revolucionaria práctica de la sociedad alemana mediante una filosofía que transfiere exclusivamente toda transformación del mundo al plano de la liberación de la conciencia. La filosofía alemana conduce a un modo de existencia alienada: hay que suprimir la filosofía realizándola, es decir, transformando realmente el mundo.

C) MARX Y LAS DOCTRINAS SOCIALISTAS.—Marx se encuentra, primero en París y luego en Bruselas, con los obreros alemanes de la Liga de los Justos. Aunque está ganado ya para su causa, no se adhiere a la Liga. El comunismo de base moral de Weitling no puede satisfacerle, y tampoco las diversas teorías comunistas y socialistas que circulan en Francia e Inglaterra. El comunismo "vulgar" de Weitling, puramente negativo, tan sólo trata de generalizar la propiedad (como, en el fondo, pretende la doctrina de Proudhon), y, por tanto, generalizar la alienación; y esto no puede satisfacer al humanismo marxista, que exige el fin de todas las alienaciones. Esas sectas son impotentes para transformar la condición del proletariado, e incluso para hacerle tomar conciencia de su situación real, a menos que hagan derivar sus fuerzas hacia una actividad clandestina y hacia golpes de mano irreflexivos.

D) Marx y el materialismo de Feuerbach.—Entre 1841 y 1844, cuando Marx emprendía la tarea de invertir el universo de conceptos de la filosofía hegeliana, acogió con muchas esperanzas la síntesis entre la idea y la realidad concreta del hombre, intentada por Feuerbach. Este, realizando una crítica radical de la filosofía especulativa en la que denunciaba una actitud teológica, reintegraba el espíritu a la naturaleza humana concreta y mostraba cómo el progreso no estaba determinado por el desenvolvimiento de la idea objetiva o por un hecho de conciencia, sino por el desarrollo de las condiciones generales de toda la especie humana en su vida natural. Sin embargo, Marx hubo de comprobar que Feuerbach se quedaba en la denuncia de la alineación religiosa, a la que substituía con una especie de religión de la humanidad; ahora bien, esta humanidad, aun liberada de la ilusión religiosa, continuaba siendo en Feuerbach una esencia, un sujeto colectivo exterior al mundo objetivo; no pareciendo imaginar Feuerbach ni que el hombre concreto pueda estar determinado por ese mundo, ni que pueda actuar prácticamente para transformarlo.

E) Las etapas. — Resumamos las sucesivas etapas: en 1844 Marx abandona cualquier ilusión sobre el reformismo de Estado (artículo sobre los tejedores de Silesia) y procede a una decisiva crítica de la filosofía del Derecho, de Hegel.

En 1845, en sus Tesis sobre Feuerbach, formula los principios del materialismo histórico y en la undécima tesis señala como misión de la filosofía el convertirse en el alma de la praxis revolucionaria ("Los filósofos no han hecho más que interpretar de diversos modos el mundo, pero de lo que se trata es de transformarlo"). En el mismo año La Sagrada Familia (obra en la que Engels colabora en algunos capítulos) señala la completa ruptura con la "filosofía crítica" de los Bruno Bauer y consortes.

En 1846 Marx y Engels, en La ideología alemana, fijan definitivamente sus posiciones, tanto con respecto al movimiento de los jóvenes hegelianos (especialmente con respecto a Max Stirner) como en relación con Feuerbach.

En 1847 Miseria de la filosofía constituye, además de la refutación de Proudhon, el rechazo de todo socialismo no científico. Por lo demás, la tercera parte del Manifiesto comunista está dedicada por entero a una crítica de las doctrinas socialistas y comunistas.

Con posterioridad a 1850 la vida y la obra de Karl Marx (y de Federico Engels) serán totalmente absorbidas por las exigencias teóricas y prácticas del movimiento revolucionario proletario. Además de la elaboración de su obra maestra, El capital (de la que sólo aparecerá viviendo Marx el libro primero, en 1867), las principales etapas son las siguientes:

1) A partir de la disolución de la Liga de los Comunistas (1852) Marx permanece fuera de toda organización secreta revolucionaria.

2) A partir de 1862, año de la ruptura con Lasalle, comienza la incansable lucha contra el socialismo nacionalista y estatista de los "lassallianos" y contra la influencia de aquéllos en el seno del partido social-demócrata alemán.

3) A partir de 1864 —año en el que Marx contribuye a fundar la Primera Internacional— comienza la lucha en el seno de esta organización contra las influencias proudhonianas (1866-1869, aproximadamente) y, sobre todo, contra la influencia de Bakunin (1869-1873, aproximadamente).

4) A partir de 1874, poco más o menos, Marx y —todavía más— Engels han de responder a las primeras tentativas de los marxistas "revisionistas" (como Karl Eugen Dühring, 1833-1921), que, con motivo de los nuevos descubrimientos en las ciencias de la naturaleza y en nombre de un "positivismo radical", pretendían, a la vez, "superar" el marxismo y, todavía más, eliminar el imperativo de la *praxis* revolucionaria, negando el movimiento dialéctico. Engels escribió en 1877 su obra *Anti-Dühring* (o *M. Dühring revoluciona la ciencia*, colaborando Marx en un capítulo) para detener la seducción que este "neomarxismo" ejercía sobre ciertos medios de la social-democracia alemana.

BIBLIOGRAFIA

A causa del gran número de autores y movimientos estudiados en este capítulo nos limitaremos a obras en lengua francesa.

I. De la joven Alemania.

Joseph Dresch, *Gutzkow et la Jeune Allemagne*, H. G. Bellais, P. U. F., 1904, x-483 páginas. Del mismo autor: *Heine à Paris (1813-1856), d'après sa correspondance et le tegmoignage de ses contemporaines*, Didier, 1956, 179 págs. Edmond Vermeil, *Henri Heine, ses vues sur l'Allemagne et les révolutions européennes*, Editions sociales internationales, 1939, 283 págs. ("Socialisme et culture"). Víctor Basch, *L'individualisme anarchiste: Max Stirner*, Alcan, 2.ª ed., 1928, viii-294 págs. Henri Arvon, *Aux sources de l'existentialisme. Max Stirner*, P. U. F., 1954, 188 págs. Auguste Cornu, *La jeunesse de Karl Marx (1817-1845)*, Alcan, 1934, 423 págs. Del mismo autor, *Moses Hess et la Gauche hégélienne*, Alcan, 1934, 124 págs. Estas dos obras son utilísimas. Bernard Grofthuysen, "Les jeunes hégéliens et les origines du socialisme contemporain en Allemagne", *Revue philosophique*, mayo-junio de 1923, págs. 379-402. A. Lévy, *La philosophie de Feuerbach*, Alcan, 1904, xxviii-545 págs. Henri Arvon *Ludwig Feuerbach ou la transformation du sacré*, P. U. F., 1957, 188 págs. Los *Manifestes philosophiques de Feuerbach* han sido publicados por Louis Althusser, P. U. F., 1960, 240 págs.

II. Las ideas socialistas y comunistas en Alemania.

Charles Andler, *Les origines du socialisme d'Etat en Allemagne*, Alcan, 2.ª ed., 1911, vii-505 págs. F. Caille, *W. Weitling, théoricien du socialisme*, Giard & Brière, 1905, 100 págs.
Sobre Lassalle y sus discípulos véase: G. D. H. Cole, *A History of Socialist Thought*, volumen II, caps. V y X. [Hay versión española: *Historia del pensamiento socialista.— II. Marxismo y anarquismo (1850-1890)*, trad. de Rubén Landa, Méjico, F. C. E., 1958, 437 págs.].

III. La formación del pensamiento de Karl Marx.

La bibliografía de esta sección ha sido reagrupada con la bibliografía general relativa al marxismo. Véase el capítulo siguiente.

BIBLIOGRAFIA EN CASTELLANO

De la joven Alemania.

HEINE, *Cuadros de viaje*, trad. de Manuel Pedroso, Manuel García Morente y Pérez Bances, 7 vols., Madrid, Espasa-Calpe, Colección Universal; *Memorias*, trad. de Manuel Pedroso, Madrid, Espasa-Calpe, Colección Universal; *Páginas escogidas*, versión de E. Díez Canedo, Madrid, Calleja, 1918; *Lo que pasa en Francia* (1831-1837), Madrid, Revista de Occidente, 1935; *Los dioses en el destierro*, Valencia, Sempere; *De la Alemania*, Valencia, Sempere; *Pensamientos*, selección y traducción de A. Hernández Catá, Madrid, Ateneo, 1926.

De la izquierda hegeliana.

FEUERBACH, *La esencia del cristianismo*, Buenos Aires, Claridad, 320 págs .
STRAUS, *Nueva vida de Jesús*, Valencia, 1905; *Estudios literarios y religiosos*, Valencia, Sempere, 272 págs. *La antigua y la nueva fe*, Valencia, Sempere.
MAX STIRNER, *El único y su propiedad*, Madrid, La España Moderna; Valencia, Sempere.

Las ideas socialistas y comunistas en Alemania.

Una traducción parcial de la obra de Lorenz VON STEIN: *Movimientos sociales y monarquía*, prólogo de Luis Díez del Corral, traducción de Enrique Tierno Galván, Madrid, Instituto de Estudios Políticos, 1957, LXXIII-502 págs.

CAPITULO XIV

El Marxismo

SECCION PRIMERA

El lugar de la política en el pensamiento de Karl Marx.

A) DIFICULTADES.—No es fácil exponer el pensamiento político de Karl Marx. Y más difícil aún es intentar aislar (como estamos obligados a hacer aquí) ese aspecto de su pensamiento del conjunto de la doctrina marxista.

Aunque Marx comprendió perfectamente desde sus primeros escritos la importancia del hecho político, existen en su extensa obra (y en la de Engels) muy pocos textos "políticos". La mayoría de ellos, frecuentemente aforísticos, son muy breves y consisten principalmente en críticas fragmentarias de doctrinas políticas a las que Marx se opone o de situaciones políticas que Marx analiza [1]. Se han encontrado, todo lo más, esbozos del plan que atestiguan que Marx tuvo en algún tiempo el proyecto de escribir una obra (o varias obras [2]) que habrían tratado de manera completa y sistemática de los problemas políticos [2]. Esta es la primera dificultad.

Sin embargo, algunos textos de Marx y de Engels dan pruebas de su seguridad en el conocimiento y análisis de los hechos políticos, tanto de los pasados como de los contemporáneos (véanse especialmente *El 18 Brumario de Luis Bonaparte*, de Karl Marx, y la *Crítica del programa de Erfurt*, de Engels). A pesar de todo, el lector tiene muchas veces la impresión de que la comprensión de la política y del Estado por ambos autores está "detenida" y "desviada" por dos pantallas: por un lado, el recuerdo (siempre presente en su espíritu) de la realidad del Estado prusiano burocrático y opresor de los años 1820-1847, y, por otro, una representación del Estado (que se deduce de la filosofía de Hegel) que pretende hacerse pasar por la realidad del Estado. De aquí deriva el carácter casi exclusivamente crítico del pensamiento de Marx y Engels respecto a la política y sus manifestaciones.

En la obra de Marx y Engels la reflexión acerca de la política parece oscilar siempre entre dos términos: por un lado, a guisa de prolegómenos, una crítica previa de la inautenticidad (lo que permitiría esperar una "autenticidad" posible); por otro, tras un largo rodeo durante el cual es suspendida aparentemente toda reflexión política, un "más allá" del universo político (tras una repentina y breve aparición del instrumento "Estado" para pasar de la victoria insurreccional del proletariado a la sociedad comunista..., de la que solamente se sabe que no necesitará ya del Estado de la antigua sociedad). Entre estos dos términos parece faltar una cosa: un análisis metódico de las funciones concretas de los Estados, de su desarrollo histórico, de las diferencias que separan a unos regímenes políticos de otros. No es sorprendente que los textos de juventud comporten sólo breves

---

[1] Estos textos tienen muchas veces un tono agresivo: cf. especialmente, de MARX, *Notas sobre el Estado y la Anarquía de Bakunin;* y de ENGELS el último capítulo de su *Anti-Dühring*.

[2] V. en RUBEL, *Karl Marx, Essai de biographie intellectuelle*, pág. 164.

alusiones, por lo demás contradictorias, sobre la democracia liberal, dado que ni la Francia de Luis Felipe ni la Inglaterra de lord Melbourne y Palmerston (cuya inmensa superioridad sobre Alemania reconocían Marx y Engels) invalidaban el carácter de instrumento de la dominación burguesa atribuido por ambos al Estado de la sociedad capitalista. Pero resulta algo más sorprendente que ni Marx (muerto en 1883) ni Engels (muerto en 1895) se interesaran por analizar las transformaciones políticas (e incluso sociales) acaecidas bajo el régimen de la III República en Francia, o en Gran Bretaña durante la segunda mitad del reinado de la reina Victoria, o en Estados Unidos después de Lincoln [3]. Es todavía más notable esta carencia si se tiene en cuenta, tanto el apasionado interés que dedicaron a la Comuna de París (1871) —como acontecimiento insurreccional y como "modelo" de transformación del Estado—, como el hecho de que uno y otro, lejos de abandonar la observación de la realidad política en provecho de las teorías económicas o de la organización del movimiento revolucionario, siguieron siempre muy de cerca todos los acontecimientos políticos de su tiempo.

B) MÉTODO DE EXPOSICIÓN.—Para concebir una doctrina política es necesario reconocer una realidad a los hechos políticos, hay que reconocer —explícita o implícitamente— que la Historia tiene tales hechos (entre otros) como trama.

Ahora bien, Marx proclama: "La historia de todas las sociedades que han existido hasta nuestros días es la historia de la lucha de clases"; la Historia no está constituida por hechos políticos. Cualquier "vida política" es una ilusión. Es cierto que hubo y hay Estados. Pero ninguno de ellos es lo que parece ser y lo que pretende ser; es otra cosa, una cristalización puramente fenoménica de la dominación de una clase. En consecuencia, la teoría política sólo puede consistir en la crítica de esa apariencia y en la iluminación de lo que realmente es. Por esta razón la "teoría política" no trata del Estado visible, sino de esa "otra cosa" que realmente es.

Reconstruyamos el camino de la reflexión de Marx y sigamos su itinerario intelectual:
— Marx, impregnado de filosofía hegeliana, piensa y actúa en política criticando la sociedad política actual. No consigue obtener un resultado práctico;
— retorno a la filosofía hegeliana del Estado, que pretendía consagrar la racionalidad y la realidad del Estado. Marx, tras haberla puesto a prueba prácticamente, demuestra que esta filosofía del Estado es tan sólo una filosofía. Realiza aquí la crítica de la filosofía, no la crítica del Estado (a no ser de manera incidental, para mostrar las discordancias);
— la filosofía de Hegel presentaba al Estado como la conciliación de la sociedad de los intereses particulares con el interés general. Ahora bien, Marx confronta esta pretensión de "reconciliación" con la realidad que tiene ante su mirada. ¿Con qué nos encontramos? Con la crítica de una teoría política y con una sociología crítica de la realidad subyacente a la vida política.

Hasta aquí la reflexión y la experiencia de Marx sobre el "fenómeno" político y sobre la "ideología" política son puramente negativos y críticos. La "ilusión" de la política remite a algo diferente.

Desde aquí Marx procederá mediante reducciones regresivas. La alienación religiosa y la alienación filosófica —ante las que Marx se había detenido primero— remitirán a la alienación política. Y ésta, ¿a qué remite? Para encontrar la alienación fundamental —y, sobre todo, la causa de todas las alienaciones— Marx emprenderá una inmensa ascensión a través de la historia del hombre hasta su génesis. Emprende el "relato" de esta génesis, haciendo abstracción por entero de cualquier a priori anterior a la experiencia humana más simple. Rechaza en especial que el modo de existencia político sea constitutivo de la existencia humana. Toda la historia del hombre será trazada a partir de los actos mediante los que el hombre conserva su vida, crea objetos, entra en relaciones con otro hombre, forma su experiencia y su conciencia. Esto constituye una antropología: la historia política de la especie humana es absorbida y reabsorbida totalmente en ella.

Al final de esta antropología está el hombre total, en el que el individuo y la especie humana se encuentran totalmente identificados. En consecuencia, no hay ya política. El sujeto de una "doctrina política" (un hombre que se opone al grupo) ha desaparecido.

Sin embargo, ni la filosofía ni la antropología son para Marx una contemplación del

---

[3]   Véase, sin embargo, la *Crítica del programa de Erfurt*, de ENGELS (este texto será examinado más adelante).

mundo. Es necesario realizar el estadio terminal de la antropología. Por eso Marx analiza, brusca y rápidamente, los medios de la última revolución, es decir, la última política, que hará acceder al reino en el que la ilusión política habrá desaparecido. Este análisis de la dictadura del proletario —durante cuyo breve período el proletariado es "clase dominante" para suprimir cualquier dominación—, es el único momento en el que Marx examina una forma política por sí misma y no sólo desde un punto de vista crítico.

Esta marcha de la reflexión marxista dicta la única forma correcta de exponer, sin mutilarlo y sin hacerlo incomprensible, el pensamiento de Marx sobre la política.

SECCION II

Crítica de la política.

No es necesario volver sobre la experiencia política del joven Marx como periodista político y como joven liberal neohegeliano (cf. capítulo precedente) .Especialmente en sus artículos de la *Rheinische Zeitung* Marx saca a la luz la inutilidad de los debates políticos de la Dieta renana, dominada por los grandes propietarios agrarios; en el caso concreto de una ley votada por la Dieta que agravaba la represión contra los ladrones de leña comprueba que esa ley no era la expresión del interés general, sino de los intereses particulares que dominaban la Dieta.

1. Crítica de la "filosofía" del Estado.—Existe una contradicción en el sistema político de Hegel. Por una parte, describe muy lúcidamente para su tiempo el mundo económico real (sociedad civil), las luchas de intereses y los progresos de la burguesía. Por otro lado, afirma que el Estado, aun siendo exterior a estas esferas de lo privado, es inmanente a ellas; que las realiza y que ellas reconocen en él su sentido íntimo. Por último, su sistema constitucional positivo, muy conservador, concentra finalmente toda la voluntad política en manos del "soberano" monárquico y de una burocracia de funcionarios: voluntad que, lejos de ser inmanente a la sociedad civil, es plenamente exterior a ella.

Marx observa que Hegel no escapa a esta contradicción más que a través de su postulado idealista: las relaciones de la sociedad civil (reales para Marx) son para Hegel puramente fenoménicas, objetivaciones momentáneas del Espíritu. Dado que el Estado es lo que permite al Espíritu "recuperarse" tras su objetivación en el fenómeno de la sociedad civil, aquél es, a la vez, la realidad y la racionalidad de ésta. De esta forma el mundo real ha llegado a ser el mundo ideal, único real. El Estado es la esfera de la conciliación y de la universalidad.

La ironía de Marx se desencadena contra esta fantasmagoría. Hegel ha colocado el concepto de "familia", el concepto de "grupos sociales", etc., en el lugar de la familia, de los grupos sociales y de la sociedad civil. Pero esto no impide que tales realidades sigan existiendo. Y, en consecuencia, que las contradicciones de la sociedad civil continúen dándose.

¿Supera, al menos, la vida política del ciudadano dentro del Estado esas contradicciones? Antes de demostrar que esto no ocurre realmente, Marx observa que, aunque así ocurriera, las contradicciones no serían resueltas en el nivel en que existen, sino en el seno de una esfera exterior, en la que los agentes no son ya padres de familia, trabajadores o propietarios, sino ciudadanos. En consecuencia, las contradicciones son transferidas a una contradicción global: la del hombre privado y la del ciudadano. Para Marx esta separación es el vicio radical de toda existencia política.

El Estado no puede ser lo que pretende ser (lo que Hegel pretende que es); su existencia como realidad exterior a las relaciones sociales reales se lo prohíbe.

Hegel asegura que la esencia del Estado consiste en su soberanía y hace descansar empíricamente esa soberanía en la persona de un hombre: resulta fácil demostrar que este hombre real es exterior al pueblo real. Pero —añade Marx al final de su estudio—, aunque el Estado fuera democrático, la situación no se modificaría fundamentalmente.

En efecto, la soberanía supone que existe un poder y un arbitraje que ejercer, y, en consecuencia, contradicciones y conflictos. Ahora bien, ese poder no puede confiarse a cada cual individualmente. Se confía a una persona o a un órgano que es exterior a las partes o que se tiene por tal. Para que existiera una verdadera democracia habrían de darse dos condiciones: 1) Que el soberano no fuera abstracto, que coincidiera realmente con toda la sociedad real (lo que sería el fin del Estado); 2) Que ese soberano no fuera un ser empírico particular (monarca o asamblea). Pero en tanto que la particularidad caracterice las relaciones sociales reales y la lucha exista, la soberanía del Estado es siempre particular, no siendo el Estado la esfera universal que pretende ser. Está afectado por una doble particularidad que le hace extraño:

— la particularidad del grupo social que lo domina frente a los demás grupos;
— la particularidad que le hace exterior a la vida social real en su pretensión de conciliación.

Por esta razón "la república política es la democracia en el interior de la forma abstracta del Estado" (Críticas fil. der. de Hegel). La república democrática burguesa es, ciertamente, un progreso en tanto que, al confiar la soberanía a las asambleas representativas en que se enfrentan partidos, reconoce, en cierta medida, los antagonismos de la sociedad civil. Pero pretende que esos antagonismos sean resueltos y conciliados por los ciudadanos (ideológicamente diferentes a los hombres concretos) en otro mundo, el del Estado.

Se vuelve así al postulado idealista de Hegel: el Estado integra y constituye la sociedad civil. Ahora bien, dice Marx, "solamente la *superstición política* puede imaginar todavía en nuestros días que la vida burguesa debe ser mantenida en cohesión por el Estado, cuando en la realidad ocurre al revés, que es el Estado quien se halla mantenido en cohesión por la vida burguesa" (*La Sagrada Familia*, trad. cast. Roces, pág. 187).

2. **Crítica de las reformas del Estado.**—A) EL ESTADO LIBERADO DE LA RELIGIÓN.— Marx se detiene poco en las tesis según las cuales la emancipación política de los hombres será obtenida por la supresión, dentro del Estado, de todos los privilegios políticos en provecho de cualquier religión. Marx se enfrenta especialmente con Bruno Bauer, que había expuesto esta tesis en su obra sobre la *Cuestión judía*. Marx indica, en primer lugar, que el Estado irreligioso no hace sino separar un Estado profano y una religión "privada" (rechazada fuera del Estado). Por consiguiente, el laicismo del Estado no suprime la religión, sino que, por el contrario, le confiere su plena autonomía, al igual que se la confiere al Estado. La vida religiosa "privada" es el signo de la separación

en dos partes de la existencia humana. Por otra parte, añade Marx, el ciudadano, súbdito de un Estado que se considera como universal por el hecho de haberse desembarazado del particularismo de una religión, no se entrega por entero a ese Estado, ya que deduce de éste su ser religioso. La democracia política "laica" continúa siendo, pues, esencialmente religiosa, en cuanto que el hombre, dentro de ella, concibe su verdadera vida como más allá de su propia individualidad.

La esencia de la religión y el índice de toda alienación es, precisamente, esa proyección por el hombre de su totalidad final (de su ser genérico) en "otra cosa" o en un "más allá".

En consecuencia, es necesario suprimir la religión. No obstante, Marx procediendo siempre por regresiones sucesivas, remite para más adelante la supresión de la alienación religiosa. Es necesario transformar primero la contradicción existente entre el Estado y sus súbditos, entre el ciudadano y el hombre privado.

En resumen, cuando el Estado se libera de la religión, la conciencia religiosa de los individuos es libre para creer o para no creer. El Estado es libre, pero el hombre no alcanza su emancipación.

B) Crítica de la inteligencia política.—A propósito de una revuelta de tejedores en Silesia y de una ordenanza dictada por Federico-Guillermo IV, en la que el soberano parecía "prescribir" la solución de las miserias sociales mediante la buena voluntad de la Administración y de la caridad cristiana de los poseedores, Arnold Ruge intentó demostrar, en un artículo del *Vorwärts,* que en Alemania no era posible una revolución social, ya que la nación alemana carecía del "espíritu político" que caracterizaba a Inglaterra. Según Ruge, el mal radica en una determinada forma de Estado, en una determinada concepción política, en la ausencia de unos determinados partidos políticos, etc.

Marx publicó, en el mismo periódico, una réplica. Los liberales ingleses, a pesar de su "espíritu político", no pueden encontrar para luchar contra el pauperismo otro remedio que la creación de las terribles *workhouses.* La Convención francesa, en 1793, creyó poder luchar contra la miseria y el hambre mediante algunos decretos, lo que no impidió que el hambriento pueblo muriera de hambre.

¿Por qué? Porque el principio mismo del Estado supone contradicciones, siendo su objetivo (sedicente) conciliarlas. "El Estado es la institución de la sociedad civil" y es inseparable de ella. Por consiguiente, los aparentes "fracasos" del Estado liberal democrático no se deben a causas accidentales o exteriores a él o al sistema económico del que es producto (mala voluntad de los funcionarios, fechorías de los traidores o de los sospechosos, falta de caridad, leyes naturales, etc.). Los males del Estado antiguo son los del sistema social de la esclavitud; los males y los fracasos de la democracia política son los de la sociedad burguesa. La existencia del Estado y la existencia de la esclavitud son inseparables.

En cuanto a la inteligencia política, consiste, según Marx, en esa radical impotencia para comprender las causas primeras generales de los "males" políticos. Cuanto más se desarrolla el espíritu político, más piensa dentro de los límites de la política y más estrecho resulta. Así, Robespierre ve en las taras sociales la fuente de los males políticos y un obstáculo para una democracia pura; no viendo, por consiguiente, otra solución que basar la democracia política sobre una frugalidad espartana. "El principio de la política es la voluntad. Cuanto más limitado es el espíritu político más perfecto es, y más cree en la omnipotencia de la voluntad, y más ciego se muestra respecto a los límites naturales y morales de la voluntad, y, por consiguiente, más incapaz para descubrir la fuente de las taras sociales" *(Notas marginales)*.

En consecuencia, toda solución política es una solución parcial. Una revolución "política" es una revolución realizada por una clase que proyecta en el nuevo Estado su situación particular y le confiere la misión de liberar a la sociedad entera, arbitrando los conflictos que provienen de su dominación. "Esta clase libera a toda la sociedad, pero sólo bajo el supuesto de que toda la sociedad se halle en la situación de esta clase, es decir, de que posea, por ejemplo, el dinero o la cultura, o pueda adquirirlas a su antojo" [trad. Roces] *(En torno a la Crítica de la filosofía del Derecho, de Hegel)*.

Esto no significa que Marx no reconozca el progreso "revolucionario" que la democracia política burguesa aporta (en la revolución alemana de 1848 defenderá, con pleno conocimiento de causa, una revolución "política" burguesa). Esta revolución tiene el mérito de instalar en el Poder a una clase que activa el progreso de las fuerzas materiales. Unifica el derecho y la sociedad, organiza el enfrentamiento de las fuerzas sociales, da al proletariado los medios políticos y jurídicos para desenvolverse y para constituirse como clase. Pero estos méritos no son méritos intrínsecos: son tan sólo los factores tácticos de la lucha de clases, que es la única lucha verdadera.

Marx no variará nunca de opinión sobre el carácter ilusorio de toda forma política. Aunque en su *Crítica del programa de Gotha* (1875) reconoce que "el Estado actual" es una realidad diferente en Alemania, en Suiza o en Estados Unidos, también insiste en que posee, en todas partes, un carácter esencial común: "todos ellos se asientan sobre las bases de la moderna sociedad burguesa, aunque ésta se halle en unos sitios más desarrollada que en otros, en sentido capitalista" *(ibíd.)*. Esta es la única diferencia entre los Estados democráticos y los Estados menos democráticos del mundo moderno [4].

Y si ahí radica la única diferencia, el Estado no tiene dentro de sí sus propios fundamentos. Precisamente la equivocación que Marx descubre, en 1875, en el programa del partido social-demócrata alemán, es que, "en vez de tomar a la sociedad existente (y lo mismo podemos decir de cualquier sociedad en el futuro) como *base* del Estado existente (o del futuro, para una sociedad futura), considera más bien al Estado como un ser independiente, con sus propios *fundamentos espirituales, morales y liberales*" *(Crítica del programa de Gotha)*.

3. **Crítica del socialismo de Estado.**—Ni Marx ni Engels desarrollaron en parte alguna una crítica metódica del socialismo de Estado. Su absoluta oposición a todo sistema de socialización de los medios de producción por parte del Estado —por un Estado que no sea el Estado de los

---

[4] Marx admite que existen a veces situaciones mixtas y temporalmente ambiguas. En *El 18 Brumario de Luis Bonaparte* (1852) analiza el crecimiento del Poder ejecutivo en Francia, desde la centralización capetiana hasta el fin de la monarquía de julio, y declara que primero fue el instrumento que permitió a la burguesía preparar su emancipación, y, después el instrumento de su dominación. Añade que, con el príncipe-presidente, el Poder ejecutivo parece haberse vuelto independiente de toda clase, ya que puede ser confiado a un simple aventurero; pero, en realidad, dice Marx, ese Poder expresa, en ese momento, la reivindicación de una clase (no dominante, pero importante), los campesinos parcelarios.

proletarios y que no prepare la abolición del propio Estado—, no es, sin embargo, dudosa.

Esta condena aparecía ya en la réplica de Marx a Ruge en 1845.

El desprecio que Marx mostraba respecto al socialismo estatista de Louis Blanc se manifiesta en su estudio de la revolución francesa de 1848 (*Las luchas de clases en Francia*, 1850). Denuncia la ingenuidad consistente en creer posible la abolición del sistema de salarios o, incluso, más simplemente, la transformación de la condición obrera mediante la constitución de un "Ministerio de Trabajo" en el Gobierno provisional. "¡Organización del trabajo! Pero el trabajo asalariado es ya la organización existente, la organización burguesa del trabajo."

La oposición de Marx y Engels a Ferdinand Lassalle y a la Asociación General de Trabajadores Alemanes no descansa tan sólo en su oposición al nacionalismo de los lassallianos, sino también en los artículos del programa de Lassalle que pedían la ayuda política y financiera del Estado para favorecer las cooperativas de producción obreras. Cuando esta reivindicación reaparece, en 1875, en el programa del partido social-demócrata alemán, Marx se subleva: "¡Esta fantasía de que con empréstitos del Estado se puede construir una sociedad como se construye un nuevo ferrocarril es digna de Lassalle!". El hecho de que ese Estado, cuya ayuda se requiere, estuviera bajo el control del "pueblo trabajador" no cambiaría nada la situación, ya que ese pueblo, "por el mero hecho de plantear esas reivindicaciones al Estado, exterioriza su plena conciencia de que ¡no está en el Poder ni se halla maduro para el Poder!" (*Crítica del programa de Gotha*). Otra cosa sería si el proletariado hubiera llegado a convertirse en el dueño total del aparato estatal, y no en la forma de una democracia "vulgar", sino en la forma de una dictadura absoluta. E, incluso en este caso, el "socialismo de Estado" no sería un "fin", sino el instrumento transitorio para el paso al comunismo.

En el *Anti-Dühring* (tercera parte, capítulo II) Engels precisa el alcance de las medidas de estatalización de las fuerzas productivas. Cuando estas fuerzas —dice Engels— hayan alcanzado un desarrollo tal que la propiedad privada no baste ya para explotarlas ni sean suficientes las sociedades por acciones, entonces "el representante oficial de la sociedad capitalista, el Estado, con *trusts* o sin *trusts*, tiene que hacerse cargo de su dirección". Si esta estatalización está motivada por necesidades económicas reales, constituye un progreso económico que desempeña un papel objetivamente revolucionario. Ciertamente, no ha de creerse "que las fuerzas productivas pierden su condición de capital al convertirse en sociedades anónimas o en propiedad del Estado... Por su parte, el Estado moderno no es tampoco más que una organización de que se rodea la sociedad burguesa para defender las condiciones materiales del régimen capitalista de producción contra los ataques, así de los obreros como de los capitalistas. El Estado moderno, cualquiera que sea su forma, es una máquina esencialmente capitalista, es el Estado de los capitalistas, el capitalismo colectivo ideal. Y cuantas más fuerzas productivas asuma... más se convertirá en capitalista colectivo real, mayor será el número de súbditos suyos a quienes explote". Pero "el capitalismo, al llegar a la cúspide, hace crisis y se trueca en lo contrario de lo que es". Por esto, "la propiedad del Estado sobre las fuerzas productivas, aun no siendo, como es, la solución del conflicto, alberga ya en su seno el medio formal, el resorte para llegar a la solución. El propio capitalismo indica al proletariado el "camino a seguir"; el proletariado no tendrá luego más que "tomar el Poder" [versión Roces, págs. 305-306].

4. Crítica de las utopías apolíticas y del anarquismo.—Marx y Engels demostraron siempre un cierto respeto (aun combatiéndolas) por las "utopías" comunistas de Owen, de Fourier e incluso del joven Weitling [5]. Siempre tuvieron interés en mostrar, en las ingenuidades de esas doctrinas, la consecuencia del hecho de que las causas económicas de los profundos cambios revolucionarios del siglo XIX no podían todavía hacérseles patentes. En contrapartida, se congratularon de que hubieran comprendido que la propiedad privada corrompe radicalmente, y de arriba abajo, toda la organización social y política, hasta en sus superestructuras jurídicas, morales, religiosas e ideológicas; así como que el proletariado, que soporta una injusticia absoluta, nada tiene que esperar de ella.

En cambio, Marx y Engels dirigen tres reproches a estos sistemas.

— conciben al comunismo como una anulación del individuo ante la sociedad o el grupo; ahora bien, esa exteriorización de un "ser social" respecto a la persona es la raíz de las alienaciones y de los sufrimientos;
— substituyen la propiedad privada de algunos privilegiados por la posesión de todo por todos, no haciendo así más que generalizar el vicio fundamental de la propiedad: la dominación sobre el hombre de la categoría del "tener". Esto son antihumanismos. Además, no pueden sino conducir a una visión reductora: todo lo que no es susceptible de posesión en común (cultura, talento, amor personal) se suprime, produciéndose, en consecuencia, la comunidad de mujeres, la unión libre, la frugalidad, etc.;
— "quieren" la abolición del Estado "de la noche a la mañana" (Engels, *Anti-Dhüring*), sin comprender que el comunismo no se realizará por la supresión del Estado, sino que, por el contrario, el comunismo tendrá como consecuencia la desaparición progresiva del Estado.

Este último reproche es el que Marx y Engels no cesarán de dirigir a Bakunin y a todos los anarquistas. Bakunin "es una nulidad como teórico" (Marx, *Carta a Bolte*, 1871). Según Engels, "Bakunin sostiene que es el Estado el que ha creado el capital, que el capitalista tiene su capital únicamente por favor del Estado" *(Carta a T. F. Cuno,* 1872). "En consecuencia, puesto que el Estado es el mal fundamental, con lo que sobre todo hay que terminar es con el Estado, y después el capitalismo se irá por sí solo al infierno" *(ibíd.).* Para Marx y Engels esto es un grosero error de análisis y una pura y simple "inversión" del "espíritu político" de los demócratas: en ambos casos el Estado es considerado como realidad constituyente de la sociedad económica.

Pero este error teórico acarrea gravísimas consecuencias prácticas. En efecto, dado que el Estado es, para los anarquistas, el mal del que derivan los demás males, la política (la acción *no insurreccional* para provocar cambios políticos en la sociedad actual) es otro mal del que hay que precaverse. "Lo que debe hacerse es propaganda, insultar al Estado, organizar, y, una vez que todos los obreros hayan sido ganados, es decir, una vez que se

---

[5] Cf. *Anti-Dühring*, tercera parte, cap. I.

tenga la mayoría, deponer las autoridades, abolir el Estado y reemplazarlo por la Organización de la Internacional. Este gran acto con el que comienza el milenio se llama liquidación social" (Engels, *ibíd.*).

Esto equivale a olvidar que el Estado actual puede y debe ser utilizado para llevar a cabo las transformaciones económicas que realizarán plenamente el capitalismo hasta sus últimas contradicciones (véase más adelante, página 501).

A los ojos de Marx y Engels el anarquismo es un puro voluntarismo no científico, que no comprende ni el proceso dialéctico de la Historia ni que la revolución no es un simple pensamiento de la revolución, sino una *praxis* [6].

El choque entre Bakunin y Marx en el seno de la Primera Internacional refleja exactamente esta oposición teórica y práctica (cf. más adelante, sección IV).

5. Crítica del nacionalismo.—La crítica del nacionalismo no ocupa mucho espacio en la obra teórica de Marx y Engels. El nacionalismo es clasificado simplemente entre las "ideologías", es decir, entre las representaciones que se elevan sobre la base de las condiciones materiales del mundo, pero que el hombre toma como un dato real de su ser y erige en valores.

Ahora bien, aunque la división en naciones se expresa en diferencias reales entre los hombres, es sólo la consecuencia de la provisional limitación (que, en conjunto, se atenúa) del espacio geográfico de las comunicaciones de los hombres y de sus productos. La clase que posee, dentro de los límites geográficos de una "nación", las fuerzas productivas de ese espacio, posee también esa nación; objetiva ese "bien" y "tiene" una patria. "Los obreros no tienen patria" *(Manifiesto del partido comunista)*.

Por lo demás, "el aislamiento nacional y los antagonismos entre los pueblos desaparecen de día en día con el desarrollo de la burguesía, la libertad de comercio y el mercado mundial, con la uniformidad de la producción industrial y las condiciones de existencia que les corresponde" *(ibíd.)*.

Tanto los conflictos entre Estados nacionales como las luchas políticas internas son manifestaciones de las revoluciones que sacuden al capitalismo. Pueden ser la ocasión para acelerar el proceso que conducirá a la burguesía al paroxismo de su dominación. En cualquier caso, el marco político nacional es el marco natural en el que se desarrolla la lucha de clases inmediata, de la que la "nación" no es el contenido, sino la forma (cf. *Manifiesto comunista*, y K. Marx, *Crítica del programa de Gotha*).

Marx, crítico del "nacionalismo" y del "derecho de los pueblos a disponer de ellos mismos", lo es igualmente del "internacionalismo".

Desde la participación de Marx y Engels en los trabajos preparatorios que debían originar la "Liga de los Comunistas", el antiguo lema pacifista e internacionalista de la "Liga de los Justos" —"Todos los hombres son hermanos"— es abandonado por una fórmula de acción —"Proletarios de todos los países, uníos"—. En efecto, no todos los hombres pueden actualmente practicar el internacionalismo (aunque todos puedan "pensarlo"); la fraternidad universal no es un hecho, mientras que la nación sí lo es (por otra parte, derivado); no se pasa al "ser" proclamando el "debe ser". La posición marxista no puede entenderse aquí, como en otras ocasiones, más que como la repulsa de la "buena voluntad" kantiana y del voluntarismo subjetivista de Fichte. Para Marx el puro internacionalismo contemplativo o jurídico es, al igual que el propio nacionalismo, un producto del mundo burgués.

---

[6] Todo esto no impide, sin embargo, a M. Rubel hablar en varias ocasiones del "postulado anarquista" de Marx (v. especialmente *Karl Marx. Essai de biographie intellectuelle*, pág. 106). Ahora bien, Marx no critica sólo la variedad de anarquismo profesado por Bakunin, sino todos los "postulados" del anarquismo: éste, cualquiera que sean sus variantes, "postula" una naturaleza humana dada por entero en una constante inmediatez a través de toda la historia de la especie humana. ¿Se dirá que el postulado del cristianismo es el del budismo por el hecho de que tanto el cristianismo como el budismo se hacen cuestión de la encarnación?

Conclusión.—Nada queda de la política. Hasta aquí el pensamiento de Marx no es sino una monumental "antipolítica". La política, como modo de pensamiento y como modo de existencia, es totalmente aniquilada. Pero, en tal caso, ¿cómo existe el hombre? ¿Y qué es la Historia? ¿Y cuál es el devenir del hombre?

SECCION III

La antropología de Marx.

1. El método de Marx.—Marx siempre insistió mucho en el carácter científico de su socialismo. También insistió mucho en la unidad de su método y del contenido científico al que éste se aplica.

Según Marx, el contenido de una ciencia, antes de que el conocimiento del sujeto se apodere de él y lo trate, no puede existir independientemente. De otra forma habría que admitir que ese contenido es el dato de una evidencia o de una intuición sensible inmediata, lo que equivaldría a suponer la existencia, anterior a toda experiencia, de un nóumeno. Ahora bien, el método marxista comienza por rechazar cualquier absolutización, bien de verdades eternas, bien de un objeto que existiera por sí mismo fuera del sujeto.

Por ejemplo, la ciencia económica que pretende manejar categorías económicas primarias es una falsa ciencia, ya que absolutiza una realidad que es, en sí misma, el resultado provisional de un proceso de interacción entre el hombre y la naturaleza. No puede rebasar esta etapa, a la que ha tomado por un absoluto del saber.

Por consiguiente, es necesario partir de la experiencia humana. En efecto, según Marx el propio mundo sensible no es más que la actividad práctica de los sentidos humanos (quinta tesis sobre Feuerbach). Sin embargo, ni el objeto del conocimiento ni la facultad de conocer del sujeto son inmutables; ambos se encuentran en una relación de actividad dialéctica. El primer saber del hombre es inmediato a la naturaleza: no es más que conciencia sensible, y el objeto que conoce se le escapa en seguida. Entonces el sujeto abstrae del objeto algunas propiedades para adquirir de él un conocimiento más íntimo, aunque menos inmediato. A través de estos movimientos sucesivos el conocimiento, aunque sigue siendo conocimiento sensible, se enriquece y humaniza; y también el objeto conocido se enriquece con nuevas determinaciones (hasta entonces no percibidas y, por tanto, no existentes para el hombre). De esta forma todo conocimiento es crítico, ya que su contenido no es ni absoluto ni inmóvil, y la acción misma del pensamiento que lo realiza lo transforma. La ciencia avanza en medio de contradicciones que hacen surgir nuevos planteamientos.

Por consiguiente, el pensamiento humano, en todos sus desarrollos, es siempre instrumental: esta condición se la impone la relación del hombre con la naturaleza, a la que transforma para realizarse. De esta forma, según Marx, el proceso de la lógica dialéctica no es sino la prolongación y como la reproducción de los actos humanos naturales. El saber no se crea fuera del proceso mediante el que el hombre conserva y produce todo su ser: es dialéctico como la realidad misma, hacia la que se orienta y a la que verifica. De esta forma tal "saber" no es teórico. Es una *praxis*. Al própio tiempo, no es "contemplativo", sino revolucionario [7].

Según Marx, la "ideología" es precisamente la ilusión que consiste en establecer un saber que se hace pasar por independiente del proceso vital del hombre y de su existencia empírica, por producto de la conciencia. Ahora bien, "la conciencia no puede ser nunca otra cosa que el ser consciente... No es la conciencia la que determina la vida, sino la vida la que determina la conciencia" *(La ideología alemana,* trad. Roces). En realidad, la ideología no es "independiente" de lo real; es el fruto de una alienación introducida en la existencia concreta de los hombres.

2. El materialismo y el humanismo.—A) LA NATURALEZA Y EL HOMBRE.

—En *Economía política y filosofía* (1844) escribe Marx: "La naturaleza, tomada abstractamente, por sí misma, rígidamente separada del hombre, no es nada para el hombre". Inversamente —y Marx insistió mucho más en ello—, no existe hombre (ni conciencia del hombre, ni pensamiento) sin la naturaleza y fuera de los intercambios entre el hombre y la naturaleza. Estas dos proposiciones sitúan exactamente el materialismo de Marx: es un materialismo que no lo confiere todo al mundo exterior.

La naturaleza produce al hombre, pero esto no es más que el acto inicial de un proceso que va a desarrollarse, en adelante, entre dos polos: la naturaleza y el hombre (íntimamente ligados y separados a la vez). La naturaleza produce al hombre para humanizarse. A su vez, el hombre es un sistema de necesidades que se satisfacen, en primer lugar, por la naturaleza.

No existe solución de continuidad desde esa primera relación natural (entre la necesidad biológica del hombre y su satisfacción en la naturaleza) hasta las relaciones más complejas entre los hombres y hasta las relaciones más elaboradas entre los hombres y las instituciones: "La necesidad está en la base de la sociedad y de la Historia" (J.-Y. Calvez, *El pensamiento de Carlos Marx,* pág. 339 de la trad. cast.). Pero entre la primera relación inmediata y las relaciones ulteriores se intercalan las producciones del hombre que le ofrecen mediaciones para la satisfacción de sus necesidades.

Sin embargo, como veremos, la alienación puede introducirse en este proceso de satisfacción de las necesidades.

B) LA PROCREACIÓN DEL HOMBRE Y DE LA SOCIEDAD MEDIANTE EL TRABAJO.

—El primer gesto mediador entre el hombre y la naturaleza es el trabajo más simple (recolección de frutos).

El hombre, rebasando este primer estadio, trabaja, labra, fabrica objetos naturales. Ha de concebir un plan, de elegir materiales, de adaptarlos al objeto que quiere alcanzar. Forma su inteligencia. Saca de la naturaleza algo (el instrumento) que se incorpora a su ser, pero que no consume: el instrumento es una mediación entre la naturaleza y el hombre. Desde ese momento las cosas que el hombre trabaja gracias a los medios de trabajo

---

[7] Sólo progresivamente, y sobre todo a partir de 1858 (V. especialmente, en 1859, *Contribución a la crítica de la economía política* y, más tarde, los prefacios a *El capital*), Marx será plenamente consciente de su deuda con la lógica dialéctica de Hegel y de la forma en la que la invierte. Sin embargo, no dejó de practicarla ya desde sus primeros escritos.

por él mismo fabricados no son ya simples objetos, sino productos creados por él.

No hemos examinado hasta ahora más que la relación hombre-naturaleza, inmediata primero, mediatizada por el trabajo después. Pero simultáneamente a esta primera relación hay una segunda: la relación del hombre con el otro hombre.

Si estuviese rigurosamente sólo frente a una naturaleza inhumana el hombre no se conocería a sí mismo, y la naturaleza le seguiría siendo eternamente extraña al ser otra. Es preciso que el hombre se reconozca a sí mismo como objeto de su necesidad en la naturaleza para que ésta se le aparezca como humana. ¿Por qué ocurre así? Porque Marx afirma, desde el principio, que "el hombre" no es más que un ser surgido de la naturaleza, con vocación (o intencionalidad) de universalizarse, de romper su particularidad, de romper tanto la separación que le enfrenta a la naturaleza como el tabicamiento que le separa del otro hombre; lo que Marx expresa diciendo que en el hombre existe, desde su aparición, el "ser genérico" del hombre.

La primera relación, la más natural, mediante la que el hombre reconoce al otro hombre como objeto de su necesidad y mediante la que la naturaleza comienza a humanizarse para él, es la relación hombre-mujer. El hombre y la mujer se sienten, ante todo, uno respecto a otro, como necesidad natural: son, uno para el otro, naturaleza. Pero mediante esta primera relación el hombre se ve ya como especie humana; y es la primera relación social, todavía inmediata —es decir, sin mediación— a la naturaleza. Es también la fuente de una cultura del hombre para sí mismo; esta primera relación al hacer nacer en el hombre sentimientos (afectos, celos), transforma y enriquece su naturaleza. Ulteriormente, con relaciones sociales más complejas que la relación familiar natural, se interponen entre los hombres mediaciones (intercambio de productos, utilizaciones comunes, bienes comunes) que dan nacimiento a sociedades menos naturales. La naturalidad de estas relaciones subsiste simpre, pero cada vez resulta más cultivada e incorpora cada vez más humanidad. El proceso de universalización del hombre está en curso.

El trabajo productivo del hombre se integra en ese proceso. No es solamente, como hasta ahora, un acto de mediación entre el hombre y la naturaleza: desempeña también una función de mediación social.

"Mi" necesidad se satisface por el producto de "tu" trabajo, y recíprocamente. Por consiguiente, el hombre se separa de su producto, no simplemente porque lo ceda, sino porque el producto, incluso antes de ser cambiado, ha sido substituido por su valor ante el productor. Para que este valor no sea un puro fantasma, sin relación con el acto productivo del hombre, debería representar realmente el acto de trabajo. Ahora bien, este valor, en un mercado de intercambio, llega a ser independiente. Cuando el hombre es despojado de sus medios de producción por un apropiador, éste no sólo se reserva el producto del trabajador, sino también su valor. El trabajador frustrado no tiene más que ofrecer que su fuerza de trabajo. En tal caso, tanto lo que produce como los instrumentos con los que produce, y la misma naturaleza sobre la que opera, son separados de él. Y la sociedad, que consume sus productos, se le vuelve también extraña, ya que el trabajo deja de ser una mediación entre los hombres para convertirse en una fuente de división.

3. **El materialismo histórico.**—Para Marx la historia del hombre en sociedad no es otra cosa que la relación fundamental hombre-naturaleza-hombre. La Historia nace y se desarrolla a partir de la primera mediación que pone en relación al hombre con la naturaleza y al hombre con los otros hombres: el trabajo. La Historia es, por consiguiente, la historia de la pro-

creación del ser genérico del hombre por el trabajo y por las mediaciones que de éste derivan. Esto no significa que la Historia sólo "narre" el desarrollo de las fuerzas productivas: significa solamente que esas fuerzas productivas son los hechos históricos básicos que constituyen el fundamento de la Historia, quedando sobrentendido que la Historia también incorpora todo lo que deriva de ellas (y especialmente todo el proceso cultural del hombre, todas sus alienaciones y todo el producto de las alienaciones).

La Historia no tiene, pues, un fundamento diferente del resto de la realidad. Ahora bien, la realidad, como hemos visto, es dialéctica, posee un devenir. Por esta razón tiene una historia y es Historia. Y también por esto el materialismo histórico no es diferente del materialismo dialéctico: es la aplicación a la Historia de una doctrina para la que toda la realidad tiene una estructura dialéctica [8].

Al igual que el materialismo dialéctico consiste —en su aspecto negativo—, en primer lugar, en rechazar todo dato eterno o trascendente a la experiencia sensible, el materialismo histórico consiste también —en su aspecto negativo— en rechazar toda lectura de la Historia que no parta del hecho histórico fundamental. Niega toda lectura de la historia que consistiera en hacer sujeto de la Historia, bien a un sujeto trascendente (Dios, Providencia, Espíritu), bien a un sujeto que sólo fuera un derivado del acto procreador del hombre (ideas del hombre, nociones, Estados, Imperios, Iglesias, etc.). Rechazo, especialmente, de la filosofía hegeliana de la Historia, que la convierte en la historia del Espíritu y que pretende reducir todo lo real a objetivaciones sucesivas del Espíritu. Rechazo, también, de la "historia filosófica" al estilo de Bruno Bauer, para el que la Historia se reduce a batallas de ideas.

Ahora bien, para que la Historia sea real y fiel hay que remontarse al primer acto que el hombre realiza y que le hace diferente del resto de la naturaleza y de los animales: la producción de objetos para la satisfacción de sus necesidades. Ahí comienza la Historia y así continúa. Es verdad que la satisfacción de las primeras necesidades engendró otras, que engendraron a su vez nuevos instrumentos y relaciones de intercambio, etc.; y es verdad también que las relaciones sociales se enriquecen y se transforman con el modo social de producción. Pero en la base siempre se encuentra el hombre. La historia humana no puede hablar más que del hombre. Ahora bien, el hombre es, fundamentalmente, un complejo de necesidades que se satisfacen mediante el trabajo productivo. Si la Historia pretende narrar los hechos del hombre haciendo abstracción de ese hecho histórico fundamental, no puede atribuir las causas de los actos humanos más que a ficciones o a hechos derivados.

Existe siempre interacción entre las relaciones sociales y las fuerzas productivas. Estas determinan a aquéllas, que, a su vez, engendran necesidades y nuevos medios para satisfacerlas. Así, un cierto nivel de las fuerzas productivas dio lugar a la relación social de la propiedad privada, que reunió a su vez las condiciones para un nuevo progreso de los medios de producción.

Marx rechaza, en tanto que hecho histórico fundamental, la conciencia del hombre. ¿Equivale esto a decir que se encuentre fuera de la Historia y que no desempeñe ningún papel? En absoluto. Lo que Marx rechaza es el admitir que existiera, fuera de la progresiva autocreación del hombre, una conciencia totalmente pura, perfecta, que poseyera

---

[8]   Sobre las relaciones entre "materialismo histórico" y "materialismo dialéctico" véase Henri LEFEBVRE, Le matérialisme dialectique, págs. 61-97, y J. Y. CÁLVEZ, El pensamiento de Carlos Marx (trad. cast.), págs. 362-371.

todas sus determinaciones y que planeara, como un dios tutelar o como un invisible genio, por encima del ser natural del hombre. La conciencia se encuentra siempre históricamente ligada a la naturalidad del hombre; se desarrolla con él, con los progresos de su lenguaje con la riqueza de sus relaciones sociales, con las mediaciones cada vez más complejas, y también a través de las alienaciones de las que resulta víctima (pero el hombre alienado, al perder la unidad de su ser real, puede ilusionarse y creer que su conciencia está separada del "mundo profano", que está radicalmente separada de la acción concreta).

A) DETERMINISMO Y LIBERTAD.—Surge aquí una dificultad que afecta al sentido exacto del determinismo marxista.

Marx admite que la conciencia es la condición gracias a la cual el hombre puede conocer que existe una relación entre él y la naturaleza, entre él y los demás hombres; admite que existe una relación dialéctica entre la conciencia y el ser, y que la conciencia es activa.

Y, sin embargo, no cesa de afirmar que el modo de producción (fuerzas productivas + relaciones sociales edificadas sobre la base de aquéllas), lo que Marx denomina infraestructura, determina y condiciona las formaciones sociales de la conciencia (instituciones, morales, ideologías), lo que Marx denomina superestructuras.

El materialismo dialéctico ha dejado sentado ya que el marxismo no es un puro determinismo, y aún menos un economismo. Pero si el ser del hombre es actividad (y libertad), también es pasividad. Los hombres hacen su vida, pero no la hacen en condiciones libremente escogidas por ellos; soportan —al menos parcialmente— condiciones que no han sido creadas ex nihilo. Hay, por consiguiente, una dependencia natural de las producciones de la conciencia respecto a la infraestructura, en cuyo seno se forma la conciencia. Estas formaciones de la conciencia, a su vez, pueden reaccionar sobre la infraestructura, pero sólo dentro de los condicionamientos creados por la primera dependencia. En otros términos, las superestructuras, aunque activas, no pueden romper solas, en cualquier forma y momento, las condiciones materiales que las han producido.

El hombre es libre, pero con una libertad condicionada. La conciencia es un elemento activo del desarrollo de la Historia, pero no contiene en sí misma ese desarrollo. La conciencia es necesaria para que las revoluciones se realicen, pero sólo cuando las condiciones materiales se han cumplido, es decir, cuando existe una contradicción entre un formidable desarrollo de las fuerzas productivas y las relaciones sociales edificadas sobre la base del antiguo sistema de producción; cuando esas condiciones se han cumplido la conciencia revolucionaria se liga a la experiencia y a la realidad, no es una pura fantasmagoría.

"Por eso —concluye Marx—, la humanidad se propone siempre únicamente los objetivos que puede alcanzar, pues, bien miradas las cosas, vemos siempre que estos objetivos sólo brotan cuando ya se dan o, por lo menos, se están gestando las condiciones materiales para su realización (Contribución a la crítica de la economía política).

B) LA MORAL.—En esta filosofía materialista de la Historia y de la libertad la tarea ética del hombre se presenta como un imperativo: el hombre ha de liberarse de la alienación económica para realizar su ser genérico. Pero los valores en cuyo nombre se emprende esa liberación nunca son trascendentes a la experiencia humana, sino inmanentes a la Historia. Lejos de oponerse a la realidad (a la que servirían de modelos), se extraen de la realidad, sin separarse nunca totalmente de ella. Naturalmente, la conciencia del hombre siempre puede fabricar valores sin relación con la experiencia concreta; pero entonces la tarea ética que propone no está ya caucionada por las condiciones materiales necesarias para su realización: es la moral-consolación o la moral-aspiración. Estas morales, además de ser puras especulaciones no orientadas hacia la acción, son ilusorias, pues la conciencia cree haber encontrado valores absolutos y eternos mientras que, en realidad, no ha podido más que absolutizar etapas históricas del proceso de producción del hombre (sobre el que la conciencia no puede adelantarse, ya que no es sino la conciencia del ser condicionado) [9].

Existe, pues, una ética marxista, pero íntimamente ligada a la dialéctica de lo real. En cada momento del desarrollo histórico es prescrita de forma muy precisa por las condiciones actuales que producen la alienación fundamental. La dialéctica de lo real ni suprime ni hace inútil la toma de conciencia de un imperativo moral, pero le impone límites objetivos, dentro de los cuales puede ser real y práctica. En tanto que el hombre no haya acabado su identificación con la naturaleza y el otro hombre —en tanto que continúe siendo prisionero de determinaciones y separaciones—, la única tarea, a la vez ética y práctica, que realmente se ofrece a su libertad es la de coincidir activamente con su devenir. En resumen, el imperativo categórico es coincidir con la revolución.

4. La alienación económica y la lucha de clases.—A) LA ALIENACIÓN.—Hemos visto cómo la alienación es posible a partir de la relación entre el hombre y su producto. A decir verdad, la alienación, para Marx, no sólo es "posible", sino que es inevitable; y toda la historia humana es la historia de las alienaciones del hombre en sus producciones (pero es también la historia de su supresión). En efecto, la alienación en Marx no es resultado de una "caída" o de una "falta". No posee carácter moral. Es el resultado doloroso (y, por ello, a suprimir) de la separación que se produce, en un determinado estadio del desarrollo del hombre, entre su ser real y sus productos.

En cierta medida, exagerando, cabe decir que la alienación es el "revés" de la objetivación [10].

El hombre se objetiva constantemente, es decir, se exterioriza en objetos. Normalmente, esa objetivación es la condición que permite al hombre adquirir un contenido nuevo y positivo. La negación que la exteriorización representa se resuelve normalmente gracias a que el hombre toma inmediatamente conciencia de que ha adquirido un excedente de vida humana y de que goza de él. La alienación constituye también un fenómeno de objetivación, pero invertido y negativo.

La alienación tiene su raíz en la vida económica. Cuando el trabajador vende en el mercado su fuerza de trabajo el producto deja de pertenecerle y toma una existencia independiente de él.

El capital, el valor de cambio, el dinero, son abstraídos de su realidad (el trabajo social cristalizado en ellos) y se transforman en cosas. Estos fetiches irreales son, sin embargo, activos, actúan en el mundo económico, contribuyen a su desarrollo y modifican correlativamente al hombre y a su conciencia. Al no ser ya la conciencia del proletario conciencia de su vida real, vivirá en adelante una vida fantasmagórica y creará ilusiones: religiones, ideas morales, etc. Correlativamente, la conciencia del capitalista, de-

---

[9] Esto promueve, evidentemente, una objeción : ¿cómo, en esas condiciones, pudo existir el marxismo; cómo pudo Marx "concebirlo"? Dado que el marxismo descansa por entero sobre la "visión" del devenir del hombre y del hombre total que se dará al final de su proceso de autocreación, ¿no habrá que admitir que la "visión de la totalidad" preexiste al momento en que se cumplirán las condiciones materiales? Y caso de que así sea, ¿de dónde viene esa visión? ¿Dónde está su "garantía"? Parece que el marxismo puede ofrecer dos respuestas :

a) La "visión" es revelada progresivamente por el sentido mismo de la historia humana (progresiva humanización de la naturaleza y progresiva socialización del hombre) y a la luz del primer acto mediador del hombre.

b) El marxismo sólo aparece con la existencia del proletariado, que da, "en germen", la imagen del hombre universalizado.

[10] Interpretación muy discutida : cf. J. HYPPOLITE, *Etudes sur Marx et Hegel*, especialmente págs. 82-104; J. Y. CÁLVEZ, *op. cit.*, 550-552.

formada por los fetiches en los que se aliena, forja ilusiones e ideologías, que primero expresan y luego ocultan la situación real en la que esa conciencia se formó. Todo este universo es falso, y, sin embargo, desempeña su papel en la totalidad del proceso histórico.

B) LA LUCHA DE CLASES.—La apropiación privada de los medios de producción implica la división del trabajo. Esta posee su aspecto positivo, en tanto que realiza un progreso en la socialización del trabajo (por intermedio del mercado). Pero esta fuerza productiva escapa al control de los hombres y produce, a su vez, sus propias consecuencias. Los titulares de las funciones superiores acaparan los medios de producción, y su propiedad permite a los propietarios transmitirse las funciones de mando, de la que los no propietarios están excluidos. Entonces aparecen las clases sociales. "La historia de todas las sociedades que han existido hasta nuestros días es la historia de la lucha de clases." Este aforismo, con el que se abre la primera parte del *Manifiesto comunista*, es, ante todo, el enunciado de una metodología crítica en la lectura de la Historia. No hay más forma real y científica de comprender el sentido de la Historia que partir del hecho histórico fundamental y de la alienación económica. Esto significa también —y simultáneamente— que se da a esa historia un objetivo: la supresión de la lucha de clases.

Deben descartarse dos interpretaciones erróneas de esta famosa fórmula:
a) Marx no dice, en forma alguna, que la lucha de clases sea una "fatalidad" que pese sobre la humanidad. No ha existido en todo tiempo (cf. las comunidades primitivas); no es una "esencia" de la humanidad; tendrá un fin, sin que nada se pierda, sin embargo, de las adquisiciones materiales y culturales de la humanidad.
b) Marx tampoco dice que esta lucha haya sido, desde sus orígenes, un "dato" inmutable, una "propiedad" invariable del hombre histórico. Su intensidad ha variado, y su misma existencia no siempre ha sido consciente. A decir verdad, el actual paroxismo alcanzado por la lucha de dos clases privilegiadas, plenamente antagonistas y que absorben en sí a los grupos sociales intermedios, hace comprender, por recurrencia, la universalidad de esa lucha a través de toda la Historia y su desarrollo, y hace entrever las posibilidades prácticas de su final [11].

C) BURGUESÍA Y PROLETARIADO.—En la época de la economía capitalista no subsisten más que dos verdaderas clases: la burguesía y el proletariado. Subsisten, ciertamente, otros grupos sociales: nobleza feudal, campesinado, clases medias y artesanos, subproletariado *(Lumpenproletariat)*. Pero estos grupos no tienen, o no tienen ya, significación real en-el estado de las fuerzas productivas de la economía capitalista y en las relaciones de producción que las expresan. Su conciencia no se halla, pues, adaptada a la situación concreta del mundo moderno ni a la revolución que éste contiene. No saben quién es su enemigo y su antagonista. No tienen conciencia de clase.

Toda la significación de la realidad económica, social y "superestructural" de la sociedad capitalista se cristaliza, por consiguiente, en dos clases que expresan exactamente esa realidad. Su aparición —o, más exactamente, su respectiva toma de conciencia como clase— no es rigurosamente sincró-

----
[11] Apenas es necesario insistir sobre otra interpretación vulgar y falsa: la lucha de clases no es, evidentemente, la predicación del odio entre las clases, ni siquiera la simple comprobación de un odio ciegamente determinado por el lugar ocupado en el sistema de producción. Todo lo que se puede decir es que la clara toma de conciencia de la lucha de clases por los proletarios y el rechazo de las ilusiones que podrían retrasar o desviar esa toma de conciencia son, en efecto, una enseñanza del marxismo.

nica. La burguesía és la primera que se forma como clase, desempeñando un papel objetivamente revolucionario frente al mundo antiguo y a las antiguas relaciones sociales, creando las condiciones que permitirán al proletariado revolucionario tomar conciencia de sí mismo como clase. Desde ese momento es el proletariado quien desempeña un papel revolucionario.

D) LA BURGUESÍA.—La burguesía es, según Karl Marx, el producto, el actor y el beneficiario de algunas grandes transformaciones que tienen como resultado hacer retroceder hasta el infinito los límites que detenían la fuerza productiva del hombre: supresión del limitado horizonte geográfico gracias a las grandes navegaciones; ilimitado desarrollo del comercio; liberación de los límites tecnológicos e institucionales sobre los modos de producción, mediante la división del trabajo industrial y la abolición de los reglamentos corporativos; mundialización del mercado, que ensancha el espacio económico.

La burguesía ha hecho dar un formidable salto a la universalización del hombre, y ha llenado al universo de su poder.

Correlativamente, la clase burguesa, dueña de los medios de producción, se ha convertido en la clase dominante y ha conquistado "finalmente la hegemonía exclusiva del Poder político en el Estado representativo moderno" (Manifiesto).

La dominación política ejercida por la burguesía no se asemeja, por lo demás, a las demás dominaciones; se distingue de la ejercida por las antiguas clases dominantes en que posee la misma marca de universalidad (de ilimitación) que su dominación sobre la vida económica. Ha centralizado y unificado la administración, ha abolido las antiguas reglamentaciones estrechas y particularistas de los oficios, de las provincias y de los cuerpos. Al destruir los antiguos privilegios feudales, múltiples y complejos, ha edificado un sistema político que, a costa de la separación entre ciudadano y hombre privado, descansa sobre individuos, idénticos en cuanto a sus derechos políticos. Ha separado al Estado de la religión, haciendo así más abstracto al aparato político.

¿De dónde proviene ese carácter abstracto de la dominación política burguesa? No sólo de las transformaciones económicas mencionadas más atrás; también del hecho (que no es sino un corolario) de que las relaciones sociales se establecen desde ahora sobre la base de un patrón único, universal y rigurosamente intercambiable: el dinero [12]. A este respecto, Marx reconoce un triple mérito a la burguesía:

— Ha creado inmensas fuerzas productivas y las ha hecho nacer de un trabajo cada vez más socializado.

— Hace estallar el mundo de ilusiones y de fetiches (en el que la Alemania semifeudal de 1848 todavía se hallaba empantanada), y basa abiertamente la sociedad sobre la realidad de las relaciones de comercio y de producción. Tiende, pues —lo que constituye siempre la mira de Marx—, a llenar el hiato existente entre la realidad natural del hombre y el mundo de sus representaciones.

---

[12] "Las abigarradas ligaduras feudales... las ha desgarrado sin piedad, para no dejar subsistir otro vínculo entre los hombres que el frío interés, el cruel "pago al contado". Ha ahogado el sagrado éxtasis de fervor religioso... y el sentimentalismo del pequeño burgués, en las aguas heladas del cálculo egoísta". (Manifiesto).

— El mismo desarrollo de las fuerzas productivas acarrea contradicciones entre éstas y las relaciones de producción de ellas nacidas. La propiedad privada es demasiado estrecha para las enormes masas manipuladas. La burguesía es arrastrada a crisis cada vez "más extensas y más violentas". "Pero la burguesía no ha forjado solamente las armas que deben darle muerte; ha producido también los hombres que empuñarán esas armas: los obreros modernos, los *proletarios*" (*Manifiesto*).

E) EL PROLETARIADO.—El proletariado es, en cierto modo, el *reverso* de la burguesía. Al igual que ella, ha nacido del desarrollo de las fuerzas productivas y del retroceso de todas las limitaciones que frenaban la producción y el comercio. Y, al igual que la burguesía, tiene una vocación universal, pero en negativo: la universalidad de la miseria, del no-tener y del no-ser.

La ley del régimen capitalista es que el proletario no puede encontrar trabajo para mantener su existencia, a no ser que su trabajo acreciente el capital. Su trabajo mismo se deshumaniza, ya que el trabajador se convierte en un simple accesorio de la máquina y el trabajo no es ya un cultivo para quien se entrega a él. El obrero se vuelve indiferenciado ante la máquina, y la mujer e incluso el niño pueden realizar trabajos cada vez más indiferenciados. Los caracteres distintivos de la individualidad del trabajador se esfuman. El proletario se convierte en algo cada vez más abstracto e intercambiable: instrumento de trabajo, gasto de producción. La gran fábrica se alimenta con masas obreras en las que desaparece toda personalidad y que no constituyen verdaderas sociedades. Este proletariado se nutre con los desechos y los desclasados de los demás grupos sociales.

Esta completa dominación económica repercute en el plano político: el proletariado es la clase dominada por excelencia.

La negatividad política del proletariado se manifiesta históricamente, en primer lugar, en el hecho de que, en una primera fase, el proletariado no tiene intereses políticos propios de los que sea consciente, y en que combate por los objetivos políticos de la burguesía contra los enemigos de ésta. Marx muestra cómo el pueblo obrero de París luchó, en 1789-1794, contra los "sospechosos" y los emigrados, junto al Tercer-Estado; y cómo los excesos de los hebertistas y sus furores contra los "tibios" fueron la "manera plebeya" de luchar contra el antiguo orden monárquico, o sea, por los objetivos de la burguesía. Hará la misma observación respecto a los acontecimientos de febrero y de junio de 1848 en Francia (*Las luchas de clases en Francia*).

La lucha política propia del proletariado comenzará en el nivel en el que la toma de conciencia de sus intereses es más inmediata, en el nivel de la defensa del trabajo y de los intereses económicos. Las organizaciones de defensa obrera adquieren amplitud y aumentan su presión. Para Marx, esta acción de carácter sindical no es diferente, en su finalidad, de la acción política, ya que "toda lucha de clases es una lucha política" (*Manifiesto*). Desde que el proletariado actúa en tanto que clase actúa "en tanto que partido político" (*ibíd.*). La burguesía necesita siempre la alianza política del proletariado, sea contra la antigua feudalidad, sea contra el campesinado, sea contra la burguesía extranjera. El proletariado, al participar en estas luchas, adquiere una educación política, incluso cuando —lo que constituye el caso general— es privado de los frutos de la victoria.

A pesar de su lucha, el proletariado ve aumentar cada vez más su despojo. En efecto, la burguesía se defiende frente al proletariado organizado. Su dominación política se vuelve cada vez más representativa. Arrastra, en esta alianza defensiva, a las clases medias y al campesinado. Para reforzar su dominación económica constituye un ejército de reserva en el seno mismo del proletariado.

El proletariado no es ya más que despojo total. No tiene ya ni propiedad, ni individualidad, ni familia, ni leyes, ni moral, ni religión, ni patria: todo está acaparado por la burguesía.

La inmensidad misma de esa miseria constituye la universalidad del proletariado y le confiere su misión revolucionaria excepcional. Dialécticamente, de ese no-ser absoluto que es el proletariado sólo puede surgir una revolución que derribará, no sólo un determinado modo de existencia "particular", sino todo modo de existencia "particular", para establecer al hombre en su plenitud.

La revolución proletaria sólo puede tender a la supresión de todas las clases, puesto que la actual situación del proletariado prefigura ya la negación de la "clase". En efecto, la originalidad del proletariado estriba en que tiende a ser negado incluso como clase. En primer lugar, en el sentido de que tiende a ser siempre cada vez más numeroso; en el límite, tiende a absorber la casi-totalidad de los hombres, y a perder, por consiguiente, la particularidad característica de una "clase social". Luego, en cuanto que la ilimitada extensión de la dominación de la burguesía tiende a quitar a los proletarios hasta los medios mismos de existencia que podrían permitirles subsistir en tanto que clase independiente que conservara, en sí, una parte del ser social dividido. La burguesía se corta la hierba bajo los pies: "La burguesía produce, ante todo, sus propios sepultureros. Su hundimiento y la victoria del proletariado son igualmente inevitables" *(Manifiesto,* fin de la primera parte).

A causa de su universalidad negativa el proletariado puede conducir sólo a una revolución total.

5. Las revoluciones y la Revolución. — A) Naturaleza única de todas las revoluciones.—Reducidas a su significación materialista y dialéctica, todas las revoluciones se cobijan bajo una definición general:

"Al llegar a una determinada fase de desarrollo las fuerzas productivas materiales de la sociedad chocan con las relaciones de producción existentes, o, lo que no es más que la expresión jurídica de esto, con las relaciones de propiedad dentro de las cuales se han desenvuelto hasta allí. De formas de desarrollo de las fuerzas productivas, estas relaciones se convierten en trabas suyas y se abre así una época de revolución social *(Contribución a la crítica de la economía política).*

De esta forma, toda revolución se inscribe en la dialéctica de la Historia y en la dialéctica de la realidad.

Ni que decir tiene que no todas las revoluciones históricas tienen el mismo alcance.

Es evidente también que toda revolución, definida así en el nivel de la infraestructura, lleva consigo transformaciones correlativas en el nivel de las superestructuras. Estas, sin embargo, sólo son derivadas; no preceden a la revolución de la infraestructura, e incluso parece que llevan siempre un retraso (bastante considerable, a veces) con respecto a la primera.

De este punto de partida deriva una conclusión: todas las revoluciones son revoluciones sociales, ya que todas comienzan por una modificación de las relaciones sociales. Sin embargo, desde este punto de vista, pueden ser parciales, en tanto que no universalicen las relaciones sociales del hombre, substituyendo tan sólo la dominación de una clase por la de otra, y en tanto que mantengan separaciones entre los hombres.

B) Las revoluciones "políticas".—El papel de la conciencia en el proceso revolucionario es ambiguo. Por una parte, para que la revolución se realice —es decir, para que alcance la plenitud de sus efectos— es indispensable que el grupo actor y beneficiario de las transformaciones de la infraestructura tome conciencia de ellas. Pero, por otra parte, esa conciencia revolucionaria del grupo privilegiado no puede rebasar la situación concreta y particular en la que ese grupo se encuentra: está ligada a su apropiación y, por consiguiente, a la separación de la sociedad que el grupo establece (y renueva). En consecuencia, no puede tomar conciencia de que la revolución que realiza es una revolución social. En contrapartida, la nueva clase dominante cree generalizar su propia emancipación particular en una emancipación universal; e institucionaliza la ilusión de que toda la sociedad se encuentra en su misma situación frente a las fuerzas productivas. En realidad su situación concreta no se generaliza; de hecho, es sólo particular de esa clase y se resuelve en una dominación. Por consiguiente, la conciencia de ese grupo no puede sino crear, en el nivel de las superestructuras, instrumentos que expresen y concreten esa particularidad privilegiada y esa dominación, es decir, instrumentos *políticos,* o, lo que es lo mismo, el Estado o un nuevo Estado.

Por esta razón todas las revoluciones anteriores, aunque hayan sido en realidad revoluciones sociales —si bien sólo parcialmente sociales—, no han sido más que revoluciones·políticas. Han conducido a la creación de una superestructura política, que pretende realizar la universalidad de la sociedad, pero tan sólo en el plano político, es decir, en el plano de un hombre abstracto que no se corresponde con su ser real en la relación de producción.

C) La revolución total. — La revolución plena y conscientemente social solamente puede ser obra de un agente revolucionario cuya situación real esté caracterizada por una desapropiación absoluta y por la pérdida total de toda particularidad. Sólo el proletariado es ese agente: es "la disolución de todos los estados" y "no reclama para sí ningún derecho *especial,* porque no se comete contra ella ningún *desafuero especial,* sino el desafuero puro y simple" *(En torno a la crítica de la filosofía del derecho de Hegel)* [trad. Roces]. El proletario, imagen negativa de toda la sociedad y de todo el hombre, sólo puede ser el agente de una revolución que restablezca la sociedad en su universalidad positiva y al hombre en su plenitud positiva. La revolución que el proletariado realice no será una revolución más. Esta revolución, al suprimir completamente toda forma de alienación privativa, toda forma de trabajo dividido y alienado, en una palabra, todo lo que justificaba hasta entonces el movimiento dialéctico de la Historia, no será una nueva etapa de la Historia, sino que la renovará de arriba abajo, ya que el proceso de autocreación del hombre habrá llegado a su término.

Esto sólo se realizará en la sociedad comunista.

6. El comunismo o el reino de la libertad.—A) EL HOMBRE.—"El comunismo, como la abolición positiva de la propiedad privada considerada como la separación del hombre de sí mismo; el comunismo, como la apropiación real de la esencia humana por el hombre y para el hombre, como retorno del hombre a sí mismo en tanto que hombre social, es decir, el hombre humano, retorno completo, consciente y con la conservación de toda la riqueza del anterior desarrollo. Este comunismo, siendo un naturalismo acabado, coincide con el humanismo; es el verdadero fin de la querella del hombre con la naturaleza y entre el hombre y el hombre, es el verdadero fin de la querella entre la existencia y la esencia, entre la objetivación y la afirmación de sí, entre la libertad y la necesidad, entre el individuo y la especie. Resuelve el misterio de la Historia, y sabe que lo resuelve" (Notas para *La Sagrada Familia,* 1845).

La naturaleza, dominada por el hombre, llega a ser humana. Llega a ser humana también en el sentido de que el hombre se reconoce como ser natural, al tiempo que se siente plenamente hombre. También la sociedad llega a ser naturaleza, ya que desde ese momento es la naturaleza del hombre (por tanto, ya no se le opone); éste es la sociedad y es una persona. La mediación entre el hombre y los objetos, iniciada por el trabajo, es acabada y realizada por la sociedad comunista: todos los objetos se vuelven plenamente sociales, no estando ya, por tanto, separados del hombre. Las necesidades del hombre son conservadas, pero universalizadas, y esas necesidades universales encuentran su satisfacción en objetos universales que coinciden con la sociedad. Así, pues, todas las necesidades se dirigen a la sociedad misma, y se resumen en una sola necesidad: la necesidad del otro hombre; y esta necesidad encuentra inmediatamente satisfacción, ya que cada hombre es desde ahora plenamente social, y existe una perfecta identidad entre cada hombre y el conjunto de la especie humana.

B) LA EXTINCIÓN DEL ESTADO.—Entonces "surgirá una asociación en que el libre desenvolvimiento de cada uno será la condición del libre desenvolvimiento de todos" *(Manifiesto).*

"Una vez que en el curso del desarrollo hayan desaparecido las diferencias de clase y se haya concentrado toda la producción en manos de los individuos asociados, el Poder público perderá su carácter político. El Poder político, hablando propiamente, es la violencia organizada de una clase para la opresión de otra" *(Manifiesto).*

Este es uno de los escasos textos —y el menos ambiguo— en los que Marx consideró positivamente la "desaparición" del Estado (el término "extinción" no es de Marx, sino de Engels). Y está bastante lejos de poseer el alcance que habitualmente se le ha prestado.

La sociedad comunista no será una sociedad anárquica. En ella subsistirá un "Poder público". Simplemente, este Poder habrá perdido su carácter "político". Ahora bien, como ya sabemos, para Marx la "política" es la división del hombre en dos seres que no pueden reunirse a causa de la separación que las clases mantienen entre los hombres. La política es opresión. ¿Cómo será, entonces, la organización de esa "asociación"? Marx se negó siempre a "dar recetas para los figones del porvenir". Nunca fue el Sieyès de la sociedad comunista [13].

Sin embargo, por dos veces en la *Crítica del programa de Gotha*, Marx, al hablar de la organización de la futura sociedad comunista (de la que, precisa, "el programa no se ocupa"), confirma que el Estado sufrirá en ella "transformaciones". Y precisa: "O, en otros términos: ¿qué funciones sociales, análogas a las actuales funciones del Estado, subsistirán entonces? Esta pregunta sólo puede contestarse científicamente...". Hay que señalar que la experiencia de la Comuna de París, a la que Marx tanto vaciló en enjuiciar, no le animó a imaginar con mayor precisión las modalidades del Estado no político del futuro [14].

Es cierto que Engels, en *un* texto, es mucho más categórico. En una carta a August Bebel, a propósito del mismo programa de Gotha, escribe:

"Habría que abandonar toda esa charlatanería acerca del Estado, sobre todo después de la Comuna, que no era ya un Estado en el verdadero sentido de la palabra... Con la implantación del régimen social socialista el Estado se disolverá por sí mismo y desaparecerá."

Tras describir el período de la dictadura del proletariado en el que este último utiliza el Estado, del que tiene necesidad todavía, "no... en interés de la libertad, sino para someter a sus adversarios", Engels escribe:

"Y tan pronto como pueda hablarse de libertad, el Estado como tal dejará de existir. Por eso, nosotros propondríamos decir siempre [en el programa del partido], en vez de la palabra "Estado", la palabra *Gemeinwesen*, una buena y antigua palabra alemana que equivale a la palabra francesa *Commune*."

Sin embargo, no hay nada en este texto que contradiga los textos anteriormente citados de Marx, ni que añada nada a ellos. Se promete siempre la "desaparición" del Estado "como tal", como instrumento de opresión y violencia. Por lo demás, así lo prueban los sarcasmos que Engels dirige contra la quimera anarquista de una "sociedad" sin autoridad (cf. *Carta a T. F. Cuno*, 1872) [15].

C) FIN DE LA "POLÍTICA" Y FIN DE LA HISTORIA.—Se ha censurado mucho a Marx y a Engels su mutismo sobre el "derecho público" en la sociedad comunista. Sin embargo, ese mutismo no es tan sorprendente. En efecto, por una parte, nada impide pensar que Marx y Engels habrían podido admitir como "posibles", formas de organización como las "comunas" yugoslavas actuales, por ejemplo, aunque estas comunas estuviesen incluso integradas en una vasta organización federativa: todo estriba en saber "qué funciones sociales del Estado análogas subsistirán", y cuáles desaparecerán. Por otra parte, esta última cuestión plantea el inmenso problema de la violencia legítima y, paralelamente, el de la posible (¿o imposible?) "maldad" del hombre comunista. En la medida

---

[13] Marx realizó largas investigaciones sobre la comunidad aldeana primitiva en las Indias, en España, en Escocia, en Rusia; no para encontrar "modelos", propiamente hablando, sino para saber cómo es la organización de una comunidad sin apropiación privada y sin clases sociales. Asimismo se sabe que, para Marx, la ausencia del Estado y el fin de la división del trabajo no excluyen, en modo alguno, la distinción entre dirigentes elegidos y no-dirigentes (véase en M. RUBEL, *Pages choisies pour une éthique socialiste*, págs. 301-303, su réplica a Bakunin).

[14] V. en la obra citada anteriormente, pág. 304, la carta de Marx a Domela Nieuwenhuis.

[15] "No se nos dice nada, naturalmente, acerca de cómo se van a arreglar esos señores para hacer funcionar las fábricas y los ferrocarriles y gobernar los barcos, sin una voluntad que decida en última instancia, sin una dirección única."

en que el marxismo es una antropología se contenta con decir: "El hombre nuevo nacerá"; todo el problema estriba entonces en saber si ese hombre desalienado, en comunicación con toda la especie humana, tendrá aún capacidad para el mal, para la pereza, etc.; si la respuesta es "no", la *Gemeinwesen* podrá ser diáfana; pero si la respuesta es "sí"... [16]. Por otro lado, ¿cuál será el "plazo" de esta conversión del hombre? ¿Y dónde, en qué espacio se instaurará la sociedad comunista? Si no es sobre toda la tierra y simultáneamente, ¿cómo trazar desde el presente la organización de la sociedad socialista?

Interrogantes que convergen hacia una interrogación única, objeto de controversias para todos los marxólogos: la sociedad comunista, ¿es, para Marx, el fin de la Historia? Marx nunca lo dijo [17]. Incluso consideró la posibilidad, sin precisiones (que no concernieran al sistema económico), de diferentes "fases" en el comunismo, lo que implica, ciertamente, progreso y seguramente evolución. Sin embargo, el día en que la sociedad comunista abarque toda la tierra, en que el duelo del hombre y la naturaleza haya cesado, en que el hombre nuevo haya llegado a ser completamente bueno, no se ve bien qué "historia" subsistirá (ni siquiera la de los buenos sentimientos..."). ¿Debe decirse que será una historia "más humana"? ¿Pero, qué quiere decir esto? [18].

Marx elude estas cuestiones. Mejor dicho: hay que admitir que el capítulo final de su antropología es una "apuesta", comparable en gran parte a la de Pascal. Por lo demás, el método de Marx le lleva a superar esta contemplación del hombre futuro: es necesario transformar, primero, el mundo. Si el hombre total puede nacer del proletariado, es preciso fijar el método y los medios de la lucha del proletariado. La "política" recobra su sentido y su interés, en este mundo, para pasar al comunismo. Es la "política activa del proletariado"; no "la política" en sí.

SECCION IV

Vías y medios de paso a la sociedad comunista.

1. La dictadura transitoria del proletariado.—No es una "invención" posterior a Marx la afirmación de que la humanidad no podrá desembocar de la noche a la mañana del capitalismo al comunismo, y de que habrá, tras la "toma de poder" por el proletariado, una transición durante la cual el proletariado ejercerá una dictadura despótica para borrar todos los estigmas de la antigua sociedad y reprimir a sus adversarios. No es cierto que haya sido mencionada por Marx sólo "una vez y de pasada" [19]. Por el contrario, es una enseñanza fundamental de Marx y Engels. El mismo Marx,

[16] Por lo demás, aunque Marx no fue nunca muy prolijo sobre este punto, no vaciló, al parecer, en anunciar esa conversión del hombre comunista. Examina "una fase superior de la sociedad comunista" en la que "el trabajo no sea solamente un medio de vida, sino la primera necesidad vital", en la que "con el desarrollo de los individuos en todos sus aspectos (¿...?), crezcan también las fuerzas productivas y (o) corran a chorros los manantiales de la riqueza colectiva..." (*Crítica del programa de Gotha*). Sin embargo, veintisiete años antes (cf. el *Manifiesto*) Marx había atacado sin piedad el "rocío sentimental" de los socialistas alemanes...

[17] Incluso dijo lo contrario: "El comunismo es la forma necesaria y el principio energético del próximo futuro. Pero el comunismo no es, en tanto que tal, el fin de la evolución humana, es una forma de sociedad humana" (Notas preparatorias a *La Sagrada Familia*). Sin embargo, por el contexto parece que Marx apunta al tiempo inmediatamente posterior a la llegada al Poder del proletariado como clase dominante.

[18] Engels trabajó, a partir de 1873, en una *Dialéctica de la naturaleza* (que quedó inacabada), en la que se proponía demostrar que la naturaleza (independientemente de su relación con el hombre) sigue las mismas leyes que la Historia. Caso de que así sea, incluso un fin de la Historia no pone fin a una prolongación de las "mutaciones" del hombre, que, simplemente, habría franqueado un "umbral".

[19] Como afirmó Karl KAUTSKY en 1927 (*La concepción materialista de la Historia*).

al precisar en una carta a uno de sus amigos lo que él consideraba como sus aportaciones originales al pensamiento socialista, cita expresamente la tesis de la "dictadura transitoria del proletariado" (carta a Weydemeyer, 1852).

La tesis (aunque no la expresión "dictadura del proletariado") está perfectamente fijada en el *Manifiesto comunista* [20].

Fue reafirmada, de forma categórica, por Marx y Engels en la crítica a que sometieron, en 1875, el proyecto de programa del partido social-demócrata alemán *(Programa de Gotha)* [21].

En contrapartida, ni Marx ni Engels se aventuraron a precisar, ni siquiera después del *test* de la Commune de París, una multitud de cuestiones planteadas por esa "dictadura". ¿Cuánto tiempo puede durar? ¿Quién la ejercerá: un "partido" organizado del proletariado (es decir, una minoría), dirigentes elegidos y revocables o Comités populares? ¿En qué será una "dictadura"? ¿Acaso en que, como toda forma política precomunista, el "Poder público" es todavía instrumento de una clase que gobierna como clase? ¿O será una "dictadura" según los criterios habituales de la ciencia política, en la que no se garantizará ninguna libertad y en la que el ejercicio del Poder será arbitrario?, etc.

Esta falta de precisión parece responder a un método. Poco antes de su muerte se le pidió a Marx que respondiera a la pregunta siguiente: "¿Cuáles son las leyes a adoptar y cuáles a abrogar sin demora, tanto en el plano político como en el orden económico, para realizar el socialismo si, por cualquier medio, llegaran los socialistas al Poder?". Marx contesta que "la pregunta se sitúa en las nubes..., no pudiendo ser, por consiguiente, la respuesta más que la crítica de la propia pregunta". Y añade: "La anticipación doctrinal y necesariamente fantástica del programa de acción para una revolución futura no hace sino desviarnos del programa presente" [22] Todavía, en 1891, Engels se irrita contra la manía de los social-demócratas alemanes de colocar "en primer plano cuestiones políticas generales, abstractas, (ocultando) con ello las cuestiones concretas más apremiantes que, a los primeros acontecimientos importantes, a la primera crisis política, vienen por sí mismas a inscribirse en la orden del día" *(Crítica del programa de Erfurt)* [23].

___

[20] "... El primer paso de la revolución obrera es la elevación del proletariado a clase dominante, la conquista de la democracia... Esto, naturalmente, no podrá cumplirse al principio más que por una violación despótica del derecho de propiedad y de las relaciones burguesas de producción..."

[21] Texto de MARX: "Entre la sociedad capitalista y la sociedad comunista media el período de la transformación revolucionaria de la primera a la segunda. A este período corresponde también un período político de transición cuyo Estado no puede ser otro que la *dictadura revolucionaria del proletariado*". Texto de ENGELS: "Siendo el Estado una institución meramente transitoria, que se utiliza en la lucha, en la revolución, para someter por la violencia a los adversarios, es un absurdo hablar (como hace el *Programa de Gotha)* de un Estado popular libre: mientras el proletariado *necesite* todavía del Estado no lo necesitará en interés de la libertad, sino para someter a sus adversarios, y tan pronto como pueda hablarse de libertad el Estado, como tal, dejará de existir" (Carta a Bebel).

[22] Carta a Domela Nieuwenhuis; 22 de febrero de 1881. Otros párrafos de esta carta: Marx afirma que los problemas ante los que se encontrarán los socialistas el día de su acceso al Poder "no tienen en absoluto un carácter específicamente socialista", que esos problemas son los que se encuentra todo "Gobierno nacido repentinamente de una victoria popular". Lo único seguro es "que un Gobierno socialista no llegará al timón de un país sin que las condiciones estén lo bastante desarrolladas como para adoptar, ante todo, las medidas necesarias para atemorizar a la burguesía, a fin de asegurarse la primera ventaja, el tiempo para una acción eficaz". En cuanto a la Comuna de París, "aparte de que se trataba de la sublevación de una sola ciudad, en condiciones excepcionales, pudo obtener un compromiso con Versalles, ventajoso para las masas populares, lo que era entonces la única cosa realizable. El embargo del Banco de Francia hubiera sido suficiente para poner fin, con el terror, a la megalomanía de Versalles".

[23] A decir verdad, todos los textos marxistas sobre esa "transición" abundan en contradicciones. En el texto de Engels citado más arriba éste afirma como "una cosa absolutamente segura" que la "forma de República democrática... es la forma específica de la dictadura del

Pero si no puede haber una "teoría política" del contenido y de la forma de la "transición" (como tampoco la hay de la sociedad comunista), y si en esta fase transitoria el "Poder" continúa siendo todavía, en una medida indeterminada, un Poder "político" que no escapa completamente (al menos, así lo parece...) a la condena dirigida por Marx contra la "categoría" de política, ¿cuál será la "especificidad" de la política que el proletariado debe realizar hasta la toma del Poder?

2. La lucha del proletariado en la política de los Estados.—A) Necesidad de la lucha.

—Aunque todas las revoluciones sean el resultado del desarrollo de las fuerzas productivas que, "en un momento dado", entran en violenta contradicción con las relaciones de producción preexistentes, el proletariado no ha de esperar tranquilamente su hora. Repitamos que, si bien el marxismo no es un "voluntarismo", tampoco es un "mecanicismo".

La lucha del proletariado es necesaria porque, desde su primera relación con la naturaleza, la acción consciente del hombre ha estado siempre íntimamente ligada a las transformaciones de la naturaleza.

Por lo demás, la lucha del proletariado es inevitable. Resultaría inútil esperar que su misma condición no le arrastrara a la lucha. Pero puede equivocarse respecto a los objetivos, aspirar a una "revolución política" (que no sería su revolución). Puede retrasar la hora de su liberación, dejándose seducir por el reformismo político o por el socialismo de Estado, dejándose engañar por quimeras religiosas o morales o por utopías vulgares. Naturalmente, a pesar de estos errores, no todo está perdido; tarde o temprano el proletariado será conducido a reemprender la lucha para sus propios objetivos. Sin embargo, ¿para qué retrasar, con la abstención y la política de espera, la verdadera revolución social, ahora que el proletariado comienza a tener en las manos las armas prácticas y teóricas que hacen posible esa revolución?

Por lo demás, el proletariado, mediante su lucha política a través de todos los medios (luchas parlamentarias, sindicales, culturales, etc.) y mediante su organización como "movimiento combatiente", obliga a la burguesía a defenderse. Esta puede pasar a la represión, lo que reforzará la conciencia de clase de los proletarios y les proporcionará aliados. La burguesía también puede realizar concesiones políticas, lo que favorecerá la lucha legal de los proletarios y debilitará al Estado. La burguesía puede reforzar su explotación económica, lo que proletarizará a las clases medias y tenderá a acentuar las contradicciones del capitalismo. Puede, también, tratar de mantener sus beneficios mediante una búsqueda del progreso técnico y la conquista de nuevos mercados y colonias. Esto desarrollará las fuerzas productivas, hará caducar a la propiedad privada, acrecentará la concentración capitalista, extenderá espacialmente al proletariado y unificará los movimientos proletarios del mundo.

---

proletariado, como ya lo demostró la Gran Revolución francesa". Pero la frase siguiente parece indicar que Engels apunta a la "República democrática", más como "forma" contraria al "Imperio" monárquico alemán que por el contenido "democrático" de una República. En 1875 Engels observaba que la Comuna de París "no era ya un Estado en el verdadero sentido de la palabra". Pero Marx hacía notar a este respecto que "la clase obrera no puede limitarse simplemente a tomar posesión de la máquina del Estado tal y como está y servirse de ella para sus propios fines" (*Guerra civil en Francia*, 1871). Marx y Engels nunca excluyeron la eventual utilización de la peor violencia en el ejercicio de la dictadura del proletariado. Pero tampoco mencionaron nunca con precisión esta "cuestión en las nubes", "general y abstracta". En cuanto al programa de medidas económicas y sociales enunciado en el *Manifiesto* de 1848, un prefacio a la nueva edición de 1872 nos previene de que ha envejecido y de que "no hay que atribuir (le) demasiada importancia...".

Por consiguiente, el proletariado nada tiene que perder en su lucha.

A condición, sin embargo, de que esta lucha sea conducida siempre como lucha de clases, con la mirada puesta en una revolución universal.

B) LA DIRECCIÓN DEL PROLETARIADO EN LUCHA.—El proletariado es arrastrado y guiado en su lucha por un partido político [24]. La necesidad del partido fue proclamada ya en el Manifiesto de la Liga de los Comunistas. Marx se interesó siempre por la constitución de los partidos y la organización del proletariado; militó a veces en ellos, los dirigió, fue siempre su consejero y, más aún, su crítico y su educador [25].

Sin embargo, ni Marx ni Engels consideraron que la forma de organización en "partido político" fuese imperativa. Si el partido se desvía, más vale abandonarlo y combatirlo. Si las circunstancias o la inmadurez del proletariado hacen imposible o prematura la forma del partido político, puede ser necesario dedicarse a la acción educativa, sindical, a la reflexión teórica, a una organización como la Asociación Internacional de Trabajadores.

¿Qué caracteres debe ofrecer una organización de lucha del proletariado?

Por lo pronto, en cuanto a su sociología, Marx nunca cedió al "obrerismo". Cuando Tolain y los proudhonianos pidieron, en el seno de la Primera Internacional, que la Asociación se cerrara a los intelectuales o que, por lo menos, los delegados de las secciones fuesen obreros (lo que apuntaba muy directamente contra Marx), Marx se opuso vigorosamente, y con éxito, a tales pretensiones.

El partido o la organización deben tener una doctrina científica irreprochable. Ningún error doctrinal carece de consecuencia; y el admitirlo, aunque sea en nombre de la unidad o por razones tácticas, no puede sino extraviar al proletariado. Esta severidad respecto al contenido científico de la doctrina es tanto más imperiosa cuanto que la lucha del proletariado impone compromisos en la acción, retrocesos, alianzas tácticas, etc.

En cuanto a la organización y a la disciplina interior del partido, el pensamiento de Marx y Engels es matizado.

En efecto, Marx se opuso, en el seno de la Internacional, de manera sucesiva, a los partidarios de Mazzini, que deseaban dar a la Asociación una organización muy centralizada y rígida, y a los de Bakunin, que, por el contrario, hubieran querido que cada sección de la Internacional dispusiera de una total autonomía, sin estar sujeta a las decisiones del Comité Central [26]. En 1891 Engels, que había desencadenado la cólera de los dirigentes del partido socialista alemán al publicar la crítica de Marx al Programa de Gotha, les pidió que fueran "un poco menos prusianos", señalándoles como ejemplo la libre discusión que reinaba en el partido británico *tory*, y haciéndoles la observación de que "la disciplina no puede ser tan estricta en un gran partido como lo es en una pequeña secta" [27].

---

[24] Cf. el *Manifiesto*: "Esta organización del proletariado en clase y, por tanto, en partido político...". Véase también la importantísima carta de Marx a Bolte, del 29 de noviembre de 1871 (en la recopilación *Critique des programmes de Gotha et d'Erfurt*).

[25] Actividad incansable. Además de la actividad de Marx y Engels con respecto a los socialistas alemanes, ambos ayudaron a los movimientos socialistas inglés, belga, holandés, suizo, americano, etc. Marx redactó, junto con su yerno Lafargue y Jules Guesde, el programa del "Partido obrero francés", fundado por este último.

[26] Para los bakuninistas la sección autónoma de la Internacional debería ser la prefiguración de la sociedad futura (v. más abajo, pág. 504).

[27] Engels reivindica el derecho a la oposición: "Ningún partido de ningún país puede condenarme al silencio si estoy decidido a hablar" (carta a Bebel, 1 de mayo de 1891).

Por último, en su acción, el partido debe practicar el internacionalismo (véase más adelante, págs. 503-504).

C) LA UTILIZACIÓN DE LA DEMOCRACIA BURGUESA.—Marx y Engels establecieron siempre, desde sus primeras experiencias políticas en Alemania hasta sus últimos textos, una diferencia fundamental entre las posibilidades ofrecidas al proletariado en el marco de un Estado burocrático y no democrático como el Imperio alemán, y las que ofrece la democracia política, aun siendo burguesa.

Aunque Marx no descartó nunca *a priori* la hipótesis de que, en su época, el proletariado podría tal vez, en determinados países privilegiados, conquistar definitivamente el Poder, nunca contó con esta eventualidad. En cambio, tanto a propósito de las revoluciones de 1848 en Francia y Alemania como de la insurrección parisiense de 1848, creyó siempre que el proletariado debería provisionalmente contentarse, "tras intimidar a la burguesía", con pactar con ella un compromiso para una extensión de la democracia (v., sin embargo, más adelante, las hipótesis de Engels, pág. 502).

El partido no elude ni la acción electoral ni la acción parlamentaria. Sostiene, en este plano, "todas las reivindicaciones adecuadas para mejorar la situación del proletariado" (Engels, *Crítica del programa de Erfurt*).

¿Dónde detenerse en la práctica? El límite de la utilización, ¿puede ser determinado fuera de cada situación concreta o puede inferirse de un principio doctrinal? Marx y Engels sintieron siempre el mayor desprecio hacia los *Realpolitiker,* y pusieron siempre en guardia al proletariado contra el oportunismo. Pero desde el momento en que el partido del proletariado llega a ser numeroso y utiliza la democracia, participando de su funcionamiento, ¿no tropieza, al mismo tiempo, con toda la inautenticidad fundamental que Marx denunció en la política? [28]. De ahí nacerán todos los problemas ulteriores del marxismo.

D) ¿PASAJE PACÍFICO O INSURRECCIÓN?—Marx llegó a aproximarse, tácticamente, a los blanquistas, por considerarles los revolucionarios más resueltos. Sin embargo, desde 1845-46, Marx desconfió mucho de toda organización revolucionaria de carácter insurreccional.

Esta es una de las razones por las que no retrocederá ante la disolución de la "Liga de los Comunistas" en 1852. Una de las razones de su conflicto con Bakunin, en el seno de la Primera Internacional, fue el deseo de éste de dar a cada sección de la Internacional una actividad insurreccional o terrorista aislada y autónoma. Siempre le pareció pueril el terrorismo anarquista. Y siempre condenó las insurrecciones prematuras y aisladas. Cuando se inició la Comuna de París, esta loca insurrección le pareció incluso menos importante para la lucha de clases que la victoria prusiana, de la que esperaba la unidad política de Alemania, condición favorable para el desarrollo de un fuerte proletariado alemán.

Sin embargo, una insurrección, llegada a su hora, ¿es para Marx la condición inevitable para el derrumbamiento de la antigua sociedad y la toma del Poder por el proletariado?

Tampoco en esta ocasión Marx respondió: se limitó a responder "con la crítica de la pregunta", "abstracta", según él. Ello implica que no excluyó

---

[28] El texto más importante sobre las posibilidades revolucionarias abiertas a la acción política "legal" de los comunistas es el largo prefacio escrito por ENGELS en 1895 (año de su muerte) para la obra de MARX, *Las luchas de clases en Francia.*

la posibilidad de una insurrección violenta, pero que tampoco la consideró imprescindible[29]. En cualquier caso, el proletariado no ha de organizarse ni en la espera ni en la preparación de una insurrección. Pero, en tal caso, ¿no estará condenado a "hacer política"?

En un texto fundamental —y poco citado— Engels admitió muy claramente que la democracia política burguesa podía permitir, en ciertos países, el paso pacífico, y por la vía parlamentaria, al socialismo[30]. Cabe preguntarse si semejante paso sería posible sin que los dirigentes del proletariado, y el mismo proletariado, se impregnaran de ese "espíritu político", del que Marx había dicho poco ha que era "incapaz de comprender la causa de las taras sociales" (v. más atrás, págs. 479-480).

E) EL PAPEL DE LAS DEMÁS CLASES EN LA LUCHA DEL PROLETARIADO.—
En el *Manifiesto comunista* de 1848 se afirmaron dos ideas que no serán ya puestas en duda:

— El proletariado no se niega a *priori* ni a aceptar la colaboración de otras clases ni a aportarles momentáneamente su ayuda para objetivos comunes.

— Estas clases —decidido ya el destino de la burguesía y dejando a un lado el caso de los campesinos— periclitan en el régimen capitalista y están llamadas a desaparecer por obra de la gran industria.

El primer punto está determinado por la "situación revolucionaria", en determinados momentos históricos, de tal o cual clase. En 1848 el *Manifiesto comunista* señala que "las capas medias no son, pues, revolucionarias, sino conservadoras"; en 1875 Marx subraya, por el contrario, su papel revolucionario, en función de su paso inminente al proletariado *(Crítica del programa de Gotha)*. Marx acentúa aquí una idea ya presente en el *Manifiesto*. Cf. también Engels, *Carta a Bebel,* sobre el mismo programa.

El caso de los campesinos es muy especial. Como es sabido, preocupó cada vez más a Marx, que tuvo en varias ocasiones la intuición de que esa clase se resistiría a la absorción en el proletariado y podría desempeñar un importante papel revolucionario o contrarrevolucionario. Sin embargo, ninguna de las grandes obras terminadas de Marx y Engels trata expresamente este problema (como no sea, incidentalmente, *El 18 Brumario de Luis Bonaparte;* por lo demás, no parece que Marx mantuviera, en sus últimos años, el juicio expresado en esta obra sobre los "campesinos parcelarios"). Al final de su vida Marx intercambió una prolongada corresponden-

---

[29] ENGELS, en su prefacio a *Las luchas de clases en Francia,* afirma que la insurrección, en la Alemania de la época no sólo es inútil, sino también difícil.

[30] "Se querría hacer creer que la sociedad actual, al desarrollarse, pasa poco a poco al socialismo; pero esto equivale a olvidar que tiene que salir primero de su vieja envoltura y que, en Alemania, tiene además que romper las trabas del orden político semi-absolutista. Cabe pensar que la vieja sociedad podrá evolucionar pacíficamente hacia la nueva, en aquellos países en los que la representación popular concentra en sí misma todo el poder, o en donde, según la Constitución, puede hacerse lo que se quiera desde el momento en que se tenga tras sí a la mayoría de la nación, en Repúblicas democráticas como Francia y América, en monarquías como Inglaterra..." *(Crítica del programa de Erfut,* 1891). Debe notarse que Engels no prevé en absoluto la vuelta al Poder de los adversarios... En su prefacio a *Las luchas de clases en Francia* (1895), texto no menos importante sobre el tema, Engels compara el crecimiento pacífico e irresistible del socialismo en el Estado contemporáneo con el del cristianismo en el Imperio romano.

cia con jóvenes populistas rusos [31] sobre la estructura de la economía y la comunidad rural rusas, enfrentándose con el problema de la posibilidad (sobre la que no se pronunció claramente) de una revolución social "total" en un país en el que el campesinado fuera, con mucho, la clase más numerosa y la más semejante a la de los proletarios en los países industrializados [32].

Este problema del "agente revolucionario" es fundamental, ya que toda la lucha política se resume, para Marx, en la lucha de clases. Ahora bien, ¿conservará el proletariado los caracteres que, según Marx, le convierten en el único agente posible de una verdadera revolución? A su lado, ¿qué clases pueden desempeñar un papel supletorio? Marx nunca escribió el capítulo sobre las clases sociales, previsto para el libro III de *El capital...*, y su última obra (1880) es un *Cuestionario para una encuesta sobre la condición de los obreros franceses*. El problema, dejado en suspenso, dividirá a los marxistas después de 1900. Al igual, por lo demás, que el problema de saber si "la" revolución será obra de los proletariados unidos de las naciones o del proletariado de una nación, ayudado por otras clases del país.

F) LA REVOLUCIÓN PERMANENTE.—En una situación histórica concreta puede existir una coincidencia provisional entre el interés del proletariado, organizado en "partido independiente", y el de los "pequeños burgueses democráticos y republicanos", para derribar la supremacía de una clase que impide su desarrollo respectivo. Pero el proletariado organizado no debe dejarse aprisionar en la trampa de esta revolución deseada, en su interés exclusivo, por aliados provisionales; ni dejarse seducir por ellos para participar en una organización común, porque, realizada la revolución, dichos aliados, en nombre de todos los asociados, se apresurarán a decretar al revolución acabada. Para el proletariado la revolución debe ser *permanente*.

"Es interés y deber nuestro hacer la revolución permanente hasta que hayan sido arrojadas del poder todas las clases en cualquier grado poseedoras... no sólo en un país, sino en todos los principales países del mundo...
"En una palabra: en cuanto la victoria se alcance, la desconfianza del proletariado no debe dirigirse contra el partido reaccionario vencido, sino contra sus antiguos aliados, contra el partido que quiere monopolizar la victoria común...
"Su grito de guerra debe ser: permanencia de la revolución" (*Mensaje del Comité Central a la Liga de Comunistas*, marzo 1850).

G) EL INTERNACIONALISMO PROLETARIO.—Marx siguió siempre, con una extrema atención, la lucha de todos los prelatariados europeos. Y no tanto, como frecuentemente se ha dicho, porque "apostara" sucesivamente sobre algunos de ellos —con la esperanza de que uno consiguiera realizar la "revolución social", arrastrando, tal vez, a los demás—, como porque pensara que la experiencia de la respectiva lucha de cada proletariado es instructiva para todos y que el conocimiento práctico de la experiencia de los demás puede acelerar la toma de conciencia, para cada proletariado, del carácter universal e inevitable de la lucha de clases.

El *Manifiesto comunista* no preconiza, propiamente hablando, una estrategia concertada de todos los proletarios, con vistas a una subversión general. Se limita a afirmar que "los obreros no tienen patria" a causa de

---

[31]   Algunos de ellos llegaron a ser importantes teóricos marxistas: Vera Zasulich, Danielson, etc.
[32]   El tema será ampliamente recogido por Bernstein, Kautsky, Lenin (v. más adelante, páginas 560, 562-564).

su situación, pero que el proletariado de cada país "debe... constituirse en nación" y que por ello "todavía es nacional, aunque de ninguna manera en el sentido burgués". Más adelante añade que "los comunistas trabajan en todas partes por la unión y el acuerdo entre los partidos democráticos de todos los países".

"¡Proletarios de todos los países, uníos!"

El proletariado, clase con vocación universal, no puede sino entrar en lucha contra todas las separaciones. Debe oponerse especialmente a la política imperialista de guerra de los Estados burgueses, que conduce a que los obreros de los diferentes países se maten entre sí, y que trata de hacerles concebir la esperanza de que una parte de su miseria será transferida al proletariado de las naciones sometidas. El proletariado no ha de favorecer la victoria de su burguesía.

Sin embargo, aunque el principio es cierto, ha de tenerse en cuenta, en su aplicación, el marco nacional actual en el que se desarrolla la lucha de cada proletariado, así como la marcha dialéctica de la lucha de clases [33].

Por esta razón la actitud concreta recomendada por Marx no está exenta de un cierto oportunismo táctico.

Marx siempre se opuso firmemente a subordinar la estrategia revolucionaria a la ideología patriótica y nacionalista de los dirigentes burgueses. Así se explica su absoluta repulsa del nacionalismo de los lassallianos. Sin embargo, en el seno de la Primera Internacional se opondrá también a Bakunin, quien pretendía que todos los proletarios se alzaran simultáneamente contra cualquier clase de guerra nacional, aprovechando la situación de guerra para liquidar a sus propias burguesías en el acto. Para Marx el problema es diferente. El objetivo a alcanzar es que el proletariado se apodere, en primer lugar, del Poder político actual; ahora bien, actualmente ese Poder sólo existe en el marco geográfico nacional; así, pues, es preciso luchar dentro de ese marco. Ahora bien, si una guerra es provisionalmente uno de los medios técnicos que permiten acelerar las condiciones que permitirían al proletariado aproximarse al momento de tomar el Poder, el proletariado no ha de oponerse a esa guerra (y en forma alguna mediante una acción terrorista o insurreccional prematura, que no haría más que unir contra él a los demás grupos sociales).

Nos enfrentamos de nuevo aquí con la permanente preocupación de Marx por evitar cualquier revolución prematura, cualquier acción que no descanse en un análisis completo de los hechos y en una íntima alianza de la voluntad revolucionaria con el desarrollo objetivo de las condiciones revolucionarias [34].

Sin embargo, ¿no es acaso esta dosificación de lo "posible" y lo "deseable" la defini-

---

[33] "Naturalmente, la clase obrera, para poder luchar, tiene que organizarse *como clase* en su propio país, ya que éste es la palestra inmediata de sus luchas. En este sentido, su lucha de clases es nacional, no por su contenido, sino... por su forma... ¡De los deberes *internacionales* de la clase obrera alemana no se dice... ni una palabra! [en ese programa de inspiración lassalliana]" (MARX, *Crítica del programa de Gotha*). Engels, a propósito del mismo programa, sugiere "decir, por ejemplo": "Aunque el partido obrero alemán actúa, en primer término, dentro de las fronteras del Estado del que forma parte..., tiene conciencia de su solidaridad con los obreros de todos los países y estará siempre dispuesto a seguir cumpliendo, como hasta ahora, con los deberes que esta solidaridad impone" (*Carta a Bebel*, 1875). Engels cita, entre estos deberes, la ayuda material a los proletarios extranjeros, la información mutua, la agitación contra la guerra o las amenazas de guerra, la actitud a observar durante estas guerras...

[34] Por esta razón Marx tratará de hacer de la Primera Internacional, sobre todo, un órgano de formación y cooperación.

ción más clásica de política? El proletariado se vinculó en su lucha —a pesar de los consejos e informes dados por la Internacional— al contexto de la política de los Estados y de su Estado. No se evadió de la política. ¿Y no será condición inexcusable para ello el que un proletariado nacional, consiguiendo tomar el Poder, le enseñe el camino, identificándose entonces totalmente la política exterior de este Estado con la lucha de clases a escala planetaria? Tampoco este problema podrá ser evitado en el desarrollo ulterior del marxismo.

BIBLIOGRAFIA [35]

I. Textos de Marx y Engels.

A) Obras completas.

A pesar del apasionado interés suscitado, tanto entre los adversarios como entre los partidarios, por la obra de Marx, no existe ninguna edición completa. La gran *Marx-Engels Gesamtausgabe (MEGA)*, cuya publicación fue comenzada antes de la segunda guerra mundial bajo los auspicios del Instituto Marx-Engels-Lenin, de Moscú, cumple en conjunto las condiciones de una edición científica, pero se detiene, aproximadamente, en 1849. Existe una edición rusa más completa; pero, aparte de que es de difícil acceso, tiene algunas lagunas, habiendo sido considerados subversivos, al parecer, ciertos artículos sobre la diplomacia rusa del siglo XIX. La segunda edición de las obras, actualmente en curso, en ruso, en Moscú, y en alemán, en Berlín-Este, comprende actualmente 17 tomos, v se constituye por los escritos de Marx y Engels hasta 1872. Esta edición lleva también las señales de una censura ideológica; así, los manuscritos económico-filosóficos, publicados antes en la *MEGA*, han sido excluidos. Se promete, sin embargo, que contendrá materiales inéditos, especialmente el conjunto de manuscritos destinados a los tomos II y IV de *El capital*, de los que sólo una parte fue publicada por Engels y Kautsky hace medio siglo.

En francés, la Librairie Costes y las Editions Sociales publican sendas colecciones de Marx tituladas "Obras completas". La de Costes contiene ya 55 volúmenes, pero dista todavía mucho de resultar completa. Además, las traducciones no son fieles; los escritos póstumos publicados se han tomado de versiones anteriores a la *MEGA*, frecuentemente inadecuadas. En conjunto, la edición de Editions Sociales es netamente superior, tanto por la presentación como por la calidad de las traducciones; pero no contiene, todavía, más que algunos títulos. A falta de una edición conveniente de obras completas, puede prestar grandes servicios la bibliografía de Rubel:

Maximilien RUBEL, *Bibliographie des oeuvres de Karl Marx*, Avec en appendice un répertoire des oeuvres de Friedrich Engels, M. Rivière, 1956, 272 págs. Del mismo autor, *Supplément à la bibliographie des oeuvres de Karl Marx*, Rivière, 1960, 79 págs.

B) Obras escogidas.

Los mejores trozos escogidos son los de Henri LEFEBVRE y N. GUTERMAN, Gallimard, 1963, 379 págs. También puede utilizarse el volumen de Maximilien RUBEL, *Karl Marx. Pages choisies puor une éthique socialiste*. M. Rivière, 1948, LVL381 págs. (la materia es interesante, aunque ha sido elegida y ordenada para ilustrar una tesis bastante discutible). Lo mismo sucede con las páginas escogidas por BOTTOMORE y RUBEL, *Karl Marx. Selected writings in Sociology and Social Philosophy*, Londres, Watts, 1956, XIV-268 páginas. Ver también *Les marxistes* presentado por Kostas PAPAIONNOU, "J'ai lu", 1965, 512 páginas (Antología que comprende hasta la época contemporánea).

C) Principales obras políticas.

Sin duda, la edición francesa más útil del *Manifiesto* es la de Costes: *Manifeste du parti communiste*, A. Costes, 1953, XX-227 págs. (con una introducción histórica de Riazanov y curiosos inéditos). Existe igualmente una buena traducción francesa en las Editions

---

[35] Tenemos que agradecer a M. Stuart R. Schram el que nos haya proporcionado utilísimas indicaciones para confeccionar tanto esta bibliografía como la referente a Lenin (vid. más adelante, págs. 580-582).

Sociales: Karl MARX y Friedrich ENGELS, *Manifeste du parti communiste*, 1946, 64 páginas. Para hacerse una idea del punto de partida y de la conclusión de la reflexión política de Marx consúltese, por un lado, la *Crítica del derecho público de Hegel* y *En torno a la crítica de la filosofía del Derecho de Hegel*, de 1843-1844 (Vid., en versión francesa, en Costes, *Oeuvres complètes*, serie "Oeuvres philosophiques", tomo I y IV), y, por tanto, la *Crítica del programa de Gotha*, de 1875, que constituye, en cierto modo, el testamento político de Marx (de las versiones francesas, utilícese preferentemente la traducción publicada por las Ed. Soc.: Karl MARX y Friedrich ENGELS, *Critique des programmes de Gotha et d'Erfurt*, Editions Sociales, 1950, 143 págs., con un apéndice que contiene: notas de Lenin sobre la *Crítica del programa de Gotha* y cartas de Marx y Engels). [En castellano. *En torno a la crítica de la filosofía del Derecho de Hegel* está incluida en: MARX y ENGELS, *La Sagrada Familia y otros escritos filosóficos*, trad. de Wenceslao Roces, Méjico, Grijalbo, 1958, XI-208 págs.; el *Manifiesto* y la *Crítica del programa de Gotha* están incluidos en las *Obras escogidas* editadas por Editorial Cartago, Buenos Aires, 1957, 802 págs., que siguen el texto de la edición del Instituto M-E-L; en la misma Editorial, *Correspondencia*, 1957, 367 págs., de acuerdo también con el I. M-E-L; las citas de Marx y Engels para esta edición castellana, han sido tomadas, cuando han sido posible, de estas traducciones.]

A los lectores franceses les interesará particularmente la trilogía constituida por *Las luchas de clases en Francia (1848-1850)*, *El 18 Brumario de Luis Bonaparte* y *La guerra civil en Francia (1871)*. (Vid. la edición francesa en Editions Sociales, *Oeuvres complètes de K. M.*; los dos primeros volúmenes en uno solo; el tercero aparte.) [Las tres obras citadas incluidas en la edición castellana de *Obras escogidas* anteriormente citada.] Entre los escritos de Marx relacionados especialmente con Francia cabe citar también *Miseria de la filosofía*, dirigida contra Proudhon y redactada directamente en francés. Utilícese aquí la edición Costes (1950, XXXVII-255 págs.), que publica las anotaciones marginales de Proudhon. [Una antigua edición castellana: *Miseria de la Filosofía*, precedida de una carta de F. Engels y unos apuntes sobre las teorías y obras del autor por J. Mesa. Madrid, Ricardo Fe, 1891; vid. *infra* otra traducción de Ed. Bergua.]

Como los escritos de Marx desbordan generalmente el marco de una sola disciplina, conviene citar algunos de ellos de tema no explícitamente dependiente de la política. Así, *La ideología alemana*, de carácter sobre todo filosófico, pero cuyas resonancias políticas son importantes.

En cuanto a las obras económicas, el primer lugar corresponde, evidentemente, a *El capital*. Respecto al primer tomo, la mayoría de las ediciones francesas reproducen la traducción Roy, realizada bajo el control personal de Marx, que la recomendó incluso a aquellos lectores que sabían alemán. Respecto a los restantes, la nueva traducción de las Editions Sociales, cuya publicación está llegando a término, es, con mucho, la mejor de las versiones francesas: *Le capital. Critique de l'économie politique*, libro primero, traducción de J. ROY, 3 vols., 1948-1950; libro segundo, traducción de E. COGNIOT, 2 vols., 1952-53; libro tercero, traducción de Mme. C. COHEN-SOLAL y G. BADIA, 3 vols., 1957-61. Remitirse al tomo I (Economía de *"Oeuvres de Marx"*, publicadas por M. RUBEL en la colección de la Pléiade, Gallimard, 1963, CLXXVI-1, 818 págs. (prefacio de François PERROUX). Hay versión castellana de los tres tomos: *El capital. Contribución a la crítica de la economía política*, trad de Wenceslao Roces, Méjico, Fondo de Cultura Económica, 1946-47, IX-1012, 631, 1184 págs.; traducida también por ROCES, *Historia crítica de la plusvalía*, Méjico, Fondo de Cultura Económica, 1945, XXX-293, 577 y 437 págs.]

La *Contribución a la crítica de la economía política* es interesante sobre todo por la introducción, que contiene un célebre pasaje que constituye la formulación más clara y más explícita de la teoría del determinismo económico en la Historia. (Este texto se encuentra, por lo demás, en todas las recopilaciones de trozos escogidos.) [Y también en las citadas *Obras escogidas* en castellano.] Ha aparecido una nueva traducción francesa en las Editions Sociales, 1957, XVIII-310 págs. [Una versión en castellano: *Crítica de la economía política*, seguida de la *Miseria de la filosofía*, trad. de Javier Merino, Madrid, Bergua, 1933, 430 págs.]

Los *Manuscritos de 1844 (economía política y filosofía)* han sido publicados bajo la dirección de Emile BOTTIGELLI, Editions Sociales, 1962, LXIX-179 págs.

En cuanto a la producción independiente de Engels, es preciso citar *El origen de la familia, de la propiedad privada y del Estado* (que constituye la fuente de las ideas defendidas todavía hoy por la mayoría de los marxistas en lo que respecta a la sociedad primitiva) y, sobre todo, el *Anti-Dühring (Eugenio Dühring revoluciona la ciencia)*; la mejor versión francesa de estas obras es la de Editions Sociales: *L'origine de la famille, de la propieté privée et de l'Etat*, 1954, 359 págs. *Anti-Dühring*, 1950, 543 págs. De esta segunda obra se separaron, viviendo el autor, tres capítulos, frecuentemente publicados en forma de folleto con el título *Socialismo utópico y socialismo científico* (publicado en francés por Editions Sociales, 1945, 32 págs.), así como otras páginas interesantes con el título *El papel de la violencia en la Historia* (Ed. Soc., 1946, 104 págs.) [*El origen de la familia*... y *Socialismo utópico y socialismo científico* están incluidas en las ya citadas *Obras escogidas* en castellano; de la primera hay una antigua traducción de La España Moderna; del *Anti-Dühring* hay traducciones castellanas de La España Moderna, Bergua y Cenit, siendo esta última, obra de Wenceslao Roces, la mejor edición: *Anti-Dühring*, Madrid, Cenit, 1932, XXVII-434 págs. Una tercera edición de la traducción de W. Roces ha sido publicada por Pueblos Unidos en Montevideo.] Mencionemos, por último, los textos reunidos por BLACKSTOCK y HOSELITZ en un volumen titulado *The Russian Menace to Europe*, Londres, Allen and Unwin, 1953, 268 págs. (en los que se encuentran, no sólo artículos polémicos de una extremada violencia dirigidos contra la "amenaza eslava", sino, sobre todo, análisis muy interesantes sobre el papel de la comuna rural en la sociedad rusa y sobre las perspectivas del socialismo en el Imperio de los zares). No debe olvidarse, por último, la *Crítica del programa de Erfurt* (en la recopilación de Editions Sociales: *Critique des programmes de Gotha et d'Erfurt*).

II. ESTUDIOS.

A) Iniciaciones.

Una buena introducción en francés: Henri LEFEBVRE, *Pour connaître la pensée de Karl Marx*, Bordas, 1947, 248 págs. (nueva edición completada, 1956). H. LEFEBVRE ha publicado también, en la serie "Classiques de la Liberté", un análisis de las concepciones hegeliana y marxista de la Libertad (seguida de trozos escogidos de obras de Marx), que constituye una introducción muy sugestiva al pensamiento marxista: *Marx (1818-1883)*, Ginebra, Trois Collines, 1947, 223 págs. Para quien quiera confrontar esta exposición favorable con otra, más crítica, se puede aconsejar el pequeño volumen de Sidney HOOK: *Marx and the Marxists*, Princeton, Van Nostrand, 1955, 254 págs.) (Anvil Books, núm. 7). Esta obra, compuesta a medias por una introducción y citas está dedicada, como su título indica, no sólo a Marx, sino también a sus sucesores. Justo respecto a Marx, muy hostil respecto a Lenin, sin hablar de Stalin. Otra obra americana que aporta una exposición crítica más original y bastante objetiva del pensamiento de Marx: Alfred MEYER, *Marxism. The Unity of Theory and Practice*, A critical enssay, Cambridge, Massachusetts, Harvard, U. P., 1954, XX-181 págs. (Russian Research Center Studies, 14). Por último, para quien buscara obras más cortas en lengua francesa, dos obritas: Henri ARVON, *Le marxisme*, Armand Colin, 1955, 216 págs. Henri LEFEBVRE, *Le marxisme*, P. U. F., 1952, 128 págs. Finalmente, el curso de Jean BRUHAT en el Instituto de Estudios Políticos, de París, *Le marxisme*, Amicale des Éléves, 1963, multig. 614 págs.

B) Interpretaciones del pensamiento de Karl Marx.

La mayoría de los intérpretes del pensamiento de Karl Marx —marxistas, cristianos o "sindicalistas revolucionarios"— se han interesado o por la filosofía o por la doctrina económica de Marx. En cambio, que nosotros sepamos, no se ha escrito ningún estudio particular válido sobre el pensamiento político de Marx, y ni siquiera sobre su crítica de la política.

1.º *Obras más especialmente dedicadas a la "filosofía" de Marx.*—Auguste CORNU, *La jeunesse de Karl Marx (1817-1845)*, Alcan, 1934, 432 págs. (tesis de Letras). Del mismo autor, *Karl Marx et Friedrich Engels. Leur vie et leur oeuvre*, 3 vols.: tomo I: *1818-1820-1842*; tomo II: *1842-1844*; III: *Marx à París*, P. U. F., 1955-1962. (obras minuciosas, que contienen una considerable documentación), R. P. Jean-Yves CALVEZ, *La pensée de Karl Marx*, Ed. du Seuil, 1956, 664 págs. (abundante bibliografía crítica.

Es hoy día, en lengua francesa, la obra más completa sobre el conjunto del pensamiento marxista. Constituye una crítica comprensiva pero rotunda del marxismo). [Hay versión castellana: Jean-Yves CALVEZ, El pensamiento de Carlos Marx, trad. de Florentino Trapero, Madrid, Editorial Taurus, 1958, 599 págs.] Por consiguiente, resulta interesante leer la réplica de los intelectuales marxistas: Henri DENIS, Roger GARAUDY, Georges COGNIOT, Georges BESSE, Les marxistes répondent à leurs critiques catholiques, Editions Sociales, 1957, 96 págs. Otros puntos de vista: Henri DESROCHES, Signification du marxisme, Ed. ouvrières, 1949, 395 págs. (busca una posible conciliación entre marxismo y cristianismo). Jean LACROIX, Marxisme, existentialisme, personnalisme, P. U. F., 2.ª ed., 1951, 123 págs. [Hay traducción española en ed. Fontanella, Barcelona, 1962, 155 págs.] Sólo el primer capítulo, que contiene un penetrante análisis de la praxis, concierne al marxismo. Henri LEFEBVRE, Le matérialisme dialectique, 2.ª ed., P. U. F., 1949 (obra de acceso un poco difícil: constituye el análisis filosófico más detallado de la dialéctica marxista, opuesta a la dialéctica hegeliana, así como de las relaciones entre determinismo y libertad en el sistema de Marx). Maximilien RUBEL, Karl Marx, essai de biographie intellectuelle, Rivière, 1957, 464 páginas (Rubel, socialista admirador de Marx, lo considera un "ético" que habría intentado unir la "utopía" con la "sociología científica". La obra resulta interesante, pero la tesis es en extremo discutible y, por lo demás, está mal fundamentada: véase la severa crítica de Lucien GOLDMANN, "Propos dialectiques. Y a-t-il une sociologie marxiste?", Les Temps Modernes, octubre de 1957, páginas 729-751. Este artículo constituye una contribución muy interesante a la historia del marxismo).

2.º Obras concernientes más especialmente a la doctrina económica y social de Karl Marx.—Henri BARTOLI, La doctrine économique et sociale de Karl Marx, Ed. du Seuil, 1950, 413 págs. Jean BÉNARD, La conception marxiste du capital, Société d'éd. d'enseignement supérieur, 1952, 367, págs. Pierre BIGO, Marxisme et humanisme, introduction à l'oeuvre économique de Karl Marx, P. U. F., XXXII-271 págs. Arturo LABRIOLA, Karl Marx. L'économiste, le socialiste (prefacio de G. SOREL), M. Rivière, 1923, XXXVIII-263 páginas. Jean MARCHAL, Deux essai sur le marxisme, Médicis, 1954. Véase también la obra, discutible, pero interesante, de Pierre NAVILLE, Le nouveau Léviathan. I: De l'aliénation à la jouissance (la genèse de la sociologie chez Marx et chez Engels), Rivière, 1957, 514 págs., y Kostas AXELOS, Marx penseur de la technique. De l'aliénation de l'homme à la conquête du monde. Editions du Minuit, 1961, 327 págs.

3.º Sobre la "política" de Marx.—Consultar las obras anteriormente citadas de H. BARTOLI, J.-Y. CALVEZ, A. CORNU, J. LACROIX, H. LEFEBVRE, (especialmente Le marxisme, colección "Que sais-je?"), M. RUBEL. Mencionemos también: M. RUBEL, Karl Marx devant le bonopartisme, París, La Haya, Mouton, 1960, 168 págs., consagrado, en gran parte, al análisis de los artículos en los que Marx estudió, día a día, la evolución del Segundo Imperio. Sin embargo, nada puede remplazar la lectura de las obras de Marx y Engels citadas más atrás. La obra del R. P. Henri CHAMBRE, Le marxisme en Union Soviétique, idéologie et institutions (Ed. du Seuil, 1955, 510 págs.), aunque se refiere a los desarrollos y aplicaciones del marxismo en la U. R. S. S., contiene, sin embargo, pasajes muy útiles para la comprensión de las teorías políticas de Marx y Engels (cf. especialmente: Introducción, segunda parte, caps. VI y VII). [Hay versión castellana: Henri CHAMBRE, El marxismo en la Unión Soviética, trad. de J. A. González Casanova, Madrid, Editorial Tecnos, Colección Semilla y Surco, 1960, 460 págs.]

Por último, dos obras, no dedicadas a Marx, sino a Hegel, aclaran acertadamente la crítica realizada por Karl Marx de la filosofía política de Hegel: Eric WEIL, Hegel et l'Etat, Vrin, 1950, 116 págs. Véase especialmente el apéndice "Marx et la philosophie du droit". Jean HYPPOLITE, Etudes sur Marx et Hegel, Rivière, 1955, 204 págs. Especialmente tercera parte. Sobre "el joven Marx" remitirse útilmente a la obra en italiano, Il giovane Marx e il nostro tempo, Milan, Feltrinelli, 1965, 530 págs. En cuando a la polémica Garaudy-Althusser, se refiere más a la historia del comunismo francés desde la desestalinización que al propio pensamiento de Marx. De Roger Garaudy se puede escoger casi al azar en una producción especialmente abundante; citemos Marxisme du XX siècle, La Palatine, 1966, 237 págs. De Louis ALTHUSSER, cuya obra, mucho más rigurosa, es en principio esencialmente ardua; es necesario citar, Pour Marx, Masperó, 1965, 263 págs., así como Lire le Capital Masperó, 1966, 2 vols. (obra escrita con la colaboración de cuatro jóvenes universitarios).

CAPITULO XV

Liberalismo, tradicionalismo, imperialismo (1848-1914)

El fracaso de las revoluciones liberales dejó una huella, tanto más profunda cuanto más esperanzas habían suscitado. La unidad italiana y, después, la unidad alemana son producto de la guerra, no de la revolución. Guerra de Crimea, guerra de Italia, guerra de Méjico, guerra austroprusiana, guerra francoprusiana, guerra de Secesión: el optimismo liberal es sometido a una dura prueba en los veinte años posteriores al medio siglo. La guerra, hasta 1914, sólo desaparecrá de un punto del globo para reaparecer en otros (guerra en los Balcanes, guerra de los boers, guerra rusojaponesa, guerra hispanonorteamericana...).

La revolución industrial transforma la faz de Europa. El proletariado se organiza y toma conciencia de su fuerza. La lucha de clases se intensifica.

El positivismo político triunfa con la revolución industrial. Liberales, conservadores y socialistas invocan el poder del hecho, y se refieren, para justificar las más opuestas posiciones, a las lecciones de la ciencia. En nombre de la ciencia afirma Spencer la eterna validez del liberalismo; en nombre de la ciencia Taine y Renan sientan las bases de un neotradicionalismo; Marx quiere substituir el socialismo utópico por el "socialismo científico"; y el mismo nacionalismo pasa del estadio utópico al de la *Machtpolitik*, del idealismo de Mazzini o de Michelet al choque de los imperialismos.

El positivismo político.—Auguste Comte publica, de 1851 a 1854, su *Système de politique positive*. En 1859 Darwin consigna el resultado de sus trabajos en su tratado *Del origen de las especies por la vía de la selección natural*. En 1853-55 Gobineau había publicado su *Essai sur l'inégalité des races humaines*.

Un historiador inglés [1] ha podido decir que la segunda mitad del siglo XIX fue "la edad de Darwin". Sería más exacto decir que fue la edad del darwinismo, entendiendo por esto un conjunto de creencias difusas que Darwin, más que creó, recogió y sistematizó. Lo cierto es que conceptos tales como el principio de evolución o el de selección natural fueron abun-

---

[1] John BOWLE, *Politics and Opinion in the Nineteenth Century*, Londres, 1954.

dantemente utilizados, para justificar una "política positiva", por hombres que sólo tenían un conocimiento muy superficial de la obra de Darwin.

Así, pues, la biología se liga estrechamente con la política. Desempeña, en la segunda mitad del siglo XIX, un papel comparable al que desempeñó la Historia en la época romántica; la propia Historia, tal como la escribe Treitschke, por ejemplo, se vuelve biológica y nacionalista.

Ese recurso a la biología se manifiesta tanto en el arte (naturalismo de Zola, genealogía de los "Rougon-Macquart") como en la política. Tanto la evolución de los individuos como la de las sociedades aparecen determinadas por leyes, tan ineluctables para los lectores de Maurras como para los de Marx. En todos los sectores de la opinión se expande una cierta tendencia al fatalismo o, al menos, al dogmatismo.

El comtismo.—Para un francés la obra de Auguste Comte (1798-1857) es la mejor ilustración de ese positivismo que domina la segunda mitad del siglo. Su obra es de aquellas que consiguen romper los marcos preestablecidos.

1) La obra de Comte pertenece, a la vez, al período que precede a la revolución de 1848 y al que la sigue; es tan inseparable del romanticismo de 1830 como del industrialismo autoritario del Segundo Imperio.

2) Esta obra, situada en el centro del siglo, no puede referirse, sin artificio, a una determinada corriente de pensamiento (tradicionalismo, liberalismo o socialismo). Constituye un intento de síntesis, sin duda frustrado —ya que, en definitiva, se inclina del lado del orden—, pero de una indiscutible amplitud.

Auguste Comte, antiguo politécnico, fue primero secretario de Saint-Simon; se separó de él, pero el saint-simonismo parece haber ejercido una profunda influencia sobre su sistema, tal y como está expuesto en el *Cours de philosophie positive* y en el *Système de politique positive*: idéntica confianza en una ciencia global, idéntico deseo de superar las querellas políticas y de instituir una religión de la humanidad, idéntica evolución hacia el misticismo y, también, hacia el Poder. Saint-simonismo y comtismo presentan, sin embargo, notables diferencias.

Auguste Comte, contrariamente a los tradicionalistas de la escuela teocrática —que desconfían de la ciencia—, cree en su eminente valor y en su unidad. Según él, la ciencia es, a la vez, ciencia de la sociedad y ciencia de la evolución.

Una ciencia de la sociedad.—El individuo es una abstracción, siendo la sociedad la única realidad: es preciso luchar contra el individualismo liberal y constituir a los hombres en sociedad.

Una ciencia de la evolución.—En 1822 Auguste Comte expone su famosa ley de los tres estados: "Cada rama del conocimiento, por la naturaleza misma del espíritu humano, está necesariamente sujeta en su marcha a pasar sucesivamente por tres estados teóricos diferentes: el estado teológico, o ficticio; el estado metafísico, o abstracto; por último, el estado científico, o positivo".

Se trata, por tanto, de organizar las sociedades modernas sobre bases científicas, así como de conciliar el orden y el progreso: "Ningún orden legítimo puede establecerse, ni —sobre todo— puede durar, si no es plenamente compatible con el progreso; no podría realizarse de manera eficaz ningún gran progreso si no tiende finalmente a la evidente consolidación del orden" (46.ª lección del *Cours de philosophie positive*).

Así, pues, se manifiesta ₊en Auguste Comte esa nostalgia de unidad que aparece, bajo las más diversas formas, en tantos autores del siglo XIX. Para Comte "el tipo normal de la existencia humana consiste, sobre todo, en el estado de plena unidad".

La filosofía de Comte es una filosofía de la humanidad y de su progreso. La humanidad está constituida por el conjunto de los seres humanos, pasados, futuros y presentes. Sin embargo, importan más los muertos que los vivos: "Los vivos están siempre, y cada vez más, gobernados por los muertos: tal es la ley fundamental del orden humano".

El pensamiento de Comte no es más igualitario que el de Saint-Simon. Cree en la misión de una élite, y establece una rigurosa distinción entre la masa, los técnicos y los gobernantes. Corresponde a los especialistas de ciencia política, y sólo a ellos, el definir los objetivos y el determinar los medios de alcanzarlos: "La opinión debe querer, los publicistas proponer los medios de ejecución y los gobernantes ejecutar. En tanto que no se diferencien estas tres funciones habrá confusión y arbitrariedad en un grado más o menos grande".

Comte subordina la política a la moral, "siguiendo el admirable programa de la Edad Media". La moral positiva consiste "en hacer prevalecer, de manera gradual, la sociabilidad sobre la personalidad", es decir, en triunfar sobre el egoísmo y en integrar al individuo en la sociedad.

Nada hay más ajeno al pensamiento de Comte que la noción de derechos individuales. Sólo existen deberes para con la sociedad: "El positivismo no reconoce a nadie otro derecho que el de cumplir siempre con su deber... El positivismo sólo admite deberes, en todos, para con todos. Pues su punto de vista, siempre social, no puede comportar ninguna noción de derecho, constantemente fundado sobre la individualidad. Todo derecho humano es tan absurdo como inmoral".

Existen comunidades mediadoras entre el individuo y la humanidad: la familia y la patria. Al igual que Saint-Simon, Comte atribuye a la familia una gran importancia; la moralidad nace en la familia —una familia en la que la mujer desempeña el papel principal—. En cuanto a la patria, constituye un necesario intermediario entre la familia y la humanidad.

Las nociones de familia, de patria y de humanidad adoptan en Comte un aspecto cada vez más místico, sobre todo después de su encuentro con Clotilde de Vaux y el "año sin par". Como el saint-simonismo, el comtismo termina en una religión. El clero es una corporación de sabios; nuevos "sacramentos sociales" jalonan y santifican la vida; el calendario positivista ofrece un "sistema completo de conmemoración occidental, y permite celebrar cada día la memoria de un buen servidor de la humanidad. "Un catolicismo sin cristianismo", según las palabras de Jean Lacroix.

Así, pues, la finalidad de la política consiste en hacer de cada ciudadano un funcionario social, enteramente subordinado al Poder. La "política positiva" requiere la más completa obediencia. El orden triunfa sobre el progreso. Stuart Mill pudo escribir que el positivismo era un completo sistema de despotismo espiritual y temporal.

El Segundo Imperio realizó alguno de los sueños de Auguste Comte, y el comtismo pudo aparecer, en ciertos aspectos, como la filosofía oficial del Segundo Imperio. No obstante, es importante distinguir entre comtismo y positivismo. La doctrina de Comte, casi totalmente elaborada bajo la Restauración, parece haber ejercido en Francia una influencia profunda (especialmente sobre Taine, Maurras, etc.), pero limitada. Sería temerario pensar que los ministros de Napoleón III, o el propio Napoleón III, meditaron sobre la obra de Comte.

El comtismo parece haber tenido mayor influencia fuera de Francia —especialmente en Brasil— que en la misma Francia, donde la doctrina —simplificada y expurgada de sus arrebatos religiosos— se confunde con un positivismo lo bastante difuso como para ser, al tiempo, la doctrina oficial de los partidarios del Imperio y de sus adversarios. Este positivismo es visible tanto en Zola como en Gobineau, en Renan como en Taine, en Flaubert como en Mérimée.

SECCION PRIMERA

El liberalismo.

Hacia 1840 el liberalismo había adoptado una forma que los liberales de la época tendían a considerar como definitiva: orleanismo o doctrina de Manchester.

En la segunda mitad del siglo los hombres que invocan el liberalismo se encuentran frente a dos series de problemas: por un lado, la realización progresiva de las grandes reivindicaciones liberales en el orden político (sufragio universal, libertad de asociación, etc.), y las dificultades que el ejercicio del poder suscita; por otro, el progreso industrial y el desarrollo de la concurrencia internacional.

Así, pues, los principios del orleanismo y del liberalismo manchesterianos se vuelven problemáticos. El liberalismo se encuentra en el cruce de dos caminos: el del conservadurismo liberal y el del imperialismo.

El liberalismo francés hunde sus raíces en la política más cotidiana; difícilmente puede aislársele del proteccionismo y del malthusianismo que caracterizaban al orleanismo.

El liberalismo inglés, en cambio, se asocia, tras un prolongado período de darwinismo político, a las grandes empresas imperiales.

1. El liberalismo francés: del orleanismo al radicalismo. — A) UN LIBERALISMO DE TRANSICIÓN.—La revolución de 1848 cierra un período en la historia del liberalismo. Constituye realmente, más que una crisis política, social o moral, el hundimiento de un sistema, el final de la euforia liberal.

Sin embargo, los liberales consideran la revolución de 1848 como un accidente cuyas causas son puramente políticas; ven en ella una crisis del sistema parlamentario, en modo alguno una crisis del liberalismo. Los liberales del Segundo Imperio, fieles a una especie de *politique d'abord* (la política, lo primero), apenas si se preocupan de las reformas sociales. Las "libertades necesarias" de Thiers son esencialmente políticas.

La obra más característica de una época en la que se plantea con agudeza el problema del *ralliement* es indudablemente *La France nouvelle*, de Prévost-Paradol, publicada en 1868.

Prévost-Paradol.—Prévost-Paradol, nacido en 1829, antiguo alumno de la Escuela Normal, periodista de *Débats* pasó por ser uno de los espíritus más brillantes de su época. Pero esta carrera, aparentemente colmada, termina con un drama: unos meses después de publicar *La France nouvelle*, Prévost-Paradol se adhiere al Imperio y acepta el cargo de ministro de Francia en Estados Unidos, suicidándose poco después de su llegada a Washington, en julio de 1870.

En *La France nouvelle*, en la que la influencia de Tocqueville es manifiesta, se encuentran todos los grandes temas del liberalismo: aversión por los regímenes autoritarios, confianza en el sistema parlamentario, en las virtudes de la descentralización y en el poder de la moral, admiración hacia la Gran Bretaña y Estados Unidos. El sistema político que Prévost-Paradol prefiere es, pues, un sistema de contrapesos; se preocupa menos por la forma de gobierno (aunque su preferencia se encamine hacia una monarquía parlamentaria) que por la reforma de las instituciones y, sobre todo —como Renan algunos años más tarde—, por la reforma intelectual y moral.

Sin embargo, el liberalismo de Prévost-Paradol presenta algunos rasgos característicos:

1) Su indiferencia respecto a los problemas económicos, su falta de entusiasmo por el *laissez-faire, laissez-passer*. El liberalismo de Prévost-Paradol será de buen grado proteccionista, como lo serán los industriales franceses después del tratado de comercio de 1860.

2) Prévost-Paradol tiene preocupaciones demográficas; cree que Francia no podrá continuar siendo poderosa más que a condición de aumentar su población; y anuncia que muy pronto será superada por varias naciones europeas. La idea de la decadencia francesa le atormenta.

3) Es profundamente patriota, y toda su obra expresa su angustia ante el ascenso de los peligros exteriores que amenazan con sumergir al Segundo Imperio. Su pensamiento, pues, se sitúa muy lejos del cosmopolitismo de Montesquieu o del pacífico optimismo que caracterizaba en conjunto al liberalismo de la monarquía de julio. Le preocupan la unidad italiana, el crecimiento de Prusia, el ascenso de Estados Unidos. Quiere un ejército poderoso, un imperio colonial; preconiza en Argelia una política más preocupada por asentar la fuerza de Francia que por respetar los derechos de los indígenas: considera más necesario en Africa un ejército que una Carta.

4) Por último, en el campo social, Prévost-Paradol es resueltamente conservador. Se opone a cualquier forma de socialismo; y merece ser calificado de "liberal de vía estrecha" por el saint-simoniano Michel Chevalier.

El liberalismo de Prévost-Paradol no se confunde, ni con el liberalismo —o los liberalismos— del período anterior, ni con el del período siguiente. Se trata de un liberalismo de transición cuyos rasgos comienzan a inmovilizarse, de un liberalismo que se vuelve conservadurismo.

B) EL LIBERALISMO REPUBLICANO.—La "república de los duques" permanece fiel al espíritu de Prévost-Paradol. La Constitución de 1875 recoge los grandes temas de *La France nouvelle;* el orleanismo preside el nacimiento de la III República; las principales reivindicaciones liberales son satisfechas, y el liberalismo, no teniendo ya nada que reivindicar, corre el peligro de confundirse con la "defensa republicana".

Felizmente para el liberalismo, la República tuvo necesidad de ser defendida: crisis del 16 de mayo, batallas del boulangerismo, asunto Dreyfus, luchas por el laicismo, contra los anarquistas, contra los pacifistas. Tal vez la República no estuvo siempre tan gravemente amenazada como lo afirmaban los republicanos. Sin embargo, lo está frecuentemente, y los republicanos invocan con tanta elocuencia los principios de libertad y de igualdad que el liberalismo consigue disimular noblemente una cierta indigencia doctrinal.

Sin embargo, aunque el liberalismo apenas si se renueva, aunque tiene dificultades para adaptarse a un mundo en plena evolución —como si hubiese sido formulado, de una vez para siempre, durante la monarquía de julio—, se produce un hecho capital: el liberalismo deja de ser la doctrina de los salones orleanistas o de los lectores del *Journal des Débats* para convertirse, gracias a la escuela pública, en la filosofía de la República. El liberalismo apenas cambia de contenido, pero cambia de dimensión; adquiere un peso social que le faltaba.

Es preciso mencionar la obra escolar de la III República, la acción de los maestros de escuela, a los que Georges Duveau ha dedicado un penetrante libro. Para esos "húsares negros de la República" de los que habla Péguy, todo estriba en formar conciencias, en fundar una nación democrática y unánime en el respeto por la libertad, la igualdad y la fraternidad. "Cuando todos los hombres —escribe Allain-Targé, que democratiza el sueño napoleónico de una educación uniforme— estén instruidos en las mismas cosas y piensen las mismas cosas, se respetarán y se tratarán entre sí sobre un pie de igualdad, como en América, como en Suiza."

Singular combinación de prosaísmo y de utopía, de generoso idealismo y de cientifismo algo corto; tendencia a presentar a la república como el término de la Historia, y a la moral como el recurso supremo. Una misma ideología, un mismo conjunto de recuerdos y de imágenes animan a todos los que pasan por la escuela pública. En los manuales escolares es donde mejor se expresa la filosofía republicana.

El radicalismo.—Hay que gobernar la República: el partido radical asumirá, sin cansarse, este papel. "El radicalismo ha dado un alma a la República —escribe Albert Bayet en 1932—; le ha proporcionado Gobiernos... Sin él Francia es inconcebible. Es, en la fisonomía moral de nuestro país, lo que son, en su fisonomía física, nuestros pastizales o nuestras viñas."

Un alma y Gobiernos... El partido radical, fundado en 1901, es, por naturaleza, un partido de centro, de justo medio; el radicalismo es la forma republicana del orleanismo.

Diversidad del radicalismo.—Resulta más fácil escribir la historia del partido radical que definir el radicalismo. Sin duda, los radicales trataron, periódicamente, de definir una "doctrina radical". Pero el radicalismo es un estado de ánimo más que una doctrina, y ese estado de ánimo es lo bastante conciliador como para que el partido radical acoja formas muy diferentes de radicalismo. Y esto no data ni de hoy ni de la "guerra de los dos Eduardos" (Herriot y Daladier).

El "programa de Belleville", de abril de 1869, es la primera manifestación oficial del radicalismo. Mil quinientos electores piden a Gambetta que reivindique "enérgicamente en la tribuna nacional la realización del programa democrático radical, glorioso heredero de la Revolución francesa". Gambetta declara que está resuelto a "referir y deducir todo de la soberanía del pueblo". La política del sufragio universal, afirma, "es el título de nuestro programa y de nuestro partido". Gambetta se opondrá más tarde a los radical-socialistas, pero el estilo de su política, elocuente, meridional y patriótico, inspirará durante mucho tiempo a los Congresos radicales. Los radicales del Mediodía, cuya influencia en el seno del partido radical es bien conocida, son, en muchos aspectos, los herederos de Gambetta.

Diferente es el estilo de Léon Bourgeois, primer presidente en 1895 del Consejo radical, antes que Combes. Léon Bourgeois, prosiguiendo las reflexiones expuestas por el filósofo Charles Renouvier en su *Science de la morale* (1869), intenta establecer una síntesis doctrinal entre el individualismo y el colectivismo. Esta síntesis es el "solidarismo", expresado en especial en el *Essai d'une philosophie de la solidarité* (1902). En el preciso instante en que el partido radical, que acaba de realizar su unidad, se prepara para asumir durante mucho tiempo el ejercicio del Poder, Léon Bourgeois se ocupa en demostrar que el radicalismo tiene una doctrina e invoca una filosofía: "El partido radical —escribirá un poco más tarde— tiene un objetivo: quiere organizar política y socialmente la sociedad según las leyes de la razón... Tiene un método, el de la naturaleza misma... Tiene una moral y una filosofía. Parte del indiscutible hecho de la conciencia, y obtiene de él la noción moral y social de la dignidad de la persona humana... Tiene una doctrina política..., que es la doctrina republicana... Tiene, por último, una doctrina social..., la asociación. En efecto, no cree que el bien de la nación pueda realizarse a través de la lucha de los individuos y de las clases" (prefacio a *La politique radicale* de F. Buisson, 1908).

Para Combes [2], el nervio del radicalismo es el anticlericalismo. El *petit père Combes*, presentado a los lectores del *Pèlerin* como la encarnación del diablo, se nos muestra ahora, cuando podemos consultar sus *Mémoires* (publicadas por Maurice Sorre), como un pequeño burgués provinciano, resueltamente conservador, movido por un reducido número de ideas fijas y cuyo pensamiento se desenvuelve a su gusto en el marco del distrito *(arrondissement)*; para Raoul Girardet es "el radical según Alain".

Según la vigorosa y aún válida distinción de Thibaudet en *Les idées politiques de la France*, el "radicalismo del proconsulado, representado por Clemenceau, se opone al radicalismo de los Comités provinciales y de las sociedades de pensamiento, representado por Combes. Radicalismo autoritario y jacobino, anticolonialista (Clemenceau contra Ferry), radicalismo de la "patria en peligro".

Clemenceau acusa de traición a Caillaux, inspector de Finanzas, gran burgués, nombrado presidente del partido en 1913, que representa una forma distinta de radicalismo, un radicalismo de los negocios, preocupado por el rendimiento y la eficacia, un radicalismo pacífico (acuerdos con Alemania, después de Agadir) y tecnocrático, cuyo rastro no sería difícil de seguir hasta la época contemporánea.

El radicalismo de Alain es individualista, descontento, antiestatal, de distrito *(arrondissementier)*; no cabe imaginar nada más opuesto al estilo de Clemenceau.

En cuanto al radicalismo de Edouard Herriot, es presidencial por vocación. Su expresión más natural es la noción de síntesis: "Somos el partido francés por excelencia, el que mejor corresponde a los intereses del mayor número".

Elementos de una doctrina radical.—Son tan diversos los estilos del radicalismo que el denominador común de la "doctrina radical" se reduce a un pequeño número de principios.

1.º *Fidelidad a los recuerdos de la Revolución francesa.*—El radicalismo se presenta como la escuela de la revolución admirada, continuada y prolongada: "El radicalismo del siglo XIX —como recientemente escribía un joven radical— no es más que la obstinada persecución *de los recuerdos y, sobre todo, de las realidades revolucionarias*" [3]. Pero hay revoluciones y revoluciones. Aunque los radicales exalten de buena gana los "inmortales principios" y los "grandes antepasados", distinguen claramente entre 1789 y 1793. El libro de Albert Bayet sobre *Le radicalisme* (1932) termina con este llamamiento. "¿Queréis evitar el 93? Apresuraos a realizar el 89".

El presidente Herriot se complacía en declarar que los radicales eran los "hijos de los jacobinos". En realidad, como indicó Thibaudet, en los radicales de la III República la herencia girondina tendió a imponerse sobre la del jacobinismo. Poder de la provincia, de los consejeros generales y de los alcaldes; influencia de los médicos, farmacéuticos y veteri-

---

[2] El "petit père Combes", tan simpático para Alain, que, adoptando de forma espontánea el lenguaje de Béranger, decía de él, a la manera del rey de Yvetot: "¡Qué buen reyecito era!..." Véanse las observaciones de Thibaudet sobre el apego de los radicales por el término "petit": pequeño comerciante, pequeño detallista, pequeño cultivador, "Petit Parisien"; "Petit Dauphinois", pequeñas y medianas empresas, etc.

[3] El subrayado de esta apariencia de arrepentimiento es nuestro. La cita es de Claude NICOLET, *Le radicalisme*, P. U. F., 1957.

narios radicales; importancia de la prensa regional (por ejemplo, *La Dépêche de Toulouse*, de los hermanos Sarraut); el Ministerio de Agricultura, bastilla radical. "No se gobierna sino contra París", afirmaba Thibaudet, retrucando las palabras de Jules Lemâître, que exclamó con alegría tras las elecciones nacionalistas de París: "¡No se gobierna contra París!..."

2.º *Racionalismo.*—El radicalismo pretende ser racionalista. "Los radicales —escribe Edouard Herriot— repudiamos todo dogma. Nos preocupamos del método tanto como del ideal. No aceptamos más límite para nuestros esfuerzos que los límites mismos de la razón. Nuestra ambición sería ver adoptar a la política los procedimientos de trabajo de la ciencia" (prefacio al libro de Jammy-Schmidt, *Les grandes thèses radicales*, 1932). Albert Bayet emplea un lenguaje análogo en su libro sobre *Le radicalisme:* "¿Qué es el radicalismo? Ante todo, un método. ¿Qué es ese método? La ciencia inspirando la política". En nombre de ese método Albert Bayet afirma que la guerra es anticientífica: "Está condenada por la lógica misma de la evolución humana". Y, en nombre del progreso, exclama Herriot: "Si yo conociese un partido más avanzado que el partido radical me adheriría a él de todo corazón".

Por eso los radicales quieren permanecer fieles a sus "grandes antepasados". Herriot enumera los siguientes: Voltaire, Diderot, Condorcet, Benjamin Constant, "el gran y querido Lamartine, religioso pero anticlerical", Ledru-Rollin, Camille Pelletan, Léon Bourgeois...; pero la referencia típicamente radical es "la referencia Condorcet" [4]: "El gran hombre de los radicales es Condorcet", afirma Claude Nicolet al final de su libro sobre *Le radicalisme.*

3.º *La defensa de los intereses.*—El radicalismo, científico, empírico, preocupado por la educación nacional y la moral laica, quiere también ser concreto, estar informado de los intereses de cada cual y ser apto para defenderlos. Tal actitud no es, ciertamente, exclusiva del partido radical; pero hay que reconocer que el partido consiguió tejer, en la Francia de la III República, una red muy eficaz para la defensa de los intereses particulares.

Algunos observadores, indignados por este motivo, han denunciado la colusión del radicalismo con la francmasonería. Pero los mismos radicales no vacilaron en hacer de la defensa de los intereses la pieza maestra de su doctrina. Tal es el radicalismo según Alain.

El ciudadano según Alain.—Alain (1868-1951) es un filósofo cuya influencia política ha sido en extremo limitada. Sin embargo, el estudio de sus obras (*Éléments d'une doctrine radicale*, *Le citoyen contre les pouvoirs*, *Propos de politique*, *Propos d'un Normand*, *Mars ou la guerre jugée*, etc.) es muy instructivo, ya que expresan, en un estilo uniformemente paradójico y voluntariamente elíptico, una filosofía política que es tanto la de *La Dépêche de Toulouse* como la de los electores de Combes o del presidente Herriot.

---

[4] Sobre Condorcet vid. más atrás, págs. 339-340.

El radicalismo de Alain se formó en la época del asunto Dreyfus y de la defensa republicana. Es un radicalismo esencialmente inquieto, defensivo. Alain está, sobre todo, en contra. En contra del príncipe, en contra de los castillos, de las Academias y de los importantes, en contra de la Administración, en contra del militarismo y de la guerra, en contra de la Iglesia, en contra de los poderes. Sobre los males del Poder, Alain es inagotable: "El Poder corrompe a todos los que participan de él". "Todo Poder sin control se vuelve loco."

Según Alain, el *contrôleur* desempeña, pues (como en el teatro de Giraudoux), un papel fundamental en la democracia: "¿Dónde está la democracia sino en ese tercer poder que la ciencia política no ha definido y que yo denomino el *contrôleur*? No es sino el poder, continuamente eficaz, de poner en el acto a los reyes y a los especialistas si no conducen los asuntos según el interés del mayor número". Y Alain define también el radicalismo como "el permanente control del elector sobre el elegido, del elegido sobre el ministro".

Así, pues, la democracia es un sistema de vigilancia: el elector vigila al elegido, que vigila, a su vez, al ministro. Alain define al buen diputado como aquel que amenaza, pero que se abstiene, si es posible, de ejecutar sus amenazas: "El buen diputado —escribe en sus *Eléments d'une doctrine radicale*— es el que amenaza, no el que golpea; el que hace trabajar al ministro, no el que le destituye. Este arte de hacer restallar el látigo define, a mi juicio, el partido del futuro, el verdadero partido radical, al que yo denominaría el partido de la oposición gubernamental".

Por tanto Alain justifica las intervenciones, las recomendaciones, la influencia de los grupos de presión. Es conveniente que los electores hablen a los diputados de sus problemas particulares; es conveniente que los diputados participen al Gobierno esos problemas; es conveniente que los gobernantes desconfíen de los funcionarios. "El combismo —escribe Alain— no es sino la acción permanente del elector sobre el elgido." En 1921 se proclamará a sí mismo como el último combista.

Alain desea un equilibrio, constantemente amenazado y siempre restablecido, entre orden y libertad ("La libertad no prospera sin el orden, el orden nada vale sin la libertad"), entre resistencia y obediencia: "La resistencia y la obediencia son las dos virtudes del ciudadano. Mediante la obediencia asegura el orden; mediante la resistencia asegura la libertad. Todo el secreto consiste en obedecer resistindo. Lo que destruye la obediencia es anarquía, y lo que destruye la resistencia es tiranía". Propósitos sabiamente balanceados, que expresan en Alain una filosofía de la inquietud, pero que pueden justificar, en otros, una filosofía del doble juego o del "blanco-negro".

En materia económica el radicalismo de Alain es fundamentalmente conservador: "Producir por los mismos métodos y distribuir mejor: tal es el remedio de la miseria", escribe en su *Economique*. El radicalismo de Alain nada tiene de socialista. Exalta la propiedad individual y desconfía de la gran industria: "Cada cual siente, cosa extraña, que habría que volver a la propiedad individual, a la medida de la dimensión del hombre, para restaurar la producción, el cambio y hasta la moneda". Alain, por consiguiente, continúa apegado a la pequeña propiedad, al artesanado, a un individualismo poco compatible con la evolución de la economía moderna. Es interesante observar, a este respecto, que un joven radical como Claude Nicolet, que aprueba la política de Alain, juzga de forma muy severa su economía: "Aplicado a las cuestiones económicas, (su) estado de ánimo es totalmente anárquico y pequeño burgués".

Sin embargo, no parece legítimo oponer, como hace Nicolet, la economía (anacrónica) de Alain con su política (profética denuncia de la era de las tiranías). La política y la economía de Alain forman un todo coherente. Expresan fielmente el ideal de la burguesía, y especialmente de la pequeña burguesía provinciana, en una época de combates por la república y de "peligro clerical".

El radicalismo de Alain data de la *belle époque*, y ahí se queda. Sin duda —como hemos visto—, el radicalismo de Alain no es todo el radicalismo. Sin embargo, la mayoría de los radicales, salvo breves períodos, han optado siempre, ante la alternativa entre el estilo Clemenceau y el estilo Alain, por el "ciudadano contra los poderes".

En el fondo, el radicalismo francés apenas si cambió desde *le petit père*

Combes. Según la frase tan frecuentemente citada, "los radicales, cuando llegó la separación *, se encontraron muy desprovistos". La guerra de 1914-1918 no supone un corte en la historia del radicalismo. No prepara su renovación. El radicalismo tiende a convertirse en una forma de tradicionalismo ligado a una determinada época de Francia, a un determinado tipo de economía rural, a una determinada estructura de la sociedad, a un determinado estilo de vida. La historia reciente permite dudar de que el radicalismo pueda fácilmente adoptar un nuevo estilo [5].

Radicalismo y liberalismo: el asunto Dreyfus.—No hay duda, sin embargo, de que hay que guardarse de confundir liberalismo y radicalismo. El radicalismo tiene como objetivo organizar —sus adversarios dirán: monopolizar— el liberalismo. Pero, en algunas circunstancias, los sentimientos liberales se manifiestan con amplitud fuera de los marcos del liberalismo organizado. De esta forma el asunto Dreyfus dividió bruscamente a Francia en dos campos. La Liga de los Derechos del Hombre data de esta época, así como la renovación del prestigio de los escritores comprometidos en la lucha política (Anatole France, Emile Zola). Las ideas políticas de la Francia contemporánea continúan estando marcadas, en muchos aspectos, por el asunto Dreyfus.

2. El liberalismo inglés.—La época victoriana es, en su conjunto, una época próspera. Inglaterra goza de una supremacía industrial demostrada de brillante manera en la Exposición de 1851. La guerra de Secesión americana provoca una crisis en la industria del algodón, y la miseria subsiste; pero, tras el fracaso del cartismo, la clase obrera parece dispuesta a aceptar el mundo capitalista.

Las luchas políticas se despojan de pasión; la reforma de 1867 se produce en un clima mucho más pacífico que la de 1832; Gladstone y Disraeli se suceden en el Poder. Inglaterra no conoce ya grandes conflictos sociales o morales, ni pone en duda los principios del liberalismo político. Se trata menos de innovar que de consolidar. Es la era de las vastas síntesis y de los compromisos.

Pero el mundo se transforma más rápidamente que el liberalismo inglés. Cuando Spencer muere, en 1903, es el representante de una época concluida.

Es necesario distinguir, pues, varios momentos y tendencias en la historia del liberalismo inglés, de 1848 a 1914:

a)   El cientificismo de Spencer;
b)   La revisión idealista del liberalismo por la Escuela de Oxford;
c)   El descubrimiento del imperialismo.

a)   *Spencer o el darwinismo político.*—Ningún autor llevó más lejos que Herbert Spencer (1820-1903) la fe en la ciencia. A este respecto, su obra es extremadamente significativa.

---

* Separación del Estado y la Iglesia en Francia (1905) (*N. del T.*).
[5] Resulta de interés observar que, en la Francia contemporánea, el poujadismo recoge los principales temas de Alain. Véase sobre este punto Stanley HOFFMANN (y otros), *Le mouvement Poujade*, A. Colin, 1956.

Los padres de Spencer eran metodistas y, políticamente, liberales. Spencer, también liberal, se aplicó durante toda su vida a fundamentar el liberalismo sobre la biología.

Sus principales obras que conciernen a la política son: *Estática social* (1851), *Primeros principios* (1862), *Principios de sociología y de moral* (1876-96) y, sobre todo, *El individuo contra el Estado (The Man versus the State)* (1884). Véase también su *Autobiografía,* publicada después de su muerte, y *De la educación intelectual, moral y física.*

Spencer identifica vida social y vida física. La sociedad es un organismo sometido a las mismas leyes que los organismos vivos. El principio fundamental es el de la evolución, del que deriva el principio de adaptación: los organismos útiles se desarrollan, en tanto que los organismos inútiles se atrofian; así, gracias a la adaptación al medio, se realizará la mayor felicidad del mayor número.

Hay dos concepciones de la evolución en Spencer: 1) El desarrollo espontáneo de una actividad interna (como en los filósofos alemanes); 2) La adaptación al medio, la resultante de las condiciones externas. La primera concepción aparece claramente en la *Estática social,* pero se va borrando, poco a poco, ante la segunda.

Para Spencer la evolución se confunde con el progreso. La adaptación a las condiciones externas ha facilitado, primero, el crecimiento de los Gobiernos militares; pero el desarrollo de la industria no puede sino favorecer la libertad y la paz.

Spencer no cesa de denunciar, con una infatigable indignación, los males del Estado y del Gobierno, que se ocupan de lo que no les concierne. En 1853, en un artículo titulado "Demasiadas leyes", publicado en la *Westminster Review,* se lanza a la carga contra las intervenciones del Estado, entonando un himno a la iniciativa privada. La misma tesis se encuentra en un artículo de la *Fortnightly Review* en diciembre de 1871: "De la administración reducida a su función propia": que el Estado se limite a hacer justicia, sólo es bueno para eso... La misma tesis, también, en *El individuo contra el Estado* (cuyo título hace pensar en el libro de Alain, *Le citoyen contre les pouvoirs);* el Gobierno no debe ser más que un "Comité de administración": "La función del liberalismo en el pasado ha consistido en poner un límite a los poderes de los reyes. En el futuro, la verdadera función del liberalismo será limitar el poder de los Parlamentos". Spencer llegará incluso a proponer la supresión de los Ministerios de Agricultura, de Obras Públicas y de Educación Nacional para dejar a la iniciativa privada el cuidado de realizar tales tareas.

Así, pues, el liberalismo de Spencer continúa siendo ultra-manchesteriano, precisamente cuando Inglaterra se aleja cada vez más de la doctrina de Manchester. No se encuentra en su obra ningún eco de los problemas que el desarrollo del socialismo y el progreso del imperialismo plantean. Sigue elogiando las virtudes del ahorro y de la previsión: "En general, el hombre imprevisor en materia de dinero lo es también en política; se encontrarán muchos más hombres previsores en política entre aquellos que saben manejar su dinero" ("La reforma electoral, peligros y remedios", artículo publicado en la *Westminster Review,* en abril de 1860).

La confianza de Spencer en la evolución del mundo le dispensa a él mismo de evolucionar. Pretende justificar el liberalismo en nombre de un fatalismo evolucionista y biológico. Al hacerlo utiliza para defender al liberalismo las mismas armas que emplean sus adversarios para atacarlo.

Las relaciones entre ciencia y política suscitaron en Inglaterra una abundante literatura, cuyo estudio no podemos acometer aquí. Contentémonos con citar las obras de T. H. Huxley (*Methods and Results, Ethics and Evolution*), B. Kidd (*Social Evolution*), D. G. Ritchie (*Darwinism and Politics*), W. Bagehot (*Physics and Politics*), Graham Wallas (*Human Nature and Politics*), etc.

En *Estados Unidos* la influencia de Spencer y del "darwinismo social" fue profunda. Se ejerció sobre todo a través de William Graham Sumner (1840-1910) y de Lester Ward (1841-1913). Cf. sobre este punto el libro de Richard Hofstadter, *Social Darwinism in American thought*, Boston, Beacon Press, 1955, 248 págs. Este darwinismo social desemboca, tanto en Estados Unidos como en Inglaterra, en el tema de la preponderancia nacional y del imperialismo.

b) *El idealismo liberal.*—En una época en la que el Estado se hallaba cada vez más solicitado para intervenir en todos los campos, el liberalismo de Spencer parecía la herencia de una época acabada; era inevitable una revisión del liberalismo. Las bases sociales y el horizonte intelectual del liberalismo se amplían. Gladstone representa, en el plano de la acción política, lo mejor de ese liberalismo ampliado (cf. especialmente su campaña por la autonomía de Irlanda).

En el plano de la filosofía política tal revisión del liberalismo es obra de la escuela de Oxford y especialmente de Thomas Hill Green (1826-1882), cuya más importante obra, los *Principios de la obligación política*, fue publicada después de su muerte.

La obra de Green procede de una doble influencia: la de la filosofía griega, y más especialmente Platón, por un lado, y la de la filosofía alemana, y más especialmente Kant y Hegel, por otro. Su pensamiento se sitúa muy lejos del cientificismo de Spencer. Considera que la naturaleza humana es fundamentalmente social, y que la participación del hombre en la vida social es la más elevada forma de desarrollo personal. Los hombres se encuentran sometidos al interés general, que es la conciencia común de un fin común. La política ha de crear las condiciones sociales que hacen posible el desarrollo moral.

Green no se contenta, pues, con una definición puramente negativa de la libertad, a la manera de Spencer y de la escuela de Manchester. La libertad es positiva: es poder para hacer, no poder para conservar. Es, también, definida: se trata de hacer alguna cosa determinada, no de hacer cualquier cosa.

Green cuenta con el Estado para asegurar la educación nacional y la salud pública. Partidario de la templanza, quiere que el comercio de las bebidas sea reglamentado. Apasionado por la justicia social, pide que el Estado aliente el desarrollo de los sindicatos, de las cooperativas, de las sociedades mutualistas.

El liberalismo de Green es un liberalismo de compromiso. Es aceptable, no sólo para los socialistas [6], sino también para los *tories*. Su abstracta obra es muy característica de un período en el que las luchas de partidos y las controversias doctrinales se esfuman tras una imagen ideal de la libre y poderosa Inglaterra.

Las obras de F. H. Bradley y Bernard Bosanquet pueden relacionarse con la de Green. Bosanquet, discípulo de Green, orienta su obra en el sentido del hegelianismo y de la preeminencia del Estado sobre los individuos. Esta tendencia a la idealización del Estado, que se manifiesta especialmente en el principal libro de Bosanquet, *The Philosophical Theory of the State* (1899), fue vivamente criticada por Léonard Hobhouse en *The Metaphysical Theory of the State* (1918).—

c) *Liberalismo e imperialismo.*—Así, pues, el liberalismo inglés deja de ser, bajo el reinado de la reina Victoria, la doctrina de un partido para convertirse en la filosofía de una nación. Nada de fundamental enfrenta al programa de los conservadores con el de

---

[6] Veremos más adelante, págs. 572 y sigs., que el idealismo de los fabianos no es tan diferente del de Green como parece.

los liberales; e incluso, en ciertos aspectos, la política del conservador Disraeli es más audaz que la del liberal Gladstone. La fracción más dinámica del partido liberal, con Joseph Chamberlain, se aproxima a los conservadores y sostiene ardientemente una política de grandeza imperial. Lord Rosebery, a la cabeza de los imperialistas liberales, rompiendo con el viejo Estado Mayor gladstoniano de la National Liberal Federation (que desconfía de las aventuras coloniales), apoya, durante la guerra de los boers, la política del Gobierno. El liberalismo conduce al imperialismo [7].

SECCION II

Tradicionalismo. Nacionalismo. Imperialismo.

1. Neotradicionalismo y nacionalismo en Francia.—Dos hechos dominan la historia del tradicionalismo francés durante la segunda mitad del siglo XIX:

1) Las doctrinas de Maistre y Bonald sólo influyen ya en círculos cada vez más estrechos, en los que el monarquismo significa sobre todo lealtad a la institución. La esperanza de una Restauración se vuelve tan improbable que la tradición debe emprender la búsqueda de fórmulas nuevas.

2) El Segundo Imperio no consiguió crear un estilo político duradero ni fundar una tradición. Aunque el "llamamiento al soldado" seguirá siendo, indudablemente, una de las tentaciones permanentes de la derecha francesa, sería excesivo presentar esta tendencia como una herencia bonapartista.

Dos antiguos adversarios del Segundo Imperio, dos hombres a los que nada liga con el Antiguo Régimen, Taine y Renan, sentarán las bases de un neotradicionalismo que se expandirá más tarde en el nacionalismo francés.

A) EL CATOLICISMO SOCIAL.—Aunque continúa existiendo una corriente de catolicismo social [8], parece posible mencionarla brevemente, por estas dos razones:

a) La Encíclica *Quanta Cura* y el *Syllabus* (1864) asestaron un duro golpe a quienes deseaban conciliar los principios de la Iglesia y las libertades modernas. Las ideas más propagadas en el mundo católico continuaron siendo, durante mucho tiempo, las de Louis Veuillot (1813-1883), que escribía el 27 de diciembre de 1855, en *L'Univers:* "La palabra "libertad" nos viene del país de los esclavos; no se utiliza en un país cristiano", o también: "La ciencia es una de esas palabras que, como mechas incendiarias, se encuentran en todas las sociedades que hacen explosión". El día 16 de mayo de 1877 la Iglesia católica, en su conjunto, libra la batalla por el régimen del "orden moral", como luchará, durante el asunto Dreyfus, del lado de quienes defienden el honor del Ejército y de la "patria francesa". Ambas batallas terminarán en sendas derrotas para la Iglesia. De ellas provienen las medidas anticlericales de Jules Ferry y la ley de Separación.

b) Más netamente aún que con anterioridad a 1848 debe distinguirse entre catolicismo social y catolicismo liberal. Le Play y sus discípulos son católicos sociales, pero su pensamiento político es fundamentalmente contrarrevolucionario. Asimismo, sería totalmente abusivo presentar como un "Papa liberal" a León XIII, que expuso en la Encíclica *Rerum novarum* (15 de mayo de 1891) la doctrina social de la Iglesia, y que aconsejó a los católicos franceses la política del *ralliement.* León XIII siempre tuvo empeño en separar claramente los problemas políticos de los problemas sociales. En 1885, en la En-

---

[7] Sobre el imperialismo vid. más adelante, págs. 531-538.
[8] Sobre el catolicismo social anterior a 1848 véase más atrás, págs. 420-423.

cíclica *Inmortale Dei,* escribía: "Hay que remontar los principios de desenfrenada libertad promulgados por la Revolución al deplorable gusto por las novedades del siglo XVI". La Encíclica *Graves de communi* (1901) contiene afirmaciones del mismo orden.

1) *Le Play.*—La obra de Frédéric Le Play (1806-1882), cuyo recuerdo es cultivado aún por un reducido grupo de fieles, es característica de una época, el Segundo Imperio, y de un estado de ánimo, el paternalismo.

Le Play, politécnico, ingeniero de Minas, comisario general de la Exposición universal de 1855, alto dignatario del Segundo Imperio, es un testigo atento de las transmutaciones sociales. En 1855 publica un grueso libro sobre *Les ouvriers européens;* su principal obra doctrinal es *La réforme sociale* (1864).

Aunque Le Play fue siempre un católico convencido, no se hará verdaderamente practicante hasta después de 1879. Su influencia —que fue notable, tanto en Francia como en el extranjero— rebasa los límites de los círculos católicos. La Société d'Economie Sociale, fundada por Le Play en 1856, está constituida por senadores, banqueros, hombres de negocios —de los que muchos son antiguos saint-simonianos: Michel Chevalier, Arlès-Dufour, Emile Péreire, James de Rotchild, etc.—. Tal vez no se ha llamado la atención lo suficiente sobre esta conjunción entre la escuela de Le Play y el saint-simonismo.

La obra de Le Play procede de una especie de positivismo católico, de un industrialismo ilustrado; los objetivos de la Société d'Economie Sociale, que inicialmente debía denominarse Société des Etudes d'Economie Sociale et des Améliorations Pratiques, son definidos de la siguiente forma: "Basar un futuro progresivo para las clases obreras en el concienzudo estudio de su condición pasada y presente. Colocar el confort al alcance de las clases poco acomodadas, y lo necesario al alcance de las más pobres. Elevar al pueblo hacia Dios a través del bienestar y del agradecimiento".

Le Play, al que Saint-Beuve califica de "Bonald rejuvenecido", denuncia la perniciosa filosofía del siglo XVIII y los "falsos dogmas" de 1789. Quiere restaurar el principio de autoridad: autoridad del padre en la "familia-tronco"; autoridad del patrono, padre de sus obreros; autoridad del propietario; autoridad del Estado, que debe gobernar poco y apoyarse en las comunidades locales.

Le Play piensa que la política se halla subordinada a la moral y a la religión; le parecen más importantes las reformas intelectuales y morales que las reformas políticas y económicas. Su obra, a este respecto, concuerda con las de Taine y Renan, cuya inspiración difiere de la suya, pero cuyas conclusiones muchas veces son idénticas.

2) *Catolicismo social y catolicismo liberal antes de 1914.*—Los princiaples representantes del catolicismo social no son, en modo alguno, demócratas: el marqués de La Tour du Pin, el doctrinario, no lo es más que Albert de Mun, el orador, o que Léon Harmel, el patrono realizador. Son partidarios de una especie de corporativismo cristiano, según el título de la obra publicada por Harmen en 1877: *Manuel d'une corporation chrétienne;* pero, mientras que Harmel es republicano, La Tour du Pin continúa fiel a la monarquía.

Estos ensayos de catolicismo social permanecieron aislados; no produjeron realizaciones espectaculares ni suscitaron un amplio movimiento de opinión.

Tuvo indudablemente mayor importancia, y un carácter totalmente diferente, la tentativa del *Sillon,* de Marc Sangnier, que trató de ocuparse simultáneamente de la acción social católica y de la acción democrática, y que conquistó una audiencia bastante amplia en el bajo clero.

Pero el *Sillon* fue condenado por el Papa Pío X en agosto de 1910. Por lo demás, con anterioridad a 1914 ni el catolicismo social ni la democracia cristiana podían considerarse como fuerzas organizadas. La influencia de Taine fue mucho más eficaz que la de Le Play o que la de los "sacerdotes demócratas".

B) Los FUNDADORES DEL NEOTRADICIONALISMO: TAINE Y RENAN. —
1) **Taine.**—Taine (1828-1893) pertenece a una familia de la burguesía de provincias, sin ninguna vinculación con el Antiguo Régimen. No es ni católico ni monárquico. Durante bastante tiempo se nos muestra como un universitario liberal, adversario del Segundo Imperio. Tras la Comuna es-

cribe su gran obra de Historia *Les origines de la France contemporaine* (1875-1893), en la que opone los beneficios de la tradición a las catástrofes de que son responsables los jacobinos.

Sin embargo, sería deformar gravemente la realidad el presentar a Taine como un liberal que se vuelve conservador por temor a la Comuna: "Un conservador atemorizado y furioso", dice, no sin exceso, Aulard. El pensamiento de Taine ciertamente evolucionó, al igual que el de Renan y el de muchos de sus contemporáneos, tras la guerra de 1870-1871; pero permaneció fiel, del principio al fin de su obra, a un reducido número de principios que constituyen las bases de un tradicionalismo positivista y cientifista destinado a una amplia difusión.

Determinismo.—El pensamiento de Taine es rigurosamente determinista. Concede una gran importancia a la raza, al medio, al momento. Aplica sus teorías a la crítica literaria en *La Fontaine et ses fables:* amplias consideraciones sobre los antepasados de La Fontaine, sobre el hecho de haber nacido en Château-Thierry, etc. Taine concede mucha importancia a la botánica; Thomas Graindorge, su héroe, exclama: "Lo que más amo en el mundo son los árboles" [9].

En una carta a Cornelis de Witt, de 1864, Taine afirma que ha perseguido hasta entonces una idea única: "(Esa idea) es que todos los sentimientos, todas las ideas, todos los estados del alma humana son productos que tienen sus causas y sus leyes, y que el porvenir de la historia radica en la investigación de esas causas y esas leyes. Mi objetivo y mi idea maestra es la asimilación de las investigaciones históricas y psicológicas a las investigaciones fisiológicas y químicas".

Taine es un gran admirador de la ciencia alemana; con anterioridad a 1870 afirma que Alemania es su segunda patria, que Hegel es el primer pensador del siglo. Por otra parte, escribe una *Histoire de la littérature anglaise* (1864), así como un estudio sobre Stuart Mill, del que dice: "No se ha visto nada semejante desde Hegel".

En su prefacio a sus *Notes sur l'Angleterre* (fechado en noviembre de 1871) Taine indica su preferencia por una concepción británica de una política modesta y práctica: "Un francés traerá siempre de Inglaterra esta persuasión provechosa: que la política no es una teoría de gabinete aplicable en su integridad en un momento dado, sino una cuestión de tacto en la que debe procederse por acomodamientos, transacciones y compromisos" [trad. Sánchez Cuesta].

Taine siente horror por la abstracción, por el estatismo y por lo que denomina la "grosera democracia"; su hostilidad hacia el Segundo Imperio y la Comuna procede de su horror por la democracia plebiscitaria. "Guardémonos del crecimiento del Estado y no permitamos que sea algo más que un perro guardián."

Taine persigue a los jacobinos con una aversión sin límite, que transforma *Les origines de la France contemporaine* en un vehemente panfleto (Taine es, según Georges Pompidou, "un Tácito que hubiera leído a Dar-

---

[9] Sobre el árbol en la literatura tradicionalista vid. más atrás, pág. 415.

win). Les censura, sobre todo, su carácter de teóricos, de hombres que ignoran las realidades —lo que muy pronto se denominará "intelectuales"—. El Gobierno revolucionario le parece "el triunfo de la razón pura y de la sinrazón práctica".... "Es una escolástica de pedantes recitada con un énfasis de energúmenos..."

El buen Gobierno según Taine.—Los remedios que Taine propone son los siguientes:

a) *La educación.*—Para Taine la política es esencialmente una pedagogía. Si se abstiene de votar en las elecciones de 1849 es porque no percibe una razón manifiesta para elegir entre teorías opuestas. Sin embargo, no es a los individuos a quienes corresponde elegir: "La naturaleza y la Historia han elegido, por adelantado, por nosotros" (prefacio de *Les origines...*). Por consiguiente, el principio de toda política consiste en estudiar la naturaleza y la historia de las sociedades.

b) *El recurso a las élites,* que son, sobre todo, para Taine, las *élites* de la inteligencia. Cf. el papel asignado por Taine a la Escuela libre de Ciencias políticas, fundada por Emile Boutmy en 1871; cf. también su folleto *Du suffrage universel et de la manière de voter* (diciembre de 1871), en el que preconiza un sistema de dos grados para limitar, en la medida de lo posible, los nefastos apasionamientos de un electorado no ilustrado.

c) *La asociación,* bajo todas sus formas, es para Taine el medio más seguro de favorecer la educación cívica y moral, y de luchar contra la influencia del Estado. Taine insiste en la importancia de las funciones municipales, de las sociedades cultas y de las agrupaciones de beneficencia, y es un resuelto partidario de la descentralización.

Nada hay de muy original en estas tesis descentralizadoras, abundantemente sostenidas por Tocqueville, y antes de él por muchos otros autores de inspiración liberal. Sin embargo, el espíritu de Taine es profundamente diferente del de Tocqueville y los teóricos de los cuerpos intermedios: una cierta gravedad de alumno perfecto (véase el divertido retrato de Taine en los *Souvenirs de jeunesse,* de Sarcey), una actitud sin complacencia e incluso a veces sin comprensión respecto a las instituciones y a los hombres del Antiguo Régimen, un obstinado positivismo.

Aunque la obra de Taine sea esencialmente conservadora, el espíritu que la anima está muy cerca del que inspira a los fundadores de la Universidad republicana. Por esta razón Taine —como observa Maxime Leroy— es desbordado, al final de su vida, por su derecha (que le pide que se haga católico) y por su izquierda (que le pide que sea algo más que un republicano resignado).

2) Renan.—Renan (1823-1892) no aporta al tradicionalismo una doctrina, sino un estilo. Este estilo marca una ruptura con el pedantismo positivista, no sin caer en otra forma de pedantismo, sutil combinación de diletantismo y de inquietud religiosa.

Renan, a los sesenta y siete años, evoca, en el prefacio a *L'avenir de la science,* al "pequeño bretón concienzudo que, un día, huyó atemorizado de

Saint-Sulpice porque creyó apercibirse de que una parte de lo que sus maestros le habían enseñado no era tal vez verdad". Como Lamennais, Renan quedó profundamente marcado por la fe de su infancia (cf. sus *Souvenirs d'enfance et de jeunesse*, que contienen la famosa *Prière sus l'Acropole*). Lo esencial de su obra está constituido por su *Histoire des origines du christianisme*, su *Histoire du peuple d'Israël*, sus *Etudes d'histoire religieuse*, etc. La política sólo aparece de manera incidental, como una actividad impura.

α) En *L'avenir de la science* Renan desarrolla la idea de que la filosofía gobernará algún día el mundo, desapareciendo la política: la revolución que renovará a la humanidad será religiosa y moral, no política. Este libro, escrito por un hombre de veinticinco años, constituye un himno a la ciencia —que debe substituir a la religión en la tarea de explicar al hombre su misterio—, y un llamamiento a los sabios, de quienes dependerá el gobierno de los pueblos. Resulta interesante observar que este libro, escrito en el entusiasmo de 1848, no fue publicado hasta 1890; y que Renán, en su prefacio, muestra la mayor reserva hacia el optimismo cientifista que inspiró su obra: "Aunque continúo creyendo que sólo la ciencia puede mejorar la desgraciada condición del hombre sobre la tierra, no creo ya que la solución del problema se encuentre tan cerca de nosotros como entonces creía. La desigualdad está escrita en la naturaleza".

β) La *Réforme intellectuelle et morale de la France* (1871) es una meditación sobre la derrota y la decadencia francesas. Francia mereció su derrota, y expía con ella la Revolución; pero esa derrota puede ser el origen de su renovación en el caso de que sepa comprender sus profundas razones. La razón principal es la decadencia intelectual y moral causada por la democracia: "Un país democrático no puede estar bien gobernado, bien administrado, bien dirigido". La masa tan sólo se preocupa de su bienestar, y Francia ha perdido todas sus cualidades guerreras.

Después de los males, los remedios. Hay que imitar a la Prusia de después de Tilsitt. Francia debe rectificar su democracia. Renan indica algunas reformas políticas: canalización del sufragio universal mediante un sistema de voto plural de dos grados, creación de una Cámara de los intereses y de las capacidades, descentralización, colonización. Pero la verdadera reforma para Renan es "intelectual y moral": reforma de la enseñanza y especialmente de la enseñanza superior, a fin de "formar a través de las Universidades una cabeza de sociedad racionalista, que reine mediante la ciencia, orgullosa de esta ciencia y poco dispuesta a dejar perecer·su privilegio en provecho de una multitud ignorante".

Después de esta obra —tornadiza, altanera y malhumorada— Renan termina por aceptar la república; pero su misma adhesión es tornadiza, altanera y malhumorada. Así se manifiesta en *Caliban* (1878). Caliban, "esclavo brutal y deforme", llega a ser jefe del pueblo de Milán. Es muy desagradable, pero respeta la propiedad, y tiene el mérito de ser anticlerical. "¡A fe mía, viva Caliban!..."

γ) El 11 de marzo de 1882 Renan pronuncia en la Sorbona la célebre conferencia titulada *Qu'est-ce qu'une nation?*, que constituye la Carta de un determinado nacionalismo francés.

Carta ambigua:

1) Una concepción espiritualista y voluntarista de nación: "Una nación es un alma, un principio espiritual" (para Renan, como para Michelet, una nación exige "la voluntad de vivir juntos"; así, "la existencia de una nación... es un plebiscito cotidiano").

2) Un vocabulario muy burgués, un estilo de notario ("La posesión en común de un rico legado de recuerdos." "Hacer valer la herencia que se ha recibido indivisa." "Tal es el capital social sobre el que se asienta una idea nacional.")

La misma ambigüedad existe en Barrès.

C) EL NACIONALISMO FRANCÉS.—El término "nacionalismo", calificado todavía de neologismo en el *Larousse* en 1874, se hace de uso corriente en los veinte últimos años del siglo XIX, especialmente por influencia de Barrès (*Scènes et doctrines du nationalisme*).

Pero este nacionalismo francés de finales del XIX y principios del XX es muy diferente del nacionalismo liberal y romántico de un Mazzini o un Michelet [10].

Desde la época del "National" hasta Gambetta, es la oposición liberal y republicana quien hace de la exaltación patriótica uno de sus temas favoritos, y quien acusa regularmente al Poder (tanto al de Napoleón III como al de Luis Felipe) de traición; la Comuna de 1871 había mostrado la fuerza del patriotismo popular. Pero tras la derrota de 1871 y la anexión de Alsacia-Lorena se desarrolla un nuevo nacionalismo patriotero, antiparlamentario, antisemita, proteccionista y conservador, nacido de una reflexión sobre la decadencia y sobre las condiciones para la revancha. El nacionalismo cambia de estilo y de campo. La *Ligue des Patriotes* tiene orígenes gambettistas, y nace en la izquierda, con la aprobación de los Poderes públicos; *L'Action Française* no aceptará nunca a Déroulède *, en quien ve una especie de "bonapartista de la Restauración".

Dos edades del nacionalismo.—1) El nacionalismo de 1900 es realista, militarista, vuelto hacia la Alsacia-Lorena. El patriotismo de Michelet era místico; cuando hablaba de Francia no le gustaba evocar su fuerza, sino su debilidad, su desinterés.

2) En tanto que Michelet había sido seducido por el "milagro alemán", el nacionalismo francés de 1900 es fundamentalmente hostil a Alemania. Tras un nacionalismo humanitario, un nacionalismo xenófobo. Drumont releva a Toussenel **: el antisemitismo y el nacionalismo pasan de la izquierda a la derecha.

3) Michelet creía en la unidad profunda de Francia, y su pensamiento era centralizador. El nacionalismo de 1900, por el contrario, es descentralizador, regionalista; Maurras, Barrès y el mismo Péguy recuerdan de buen grado sus orígenes provincianos.

---

[10] Vid. más atrás, págs. 413-415.
* Paul Déroulède, presidente de la *Ligue des Patriotes*, partidario de una guerra de revancha contra Alemania; apoyó al general Boulauger en 1886; más tarde, intentó un golpe de Estado (1899) (*N. del T.*).
** Edouard Drumont, fundador de *La Libre Parole* (1891) y autor del libro *La France Juive* (1866), panfleto antisemita (*N. del T.*).

4) Por último, el patriotismo de Michelet era un patriotismo popular, mientras que los nacionalistas de 1900 creen en la virtud de las *élites* y en los beneficios del orden.

Los dos grandes acontecimientos en la historia del nacionalismo francés entre 1871 y 1914 son el boulangerismo y el asunto Dreyfus. El nacionalismo francés, al igual que el radicalismo, forma su doctrina, establece su vocabulario y constituye el arsenal de sus símbolos en los aledaños de 1900; al igual que el radicalismo, lleva la profunda huella de los acontecimientos de la época en que se formó; al igual que el radicalismo, parece encontrar algunas dificultades para hallar un estilo diferente al estilo 1900.

Sociología del nacionalismo.—Para esbozar una sociología del nacionalismo sería interesante comparar la clientela del boulangerismo con la de la Liga de los Patriotas y la de *L'Action Française*. Semejante estudio ofrece muchas dificultades pero, si pudiera ser llevado a cabo, permitiría, sin duda, verificar que la clientela del boulangerismo es (sociológica y políticamente) mucho más diversificada que la de la Liga de los Patriotas, sensiblemente más variada a su vez que la de *Action Française* (más variada también antes de 1914 que después de 1918 y después de su condena por Roma). Las bases sociales del nacionalismo francés parecen estrecharse, pues, en el período de la entreguerra, pero serían necesarios minuciosos trabajos para verificar o invalidar esta hipótesis. Y, en todo caso, Action Française no es todo el nacionalismo francés.

1) Barrès.

En contraposición a sus dos maestros, Taine y Renan, Barrès (1862-1923) hizo carrera política.

Esta carrera está colocada bajo el signo del nacionalismo. Barrès es boulangerista *(L'appel au soldat)*. Durante el asunto del canal de Panamá desencadena sus iras contra la mayoría parlamentaria *(Leurs figures)*. Es apasionadamente antidreyfusista *(Scènes et doctrines du nationalisme)*. En 1906, tras cuatro fracasos electorales, es elegido por el barrio de los Mercados, siendo, hasta su muerte, un concienzudo diputado ("El Parlamento, esa gran alma", escribe en sus *Cahiers*). Mantiene el culto de las provincias perdidas (Alsacia y Lorena) *(Les bastions de l'Est)*. Se atribuye la tarea de preparar a Francia para la guerra, y después la de sostener la moral francesa y exaltar la unanimidad nacional *(Les chroniques de la Grande Guerre. Les familles spirituelles de la France)*. Después de la guerra apoya la política renana de Poincaré.

Barrès está, pues, estrechamente asociado a la victoria de 1918. Pero, políticamente, perteneció siempre al campo derrotado: los boulangeristas resultan derrotados y la Liga de la patria francesa es vencida por la defensa republicana y el combismo. El "Bloque nacional" será vencido por el "Cartel".

El nacionalismo de Barrès.—Barrès creyó dar al nacionalismo una doctrina. En realidad, le dio un estilo. Es el Chateaubriand del nacionalismo.

Tres temas dominan el nacionalismo de Barrès: la energía, la continuidad y la jerarquía.

1) *El sentimiento de energía.*—Barrès —que fue una naturaleza febril y delicada— tuvo durante toda su vida un gran amor por la energía. El "culto del yo" es un esfuerzo de Barrès para desarrollar plenamente las energías latentes cuya presencia siente en sí mismo. El nacionalismo es una tentativa análoga, en un plano diferente, para devolver a Francia la conciencia de su fuerza: no es una casualidad que Barrès agrupara sus tres novelas *Les déracinés, L'appel au soldat* y *Leurs figures* bajo el título *Le roman de l'énergie nationale*. Este culto a la energía explica su preferencia por Esparta, su amor por España, su aversión por los profesores y su exclamación: "La inteligencia, ¡qué pequeña cosa en la superficie de nosotros

mismos!". Pone en ridículo *Le manifeste des intellectuels,* cuando el asunto
Dreyfus. El substantivo "intelectual" data de este período, así como la costumbre de la derecha de acusar a los intelectuales de ser teóricos y malos
franceses.

2) *El arraigo.*—Barrès cree que la energía que Francia necesita sólo
puede venir del pasado nacional, de la tierra y de los muertos. Se atribuye
a sí mismo la misión de devolver a los franceses el sentimiento de las tradiciones francesas, de arraigarlos en el suelo de Francia. De aquí deriva
la importancia del tema del árbol y de las metáforas vegetales en la obra
de Barrès. El nacionalismo de Barrès es xenófobo, antisemita, proteccionista
y regionalista. Estas son las últimas palabras del *Roman de l'énergie nationale:* "Ser cada vez más lorenés, ser la Lorena".

3) La filosofía de Barrès es una *filosofía del heredero* (Thibaudet),
una filosofía del gran burgués que cree en las conveniencias y en los beneficios de la etapa (recogiendo el título de una de las novelas más "reaccio-
narias", de Paul Bourget). De los siete jóvenes loreneses "desarraigados"
cuatro toman el buen camino: los ricos; tres el malo: los pobres. De esta
forma Barrès define la nación en los mismos términos que Renan: "Una
nación es la posesión en común de un antiguo cementerio y la voluntad de
hacer valer esa herencia indivisa".

El nacionalismo de Barrès parte, pues, de la energía, para terminar en
la herencia. Inicialmente es un llamamiento a la exaltación individual ("Es...
un contrato, que proponemos a las vidas individuales, con la poesía, o, si
preferís, con la moralidad. Es un medio de ennoblecimiento. Es el más urgente medio de ayudar al desenvolvimiento del alma"). Pero todo termina
en el respeto por el orden establecido y en "un nacionalismo de defensa
territorial" (J.-M. Domenach).

No debe confundirse a Barrès con su doctrina. Existe en él un constante diálogo entre un alma masculina y un alma femenina, entre Taine y
Renan, entre Roemerspacher y Sturel, entre "la capilla y la pradera". Este
diálogo es el canto profundo de Barrès, que hay que descubrir tras las
fanfarrias patrióticas. Sus *Cuadernos* constituyen a este respecto un testimonio irreemplazable.

El tono, el estilo barresianos siguen vivos. Incluso hoy se comprueba
un sintomático "retorno a Barrès" (cf. el libro de J.-M. Domenach). Pero
su doctrina es la de una Francia que se retracta, que se repliega sobre sí
misma. Es contemporánea del proteccionismo de Méline.

2) Péguy.

Es también una poesía, no una doctrina, lo que aporta Péguy (1873-1914) al nacionalismo francés. Aunque Péguy y Barrès se encuentran en campos opuestos durante el
asunto Dreyfus, ambos creen, sin embargo, de manera profunda, en algunos valores
comunes.

Para Péguy, Francia es una suma, un resultado, el lugar de encuentro de las antiguas tradiciones, de las tradiciones cristianas y de las tradiciones revolucionarias. Péguy,
que ha leído a Michelet, integra la Revolución en la tradición francesa. Está convencido
de que Francia tiene dos vocaciones en el mundo: vocación de cristiandad y vocación
de libertad. Juana de Arco, su heroína preferida, es una santa francesa.

Péguy vuelve incansablemente a los mismos temas: el pueblo de la antigua Francia,
el trabajo perfecto de los artesanos, los obreros que marchan al trabajo cantando, la

Sorbona que traiciona a la inteligencia francesa, Juana de Arco, los soldados de Valmy, el asunto Dreyfus, mística y política, miseria y pobreza, orden y ordenamiento, honor y felicidad, épocas y periodos, orden intelectual y orden temporal, héroes y santos, la comunión de los Santos, el misterio de la Encarnación... y la pequeña niña Esperance...

Péguy tuvo durante su vida poca influencia. Pero, ulteriormente, su obra fue utilizada en sentidos opuestos: por la Resistencia francesa en la última guerra (c. el folleto de las "Editons de Minuit", *Péguy-Péri*) pero sobre todo por la Revolución Nacional de Vichy, que se dedicó a presentar a Péguy como a uno de sus doctrinarios y a expurgar su obra de elementos impuros... En realidad, Péguy era un solitario que no se dejaba fácilmente enrolar. Como Léon Bloy y como Bernanos.

3) Maurras.

El nacionalismo de Péguy asume el conjunto de la tradición francesa. El propio Barrès no rechaza la herencia de la Revolución. Con Maurras y la escuela de *L'Action Française*, "órgano del nacionalismo integral", aparece una forma distinta de nacionalismo: un nacionalismo que elige y excluye.

Charles Maurras (1868-1952) es el fundador del nacionalismo positivista. El positivismo de Maurras se opone al sentimentalismo de Barrès.

Maurras considera la política como una ciencia: "la ciencia y las condiciones de vida próspera de las comunidades". Su "política natural" es una política científica, es decir, una política basada en la biología y en la Historia (que constituyen para él las dos ciencias básicas). Para Maurras, como para todos los teóricos de la Contra-Revolución, Burke, Maistre, Taine, la naturaleza se confunde con la Historia. Cuando escribe que las sociedades son "hechos naturales y necesarios" quiere decir que hay que aceptar las lecciones de la Historia: "En política la experiencia es nuestra maestra". Tales afirmaciones no son nuevas. Lo que distingue a Maurras de Joseph de Maistre y de los teócratas es el recurso a la biología; aquí se manifiesta la influencia del comtismo y del darwinismo. Uno de los desarrollos de *Mes idées politiques* se titula "De la biología a la política". Si Maurras preconiza el recurso a la monarquía no es, en forma alguna, porque crea en el "derecho divino de los reyes". Rechaza este argumento teológico y pretende recurrir sólo a argumentos científicos: la biología moderna ha descubierto la selección natural y, por tanto, puede decirse que la democracia igualitaria ha sido condenada por la ciencia; las teorías transformistas ponen en primer plano el principio de continuidad: ¿qué régimen puede encarnar, mejor que la monarquía, la continuidad nacional?

La monarquía según Maurras.—La monarquía de Maurras es tradicional, hereditaria, antiparlamentaria y descentralizada.

1. *Tradicional y hereditaria.* — Ambos caracteres derivan inmediatamente de la "política natural". "Tradición quiere decir transmisión", transmisión de una herencia. Maurras habla del "deber de heredar", así como del "deber de legar y testar". Subraya los beneficios de la institución parental": "Los únicos Gobiernos que viven largo tiempo —escribe en el prefacio a *Mes idées politiques*—, los únicos prósperos, están, siempre y en todas partes, basados públicamente en la fuerte preponderancia conferida a la institución parental". Maurras es partidario de una nobleza hereditaria, aconseja a los hijos de los diplomáticos que sean diplomáticos, a los hijos de

los comerciantes que sean comerciantes, etc. A su juicio, la movilidad social produce un desperdicio del "rendimiento humano" (expresión muy cientificista, de la que se sirve en *L'enquête sur la monarchie*).

2. *Antiparlamentaria.*—La doctrina de Maurras es menos monárquica que antidemocrática y antiparlamentaria. Sobre este tema se expresa infatigablemente, tanto en 1950 como en 1900. Ataca el respeto por el número y el mito de la igualdad (para él la desigualdad es natural y beneficiosa), el principio de elección (contrariamente a lo que creen los demócratas, "el sufragio universal es conservador"), el culto al individualismo. Denuncia el "panjurismo", que no toma en cuenta la realidad. Ataca con especial violencia a los maestros de escuela, a los judíos, a los demócrata-cristianos. Afirma que no hay Progreso, sino progresos; que no hay una Libertad, sino libertades. "¿Qué es, por consiguiente, una libertad? — Un poder."

Por otra parte, Maurras detesta el "reinado del dinero", a los financieros y capitalistas. Subraya los vínculos existentes entre democracia y capitalismo. Su tradicionalismo es antiburgués; en este punto se encuentra de acuerdo con Péguy —cf. *L'argent* y *L'argent (continuación)*—, y su doctrina se armoniza con los sentimientos de los hidalgos, más o menos arruinados, que constituían muchas veces los cuadros locales de *L'Action Française* (periódico diario desde 1908).

3. *Descentralizada.*—Maurras es un obstinado adversario de la centralización napoleónica. Esta centralización, causante del estatismo y de la burocracia, es inherente al régimen democrático. Las repúblicas sólo se mantienen por la centralización; sólo las monarquías son lo suficientemente fuertes como para descentralizar. Descentralización territorial, sin duda; pero también, y sobre todo, descentralización profesional, es decir, corporativismo. Hay que dar una nueva vida a los cuerpos de oficio, a todas esas comunidades naturales cuyo conjunto forma una nación. Maurras, en 1937, saluda con entusiasmo al fascismo: "¿Qué es el fascismo? — Un socialismo liberado de la democracia. Un sindicalismo liberado de las trabas a las que la lucha de clases había sometido al trabajo italiano".

La conclusión de Maurras es el "nacionalismo integral", es decir, la monarquía: sin la monarquía, Francia perecería. El famoso lema *politique d'abord* (la política, lo primero) no significa que la economía tenga menos importancia que la política, sino que hay que empezar por reformar las instituciones: "No hay que engañarse sobre el sentido de *"politique d'abord"*. La economía es más importante que la política. Por consiguiente, debe venir detrás de la política, como el fin viene después de los medios".

Odios e influencias.—Maurras tiene una noción precisa del bien y del mal; su pensamiento político es naturalmente maniqueo.

1) No le gusta la Biblia, a la que considera un foco de anarquía; no sería Maurras quien dedujera una política de la Sagrada Escritura. Aborrece la mística, especialmente la mística judía. Su cristianismo es, sobre todo, respeto por el orden y la jerarquía. Es un "catolicismo sin cristianismo".

2) Detesta las tres R: Reforma, Revolución, Romanticismo. La Revolución "no es sino la obra de la Reforma realizada con demasiada crueldad"; el romanticismo "no es sino una continuación literaria, filosófica y moral de la Revolución".

3) Así, pues, Maurras substituye el tradicionalismo romántico de Chateaubriand o de Barrès por un pensamiento clásico, apasionado por la razón y la medida, medite-

rráneo: "Ese pensamiento de Maurras, que siente el pino y el olivar, el sol y la cigarra." "Nacionalismo ateniense", dice Thibaudet, que subraya igualmente la influencia del orden romano sobre la doctrina de Maurras.

4) Maurras cita a Maistre, Bonald, Taine, Renan, Barrès ("¿Qué hubiera llegado a ser yo sin Barrès?"), "el gran Le Play". Sin embargo, el comtismo es quien parece haber ejercido sobre él la mayor influencia. Llama a Comte "el maestro de la filosofía occidental".

Maurras habló muy mal del siglo XIX. Y, sin embargo, lo esencial de su pensamiento pertenece a ese siglo.

Dos NACIONALISMOS.—Francia tenía que elegir entre dos formas de nacionalismo: el de Barrès o el de Maurras. Optó por Maurras, y esta elección tuvo serias consecuencias.

L'Action française separó de la República a una amplia fracción de la derecha. Le impuso una doctrina que estaba totalmente formada desde L'enquête sur la monarchie y que se prohibía a sí misma evolucionar. Constituyó una escuela de pensamiento que se especializó en el anatema contra todo lo que le era ajeno. Planteó a los católicos un grave caso de conciencia cuando la condena de Roma (1926). Tuvo una indiscutible influencia en la juventud estudiantil, y dejó sin utilizar el entusiasmo que había suscitado. Predicó a la juventud el culto a la fuerza, pero le disuadió de emplearla cuando había que tomar el Poder (cf. la indignación de Rebatet, en Les Décombres, ante la prudencia de Maurras en la noche del 6 de febrero de 1934; cf. también el testimonio de Brasillach, en Notre avant-guerre). Conservó en las provincias francesas un núcleo de irreducibles, que disimulaban mejor su empobrecimiento que su resentimiento contra la república y el mundo moderno. Y sus leales, ajenos en su mayoría a las realidades de la política, creyeron en junio de 1940 que la Historia les daba la razón.

Tal es el drama del maurrasianismo. Maurras y sus partidarios (especialmente Bainville) no cesaron de denunciar el peligro alemán. Pero la victoria de Alemania se les ofreció, ante todo, como una derrota de la República y como una brillante confirmación de sus tesis. Sin duda, los maurrasianos no se volvieron bruscamente germanófilos. Muchos de ellos se unieron a la Resistencia. Pero el maurrasianismo fue duramente golpeado por la "divina sorpresa" de 1940.

2. **Hacia el imperialismo.**—A) ALEMANIA. DEL NACIONALISMO AL PANGERMANISMO.—El nacionalismo que floreció en Alemania antes y después de la unidad alemana es muy diferente del nacionalismo que surge en Francia tras la derrota de 1870-1871. Es también muy distinto del nacionalismo que había tomado formas muy diversas en la Italia del Risorgimento: el nacionalismo de Cavour se opone al de Mazzini, que no se confunde, a su vez, con el de Gioberti o Garibaldi.

Nada de esto se da en Alemania. Los Discursos a la nación alemana, de Fichte [11], anuncian el Sistema nacional de economía política, de List; Treitschke escribe la historia que Bismark hace; las obras doctrinales apoyan la política de los Gobiernos; el pangermanismo es la conclusión de un siglo de nacionalismo.

---

[11] Vid. más atrás, págs. 383-384.

La Historia según Treitschke.—El nacionalismo prusiano se expresa con una franqueza particularmente brutal en la obra de Treitschke (1834-1896). Esa rudeza es tanto
más notable cuanto que Treitschke es un historiador, que en sus primeras obras mostraba tendencias liberales, así como cierta preocupación por las libertades locales. El
nacionalismo de Treitschke no es totalitario; es romántico, teñido de misticismo religioso. Treitschke odia el materialismo burgués de la escuela manchesteriana y tiene sólo
sarcasmos para los teóricos de la ley natural Rinde culto al pueblo alemán, al amor
por la grandeza, al gusto por la fuerza. El Estado es, ante todo, poder y potencia;
sus principales fundamentos son el campesinado y la aristocracia. Treitschke detesta
a los judíos y a los ingleses. Cree en la preeminencia de la raza alemana, en la necesidad de una política de expansión, en los beneficios de la guerra: "La grandeza de
la Historia reside en el conflicto perpetuo entre naciones."

El nacionalismo alemán y el pangermanismo.—El nacionalismo alemán
presenta la doble particularidad de ser, al tiempo, dogmático y popular.
Descansa sobre un conjunto de creencias que aparecen en las obras doctrinales, que inspiran la acción de los hombres de Estado y que se encuentran en los sectores más diversos de la opinión [12]:

1.º La predestinación metafísica, la idea de que Alemania tiene una
misión espiritual que sólo ella puede realizar. Este tema se halla en Fichte
("Qué es una nación y que los alemanes son una nación"), en Hegel ("Cómo
el pueblo alemán está predestinado a realizar el cristianismo") y en el católico Goerres (1776-1848).

2.º La herencia histórica, que asocia dos tradiciones estrechamente prusianas y dos tradiciones alemanas:

— Prusia, como continuadora del Orden teutónico;
— la grandeza militar prusiana y el culto a Federico II;
— el prestigio del Santo Imperio;
— los recuerdos de la Hansa, belicosa y comerciante.

3.º La predestinación biológica, la idea de que la raza alemana es de
una calidad superior. Es conocido el lugar que ocupa este tema en la obra
de Richard Wagner (1813-1883) y en los escritos de su yerno Houston
Stewart Chamberlain, cuyos *Fundamentos del siglo XIX* aparecen en 1899.
Sin embargo, el tema está ya en List ("No cabe duda de que la raza germánica ha sido designada por la Providencia, por razón de su naturaleza
y de su mismo carácter, para resolver este gran problema: dirigir los asuntos del mundo entero, civilizar a los países salvajes y bárbaros, y poblar
aquellos que están todavía deshabitados") y en numerosos autores; así, el
propio Bismarck, en un discurso a una diputación de Estiria (15 de abril
de 1895), dijo: "Cuando tengáis que habéroslas con vuestros rivales eslavos... conservad siempre la convicción profunda... de que en el fondo
sois sus superiores, y de que lo sois para siempre".

4.º El determinismo histórico-geográfico de los geopolíticos. Friedrich
Ratzel (1844-1904) publica, en 1897, su *Geografía política,* de la que extrae
la conclusión práctica de que Alemania tiene necesidad vital de una flota
poderosa. El sueco Kjellen inventa el término de "geopolítica" y expone
en 1916 los principios de esta nueva ciencia. De esta manera se forma

---

[12] Seguimos en esta exposición muy de cerca los análisis de Charles ANDLER en sus *Origines du pangermanisme.*

en Alemania una escuela de "geopolíticos", cuyo jefe es el general Haushofer.

5.º Este nacionalismo pangermanista concluye, naturalmente, en la exaltación de la guerra, no sólo inevitable, sino beneficiosa: "No es posible ningún idealismo político real —afirmaba Treitschke— sin el idealismo de la guerra". En 1906 Klaus Wagner dedica a la teoría de la guerra un libro cuyo título es bien característico de una época positivista: *La guerra, ensayo de política evolucionista*.

El pangermanismo que florece en la Alemania de Guillermo II responde a las exigencias económicas de un país en pleno crecimiento industrial. Pero hunde sus raíces en una ideología nacionalista cuyos rasgos más notables surgieron antes de la industrialización de Alemania.

El pangermanismo se manifiesta tanto en el continente como en las colonias. Liberales y conservadores conviven en la Liga pangermanista (Alldeutscher Verband) y comulgan en un mismo fervor nacionalista. El 31 de agosto de 1907 Guillermo II declara en Bremen: "El pueblo alemán, unido en un espíritu de concordia patriótica, será el bloque de granito sobre el que Dios Nuestro Señor podrá edificar y rematar la obra civilizadora que Él se propone en el mundo".

Menos de siete años más tarde la guerra mundial había comenzado.

B) INGLATERRA. DEL CONSERVADURISMO AL IMPERIALISMO.—El término "imperialismo" no aparece, en su sentido moderno, antes de los años 1880-1890. Según el *Littré* (edición de 1865), el imperialismo es la opinión de los imperialistas, es decir, de los partidarios de Napoleón III.

De Inglaterra procede, primero, la definición del imperialismo como "defensa del Imperio" ("Ese máximo orgullo del Imperio que es denominado imperialismo", dice lord Rosebery el 6 de mayo de 1899) y, más tarde, el sentido más amplio —y que se volverá peyorativo— de "política de expansión" o de "política de agresión". El paso del primer al segundo sentido es muy claro en el libro de J. A. Hobson, *Imperialism, a study*, cuya primera edición data de 1902.

Los liberales ingleses permanecieron durante mucho tiempo fieles a principios de prudencia, economía y no intervención en materia colonial. Tales eran los principios de James Mill y de Cobden; tales son las tesis que sostienen Georges Cornewall Lewis en *An essay on the government of the dependencies* (1841) y Goldwin Smith, uno de los últimos manchesterianos de estricta obediencia, en *The Empire* (1863).

A esta actitud de no intervención se opone la de Disraeli. En su discurso de Crystal Palace, 24 de junio de 1872, acusa a los liberales de desintegrar el Imperio y termina con estas palabras: "En este país ningún ministro cumplirá con su deber si descuida la ocasión de reconstruir lo mejor posible nuestro imperio colonial y de responder a esas simpatías lejanas que pueden llegar a ser para este país la fuente de una fuerza y de una felicidad incalculable".

Esta conversión de Disraeli a la política colonial es de una enorme importancia para el partido conservador, ya que le asigna un ideal y le propone un campo de acción. Asimismo, le arranca de ese conservadurismo melancólico, de ese malhumorado rumiar sobre los peligros de la democracia y los méritos de la Cámara de los Lores, de esa aversión por el cambio que se transparenta en las obras de Maine, *Ancient Law* (1861) y *Popular Government* (1884).

Influencia de Disraeli.—Disraeli modificó de forma profunda el estilo del conservadurismo inglés:

1) Fue sensible a la miseria popular (cf. su novela *Sybil* en 1845). Poco simpático a la clase media, trató de realizar esa alianza directa entre la aristocracia y el pueblo que ha sido siempre el sueño de los conservadores franceses.

2) Trató también de adherir intelectuales y artistas a la política conservadora. En realidad, después de 1848, la literatura inglesa en su conjunto (Matthew Arnold, Carlyle, Dickens, Ruskin, etc.) condena el *laissez-faire*.

3) Por último, y sobre todo, Disraeli comprendió la oportunidad que una política de grandeza imperial representaba para el partido *tory:* al regenerarse en el imperialismo el partido *tory* acentúa su evolución democrática.

Idealismo, heroísmo, autoridad.—Cuidémonos, sin embargo, de atribuir sólo a una decisión de Disraeli la transformación del tradicionalismo británico. Esta transformación procede de diversas causas, cuyo examen nos obliga a dar un paso atrás:

1) La influencia del romanticismo inglés, y especialmente del poeta Coleridge (1772-1834). Coleridge, admirador desengañado de la Revolución francesa, condena radicalmente la nueva sociedad industrial. Es partidario de un estrecho acuerdo entre la Iglesia y la aristocracia terrateniente. Afirma que el verdadero soberano de Inglaterra no es ni el rey ni el Parlamento, sino el conjunto del cuerpo del pueblo inglés. Considera al Estado como "una unidad moral, un todo orgánico". Esta concepción idealista y mística de la política dejó una profunda huella en el conservadurismo inglés.

2) La influencia de Carlyle y su culto al héroe (1795-1881): "La historia universal... el relato de lo que hizo el hombre en el mundo, es en el fondo la historia de los grandes hombres." Carlyle, cuya obra está llena de metáforas militares, se alza con vehemencia contra la tendencia de sus contemporáneos a abandonar el ideal y a complacerse en el mercantilismo. La obra de Carlyle, mezcla de platonismo y feudalismo, termina con un llamamiento al hombre providencial: "Es preciso que Inglaterra descubra el medio de llamar al Poder a los más virtuosos y capaces, que les confíe su dirección en lugar de imponerles sus caprichos; que reconozca, por fin, a su Lutero y a su Cromwell, a su sacerdote y a su rey."

3) La evolución religiosa de Inglaterra, caracterizada por tres hechos:

— el acrecentado prestigio de la Iglesia anglicana con respecto a las sectas, y la decadencia de los no conformistas.

— el acrecentado prestigio en la Iglesia anglicana de la Alta Iglesia con respecto a la Baja Iglesia;

— el renacimiento católico; Newman (1801-1900) se convierte al catolicismo, condena el liberalismo, afirma que la Iglesia es una sociedad perfecta que no depende del Estado, preconiza la virtud de la obediencia y el respeto por la jerarquía. Concluye que la autoridad es la única salvaguardia del hombre sobre la tierra. Sin embargo, Newman continuó siendo "un espíritu libre y arriesgado, un aliado romántico del espíritu liberal al que critica" (Crane Brinton).

Imperialismo económico e idealismo patriótico.—Así, pues, la tradición conservadora es una mezcla de idealismo, heroísmo y sentido de la autoridad. No obstante, la conversión de Inglaterra al imperialismo es, sobre todo, un reflejo de nación inquieta.

1.º *El imperialismo económico.*—En 1891 Inglaterra tiene, como Francia, 38 millones de habitantes. Alemania tiene 50; Estados Unidos, 63, y Rusia, un centenar; la "nación" inglesa se siente amenazada por imperios.

Inglaterra posee una flota de comercio cuyo tonelaje es igual al de todas las demás flotas; pero tras 1872, que fue un año *record*, las exportaciones inglesas entran en decadencia; Alemania y Estados Unidos adoptan tarifas proteccionistas. La opinión inglesa descubre la necesidad de conquistar mercados.

2.º   Pero el imperialismo inglés asocia estrechamente el *ideal humanitario* con el sentido de los intereses británicos: Inglaterra tiene una misión, y los intereses de la nación británica coinciden con los de la humanidad. Los doctrinarios del imperialismo hablan menos de mercancías que de moral y religión; la bandera inglesa es la de la civilización. Benjamín Kidd, en un libro que tuvo diecinueve ediciones en cuatro años [13], afirma que la superioridad de una raza sobre otra no se debe a la razón, facultad esterilizadora, sino a la voluntad de subordinar el interés inmediato al interés lejano, el del individuo al de la colectividad. Kidd, idealizando el racismo, concluye que la superioridad de la raza inglesa y de la raza alemana sobre las razas latinas es, pues, esencialmente moral y religiosa.

En abril de 1897 un colaborador de la revista *Nineteenth Century* define de la siguiente manera la misión de Gran Bretaña: "Nos ha sido asignado —a nosotros, y no a los demás— un determinado y preciso deber. Llevar la luz y la civilización a los lugares más sombríos del mundo; despertar el alma de Asia y de Africa a las ideas morales de Europa; dar a millones de hombres, que de otra forma no conocerían ni la paz ni la seguridad, esas primeras condiciones del progreso humano".

En 1883 el historiador Seeley publicaba su libro *Expansion of England*, en el que glorificaba el destino imperial de Inglaterra. Kipling publica *La bandera inglesa* (1892), *La canción de los ingleses* (1893), *La carga del hombre blanco* (1899), *El libro de las selvas vírgenes...*; y, aunque sus opiniones personales sean moderadas [14], es considerado en el mundo entero como el heraldo del imperialismo británico.

C)   LA GÉNESIS DEL IMPERIALISMO AMERICANO.—La evolución de las ideas políticas en Estados Unidos desde el fin de la guerra de Secesión hasta el comienzo de la primera guerra mundial sigue poco más o menos la misma curva que en Inglaterra, para terminar, como en Inglaterra, en el imperialismo.

Nacionalismo.—El conflicto ideológico que enfrentó al Norte y al Sur durante la guerra de Secesión (1861-1865) era la manifestación de unos intereses opuestos. El Norte era proteccionista porque quería sostener su industria; el Sur quería exportar su algodón e importar utillaje de Gran Bretaña, siendo, en consecuencia, librecambista.

El conflicto recae esencialmente sobre dos puntos: la esclavitud y el derecho de secesión.

La esclavitud, denunciada por Lloyd Garrison y Harriet Beecher-Stowe

---

[13]   *Social Evolution*, 1894 [hay versión castellana: *La evolución social*, Madrid, la España Moderna; otra obra de Benjamín KIDD vertida al castellano: *La civilización occidental*, trad. Siro García del Mazo, Madrid, 1904].
[14]   Cf. el libro de Robert ESCARPIT, *Rudyard Kipling, Servitudes et grandeurs impériales*, Hachette, 1955, 251 págs.

(*La cabaña del tío Tom* data de 1850), es defendida de manera vigorosa
por John Calhoun (1782-1851), el portavoz de mayor talento de las tesis
sudistas. Complaciéndose en recordar la democracia ateniense, Calhoun
mantiene que la civilización supone esclavos. Afirma que la prosperidad
del Sur está directamente ligada al cultivo del algodón, y que la extensión
de este cultivo sólo es posible mediante la esclavitud. Calhoun se sitúa a
este respecto en la línea de Hobbes, en tanto que los abolicionistas, que
condenan la esclavitud en nombre de los derechos naturales, están en la línea
de Locke. Calhoun, por su parte, defiende la esclavitud invocando la desigualdad fundamental de los hombres y el argumento de la utilidad pública: la esclavitud, lejos de ser una supervivencia de los tiempos bárbaros,
es un elemento de progreso del que dependen la prosperidad y felicidad de
una región.

La guerra de Secesión termina con la victoria de la unidad nacional. Los
demócratas son eliminados del Poder hasta 1884 (Cleveland) y, de hecho,
hasta 1912 (Wilson). Los republicanos, sólidamente instalados, se identifi-
can con la industrialización, con sus progresos y sus abusos.

Desarrollo del capitalismo.—El final del siglo XIX en Estados Unidos
está caracterizado por el desarrollo del capitalismo y la preponderante influencia de la economía sobre la política. La guerra de Secesión acaba con
la victoria del Norte industrial. La transformación de la economía se opera
a un ritmo acelerado: siete millones de toneladas de carbón en 1850, 200 millones en 1895. Ascensiones rápidas, aflujo de inmigrantes, fortunas colo-
sales, "era del cinismo" (R. Hofstadter), crisis e inseguridad.

Los principios del liberalismo clásico son puestos en duda hasta el punto
de que el órgano liberal *The Nation,* fundado en 1865, puede escribir
en 1900: "En la política mundial el liberalismo es una fuerza declinante,
casi muerta".

Este replanteamiento del sistema liberal adopta diversas formas:

1.º El reformismo agrario de Henry George (1839-1897) y el reformismo utópico de Edward Bellamy (1850-1898). Las principales obras de
George (*Progress and Poverty*) y de Bellamy (*Looking backward*) alcanzan una amplia difusión en Europa.

2.º El popularismo de los años 1890 es una revuelta de los endeudados
granjeros del Oeste contra los poderes financieros, contra el Este industrial.
Los populistas acusan al Gobierno de hacer una política de clase y de perjudicar sistemáticamente a la agricultura. Revuelta elemental, sin programa
constructivo —algunos de sus aspectos han sido comparados con el poujadismo—. El partido demócrata intenta canalizar esta revuelta bajo la dirección de William Jennings Bryan, apasionado orador que se contenta con
afirmar —mientras exige el bimetalismo— que los problemas políticos son
problemas morales, que la moral deriva de la religión, que los derechos
deben ser iguales para todos y que hay que volver a los principios de la
declaración de Independencia. Pero Bryan es derrotado por Mac Kinley
en 1896, y el populismo se disgrega poco a poco, no sin dejar en el Oeste
el recuerdo de una revuelta agraria que acabará transformándose en una
tradición.

3.º Teodoro Roosevelt (1859-1919), que ocupó la Presidencia de 1901 a 1908, representa bastante bien el estado de ánimo de la clase media americana. Su "progresismo" es una tentativa, muy prudente, de reformar el sistema liberal sin atacar a sus principios; pretende reglamentar los *trusts* sin destruirlos, detener el saqueo de los recursos naturales, luchar contra la corrupción y limitar la influencia de los grandes capitalistas sobre el Poder; su principal preocupación es aumentar el poder y la influencia mundiales de Estados Unidos. Al igual que en Inglaterra, el desarrollo industrial conduce al imperialismo.

Imperialismo. — El crecimiento económico y demográfico de Estados Unidos suscita, a finales del siglo XIX, un impulso nacionalista e imperialista que se manifiesta con una particular amplitud en el momento del conflicto hispanoamericano de 1898. Teodoro Roosevelt hace con entusiasmo la guerra de Cuba, y se jacta de haber matado con sus manos a un español.

El expansionismo americano tenía lejanas raíces (anexión de la Florida en 1819; de Texas en 1845; guerra con Méjico en 1846-1848, que termina con la anexión de California; idea del *Manifest Destiny*: corresponde a Estados Unidos ocupar todo el continente americano), pero toma, a partir de 1885-1890, un carácter a la vez sistemático y popular, con rasgos específicamente americanos y con rasgos comunes a todas las formas de imperialismo.

Imperialismo marítimo.—Cf. las obras de Alfred Mahan, *The Influence of Sea Power upon History* (1890) y *The Interest of America in Sea Power* (1897).

Imperialismo demográfico.—Los Estados Unidos pueden alimentar una inmensa población. En 1980, 700 millones de anglosajones cubrirán Europa, África, el mundo... Es una nueva extensión de la teoría del *Manifest Destiny*.

Imperialismo biológico, basado en la superioridad de los anglosajones. En 1899 Teodoro Roosevelt afirma en *The Strenuous Life*: "Hay un patriotismo de raza, tanto como de país".

El 9 de enero de 1900 el senador Beveridge se expresa en los siguientes términos:

"No renunciaremos a la misión de nuestra raza, mandataria, en nombre de Dios, de la civilización en el mundo... Avanzaremos en nuestra obra... con un sentimiento de gratitud por una tarea digna de nuestras fuerzas, y llenos de reconocimiento hacia el Dios omnipotente que nos ha señalado como el pueblo elegido para conducir al mundo hacia su regeneración".

Al igual que en Inglaterra, el darwinismo social —cuya influencia en Estados Unidos hemos señalado— constituye uno de los soportes principales del imperialismo [15]. De esta forma se conjugan estrechamente el culto al individuo y la preocupación por la fuerza, tanto personal como nacional, así como el sentido de las responsabilidades que incumben a las "naciones civilizadas".

---

[15] Vid. más atrás, pág. 520.

D) EL PROCESO DEL IMPERIALISMO.—Después de Sarajevo, los autores franceses e ingleses, de un lado, y los alemanes, de otro, hacen recaer la responsabilidad de la guerra, bien sobre el militarismo alemán, bien sobre el imperialismo anglosajón y el nacionalismo francés. Lenin, por su parte, adopta una posición radicalmente diferente; en abril de 1917 publica su *Imperialismo, fase superior del capitalismo,* en la que no denuncia ni al imperialismo alemán ni al imperialismo inglés, sino al imperialismo capitalista en su conjunto: las contradicciones del capitalismo conducen al imperialismo y el imperialismo conduce a la guerra.

Estas afirmaciones no eran nuevas. El propio Lenin reconoció que sus ideas se inspiraban en las de Hobson y Hilferding. Para Hobson el imperialismo es "el esfuerzo de los grandes amos de la industria para facilitar la salida de su excedente de riquezas, tratando de vender o de colocar en el extranjero las mercancías o los capitales que el mercado interior no puede absorber"; por consiguiente, los principales responsables de las guerras son los financieros, siendo el mejor medio de luchar contra la guerra el modificar la distribución del poder adquisitivo y el ofrecer posibilidades de inversión en el interior de las fronteras; para conseguirlo hay que substituir a los actuales oligarcas financieros por un Gobierno nacional y democrático. Tal es la tesis mantenida en 1902 por Hobson en su libro *Imperialism, a study;* en 1911, en *An Economic Interpretation of Investment,* sostendrá una tesis diferente, pronunciándose en favor de una política de inversiones pacíficas en los países subdesarrollados.

Lenin recoge y sistematiza las primeras concepciones de Hobson. Presenta a la guerra de 1914 como el estallido del mundo capitalista, como el fin de un sistema. Ha llegado el momento de estudiar, en su conjunto, el sistema con el que pretende substituirlo.

BIBLIOGRAFIA

Para las obras generales véase la bibliografía del capítulo XII sobre el tema.

Para el período estudiado en este capítulo, un libro sugestivo e interesante: Georges DUVEAU, *Histoire du peuple français,* tomo IV: *De 1848 à nos jours,* Nouvelle Librairie de France, 1953, 413 págs. (explora admirablemente las ideas políticas de Francia, pero no tal y como son elaboradas por los teóricos, sino tal y como se difunden en una sociedad). Véase también con gran provecho el tomo V de esta misma colección, *Cent ans d'esprit républicain,* por J. M. MAYEUR, F. BEDARIDA, A. PROST, y J. L. MONNERON.

COMTE.

Los dos textos principales de Auguste COMTE son el *Cours de philosophie positive* (profesado a partir de 1826, publicado de 1830 a 1842, 60 lecciones en 6 vols.) y el *Système de politique positive,* que instituye la religión de la humanidad (publicada de 1851 a 1854: 4 vols.): 1) *Esquisse de la psychologie et de la morale;* 2) *Statique Sociale;* 3) *Dynamique sociale;* 4) *L'avenir humain: société et religion positives futures).* Obras escogidas con una excelente introducción de Henri GOUHIER, publicadas en Aubier, en 1943, 317 págs. Ver también *Politique d'Auguste Comte,* textos escogidos y presentados por Pierre ARNAUD, A. Colin, 1965 (Col. "U"). Traducciones al castellano de COMTE: *Discurso sobre el espíritu positivo. Orden y Progreso,* trad. de Julián Marías, Madrid, Revista de Occidente, 212 págs.; *República Occidental. Orden y Progreso. Vivir para el prójimo. Catecismo positivista,* Madrid, 1886-1887; *Comte. Selección de Textos,* precedida de un estudio de René Hubert, traducción y notas de Demetrio Nañez, Buenos Aires, Sudamérica, 1943, 233 págs.]

Sobre Comte, la obra fundamental es la de Henri GOUHIER, *La jeunesse d'Auguste Comte et la formation du positivisme,* Vrin, 1933-1941, 3 vols. (estudia especialmente las relaciones entre el pensamiento de Saint-Simon y el de Comte). Véanse también los estudios más breves, pero muy densos, de Jean LACROIX, *Vocation personnelle et tradition nationale*, Bloud & Gay, 1942, 192 págs. (con un capítulo sobre Comte y otro sobre Maistre y Bonald) y *La sociologie d'Auguste Comte*, P. U. F., 1956, 116 págs. (colección "Initiation philosophique"). Paul ARBOUSSE-BASTIDE ha estudiado de forma exhaustiva *La doctrine de l'éducation universelle dans la philosophie d'Auguste Comte*, P. U. F., 1957, 2 vols. Toussaint CHIAPPINI, *Les idées politiques d'Auguste Comte*, Jouve, 1913, 203 págs. Un buen estudio en inglés: D. G. CHARLTON, *Positivist thought in France during the Second Empire*, Oxford, U. P., 1959, IX-251 págs. Ver también W. M. SIMON, *European positivism in the nineteenth century*, Cornell, U. P., 1963, XII-384 págs.

GOBINEAU.

Correspondance entre Alexis de Tocqueville et Arthur de Gobineau (1843-1859), Plon, VII-359 págs. Maurice LANGE, *Le comte Arthur de Gabineau, étude biographique et critique*, Estrasburgo, Istra, 1924, XII-293 págs.

I. EL LIBERALISMO DE 1848 A 1914.

A) El liberalismo francés.

1. Pierre GUIRAL, *Prévost-Paradol (1829-1870), pensée et action d'un libéral sous le Second Empire*, P. U. F., 1955, 844 págs. (tesis prácticamente exhaustiva). Otra buena monografía: Laurence WYLIE (autor de esa obra maestra que es *Village in the Vaucluse): Saint-Marc Girardin bourgeois*, Syracusa, U. P., 1947, XVI-234 págs. (interesante estudio de un "personaje representativo"). Theodore ZELDIN, *Emile Ollivier and the liberal Empire of Napoleón III*, Oxford, Clarendon Press, 1963, VIII-248 págs.

2. Sobre la ideología republicana: John A. SCOTT, *Republican ideas and the liberal tradition in France (1870-1914)*, Nueva York, Columbia U. P., 1951, 209 págs. (estudio muy sólido, sin equivalente en francés; los capítulos más interesantes tratan de Renouvier, de Littré y del solidarismo de Léon Bourgeois). Sobre el radicalismo constituye una buena introducción: Claude NICOLET, *Le radicalisme*, P. U. F., 1957, 128 páginas (colección "Que sais-je?"). Del mismo autor, "Bibliographie du radicalisme", *Cahiers de la République*, 1956, número 3, págs. 106-112. Maurice SORRE, "Les pères du radicalisme, expression de la doctrine radical à la fin du Second Empire", *Revue française de science politique*, octubre-diciembre de 1951, págs. 481-497. Algunos textos que representan diversas formas de radicalismo: Jules SIMON, *La politique radicale*, A. Lacroix, 1868, 396 págs. Léon BOURGEOIS, *La solidarité*, A. Colin, 1896, 7.ª ed. revisada y aumentada, 1912, 294 págs. *Essai d'une philosophie de la solidarité*, Alcan, 1902, XV-288 páginas. Ferdinand BUISSON, *La politique radicale*, Giard & Brière, 1908, VII-454 páginas. Georges CLEMENCEAU, *Au soir de la pensée*, Plon, 1929, 2 vols. Emile COMBES, *Mon ministère. Mémoires (1902-1905)*, Plon, 1956, XVI-295 págs. Edouard HERRIOT, *Pourquoi je suis radical-socialiste*, Les Editions de France, 1928. 185 págs. Albert BAYET, *Le radicalisme*, Valois, 1932, 224 págs. Jammy SCHMIDT, *Les grandes thèses radicales, de Condorcet à Edouard Herriot*, Editions des Portiques, 1931, VIII-346 págs. Albert MILHAUD, *Histoire du radicalisme*, Société d'Editions françaises et internationales, 1951, 416 págs. Jacques KAISER, El radicalismo de los radicales, en el libro colectivo *Tendances politiques dans la vie française depuis 1789*, Hachette, 1960, 1944 págs. Del mismo autor, *Les grandes batailles du radicalisme, des origines aux portes du pouvoir*, 1820-1901, Rivière, 1962, 408 págs. El libro de Michel SOULIÉ, *La vie politique d'Edouard Herriot*, A. Colin, 1962, 626 págs. (arroja mucha luz sobre la historia y la significación del radicalismo.

ALAIN, *Eléments d'une doctrine radicale*, Gallimard, 1925, 316 págs.; *Le citoyen contre les pourvoirs*, 5.ª ed., Sagittaire, 1926, 239 págs.; *Propos de politique*, Rieder, 1934, 347 páginas; *Mars ou la guerre jugée*, Gallimard, 1950, 259 págs.; *Politique*, P. U. F., 1952, 336 págs.; *Histoire de mes pensées*, Gallimard, 1946, 311 págs.; *Propos d'un Normand*, Gallimard, 1952-1960, 5 vols.; *Correspondance avec Elie et Florence Halévy*, Gallimard, 1958, 471 págs. Véase también la útil edición de "La Pleiade": *Propos*, texto preparado y presentado por Maurice SAVIN, Gallimard, 1956, XLVI-1366 págs.

Sobre Alain: Georges PASCAL, *Pour connaître la pensée d'Alain*, Bordas, 3.ª ed., 1957, 223 págs. André MAUROIS, *Alain*, Domat, 1950, 153 págs. *Hommage à Alain (1868-1951)*, número especial de la *N. R. F.*, septiembre de 1952, 373 págs. Henri MONDOR, *Alain*, Gallimard, 1953, 264 págs. Marc JOUFFROY, *La pensée politique d'Alain*, Montpellier, 1953, 208 págs., multigrafiado (tesis de Derecho).

Un texto clásico sobre el radicalismo en Albert THIBAUDET, *Les idées politiques de la France (op. cit.)*. Thibaudet distingue entre jacobinos y girondinos, entre radicalismo de proconsulado y radicalismo de comités. Del mismo autor, *La République des professeurs*, Grasset, 1927, 266 págs. Un brillante panfleto: Daniel HELÉVY, *La République des comités*, Grasset, 1934, 197 págs. Del mismo autor, *La fin des notables*, Grasset, 1930, 302 págs., y *La République des ducs*, Grasset, 1937, 411 págs. (arroja mucha luz sobre el período 1870-1880, especialmente sobre la ideología orleanista y sobre Gambetta). Emile FAGUET, *Le libéralisme*, Société française d'Imprimerie et de Librairie, 1903, XVIII-340 págs. (muy característico de una época).

La ideología dreyfusista.—Anatole FRANCE, Principales textos concernientes a la política: *Histoire contemporaine (L'orme du mail, Le mannequin d'osier, L'anneau d'améthyste, M. Bergeret à Paris); L'ile des pingouins; Les dieux ont soif; Trente ans de vie sociale*, comentados por Claude AVELINE, Emile Paul, 2 vols.: tomo I: *1897-1904*, 1949, LXXIII-249 págs.; tomo II: *1905-1908*, 1953, 316 págs. Una buena introducción en Jacques SUFFEL, *Anatole France par lui-même*, Editions du Seuil, 1954, 192 págs. [En castellano: *Novelas completas*, trad. de Luis Ruiz Contreras, Madrid, Aguilar, 1946, 2 vols.]

Sobre ZOLA, el libro más útil es, sin duda, el de G. ROBERT, *Emile Zola, principes et caractères généraux de son oeuvre*, Les Belles-Lettres, 1952, 208 págs.

B) El liberalismo inglés.

Sobre el darwinismo político y social en Bran Bretaña y en Estados Unidos véase más arriba, pág. 520, especialmente el importante libro de Richard HOFSTADTER *(op. cit.)* así como la obra colectiva, *Darwinism and the study of society*, Londres, Tavistock, XX-191 págs. Véase también la recopilación de textos titulada: *The liberal tradition (op. cit.)* y el libro de Ernest BARKER, *Political thought in England from Spencer to the present day (op. cit.)*. Indicaciones bibliográficas de SABINE, págs. 749-750. G. E. FASNACHT, *Action's political philosophy*, Nueva York, Hollins and Carter, 1952, XIV-265 págs. Sobre el pensamiento de T. H. Green, Melvin RICHTER, *The politics of conscience, T. H. Green and his age*, Londres, Weidenfeld and Nicolson, 1964, 415 págs.

[Existen numerosas traducciones al castellano de obras de SPENCER: *Exceso de legislación*, trad. de Miguel de Unamuno, Madrid, La España Moderna, 325 págs.; *El organismo social*, trad. de Miguel de Unamuno, Madrid, La España Moderna, 257 págs.; *La Beneficencia*, trad. de Miguel de Unamuno, Madrid, La España Moderna, 261 páginas; *Ética de las prisiones*, trad. de Miguel de Unamuno, Madrid, La España Moderna, 508 páginas; *Instituciones políticas*, Madrid, La España Moderna, 2 vols.; *Instituciones industriales*, Madrid, La España Moderna, 390 págs.; *Instituciones profesionales*, trad. de Leopoldo Palacio, Madrid, La España Moderna, 1901, 195 págs.; *Instituciones sociales*, Madrid, La España Moderna; *Instituciones eclesiásticas*, precedida de un resumen del sistema filosófico del autor escrito por él mismo, Madrid, La España Moderna, 305 págs.; *Los primeros principios*, trad. de José Andrés Irieste, Madrid, Perojo, VII-493 págs.; *Las inducciones de la sociología y de las instituciones domésticas*, Madrid, La España Moderna, 422 páginas; *La justicia*, trad. de Adolfo Posada, Madrid, La España Moderna, 380 págs.; *De las leyes en guerra*, trad. de Miguel de Unamuno, Madrid, La España Moderna, 385 páginas; *Principios de sociología*, trad. de Eduardo Cazorla, Madrid, Calleja, 1883, 2 vols.; *Abreviatura de Principios de Sociología de H. Spencer*, prólogo de Fernando Vela, Buenos Aires, Revista de Occidente Argentina, 1948, 2 vols. de 302 y 288 págs.; *El progreso. Su ley y su causa*, trad. de Miguel de Unamuno, Madrid, La España Moderna, 370 páginas; *Principios de Psicología*, trad. de J. González Alonso, Madrid, 4 tomos; *La moral de los diversos pueblos y la moral personal*, trad. y notas de José del Caso, Madrid, La España Moderna, 329 págs.; *El individuo contra el Estado*, Valencia, Sempere; *Creación y evolución*, Valencia, Sempere.]

C) El populismo ruso.

A falta de tratamiento en el cuerpo del capítulo, resulta conveniente señalar aquí la influencia ejercida por Herzen y Mikhailovsky, así como la importancia de la tradición populista, que puede ser definida como un eslavismo de izquierda. El populismo se opone vigorosamente al darwinismo social, y apela a valores morales y religiosos, así como a las tradiciones rusas. Véase a este respecto: James H. BILLINGTON, *Mikhailovsky and Russian populism*, Oxford, The Clarendon Press, 1958, XVI-218 págs.; Richard HARE, *Pioneers of Russian social thought. Studies of non-Marxian formation in nineteenth century Russia and of its partial revival in the Soviet Union*, Oxford U. P., 1951, VIII-307 páginas. George FISCHER, *Russian liberalism, from gentry to intelligentsia*, Havard U. P., 1958: 240 págs. Martin MALIA, *Alexander Herzen and the birth of Russian socialism (1812-1855)*, Harvard, U. P., 1961, XIV-486 págs.

II. TRADICIONALISMO, NACIONALISMO, IMPERIALISMO.

A) *Neotradicionalismo y nacionalismo en Francia.*

Sobre el *catolicismo social* véase la bibliografía del capítulo XII sobre el tema, pág. 454. [DE LA TOUR DU PIN, vid. en castellano: *Hacia un orden social cristiano*, prólogo de Eduardo Aunós, Madrid, 1936.] Sobre el *nacionalismo* véase la bibliografía general, página 452.

El artículo ya citado de Raoul GIRARDET, *Introduction à l'histoire du nationalisme français* contiene numerosas referencias bibliográficas sobre el período estudiado en este capítulo, especialmente sobre las obras en lengua alemana (que dedican una gran importancia al tema de la Revancha. Prosiguiendo sus trabajos, Raoul GIRARDET ha publicado un pequeño libro que es mucho más que una simple recopilación de textos escogidos, *Le nationalisme français, 1871-1914*, A. Colin, 1966, 279 págs.

Sobre el *antisemitismo:* Robert F. BYRNES, *Antisemitism in modern France*, Nueva Brunswick, Rutgers U. P., 1950, x-348 págs.

Autores diversos: Fustel de Coulanges.—M. A. ALPATOV, *Les idées politiques de Fustel de Coulanges, Questions d'histoire*, tomo I. "La nouvelle critique", 1952, págs. 127-157.

Un buen artículo reciente sobre Le Play: Guy THUILLIER, Le Play et la "Réforme sociale", *Revue administrative*, mayo de 1958, págs. 249-260 (con útiles indicaciones bibliográficas).

Sobre el *corporativismo:* Mathew ELBOW, *French corporative theory (1789-1948)*, Nueva York, Columbia U. P., 1953.

Taine.—Texto básico: *Les origines de la France contemporaine*, de la que existe una edición escolar de trozos escogidos, por Georges POMPIDOU, Hachette, 1947, 96 páginas. [Obras de TAINE en castellano: *Los orígenes de la Francia contemporánea*, trad. Luis de Terán, Madrid, La España Moderna, 4 tomos; *Notas sobre Inglaterra*, trad. León Sánchez Cuesta, Madrid, Espasa-Calpe, Colección Universal; *Notas sobre París*, trad. de Alfredo Opisso, Madrid, Espasa-Calpe, Colección Universal; *Ensayos de crítica y de historia*, trad. y notas de Julio Gómez de la Serna, Madrid, Aguilar, 1953.]

Sobre la política de Taine, Louis FAYOLLE, *Les idées politiques de Taine*, Lyon, 1948, tesis de derecho dactilografiada (escolar, pero concienzuda y útil). Un resumen de esta tesis, con el título de *L'aristocratie, le suffrage universel et la décentralisation dans l'oeuvre de Taine*, en la obra colectiva *Libéralisme, traditionalisme, décentralisation*, bajo la dirección de Robert PELLOUX, A. Colin, 1952, XIV-196 págs. (Cahiers de la Fondation nationale des Sciences politiques, núm. 31).

Estudios de conjunto: André CHEVRILLON, *Taine, formation de sa pensée*, Plon, 1932, VIII-415. Víctor GIRAUD, *Essai sur Taine. Son oeuvre et son influence*, Hachette, 1932, XXXI-361 págs. Maxime LEROY, *Taine*, Rieder, 1938, 222 págs. André CRESSON, *Taine, sa vie, son oeuvre, avec un exposé de sa philosophie*, P. U. F., 1951, 155 págs. F. C. ROE, *Taine et l'Angleterre*, Champion, 1923, VIII-213 págs.

Renan.—Los dos textos que más directamente interesan a la política son *La réforme intellectuelle et morale*, 1871 (en el tomo I de las *Oeuvres complètes*, Calmann-Lévy, 1947) y *Qu'est-ce qu'une nation?* (igualmente en el tomo I, págs. 887-906 págs.) [Hay versión castellana: *¿Qué es una nación?*, trad. y estudio preliminar de Rodrigo Fernández Carvajal, Madrid, Instituto de Estudios Políticos, 1957, 111 págs.] Para situar a Renan véanse ante todo los *Souvenirs d'enfance et jeunesse* (O. C., tomo II), así como *L'avenir de la science* (O. C., tomo III). [Hay versión castellana: *El porvenir de la ciencia*, trad. de Roberto Robert, Valencia, Sempere, 2 vols.] Sobre la política de Renan, el estudio más reciente es: Giuseppe LA FERLA, *Renan político*, Florencia, F. de Silva, 1953. 321 págs. En francés: Jules CHAIX-RUY, *Ernest Renan*, Paris-Lyon, E. Vitte, 1956, 515 págs.

Barrès.—Los textos que mejor muestran el nacionalismo de Barrès son, sin duda, *Le roman de l'énergie nationale* (3 vols.: *Les déracinés, L'appel au soldat* y *Leurs figures*) y *Scènes et doctrines du nationalisme*. Sobre Barrès, una buena introducción es: J.-M. DOME-NACH, *Barrès par lui-même*, Editions du Seuil, 1954, 192 págs. ("Ecrivains de toujours"). Dos obras clásicas: Albert THIBAUDET, *La vie de Maurice Barrès*, N. R. F., 5.ª ed., 1931, 315 págs., y E. R. CURTIUS, *Maurice Barrès und die geistigen Grundlagen des französischen Nationalismus*, Bonn, F. Cohen, 1921, VIII-256 págs. Se consultará también, con provecho, la obra colectiva recogida del coloquio organizado en Nancy con ocasión del centenario del nacimiento de Barrès, Nancy, 1963, 331 págs. (*Annales de l'Est*, núm. 24). Una buena recopilación de textos escogidos en *Mes Cahiers*, Plon, 1963, VIII-1.135 págs.

Péguy.—A nuestro juicio, las obras más características son: *L'argent,* seguida de *L'argent* (continuación); *Notre jeunesse* [hay versión castellana: *Nuestra juventud,* traducción de María Zoraida Villarroel, Buenos Aires, Emecé, 239 págs.]; *Victor-Marie comte Hugo.* De la abundante literatura concerniente a Péguy elegiremos: Jérôme et Jean THARAUD, *Notre cher Péguy,* Plon, 1926, 2 vols., 275, 255 págs. (testimonio muy vivo). Romain ROLLAND, Péguy, A. Michel, 1944, 2 vols., 359, 335 págs. (estudio a fondo, tan interesante para el conocimiento de Péguy como para el de Rolland). Felicien CHAL-LAYE, *Péguy socialiste,* Amiot-Dumont, 1954, 335 págs. y el número especial de *Esprit,* agosto 1964.

Maurras.—Los textos más característicos están en *Mes idées politiques,* A. Fayard, 1937, XII-295 págs. (selección de textos realizada por el mismo Maurras). *Enquête sur la monarchie,* seguida de *Une campagne royaliste au Figaro* y *Si le coup de force est possible,* A. Fayard, 1925, CLVI-699 págs. [hay versión castellana: *Encuesta sobre la monarquía,* seguida de *Una campaña monárquica en Le Figaro,* trad. y notas de Fernando Beltrán, Madrid, Sociedad Española de Librería, 1935, XXXII-722 págs.], así como el muy cómodo *Dictionnaire politique et critique,* ordenado por Pierre CHARDON, A. Fayard, 1932-33, 5 vols. (recoge por orden alfabético los principales juicios de Maurras sobre los más variados temas). Sobre Maurras existe una abundante literatura, pero nada plenamente satisfactorio; contentémonos con citar: Albert THIBAUDET, *Les idées de Charles Maurras,* Gallimard, 2.ª ed., 1920, 323 págs. (menos denso que el Barrès del mismo autor). Henri MASSIS, *Maurras et notre temps.* Entrevistas y recuerdos, edición definitiva aumentada con documentos inéditos, Plon, 1961, IV-453 págs., y la útil nota bibliográfica de Samuel M. OSGOOD, "Charles Maurras et l'Action Française, état des travaux américains", *Revue française de science politique,* marzo de 1958, páginas 143-147. Del mismo autor, *French royalism under the bird and fourth Republic,* La Haya, M. Nijhoff, 1960, X-228 págs. Véase también un buen artículo de Jacques JULLIARD, "La politique religieuse de Charles Maurras", en *Esprit,* marzo de 1958, págs. 359-384. Sobre las ideas políticas de la juventud nacionalista en vísperas de la guerra de 1914 véase la encuesta de AGATHON (Henri MASSIS y Albert DE TARDE), *Les jeunes gens d'aujourd'hui,* Plon-Nourrit, 1913, 291 págs.

B) Hacia el imperialismo.

Bibliografía general sobre el imperialismo.

Textos.—John A. HOBSON, *Imperialism, A Study,* nueva edición, Londres, Allen and Unwin, 1938, XXX-386 págs. R. HILFERDING, *Das Finanzkapital; eine Studie über die jüngste Entwicklung des Kapitalismus,* nueva edición, Berlín, J. Dietz, 1947, XLVIII-518 páginas. [Versión castellana de V. Romano, Madrid, ed. Tecnos, 1963, 420 págs.] LENIN, *L'impérialisme, stade suprême du capitalisme,* Editions sociales, 1945, 127 págs. [Hay varias traducciones castellanas].

Estudios.—Jacques FREYMOND, *Lénine et l'impérialisme,* Lausana, Payot, 1951, 134 páginas (estudio crítico de la tesis de Lenin). William L. LANGER, *The Diplomacy of Imperialism (1890-1902),* Nueva York, Knopf, 1935, 2 vols. Joseph A. SCHUMPETER, *Imperialism and social classes,* Oxford, Blanckwell, 1951, XXVI-221 págs. [Versión española, de J. Blasco, en preparación: Editorial Tecnos, Colección "Semilla y Surco"] (insiste sobre los factores sociológicos del imperialismo; lo define como "la tendencia de un Estado a la expansión violenta, ilimitada y sin objeto"; discute la importancia de los factores económicos). E. M. WINSLOW, *The Pattern of Imperialism. A study in the theories of power,* Nueva York, Columbia U. P., 1948, XII-278 págs. Georges BOURGIN, Jean BRUHAT, Maurice

CROUZET, Charles-André JULIEN, Pierre RENOUVIN, *Les politiques d'expansion impéria-*
liste: J. *Ferry, Léopold II, Crispi,* J. *Chamberlain, Th. Roosevelt,* P. U. F., 1949, 256 páginas. Sobre las ideas políticas de Francia respecto al problema colonial: Robert DELA-
VIGNETTE y Charles-André JULIEN, *Les constructeurs de la France d'Outre-Mer,* Corréa,
1946, 525 págs. Hubert DESCHAMPS, *Les méthodes et les doctrines coloniales de la France,*
A. Colin, 1953, 222 págs. Henri BRUNSCHWIG, *Mythes et réalités de l'impérialisme colonial*
français, Colin, 1960, 205 págs. (es de gran interés; según el autor, el imperialismo colonial
francés se debió, ante todo, a un deseo de revancha y de compensación por la derrota
de 1870-71). Richard KOEBNER y H. D. SCHMIDT, *Imperialism. The story and significance*
of a political word, 1840-1960, Cambridge, U. P., 1964, XXVI-432 págs.

Sobre la relación entre el imperialismo y el colonialismo, Robert STRAUSZ-HUPE,
Harry W. HAZARD ed., *The idea of colonialism,* Nueva York, F. A. Praeger, 1958,
496 págs. [Versión castellana de J. Gerona, ed. Tecnos, Madrid, 1964.]

1. Alemania.

Las principales obras de TREITSCHKE son su *Política,* obra póstuma (edición inglesa,
Gowans and Gay, 1914, 128 págs.), y sobre todo su *Historia de Alemania en el siglo XIX*
(primer volumen aparecido en 1879). Sobre su pensamiento político véase el libro de
H. W. C. DAVIS, *The political thought of Heinrich von Treitschke,* Nueva York, Scribner,
1915, VIII-295 págs. (exagera, indudablemente, las tendencias liberales de Treitschke),
y el de ROHAN BUTLER, *Roots to National Socialism,* Nueva York, Dutton, 1942, 304 páginas (inspiración opuesta) [Hay versión española: *Raíces ideológicas del nacional-socia-*
lismo, trad. de Rodolfo Selke, México, Fondo de Cultura Económica, 1943, 373 págs.]
Cf. también Andreas DORPALEN, *Heinrich von Treitschke,* Yale U. P., 1957 (ensayo de
biografía intelectual).

Los libros de Charles ANDLER sobre el pangermanismo aparecieron durante la guerra
del 14, y sin duda acentúan algo la rigidez del nacionalismo alemán. Sin embargo, ponen
a disposición del lector que no puede recurrir a los originales numerosos textos interesantes; cada volumen está precedido de un largo prefacio: *Le pangermanisme philosophi-*
que (1880 à 1914), Conard, 1917, CLII-399 págs. (Fitche, Hegel, Goerres, H. S. Chamberlain, los geopolíticos, etc.). *Les origines du pangermanisme (1800 à 1888),* Conard,
1915, LVIII-336 págs. (inseparable de la obra precedente: Bülow, Jahn, Bismarck, Treitschke,
los imperialistas antibismarckianos Paul de Lagarde y Constantin Frantz). *Le panger-*
manisme continental sous Guillaume II (de 1888 à 1914), Conard, 1915, LXXXIII-480 págs.
(Lange, Bley, Hasse, Reventlow, Rohrbach, Harden, etc.). *Le pangermanisme colonial*
sous Guillaume II, Conard, 1916, C-336 págs. (completa el libro sobre el pangermanismo
continental). [En castellano: Charles ANDLER, *El Pangermanismo. Los planes de expan-*
sión alemana en el mundo, Paris, Armand Colin, 1915.] Henri BRUNSCHWIG, *L'expansion*
allemande outre-mer du XV siècle à nos jours,* P. U. F., 1957, 208 págs.

Sobre Nietzsche (1844-1900) y el nietzscheísmo político: Daniel HALÉVY, *Nietsche,*
Grasset, 1944, 548 págs. [Hay traducción española: *Nietzsche,* Barcelona, La Nave, 1942,
428 págs.] Y, sobre todo, la monumental obra de Charles ANDLER, *Nietzsche, sa vie et sa*
pensée, P. Mersch, L. Seitz & C.ª, 1920-1931, 6 vols. El último volumen se publicó en
Bossard. Geneviève BIANQUIS, *Nietzsche en France,* Alcan, 1929, 128 págs. Una buena
introducción: Willy BARANGER, *Pour comprendre la pensée de Nietzsche,* Bordas, 1945,
127 págs.

2. Gran Bretaña.

Consúltese en primer lugar las obras generales sobre la historia de las ideas políticas
en Inglaterra durante el siglo XIX (cf. más arriba, pág. 448).

L'histoire du peuple anglais de Elie HALÉVY presenta, desgraciadamente, una laguna
para el período 1852-1895. El primer tomo del epílogo *Les impérialistes au pourvoir (1895-*
1905), Hachette, 1926, 420 págs., comienza con algunas luminosas páginas sobre el nacimiento del imperialismo inglés; consúltese también el segundo tomo, *Vers la démocratie*
sociale et vers la guerre.

Sobre las ideas políticas de los conservadores, un libro fundamental: *The Conservative*

Tradition, ed. R. J. WHITE, Londres, Nicholas Kaye, 1950, XIX-256 págs. (The British Political Tradition). En la primera parte los textos están clasificados por temas, y en la segunda por fechas: numerosas citas de Burke, Coleridge, Disraeli, Joseph Chamberlain: bibliografía sucinta pero muy útil.

Obras de conjunto sobre el conservadurismò inglés: Lord Hugh CECIL, *Conservatism,* Londres, Williams and Norgate, 1927, 256 págs. (Home Univ. Lib.). Sir Geoffrey BUTLER, *The tory tradition,* Londres, Murray, 1914, 158 págs. *Conservatism and the Future,* by Lord Eustace PERCY, W. S. Morrison, etc., Londres, 1935. Quintin HOGG, *The case for Conservatism,* Londres, Penguin Books, 1947, 320 págs.

Trozos escogidos de Coleridge y Disraeli: *The political Thought of S. T. Coleridge,* ed. R. J. White, Toronto, Nelson, 1938, 272 págs. *The Radical Tory, Disraeli's political development,* illustrated from his original writings and speeches, ed. H. W. EDWARDS, Toronto, Nelson, 1937, 318 págs.

Sobre las ideas británicas en materia colonial véase sobre todo la colección "The British Political Tradition": Georges BENNETT (ed.), *The concept of Empire, from Burke to Attlee (1774-1947),* Londres, 1953, XX-434 págs. (con indicaciones bibliográficas sobre la historia y los principios del imperialismo inglés).

3. Rusia.

Sobre el paneslavismo, Hans KOHN, *Panslavism; its history and ideology,* Notre-Dame, 1953, IX-356 págs.

CAPITULO XVI

Socialismos y movimientos revolucionarios
(1870-1914)

Años 1870-1914: durante este largo período el socialismo deja de ser una ideología de "clubs" y de falansterios. Se difunde, se extiende, crea poderosos movimientos y partidos, suscita amenazadoras revoluciones.

Pero, en cambio, durante este período no aparece, en el plano de la construcción doctrinal, ninguna novedad importante. Es el período de los complementos, de las correcciones, de los primeros enfrentamientos con la experiencia concreta. Se registran intentos de síntesis, de "revisión", de adaptación; pero, paralelamente, ante ciertas decepciones, surgen abandonos y reflujos que dividen o debilitan el socialismo. Otras ideologías, muchas veces emparentadas, ejercen (a veces pasajeramente) su seducción sobre masas poco preparadas, por un lado, para comprender al sabio doctor Marx y, por otro, demasiado avisadas como para dejarse adormecer todavía por el socialismo utópico.

Todas las reflexiones giran en torno a dos temas: la evolución del capitalismo y el papel del Estado —y de la acción política— en la transformación de la condición proletaria.

A) EL CAPITALISMO NO SE DERRUMBA.—Todos los socialistas habían "profetizado" o "calculado" que la revolución social conducía en un plazo de tiempo más o menos próximo a la desaparición del capitalismo.

El Segundo Imperio era aniquilado en Francia; los pequeños reinos alemanes se dejaban absorber por Prusia, la Austria-Hungría se disgregaba, la autocracia zarista agonizaba..., pero el capitalismo, lejos de morir bajo el peso de sus contradicciones, no cesaba de reforzarse. No sólo superaba las crisis económicas y las guerras imperialistas, sino que unas y otras parecían obligarle a regenerarse e impulsaban al Estado a sostenerle. Todo le beneficiaba.

Frente a tal crecimiento, el socialismo utópico y el mutualismo proudhoniano no ofrecían ya respuesta.

Quedaba el marxismo; pero esa misma evolución del capitalismo ponía seriamente en duda las previsiones de Marx. Marx, sin duda, no confeccionó ningún "calendario" de la desaparición del capitalismo; sin embargo, el "calendario" estaba implícito en su análisis de las causas que, en los países más industrializados, tenían que producir la ruina del capitalismo.

Esto trajo como consecuencia el rechazo o el reexamen del determinismo económico que hacía de la desaparición del capitalismo la consecuencia necesaria (incluso aunque el plazo resultara indeterminado) de la concentración capitalista y proletaria. Y también la duda de que la conciencia de clase necesaria fuera un "producto" de la condición proletaria.

Pero entonces, ¿qué actitud adoptar?

Unos, economistas y doctrinarios, recogerán los análisis de Marx y Engels (y ellos mismos, los primeros), bien para aferrarse a ellos, bien para corregirlos y revisarlos. El "revisionismo" data de estos años. El primer revisionista fue Dühring, contra el que Engels fulminó el *Anti-Dühring*. La batalla tuvo que ser reanudada constantemente.

Otros llegarán a la conclusión de que la acción de los factores económicos y sociales debe ser completada y "ayudada" por una acción política. ¿Pero hasta dónde ir por este camino? Este será el eterno problema de los partidos socialdemócratas. ¿Hay que colaborar con el Estado burgués para arrancarle, cuando se presta a ello (como el de Bismarck), ventajas económicas y sociales que precipitarán las contradicciones del capitalismo? ¿Y si tanto el capitalismo como el Estado burgués se refuerzan con esta política? ¿Y si estas "ventajas" son compradas al precio de sostener una política imperialista? En tal caso, la única solución que le queda a la socialdemocracia es engrosar sus filas con una masa de descontentos y permanecer, como la estatua del Comendador, fuera del "sistema".

Otros, conscientes de que el crecimiento del capitalismo no crea, correlativamente, una conciencia revolucionaria en las masas, confiarán la salvación de éstas a una *élite* violenta, encargada de animar a las masas mediante el mito de la anarquía y de la huelga general. De esta forma se vuelve la espalda a un determinismo organizador, para poner las esperanzas en un vitalismo revolucionario.

Otros, por último, renunciando en mayor o menor grado a perspectivas revolucionarias actuales o próximas (o poniendo entre paréntesis esas perspectivas)preferirán replegarse a un trade-unionismo práctico. Una vez alcanzado este objetivo, desconfiados (o tan sólo... pacientes) respecto a los espejismos socialistas, crearán partidos laboristas, instrumentos especializados del tradeunionismo. Era una de las soluciones. Los alemanes elegirán otra: subordinación de los sindicatos a la socialdemocracia. Y los franceses e italianos, otra todavía, el sindicalismo apolítico.

B) EL PODER DE LOS ESTADOS.—El crecimiento del capitalismo y el aumento del poder de los Estados caminan a la par y se ayudan mutuamente.

El fracaso de la Comuna de París, la derrota rusa en Manchuria, los reveses de la doble monarquía de los Habsburgos muestras que los regímenes políticos pueden perecer, pero que el Estado no cesa de reforzarse como aparato administrativo y policiaco. El sufragio universal y los mecanismos democráticos, lejos de debilitarlo, lo "justifican".

Este hecho anula los ensueños falansterianos y plantea serios problemas a los marxistas: en el caso de que sea necesaria una insurrección, no resultará fácil llevarla a cabo (¿o habrá que aprovechar la ocasión de una guerra?). Por lo demás, hay que limitar la nocividad de ese Estado que se superequipa y que dispone de tan eficaces armas represivas: ¿no será, quizá, lo mejor hacer una política de presencia? Por último, la Comuna de París demostró el fracaso de un Gobierno que no quiere ser dictatorial: cuando la insurrección triunfe, no se podrá prescindir de una dictadura provisional del proletariado. En tal caso, ¿cuándo desaparecerá ese "Estado"? ¿En qué se diferenciará esa dictadura de un Estado?

La respuesta de los anarquistas será concisa: con las bombas y la "puesta fuera de la ley" destruyamos toda autoridad. Sin embargo, los socialistas y los sindicalistas se dividirán al examinar estos problemas... o los despreciarán olímpicamente.

El imperialismo económico y político enciende las guerras. Las masas deberían ser pacifistas e internacionalistas. En efecto, sus *élites* lo son..., aunque hay defecciones. Así, el nacionalismo lassalliano sigue vivo en Alemania; el espíritu revanchista no es, en Francia, el monopolio de las clases dirigentes; y el proletariado británico no se muestra hostil a la explotación de los indios. Las Internacionales obreras ocultan, más o menos bien, esos conflictos y apetitos. Aunque sólo en Alemania se desarrolle un verdadero "nacionalismo", el proceso de "nacionalización" afecta, sobre todo a partir de 1910, a toda la socialdemocracia. De rechazo, los marxistas más intransigentes se alejarán cada vez más de la socialdemocracia. En 1914 el corte "chauvinista" separará a muchos compañeros de lucha. Pero ningún Estado, ni en Alemania, ni en Rusia, ni en Francia, ni en Gran Bretaña, saldrá por ello disminuido.

La primera guerra mundial sorprenderá a los movimientos socialistas antes de que hayan resuelto ninguno de los problemas de adaptación que el período 1870-1914 les había planteado. Las rupturas eran virtuales o estaban disimuladas; la guerra y la revolución leninista las consumaron.

SECCION PRIMERA

La Comuna de París: un epílogo.

Aunque los acontecimientos de la Comuna de París * se extienden en un período de tiempo extremadamente corto (18 de marzo de 1871-28 de mayo de 1871), la Comuna merece un lugar en una historia de las ideas políticas por dos razones. Primero: el conocimiento que proporciona de la refracción, en ciertos medios franceses (al menos, parisienses), de las diversas ideologías del siglo XIX. Segundo: la leyenda creada en torno a la Comuna de París. Amplias corrientes del pensamiento revolucionario vieron, a la vez,

---

.* Muchas traducciones respetan el término francés *(Comune)*. Sin embargo, la frecuencia de su empleo en este capítulo y la difusión en castellano del término *Comuna* para referirse a los acontecimiento de 1871 en París, aconsejan aquí la castellanización de la palabra. *(N. del T.)*

en la Comuna de París, la primera encarnación histórica de un Gobierno
revolucionario popular y la prefiguración de una nueva forma de organización política y social substituidora del Estado, y la realización de una democracia directa, casi instantánea; su ejemplo inflexionó, en cierta medida,
la reflexión de Marx y Engels; en nuestros días su recuerdo inspira en
amplia medida al socialismo yugoslavo; su fracaso, por último, jalona,
hasta cierto punto, la decadencia de la influencia (por lo menos directa)
de Proudhon en Francia y en Europa, y contribuye a explicar ciertas actitudes del sindicalismo "revolucionario" francés con posterioridad a 1880.

1. **La Comuna, foco de tendencias: del jacobinismo al colectivismo.**—A) REPUBLI-
CANOS DESCENTRALIZADORES.—La Comuna se constituyó al grito de: "¡Queremos libertades municipales!". "...¡Libertades municipales serias!", precisaban algunos *communards*.
Pero, incluso con esta precisión, la reivindicación no era, ni con mucho, exclusiva de
los elementos proudhonianos de la población parisiense. Por el contrario, era una reivindicación que la mayoría del "partido republicano", de acuerdo con la alta burguesía,
no había dejado de sostener durante el Segundo Imperio. Un sector bastante amplio de
la opinión coincidía, sin gran esfuerzo, con los partidarios de la Comuna, al menos en
el tema de las franquicias municipales (especialmente para París). En definitiva, parece
posible afirmar que diversos grupos de políticos, en parte porque permanecieron en París durante los trágicos meses, fueron más comprensivos con la Comuna que ciertos corifeos
del "partido republicano" —como Hugo, Gambetta, Mazzini y Garibaldi—, que no comprendieron nunca ni su espíritu ni su complejidad, y que no demostraron, en conjunto
(exceptuando a Garibaldi), ninguna simpatía por ella.

B) LOS OBSESIONADOS POR LA GRAN REVOLUCIÓN: BLANQUISTAS Y "JACOBINOS".—Los
blanquistas formaron, dentro de la Comuna, si no el grupo más numeroso, sí el más
coherente, y constituyeron indiscutiblemente el ala de vanguardia. Se negaron siempre a
discutir, con las minorías "internacionalista" y "proudhoniana", las transformaciones económicas y sociales definitivas que debería emprender la Comuna, o que deberían adoptarse
al triunfo de la insurrección. Al igual que su maestro, se proclamaban y se consideraban
sinceramente "comunistas". Pero a lo largo de la Comuna sólo se preocuparon realmente
de la acción insurreccional y de los métodos de lucha revolucionaria.
    Su objetivo es, ante todo, vengar a los hebertistas y a la Comuna revolucionaria de
París de 1793, aniquilada por los robespierristas. Su método estriba en seguir ciegamente
las huellas de los grandes antepasados, en intentar instituir un Gobierno revolucionario
dictatorial bajo la constante presión de los más indómitos revolucionarios del pueblo parisiense, en restablecer el Terror a través del Tribunal revolucionario (el blanquista más
resuelto, Raoul Rigault, fue procurador general de la Comuna), en reconstruir el Comité
de salud Pública, delegado absoluto de todos los poderes de la Comuna.

·Este programa concordaba en parte con el de otra fracción (que representaba, sin duda, el grupo más numeroso, aunque menos homogéneo, de
la Comuna), que vivía también el recuerdo de los grandes antepasados de
la Convención: el grupo denominado de los jacobinos, cuyos jefes eran
Charles Delescluze y Félix Pyat. Los jacobinos rendían culto a Robespierre,
no teniendo más objetivo o método que el de volver a realizar lo que Robespierre llevó a cabo. Es el grupo más desgarrado por la situación en la
que los acontecimientos le sitúan. Religionarios de la "República una e indivisible" de los grandes convencionales, desconfían de los proudhonianos
federalistas y "comunalistas", así como de los socialistas internacionalistas.

Además, como devotos robespierristas, no detestan menos a los hebertistas-blanquistas,
enragés sin moral, irreligiosos y negadores del Ser Supremo, violentos "puros" cuyos ex-

cesos empañan la Revolución. El babuvismo (por lo demás, superificial) que Blanqui super-puso a su hebertismo no les resulta menos sospechoso.

¿Qué es lo que, en definitiva, separaba profundamente a un Delescluze o a un Félix Pyat de Clemenceau, por ejemplo? Sin duda, el romanticismo revolucionario, del que Clemenceau careció. Sin duda también, una intransigencia mucho más apasionada, así como diferencias de acento y temperamento. En las masas que seguían al caballeresco Delescluze las diferencias eran mucho más insensibles: la tradición revolucionaria de París, los sufrimientos de sitio y el odio de la Asamblea de Versalles les precipitaron en la Comuna.

C) MUTUALISTAS, FEDERALISTAS, ANARQUISTAS: LA MINORÍA.—La minoría de la Comuna elegida el 26 de marzo estaba compuesta por hombres que invocaban nombres diversos (entre los cuales, por lo demás muchos parecían establecer diferencias bastante confu-sas): "mutualistas", "federalistas", "colectivistas", "comunistas" ,"anarquistas".

Todos rendían culto a Proudhon y conocían bien su pensamiento y sus obras. Muchos de ellos estaban también adheridos a la Primera Internacional y habían desempeñado en ella un activo papel. Ahora bien, la Comuna se produce en el momento más agudo del conflicto Marx-Bakunin en el seno de la Primera Internacional (cf. *supra*, pág. 504). La influencia de Bakunin (que oponía su "colectivismo" al "comunismo" de Karl Marx) era grande en las secciones francesas de la Primera Internacional, superponiéndose incluso a la de Proudhon.

Todos los testimonios concuerdan en un punto: la influencia de Marx y Engels en la Comuna fue nula. Muchos de los petenecientes a esos grupos "socialistas" sólo cono-cieron a Marx y el marxismo después de la Comuna, cuando se exilaron a Inglaterra. Y los que conocían a Marx, aun sin conocer su doctrina, sentían de manera instintiva repulsión por el representante de una doctrina de la que sólo sabían que era "autoritaria". Sólo puede citarse un marxista, o por lo menos un conocedor del marxismo, entre los miembros de la Comuna: el húngaro Ernest Fränkel.

Lo que contribuye a dar unidad a los minoritarios (además de Proudhon) es un común rechazo: rechazo de la idea de hacer de la Comuna la simple radicalización de un mo-vimiento puramente político comenzado el 4 de septiembre de 1870 por la derrota del Imperio; rechazo a reconstruir un Estado y un Gobierno cuyo signo fuera republicano en vez de ser cesarista o monárquico; rechazo de la idea de substituir una Comuna popu-lar, espontánea y casi anárquica por una Comuna revolucionaria dirigida por un aparato minoritario dictatorial (aunque fuera por un período de urgencia).

2. **Tras la Comuna: explicaciones y reflexiones.**—A) UTOPÍA *a posteriori.*—Nume-rosos protagonistas de la Comuna o historiadores del socialismo (como el suizo James Guillaume) intentaron, *a posteriori*, extraer su significación, e intentaron explicar lo que hubieran querido hacer los *communards* si no les hubiera faltado el tiempo.

Esta "reconstrucción" de la Comuna "como hubiera podido ser" es muy reveladora de las ideas y esperanzas que reinaban, entre el final del Segundo Imperio y los alre-dedores de 1880, en los medios de la Primera Internacional, sobre todo de Francia y Suiza.

De estas diversas evocaciones destacaron dos visiones de la "revolución social" que la Comuna hubiera podido iniciar. Una corresponde más o menos a la tendencia proudho-niana, y la otra a la tendencia bakuninista.

Ambas consideran a la Comuna como una revolución destinada a producir la libe-ración de todas las Comunas de Francia (y tal vez, a continuación, de Europa). Esta liberación no sería una simple debilitación de los vínculos con el Estado: las Comunas dejarían de ser simples circunscripciones administrativas (más o menos autónomas), para convertirse, con nuevas configuraciones territoriales, en el punto de partida y en la pri-mera célula de una nueva organización social que destruiría o alteraría definitivamente el Estado tradicional.

Los "proudhonianos" de la Comuna parecen haber admitido, sin embargo, que la Federación de las Comunas recogería algunos de los atributos del Estado. La "revolu-ción" haría de la Comuna la nueva célula de organización libre de las relaciones eco-nómicas y sociales.

Por el contrario, la visión "bakuninista" es mucho más radical. La Comuna de París hubiera debido ser el golpe decisivo dirigido contra el Estado, al que se trata de destruir de arriba abajo. El "pacto federativo" de las Comunas libres sería puramente contractual, pudiendo ser denunciado siempre. Propiamente hablando, no limitaría la anarquía, sino que la consagraría solemnemente: las Comunas consentirían en asociarse y ayudarse mutuamente, sin que ninguna autoridad superior se lo impusiera. El reino de la espontaneidad subsistituiría al de la autoridad.

B) LA INFLUENCIA DE LA COMUNA.—La Comuna ejerció una influencia real sobre el desarrollo de la ideología marxista, sobre el anarquismo, sobre el sindicalismo francés, italiano y español, y, de manera más general, sobre ciertos sectores de los movimientos revolucionarios europeos.

En primer lugar, sobre el marxismo. Tras la Comuna —y, en parte, tras una reflexión sobre ella—, dos obras de Karl Marx abordan, por primera vez, con cierta precisión, por un lado el estudio de los medios de lucha para destruir la sociedad política actual, y por otro —y sobre todo— la forma de "organización social" capaz de suceder al Estado tras la insurrección proletaria. Estas dos obras son: *La guerra civil en Francia* (1871) y *Crítica del programa de Gotha* (1875).

La Comuna de París, al reforzar a Karl Marx en su convicción de que el movimiento proletario internacional debería estar centralizado, fue de manera indirecta el origen del hundimiento de la Primera Internacional, y precipitó la ruptura entre la corriente representada por Marx y la corriente agrupada en torno a Bakunin. A partir de 1880 el movimiento anarquista la substituye, en tanto que comienza (lentamente) a organizarse, especialmente en Francia, un movimiento sindicalista revolucionario, contaminado a veces por tendencias anarquizantes.

El anarquismo parece haber obtenido del recuerdo y la leyenda de la Comuna de París una parte de la influencia de la que dispondrá entre 1872 y 1900. La Comuna será siempre la gran referencia histórica (incluso implícita) de Bakunin y Kropotkin.

Ciertamente, el prestigio de la Comuna es menos visible en el sindicalismo revolucionario de Francia, España o Italia. La razón es que el sindicalismo revolucionario recogió la herencia ideológica de la Comuna a través del anarquismo, en unión de las tendencias forjadas experimentalmente en la lucha concreta de los sindicatos obreros y de las Bolsas de Trabajo.

SECCION II

El anarquismo a finales del siglo XIX: una rebeldía.

En los últimos treinta años del siglo XIX el anarquismo alcanzó un éxito considerable en los medios populares y en ciertos círculos intelectuales (muy limitados) de Francia, España, Italia del Norte y Rusia.

Pero hubo muchas formas de anarquismo.

Hubo un pretendido "anarquismo" derivado de Stirner[1] y de su vehe-

---

[1] Véase más arriba, pág. 466.

mente exaltación del "yo único". Stirner define así su Asociación de Egoístas (que opone a la sociedad): "La utilización de todos por todos". Es un solipsismo apasionado que podría por ello encontrar cierta prolongación en Nietzsche. No ejerció casi ninguna influencia en los medios populares.

¿Es preciso mencionar el "anarquismo" de León Tolstoi? Se trata más bien de un moralismo obsesionado por el pecado y deseoso de volver, mediante la humildad, a la ley de Cristo. Casi llega, mediante un rodeo, a condenar la acción voluntaria del hombre, a rechazar las leyes, a abandonarse a un éxtasis místico.

Descartaremos también de nuestro estudio, aun mencionándolo, ese anarquismo libertario que tanto perjudicó a las doctrinas anarquistas, que predica (mediante la palabra o los actos) el asesinato (incluso no político), la unión libre (y no la comunidad de mujeres: ¡odioso comunismo!) y, en general, una perpetua instalación "fuera de la ley" (aunque sean leyes morales). Esta tendencia entra en el campo de lo pintoresco o de la psicología, no en el nuestro[2].

Mucho más cerca de este campo se sitúa el anarquismo nihilista y terrorista (por lo demás, más "terrorista" que "nihilista") que sacudió a la Rusia zarista. Sin embargo, ¿merece algo más que una simple mención? En el plano ideológico, sus "héroes" adoptaron o "aplicaron", siempre bastante confusamente, bien un blanquismo adaptado a la situación rusa, bien un "anarquismo libertario" definido en el *Catecismo de un revolucionario,* de Netchaiev, bien las doctrinas de la anarquía "positiva" de Bakunin (1814-1876) y Kropotkin (1842-1921).

En realidad, sólo nos interesan estas últimas doctrinas.

A) FILOSOFÍA, POLÍTICA, ECONOMÍA. — El anarquismo profesado por Bakunin, Kropotkin y Jean Grave pretende ser, al tiempo, una filosofía de la naturaleza y del hombre y una ciencia total de la vida humana.

El príncipe Kropotkin, que era un físico notable, enuncia en *La ciencia moderna y la anarquía* sus postulados filosóficos, derivados de Spencer, Darwin, Cabanis y Auguste Comte. El universo no es sino materia en perpetua y libre evolución: existe una anarquía de los mundos. Esa anarquía de la evolución es la ley de las cosas. Pero esta ley no se impone a las cosas, sino que es su ser mismo. "La anarquía es la tendencia natural del universo, la federación es el orden de los átomos" (Bakunin). Ahora bien, dado que esa materia está animada por esa bella ley de evolución (i. e. de anarquía) inteligente, toda la historia de la materia (de la que el hombre no es más que un elemento) es una "negación progresiva de la animalidad del hombre por su humanidad" (Kropotkin). Por consiguiente, el hombre sólo sigue su propia naturaleza y respeta a la ciencia cuando obedece a esa ley de rebeldía.

Primera deducción: antiteísmo absoluto. Ni siquiera hay que demostrar que Dios no existe o que no es más que un "reflejo": hay que sublevarse,

---

[2] El *Catecismo de un revolucionario,* del famoso NETCHAIEV, pretende aplicarse al anarquismo político; pero, en realidad, preconiza cualquier acto "fuera de la ley", cualquiera que sea su objeto.

pues el hombre no puede reconocer ninguna subordinación de su ser. "Si Dios existiera realmente habría que hacerle desaparecer" (Bakunin).

Segunda deducción: "... Rechazamos toda legislación, toda autoridad y toda influencia privilegiada, patentada, oficial y legal, aun salida del sufragio universal, convencidos de que no podría nunca sino volverse en provecho de una minoría dominante y explotadora contra los intereses de la inmensa mayoría sojuzgada" (Bakunin, *Dios y el Estado*). La razón de la "an-arquía" política es la misma que la del ateísmo: el hombre es bueno, inteligente y libre; ahora bien, "todo Estado, como toda teología, supone al hombre esencialmente perverso y malvado" (Bakunin).

En el plano económico los anarquistas se han pronunciado siempre contra la propiedad (Dios-Estado-Propiedad). Sin embargo, su pensamiento sobre la materia ha sido siempre un poco ambiguo.

En primer lugar, porque nunca se liberan plenamente de la utopía "abundancista" de "coger del montón".

En segundo lugar, porque lo que principalmente condenan de la propiedad es la desigualdad que crea, el poder que confiere y —derivado de esto— el germen de autoridad (por sobrentendido: política) que encierra. Por consiguiente, su crítica de la propiedad no se dirige, en cierta medida, contra una pequeña propiedad campesina, "mediocre" e igual. En cualquier caso, algo es seguro: los anarquistas son radicalmente opuestos a una "organización" autoritaria y global de la economía. En parte por esta razón se proclamaron en los comienzos de la Primera Internacional, para distinguirse de los "comunistas", marxistas, "colectivistas" (y luego, sucesivamente, "comunistas libertarios" y "comunistas anarquistas"). Su comunismo está, en el fondo, muy cerca del de Babeuf; pero con la añadidura de no considerar ninguna organización como definitiva y obligatoria: la vida es movimiento, y la rebeldía es la "ley" del hombre.

B) CONTRA TODA AUTORIDAD.—Para los anarquistas la ilusión más peligrosa consiste en imaginar que cabe "dejar sitio" al Estado y encontrar una forma de organización del Poder que limite su maldad. Esto equivaldría a admitir la necesidad del Poder como corrección fatal de una naturaleza corrompida del hombre: ¡éste es el pecado de la teología!

Por otra parte, no se puede limitar el Poder. La democracia sigue siendo una "cracia", la de una mayoría. ¿Y qué mayoría? No la de la masa auténtica en su espontaneidad y en su soberana libertad anárquica, sino la de los representantes, es decir, gobernantes, hombres de poder y de autoridad. Nos encontramos con una de las ideas-fuerzas que fue la verdadera "filosofía inmanente" del proletariado durante el último tercio del siglo XIX: la negativa absoluta a adherirse a toda la teoría jurídico-política del "mandato" y de la "representación", la desconfianza absoluta, tanto en el personal parlamentario como en la mediación política.

Otra ilusión: la democracia directa. Mentira sutil: en tanto que la masa carezca de capacidad política (cf. Proudhon), sigue siendo un intermediario entre ella y ella misma, y crea en cualquier caso un Gobierno que la dirige.

La negación llega hasta las últimas consecuencias. Los anarquistas rechazan con el mismo vigor los "Gobiernos revolucionarios", aun siendo "provisionales": "se hace Estado" en nombre de la revolución y, por tanto, se trabaja por el despotismo y no por la libertad. Toda revolución que se impone mediante un acto de autoridad y mediante la concentración del Poder, aun provisional, crea un Poder que se separa de las masas. El Estado "provisional" sigue descansando sobre la misma "teología" de una humanidad corrompida a la que hay que "salvar" por la vía de la autoridad.

La misma desconfianza conduce a los anarquistas a condenar a todos los partidos políticos, cualesquiera que sean, "en tanto que ambicionan el Poder" y porque tienden siempre a petrificar dentro de sí funciones de jefes.

C) ANTI-INDIVIDUALISMO.—La verdadera doctrina anarquista, aunque rechace toda autoridad, nunca ha sido una exaltación del individuo. El anarquista no es ni individualista ni aristocrático. En el anarquista no hay rastro de desprecio hacia aquello que rechaza: el anarquista no desprecia, odia.

El anarquismo es ante todo, principalmente en Bakunin, una aspiración popular. No combate por el individuo-héroe orgullosamente liberado, sino por la masa popular en su espontaneidad primera, instintiva y brotante. Las masas contra la *élite*.

Así se explica el papel conferido por el anarquismo a la *violencia* en la acción de masas. Algunos anarquistas deificarán la violencia, de la que harán un absoluto. Nada de esto existe en los grandes doctrinarios anarquistas. Si no descartan la violencia es por dos razones. Primero, porque es una de las manifestaciones de esa libertad de la naturaleza y de la vida ("El anarquismo es un radicalismo vitalista", ha dicho acertadamente P. L. Landsberg). En segundo lugar, porque la violencia es el modo de acción de las masas, al menos en tanto que intenten hacer una revolución política antes de hacer la revolución social. ¿Por qué? Porque la revolución exclusivamente política es, o llega a ser, necesariamente burguesa, en beneficio de privilegiados (aunque sean ex proletarios); y en ese caso las masas reaccionan según su ruda naturaleza, con violencia.

D) LA REVOLUCIÓN SOCIAL.—Sobre este punto los anarquistas no "imaginaron" nada muy original. Sus perspectivas son, a grandes rasgos, las de la Primera Internacional: la emancipación económica de los trabajadores debe ser obra de los mismos trabajadores.

La acción económica de los trabajadores, la auto-organización de las masas populares (y no de la "clase" obrera) responden, según los anarquistas, a una verdadera necesidad, poderosamente sentida por las masas. Por esta razón son partidarios del cooperativismo, del sindicalismo y, sobre todo, de esas "Bolsas de Trabajo" creadas en Francia gracias a la iniciativa de Fernand Pelloutier.

* * *

El anarquismo tuvo sus desviaciones y sus aberraciones desesperadas, pueriles o sublimes (véase la conmovedora evocación de Víctor Serge: "Méditation sur l'anarchie", *Esprit*, abril de 1937). Sin embargo, representa, en su esencia, una cosa muy diferente. Por un lado, fue indudablemente, el signo de una irrupción de las masas populares en la vida política en el momento en que, tras la Comuna de París y en plena agonía del zarismo autocrático, se abatía una formidable represión policíaca sobre el proletariado. Fue también una reacción de desesperanza de ese proletariado frente al estadio imperialista del capitalismo. El capitalismo no sólo se defiende bien, sino que contraataca, culmina. Están lejanos los sueños de liberación econ|ómica y social. No se realizarán (tal vez...) más que a costa de un esfuerzo violento, instintivo, cuando todo el proletariado se lance en masa "fuera de la ley". El anarquismo estaba magníficamente de acuerdo con una sensibilidad de vencidos y desesperados, a los que daba una posibilidad de dignidad. Sin embargo, sólo su inserción en la acción sindical le permitiría no acabar en un callejón sin salida.

SECCION III

El sindicalismo apolítico: un rechazo.

Decimos "Sindicalismo", no "Movimiento sindical": estudiamos una verdadera doctrina. El "sindicalismo" de los obreros sindicados en los años 1880-1914 no fue un simple "trade-unionismo"; fue una ideología que trató de hacer del Sindicato la "forma social" destinada a substituir al Estado, y no un simple instrumento de defensa de la clase obrera destinado a presionar contra la sociedad existente y a coexistir al lado del Estado.

Este "sindicalismo" ideológico tuvo un área de influencia limitada: Francia, Bélgica, Italia del Norte, España (sobre todo Cataluña). Su influencia fue siempre insignificante o muy efímera en Gran Bretaña (Ben Tillet) y en Estados Unidos (influencia de Eugenio Debs, de "Mother Jones" y de Daniel de León). Apenas si alcanzó a los Sindicatos alemanes. Lo mismo ocurrió respecto a los Sindicatos escandinavos, que sufrieron a la vez la influencia de la social-democracia alemana y del trade-unionismo anglosajón. El movimiento sindical ruso, nacido muy tardíamente, estará a partir de 1905 bajo la doble influencia de los bolcheviques y mencheviques, por una parte, y del anarquismo terrorista, por otra.

Estos límites geográficos de la influencia del sindicalismo apolítico se explican muy bien. En efecto, este movimiento es la reacción de las masas obreras de países en los que, por un lado, las organizaciones sindicales son numéricamente débiles y están animadas por obreros de elevada cultura, y en los que, por otro lado, la democracia liberal burguesa está bastante sólidamente instalada, pero apenas permite a las masas obreras ejercer una influencia política seria. Tras las crueles decepciones de 1848 y 1870 sólo cabía hacer de la imposibilidad concreta de la acción política una doctrina.

La paradoja estriba en que estos sindicalistas apolíticos se mantendrán, tanto en la acción como en el plano de las polémicas ideológicas, en perpetuo duelo amoroso con los socialistas "políticos" (bien se trate de marxistas puros, de jauresistas o de diversas fracciones de la socialdemocracia). En efecto, estaban bastante cerca unos de otros; y ambos luchaban contra el mismo enemigo, esforzándose en adaptarse al mismo fenómeno: la supervivencia y el triunfo del capitalismo, el alejamiento de los "tiempos revolucionarios" paradójicamente concomitante con el advenimiento de las masas. Por eso no son raros los *ralliements*, las inversiones de posiciones doctrinales o prácticas, etc.

A) Las tendencias. — Fueron innumerables. Su inventario resulta casi imposible, tanto más cuanto que, por otra parte, se invirtieron y entremezclaron. Ateniéndonos a Francia, cabría distinguir groseramente:

— una tendencia a la vez blanquista y anarquista (que apenas sobrevivió a la crisis boulangerista, cuya seducción sufrió durante un corto momento);
— la tendencia "reformista", que adoptó durante algún tiempo el nombre de "posibilista" (P. Brousse). Siempre en pérdida de velocidad (salvo en su bastión: la Federación del Libro), renacía siempre de sus cenizas, dispuesta siempre a colaborar con los socialistas del Gobierno: Millerand, Viviani;
— la tendencia anarcosindicalista: recoge la parte constructiva (la más imprecisa...) de las doctrinas anarquistas, e intenta realizarla en la acción sindical. Esta tendencia será la dominante mientras los diferentes Sindicatos y Bolsas de Trabajo no se confederen en la C. G. T. Se esforzará por hacer del Sindicato el universo total del obrero, al que le dará cultura, trabajo, sentimiento de la solidaridad, retiros, cuidados, etc.;
— la tendencia del "sindicalismo revolucionario", íntimamente ligada siempre a la precedente; correspondiendo a una fase de unidad sindical, está un poco más politizada y no rechaza una acción insurreccional violenta contra el aparato del Estado (sobre todo mediante la huelga general). Sólo nos interesan aquí estas dos últimas tendencias.

B) Labriola, Sorel.—El sindicalismo apolítico, aun siendo una "ideología", tuvo, sin embargo, pocos grandes ideólogos; sus "teóricos" son obreros "prácticos": Fernand Pelloutier, Victor Griffuelhes, Tortellier, Merrheim...

Mencionemos, sin embargo, dos filósofos que, casi en la periferia del puro sindicalismo, lo conocieron, lo admiraron y se integraron en su reflexión, ejerciendo ulteriormente, por este motivo, una influencia real sobre el sindicalismo en los años que precedieron a la primera guerra mundial: Antonio Labriola y Georges Sorel. Su influencia se ejerció, sobre todo, en Italia.

Antonio Labriola (1843-1904), marxista, comprueba, al examinar el fenómeno de los "bandoleros" italianos, que el marxismo, "ciencia de lo verdadero", no está de acuerdo con la sensibilidad de las masas ni con sus instintos. Las masas no pueden dejar de realizar su propia experiencia histórica y su propia educación. Lo harán según su intuición de las situaciones revolucionarias, y actuando en las únicas organizaciones que están de acuerdo con su sensibilidad y sus necesidades: los Sindicatos.

Georges Sorel (1847-1922) es un ecléctico. Se nutre tanto de Hegel, Marx, Proudhon, Bergson y los anarquistas como del "sindicalismo revolucionario", del que llegará a ser, tardía y casi involuntariamente, el teórico. Sorel, en nombre de un "vitalismo" bergsoniano, rechaza todo determinismo "dialéctico" hegeliano o marxista: sólo una "intervención" voluntaria, violenta, de una fracción consciente de las masas permitirá realizar la revolución. Sorel siente que esa revolución "viene"; pero desconfía tanto del determinismo como de la espontaneidad de las masas en su conjunto (contrariamente a Rosa Luxemburgo). Cree que una vanguardia debe escindirse de la masa y actuar violentamente [3]. ¿Cómo? Mediante la "gimnasia revolucionaria" de la huelga general. Sorel sabe que esa huelga general no puede ser una insurrección victoriosa, pero que es útil como mito para reunir esa *élite* y para crear la escisión que arrastrará a las masas fuera de su anquilosamiento. Los sindicalistas revolucionarios son, a juicio de Sorel, esa *élite* obrera consciente, moral y violenta.

Sorel expone, en sus *Reflexiones sobre la violencia* (1908), una teoría del mito político. Indica que el mundo moderno carece de mitos, y pretende oponer a los mitos liberales (Progreso, Libertad, Igualdad) mitos revolucionarios. En la cuarta parte de su introducción distingue el mito de la utopía y expone cómo el socialismo, tras haber sido utópico a comienzos del siglo XIX, debe ahora apoyarse en mitos. Así, y sólo así, llegará a ser realista. Así, pues, Sorel juzga el mito según sus resultados prácticos ("Hay que juzgar los mitos como medios de actuar sobre el presente") y lo define como "un conjunto ligado de imágenes motrices" o como una "organización de imágenes que impulsan al combate y a la batalla". Para Sorel el mito no se discute. Es indescomponible e irracional.

Este teórico de la violencia, cuya influencia no rebasó los límites de estrechos círculos, estaba principalmente movido por sentimientos violentamente antiburgueses. Así, M. Freund ha podido hablar, a propósito de Sorel, de un "conservadurismo revolucionario".

Este intelectual puro fue el origen de una tendencia obrerista muy hostil a los intelectuales (cf. el libro de Edouard Berth, *Les méfaits des intellectuels*) y de una especie de corporativismo antidemocrático y antiparlamentario que se expresó en los escritos de Hubert Lagardelle.

Sorel tuvo, sin duda, mayor influencia fuera de Francia que en la misma Francia, especialmente en Italia, donde, en vísperas de la guerra del 14, sus ideas ejercieron una cierta seducción sobre algunos grupos anarquistas y socialistas. Mussolini invocará, en diversas ocasiones, a Sorel.

En Francia, la "referencia Sorel" no ha muerto; acompaña y prolonga la "referencia Proudhon" (cf. el libro muy característico de Pierre Andreu, *Notre maître M. Sorel*, París, 1953).

C) AUTONOMÍA RESPECTO A LA ACCIÓN POLÍTICA.—Esta regla de oro del "sindicalismo" no variará a partir de 1880, año que jalona el fracaso de Jules Guesde para constituir un "partido obrero" con la ayuda de los Sindicatos. La primera preocupación de la S. F. I. O. [1*] al constituirse será "saludar" esa independencia de la acción sindical respecto a la suya propia.

La Carta de Amiens (enero de 1907, preámbulo a los nuevos estatutos de la C. G. T. [2*]) declara:

"1.º En lo que concierne a los individuos..., libertad de opinión y de adhesión política, con la reserva de no introducir en el Sindicato opiniones profesadas fuera de él.

"2.º En lo que concierne a las organizaciones, el Congreso declara que, a fin de que el sindicalismo alcance su máximo efecto, la acción económica debe ejercerse directamente sobre el empresario, no teniendo que preocuparse las organizaciones confederadas, en tanto que agrupaciones

---

[3]   Lenin aprobó y utilizó a Sorel en este punto.
[1*] Sección francesa de la Internacional Obrera. *(N. del T.)*
[2*] Confederación General del Trabajo. *(N. del T.)*

sindicales, de los partidos y sectas, los cuales, fuera y al lado de ellas, pueden perseguir con toda libertad la transformación social".

Estos principios fueron reafirmados en todos los Congresos de la C. G. T., y más especialmente en el Congreso del Havre de 1912, en el que las "traiciones" de la S. F. I. O. provocaron una moción extremadamente dura.

Consecuencia: contrariamente a las trade-unions, los Sindicatos nunca trataron de presentar en las elecciones políticas candidaturas "obreras" o "sindicales"; se limitaron a sostener, en mayor o menor medida, a la S. F. I. O.

D) LA ACCIÓN DIRECTA.—Este apoyo electoral a la S. F. I. O. podía resultar embarazoso; pero, después de todo, era sólo asunto de algunos sindicados. Lo propio de los Sindicatos, lo único serio, era la acción directa.

Víctor Griffuelhes la definía de la siguiente manera: "(Acción directa) quiere decir acción de los mismos obreros, directamente ejercida por los obreros. El propio trabajador es quien realiza su esfuerzo. Mediante la acción directa el obrero crea su lucha; él mismo la conduce, decidido a no transferir a nadie el cuidado de liberarse" (29 de julio de 1904).

En cuanto a los medios de esa acción directa, eran múltiples: reivindicaciones profesionales, negociaciones del Sindicato con los patronos, colocación organizada por los propios trabajadores, mutualidades, cajas de socorros y de retiros, cultura popular a cargo y organizada por los propios obreros, cooperativas de consumo. El instrumento ideal de esta acción directa fue la Federación de Bolsas de Trabajo, cuyo apóstol fue Fernand Pelloutier. La acción directa, en su principio y en la mayoría de sus manifestaciones, no era violenta; pero no descartaba la violencia en caso de necesidad: piquetes de huelga contra los esquiroles, sabotajes, ocupaciones.

E) LA HUELGA GENERAL.—Sin embargo, el medio supremo era la huelga general. La palabra (y la idea) había sido lanzada en 1886 por Joseph Tortellier. Se la oponía a la huelga parcial: "La huelga parcial sólo puede ser un medio de agitación y de organización local. Sólo la huelga general, es decir, el completo cese de todo trabajo, o la revolución, puede arrastrar a los trabajadores hacia su emancipación" (Federación de los Sindicatos, Congreso del Bouscat, 1888).

"... o la revolución". ¿Alternativa o analogía? Cada vez fue mayor la inclinación a identificar huelga general y revolución. Nacía el mito de una "subversión" pacífica, instantánea, por "la suspensión universal y simultánea de la fuerza productiva" (Aristide Briand, Marsella, 1892).

"Hay, por consiguiente, una práctica diaria de la acción directa que va cada día aumentando, hasta el momento en el que, conseguido un grado de poder superior, se transforma en una conflagración que denominamos huelga general y que será la revolución social" (Víctor Griffuelhes).

La guerra de 1914 debería mostrar que, no sólo los sindicalistas alemanes no se adherirían al mito, sino que, en la propia Francia, éste no resistía la prueba.

F) LOS FINES.—Era la revolución; pero precisemos, siguiendo a Griffuelhes: la "revolución social". ¡Viejo tema proudhoniano! ¡Muerte a la política! Recuerdo también de Saint-Simon: substituir el gobierno de los hombres por la administración de las cosas.

"Los sindicalistas, resueltos antiparlamentarios, están decididos a suprimir el Estado como organización social, a hacer desaparecer el gobierno de las personas para confiar a los Sindicatos, a las Federaciones y a las Bolsas de Trabajo el gobierno de las cosas, la producción, la distribución, el intercambio" (Keufer).

Pero esto sólo será una tendencia. En Francia, a partir de 1911, la C. G. T., bajo la dirección de Léon Jouhaux, pondrá cada vez más sordina a estos temas. La vieja generación de los obreros superiores y del Sindicato "de calidad" llegaba a su fin. La C. G. T. se nutría de masas sin tradiciones militantes, versátiles; afluían los trabajadores del sector público (cuyos patronos no eran capitalistas). El movimiento sindical, al que el mito de la huelga general había arrastrado a la dura represión de Clemenceau con ocasión de las grandes huelgas generales de 1906-1907, daba satisfacción a las nuevas masas "transigiendo" con el Estado. La C. G. T. quedaba dominada por un aparato burocrático, separado de las masas sindicadas sin cultura. La "revolución social" se esfumaba...

Otro "fin" tomaba el relevo: el internacionalismo pacifista. A partir de 1910 es el tema dominante en todos los Congresos. La tensión internacional lo impone. Es también la preocupación dominante de la socialdemocracia europea. Resurge entonces el tema de la huelga general —ahora concertada entre los proletariados europeos— para cerrar el paso al imperialismo militar y capitalista.

En julio-agosto de 1914 la C. G. T. francesa se encuentra casi aislada (junto con algunos Sindicatos italianos) respecto a esta posición. El nacionalismo se mostraba más fuerte. Una vez desaparecido Jaurès, la S. F. I. O. se adhería a la Unión Sagrada. El propio Jouhaux, "a título personal", se convertía en comisario de Producción.

El "sindicalismo", "anarquista" o "revolucionario", estaba muerto. Subsistirá, vivaz, en España. En la misma Francia, aunque su práctica resulte de hecho abandonada, dejará huellas profundas: la "Carta de Amiens" sigue siendo artículo de programa; pero lo más importante es que el "sindicalismo", incluso decapitado de toda su parte doctrinal positiva, impregna todavía mentalidades y ayuda a mantener un cierto malestar respecto a la política. Tras 1917 el nacimiento de partidos comunistas que controlan ciertas organizaciones sindicales acaba con esta repulsión; pero, inversamente, da una nueva razón a los no-comunistas para "replegarse" sobre el Sindicato, sobre un Sindicato que no posee ya ideología "sindicalista".

SECCION IV

Socialismo y marxismo (complementos, revisiones, abandonos).

Después de 1870 el marxismo es la única corriente ideológica coherente del socialismo. Sólo el anarquismo le disputa el puesto, con éxito, pero en zonas muy limitadas: Jura suiza, España, en menor medida Rusia. Gran

Bretaña permanece aparte; pero ninguna otra ideología socialista penetra realmente en Gran Bretaña, que sigue siendo la tierra del trade-unionismo. Hasta 1917 el marxismo será la *ideología oficial* de todos los partidos socialistas continentales. Lo mismo ocurrirá con respecto a la Segunda Internacional.

Sin embargo, la ideología marxista será objeto de incesantes discusiones. Será completada, revisada, abandonada. Se presenciarán retornos a Kant y a Hegel, extrañas y más o menos confesadas tentativas de conciliación, retractaciones más frecuentemente vergonzantes que estrepitosas. En Gran Bretaña, una escuela socialista intentará asimilar algunos elementos del marxismo para buscar, con toda libertad, su propia definición de socialismo, siendo la única tentativa de reflexión socialista realmente *libre* respecto al marxismo [4].

1. Interpretación general del marxismo.—1.º LA EVOLUCIÓN DEL CAPITALISMO Y LA LUCHA DE CLASES.—a) *El "revisionismo" de Bernstein.*— Eduard Bernstein (1850-1923), marxista alemán residente en Gran Bretaña, publicó en 1899 sus *Postulados del socialismo* (traducidos al francés con el título: *Socialisme théorique et social-démocratie pratique*).

Criticaba en esta obra la teoría marxista del valor-trabajo, recogiendo algunos argumentos de la escuela marginalista; pero es éste un tema que aquí no nos interesa.

Bernstein limitaba también el alcance del materialismo histórico y, como adepto del neokantismo, ponía en duda la teoría marxista de las ideasreflejos. Según él, las ideas, los imperativos éticos tienen una realidad noumenal y actúan en la Historia. Por tanto, el socialismo, lejos de expulsarlos de su teoría, debe integrarlos en ella, y no hacer de la lucha de clases y de las transformaciones económicas el único motor de la Historia.

Hay que volver parcialmente a las ideas saint-simonianas e introducir en el seno de la sociedad capitalista gérmenes de socialismo para preparar las futuras transformaciones.

Según Bernstein, las previsiones marxistas habían sido desmentidas por los hechos: la concentración industrial, a consecuencia del desarrollo de las sociedades por acciones, no había producido el efecto masivo de desposesión de los pequeños burgueses [5]. La proletarización de la clase obrera y de los artesanos, por otro lado, había sido contrarrestada por el desarrollo de la cooperación.

Marx creyó que el capitalismo comercial y financiero, caducado, cedería su puesto al capitalismo industrial. Ahora bien, el crecimiento de los *trusts* demuestra, por el contrario, que el capitalismo moderno es cada vez más un capitalismo bancario. Así, pues, Saint-Simon había previsto más justamente.

---

[4] Exceptuando ciertas doctrinas puramente económicas, como el "georgismo" o el socialismo de Rodbertus. [Obras de Henry GEORGE, en castellano: *Progreso y miseria*, trad. de Ramón Ibáñez. Valencia, Sempere, 2 vols., 270-298 (otra edición: Barcelona, Biblioteca Sociológica Internacional, 2 vols.) ; *¿Protección o libre cambio?*, trad. de Baldomero Argente. Madrid, Beltrán, 1912, 362 págs. (otra edición en La España Moderna): *Los problemas sociales*. Valencia, Sempere.]

[5] Controversia muy actual. Véase el análisis del capitalismo "democrático" en Estados Unidos tal como lo realiza Berle o como lo llevan a cabo Fourastié y Laleuf.

El debate se vuelve especialmente agudo en torno al destino de la agricultura. Contrariamente a las previsiones de Marx —para quien la ley de acumulación y de concentración se aplicaba igualmente a la agricultura—, Bernstein (seguido bien pronto por otro socialista alemán, Ernst David) muestra que esa ley no rige en la agricultura. Ernst David se dedica especialmente a demostrar que el pequeño propietario rural, asimilado por el marxismo a un proletario, es quizá, en efecto, un proletario, pero no se comporta como tal, ni como sujeto económico ni como sujeto político.

b) *La réplica de la ortodoxia: Kautsky.*—Uno de los más importantes doctrinarios del marxismo, el alemán Karl Kautsky (1854-1938), refutó a Bernstein; pero para ello hubo de completar y adaptar ciertas teorías de Marx (*La cuestión agraria,* 1899; *La doctrina socialista,* 1900).

Kautsky, oponiendo estadísticas a estadísticas (muchas veces de forma pertinente), se aplicó a demostrar que el análisis marxista, por encima de aparentes desmentidos, seguía siendo exacto. Aunque no existía depauperación absoluta del proletariado, había una depauperación relativa, beneficiándose los capitalistas de un enriquecimiento absoluto [6]. En cuanto a la agricultura, aunque la forma jurídica de explotación agrícola no haya evolucionado, es cada vez en mayor medida el anexo económico del comercio de harinas, de la industria conservera, etc. (Kautsky ponía el ejemplo de Nestlé).

Consecuencia: la evolución del capitalismo lleva consigo, a pesar de todo, contradicciones que preparan su caída. En cuanto a la acción política reformista del proletariado organizado, es un complemento útil y necesario, a condición de que esté guiado y orientado por el conocimiento científico de esas leyes de desarrollo del capitalismo.

2.º DETERMINISMO DIALÉCTICO O ESPONTANEIDAD DE LA HISTORIA: EL PROBLEMA DE LA DURACIÓN Y DEL TIEMPO.—En segundo término del debate Bernstein-Kautsky había un importante problema filosófico.

a) *La dialéctica, en discusión.*—Bernstein (¡al que Friedrich Engels había designado como su ejecutor testamentario!) escribía en su obra: "El método dialéctico constituye el elemento pérfido de la doctrina marxista, la trampa, el obstáculo que cierra el camino a la observación justa de las cosas".

De la no realización de las previsiones marxistas —sobre todo del hecho de que, en pleno crecimiento del capitalismo, la condición proletaria hubiera mejorado, después de todo, por vías que nada debían a la revolución— deducía Bernstein que "la cadena causal de la dialéctica hegeliana y marxista se había roto" (Léo Valiani, *Histoire du socialisme au XX siècle*).

Un efecto no deriva necesariamente de una causa que es su contrario dialéctico. En primer lugar, existe el imprevisto. Y existen, sobre todo, la voluntad humana y los imperativos éticos que pueden surgir en la Historia y cambiar su curso.

---

[6] Tampoco aquí hemos "modernizado" los términos de la controversia de 1899-1901: siguen siendo los mismos medio siglo más tarde.

En realidad, Bernstein desarrollaba aquí una intuición de Marx, que había comprendido la filiación del socialismo y de la libertad y que, por esta razón, se había separado a la vez de Hegel (libertad puramente filosófica) y de Feuerbach (libertad exclusivamente religiosa). Bernstein, tanto en el plano filosófico como en el plano de las implicaciones políticas, se elevaba contra el despotismo y exaltaba la libertad. Era el retorno a Kant. Bernstein planteaba un problema filosófico serio, incluso aunque en nombre de ese "revisionismo" algunos de sus émulos realizaran una mala política socialista. Ahora bien, los contradictores de Bernstein, demasiado preocupados por las luchas revolucionarias concretas, no polemizaron sobre el fondo del asunto.

Por ejemplo, *Rosa Luxemburgo* (1870-1919), alemana de origen polaco (que, al igual que Liebknecht, no conocía bien a Hegel y que no comprendió que la dialéctica, en Marx, es, al mismo tiempo, un método y la marcha concreta de la revolución), mantenía la fatalidad de una crisis catastrófica del capitalismo, proveniente de su desmesurada extensión. Para ella no hay otra salida que la revolución; y ésta, en un momento dado, será total. En cuanto al problema práctico de saber qué hay que hacer para que este momento se aproxime, Rosa Luxemburgo responde: la perspectiva del resultado final exige al proletariado que utilice a la vez la acción violenta, la acción económica y la acción política legal (pero sabiendo que la democracia liberal conduce a la revolución).

En los últimos años del siglo XIX las tesis de Bernstein recibieron la adhesión de marxistas austriacos como Marx Adler y Otto Bauer (1881-1938). La mayor parte de los marxistas alemanes ortodoxos permanecieron firmemente apegados a un marxismo riguroso, al que reducían con mucha frecuencia a un puro economismo (cf. Henri Lefebvre, *La pensée de Lénine*, págs. 29-33).

En un sentido totalmente opuesto, pero respondiendo a la cuestión fundamental planteada por Bernstein, *Antonio Labriola* (cf. *supra*), animado de una filosofía muy pesimista, percibe la existencia de una "ironía" en la Historia que hace fracasar todos los análisis científicos. Esta "ironía" no es un capricho sobrenatural: es la "fantasía" y la libertad del espíritu humano. Ahora bien, las masas populares no acceden a esa libertad creadora. Por consiguiente, necesitan realizar su propia experiencia de libertad; lo harán a su manera, según su sensibilidad. El marxismo sólo puede ayudarlas, a la manera de Sócrates, pero no puede imponerse a ellas como "ciencia de lo verdadero" (cf. Antonio Labriola, *Essai sur la conception matérialiste de l'histoire*).

Yendo aún más lejos, un italiano de formación hegeliana y simpatizante por entonces con el marxismo, *Benedetto Croce* (1856-1952), va a romper resueltamente, en los años 1900-1909, la famosa "cadena causal dialéctica". Para él, "el progreso existe en la Historia, no en virtud de la transformación de cada situación en su contrario, sino en la medida en que los hombres se crean personalidades diferenciadas" (Léo Valiani, *op. cit.*, página 22). El mal no se transforma dialécticamente en bien. El hombre juzga lo bueno y lo malo, elige entre bienes, etc. Croce, volviendo también a Kant, plantea en consecuencia un *a priori*, tanto al socialismo como al liberalismo: la libertad moral.

b) *Revolución, ¿pero cuándo?*—En segundo plano de esta polémica sobre la espontaneidad o la no-espontaneidad de la Historia se planteaba una cuestión muy concreta. El socialismo parecía conquistar a las masas (sobre todo en Alemania, donde la socialdemocracia obtuvo, en 1890, 1.427.000 votos) y carcomer progresivamente al Estado. En consecuencia, ¿había que esperar tranquilamente una próxima victoria? ¿O habría que precipitarla mediante la revolución? ¿O bien la *verdadera* victoria se retrasaría hasta un tiempo indefinido?

Había más. ¿Qué era "la revolución"? ¿Una mayoría socialista en las asambleas parlamentarias? ¿Leyes de expropiación? ¿Una insurrección total seguida de una instantánea colectivización? ¿Sería "la revolución", la revolución simultánea y en todas partes? [7].

---

[7] Véase el comienzo de esta discusión, viviendo aún Engels, más atrás, pág. 501.

En 1891, en el Congreso de Erfurt, Bebel había anunciado: "La realización de nuestros últimos objetivos está tan próxima que afirmo que pocos de los presentes en esta sala no vivirán esos días".

El transcurso de los años (y una mejor lectura de Marx) había de traer consigo una mayor prudencia.

La discusión en cuanto al término y al plazo derivó necesariamente hacia las dos cuestiones siguientes:

— ¿qué había que entender por revolución?

— ¿en qué circunstancias y en qué lugares podían encontrarse reunidas las condiciones para la revolución?

Sobre el primer punto se volvía a la polémica promovida por los revisionistas y los reformistas. Sería demasiado largo seguir las controversias (cuyos ecos hallaremos más adelante). La respuesta dominante fue la siguiente: sólo se logra la revolución con la abolición del capitalismo y del sistema asalariado, pero toda etapa reformista puede ser un progreso en este camino.

La controversia sobre el segundo punto fue sobre todo viva a partir de 1905, a propósito de las perspectivas revolucionarias en Rusia.

c) *¿Revolución en Rusia?*—Casi todas las figuras destacadas del marxismo admitían sin discusión que las condiciones de una revolución socialista existían en los países en los que el capitalismo hubiera alcanzado su más elevado desarrollo y en los que una poderosa clase obrera hubiera adquirido una aguda conciencia de su papel revolucionario [8]

Se deducía de esto dos corolarios:

— en los países precapitalistas y de régimen autocrático y feudal la primera etapa debería consistir en asegurar, a la vez, la industrialización del país y una revolución burguesa y liberal del tipo de la de 1789. La mayor desgracia que les puede ocurrir a los revolucionarios —se afirmaba— es encontrarse a la cabeza de una revolución cuando no están maduras las condiciones;

— en los países de población agraria dominante la revolución sólo será posible cuando el proceso de proletarización de los campesinos haya llegado a su madurez. Mientras aguarda el cumplimiento de esta etapa, el proletariado industrial debe alternar la alianza con los liberales burgueses y las acciones revolucionarias, limitadas, sin embargo, a la escala de las operaciones tácticas.

Tales eran, esquemáticamente, las tesis expuestas tanto por Kautsky como por algunos marxistas rusos: Plejánov, Mártov, Axelrod, Vera Zasulich. Las rechazaban, por un lado, Rosa Luxemburgo y León Trotsky, y, por otro, Lenin.

Rosa Luxemburgo y Trotsky (1877-1940) consideraban que la revolución socialista era posible incluso en los países económicamente atrasados y no liberales. Trotsky había participado activamente en el Soviet de San Petersburgo en la revolución de 1905. Aunque las masas campesinas rusas no contribuyeran en absoluto a esta revolución y los soldados-*mujiks* desempeñaran en tal ocasión un papel contrarrevolucionario, Trotsky mantenía

---

[8] Véanse sobre este punto las vacilaciones de Karl Marx, más atrás, pág. 502.

que la insurrección había demostrado la posibilidad de una revolución victoriosa a cargo del proletariado industrial.

En 1906 desarrolla esta tesis en *Resultados y perspectivas de la revolución rusa*. Según Trotsky, el tardío pero rápido desarrollo industrial de Rusia, debido a la iniciativa del Estado y de las finanzas extranjeras, ha creado una situación favorable. No existe una verdadera clase de capitalistas burgueses, pero existe, en cambio, un verdadero proletariado concentrado y revolucionario. En consecuencia, el proletariado puede realizar y hacer triunfar su revolución (mientras que no existe una clase burguesa en condiciones de realizar una revolución "del tipo 1789"). Al proletariado le bastará con apoderarse de las fábricas, y, una vez en el Poder, será inevitablemente empujado, "por la lógica de la situación", a administrar la economía: la revolución socialista será realizada en Rusia. En cuanto al campesinado, es una masa radicalmente contrarrevolucionaria; no hay que contar con ella para esa revolución.

Observemos que Trotsky preveía muy exactamente lo que iba, efectivamente, a ocurrir en febrero de 1917. En cambio, sus previsiones sobre los acontecimientos consecutivos a esta toma del Poder eran mucho menos firmes. Sin embargo, tanto Trotsky como Rosa Luxemburgo preveían las dificultades que surgirían tras la toma del Poder: resistencia del campesinado y de otras capas sociales, intervenciones de los Estados extranjeros, etc. Ambos sólo veían una solución a estas dificultades: el proletariado vencedor debería ser sostenido por el proletariado internacional, que debería intentar, a su vez, en ese momento, acciones insurreccionales en todas partes. Era la tesis de la revolución permanente.

Lenin (1870-1924) también cree posible realizar una fase de la revolución socialista en Rusia. Comparte sobre este punto, partiendo de análisis muy semejantes, los puntos de vista de Trotsky.

En cambio, no cree (y no revisará su juicio hasta marzo-abril de 1917) que esta insurrección del proletariado pueda permitir algo más que una democracia burguesa. Pero la burguesía, que sola es impotente, debe ser ayudada y colocada en el Poder por un proletariado revolucionario que le confiará el Poder en condiciones tales que, de manera necesaria, se abrirá poco después una segunda fase que podrá ser decisiva.

¿Cuáles son esas condiciones?

En primer lugar, se necesitará la complicidad activa y la solidaridad de los movimientos revolucionarios de Occidente (y sobre todo de Alemania: hasta 1919 Lenin estará tentado de hacer una "pausa" para esperar que la revolución alemana tome el relevo de la revolución rusa).

En segundo lugar, es necesaria la alianza en Rusia del proletariado obrero y de los campesinos. Sobre este tema Lenin es el autor más original y el que desarrolla, con la mayor fidelidad y la mayor libertad a la vez, la "ciencia" marxista, sin reducir (como los "ortodoxos") la dialéctica a un puro mecanicismo. Lenin comprende perfectamente que el *mujik* ruso no es el portador de una misión revolucionaria, como afirmaban los *narodniki* (populistas). No se deja ilusionar por las reformas del ministro Stolypin, que, pretendiendo "nacionalizar" el suelo para atribuirlo a los campesinos y hacer de ellos pequeños propietarios, habían conducido a irritantes desigualdades en beneficio de algunos *kulaks* y a la miseria de muchos otros. En cambio, comprende que los revolucionarios pueden realizar, en una primera etapa, junto con todos los campesinos, una "dictadura revolucionario-democrática del proletariado y del campesinado"; proponiéndoles el famoso "reparto negro" [3*] de las tierras. Una vez concluida esta etapa Lenin sabe que la mayoría de los campesinos se negarán a ir más lejos; pero entonces el proletariado deberá apoyarse en los campesinos más pobres contra los que se han enriquecido con el reparto de tierras [9].

★   ★   ★

La interpretación general del marxismo muestra, así, tres grandes tendencias:

— una, bastante petrificada y dogmática, que conducía a extrañas aberraciones: economismo, política de espera, etc.;

— otra, más audaz, intentaba "revisar" el marxismo en el plano del análisis filosófico y económico; la mayoría de las veces sacaba conclusiones puramente liberales y reformistas en el plano de la acción política concreta;

— por último, una tendencia más radical, que, fiel a las profundas enseñanzas del marxismo, intentaba desarrollarlas, sin conseguir evitar siempre un cierto "izquierdismo".

3.º LINDANDO CON EL MARXISMO: DEMOCRACIA Y SOCIALISMO EN JAURÈS.—A partir de 1890-1900 el prestigio del marxismo y el de la socialdemocracia alemana que lo encarna son tales, que prácticamente casi todos los socialistas europeos se proclamarán marxistas.

En realidad, muchas de estos socialistas (sobre todo fuera de Alemania y de Austria) sólo conocen someramente el pensamiento de Karl Marx. Excluyen de su doctrina —a veces explícitamente, más frecuentemente de manera implícita— elementos de primera importancia. Cuando no son doctrinarios, les basta con que el marxismo sea "el" socialismo más "avanzado".

En contrapartida, conscientemente o no, añaden otros elementos al marxismo. Superponen a un marxismo muy superficial un idealismo democrático que Marx había criticado y rechazado vigorosamente.

El ejemplo francés más característico de estos socialistas que se encuentran lindando con el marxismo, es Jean Jaurès.

Jaurès (1859-1914) no separa socialismo y democracia. Su socialismo es principalmente [10] un democratismo socialista. Para Jaurès el colectivismo es lo contrario del socialismo. "El socialismo es la suprema afirmación del derecho individual. Nada está por encima del individuo." Y prosigue: "El socialismo es el individualismo lógico y completo. Prolonga, engrandeciéndolo, el individualismo revolucionario" ("Socialismo y libertad", artículo publicado en la *Revue de Paris*, 1.º de diciembre de 1898).

El socialismo se vincula estrechamente, en Jaurès, a los recuerdos de la Revolución francesa (cf. su *Histoire socialiste de la Révolution française*). En 1890 habla del "socialismo verdadero, inmenso, humano que está contenido en la Revolución francesa" ("*Nos*

[3*] Reparto gratuito entre los campesinos de las tierras expropiadas a los terratenientes. (*N. del T.*)

[9] En realidad, el pensamiento de Lenin parece haber oscilado, durante los años 1905-1907, sobre estas dos fases y sobre su discontinuidad. En *Los vínculos entre la socialdemocracia y el movimiento campesino*, septiembre de 1905, considera la posibilidad de un proceso continuo. En *Dos tácticas de la socialdemocracia* (1907) parece prever dos tiempos separados entre sí por una especie de pausa. En el congreso de Bakú, en 1920, Lenin y el partido comunista, parecían admitir la posibilidad de una revolución socialista dirigida por el campesinado pobre.

[10] Como el de Blum, que se refiere constantemente a Jaurès.

camarades les socialistes allemands", 25 de febrero de 1890) y afirma: "Sólo el socialismo dará a la Declaración de Derechos del Hombre todo su sentido, y realizará el derecho humano".

El socialismo de Jaurès —como el radicalismo de Edouard Herriot— es un socialismo de la conciliación. Intenta conciliar socialismo y libertad ("Allí donde el socialismo está organizado en partido, actúa en el sentido de las libertades individuales: libertad política, libertad de voto, libertad de conciencia, libertad de trabajo..."), patriotismo y pacifismo (sobre el pacifismo de Jaurès véase más adelante pág. 571).

Así, pues, Jaurès admite con muchas reservas nociones como la lucha de clases o la dictadura del proletariado. Su pensamiento sobre este tema evolucionó por razones a las que no es ajena la táctica. Pero los textos que escribe hacia 1890 se encuentran muy alejados del marxismo: "El verdadero socialismo —escribe el 28 de mayo de 1890— no quiere derribar el orden de las clases; quiere basar las clases en una organización del trabajo que será para todos mejor que la organización actual". Se opone a los "conductores" que, "mediante declamaciones violentas y huecas", reducen a una doctrina de clase al socialismo, a "la verdadera doctrina socialista" tal como la formularon los Louis Blanc, los Proudhon, los Fourier.

Jaurès podía comprender a los marxistas neokantianos como Bernstein, por ejemplo. Incluso podía establecerse un acuerdo superficial entre él y marxistas ortodoxos como Kautsky o Wilhem Liebknecht, a causa de la moderación de hechos de estos últimos. En contrapartida, basta con referirse al riguroso método de Marx y a su crítica de la democracia y de la Revolución francesa para darse cuenta de que Jaurès no era un marxista. Y precisamente lo que caracteriza al "socialismo francés" de 1900 a 1914 es que la corriente jauresista cohabitara con la de J. Guesde, que sí era marxista.

2. Los medios de acción de la revolución y del socialismo.—1.º La ACCIÓN POLÍTICA LEGAL Y PARLAMENTARIA.— a) *Legalismo de los socialistas alemanes.*—En marzo de 1895, en su "Introducción" a la obra de Karl Marx, *Las luchas de clases en Francia* (véase más atrás, pág. 501), Engels había escrito: "Nosotros los "revolucionarios", los "elementos subversivos", prosperamos mucho más con los medios legales que con los medios ilegales y la subversión".

Los dirigentes de la socialdemocracia alemana estaban perfectamente convencidos de ello. Por esta razón se dejaron ganar por un espíritu cada vez más "legalista".

Por lo demás, a pesar de la definitiva derrota del clan de los discípulos de Lassalle (partidarios siempre de un socialismo de Estado), subsistía en numerosos medios alemanes un espíritu "lassalliano". Por otra parte, habían sido abrogadas las leyes de excepción adoptadas por Bismarck contra los socialistas alemanes, y la socialdemocracia, al igual que los Sindicatos, obtenía éxitos rápidamente en aumento. Resultaba imposible no aprovechar esta situación, que permitía ya prever, para un plazo bastante breve, el momento en el que el emperador no podría evitar ministros socialistas.

Para conseguirlo no había que "marcar el paso" tan cerca del objetivo; era absolutamente necesario ganar la confianza de nuevos electores en las clases medias y entre los intelectuales y campesinos. Ahora bien, teniendo en cuenta la mentalidad política alemana —muy respetuosa del régimen establecido— y la política del reformismo social de los Gobiernos —aceptada con entusiasmo por amplísimos círculos de la sociedad alemana— no podía hablarse ya de "revolución", al menos de revolución violenta.

La cuestión se planteaba sobre todo en Alemania porque allí la socialdemocracia era ya muy fuerte y porque el Estado alemán, muy adelantado respecto a los demás Estados europeos, practicaba ya una política de "socialismo de Estado".

Sin embargo, la cuestión se planteará también, aunque con un poco de retraso y de forma menos aguda, en Bélgica, en Francia y en Austria (donde Karl Renner profesaba las mismas tesis que los socialistas alemanes).

b) *¿Ministros socialistas?*—La aceptación de los "medios legales" planteaba concretamente, en régimen parlamentario, dos corolarios: la alianza electoral y táctica con los partidos burgueses, y la participación de los socialistas en Gobiernos "burgueses".

En Francia (a causa de la pluralidad de partidos) fue donde la cuestión promovió las mayores controversias.

En 1899 no había aún partido socialista, pero existían diversos grupos socialistas; había, sobre todo, algunos diputados socialistas en la Cámara (agrupados en una "Unión"). Uno de ellos, Millerand, entró en el Gabinete de Waldeck-Rousseau. Esto constituyó un gran escándalo. Los guesdistas lanzaron un manifiesto de protesta y la "Unión" se deshizo. La Segunda Internacional, reunida el año siguiente en París, hubo de decidir sobre una moción presentada por Jules Guesde, que, generalizando el asunto Millerand, exigía la condena absoluta del reformismo y de la participación ministerial de los socialistas.

Esta moción fue descartada en provecho de una resolución más matizada, propuesta por Karl Kautsky, que subordinaba la participación al acuerdo del partido (donde existiera...) y que precisaba que esa participación sólo podía considerarse como un expediente forzado, transitorio y excepcional.

Pero en el Congreso de la Internacional en Amsterdam (1904), a pesar de los esfuerzos del austriaco Adler y del belga Vandervelde, los socialdemócratas alemanes hicieron condenar el reformismo y la participación ministerial.

Al año siguiente se constituía en Francia el partido "socialista unificado" (bautizado "Sección francesa de la Internacional obrera"). Hasta la guerra de 1914 se sometería a la prohibición decretada en Amsterdam..., pero no sin que algunos diputados abandonaran el partido por esta misma razón.

2.º EL PARTIDO COMO INSTRUMENTO REVOLUCIONARIO. — Dos cuestiones estrechamente ligadas fueron objeto de controversias:

— las relaciones del partido socialista con los sindicatos;
— ¿deberían unificar los partidos socialistas todas las tendencias socialistas, con el objeto de ejercer una amplia acción electoral? ¿O deberían agrupar tan sólo a quienes aceptaran la doctrina marxista? ¿O, mejor aún, deberían ser un instrumento numéricamente débil dentro del campo marxista, pero muy unido y disciplinado, una fuerza revolucionaria absolutamente pura?

a) *Un gran partido socialista dominando los sindicatos: Alemania.*—Esta fue la fórmula alemana. Oficialmente, la socialdemocracia alemana sólo comprendía marxistas que hubieran aceptado los programas de Gotha y de Erfurt, cuya elaboración había sido supervisada por Marx y Engels (1875 y 1891).

Pero, en realidad, esta aparente unidad ideológica autorizó, sobre todo a partir de 1900, muchas divergencias (por ejemplo, Bernstein nunca fue expulsado del partido; Bebel y Karl Liebknecht —hijo de Wilhelm— coexistían con moderados como Kautsky y Scheidemann).

El partido trataba, abiertamente, de reunir lo más ampliamente posible no sólo militantes, sino adherentes e incluso simpatizantes: esto constituía su fuerza, pero trababa también sus movimientos.

La principal organización sindical obrera alemana, sin mantener vínculos orgánicos con el partido, era oficialmente de tendencia socialista y estaba, en relidad, dentro de la órbita del partido.

b) *Un partido de conciliación: la S. F. I. O. en Francia.*—En Francia la S. F. I. O. había proclamado, desde su constitución, su voluntad de respetar la total autonomía del movimiento sindical respecto a toda organización política Esto no fue nunca seriamente puesto en discusión. Aunque fueron frecuentes los contactos (sobre todo a partir del secretariado de Léon Jouhaux), nunca hubo intimidad ni apoyo electoral.

La S. F.. I. O. se había constituido, tras muchas dificultades, por la fusión de blanquistas (Ed. Vaillant), guesdistas (marxistas), posibilistas, allemanistas (revolucionarios) y diversas personalidades como Briand (procedente del anarcosindicalismo) y Jean Jaurès.

A causa de esas múltiples filiaciones y del hecho de que ese partido no podía apoyarse en un movimiento sindical —que se daba a sí mismo una ideología caracterizada por la voluntad de no tenerla—, la S. F. I. O. careció siempre de unidad ideológica.

En todo caso, el partido socialista francés consiguió en 1914 buenos éxitos electorales, unas veces en la oposición, otras en una semiparticipación vergonzante (Jaurès, líder del grupo más numeroso o más coherente de la Unión de las Izquierdas, era más poderoso que un ministro). Sin embargo, el partido fue enteramente absorbido por el juego parlamentario ya que este juego no estaba equilibrado por un fuerte apoyo sindical. La S. F. I. O., ni marxista ni revolucionaria, podía argumentar que su existencia era útil a los trabajadores, indispensable para la defensa de la República y necesaria para luchar contra los belicistas franceses.

c) *Lenin y la fracción bolchevique.*—El 3 de marzo de 1898 fue fundado en Minsk un partido socialdemócrata ruso, que, apenas formado, dejó de funcionar. Sin embargo, diversos grupos revolucionarios, sin relación entre sí, invocaban su nombre (así el Bund judío).

El grupo más importante de agitadores y teóricos rusos se encontraba dispersado en el exilio a comienzos de 1900. Lo componían Plejanov, Axelrod, Martov, Dan, Vera Zasulich. Lenin, más joven, se agregó a él, y, primero en Rusia y luego en el exilio, emprendió la tarea de reconstruir el partido socialdemócrata ruso a partir de ese grupo. Lenin dirigía de hecho el periódico del partido (*Iskra,* o *La chispa*). En 1902 publicó *¿Qué hacer?*

En el Congreso celebrado en Londres en 1903 estalló el conflicto entre Lenin y sus compañeros. El tema no fue el programa, sino la naturaleza, la organización y la estrategia del partido. En Londres Lenin (sostenido por Plejanov, que esperaba hacer después el papel de conciliador) obtuvo la victoria: de ahí proviene el nombre de "bolchevique" dado a su tendencia (mayoritaria). Victoria que, por otra parte, se invirtió muy rápidamente, de forma que, hasta 1917, los denominados "mencheviques" (minoritarios) fueron, en realidad, mayoritarios en casi todos los Congresos en los que las dos fracciones intentaron unificarse o reunirse.

La fracción menchevique, persuadida más que nunca de que la revolución liberal burguesa debería forzosamente preceder en Rusia a una revolución proletaria socialista, se inclinaba a confiar al partido socialista el papel de fuerza de apoyo de los partidos liberales (aliados provisionales, evidentemente). En consecuencia, consideraban necesario que el partido socialista pudiera jugar ese papel; era preciso para esto que fuera un gran partido, de tono relativamente moderado, que tratara de reunir en torno de sus militantes a un amplio círculo de simpatizantes. Corolario: nada de acción insurreccional, libertad de tendencias dentro del partido, democracia interior, etc.

d) *El partido, "élite" revolucionaria.*—Lenin quiere hacer del partido un instrumento revolucionario permanente, apto para todas las gimnasias impuestas por las circunstancias. Le importa poco el poder de los efectivos (los revolucionarios rusos puros están en la emigración, en Siberia o en la clandestinidad). Los simpatizantes le interesan poco: son charlatanes. Sin embargo, es necesario precisar que Lenin no cede, en modo alguno, al romanticismo de la "minoría actuante". En ¿Qué hacer? se explica claramente a este respecto. No cree en el atentado terrorista de los "socialistas-revolucionarios" (anarquistas nihilistas), pero sabe que, frente a la terrible "Okrana" (policía política), si se quiere verdaderamente llevar el mensaje y el método revolucionarios a las masas rusas, es necesario un partido formado por "revolucionarios profesionales", hechos a todos los métodos de acción, inteligentes y tenaces, teóricos y hombres de acción. Este partido, además, debe excluir implacablemente de sus filas a todos los traidores y demagogos. Debe ser centralizado, disciplinado.

Así, pues, Lenin se opone tanto a los mencheviques como a los "izquierdistas" que se agrupan en torno a Bogdanov, Lunarcharsky y, en menor medida, Rosa Luxemburgo. ,Estos, opuestos también a Plejanov y a sus amigos, se oponían a la rigidez y disciplina implacable que Lenin exigía de su partido. Insistían, por otra parte, en la acción espontánea de las masas y tenían mayor confianza en las intuiciones de éstas. Lenin veía en este izquierdismo "la enfermedad infantil del comunismo" y, mostrando que los extremos se tocan, acusaba a los "izquierdistas" de llegar al mismo resultado que los mencheviques: desarmar la revolución[11].

Algunos de estos izquierdistas llegaban también a desear que el partido se cerrara a los intelectuales. Lenin se opuso a ello vigorosamente. Para él el "revolucionario profesional" es un hombre cuyo origen no cuenta, pues está totalmente absorbido por su función.

Este revolucionario profesional, hecho a la acción secreta, habiendo asimilado conocimientos teóricos que sabrá unir a la práctica, estimulará desde fuera el movimiento obrero. Puede haber salido de él; el partido no debe temer separar a un buen obrero revolucionario de su medio para dedicarlo a la acción revolucionaria. En cuanto a las organizaciones sindicales, el partido debe servirse de ellas, organizarlas en caso necesario y estimularlas siempre; pero nunca debe dejarlas caer en el "vicio" del trade-unionismo o del sindicalismo revolucionario "a la francesa".

Lenin no sólo condena el obrerismo y el "parlamentarismo" (la situación rusa lo hacía ilusorio); también comprende que la "conciencia de clase" no nace, mecánicamente, de la condición proletaria. Pero, por el papel que asigna al partido, tampoco cae en un voluntarismo abstracto, ya que ese partido conduce la acción revolucionaria siguiendo un proceso concreto.

En cuanto a Trotsky, en toda esta controversia daba pruebas de un gran eclecticismo (Lenin le reprochaba en esta época que no tuviera ninguna opinión firme). Aunque coincidía con los mencheviques en la necesidad de un partido amplio que admitiera las tendencias, no se adhería a ellos. Sobre otros puntos, se aproximaba a Rosa Luxemburgo. Por último, compartía con Lenin el desprecio (todavía mayor en él) hacia el movimiento sindical.

---

[11] La acusación, aparentemente absurda, de ser a la vez "izquierdista" y "derechista", tan utilizada luego en Moscú, parece una repetición abusiva de este procedimiento polémico tan frecuentemente utilizado por Lenin.

Debemos añadir que este electicismo de Trostky era compartido por todos los marxistas que residían en Rusia. En cuanto a Lenin, las más destacadas figuras del marxismo internacional —Kautsky, Rosa Luxemburgo, Bebel, Liebknecht, etc.— se ligaron en contra suya.

3. La unidad del socialismo frente a la guerra y la paz.—1.° La "NACIONALIZACIÓN" DE LOS PARTIDOS SOCIALISTAS.—a) *La Segunda Internacional.*—La Primera Internacional había muerto, como hemos visto, a consecuencia de las disputas entre marxistas y bakuninistas.

En 1889 dos Congresos internacionales rivales, que reunían diversas organizaciones socialistas y obreras, tuvieron lugar simultáneamente en París. En 1891 se funda en Bruselas la Segunda Internacional. Su creación estuvo caracterizada por la preponderancia de la socialdemocracia alemana y de la tendencia marxista.

La Internacional se asignó como primera tarea desarrollar entre las organizaciones participantes el espíritu de solidaridad internacional. Se esforzó, además, en alentar en todos los países la formación de un partido socialista único (consiguiéndolo en Francia) y en asegurar una cierta unidad en la estrategia de esos diferentes partidos socialistas. Así, varios de sus Congresos (Londres, 1896; París, 1900; Amsterdam, 1904) estuvieron dedicados en gran parte a intentar formular recomendaciones generales sobre ciertos problemas, promovidos especialmente por los partidos socialistas francés, belga y holandés: obligación de la acción política, reformismo, participación ministerial.

La Internacional consiguió darse un rudimento de organización permanente (con sede en Bruselas), que sólo tuvo, sin embargo, atribuciones estrictamente administrativas.

No obstante, la Internacional, por sus célebres y ruidosas tomas de posición, por su carácter realmente internacional y unitario, por el prestigio de los grandes partidos socialistas, disfrutaba de un cierto prestigio.

b) *Socialismo y nacionalismo.*—La doctrina oficial de la Internacional era el internacionalismo proletario. El enemigo era el imperialismo capitalista aliado al militarismo.

Pero, en los hechos, se abrían paso, en los diferentes partidos socialistas nacionales, tendencias muy diferentes. La ideología oficial enseñaba que el progreso de la democracia —y, más aún, del socialismo— llevaba inevitablemente consigo una evolución hacia el pacifismo. Ahora bien, los hechos apenas lo demostraban.

Ciertamente, en Francia el asunto Dreyfus, agrupando a los republicanos, liberales y socialistas, había terminado con una derrota del militarismo. Pero en la Gran Bretaña los nuevos liberales eran mucho más imperialistas que los antiguos *tories,* y los mismos fabianos (con Bernard Shaw a la cabeza) habían demostrado, con ocasión de la guerra de los boers, que eran nacionalistas e imperialistas (sobre la escuela fabiana véase más adelante, página 572).

En Austria Karl Renner (1870-1950), líder de una de las dos tendencias del partido socialista, profesaba un pangermanismo asimilacionista y anexionista respecto a los nacionalismos danubianos. Sostenía que, momentáneamente, la causa del socialismo en Austria coincidía con la diplomacia de los Habsburgos. El mismo Otto Bauer mantenía que del primado ético que equilibra el proceso dialéctico de las transformaciones económicas es la conciencia nacional. En Hungría, en forma inversa, el teórico marxista Erwin Szabó, recogiendo la inspiración de Kossuth, exaltaba un nacionalismo popular magiar. En Rusia la mayor parte de los mencheviques y el propio Plejánov no se sentían incómodos con la política paneslavista y antiaustríaca del zar; únicamente la fracción bolchevique (y Trotsky) permanecían fieles a un internacionalismo radical.

Rosa Luxemburgo, en su gran obra *La acumulación del capital*, previendo la inevitable congestión del capitalismo alemán y al absorción del espacio no capitalista por las potencias capitalistas, intentaba convencer a todos los socialistas europeos (y especialmente a los alemanes) de que la guerra internacional, acarreando la ruina y la desaparición de los Estados capitalistas, era inevitable. En consecuencia, era una locura por parte de los socialistas el buscar compromisos entre su esperanza de la revolución y las necesidades de la "defensa nacional". Todo debería perecer. La cuestión nacional carecía rigurosamente de importancia. El proletariado, solidario a través de las fronteras, debería incluso negar su neutralidad a las naciones y prepararse colectivamente a transformar, llegado el momento, la guerra imperialista en guerra civil.

Lenin, de acuerdo con esta última consigna, considera, en cambio, que la cuestión nacional es de capital importancia, o que puede llegar a serlo en determinadas circunstancias. Esbozando con este motivo su teoría del desarrollo desigual de las sociedades, afirma que la reivindicación nacional puede tener, para ciertos pueblos, un contenido revolucionario concreto, vinculándose entonces (no en virtud de una utilización táctica, sino realmente) a la lucha de clases contra una dominación imperialista. Si sobreviene la guerra imperialista, el partido revolucionario de un país en el que se plantea la cuestión nacional, debe participar en el movimiento de liberación nacional, confiriéndole el alcance de guerra civil revolucionaria.

En Alemania existían matices en el interior de la socialdemocracia. La tendencia nacionalista moderada estaba representada por Bebel (no obstante, pacifista). Una tendencia mucho más chauvinista, y por lo demás reformista, estaba encabezada hacia 1912 por Scheidemann (1865-1939) y Noske (1866-1946). La mayoría de los socialdemócratas, entre ellos Kautsky, evitaban el problema, intentando conciliar el "patriotismo" y el "internacionalismo". Para ellos el fondo del problema consistía menos en tomar partido sobre el nacionalismo y a favor, o en contra, de las políticas nacionales, que en hacer imposible la guerra.

Estos eran también los grandes temas de Jaurès.

2.º EL SOCIALISMO Y LA GUERRA. — A partir de 1907 (Congreso de Stuttgart) todos los Congresos de la Segunda Internacional estudiaron los procedimientos mediante los que los partidos socialistas y las organizaciones sindicales podrían obstruir las amenazas de guerra que se acumulaban sobre Europa.

Dos tendencias se enfrentaron hasta 1914, si se deja a un lado una fracción muy minoritaria, formada a la vez por blanquistas y anarcosindicalistas, violentamente antimilitaristas y ultrapacifistas (portavoz: Gustave Hervé).

La primera tendencia estaba representada por el francés Jules Guesde (1845-1922) y el alemán Augusto Bebel (1840-1913). Consideraban abusivo cualquier esfuerzo especial contra la guerra: el problema debería relacionarse (y subordinarse) con el problema general de la lucha socialista contra el imperialismo, contra el colonialismo, contra los ejércitos permanentes, etc. Sus partidarios no aprobaban, en consecuencia, la consigna de huelga general en caso de movilización. El Congreso de Copenhague de 1910 se adhirió en conjunto a esta posición, limitándose a invitar a los socialistas a luchar contra la guerra por todos los medios utilizables según los contextos locales.

La otra tendencia (a la que se adhirió, al menos verbalmente, Kautsky) estaba representada por algunos socialistas británicos (como Keir Hardie), pero sobre todo por Jaurès.

a) *El pacifismo democrático (Jaurès).*—Jaurès ama y respeta el patriotismo que "proviene, por sus raíces mismas... de la psicología del hombre" *(L'Armée nouvelle,* página 448). El patriotismo es tan compatible con el internacionalismo como lo es el socialismo con el liberalismo republicano: la clave de esta conciliación (mejor: de esta identidad) es la democracia. Por eso Jaurès propone, en *L'Armée nouvelle,* un plan de democratización del ejército, que se convertirá así en popular y nacional. Calcula Jaurès que, con semejante ejército, les será extremadamente difícil a los gobernantes llevar a cabo una política de agresión: es el ejército defensivo modelo (Jaurès piensa siempre en 1792).

Ahora bien, a diferencia del socialismo alemán militarizado, nacido del prodigioso desarrollo industrial alemán (debido, a su vez, al dirigismo de Estado), el socialismo francés ha asimilado todo el viejo republicanismo liberal; ha nacido mucho antes de la era imperialista. Además, acaba de demostrar en el asunto Dreyfus que, gracias a su adhesión a la democracia, ha podido vencer, unido a toda la nación, al militarismo. Por consiguiente, la conclusión es clara: el socialismo francés es la mejor defensa contra la locura guerrera de Alemania. Corresponde, pues, al socialismo internacional, el ayudar al socialismo francés a mantener la paz. Según Jaurès, el movimiento socialista internacional podría ayudar a los pacifistas franceses de dos formas:
— siguiendo las vías democráticas, patrióticas y pacifistas del socialismo francés;
— introduciendo en la doctrina socialista el imperativo de luchar contra la guerra por todos los medios, incluso la huelga general y la insurrección.

b) *El fracaso del internacionalismo socialista.*—Sin embargo, estas proposiciones fueron rechazadas siempre en la Internacional en provecho de resoluciones "blanco y negro". En esta cuestión Jaurès careció de clarividencia. En efecto, ¿con qué movimientos socialistas podía contarse para llevar adelante la acción preconizada por Jaurès? Aparte Francia, no quedaba (para hablar sólo de las grandes naciones europeas) más que la Gran Bretaña (donde el movimiento socialista era muy débil), Alemania, Austria y Rusia. El socialismo ruso no parecía en condiciones de aportar la menor ayuda. En cuanto a los partidos socialdemócratas de Austria y Alemania, estaban muy lejos de adherirse a las tesis de Jaurès. En primer lugar, se negaban a hacer de la lucha contra la guerra una cuestión de doctrina socialista. Además, en cuanto a los medios concretos de lucha, siempre se habían negado a recomendar la huelga general. Algunos de ellos (Bebel, Liebknecht) habían prevenido, con total lealtad, que la clase obrera alemana, en caso de guerra, "iría detrás como un solo hombre"; estaba enteramente ganada, en su conjunto, por los proyectos de Guillermo II de conquistar mercados coloniales para la industria alemana. Por último, un clan no despreciable de los parlamentarios socialistas era hipernacionalista.

Jaurès no podía ignorarlo. Sin embargo, prefirió hasta su muerte (fue asesinado el 31 de julio de 1914) alimentar estas ilusiones: y, en los Congresos de la Internacional, "avaló", siempre conciliador, la voluntad de paz de los "camaradas" alemanes.

En la reunión de Bruselas del secretariado permanente de la Internacional, el 29 de julio de 1914, hubo de rendirse a la evidencia: no habría huelga general en Alemania, y ni siquiera protesta contra la entrada en la guerra de Austria, de Rusia, de Alemania. Por consiguiente, el patriotismo de Jaurès no tenía ya contrapeso: Francia y Gran Bretaña eran atacadas. Sin embargo, Jaurès intentó, hasta el último minuto, impedir lo irreparable. En 1915 Kautsky decía, intentando justificar a la Internacional: "En tiempo de guerra todo el mundo se vuelve nacionalista; la Internacional está hecha para tiempo de paz". Rosa Luxemburgo traducía sarcásticamente: "Proletarios de todo el mundo, uníos en la paz y degollaos en la guerra". Cae el telón sobre un grave fracaso de la socialdemocracia; pero, en este mismo año de 1914, la S. F. I. O. consigue cien diputados...

4. El socialismo inglés: los fabianos y el Labour Party.—1.º UN SOCIALISMO UTILITARISTA: LOS PRIMEROS "FABIANOS".—En el país en el que había sido redactado El capital y en donde habían vivido Marx, Engels y tantos otros ilustres marxistas refugiados, no se había desarrollado un movimiento marxista autóctono.

Sin embargo, Henry Hyndman (1842-1921) intentó en 1881 la fundación de un partido marxista, la Federación socialdemócrata. Pero el socialismo inglés, tan precoz a comienzos del siglo XIX llevaba la impronta de la corriente utopista y de fuertes preocupaciones morales y religiosas (Ruskin). Además, las teorías económicas de Henry George (1839-1897) —tan simples— recibían un amplio crédito. La Federación de Hyndman se desvió y periclitó muy rápidamente. En realidad, todas las escuelas socialistas vegetaban.

En 1884 un grupo de intelectuales británicos fundó la Sociedad fabiana (tomando el nombre del general contemporizador Fabio Cunctator). Los miembros más notables eran Sidney Webb (1859-1947), Beatrice Potter (1858-1943), G. Bernard Shaw (1856-1950) y H. G. Wells (1866-1946). No constituían más que un grupo de amigos (con desacuerdos no disimulados) y de conferenciantes y propagandistas; no pensaban en modo alguno en fundar un partido (incluso eran muy hostiles a la idea) ni, propiamente hablando, una escuela. Su propaganda, servida por el talento de G. B. Shaw, por la publicación en 1889 de los Fabian Essays (recopilación de artículos y conferencias) y por las grandes obras de los Webb a partir de 1892, obtuvo un indiscutible éxito. Según las palabras de Beatrice Webb, los fabianos llegarían a ser "los clercs del movimiento laborista".

El primer socialismo fabiano nada debe al marxismo. Su única filiación es la del radicalismo del siglo XIX y el utilitarismo benthamiano, tal y como podía ser repensado a finales de la era victoriana por intelectuales "de izquierda". Los fabianos pusieron un verdadero apasionamiento de doctrinarios en la tarea de excluir a la "filosofía" de la definición del socialismo; querían atenerse al a-filosofismo de Bentham. Tal pragmatismo les conducía igualmente a no hacerse cuestión más que de las concretas vías que podía tomar el socialismo en Gran Bretaña.

El punto de partida del "socialismo administrativo" de los Webb es muy característico. Comenzaron por un largo estudio histórico y analítico de los Sindicatos británicos, de sus transformaciones, de sus métodos de lucha, de organización y de presión. Más tarde, en su gran obra La democracia industrial (1897), mostraron cómo los Sindicatos y Cooperativas habían encontrado, en la práctica, instituciones y mecanismos cuya finalidad y resultado eran socialistas. Como benthamianos, definían al "socialismo" como las mayores ventajas, justicia y felicidad posibles.

Pero su análisis iba más lejos. En su opinión, esos métodos habían agotado ya sus frutos, y el movimiento sindical, para no estancarse o retroceder, debería unir a la acción económica la acción política. Según los Webb, la acción política no consistía en fundar un partido, sino en presionar al Estado para que sustituyera en adelante a la "democracia industrial".

La evolución llevaría a muchas ciudades a municipalizar y colectivizar los transportes, el alumbrado, la distribución del agua, la enseñanza, etc. (allá donde antes grupos y corporaciones debían organizarse por sí mismas o firmar contratos colectivos duramente negociados y siempre precarios). La misma evolución, al proseguir, conduciría necesariamente al propio Estado a asegurar la gestión de inmensos servicios públicos contra la miseria, las necesidades, etc., relevando así a las organizaciones sindicales y cooperativas.

Así, pues, el futuro del socialismo se encontraba, prácticamente, en el futuro del derecho administrativo [12].

Sin embargo, ¿qué objetivo asignar a este socialismo estatal? Los Webb, muy "utilitaristas benthamianos" siempre, responden:

"El establecimiento de un mínimo nacional de instrucción, de higiene, de vacaciones y salarios..., su rigurosa implantación en beneficio del mundo asalariado, en todas las ramas industriales, tanto en las más débiles como en las más fuertes" (La democracia industrial).

En una palabra: igualdad, seguridad, garantía por el Estado.

Aunque este socialismo de Estado, desprovisto de todo presupuesto filosófico, no era una "ideología" socialista, podía constituir un programa gubernamental. Si bien resultaba contrario a las tradiciones británicas por su estatalismo, se adaptaba bien a ellas por su utilitarismo. Por el momento, interesaba bastante poco a un movimiento laborista apenas naciente. Pero, tras la guerra de 1914, iba a ejercer necesariamente una influencia tanto más grande sobre el Labour Party, en pleno crecimiento, cuanto que éste se había prohibido a sí mismo, por sus orígenes, cualquier "filosofía". Y precisamente entonces la Fabian Society repudiará algo su primitivo pragmatismo.

2.º UN PARTIDO "OBRERO" NO SOCIALISTA.—El gran hecho social que surgió en Gran Bretaña en los últimos años del siglo (1878-1890) fue el "Nuevo Unionismo". Los Sindicatos de oficio dejan paso a las grandes uniones de industrias. Sus efectivos aumentan rápidamente, los Sindicatos les otorgan su confianza, triunfan en grandes huelgas mediante las que arrancan —en 1889, por ejemplo— la jornada de ocho horas e importantes aumentos de salarios. En la misma época los miembros de la Fabian Society continúan siendo hostiles a la creación de un partido socialista (y, en general, a la creación de cualquier partido).

Ninguno de estos hechos favorecía el nacimiento de un partido socialista (y menos aún marxista).

Sin embargo, la masa de los obreros británicos tenían ya derecho al sufragio. Ahora bien, no tenían más solución que votar por el partido liberal o por candidaturas destinadas al fracaso. El partido laborista nace por la decisión de algunas regiones de fuerte concentración industrial (cuenca de la Clyde, por ejemplo) de tener diputados obreros. En 1888 el minero escocés Keir Hardie (1856-1915) funda el Scottish Labour Party (desaprobado por el Congreso de las Trade-Unions). En 1892 el S. L. P. consigue tres escaños en las elecciones; muy pronto varios sindicalistas se interesan por ese partido, que se transforma en el Independant Labour Party (I. L. P.). El nuevo partido se niega a denominarse "socialista", aunque sus mociones y su programa contengan reivindicaciones "socialistas". En 1895 el I. L. P. sufre una dolorosa derrota en las elecciones.

---

[12] Elie HALÉVY cita estas palabras de Beatrice Webb: "Introduje en la London School of Economics el estudio del derecho administrativo, ya que el derecho administrativo es el colectivismo en germen" (Histoire du socialisme européen).

Pero en 1899 sindicalistas inquietos por las victoriosas presiones de los empresarios sobre los Comunes, no haciendo caso de las reticencias del T. U. C., constituyen un "Comité para la representación obrera" (cuyo secretario es J. Ramsay Mac Donald, futuro primer ministro). La voluntad de resistir constituyó el éxito del "Comité para la representación obrera", que hizo elegir tres obreros en 1903. En las elecciones generales de 1906 fueron elegidos 53 candidatos obreros.

Pero no existía todavía ni partido socialista ni partido obrero. El Labour Party se constituyó primero en el plano parlamentario, para unir la acción de los nuevos diputados: solamente 23 entraron en él. Era el éxito de la clase obrera organizada, no de una ideología o un partido doctrinario.

Los nuevos diputados del Labour Party eran obreros. Muy desconfiados y tímidos, jugaron sólo un papel muy borroso. Por eso, en vísperas de la guerra, cabía preguntarse si las masas obreras inglesas, a pesar de la victoria de 1906, estaban realmente "convertidas" a la acción política.

* * *

La experiencia británica en 1914 es sólo original en su aspecto negativo: ni partido socialista, ni marxismo (o muy poco), ni ideología, ni movimiento revolucionario. Positivamente: un intento muy tardío de candidaturas obreras (en Francia se había producido en 1860) coronado por un éxito a lo Pirro, y un "partido del Trabajo" muy débil, enteramente en manos de los Sindicatos —que siguen mostrándose muy reticentes respecto al resultado de la experiencia—. En una palabra, el "laborismo", como teoría y como "praxis", no había nacido todavía.

BIBLIOGRAFIA

Además de las obras generales sobre el socialismo, especialmente la de Cole. [Hay también versión española de los tomos II, III y IV: *Historia del pensamiento socialista.—II. Marxismo y anarquismo (1850-1890)*, trad. de Rubén Landa, Méjico, Fondo de Cultura Económica, 1958, 437 págs.; *H. del p. s.—III. La Segunda Internacional (1889-1914)*, trad. de Rubén Landa, Méjico, Fondo de Cultura Económica, 1959, 476 páginas; *Historia del pensamiento socialista.—IV. La Segunda Internacional (segunda parte)*, trad. de Enrique González Pedrero, Méjico, Fondo de Cultura Económica, 1960, 449 páginas], citadas en la bibliografía del capítulo XII, sección III, así como de la bibliografía referente al marxismo (cap. XIV), véase: Edouard DOLLÉANS, *Histoire du mouvement ouvrier*, Armand Colin, 3 vols., tomo I: *1830-1871*, 397 págs.; tomo II: *1871-1920*, 364 págs.; tomo III: *1921 à nos jours*, 421 págs. Véase también la utilísima colección "Mouvements ouvriers et socialistes. Chronologie et bibliographie", Editions ouvrières, 4 vols. aparecidos. 1. Edouard DOLLÉANS y Michel CROZIER, *Angleterre, France, Allemagne, Etats-Unis (1750-1918)*, 1950, XVI-383 págs.; 2. Alfonso LEONETTI, *L'Italie (Des origines à 1922)*, 1952, 200 págs.; 3. Renée LAMBERET, *L'Espagne (1750-1936)*, 1953, 207 págs.; 4. Eugène ZALESKI, *La Russie*, tomo I: *1725-1907*; tomo II: *1908-1917*, 1956. Ver también la bibliografía citada por Robert BRÉCY en, *Le mouvement syndical en France (1871-1921)*, La Haya, Mouton, 1963, XXXVI-219 págs. Así como el *Dictionnaire biographique de mouvement ouvrier français*, publicado bajo la dirección de J. MAITRÓN, Editions ouvrières, 1964-1967. Milorad DRACHKOVITCH, *De Karl Marx à Léon Blum, la crise de la social-démocratie*, Ginebra, Droz, 1954, 180 págs. (rápida y algo parcial). Del mismo autor, *Les socialismes français et allemand et le problème de la guerre (1870-1914)*, Ginebra, Droz, 1953, XIV-386 págs. (más precisa e interesante que la obra precedente).

Una síntesis muy útil: Jacques DROZ, *Le socialisme démocratique, 1864-1960*, A. Colin, 1966, 284 págs. "Col. "U").

I. COMUNA DE PARÍS.

La obra más reciente, y una de las más elaboradas, es la tesis de Charles RIHS, *La Commune de Paris. Sa structure et ses doctrines*, Ginebra, Droz, 1955, 317 págs. Contiene una bibliografía muy abundante. Desde el punto de vista documental: *Procès-verbaux de la* Commune *de París de 1871,* edición crítica de Georges BOURGIN y Gabriel HENRIOT (tomo I, Leroux, 1924, 607 págs.; tomo II, Lahure, 1945, IV-616 págs.).

Otras obras: 1.º *Por contemporáneos de la Comuna.* Numerosos libros: A. ARNOULD, G. LEFRANÇOIS, P.-O. LISSAGARAY [Traducido al castellano: *Historia de la Commune de París,* Madrid, Cenit, 1931, 551 págs.], Jules VALLÈS *(L'insurgé,* en la trilogía de *Jacques Vingtras).* Véase sobre todo James GUILLAUME, *L'Internationale. Documents et souvenirs (1864-1878)* (4 vols., los dos primeros, Société Nouvelle, 1905 y 1907; los dos últimos, Stock, 1909 y 1910). Esta obra es fundamental para el estudio de la Internacional y de los movimientos de ideas anarquistas y socialistas, especialmente en el Jura suizo). Véase también: Karl MARX, *Las guerras civiles en Francia* (cf. cap. XIV).

2.º *Estudios posteriores.* En *Terrorisme et communisme, de* Karl KAUTSKY, las páginas 61 a 131 están dedicadas a la Comuna de 1871. [Hay versión española: *Terrorismo y comunismo,* trad. de J. Pérez Bances, Madrid, Biblioteca Nueva, s. f., 287 págs.; páginas 71 a 154.] En la *Histoire socialiste,* de Jaurès, en 12 volúmenes, el vol. XI (de Louis DUBREUILH) concierne a la Comuna [Versión española en cuatro tomos, Valencia, Sempere, s. f.] Maurice DOMMANGET, "Hommes et choses de la Commune", artículos aparecidos en *L'Ecole émancipée,* 1938. Véase también del mismo autor, *Blanqui, la guerre de 1870-71 et la Commune,* 1947. Georges BOURGIN, *Histoire de la Commune,* Société Nouvelle de Librairie et d'Editions, 1907, 192 págs. Sobre el conjunto de esta sección: *La Commune di Parigi,* Saggio bibliografico a cura di Giuseppe del Bo, Feltrinelli, 1957, 142 págs.

Recientemente se han publicado varios libros sobre la Comuna. El más importante, sin duda, es *La Commune de Paris,* bajo la dirección de Jean Bruhat, Jean Dautry y Emile Tersen, Editions sociales, 1960, 436 págs.

II. EL ANARQUISMO.

1.º O b r a s .

Michel BAKOUNINE, *Oeuvres complètes,* 7 vols., traducción francesa, Stock, 1907 (especialmente: *L'Empire germano-knoutien; Dieu et l'Etat; Fédéralisme, socialisme, antithéologisme)* [En castellano: Miguel BAKUNIN, *Obras completas,* prólogo de Max Nettlau, Buenos Aires, La Protesta, 1924-1929, 5 vols. Varias ediciones de *Dios y el Estado:* Madrid, Revista Socialista; Barcelona, trad. de Núñez de Prado, 121 páginas... *Federalismo y socialismo,* trad. de Carlos Chíes, Barcelona, Sopena, 1905, 144 páginas; otra edición en Valencia. Sempere.] P. KROPOTKINE, *Paroles d'un révolté* (prefacio de Elisée RECLUS), Flammarion, 1885. [Hay traducción española: *Palabras de un rebelde,* traducción de H. López Rodríguez, Valencia, Sempere, 234 págs.]; *La science moderne et l'anarchie,* Stock, 1913. [Hay traducción española: *La ciencia moderna y el anarquismo,* seguida de *El Terror en Rusia,* trad. de Eusebio Amo, Valencia, Sempere, s. f., 261 páginas. Existe traducción española de un gran número de obras de KROPOTKIN: vid. Renée LAMBERET, *op. cit.*] Jean GRAVE, *La société future,* 1895 [Hay versión castellana: *La sociedad futura,* trad. de Constantino Piquer, Valencia, Sempere, s. f., 2 vols. de 213-215 págs.; otra edición, Madrid, La España Moderna]. Elisée RECLUS, *L'évolution la révolution et l'idéal anarchiste,* 1898 [Hay varias traducciones españolas: *Evolución y revolución,* Valencia, Sempere, s. f.; Madrid, 1891 ...]

2.º Obras sobre el anarquismo.

G. D. H. COLE, *Socialist thought,* vol. II *(op. cit.).* Henri ARVON, *L'anarchisme,* P. U. F., 1951, 128 págs. *Esprit,* número especial: *Anarchie et personnalisme,* abril de 1937 (artículos de Georges DUVEAU, Victor SERGE, Paul-Louis LANDSBERG, Emmanuel MOUNIER): conjunto de estudios sobre la filosofía del anarquismo extremadamente penetrantes. Sin embargo, el paralelo entre Proudhon y los anarquistas tal vez resulte excesivamente acusado. H. E. KAMINSKI, *Bakounine, la vie d'un révolutionnaire,* Ed. Montaigne, 1938. Jean MAITRON, *Histoire du mouvement anarchiste en France (1880-1914),* Société universitaire d'Edition et de Librairie, 1951, 744 págs. (obra extremadamente documentada). Marc DE PREAUDEAU, *Michel Bakounine,* Rivière, 1912. Alain SERGENT y Claude HARMEL, *Histoire de l'anarchie,* Le Portulan, 1949, 451 págs. Charles THO-

MANN, *Le mouvement anarchiste dans les montagnes neuchâteloises et le Jura bernois*, La Chaux-de-Fonds, ed. Coop. Réunies, 1947, 244 págs. Benoît-P. HEPNER, *Bakounine et le panslavisme révolutionnaire*. Cinq essais sur l'histoire des idées en Russie et en Europe, Rivière, 1950, 320 págs.

En inglés: E. H. CARR, *Michael Bakunin*, Londres, Macmillan, 1937, x-502 páginas. G. P. MAXIMOFF, *The political philosophy of Bakunin, scientific anarchism*, Glencoe, the Free Press, 1953, 434 págs. Eugène PYZIUR, *The Doctrine of anarchism of Michael A. Bakunin*, Milwaukee, Marquette, 1955, x-158 páginas. Un estudio general: Gegorge WOODCOCK, *Anarchism. A history of libertarian ideas and movements*, Penguin boocks, 1962, 480 págs.

III. EL SINDICALISMO.

La obra más completa es la de DÓLLEANS *(op. cit.)*. Véase también Robert GOETZ-GIREY, *La pensée syndicale française*, A. Colin, 1948, 173 págs. (Cahiers de la Fondation Nationale des Sciences Politiques, núm. 3); rápido, pero ofrece el interés de estudiar el pensamiento sindical y no el movimiento sindical en su conjunto. Georges LEFRANC, *Le syndicalisme en France*, P. U. F., 2.ª ed., 1957, 128 págs. Del mismo autor, *Histoire du mouvement syndical français*, Librairie syndicale, 1937, IV-472 págs.; *Les expériences syndicales internationales des origines à nos jours*, Aubier, 1952, 383 págs. *Les expériences syndicales en France de 1939 à 1950*, Aubier, 1950, 383 págs. Jean MONTREUIL (seudónimo de G. LERANC), *Histoire du mouvement ouvrier en France, des origines à nos jours*, Aubier, 1946, 603 págs. Paul LOUIS, *Histoire du mouvement syndical en France*, Vallois, 2 vols., tomo I: *De 1789 à 1918*, 1947, 399 págs.; tomo II: *De 1918 à 1948*, 1948, 281 páginas, Georges GUY-GRAND, *La philosophie syndicaliste*, 3.ª ed., Grasset, 1911. Paul VIGNAUX, *Traditionalisme et syndicalisme*. *Essai d'histoire sociales (1884-1941)*, Nueva York, Editions de la Maison française, 1943, 195 págs. al R. LORVIN, *The French labor mouvement*, Harvard, U. P., 1954, xx-346 págs. (obra muy importante). Michel COLLINET, *Esprit du syndicalisme*, Editions ouvrières, 1952, 232 págs. De PELLOUTIER véase sobre todo la *Histoire des bourses du travail*, prefacio de Georges SOREL, A. Costes, 1946, 346 páginas [en castellano: F. PELLOUTIER, *El arte y la rebeldía*, Barcelona, 1917, 31 págs.] Sobre su figura véase Maurice PELLOUTIER, *Fernand Pelloutier, sa vie et son oeuvre*, 1911. [Hay versión castellana de una obra de GRIFFUELHES, *El sindicalismo revolucionario*, La Felguera, Biblioteca del grupo "Amor y Odio", 1911, 30 págs.; otra edición: Valencia, Estudios, s. f. sobre Léon Jouhaux, Bernard GEORGES, Denise TINTANT, Marie-Anne RENAUD, *Léon Jouhaux, cinquante ans de syndicalisme*, tomo I: *Des origines à 1921*, P. U. F., 1962, 552 págs.

Georges SOREL, *Réflexions sur la violence*, Edición definitiva seguida del *Plaidoyer pour Lénine*, Rivière, 1946, 459, págs. (recopilación de artículos publicados de 1899 a 1908). Hay versión castellana: *Reflexiones sobre la violencia*, Madrid, Beltrán, 1915, 356 páginas. *Les illusions du progrès*, Rivière, 1908, 283 págs. [Hay versión castellana: *Las ilusiones del progreso*, Valencia, 1904.] *Matériaux d'une théorie du prolétariat*, Rivière, 3.ª ed., 1929 355 págs. *Propos de Georges Sorel recueillis*, par J. Variot, Gallimard, 1935, 273 págs.

Sobre Sorel.—Pierre ANDREU, *Notre maître M. Sorel*, Grasset, 1953 339 págs. Richard HUMPHREY, *Georges Sorel, a prophet without honor: a estudy in antiintellectualism*, Cambridge, Harvard, U. P., 1951, 246 págs. James H. MEISEL, *The genesis of Georges Sorel. An account of his formative periode followed by a study of his influence*, Ann Arbor, 1951, 320 págs. M. FREUND, *Georges Sorel, Der revolutionäre Konservatismus*, Francfort, 1932. P. LASSERRE, *Georges Sorel théoricien de l'impérialisme*, L'artisan du Livre, 1928, 271 págs. Antonio LABRIOLA, *Socialisme et philosophie* (Cartas a G. Sorel), Giar & Brière, 1899, VI-263 págs.; del mismo autor, *Essai sur la conception matérialiste de l'histoire*, trad. fr., Giard, 1928, IV-375 págs. [Una versión española: *Del materialismo histórico*, Valencia, Sempere, s. f.]. Ver también: *In memoria del Manifesto dei communisti*, publicado en 1895; I.-L. HOROVITZ, *Radicalism and the revolt against reason. The social theories of George Sorel*, Londres, Routledge and Kegan Paul, 1961, VIII-264 págs. Georges GORIELY, *Le pluralisme dramatique de Georges Sorel*, Rivière, 1962, 245 págs.

IV. El pensamiento socialista (1870-1917).

Con el objeto de evitar repeticiones, muchos de los títulos indicados en este apartado se extienden también al estudio del socialismo en el siglo xx.

Obras generales.

Además de las obras anteriormente citadas de G. D. H. Cole y Elie Halévy: R. C. K. Ensor, *Modern Socialism as set forth by Socialists*, nueva edición, 1914 (utilísima recopilación de documentos). Leo Valiani, *Histoire du socialisme au XXe siècle*, Nagel, 1948, 282 págs. (obra clara y útil; con excepción de cinco capítulos, se refiere al período posterior a 1914).

Citemos, por último, la importante obra de Carl A. Landauer, *European Socialism. A history of ideas and movements*, Berkeley, 1959, 2 vols. (el primer volumen abarca desde la revolución industrial hasta la primera guerra mundial; el segundo trata el período posterior).

A) Sobre la Primera y la Segunda Internacional.

1.º La Primera Internacional.

La obra fundamental es la de James Guillaume, anteriormente citada. Véase también, en las *Oeuvres* de Bakunin: Lettre aux internationaux *(Oeuvres,* tomo I), y Lettres à un Français *(Oeuvres,* tomo V); y en las de Karl Marx, Manifiesto inaugural de la Asociación Internacional de Trabajadores *(Oeuvres complètes,* ed. Molitor, serie "Oeuvres politiques")* [incluido en las *Obras escogidas* publicadas en Buenos Aires, Editorial Cartago, 1957] Los principales documentos han sido publicados en una recopilación dirigida por Jacques Freymond, *La Ire Internationale*, Genève, Droz, 1962, 2 vols.

2.º La Segunda Internacional.

Véase G. D. H. Cole, *Socialist thought*, vol. III, 2 tomos, "The Second International, 1889-1914". [Versión castellana, antes citada, del Fondo de Cultura Económica.] Una excelente introducción bibliográfica: G. Haupt, *La IIe Internationale. Étude critique des sources. Essai bibliographique*, Mouton, 1964, 395 págs. Patricia van der Esch, *La IIe Internationale (1869-1923)*, Rivière, 1957, 186 págs. Lenin, *La faillite de la IIe Internationale*, Ed. sociales, 1953, 63 págs. (violento panfleto escrito en 1915, dirigido principalmente contra Kautsky y los dirigentes de la socialdemocracia alemana y contra los mencheviques rusos). En inglés: James Joll, *The second International*, N. Y., Praeger, 1956, 213 págs.

B) El socialismo en Alemania.

1.º Obras generales.

La más notable, con mucho, es la de un excelente teórico de la socialdemocracia alemana: Franz Mehring, *Geschichte der deutschen Sozialdemokratie*, Ed. original en 2 volúmenes, 1898; nueva edición en 4 vols., 1922.

2.º Sobre la controversia del revisionismo.

Véase el estudio de Karl Vorländer, *Kant und Marx*, Tubinga, Mohr, 2.ª ed. revisada, 1926, XII-382 págs. La obra de Eduard Bernstein, *Die Voraussetzungen des Sozialismus und die Aufgaben der Sozialdemokratie*, Stuttgart, J. H. W. Dietz Machf, 1899, XII-188 págs., ha sido traducida al francés con el título: *Socialisme théorique et socialdémocratie pratique*, Stock, 1900, 305 págs. Véase también del mismo autor, *Die heutige Sozialdemokratie in Theorie und Praxis*, 1906. Sobre Bernstein: Peter Gay, *The dilemma of democratic socialism. Eduard Bernstein's challenge to Marx*, Nueva York, Columbia

U. P., 1952, XVIII-334 págs. La participación de Kautsky en el debate sobre el revisionismo se encuentra principalmente en su obra *Bernstein und das sozialdemokratische Programm, ein Antikritik*, 1899 (traducido al francés con título: *Le marxisme et son critique Bernstein*, 1901) [Hay versión española: *La doctrina socialista*, trad. de Pablo Iglesias y J. A. de Meliá, Madrid, Beltrán, 1910, 356 págs.] y la de Rosa LUXEMBURGO, en *Sozialreform oder Revolution*, 1899. [En castellano: *Reforma o Revolución*, trad. y prólogo de Juan Antonio Areste, Madrid, 1931, 246 págs.] Dos obras importantes: Leopold LABEDZ, *Revisionism, Essays on the history of marxist ideas*, Londres, Allen and Unwin, 1962, 404 págs. Pierre ANGEL, *Eduard Bernstein et l'évolution du socialisme allemand*, Didier, 1961, 463 págs.

3.º Sobre el reformismo y la lucha de clases (controversias entre Kautsky, Bernstein, Lenin, Rosa Luxemburgo).

Entre las innumerables obras y folletos dedicados a esta cuestión cabe citar: BERNSTEIN, *Zur frage: Sozialliberalismus oder Kollectivismus*, Berlín, Ed. des Soc. Monatshefte, 1900; *Der Streik, sein Wesen und sein Wirken*, Francfort, 1906; *Parlamentarismus und Sozialdemokratie*, Berlín, 1907.

KAUTSKY, *Der Kampf um die Macht*, 1909; *Patriotismus und Sozialdemokratie*, Leipzig, 1907; *Der Politische Massenstreik*, 1914. [Obras de KAUTSKY traducidas al castellano: *La cuestión agraria*, Madrid, 1903; *La defensa de los trabajadores y la jornada de ocho horas*, trad. S. Valenti, Barcelona, Maucci, 1904, 145 págs.; *Parlamentarismo y socialismo*, trad. M. G. Cortés, Madrid, 1905; *La teoría y la acción en Marx*, Madrid, Calleja, 1908; *La clase obrera ante la evolución industrial*, Madrid, 1930, 27 págs.; *Socialización de la agricultura*, Madrid, 1932, 159 págs.; *El programa de Erfurt*, prólogo de Julián Besteiro, trad. Francisco Ayala, Madrid, Gráfica Socialista, 1913, XI-252 págs.]

ROSA LUXEMBURGO, *Massenstreik, Partei und Gewerkschaften*, 1906. [Hay versión castellana: *La huelga en masa. El partido socialista y los sindicatos*, Madrid, Gráfica Socialista, 1931, 72 págs.]. *Die Akkumulation des Kapitals*, Stuttgart, Dietz, 1913, 2 vols.; es la obra fundamental de R. LUXEMBURGO; trad. francesa inacabada: *L'accumulation du capital. Contribution à l'explication économique de l'impérialisme*. I. Traducción y prefacio de Marcel OLLIVIER, Librairie du Travail, 1935, XVIII-195 págs. Otra traducción, en inglés, con el título *The accumulation of capital*, Londres, Routledge and Kegan Paul, 1951, 475 págs. [Hay versión española (íntegra): *La acumulación del capital*, trad. de J. Pérez Bances, Madrid, Cenit, 576 págs.] [Otras obras de R. LUXEMBURGO en castellano: *Cartas de la prisión*, trad. de Francisco Suárez, Madrid. Cenit, 1931, 208 págs.; *Una lección de economía política*, en Cuadernos mensuales de documentación política y social, Madrid, 1934.]

Otras obras. — Erich MATTHIAS, *Kautsky un der Kautskyanismus*, Tubinga, 1957 (Marxismusstudien, tomo II). Carl E. SCHORSKE, *German Social Democracy, 1905-1917*, Cambridge, Mass, 1955. Paul FRÖLICH, *Rosa Luxemburg: her life and her work*, Londres, Gollanez, 1940. 336 págs.

4.º La guerra y la revolución bolchevique.

Sobre el espartaquismo consúltese: A. y D. PRUDHOMMEAUX. *Spartacus et la Commune de Berlin*, R. Lefebvre, 1949, 127 págs. Eric WALDMAN, *The spartacist uprising of 1919 and the crisis of the German socialist movement*, Milwaukee, Marquette, U. P., 1958, 248 págs. Rosa LUXEMBURGO, *Die russische Revolution* (obra publicada por P. LÉVI en 1922).

Sobre la actitud de KAUTSKY véanse las obras: *Die Diktatur des Proletariats*, 1918; *Terrorismo y comunismo*, 1919; *Die Materialistische Geschichtsauffassung*, 1927.

Las tesis de los socialistas "de Weimar" tras 1918 han sido expuestas principalmente por P. SCHEIDEMANN en sus *Memorias* (trad. inglesa con el título: *Memoirs of a German Social Democrat*, 2 vols., 1939).

C) EL SOCIALISMO AUSTRIACO.

1.º En lengua francesa.

Las fuentes son escasas y poco importantes. Algunas indicaciones muy breves en Elie HALÉVY, *Histoire du socialisme européen*; desarrollos más substanciales (pero casi exclusivamente dedicados a Otto Bauer) en Paul Louis, *Cent cinquante ans de pensée socialis-te* (nueva serie, 1953). Véase también la importante obra de H. MOMMSEN, *Die Sozial-demokratie und die Nationalitäten Frage im habsburgischen Vielvölkerstaat*, Viena, 1963.

Obras traducidas al francés: Otto BAUER, *La marche du socialisme (Der Weg zum Sozialismus)*, 1919. Max ADLER, *Démocratie politique et démocratie sociale*, Bruselas 1930; *Les métamorphoses de la classe ouvrière*, s. f.

[Obras en castellano de Otto BAUER: *Capitalismo y socialismo en la posguerra*, traducción de A. Ramos Oliveira, Madrid, 1932, 258 págs.; *El camino hacia el socialismo*, trad. de A. Revesz, Madrid, América, 1920, 217 págs.; *El socialismo, la religión y la Iglesia*, trad. de A. Ramos Oliveira, Madrid, Gráfica Socialista, 1929, 152 págs.]

2.º En lengua inglesa.

Un buen capítulo dedicado al socialismo austríaco en: G. D. H. COLE, *A History of Socialist Thought*, vol. III, tomo II.

Obras traducidas: Karl RENNER, *The Institutions of private law and their social functions*, Londres, Routledge and Kegan, 1919, VIII-308 págs.

3.º En lengua alemana.

La obra básica es la de Ludwig BRUGEL, *Geschichte der Osterreichischen Sozialdemo-kratie*, 1922-1925, 5 vols.

Obras.—Max ADLER, *Marx als Denker*, Viena, Volksbuchhandl, 1921, VIII-159 págs. *Kant und der Marxismus*, Berlín, 1930. Otto BAUER, *Weltbild der Kapitalismus* (en el conjunto de trabajos dedicados a Kautsky, *Der Lebendige Marxismus*, vol. II), 1924. *Die Osterreichische Revolution*, 1923. *Bolchewismus und Sozialdemokratie*, 1929. Georg LUKACS, *Geschichte und Klassenbewusstsein*, Berlín, Malik Vlg., 1923, 343 págs., trad. francesa bajo el título, *Histoire et concience de classe*, Editions de Minuit, 1960, 385 págs. Lukacs, de nacionalidad húngara, recibió su formación filosófica en Austria y participó en el movimiento ideológico austromarxista. [La obra ha sido publicada ya íntegramente en francés: *Histoire et conscience de classe*, trad. de K. Axelos y J. Bois, París, Editions de Minuit, 1960, 381 págs.]. Encontrará asimismo amplios desarrollos dedicados a esta obra en los caps. II y III del libro de Maurice MERLEAU-PONTY, *Les aventures de la dialectique*, N. R. F., 1955, 320 págs. [Hay traducción española: *Las aventuras de la dialéctica*, trad. de León Rozitchner, Buenos Aires, Ediciones Leviatán, 1957, 295 páginas.]

D) SOCIALISMO Y MARXISMO EN RUSIA.

1.º Obras generales.

Citaremos *La historia del partido comunista (bolchevique) de Rusia*, obra oficial varias veces arreglada y corregida. G. V. PLEKHANOV, *Les questions fondamentales du marxisme*, ed. revisada y aumentada. Ed. sociales, 1947, 273 págs. Es una recopilación de estudios teóricos sobre el marxismo, el materialismo histórico, etc. No contiene casi ninguna indicación sobre la historia de los movimientos marxistas en Rusia. Para conocer esa historia es preciso dirigirse a las obras generales (especialmente a la de G. D. H. COLE), así como a las de Rosa LUXEMBURGO (v. más atrás), de TROTSKY y de LENIN (véase más adelante).

Varias excelentes obras iluminan esa historia, principalmente la trilogía de Isaac DEUTSCHER, *Trotsky*, I, *Le prophète armé (1879-1921)*, trad. fr., Julliard, 1962, 695 págs.; II, *Le prophète désarmé (1921-1929)*, 1964, 640 págs.; III, *Le prophète hors la loi (1929-1940)*, 1965, 703 págs. Bertram D. WOLFF, *Three who made a Revolution (Lenin, Trotsky, Stalin)*, 1948, trad. fr. Calmann-Lévy, 1951, 3 vols. [Hay versión española: *Tres que hicieron una revolución*, trad. de M. Bosh y F. Barange, Barcelona, Janés, 1956, 649 páginas.] Leopold H. HAIMSON, *The Russian marxists and the origins of Bolshevism*, Harvard, U. P., 1955, x-246 págs. Véase también Nicolás BERDIAEFF, *Les sources et le sens du communisme russe*, Gallimard, 1938, 255 págs. (interesante, pero muy general). [Hay versión castellana: *Origen y espíritu del comunismo ruso*, traducción de Francisco Sabaté, Valencia, Fomento de Cultura, 1958, 269 págs.]. Víctor SERGE, *Mémoires d'un révolutionnaire*, Ed. du Seuil, 1951, 424 págs.

2.º Trotsky.

Numerosas obras de Trotsky han sido traducidas al francés. Citaremos sólo las más accesibles:

1.º *Autobiografía e historia.*—*Ma vie*, Rieder, 1930, 3 vols.; otra edición: Gallimard, 1953, 659 págs. [Hay versión española: *Mi vida*, trad. de W. Roces, Madrid, 1930, 612 págs.; una reimpresión de la edición Cenit en: Méjico, Ed. Colón, 1946, 2 vols.] *Histoire de la Révolution russe*, nueva edición en 2 vols., Ed. du Seuil, 1950. [Versión castellana: *Historia de la revolución rusa; I. (La Revolución de Febrero)*, trad. Andrés Nin, Madrid, 1931, 365 págs.; II. *(La Revolución de Octubre)*, trad. A. Nin, Madrid, 1932, 364 págs.] *Vie de Lénine*, Rieder, 1936. [En castellano, una *Vida de Lenin*, atribuida a TROTSKY, trad. de León Villamiel, Madrid, 1931, 182 págs.] *Staline*, Grasset, 1948, 623 págs. [Hay traducción castellana: *Stalin*, trad. de I. R. García, Barcelona, Janés, 1950, 543 págs.]..

2.º *Panfletos y obras de carácter doctrinal.*—*Entre l'impérialisme et la révolution*, Librairie de l'Humanité, 1922. *La Révolution trahie*, Grasset, 1937. *Leur morale et la nôtre*, 1939, *La Révolution permanente*, Gallimard, 1964. [Hay versión castellana: *La Revolución permanente*, trad. A. Nin., Madrid, 1931, 248 págs.].

3.º *Obras sobre Trotsky.*—Claude LEFORT, "La contradiction de Trotsky et le problème révolutionnaire", *Les Temps Modernes*, núm. 39, 1949. Isaac DEUTSCHER y Bertram D. WOLFE, véanse los títulos citados un poco más arriba (obras generales).

3.º Lenin.

I. TEXTOS.

a) *Obras completas.*—Hay cuatro ediciones rusas de las obras de Lenin. La primera, dirigida por Kamenev, no está completa; la cuarta, cuya publicación se comenzó durante la guerra, lleva la huella de la historiografía de los últimos años de Stalin, especialmente respecto a la eliminación de textos incompatibles con la versión oficial de la historia del partido comunista. Quedan, pues, como válidas la segunda y la tercera —simple reimpresión de la precedente—. Estas ediciones, publicadas entre los años 1926 y 1935, fueron dirigidas primero por Kamenev, luego por Bujarin y, por último, por Molotof. Además de ser las más completas, contienen notas muy abundantes que constituyen una preciosa fuente de información sobre la historia de los movimientos revolucionarios durante la vida activa de Lenin. Sin duda, la existencia y la precisión de estas notas impiden al Instituto del marxismo-leninismo de Moscú proceder a una nueva reimpresión de la segunda edición de las obras de Lenin, en tanto que la cuarta, como se ha reconocido, resulta totalmente insuficiente. En consecuencia comenzó en 1956 la publicación de una quinta edición totalmente nueva, en 55 tomos, que contendrá, además de los textos publicados en las ediciones precedentes, una parte dedicada a notas y apuntes que figuran en el *Recueil léniniste*.

Paradójicamente, cuando se ha reconocido en Moscú los defectos de la cuarta edición y se ha emprendido la publicación de tomos suplementarios (en espera de la conclusión de la quinta edición) que contienen los textos, demasiado favorables a los rivales de Stalin, contenidos antes en la segunda edición, los editores comunistas de París y de Berlín han comenzado la traducción de la edición desautorizada. Esta traducción quedará anticuada antes de que haya terminado su publicación. Sin embargo será útil, pues los volúmenes aparecen a un ritmo muy rápido y ponen a disposición del público materiales inéditos hasta ahora en francés. En efecto, aunque los volúmenes publicados antes de la guerra por Editions sociales internationales son mucho más útiles (principalmente por las abundantes notas que contienen), no han sido publicados más que diez volúmenes de los treinta que contiene la edición rusa. La traducción alemana es mucho más completa.

b) *Obras escogidas.*—Las colecciones más importantes son las de 12 tomos, publicadas antes de la guerra en inglés y alemán (*Selected Works*, Londres, Lawrence and Wishart, 1933-38. *Ausgewählte Werke*, Viena, Ring Verlag).

En francés, las *Oeuvres choisies* en dos grandes volúmenes publicadas en Moscú en 1946 y reimpresas recientemente en cuatro tomos, constituyen un instrumento de trabajo muy útil. Los escritos están ordenados de forma cronológica y, en principio, con el texto íntegro. A quien sólo le interese una visión sumaria de la Obra de Lenin puede consultar: *Marx, Engels, marxisme,* Moscú, Ediciones en lenguas extranjeras, 1947, 498 páginas. [Las Ediciones en Lenguas Extranjeras ha publicado versiones castellanas de estas dos recopilaciones.]

c) *Obras principales.*—*El imperialismo, fase superior del capitalismo.* A pesar del tema aparentemente económico, este estudio da la clave de toda la estrategia revolucionaria de Lenin en el campo mundial. Es conveniente completar esta obra fundamental con los artículos de Lenin sobre la cuestión nacional, reunidos en un folleto por Editions sociales: *Notes critiques sur le question nationale,* seguido de *Du droit des peuples à disposer d'eux-mêmes,* Ed. soc., 1952, 96 págs.

Entre los escritos propiamente políticos es preciso completar *El Estado y la Revolución* (que demuestra la simpatía de Lenin por un cierto anarquismo), con textos que ponen más el acento sobre la táctica revolucionaria: *¿Qué hacer? Un paso adelante, dos pasos atrás, La revolución proletaria y el renegado Kautsky, La enfermedad infantil del "izquierdismo" en el comunismo* (estos textos se encuentran en las *Obras escogidas*). Es igualmente importante estudiar a través de sus discursos las modificaciones de la posición política de Lenin, durante los cinco años en que participó activamente en el Gobierno soviético. Aunque este último trabajo sólo sea posible sobre la base de las obras completas —del texto ruso, por consiguiente—, las *Obras escogidas* contienen una muestra suficiente para descubrir las grandes líneas de esa evolución. Indiquemos también, entre los escritos de circunstancias de Lenin que poseen, sin embargo, un interés teórico, los textos inéditos publicados en la U. R. S. S. a raíz del XX Congreso en 1956. Merecen atención, más que el testamento —dedicado a observaciones sobre personas—, las notas sobre la manera de resolver la cuestión nacional en el interior del Estado soviético. Una traducción inglesa en el comentario al discurso secreto de Kruschef de Bertram D. WOLFE, *Khrushchev and Stalin's Ghost,* Nueva York, Praeger, 1957, 322 págs. [Hay versión castellana: Buenos Aires, Editorial Sudamericana.]

Por último, a causa de la importancia atribuida en la U. R. S. S. a los vínculos entre la ideología política y la ciencia, será útil consultar *Materialismo y empiriocriticismo* (en francés, en Editions sociales, 1948, 445 págs.) [Versión castellana: Montevideo, Ediciones Pueblos Unidos, 1948.]

II. ESTUDIOS.

a) *Iniciaciones.*—Nos encontramos aquí con dos autores citados anteriormente en la bibliografía concerniente a Marx: Henri LEFEBVRE, *La Pensée de Lénine,* Bordas, 1957, 357 págs. (colección "Pour connaître"), Alfred MEYER, *Lénine et le léninisme,* trad. fr., Payot, 1966, 269 págs. También estas dos obras son excelentes. Sin embargo, cabría invertir ahora el orden de méritos y acordar esta vez la primacía a Meyer sobre Lefebvre. En efecto, éste, por una deformación profesional de filósofo, convierte a Lenin en un pensador sistemático en el que las preocupaciones teóricas habrían ocupado un amplio lugar, en tanto que Meyer lo presenta como preocupado más por cuestiones de táctica política. Ciertamente, va demasiado lejos por este camino, exagerando el oportunismo de Lenin; pero se encuentra tal vez más cerca de la realidad que Lefebvre.

Señalemos además una excelente biografía de Lenin: David SHUB, *Lénine* (traducido del americano por Robert VIDAL), Gallimard, 1952, 376 págs. [Hay traducción española: *Lenin,* trad. de Juan de Luances, Barcelona, Planeta, 513 págs.] Jean BRUHAT, *Lénine,* Club français du livre, 1960, 385 págs.; Louis FISCHER, *Lénine,* trad. fr., C. Bourgois, 1966, 505 págs.

b) *Tratados.*—La obra fundamental del R. P. CHAMBRE, *Le marxisme en Union soviétique (op. cit.)* [Hay versión española: *El marxismo en la Unión Soviética*, traducción de J. A. González Casanova, Madrid, Editorial Tecnos, núm. 5 de la colección "Semilla y Surco", 1960, 460 págs.], así como la del R. P. WETTER, *Der Dialektische Materialismus, Seine Geschichte und sein System in der Sowjetunion*, 3.ª edición, Friburgo, Herder, 1956, 647 págs. (véase la anterior versión en italiano: *Il materialismo dialettico sovietico*, Turín, Einaudi, 1948) [Hay versión española de esta edición: *El materialismo dialéctico soviético*, trad. Carlos J. Vega, Buenos Aires, Ed. Difusión, 339 págs.; hay una traducción directa del alemán por Eloy Terrón: *El materialismo dialéctico. Su historia y su sistema en la Unión Soviética*, Madrid, Taurus, 1963, 687 páginas]; está dedicada, en principio, más a la historia y al desarrollo de la interpretación leninista del marxismo en la U. R. S. S. que al pensamiento de Lenin. Sin embargo, no por ello dejan estos dos libros de arrojar una luz instructiva sobre éste. La obra de Wetter está dedicada sobre todo a los problemas técnicos de la filosofía y posee un interés político limitado; el R. P. Chambre, en cambio. trata de las cuestiones políticas más candentes: ideología, derecho, problema de las minorías nacionales, etc.

H. B. ACTON, *The Illusion of an Epoch: Marxism-Leninism as a philosophical creed*, Londres, Cohen and West, 1925, 278 págs. John PLAMENATZ, *German Marxism and Russian Communism*, Londres, Longmans Green, 1954, XXIV-336 págs. (estos dos libros constituyen, sin duda, los mejores estudios recientes, situándose —como dice Acton en su prefacio— dentro de una tradición anglosajona hostil a los "sistemas" filosóficos).

La obra de Herbert MARCUSE, *Le marxisme soviétique*, trad. fr., Gallimard, 1963, 387 páginas, ocupa en varios aspectos una posición intermedia entre las de los RR. PP. Chambre y Wetter, por una parte, y las de Acton y Plamenatz, por otra. El autor, nacido en Alemania, pero con numerosos años de residencia en Estados Unidos, aborda el tema a través de una mezcla de dialéctica hegeliana y de análisis sociológico concreto bastante bien adaptada para la comprensión de Marx. Su trabajo está centrado, más aún que los de Chambre y Wetter, sobre el reciente desarrollo de la ideología marxista en la U. R. S. S.; por tanto, no podría aconsejarse como introducción al pensamiento de Lenin. Sin embargo, este libro —original, penetrante y al mismo tiempo de lectura relativamente fácil— le resultará muy útil a quien quiera situar el leninismo en una perspectiva histórica. Citemos también la brillante obra de Adam ULAM, *The un finished Revolution*, Nueva York, Random House, 1960, 308 págs., que trata del papel del marxismo-leninismo en la industrialización de los países subdesarrollados.

4.ᵇ Stalin.

a) *Obras de Stalin.*—La edición rusa de las obras completas de Stalin se detuvo en 1949, cuando se habían publicado trece tomos que contenían sus escritos hasta 1934. Estos trece volúmenes se han traducido íntegramente al inglés y al español en las Ediciones en lenguas extranjeras de Moscú, 1952-1955. La edición francesa, publicada por Editions sociales, también se ha detenido en 1955, cuando sólo se habían publicado cinco tomos que abarcaban hasta 1923 (el tomo II contiene "El marxismo y la cuestión nacional", primera obra importante de Stalin, que data del año 1913). El período posterior a 1934, no comprendido en las *Oeuvres*, puede consultarse en la colección *Questions du léninisme* (varias ediciones, Editions sociales y Ediciones en lenguas extranjeras). *Matérialisme dialectique et matérialisme historique*, Ed. soc., nueva edición, 1945 y 1950, 32 páginas, de bastante poco interés, pero muy característico del dogmatismo autoritario de Stalin, *Questions du léninisme* se detiene en 1939. Para continuar, es necesario recoger folletos separados. Ver también *Le marxisme et les problèmes de la linguistique*, Ed. sociales, 1950; pequeño folleto de un gran interés para comprender los desarrollos de Stalin sobre el problema teórico de las relaciones entre infraestructura y superestructuras. *Problèmes économiques du socialisme en U. R. S. S.*, Ed. sociales, 1952, 112 págs.; también de un gran interés, incluso para los no-economistas. [Las Ediciones en Lenguas Extranjeras ha publicado versiones castellanas de todas estas obras.]

b) *Sobre Stalin y la aplicación del marxismo-leninismo en la U. R. S. S.*—Véanse las obras citadas de H. CHAMBRE, WETTER y WOLFF. Además: Isaac DEUTSCHER, *Staline*, trad. del inglés, Gallimard, 1953, 447 págs., BORIS SOUVARINE, *Staline*. Plon, 1935, 574 páginas (muy violento, utilizado muchas veces por los adversarios del comunismo soviético). Henri LEFEBVRE, *Problèmes actuels du marxisme*, P. U. F., 1958, 128 págs.

E) EL SOCIALISMO EN ITALIA.

1.º Obras generales.

Robert MICHELS, *Storia critica del movimento socialista italiano degli inizi fino al 1911*, Florencia, 1926. Del mismo autor, *Le prolétariat et la bourgeoisie dans le mouvement socialiste italien, particulièrement des origines à 1906*, traducido por Georges BOURGIN, Giard, 1921, 358 págs. P. GENTILE, *Cinquant'anni di Socialismo in Italia*, Ancone, 1946 Alfonso LEONETTI, *Mouvements ouvriers et socialistes (chronologie et bibliographie)*. *L'Italie des origines à 1922*, obra útil y precisa (anteriormente citada, pág. 574). Leo VALIANI, *Histoire du socialisme au XX* siècle (op. cit.)*, contiene elaborados desarrollos, algo frondosos, sobre el socialismo italiano de 1900 a 1940. H. L. GUALTIARI, *The Labour Movement in Italy, 1848-1904*, Nueva York, 1946, apenas aborda el período estudiado aquí. Excelente sobre el anarquismo y el bakuninismo en Italia. W. HILTON YOUNG, *The Italian Left: A short History of Political Socialism in Italy*, Nueva York, 1949. Es, sobre todo, una historia política de los movimientos socialistas de 1892 a 1948. Richard HOSTETTER, *The Italian socialist movement*, vol. I (1860-1882), Nueva York, Van Nostrand, 1958, 444 págs.

2.º Obras especiales (obras teóricas).

La obra de Antonio GRAMSCI es la más original. En francés: *Oeuvres choisies*, traducción y notas de Gilbert MOGET y Armand MONJO. Ed. soc., 1959, 541 págs. [Hay versión española: *Cartas desde la cárcel*, trad. de Gabriela Morer, Buenos Aires, Lautaro, 1950.] Existe una edición italiana en ocho volúmenes: *Opere di Antonio Gramsci*, Turín, Einaudi, 1945-55. El vol. II, *Il materialismo storico e la filosofia di Benedetto Croce*, es el que concierne más directamente a los temas aquí estudiados. [Hay versión española: *El materialismo histórico y la filosofía de Benedetto Croce*, trad. de Isidoro Flambaun, versión revisada de Floreal Mazia, Buenos Aires, Lautaro, 1958, 216 págs.] Sobre Gramsci, ver la obra colectiva, *La citta futura, saggi sulla figura e il pensiero di Antonio Gramsci*, a cura de Alberto CARACCIOLO e Gianni SCALIA, Milán, Feltrinelli, 1959, 392 págs.

F) EL SOCIALISMO EN GRAN BRETAÑA: FABIANOS Y LABORISTAS.

Para aligerar esta bibliografía nada mejor que remitir al lector a la copiosa lista de obras citadas por G. D. H. COLE, *A History of Socialist Thought*, vol. III, tomo II, páginas 978-484 [Vid. referencias a la versión española en pág. 455]. Del mismo autor, *Fabian Socialism*, Londres, Allen and Unwin, 1943, VII-173 págs. Margaret COLE, *The Story of Fabian socialism*, Londres, Heinemann, XVI-336 págs. [Escritos politicos de G. B. SHAW traducidos al castellano: *Guía de una mujer inteligente para el conocimiento del socialismo y del capitalismo*, trad. de J. Brouta, Madrid, 1929, 576 págs.; *El sentido común y la guerra*, prólogo de Luis Araquistain, trad. de J. Brouta, Madrid, 1915, 174 págs.; *El porvenir del mundo. Comentarios a la Conferencia de la Paz*, trad. de J. Brouta, Madrid, 1919; *Guía política de nuestro tiempo*, Buenos Aires, Losada, 1946.]

G) EL SOCIALISMO EN FRANCIA.

Obras generales.

G. D. H. COLE, Elie HALÉVY Marcel PRÉLOT, Edouard DOLLÉANS y M. CROZIER, Paul LOUIS, Leo VALIANI, Val LORWIN *(op. cit.)*. Dos obras recientes: Daniel LIGOU, *Histoire du socialism en France, 1871-1961*, P. U. F., 1962, y Georges LEFRANC, *Le mouvement socialiste sous la Troisième République*, 1875-1940, Payot, 1963.

Estudios particulares.

— Una obra reciente sobre Edouard Vaillant: Maurice DOMMANGET, *Edouard Vaillant. Un grand socialiste (1840-1915)*. La Table Ronde, 1956, 531 págs.

— Sobre Jules Guesde: A.-C. COMPÈRE-MOREL, *Jules Guesde, Le socialisme fait homme (1845-1922)*, A. Quillet, 1937, vii-507 págs. Alexandre ZEVAÉS, *Jules Guesde (1845-1922)*, Rivière, 1928, 211 págs. pero sobre todo ver la tesis de Claude WILLARD, *Le mouvement socialiste en France, 1893-1905, Les guedistes*, Editions sociales, 1965. [De Guesde, en castellano: *La ley de los salarios*, trad. de Antonio Atienza, Madrid, 1886. De Lafargue, en castellano: *El materialismo económico de Marx*, Madrid, Gráfica Socialista, 1929; *El socialismo y los intelectuales*, trad. de Juan A. Melia, Madrid, 1905, 34 págs.]

— Jaurès.—Véase la nota bibliográfica de Michel LAUNAY (que prepara una tesis sobre Jaurès) en el importante número especial de la revista *Europe* dedicado a Jaurès, octubre-noviembre de 1958. Las *Oeuvres de Jaurès* han sido editadas por Marx BONNA-FOUS, Rieder, 1931-1939, 9 vols. (el tomo IV contiene el texto de *L'armée nouvelle*, aparecido en 1911) [traducido al castellano: *El nuevo ejército*. Madrid, 1932, 510 páginas.] En la *Histoire socialiste (1789-1900)*, cuya primera edición apareció en Jules ROUFF de 1901 a 1906, Jaurès elaboró los tomos referentes a la Constituyente y a la Legislativa, la Convención y la guerra de 1870 [trad. española anteriormente citada]. Entre las recopilaciones de trozos escogidos, las mejores son las de Paul DESANGES y Luc MERIGA, de Louis LÉVY y de Georges BOURGIN. [Existen dos ediciones castellanas de trozos escogidos que no se interfieren entre sí: Juan JAURÈS, *Estudios socialistas*, traducción de Constantino Piquer, Valencia, Sempere, s. f., 242 págs.; Juan JAURÈS, *Acción socialista*, trad. de M. Ciges Aparicio, Barcelona, Biblioteca Sociológica Internacional, 1906, 2 tomos de 149 y 142 págs.] Véase también: *Textes choisis I, Contre la guerre et la politique coloniale*. Introducción y notas de Madeleine Rebérioux, Editions sociales, 1959, 239 págs. (Classiques du peuple), y los textos inéditos concernientes a *La question religieuse et le socialisme*, Editions de Minuit, 1959, 63 págs.

Un libro reciente sobre Jaurès es: Marcelle AUCLAIR, *La vie de Jean Jaurès*, Editions du Seuil, 1954, 674 págs. (documentación más sólida de lo que el estilo y la presentación podrían hacer pensar). A completar con el número especial de *Europe* citado más arriba y por los títulos mencionados por Michel LAUNAY. Una buena biografía en inglés: Harvey GOLDBERG, *The life of Jean Jaurès*, Univ. of Wisconsin Press, 1962, 590 págs.

Sobre los orígenes del comunismo en Francia remitirse a la tesis de Annie KRIEGEL, *Aux origines du communisme français, 1914-1920*. Contribución a la historia del movimiento francés, Mouton, 1964, 2 vols., 997 págs., así como al pequeño volumen que el mismo autor ha publicado en la colección "Archives", sobre *Le congrès de Tours (dec. 1920)*, edición crítica sobre los principales debates, Julliard, 1964, xxx-261 págs.

CAPITULO XVII

El siglo XX

Cerca de cincuenta años nos separan del 11 de noviembre de 1918 y de los tratados de Versalles: retorno a la paz, victoria de las democracias, supremacía de Occidente, nacimiento de nuevos Estados europeos, exaltación nacional.

En cincuenta años han cambiado de sentido o de peso muchas palabras: paz, guerra, progreso, nación, Europa, revolución. Han nacido nuevas ideologías, en tanto que otras —antes poderosas— se muestran tan definitivamente caducas como el estilo 1900 o el tono de la *belle époque*.

Ninguna doctrina, política o religiosa, ha tenido nunca una expansión comparable a la del marxismo-leninismo después de comienzos de siglo. No sólo una amplia parte de la tierra se encuentra cubierta hoy por regímenes comunistas, sino que el pensamiento comunista está presente incluso en los países que le son más hostiles. No existe nada análogo al "espléndido aislamiento" del liberalismo del siglo XIX, a su ignorancia del socialismo y de las realidades sociales. El anticomunismo de nuestros días es un homenaje tributado al poder del comunismo; y el acomunismo encomiado por Merleau-Ponty en *Les aventures de la dialectique* parece que continuará siendo durante mucho tiempo el sueño de un filósofo.

El triunfo del fascismo y del nacionalsocialismo atestiguaba ya una crisis de la democracia. Tras la victoria de las democracias en 1945 resulta evidente que el fascismo no ha muerto, que el espíritu dictatorial ejerce una poderosa seducción, que el liberalismo se afana por renovarse. Neoliberalismo, neotradicionalismo, neonacionalismo, neocorporativismo, neosocialismo: ¿qué hay de realmente nuevo en estas tentativas? ¿Habrá que confesar que el siglo XX ha dado vida tan sólo a dos nuevas ideologías: el comunismo y el fascismo?

El hablar de la decadencia de Europa se ha convertido en nuestros días en algo tan banal como lo era, antes de 1914, el evocar la supremacía europea. No es posible, en el siglo XX, escribir una historia de las ideas políticas limitándose a Europa y Occidente. China, India y el Islam poseían, desde hacía mucho tiempo, una tradición política, un cuerpo de ideas y de doctrinas políticas independientes de las de Occidente. Pero estas tradiciones apenas ejercían su influencia en Occidente, salvo sobre algunos pensadores aislados. Hoy día la situación es muy diferente. Debe estar claro para todos que el futuro del liberalismo occidental está ligado al del comunismo chino o al del nacionalismo árabe.

El siglo XX se abre con una rebelión contra el racionalismo. Aunque en su mayoría los principales artífices de esta rebelión han muerto, su obra continúa dominando, de forma difusa, la atmósfera intelectual del medio siglo. La confianza en la razón, el progreso, la ciencia, las virtudes del orden y de la inteligencia que impregnaban tanto la filosofía escolar de la III República en sus comienzos como la obra de Julio Verne o la de Anatole France (tan características de una época), han cedido su puesto a la exaltación de las fuerzas obscuras, al culto de la vida y del misterio: desprecio por la masa y llamamiento al superhombre en Nietzsche, *élan vital* y evolución creadora en Bergson, mitos sorelianos y elogio de la violencia, psicoanálisis de Freud, etc. Una especie de nietzschismo elemental se expande mucho más allá del círculo de lectores de Nietzsche, y muchas veces contra las intenciones profundas del propio Nietzsche.

Las causas de un movimiento tan general y tan repentino son numerosas y complejas: conciencia del poder que el gigantesco progreso de las técnicas confiere al hombre, pero también de su impotencia para preverlo todo, para organizarlo todo; conciencia de pertenecer a un mundo en transición; percepción más o menos confusa (esperanza o temor) de todo lo que representa el ascenso del proletariado; convicción de que las cosas no son tan sencillas como aseguran los representantes del racionalismo oficial; cansancio de un optimismo que cae en el conformismo, en el academicismo, en la defensa de las situaciones adquiridas, crisis de una sociedad... Se produce así una revolución en la técnica, en la economía, en la literatura, en la filosofía; y también en la historia de las ideas políticas.

Estudiaremos sucesivamente en este último capítulo:
— la evolución del comunismo desde la revolución rusa (sección I);
— la crisis de la socialdemocracia (sección II);
— el nacionalsocialismo y el fascismo (sección III);
— las tentativas del neoliberalismo y del neotradicionalismo, así como la aparición de nuevos nacionalismos (sección IV).

SECCION PRIMERA

El marxismo-leninismo en el siglo XX (1917-1960).

Desde la revolución bolchevique de 1917 la ideología marxista, prolongada por la contribución leninista, posee una "base" concreta: la experiencia de las repúblicas socialistas, cuyos regímenes políticos invocan expresamente el marxismo-leninismo.

Por eso la historia de los desarrollos ideológicos de esta doctrina difícilmente puede disociarse, a partir de 1917, de la historia política de la U. R. S. S., de las democracias populares y de los partidos comunistas del mundo entero. La historia de las "ideas" resulta, más que nunca, difícil de aislar. Esta primera dificultad nos ha obligado a estudiar tan sólo algunos de los temas que, a nuestro juicio, mejor caracterizan el desarrollo del marxismo-leninismo en el período 1917-1957.

Una segunda dificultad reside en las trabas que, bajo la dictadura stalinista, fueron impuestas al trabajo ideológico libre en el universo comunista. Los grandes teóricos "reconocidos" eran, al mismo tiempo, quienes detentaban el Poder. Por este motivo nadie debe asombrarse de que una amplia parte de los siguientes desarrollos estén dedicados sobre todo al período de los años 1917-1927, por un lado, y al que sigue al XX Congreso (el de la desestalinización), por otro.

Por último, dada la ruptura producida en 1922 entre los "leninistas" y los social-demócratas ha sido preciso estudiar separadamente el marxismo-leninismo y el socialismo no lenista.

1. **Interpretación general del marxismo-leninismo.**—1.º EL PAPEL DE LA IDEOLOGÍA EN LA CONSTRUCCIÓN DEL SOCIALISMO.—a) "Sin teoría revolucionaria no hay movimiento revolucionario".—El término "ideología" está asociado a una connotación peyorativa en Marx, dado que éste había partido de una crítica de la ideología alemana poshegeliana. Tal sospecha subsistía entre los marxistas. Lenin, por el contrario, no cesó de repetir desde sus primeras obras: "Sin teoría revolucionaria no hay movimiento revolucionario". Para Lenin la ideología es el indispensable instrumento de la lucha revolucionaria. La palabra "ideología" pierde el sentido especial que poseía en Marx, y tiende a significar tan sólo "teoría".

Esta convicción se vincula con la desconfianza de Lenin hacia la pretendida "espontaneidad" revolucionaria que, según algunos, nacería mecánica y directamente de la lucha económica del proletariado contra los empresarios. Desde los primeros días de la toma del Poder por los Soviets, Lenin comprende que esas asambleas "espontáneas" van a dejarse robar la victoria, a menos de que sus miembros dispongan rápidamente de animadores y de dirigentes armados de una ideología sólida, capaz de guiarlos en su tarea (Las tareas inmediatas del poder de los Soviets, 1918).

Pero si la ideología es "una guía para la acción", "no es un dogma" (La enfermedad infantil del izquierdismo en el comunismo). Reúne y asimila toda la experiencia revolucionaria de los proletariados de todo el mundo, y se liga constantemente a la práctica. Debe ser capaz de responder a los nuevos problemas que plantea la experiencia, frente a la que no cabe aplicar pura y simplemente fórmulas marxistas.

b) La ideología militante.—Nadie se alzó con mayor rigor que Lenin contra la "pretendida objetividad científica", contra el "relativismo", contra "la duda metódica" (cf. Materialismo y empiriocriticismo). Un revolucionario no puede colocar aparte su actividad reflexiva de filósofo o de ideólogo, ni decidir olvidar —aunque sea sólo momentáneamente— en este campo el objetivo revolucionario. Es preciso el espíritu de partido. Para ser un buen comunista hay que asimilar todo el saber humano, pero hay que hacerlo como comunista. Con Lenin, la filosofía se vuelve política (Antonio Gramsci, El materialismo storico e la filosofia di Benedetto Croce).

De esta forma, la filosofía llega a ser no sólo una guía para la acción, sino también la explicación que ilumina las relaciones sociales y que permite a los hombres tomar conciencia de la realidad. La ideología revolucionaria militante, al ser un elemento (a la vez inicial y terminal) de la política revolucionaria, se convierte en un instrumento de la marcha hacia el comunismo (cf. H. Chambre, *El marxismo en la Unión Soviética,* trad. española de Editorial Tecnos, Colección "Semilla y Surco", pág. 42).

c) *Del saber revolucionario, al zdanovismo.*—La revalorización de la teoría revolucionaria por Lenin ha determinado, tanto en la Unión Soviética como en las democracias populares, una verdadera "organización" de la formación ideológica.

Cada miembro del partido tiene, como primer deber, su formación ideológica.

Todos los grandes "líderes" políticos del mundo comunista son, asimismo, teóricos del marxismo (Stalin, Kruschef, Mao Tse-Tung, Liu Chao-chi, etc.); sus decisiones políticas no sólo están guiadas y justificadas por la ideología, sino que no se separan de ella y contribuyen a desarrollarla.

La formación ideológica de los cuadros superiores del partido es de tal forma indispensable que, si uno de ellos comete errores o faltas en la acción *práctica,* estos errores y faltas son presentados siempre como "una mala asimilación de los principios teóricos del marxismo-leninismo".

De aquí deriva la necesidad de una impregnación por la ideología de todo conocimiento, aunque no sea aparentemente "político" (tanto la lingüística como el arte militar o la genética).

Las degradaciones se produjeron bastante rápidamente. No sólo la "teoría revolucionaria", sino todo conocimiento, deberá ser militante. Se desliza bastante rápidamente la consecuencia práctica de esta exigencia: el control de las autoridades del partido (que son también los mejores ideólogos, por ser los responsables políticos) sobre el pensamiento y el arte: fue *la belle époque* de Andrei Zdanov (1949-1953). Sin embargo, en Yugoslavia (desde 1949), en Polonia (1955), en China (campaña de "rectificación", septiembre de 1956)' e incluso en la U. R. S. S. (bajo el signo de "retorno a Lenin", 1956. Vid. más adelante, pág. 591), se han ido abriendo camino reacciones más liberales frente al "zdanovismo".

2.º EL ESTADO SOCIALISTA Y LA LIBERTAD.—a) *La extinción del Estado.*—Lenin escribe *El Estado y la Revolución* en 1917, poco antes de regresar a Rusia. A partir de 1914 lee o relee a Hegel. Penetrado por las grandes lecciones de la *Lógica* hegeliana, las utilizará para intentar redescubrir, a la luz de la situación del momento, las grandes tesis del marxismo sobre el papel del Estado y su transformación en el socialismo. Sin embargo, Lenin permanece siempre prisionero, al igual que Marx y Engels, del postulado según el cual el "Estado" es esencialmente violencia y coerción.

Lenin intentará distinguir y precisar las fases del paso del Estado capitalista al socialismo.

La revolución proletaria tiene un objetivo final: democracia real y total a través del régimen comunista. En este proceso total no se debe aislar ninguna etapa, no se debe absolutizar ningún aspecto.

La revolución proletaria tiene como primer objetivo el total aniquilamiento del Estado burgués, no su lenta y progresiva extinción. ¿Qué quiere decir esto? Simplemente, que la nueva organización política (dictadura del proletariado) es de inmediato radicalmente diferente del Estado que acaba de derrumbarse. Y no porque desaparezcan la violencia y la coerción, sino porque ese "Estado" no sirve ya para allanar conflictos de clase y mantener privilegios. Es el proletariado en marcha, y todo lo que recuerda al antiguo

Estado sólo tiene sentido en función del objetivo final. Cuanto más repudie el "democratismo" hipócrita y opresor, más rápidamente creará ese "Estado" las condiciones de la verdadera libertad. Sólo entonces comenzará el proceso más lento y progresivo de la extinción, dentro de la dictadura del proletariado, de los vestigios de sujeción y violencia.

En tal caso, el verdadero problema reside en el ritmo y en la duración. Lenin escribió a este propósito:

"[Queda] en pie la cuestión de los plazos o de las formas concretas de extinción, pues no tenemos datos para poder resolver estas cuestiones.

Sin embargo, desde su instalación, el nuevo organismo estatal estará constituido de tal forma que comenzará desde ese momento a extinguirse, no pudiendo dejar de hacerlo" (*El Estado y la Revolución*).

b) *El Estado subsiste*.—Después de 1917 el poder de los Soviets (que era realmente una "forma política" muy diferente del Estado clásico) dejó su sitio al poder del partido, cada vez más concentrado, y al del Consejo de comisarios del pueblo (Gobierno). Lenin sabe que el objetivo final hace inevitable la "no-extinción". Sin embargo, no se resigna a ello e intenta periódicamente, hasta su muerte, compensar ese reforzamiento del aparato administrativo y burocrático mediante la creación de organismos de control popular.

Sin embargo, por la misma época, Kautsky escribe su violento panfleto *Terrorismo y comunismo* (1919) contra el "terror bolchevique" y el carácter antidemocrático y antisocialista de la dictadura leninista. Kautsky reclama, para salvar al "Estado" en Rusia, una Asamblea constituyente clásica, y escribe: "La democracia es el único método que puede producir aquellas formas de vida superiores que el socialismo significa para el mundo civilizado... Mayor porvenir ofrece al socialismo la democracia en la Europa occidental y en América" (pág. 285 de la trad. española).

Lenin replica ásperamente (*La revolución proletaria y el renegado Kautsky*): la dictadura absoluta del proletariado es menos opresiva que la democracia burguesa y —sobre todo— es una consecuencia concreta de la debilidad del proletariado en la U. R. S. S.

Pero Lenin debe también justificarse frente a los "izquierdistas" que critican el reforzamiento del "aparato". En *La enfermedad infantil del izquierdismo en el comunismo* (abril-mayo de 1920) muestra Lenin que la estricta disciplina del proletariado, la concentración de los esfuerzos y la organización constituyen la condición dialéctica para la ulterior extinción de toda violencia (en sus manifestaciones tanto políticas como económicas).

Desde entonces, tanto en la U. R. S. S. como en las democracias populares (con excepción de Yugoslavia) se ha abandonado de hecho la teoría de la extinción del Estado, en beneficio de la tesis del reforzamiento del Estado socialista hasta la victoria total del campo socialista [1].

---

[1] El cambio oficial de las tesis data en la U. R. S. S. de la Constitución de 1936. Limitémonos a citar algunos textos:

Stalin (XVIII Congreso, 1939), tras afirmar que el Estado soviético asume actualmente la función de protección de la propiedad socialista, de defensa contra la agresión, de organización económica, de educación, etc., pregunta: "¿Mantendremos también el Estado en la fase comunista? Sí, lo mantendremos, a menos que haya sido liquidado el cerco capitalista..." (lo repite en el folleto *A propósito del marxismo en lingüística*, 1952).

Malenkof (XIX Congreso, 1952): "La podrida y nociva tesis de la extinción del Estado existiendo el cerco capitalista... ha sido destruida y rechazada".

Mao Tse-tung (*La nueva democracia*): "Sí, queremos destruir el poder del Estado, pero

c) *Extinción del Estado en Yugoslavia.*—Las vicisitudes de las relaciones soviético-yugoslavas han enriquecido el marxismo-leninismo con desarrollos o profundizaciones muy interesantes.

La ideología del comunismo yugoslavo pretende aplicar fielmente, pero con originalidad, la tesis de la necesaria extinción del Estado. Precisemos, en primer lugar, que el término "Estado" se emplea aquí como sinónimo de "burocracia" y "centralización".

Los teóricos yugoslavos pretenden que el objetivo del socialismo es:

— realizar la "propiedad social" (y no estatal) de los medios de producción. Esto exige no sólo la colectivización, sino el poder de autogestión efectivo de los trabajadores, directamente y sin intermediarios; por lo demás, no se trata sólo de "gestión", sino también de "decisión";

— la democracia directa entendida como liberación de la voluntad creadora del hombre de todos los "monopolios políticos", trátese del Estado, de la Administración, de la representación nacional o de los partidos políticos.

Por consiguiente, la "democracia socialista" no es una forma particular de organización del Estado. Y, caso de que lo siga siendo todavía respecto a alguna de sus instituciones, sólo puede serlo de manera pasajera: en sus principios, en sus mecanismos continuamente en proceso de descentralización, en su finalidad, es una forma de extinción del Estado.

Según los comunistas yugoslavos, si la U. R. S. S. ha llegado a convertirse en imperialista, si se encuentra dominada por una sofocante dictadura, si no respeta a los comunistas extranjeros, si es incapaz de admitir "comunismos nacionales", la razón ha de buscarse en su abandono de la tesis central del marxismo-leninismo: la extinción del Estado. Todo reside en que ha instalado la burocracia omnipotente del aparato del partido, en que ha centralizado su administración, en que no ha creado la "propiedad social", sino un "capitalismo de Estado", etc.

El órgano político-social que confiere su profunda significación a la democracia yugoslava no es el Consejo ejecutivo federal, ni las Asambleas federales, ni el presidente de la República —órganos necesarios, pero no específicamente socialista—: es la "comuna". Esta "comuna" (que no es una circunscripción tradicional, sino nueva) es una célula de la vida económica, política y social. En su nivel se realiza, de la forma más inmediata y completa, la íntima unión de la gestión social de los bienes con la democracia económica. Los comunistas yugoslavos en absoluto ocultan sus vinculaciones con la Comuna de París; prosiguen la obra de ésta, eliminando su romanticismo y su espíritu pequeño-burgués gracias a la ideología marxista-leninista.

3.º PLURALIDAD DE VÍAS HACIA EL SOCIALISMO.—Lenin, poco antes de su muerte, había admitido que una revolución socialista podría desenvolverse, especialmente en los países occidentales, según formas y procesos dife-

no en seguida" (obsérvese, sin embargo, que la razón invocada no es el cerco exterior, sino la supervivencia de enemigos interiores). "Nuestra tarea consiste actualmente en consolidar el aparato del Estado popular; esto concierne principalmente al ejército popular, a la policía popular y a la justicia popular..."

Lo más interesante es que esta nueva doctrina obliga a los teóricos y juristas marxistas a realizar un análisis de la función del Estado. No se admite ya que sea, en primer lugar, coacción y violencia: el Estado es creador, protector, ilumina el camino, educa y forma la conciencia socialista. Lo consigue porque está animado por el partido comunista, que es, gracias a su formación ideológica, el guía ilustrado del pueblo. Extraordinaria rehabilitación de la política, si se piensa en el punto de partida de Karl Marx.

rentes que en la Unión Soviética. La idea apenas fue repetida hasta la segunda guerra mundial.

Desde entonces, por el contrario, esta idea ha sido promovida al rango de verdad oficial en el conjunto del mundo comunista.

No obstante, reviste cierto interés el que se hable de vías "hacia el socialismo" y no "hacia la revolución". ¿Significa esto que los marxistas-leninistas no consideran ya que el socialismo debe necesariamente ser impuesto por el proletariado y el partido revolucionario a costa de una "revolución"? ¿Significa esto que consideran posible una construcción progresiva del socialismo, incluso en el interior del "capitalismo"?

Nikita Kruschef ha admitido expresamente en el XX Congreso (febrero de 1956) que, en ciertos países capitalistas, la guerra civil podría no ser necesaria para el paso al socialismo. Incluso declara: "La conquista de una sólida mayoría parlamentaria apoyada en el movimiento revolucionario de masas del proletariado y de los trabajadores crearía, para la clase obrera de diferentes países capitalistas y de antiguos países coloniales, condiciones que asegurarían transformaciones sociales radicales" (*Travaux du XX* *Congrès du P. C. U. S.*, ed. francesa, págs. 45-47): Aunque esta tesis "nueva" haya causado sensación, no hace más que recoger una idea ya expuesta por Engels en su *Crítica del programa de Erfurt* (v. más atrás, pág. 502).

En cambio, el reconocimiento de la pluralidad de vías hacia el socialismo no ha implicado en forma alguna el reconocimiento del "revisionismo" yugoslavo, polaco o húngaro. Inútil insistir sobre este tema: no se trata aquí de ideología, sino de estrategia dentro del "campo socialista". Sin embargo, intelectuales comunistas reemprenden, un poco en todas partes, la controversia (véase el excelente artículo de Antonio Giolitti, "Réformes et révolution", *Les Temps Modernes,* agosto-septiembre de 1958, páginas 500-541).

4.° Nuevos debates sobre el "revisionismo".—La "desestalinización" iniciada por el XX Congreso del partido comunista de la Unión Soviética en febrero de 1956 ha suscitado un amplio movimiento ideológico que, muy rápidamente, dejó de limitarse a la crítica del "culto a la personalidad" y a la consigna del retorno al leninismo: en todo el mundo comunista vuelve a surgir un debate sobre la "revisión del marxismo-leninismo", todavía más amplia que la que se había desarrollado a finales del siglo XIX.

Los principales temas sobre los que recaen las discusiones son los siguientes:

1) La independencia nacional de las diversas democracias populares y de los diversos partidos comunistas respecto a la Unión Soviética y a su partido comunista;
2) La supresión de la dominación del partido en el Estado y en la vida pública. Es en Polonia donde la discusión sobre el tema ha sido más radical: miembros del partido llegan incluso a reclamar el pluralismo de partidos y el respeto por la más completa democracia política;
3) La libertad en la vida cultural, religiosa y familiar;
4) El estricto respeto de las garantías judiciales, garantías institucionales contra la arbitrariedad policiaca;
5) La crítica de la planificación rígida y burocrática, el relajamiento de las disciplinas económicas y administrativas, el debilitamiento del aparato estatal y administrativo, la descolectivización de las tierras;
6) La democracia "industrial" mediante la institución de "Consejos obreros" de gestión.

Se plantea, por encima de estas reivindicaciones político-sociales, un problema más amplio (ya planteado por Bernstein): el del retorno a la ética. Henri Lefebvre hace constar: "El desarrollo del marxismo no se corresponde hoy con las exigencias espirituales que contribuye a suscitar" (Les problèmes actuels du marxisme, 1958); pero Lefebvre concluye que esta contradicción —cuyo carácter real reconoce—, lejos de destruir al marxismo, lo vivifica, y obliga a los auténticos marxistas a rechazar el dogmatismo stalinista. El filósofo polaco Leszek Kolakowski es mucho más radical: "No es cierto que la filosofía de la historia determine las principales elecciones de nuestra vida. Es nuestra sensibilidad moral quien las determina" ("Responsabilidad e historia", citado por F. Fejtö, "Situation du revisionnisme", Esprit, junio de 1958, número dedicado a la revisión del marxismo).

La campaña del "revisionismo" ha sido parada en seco en 1958 por los dirigentes de la U. R. S. S., de Polonia y de la China popular. Pero, aunque el revisionismo no se expresa ya ruidosamente en los periódicos y revistas como lo hizo en 1956 y 1957, tal vez es lícito pensar que ha entrado en la vía de los estudios doctrinales más elaborados y silenciosos [2].

5.º REVOLUCIÓN PERMANENTE Y DIALÉCTICA DE LA REALIDAD.—Como ya hemos visto, desde marzo de 1850 el tema de la "revolución permanente" está ya presente en el pensamiento de Marx. Más adelante se verá la importancia que da Trotsky a este tema. Parece que los teóricos marxistas chinos han ampliado considerablemente su significación.

Para estos últimos, en efecto, y sobre todo para Mao Tse-Tung, el paso a la sociedad socialista no significa el fin de las revoluciones ni la llegada a un punto de transformación suficientemente definitivo para que, una vez alcanzado, pueda producirse una amplia cristalización y, en un futuro indeterminado, acceder al comunismo. Por el contrario, la dialéctica de lo real continúa al mismo ritmo (si no a un ritmo más acelerado) después de la revolución socialista y nunca hay cristalización: el número de las revoluciones tiende al infinito porque nuevas contradicciones surgen al día siguiente de cada revolución. Pero la humanidad, "que todavía está en su juventud", "puede (después de hecha la revolución socialista) dar forma conscientemente a su propio futuro, a través de las transformaciones incesantes de la sociedad y de la naturaleza" [3].

Esta interpretación de la revolución permanente se prolonga prácticamente en el slogan revolucionario y movilizador del "gran salto continuo hacia adelante", y en el de las "reformas incesantes".

2. Los medios del socialismo.—1.º LA TOMA DEL PODER.—Nos limitaremos aquí a los nuevos temas surgidos tras el triunfo de la revolución soviética.

A) La guerra revolucionaria (China).—La "larga marcha" [4] de los campesinos revolucionarios de Mao Tse-Tung hacia la toma del Poder es el tipo mismo de la lucha revolucionaria en íntima ligazón con el instrumento ideológico que la guía y que se desarrolla a sí mismo.

---

[2] Sobre el actual debate doctrinal en Yugoslavia véase el estudio de HADJIVASSILEV (Questions actuelles du socialisme, enero-febrero de 1958).

[3] Cf. Stuart R. Schram, La révolution parmanente en Chine, Revue française de science politique, sep. 1960, págs. 635-657.

[4] Damos aquí a la expresión un sentido figurado. Históricamente, la "Larga Marcha" designa la prodigiosa retirada de 12.500 kilómetros, efectuada por una parte del Ejército rojo de octubre 1934 a octubre 1935.

Fracasada la tentativa de revolución "proletaria" y urbana —en parte a causa de la "traición" del Kuomintang—, Mao Tse-Tung, buen discípulo de Lenin, decide apoyarse en la única fuerza revolucionaria existente en la sociedad china: los campesinos pobres. "La enorme masa de los pobres es la vanguardia activa de la revolución... La dirección revolucionaria debe corresponder a los pobres"

La originalidad de la experiencia reside en varios rasgos:
1) Sacando partido de la inmensidad del territorio y de la impotencia del Gobierno central, Mao y sus compañeros desencadenan una guerra civil permanente, produciendo en una provincia una secesión geográfica. Medios: combinación de un ejército regular con la "guerrilla". Este ejército no se distingue del pueblo: hunde sus raíces en el pueblo, que le proporciona continuamente sus soldados-campesinos. Objetivo: una victoria "total" lejana o, en todo caso, a término indefinido; pero el Ejército Rojo prosigue, al tiempo que la guerra, una obra de transformación política, económica y social.
2) Dado que el ejército es el campesinado en armas y que el territorio ocupado es un territorio puramente agrícola, una de las "operaciones" de la guerra revolucionaria (que no prepara sólo la revolución, sino que lo es ya) consiste en la reforma agraria, que sigue a cada progreso territorial de este ejército, en marcha hacia la destrucción del antiguo feudalismo.
3) Y también al mismo tiempo: lucha contra el analfabetismo, liberación de la mujer, destrucción de la antigua organización familiar, formación ideológica. La unidad campesino-militar combina permanentemente el combate, las tareas revolucionarias y las obras públicas (véase especialmente: "Informe sobre la encuesta realizada en la provincia de Hounan a propósito del movimiento campesino". Mao Tse-Tung, *Oeuvres choisies*, tomo I, págs. 22-67. Esta experiencia de la primera revolución china campesina de 1927 inspirará en adelante a Mao Tse-Tung. Véase "La lucha en el Tsingkang-chan", noviembre de 1928, *ibíd.*, tomo I, págs. 83-121; "Los problemas estratégicos de la guerra revolucionaria en China", *ibíd.*, tomo I, págs. 210-300; "Las cuestiones de la estrategia de la guerra de los partidarios antijaponeses", esp. cap. VI, *ibíd.*, tomo II, páginas 81-123).

Mao Tse-Tung insiste constantemente en el hecho de que la estrategia de la toma del Poder mediante la guerra revolucionaria está impuesta por la específica situación de China. La dominación semicolonial del país por los imperialistas extranjeros tiene como efecto mezclar inextricablemente la guerra revolucionaria y la guerra nacional. El campesinado chino, explotado por la burguesía de los "compradores", es la principal fuerza revolucionaria; el Ejército Rojo se asegura su apoyo mediante la reforma agraria. Por último, el Gobierno del Kuomintang, a fin de luchar contra la revolución campesina y el Ejército Rojo, se ve condenado a dar primacía a la guerra de clases sobre la resistencia al enemigo japonés e imperialista [5].

B) *Las vías legales y parlamentarias.*—En el XX Congreso del partido comunista de la Unión Soviética se ha reafirmado públicamente la tesis, olvidada desde 1917, según la cual un régimen socialista podía llegar al Poder por vías legales y parlamentarias, al menos en las democracias occidentales (véase más atrás, pág. 501).

---

[5] Este párrafo ha sido escrito antes de la ruptura entre la U. R. S. S. y China y los debates promovidos por la "revolución cultural". No es necesario decir que la evolución del comunismo chino plantea inmensos problemas, pero todavía es demasiado pronto para exponer sobre este tema algo más que conjeturas. La ruptura chino-soviética y los debates que parecen instaurarse entre los diversos Partidos Comunistas, han llevado atención, evidentemente, a la tesis de la unidad del "Campo" socialista.

Los partidos comunistas de Francia y de Italia, por su parte, han profesado siempre esta tesis. Sin embargo, sólo han insistido en ella en las épocas en que buscaban la alianza con los partidos socialistas o "burgueses" (cf. más adelante, "Los frentes antifascistas").

De todas formas, no se trata de un tema que dé lugar a muchas precisiones —y menos aún a búsquedas teóricas— (véase, sin embargo, el artículo, anteriormente citado, de Antonio Giolitti, "Reforma y revolución").

2.º EL PAPEL REVOLUCIONARIO DE LAS DIVERSAS CLASES SOCIALES.—La tesis central de Marx según la cual el proletariado industrial es el agente —y el único agente— de la revolución, permanece aparentemente indiscutida en el marxismo contemporáneo.

Sin embargo, ha sido completada primero por Lenin y después por Mao Tse-Tung. La mayoría de los teóricos del marxismo-leninismo admiten hoy día el papel revolucionario que a veces puede desempeñar el campesinado pobre. Es, sobre todo, la experiencia china la que ha permitido a los teóricos del marxismo afirmar la misión revolucionaria de los campesinos pobres en los países no industrializados (cF. Mao Tse-Tung, "Sobre las clases en la sociedad china", marzo de 1926, *Oeuvres choisis,* tomo I, páginas 11-22).

El italiano *Antonio Gramsci* (1891-1937), a propósito del problema de los campesinos en la Italia meridional, recogía, profundizándolas incluso, algunas de las conclusiones de Lenin. Según él, la solución a la miseria del sur de Italia no residía ni en la descentralización administrativa o económica, ni en la industrialización de estas provincias, sino en la alianza de los campesinos del sur con el proletariado revolucionario de las provincias industriales del norte. Sólo la caída del régimen capitalista y el establecimiento de la dictadura del proletariado, sostenida por los campesinos, podría aportar una solución al conjunto de los problemas italianos (cf. "La Questione Meridionale", publicada en la revista *Rinascita,* febrero de 1945, escrita en 1926)[6].

3.º LA REVOLUCIÓN EN UN SOLO PAÍS Y EL "CAMPO SOCIALISTA".—Hemos visto anteriormente las discusiones que, hacia 1907, habían sostenido Lenin, Trotsky, Rosa Luxemburgo y otros marxistas, sobre las posibilidades de una revolución socialista en Rusia. El problema renacerá, después de 1917, de forma muy concreta, y constituirá uno de los principales motivos de conflicto entre Stalin y Trotsky. Lo reduciremos a su posición teórica.

A) *La revolución permanente.*—Casi todos los marxistas no revisionistas compartían antes de 1917 (e incluso antes de 1920) una concepción bastante "catastrófica" y "planetaria" de "La Revolución"; ésta, una vez iniciada mediante la toma del Poder en un lugar determinado, debería extenderse de forma necesaria a los demás países en los que existiera una situación revolucionaria. Cada cual admitía que este proceso de extensión

---

[6] La aportación ideológica de Gramsci, uno de los discípulos de Lenin mejor dotados, no se limita, naturalmente, a este tema. Sus estudios teóricos sobre el materialismo histórico, sobre las causas del fascismo, sobre la dictadura del proletariado, representan tal vez la más notable contribución al marxismo-leninismo en los años 1920-1930. Sobre su actividad propiamente política véase el prefacio de Palmiro TOGLIATTI a la edición francesa de *Cartas desde la cárcel,* de GRAMSCI.

podría conocer soluciones de continuidad, comportar fases distintas, vanguardias y retaguardias, etc. Pero, en el fondo, todos creían que esta sucesiva conflagración se "desplegaría" en un período de tiempo relativamente corto. En cualquier caso, algo no había sido previsto: que el proletariado de un país pudiera hacer triunfar su revolución socialista de manera definitiva dentro de sus fronteras nacionales, sin ser ayudado por la sublevación de los demás proletariados, y que renunciara a ayudarlos (al menos directamente) para dedicarse a la consolidación de su propia revolución.

Era la tesis de la revolución permanente. El propio Lenin, que en 1906 había comprendido que la revolución era posible en Rusia, no pensaba que pudiera limitarse a sus fronteras.

B) *La revolución mundial comienza en la U. R. S. S.*—Hasta la conclusión de la guerra civil (1921) Lenin vaciló, esperando la victoria de la revolución proletaria en Alemania, en Austria y en Hungría, ayudando a estos movimientos comunistas extranjeros y creando a este efecto la Tercera Internacional. El propio Stalin, algunos años más tarde, sostenía, dentro de las mismas perspectivas, a los comunistas chinos. Las dificultades por las que pasó la República soviética (el hambre de 1921, las revueltas campesinas) y el fracaso de los movimientos proletarios en Europa, condujeron a Lenin a diferir la prosecución de la "revolución permanente" e internacional. Esto fue la N. E. P. [1*], el comienzo de la consolidación de la revolución en la U. R. S. S.

Esta "pausa" y esta "consolidación" van a mostrar la amplitud de la tarea, la falta de madurez de las condiciones revolucionarias en los demás países de Europa e incluso en ciertas regiones excéntricas de la U. R. S. S. Stalin reorganiza los mecanismos económicos y administrativos del país en el que se instala el socialismo, refuerza el poder del Estado, centraliza el Poder, refuerza el partido. Los juristas soviéticos, que habían comenzado en 1918 a elaborar una teoría del derecho internacional adaptada al papel "misionero" de la U. R. S. S. en su liberación de los proletariados extranjeros (Korovin, por ejemplo), son invitados a rectificar sus posiciones [7].

Trotsky se opuso a esta práctica. Víctima de la nueva concentración de poder, y muy sinceramente internacionalista por otro lado, Trotsky preveía (cf. *La Révolution trahie):*

— .que la limitación de "La Revolución" a un solo país conduciría necesariamente, a causa del cerco que se formaría en torno a ese país socialista aislado, y a causa también de las dificultades internas que éste tendría que resolver sólo, a la reconstrucción de un aparato estatal burocrático y militar. La democracia real de los Soviets populares sería abandonada; esto sería la vuelta a la alienación política;

— que la U. R. S. S., al renunciar al internacionalismo liberador, se vería arrastrada al imperialismo militar para defenderse, y a una polí-

---

[1*]   Nueva Política Económica: política adoptada en 1921, tras el período de "comunismo de guerra", por el Estado soviético, que autorizó la instalación de empresas capitalistas dentro de ciertas condiciones y que substituyó, en el campo, la contingentación por el impuesto en especie. (*N. del T.*)

[7]   Sobre este tema véase J.-Y. CÁLVEZ, *Droit international et souveraineté en U. R. S. S.,* A. Colin, 1953, 299 págs. (Cahiers de la Fondation nationale des Sciences politiques, núm. 48).

tica de domesticación de los partidos comunistas extranjeros para convertirlos en instrumentos de su estrategia.

La justificación de Stalin era la siguiente:

No hay más que una revolución mundial, pero comporta fases. La fase decisiva ha sido la revolución socialista en Rusia. A menos que el socialismo sea definitivamente construido, defendido y reforzado en la U. R. S. S., no puede darse ninguna "continuación" a esta primera fase. La revolución soviética no sólo debe constituir, lenta y metódicamente, una base de partida para la marcha de la revolución mundial, sino que presta con ello, al realizar su experiencia de socialismo, un inmenso servicio a los proletarios extranjeros, ya que éstos dispondrán en adelante de un inmenso capital de experiencias del que servirse.

Por consiguiente, no hay abandono, sino método adaptado a un análisis justo de la situación. La tesis de Trotsky es romántica, y, como tal, "izquierdista", pero es también "derechista", pues conduce a exigir que la U. R. S. S. renuncie a consolidar su socialismo y renuncie a defenderse (y, con ello, a defender a los proletariados de todo el mundo) contra los enemigos del socialismo.

Desde ahora no hay más que un "campo del socialismo" con la U. R. S. S. a la cabeza.

Hay que advertir que esta teoría, que no ha variado nunca en la U. R. S. S., ha sido criticada en su aplicación por Yugoslavia y, después de 1955, en Polonia. Que sepamos, ninguna voz se ha elevado en estos países para recoger las tesis de Trotsky. Este, en cambio, no dejó de mantenerlas en el exilio, hasta su asesinato en 1940; y su figura conserva todavía partidarios diseminados en el mundo no comunista.

4.º LOS FRENTES ANTIFASCISTAS.—Desde 1928 hasta 1935 la Tercera Internacional (Komintern) había considerado como su objetivo principal la lucha contra la socialdemocracia, el enemigo número uno de la revolución proletaria (cf. programa de la Internacional comunista 1928). Esta línea táctica había favorecido en gran medida a los nazis en Alemania, causando la perdición tanto de los socialdemócratas como de los comunistas alemanes.

Esta concepción fue revisada en el VII Congreso del Komintern, en 1935. Georges Dimitrov explicó que la tarea esencial era "crear un vasto frente popular antifascista sobre la base del frente único proletario", y, dando como ejemplo el acercamiento bosquejado en Francia entre comunistas y socialdemócratas como consecuencia de los acontecimientos de febrero de 1934, alentó a todos los partidos comunistas a practicar sistemáticamente la táctica del "frente único" y de los "pactos de unión".

Esta nueva orientación, que permitió en Francia al partido comunista un rápido crecimiento, fue aplicada a lo largo de la Resistencia contra las potencias del Eje y tras la victoria sobre éstas. A pesar de la actitud cada vez más hostil de los partidos socialdemócratas respecto a este acercamiento, la "línea" fijada en 1935 no ha variado nunca (si no en sus aplicaciones, al menos en su principio).

SECCION II

El socialismo no leninista.

Agrupamos bajo este término las diversas corrientes ideológicas que suelen designarse habitualmente con el nombre, algo impropio, de "social-demócratas"[8].

La mayoría de estas corrientes —con la excepción, en cierto modo, del socialismo británico— derivan de los movimientos socialistas del siglo xix y, en mayor o menor medida, del marxismo. ¿En qué medida permanece en nuestros días ese socialismo "no leninista" fiel al marxismo o en qué medida se separa de él? Esta pregunta no ha tenido, durante bastante tiempo, una respuesta clara. Pero desde 1945 el alejamiento del socialismo no leninista del marxismo se ha acentuado, sin que, sin embargo, sea todavía definitivo.

En compensación, el socialismo no leninista, tras la primera guerra mundial, tuvo que afrontar un cierto número de problemas concretos que contribuyeron a imponerle poco a poco una línea ideológica propia; el éxito de los fascismos, la participación en el Poder dentro del marco de las economías capitalistas, la guerra mundial. Tras la segunda guerra mundial la política expansionista de la U. R. S. S. y la dominación soviética de numerosos países de la Europa central y oriental han acarreado un rotundo endurecimiento antisoviético y anticomunista en las filas de la socialdemocracia. Esta nueva situación, así como la urgencia de los problemas internacionales (rivalidad Este-Oeste, construcción europea, nacionalismo de los pueblos de Asia y Africa), tiende cada vez más a separar a los socialistas de la ideología marxista. La necesidad de una "nueva doctrina socialista" determina —un poco en todos lados— tentativas de renovación ideológica —todavía tímidas— que intentan escapar de la simple oposición negativa al marxismo-leninismo.

1. Hasta la segunda guerra mundial.—1.º FRENTE AL BOLCHEVISMO Y A LOS FASCISMOS.—A) *Los hermanos enemigos.*—La actitud de los socialistas no leninistas respecto al bolchevismo soviético y sus partidarios de la Tercera Internacional (fundada en Moscú en marzo de 1919) fue compleja hasta 1937 (momento de las grandes "purgas" en la U. R. S. S.).

La política de "unión sagrada", aceptada por casi todos los socialistas europeos durante los años 1914-1918, dio lugar al hundimiento de la Segunda Internacional, que se reconstruyó muy difícilmente y a costa de pérdidas masivas. La táctica de Lenin y de la Tercera Internacional consistió en atacarla con violencia, en separar de ella a la mayor cantidad de gente posible, en rechazar todo compromiso susceptible de abrir el camino para una eventual reunificación del conjunto del movimiento socialista y proletario. Los esfuerzos del grupo denominado "La Internacional dos y media" (su verdadero nombre era Arbeitsgemeinschaft o Comunidad de Trabajo de los partidos socialistas, Conferencia de Viena de febrero de 1921), constituido por los socialistas austriacos, una parte de la S. F. I. O. y algunos socialistas "independientes" alemanes, para conservar los

---

[8] Hasta 1919 este término designaba exclusivamente al partido socialista *alemán*, de estricta obediencia marxista. En nuestros días su sentido se ha ampliado considerablemente. Pero, por un lado, siempre que lo utilizan los marxistas-leninistas adquiere un sentido peyorativo; por otro, es bastante poco usual emplearlo a propósito de los socialismos francés y británico.

puentes y realizar, al menos, una unidad de acción entre los restos de la Segunda Internacional y la Tercera, se mostraron inútiles desde la Conferencia de Berlín (2-5 de abril de 1922), en la que se encontraron representantes de las tres "Internacionales".

A partir de entonces, la antigua Segunda Internacional, mal que bien, se reconstruye mediante la unificación del ala derecha moderada y reformista (en la que los británicos alcanzan cada vez mayor influencia) y la tendencia centrista de los austriacos y de los franceses (Congreso de Hamburgo, 21 de mayo de 1923).

En el plano político, la ruptura (cuya responsabilidad, al menos inmediata, incumbió a los leninistas) estaba consumada.

Pero en el plano de las posturas ideológicas la situación era infinitamente más confusa.

1) Mientras que en el seno de la reconstruida Segunda Internacional la influencia dominante corresponde cada vez más a los reformistas y la práctica política de los partidos socialistas europeos es cada vez más moderada, en compensación las proclamaciones teóricas llevan la impronta de un abierto regreso a la más estricta ortodoxia marxista, excluyente de cualquier revisionismo. Otto Bauer y Friedrick Adler, marxistas austriacos ortodoxos, se convierten en los maestros del pensamiento. Los objetivos propuestos son más que nunca revolucionarios, la lucha de clases contra la burguesía y el imperialismo se proclama con más fuerza que nunca, el socialpatriotismo es severamente condenado y se afirma el internacionalismo pacifista de los proletariados. Por último, un estricto determinismo (heredado de Engels y, sobre todo, de Kautsky, más que de Marx) se transparenta en la afirmación de la ineluctable degradación del capitalismo. La completa solidaridad doctrinal del campo "social-demócrata" y del campo leninista es constantemente señalada por los doctrinarios de la Segunda Internacional; se tiende continuamente a subrayar que el desacuerdo no recae sobre la *doctrina*, que no se trata en absoluto de una nueva controversia sobre el "revisionismo".

2) En cambio, las críticas respecto a los *métodos* del bolchevismo son rotundas y no dejan de afirmarse desde 1918. Emanan tanto de los "derechistas" —como el belga Vandervelde o el británico Mac Donald— como de los "centristas" —como Léon Blum— o de los "marxistas doctos" —como Otto Bauer—. Las quejas son de tres órdenes:

— Violación de la democracia en el régimen político soviético, en la vida interior del partido, en las relaciones entre los miembros de la Tercera Internacional; desconocimiento del derecho de los pueblos a disponer de sí mismos (la censura mayor es la absorción de Georgia).

— División del movimiento socialista internacional, trabajo de zapa contra todos los socialdemócratas en la U. R. S. S. y fuera de la U. R. S. S.

— Desconocimiento del pacifismo, ya que los leninistas aceptan el carácter "fatal" de las guerras imperialistas.

Estas quejas, que no harán más que exasperarse a partir de la dictadura stalinista, llevarán a determinados partidos socialistas a entrar prácticamente en lucha larvada con los comunistas (especialmente en Alemania y en Italia), a rechazar las ofertas de unidad de acción o de frente único y cualquier alianza electoral con los comunistas (por ejemplo, en Francia hasta 1935). a responder a los ataques de la propaganda comunista con panfletos tan violentos y acerbos como los de estos últimos [1*] a acoger con una extrema desconfianza las tentativas de grupos políticos "unitarios", intermediarios entre ellos y los comunistas [9].

3) Sin embargo, casi todas las organizaciones socialistas —con algunas excepciones (sobre todo en Gran Bretaña y Escandinavia)— conservaron siempre el cuidado de no hacer irreparable la ruptura con el mundo comunista (que no tuvo, por su parte, los mismos escrúpulos).

Así se opusieron siempre a la intervención de las potencias capitalistas contra la U. R. S. S., y protestaron contra las medidas de excepción adoptadas por diversos Gobiernos contra los comunistas.

Y más aún: incluso respecto a la República soviética y el régimen stalinista, una rotunda mayoría de los partidos socialistas europeos, aun condenando los métodos, persistió, por un lado, en considerar que el régimen soviético constituía el prototipo y la primera esperanza de una verdadera sociedad colectivista [10], y, por otro, en esperar que la dictadura stalinista fuese transitoria y desapareciera tarde o temprano en provecho de un auténtico socialismo [11].

Jules Guesde expresaba perfectamente esa turbación de los socialistas frente al comunismo leninista: "Es, al mismo tiempo, lo que he recomendado durante toda mi vida y lo que durante toda mi vida he condenado".

B) *Frente al fascismo: ilusiones y desorientación.*—Frente al fascismo italiano la desorientación de los socialistas italianos, incapaces de coordinar una defensa común con los leninistas como Bordiga, Gramsci, Umberto Terracini, Luigi Longo y Palmiro Togliatti, fue total. Los mayoritarios del partido socialista (Serrati), tras competir en revolucionarismo con los comunistas y condenar a los "reformistas" (Filippo Turati, Rodolfo Mondolfo, Claudio Treves, etc.), se metían en el atolladero y caían en la trampa de Mussolini, al aceptar un "pacto de pacificación" que desmovilizaba a las masas obreras y alentaba a las clases medias a entregarse al fascismo.

A partir de 1926, año en el que Mussolini se quitó definitivamente la careta, nuevos equipos de "resistentes" socialistas, agrupados en torno al movimiento "Justicia y Libertad" fundado en 1929 por Carlo Rosselli (asesinado en Francia en 1937), comprendieron que la lucha contra el totalitarismo no podía ser llevada a cabo solamente por el proletariado contra las clases ganadas al fascismo, sino que exigía la unificación y la síntesis de todos los grupos y de todas las corrientes democráticas y progresivas federadas contra la dictadura. Este movimiento recomendaba un "nuevo" socialismo, que no podía nacer directamente de una revolución proletaria, sino que debería admitir, provisionalmente y para largos años, una economía de varios sectores, y adoptar precauciones contra sus propias tentaciones totalitarias, sustituyendo la centralización estatal y burocrática por la democracia local e industrial. Por último, tardíamente, esta nueva generación de socialistas (emigrados o clandestinos) comprendió que la lucha contra el fascismo exigía una acción concertada de los liberales, de los socialistas y de los comunistas, a escala europea.

También el movimiento socialista alemán se encontraba muy debilitado en la alborada del nazismo. Sin reacción frente a un peligro que, sin embargo, percibían perfectamente, asustados por las perspectivas de guerra civil, los dirigentes del socialismo alemán, sin atreverse a replicar a las diarias violencias de sus adversarios con la acción de sus milicias socialistas (las Reichsbanner Schwartz-Rot-Gold) [12], dejando a sus adver-

---

[1*] Véase, por ejemplo, el folleto de Léon BLUM, *Bolchevisme et socialisme.*

[9] Como, por ejemplo, en Francia la del "Partido socialista-comunista", que se denominó más tarde "Partido de Unión proletaria" (con Paul Louis, Pétrus Faure, etc.), tropezó siempre con el deseo de absorción de la S. F. I. O. y con la intransigencia del partido comunista francés.

[10] Este fue, sobre todo, el caso de hombres como los austríacos Adler y Otto Bauer (véase de este último *L'internationale et la guerre*, 1935) del menchevique Dan, de los franceses Dunois y Zyromski.

[11] Esta fue la tesis mantenida por Léon Blum hasta 1939.

[12] Mientras que en Austria, en 1934, cuando el canciller Dollfuss decretó la disolución de las milicias socialistas (Schutzbund), éstas desencadenaron una valerosa y desesperada insurrección (aplastada, por lo demás, en pocos días).

sarios la iniciativa de los programas de recuperación económica y financiera, estaban persuadidos (al igual que los comunistas) que el gran capitalismo alemán detendría los progresos del nazismo. No querían admitir que era un movimiento de masas con profundas raíces, y no un simple juguete de Krupp y de Thyssen.

La reacción de la Segunda Internacional frente a los regímenes fascistas también fue blanda. En 1929 (Congreso de Bruselas) Vandervelde y Otto Bauer consideran al fascismo como un subproducto algo irrisorio de la reacción "capitalista", reservando toda su vigilancia para el capitalismo de Estados Unidos. En el Congreso de Viena de 1931 se manifestaba en un grado mayor la inquietud producida por el ascenso del nazismo. No obstante, se hacía responsables de su existencia... al Tratado de Versalles, a la gran industria alemana, etc. Una Conferencia celebrada en París en agosto de 1933 propuso de forma académica todo tipo de "explicaciones" del fascismo y de "remedios" ante este peligro; hubo unanimidad casi total sobre una resolución que insistía en la lucha socialista de la clase obrera tanto contra el capitalismo como contra el fascismo y la guerra. La resolución rechazaba las "maniobras del frente único" propuesto por los comunistas (que, por lo demás, en Alemania no pensaban en unir sus fuerzas a las de los socialistas); pero, paradójicamente, esta resolución reafirmaba su voluntad de consagrar todos los esfuerzos a la reunificación del movimiento revolucionario proletario. Por último, se decidía el *boycot* del hitlerismo, el recurso a la Sociedad de Naciones, la no cooperación del proletariado en caso de guerra, etc. Hitler había tomado ya el Poder en Alemania... [13].

2.º   FRENTE A LA GUERRA.—A partir de la guerra de Abisinia era evidente que la resistencia al fascismo no podía triunfar mediante la solitaria oposición de las fuerzas interiores (aunque los elementos antifascistas fuesen solidarios, cosa que no ocurriría más que parcialmente en el caso de España, desde julio de 1936 hasta 1938): la defensa debería concertarse a través de una acción internacional de las democracias. En este momento se hará palpable el desconcierto de los socialistas, divididos en casi todos los países. La mayor parte de ellos siguen prisioneros del tradicional pacifismo absoluto de la Segunda Internacional: "Mi Gobierno —proclama León Blum en enero de 1937, para justificar su política de no intervención en España— es esencialmente pacífico, violentamente pacífico" [14]. En los países pequeños —excepto en los Países Bajos— los socialistas se convierten en los campeones de un neutralismo prudente [15]. Después de Munich (septiembre de 1938), la casi totalidad de la S. F. I. O., en parte con resignación (León Blum), en parte con fervor (Paul Faure), aceptó el salvamento de la paz y el abandono de Checoslovaquia.

Era el resultado de una actitud a la que los órganos de la Segunda Internacional no habían renunciado desde 1919.

Antes de 1914 Jaurès consideraba el arbitraje como la "revolución" que pondría en peligro de hundimiento al imperialismo y al militarismo. Desde 1919 la Conferencia de Berna ponía todas sus esperanzas en la Sociedad de Naciones, "liga de pueblos, y no liga de Gobiernos", y lanzaba la doble

---

[13] En esta época León Blum, junto con la inmensa mayoría de la S. F. I. O., había antepuesto su pacifismo a su oposición al nazismo. En junio de 1933 escribe que el deber de Francia ante Hitler es "no rehusar nunca un gesto de paz, incluso cuando procede de manos ensangrentadas" (*Le Populaire*, 14 de junio de 1933).

[14] El pacifismo de Mac Donal, Henderson y Lansbury dominó el Labour Party hasta 1935. En esta fecha Attlee y Ernest Bevin hicieron adoptar al partido la política de resistencia a las dictaduras y de preparación para la guerra.

[15] Este fue el caso de los socialistas belgas con P. H. Spaak y Henri de Man (el viejo Vandervelde fue casi el único en protestar) y de los socialistas daneses, suecos, noruegos finlandeses.

consigna de arbitraje y desarme integral, aun unilateral [16]. El radicalismo verbal impreso a las resoluciones de la Segunda Internacional por los doctrinarios austriacos recomendaba una inevitable "guerra de clases" contra la burguesía y el capitalismo, pero al mismo tiempo el "desarme universal" y "el rechazo de los créditos militares" (Congreso de Hamburgo, 1923). En agosto de 1933 la Conferencia de París declaraba: "Los obreros de los países democráticos no deben dejarse tentar por la idea de la guerra, incluso aunque la guerra fuera presentada como el medio de liberar a los pueblos sojuzgados". En cuanto a la huelga general, sólo debería desencadenarse cuando el arbitraje internacional hubiese sido definitivamente rechazado por el Gobierno agresor.

El ataque alemán a Polonia en septiembre de 1939 encontrará a los movimientos socialistas, o destruidos (Italia, Alemania, España), o indiferentes (Países Escandinavos), o divididos (Francia). Aunque la mayoría de los grandes líderes socialistas franceses y británicos rectifican tardíamente su postura, una parte importante de sus tropas no está en forma alguna convencida de que la guerra que asoma sea un combate necesario.

3.º Los socialistas y el problema del poder. — Tras la guerra de 1914-1918, casi todos los socialistas europeos, con excepción de los social-demócratas alemanes (precipitados por necesidad a participar en el Poder), se sintieron arrepentidos de su colaboración en los Gobiernos "de unión" de los tiempos de guerra. Los partidos socialistas, deseosos de volver a la estricta ortodoxia marxista, preocupados por no asociarse a la política de Gobiernos que la revolución soviética reforzaba en su conservadurismo, retornaron a una oposición intransigente. Esta actitud será más adelante rectificada, y el problema de la "participación", o de la "toma del Poder", o del "ejercicio del Poder", suscitará numerosas controversias y desgarramientos.

A) *Países escandinavos y Gran Bretaña.*—Los movimientos socialistas menos penetrados por el marxismo y por la ideología "revolucionarista" terminaron por encontrar bastante rápidamente una "vía practicable", sin ser turbados por objeciones doctrinales. Este fue el caso, con algunas variantes, de los partidos socialistas en los países escandinavos, que consiguieron en los años 1929-1935 —salvo en Finlandia— formar Gobiernos apoyados por pequeños grupos liberales o agrarios. Al comprometerse tranquilamente en la vía de un "reformismo creador" estos partidos podían hacer suya esta declaración del sueco Vougt: "Hablemos menos del problema del Poder y de la revolución. Tomemos el Poder cuando podamos y hablemos menos de él. En Suecia hablamos poco de luchas de clases, pero trabajamos en interés del proletariado" (Conferencia de París de 1933). Esta actitud práctica no careció siempre de riesgos, como lo probó la experiencia de dos Gobiernos de dirección laborista en Gran Bretaña. Los laboristas, que tenían que enfrentarse con una dura crisis económica y que dependían además del apoyo de los liberales, se mostraron muy timoratos y "tradicionalistas" en su política económica. La ausencia de un programa riguroso y el oportunismo sin doctrina condujeron a una crisis del Labour Party que se liquidó con la expulsión de algunos dirigentes (Mac Donald, Snowden). El partido, en la oposición hasta 1940, se recuperó poco a poco y trabajó con firmeza para darse un programa constructivo con vistas a un eventual retorno al Poder.

[16] En 1931 Blum escribe que la espontánea iniciativa de un desarme unilateral de Francia tendría una "virtud de ejemplaridad para los demás" (*Les problèmes de la paix*). En 1932: "Cuanto mayor peligro hay en el mundo, más falta hace desarmar". (*Notre plateforme.*)

B) *Vacilaciones doctrinales: austriacos y franceses.*—Los socialistas austriacos, el partido más numeroso del país, pudieron asumir el Poder, tras los tratados de paz y realizar pacíficamente un régimen socialista. Sin embargo, no aprovecharon semejante posibilidad conscientes (decía Friedrich Adler) de que "la victoria del proletariado es asunto del proletariado mundial", de que no depende tan sólo de tomar el Poder en un país[17]. Los socialistas austriacos, sometiéndose a los procedimientos democráticos, quedaron dueños de Viena, pero estuvieron siempre en minoría en el conjunto del país por obra de la coalición de los restantes partidos. En la oposición, los socialistas austriacos sostenían, al tiempo, el respeto por la democracia y la necesidad de una dictadura revolucionaria para hacer fracasar los ardides reaccionarios. Por último, los marxistas austriacos, estrictamente deterministas, consideraban que la revolución socialista nacería inevitablemente de la necesaria crisis del régimen capitalista y de sus subproductos. En espera de este "acontecimiento" administraron con acierto la ciudad de Viena, de la que la "historia" les había hecho dueños. Dollfuss (1934) y después Hitler (1938) les redujeron a la impotencia.

La discusión sobre la actitud de los socialistas frente al Poder fue especialmente aguda en Francia. Estuvo totalmente dominada por la figura de Léon Blum, líder indiscutido de la S. F. I. O. desde el Congreso de Tours[18].

Léon Blum, "izquierdista": "La conquista revolucionaria del Poder revolucionario, que es nuestro objetivo, es la toma de la autoridad central... por los medios que sean... No existe un solo socialista que se deje encerrar en los límites de la legalidad" (Tours, 1920). "Se puede ocupar el Poder a título preventivo, para cerrar el camino al fascismo o para privar al capitalismo de su fuerza de resistencia o de agresión. Pero sin· dejar que se cree o se desarrolle la ilusión de que el ejercicio del Poder en esas condiciones puede conducir a la realización, incluso parcial, del socialismo" (Conferencia de París, agosto de 1933). Los principales dirigentes del partido —Paul Faure y J. B. Séverac— competían en este aparente neoguesdismo. En el Congreso de la S. F. I. O. de mayo de 1936, tras la victoria electoral del Frente Popular, la resolución final careció de matices: "Una vez franqueada la actual etapa... (el partido) deberá dirigir su marcha y su actividad hacia *todo el poder para el socialismo*... El objetivo revolucionario de nuestro partido y el prefacio necesario para la construcción del orden socialista es, y lo seguirá siendo hasta su completa realización, el derrocamiento del régimen capitalista".

Sin embargo, Léon Blum insiste, desde 1933, en una distinción (que repetirá incansablemente) entre la "toma del Poder" y el "ejercicio del Poder". La "toma del Poder" es el único acto revolucionario, en cuanto que tiende a la total destrucción del régimen capitalista y a la "transformación social"; los socialistas, lejos de renunciar a ello, saben que es inevitable a

---

[17] En efecto, la Sociedad de Naciones vigilaba estrechamente a Austria y se oponía al *Anschluss* de este país con la República alemana (del que los socialistas austriacos eran ardientes partidarios).

[18] Léon Blum, graduado de la Ecole Normal, magistrado informante del Consejo de Estado francés hasta 1919, ensayista, crítico literario de la *Revue Blanche* desde muchos años antes de la guerra, hombre de una extrema sensibilidad, un poco distante, sin ningunas condiciones de tribuno ni de hombre de acción, era una persona muy poco indicada para llegar a ser el líder de un partido político. Siempre consideró a Jaurès como su maestro; se abstuvo de añadir nada al jauresismo. Es un hecho que encontramos en el mismo Léon Blum de *Les nouvelles conversations de Goethe avec Eckermann* (1897-1900) y de *A l'échelle humaine* (1941-1944): un moralista más preocupado por la "nobleza" y la "dignidad" que por la eficacia, para quien "el socialismo es una moral y una religión tanto como una doctrina". Hay en él algo de Jaurès, pero con la emoción de un Guéhenno y el esteticismo de un André Gide. Es "1900": admira a Anna de Noailles, a Henri de Régnier, a Proust...

causa de... "la evolución de las sociedades" *(Pour être socialiste,* 1933). En consecuencia, los socialistas, al rechazar el ministerialismo, no pueden hacer otra cosa que ayudar a vivir a Gobiernos de izquierda *(Notre effort parlamentaire,* 1933). "El ejercicio del Poder" es la gestión por parte de los socialistas, por razones un poco excepcionales y para objetivos limitados, del orden legal existente, dentro del marco del capitalismo y dentro del respeto de las reglas constitucionales establecidas. ¿Con qué propósito? Con el de —escribe Blum en 1933— "acelerar el ritmo de la evolución capitalista que conduce a la revolución".

Léon Blum abordó en 1936 la primera experiencia gubernamental de los socialistas en Francia [19] con una mezcla de esperanza y de aprehensión. "Se trata de saber si será posible asegurar un tránsito, un arreglo entre esta sociedad y la sociedad cuya definitiva realización es y sigue siendo nuestro propósito y nuestro objetivo" (31 de mayo de 1936). Pero, mientras en 1933 había proclamado que "ningún socialista consentiría en dejarse encerrar en los límites de la legalidad", ahora se dejará derribar por el Senado y no se atreverá a intervenir en la guerra española. En 1941, en el proceso de Riom, Léon Blum meditaba sobre su paradoja: no había buscado el Poder, había apartado de él a su partido durante todo el tiempo que pudo, pero al fin había tenido que "ejercer" el Poder. Pero ya desde 1936, en el umbral de la experiencia, meditaba sobre el fracaso "cuya posibilidad ni por un instante consideraba": "No podemos hacer más que preparar..., en los ánimos y en las cosas, el advenimiento del régimen social cuya realización en la hora actual no está todavía en nuestro poder" (31 de mayo de 1936, *L'exercice du pouvoir).*

C) *Los "gubernamentales" por principio.*—Una fracción muy minoritaria de parlamentarios del S. F. I. O. [20] oponía, frente a las distinciones de Léon Blum, la necesidad de repudiar la vieja mitología y de participar en el Poder para realizar un nuevo socialismo. Cuando sus tesis fueron rechazadas, terminaron por hacerse excluir de la S. F. I. O. (a causa, sobre todo, de un "neosocialismo" contaminado, en algunos aspectos, por diversos temas "autoritaristas").

En Bélgica, en cambio, la mayoría del partido obrero belga, repudiando oficialmente el marxismo, se comprometió de manera progresiva, de 1935 a 1939, en la vía del ejercicio del Poder, con el doble objetivo (muy limitado) de resolver la crisis económica mediante el "planismo" y de asegurar la neutralidad de Bélgica en previsión de la guerra. Los líderes de la nueva tendencia fueron P. H. Spaak (proveniente de una posición extremista muy "filocomunista") y, sobre todo, Henri de Man, el doctrinario del "planismo" y del rechazo del marxismo.

4.º EL MARXISMO, EN DISCUSIÓN.—A) *Henri de Man.—Au delà du marxisme* [21] *(Más allá del marxismo),* que data de 1927, contiene las tesis fundamentales de Henri de Man; sin embargo, la explicación de su evolución intelectual se encuentra en obras ulteriores (especialmente *Cavalier seul,* 1948, y *L'idée socialiste,* 1935). La guerra de 1914 le hizo dudar brutalmente del marxismo como sistema de explicación; las masas, proletarias o no, habían sido arrastradas por el torrente emocional del patriotismo, y el marxismo no daba cuenta del fenómeno. El espectáculo de la socialdemocracia (y del partido comunista) en Alemania, de 1922 a 1926, acabó de demostrarle la inadaptación del marxismo.

---

[19] Mientras que la S. F. I. O. había tenido siempre, desde 1914, más de 100 diputados en la Cámara (105 en 1924, 97 en 1932, 146 en 1936), rechazó toda participación en los Gobiernos del Cartel de las Izquierdas.

[20] Montagnon, Marquet, Déat, Renaudel, etc.; y, marginalmente y durante algún tiempo: Vincent Auriol, Paul Boncour, véase más adelante, págs. 605-606.

[21] La obra había sido redactada en Alemania (donde De Man había recibido su formación marxista) con el título *Zur Psychologie des Sozialismus.* El título alemán subraya, mucho mejor que el título de la traducción francesa, que toda la crítica del marxismo por parte de Henri de Man descansa en las necesidades psicológicas de las masas en las sociedades modernas.

En un sentido, De Man va más lejos que Bernstein. Este sólo había discutido el método de interpretación dialéctica de la filosofía de la historia marxista. De Man se dirige a las raíces: el determinismo económico y el racionalismo científico.

Para él "la interpretación causal y científica del devenir histórico puede hacer resaltar condiciones y obstáculos para la realización de la voluntad socialista; pero no puede... motivar la convicción de la que esta voluntad procede" *(Thèses de Heppenheim)* [22]. La lucha de clase de los obreros es la condición previa para toda reivindicación socialista ulterior encaminada a hacer desaparecer la opresión de los que actualmente sufren; "pero para que esta emancipación de una clase traiga realmente consigo la emancipación de la humanidad entera es preciso que justifique sus objetivos y sus métodos, no por el interés particular, sino por juicios de valor de validez generalmente humana... Es necesario, en suma, hacer derivar la lucha de clase del socialismo, en vez de hacer derivar al socialismo de la lucha de clase" *(ibíd.).*

El socialismo de Henri de Man es fundamentalmente voluntarista y moralista. Formula la exigencia de mandamientos éticos que señalen móviles a la "voluntad" de socialismo. "El socialismo es una tendencia de la voluntad hacia un orden social justo. Considera justas sus reivindicaciones porque juzga las instituciones y relaciones sociales según un criterio moral universalmente válido. La convicción socialista presupone, pues, una decisión de la conciencia, decisión personal y dirigida hacia un objetivo" *(ibíd.)* [23]. Ese objetivo asignado a la humanidad consiste en "el mayor desarrollo posible de su facultad de concebir y realizar la verdad, la belleza y la bondad". El proletariado no está investido por la Historia de una misión especial para la realización de esta tarea. En cambio, el carácter absoluto y universal de las justificaciones morales de la "voluntad socialista" puede decuplicar el ardor de la clase obrera, pues estos móviles morales son más poderosos y más "emocionales" que los móviles económicos [24]. Estos móviles producirían la adhesión de los creyentes, de los campesinos y de los intelectuales a la idea socialista. Por último, desaparecería el escepticismo de las masas respecto a las "reformas", ya que todos verían en "la acción reformadora inmediata del socialismo" la "concretización gradual y diaria de la idea socialista" (y no simples sucedáneos preparatorios para una acción socialista *futura* y siempre inaccesible).

En resumidas cuentas, la anticuada "hipótesis materialista" debe ser substituida por "hipótesis psicoenergéticas". De Man intenta renovar la psicosociología implícita del marxismo. Los "móviles" del socialismo han sido, incluso inconscientemente, móviles escatológicos y religiosos; ahora bien, nada ha justificado esta espera. En nuestros días, contrariamente a las

---

[22] *Les thèses de Heppenheim* (1928) son una especie de condensación de su doctrina, expuesta por Henri de Man a un grupo de "fabianos" de lengua alemana.

[23] Como inscripción de un capítulo dedicado al "determinismo marxista", Henri de Man colocaba estas palabras de Schiller: "El hombre *quiere*, las cosas *deben*...".

[24] De Man escribió una obra titulada *La joie au travail* [Hay versión castellana: *El placer de trabajar*, Madrid, Aguilar, 1930, 283 págs. Véase en la bibliografía las restantes ediciones españolas.], en que opone a las estrechas reivindicaciones económicas de los Sindicatos la reivindicación del derecho al "trabajo alegre", *i. e.* una eliminación del carácter penoso del trabajo, pero sobre todo una toma de responsabilidad y de autonomía personal del trabajador gracias a la democracia industrial.

previsiones de Marx, las masas obreras se aburguesan o tratan miserablemente de darse "una cultura de sucedáneos imitando a la pequeña burguesía" (Au delà du marxisme, cap. VIII; Cultura proletaria o aburguesamiento). Los burócratas del marxismo no tratan de llenar el foso que les separa de las masas apáticas más que mediante "reformas" sin brújula. La sociología marxista del Estado es simplista y caricaturesca [25].

Las conclusiones son resueltamente "voluntaristas" y reformistas. Hay que luchar a diario para mejorar las condiciones de los trabajadores [26], primer paso de un esfuerzo incansable para elevar el nivel de los valores éticos y estéticos en las necesidades de las masas. Es necesario que éstas vuelvan "al fervor religioso que animó al socialismo en sus comienzos". En el terreno de lo concreto Henri de Man se convirtió en el apóstol del "planismo", es decir, de una construcción, modesta pero coordinada, de medidas prácticas que dirija los esfuerzos, proponga los objetivos y los medios con vistas a un mejoramiento general del nivel de vida, de las condiciones de trabajo y de la seguridad económica y social. Su Plan de Trabajo, adoptado por el partido obrero belga en 1933, preconizaba algunas nacionalizaciones, sociedades de economía mixta, una política económica dirigista y una reforma del régimen parlamentario.

En sus últimos años el, propio Henri de Man reconoció que, aunque sus ideas habían despertado cierto interés por doquier, no habían sido adoptadas por los socialistas de ningún país europeo [27].

b) Los "neos" franceses.—En 1930 un joven diputado de la S. F. I. O., Marcel Déat, publicó una obra titulada Perspectives socialistes, que contenía el conjunto de tesis que iban a ser sostenidas contra la dirección del partido socialista [28].

El "neosocialismo" de Déat (que carecía de formación marxista) es violentamente anticapitalista (sobre este punto Déat no cambiará nunca) y resueltamente antifascista (más tarde dejó de serlo).

Este socialismo no es "proletario"; trabaja con —y para— todos los explotados: obreros, campesinos, artesanos, inquilinos, cooperadores, los poco favorecidos por la fortuna...; el socialismo debe unirlos contra quienes detentan el "dominio de las fuerzas". Tres etapas:

---

[25] Au delà du marxisme, cap. VI. De Man se rebela contra la costumbre de emplear como intercambiables las palabras "Estado", "burguesía", "capitalismo". Un análisis preciso de las diversas funciones del Estado y de los diversos instrumentos sociales de una colectividad nacional muestra cómo esas funciones son asumidas menos por "capitalistas" que por intelectuales. El Estado sufre, en mayor o menor medida, las presiones de las fuerzas capitalistas, pero permanece exterior a ellas. El Estado es una fuerza compleja, de elementos múltiples y no homogéneos. Su campo de acción es el de las relaciones jurídicas y políticas, no el de la "producción". Tanto en régimen capitalista como en régimen socialista, el Estado está constituido por funcionarios, por políticos, nunca por capitalistas o por obreros. El verdadero problema político no consiste en asegurar "la identidad del Estado con la voluntad popular", lo que resulta imposible, sino en "organizar un eficaz control del Estado por la voluntad popular". La desconfianza popular, y sobre todo de los socialistas, respecto a los "dirigentes" del Estado o de los partidos es explicable, pero no debe convertirse en una "teoría": es la tensión normal en las relaciones "masas-dirigentes", hallable en todas partes. Es necesario dar a los hombres que encarnan el Estado el móvil de servir una "obra de comunidad": entonces el Estado será cada vez menos opresor.
[26] "Estimo más un nuevo sumidero en un barrio obrero o un parterre de flores ante una casa obrera que una nueva teoría de la lucha de clases" (cap. XVI).
[27] Rotundamente antifascista en 1933 (cf. su libro Le socialisme constructif), Henri de Man desespera, a partir de 1937, de la capacidad de la democracia para resistir el asalto de los totalitarismos y para realizar el "socialismo constructivo". En 1940 recomienda a los socialistas belgas no resistir al ejército de ocupación alemán, pues "queda libre el camino para las dos aspiraciones del pueblo: la paz europea y la justicia social". Seguía siendo, y más que nunca, anticapitalista. En 1943 rompió con los alemanes y se exilió a Suiza, donde murió.
[28] En 1928 André Philip dedicaba un caluroso comentario al libro de Henri de Man; pero no se adhirió al neosocialismo francés de Déat y consortes.

— socialización del Poder, extendiendo el control del Estado a la vida económica;
— socialización del beneficio: financiamiento de los seguros sociales mediante un impuesto draconiano sobre los beneficios;
— socialización de la propiedad: inmenso desarrollo de las cooperativas.

Al final de esta tercera etapa el Estado será sustituido por un Estado Mayor de *managers*-técnicos.

Para iniciar esta evolución es preciso preparar la conquista del Poder, apoyándose en todas las clases explotadas, especialmente (por realismo) en las clases medias; pero también hay que aceptar, como realistas, la participación en el Poder, con objeto de preparar las vías para el objetivo final.

Déat fue seguido por una fracción importante del grupo parlamentario de la S. F. I. O. En el Congreso de París de 1933 Montagnon insistía en la crisis doctrinal del socialismo y en su "ignorancia" de las realidades modernas, y Adrien Marquet formulaba las nuevas consignas del neosocialismo: "Orden, Autoridad, Nación" [29]. Todos los "neos" fueron excluidos de la S. F. I. O. a finales de 1933.

Del anticapitalismo a la exaltación de la autoridad, del antifascismo al pacifismo a ultranza, Déat y Marquet llegarían en 1940 hasta la colaboración con el enemigo.

c) *Un término de comparación: Schumpeter.*—Henri de Man y los neosocialistas franceses, al pretender ir "más allá" del marxismo, llegaban a liquidarlo totalmente. Es curioso comparar este resultado con las conclusiones de un gran economista liberal de la misma época, Joseph Schumpeter.

Schumpeter, partiendo de instrumentos de análisis muy diferentes de los utilizados por el fundador del marxismo, y demostrando los errores del razonamiento económico de Marx, llegaba, sin embargo, a conclusiones socio-históricas muy cercanas a las de este último (véase *Capitalismo, socialismo y democracia,* redactado en 1941). También para Schumpeter el "capitalismo" se arruina "desde el interior" y se transforma en socialismo, a causa de su desarrollo (y, sobre todo, del desarrollo del "espíritu de racionalización" que constituye su motor). Aunque Schumpeter tiene en cuenta, más que Marx, los factores socio-psicológicos y el juego de choques de retroceso de los mecanismos económicos transformados por el dinamismo de la voluntad humana, no por ello deja de reconocer y justificar las "anticipaciones" de Karl Marx. Schumpeter, pesimista en terreno político, no espera de ese socialismo, previsto por él, el reinado de la libertad (en este punto, está muy influido por Pareto). Sin embargo, esboza sin gran convicción la posibilidad de una síntesis de socialismo y libertad, gracias a socialismos progresivos y al mantenimiento de una indispensable descentralización (cuyo carácter utópico, sin embargo, demuestra).

2. Desde la Segunda Guerra Mundial. — Falta todavía perspectiva para poder apreciar el movimiento de las ideas socialistas desde 1945. Nos limitaremos a mencionar y a situar las tendencias que parecen caracterizar el nuevo período.

1.º ALEJAMIENTO DEL MARXISMO.—Los ataques "frontales" al conjunto de la ideología marxista son relativamente escasos.

En cambio, no faltan las críticas parciales de la *sociología marxista,* a la que se censura sobre todo su carácter esquemático e inactual [30]. Se proponen, de manera algo desordenada, complementos y correcciones; se demuestran las insuficiencias de la lucha de clases; se presta atención al ascenso de las clases medias, a las transformaciones correlativas del capitalismo y de la psicología de las masas, etc.

En cuanto a las construcciones positivas, las más audaces vuelven abiertamente la espalda a las tesis marxistas (sin detenerse demasiado en su crítica). Este es principalmente el caso de los jóvenes laboristas británicos que han redactado los *Nuevos ensayos fabianos* (1952). Estos autores, comprobando el agotamiento ideológico de su partido y el fracaso del pragmatismo de los años 1900-1930, y dando como seguro que el "socia-

---

[29]   Léon Blum lanzó entonces su célebre: "Os confieso que estoy espantado".
[30]   Pero no es un agravio observar que esta crítica se ha desarrollado principalmente en panfletos, en obritas rápidas y no sistemáticas. Todavía no ha producido grandes obras.

lismo administrativo" de los primeros fabianos y el dogma de la planificación no constituyen ya artículos específicos de un pensamiento socialista, se asignan la tarea de elaborar "una teoría moderna del socialismo" (Richard H. S. Crossman). "La principal tarea del socialismo en nuestros días es impedir la concentración del poder, sea en manos de los cuadros superiores de la industria, sea en manos de la burocracia estatal; en una palabra, repartir las responsabilidades y ampliar de esta forma la libertad de elección" (R. H. S. Crossman). Frente a la actual sociedad tecnocrática y "estatista" —que no es seguramente ya la sociedad capitalista, pero tampoco la sociedad "socialista"—, el socialismo no puede encerrarse en reivindicaciones rebasadas (servicios sociales gratuitos, nacionalizaciones, reforzamiento del dirigismo, redistribución de los ingresos mediante el impuesto directo); el socialismo sólo volverá a encontrar su dinamismo cuando proponga, además, a los trabajadores formas que les den "el sentimiento de una efectiva participación en la elaboración de las decisiones" (C. A. R. Crosland). "Igualdad" y "Responsabilidad" son los temas fundamentales del socialismo. En cuanto a los medios, los principales son: desenvolvimiento de la cultura y de las posibilidades de un libre desarrollo, democracia industrial y gestión, organización social de la industria, etc. [31].

Estos esfuerzos comienzan a afectar en Gran Bretaña, Alemania, Noruega y Suecia a los aparatos dirigentes de los partidos socialistas. Pero, incluso en estos países, queda mucho por hacer.

2.º TOMA DE CONCIENCIA DE LAS TAREAS INTERNACIONALES DEL SOCIALISMO.—Es en este tema donde la renovación es, sin duda, más patente.

La problemática de los caminos y de los objetivos del socialismo se ha ampliado, desde 1945, a las dimensiones de los problemas internacionales que condicionan el futuro de la humanidad: rivalidad Este-Oeste, amenazas de destrucción por obra de las nuevas armas, desarrollo de los nacionalismos asiático y africano, asistencia a los países insuficientemente desarrollados, etc. Numerosos son los socialistas que, trágicamente, han adquirido conciencia de la terrible pobreza del pensamiento socialista frente a estos problemas. Por esta razón abundan las obras y ensayos dedicados a estos temas [32]. Estos socialistas son conscientes del hecho de que únicamente el socialismo puede aportar respuestas a estos problemas, pero a costa de un serio trabajo de reflexión. Es patente la diferencia entre el pacifismo y el internacionalismo algo lírico de los socialistas de los años 1919-1939, y las preocupaciones más "técnicas" de organización internacional de los socialistas contemporáneos.

3.º EL ENDURECIMIENTO ANTISOVIÉTICO.—Constituye el fenómeno más masivo del socialismo desde 1945. Ha concluido la época de los "complejos" y de los arreglos ante el leninismo-stalinismo. El resentimiento y la conciencia de que el destino de las democracias liberales está ligado a la fuerza económica y militar de los Estados Unidos han empujado a la casi totalidad de los socialistas al "campo occidental" (o "mundo libre"). Sin embargo, algunos conservan una preocupación de independencia frente a los Estados Unidos y buscan en la construcción de la comunidad europea un instrumento de relativo equilibrio. Más escasos son quienes señalan al socialismo el camino de un neutralismo activo, al servicio de la coexistencia pacífica y de la cooperación de todos los Estados técnicamente evolucionados en favor de los pueblos insuficientemente desarrollados.

4.º EN BUSCA DE UNA ÉTICA.—El problema de una ética del socialismo —que era ya el de Proudhon, el de Bernstein, el de Henri de Man— continúa siendo la gran búsqueda del socialismo moderno.

Esta necesidad se afirma hoy de la forma más categórica. Ha desaparecido cualquier vacilación. El socialismo es, en primer lugar —únicamente, dirán algunos—, la afirmación de un imperativo ético. El tema resulta dominante, tanto en Léon Blum (A l'èchelle

---

[31]   En Francia se ha realizado un esfuerzo comparable. Véase Jules MOCH en *Confrontations*, y André PHILIP en *La démocratie industrielle* y *Le socialisme trahi*.

[32]   En Francia Jules Moch se ha interesado por los problemas diplomáticos y estratégicos (véase *La folie des hommes*, R. Laffont, 1954), y André Philip por la descolonización y la construcción de una Europa socialista. En Gran Bretaña estos problemas han sido tratados por Bevan (*In place of fear*, 1951) [Hay traducción española: *En lugar del miedo*, trad. de Carlos Peralta, Buenos Aires, Editorial Renacimiento, 1955, 200 págs.] y por los jóvenes neofabianos.

humaine, escrita en 1941) como en André Philip *(Le socialisme trahi,* 1957) y en los jóvenes laboristas ingleses.

Es preciso indicar la convergencia de esta orientación con la que se bosqueja en algunos intelectuales marxistas-leninistas sospechosos de "revisionismo". Pero también se ha de señalar que esta búsqueda de una ética para un nuevo socialismo ha conducido a un acercamiento —que se bosquejaba ya en la Francia de los años 1930— entre la ideología socialista y algunos movimientos de inspiración cristiana [33]. Sin querer forzar acercamientos —muchos fracasados y otros apenas esbozados—, cabe concluir que las tentativas de renovación y de re-examen del pensamiento socialista han hecho las fronteras ideológicas más imprecisas de lo que eran antes de 1939 y, sobre todo, antes de 1914.

SECCION III
Fascismo y nacionalsocialismo.

Problemas de terminología: fascismo y totalitarismo.—En el lenguaje corriente el término "fascismo" no sólo designa la doctrina de la Italia fascista, sino también la de la Alemania hitleriana y la de todos los regímenes de inspiración más o menos comparable (España de Franco, Portugal de Salazar, Argentina de Perón, etc.).

No sería cosa de romper con un uso tan profundamente afianzado. Pero hay que subrayar que este uso es de lo más discutible: asimila dos sistemas —nacionalsocialismo y fascismo— análogos, sin duda, en varios aspectos, pero surgidos en contextos diferentes y expresados con una variable amplitud. Estrictamente hablando, es preferible reservar el término "fascismo" para la Italia de Mussolini y emplear el de "nacionalsocialismo" al tratar de la Alemania de Hitler.

Desde hace algunos años se emplea mucho el término "totalitarismo", especialmente por Carl J. Friedrich en Estados Unidos. El término es cómodo, pero procede también de una discutible asimilación entre las "dictaduras fascistas" y el régimen soviético. Carl J. Friedrich no niega las diferencias que separan a estos dos tipos de régimen, pero estima: 1.º Que se encuentran más próximos entre sí que de cualquier otro régimen político; 2.º Que se trata de un fenómeno exclusivo del siglo XX, época de la tecnología moderna y de la democracia de masas. Según Friedrich y su escuela, el totalitarismo es profundamente diferente de las tiranías, de las dictaduras, de los despotismos anteriores. En su libro *Totalitarian dictatorship and autocracy,* escrito en colaboración con Z. Brzezinski, distingue seis criterios del totalitarismo: 1.º Una ideología oficial, es decir, un cuerpo oficial de doctrina que cubre todos los aspectos de la vida humana; 2.º Un sistema de partido único dirigido por un dictador; 3.º Un sistema de control policíaco; 4.º La concentración de todos los medios de propaganda; 5.º La concentración de todos los medios militares; 6.º El control central y la dirección de toda la economía.

Se advertirá que cinco de estos criterios son de orden institucional y sólo uno —el primero— de orden ideológico. Aunque las instituciones de los diferentes países "totalitarios" son comparables, en muchos aspectos, en lo que concierne a las ideologías las semejanzas distan mucho de ser tan manifiestas. El empleo de la palabra "totalitarismo" arroja el resultado —que quizá en algunos es el objetivo— de ocultar las diferencias que derivan de la esencia misma del régimen y de sugerir paralelos no siempre convincentes.

Primado de la acción.—El fascismo no es una doctrina; y el nacionalsocialismo lo es menos aún. "Nuestra doctrina es el hecho", declara Mussolini en 1919; no cesa de repetir que la acción prima sobre la palabra, que el fascismo no necesita un dogma, sino una disciplina: "Los fascistas —escribe en 1924— tenemos el valor de rechazar todas las teorías políticas tradicionales; somos aristócratas y demócratas, revolucionarios y reaccionarios, proletarios y antiproletarios, pacifistas y antipacifistas. Nos basta con tener

---

[33]   Bastaría con citar —entre muchos otros— los esfuerzos de la revista *Esprit* o del movimiento "Christianisme social" en Francia, y los de los discípulos de Dossetti en Italia. Sobre Mounier y *Esprit* véase más adelante pág. 632.

un punto de referencia: la nación". Sólo hacia 1929-30 sentirá Mussolini la necesidad de dar al fascismo una doctrina. Aun así, esa doctrina es no poco imprecisa y oportunista.

En cuanto a Hitler, se niega durante la campaña electoral de 1933 a presentar un programa: todos los programas son inútiles —dice—, lo que importa es la voluntad humana; *Mein Kampf* es una autobiografía apasionada y un llamamiento a la acción, mucho más que una obra doctrinal. Las manifestaciones de Hitler a Rausching son las de un hombre obsesionado por algunas ideas fijas, en absoluto las de un teórico.

La doctrina de Mussolini o de Hitler, de Ciano o de Rosemberg, se reduce, pues, a un reducido número de principios, que son esencialmente principios para la acción. Pero ni el fascismo es tan sólo la doctrina de Mussolini, ni el nacionalsocialismo se reduce a las ideas políticas de Hitler. Los principios o las instituciones importan menos que la adhesión al sistema; y las aberraciones o crímenes de algunos, menos que el cheque en blanco que se les entregó. Algunas obras, como la del Dr. François Bayle, *Psychologie et éthique du national-socialisme* (P. U. F., 1953), tienden a presentar a los dirigentes como hombres profundamente depravados en su mayoría, o psicológicamente desequilibrados. La tesis es interesante, pero el estudio de los dirigentes no debe hacer olvidar a los dirigidos. En otros términos, resulta más conveniente que analizar el contenido de la doctrina fascista o de la nacionalsocialista, discernir las causas que explican su difusión.

1.º *Un nacionalismo de vencidos.*—El fascismo y el nacionalsocialismo nacieron de la guerra. Fueron, en primer lugar, una reacción de humillación nacional ante la derrota. Expresaron también la desorientación de los antiguos combatientes, en quienes la guerra dejó una profunda huella y que se sentían extraños en su propio país (cf. la novela de Ernst von Salomon, *Les réprouvés*).

Las agrupaciones de antiguos combatientes formaron el primer núcleo de las organizaciones fascistas y nacionalsocialistas [34]. En Francia los antiguos combatientes jugaron un papel importante en las Ligas de la década 1930. Sin embargo, los movimientos de antiguos combatientes en Francia durante el período 1918-1939 nunca tuvieron la violencia de las agrupaciones similares de Italia y, sobre todo, de Alemania. Los antiguos combatientes franceses nunca olvidaron que habían sido vencedores, ni los antiguos combatientes alemanes que pertenecían a una nación derrotada. El fascismo y el nacionalsocialismo no son sólo movimeintos de exaltación nacional. Se trata también de un nacionalismo de vencidos, de humillados.

2.º *El "verdadero socialismo".*—El fascismo y el nacionalsocialismo nacieron de la miseria y de la crisis, del paro y del hambre. Aparecen en su origen como movimientos de desesperanza y de rebeldía contra el liberalismo y los viejos mitos de la máquina y del progreso: el libre juego de los intereses económicos no produce más que catástrofes, la salvación sólo puede venir de una nueva forma de socialismo, del nacionalsocialismo...

---

[34] Sobre este problema véase René RÉMOND, "Les anciens combattants et la politique", *Revue française de science politique*, abril-junio de 1955, págs. 267-290.

Así, Goebbels afirma que el nacionalsocialismo es el "verdadero socialismo", que no consiste en alzar unas clases contra otras, sino en hacerlas vivir juntas, en unirlas en el seno de la comunidad nacional. Concepción evidentemente antimarxista, pero que se inscribe en el término de una larga tradición: la de Fichte y su *Estado comercial cerrado*, la de List y su *Sistema nacional de economía política*, la de Rodbertus, Lassalle y Dühring, la de los "doctrinarios de la revolución alemana" —entre los que hay que citar, sobre todo, a Oswald Spengler y Arthur Moeller Van den Bruck—. La obra más característica de Spengler —más característica que su *Decadencia de Occidente*, más conocida, sin embargo— es sin duda *Preussentum und Sozialismus*, publicada en Munich en 1920. Spengler expone en ella la misión de Alemania: defender las fronteras de la civilización europea contra Asia y las razas de color. La democracia política ha degenerado a causa de la industrialización y de un excesivo intelectualismo. Es preciso purgar al socialismo de las referencias marxistas al internacionalismo y a la lucha de clases, e incorporarlo a la tradición prusiana de disciplina y de autoridad.

Moeller Van den Bruck afirma en su libro *Das Dritte Reich*, publicado en Hamburgo en 1923, que "cada pueblo tiene su socialismo". Marx, como judío, es ajeno al sentimiento nacional; el verdadero socialismo nacional no es materialista, sino idealista; la lucha de clases debe ser substituida por la solidaridad nacional; sólo una nación unida es lo suficientemente fuerte como para subsistir en el caos universal.

En cuanto a Mussolini, afirma también que el fascismo es una filosofía, y que esa filosofía es, ante todo, espiritualista: "El Estado es una fuerza, pero una fuerza espiritual". También él condena la lucha de clases: "El fascismo —escribe— se opone al socialismo que inmoviliza el movimiento histórico en la lucha de clases y que ignora la unidad del Estado, que funde las clases en una sola realidad económica y moral". El haz de lictores (*fascio*) es el símbolo de la unidad, de la fuerza y de la justicia.

Es evidente que las declaraciones "socialistas" de los fascistas son, en amplia medida, tácticas y verbales. A pesar de su pretensión de realizar el "verdadero socialismo", ni el fascismo ni el nacionalsocialismo menoscabaron en lo más mínimo el poder de la oligarquía y del gran capital; por el contrario, los industriales del Ruhr y de la Lombardia y los grandes terratenientes italianos no escatimaron su apoyo a Hitler y Mussolini (cf. el libro de Daniel Guérin, *Fascisme et grand capital*). El fascismo y el nacionalsocialismo se nos muestran así como "dictaduras conservadoras" (Maurice Duverger).

Una buena parte de las cuadrillas fascistas e hitlerianas se reclutaron en las clases medias, en los cuadros de la industria y del comercio, entre los pequeños campesinos, entre los artesanos. Ambas dictaduras reclutan sus jefes, y sobre todo sus jefes subalternos, en las categorías sociales amenazadas de proletarización, condenadas a muerte por la evolución económica y más duramente castigadas en períodos de crisis.

Un biógrafo de Mussolini, Paolo Monelli, se ha interesado en demostrar que el Duce era el tipo mismo de "pequeño burgués" (*Mussolini piccolo borghese*. Milán. Ed. Garzanti, 1954). Sin embargo, no hay que concluir, demasiado precipitadamente, que "el fascismo es una revolución hecha por

las clases medias". Aunque éstas proporcionaron los cuadros y los principales rasgos de la ideología, el fascismo encontró adeptos en todos los medios sociales, incluso en los medios proletarios. Es necesario denunciar
una imaginería, procedente de un elemental populismo, que tiende a representar al fascismo como un movimiento pequeño-burgués financiado por el
gran capital, con exclusión de toda participación popular.

La realidad es más compleja. Las informaciones, desgraciadamente in-
suficientes, que poseemos sobre la sociología del fascismo prueban la hete-
rogeneidad del reclutamiento. En 1921, entre 150.000 inscritos en el partido
fascista encontramos 18.000 propietarios rurales, 14.000 comerciantes,
4.000 industriales, 10.000 miembros de profesiones liberales, 22.000 empleados (de los que un tercio son funcionarios) y casi 20.000 estudiantes, o
sea, 90.000 miembros no obreros; sin embargo, los otros 60.000 se reclutan entre los obreros agrícolas (que forman la categoría más numerosa) y
entre el proletariado urbano. En Alemania la curva de adherentes al partido
nacionalsocialista es casi exactamente paralela a la curva de paro (cf. el
cuadro de la pág. 190 del libro de M. Crouzet, *L'époque contemporaine,*
P. U. F., 1957).

3.º *El fascismo como poesía.*—El fascismo da a estos elementos procedentes de todas
las clases sociales una mística común. El fascismo —escribe Robert Brasillach— es "la
poesía misma del siglo xx". Poco antes de ser ejecutado, Brasillach se declara fiel al
"fascismo universal de la juventud; el fascismo, nuestro mal del siglo...".

— Poesía del grupo y de la multitud, de las veladas en común, de los cantos colectivos; el fascismo es para Brasillach, ante todo, una amistad.

— Poesía de la disciplina y del orden, en el sentido medieval del término. Los
"balillas" de Mussolini son una especie de orden cerrado, con iniciación, juramento, etc. Es
este tema del orden el que ejerce una seducción tan viva sobre Montherlant y le lleva
a escribir *Le solstice de juin,* antes de adherirse altivamente al orden burgués. Del Orden
al orden: Montherlant, o la desaparición de una mayúscula.

— Poesía de la juventud y del cuerpo, de la vida física, del aire libre. "Con
Doriot —escribe Drieu La Rochelle, que también soñó con un "socialismo fascista"— la
Francia del *camping* vencerá a la Francia del aperitivo y de los Congresos." Y añade:
"La más profunda definición del fascismo es la siguiente: es el movimiento político que
camina más abierta y radicalmente hacia la gran revolución de las costumbres, de la
restauración del cuerpo —salud, dignidad, plenitud, heroísmo—, de la defensa del hombre
contra la gran urbe y contra la máquina."

— Poesía de la acción y del peligro, poesía de la guerra, exaltación de las virtudes
viriles. Unicamente la guerra permite al hombre mostrar de lo que es verdaderamente
capaz; establece, por encima de las fronteras, la misteriosa fraternidad de los combatientes. De esta forma, la guerra puede ser el preludio de una reconciliación general,
favoreciendo al advenimiento de una sociedad europea (tema muy manifiesto en Drieu),
de un fascismo universal.

Estos temas no son exclusivos de los fascistas franceses.

EL "JEFE CARISMÁTICO".—Por consiguiente, el fascismo, antes que una
política, es una mitología. Más que proponer un programa, impone un estilo.
Tiene el sentido de la decoración, de la multitud, de la escenificación, de
los grandes símbolos. Mussolini pone al régimen fascista bajo el signo de
la antigua Roma (dictadura, fascios, lictores, *mare nostrum,* etc.). Hitler
invoca, en servicio del nacionalsocialismo, todos los poderosos mitos del
romanticismo alemán: noches de Núremberg, "nido de águila" de Berchtes-

gaden, apoteosis pagana de los Juegos Olímpicos de 1936 (cf. el *film* de Leni von Rieffenstahl)...

De esta forma, entre el jefe y su pueblo se establece una comunicación de la que hasta entonces ningún régimen político había ofrecido equivalente. Comunicación tan estrecha, de naturaleza casi física, que adopta las formas de una histeria colectiva. Según Alfred Rosenberg, que emplea abundantemente las metáforas biológicas, el jefe tiene como tarea esencial "asegurar la circulación de la sangre racial": "El pueblo es al jefe lo que lo inconsciente es a la conciencia". Se produce así una especie de hipnosis; la presencia del jefe suscita el éxtasis. Un alto magistrado alemán expresa de la siguiente manera sus reacciones ante Hitler:

"Llegó entonces el gran escalofrío de felicidad. Yo le miré a los ojos y él me miró a los míos, y no tuve más que un deseo: entrar en mí para quedarme solo con esa impresión inmensa que me abrumaba." Un antiguo militante confiesa a Hermann Rauschning —que transcribe esta conversación en *La révolution du nihilisme*—: "La persona del Führer debe retirarse cada vez más en el secreto, en el misterio. Deberá manifestarse únicamente mediante actos sorprendentes, mediante escasos discursos, cuando la nación se encuentra en un giro decisivo de su destino. El resto del tiempo se difuminará al igual que el creador tras la creación, a fin de aumentar el misterio y el poder de acción... Podría llegar el día en el que hubiese que sacrificar al Führer para realizar su obra. Sus propios camaradas de partido, sus fieles, deberán entonces sacrificarlo."

Algunos autores —como Roger Caillois—, apoyándose en textos de este género, han evocado, empleando la terminología de Max Weber, el "poder carismático" del Führer [35]: "Existo en vosotros y vosotros existís en mí" (cf. la importancia que tienen en Hitler las metáforas del tambor y del imán: el jefe es el "resonador del alma colectiva", el "catalizador de la energía nacional", etc.).

LA DESIGUALDAD.—Por consiguiente, tanto el fascismo como el nacionalsocialismo afirman la primacía de lo irracional: "No es la inteligencia que corta los cabellos en cuatro la que ha sacado a Alemania de su desamparo —manifiesta Hitler a sus leales—; la razón os hubiese desaconsejado venir a mí, sólo la fe os lo ha mandado". No se trata sino de "creer, obedecer, combatir".

Mussolini e Hitler reencuentran así la concepción soreliana del mito, que excita a las multitudes y las hace vibrar en un mismo arrebato. "Hemos creado nuestro mito —exclama Mussolini en 1922—; nuestro mito es la nación, la grandeza de la nación". Y Rosenberg titula su libro: *El mito del siglo XX*.

Este irracionalismo se acompaña, naturalmente, de una concepción antiigualitaria de la sociedad. El fascismo y el nacionalsocialismo son hostiles a los principios de la democracia igualitaria y del sufragio universal. Mussolini denuncia la ley del número. El fascismo —dice— no consiente que el número, por el simple hecho de que es un número, pueda dirigir las socie-

---

[35] El "charisma" es, literalmente, un don de la gracia. Friedrich y Brzezinski discuten el empleo de esta expresión con respecto a Hitler. Según Max Weber, el "jefe carismático", opuesto al "jefe tradicional" y al "jefe racional", era Moisés, Cristo, Mahoma; Hitler no pertenece a este tipo.

dades humanas. Niega que el número pueda gobernar por medio de una consulta periódica. Afirma la desigualdad irremediable, fecunda y bienhechora de los seres humanos... Hitler mantiene una postura análoga: "Es más fácil ver a un camello pasar por el ojo de una aguja que descubrir un gran hombre por medio de la elección". Y afirma: "La historia del mundo está hecha por las minorías".

Aparece así en primer plano el tema de la *élite*. Ni Mussolini ni Hitler se preocupan mucho por el origen de las *élites*, por su formación. Existen, y esto es lo esencial. Resulta sorprendente comprobar que el tema de la *élite* halla en la misma época igual favor entre los partidarios del fascismo que entre aquellos que —como los tecnócratas de antes de 1939— intentan salvar la democracia liberal haciéndola más eficaz. El tema de la *élite*, producto de un irracionalismo o de un utilitarismo frecuentemente elementales, ha tenido un destino ambiguo. En Mussolini se trata más bien de la superioridad de los gobernantes, los únicos dignos de gobernar, en tanto que Hitler parece pensar más bien en la superioridad de la raza aria y en la misión del pueblo alemán. "El papel del más fuerte —dice— consiste en dominar, no en fundirse con el más débil." En cuanto a los débiles, deben reconocer la superioridad de los fuertes; el papel del Estado consiste precisamente en "fundir las clases en una sola realidad económica y moral".

El Estado.—El fascismo conduce así a la exaltación del Estado, instrumento de los fuertes y garantía de los débiles.

Primacía del Estado: el Estado es todo, es omnipotente. Los individuos están totalmente subordinados al Estado: todo para el Estado, todo por el Estado.

Unidad del Estado. El Estado es un todo, un bloque. El Estado totalitario no tolera la separación de poderes; la noción de contrapeso, tan del gusto de Montesquieu o Tocqueville, resulta incompatible con el Estado totalitario. Totalitarismo político: es aniquilada toda oposición. Totalitarismo intelectual: verdad de Estado, propaganda, movilización de la juventud. Dentro del Estado no existe más que el Estado. De ahí deriva la famosa fórmula de Mussolini en la Scala de Milán: "Todo en el Estado, nada fuera del Estado".

Las nociones de primacía y unidad del Estado se hallan estrechamente ligadas: "Lo que se denomina la crisis —afirma Mussolini— no puede ser resuelta sino por el Estado y en el Estado".

Fascismo y nacionalsocialismo subordinan la economía a la política y afirman la primacía de lo político: "El Estado —según Hitler— es un organismo racial y no una organización económica". Y en el momento crítico de la inflación exclamará: "La economía es un asunto secundario; la historia del mundo nos enseña que ningún pueblo ha llegado a ser grande por su economía".

Según M. Prélot, la dictadura de Mussolini es, al tiempo, una "estatocracia", una monocracia y una autocracia. Nadie llevó, sin duda, tan lejos la exaltación del Estado como Mussolini. Para él el Estado es "la conciencia misma y la voluntad del pueblo", "la verdadera realidad del individuo".

Mussolini habla del Estado como de un ser viviente, como de un organismo; sin embargo, el Estado no es sólo un cuerpo: "es un hecho espiritual y moral", "la conciencia inmanente de la nación", "tiene una voluntad, y, por esta razón, se le denomina Estado ético".

Para Mussolini el Estado es una realidad anterior y superior a la nación. El Estado es quien crea a la nación, quien le permite florecer. Las confidencias de Mussolini, relatadas por Ciano, prueban sobradamente que el Duce no se hacía muchas ilusiones sobre las virtudes cívicas y militares de la nación italiana: la grandeza de Italia debe ser obra del Estado fascista y sólo de él. Más que una teoría de la nación-Estado, el fascismo es una teoría del Estado-nación. "No es la nación —expone Mussolini— quien ha creado el Estado, como en la vieja concepción naturalista que servía de base a los estudios de los publicistas de los Estados nacionales del siglo XIX. Por el contrario, la nación es creada por el Estado, que da al pueblo, consciente de su propia unidad moral, una voluntad y, por consiguiente, una existencia efectiva."

El nacionalsocialismo concibe de otra forma las relaciones entre el Estado y la nación. El Estado nacionalsocialista no desempeña más que un papel de instrumento, de aparato. La realidad fundamental es el *Volk* (imperfectamente traducido por "pueblo"). El pueblo alemán no es sólo el conjunto de los alemanes del siglo XX; es una realidad histórica y biológica, la raza alemana y la historia de Alemania a un tiempo. Así, pues, el Estado nacionalsocialista no es sino un momento del destino alemán. Esta concepción del Estado, considerado como la emanación del *Volk*, es profundamente diferente de la concepción fascista. Las diferencias se explican, a la vez, por la fuerza de las tradiciones germánicas, por la influencia de los filósofos y de los historiadores alemanes y, sobre todo, por el hecho de que el Estado alemán, en el momento en que Hitler accede al Poder, tiene una distinta consistencia que el Estado italiano posterior a la guerra. Mussolini tuvo que forjar el Estado italiano; Hitler no tuvo que crearlo, sino que utilizarlo, dándole una mística.

RASGOS PARTICULARES DEL FASCISMO: EL CORPORATIVISMO.—La principal particularidad del fascismo italiano es su corporativismo: Ministerio de Corporaciones, Consejo Nacional de Corporaciones, Cámara de Fascios y Corporaciones. A primera vista este corporativismo hace pensar en la doctrina de Acción Francesa, en la teoría de los cuerpos intermedios; por esta razón la doctrina de Mussolini era mencionada elogiosamente por una parte de la derecha francesa que no disimulaba su hostilidad hacia la Alemania hitleriana. En realidad, el corporativismo fascista se parecía sólo muy superficialmente al corporativismo de Acción Francesa, que era esencialmente un medio de contrabalancear la influencia del Estado. Las corporaciones italianas estaban, por el contrario, al servicio del Estado. Como dice Gaëtan Pirou, "se trata mucho menos de un sistema auto-organizador de los intereses económicos que de una ingeniosa presentación tras la que se adivina el poder político, que ejerce su dictadura tanto sobre la economía como sobre el pensamiento". Se trata menos de un corporativismo análogo al del Antiguo Régimen que de una teoría del Estado corporativo. Las instituciones corporativas no hacen sino testimoniar la domesticación de los intereses económicos. La palabra "corporación", en la doctrina fascista, debe tomarse en su sentido etimológico de "constitución en cuerpos", esa constitución en cuerpos que es la función esencial del Estado, la que asegura su unidad y su vida.

RACISMO Y ESPACIO VITAL EN LA DOCTRINA NACIONALSOCIALISTA. — Las ideas políticas de Hitler proceden, según Alan Bullock, del más puro darwinismo: los principios fundamentales de su política son la lucha (*Kampf* posee un sentido mucho más fuerte que "lucha"), la raza y la desigualdad —que se oponen al pacifismo, al internacionalismo y a la democracia—. Habían sido expuestas ya, años atrás, teorías racistas, especialmente por Vacher de Lapouge (*El ario y su papel social*, 1899), por Gobineau y por Houston Stewart Chamberlain (*Los fundamentos del siglo XIX*, 1899). Pero el racismo nacionalsocialista, tal y como está expresado en el capítulo XI de *Mein Kampf*, titulado "Volk und Rasse", o por Alfred Rosenberg en *El mito del siglo XX*, carece realmente de precedentes: "Los pueblos que renuncian a mantener la pureza de su raza, renuncian al tiempo a la unidad de su alma... La pérdida de la pureza de la sangre destruye la felicidad interior, rebaja al hombre para siempre, y sus consecuencias corporales y morales son imborrables". Nunca hasta entonces se había expresado el antisemitismo con tanta violencia. Nunca, sobre todo, un Estado había intentado exterminar sistemáticamente a todos aquellos cuya raza era denunciada como impura.

Mientras que el imperialismo fascista procede tanto de reminiscencias antiguas como del deseo de extender el poderío italiano, la doctrina del "espacio vital" (*Lebensraum*) se encuentra estrechamente ligada a la del pueblo y a la de la raza. El pueblo alemán, organismo viviente, tiene necesidad de espacio para vivir. La geopolítica viene en apoyo de las pretensiones alemanas, que recogen las ambiciones del pangermanismo. Pero el pangermanismo hitleriano difiere profundamente del pangermanismo de los años anteriores a 1914. En la Alemania de Guillermo II el pangermanismo estaba principalmente inspirado por la búsqueda de mercados y salidas para las mercancías, por la ávida concurrencia de las economías nacionales. El pangermanismo hitleriano no descansa en un análisis profundo de las realidades económicas; es más político que económico, es autárquico y no expansionista. Hitler afirma en 1932 que no se conquista el mundo por medios económicos; el poder del Estado es el que crea las condiciones necesarias para el comercio, y no el comercio quien favorece la expansión política. La doctrina del "espacio vital", política, militar, mística, es antieconómica: se trata de hacer entrar en el Reich a todos aquellos que deben formar parte de él, incluso si son pobres, incluso si el nivel de vida de cada uno debe sufrir por ello. El número importa más que el bienestar, y el poder más que la riqueza.

De esta forma, Alemania hitleriana se instala en la economía de guerra. La lógica del sistema reclama la guerra, y el régimen hitleriano, tras brillantes victorias, acabará por sucumbir en ella.

*   *   *

EL FRANQUISMO.— Las instituciones de la España franquista son, en muchos aspectos, análogas a las de la Italia fascista, pero ambos sistemas son profundamente distintos.

1º. El franquismo se estableció en un país duro, pobre, poco industrializado, que conservaba la nostalgia de su grandeza pasada, pero que hacía tiempo que había dejado de desempeñar un papel importante en la política mundial, y ya no reivindicaba misión imperial alguna al estilo de la Italia fascista.

2º. Mientras que el fascismo había triunfado pacífica y legalmente, el franquismo se impuso mediante un golpe de Estado, seguido de una guerra civil cuyo recuerdo no se extingue. En la opinión francesa, y especialmente entre los católicos, la guerra española provocó una crisis comparable a la del caso Dreyfus; de una parte, se encontraban aquellos que consideraban el franquismo como una nueva cruzada; de otra, Bernanos, Mauriac, Malraux, Camus, los Brigadas internacionales... Son numerosos los franceses que nacieron a la política precisamente con la contienda española.

El régimen franquista ha evolucionado considerablemente después de la guerra: de la imitación de los regímenes fascistas ha derivado hacia una democratización parcial y hacia la restauración de la monarquía. La ideología franquista, enormemente fluida y sensible a las influencias, ha seguido la curva de la política española, y sus líneas maestras parecen ser las siguientes:

a) El régimen se apoya en la Iglesia Católica, con abundantes referencias a la primacía de lo espiritual, a los valores cristianos, a la misión de Occidente. La pureza del catolicismo español se opone decididamente a los desórdenes e imprudencias del francés.

b) Otro pilar básico del régimen es el Ejército. Fue éste quien condujo a Franco al poder, y con él se cuenta para mantener el orden. La doctrina franquista es eminentemente jerárquica y autoritaria.

c) El orden franquista es el de la propiedad y el de una jerarquía social más rígida que en otras partes, pues la clase media española se encuentra muy lejos de tener el mismo poder que la italiana o la alemana. En España, un foso profundo separa todavía a la aristocracia del proletariado; y, por lo tanto, la sociología del franquismo es muy diferente de la del fascismo.

d) En cuestiones de política exterior, los dos puntos esenciales del franquismo, después del hundimiento del nacionalsocialismo y del fascismo, son el tema de la *hispanidad* (es decir, de la solidaridad entre los países de América latina) y los esfuerzos para mantener relaciones estrechas con el mundo árabe. La propaganda fascista repite de buen grado que España es el único país europeo que comprende al mundo árabe y que favorece sus aspiraciones.

*   *   *

LA «REFERENCIA SALAZAR».— En su manual de *Derecho constitucional e instituciones políticas*, Maurice Duverger distingue las «dictaduras paternalistas» (la España de Franco y el Portugal de Salazar) y las «dictaduras republicanas» (la Turquía kemalista).

La expresión «dictadura paternalista» parece ajustarse mejor al Portugal de Salazar que a la España de Franco. Todo está en la penumbra en este país, en el que la vida política se ve reducida a su manifestación más rudimentaria, las pasiones se ven amortiguadas, el tiempo parece haberse detenido; donde reina lo que unos llaman moderación y los otros conformismo. Franquismo virtuoso, paternal, pleno en referencias a la moral y la honradez. Las alabanzas a Salazar son ya tradicionales en ciertos círculos de la derecha francesa, y los libros dedicados a su mayor gloria son incontables.

*   *   *

Estos acontecimientos, que evolucionan con excesiva rapidez, plantean dos interrogantes. El primero se refiere a Francia: ¿podemos hablar de un fascismo francés? El otro es de tipo más general: ¿ha sobrevivido esta ideología al fin de la Italia fascista y de la Alemania hitleriana?

EL FASCISMO FRANCÉS.— Sería vano negar que tanto el fascismo como el nacionalsocialismo han encontrado adeptos en Francia; pero, como demuestra René Rémond al analizar la ideología de la «Croix de feu», sería sin duda excesivo, a pesar de algunas analogías, el calificar como fascistas, en sentido estricto, a los grupos cuyas tendencias profundas eran conservadoras: el desprecio de los «verdaderos» fascistas hacia estos seudo-fascistas de kermesses y de mercadillos de caridad resulta muy revelador (cf. el testimonio de Jean-Pierre Maxence en su *Histoire de dix ans* o el de Brasillach en *Notre avant-guerre*).

De hecho, el fascismo francés sólo se había conseguido introducir, antes de 1939, en círculos muy restringidos, y, dejando aparte al P.P.F. de Doriot, se trataba sobre todo de un fascismo de intelectuales: de discípulo de Normal (Brasillach), de joven antiguo combatiente (Drieu La Rochelle), de hidalgo campesino (Alphonse de Chateaubriant), el truculento de un Rebalet, el académico de un Abel Bonnard; un fascismo, en suma, muy literario. Mientras que en Alemania e Italia se miraba a los intelectuales con suspicacia, el fascismo francés, completamente ajeno a las realidades económicas, tendía a confundir política y literatura, a hacer poesía del fascismo.

¿SUPERVIVENCIA DEL FASCISMO?— "Yo me digo que esto (el fascismo) no puede morir", escribía Brasillach en la cárcel unos días antes de su muerte. Los acontecimientos de estos últimos años no han decepcionado esa esperanza. Sin embargo, hay que cuidarse de identificar a la Argentina peronista o al Egipto de Nasser con la Alemania de Hitler o la Italia de Mussolini. Las ideologías autoritarias que se propagan por América latina o por el Oriente Medio no son reducibles a los esquemas tradicionales del fascismo. Su éxito no se explica ni por la acción del gran capital (que era en Argentina muy hostil al peronismo), ni por el temor de las clases medias (cuya influencia no es comparable a la de los países occidentales), ni por la crisis económica (el peronismo se produjo en pleno período de prosperidad). Las ideologías autoritarias o totalitarias surgidas después de la guerra son, más que fascismos según el modelo tradicional, nacionalismos de países subdesarrollados[37].

Queda por saber si la conjunción de una humillación nacional, de una crisis social y de un hastío general hacia la política y los políticos, puede favorecer en nuestros días, en algún país occidental, el advenimiento de un fascismo en regla. Sería sin duda aventurado descartar categóricamente tal eventualidad.

SECCION IV

Meditaciones sobre la decadencia y tentativas de renovación.

La expansión del comunismo y el brusco desarrollo de los fascismos dominan manifiestamente la historia de las ideas políticas en el siglo xx. Pero es evidente que la historia del siglo xx no se reduce a la del comunismo y a la de los fascismos. El liberalismo y el conservadurismo continúan siendo ideologías ampliamente extendidas, pero los doctrinarios liberales y conservadores se preguntan si no ha concluido ya la era de un determinado liberalismo y de un determinado conservadurismo, si las ideologías legadas por el siglo xix no deben ser superadas o, al menos, revisadas. Dos giros son de empleo corriente: "más allá" y "neo": *Au delà du marxisme* (Henri de Man, 1927); *Au delà du nationalisme* (Thierry Maulnier, 1938)... Neoliberalismo, neoconservadurismo, neonacionalismo, neosocialismo, neocorporativismo... Queda por medir lo que haya de realmente nuevo en estas tentativas de renovación: tal será el objeto de las páginas que siguen.

---

[37] Sobre el nacionalismo de los países subdesarrollados, véase más adelante págs. 633-635.

1. Meditaciones sobre la decadencia y reflexiones sobre las "élites".—
1.º EL TEMA DE LA DECADENCIA.—Desde comienzos de siglo el tema de la
decadencia está a la orden del día: "decadencia de las naciones", *déclin
de l'Europe* [38], "decadencia de Occidente" [39], *décadence de la liberté* [40],
décadence de la nation française [41]. El tema no era nuevo, pero a partir de
la segunda guerra mundial ha conocido una amplitud sin precedentes y se
ha manifestado, de forma por lo demás muy diversa, en la mayoría de los
países que se consideraban los depositarios de la civilización.

Pero, si resulta fácil denunciar una decadencia, es más difícil encontrar
remedios que no sean un sueño ideocrático (Valéry), o el recurso a la fuerza
(Spengler), a la religión (Toynbee), al héroe (Malraux).

a) *El recurso a los intelectuales: Valéry.*—Las reacciones de Paul Valéry (1871-1945)
son las de un intelectual francés, muy intelectual y muy francés. Sin duda, afirma en
una frase célebre, que las civilizaciones son mortales, y añade —en futuro anterior, como
si se tratara de una oración fúnebre— que "Europa no habrá tenido la política de su
pensamiento". Pero los ataques que formula contra la Historia y los llamamientos que
dirige a los europeos para que aprendan a deshacerse de su pasado, proceden de una
distinción fundamental entre el orden del pensamiento y el orden de la política, de un
sueño ideocrático. Valéry, apasionado por el método, sueña con una *politique de l'esprit*,
con una *société des esprits*.

Valéry censura tres cosas a los políticos:

1. Europa no ha sabido dominar el mundo. En esta ocasión el autor de *Regards
sur le monde actuel* manifiesta alguna nostalgia por una especie de imperialismo europeo.
Por lo demás, en 1945, reconoce que la derrota de los rusos a manos de los japoneses y
la de los españoles a manos de los americanos han sido el punto de partida de sus reflexiones sobre la decadencia de Europa.

2. Europa no ha sabido realizar su unidad. Sin embargo, no parece que Valéry
distinga claramente entre unidad y unificación. Los períodos que de mejor grado evoca
son períodos de hegemonía, como los del Imperio romano o de Napoleón.

3. Por último, y esto constituye para Valéry el reproche fundamental, Europa ha
tenido una política materialista. La preferencia de Valéry se dirige, por consiguiente,
al *gouvernement de l'esprit*, al "tirano inteligente". En 1934 prologa el libro de A. Ferro,
Salazar, le Portugal et son chef; tras afirmar en una declaración preliminar su aversión
por la política, analiza con simpatía "la idea de dictadura" [42]: "La imagen de una dictadura es la respuesta inevitable (y como instintiva) del espíritu cuando no reconoce ya
en la dirección de los negocios públicos la autoridad, la continuidad y la unidad que
constituyen los signos de la voluntad reflexiva y del imperio del conocimiento organizado."

Estos juicios, sin duda, permanecen en un plano muy abstracto. Pero precisamente
por ello resulta interesante observar que Valéry, al denunciar la decadencia de Europa,
manifiesta su incapacidad para salir de los marcos conceptuales cuyo proceso incoa.
Pensamiento bajo y corto, replegado sobre sí mismo, que no ve otra salida a la decadencia de Europa que la razón de los intelectuales europeos: ¿no es la misma América
"la proyección del espíritu europeo"? (texto de 1938, recogido en *Regards...*, páginas 105-113).

---

[38] Título de un libro de Albert DEMANGEON, 1920.
[39] Título de un libro de Oswald SPENGLER, 1920.
[40] Título de un libro de Daniel HALÉVY, 1931.
[41] Título de un libro de Robert ARON y Arnaud DANDIEU, 1931.
[42] Véase en *Regards sur le monde actuel* los textos titulados: "La idea de dictadura" y
"Sobre el tema de la dictadura".

b) *El recurso a la fuerza: Spengler.*—La decadencia de Occidente (*Der Untergang des Abendlandes,* 1920), de Oswald Spengler —del que hemos hablado anteriormente a propósito del nacionalsocialismo [43]— es un análisis típicamente germánico de la decadencia occidental. Este análisis procede de dos distinciones clásicas en la filosofía alemana:

1. La distinción entre Historia y naturaleza, la noción de un destino histórico profundamente diferente de la causalidad científica.

2. La distinción entre cultura y civilización. La cultura es un organismo vivo que comienza desarrollándose hacia la claridad, la fuerza y la conciencia. Pero a esta fase ascendente sucede una fase descendente, durante la cual la cultura se cristaliza, se inmoviliza en civilización. "Cada cultura tiene su propia civilización; la civilización es el destino inevitable de toda cultura." El pensamiento de Spengler procede así de una especie de evolucionismo inspirado en la biología: "Las culturas son organismos. La historia universal es su biología general. Para Spengler toda cultura atraviesa por las mismas fases que un organismo vivo: nacimiento, infancia, juventud, madurez y vejez. "La decadencia —afirma— no es una catástrofe exterior, sino una ruina interior."

Spengler distingue tres grandes tipos de alma, a los que corresponden tres tipos de cultura fundamentalmente diferentes: el alma apolínea (la de la cultura antigua), el alma fáustica (la de la cultura occidental) y el alma mágica (la de los árabes). Alemania se encuentra en el centro de la cultura fáustica (Reforma y Renacimiento), mientras que España y Francia, como antes Atenas y Roma, han entrado irremediablemente en el camino de la decadencia. La principal causa de la decadencia, según Spengler, es la "seudomorfosis" o mezcla de culturas. Así, la cultura francesa se transformó en civilización con la Revolución de 1789, cuando Francia, gangrenada ya por las influencias españolas e italianas, tomó de Inglaterra los principios democráticos; Francia, tal y como la describe Spengler, no es ya sino un país mediocre, acechado por el cesarismo.

El remedio que Spengler propone a sus compatriotas procede del más puro aislacionismo intelectual. Alemania sólo escapará a la decadencia si se repliega sobre sí misma, si se inspira en virtudes auténticamente prusianas; tal es la conclusión de *Preussentum und Sozialismus* (1920).

c) *Una teología de la Historia.*—Como Spengler, Toynbee considera que la civilización europea ha avanzado mucho por el camino de la decadencia. "La preeminencia antes indiscutida de Europa en el mundo ahora se nos muestra sólo como una curiosidad histórica, condenada a muerte... No cabe engañarse: tras la segunda guerra mundial el eclipse de Europa se ha convertido en un hecho cumplido." Sin embargo, Toynbee parece disociar del destino de Europa el de la civilización occidental; parece pensar, por una parte, que el fin de Europa no significa necesariamente el fin de la civilización occidental, y, por otra, que el fin de la civilización occidental no significa la muerte del cristianismo. "Nuestra civilización occidental puede perecer, pero cabe esperar que el cristianismo no sólo se mantenga, sino que crezca en sabiduría y en importancia...". Así, pues, la finalidad de nuestro mundo consistiría en llegar a ser una "provincia del Reino de Dios".

Las consideraciones religiosas ocupan un lugar cada vez más importante en la obra de Toynbee, que pasa —según la expresión de Henry Marrou— "de una teoría de la civilización a la teología de la Historia"; las civilizaciones han aparecido y desaparecido, pero la Civilización (con C mayúscula) ha conseguido cada vez reencarnarse en nuevos ejemplares del género.

Al final de esta larga investigación Toynbee parece concluir que nuestra civilización está destinada, como todas las que le han precedido, a la disgregación; pero esta perspectiva no le asusta, pues sabe que el cristianismo sobrevivirá al hundimiento de las civilizaciones.

D) *De la historia-aventura a la historia-herencia: Malraux.*—El tema de la decadencia occidental se acompaña a menudo con el recurso a Oriente, muy visible en

---

[43] Cf. más atrás, pág. 610.

las primeras obras de Malraux: *La tentation de l'Occident* (1926), *La voie royale* (1930), *Les conquérants* (1928) [trad. española: *Los conquistadores*].

Pero en Malraux hay, como en Toynbee, dos concepciones de la Historia: de la historia-aventura *(Les conquérants* y también en amplia medida *La condition humaine* [trad. española: *La condición humana*] y *L'espoir* [trad. española: *La esperanza*]), Malraux pasa a la historia-herencia *(Les noyers de l'Altenburg* y, sobre todo, el epílogo a *Les conquérants)* y al Museo imaginario. En el epílogo de *Les conquérants* (en el que Malraux recoge el texto de una conferencia pronunciada en la sala Pleyel el 6 de marzo de 1948) se encuentra la siguiente frase, que podría ser del general De Gaulle: "Lo que me interesa no es la política, sino la Historia. El gaullismo de Malrause aparece, a la vez, como una especie de gran aventura y como una muralla permitiendo preservar la herencia de una cultura milenaria.

El tema de la decadencia (europea o francesa) y el de la humillación, que es su consecuencia, son repetidos con tanta frecuencia que sería fácil multiplicar las referencias. Los cuatro ejemplos que hemos dado, y que hemos procurado que fueran los más diversos posibles, tienden, sin embargo, a probar que las meditaciones sobre la decadencia casi nunca conducen a definir una política.

2.º   EL TEMA DE LA "ÉLITE".—Las meditaciones sobre la decadencia van unidas a menudo a una reflexión sobre las *élites*. En efecto, el recurso a las *élites* no es exclusivo de la Italia de Mussolini o de la Alemania de Hitler. Antes del advenimiento del fascismo y del nacionalsocialismo varios autores, invocando más o menos abiertamente el liberalismo, habían subrayado la distancia que separa a los gobernantes de los gobernados y habían sometido a un nuevo examen los postulados de la democracia liberal.

a)   *La "élite" según Pareto.*—Vilfredo Pareto (1848-1923), italiano de madre francesa, residente en Suiza durante una parte de su vida, es un ferviente partidario del liberalismo económico. Critica la injerencia del Gobierno en materia monetaria y bancaria. Denuncia los despilfarros de las empresas industriales del Estado. Se alza contra el militarismo y contra el proteccionismo. De lo único que Italia tiene realmente necesidad es de un régimen que le asegure el orden, la libertad y el respeto a las leyes y a la propiedad privada".

Pero este adversario del socialismo (cf. especialmente su libro sobre *Los sistemas socialistas)* está impresionado por la decadencia de la burguesía dirigente; compara el estado de la sociedad moderna con la decadencia de la república romana. La condición de "equilibrio social" es la "circulación de las *élites*".

Pareto, que rechaza la concepción marxista de las clases sociales, coloca en primer plano de su sistema la noción de *élite*. Considera fundamental la distinción entre *élite* y masa. Cree que la *élite* es siempre una pequeña minoría y que el carácter de una sociedad es, ante todo, el carácter de su *élite*.

Para Pareto la *élite* no es ni enteramente abierta ni enteramente cerrada. Las clases dirigentes tratan de mantenerse en el Poder y utilizan la astucia cuando no disponen de la fuerza. Pero están sometidas a la presión de las masas; deben renovarse incesantemente mediante una aportación proveniente de las clases inferiores. La movilidad social es el mejor antídoto contra las revoluciones.

Pareto, recogiendo la distinción clásica entre los "leones" y los "zorros", advierte en las sociedades modernas un lamentable predominio de los "zorros"; las *élites* burguesas, en plena decadencia, a falta de una renovación suficiente, caen unas veces en mediocres habilidades y otras en un humanistarismo sin vigor. "Toda *élite* que no esté dispuesta a librar la batalla para defender sus posiciones está en plena decadencia; no le queda más que dejar su sitio a otra *élite* que posea las cualidades viriles que a ella le faltan."

Este aprecio de la virilidad le predisponía a Pareto a acoger al fascismo con cierto favor. Así, en una carta dirigida a su amigo Carlo Placci, Pareto declara que el fascismo es el único movimiento "que puede salvar a Italia de males infinitos". Pareto continuaba siendo, sin embargo, un liberal, y es lícito pensar que se habría opuesto a la concepción fascista del Duce. En su último artículo, publicado en septiembre de 1923 en el *Giornale Economico*, reclama la libertad de prensa e incita al Gobierno a la moderación.

En definitiva, las reflexiones sobre las *élites* no contribuyen, como tampoco las meditaciones sobre la decadencia, a una renovación del liberalismo.

b) *Mosca y la clase dirigente.*—Es el italiano Gaetano Mosca (1856-1941) quien, en sus *Elementos de ciencia política* —cuya primera edición data de 1896—, ha difundido la idea de "clase política dirigente" *(classe política).*

Mosca cree en la ciencia política. A su juicio, el principio de esta ciencia es la distinción entre la clase de los dirigentes y la clase de los dirigidos. El Poder no puede ser ejercido ni por un individuo ni por el conjunto de los ciudadanos, sino sólo por una minoría organizada. "Cuanto mayor es la comunidad política, menor es el número de los gobernantes."

La clase dirigente puede ser abierta (democrática) o cerrada (aristocrática). Esta distinción, referente a la composición de la clase dirigente, es independiente de la distinción entre regímenes autocráticos (en los que la autoridad viene de arriba) y regímenes liberales. Así, pues, existen, según Mosca, autocracias democráticas (Iglesia católica) y regímenes liberales aristocráticos.

Mosca, situado por Burnham en la primera fila de los "maquiavelistas", realiza una aguda crítica de la democracia, pero sigue apegado a una especie de liberalismo aristocrático, en la línea de la filosofía de las luces. "El país más libre —dice— es aquel en el que los derechos de los gobernados se hallan mejor protegidos contra el arbitrario capricho y la tiranía de los dirigentes." La libertad de Mosca es equilibrio, no unidad.

Mosca no es partidario, en política, del cinismo. No pretende abstraer la política de la moral. El régimen de Mussolini representa para él el fin, no sólo del sistema que criticó, sino también de los valores que apreció.

c) *Max Weber y la burocracia.*—La obra de Max Weber (1864-1920) es tan vasta y rica que exigiría un amplio comentario. Sólo podemos mencionar brevemente aquí algunos rasgos:

1.º Max Weber ha contribuido en amplio grado a colocar en primer plano la noción de *burocracia*. Considera el crecimiento de la burocracia como el fenómeno capital de las sociedades modernas. En efecto, cree que ningún régimen, sea capitalista o socialista, escapa a esta presión burocrática. El problema central no es la opción entre capitalismo y socialismo, sino la organización de las relaciones entre burocracia y democracia. No se trata ya, como en Marx, de crear una sociedad pos-burocrática, sino de ordenar esa misma sociedad burocrática. Como ha dicho Talcott Parsons, la burocracia desempeña para Max Weber el mismo papel que la lucha de clases para Marx.

2.º Max Weber es un liberal que siente temor de la racionalización de la existencia. Teme que el individuo desaparezca. Su concepción del "jefe carismático" que sabe establecer una misteriosa comunicación entre él y las multitudes, corresponde a esa preocupación por el individuo. Como ha indicado Raymond Aron, la política de Max Weber es aún más heroica que realista.

3.º Max Weber expresó los sentimientos de un nacionalista alemán; pero su nacionalismo descansa menos en el triunfo de la fuerza que en la expansión de una cultura. Quien ha sido denominado por Meinecke "el Maquiavelo alemán", nunca dijo que el fin justificara todos los medios. Tal vez su concepción del jefe carismático le habría hecho sentir una simpatía momentánea por Hitler; pero su humanismo y su odio a la mentira le habrían, sin duda alguna, separado rápidamente de él. "La política de Weber, expresión de una exigencia de lucidez, acaba por proferir la verdad a la acción, el valor humano a la sola y simple eficacia... En esta rivalidad entre héroes o naciones lúcidas se halla, sin duda, la utopía de la política de Weber" (Raymond Aron, *La sociología alemana contemporánea,* trad. española, pág. 106).

d) *Robert Michels y la oligarquía.*—Para Robert Michels (1876-1936), como para Max Weber, la tendencia hacia la oligarquía es un proceso común a todas las organizaciones importantes. Ambos concluyen que las sociedades socialistas son tan burocráticas y oligárquicas como las sociedades capitalistas.

En su libro sobre *Los partidos políticos,* que lleva como subtítulo *Ensayo sobre las tendencias oligárquicas de las democracias,* Robert Michels refiere el estudio de los Gobiernos y de los partidos políticos a una teoría general de la organización: "La democracia no se concibe sin una organización", y toda organización exige una especialización de las tareas, una distinción cada vez más inequívoca entre la masa y sus dirigentes. Estudiando sobre todo el partido socialdemócrata y los Sindicatos alemanes, Michels prueba que la supremacía de las masas es puramente ilusoria: "Cuando se produce un conflicto entre los dirigentes y las masas los primeros siempre resultan victoriosos si sab\ ı permanecer unidos". Lo que Michels denomina "la ley| de bronce de la oligarquía" n , sólo descansa en la tendencia de los jefes a perpetuar' y reforzar su autoridad, sino también —y quizá sobre todo— en la inercia natural de las masas, que ceden de muy buen grado sus derechos a una minoría de especialistas. Michels denuncia de pasada algunas ilusiones igualitarias; considera universal, dentro del mundo moderno, la tendencia al bonapartismo, no constituyendo ninguna excepción las asociaciones obreras. No obstante, Michels concluye que "debemos escoger la democracia como un mal menor". Sin duda, ningún remedio es verdaderamente eficaz contra la oligarquía, pero la lucha contra la oligarquía no implica confianza en su eficacia; siempre surgirán nuevos oponentes a la oligarquía en nombre de la democracia. "Y este juego cruel, probablemente nunca tendrá término."

*   *   *

Reflexión desilusionada, comprobación de ineficacia. Ni la obra de Pareto, ni la de Mosca, ni la de Max Weber, ni la de Michels —cualquiera que sea su originalidad, y tal vez a causa de esta originalidad— desembocan en la acción. Se sitúan en el plano de la comprobación, pero son profundamente inadecuadas para constituir el lugar geométrico de una nueva fuerza política. Los partidarios del liberalismo anti-igualitario no han visto acceder al Poder a esa aristocracia liberal que sus deseos reclamaban. El llamamiento a las *élites,* lejos de reforzar el liberalismo político, ha proporcionado armas a sus adversarios. ¿No existirá, por consiguiente, para quienes rechazan con mayor fuerza aún las aventuras del fascismo que los mitos del igualitarismo, más solución que el silencio o la lucidez solitaria?

2. **La crisis del liberalismo.**—La era de las masas, ¿es necesariamente *l'ère des tyrannies?* [44]. La guerra de 1914-1918, ¿fue un acontecimiento contingente, evitable, o realmente, como aseguran los doctrinarios de una nueva fe, el producto de las contradicciones inherentes al capitalismo? ¿No habrá llegado el momento de renunciar al liberalismo económico para asentar la libertad política? ¿No habrá que dejar de considerar al liberalismo como un bloque, y buscar, lejos del liberalismo, los "caminos de la libertad"? ¿No habrá que considerar como ineluctables e incluso como beneficiosas ciertas intervenciones del Estado? ¿Qué hacer para que el liberalismo constituya

---

[44] Título de un libro de Elie Halévy publicado antes de la guerra de 1939.

una "tercera fuerza" [45] entre el fascismo y el comunismo en plena expansión? Todos estos problemas se impusieron con una particular agudeza tras la crisis de 1929.

Es una crisis económica la que hace tomar conciencia de esa crisis del liberalismo que estaba latente desde la hecatombe de 1914-1918. Por esta razón, esa crisis del liberalismo adopta al principio la apariencia de una discusión entre especialistas que confrontan sus ideas acerca de los medios adecuados para remediar la crisis económica.

Pero el debate es más profundo. No sólo interesa a los especialistas, sino también al hombre de la calle; no sólo a las doctrinas económicas, sino también a las ideas políticas. A quienes conservan la nostalgia de un liberalismo eterno —y se autocalifican de buen grado de "neoliberales"— se oponen quienes tratan de organizar el liberalismo y piensan menos en su pureza que en su eficacia.

1.º UN LIBERALISMO NOSTÁLGICO.—Los "neoliberales" afirman que los principios del liberalismo continúan siendo perfectamente válidos, pero que nunca han sido aplicados de manera satisfactoria. En consecuencia, para salir de la crisis —que es, sobre todo, una crisis económica— basta con volver a los principios del individualismo y de la libre concurrencia. Todo el mal procede de las intervenciones del Estado, que se mezcla en lo que no le concierne.

Esta tesis, esencialmente defensiva, se expresa con mayores o menores matices y con más o menos talento, pero inspira numerosas obras publicadas en diversos países. Jacques Rueff afirma: "He encontrado la fuente de todas las ignominias de nuestro régimen en las intervenciones del Estado" (Pourquoi malgré tout je reste liberal X. Crise, 1934). En L'ordre social (1945) se alza elocuentemente contra el control de los precios.

Ludwig von Mises, en su obra sobre El socialismo —traducida al francés en 1938—, hace una violenta crítica de la economía dirigida. Para Louis Baudin las intervenciones del Estado tienen como principal inconveniente el obstruir a las élites, cuya presencia "es necesaria para asegurar el orden y promover el progreso". Esta idea se desarrolla en especial en Le problème des élites (1943) y en L'aube d'un nouveau libéralisme (1953).

Por su parte, Louis Rougier, aun rechazando categóricamente cualquier forma de socialismo, estima conveniente reconocer al Estado, aunque no —por supuesto— un papel de dirección, sí una función análoga a la de la policía de tráfico: "El liberalismo constructor —escribe en Les mystiques économiques—, que es el verdadero liberalismo, no permite que se utilice la libertad para destruir a la libertad... El liberalismo manchesteriano (el del laissez-faire, laissez-passer) se podría comparar con un régimen de tráfico que dejara a los automóviles circular sin Código de circulación. Serían innumerables las obstrucciones, los atascos de circulación, los accidentes... El Estado socialista es semejante a un régimen de circulación en el que una autoridad fijara imperativamente a cada uno cuándo debe salir su automóvil, dónde debe dirigirse y por qué camino... El Estado verdaderamente liberal es aquel en el que los automovilistas son libres de ir adonde les plazca, pero respetando el Código de circulación..."

Este papel que Rougier reconoce al Estado sería todavía considerado excesivo por F. A. Hayek, autor de Camino de servidumbre [trad. cast. 1950], que se nos muestra como el integrista del campo de los "neoliberales". Hayek profundamente apegado al "fundamento individualista de la civilización moderna", confunde en una misma cen-

---

sura al socialismo y al nacionalsocialismo. Estima que el socialismo democrático es una peligrosa utopía. Revela las "raíces socialistas del nazismo", lo que le lleva a una viva crítica del Labour (cf. el capítulo titulado "Los totalitarios en nuestro seno", págs. 183-203 de la trad. castellana). Tras denunciar "el azote de la centralización" y afirmar su confianza en las tradiciones inglesas, Hayeck concluye su libro de la siguiente forma: "El principio rector que afirma no existir otra política realmente progresiva que la fundada en la libertad del individuo, sigue siendo hoy tan verdadero como lo fue en el siglo XIX".

Walter Lippmann.—El norteamericano Walter Lippman, en su *Good Society* —traducida al francés con el título de *La cité libre*—, expone una tesis mucho más matizada. El libro de Lippman, escrito bajo la influencia de la "gran depresión", reacciona vigorosamente contra las tesis optimistas que prevalecían en Estados Unidos en la época de la prosperidad. Lippman no vacila en incoar el proceso del liberalismo tradicional y del "capitalismo de *laissez-faire* instalado en una decoración de feudalismo victoriano". El liberalismo se ha transformado en un sistema de aceptación, de defensa del *statu quo*. "Por ello la palabra "liberalismo" no es en nuestros días más que un ornamento marchitado que evoca los sentimientos más dudosos."

Sin embargo, Lippman no renuncia al liberalismo. Considera el recurso al Estado-providencia un remedio peor que la enfermedad. La economía planificada —cree Lippmann— conduce a la guerra y amenaza con destruir la democracia, refuerza los intereses particulares y fomenta los grupos de presión: "El autoritarismo divide, el liberalismo une". Lippmann estima que el mundo actual se halla profundamente imbuido del espíritu colectivista, y que existe una semejanza fundamental entre todos los Estados totalitarios. En consecuencia, amalgama en sus críticas a la Rusia soviética, a la Italia fascista, a la Alemania hitleriana y a las concepciones planificadoras de Stuart Chase [46] que constituyen, a su juicio, una grave amenaza para la libertad.

Pero la libertad de Lippman no es la libertad de los monopolios y de los *truts* gigantes. Se preocupa por sanear los mercados, por asegurar la libertad de las transacciones y —sobre todo— la igualdad de oportunidades, a la que considera el fundamento mismo de la democracia. Define la sociedad libre de la siguiente forma: "Una sociedad libre es una sociedad en la que las desigualdades de la condición de los hombres, de sus retribuciones y de sus posiciones sociales no se deben a causas extrínsecas y artificiales, a la coacción física, a privilegios legales, a prerrogativas particulares, a fraudes, a abusos y a la explotación". Sin embargo, Lippman no indica con mucha claridad los medios que permitirían realizar esa sociedad libre. Se contenta con afirmar que "existe una ley suprema, superior a las Constituciones, a las ordenanzas y a las costumbres, que existe en todos los pueblos civilizados". Gracias a esta nueva forma de ley natural podrá crearse "una asociación fraternal entre hombres libres e iguales". Se trata, en el fondo, de saber si los hombres "serán tratados como personas inviolables o como cosas de las que cabe disponer".

Bertrand de Jouvenel.—El más característico representante en Francia, dentro del campo político, del neoliberalismo es, sin duda, Bertrand de Jouvenel, cuyas dos principales obras son *Du pouvoir* (1945), y *De la souveraineté* (1955), y *De la politique pure* (1963).

Du pouvoir es una larga variación sobre la célebre fórmula: "El poder corrompe siempre; el poder absoluto corrompe absolutamente". El autor denuncia la invasión de la sociedad por el Poder, nuevo Minotauro. Expone que toda revolución trabaja, a fin de cuentas, para el Poder. Afirma que, "buscando la seguridad social, topamos con el Estado autoritario". Impugna el "protectorado social", así como "el socialismo y el liberalismo vulgares que no merece discusión" (*Du pouvoir*, pág. 443).

¿Cuáles son, pues, para Bertrand de Jouvenel los fundamentos de un liberalismo no vulgar?

1. Situándose en la posteridad de Montesquieu, de Tocqueville, de Comte y de Taine, B. de Jouvenel estima que la finalidad de una política liberal es limitar el dominio del Poder por un sistema de contrapesos o de topes: "Lo que es necesario retener como cierto es tan sólo que se tiene una idea pueril y peligrosa de una buena "go-

---

[46]   Cuyo libro *The New Deal* (1932) sirvió para bautizar la experiencia de Roosevelt.

bernación", cuando se cree que consiste en que la voluntad soberana no encuentre ningún tope en el cuerpo político; por el contrario, la instalación de topes sensibles es una condición para el buen funcionamiento y la conservación de todo organismo" (*De la souveraineté*, pág. 272).

2. B. de Jouvenel, al igual que Alain, asume la defensa e ilustración de los intereses particulares que son "las partes constituyentes de la comunidad". Desea "intereses fraccionarios lo suficientemente formados, conscientes y armados como para detener al Poder".

3. B. de Jouvenel se interesa especialmente por los grupos pequeños, por la cooperación social. La autoridad pública es, a su juicio, un agente entre otros, "el más poderoso, pero no el único. Debe ser considerado más bien como el gran complementario" (*De la souveraineté*, pág. 23). Nada hay más opuesto a la voluntad general, según Rousseau, que esta concepción cooperativa y corporativa de un Estado que desempeña el papel de "gran complementario".

4. En última instancia, B. de Jouvenel parece pensar, como muchos de sus predecesores, que la moral sigue siendo el mejor contrapeso. "La política —dice— es una ciencia moral (*De la souveraineté*, pág. 337). *Du pouvoir* termina con un elogio del deber de Estado: "A cada función corresponde su ley de caballería y su deber de patrocinio" (*Du pouvoir*, pág. 449). Los "dirigentes de los grupos" (*potentes*) y los "decanos de los colegios" (*seniores*) tienen una misión ejemplar "que la autoridad espiritual debe recordarles incesantemente". La moral es inseparable de la religión: "Cuando se declara al hombre medida de todas las cosas, ya no hay ni Verdad, ni Bien, ni Justicia".

Por consiguiente, lo que B. de Jouvenel parece encontrar al término de sus análisis es una especie de eclecticismo a lo Victor Cousin (*Du vrai, du beau et du bien*), una mezcla de idealismo, de teología y de un radicalismo que recuerda al del *Citoyen contre les pouvoirs*.

2.º PARA UN LIBERALISMO ORGANIZADO.—Este liberalismo nostálgico del que acabamos de indicar algunos rasgos es, naturalmente —al menos en Francia—, el de la mayoría. A esta forma de liberalismo se sienten apegados —con alguna ceguera sin duda, pero de una manera frecuentemente conmovedora— todos aquellos (artesanos, comerciantes, pequeños industriales, pequeños propietarios) que se sienten amenazados por la evolución de la economía moderna. A este liberalismo conservador —una de cuyas más notables manifestaciones fue el movimiento Poujade— se opone el modernismo liberal de algunos hombres que se muestran preocupados sobre todo por la eficacia (tanto en el campo político como en el campo económico) [47], que invocan de buen grado las lecciones de Keynes y del New Deal y que son calificados a veces de tecnócratas.

a) *La referencia a Keynes*.—La "revolución keynesiana" concierne también a la política. El fenómeno es especialmente evidente en Francia desde el fin de la última guerra. En los grandes cuerpos del Estado se comprueba un corte entre las viejas generaciones —que siguen apegadas al liberalismo tradicional— y las generaciones más jóvenes que juzgan frecuentemente con severidad la estrechez de miras y el "malthusianismo" de los medios empresariales y que invocan principios keynesianos sin tener siempre un conocimiento preciso del contenido de la *Teoría general...* (véase sobre este punto el artículo de Charles Brindillac "Les haut fonctionnaires et le capitalisme", *Esprit*, junio de 1953).

Keynes (1883-1946) es un economista inglés que escribe para resolver un problema inglés. Cuando publica en 1936 su *Teoría general del empleo, del interés y del dinero*, Inglaterra se encuentra en plena crisis. Se trata, sobre todo, de luchar contra el paro.

---

[47] La moda del adjetivo "eficaz" en la Francia contemporánea es especialmente notable; tanto más notable cuanto menos evidente ha sido la eficacia de los gobernantes.

Keynes no es un puro teórico. Como ha observado Alain Barrère, su obra está escrita para mostrar la necesidad de una política y para justificar la política de su preferencia: producir una elevación del empleo mediante un aumento de la demanda efectiva. Por consiguiente, Keynes preconiza: 1.º Un aumento de la masa monetaria en circulación ("No hay inflación en caso de sub-empleo"); 2.º Una política de amplias inversiones y de obras públicas; 3.º Un retorno al proteccionismo; 4.º Una redistribución de los ingresos; Keynes, hostil a los rentistas, es favorable a los asalariados y a los empresarios que invierten.

La política económica de Keynes presupone, en consecuencia, una elección política. Pero quiere conservar la propiedad privada; no propone ni dirigismo, ni planificación sistemática, ni reformas de estructura. Sigue siendo un liberal (cf. su conferencia *Am I a Liberal?* en Cambridge, en 1925), pero indica claramente que, a su juicio, el liberalismo del siglo XIX no es admisible en el mundo contemporáneo. No quiere dejarse encerrar en falsos dilemas del tipo individuo-Estado o socialismo-capitalismo, y se esfuerza por definir los medios de realizar una política de "estabilidad social y de justicia social".

b) *La referencia americana.*—La referencia a la "experiencia americana" fue abundantemente empleada, en los años que precedieron a la guerra de 1939, por hombres hostiles a cualquier aventura revolucionaria, pero deseosos de reformar el liberalismo en el sentido de la autoridad.

Así, hacia 1925-1930, se desarrolló en Francia, en ciertos medios de intelectuales y de hombres de negocios, una admiración por la civilización americana en ocasiones emparejada al elogio de la Italia fascista; confianza en lo moderno, en lo pragmático, en la racionalización de los métodos, en la organización, en la eficacia; mezcla de Henry Ford y de Mussolini, a la que se añadirá un poco más adelante (pero sólo en algunos) el elogio de Roosevelt y de su *brain-trust* [48].

Roosevelt, que sube a la Presidencia en 1933, no era en modo alguno un doctrinario. El pensamiento de Keynes parece haber ejercido sobre él muy poca influencia. Roosevelt, hostil a los monopolios pero fiel a la propiedad privada, preocupado por la acción gubernamental, elaboró su política bajo la presión de las circunstancias; se preocupó, ante todo, por resolver los angustiosos problemas que Estados Unidos tenía planteados en 1932-1933; más de diez millones de parados, miseria de los agricultores, quiebras bancarias, hundimiento de muchas empresas, descenso del comercio internacional.

Es relativamente poco importante en estas condiciones: 1.º Saber si Roosevelt tenía un programa y sólidos conocimientos económicos como aseguran en libros recientes Frank Freidel y Daniel R. Fusfeld, o si tan sólo era, como asegura Richard Hofstadter, "un patricio oportunista"; 2.º Epilogar lo que hubiera llegado a ser el New Deal sin la entrada en la guerra de Estados Unidos. Parece, en efecto, que la entrada en la guerra produjo sobre la economía americana un efecto que el New Deal no consiguió: retorno a una economía dinámica, pleno empleo, mejor distribución del ingreso nacional, reforzamiento del poder federal. En cuanto a la conversión de la economía de guerra en economía de paz, se realizó en los marcos creados por el New Deal. El presidente Truman fue el continuador y el consolidador del New Deal.

Como quiera que sea, el New Deal aparece como un modelo de reformismo que triunfa. La influencia de Estados Unidos es muy sensible, por ejemplo, en un hombre como Georges Boris, que publicó en 1934 *La révolution Roosevelt* y que se encuentra hoy día en el círculo íntimo de Mendès-France.

c) *La reforma del Estado según André Tardieu.*—La influencia americana es asimismo muy visible en André Tardieu, cuyas *Notes sur les Etats-Unis* aparecen en 1937. Es sabido que el antiguo presidente del Consejo renunció a la vida política y consagró el final de su carrera a denunciar la impotencia del régimen parlamentario y a preconizar, sin dejar de proclamarse liberal, una reforma autoritaria del Estado: "La civilización francesa es libertad. Vivir libre, pensar libre, hablar libre... es lo esencial de la tradición francesa... En lo que me concierne, mi elección está ya realizada: restablezcamos la autoridad para salvar la libertad y la paz."

---

[48] El uso y la expresión de *brain-trust* están muy extendidos en la Francia contemporánea.

Tardieu, violentamente hostil al nacionalsocialismo y al marxismo, preconiza cinco reformas que considera adecuadas ,para restablecer la autoridad del Estado: extender el uso del derecho de disolución, privar a los diputados de la iniciativa de los gastos, establecer el voto de las mujeres, recurrir al referéndum, prohibir las huelgas de funcionarios.

Las obras de Tardieu (*L'épreuve du pouvoir,* 1931; *Devant le pays,* 1932; *L'heure de la décision,* 1934, etc.) sólo ejercieron durante su vida una influencia limitada. Pero han adquirido en nuestros días una cierta actualidad.

d) *La tecnocracia.*—Las reformas propuestas por André Tardieu se sitúan en el plano político. Sin embargo, primero en Estados Unidos y después en Europa, se ha difundido la idea —la idea básica de los "tecnócratas"— de que los verdaderos problemas no son de orden político, sino de orden técnico, de que el poder efectivo es ejercido por los técnicos.

La palabra "tecnocracia" es una palabra reciente, importada de Estados Unidos; no figura en el diccionario de la Academia francesa de 1935 [2*].

El creador de la palabra fue, al parecer, William Henry Smith, que define en 1921 la tecnocracia del siguiente modo: "La tecnocracia podría ser definida como una teoría de organización social y un sistema de organización nacional de la industria. Implica la reorganización científica de la energía y de los recursos nacionales, y la coordinación de la democracia industrial y de la voluntad del pueblo".

Sin embargo, el movimiento conocido con el nombre de tecnocracia no surge en Estados Unidos hasta la crisis de 1930-1932: "Hacia finales de 1932, cuando se estaba llegando al fondo de la crisis económica mundial, una palabra se propagaba como un reguero de pólvora en Estados Unidos y en las grandes ciudades de Occidente. Se os preguntaba: ¿Es usted tecnócrata?, como ante La Fontaine: ¿Habéis leído a Baruch?" (M. Byé, Ch. Bettelheim, J. Fourastié, G. Friedmann, G. Gurvitch y varios, *Industrialisation et technocratie,* 1949, artículo de G. Friedmann, *Les technocrates et la civilisation technicienne,* pág. 50.)

"La gran idea de los tecnócratas, en torno a Howard Scott [49], era utilizar directamente las ciencias físicas ,para la solución de los problemas sociales... Los tecnócratas, al contemplar el enorme progreso técnico y el manifiesto desorden económico en la producción y en la distribución, piensan suprimir ese desorden utilizando directamente los progresos técnicos. Lo que hace de ellos tecnócratas es precisamente este razonamiento, abstraído de toda reforma racional de las instituciones y de las estructuras" (G. Friedmann, *op. cit.*).

Los "managers" según Burnham.—Lo que más ha contribuido a propagar las tesis tecnocráticas ha sido, sin duda, el libro de James Burnham, *The Managerial Revolution,* publicado en Estados Unidos en la primavera de 1940 y traducido al francés en 1947 (con un prefacio de Léon Blum) [50].

Las principales afirmaciones de Burnham son: *a)* El capitalismo está llamado a desaparecer; *b)* El socialismo es incapaz de sucederle; *c)* Capitalismo y socialismo evolucionan de la misma forma; en todos los países, cualquiera que sea su régimen político, se produce lo que Burnham denomina la "revolución directorial": el poder (y la fortuna) corresponden cada vez en mayor medida a los técnicos responsables de la economía.

[2*] La palabra campoco figura en el Diccionario de la Real Academia Española. (*N. del T.*)
[49] Autor del libro *Introduction to technocracy,* Nueva York, 1933.
[50] Sin embargo, estas ideas no eran nuevas. Habían sido expresadas, de modo especial, por un trotskista disidente, Bruno R. (RIZZI) en *La bureaucratisation du monde,* Presses Modernes, 1939.

Según Burnham —y aquí aparece la tesis propiamente política—, esta evolución se manifiesta tanto en la U. R. S. S. como en Estados Unidos: "de un 11 a un 12 por 100 de la población soviética percibe actualmente el 50 por 100 de la renta nacional, siendo las diferencias de ingresos más marcadas que en Estados Unidos, donde el 10 por 100 de la población recibe aproximadamente el 35 por 100 de la renta nacional".

Pero, "¿quiénes son los directores?". Burnham no da una respuesta muy precisa a esta pregunta, planteada en un capítulo de *The Managerial Revolution* (págs. 84 a 102 de la trad. francesa). Entre los *managers* (término que sólo impropiamente puede traducirse por "organizadores"), Burnham menciona "los directores de producción, los superintendentes, los ingenieros administrativos, los supervisores técnicos, los administradores, los comisarios, los jefes de oficinas". Contrariamente a Saint-Simon, Burnham parece considerar que el administrador pertenece a la *élite* directorial: "En la sociedad directorial la soberanía está localizada en las oficinas administrativas". La concepción de la élite directorial de Burnham es, por consiguiente, más amplia que la concepción saint-simoniana y que la de Howard Scott —para quien los verdaderos tecnócratas son los físico-químicos, los hombres que controlan las diferentes fuentes de energía aplicadas a la producción—. Los tecnócratas de Burnham son los hombres que ocupan las palancas del mando. Pero ¿de qué mandos? Burnham parece creer que una clase socialmente esencial se convierte automáticamente en una clase políticamente dirigente. Vuelve contra el marxismo una especie de economismo elemental, muy diferente del auténtico marxismo. Su obra pasa así naturalmente de la economía a la política, de un aparente apoliticismo al vehemente anticomunismo que sus últimas obras muestran.

Tecnocracia y sinarquía.—Algunos tecnócratas, convencidos de que la técnica es más importante que la política, se complacen en subrayar el carácter superficial de las distinciones propiamente políticas. Las democracias liberales y los regímenes fascistas o socialistas —afirman— son, sin duda, políticamente diferentes unos de otros; pero estas aparentes oposiciones disimulan mal analogías fundamentales. En efecto, el verdadero poder es ejercido en todas partes por una minoría de "directores": sus problemas, sus métodos de acción son los mismos; los *managers* están hechos para entenderse (mientras que los políticos están hechos para pelearse). De ahí derivan los sueños sinárquicos de algunos tecnócratas.

Tecnocracia y democracia.—Está de acuerdo con la esencia de la tecnocracia el seguir siendo una ideología para *happy few*. Sin embargo, Francia ha conocido estos últimos años una tentativa para popularizar algunos aspectos del ideal tecnocrático y para integrarlos en una auténtica democracia. Lo que se denomina el "mendesismo" [3*] se sitúa en el punto de convergencia:

1.º Del radicalismo político;

2.º De una cierta tradición tecnocrática, reforzada por la sensación de impotencia dada por los gobiernos de la IV República;

[3*] Del nombre del ex primer ministro francés y ex dirigente del partido radical Pierre Mendès-France. (*N. del T.*)

3.º De ese liberalismo autoritario y planificador que es objeto de una execración particular por parte de los defensores de la ortodoxia liberal. La tecnocracia busca actualmente otras salidas.

3. Neotradicionalismo y neoconservadurismo.—Ante la atracción del fascismo, ante la hipertrofia del conservadurismo liberal, ¿qué recurso les queda a los hombres que rechazan por igual el capitalismo, el socialismo y la aventura fascista? ¿Cae necesariamente el tradicionalismo, bien en el conservadurismo, bien en el fascismo?

El problema fue ardientemente debatido en Francia en los diez años que precedieron a la guerra de 1939. La escuela de Acción Francesa mantiene su obstinada repulsa de la democracia liberal y sigue íntegramente fiel a los principios de Maurras [51]. Pero la condena de Acción Francesa en 1926, la crisis de 1929 y los fascismos en ascenso modifican los datos del problema expuesto en la *Enquête sur la Monarchie*. A partir de 1930 jóvenes separados de Acción Francesa y otros que nunca habían sido seducidos por el maurrasismo, ponen en común su desprecio por el "orden establecido"; se consagran a superar las oposiciones tradicionales, y pretenden sentar las bases de una especie de "nueva derecha", social y revolucionaria. Al igual que los liberales, los tradicionalistas tienen también sus modernistas y sus integristas.

A) EL NEOTRADICIONALISMO FRANCÉS DE LOS AÑOS 1930.—Esta fermentación intelectual de los años 1930 no dio lugar a ninguna formación política verdaderamente importante. Sin embargo, es necesario hacer una breve alusión a ella (aunque no fuera más que para señalar el interés que ofrecería un estudio a fondo de un período frecuentemente abandonado por los historiadores franceses).*

Los esfuerzos para fundar un nuevo tradicionalismo no dejan de guardar relación con las tentativas que se manifiestan en la misma época para modernizar el liberalismo. Neotradicionalismo y tecnocracia caminan a veces a la par; es muy característica a este respecto la actitud de los politécnicos que animan el grupo X Crise. Se establecen comunicaciones aparentemente singulares entre hombres procedentes de muy diferentes horizontes políticos y que escogerán en 1940 caminos opuestos. El ambiente de la época favorece los acercamientos, las tentativas de rebasar los marcos establecidos.

La creación de *Esprit* en 1932, el neosocialismo, el "frontismo", se comprenden mal si no se estudian todas estas agrupaciones efímeras de efectivos restringidos y de inmensas ambiciones, que sueñan con instaurar un "orden nuevo" y con fundar un "nacionalismo revolucionario".

Hay que citar, entre las publicaciones más características de esta época, *Les Cahiers*, que funda Jean-Pierre Maxence en 1928; *Réaction*, que Jean de Fabrègues funda en 1930, y, sobre todo, *L'ordre nouveau*, fundado en mayo de 1933 y animado por Robert Aron y Arnaud Dandieu. Tras febrero de 1934 —que supone un corte— cambia el tono; las polémicas se vuelven más ardientes y las posiciones políticas se endurecen. Es *L'homme réel*, con Dauphin-Meunier; *L'homme nouveau*, con Roditi; *La lutte des jeunes*, con Bertrand de Jouvenel; *Combat*, con Thierry Maulnier y Jean de Fabrègues; *L'insurgé*, etcétera. Los libros que mejor muestran el espíritu de estas publicaciones son *Histoire de dix ans*, de J.-P. Maxence (1939); *La révolution nécessaire*, de Robert Aron y Arnaud Dandieu (1933); *Au delà du nationalisme*, de Thierry Maulnier (1938). A confrontar con *Notre avant-guerre*, de Brasillach, y la publicación póstuma titulada *Mounier et sa génération*, que muestra visiblemente lo que acercaba y lo que separaba a Mounier de Arnaud Dandieu.

[51] Véase más atrás, págs. 529-531.
* J. TOUCHARD, *L'esprit des années 30. Tendances politiques dans la vie française despuis 1789.* Hachette, 1960, 144 págs.

Cada una de estas revistas posee un tono que le es peculiar. Sin embargo, sus redactores son frecuentemente los mismos; por ello es posible extraer algunos rasgos, si no comunes, al menos dominantes:

1.º Inclinación por los planes. El más conocido es el "plan del 9 de julio", con un prefacio de Jules Romains. Voluntad de síntesis, mística del servicio, crítica de las libertades formales, jerarquía de las personas, reforzamiento del ejecutivo, organización de las regiones, acercamiento francoalemán, política euroafricana, régimen corporativo anticapitalista, devaluación: tales son los principales encabezamientos de capítulo de un documento que se presenta un poco como un programa de Gobierno y que, como tal, trata de adherir al mayor número de partidarios. El principal interés del "plan de 9 de julio" (de 1934), procedente de un reformismo moderado, es mostrar la convergencia entre la corriente neoliberal y la corriente neotradicionalista. Resulta muy difícil en esta época distinguir las dos tendencias.

2.º La preocupación de fundar un nuevo humanismo, un "orden nuevo". El fundador de los *Cahiers,* Jean-Pierre Maxence, rechazando por igual la civilización de Ford y la civilización de Stalin, se dedica a definir "la necesidad revolucionaria de un humanismo cristiano, es decir, de un humanismo que escape en sus fuentes tanto del antiguo idealismo burgués como del materialismo contemporáneo". Los redactores del *Manifeste pour un ordre nouveau* se declaran "tradicionalistas, pero no conservadores; realistas, pero no oportunistas; revolucionarios, pero no rebeldes; constructores, pero no destructores: ni belicistas ni pacifistas; patriotas, pero no nacionalistas; socialistas, pero no materialistas; personalistas, pero no anarquistas; humanos, pero no humanitarios".

3.º La voluntad de superar la oposición izquierda-derecha, la negativa a plegarse a los juegos del parlamentarismo. Robert Aron y Arnaud Dandieu escriben en el prefacio de *La révolution nécessaire* (1933): "No somos ni de derechas ni de izquierdas; pero, si resulta absolutamente preciso situarnos en términos parlamentarios, repetimos que nos encontramos a medio camino entre la extrema derecha y la extrema izquierda, por detrás del presidente, dando la espalda a la Asamblea".

. 4.º La voluntad revolucionaria, la preocupación de conciliar nacionalismo y revolución. Los doctrinarios de *L'ordre nouveau* quieren definir las líneas de fuerza de una "nueva revolución francesa": "Cuando el orden no está ya en el orden —escriben Robert Aron y Arnaud Dandieu en *La révolution nécessaire* (obra de título característico)— es preciso que esté en la revolución y la única revolución en la que pensamos es la revolución del orden".

En abril de 1933 la *Revue Française* publica un número especial sobre la juventud. En este número, Daniel-Rops escribe: "La primera característica de estos grupos es ser revolucionarios... Su actitud es la de un rechazo total tanto del capitalismo como del stalinismo. No existe ninguna diferencia fundamental entre las dos fuerzas que hoy día se enfrentan."

En su libro titulado *Au delà du nationalisme* (1938) —cuyo título está manifiestamente inspirado en el libro de Henri de Man, *Au delà du marxisme*— Thierry Maulnier se aplica a definir un nacionalismo auténticamente revolucionario: "Hasta tal punto han sido deshonradas las mismas palabras de "nacional" y "revolucionario" por la demagogia, la mediocridad y el verbalismo, que son acogidas en Francia con una indiferencia bastante parecida al tedio. En nuestros días el problema reside en superar esos mitos políticos basados en los antagonismos económicos de una sociedad dividida, en liberar al nacionalismo de su carácter "burgués" y a la revolución de su carácter "proletario", en interesar orgánica y totalmente en la revolución a la nación, única que puede realizarla, y en la nación a la revolución, única que puede salvarla."

5.º Por último, un neocorporativismo, muy ambiguo por lo demás, ya que existen, por lo menos, tres formas distintas de corporativismo en los años que preceden a 1939:

a) El corporativismo de estricta obediencia maurrasiana, manifestado en la Unión de Corporaciones Francesas;

b) El corporativismo de tipo mussoliniano, que aparece sobre todo en *L'homme réel* y en *L'homme nouveau*. En *L'homme réel* se condena "el hombre abstracto", se invoca constantemente el patrocinio de Georges Sorel y se exalta el oficio, el municipio y la región en términos que anuncian la "revolución nacional". En cuanto a *L'homme nouveau*, de Georges Roditi, que publica en 1935 un número especial sobre el corporativismo, se esfuerza por conciliar socialismo y fascismo.

c) La *Justice social*, de André Voisin, se opone al corporativismo maurrasiano y se esfuerza por integrar a los Sindicatos en la organización corporativa. Los antiguos animadores de la *Justice social* militan en nuestros días en el movimiento "Fédération".

La idea de que la democracia política es inadecuada para resolver las crisis económicas y para organizar racionalmente la producción favorece el nacimiento no sólo del neocorporativismo, sino también de una especie de neosindicalismo que tiende a asegurar el relevo de un Estado desfalleciente por los Sindicatos profesionales.

Maxime Leroy se esfuerza por demostrar, en *Techniques nouvelles du syndicalisme* (1921), que la organización política es un simple corolario de la organización económica, y que hay que "instaurar la ciudad sindical sobre las ruinas del Estado moderno". Una concepción análoga aparece en el libro del sindicalista Charles Albert *L'Etat moderne* (año 1929).

Este neosindicalismo, que apenas se distingue del neocorporativismo, cobró un cierto auge en el período de entreguerra. Sin embargo, parece algo exagerada la afirmación de Jacques Droz de que "el advenimiento del sindicalismo ha sido, sin duda, el gran acontecimiento de la historia del pensamiento político francés en el siglo XX". Estaríamos más inclinados a concluir que los Sindicatos franceses no consiguieron ni elaborar una doctrina propia ni suscitar el entusiasmo que hubiera podido vivificar una doctrina, incluso sumaria. Esta carencia, a nuestro parecer, gravita pesadamente sobre la vida política francesa.

Es cierto que todos estos grupos sólo tuvieron una efímera influencia. Sin embargo, es indispensable conocerlos para apreciar de forma conveniente las ideas políticas de Vichy y el gaullismo de guerra, que, como acertadamente ha indicado Nicholas Wahl en una tesis leída en Harvard, tiene numerosos rasgos en común con el reformismo del período anterior.

B) ¿HACIA UN NEOCONSERVADURISMO LIBERAL?—Desde el final de la guerra se manifiesta una notable renovación del interés por el conservadurismo en los países anglosajones, especialmente en Estados Unidos (cf. los trabajos de Rusell Kirk sobre el "espíritu conservador", el libro de Clinton Rossiter sobre el conservadurismo en América, etc.). Estos trabajos proceden de una tentativa de vivificar el conservadurismo, de oponer al espíritu de reacción un conservadurismo constructivo y auténticamente liberal.

En Francia el término "conservador" sigue empleándose, por lo general, en un sentido peyorativo. Pero hay excepciones: así: Raymond Aron, al criticar en *Le Monde* un proyecto constitucional al que calificaba de "reaccionario" (en el sentido etimológico de la palabra), titulaba su artículo —lo que es característico— *Propos d'un conservateur*. Algunos han hablado de "disraelismo francés" para calificar la obra de Raymond Aron, que difícilmente se deja reducir a una fórmula y que procede de diversas tendencias (siendo indudablemente la influencia de Max Weber una de las más profundas). Bastará con observar aquí, pues, la obra de Aron requeriría un análisis amplio: 1.º Que este "neoconservadurismo", si es que hay tal neoconservadurismo, se sitúa muy lejos del "neotradicionalismo" de los años 1930. Son, en realidad, dos universos intelectuales completamente diferentes; a este respecto son muy características las polémicas entre Raymond Aron y Thierry Maulnier sobre Argelia; 2.º Que se trate de la obra de un solitario, que frecuentemente parece más cerca de sus adversarios que de sus lectores habituales.

4. **Cristianismo y democracia.**—Desde la época en que las declaraciones de León XIII en favor del *ralliement* suscitaron indignadas reacciones en la opinión católica francesa, se ha recorrido un largo camino. La formación y el éxito de los partidos demócrata-cristianos en Europa son hechos cuya importancia no se ha de subestimar. Pero la fuerza electoral

de los partidos demócrata-cristianos es más evidente que la originalidad de su doctrina. Si nos atenemos a Francia, es sorprendente comprobar que los dos pensadores católicos de mayor influencia, Maritain y Mounier, guardaron las distancias —sobre todo el segundo— respecto a la democracia cristiana. Se trata, en suma, de averiguar si el éxito de la democracia cristiana es algo más que una simple adhesión de los cristianos a la práctica de la democracia, si corresponde a una concepción específicamente cristiana de la política.

A) LA DEMOCRACIA CRISTIANA.—Tras la guerra de 1918, la mayoría de los católicos europeos aceptan la democracia parlamentaria. Don Sturzo, que funda en 1918 el Partido Popular italiano, es el principal teórico de la democracia cristiana. Reformista y descentralizador, se opone a las usurpaciones del Estado y se muestra partidario de la representación proporcional. El respeto por el pluralismo en todas sus formas es el rasgo más notable de su doctrina. Se trata, a la vez, de un "pluralismo horizontal" (agrupaciones, familia, profesión, comunidades locales y regionales, movimientos de juventud, oposición al monopolio y a la concentración) y de un "pluralismo vertical" (preocupación por la tolerancia y por el respeto a las diversas tendencias). La democracia cristiana es, así pues, más conservadora que tradicionalista.

El 1919 el Partido Popular italiano cuenta con cien diputados. Pero desde 1922 comienza la decadencia; el partido no sabrá oponerse al advenimiento del fascismo, y Don Sturzo tendrá que exilarse en 1924.

Las ideas de Don Sturzo inspiran a los "demócratas populares" franceses, cuyo grupo parlamentario se funda en 1924 y cuya doctrina es expuesta en 1928 por Marcel Prélot y Raymond Laurent en su *Manuel politique* —que insiste en la representación de los intereses familiares, económicos y sociales—. Pero el partido demócrata popular francés sólo conseguirá obtener un reducido número de diputados, cuya acción se confunde cada vez más con la de los diputados moderados. Champetier de Ribes representa los demócratas populares en los ministerios Tardieu y Laval. Contrariamente a la *Jeune République* de Marc Sangnier, que consigue cinco diputados en 1936, se niega a adherirse al Frente Popular.

Pero aunque la democracia cristiana francesa no conduce en el terreno político sino a modestos resultados, la C. F. T. C.[4*] crece rápidamente, contando en 1939 con .500.000 adherentes. Por otra parte, *L'Aube,* fundada en 1932 por Francisque Gay, consigue conquistarse un público, gracias especialmente a los artículos de Georges Bidault sobre política exterior.

Son conocidos los éxitos alcanzados por la democracia cristiana, después de la guerra, en Alemania, Italia, Francia y Bélgica. Son también conocidos los problemas que la práctica parlamentaria y la prueba del Poder le han planteado. Mientras que algunos siguen pensando que la democracia cristiana es la esperanza del cristianismo, otros —como Bernanos o Mauriac— han incoado su proceso en nombre del propio cristianismo: la democracia cristiana, acusada de política de espera, de oportunismo, de traición, no sería más que un radicalsocialismo para uso de los cristianos...

B) LA OBRA DE MARITAIN.—El autor de *Christianisme et démocratie* no debe ser confundido con los demócratas cristianos.

1.º *El bien común.*—Maritain, inspirándose en Aristóteles y Santo Tomás, afirma que el Estado no tiene otro fin que asegurar el "bien común", y que ese bien común no se confunde con los bienes de los particulares. Recoge el axioma según el cual "el bien común es más divino que el de la parte", lo que significa que el bien temporal de la ciudad prima sobre el bien temporal del ciudadano, pero no sobre el bien supratemporal de la persona humana. "La aspiración de la persona humana a bienes que trascienden el bien común político está incorporada a la esencia del bien común político."

2.º *Primacía de lo espiritual.*—Maritain afirma, pues, la "primacía de lo espiritual" (título de uno de sus libros, publicado en 1927) y se consagra a definir una política

---

[4*] *Confederación Francesa de los Trabajadores Cristianos. (N. del T.)*

intrínseca y esencialmente cristiana. Al final de 'Humanisme intégral (1936) expone que el plano espiritual y el plano temporal son inequívocamente distintos, pero que no pueden ser separados; hacer abstracción del cristianismo, poner de lado a Dios y a Cristo cuando se trabaja en las cosas del mundo es —dice Maritain— escindirse en dos mitades. En consecuencia, el cristiano actuará, en tanto que cristiano, en el plano espiritual y, en cristiano, en el plano temporal. "El cristiano no da su alma al mundo. Pero debe ir al mundo, debe hablar al mundo, debe estar en el mundo y en lo más profundo del mundo; no sólo para dar testimonio de Dios y de la vida eterna, sino también para realizar cristianamente su oficio de hombre en el mundo y para hacer avanzar la vida temporal del mundo hacia las costas de Dios."

3.º *El cristiano en el mundo.*—Maritain piensa, pues, que el cristiano no puede ser indiferente al mundo, y condena con vigor el *système bien-pensant,* así como el liberalismo burgués "que confunde la verdadera dignidad de la persona con la ilusoria divinidad de un individuo abstracto que se bastaría a sí mismo". Reclama "una filosofía cristiana que, en el orden temporal y sin segundas intenciones de apostolado religioso..., trabajara en renovar las estructuras de la sociedad". Esta filosofía, según Maritain, "exige una revolución más profunda que todo lo que la literatura revolucionaria denomina con este nombre, ya que se aferra a principios más profundos".

4.º *"Humanismo integral".*—Maritain estima que es preciso distinguir claramente entre el cuerpo político y el Estado. El deber del Estado es la justicia 'social; no es sino "un instrumento al servicio del hombre". Por eso Maritain rechaza, en su obra *L'homme et l'Etat,* una falsa concepción de la soberanía; el concepto de soberanía forma unidad con el del absolutismo. Sólo Dios es soberano; ni el pueblo ni el Estado lo son.

5.º *Cristianismo y democracia.*—La democracia, según Maritain, no es, pues, la correcta aplicación de algunas reglas constitucionales o los juegos del parlamentarismo. La democracia es, para Maritain, esencialmente comunitaria. Su fundamento radica en el respeto, en cada hombre, de la persona humana. Por consiguiente, la democracia está siempre por hacer: "La tragedia de los demócratas modernos —escribe al principio de *Christianisme et démocratie*— es que no han conseguido realizar todavía la democracia". La democracia, en el sentido pleno del término, es la expresión de la fe cristiana: "El impulso democrático ha surgido en la historia humana como una manifestación temporal de la inspiración evangélica". Las últimas palabras de *Christianisme et démocratie* son un llamamiento a un 'humanismo heroico". Maritain, no es, en absoluto, un partidario de la democracia cristiana, en el sentido parlamentario del término. Su obra, exigente y difícil, enraizada en las tradiciones medievales, se sitúa en un plano diferente, en el plano en el que pretende situarse Emmanuel Mounier cuando funda en 1932 la revista *Esprit.*

C) EL MENSAJE DE MOUNIER.—1.º La principal razón que empujó a Mounier (1905-1950) a fundar *Esprit* fue, sin duda, como explicará él mismo unos años más tarde, "el sufrimiento cada vez mayor de ver a nuestro cristianismo solidarizarse con... el "desorden establecido", v el deseo de romper con éste". "Disociar lo espiritual de lo reaccionario", tal es la tarea que Mounier considera más urgente. Se trata, pues, como dirá el número 6 de *Esprit,* de afirmar la "ruptura entre el orden cristiano y el desorden establecido".

Mounier no cesa de repetir que no existe *una* política cristiana. Se opone, en consecuencia, a los partidos confesionales y preconiza una total independencia respecto a las agrupaciones políticas; criticará al M. R. P. como anteriormente había criticado a los demócratas populares, a quienes calificó de "republicanos de antes de la guerra" (carta abierta a Paul Archambault publicada en *L'Aube,* febrero de 1934).

2.º El anticapitalismo de Mounier es fundamental; pero, en principio, denuncia el mundo del dinero menos por razones económicas que por razones morales y espirituales (cf. el número de octubre de 1933 sobre el dinero). El anticapitalismo de Mounier procede de Péguy más que de Marx. "Mi Evangelio —dice Mounier— es el Evangelio de los pobres."

3.º Mounier es muy hostil al individualismo liberal y a la democracia burguesa. En su *Court traité de la mythique de gauche* critica muy inspiradamente el radicalismo de Alain, "doctrina de campesino desconfiado", que erige en ideal la persecución del perseguidor (el diputado controlado por sus electores y controlando al ministro). Mounier opone la persona al individuo y la sociedad comunitaria al Estado. Anticapitalista y antijacobino, denuncia "una democracia enferma de dinero y un socialismo enfermo de Estado".

4.º Por consiguiente, lo que Mounier reclama es una revolución: "Una revolución es nuestra profunda exigencia espiritual". "Esta revolución debe ser, a la vez, una revolución espiritual y una revolución de las estructuras; una revolución que no sea acompañada por una transformación morirá de muerte natural." Mounier, pues, se propone como objetivo "la abolición de la condición proletaria; la sustitución de la economía anárquica, basada en la ganancia, por una economía organizada sobre las perspectivas totales de la persona; la socialización sin estatalización de los sectores de la producción que mantienen la alineación económica", etcétera.

5.º En materia de política exterior deben subrayarse sobre todo dos hechos: a) Por una parte, la importancia que revistió la guerra de España y la actitud de *Esprit* ante ella. A este respecto Mounier se solidariza totalmente con el Bernanos de *Les grandes cimetières sous la lune*, lo que no impedirá que Bernanos hable más tarde de los "cangrejillos sabios" de *Esprit*; b) La oposición de Mounier a la política de Munich.

La publicación póstuma *Mounier et sa génération* permite medir la influencia ejercida por el fundador de *Esprit*. Influencia ciertamente limitada, pero profunda y reforzada —caso tal vez único— por los años de guerra.

Conclusión.

¿Un nuevo nacionalismo?—Ni la guerra ni la resistencia antinazi hicieron nacer doctrinas realmente nuevas.

No cabe hablar de una doctrina de Vichy. En efecto, es preciso distinguir —tal y como lo hace André Siegfried— entre el Vichy de Pétain y el Vichy de Laval. Aun así, el Vichy de Pétain se nos muestra como una singular mezcla de estilos: conservadurismo, clericalismo, moralismo, militarismo, floklorismo, "estilo scout", "estilo oficial de Marina", "estilo hidalgo", "estilo Legión de combatientes", estilo de Gustave Thibon, estilo de las Ligas antiparlamentarias, etc. Sería necesario todo un volumen para estudiar la ideología de Vichy. La *Histoire de Vichy*, de Robert Aron, sólo contiene, a este respecto, indicaciones muy sumarias.

En cuanto a las ideas políticas de la resistencia, están integradas también por muchos elementos (cf. la recopilación publicada por Boris Mirkine-Guetzévitch y Henri Michel). Es sabido que no consiguieron ni inspirar instituciones al abrigo de toda crítica ni conferir un estilo nuevo a la vida política una vez llegada la paz.

La guerra finalizó con el hundimiento del nacionalsocialismo y del fascismo. ¿Cabe decir que ese lugar vacío ha sido ocupado por ideologías nuevas que soliciten la adhesión de fuerzas nuevas? Sería difícil afirmarlo. Ni el existencialismo ni el neutralismo han conseguido constituir una fuerza política. El federalismo apenas si ha salido de un reducido círculo de especialistas ilustrados. Mientras el liberalismo, el conservadurismo y la socialdemocracia de Occidente tratan de renovarse, en Africa, en Asia y en América latina aparecen bruscamente, con una amplitud sin precedentes, ideologías nacionalistas de tipo aparentemente nuevo.

Aún así, conviene distinguir diversas formas de ese nacionalismo:

1.º Un nacionalismo reformista de tipo kemaliano. Mustafá Kemal instauró en Turquía un régimen autoritario. Sin embargo, lector de Voltaire, Montesquieu y Rousseau, no dejó nunca de afirmar su deseo de apresurar la evolución de Turquía hacia el progreso y la democracia. El partido republicano del pueblo intentaba ser, a la vez, nacionalista (un nacionalismo étnico, económico y cultural), republicano, estatista, laico, populista y revolucionario. El rasgo más original del kemalismo era el laicismo. A este respecto hay que reconocer, sin embargo, que los principios kemalianos, que incluso en Turquía dieron lugar a una viva reacción, no parecen triunfar en el contorno del Mediterráneo: "Aun atenuada en su aplicación actual respecto al Islam, la experiencia turca de separación total entre el Islam y la ciudad no parece asimilable todavía en la mayor parte del mundo musulmán" (Pierre Rondot). En el momento actual la reforma de Burguiba es, sin duda, la que más se emparenta con el kemalismo.

2.º Un nacionalismo popular y fácilmente demagógico, con pretensiones autárquicas, de tipo peronista. El peronismo está constituido por una mezcla de elementos muy diversos: militarismo y moralismo, vocabulario revolucionario y conservadurismo, antiamericanismo y recurso a los Estados Unidos, oportunismo y nacionalismo. El teórico del "justicialismo" (presentada como la única síntesis posible entre el capitalismo y el comunismo) y de la "tercera posición" (es decir, de una posición internacional intermediaria entre el bloque atlántico y el bloque soviético) ha dejado a la Argentina en una posición difícil, pero ha gozado en ciertos medios populares de un prestigio del que ningún dirigente argentino se había beneficiado hasta ahora. La reciente historia de Argentina muestra que con la caída de Perón no ha desaparecido el peronismo, y el éxito del "castrismo" en América latina es un hecho extremadamente significativo.

3.º Los nacionalismos negros, cuyas primeras manifestaciones han sido de orden étnico y cultural (papel de la revista *Présence africaine*, Primer Congreso de Escritores y Artistas Negros, libro de Cheik Anta Diop de título muy característico: *Nation nègre et culture*, etc.) y que se encuentran hoy día en plena evolución (cf. los libros de Mamadou Dia, Abdoulaye Ly, Albert Tevoedjre, citados en la bibliografía), no sin algunos desgarramientos —muy perceptibles en la Conferencia de Accra— entre nacionalismo territorial, nacionalismo negro y esbozo de un nacionalismo africano.

4.º En cuanto al nacionalismo árabe, durante estos últimos años se encuentra descuartizado —según expresión de Pierre Rondot— entre "el arabismo unitario y los patriotismos particularistas". A este nacionalismo árabe se une un "nacionalismo musulmán" que tiende a la institución, bien de un Estado islámico único, bien, más modestamente, de Estados nacionales en los que el Islam sea la religión del Estado.

Aunque el nacionalismo árabe ha dado, en los últimos años, numerosas pruebas de su fuerza explosiva, y aunque el conflicto entre árabes y judíos aparece en muchos aspectos como un choque de nacionalismos, las justificaciones doctrinales han sido hasta ahora poco numerosas y poco substanciales.

Bajo un título ambicioso, el folleto de Nasser, *La filosofía de la revolución,* es de contenido bastante nimio. En este folleto Nasser expone cómo la revolución de julio de 1952 tiene orígenes lejanos que hay que buscar en la historia de Egipto y del mundo árabe. La principal causa de la revolución es "el sojuzgamiento del pueblo por los imperialistas y sus lacayos, los feudales y los políticos "egipcios". Por consiguiente, el objetivo de la revolución es claro: "Liberar a los esclavos que constituyen el pueblo, y

colocarlos en el gobierno del país en vez de sus antiguos amos". Así la revolución del 23 de julio es la realización del deseo que el pueblo acariciaba
desde comienzos del pasado siglo: "Gobernarse a sí mismo y ser dueño de
sus destinos".

Nasser convoca a la lucha de clases, pero la divisa de la revolución es
profundamente conservadora: "Unión, disciplina, trabajo". La ideología
nasseriana es mucho menos rica en declaraciones anticapitalistas que la
ideología peronista.

El nacionalismo constituye lo esencial de la "filosofía de la revolución",
pero ese nacionalismo no es exclusivamente egipcio. Se extiende a la zona
árabe, al mundo musulmán, al conjunto del continente africano. Nasser
subraya así la unidad y la superioridad de la raza árabe: "Los árabes forman una sola nación... Formamos parte de la gran patria árabe que se extiende desde las costas del Atlas hasta las montañas de Mossul...".

En definitiva, la ideología nasseriana de la revolución nada tiene de
revolucionaria ni de original: "Es más bien una utilización de todos los
tipos de ideologías antiguas y modernas: una mezcla de fascismo, de comunismo, de racismo, de kemalismo, todo ello "retocado" con los principios
coránicos" (Jean Vigneau). Pero no es necesario que una ideología sea
nueva o realmente revolucionaria para que ejerza una profunda influencia.
Los acontecimientos de Suez han demostrado adecuadamente la influencia
de los sentimientos nacionalistas en las masas proletarias y en la burguesía
evolucionada. Nasser no sólo pudo sobrevivir a la derrota sufrida por sus
tropas, sino que consiguió transformar su derrota en una victoria.

Es difícil reducir a un único modelo las diferentes formas de nacionalismo que acabamos de enumerar. Al menos, ciertos rasgos dominantes aparecen en la mayoría de ellos: el apoyo del Ejército, las interferencias entre
fuerzas religiosas y fuerzas políticas, el llamamiento a las clases populares,
una especie de anticapitalismo conservador, un cierto neutralismo. Por estos
diferentes rasgos —que exigirían muchas matizaciones— los nacionalismos
contemporáneos se distinguen más o menos claramente de los nacionalismos
occidentales del siglo pasado. Queda por saber si estos nuevos nacionalismos darán nacimiento a regímenes dictatoriales de estilo muy clásico o a
un nuevo tipo de democracia que pueda, por contagio, vivificar las democracias tradicionales: tal es, en 1967, uno de los mayores problemas que se
le plantean a quien debe concluir un libro sobre la historia de las ideas
políticas.

Otro problema se plantea con una agudeza especial a un historiador francés.
¿En definitiva, el gaullismo es una manifestación del nacionalismo? ¿Es una
ideología efímera de conjunto ligada a la existencia de un hombre excepcional y llamada a desaparecer con él? ¿O es una ideología potente y original que transformará de forma duradera el panorama tradicional de las
"familias de espíritu" y de las "corrientes de pensamiento"?

Quizá trataremos de dar respuesta a este problema en una futura edición de este libro...

BIBLIOGRAFIA

GENERALIDADES SOBRE EL SIGLO XX.

Con excepción del libro de Maurice CROUZET, *L'époque contemporaine*, P. U. F., 1957, 823 págs., en la "Histoire générale des civilisations", existen pocas obras generales en lengua francesa: Gaëtan PICON, *Panorama des idées contemporaines*, Gallimard, 1957, 793 págs. (obra colectiva de calidad extremadamente desigual; la parte reservada a las ideas políticas es floja) [hay versión española: *Panorama de las ideas contemporáneas*, traducción de Gonzalo Torrente Ballester, Madrid, Guadarrama, 1958, 819 págs.]. Alfred WEBER y Denis HUISMAN, *Tableau de la philosophie contemporaine*, Fischbacher, 1957, 664 págs. (parte de una concepción limitada de la filosofía; un buen capítulo de J.-P. ARON sobre Nietzsche; casi nada sobre Max Weber y Pareto). Georges GURVITCH, Wilbert E. MOORE, *La sociologie au XXᵉ siècle*. I: *Les grands problèmes de la sociologie*. II: *Les études sociologiques dans les différents pays*, P. U. F., 1947, 2 vols., XII-767 págs. [Hay versión española: *La Sociología del siglo XX*, trad. de Constantino Dimitru, prólogo y supervisión de Alfredo Poviña, Buenos Aires, El Ateneo, 1956, 2 vols. de XVIII-460 y 438 págs.] Jean GOTTMANN, Ernest HAMBURGER, Alexandre KOYRÉ, etc., *Les doctrines politiques modernes*, Nueva York, Bretano's, 1947, 322 págs. (conjunto de 11 estudios de interés desigual, referentes unos a problemas generales, otros a cuestiones históricas, otros, por último, a temas de actualidad: nacionalsocialismo y resistencia).

Numerosas obras en inglés. La más voluminosa es la de Feliks GROSS (ed.), *European ideologies. A survey of 20th century political ideas*, Nueva York, Philosophical Library, 1948, XVI-1075 págs. (obra colectiva que contiene interesantes capítulos sobre el sionismo, el antisemitismo, el falangismo, el federalismo, etc.). La más importante es, sin duda, la de Ernst CASSIRER, *The myth of the State*, Nueva York, Doubleday Anchor Books, 1955, 382 págs. [Hay traducción española: *El mito del Estado*, versión de Eduardo Nicol, Méjico, Fondo de Cultura Económica, 1947, 362 págs.] (sustitución de una política "mítica" por la política racional; peligros de esta sustitución; análisis histórico dirigido especialmente sobre Carlyle, Gobineau y Hegel, tres artífices de los mitos modernos). Véase también: Alfred ZIMMERN, *Modern political doctrines*, Oxford, U. P., 1939, XXXIV-306 páginas (recopilación de textos escogidos de los siglos XIX y XX). Michel OAKESHOTT, *The social and political doctrines of contemporary Europe*, Nueva York, Cambridge, U. P., 8.ª ed., 1950, XXIV-243 págs. (recopilación de textos escogidos de los siglos XIX y XX. Cinco capítulos: "La democracia representativa", "El catolicismo", "El comunismo", "El fascismo" y "El nacionalsocialismo"). John H. HALLOWEL, *Main currents in modern political thought*, Nueva York, H. Holt, 1950, XXI-759 págs. (lo esencial del libro está dedicado a una historia de las doctrinas políticas desde comienzos del siglo XVIII; el plan seguido divide exageradamente el análisis). William EBENSTEIN, *Today's isms. Communism, fascism, capitalism, socialism*, Nueva York, Prentice Hall, 1954, X-191 págs.[Versión española: *Los "ismos" políticos contemporáneos: Comunismo, fascismo, socialismo*, prólogo de M. Giménez de Parga, trad. de Salvador Giner, Barcelona, Ariel 1961.] (El autor de este breve estudio se dedica sobre todo a determinar el modo de vida que corresponde a las tendencias estudiadas). T. E. UTLEY y J. Stuart MACLURE, *Documents of modern political thought*, Cambridge, U. P., 1957, 276 págs. (insiste sobre todo en los aspectos religiosos del pensamiento político: una sección sobre la política pontificia y una sección sobre el pensamiento político de los protestantes). Judith N. SHKLAR, *After Utopia. The decline of political faith*, Princeton, U. P., 1957, XII-309 págs. (interesante). H. Stuart HUGHES, *Consciousness and society, the reorientation of European social thought (1890-1930)*, Nueva York, Knopf, 1958, 433 págs. (excelente estudio de conjunto dedicado especialmente a Freud, Croce, Max Weber, Bergson, Pareto, Mosca, Michels, etc.).

I. EL MARXISMO-LENINISMO.

La mayoría de las obras relativas a las diversas corrientes marxistas-leninistas en el siglo XX han sido ya citadas en la bibliografía de la sección IV del capítulo XVI. Las obras que a continuación se citan representan sólo un complemento a la bibliografía precedentemente mencionada.

1. El marxismo-leninismo en China.

Antes de la ruptura entre la U. R. S. S. y China la fuente fundamental en lengua francesa era la edición de las *Oeuvres choisies* de MAO-TSÉ-TUNG en 4 vols., Editions sociales, 1955-1956. El tomo primero cubre el período 1926-37; el tomo II, el período 1937-38; el tomo III, el período 1939-1941, y el tomo IV, el período 1941-45. Para el período posterior a 1945 consúltese principalmente "Sur la dictature démocratique du peuple" (1949), "De l'expérience historique de la dictature du prolétariat" (1956), así como el discurso de las Cien Flores: "La manera justa de resolver las contradicciones en el seno del pueblo" (1957).

Conviene hoy remitirse a los textos publicados por las Ediciones en lenguas extranjeras de Pekín. El "pequeño libro rojo" del Presidente Mao ha sido reproducido por las Editions du Seuil, 1967, 190 págs. La obra básica en francés es la de Stuart SCHRAM, Mao Tsé-Tung, recopilación de textos escogidos y traducidos frecuentemente por el autor, con una densa introducción y una bibliografía muy útil, A. Colin, 1963, 416 págs. (coll. "U"). Se completa con la importante obra de Hélène CARRÈRE, D'ENCAUSSE y Stuart SCHRAM, *Le marxisme et l'Asie*, A. Colin, 1965, 495 págs.

Una obra fundamental en lengua inglesa: Benjamin SCHWARTZ, *Chinese communism and the rise of Mao*, Cambridge (Mass.), Harvard, U. P., 1951, 258 págs. Una controversia importante en *China Quarterly*, 1960, núm. 1, págs. 72-86, y núm. 2, págs. 16-42: Benjamin SCHWARTZ afirma la originalidad de Mao; K. WITTFOGEL sostiene, por el contrario, que el pensamiento de Mao se sitúa en la más pura tradición leninista. La evolución desde 1958 ha sido estudiada por Enrica COLLOTI-PISCHEL, *La rivoluzione ininterrota*, Turín, Einaudi, 1962, 198 págs. La mejor biografía de Mao es la de Stuart SCHRAM, *Mao Tsé-Tung*, Penguin Books, 1966, 352 págs. (en curso de traducción).

2. El marxismo-leninismo en Yugoslavia.

a) *Fuentes.*—La fuente principal es la revista *Questions actuelles du socialisme*. Véase especialmente los artículos siguientes: Edouard KARDELJ, "La démocratie socialiste dans la pratique yougoslave" (*Questions actuelles du socialisme*, enero-febrero de 1955, núm. 28, págs. 13-76). Jovan DJORDJEVITCH, "Qu'est-ce que la démocratie socialiste?" (*ibid.*, mayo-junio de 1953, núm. 18, págs. 45-92). "Le socialisme et l'Etat: organisation politique de la Yougoslavie" (*Les Temps Modernes*, mayo de 1956, págs. 1621-1641). Mita HADJIVASSILEV, "Des contradictions du socialisme", *Questions actuelles du socialisme*, enero-febrero de 1958, págs. 55-89).

b) *Obras.*—Czeslaw BOBROWSKI, *La Yougoslavie socialiste*, A. Colin, 1956, 239 páginas (Cahiers de la Fondation nationale des Science politiques, núm. 77). Obra de un economista; insiste principalmente en la formación histórica y las estructuras socio-económicas actuales del nuevo régimen yugoslavo. Michel-Henry FABRE, "Les nouveaux principes titistes du droit public" (*Annales de la Faculté de Droit d'Aix-en-Provence*, núm. 48, 1955, págs. 188-259). Como su título indica, este estudio es principalmente un estudio del derecho constitucional yugoslavo; es útil y preciso. Milovan DJILAS, *La nouvelle classe dirigeante*, Plon, 1957, 272 págs. [Hay traducción española: *La nueva clase*, trad. de Luis Echávarri, Barcelona, Edhasa, 1958, 251 págs.]; es una acerba crítica, no sólo de la realidad del régimen político y social de la Yugoslavia titista, sino de todas las democracias populares y de la misma ideología marxista-leninista. Igualmente muy crítica: Branko LAZITCH, *Tito et la révolution yougoslave (1937-1956)*, Fasquelle, 1957, 279 págs. En inglés: Charles P. MACVICKER, *Titoism. Pattern for international communism*, Londres, Macmillan, 1957, xx-332 págs. Véase también Vladimir DEDIJER, *Tito parle*, Gallimard, 1953, 481 págs. Para más informaciones véase la bibliografía sobre Yugoslavia contemporánea en: *Revue française de science politique*, abril-junio de 1956, págs. 371-379. La más reciente obra en francés es la de JOVAN DJORDJEVIC, *La Yougoslavie, démocratie socialiste*, P. U. F., 1959, XVI-228 págs. [traducción española: F. C. E., Méjico, 272 págs.]

II. EL SOCIALISMO NO LENINISTA.

Entre las obras generales citadas en los capítulos precedentes, y especialmente en la sección IV del capítulo XVI, debe recordarse sobre todo la de Leo VALIANI, ya que la mayor parte de sus desarrollos están dedicados precisamente al período 1914-1945. Añadir: Adolf STURMTHAL, *The tragedy of European Labour 1918-1939*, Nueva York, Columbia U. P., 1951, XXIV-389 págs. [trad. española: *La tragedia del movimiento obrero*, trad. de Rodolfo Selke, Méjico, Fondo de Cultura Económica, 1945, 430 págs.]. Fritz BRUPBACHER, *Socialisme et liberté*, prefacio de Pierre MONATTE, Neuchâtel, La Baconnière, 1954, 374 págs. (obra de uno de esos socialistas suizos berneses, poco conocidos, que continúan una tradición que se remonta a la Primera Internacional). *Esprit*, número especial sobre el socialismo (textos de G. D. H. COLE, Jean LACROIX, Jean ROUS, etc.), mayo de 1956. Jeanne HERSCH, *Idéologies et réalités*, prólogo de André PHILIP, Plon, 1956, 273 .págs. (La autora es miembro del partido socialista suizo. La obra es una reflexión general sobre política, pero contiene desarrollos muy amplios sobre el fundamento filosófico del socialismo, sobre la economía socialista, etc.)

1. Revisiones y "superaciones" del marxismo.

Henri DE MAN, *Au delà du marxisme*, 1.ª ed., Bruselas, L'Eglantine, 1927, 436 págs., reimpresión Alcan, 1929, 403 págs. (con las *Thèses de Heppenheim* como anexo). [Hay versión castellana: *Más allá del marxismo*, trad. de V. Marco Miranda, Madrid, Aguilar, 1929, 482 págs.] *Nationalisme et socialisme*, París-Bruselas, L'Eglantine, 1932, 84 págs. *Le socialisme constructif*, Alcan, 1933, 251 págs. [Hay versión castellana: *Socialismo constructivo*, Madrid, Aguilar, 1932, 272 págs.] *L'idée socialiste* seguida de *Plan de travail*, Grasset, 1935, 543 págs. [Hay versión castellana: *La idea socialista*, Madrid, Aguilar, 1934, 303 págs.] *Après-coup*, Toisón d'Or, 1941, 325 págs. *Au delà du nationalisme*, Ginebra, Cheval Ailé, 1946, 307 págs. *Cavalier seul, 45 années de socialisme européen*, Ginebra, Cheval Ailé, 1948, 311 págs. (obra de recuerdos y justificaciones). Sobre los problemas planteados por la obra de Henri de Man, André PHILIP, *Henri de Man et la crise doctrinale du socialisme*, Gamber, 1928, 200 págs. Víctor LEDUC, *Le marxisme es-il-dépassé?*, Ed. "Raisons d'être", 1946, 178 págs. (punto de vista comunista).

2. El socialismo francés desde Jaurés.

El libro de Daniel LIGOU, *Histoire du socialisme en France (1871-1961)*, P. U. F., 1962, 272 .págs., es, en su conjunto, bastante decepcionante. Remitirse con mucho provecho al libro de Georges LEPRANC *(op. cit.)*. La obra de Léon BLUM se enucentra en curso de publicación en Albin Michel desde 1954. Los tres volúmenes aparecidos cubren los períodos 1891-1905 y 1940-1947. Entre los textos más característicos hay que citar: *La réforme gouvernementale, Les problèmes de la paix, A l'échelle humaine*, así como el folleto amplísimamente difundido titulado *Pour être socialiste* (Editions de la Liberté, 1945, 32 págs.) [En castellano: *Para ser socialista*, Madrid, Gráfica Socialista, 1932, 30 págs.; *Con sentido humano*, trad. de L. H. Alfonso, Madrid, 1946, 206 págs.] No hay ningún estudio satisfactorio sobre Léon Blum, en espera de la próxima traducción del libro de Gilbert ZIEBURA, *Léon Blum, Theorie und Praxis ciner sozialistschen Politik*, Berlín, W. de Gruyter, 1963, XII-528. (Esta obra que cubre el período 1872-1934 debe ser publicada por la Librería A. Colin en la colección "Cahiers de la Fondation nationale des Sciences politiques"). El libro de Colette AUDRY, *Léon Blum ou la politique du juste*, Julliard, 1955, 199 págs., está destinado a defender una tesis: Léon Blum prefirió siempre las satisfacciones de la buena conciencia a la eficacia política.

Sobre el "neosocialismo".—Marcel DÉAT, *Perspectives socialistes*, Valois, 1930, 248 páginas. Marcel DÉAT, Adrien MARQUET, Barthélemy MONTAGNON, *Néo-socialisme, Ordre-Autorité-Nation*, 1933 (recopilación de los discursos que dieron lugar a la escisión de los "neos"). [Vid. en castellano: *Comité del plan. Un plan francés de economía dirigida* prologado por Marcel DÉAT, trad. de Antonio Riaño, Madrid, 1936, 189 págs.] Ver también el útil estudio de conjunto de John T. MARCUS, *French Socialism in the crisis years (1933-1936), Fascism and the French left*, Londres, Stevens, 1958, 216 págs.

Sobre otras corrientes del socialismo francés.—Paul FAURE, *Au seuil d'une révolution*, Limoges, Imprimerie nouvelle, 1934, 291 págs. *Si tu veux la paix...*, Limoges, Imprimerie nouvelle, 1935, 282 págs. Jules MOCH, *Confrontations, Doctrines, Déviations,
Expériences, Espérances*, Gallimard, 1952, 479 págs. Del mismo autor: *Socialisme vivant
(dis lettres à un jeune)*, R. Laffont, 1960, 207 págs. André PHILIP, *La démocratie industrielle*, París, P. U. F., 1955, VIII-308 págs. [Versión castellana: traducción y prólogo de
Dionisio Ridruejo, Madrid, ed. Tecnos, colec. "Semilla y Surco", 1964]; *Le socialisme
trahi*, Plon, 1957, 240 págs. *Pour un socialisme humaniste*, Plon, 1960, 235 págs. Edouard
DEFREUX, *Renouvellement du socialisme*, Calmann-Lévy, 1960, 213 págs.

3. Laborismo y socialismo.

John STRACHEY, *The theory and practice of socialism*, Londres, Gollancz, 1936, 488 páginas (por uno de los "mentores" de los jóvenes laboristas). Del mismo autor, *Comtem-
porary capitalism*, Londres, Gollancz, 1959, 302 págs. R. H. S. CROSSMAN, C. A. R. CROS-
LAND, Ian MIKARDO, Margaret COLE, John STRACHEY, etc., *L'avenir du travaillisme. Nouveaux essais à biens*, trad. francesa, Les Editions ouvrières, 1954, 287 págs.

III. FASCISMO Y NACIONALSOCIALISMO.

Sobre el concepto de totalitarismo, la obra principal es: Carl J. FRIEDRICH, Zbigniew
K. BRZEZINSKI, *Totalitarian dictatorship and autocracy*, Cambridge, Harvard U. P., 1956,
XII-346 págs. Véase también: Carl J. FRIEDRICH (ed.), *Totalitarianism*, Cambridge, Harvard U. P., 1954, x-386 págs. (recopilación de contribuciones de desigual interés). Han-
nah ARENDT, *The origins of totalitarianism*, Nueva York, Harcourt, Brace and Co., 1951,
XV-477 págs. (tres partes, dedicadas, respectivamente, al antisemitismo, al imperialismo
y al totalitarismo; bibliografía muy abundante). William Montgomery McGOVERN, *From
Luther to Hitler. The history of fascist-nazi political philosophy*, Boston, Houghton Mifflin, XII-684 págs. (interesante historia del pensamiento político, especialmente desde el
siglo XVIII; sólo la última cuarta parte del volumen está dedicada al fascismo y al nacionalsocialismo). T. W. ADORNO, Else FRENKEL-BRUNSWIK, Daniel J. LEVINSON, R. Nevitt
SANFORD, *The authoritarian personnality*, Nueva York, Harper, 1950, XXXIV-990 páginas (intento de aplicación de las técnicas de la psico-sociología y de la antropología cultural al análisis y medida de las ideologías antidemocráticas). Zevedei BARBU, *Democracy
and dictatorship. Their psychology and patterns of life*, Nueva York, Grove Press, 1956,
VIII-275 págs. George W. F.. HALLGARTEN, *Why dictators? The causes and forms of
tyrannical rule since 600 B. C.*, Nueva York, Macmillan, 1954, XVI-379 págs. (distingue
en la historia de la humanidad cuatro tipos de dictadura: clásicas (Roma, Cromwell,
Napoleón), ultrarrevolucionarias (Savonarola, Robespierre, Lenin), contrarrevolucionarias
(Franco, Horthy, etc.), seudorrevolucionarias (Hitler, Mussolini, Perón), Jacques BAIN-
VILLE, *Les dictateurs*, Denoël, 1935, 302 págs. (muy rápida). Daniel GUÉRIN, *Fascisme
et grand capital (Italie-Allemagne)*, nueva edición, Gallimard, 1945, 328 págs. (tesis
principal: el fascismo es, ante todo, el instrumento de la industria pesada; "puede ser
el arma de reserva del capitalismo en decadencia"). *Les origines du fascisme* (Italia,
Hungría, Alemania), *La nouvelle critique*, 1957, 200 págs. *(Recherches internationales à
la lumière du marxisme*, núm. 1, marzo-abril de 1957). Víctor LEDUC, "Quelques problèmes d'une sociologie du fascisme", *Cahiers internationaux de sociologie*, 1952, páginas 115-130.

Nacionalsocialismo.

HITLER, *Mon combat (Mein Kampf)*, trad. francesa, Nouvelles Editions latines, 1934,
686 págs. [Hay versión española: *Mi lucha*, varias ediciones.] A completar con: H. RAU-
SCHNING, *Hitler m'a dit*, trad. francesa; Ch. Somogy, 1945, 320 págs. Véase también de
HITLER, *Libres propos sur la guerre et la paix*, recogidos por orden de Martin BORMANN,
Flammarion, 1952-54, 2 vols., XXVIII-370, 366 págs. [Hay versión castellana: *Conversa-
ciones sobre la guerra y la paz*, trad. de Alfredo Nieto, prefacio y nota de E. P. de las

Heras, Barcelona, Luis de Caralt, 1953, xiv-316 págs.] Moeller VAN DER BRUCK, *Le III*ᵉ *Reich*, trad. francesa, A. Rodier, 1933, 327 págs.

Sobre el nacionalsocialismo, tres libros particularmente importantes en inglés: Franz NEUMANN, *Behemoth. The structure and practice of national-socialism 1933-1944.* Londres, Oxford U. P., 2.ª ed., 1944, xix-649 págs. [Hay traducción española: *Behemoth. Pensamiento y acción en el nacionalsocialismo,* trad. de Vicente Herrero y Javier Márquez, Méjico, Fondo de Cultura Económica. 1943, 583 págs.] (exposición de conjunto del sistema nacionalsocialista; la primera parte trata de la ideología hitleriana). Alan BULLOCK, *Hitler. A study in tyrany,* Londres, Odhams Press, 1952, 776 págs., trad fr. bajo el título *Hitler ou les mécanismes de la tyrannie,* Verviers, Gérard, 1963, 2 vols. (Marabout Université, 27-28, excelente estudio biográfico) [Hay versión castellana: *Hitler,* México, 1959, 2 vols., 770 págs.]. *The third Reich* (published under the auspices of the International council for philosophy and humanist studies and with the asistance of U. N. E. S. C. O.), Londres, Weidenfeld and Nicolson, 1955, xvi-910 págs. (voluminosa obra colectiva en la que han participado especialistas franceses, ingleses, alemanes, americanos; véase sobre todo el estudio de Alan BULLOCK, *The political ideas of Adolf Hitler,* 350-378 págs.) Una antología extremadamente útil: Walther HOFER, *Le national-socialisme par les textes,* trad. tr. Plon, 1963, 461 págs. Principales obras en francés: Edmond VERMEIL, *Doctrinaires de la révolution allemande (1918-1938),* Sorlot, 2.ª ed., 1939, 392 páginas (sobre Rathenau, Keyserling, Th. Mann, Spengler, Moeller Van den Bruck, el grupo del "Tat", Hitler, A. Rosenberg, Darré, G. Feder, Ley Goebbels). Del mismo autor, *L'Allemagne. Essai d'explication,* 4.ª ed., Gallimard, 1945, 459 págs. BENOIST-MÉCHIN, *Eclaircissements sur "Mein Kampf" d'Adolf Hitler,* A. Michel, 1939, 189 págs. Del mismo autor, *Histoire de l'armée allemande. I. De l'armée impériale à la Reichswehr (1918-1919; II. De la Reichswehr à l'armée nationale.* Albin Michel, 2 vols., 1936-1938, nueva edición en 4 vols., 1964. Henri LICHTENBERGER, *L'Allemagne nouvelle,* Flammarion, 1936, 315 páginas (especialmente los capítulos sobre "El mito de la raza", "El espartanismo" y "El problema religioso"). A. RIVAUD, *Le relèvement de l'Allemagne (1918-1938),* 3.ª ed., A. Colin, 1939, vii-424 págs. François PERROUX, *Des mythes hitlériens à l'Europe allemande, L. G. D. J.,* 1940, 353 págs. (contiene en especial un interesante análisis del socialismo alemán según Sombart). J. DRESCH, *De la Révolution française à la Révolution hitlérienne,* P. U. F., 1945, 108 págs. Roger CAILLOIS, "Le pouvoir charismatique, Adolf Hitler comme idole", en *Quatre essais de sociologie contemporaine,* Olivier Perrin, 1951, 156 págs., Hermann RAUSCHNING, *La révolution du nihilisme,* trad. francesa, Gallimard, 1939, 327 págs. Véase también; Armin MOHLER, *Die Konservative Revolution in Deutschland, 1918-1932,* Stuttgart, F. Vorwerk, 288 págs. Klemens VON KLEMPERER, *Germany's new conservatism. Its history and dilemma,* Princeton, U. P., 1957, xxvi-250 págs. (estudia la génesis y las manifestaciones del neoconservadurismo alemán ante el advenimiento de Hitler; se interesa especialmente por Moeller Van den Bruck Spengler y Jünger: muestra la convergencia del neoconservadurismo y del nacionalsocialismo). John H. HALLOWELL, *The decline of liberalism as an ideology. With particular reference to German politico-legal thought,* Londres, Kegan Paul, 1946, xiv-141 págs. Sobre los precursores del nacionalsocialismo: Fritz STERN, *The politics of cultural despair. A study in the rise of the Germanic ideology.* Univ. of California Press, 1961, xxx-367 págs.

Fascismo.

Ver en primer lugar: MUSSOLINI, *Le fascisme, doctrine et institutions,* Denoël & Steele, 1933, 231 págs. (lo esencial del libro está constituido por el artículo "Fascismo" publicado con la firma de Mussolini en la *Enciclopedia Italiana*). [Edición castellana: Benito MUSSOLINI, *La doctrina del fascismo,* Florencia, Vallechi Editore, 1935, 69 págs.] Un documento muy característico: Conde Galeazzo CIANO, *Journal politique (1939-1943),* Neuchâtel, La Baconnière, 1946, 2 vols., 331-299 págs. [Hay versión castellana: *Diario,* trad., prólogo y notas de Fabio Congat, Barcelona, 1946, 642 págs.] Emil LUDWIG, *Entretiens avec Mussolini,* trad. francesa, A. Michel, 1932, 253 págs. [Hay versión española: *Conversaciones con Mussolini,* trad. de Gonzalo de Reparaz, Barcelona, 1932, 222 págs.] ("observación, desde el punto de vista artístico, de una personalidad fuera de lo corriente"). El principal estudio en francés es el de Marcel PRÉLOT, *L'Empire fasciste, les tendances et les institutions de la dictadure et du corporatisme italiens,* Sirey, 1936, xii-260 págs. A completar con: Georges BOURGIN, *L'Etat corporatif en Italie,*

Aubier, 1935, 253 págs. Angelo ROSSI, *La naissance du fascisme. L'Italie de 1918 à 1922,* 6..ª ed., Gallimard, 1938, 297 págs. (ilumina la génesis del fascismo; no intenta ofrecer una exposición sistemática de la doctrina). Robert MICHELS, *Sozialismus und Faszismus in Italien,* Munich, Meyer und Jessen, 1925, 2 vols.; XX-420 y VIII-339 págs.

En italiano existen numerosas obras: Luigi SALVATORELLI, Giovanni MIRA, *Storia del fascismo. L'Italia dal 1919 al 1945,* Roma, Ed. di novissima, 1952, 1.040 págs. Paolo ALATARI *Le origini del fascismo.* Roma, Editore, riuniti, 1956, 568 págs. (muy importante, véase especialmente el último capítulo dedicado a un análisis crítico de las recientes obras sobre el fascismo). Para orientarse en las publicaciones italianas es cómodo recurrir al número especial "Sur l'Italie mussolinienne", *Revue d'histoire de la deuxième guerre mondiale,* abril de 1957 (véase sobre todo el artículo bibliográfico de Giorgio VACCARINO, *A propos de quelques récentes biographies de Benito Mussolini*).

Sobre Francia véase sobre todo Raoul GIRARDET, "Note sur l'esprit d'un fascisme français", *Revue française de science politique,* julio-septiembre de 1955, págs. 529-546 (numerosas referencias bibliográficas). El libro de Jean PLUMYÈNE y R. LASIERRA, *Les fascismes français (1923-1963),* Editions du Seuil, 1963, 320 págs., está lejos de ser plenamente satisfactorio. Remitirse útilmente a Paul SÉRANT, *Le romantisme fasciste, étude sur l'oeuvre politique de quelques écrivains français,* Fasquelle, 1960, 324 págs.

IV. TENTATIVAS DE RENOVACIÓN.

1) Decadencia.

Principal recopilación de escritos políticos de VALÉRY, *Regards sur le monde actuel,* Gallimard. ed. de 1945, 328 págs. (conjunto de textos, datando el más antiguo de 1895). Algunos textos importantes no figuran en esta recopilación, especialmente: "La conquête allemande" (*Mercure de France,* 1.º de agosto de 1915); las dos cartas sobre la "crisis del espíritu" publicadas en abril y mayo de 1919 por el Athenaeum de Londres, y recogidas luego en la *N. R. F.* (la primera de estas dos cartas comienza con la célebre frase: "Nosotros, civilizaciones, sabemos ahora que somos mortales". [Vid. traducción castellana en la edición española del *Panorama de las ideas contemporáneas* de Gaëtan PICON, *op. cit.,* págs. 754 y sigs.]; la conferencia en la Université des Annales de 16 de noviembre de 1933; la *Lettre sur la Société des Esprits,* que figura en *Variété I,* etc. El libro de Edmée DE LA ROCHEFOUCAULD, *Paul Valéry,* Editions Universitaires, 1954, 160 págs. ("Clásicos del siglo XX"), contiene un capítulo (mediocre) sobre la política de Valéry. [La Editorial Losada, de Buenos Aires, está publicando las *Obras escogidas* de VALÉRY: *Miradas al mundo actual, Variedad I, Variedad II, Política del espíritu,* etc.]

La monumental obra de TOYNBEE, *A Study of History,* ha sido traducida tan sólo parcialmente al francés [edición castellana en curso: *Estudio de la Historia,* trad. de Jaime Perraux, Buenos Aires, Emecé, 1951...]: el compendio de SOMERVELL, *L'histoire: un essai d'interprétation,* Gallimard, 1951, 652 págs. [en castellano: *Estudio de la Historia. Compendio* por D. C. SOMERVELL, trad. Luis Grasset, Buenos Aires, Emecé, 1952, 2 vols.]; un volumen de ensayos, *La civilisation à l'épreuve,* Gallimard, 1951, 285 págs.. [hay traducción castellana: *La civilización puesta a prueba,* Buenos Aires, Emecé]; una recopilación de extractos, *Guerre et civilisation,* Gallimard 1954, 261 págs. [hay trad. castellana: *Guerra y civilización,* Buenos Aires, Emecé]; una recopilación de conferencias pronunciadas en la B. B. C. en 1952: *Le monde et l'Occident,* Desclée de Brouwer, 1953, 189 págs. (con un estudio de Jacques MADAULE). [Hay versión castellana: *El mundo y el Occidente,* prólogo y traducción de Luis Rodríguez Aranda, Madrid, Aguilar, 1953, XXIII-100 págs.]

Sobre SPENGLER, una buena introducción en Edmond VERMEIL, *Doctrinaires de la révolution allemande (op. cit.).* Véase también Armin MOHLER, *Die Konservative Revolution (op. cit.),* con una bibliografía muy rica E. STUTZ, *Oswald Spengler als politischer Denker,* Berna, Francke, 1958, 279 págs.

[Obras de SPENGLER en castellano: *La Decadencia de Occidente. Bosquejo de una morfología de la historia universal,* trad. de Manuel García Morente, prólogo de José Ortega y Gasset, Madrid, 1950 (8.ª ed.), 4 vols., Espasa-Calpe; *Años decisivos,* trad. de Luis López Ballesteros, Madrid, Espasa-Calpe, 1936, 187 págs.; *El hombre y la técnica, y otros ensayos,* trad.. de Manuel García Morente y L. Martínez Hernández, Buenos Aires, Espasa-Calpe, 1947, 149 págs.]

La mejor introducción al estudio de MALRAUX, Gaëtan PICON, *Malraux par lui-même,* Editions du Seuil, 1953, 192 págs. ("Ecrivains de toujours").

2) Elites.

En inglés, una utilísima selección de textos de Max WEBER, *Essays in Sociology,* Londres, Routledge and Kegan Paul, 2.ª ed., 1952, 490 págs., con una amplia introducción de H. H. GERTH y C. Wright MILLS. Este libro contiene los principales textos políticos de Max Weber. [Obras de Max WEBER vertidas al castellano: *Economía y Sociedad,* traducción de José Medina Echevarría, Juan Roura Pella, Eduardo García Maynez, Eugenio Imaz, José Ferrater Mora, Méjico, Fondo de Cultura Económica, 4 vols. de XV-341, 344, 379 y 386 págs.; *La ética protestante y el espíritu del capitalismo,* trad. de Luis Legaz Lacambra, Madrid, Editorial Revista de Derecho Privado, 1955, 251 págs.; *Historia económica general,* trad. de Manuel Sánchez Sarto, Méjico, Fondo de Cultura Económica, 1956 (2.ª ed.), x-328 págs.] Para una introducción general a la sociología de Max Weber, vid. la selección de textos de A. M. HENDERSON y Talcott PARSONS, *Max Weber. The theory of social and economic organisation,* Nueva York, Oxford U. P., 1947, 436 págs. (con un importante prefacio de Talcott PARSONS). En francés: Max WEBER, *Le savant et le politique* (introducción de Raymond Aron), Plon, 1959, 232 págs. Una excelente introducción a Max Weber en Raymond ARON, *La sociologie allemande contemporaine,* P. U. F., 2.ª ed., 1950, 176 págs. [Hay versión castellana: *La sociología alemana contemporánea,* traducción de Carlos A. Fayard, Buenos Aires, Paidos, 1953, 141 págs.], y en *La philosophie critique de l'histoire,* Vrin, 1950, 324 págs. Vid. también: Marianne WEBER, *Max Weber. Ein Lebensbild,* Heidelberg, Schreider, 2.ª ed., 1950, 779 págs. Jacob Peter MAYER, *Max Weber and German Politics; A study in political sociology,* Londres, Faber, 2.ª ed., 1956, 160 págs. Reinhard BENDIX, *Max Weber, An intellectual portrait,* Londres, Heinemann, 1960, 480 págs. Robert MICHELS, *Les partis politiques, essai sur les tendances oligarchiques des démocraties,* trad. francesa, Flammarion, 1914, 313 págs.

La principal obra de Gaetano MOSCA es: *Elementi di scienza politica,* 1896; nueva edición, Turín, 1923. Título de la traducción inglesa (1939): *The Ruling Class.* Título de la traducción alemana: *Die Herrschende Klasse* (1950). Un buen libro sobre MOSCA en inglés: James H. MEISEL, *The myth of the ruling class. Gaetano Mosca and the "Elite",* Ann Arbor, University of Michigan, 1958, 432 págs. El *Traité de sociologie générale,* de PARETO, fue traducido al francés en 1917-1919 por la Librairie Payot, 2 vols., LXII-1763 págs. Sobre Pareto, G. H. BOUSQUET, *Vilfredo Pareto, sa vie et son oeuvre,* Payot, 1928, 230 págs. Véase también del mismo autor, *Précis de sociologie d'après Vilfredo Pareto,* Payot, 1925, 207 págs., y sobre todo *Pareto, le savant et l'homme,* Lausana 1960, 208 págs.

Sobre el conjunto de estos problemas: James BURNHAM, *Les machiavéliens, défenseurs de la liberté,* trad. francesa, Calmann-Lévy, 1949, 294 págs. [Versión castellana: *Los maquiavelistas, defensores de la libertad,* trad. de C. M. Reyles, Buenos Aires, Emecé, 1953, 278 págs.]

No hay que olvidar el libro de Joseph SCHUMPETER, *Capitalismo, socialismo, democracia* (trad. francesa, Payot, 1951, 463 págs., que no contiene, a diferencia de la edición inglesa, 3.ª ed., Londres, 1951, una quinta parte sobre la historia de los partidos socialistas) [Dos traducciones españolas: Buenos Aires, Claridad, 1946, trad. de Atanasio Sánchez; Méjico, Aguilar.] La cuarta parte de la obra es, propiamente, ciencia política. El autor opone frente a la concepción clásica de la democracia, una concepción "realista": La democracia es aquel tipo de régimen en el que la selección de la *élite* se hace de manera concurrencial. Lo que implica la aparición de un grupo social con un papel determinante: "los políticos". La buena marcha de un régimen depende de la forma en que recluta, con el menor costo —es decir, pacíficamente y con el acuerdo del mayor número—, la mejor *élite* posible en un momento dado. Este reclutamiento está ligado a la existencia de una *élite* social ni demasiado excluyente ni demasiado acogedora, a imagen de la *élite* inglesa. El autor, sin ser afirmativo, es escéptico sobre la posibilidad de que un régimen socialista mantenga una lucha concurrencial por el Poder.

Sobre el problema de las *élites* en Estados Unidos: C. WRIGHT MILLS, *The power elite*, Nueva York, Oxford U. P., 1956, 423 págs. [Hay versión castellana: *La "élite" del Poder*, trad. de Florentino M. Torner y Ernestina de Champourcín, Méjico, Fondo de Cultura Económica, 1957, 388 págs.] Véase también el libro póstumo, *Power, politics and people*, New York, Oxford, U. P., 1963, 657 págs.

3) El "neoliberalismo".

F. A. HAYEK, *La route de la servitude*, trad. francesa, Librairie de Médicis, 1945, 179 págs. [Hay versión castellana: *Camino de servidumbre*, trad. de J. Vergara Doncel, Madrid, Editorial Revista de Derecho Privado, 1950, 249 págs.] Ludwig VON MISES, *Le socialisme, étude économique et sociologique*, Librairie de Médicis, 1938, 627 págs. Walter LIPPMANN, *La cité libre*, trad. francesa, Librairie de Médicis, 1938, 460 págs., y *Crépuscule des démocraties?*, trad. francesa, Fasquelle, 1956, 240 págs. [Una obra de LIPPMANN en castellano: *La crisis de la democracia occidental*, trad. de Julio Fernández Yáñez, prólogo de Rafael Calvo Serer, Barcelona, Hispano-Europea, 1956, 207 págs.] Gaëtan PIROU, *La crise du capitalisme*, Sirey, 1934, 139 págs., y *Néo-libéralisme, néo-corporatisme, néo-socialisme*, Gallimard, 1939, 221 págs.. J. K. GALBRAITH, *Le capitalisme américain. Le concept du pouvoir compensateur*, trad. francesa, Librairie de Médicis, 1956, 253 págs. [Hay versión castellana: *Capitalismo americano El concepto del poder compensatorio*, prólogo de Fabián Estapé, trad. de J. Berenguer Amenós, Barcelona, Ariel, 1955, 240 páginas.]

Es interesante confrontar el informe de las sesiones del coloquio Walter Lippman, organizado en París en agosto de 1938 (Librairie de Médicis, 1939, 110 págs.) con los trabajos del Coloquio internacional sobre el liberalismo económico, celebrado en Ostende en septiembre de 1957, bajo los auspicios del partido liberal belga (Bruselas, Editions du Centre Paul Hymans, 1958). Véase a este respecto el interesante artículo de Pierre DIETERLEN "Deux autocritiques du libéralisme" en *Critique*, marzo de 1958, págs. 266-279.

Las dos obras políticas principales de Bertrand de JOUVENEL son: *Du pouvoir, histoire naturelle de sa croissance*, Ginebra, Cheval Ailé, 1945, 462 págs. [Hay versión castellana: *El Poder, historia natural de su crecimiento*, prólogo y notas de Rafael Gambra, trad. de J. de Elzáburu, Madrid, Editora Nacional, 1965, 435 págs.]; *De la souveraineté, à la recherche du bien politique*, Librairie de Médicis, 1955, 376 págs. [Hay versión española: *La soberanía*, trad. y prólogo de Leandro Benavides, Madrid, Rialp, 1957, 522 págs.]. y *de la politique pure*, Calmann-Levy, 1963, 311 págs.; y *L'art de la conjecture*, Monaco, Editions du Rocher, 1964, 369 págs.

4) Liberalismo y organización.

Se han publicado numerosos estudios sobre KEYNES. Nos remitiremos a las obras que se refieren a las doctrinas económicas. Hemos utilizado el libro de Alain BARRÈRE, *Théorie économique et impulsion keynesienne*. Dalloz, 1952, 762 págs. Sobre el New Deal, una excelente crónica de Serge HURTIG, "Le New Deal ou le triomphe du réformisme", *Revue française de science politique*, julio-septiembre de 1957, págs. 659-667 (análisis de las obras americanas relativas al New Deal más reciente). Mario FINAUDI, *Roosevelt et la révolution du New Deal*, trad. fr., Colin, 1961, 312 págs. Pierre BRODIN, *Les idées politiques des Etats-Unis d'aujourd'hui*, Maisonneuve, 1940, 303 págs.

Los principales libros de André TARDIEU son los siguientes: *Devant le pays*, Flammarion, 1932, XXVII-249 págs.; *L'heure de la décision*, Flammarion, 1934, VIII-285 págs.; *La Révolution à refaire, I: Le souverain captif*, Flammarion, 1936, 283 págs.; *II: La profession parlementaire*, Flammarion, 1937, 362 págs. [Una edición en castellano: *La reforma del Estado*, preámbulo de José María Gil Robles, introducción de Luis de Pedrosa, Madrid, 1935, 289 págs.] Sobre Tardieu véase la obra colectiva de Louis AUBERT, Ivan MARTIN, Michel MISSOFFE, François PIETRI y Alfred POSE, *André Tardieu*, Plon, 1957, XXXI-213 págs., que contiene una documentación bibliográfica.

Tecnocracia.—James BURNHAM, *L'ère des organisateurs (The Managerial Revolution)*, trad. francesa, Calmann-Lévy, 1947, XXV-264 págs. (con un prólogo de Léon BLUM); *Los maquiavelistas (op. cit.), The Struggle for the World* (trad. francesa, Calmann-Lévy, 1947, xxv-264 págs.) [Hay versión castellana: *La lucha por el imperio mundial,* traducción F. J. Osset, Madrid, Pegaso, xv-405 págs.]

La primera Semana sociológica organizada en París después de la Liberación fue dedicada al problema de la tecnocracia: M. BYÉ, Ch. BETTELHEIM, J. FOURASTIÉ, G. FRIED-MANN, G. GURVITCH y otros, *Industrialisation et technocratie,* A. Colin, 1949, 214 páginas (con un espíritu por lo general muy crítico respecto a Buruham). Sobre este problema, que periódicamente suscita la publicación de obras de desigual interés, la mejor aportación es la de Jean MEYNAUD, *La technocratie, mythe ou réalité?,* Payot, 1964, 297 págs. [Versión española: *La Tecnocracia, ¿Mito o realidad?,* trad. Madrid, Editorial TECNOS.

En Francia numerosas obras demuestran la existencia de un espíritu al que se suele denominar "tecnocrático". Citemos como más característicos: Pierre MENDÈS y Gabriel ARDANT, *La science économique et l'action,* Unesco, Julliard, 1954, 230 págs. Maurice LAURÉ, *Révolution, dernière chance de la France,* P. U. F., 1954, 208 págs. Toda la obra de Jean FOURASTIÉ, especialmente *Le grand espoir du XXᵉ siècle,* P. U. F., 1949, 3.ª ed., 1952, xxviii-247 págs. [Hay versión española: *La gran esperanza del siglo XX,* trad. de Ernesto Schopp y Fernando Gutiérrez, Barcelona, Luis Miracle, 1956, 281 págs.] y *La civilisation de 1975,* P. U. F., 1957, 128 págs., y *La grande métamorphose du XXᵉ siècle. Essais sur quelques problèmes de l'humanité d'aujourd, hui,* P. U. F., 1961, 224 págs. Véase también Charles MORAZÉ, especialmente *Les Français et la République,* A. Colin, 1956, 256 págs. (Cahiers de la Fondation Nationale des Sciences politiques, núm. 79) [Una obra de Morazé vertida al castellano: *Principios generales de Historia, Economía y Sociología,* trad. de P. y A. Sancho Riera, rev. y prólogo de J. Vicens Vives, Barcelona, Teide, 1952, 215 págs.]. Véase sobre todo Alfred SAUVY (tan característico de una época) especialmente: *La nature sociale. Introduction à la psychologie politique,* A. Colin, 1957, 303 págs. [Hay versión española: traducción de Antonio Lago y Montserrat Esteban Sabaté, Madrid, Taurus, 1962, 365 págs.]. No olvidar lo escrito por Louis ARMAND, particularmente su *Plaidoyer pour l'avenir,* escrito en colaboración con Michel DRANCOURT, Calmann-Lévy, 1961, 255 págs.

5) Cristianismo y democracia.

a) *La democracia cristiana.*—Maurice VAUSSARD, *Histoire de la démocratie chrétienne: France-Belgique-Italie,* Editions du Seuil, 1956, 333 págs. (plan analítico). Michael P. FOGARTY, *Christian Democracy in Western Europe,* Londres, Routledge and Kegan Paul, 1957, 461 págs. (interesante estudio, comparativo y sintético). [Versión española *Historia e Ideología de la Democracia Cristiana,* trad. de I. Jeaniquet, Madrid, ed. Tecnos, colec. "Semilla y Surco", 1964.] Mario EINAUDI y François GOGUEL, *Christian Democracy in Italy and France,* Notre Dame, U. P., 1952, x-229 págs.

Sobre Italia: Además del estudio anteriormente citado de Mario EINAUDI y un centenar de páginas del libro de M. VAUSSARD (págs. 201-312), véase Arturo Carlo JEMOLO, *L'Eglise et l'Etat en Italie, du Resorgimiento à nos jours,* trad. fr., Editions du Seuil, 1960, 286 págs. Giorgio TUPINI, *I Democratici cristiani,* Milán, Garzanti, 1954, viii-348 páginas. Francesco MAGRI, *La democrazia cristiana in Italia,* Milán, Ed. La Fiaccola, volumen I *(1897-1949),* 1954, 418 págs.

Sobre Alemania: Joseph ROVAN, *Le catholicisme politique en Allemagne,* Editions du Seuil, 1956, 295 págs.

Sobre Bélgica: Una buena introducción en VAUSSARD, *op. cit.,* págs. 133-197.

Sobre Francia, vid. la bibliografía citada más atrás, págs. 454-455.

b) *Maritain, Bernanos y Mounier.*—Las principales obras de Maritain desde un ángulo político son: *Christianisme et démocratie,* Hartmann, 1943, 95 págs. [Hay versión castellana: *Cristianismo y Democracia,* Buenos Aires, Biblioteca Nueva] y, sobre todo, *L'homme et l'Etat,* P. U. F., 1953, xviii-205 págs. [Hay versión castellana: *El hombre y el Estado,* trad. de Manuel Gurrea, Buenos Aires, Kraft, Colección Vértice, 1952, 247 págs.] Pero las posiciones políticas de Maritain son inseparables de su pensamiento filosófico y religioso, por lo que es preciso recordar otros títulos: *Primauté du spirituel,* Plon, 1927, 317 págs.; *Humanisme intégral,* Aubier; 1936; 334 págs.; *Principes d'une politique humaniste,* Hartmann, 1944, 206 págs. [Hay versión castellana: *Principios de una política humanista,* trad. de José M. Cajica, Puebla, Ediciones José M. Cajica, 1944, 293 págs.]; *La signification de l'athéisme contemporain,* Desclée de Brouwer, 1949, 43 págs. [Hay versión castellana: *Significado del ateísmo contemporáneo,* Bilbao, Desclée]. Sobre Maritain es necesario citar la obra colectiva titulada *Jacques Maritain,* Fayard, 1957, 218 págs. (Recherches et débats du Centre catholique des intellectuels); véase especialmente el estudio, breve, pero muy denso, dedicado a *L'homme et l'Etat,* págs. 136-147) por Charles JOURNET, así como Henry BARS, *La politique selon Jacques Maritain,* Editions ouvrières, 1961, 248 págs. [En castellano: *Jacques Maritain, su obra filosófica,* por Gilson, Massignon, etc., Bilbao, Desclée de Brouwer, 480 págs.]. Un buen libro en italiano: Emilio ROSSI, *Il pensiero politico di Jacques Maritain,* Milán, ed. di Comunità, 1956, XVI-315 págs. (bibliografía utilísima).

Las dos grandes obras políticas de Bernanos son: *La grande peur des bien-pensants,* nueva edición, Grasset, 1939, 461 págs. (a propósito de Drumont); *Les grands cimetières sous la lune,* nueva edición, Plon, 1948, VI-361 págs. Véase también: *Scandale de la verité,* Gallimard, 1939, 80 págs.; *Nous autres Français,* Gallimard, 1939, 291 págs.; *Lettre aux Anglais,* Gallimard, 1946, 211 págs.; *Le chemin de la Croix-des-Ames,* Gallimard, 1948, XI-511 págs.; *La France contre les robots,* R. Laffont, 1947, 273 págs. *Français, si vous saviez (1945-1948),* Gallimard, 1961, 379 págs. Pero como la política de Bernanos se encuentra estrechamente ligada a su fe no cabe excluir ninguna de sus obras, en especial el *Journal d'un curé de campagne,* Plon, 1947, 367 págs. [Hay versión castellana: *Diario de un cura rural,* trad. de Jesús Ruiz y Ruiz, Barcelona, Luis de Caralt, 1959, 320 págs.] Sobre Bernanos: Gaëtan PICON, *Georges Bernanos,* R. Marín, 1948, 227 págs. *Georges Bernanos,* ensayos y testimonios reunidos por A. BÉGUIN, Neuchâtel, Ed. de La Baconnière, 1949, 383 págs. (esta obra contiene una lista completa de los libros y artículos dedicados a Bernanos). Albert BÉGUIN, *Bernanos par lui-même,* Ed. du Seuil, 1954, 192 págs.

Los principales textos políticos de MOUNIER son las últimas páginas de su "Que sais-je?" sobre *Le personnalisme,* P. U. F., 1950, 136 págs. [Hay versión castellana: *¿Qué es el personalismo?,* trad. de Edgar Ruffo, Buenos Aires, Criterio, 1956, 191 págs.], que llevan el título de "Le personnalisme et la révolution du XXᵉ siècle" (págs. 115-132), y *Les certitudes difficiles,* Ed. du Seuil, 1951, 430 págs. Se ha de consultar también la conmovedora publicación póstuma titulada *Mounier et sa génération,* Ed. du Seuil, 1956, 425 págs. Sobre Mounier, la obra fundamental es el número especial de *Esprit,* diciembre de 1950 (vid. sobre todo los artículos de François GOGUEL y J.-M. DOMENACH sobre las posiciones políticas de Mounier y sobre los principios de sus decisiones). Consúltese también: Candide MOIX, *La pensée d'Emmanuel Mounier,* Editions du Seuil, 1960, 348 págs.

Sobre las ideas políticas de Vichy y de la Resistencia.

Robert ARON, *Histoire de Vichy,* A. Fayard, 1954, 767 págs. Stanley HOFFMANN (que prepara un libro sobre el tema): "Quelques aspects du régime de Vichy", *Revue française de science politique,* enero-marzo de 1956, págs. 44-69. Henri MICHEL y Boris MIRKINE-GUETZÉVITCH, *Les idées politiques et sociales de la Résistance,* P. U. F., 1954, XII-411 págs. (útil recopilación de textos). Henri MICHEL, *Les courants de pensée de la résistance,* P. U. F., 1962, 843 págs. (importante tesis de doctorado).

1. Política y polémicas en torno a "Les Temps Modernes".

J.-P. SARTRE, *Situations,* Gallimard, 1947-1964, 6 vols. [Hay traducción española de *Situations II: ¿Qué es la literatura?,* trad. de Aurora Bernárdez, Buenos Aires, Losada, 1950, 262 págs.] Una buena introducción: Francis JEANSON, *Sartre par lui-même,* Editions du Seuil, 1955, 192 págs. Albert CAMUS, principales textos concernientes a la política: *Actuelles,* Gallimard, 3 vols., tomo I: *1944-1948,* 1950, 271 págs.; tomo II: *1948-1953,* 1953, 187 págs., tomo III: *1939-1958,* 1958, 215 págs. (el tomo I contiene los artículos publicados por CAMUS en *Combat* durante la Liberación; el tomo III, los escritos referentes a Argelia). *L'homme révolté,* Gallimard, 1951, 382 págs. [Hay versión castellana: *El hombre rebelde,* precedido de *El mito de Sísifo,* Buenos Aires, Losada], y la polémica entre Sartre y Camus a propósito de este libro (*Les Temps Modernes,* agosto de 1952, págs. 317-383). Remitirse cómodamente a la excelente edición de la *La Pléïade*, establecida por Roger QUILLIOT, *Essais*, Gallimard, 1965, XIV-1.967 págs. Maurice MERLEAU-PONTY, *Les aventures de la dialectique*, Gallimard, 1955, 319 págs. [Hay versión castellana: *Las aventuras de la dialéctica*, trad. de León Rozitchner, Buenos Aires, Leviatán, 1957, 259 págs.]. Este libro ha dado lugar a vivas reacciones. Véase especialmente Simone de BEAUVOIR, "Merleau-Ponty et le pseudo-sartrisme", *Les Temps Modernes*, junio-julio de 1955, págs. 2072-2122; el número especial de *Le nouvelle critique*, julio-agosto de 1955, 256 págs. ETIEMBLE, *Hygiène des lettres*, Gallimard, I: *Premières notions*, 1952, 298 págs.; II: *Littérature dégagée*, 1955, 311 págs.; *Savoir et goût*, 1958, 285 páginas.

2. El federalismo.

Véase, sobre todo, la importante obra colectiva: *Le fédéralisme*, P. U. F., 1956, 411 págs. [Versión castellana: *Federalismo y Federalismo europeo*, traducción y estudio preliminar de Raúl Morodo, Madrid, ed. Tecnos, colec. "Semilla y Surco", 1964]. Alexandre MARC, *Civilisation en sursis*, La Colombe, 1955, 315 págs. Pierre DUCLOS, "Fédéralisme des doctrinaires et fédéralisme des savants", *Revue française de science politique*, octubre-diciembre de 1956, págs. 892-905. Henri BRUGMANS y Pierre DUCLOS, *Le fédéralisme contemporain*, Leyden, A. W. Sythoff, 1963, 191 págs.

3. Los nuevos nacionalismos.

Los nacionalismos árabes.—Una excelente introducción: Pierre RONDOT, *L'Islam et les musulmans d'aujourd'hui*, Editions de L'Orante, tomo I: *La communauté musulmane. Ses bases, son état présent, son évolution*, 1958, 375 págs.; tomo II: *De Dakar à Djakarta. L'Islam en devenir*, 1960, 253 págs. Un texto característico: Gamal ABD-EL-NASSER, *La philosophie de la révolution*, El Cairo, Dar-al-Maaref, 1957, 66 págs. [Hay versión castellana: *Filosofía de la revolución*, Madrid, 1959, 78 págs.] Un comentario sobre este libro de Jean VIGNEAU, "L'idéologie de la révolution égyptienne", *Politique étrangère*, 1957. núm. 4, págs. 445-462.

Dos importantes obras en inglés: Hazem Zaki NUSEIBEH, *The ideas of Arab nationalism*, Ithaca, Cornell, U. P., 1956, XVI-227 págs. Walter Z. LAQUEUR, *Communism and nationalism in the Middle East*, Nueva York, Praeger, 1955, 300 págs.

El mejor libro en francés sobre el Egipto de Nasser es el de Jean y Simone LACOUTURE, *L'Egypte en mouvement*, Editions du Seuil, 1956, 479 págs. De los mismos autores, *Le Maroc à l'épreuve*, Editions du Seuil, 1958, 383 págs. Sobre el Líbano, "Les structures socio-politiques de la nation libanaise", *Revue française de science politique*, enero-marzo de 1954, págs. 80-104, y abril-junio de 1954; págs. 326-356. Para indicaciones más amplias, vid. la Bibliografía general sobre las ideas políticas del Islam, especialmente el artículo de Jacques BERQUE sobre el universo político de los árabes en la *Encyclopédie française* y el *Annuaire du monde musulman*, de Louis MASSIGNON (P. U. F., 4.ª ed., 1955). También Jacques BERQUE, *Les Arabes d'hier à demain*, Ed. du Seuil, 1960, 286 págs.

Los nacionalismos africanos.—Hubert DESCHAMPS, *L'éveil politique africain*, P. U. F., 1952, 128 págs. (introducción útil, pero ya ampliamente superada). Véanse, sobre todo, los trabajos de Georges BALANDIER, especialmente *Afrique ambiguë*, Plon, 1957, 293 páginas. La evolución de las opiniones de un hombre como Léopold Sédar SENGHOR se manifiesta palpablemente al leer hoy el texto titulado "Vues sur l'Afrique Noire, ou asimiler, non être assimilés", que el futuro presidente del Senegal publicó, en 1945, en la obra colectiva *La communauté impériale française*, Alsatia, 136 págs. L. Senghor se pronunciaba a favor de "una asimilación que permita la asociación"; no rechaza ni el término "colonia" ni el de "Imperio". De SEKUTURÉ, *Expérience guinéenne et unité africaine*, Présence africaine, 1959, 439 págs. Ver también *La pensée politique de Patrice Lumumba*, prefacio de Jean-Paul SARTRE. Presence Africaine, 1963, XLVI-406 págs.

Sobre los aspectos culturales del nacionalismo negro: *Anthologie de la nouvelle poésie nègre et malgache de langue française*, precedida de *Orphée noir*, de Jean-Paul SARTRE, P. U. F., 1948, XLIV-228 págs. [Hay versión castellana del trabajo de SARTRE en:

El negro y su arte, trad. de Bernardo Guillén, Buenos Aires, Deucalión, "Todo lo nuevo", 1956, 108 págs.]. *Premier Congrès des écrivain, et artistes noirs.* Présence africaine, junio-septiembre de 1957, 363 págs. Cheik ANTA DIOP, *Nations nègres et culture,* Editions africaines, 1955, 390 págs. (hace una minuciosa demostración del origen negro de la raza y de la civilización egipcias).

Sobre los aspectos económicos del nacionalismo africano: MAMADOU DIA, *L'économie africaine, études et problèmes nouveaux,* P. U. F., 1957, 120 págs. (se pronuncia en favor de un socialismo africano, de "una superación del nacionalismo, que sólo puede ser una etapa, no un fin", de una comunidad franco-africana en un marco federal; desconfía de la "ghanacracia"). ABDOULAYE LY, *Les masses africaines et l'actuelle condition humaine,* Présence africaine, 1956, 256 págs. (nacionalismo por anti-imperialismo y anticapitalismo; intento de definir un "colectivismo progresista"). Vid. también: Aimé CÉSAIRE, *Discours sur le colonialisme,* Présence africaine, 1955, 72 págs. Albert TEVOEDJRE, *L'Afrique révoltée,* Presence africaine, 1958, 158 págs. (el antiguo redactor jefe de *L'étudiant d'Afrique noire* lanza una violenta requisitoria —en ocasiones apresurada— contra el colonialismo francés; se pronuncia en pro de una revolución que asegure a los africanos "el derecho de ser verdaderamente hombres"). Véase también el libro, muy significativo, de Richard WRIGHT, *Puissance noire,* trad. francesa. Corréa, 1955, 400 páginas, y las obras de George PADMORE, sobre todo: *Pan-africanism or Communism?,* Londres, D. Dobson, 1956, 463 págs.

Los nacionalismos asiáticos.—K. M. PANIKKAR, *L'Asie et la domination occidentale du XVe siècle à nos jours,* trad. francesa, Ed. du Seuil, 448 págs. François LÉGER, *Les influences occidentales dans la révolution de l'Orient, Inde, Malaise, Chine (1850-1950).* Plon, 1955, 2 vols.; véanse también los trabajos de Tibor MENDE. [En castellano: Tibor MENDE, *La India contemporánea (L'Inde devant l'orage),* trad. Francisco González Arámburo, Méjico, Fondo de Cultura Económica, Breviarios, 1954, 317 págs.]

Los nacionalismos sudamericanos.—Véase, sobre todo, Juan PERÓN, *Perón expone su doctrina (Doctrina peronista),* 1950, XLII-418 págs., *Habla Perón,* 1950. Eva PERÓN, *La razón de mi vida,* Buenos Aires, R. Solar, 1952, 320 págs. Algunas indicaciones sobre el peronismo en: Jean TOUCHARD, *La République argentine,* P. U. F., 2.ª ed., 1961, 128 páginas. Para terminar, mencionemos el libro, frecuentemente citado de Franz FANON, *Les damnés de la terre,* prefacio de Jean-Paul SARTRE, Maspero, 1961, 244 págs. Sabemos que ediciones Maspero han publicado, desde hace algunos años, numerosas obras que tratan de los nuevos nacionalismos.

Indice de autores y materias

La referencia a las páginas van en distinto tipo, según corresponda a:

1.º Autores y asuntos estudiados en el texto (p. ej.: Montesquieu, **307-313**).

2.º Autores y asuntos mencionados en el texto (por ejemplo: Montesquieu, 314).

3.º Bibliografía amplia, dedicada a un autor o a un tema (p. ej.: Montesquieu, *343-344*).

4.º Indicaciones bibliográficas, sumarias o pasajeras (por ejemplo: Montesquieu, *368*).

D

E